Wolf-Dieter Hauschild

Lehrbuch der Kirchen- und Dogmengeschichte

Band 1

Alte Kirche und Mittelalter

Chr. Kaiser
Gütersloher
Verlagshaus

Die Deutsche Bibliothek – CIP-Einheitsaufnahme

Hauschild, Wolf-Dieter:
Lehrbuch der Kirchen- und Dogmengeschichte /
Wolf-Dieter Hauschild. – Gütersloh: Gütersloher Verl.-Haus

Bd. 1. Alte Kirche und Mittelalter. – 1995
ISBN 3-579-00093-4

Umwelthinweis:
Dieses Buch und der Überzug der Buchdecken wurden auf
chlorfrei gebleichtem Papier gedruckt.
Die vor Verschmutzung schützende Einschrumpffolie ist aus
umweltschonender und recyclingfähiger PE-Folie

ISBN 3-579-00093-4

Umschlaggestaltung: Dieter Rehder, Aachen
Satz: Seminar für Alte Kirchengeschichte / Universität Münster
Druck und Bindung: Clausen & Bosse, Leck
Printed in Germany

Vorwort

Dieses Buch hat eine längere Vorgeschichte, die mit dem eigenartigen Faktum zusammenhängt, daß es zwar eine stattliche Reihe vorzüglicher Lehrbücher gibt, es aber schwerfällt, Studierenden ein einziges als hinreichend zur kontinuierlichen Benutzung zu empfehlen. Schon 1982 fragte mich der Verleger Hansjürgen Meurer, ob ich einen Ersatz für "den Heussi" - das ebenso viel benutzte wie viel geschmähte Kompendium der Kirchengeschichte - schreiben könnte. Meine Antwort war ein klares Nein, weil jene didaktische Meisterleistung mit ihrer konzentrierten Verarbeitung der Forschung in sprachlich komprimierter Stoffülle kaum kopiert werden kann, wie ja auch die erstaunliche Tatsache belegt, daß dies Kompendium seit vielen Jahrzehnten seinen Platz behauptet hat. Jedoch führten jahrelange Erfahrungen mit der Vorbereitung von Examenskandidatinnen und -kandidaten auf das sog. Grundwissen sowie Frustrationen bei den entsprechenden Prüfungen zu dem Plan, eine Übersicht über den erforderlichen Lernstoff als eine Art Repetitorium zu verfassen. Sowohl bei der Auswahl des Materials als auch bei der Konzeption der Darstellung zeigte es sich aber, wie schwer das exakt zu formulieren ist, was der scheinbar eindeutige, hilfreiche Begriff "Grundwissen" unserer Studien- und Prüfungsordnungen suggeriert. Die Kenntnis der historischen Stoffe muß ja eingeordnet sein in einen Verstehensvorgang systematisierender Erkenntnis. Da nach meiner Erfahrung bei Studierenden erhebliche Verständnisschwierigkeiten begegnen, ist es ein wichtiges Ziel, die komplizierten Sachverhalte der Kirchen- und Dogmengeschichte verständlich zu machen und in ihre übergreifenden Zusammenhänge einzuordnen. Allerdings bedarf es dazu einer nicht geringen Masse an Stoffpräsentation. Als Ergebnis ist ein doppeltes Lehrbuch entstanden: einerseits ein Grundriß für allgemeine Kenntnisse, andererseits ein Nachschlagewerk für speziellere Informationen. Das Buch will keine komplette Darstellung der Kirchen- und Dogmengeschichte sein, wie auch sein Aufbau zeigt: Die konzeptionelle Orientierung an der Examensvorbereitung drückt sich darin aus, daß der in vielen Prüfungsordnungen genannte Wissensstoff in Form von zusammenfassenden thematischen Längsschnitten geboten wird.

Vielfältiger Dank gilt den Mitarbeiterinnen und Mitarbeitern am Seminar für Alte Kirchengeschichte, die bei der Erstellung des Buches geholfen haben. Frau Monika Bisping hat mit stetigem Einsatz und großer Akribie die verschiedenen Textfassungen geschrieben. Die typographische Gestalt des Buches in der vorliegenden Druckform mit den komplizierten Einzelheiten hat Frau Sabine Lehmann als Virtuosin auf dem Computer produziert. Sie hat auch bei didaktischen und fachwissenschaftlichen Fragen beratend mitgewirkt, ebenso Frau Dr. Anneliese Bieber und Herr Dr. Volker Drecoll. Die geographischen Abbildungen haben in mühevoller Arbeit Frau Lehmann und Herr Drecoll unter Mithilfe von Frau

Annette Gutsuz angefertigt. Ihr Werk sind auch die detaillierten Register und Listen im Anhang, bei denen Frau Bieber, Frau Gutsuz und Herr Frank Wiggermann fleißig-sorgsam mitgeholfen haben. Herr Wiggermann hat sich ferner bei der Überprüfung der Literaturangaben und Quellenbelege kräftig engagiert. Im Gütersloher Verlagshaus haben Herr Hansjürgen Meurer und Herr Paul Rybak mit großer Geduld die Planung und Drucklegung gefördert.

Münster, im September 1995 Wolf-Dieter Hauschild

Benutzungshinweise

Bei der Lektüre ist stets zu beachten, daß es sich um eine Kombination zweier Lehrbücher bzw. um die Differenzierung zwischen einem allgemeinen und einem speziellen Teil handelt: Zusätzlich zu dem Grund- bzw. Überblickswissen wird ein Ergänzungswissen geboten, welches zwar die normalen Anforderungen übersteigt, aber hinter einer wissenschaftlich fundierten, spezialisierten Beschäftigung mit der Kirchen- und Dogmengeschichte zurückbleibt (vielleicht zu dieser anregt). Die Doppelkonzeption wird dadurch äußerlich angezeigt, daß in allen zehn Paragraphen das in Kapitel gegliederte Grundwissen in einer größeren Drucktype erscheint. Wer nur dieses lernen will, sollte alle kleingedruckten Abschnitte weglassen, die für gelegentliches Nachschlagen nützlich sein wollen. Ein solches Verfahren ist durchaus möglich, weil der großgedruckte Text als in sich abgeschlossene Darstellung angelegt ist; er macht insgesamt weniger als die Hälfte des Buchumfangs aus. Die vor jedem Paragraphen eingefügten Problemskizzen und Übersichtstabellen sollen eine Einführung bieten und bei der Wiederholung helfen. Wegen der Konzentration auf das Grundwissen sind die Literaturangaben zur weiterführenden Beschäftigung auf deutschsprachige Übersichtswerke beschränkt worden. Lexika und Zeitschriften sind dadurch kenntlich gemacht, daß sie mit der Jahreszahl in Klammern zitiert werden. Kursivschrift im Text der Darstellung bedeutet, daß es sich um Zitate (Begriffe, Sätze, Werktitel) handelt. Nach Möglichkeit ist vor allem im speziellen Teil auf wichtige Textausgaben sowie deutsche Übersetzungen hingewiesen worden. Das soll eine Aufforderung zur Befassung mit möglichst vielen Quellen sein, weil diese die unverzichtbare Grundlage historischen Arbeitens bilden. Gute Dienste leisten die verschiedenen Auswahlausgaben in deutscher Übersetzung. Die Abbildungen (geographischen Skizzen) sind als wichtige Orientierungshilfen auf spezielle Inhalte der jeweiligen Paragraphen bezogen. Sie sollen die historischen Atlanten nicht ersetzen, auf deren Nutzen ausdrücklich verwiesen sei.

Inhalt

Anhang

§ 1
Christliche Gotteslehre als Trinitätslehre

Bedeutung des Themas

Religionsgeschichte ist durch die konstitutive Bedeutung der Gottesvorstellung für die jeweilige Religion definiert. Die **Identität des Christentums** ergab sich von Anfang an nicht allein aus der persönlichen Bindung der Gläubigen an Jesus von Nazareth, sondern auch aus der Glaubensüberzeugung, daß in ihm Gott in besonderer Weise präsent geworden sei. Heilserwartung und Zukunftshoffnung, Lebensgestaltung und Gemeinschaftsform waren abhängig von der mehr oder weniger starken Konzentration auf Jesus Christus; andernfalls waren sie nicht oder nur eingeschränkt christlich.

Für die Kirchengeschichte ist das ein fundamentaler Aspekt. Die historischen Sachverhalte sind stets verbunden mit religiösen Elementen; die Ereignis- und Strukturgeschichte läßt sich von der Theologie-, Dogmen- und Frömmigkeitsgeschichte nicht ablösen; die Sozialgestalt des Christentums sowie seine politischen Bezüge, die Strukturen der Kirche sowie die gesamte Lehre in ihren verschiedenen Komplexen (Gotteslehre, Anthropologie, Ekklesiologie, Sakramentenlehre, Eschatologie, Ethik) haben einen wesenhaften **Christusbezug**. Dessen reflektierte Lehrform, die Christologie im weiten Sinne, ist damit die Basis für alles andere, ohne daß das stets ausdrücklich bewußt sein muß. Deswegen ist sie ein zentrales Thema der Kirchengeschichte.

Der skizzierte Sachverhalt macht verständlich, warum die frühe Christenheit sich in besonderer Weise mit der **Reflexion über die Gestalt Jesu** befaßte, um deren allgemeine Bedeutung, d.h. deren Beziehung zu Gott zu formulieren. Die Auseinandersetzung mit der Umwelt betraf in wesentlichem Maße auch die Gottesfrage (vgl. z.B. § 3; 2.1-4; 7.1.1; 10.2). Die Christenheit ging hier zwischen Polytheismus und Monotheismus einen spezifischen Weg. Daher lag es in der Logik der geschichtlichen Entwicklung, daß die Kirche auf diesem Gebiet eine erste Dogmatisierung im Sinne genereller Verbindlichkeit mit universalem Wahrheitsanspruch fixierte. Das war ein längerer, komplexer Vorgang, der im 1./2.Jh. begann und in den Dogmen von 325/381 und 431/451/681 gipfelte.

Bei der Differenzierung zwischen einem **trinitarischen Dogma** und einem **christologischen Dogma** darf die Zusammengehörigkeit beider Komplexe nicht außer acht gelassen werden: Es ging beide Male um die theologische Bedeutung der Gestalt Jesu, einmal um ihr Verhältnis zu Gott, ihr Gott-Sein (einschließlich des Heiligen Geistes als eines besonderen Aspekts), zum anderen um das Verhältnis von Gottheit und Menschheit in der geschichtlichen Person Jesu. Für die Lehrentwicklung im 1.-4.Jh. müßten eigentlich beide Komplexe zusammen behandelt werden. Wenn die Christologie im allgemeinen Sinne (Jesus Christus der Gott) als Problem der Gotteslehre (unter Einschluß der Pneumatologie als "Trinitätslehre") hier zunächst und gesondert behandelt wird, dann soll das der Übersichtlichkeit der

Darstellung dienen; es ist deswegen historisch legitim, weil die Christologie im engeren Sinne (Jesus Christus der Gott-Mensch) als spezifisches Problem erst nach der Dogmatisierung von 325/381 intensiver bearbeitet worden ist. Stand der erste Lehrkomplex in innerem Zusammenhang mit der Entwicklung der Kirche innerhalb des Imperium Romanum (vgl. § 3; 10.5; 11.5; 12-13), so der zweite im Zusammenhang mit der Auflösung der Einheit der Kirche nach 451, insbesondere im Osten (vgl. § 4; 11.1-3; 15.1-4). Die Lehrentscheidung von 325/381 ist bis heute das einzige von allen Kirchen rezipierte Dogma.

Hauptsächliche Probleme

- Kontinuität oder Diskontinuität der christologischen Entwicklung vom Urchristentum zum Dogma des 4.Jh.s?
- Verhältnis von Christologie und Soteriologie
- Bestimmung des Verhältnisses von Gott und Christus: Welche Begriffe, welche Traditionen, welche Konzeptionen sind tragend?
- Bestimmung von Einheit und Differenz in Gott
- Monotheismus und Subordinatianismus
- Das Problem der "Hellenisierung des Christentums": Verhältnis von Philosophie und Trinitätslehre
- Einbeziehung des Heiligen Geistes in die Reflexion: binitarische und trinitarische Ansätze
- Unterschied zwischen immanent-ewiger und ökonomischer Trinität (Metaphysik und Heilsgeschichte)
- Klärung der ontologischen Begriffe (οὐσία/*usia* - ὑπόστασις/*hypostasis*)
- Kirchenpolitische Aspekte der Lehrbildung: Schulen und Gruppen, Reichskirche und Reichsdogma
- Grundsatzdifferenzen zwischen Ost- und Westkirche.

QUELLEN: Einzelhinweise im Text zu Kap. 2-18. Genaue Angaben zu den einzelnen Kirchenvätern bei B. ALTANER/A. STUIBER: Patrologie, 9.A. 1980. - H.R. DROBNER: Lehrbuch der Patrologie, 1994. - DENZINGER-HÜNERMANN 40-51. 125-180. - A. HAHN (Hg.): Bibliothek der Symbole und Glaubensregeln der Alten Kirche, 3.A. 1897; ND 1962. - Übers. in Auswahl bei: H. VORGRIMLER (Bearb.): Gotteslehre I, 1989.

LITERATUR: K. BEYSCHLAG: Grundriß der Dogmengeschichte, Bd.1, 2.A. 1988. - F. COURTH: Die Trinität. In der Schrift und Patristik, HDG II/1a, 1988. - A. GILG: Weg und Bedeutung der altkirchlichen Christologie, 1936, 5.A. 1989. - A. GRILLMEIER: Jesus der Christus im Glauben der Kirche, Bd.1, 1979; 3.A. 1990. - A.v. HARNACK: Lehrbuch der Dogmengeschichte, Bd.1-2, 5.A. 1931. - F.H. KETTLER: Trinität III., RGG[3] 6 (1962) 1025-1032. - F. LOOFS: Leitfaden zum Studium der Dogmengeschichte, 4.A. 1906; 7.A. 1968. - A.M. RITTER: Dogma und Lehre in der Alten Kirche, HDThG 1, 1982, 99-283. - R. SEEBERG: Lehrbuch der Dogmengeschichte, Bd.1-2, 3.A. 1922/23; ND 1959. - CH. STEAD: Philosophie und Theologie I. Die Zeit der Alten Kirche, 1990. - B. STUDER: Gott und unsere Erlösung im Glauben der Alten Kirche, 1985. - R. WILLIAMS: Jesus Christus II, TRE 16 (1987) 726-745.

Wichtige Ereignisse, Sachverhalte, Personen

I.	**Anfänge der Lehrentwicklung im 1./2.Jh.**
	Entstehung verschiedener christologischer Konzeptionen im Urchristentum
	"Theologia Christi": Christus als Gott (Ignatius von Antiochia u.a.)
2.Jh.	Nebeneinander unterschiedlicher Vorstellungen und Traditionen: Geistchristologie und Engelchristologie
seit ca.150	Entwicklung der **Logoslehre** bei Justin, Tatian, Theophilus, Clemens, Hippolyt: Offenbarung und Geschichte
ca.180	Heilsgeschichtliche Entfaltung der Trinität bei **Irenäus**: Offenbarung des Vaters im Sohn. Der Geist als Heilsgabe
II.	**Das Trinitätsproblem im Konflikt ca.190-270**
seit ca.190	Monotheistische Reaktion der Monarchianer: **Adoptianismus** und **Modalismus**
ca.**210**	Trinitarische Terminologie bei **Tertullian**: Gott - eine Substanz, drei Personen
2.-4.Jh.	Mittelplatonismus (2./3.Jh.) und Neuplatonismus (3./4.Jh.): Übergang von der Einheit zur Vielheit als Grundproblem der Metaphysik
ca.220-250	Trinitätslehre im kosmologisch-soteriologischen System bei **Origenes**: Ewige Schöpfung - ewige Zeugung des Sohnes. Rückkehr der gefallenen Geistwesen zu Gott. Erziehung durch Christus - Heiligung durch den Geist
ca.260 264/68	Dogmatische Klärungsversuche: Dionysius von Alexandria gegen die modalistischen Monarchianer. Verurteilung des Adoptianismus Pauls von Samosata
III.	**Arianer, Nizäner, Origenisten 318-361**
318-325	**Arianischer Streit** - Arius: Christus als geschaffener Gott
325	Das Reichskonzil von **Nicäa** und sein neues Dogma: Gott-Sein Christi als Homousie (Wesenseinheit - ὁμοούσιος), Verurteilung des Arianismus (1.ökum. Konzil)
327ff 335	Kirchenpolitischer Kampf der Origenisten/Eusebianer ("Mittelpartei") gegen die Nizäner. Absetzung des Athanasius
339/341 342	Beginn der Ost-West-Kontroverse. **Athanasius**: Kampf für das Nizänum Reichskonzil von Serdika: Spaltung. Streit um die Hypostasenlehre
357ff	Konstantius' Politik: Aufhebung des Nizänums
	Neuformierung des **Arianismus**: Aëtius und Eunomius
	Zerfall der Mittelpartei: **Homöer** (Christus - Gott gleich bzw. ähnlich/*homoios*) und **Homöusianer** (Christus - Gott wesensgleich; *homoiousios*)
359	Reichskonzil von Seleukia/Ariminum/Konstantinopel: **Homöisches Reichsdogma** (gleich gemäß der Schrift; ὅμοιος κατὰ τὰς γραφάς)
IV.	**Verständigung zwischen Altnizänern und Neonizänern seit 362**
362	Athanasius' Programm (*Tomus ad Antiochenos*): Nizänum und Hypostasenlehre
372ff	**Kappadokier**: Basilius von Caesarea, Gregor von Nazianz, Gregor von Nyssa Kampf der **Neonizäner** gegen Homöer, Pneumatomachen und Kaiser Valens
381	Reichskonzil von **Konstantinopel** (2.ökum. Konzil) und das **Trinitätsdogma**: Gott - ein Wesen, drei Existenzformen (μία οὐσία, τρεῖς ὑποστάσεις/*mia usia, treis hypostaseis*)
378-382	Ambrosius' Kampf gegen den westlichen "Arianismus"
399-419	Augustins "De trinitate": Eine *essentia* - drei *relationes*

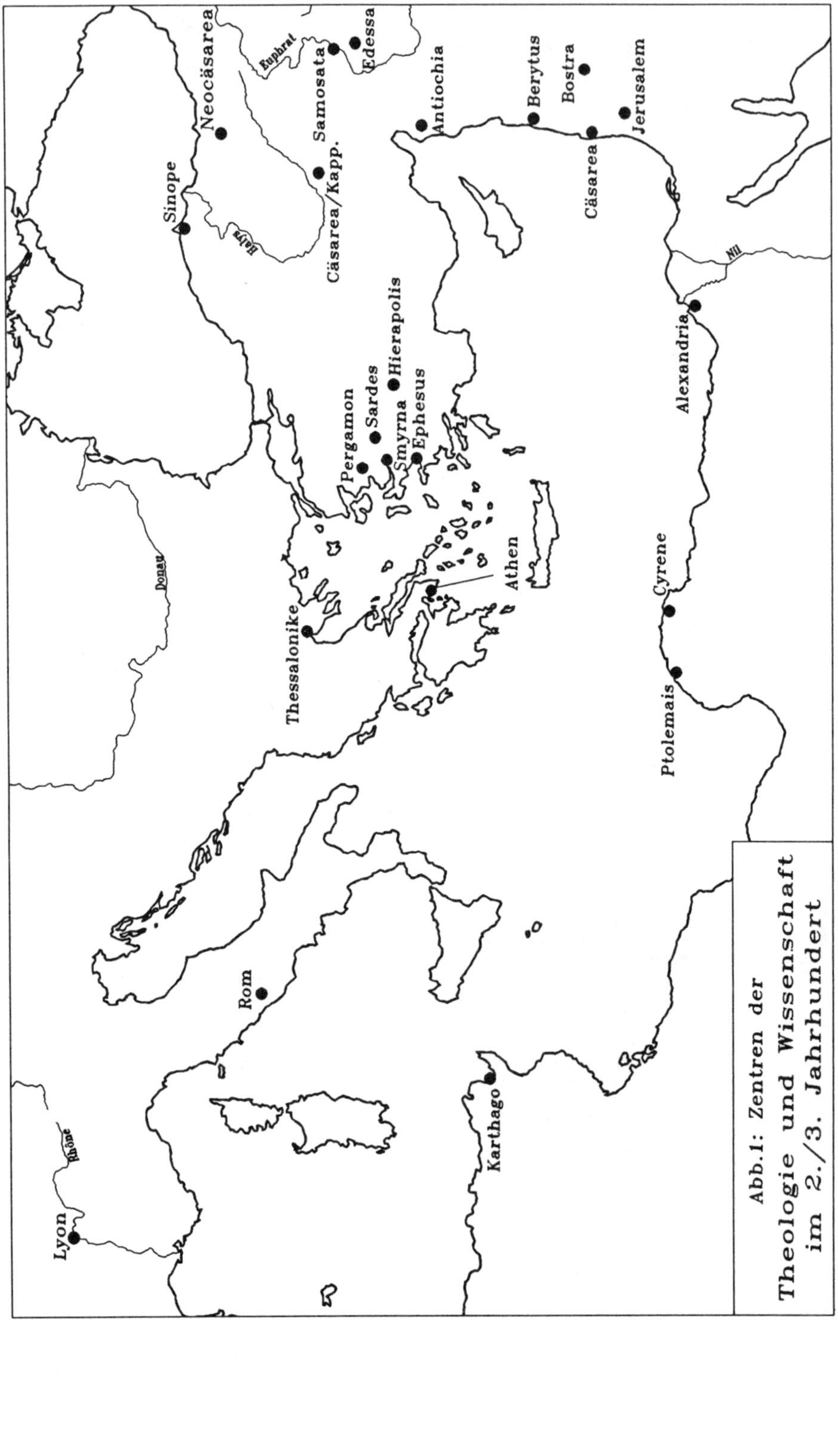

Abb.1: Zentren der
Theologie und Wissenschaft
im 2./3. Jahrhundert

1. Die Christologie im 1. Jahrhundert

Die Anfänge einer spezifisch christlichen Theologie ergaben sich aus der Verarbeitung derjenigen religiösen Probleme, die sich mit dem Auftreten Jesu für die an ihn Glaubenden stellten. Demgemäß hingen sie eng zusammen mit der Reflexion über Jesu Person und deren Beziehung zu Gott. Die Einzelheiten dieser Entwicklung sind in der Forschung umstritten. Wie bei kaum einem anderen Thema bedingen sich die jeweilige dogmatische Position und die historische Auffassung. So gibt es weder zu den Grundlinien noch zu den Detailproblemen eine communis opinio der ntl. Wissenschaft, auf der die kg. Betrachtung aufbauen könnte. Nur mit diesem Vorbehalt kann daher im folgenden die These vorausgesetzt werden, daß die Entwicklung von Christologie und Trinitätslehre bis zur Dogmatisierung im 4./5.Jh. sowohl den Anfängen der Lehrbildung im NT als auch dem Selbstverständnis Jesu grundsätzlich entspricht.

1.1 Kontinuität oder Diskontinuität?

Die entscheidenden Fragen sind: a) Besteht eine Kontinuität zwischen den beiden **altkirchlichen** Dogmen und der **urchristlichen** Christologie? b) Besteht eine Kontinuität zwischen der urchristlichen **Christologie** und dem historischen **Jesus**? Dabei kann "Kontinuität" jeweils im Sinne einer traditionsgeschichtlichen Entwicklung oder zumindest im Sinne einer sachlichen Adäquatheit begriffen werden. Im Protestantismus gibt es - v.a. seit A. Ritschl, A.v. Harnack, W. Bousset, R. Bultmann - Forschungsrichtungen, welche in unterschiedlicher Weise die Diskontinuität betont haben bzw. betonen: Mit der Übertragung christologischer Hoheitstitel werde der historische Jesus mehr oder weniger verfremdet (z.B. im Sinne hellenistischer Vorstellungen von Göttlichkeit), und diese Verfremdung werde im trinitarischen und christologischen Dogma - sowie schon in deren theologischer Vorbereitung - noch gesteigert durch die Übernahme der antiken Metaphysik. (Vgl. dazu die klassische Formulierung A.v. Harnacks, Lehrbuch I,20: *Das Dogma ist in seiner Conception und in seinem Ausbau ein Werk des griechischen Geistes auf dem Boden des Evangeliums.*) Die Auseinandersetzung mit dieser Sicht einer "Hellenisierung" des Christentums muß sich am historischen Material orientieren, auf dessen rechtes Verstehen es ankommt.

1.2 Die besondere Personwürde Jesu von Nazareth

Jesus hat die in naher Zukunft anbrechende, in seinem Wirken zeichenhaft gegenwärtige **Herrschaft Gottes** verkündigt. Er hat sie so mit **seiner Person** verbunden, daß diese - auch durch seinen Anspruch, Gottes Willen in besonderer Weise zu kennen - eine einzigartige Dignität erhielt. Die Bedeutung seiner Person trat auch darin hervor, daß er seine Anhängerschaft - zur Realisierung einer der Gottesherrschaft angemessenen Lebensweise - in seine Nachfolge rief und damit an sich band. Ob Jesus sein Selbstverständnis mit bestimmten Würdeprädikaten (Menschensohn, Messias) theologisch gedeutet hat, ist umstritten und kann hier offenbleiben, weil der oben beschriebene, weithin unstrittige Sachverhalt entscheidend für die weitere geschichtliche Entwicklung geworden ist. Auch die Frage, ob Jesu Auferweckung von den Toten ein von der religiösen Erfahrung seiner Anhängerschaft unabhängiges historisches Ereignis war, ist für die kirchen- und dogmengeschichtliche Betrachtung irrelevant; entscheidend ist, daß die frühe Christenheit dies geglaubt und daraus christologische Folgerungen gezogen hat.

1.3 Die Entwicklung unterschiedlicher christologischer Konzepte

Nach dem, was sie als Auferstehung deutete und verkündigte, hat Jesu Anhängerschaft ihn als qualitativ neu gegenwärtig, und zwar in Kontinuität zu seinem irdischen Auftreten, erfahren bzw. behauptet und dies z.T. mit der Vorstellung der **Erhöhung zu Gott** gedeutet. Daraus entwickelte sich - zunächst in einfachen

Glaubensformeln, Hymnen und Bekenntnissen, dann in stärker reflektierten bzw. inhaltlich explizierten Aussagen – eine Christologie, d.h. eine lehrmäßige Interpretation von Jesu Person im Horizont der biblischen Gottesvorstellung. Diese war keine abstrakte Spekulation, sondern stand im Zusammenhang mit der Heilserwartung. Die Christologie war also von vornherein mit der Soteriologie verbunden – das ist ein auch für die weitere Geschichte fundamentaler Aspekt. Ihre Frühformen waren mannigfaltige, in **Hoheitstiteln** (wie Menschensohn, Davidssohn, Christus, Kyrios, Sohn Gottes) verdichtete Konzepte mit unterschiedlichem religiösem und kulturellem Hintergrund im palästinischen und hellenistischen Judenchristentum wie im hellenistischen Heidenchristentum. Besonders wichtig im Blick auf die weitere Entwicklung waren folgende Elemente: die Akklamation Jesu als **Kyrios** (und damit die Assoziation des Gottesprädikats der Septuaginta), die Vorstellung der Präexistenz in Übernahme jüdischer Weisheitsspekulation, meist mit dem Titel **Sohn Gottes** verbunden, die Uminterpretation des **Messiastitels** im Lichte von Passion und Kreuzestod. Mit den beiden Frühformen des Bekenntnisses *Jesus der Christus* und *Jesus der Sohn Gottes* (vgl. § 2; 10.1.1) war eine erste normative Fixierung gegeben. In der theologischen Reflexion entwickelten sich verschiedene Konzeptionen, welche das Offenbarwerden Gottes in Jesus explizierten (Paulus und seine Schule, die Johannes-Schule).

1.4 Literatur

R. BULTMANN: Theologie des Neuen Testaments, 1953, 9.A. 1984. – H. CONZELMANN: Grundriß der Theologie des Neuen Testaments, 1967, 5.A. 1992. – DERS.: Jesus Christus, RGG[3] 3 (1959) 619-653. – L. GOPPELT: Theologie des Neuen Testaments, 2 Bde., 1975/6, 3.A. 1980. – M. HENGEL: Der Sohn Gottes, 1975, 2.A. 1977. – E. LOHSE: Grundriß der neutestamentlichen Theologie, 1974, 4.A. 1989. – E. SCHWEIZER: Jesus Christus I., TRE 16 (1987) 671-726.

2. Die Christus-Gott-Vorstellung und andere Konzepte im frühen 2. Jahrhundert

In der Zeit zwischen ca.90/100 und 140/150 zeigt die kirchliche Literatur keine neue Entwicklungsstufe der Christologie. Charakteristisch waren nicht klar umrissene Konzeptionen, sondern unkonturierte Vorstellungen und ein Nebeneinander verschiedener Komplexe. Die traditionellen Bekenntnis- und Hymnusformeln, hinter denen eine nicht explizierte Lehrauffassung stand, wurden mehr oder weniger eigenständig wiederholt. Sie setzten zumeist die **Inkarnationsvorstellung** voraus und hatten hauptsächlich den Aussagesinn, daß allein in Jesus Christus die Offenbarung Gottes erfolge und der Zugang zum Heil Gottes möglich sei, daß also in ihm die göttliche Transzendenz präsent werde. Der Grad der theologischen Ausarbeitung war dabei unterschiedlich.

Gottes Gegenwart in Jesus wurde so vorausgesetzt, daß man zum Teil unreflektiert von einem Gott-Sein Jesu sprechen oder göttliche Eigenschaften auf ihn übertragen konnte, ohne daß problematisiert wurde, wie sich dies zu dem ebenfalls vorausgesetzten Monotheismus verhielte. (Diese Denkweise kann mit A.v. Harnack als *Theologia Christi* bezeichnet werden.) Die **Präexistenzvorstellung** war im hellenistischen Christentum verbreitet, fand sich aber auch im hellenistisch-jüdischen Bereich. Sie konnte auf unterschiedliche Weise begründet oder expliziert werden, indem man annahm, ein mit Gott besonders verbundenes Wesen wäre inkarniert: Gottes Sohn, Gottes Weisheit oder Logos, Gottes Geist, Gottes Engel. In diesen Präexistenzaussagen war in der Regel ein **Subordinatianismus** enthalten, und zwar mehr als implizite Tendenz denn als durchdachte Verhältnisbestimmung: Das mit Gott besonders verbundene Wesen galt als diesem untergeordnet im Sinne einer ontologischen Nicht-Gleichwertigkeit. Vereinzelt gab es aber auch Denkformen, die man als Vorstufen des **Modalismus** ansehen kann. Vor allem in "häretischen" Lehren begegnete eine andersgeartete christologische Konzeption, die man als **Adoptianismus** bezeichnet: Danach wurde der auserwählte Mensch Jesus - durch die Taufe oder die Auferstehung/Himmelfahrt - von Gott als dessen Sohn angenommen bzw. eingesetzt, was eine Partizipation an göttlicher Macht und Würde bedeutete. Dieses wenig verbreitete Konzept implizierte eine Negation der Inkarnationsvorstellung und unterschied sich darin grundsätzlich von den o.g. anderen. Ebenfalls gegen die Inkarnationsvorstellung bildete sich seit ca.90/100 ein Grundkonzept heraus, das in unterschiedlicher Ausprägung, manchmal mit adoptianischen Motiven verbunden, existierte und als Doketismus bezeichnet wird. (Näheres dazu s. § 4; 1.2.)

2.1 Christus als Gott
Eine derartige Prädikation, die nicht als Identifikation oder Wesensdefinition reflektiert wurde, entstammte der hymnischen Akklamation (vgl. Joh 20,28; Tit 2,13). Diese für Judenchristen inakzeptable Redeweise war für Gemeinden in der **hellenistisch-römischen Welt** - auf deren polytheistischem Vorstellungshintergrund - in gewisser Weise plausibel, obwohl auch sie den biblischen Monotheismus uneingeschränkt voraussetzten. (Vgl. dazu die heidnischen Berichte bei Plinius [§ 3; 4.2], wonach die Gemeinde Lieder sang *Christo quasi deo*, und bei Celsus [s. § 3; 6.2]; Origenes, C. Cels. II, 30.33.)

2.1.1 Ignatius von Antiochia (um 110/115; s. § 2; 11.2.3) vertrat diese Denkweise, wenn er Christus als *unseren Gott* oder *meinen Gott* bezeichnete (Eph 18,2; Röm 6,3; vgl. Smyrn 1,1: *Ich preise Jesus Christus, den Gott*; Eph 7,2: *im Fleisch erschienener Gott*). Begründet war dies für ihn darin, daß Jesus als der einzige Offenbarer Gottes (Magn 8,2) und Zugang zu Gott (Philad 9,1), als der Sohn Gottes in der Einheit mit dem Vater existiert (Magn 1,2) und die soteriologische Einheit von Geist und Fleisch, Transzendenz und Immanenz repräsentiert.

2.1.2 Eine Generation später dokumentierte z.B. auch der Prediger des sog. **2. Clemensbriefes** (in Rom? um 140/150? vgl. TRE 8,122) die schlichte Vorstellung, man müsse *über Jesus Christus so denken wie über Gott* (1,1; bezogen auf das Richteramt); doch dahinter stand eine geistchristologische Konzeption (s. 2.2). Ähnlich 2. Petr 1,1 (um 140/150?): *Gerechtigkeit unseres Gottes und Retters Jesus Christus.* Formelhafter Nachklang fand sich noch um 160 z.B. bei Tatian und Meliton.

2.1.3 Die für die Konzeption konstitutive **Präexistenzvorstellung** (s. dazu schon z.B. Phil 2,6f; Joh 1,1-3; Kol 1,15f; Hebr 1,2) klingt deutlich an bei **Ignatius**, Magn 6,1 (*der vor den Zeiten beim Vater war und am Ende erschien*), und wird vom **Barnabasbrief** (ca.130) in einer an jüdischer Auslegung von Gen 1,26 orientierten, der Sophia-Spekulation verwandten Weise kosmologisch interpretiert (5,5: *Gott hat zu ihm, dem Herrn der ganzen Welt, gleich nach Gründung der Welt gesprochen*). Nirgends ist sie im Blick auf ihre metaphysisch-ontologischen Konsequenzen reflektiert worden. Die Variabilität der Erklärungsmuster zeigt sich besonders bei **Hermas** (s. 2.2-3; 2.5).

2.2 Geistchristologie

Eine durch jüdische Vorstellungen beeinflußte Weise, Christi **Präexistenz** präziser zu denken, war die **Identifikation** seines vorinkarnatorischen Wesens mit Gottes Geist. Das konnte in verschiedener Weise gedacht werden, ohne daß daraus eine kohärente Lehre wurde.

2.2.1 Bei Ignatius begegnet neben der alten Formel, daß *unser Gott Jesus, der Christus ... einerseits aus Samen Davids, andererseits aus heiligem Geist* geboren wurde (Eph 18,2), die Vorstellung, daß sein göttliches Wesen - als der Sphäre Gottes entstammend - Pneuma bzw. pneumatisch sei (Magn 1,2; 15; Eph 7,2). 2. Clemens formulierte damit sowohl die Präexistenz (*Christus, der zuerst Geist war, wurde Fleisch*; 9,5) als auch das göttliche Sein Christi generell (14,4). Hermas vertritt die gleiche Konzeption (Identifizierung von Heiligem Geist und Sohn Gottes; Einwohnung des präexistenten Schöpfer-Geistes in Jesus; Sim V,5,2; 6,5f), versteht aber den personhaft gedachten Geist als Engel wie als Sohn Gottes (Sim IX,1,1f).

2.2.2 Noch Irenäus nach 180 (Adv.haer. III, 9,3; 17,1; V,1,1; 20,2) und Lactantius um 310 (Inst. div. 4,6,1-3) bezeugen eine Geistchristologie, die man als archaische Interpretation der Präexistenzvorstellung wie als Vorstufe einer Trinitätslehre ansehen kann. Wie stark verbreitet sie im 2.Jh. war, ist schwer abzuschätzen.

2.3 Engelchristologie

Ebenfalls der jüdischen Tradition (wohl der Apokalyptik) verpflichtet war die andere Erklärungsmöglichkeit, Christi präexistentes Sein zu definieren: als dasjenige eines **Engels Gottes**. (Sie konnte sich aber auch mit der Geistchristologie verbinden, sofern der Geist personifiziert als Engel galt; vgl. Hermas, Mand. XI,9.) Hier trat der Aspekt der **Personalität**, aber auch der Inferiorität gegenüber Gott hervor. In **judenchristlichen Gruppen** war diese Konzeption zunächst vor allem verbreitet (z.B. als Identifikation mit dem Erzengel Michael), doch auch Hermas und Justin kannten sie, und noch um 300 begegnete sie vereinzelt, z.B. bei Lactantius und Methodius. Ebenfalls bei Judenchristen konnte sie dahingehend erweitert werden, daß Christus und der Heilige Geist als die beiden Engel zur Rechten und Linken Gottes (gemäß Jes 6,2f) oder als die beiden Hände Gottes bei der Weltschöpfung galten. Das war eine - selten vertretene - archaische Form einer Trinitätsvorstellung.

2.4 Modalismus

Die Bezeichnung Christi als Gott konnte gelegentlich im Sinne einer modalistischen Identität verstanden werden, wie sie von späteren Theologen ausdrücklich begründet wurde (s. 5.3). Danach galt Christus nur als eine **Erscheinungsweise** Gott-Vaters. Da die Quellenzeugnisse gering sind, dürfte diese Position im 2.Jh. nur selten vertreten worden sein; die bei Ignatius begegnenden Formeln (s. 2.1.1; z.B. Eph 7,2) sind nicht modalistisch gemeint. Möglicherweise hat Markion (s. § 2; 6.2) eine modalistische Christologie vertreten: *In Christus ist Gott durch sich selbst offenbart worden* (Tertullian, Adv.Marc. I,19,1). Ebenso undeutlich sind die Belege bei Meliton (s. § 3; 7.2.1 - *Gott ist getötet worden*; Περὶ πάσχα/*Peri Pascha* 96) und bei den Montanisten (s. § 2; 7.3 - *Ich bin der Vater, ich bin der Sohn, ich bin der Paraklet*; *Ich, der Herr, Gott der Vater, bin gekommen*; Orakel 2-4 ed. Labriolle). Alle Zeugnisse gehören nach Kleinasien, dem Herkunftsgebiet des späteren Modalismus.

2.5 Adoptianismus

Ob die als adoptianische Christologie bezeichnete Konzeption, die erstmals klar formuliert seit ca.190 begegnete (s. 5.2), schon vorher vertreten wurde, ist umstritten. Die Quellenbelege sind dürftig. Die urchristlichen Vorstellungen von der **Erhöhung Jesu** könnten teilweise in diese Richtung weisen. Nach dem sog. Ebionäerevangelium wurde Jesus durch die Taufe zum Gottessohn (dies im Sinne der Engelchristologie verstanden) erklärt. Ähnlich lehrten in Bestreitung des Inkarnationskonzeptes um 120 wohl der Gnostiker Kerinth (bei Irenäus I,26,1; vgl. V,1,3) und um 150 einige Gruppen der Valentinianer (ebd. I,7,2; vgl. § 2; 5.2.4). Die Unterscheidung vom Doketismus ist hier nicht immer deutlich. Adoptianische Vorstellungen im Zusammenhang mit anderen Konzepten sind auch bei Hermas belegt (Sim V,2,8.11; 6,5-7), der damit bezeugt, daß jene im 2.Jh. kaum eine stringente Lehre bildeten.

2.6 Literatur

QUELLEN: Die apostolischen Väter. Griechisch-deutsche Parallelausgabe, hg.v. A. LINDEMANN/H. PAULSEN, 1992.

LITERATUR: K. BEYSCHLAG: Grundriß I, 75-81. - N. BROX: Der Hirt des Hermas, 1991, 485-495. - A. GRILLMEIER: Jesus der Christus I, 133-168. - A.V. HARNACK: Lehrbuch I, 203-225. - H. PAULSEN: Studien zur Theologie des Ignatius von Antiochien, 1978, 169-187. - B. STUDER: Gott 29-62.

3. Die Logoslehre der Apologeten

Eine grundlegend neue Stufe der Lehrentwicklung ergab sich seit 150/160 dadurch, daß in einer Deutung der **Weltgeschichte als Heilsgeschichte** die Christologie gleichsam wissenschaftlich in Beziehung zur Gotteslehre reflektiert wurde. Damit entstand ein Gegenmodell zur gnostischen Trennung von Gott und Welt, Schöpfung und Heil (s. dazu § 2; 5.1.2).

3.1 Philosophische Voraussetzungen

Schon früh bezogen manche Reflexionen die hellenistisch-jüdische Vorstellung von Gottes Wort (λόγος/*logos*) und Weisheit (σοφία/*sophia*), den göttlichen Schöpfungs- und Offenbarungsmittlern, auf Jesus. Damit war insofern eine Verbindung zur Philosophie gegeben, als für die **Stoiker** der Logos ein zentrales Prinzip ihrer rationalen, materialistischen Kosmologie war und durch deren Einfluß diese Vorstellung auch von Popularphilosophen übernommen wurde: Die immanent in allen Dingen waltende universale Weltvernunft, eine fein-geistige Substanz, die mit der Gottheit identifiziert werden kann, teilt sich abgestuft - als **Vernunftsame** (λόγος σπερματικός/*logos spermatikos*) - allen Menschen mit und befähigt sie damit zu gemeinsamer Erkenntnis und Moral. Im **Mittelplatonismus** (s. dazu 7.) wurde diese Konzeption übernommen, aber ohne ihre materialistisch-naturwissenschaftliche Komponente; hier betonte man die Transzendenz des Göttlichen und sah im Logos primär ein geistig-ethisches Prinzip. Der jüdische Alexandriner **Philo** (gest. ca.45/50) verband die platonische Logos-Metaphysik mit der Exegese von Gen 1,1ff, d.h. die philosophische Kosmologie mit der biblischen Schöpfungsvorstellung. Dadurch erhielt sie einen neuen Bezug auf die Gotteslehre.

3.2 Christologie und Gotteslehre

Philos großer Einfluß auf frühchristliche Theologen des 2./3.Jh.s führte dazu, daß diese die Logoslehre übernahmen. Aber sie gaben ihr - im Unterschied zu dessen abstrakter, spekulativer Konzeption - einen konstitutiven Bezug auf Jesus Christus. Damit entstand eine **personalistische Logoslehre**, eine Logoschristologie, die zum gedanklichen Zentrum der ganzen Theologie wurde: der Offenbarungslehre und Geschichtstheologie, der Kosmologie, der Anthropologie und der Soteriologie. Damit hatte sie auch einen konstitutiven Bezug zur Gotteslehre, denn sie begriff Gottes Reden und Handeln in Schöpfung und Geschichte als einen zu seinem Wesen gehörigen Aspekt, der eigenständig gedacht wurde (als Hypostase).

3.3 Universaler Geltungsanspruch

Für das Anliegen der Apologeten, den christlichen Absolutheitsanspruch in der wissenschaftlichen Auseinandersetzung mit der heidnischen Umwelt zu behaupten (vgl. § 3; 7.1.1-3), war die Logoschristologie besonders geeignet. Denn so konnte die universale Geltung Jesu Christi begründet werden, und zwar in einem doppelten Bezugsrahmen: **kosmologisch** und **geschichtstheologisch**. Erstmals gab **Justin** um 155 dieser Konzeption eine umfassende literarische Form. In unterschiedlicher Ausprägung vertraten sie nach ihm vor allem Tatian, Theophilus von Antiochia und Athenagoras (vgl. § 3; 7.1.2-3), aber auch Theologen, die nicht mehr den Apologeten im strikten Sinn zuzurechnen sind, wie Irenäus, Hippolyt, Tertullian und Clemens Alexandrinus, schließlich in neuer Systematisierung Origenes und dessen Schüler (vgl. § 2; 10.1-5). Bis ins 4.Jh. war sie die in der wissenschaftlichen Theologie am stärksten verbreitete trinitarische Konzeption; allerdings enthielt sie zumeist eine problematische Komponente: den Subordinatianismus, der die Einheit des Gottesbegriffs gefährden konnte.

3.3.1 Daß die Logoslehre **christliche Geschichtstheologie** und nicht kosmologische Spekulation ist, zeigt sich besonders bei **Justin**. (Zu ihm s. § 3; 7.1.2; Übers.: BKV 12.33.) Welt-, Offenbarungs- und Heilsgeschichte verbindet er durch den Logosbegriff. Der **Logos** ist a) Gottes Schöpferwort und Prinzip der Weltordnung, b) der göttliche Ermöglichungsgrund von Wahrheitserkenntnis, c) die göttliche Anleitung zum Leben (als Nomos und Lehrer), d) Gottes Eingreifen in der Geschichte durch die verschiedenen Epiphanien, die Prophetie und die abschließende Inkarnation. Jesus Christus ist gemäß Ps 1,2 und Jes 2,3f Logos und Nomos, die von Gott ausgehen. Deshalb ist er von Anfang an **in der gesamten Menschheitsgeschichte präsent**, bei den Juden in Gesetz und Prophetie, bei den Heiden - allerdings nur partiell - in Moral und Philosophie. Justin konzipiert die Soteriologie von der Ethik her, indem Erlösung durch Christus sich als **Belehrung** durch ihn vollzieht, als eine kraftvolle Neuorientierung, welche die Macht der Dämonen - der Herrscher in dieser Welt - bricht. Den Weissagungsbeweis, der seit der urchristlichen Theologie Jesu Bedeutung legitimieren sollte, wendet Justin systematisch an, wobei er sich auf das allgemeine Axiom stützt, daß das Ältere das Bessere (Mose älter als Platon) ist. Gottes Logos hat ebenso wie der prophetische Geist das Geschick Jesu vorausverkündet. Damit wird der Ansatz einer Trinitätslehre erkennbar.

3.3.2 Die Verhältnisbestimmung Gott-Logos wurde seit Justin zum Grundproblem, weil sie in der vorausgesetzten Konzeption nur als **Subordinatianismus** gedacht werden konnte (verstärkt durch die traditionellen geist- und engelchristologischen Vorstellungen). Als Gottes Kraft ist für Justin der Logos dessen *Diener* und *Engel*, der "den zweiten Platz" unter dem höchsten Gott einnimmt und insofern als *anderer Gott und Herr* (Dial. 56,1-11) gilt, der - in Anwendung der grundlegenden Bibelstelle Prov 8,22 (vgl. Dial. 61,2) - *erstes Geschöpf Gottes* ist, als Sohn Gottes vor allen anderen Geschöpfen und vor der Zeit entstanden und als Gott an der Schöpfung beteiligt (Apol. I,21,1; 63,15; II,6,3). Durch den Sohnesbegriff und den Gedanken der Zeugung sollte die singuläre Stellung, die enge Verbindung, ausgesagt werden. Entsprechende Aussagen finden sich bei Tatian und Athenagoras.

3.3.3 Die Logoslehre ist vom Ansatz her binitarisch konzipiert, weil sie das Verhältnis zwischen Gott und Logos, Vater und Sohn betrifft. Der Heilige Geist wird in dieser Form der Reflexion nicht mitgedacht, sondern tritt hinzu als Element der Heilsgeschichte (Prophetie, so bei Justin) oder als erlösende Kraft (so bei Tatian). Man findet also noch keine stringente **Trinitätslehre**. Ansätze dazu bot erstmals - aber ohne Bezug auf Jesus Christus! - **Theophilus** im Zusammenhang seiner Schöpfungslehre (Ad Autol. II,10.15.22; verfaßt nach 180, aber auf ältere Traditionen zurückweisend; vgl. § 3; 7.1.3; Übers.: BKV 14,12-106): Gott hat den Logos immer in sich und zeugt ihn, seinen Sohn, seine Sophia vor allen Geschöpfen als den Schöpfungsmittler, als den Geist Gottes, als den prophetischen Offenbarungsmittler; Gott, sein Wort (*logos*) und seine Weisheit (*sophia*) sind eine Dreiheit (*trias*). Damit begegnet hier erstmals nicht nur der spätere

Begriff für Trinität, sondern auch eine reflektierte Verhältnisbestimmung. Bei dieser wirken sich zwei Einflüsse aus: a) die stoische Differenzierung zwischen "**logos endiathetos**" (λόγος ἐνδιάθετος = Gedanke; im Kopf enthaltenes Wort) und "**logos prophorikos**" (λόγος προφορικός = Wort; ausgesprochener Gedanke); b) die jüdische Weisheitsspekulation, wonach Gott ewig-immanent seinen Logos wie seine Sophia bei sich hat und sich vor der Schöpfung "äußert", indem er den Logos in die Geschichte eintreten läßt. Damit ist trotz des Subordinatianismus eine enge Wesensverbindung vorausgesetzt.

3.4 Literatur

L.W. BARNARD: Apologetik I., TRE 3 (1978) 371-411, dort 376-383. - DERS.: Justin Martyr. His Life and Thought, 1967. - K. BEYSCHLAG: Grundriß I, 105-130. - W. PANNENBERG: Die Aufnahme des philosophischen Gottesbegriffs als dogmatisches Problem der frühchristlichen Theologie, ZKG 70 (1959) 1-45. - B. STUDER: Gott 63-77.

4. Heilsgeschichte und Trinität bei Irenäus

Gegen die gnostischen Spekulationen über den Gegensatz von Gott und Welt, Heil und Geschichte entfaltete Irenäus (s. § 2; 5.1.2) nach 180 eine Konzeption der Verbindung von **Schöpfung und Erlösung**, und zwar bewußt als Auslegung der Bibel und der kirchlichen Lehre (*regula veritatis*; s. § 2; 10.2.2). Es war eine Theologie der Offenbarung und der Inkarnation, der in Jesus Christus kulminierenden Geschichte Gottes mit der Menschheit, die nach dessen **Heilsplan** (οἰκονομία/*oikonomia - dispositio*) als Erziehung und Erlösung verläuft: Die mit der Schöpfung des Menschen - in dessen Sein nach Bild (εἰκών/*eikōn - imago*) und Ähnlichkeit (ὁμοίωσις/*homoiōsis - similitudo*) - gegebene Gemeinschaft mit Gott ging durch Adams Fall verloren; in Jesus Christus, der als Antityp Adams in sich die Menschheitsgeschichte zusammenfaßt, ist sie wiederhergestellt (wie Irenäus' Grundgedanke der ἀνακεφαλαίωσις/*anakephalaiōsis - recapitulatio* besagt). Dieser ist der Mensch gewordene ewige Sohn Gottes, der als Logos dessen Offenbarungs-, Schöpfungs- und Erlösungsmittler ist; sein Wirken in der Heilsgeschichte vermittelt den Menschen Gottes Geist und damit Vollkommenheit. Irenäus hat im Rahmen der skizzierten Gesamtkonzeption eine Trinitätslehre geboten, welche erstmals den Typ einer **"ökonomisch-trinitarischen" Position** repräsentiert, d.h. einer Reflexion über die heilsgeschichtliche Entfaltung Gottes in Christus als dem Offenbarer und im Geist als der Heilsgabe.

4.1 Anthropologie und Soteriologie

In seiner *Entlarvung und Widerlegung der fälschlich so genannten Gnosis* (s. § 2; 10.1) explizierte Irenäus den biblischen Schöpfungsbericht als Anfang der Menschheitsgeschichte, die Gott planvoll als Heilsgeschichte (οἰκονομία) gestaltet hat, und zwar mit zwei Wendepunkten: dem Sündenfall Adams und der Menschwerdung Christi (IV,14; V,1).

4.1.1 Von Gen 1,26f her entwickelte er eine **christologisch begründete Imago-Lehre** (III,18,1-7 u.ö.): Christus ist als das Bild Gottes (εἰκών/*imago*) das Muster, nach welchem der Mensch erschaffen worden ist, so daß dieser keine naturhafte, sondern eine christologisch vermittelte Gottesbeziehung hat, die ihn zur Gemeinschaft mit Gott, zur "Ähnlichkeit" (ὁμοίωσις/*similitudo*) bestimmt. Dieses Wesen ist durch Adams Fall verdorben worden; wegen der seitdem beherrschenden Sündigkeit kann der Mensch das Ziel der Gottähnlichkeit nicht erreichen, obwohl er die Gottebenbildlichkeit noch besitzt (III,18,1; 23.1.5; V,6,1). Er bedarf der Erlösung, die Gott in seiner Güte durch das pädagogische Wirken des Logos-Sohnes und des Heiligen Geistes in der Geschichte Israels – vornehmlich durch die Propheten als Geistträger – vorbereitet (III,17,1-4; 20,2f; IV,33,1.10-14; 38,1-3).

4.1.2 Da die Erlösung das Ziel der Schöpfung, die Vollkommenheit des Menschen in der Gemeinschaft mit Gott, realisieren soll, muß der Schöpfungsmittler nach Gottes Plan (*oikonomia*) das Heilswerk vollbringen: Der göttliche Logos-Sohn wird in Jesus Christus selber Mensch und teilt den Gläubigen den Heiligen Geist mit, so daß diese in der Verbindung von Fleisch und Geist vollkommen werden (V,6,1). Damit hat Gottes Sohn in seiner Person eine **Zusammenfassung** bzw. einen **nochmaligen Durchgang** (ἀνακεφαλαίωσις/*recapitulatio*) der Menschheitsgeschichte gebracht, und zwar zum Heil hin (III, 16,6 u.ö.). Christus steht damit in Antithese zu Adam als der urbildliche, gehorsame Mensch (III,18,1). Exegetisch beweist Irenäus die *recapitulatio* mit Einzelaspekten der **Adam-Christus-Typologie**.

4.2 Trinitarische Gotteslehre: Vater, Sohn, Geist

Irenäus hat keine spekulative Trinitätslehre entfaltet. Er hat aus der Tradition ein kosmologisch-trinitarisches Konzept übernommen (vgl. 3.3.3 zu Theophilus), wonach Gott die Schöpfung durch sein **Wort** (*logos*) und seine **Weisheit** (*sophia*) bewerkstelligt hat. (Mit jüdischer Genesisexegese als die beiden *Hände Gottes* metaphorisch bezeichnet: IV, prol.4 u.ö.). Er hat es dadurch mit Christologie und Soteriologie verbunden, daß er *logos* und *sophia* stets als Sohn und Geist Gottes identifizierte (IV,7,4; 20,1.5 u.ö.). Er hat das nicht im Sinne einer immanent-ewigen Trinität reflektiert. Ihm lag nicht an Metaphysik, sondern an der **offenbarungs- und heilsgeschichtlichen Entfaltung Gottes** in Abgrenzung gegen gnostische Emanationsvorstellungen (vgl. § 2; 5.2.4), wobei er die Weise der Selbstdifferenzierung als denkunmöglich ansah (II,28, 4-6.9). Er erläuterte sie vom Offenbarungsgedanken her z.B. so, daß *der Vater das Unsichtbare des Sohnes, der Sohn aber das Sichtbare des Vaters* sei (IV, 6,6), womit er deren Einheit betonte. Er nahm sie durch die biblischen Aussagen über den Unterschied von Vater und Sohn als gegeben hin (II,28,4 u.ö.), betonte dabei aber ohne eingehende Reflexion die **Gleich-Ewigkeit** beider (II,30,9) ebenso wie die Geburt des Sohnes aus dem Vater (II,28,6). Mit dem Sohn-Logos als dem Schöpfungs- und Offenbarungsprinzip Gottes ist der Heilige Geist verbunden (III,18,3) als diejenige **Gabe Christi**, die den Gläubigen die Offenbarung zueignet und die Gemeinschaft mit Gott bewirkt (IV,20,5f; V,1,1). So kann Gottes unveränderliches Sein mit seinem Handeln in der Geschichte zusammengeschaut werden. Doch Irenäus bot mit seinem *ökonomisch-trinitarischen Monotheismus* (F. Loofs) keine ausgearbeitete Trinitätslehre, sondern Vorstellungen, Begriffe und Bilder für das Geheimnis der Dreiheit, die im christlichen Leben grundlegend bei der Taufe begegnet (Epid. 6f).

4.3 Literatur

C. ANDRESEN: Die biblische Theologie des Irenäus, HDThG 1, 79-98. – A. BENGSCH: Heilsgeschichte und Heilswissen, 1957. – F. COURTH: Trinität 67-77. – H.-J. JASCHKE: Irenäus von Lyon, TRE 16 (1987) 258-268. – F. LOOFS: Leitfaden 106-115. – R. SEEBERG: Lehrbuch I, 396-413. – B. STUDER: Gott 78-90.

5. Der "Monarchianismus": Kampf um den christlichen Monotheismus

Die populäre Auffassung von Christi Gott-Sein (s. 2.1) und die Logoslehre mit ihrer Ausdehnung des Gottesbegriffs (s. 3.3.2) riefen seit ca.190 unterschiedliche Reaktionen hervor, die darin einig waren, daß sie den reinen Monotheismus mit der Christologie zu verbinden suchten. In der Forschung hat man unter dem Oberbegriff "Monarchianismus" seit dem 19.Jh. zwei Richtungen terminologisch unterschieden: den Adoptianismus (bzw. Dynamismus) und den Modalismus. Der Denkansatz und die theologische Ausführung beider differierten fundamental. (Einzelheiten lassen sich nur schwer feststellen, weil die Quellenbasis sehr lückenhaft ist.) Die **Adoptianer** (zuerst Theodot, der Schuhmacher) definierten mit philosophischer und exegetischer Begründung Jesu besondere Würde so, daß er durch die Taufe von Gott zum Christus erhoben worden sei. Die **Modalisten**, die stärker verbreitet waren, sahen - gegen den Subordinatianismus der Logoslehre - den Sohn als eine Erscheinungsform (*modus*) des Vaters an. (So v.a. Noëtus, Praxeas, Sabellius, die der Gemeindefrömmigkeit der *Theologia Christi* eine reflektierte Gestalt gaben.) Der durch beide Bewegungen ausgelöste Konflikt, im 3.Jh. in verschiedenen Schüben ausgetragen, war die **erste große trinitätstheologische Kontroverse**, die unterschwellig bis ins 4.Jh. weiterwirkte. Seit 190/200 war also die Frage der Gottheit Christi gut zweihundert Jahre lang für die Kirche ein strittiges Thema.

5.1 Der modalistische Monarchianismus

Als *monarchiani* (so Tertullian) wurden nur diejenigen bezeichnet, die man heute Modalisten nennt. Sie setzten die ältere Form der *Theologia Christi* (s. 2.1; 2.4) voraus, opponierten gegen die Logoslehre und behaupteten dagegen die **"monarchia" Gottes** (einen Begriff, den christliche Theologen im 2./3.Jh. gegen den heidnischen Polytheismus stellten). Das begründeten sie im Zusammenhang der Inkarnationschristologie so, daß in Jesus Gott selber Mensch geworden sei, weswegen **der Sohn als eine Erscheinungsform** (*modus*) **des Vaters** gelten müßte. Diese Konzeption bekam im einzelnen verschiedene Ausformungen. Drei Namen für ihre führenden Vertreter in der Zeit um 190-230 sind überliefert: **Noëtus, Praxeas und Sabellius**, alle drei in Rom wirkend, die ersten beiden aus Kleinasien, der letztere vielleicht aus Libyen stammend (Einzelheiten dazu s. 5.3). Der Modalismus fand entschiedenen Widerspruch bei Theologen, v.a. Hippolyt, Tertullian und Novatian im Westen, Origenes und Dionysius im Osten (s. 5.4; 6.1.3; 8.2; 8.3.1; 9.1), entsprach aber weithin der Gemeindefrömmigkeit. Daraus erklärt sich, daß der römische Bischof Kallist um 220 in einer Lehrformel, die zwischen Logoslehre und Monarchianismus vermitteln sollte, das Verhältnis von Vater und Sohn als Einheit Gottes in fast modalistischer Weise betonte. Im Osten gab es ca.220-270 heftige Auseinandersetzungen mit dem "Sabellianismus".

5.2 Der adoptianische bzw. dynamistische Monarchianismus

Der Adoptianismus (vgl. 2.5) als eine reflektierte Lehre begegnete erstmals bei dem gebildeten Schuhmacher **Theodot**, der aus Byzanz um 190 nach Rom kam, dort eine Schule bildete und bald darauf von Bischof Viktor exkommuniziert wurde mit der Begründung, er hätte Christus für einen bloßen Menschen gehalten. Theodot lehnte die Inkarnationschristologie und damit sowohl die Logoslehre als auch die populäre Bezeichnung Christi als Gott ab: Der besondere Mensch Jesus hätte in der **Taufe** den **Geist Gottes** und damit göttliche Kräfte empfangen, wodurch er zum Propheten, neuen Mose und Christus wurde, in bildhaft-uneigentlicher Weise *Sohn Gottes* genannt. Theodot und seine Schüler - v.a. Theodot der Geldwechsler/Bankier um 200/210 sowie Artemon (Artemas) um 230 - orientierten sich im Unterschied zu den meisten Theologen nicht am Platonismus, sondern am Aristotelismus, nicht an allegorischer, sondern an literaler Bibelexegese (mitsamt Textkritik). Ihre wissenschaftlich-rationalistische Position wurde

- anders als der Modalismus - im Verlauf des 3.Jh.s nur von einer Minorität geteilt. Im Osten vertraten eigenständige Formen eines dynamistischen Adoptianismus der Bischof von Bostra **Beryllus** um 238-244 und der 264/268 deswegen verurteilte Bischof von Antiochia **Paul von Samosata** (s. 9.2-2.1; 9.2.3).

5.3 Die Einheit Gottes bei Noëtus, Praxeas und Sabellius

5.3.1 Die älteste Form des Modalismus entwickelten **Noëtus** (aus Smyrna) und dessen Schüler (v.a. Epigonus in Rom) in Abwehr des vermeintlichen Ditheismus der Logoslehre. Ihre Lehren müssen aus der Widerlegung durch Hippolyt rekonstruiert werden. Sie behaupteten die **Identität** Gottes, der der unsichtbare Vater sei und Sohn nur insofern heiße, als er sich sichtbar offenbare. Demnach war für sie die Differenzierung nur eine solche der Namen, heilsgeschichtlich begründet. In Kleinasien kam es darüber seit 190 zum Konflikt. Umstritten ist, ob Noëtus auch in Rom wirkte und wann er als Häretiker verurteilt wurde (um 230?).

5.3.2 Praxeas, der nur durch Tertullians Gegenschrift von ca.213 bekannt ist, vertrat in Rom und Karthago eine ähnliche Position. Er und seine Schüler unterschieden in der Person Jesu zwischen dem Sohn als dem Menschen und dem Vater als der Gottheit (*deus* bzw. *spiritus*), wobei sie auf die antike Vorstellung von Gott als dem *Vater des Alls* zurückgriffen; bzw. sie definierten den **Sohn als die sichtbare Seinsweise** des unsichtbaren Vaters. Da dies zu der Folgerung führte, daß Gott selber, also der Vater, in Jesus am Kreuz gelitten (bzw. mitgelitten) habe, während der Mensch gestorben sei, bezeichnete Tertullian die Monarchianer als *Patripassianer*.

5.3.3 Eine noch rätselhaftere, wirkungsgeschichtlich bedeutendere Gestalt war der später als Libyer bezeichnete **Sabellius**, der (oder dessen spätere Schülerschaft?) Noëtus' Konzeption reflektierter begründete und trinitarisch erweiterte: Um jeden Ditheismus auszuschließen, bezeichnete er Gott als "Sohn-Vater" (υἱοπάτωρ/*hyiopatōr*) und dessen jeweilige geschichtliche **Erscheinungsweise als "Person" bzw. "Rolle"** (πρόσωπον/*prosōpon* - ein ursprünglich aus dem Theater und aus der Exegese der platonischen Dialoge stammender Begriff, der die Aussagen je nach ihren Sprechern differenzierte). Gott offenbare sich in einer heilsgeschichtlichen Abfolge der *prosōpa*, zunächst in der Person/Rolle des Vaters als Schöpfer und Gesetzgeber, seit der Inkarnation in der Person/Rolle des Sohnes als Erlöser, seit Christi Himmelfahrt in der Person/Rolle des Heiligen Geistes als Lebensspender. Auch Sabellius' Lehre wurde in Rom (um 220?) verurteilt; sie fand danach vor allem Anhänger in Ägypten und Libyen, gegen die Origenes seine Hypostasenlehre betonte (s. 8.2.; 8.3.1; vgl. auch 9.1.-9.1.2).

5.4 Hippolyt: Logoslehre gegen Modalismus

Wie ungeklärt die "trinitarische" Reflexion um 220 war, zeigte für Rom der bedeutende Lehrer Hippolyt (s. § 2; 10.3), der sich im Kampf gegen die Monarchianer besonders engagierte. Er verband die Logoslehre mit der heilsgeschichtlichen Denktradition Kleinasiens: Im Logos äußert sich Gott als der in Schöpfung und Geschichte Handelnde; der Logos ist im Unterschied zu den Geschöpfen *aus Gottes Wesen erzeugt* und damit **wesenhaft Gott**, aber deutlich **subordiniert**, ein selbständiges zweites Sein. Den Heiligen Geist unterschied Hippolyt nicht wesenhaft vom Logos.

5.5 Literatur

K. BEYSCHLAG: Grundriß I, 237-246. - A. HAMEL: Adoptianismus, RGG[3] 1 (1957) 98-100. - A.V. HARNACK: Monarchianismus, RE[3] 13 (1903) 303-336 (bis heute grundlegend).

6. Tertullians begriffliche Klärung der Trinitätslehre

Nicht wie Irenäus im Zusammenhang der Soteriologie, sondern in apologetischer Weise, nämlich in Abgrenzung gegen Gnostiker und Monarchianer, hat Tertullian (s. § 2; 10.2) erstmalig im Westen eine begrifflich exakte Trinitätskonzeption - gemäß der doppelten Frontstellung sowohl die Einheit als auch die Dreiheit Gottes betonend - formuliert. Er hat das vor allem in seinem Traktat *Gegen Praxeas* von ca.213 getan. Er orientierte sich dabei einerseits an der triadischen Struktur der **Taufe** und der **Glaubensregel** (*regula fidei*), andererseits an den biblischen Begriffen, die in der Beschreibung der *oikonomia* für ihn - im Sinne seines "Verbalrealismus" - die Wirklichkeit Gottes in **heilsgeschichtlicher Differenzierung** der Einheit zutreffend aussagen. Nicht als philosophisch-theologische Metaphysik über eine immanent-ewige Trinität, aber auch nicht als exegetische Beschreibung der ökonomisch-trinitarischen Wirksamkeit Gottes, sondern in einer zwischen beiden vermittelnden Weise hat er sich - typisch für seine gesamte rhetorisch-rationale Arbeitsweise - um semantische Klärung bemüht. Seine Definitionen haben die nachfolgende lateinische Trinitätslehre bis ins 4.Jh. stark beeinflußt: die Bezeichnung des Vaters, des Sohnes und Geistes als *personae*, deren Gottsein als einheitliche *substantia* verstanden wird und die nach außen als eine *potestas* und eine *monarchia* wirken. Er hat nicht nur den trinitarischen Personbegriff geprägt, sondern auch den Begriff "trinitas" gebildet (vgl. zu *trias* 3.3.3). Die für den Westen später maßgebliche Orientierungsformel *una substantia, tres personae* hat er zwar so nirgends gebraucht, aber er hat sie sinngemäß umschrieben und damit entscheidend dazu beigetragen, daß die lateinische Kirche - die im 3.Jh. das Trinitätsproblem als solches kaum bearbeitet, also nicht als wichtig empfunden hat (vgl. z.B. Cyprian; aber s. 6.3) - im trinitarischen Streit des 4.Jh.s von vornherein eine **terminologisch fixierte Lehrauffassung** präsentieren konnte. Insofern gehört Tertullian zu den Vorvätern des Trinitätsdogmas. Doch er hat nur die Formeln geprägt, die Sachproblematik aber nicht überzeugend geklärt.

6.1 Einheit der Trinität als "una substantia"

Das Geheimnis der Heilsgeschichte (*oikonomia/dispensatio*) besteht - wie die *regula fidei* lehrt - darin, daß Gottes Einheit sich zur Dreiheit entfaltet. Zunächst hat Tertullian mit der apologetischen Logoslehre die Offenbarung Gottes **binitarisch** als Selbstmitteilung verstanden und das Vater-Sohn-Verhältnis mit dem geläufigen Bild aus der stoischen und mittelplatonischen Kosmologie gedeutet: Wie der **Lichtstrahl**, der von der **Sonne** als Teil des Ganzen ausgeht, nicht deren Substanz (*substantia*) mindert und ebenso Sonnenlicht ist, so geht der Sohn vom Vater als Geist vom Geist, als Gott von Gott aus (Apol. 21,12f; ca.197). Schon hier wird deutlich, wie der Begriff *Substanz* mit *Geist* und *Gott* zusammenhängt und daß ihm - gemäß der Prägung durch stoische Philosophie - die Vorstellung feinster, unsichtbarer Materialität anhaftet. Deswegen kann Tertullian Vater und Sohn auch mit Quelle und Fluß, Wurzel und Baum vergleichen. Mit substantia meint er die Realität einer Sache, das Substrat eines Wesens als Träger von Eigenschaften; er betont, daß - wie die Geistsubstanz - so auch die göttlichen Eigenschaften bei Vater und Sohn identisch sind. In der Auseinandersetzung mit den Monarchianern in *Adversus Praxean* von ca.213 (Text: CChr 2, 1159-1205; Übers.: Tertullians sämtliche Schriften, hg.v. K.A.H. Kellner, Bd.1, 1882, 508-558) hat er diese Argumentation **trinitarisch erweitert**, wobei die Analogien gekünstelt wirken: Sonne-Strahl-Spitze des Strahls; Wurzel-Baum-Frucht; Quelle-

Fluß-Bach. Entscheidend sind jetzt die begrifflichen Definitionen: Vater, Sohn und Geist sind *unum, nicht unus* (Adv.Prax. 25,1); sie sind *una substantia* in drei miteinander Verbundenen (*tribus cohaerentibus*; ebd. 12,7). Da die Drei ein Gott sind, haben sie dieselbe Substanz, Qualität und Macht; sie sind drei - und damit unterschieden - hinsichtlich des Ranges (*gradus*) und der Erscheinungsweise (*forma, species*; ebd. 2,4). Damit hat Tertullian in die trinitarisch erweiterte Logoslehre Elemente des modalistischen Konzeptes aufgenommen und so eine neue, eigene Position artikuliert.

6.2 Vater, Sohn und Geist als "personae"

Die ältere Auffassung, daß der Heilige Geist göttliche Kraft und Gabe sei, hat Tertullian unter Einfluß des Montanismus wie des Monarchianismus dahingehend verändert, daß der Geist neben Vater und Sohn als dritte göttliche Größe, als *persona* gilt. Den trinitarischen Personbegriff hat er gegen das modalistische Verständnis (vgl. 5.3) aus der sog. **prosopographischen Exegese** entwickelt, wonach im Alten Testament drei unterschiedliche Sprecher der göttlichen Worte begegnen (z.B. in Ps 110,1; Adv.Prax. 11,7-10; vgl. auch 5.3.3). Das hat er mit der Nennung der drei Heilsbürgen in der Taufformel verbunden (ebd. 26,9). *Persona* meint bei ihm die **konkrete Gestalt** Gottes als eigenständige Individualität. Damit hat er - ohne nähere Explikation - die modalistische Identifikation abgewiesen. Der Begriff "**trinitas**" sollte die Unterschiedenheit anzeigen, die keine Trennung ist (ebd. 11,2-4). Der Vater ist Ursprung, Fülle und Quelle der Gottheit bzw. die *substantia*, aus der der Sohn hervorgeht als Ableitung und Anteil (*derivatio* und *portio*, wobei der Geist ebenfalls als *portio* gilt; ebd. 9,2; 26.3.6). Auch durch Elemente des Subordinatianismus der traditionellen Logoslehre hat Tertullian den Modalismus vermieden; aber er hat nicht hinreichend geklärt, ob es sich bei der Entfaltung der Dreiheit um einen ewigen Sachverhalt des göttlichen Seins oder um eine geschichtliche Differenzierung handelt.

6.3 Substantia und persona bei Novatian

Nur eine einzige trinitätstheologische Abhandlung der westlichen Kirche im 3.Jh. ist überliefert: Der Römer Novatianus (s. § 2; 16.1) verfaßte vor 251 eine **Auslegung der Glaubensregel** über die Gotteslehre, die Christologie und die Pneumatologie gegen Markioniten, Doketisten, Adoptianer und Modalisten (später als *De trinitate* bezeichnet; lat.-dt. Ausgabe: hg.v. H. Weyer, 1962). In der Forschung ist umstritten, ob er als Zeuge für die Wirkungsgeschichte Tertullians beansprucht werden kann. Er hat dessen präzise Terminologie jedenfalls nicht vollständig übernommen, verwendet aber auch den Begriff *substantia*, um Gottes einheitliches Wesen zu bezeichnen. Dessen Differenzierung drückt er im subordinatianischen Vater-Sohn-Schema aus, wobei er mit dem *persona*-Begriff gegen die Modalisten die Eigenständigkeit Christi, der *secunda persona* nach der *persona patris*, bezeichnet. Die ganze Reflexion ist im Sinne der Logoslehre binitarisch konzipiert; sie bezieht den Heiligen Geist nicht ein, der in traditioneller Weise als Gabe gesondert betrachtet wird.

6.4 Literatur

J.S. ALEXANDER: Novatian/Novatianer, TRE 24 (1994), 678-682. - W. BENDER: Die Lehre über den Heiligen Geist bei Tertullian, 1961. - F. COURTH: Trinität 77-90. - B.J. HILBERATH: Der Personbegriff der Trinitätstheologie in Rückfrage von Karl Rahner zu Tertullians "Adversus Praxean", 1986, 145-294. - F. LOOFS: Leitfaden 116-128. - B. STUDER: Gott 90-101. - K. WÖLFL: Das Heilswirken Gottes durch den Sohn nach Tertullian, 1960.

7. Platonismus und Christentum

In der Philosophie dominierte neben dem Stoizismus der Platonismus, den man für die Zeit zwischen 50 v. und 250 n.Chr. wegen charakteristischer Unterschiede zur älteren Akademie und zum Neuplatonismus als **Mittelplatonismus** bezeichnet. Da die christliche Theologie seit Basilides, Valentin und Justin (vgl. 3.1 und § 2; 5.2.3-4) ca.130-150 in verschiedener Weise sich mit ihm berührte, hat er auch kirchen- und dogmengeschichtliche Bedeutung. Dies zeigt sich etwa darin, daß mittelplatonische Ethik das Ziel (τέλος/*telos*) menschlicher Existenz in der Gott-Verähnlichung durch Erkenntnis sah (ὁμοίωσις τῷ θεῷ κατὰ τὸ δυνατόν/*homoiōsis tō theō kata dynaton*) und daß diese Telosformel von der christlichen Theologie weithin aufgenommen, aber spezifisch abgewandelt wurde (z.B. von Irenäus, Clemens Alexandrinus, Origenes, Basilius). Für die Trinitätslehre wurde wichtig, daß die mittelplatonische Metaphysik von der Frage bestimmt wurde, wie die **Vermittlung des Transzendenten** (des Göttlichen) in die Welt hinein zu denken sei bzw. wie es von der ursprünglichen Einheit des Seins zur Vielheit komme. Hier spielte im 2.Jh. die Logoslehre eine wichtige Rolle (s. 3.1). Im 3.Jh. veränderte sich die platonische Metaphysik signifikant. Den Übergang markierte das Wirken des **Ammonios** (später mit dem Beinamen Sakkas belegt; gest. 241/2) in Alexandria. Dieser löste den traditionell-platonischen Dualismus von Ideen- und Sinnenwelt (κόσμος νοητός - κόσμος αἰσθητός/*kosmos noētos - kosmos aisthētos*) durch ein monistisches System ab, in welchem sich alles Sein durch Abstufung aus dem höchsten transzendenten Prinzip ergibt. Schüler des Ammonios waren sowohl der Christ **Origenes**, dessen System diesen Einfluß bekundet (s. 8.1), als auch **Plotin** (ca.205-270), der eigentliche Begründer des Neuplatonismus. Die kritisch-konstruktive Auseinandersetzung mit dem (Neu-)Platonismus wirkte sich im 3./4.Jh. in der Entwicklung der Trinitätslehre aus. Denn das gemeinsame Problem war die ontologische Erklärung dessen, wie es von der ursprünglichen transzendenten Einheit zur Vielheit der empirischen Phänomene kommen könne.

7.1 Platonischer Einfluß auf die christliche Theologie?

In der Forschung ist die Frage umstritten, ob es einen legitimen "christlichen Platonismus" überhaupt geben konnte, d.h. ob eine substantielle Unvereinbarkeit zwischen den jeweils zentralen Elementen bestand (so v.a. von H. Dörrie betont), oder ob es eine Beeinflussung des Christentums durch einzelne platonische Gedanken gab (so von der Mehrheit angenommen). **Gegensätze** bestanden vor allem darin, a) daß der Platonismus weder Offenbarung noch Glauben, sondern nur rationale Erkenntniswege kannte; b) daß Wahrheit für ihn nur im Sein, niemals in der Geschichte liegen konnte; c) daß er die Gottheit nicht als Person dachte. Doch Christen versuchten gerade, diese Prinzipien von der biblischen Theologie her umzuformen. Eine wirkliche Synthese erstrebten sie kaum; sie adaptierten **platonische Denkmuster als Instrumente**, um die allgemeine Relevanz der christlichen Wahrheit zu demonstrieren oder um theologische Probleme besser lösen zu können. Das galt auch für die Trinitätslehre. Ihnen kam dabei entgegen, daß der Platonismus a) in Metaphysik und Kosmologie Aspekte einer philosophischen Theologie einführte und b) die (göttliche) Transzendenz dergestalt als gestuft dachte, daß sie sich durch Mittlerwesen in die Welt hinein entfaltet.

7.2 Ammonios und Plotin: Der Neuplatonismus

7.2.1 Ammonios, von dessen Lehren nichts direkt überliefert worden ist, wirkte durch seine Schüler, v.a. durch Plotin. Umstritten ist, welchen Einfluß das Christentum auf ihn ausgeübt hat. Er verstärkte die religiösen und mystischen Elemente im Platonismus und machte - beeinflußt durch den Pythagoräismus - die **Einung** (ἕνωσις/*hēnosis*) zum Zentralproblem: Ausgangspunkt allen Seins ist nicht das Eine, sondern das den Dualismus von Eins und Zwei übersteigende höchste Prinzip, welches sich durch **Emanation** mitteilt. So entsteht aus diesem Über-Einen, dem "obersten Gott", in gestufter Weise alles Seiende. Es ist der rationalen Erkenntnis unzugänglich, erschließt sich aber der **Ekstase** der Vernunft in der Einung.

7.2.2 Plotin, der seit 244 in Rom lehrte, entwickelte dieses System des Ammmonios zu einer **monistischen Transzendentalphilosophie** fort. (Überlieferung seiner Schriften durch Porphyrius: *Enneaden*; gr.-dt. Ausg.: R. Harder u.a., 6 Bde., 1956-71.) Urgrund des Seins ist das **Eine** (ἕν/*Hen*), das Höchste, die Gottheit, das Gute, welches als völlig transzendent, als totale Abstraktion, alles Sein und Denken übersteigt. Es vermittelt sich aber durch Kausalität und Selbstreflexion; diese ist eine zweite Hypostase, der **Nus** (νοῦς), das reine Sein im Denken, das Intelligible, ebenfalls völlig transzendent, aber mit dem Element der Differenzierung Sein-Denken versehen. Der *Nus* bildet den Übergang zur Vielheit, so daß das Eine durch den *Nus* die **Seele/Psyche** als dritte ursprüngliche Hypostase *erzeugt*, die intellektuelle Potenz. Diese ist die Weltseele, die Ursache alles Werdens und damit das Ordnungsprinzip der geistigen Welt, das sich in allen Einzelseelen abbildet. Die Materie hat demgegenüber keine Realität, sie ist *nichtseiend* (μὴ ὄν/*mē on*), bloße Potentialität, Gegenpol zum Urgrund des Seins.

7.2.3 Das **neuplatonische System** hat in unterschiedlicher Ausformung in der Spätantike fortgewirkt. Einerseits widerstand es einer Verchristlichung, weshalb die Platoniker bis ins 6.Jh. zu den schärfsten Gegnern des Christentums gehörten (vgl. z.B. § 3; 6.2.2; 14.2). Andererseits war es dafür offen, daß vereinzelt christliche Theologen - wie z.B. Marius Victorinus - seine Grundelemente adaptierten oder bestimmte Denkmuster entlehnten: so u.a. auch die plotinische Drei-Hypostasen-Lehre (s. 18.3.2).

7.3 Literatur

H.DÖRRIE: Platonica Minora, 1976. - DERS.: Platonismus, RGG[3] 5 (1961) 411-415. - DERS.: Plotin, ebd. 418-420. - DERS.: Ammonios Sakkas, TRE 2 (1978) 463-471. - F.-P. Hager: Neuplatonismus, TRE 24 (1994) 341-363. - H.-R. SCHWYZER: Plotinos, PW 21/1 (1951) 471-492. - C. ZINTZEN (Hg.): Der Mittelplatonismus, 1981. - DERS. (Hg.): Die Philosophie des Neuplatonismus, 1977.

8. Origenes: Immanent-ewige Trinität und Hypostasenlehre

Zum Zentrum der wissenschaftlichen Theologie wurde im 2./3.Jh. Alexandria, zumal durch Origenes (s. § 2; 10.5). Da dieser neben Augustin der bedeutendste Theologe der alten Kirche ist, gehört ein Überblick über seine Lehre zum kirchengeschichtlichen Grundwissen. Seine überragende Wirkung bekundete sich bis zum 4.Jh. auch in der Weiterentwicklung der bisherigen Reflexionen über Gott, Christus und Geist zu einer **systematisch durchdachten Trinitätslehre**, die sowohl der philosophischen Metaphysik als auch der biblischen Verkündigung und der kirchlichen Lehre entsprach. Für die Folgezeit wichtig wurde seine antimodalistische Verwendung des Begriffs **Hypostase** zur Betonung der **eigenständigen Wirklichkeit** von Vater, Sohn und Geist. Für deren Einheit hatte er außer *Gott* keinen Begriff. Die in der Forschung umstrittene Frage, ob sein Denken primär durch spekulative religionsphilosophische Systematik oder durch mystische und kirchliche Frömmigkeit bestimmt ist, darf für diesen Sachkomplex nicht als Alternative, sondern muß als Synthese gelöst werden. Umstritten ist ferner die inhaltliche Frage, ob seine

Trinitätslehre eher den Arianismus oder die nizänische Orthodoxie vorbereitet hat; auch hier gilt beides: Origenes gehört zu den Vätern sowohl des trinitarischen Streites als auch des Trinitätsdogmas. Beides liegt in seiner Position begründet. Wenn man nicht die Ambivalenzen und Spannungen dieses religiösen Denkers beachtet, der stets auf der Suche nach adäquatem Ausdruck der göttlichen Wahrheit war, versteht man seine Lehren nicht. Die Unausgeglichenheiten in seinen Aussagen über die Trinität führten dazu, daß sich im späteren Origenismus unterschiedliche Konzeptionen herausbildeten (mit stärkerer Betonung der Einheit oder Unterschiedenheit der drei göttlichen Hypostasen; vgl. 9.3).

8.1 Ewigkeit der Schöpfung, Güte Gottes, Pronoia und Paideusis
Origenes hat schon früh ein System der theologischen Weltdeutung konzipiert, und zwar in Umsetzung bestimmter Grundgedanken des Platonismus (s. 7.2.1), orientiert an den Inhalten der apostolischen Verkündigung und der kirchlichen Glaubensregel (s. § 2; 10.5.2 zum Werk Περὶ ἀρχῶν/*De principiis* von 220ff). Dieses Systemdenken stand auch hinter seinen Aussagen zur Christologie und Trinitätslehre: Das **uranfängliche Prinzip** ist Gott, der Grund des Seins (der *Vater*), der völlige Transzendenz, alles Sein und Denken übersteigend, reine Einheit und reiner Geist, aber auch die Liebe, die Fülle, die überströmende Vollkommenheit ist. Zu seinem Wesen gehört die Mitteilung seiner Güte; deshalb erschafft er die Welt, allerdings zunächst so, daß er das Prinzip seiner Selbstdifferenzierung als eigene Hypostase aus sich heraussetzt, indem er - biblisch gesprochen - einen *Sohn zeugt*, seinen Logos, ein rein geistig-transzendentes Wesen, den **Schöpfungsmittler**. Dieser erschafft einen Kosmos reiner **Geistwesen** (λογικά/*logika*), ihnen vorangestellt den Heiligen Geist und die Engel. Entscheidend ist, daß sowohl die Zeugung des Sohnes als auch die Schöpfung der *logika* **ewige, zeitlose Sachverhalte** sind, weil Gottes Wesen von aller Zeitlichkeit frei bleibt. Gerade in der Gotteslehre zeigt sich, wie Origenes den mittelplatonischen Ansatz durch die Dominanz biblischer Motive umformt. Der Übergang in Zeit und Existenz ergibt sich aus dem Abfall der logika, die - da **Freiheit** ihr konstitutives Merkmal ist - nicht in der permanenten Hinwendung zu Gott verharren und in der Liebe erkalten. Ihrem Fall (der nicht Verhängnis wie bei den Gnostikern, sondern persönliche Schuld ist) begegnet Gott mit der **Erschaffung der sichtbaren Welt**, die der Inkorporation der Geistwesen dient, was zugleich ein Akt der Bestrafung und der göttlichen Pädagogik ist. Denn Gott in seiner Güte will, daß die *logika* von ihrer Freiheit rechten Gebrauch machen und zu ihm zurückkehren. Dies bewirkt er durch πρόνοια/*pronoia* und παίδευσις/*paideusis*, durch lenkende Vorsehung der Welt als Heilsgeschichte in Verbindung mit der individuellen Erziehung der Menschen zur Vollkommenheit, die wieder das werden sollen, was sie ursprünglich waren, nämlich reiner Geist. Fall in die Materialität und Rückkehr zu Gott durch Geistwerdung bestimmen also die Menschheitsgeschichte.

8.2 Erlösung als Vervollkommnung. Apokatastasis

Der Logos-Sohn, das Prinzip von Gottes Außenbeziehung, muß als Schöpfungsmittler auch zum Erlösungsmittler werden, und zwar als **Offenbarer der Wahrheit** und **Erzieher zur Liebe** (oder mit biblischen Bildern: als Arzt und Hirte). Da die Seele Jesu Christi - abgesehen vom Heiligen Geist und den Engeln - das einzige Geistwesen ist, das nicht von Gott abfiel (zu Origenes' Christologie s. § 4; 1.3), bringt die Inkarnation des Sohnes nach seinem Erziehungswerk in der Geschichte Israels die heilsgeschichtliche Wende. Er ruft die Menschen zur Vervollkommnung im Sinne einer Vergeistigung (zu Origenes' Asketik s. § 6; 1.3). Dabei spielt auch der **Heilige Geist** eine wichtige Rolle als Kraft der **Heiligung und Erleuchtung** (s. 8.4). Da Gottes Güte das entscheidende Motiv der gesamten Weltgeschichte ist, nimmt Origenes - in universaler Menschheitsperspektive, aber auch abhängig von antiken Lehren über zyklische Weltperioden - an, daß nach dem Vergehen dieser Welt, weil nicht alle Geschöpfe dauerhaft bei Gott verbleiben, der Vorgang der Weltschöpfung und -geschichte sich so lange wiederholt, bis alles gereinigt zu Gott zurückgekehrt ist (ἀποκατάστασις πάντων/*apokatastasis pantōn/Wiederbringung aller*, selbst des Teufels; Begriff mit Apg 3,21; vgl. 1. Kor 15,28). Die **Apokatastasis-Lehre**, die viel kritisiert worden ist (vgl. § 4; 12.3.5), gehört logisch zu Origenes' System dazu: Dem Anfang entspricht das Ende (alles Seiende ist bei Gott), dem Abfall von Gott entspricht die Notwendigkeit der Hinwendung zu ihm.

8.3 Offenbarungstheologie als Hypostasenlehre

Der Ansatz von Origenes' "Trinitäts"-Lehre liegt beim Offenbarungsgedanken: Logos bzw. Sohn ist insofern ein Funktionsbegriff, als damit die Selbsterschließung des unzugänglichen Urgrundes des Seins bzw. die Zuwendung Gottes zur Welt ausgesagt wird. Mit den biblischen Metaphern von **Christus als Bild Gottes** (Kol 1,15; vgl. Hebr 1,3) und vom Vater-Sohn-Verhältnis (Joh 14,9 u.ö.) definiert Origenes die Relation zwischen beiden ontologisch und personal. Gott ist ohne seinen Mittler nicht existent, deswegen gilt die Zeugung als eine ewige; und der Logos-Sohn ist Gott, allerdings mit abgeleiteter Gottheit (*gezeugt*; vgl. De princ. I,2,2; Joh.-Komm. II,1-3). Der Vater ist die Quelle der Gottheit. Er als das Sein-selbst ist eine Hypostase, d.h. er existiert eigenständig. Als sein Abbild ist sein Sohn ebenfalls eine eigenständige, aber ontologisch **zweitrangige Hypostase** (De princ. I,2,2); durch die Teilhabe an demselben Sein ist er ebenso Gott (De princ. IV,4,1 - nicht durch Emanation wie bei den Gnostikern und Neuplatonikern, trotz des Begriffs Zeugung). Diese Hypostasenlehre (vgl. 7.2.2) bildet den wichtigsten Beitrag des Origenes zur Lehrentwicklung. Sie verdeutlicht gegen den Modalismus (s. 5.3) gleichermaßen die Einheit wie die Verschiedenheit in Gott, allerdings mit einer **Tendenz zum Subordinatianismus**. Der Sohn ist *zweiter Gott* (C.Cels. V,39).

8.3.1 Der wesentliche Unterschied besteht darin, daß **nur der Vater anfangslos** ist als die ἀρχή/*archē* schlechthin, der Sohn dagegen einen Anfang hat (Joh.-Komm. I,17). Daher kann Origenes gelegentlich den **Sohn** auch - mit Prov 8,22 und Kol 1,15 - als **erstes Geschöpf**, zugleich aber als **Schöpfer** klassifizieren (z.B.C.Cels. V,37; De princ. IV,4,1). Das Verhältnis zwischen Vater und Sohn bestimmt er nicht mit ontologischen Begriffen; der für das 4.Jh. zentrale Terminus ὁμοούσιος/*homousios* (wesenseins) begegnet bei ihm nicht (nur in sekundären Textinterpolationen). Die enge Zusammengehörigkeit beider kommt darin zum Ausdruck, daß es keinen Moment gab, wo der Sohn nicht existierte (De princ. I,2,9). Alles andere Seiende ist dagegen Geschöpf, stammt nicht aus dem Wesen Gottes. Zum Vater führt nur der Sohn; wer diesen sieht, erkennt jenen (oft betont mit Joh 14,6.9 u.a.).

8.3.2 Diese ontologische Gotteslehre mit ihrem erkenntnistheoretischen und kosmologischen Ansatz hat eigentlich eine **binitarische Struktur**, weil der Gedanke der Selbstmitteilung Gottes als Abbildung nur Zwei einschließt, Urbild und Abbild. Auch in die für diese Lehre benutzte biblische Sprache, das Vater-Sohn-Schema, paßt kein drittes Prinzip (vgl. z.B. C.Cels. VIII,12: *Ein Gott in zwei Hypostasen*). Aber mit der Glaubensregel und der Heiligen Schrift spricht Origenes vom Wirken des Heiligen Geistes. Demgemäß verwendet er auch den Begriff Trinität (τριάς/*trias*; z.B. De princ.I,4,3; Joh.-Komm. VI,33), den er aber nicht weiter reflektiert, oder den Ausdruck *drei Hypostasen* (Joh.-Komm. II,10). Dies ist keine bloße Formalie.

8.4 Der Geist als Teil der Trinität

Nach Origenes' pneumatologischen Aussagen führt das heiligende und erleuchtende **Wirken des Geistes zur Vervollkommnung** des Menschen; insofern gehört es als integraler Bestandteil zum kosmologisch-ontologischen System: Das Ziel der Heilsgeschichte besteht in der Rückkehr der Menschen zu Gott durch Vergeistigung. Demgemäß sind die wahren Christen Pneumatiker. Auch der Geist ist, wie Origenes gegen die Modalisten hervorhebt, eine eigenständige Wirklichkeit, eine Hypostase, nicht bloß eine Gabe oder die Summe charismatischer Wirkungen (vgl. dazu z.B. Joh.-Komm.II,10). Als "Gott" bezeichnet Origenes den Geist allerdings nie.

8.4.1 Dem binitarischen Ansatz entspricht, daß Origenes bei der Entfaltung seines Systems den Heiligen Geist zur Schöpfung zählt bzw. ihn in einer eigentümlichen **Mittelposition** zwischen Gottheit und Schöpfung sieht (Joh.-Komm.II,10; De princ.I,3,3 Fr. 7). In den exegetischen und homiletischen Anwendungen seiner Theologie redet er im Blick auf die Vermittlung von Wahrheitserkenntnis, Heil, Leben und Vollkommenheit meist allein vom Sohn Jesus Christus. Doch trotz der starken christologischen Konzentration in kosmologischer, anthropologischer und soteriologischer Hinsicht betont Origenes - weil er sich an der triadischen Struktur der Glaubensregel orientiert und von dorther die Bibel auslegen will - die Bedeutung des Heiligen Geistes und seiner Wirkungen in den Gläubigen, der Charismen. (Deswegen hat er erstmals einen eigenen Traktat zum Thema *Heiliger Geist* verfaßt: De princ. I,3.)

8.4.2 Das **Werk des Geistes** besteht in der Vervollkommnung der zu Gott strebenden Menschen, konkret in der Heiligung und Erleuchtung dergestalt, daß er im synergistischen Sinne diejenigen unterstützt, die sich um die Erfüllung der Gebote bemühen und sich somit progressiv heiligen sowie in den Geist-Sinn der Heiligen Schrift einzudringen suchen. Diese Menschen sind Pneumatiker und Heilige, wie Origenes in Abwehr des ontologischen Pneumatikerbegriffs der Gnostiker betont. Programmatisch drückt er das in De princ.I,3,7-8 so aus: Das Wirken des Vaters erstreckt sich auf alles **Seiende**, das Wirken des Sohnes (als *Logos*) auf alle **Vernunftwesen** (*logika*), das Wirken des Heiligen Geistes auf alle **Heiligen**, d.h. wahren Christen. Man hat in der Forschung diese Zuordnung der trinitarischen Hypostasen zur Schöpfung trefflich als drei konzentrische Kreise charakterisiert, deren kleinster das Wirken des Geistes umfaßt.

8.5 Literatur (vgl. § 2; 10.8)

F. COURTH: Trinität 93-109. - W.-D. HAUSCHILD: Gottes Geist und der Mensch, 1972, 135-150. - F.H. KETTLER: Origenes, RGG[3] 4 (1960) 1692-1701. - DERS.: Der ursprüngliche Sinn der Dogmatik des Origenes, 1966. - L. LIES: Origenes' "Peri Archon", 1992, 45-68. - E. SCHADEL: Zum Trinitätskonzept des Origenes, in: Origeniana Quarta, hg.v. L. Lies, 1987, 203-214. - H. STRUTWOLF: Gnosis als System, 1993, 210-366. - B. STUDER: Gott 102-111. - H. ZIEBRITZKI: Heiliger Geist und Weltseele, 1994, 130-266.

9. Konflikte zwischen Origenismus und Monarchianismus um 258/268

Die Quellenlage zur Theologiegeschichte zwischen ca.250 und 320 ist so dürftig, daß ein zuverlässiges Gesamtbild der Entwicklung fehlt. Fragmentarische Informationen lassen erkennen, daß die **trinitarische Hypostasenlehre** des Origenes im Osten einerseits zahlreiche Anhänger, andererseits einige entschiedene Gegner fand. Zwei Konflikte hat man oft als Vorspiel zum arianischen Streit (s. 11.1-3) angesehen: den Streit um die Lehre des Dionysius von Alexandria ca.258-260 und die Absetzung des antiochenischen Bischofs Paul von Samosata 264/268. Beide Male ging es um die Hypostasenlehre und u.a. um den Begriff ὁμοούσιος/*homousios*, die nach 325 im trinitarischen Streit eine zentrale Rolle spielten.

9.1 Die Hypostasenlehre des Dionysius von Alexandria und ihre Kritiker

Was in der Literatur als "Streit der beiden Dionyse" bezeichnet wird, war kein solcher; es war ein ca.258 ausbrechender Konflikt des alexandrinischen Bischofs Dionysius mit sabellianischen Monarchianern in Libyen (s. 5.3.3) um die Hypostasenlehre, in den diese nach 260 den römischen Bischof Dionysius hineinzogen. Während der Alexandriner die Verschiedenheit von Vater und Sohn im Sinne des traditionellen **Subordinatianismus** der Logoslehre betonte, stellte der Römer die **Einheit der Trinität** heraus und verwarf die Rede von drei Hypostasen (als drei Substanzen verstanden) als Tritheismus. Da ersterer auf die römische Position einschwenkte, kam eine - für den trinitarischen Streit des 4.Jh.s grundlegende - Übereinstimmung beider Metropolen zustande.

9.1.1 Der seit 247/8 amtierende Bischof der ägyptischen Metropole - der auch die libysche Pentapolis unterstand, wo zwei Parteien um die Trinitätslehre stritten - war ein bedeutender Praktiker und in der Theologie z.T. durch Origenes geprägt. **Dionysius von Alexandria** (gest. 264/5) wurde wohl 258 um ein Gutachten zu jenem Streit gebeten; darin kritisierte er den Modalismus der einen Partei (vielleicht von "Sabellianern"): Er bezichtigte sie des Doketismus und damit der Gefährdung des Heilswerkes und betonte im Interesse der Realität der Inkarnation die hypostatische **Unterschiedenheit** des Sohnes-Logos gegenüber dem Vater, ja sogar dessen Geschaffen-Sein (u.a. mit dem problematischen Vergleich, sie verhielten sich zueinander wie ein Schiff und dessen Baumeister). Die Monarchianer verklagten ihn daraufhin bei Dionysius von Rom, und auf dessen Lehrschreiben (s. 9.1.2) reagierte der Alexandriner mit einer *Apologie*, die der römischen Position entgegenkam (Übers.: BGL 2, 77-84). Er verurteilte sowohl den Tritheismus als auch den Modalismus und bestimmte das Vater-Sohn-Verhältnis analog demjenigen von Quelle und Fluß, Wurzel und Pflanze (vgl. 6.1!) bzw. als Abbildhaftigkeit (vgl. 8.3.1) und akzeptierte dafür den mißverständlichen Begriff ὁμοούσιος/*homousios*: *So erweitern wir die Einheit, ohne sie zu zerteilen, zur Dreiheit.* Er machte gleichsam den Versuch, die Positionen von Origenes und Tertullian zu verbinden. Dogmengeschichtlich wichtig war das, weil damit ein trinitätstheologischer **Konsensus zwischen Rom und Alexandria** angebahnt wurde, der in dem großen Streit nach 318/325 sehr bedeutsam wurde.

9.1.2 Dionysius von Rom, seit 260 oder 259 Bischof (gest. 267/8), bekundete in seinem, an die Sabellianer gerichteten und dem Alexandriner mitgeteilten *Lehrschreiben* (von 260 oder später; Übers.: BGL 2, 75-77) weitgehendes Unverständnis für die origenistische Lehre. Er ging von dem traditionellen westlichen Ansatz bei der **Einheit Gottes** (μοναρχία/*monarchia*) aus und interpretierte die Lehre von den drei Hypostasen (ὑπόστασις/*hypostasis* mit *substantia* identifizierend) als drei getrennte Gottheiten; er lehnte die Annahme einer Erschaffung und Nicht-Ewigkeit des Sohnes ab und verwandte wahrscheinlich den Begriff ὁμοούσιος/*homousios*, den Libyer gegen den Alexandriner ausgespielt hatten, um die Einheit der Gottheit zu bezeichnen und den Tritheismus abzuwehren. In der Sache brachte er keine Klärung, doch seine Kritik am Origenismus machte deutlich, daß neben dem unterschiedlichen trinitarischen Denkansatz auch die Sprachdifferenz zwischen Lateinern und Griechen eine Verständigung erschwerte.

9.2 Der dynamistische Adoptianismus: Paul von Samosata

Größere dogmengeschichtliche Bedeutung bekam die Verurteilung des seit ca.260 amtierenden antiochenischen Bischofs **Paulus** (aus dem ostsyrischen Samosata stammend) durch **Synoden in Antiochia 264 und 268**. Der starke Einfluß der Origenisten wurde dadurch bekundet. Paulus' Lehre läßt sich mangels exakter Quellen (z.B. Eusebius, KG VII, 29-30) nicht mehr genau eruieren; vermutlich verband sie - in Ablehnung der Präexistenz-, Hypostasen- und Inkarnationslehre - **Geistchristologie und Adoptianismus.** Denn Paulus sah die besondere Personwürde Jesu - dessen Menschheit er stark betonte - als des Christus (des *Gesalbten*) und des Gottessohnes durch die Einwohnung des Heiligen Geistes bzw. durch die *Salbung* mit diesem in der Taufe begründet. Den Geist identifizierte er mit Gottes Logos im Sinne der Vorstellung vom *logos endiathetos* (s. 3.3.3), der als Gottes Kraft in diesem bleibe und keine eigene Hypostase bilde.

9.2.1 Paulus betonte die Einheit Gottes und den Monotheismus mit Dtn 6,4 so stark, daß er die üblichen Christushymnen verbot; daran entzündete sich der Streit. (Beispiel für den Zusammenhang von *lex credendi* und *lex orandi.*) Die **Ablehnung der Hypostasenlehre** stieß auf den Widerstand der origenistischen Bischöfe im Osten, die ihn auf Synoden 264 und 268 in Antiochia verurteilten, wobei sie u.a. auch den Begriff ὁμοούσιος/*homousios* als häretisch ablehnten - ein Vorgang, der erst nach 325 bzw. 358 Gewicht bekam. Der Adoptianismus war damit keineswegs erledigt, wie sich z.B. bei Arius zeigte (s. 11.2). Ob Paulus bereits eine spezifisch *antiochenische Theologie* (eine am Konzept der Einwohnung Gottes orientierte Christologie nach dem Logos-Mensch-Schema) repräsentierte, ist fraglich.

9.2.2 Wohl in Nachwirkung judenchristlicher Positionen (vgl. 2.3; 2.5) blieb in Syropalästina teilweise ein geistchristologischer Adoptianismus lebendig. Das zeigte noch zu Lebzeiten des Origenes die Synode im ostjordanischen **Bostra** (Provinz Arabia) um 238-244, welche die Lehre des dortigen Bischofs **Beryllus** ablehnte. Dieser lehrte, Christus sei nicht präexistent und besitze seine göttliche Würde erst seit der Inkarnation, in Gott gebe es keine zwei Hypostasen. Es gelang dem eigens aus Cäsarea herbeigeholten Origenes, Beryll zu bekehren (vgl. Eusebius, KG VI, 33,1-3). Vielleicht spiegelt dessen *Dialog mit Heraclides* (Übers.: BGL 5, 27-44) diesen Vorgang wider.

9.2.3 Die Forschung hat vielfach eine Fortsetzung des adoptianischen Monarchianismus bei dem 312 als Märtyrer gestorbenen antiochenischen Presbyter **Lukian**, der im Ruf großer Gelehrsamkeit stand, behauptet und von dort aus eine direkte Verbindung zu Arius als einem Lukian-Schüler gezogen. Ferner soll der aus Samosata (um 240?) gebürtige, in Edessa im Sinne der ostsyrischen Tradition geschulte Lukian als **Exeget** die "antiochenische Schule" begründet haben, die erst ein Jahrhundert später historisch greifbar wird (s. § 4; 4.0). Das sind Hypothesen bzw. Rückschlüsse aus späteren Angaben, für die die spärlichen Quellen über Lukian keinen exakten Anhalt bieten. Seine exegetischen und dogmatischen Schriften sind nicht erhalten. Daß er in **Antiochia** eine **Schule** begründete, kann als sicher gelten, aber über ihre Fortsetzung ist nichts bekannt. Ob aus ihr Arius und einige Arianer des 4.Jh.s hervorgingen, muß offenbleiben. Lukians - kaum rekonstruierbare - Lehre kann nicht als Anti-Origenismus bezeichnet werden (wie oft postuliert); eher dürfte sie in manchem durch Origenes beeinflußt worden sein.

9.3 "Rechts-Origenismus" und "Links-Origenismus"

In der älteren Forschung wurde - in Aufnahme von Kategorien des 19.Jh.s - die Unterscheidung zwischen Linksorigenisten und Rechtsorigenisten als den beiden, seit ca.250/260 hervortretenden Richtungen eingeführt. Gemeint war damit eine unterschiedliche Akzentuierung

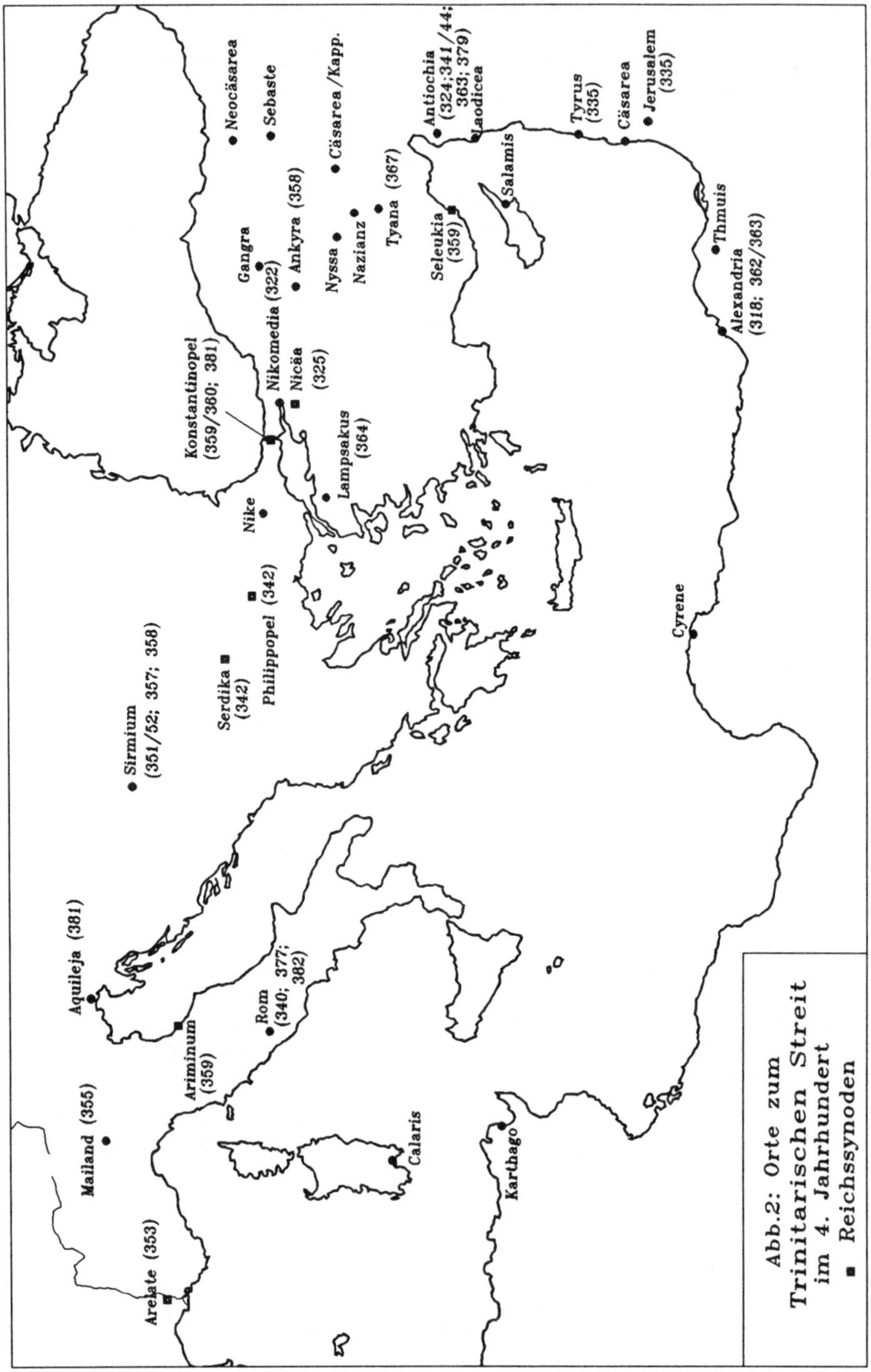

Abb.2: Orte zum Trinitarischen Streit im 4. Jahrhundert
■ Reichssynoden

von Origenes' Ansätzen: eine **kosmologisch-philosophische** ("linke") gegenüber einer **soteriologisch-kirchlichen** ("rechten") bzw. - im Blick auf die Trinitätslehre - eine subordinatianistische gegenüber einer die Wesenseinheit betonenden Lehre. Diese Unterscheidung ist für das 3.Jh. kaum durchzuführen, weil die Quellen viel zu dünn sind. Ob Dionysius oder Lukian als Linksorigenisten gelten können, ist ungewiß. Für den als Vertreter eines Rechtsorigenismus benannten Gregor Thaumaturgos ("der Wundertäter", s. § 2; 2.3.2) sind durch die neuere Forschung die Quellen so unsicher geworden, daß er nicht einzuordnen ist. Auch die weiteren Origenesschüler Theognostus, Pierius, Hierakas, Petrus von Alexandria, Pamphilus sind nicht genau zu bestimmen. Jene Differenzierung behält jedoch ein gewisses Recht im Blick auf die unterschiedliche Trinitätslehre von Theologen des 4.Jh.s, die von Origenes beeinflußt sind (vgl. 11.1-3; 12.1-2).

9.4 Literatur

W.-A. BIENERT: Dionysius von Alexandrien, 1978, 200-221. - DERS.: Dionysius von Alexandrien, TRE 8 (1981) 767-771. - H.C. BRENNECKE: Zum Prozeß gegen Paul von Samosata, ZNW 35 (1984) 270-290. - DERS.: Lucian von Antiochien, TRE 21 (1991) 474-479. - A.V. HARNACK: Lehrbuch I, 719-732. 767-781. - F. LOOFS: Paulus von Samosata, 1924. - DERS.: Leitfaden 169-175.

10. Der trinitarische Streit 318-381: Orientierung über die Probleme

In der Forschung wie in den Lehrbüchern hat der große Streit um die wahre Gottheit Christi und des Heiligen Geistes, der die Kirche des 4.Jh.s zutiefst erschütterte, stets besondere Beachtung erfahren. Zum kirchengeschichtlichen Grundwissen gehört er deswegen, weil er krisenhaft zugespitzt verdeutlichte, daß die religiöse Identität des Christentums auf der theologischen Deutung der Person Jesu Christi basierte (s. Einl. zu § 1 und § 4). Die entsprechenden Lehren waren ja keine abstrakte Spekulation, sondern auf die christliche Existenz bezogen, dabei aber unterschiedlich akzentuiert - in heilsgeschichtlicher, soteriologischer oder kosmologischer Perspektive oder in Verbindung dieser Elemente. Deswegen spielten die Lehrdifferenzen und Lehrstreitigkeiten seit dem 1.Jh., vollends seit Beginn des 3.Jh.s für die Kirche eine wesentliche Rolle; sie kulminierten in dem großen Konflikt des 4.Jh.s und bekamen unter den veränderten Bedingungen seit der "konstantinischen Wende" (s. § 3; 10.1) eine neue Qualität.

10.1 Trinitätsdogma, politische Situation, Philosophie

Durch die Verbindung mit dem Staat gewannen die innerkirchlichen Konflikte deswegen neue Bedeutung, weil die **Einheit der Kirche** für die innere Stabilität des Reiches wichtig wurde und die Kaiser deshalb an einer dogmatisch fixierten Lehreinheit interessiert waren (vgl. § 3; 11.5.1-2; 12.1.2; 13.1-2). Die nun geschaffenen Dogmen unterschieden sich von früheren Lehrentscheidungen und -fixierungen (s. 5.1; 9.2; vgl. § 2; 8.2; 9.1-2) durch ihren **politischen Bezugsrahmen**; ihre Ablehnung wurde auch staatlicherseits sanktioniert. Darüber hinaus stand der theologische Konflikt in einem grundsätzlichen Zusammenhang mit der veränderten weltanschaulichen Situation: Das Christentum war seit 324 als die einzig wahre Religion anerkannt, und dieser Absolutheitsanspruch hing ab von der Lösung der Wahrheitsfrage durch die Gotteslehre (s. § 3; 10.5). Dabei hatte der **Monotheismus** großes Gewicht bekommen, aber er schien durch den konstitutiven Bezug der christlichen

Gotteslehre auf Jesus Christus als Offenbarungs-, Schöpfungs- und Erlösungsmittler alteriert zu werden, wie bereits die innerkirchlichen Kontroversen des 3.Jh.s gezeigt hatten (s. 9.1-2). Der Gefahr eines neuen Polytheismus konnte man nur entgehen durch eine **metaphysisch-ontologische Reflexion**, welche das Sein Gottes mit seinem geschichtlichen Handeln verband. Diese Notwendigkeit einer produktiven Inanspruchnahme der zeitgenössischen Philosophie hatte Origenes als erster konsequent, aber problematisch realisiert (s. 8.1-2). Die ontologische Klärung der Gotteslehre als Trinitätslehre war die Aufgabe, der sich die Theologen des 4.Jh.s widmen mußten. Das in den Dogmen von 325 und 381 formulierte Ergebnis implizierte eine neue Ontologie, eine spezifisch christliche Metaphysik.

10.2 Die Phasen des Streits

10.2.1 Die **erste Phase 318-337** (s. 11.) bezieht sich zunächst auf die Auseinandersetzung um die Lehre des Arius 318-325; ihr Mittelpunkt ist das **Konzil von Nicäa** 325. Das ist der **arianische Streit** im eigentlichen Sinne; diesen Begriff auf die gesamte Entwicklung bis 381 anzuwenden, ist unangemessen, weil der Arianismus (d.h. die Lehre von der Geschöpflichkeit Christi im Sinne einer ontologischen Ungleichheit von Vater und Sohn) bis ca.357/8 kaum noch Vertreter fand und danach keine entscheidende Rolle mehr spielte. Der zweite Teil der 1. Phase (bis zum Tode Konstantins) ist durch den kirchenpolitischen Kampf der Origenisten gegen die wenigen Vertreter des Nizänums bestimmt.

10.2.2 Zweite Phase 341-355 (s. 12.-13.): Eine Zäsur wird nach 337 durch den zunehmenden **Gegensatz zwischen Ost- und Westkirche**, zwischen Origenisten bzw. Eusebianern ("Mittelpartei") und Verteidigern des Nizänums erkennbar. Verstärkt wird dieser durch die Rivalität der Kaiser Konstantius und Konstans. Die Person des Athanasius spielt dabei eine wichtige Rolle. Das Reichskonzil von Serdika 342 offenbart die Zerrissenheit der Kirche. Mit Konstantius' Alleinherrschaft und seiner Unterdrückung der westlichen Nizäner auf der Synode von Mailand 355 kündigt sich eine Wende an.

10.2.3 Dritte Phase 357-361 (s. 14.): Durch theologische Veränderungen (Neuformierung des Arianismus, Zerfall der origenistischen Mittelpartei) sowie durch Konstantius' Politik, die **Kircheneinheit** durch ein **neues Dogma** zu etablieren, wird eine bewegte Übergangszeit bestimmt, die in der großen Reichssynode von Seleukia und Ariminum 359 kulminiert. Mit Anhomöern, Homöern und Homöusianern bilden sich neue Gruppen.

10.2.4 Vierte Phase 362-381 (s. 15.-17.): Die Zeit nach Konstantius' Tod ist einerseits durch die dogmatische und kirchenpolitische Differenzierung der Gruppen, andererseits durch die zunehmende – von Athanasius seit 362 geförderte – Konzentration und **Ausdehnung der Nizäner** geprägt. Durch die unterschiedliche Religionspolitik der Kaiser Valentinian und Valens differiert die Situation für die Nizäner in West und Ost erheblich, bis mit Theodosius 379/380 im Orient ein Umschwung einsetzt, der zur Durchsetzung des Nizänums auf dem Reichskonzil von **Konstantinopel 381** führt.

10.3 "Parteien" oder "Gruppen"?
Üblicherweise spricht man in der Literatur zum trinitarischen Streit von "Parteien", so für die Zeit nach 325 von dreien: ("Linken") Arianern, ("Rechten") Nizänern und der "Mittelpartei" der Origenisten bzw. Eusebianer. Entsprechendes gilt dann für die Zeit nach 358 (vgl. 14. und 15.). Der Begriff "Partei" kann zu dem Mißverständnis führen, als handelte es sich um feste Organisationen mit klar umrissenem Mitgliederbestand. Derartiges hat es aber nicht oder nur eingeschränkt gegeben. Die Arianer und auch die Nizäner bildeten nach 325 gewiß keine Partei in diesem Sinne; und die sog. Mittelpartei, die Majorität der Origenisten/Eusebianer, war eine nicht genau abgegrenzte Gruppe von Gleichgesinnten mit zeitweise gleichen kirchenpolitischen Zielen. Deshalb ist es besser, statt von Parteien von "Gruppen" zu sprechen, auch bei der Neuformation nach 358. Anders steht es dann im 6.Jh. mit den byzantinischen Parteien der "Blauen" und "Grünen" in Konstantinopel (vgl. § 4; 12.2.1).

10.4 Literatur
K. BEYSCHLAG: Grundriß I, 254-299. - R.P.C. HANSON: The search of the Christian doctrine of God. The Arian controversy 318-381, 1988. - J.N.D. KELLY: Altchristliche Glaubensbekenntnisse, 1972, 205-361. - H. LIETZMANN: Geschichte der Alten Kirche Bd.3, 1938; Bd.4; 1944; ND 1975. - F. LOOFS: Arianismus, RE[3] 2 (1897) 6-45. - DERS.: Leitfaden 183-205. - R. LORENZ: Das vierte Jahrhundert (Osten), KIG I/C 2, 1992, 111-209. - A.M. RITTER: Arianismus, TRE 3 (1978) 692-719. - DERS.: Dogma und Lehre. HDThG 1, 144-185. - E. SCHWARTZ: Ges. Schriften Bd.3-4, 1959-60. - M. SIMONETTI: La crisi ariana nel IV secolo, 1975. - CH. STEAD: Philosophie und Theologie I, 95-129. - B. STUDER: Gott 127-223. - H.G. THÜMMEL: Die Kirche des Ostens im 3. und 4. Jahrhundert, KGE I/4, 1988.

11. Der arianische Streit 318-325/337

Nur auf dem Hintergrund der in 10.1 skizzierten Situation war es möglich, daß die profilierte Einseitigkeit einer christologischen Konzeption einen Streit von unbekannten Dimensionen auslöste: die extrem **subordinatianistische Lehre des Arius**, die den Logos als Geschöpf Gottes ansah. Ihre Verurteilung durch Alexander von Alexandria 319(?) führte dazu, daß sich mit der dogmatischen Problematik sogleich - typisch für den ganzen Streit bis 381 - kirchenpolitische Aspekte verbanden. Bis 325 sind die Chronologie, die Vorgänge und die theologischen Positionen z.T. unsicher zu erfassen. An Arius ist kirchengeschichtlich bedeutsam weniger seine Lehre an sich als die Tatsache, daß sie zu einem theologiegeschichtlichen Typus wurde - zum **Arianismus**.

11.1 Die Anfänge des Konflikts bis 324

Ausgelöst wurde der Streit wohl 318 durch schroffe, einseitige Formulierungen des **Arius** zur Christologie, die in Alexandria Anstoß erregten, und zwar zunächst vermutlich bei einigen Melitianern (s. § 2; 16.2), die vielleicht einen modalistischen Monarchianismus wie die libyschen "Sabellianer" (s. 5.3.3; 9.1.1) vertraten: Sie verklagten Arius bei Bischof **Alexander** wegen Häresie, und eine große **Synode** unter dessen Leitung verurteilte ihn daraufhin (wohl 319). Arius fand aber Unterstützung bei einflußreichen Freunden, dem Hofbischof Eusebius von Nikomedia und anderen Bischöfen, die ihn auf zwei Synoden in Kleinasien und Palästina - wohl 321 - für orthodox erklärten. Der Streit zwischen Arius und Alexander wurde von offenen Briefen und Bekenntnissen begleitet, die die jeweilige Position verteidigten; er wuchs sich seit 320 aus zu einem Konflikt zwischen Alexandria und Nikomedia, zwischen "Rechtsorigenisten" wie Alexander und "Linksorigenisten" wie u.a. Eusebius von Cäsarea (vgl. 9.3). Wie wichtig er Kaiser **Konstantin** erschien, zeigte sich daran, daß dieser bald nach der Übernahme der Herrschaft im Osten (s. § 3; 10.4) im Herbst 324 in einem persönlichen Schreiben an Alexander und Arius zur Versöhnung mahnte: Sie sollten sich auf den schlichten Gottesglauben konzentrieren, in dem sie einig wären, und die wissenschaftliche Diskussion des Problems unterlassen, um die Einheit der Kirche zu bewahren (Übers.: BKV 9,85-88). Ein weiterer Vermittlungsversuch, zu dem Konstantin seinen theologischen Berater, den spanischen Bischof Ossius (Hosios) von Corduba, nach Alexandria schickte, scheiterte. Daraufhin verbündete Ossius sich mit Alexander und dessen Anhängern; auf einer **Synode in Antiochia** zur Neubesetzung des dortigen Bischofsthrones (mit Eustathius) verabschiedeten sie - Ende 324 oder Anfang 325 - ein antiarianisches Lehrbekenntnis, verurteilten Arius als Häretiker und exkommunizierten drei seiner Fürsprecher, darunter den berühmten Gelehrten Eusebius von Cäsarea. Dadurch verschärften sich die Spannungen so, daß der Kaiser nun massiv eingriff mit einer Einladung zu einer "ökumenischen", d.h. einer das ganze Reich umfassenden, Synode in Nicäa, einer seiner Residenzen (s. 11.4).

11.2 Arius' Lehre: Monotheismus und Geschöpflichkeit Christi

Arius kritisierte Alexanders Lehre von der Gleichewigkeit und Wesenseinheit des Sohnes mit dem Vater durch die These, allein der **Vater** (die ἀρχή/*archē* im philosophischen Sinne) wäre ohne Anfang und daher ewig, also mit dem entscheidenden Gottesprädikat der **Ungewordenheit** (ἀγεννησία/*agennēsia*) versehen: Sein Gott-Sein erweist sich im Unterschied zu allem Gewordenen; als alleiniger Schöpfer von allem bzw. als die Einheit, Ursprung der Vielheit mit depotenziertem Sein, unterscheidet er sich wesensmäßig vom **Logos**, den er **geschaffen** hat, allerdings vor aller Zeit und vor der Weltschöpfung. (Vgl. auch die Aussagen in 11.4.1.) Dessen Würde besteht darin, daß er vom Vater in der Präexistenz als Sohn gnadenhaft angenommen ist und deshalb als Gott gilt, obwohl ihm die eigentlichen Gottesprädikate fehlen.

11.2.1 Über Person (geb. ca.260?, gest. ca.336) und Theologie dieses später als Erzketzer verteufelten alexandrinischen Presbyters (seit ca.312) ist wenig bekannt. Vielleicht stammte er aus Libyen, war er ein Schüler des Lukian von Antiochia (s. 9.2.3) und hielt er sich vor 311 zur schismatischen Partei der Melitianer. Die **theologiegeschichtliche Einordnung** ist in der neueren Forschung umstritten: Ein auf den kosmologischen Ansatz konzentrierter, verkürzter Origenismus, Elemente des Mittelplatonismus und Adoptianismus prägten seine Christologie. Er war kein spekulativer Denker, sondern ein Prediger und Dichter.

11.2.2 Die **exegetische Begründung** für die Geschöpflichkeit des Logos war Arius wichtig; er verwies z.B. auf Prov 8,22 (Erschaffung der Weisheit), Mk 13,32 (Nichtwissen des Sohnes), Joh 14,28 (Superiorität des Vaters). Dadurch wurde der dogmatische Streit konstitutiv auch ein Streit um die Schriftauslegung. Mit seiner Logoslehre, in der die origenistische Konzeption von der Ewigkeit der Zeugung und damit einer wesensmäßigen Verbindung zwischen Vater und Sohn ausgelassen wurde, konterkarierte Arius sein Ziel, den Monotheismus zu bewahren. Denn so, wie er den Logos als herausragendes Geschöpf beschrieb, machte er aus ihm faktisch einen **Gott zweiter Ordnung** (vgl. zum älteren Subordinatianismus 3.3.2) und führte damit ein polytheistisches Element ein. Das war eine radikale Minderheitsposition, die nicht in die weltanschauliche Gesamtlage paßte (s. 10.1).

11.3 Einheit von Vater und Sohn bei Alexander von Alexandria

Alexander (seit 312 Bischof, gest. 328) vertrat gegen Arius' Logoslehre eine "rechtsorigenistische" Position (s. 9.3), indem er in philosophischer Begrifflichkeit die **Ewigkeit der Sohnschaft** und die Wesensgleichheit des Sohnes mit dem Vater betonte. Gott war für ihn vom Offenbarungsgedanken her paradox nur in der konstitutiven Zweiheit beider, die eine Einheit bilden, zu denken; die Differenzierung erläuterte er mit dem Schema Urbild-Abbild. Als exegetische Belege zog er gegen Arius neben Kol 1,15 und Hebr 1,3 v.a. die Aussagen über die Vater-Sohn-Einheit heran, z.B. Joh 14,9.10. 16,15.30. Diese Position, für die er anscheinend viele Anhänger - zumal in Ägypten - fand, brachte er in das Bekenntnis von Antiochia (s. 11.1) und in die Diskussion in Nicäa ein.

11.4 Das Reichsdogma von Nicäa: Gottheit Christi als "Homousie"

Zur Beilegung der theologischen Kontroverse und zur Demonstration kirchlicher Einheit veranstaltete Konstantin im Juni/Juli 325 eine **Reichssynode** in Nicäa (heute: Iznik; zu Konstantins Rolle s. § 3; 11.5.2). Etwa 250-300 Bischöfe und andere Kleriker überwiegend aus dem Osten waren anwesend, aus dem Westen nur fünf Bischöfe - voran Ossius von Corduba, der als Konstantins Berater das Konzilsgeschehen beeinflußte, und Cäcilian von Karthago - sowie zwei römische Presbyter. Die Einzelheiten des Konzilsverlaufs sind weitgehend unbekannt. Über die Verurteilung der arianischen Position dürfte man sich rasch einig geworden sein. Eusebius von Cäsarea (vgl. 11.1) legte ein als rechtgläubig angesehenes persönliches Bekenntnis vor und wurde rehabilitiert. Gemäß kaiserlichem Vorschlag benutzte diesen Text eine Konzilskommission bei der Ausarbeitung des offiziellen Lehrbekenntnisses. Dieses bekundet **Alexanders und Ossius' Einfluß** z.B. darin, daß die kosmologisch orientierte Logoslehre des eusebianischen Bekenntnisses durch eine soteriologisch orientierte Lehre über den Sohn als wahren Gott abgelöst ist. Wohl nach heftigen Auseinandersetzungen wurde das **neue Lehrbekenntnis** vom Konzil fast einmütig gebilligt und vom Kaiser approbiert - als ein reichsweit gültiges Dogma (Glaubensgesetz). Sein Kernsatz: Als Sohn ist Christus *wahrer Gott aus dem Sein des Vaters*, *wesenseins* mit diesem (ὁμοούσιος/*homousios*). Das Hauptproblem war allerdings, wie sich alsbald erwies, daß die Mehrheit der östlichen Theologen diese Aussage nicht nachvollziehen konnte. Es war ein Dogma ohne Konsensus. Die Opponenten wurden exkommuniziert und ins Exil geschickt: Arius und zwei libysche Bischöfe, später auch Eusebius von Nikomedia und Theognis von Nicäa.

11.4.1 In der Forschung ist oft behauptet worden, dem **Nizänum** (N) läge ein Taufbekenntnis des syropalästinischen Typs zugrunde. Diese Näherbestimmung muß offenbleiben, ebenfalls das Verhältnis zu Eusebs Bekenntnis. Der Text (s. DH 125f; Kelly 215f; TRE 24, 445-447 mit Übers.) enthält weithin traditionelle Aussagen, vier interpretierende **Zusätze** im zweiten Artikel und eine fünfgliedrige Verwerfung am Schluß: 1. Der alte Bekenntnissatz *geboren aus dem Vater als Eingeborener* wurde interpretiert: *das heißt, aus dem Sein/Wesen (usia) des Vaters*; 2. *Gott aus Gott* wurde verstärkt zu *wahrer Gott aus wahrem Gott* und sodann 3. gegen die arianische Lehre präzisiert mit *gezeugt, nicht geschaffen* sowie 4. durch *wesenseins mit dem Vater* (ὁμοούσιος τῷ πατρί) ergänzt. An den auffällig kurzen dritten Artikel (*Und an den Heiligen*

Geist) wurde folgendes **Anathema** mit Arius-Zitaten angehängt: *Diejenigen aber, die sagen: a) 'Es gab eine Zeit, als er nicht war'* (ἦν ποτε ὅτε οὐκ ἦν) *und b) 'Bevor er geschaffen wurde, existierte er nicht'* (πρὶν γεννηθῆναι οὐκ ἦν) *und c) 'Aus Nicht-Seiendem ist er entstanden'* (ἐξ οὐκ ὄντων) *oder d) aus einer anderen Existenz oder Wesen* (ἐξ ἑτέρας ὑποστάσεως ἢ οὐσίας) *und die behaupten, daß der Sohn Gottes e) veränderlich oder wandelbar sei, diese verurteilt die katholische und apostolische Kirche.* Mit den Begriffen ὑπόστασις/*hypostasis*, οὐσία/*usia* und ὁμοούσιος/*homousios* hatte man ontologische Aussagen gemacht, deren Bedeutung ungeklärt war. Klar an dem neuen Dogma war nur die Verwerfung des Arianismus.

11.4.2 Ein ungelöstes Problem sind Herkunft und Bedeutung des Begriffs **Homousios**, der im trinitarischen Streit bis ca.350 eine marginale, seit ca.362 eine zentrale Rolle spielte. Er war in der Vergangenheit nur gelegentlich verwendet worden (vgl. 9.1.2; 9.2.2). Hatte die ältere Forschung ihn - unter Hinweis auf Ossius' Einfluß - auf die westliche, durch Tertullian geprägte Tradition (*unius substantiae*) zurückgeführt, so gibt es nach neueren Untersuchungen keine eindeutige Lösung. Vielleicht hat Alexander ihn schon um 320 gebraucht; Arius jedenfalls hat ihn ausdrücklich abgelehnt. Nach Eusebius' Bericht (Übers.: KTQG 1, 137) hat Konstantin auf seiner Verwendung bestanden. Wahrscheinlich hat man ihn als **antiarianische Aussage** eingefügt, deren Bedeutung ungeklärt war. Damit entwickelte sich aus einem Formelkompromiß in der Folgezeit ein Stein des Anstoßes für die origenistisch geprägte Majorität. Denn er konnte für diese - bei der im Anathema zu d) ausgesagten Gleichsinnigkeit der Begriffe *usia* und *hypostasis* (die zu jener Zeit nicht allgemein-gültig definiert waren) - nur bedeuten, daß der Sohn dieselbe Existenz wie der Vater habe, was die Annahme einer hypostatischen Identität nahelegte und damit auf Modalismus (Sabellianismus) hinauslief.

11.5 Konstantins Befriedungspolitik nach 325

Für Konstantins Religionspolitik nach 325 war nicht der Inhalt des Reichsdogmas, sondern dessen formale Geltung und damit die **Einheit der Reichskirche** sowie der innere Friede maßgeblich. Deswegen begnadigte er 327/8 die exilierten, reumütigen Häretiker - auch Arius -, nachdem diese sich nicht mehr ausdrücklich gegen die Beschlüsse von Nicäa stellten. Nach 330 wurden Eusebius von Nikomedia (gest. 341/2; seit 338/9 Bischof von Konstantinopel) der kirchenpolitische Führer und Eusebius von Cäsarea (gest. ca.339/340) der einflußreichste Theologe im Osten. Dort herrschte weithin die **origenistische Mittelgruppe** (der Eusebianer), die das Nizänum nicht bejahte, aber nicht direkt ablehnte. Sie schaltete bis 335/6 die Verteidiger des Nizänums durch politische und kirchenrechtliche Vorwürfe aus: die Bischöfe Eustathius von Antiochia, Athanasius von Alexandria, Marcellus (Markell) von Ankyra und Paulus von Konstantinopel. Der **"Fall Athanasius"** wurde ein wichtiger Faktor des weiteren Streites. Im Westen gab es keine dogmatischen Konflikte; das Nizänum hatte dort zunächst weder positiv noch negativ eine Bedeutung.

11.5.1 Die rechtlich nicht unproblematische Wahl des Diakons **Athanasius**, des engsten Mitarbeiters Alexanders, zu dessen Nachfolger 328 rief den Widerstand der Melitianer (s. § 2; 16.2) hervor. Diesen versuchte Athanasius (s. 13.0) zu brechen. Die folgenden Jahre waren deshalb durch Unruhen in Ägypten bestimmt. Den kaiserlichen Unwillen erregte Athanasius auch dadurch, daß er Arius' Wiederaufnahme in den Klerus ablehnte. Da die Melitianer sich mit den Eusebianern verbündeten, versuchten diese seit 331/2, den mißliebigen ägyptischen Metropoliten durch einen Kriminalprozeß (Vorwurf des Kultfrevels und der Majestätsbeleidigung) auszuschalten, was schließlich durch die **Verurteilung** auf der Synode von **Tyrus 335** gelang: Konstantin verbannte ihn nach Trier (1. Exil 335-337). Vordergründig ging es dabei nicht um das Nizänum.

11.5.2 Anders stand es mit zwei Verteidigern des Nizänums. **Eustathius von Antiochia**, der die Arianer und Eusebius von Cäsarea literarisch bekämpfte, wurde wegen Sabellianismus und Majestätsbeleidigung ca.328/9 abgesetzt und exiliert (gest. vor 337). Seine Anhänger bildeten gegen den neuen Bischof eine Sondergemeinde - das Schisma in Antiochia war bis 381 ein wichtiger Teil des trinitarischen Streites (s. 15.1). Ebenfalls ein scharfer Antiorigenist war **Markell von Ankyra**, einer der profiliertesten Theologen des 4.Jh.s, der das Nizänum im Sinne seiner Lehre von der Einheit Gottes auslegte (s. 11.6). Paulus von Konstantinopel, dessen nizänische Position zunächst nicht so deutlich war, wurde ca.336 wegen politischer Verdächtigungen abgesetzt. Drei Metropolen besetzte die Mittelgruppe nun mit ihren Leuten.

11.6 Einheit der Trinität bei Markell von Ankyra

Eine nizänische Trinitätstheologie von besonderer Originalität vertrat der geniale Nonkonformist Markell von Ankyra (ca.280-374), der wohl 336 von den Eusebianern als Häretiker abgesetzt wurde. Er wurde zu Unrecht von den Origenisten - und später von den Neonizänern - des Sabellianismus bezichtigt. Vielmehr vertrat er als biblisch begründete Theologie einen trinitarischen Monotheismus, bei dem er die **Einheit Gottes** (*monas*) als eines **einzigen Seins** (eine *hypostasis* bzw. *usia*, ein *prosopon*) betonte. Er attackierte die eusebianische Drei-Hypostasen-Lehre als unbiblische Philosophie. Für ihn war Gott eine in sich differenzierte Einheit insofern, als dessen Handeln in der **Heilsgeschichte** die in ihm existierenden unterschiedlichen Wirkkräfte Logos und Geist in einer scheinbaren "Ausdehnung" seines Wesens manifestiert: Der ewige, ursprungslose Logos-Sohn wohnte in einem Menschen ein und sandte den Heiligen Geist in die Welt, ohne daß Gott sich damit zerteilte.

11.7 Eusebius von Cäsarea: Logos als Offenbarer Gottes

Gegen Markell verteidigte Eusebius von Cäsarea (ca.264-ca.340), der theologische Führer der origenistischen Mittelgruppe, ca.339 in zwei Schriften die Hypostasenlehre als **binitarischen Monotheismus** (ohne Einbeziehung des Heiligen Geistes in die Reflexion). Sein Ansatz war die Selbstdifferenzierung Gottes in Offenbarung und Schöpfung durch den Logos, den **Mittler zwischen Gott und Welt** bei Wahrheitserkenntnis und Erschaffung der Welt: Gottes Sein ist die strukturierte Einheit von Vater und Sohn, die sich wie Urbild und Abbild zueinander verhalten, was ihre ontologische Verbindung und Unterscheidung - als zweier Hypostasen, die ein Gott sind - erklärt. Mit der starken Betonung des Subordinatianismus und der bibeltheologischen Argumentation repräsentierte Eusebius eine im Osten verbreitete Position, der das Nizänum als Lehre von der Vater-Sohn-Identität suspekt war und deren Schwäche darin lag, daß das Gott-Sein des Sohnes im Verhältnis zu demjenigen des Vaters nicht ontologisch reflektiert wurde.

11.8 Literatur (s. auch 10.3)

QUELLEN: H.G. OPITZ (Hg.): Urkunden zur Geschichte des arianischen Streites 318-328, 1934/5 (= Athanasius Werke Bd.3/1).

LITERATUR: TH. BÖHM: Die Christologie des Arius, 1991. - H.C. BRENNECKE: Nicäa I, TRE 24 (1994) 429-441. - R. LORENZ: Arius judaizans?, 1979. - H.G. OPITZ: Die Zeitfolge des arianischen Streites von den Anfängen bis zum Jahre 328, ZNW 33 (1934) 131-159. - I. ORTIZ DE URBINA: Nizäa und Konstantinopel, 1964. - F. RICKEN: Nikaia als Krisis des altchristlichen Platonismus, ThPh 44 (1969) 321-341. - A.M. RITTER: Arius, GKG 1, 1984, 215-223. - K. SEIBT: Marcell von Ankyra, TRE 22 (1992) 83-89. - C.G. STEAD: Homousios, RAC 16 (1994) 364-433. - D.S. WALLACE-HADRILL: Eusebius von Caesarea, TRE 10 (1982) 537-543.

12. Der Ost-West-Gegensatz seit 341

Nach Konstantins Tod 337 und der Aufteilung der Herrschaft unter seinen Söhnen (s. § 3; 12.1.1) entbrannte der kirchenpolitische Kampf neu: a) durch die Rückkehr der exilierten Bischöfe, v.a. des Athanasius, und die dadurch ausgelösten Unruhen; b) durch den damit zusammenhängenden kirchenpolitischen und theologischen Gegensatz zwischen West- und Ostkirche; c) durch die Rivalität der Kaiser Konstans und Konstantius seit 340. – Den Hegemoniebestrebungen des Westkaisers Konstans entsprach seit 340 die **Einmischung Roms** und der Westkirche in östliche Interna, indem Julius von Rom Athanasius' und Markells Absetzung – und damit gültige Synodalentscheidungen – als irregulär anfocht. Hinzu kam die dogmatische Differenz zwischen der origenistischen Hypostasenlehre und der Position der "Nizäner". Die Eusebianer demonstrierten auf einer großen **Synode in Antiochia** 341 ihren Anspruch auf Orthodoxie durch ein Bekenntnis, welches faktisch an die Stelle des Nizänums trat. Die strittigen Probleme sollten – auf Druck des Westens (Konstans und Julius) – durch eine neue **Reichssynode in Serdika** 342 gelöst werden. Doch die Gegensätze führten zu einer Spaltung der Synode in einen i.w. westlichen Teil (samt Athanasius und anderen östlichen Nizänern) und einen i.w. östlichen Teil. Von einem Kirchen-Schisma zwischen Ost und West zu sprechen und vom Jahre 342 bis zum Schisma von 1054 eine Verbindungslinie zu ziehen, ist übertrieben. Doch mit der gegenseitigen Verurteilung nahm die Auseinanderentwicklung beider Kirchenteile neue Formen an. In dem aktuellen Konflikt spielte die **Person des Athanasius** eine Rolle, der dem Ost-Kaiser Konstantius als großer Friedensstörer erschien. Durch Konstantius' Alleinherrschaft seit 353 wurde zunächst die kirchliche Autonomie des Westens unterdrückt, und seit 355/357 begann eine neue Phase der Kirchenpolitik und des trinitarischen Streites.

12.1 Rom und die Origenisten

12.1.1 Zu dem 337 entbrannten Machtkampf gehörte es, daß die Westkaiser Konstantin und Konstans – unter dem Einfluß der dortigen Bischöfe, voran des Hofbischofs Maximinus von Trier – Athanasius, Markell, Paulus und andere **exilierte Bischöfe in ihre Heimat** zurückschickten, woraufhin dort Tumulte entstanden. Die Origenisten (Eusebianer) nahmen das jedoch ebenso wenig wie der Ostkaiser Konstantius hin; deshalb mußten z.B. Athanasius und Markell 339 aus ihren Bistümern weichen. Sie flohen nach Rom und fanden dort Unterstützung.

12.1.2 Bischof **Julius** (337-352) nutzte 340 die Gelegenheit, Führungsansprüche gegenüber dem Osten zu demonstrieren. Er erklärte die Absetzung jener beiden – und damit die Synodalentscheidung von 335/6 – für ungültig, verdächtigte die origenistische Lehre als Arianismus und kündigte eine gemeinsame West-Ost-Synode in Rom an. Die Eusebianer reagierten zunächst mit einer defensiven Bekenntniserklärung und im Januar 341 anläßlich der Einweihung der großen Kirche in **Antiochia** (s. § 3; 11.4) im Beisein des Konstantius mit einer feierlichen Demonstration: Die sog. Kirchweihsynode bekräftigte in einem antiarianischen **Lehrbekenntnis** die origenistische Drei-Hypostasen-Lehre (sog. zweite antiochenische Formel; Text: BSGR § 154, bei Kelly 265-267 mit Übers.). Da der Westen die *Hypostasen* als *Substanzen* auffaßte (s. 6.1; 9.1.2), wurde diese Lehre seit 341 zum Kern des theologischen Dissensus.

12.2 Die Reichssynode von Serdika 342

Konstans wollte sein politisches Übergewicht auch durch kirchlichen Führungsanspruch darstellen und wie sein großer Vater durch eine Reichssynode demonstrieren, zu der - da Konstantius seinem Druck nachgab - im Herbst 342 (andere Datierung: Herbst 343) auf westlichem Boden nahe der Trennlinie der Herrschaftsbereiche in Serdika (heute: Sofia) zahlreiche Bischöfe zusammenkamen. Doch die westliche Zumutung, die gültigen Synodalurteile über Athanasius und Markell zu annullieren, führte dazu, daß die östlichen Bischöfe getrennt tagten und schließlich nach Philippopolis (Provinz Thracia), also in den Ostteil zogen. Der hier offenkundige - auch in der Sprachendifferenz (lateinisch-griechisch) und im Gegensatz der Rechtsauffassung anklingende, im Unverständnis für die je andere Theologie begründete - Gegensatz beider Kirchen wurde dogmatisch untermauert: durch die westliche **Verurteilung der Hypostasenlehre** als Arianismus und durch die östliche **Ablehnung des Monarchianismus**. (Die westliche Behauptung, der trinitarische Gott sei eine *Hypostase/Usia*, und die Verteidigung Markells erschien als solcher.) Folgerichtig entsprach dem die **gegenseitige Exkommunikation**. Roms Anspruch, Appellationsinstanz für Streitfälle zu sein, wurde für den Westen fixiert, tendierte aber zu der später erkennbaren Haltung, auch über östliche Probleme (mit) zu entscheiden. Auf Druck seines Bruders lenkte Konstantius angesichts der Machtverhältnisse insofern ein, als er Athanasius die Rückkehr aus dem zweiten Exil (339-345) nach Alexandria gestattete, die dieser bis 346 als lange Rundreise zur Gewinnung von Sympathisanten im Osten gestaltete.

12.3 Konstantius und Athanasius

Der unbeugsame Alexandriner war zum gefährlichsten Widerpart der kaiserlichen Religionspolitik geworden. Er stabilisierte in dem für das ganze Reich wichtigen Ägypten seine Führungsposition (mit allgemein-politischen Implikationen) und gab damit der sich allmählich formierenden kleinen Nizänerpartei des Ostens Profil. Als er nach Konstans' Tod 350 undurchsichtig in die Politik des - von Konstantius 353 ausgeschalteten - Usurpators Magnentius (vgl. § 3; 12.1.2) verwickelt wurde, nahm der Kaiser, der seit 352 im Westteil residierte, den Kampf gegen den Bischof neu auf. Durch massiven Druck veranlaßte er die westlichen Bischöfe, auf einer großen Synode in **Mailand 355** der **Verurteilung des Athanasius** zuzustimmen. Die Opponenten, darunter Liberius von Rom, wurden wie üblich ins Exil geschickt. Das Ganze war auch eine dogmatische Richtungsentscheidung gegen das Nizänum. Um Athanasius aus Alexandria zu vertreiben, ließ der Kaiser dort 356 Militär einmarschieren und 357 einen neuen Bischof mit Gewalt einführen. Bis 361 hielt Athanasius sich in der ägyptischen Wüste versteckt (3. Exil) und führte von dort aus einen Propagandakrieg zur Verteidigung der Kirchenfreiheit gegen die kaiserliche Politik.

12.4 Literatur (s. auch 10.3)

H.C. BRENNECKE: Hilarius von Poitiers und die Bischofsopposition gegen Konstantius II., 1984, 3-195. - E. CASPAR: Geschichte des Papsttums Bd.1, 1930, 131-179. - K.M. GIRARDET: Kaisergericht und Bischofsgericht, 1975, 106-154. - H. LIETZMANN: Geschichte III (s. 10.4), 174-215. - W. SCHNEEMELCHER: Serdika 342, in: Ders.: Ges. Aufsätze, 1974, 338-364. - DERS.: Die Kirchweihsynode von Antiochien 341, in: FS J. Straub, 1977, 319-346. - M. TETZ: Glaubensfragen auf der Synode von Serdika (342), ZNW 76 (1985) 243-269.

13. Die Lehre des Athanasius: Gottheit Christi und Erlösung der Menschen

Den entscheidenden Beitrag zur Behauptung der Nizäner in kirchenpolitischer wie in theologischer Hinsicht zwischen 337 und 361 erbrachte Athanasius (ca.295-373; vgl. zu ihm 11.5.1; 12.1-3). Der Hierarch, Politiker und Praktiker war zugleich ein beachtlicher Theologe, der in der Ostkirche später zur normativen Autorität wurde, aber auch in der Westkirche hohes Ansehen genoß. (Werke: MG 25-28; z.T. Übers.: BKV 13.31.) Die populäre ältere Sicht, wonach der ganze Streit sich um den Gegensatz zwischen seiner Konzeption und dem Arianismus drehte, ist eine unhistorische Vereinfachung, die auf Athanasius' eigener Darstellung beruht. Er hat in seiner konsequent entwickelten literarischen Propaganda alle Gegner aus den Mittelgruppierungen - sachlich unberechtigt - als "Arianer" mit Arius und dessen Anhängern zusammengeschaut und rücksichtslos bekämpft (vgl. aber 15.2 zum Wandel 362ff). Er hat die **origenistische Tradition** in eine **Neukonzeption** überführt, die ganz von der **Soteriologie** bestimmt wurde und die den Subordinatianismus der Hypostasenlehre durch die Betonung der Einheit Gottes überwand. Erst seit 350/1 hat er in der ausdrücklichen **Verteidigung des Nizänums** auch den Begriff ὁμοούσιος/*homousios* herangezogen. Argumentierte er zunächst wie seine Zeitgenossen binitarisch zur Klärung des Verhältnisses von Vater und Sohn, so entwickelte er seit ca.345/6 eine Trinitätslehre durch Einbeziehung der Pneumatologie. Es ging ihm wie den meisten Theologen des 4.Jh.s im trinitarischen Streit nicht um Schlagworte und Formeln, sondern um die zentralen Inhalte des Christentums in Auslegung der Bibel. (Zu seiner Christologie vgl. § 4; 2.3.)

13.1. Menschwerdung Gottes und "Vergottung" des Menschen

13.1.1 Von grundlegender theologiegeschichtlicher Bedeutung ist seine Apologie *Über die Menschwerdung des Logos* (mit einem ersten Teil *Gegen die Hellenen*; wohl im Trierer Exil 336/7 verfaßt, nicht schon als Jugendwerk vor 318; Text: SC 199; Übers.: BKV 31,82-156). Sie verdeutlicht, daß die - von Kreuz und Auferstehung her als Erlösung gedeutete - **Inkarnation** das Zentrum seiner Theologie ist: Gottes Logos-Sohn wurde in Jesus Christus Mensch, damit das gefallene Geschöpf - mit seiner dem Verderben preisgegebenen, durch die Gottesferne bestimmten Natur - wieder zu Gott gebracht und so erlöst werden kann. *Denn er* (d.h. der Logos) *wurde Mensch, damit wir vergottet würden* (De inc. 54,3).

13.1.2 Diese berühmte Sentenz ist oft als Beleg für eine **"physische" Erlösungslehre** zitiert worden, die auf dem biblisch fragwürdigen, theologisch bedenklichen Gedanken einer *Vergottung* (θεοποίησις/*theopoiēsis*) des Menschen im Sinne der antiken Mysterienkulte basiere. Wenn man sie im Kontext von Athanasius' Ausführung interpretiert, stellt sich heraus, daß er mit Vergottung die **Gemeinschaft mit Gott** meint, die der Mensch im Glauben an Jesus Christus erhält und die sachlich mit der Erkenntnis Gottes identisch ist (s. De inc. 11-13.20.52-55). Diese Konzeption nimmt das auf, was die alexandrinische Theologie seit Origenes über die in der Schöpfung angelegte, durch den Fall preisgegebene, erst durch Christus realisierte Bestimmung des Menschen zur Vollkommenheit formuliert hat. Athanasius' Ansatz wird verfehlt, wenn man meint, er habe aus dem soteriologischen Ziel der Vergottung des Menschen die Gottheit Christi als Postulat gefolgert; er denkt genau umgekehrt.

13.2 Identität der Gottheit in Vater und Sohn

Daß Athanasius' Inkarnationstheologie eine **Offenbarungstheologie** ist, zeigt seine Trinitätslehre bzw. Christologie, die er in den drei *Reden gegen die Arianer* in Auseinandersetzung mit deren Lehre von der ἀγεννησία/*agennēsia* (s. 11.2) literarisch-exegetisch v.a. von Paulus und Johannes her entfaltet hat (wohl ca.340 und 345/6 verfaßt; Text: MG 26,11-468; Übers.: BKV 13,17-333): Gott redet und handelt stets in seinem Logos, der gleichsam das Prinzip seiner Außenbeziehung ist; diese enge Verbindung, die eine Teilhabe des Logos am Wesen Gottes einschließt, findet ihren adäquaten Ausdruck in dem biblischen Begriffspaar **Vater-Sohn** (deutlicher als in demjenigen von **Urbild-Abbild** und **Licht-Abglanz**, das Athanasius ebenfalls gerne - der origenistischen Tradition gemäß - heranzog). Denn es besagt, daß der Vater nie ohne Sohn, d.h. nicht Vater, war und ist (sonst wäre sein Wesen ja unvollkommen gewesen); deswegen muß eine ewige Zeugung unter Ausschluß aller kreatürlichen Analogien angenommen werden, weil der Vater nicht seinerseits geboren ist und der Sohn niemals Vater wird (Orat.c. Arian. I, 14-16.21-28 u.ö.).

13.2.1 Die Identität der Gottheit, die Einheit des Wesens (οὐσία/*usia* bzw. φύσις/*physis*) von Vater und Sohn, die durch biblische Aussagen wie Joh 14,9.10 bezeugt wird, zeigt sich darin, daß dem Sohn alle konstitutiven Gottesprädikate eignen; die Gottheit des Vaters ist im Sohn; insofern sind sie als zwei eins (III,3-6). Wenn man bedenkt, daß diese christologischen Aussagen sich gegen die an der mittelplatonischen Ontologie orientierte arianische Lehre über Gott als alleiniges Prinzip des Seins wenden, dann kann man folgern: Athanasius postuliert vom biblischen Zeugnis her so etwas wie eine **christliche Ontologie**, die sich gegen das philosophische Axiom wendet, daß der ursprüngliche Grund des Seins (die ἀρχή/*archē*) in seiner transzendenten Aseität eigentlich mit der Welt nichts gemein hat. Er betont, daß Gott als Vater, d.h. als Prinzip des Seins, wesensmäßig eine strukturierte Einheit ist, weil die Möglichkeit der Erkenntnis (die Offenbarung) seiner selbst in ihm gegeben ist und nicht äußerlich-zusätzlich (und damit abgeschwächt) hinzutritt. Athanasius' Lehre impliziert eine **Absage an den christlichen Platonismus** der Arianer und Eusebianer.

13.2.2 Für die Differenzierung der Einheit verwandte Athanasius, der den Begriff ὑπόστασις/*hypostasis* vermied, nur die biblischen Ausdrücke **Vater-Sohn** und **Licht-Abglanz**. Er betonte die Einheit beider wegen der fundamentalen Orientierung am Offenbarungs- und Erlösungsgedanken: Im Sohn wird Gott dem Menschen wirklich ganz erkennbar und zugänglich. (Vgl. I,12; II,32: *In Christus als dem Licht sieht man das Licht, das Gott ist* [nach Ps 36,10]; I,38-40: *Der Sohn macht die Gläubigen zu Söhnen* [Gal 4,5; Jes 1,2], *als Gott macht er sie zu Göttern* [Ps 82,1.6].)

13.3 Die Gottheit des Heiligen Geistes

Vom Gedanken der Erleuchtung und damit von dem binitarischen Denkschema "Licht-Abglanz" her bezog Athanasius Werk und Wesen des Heiligen Geistes ein: Gott als schlechthinniges Licht offenbart sich nach außen in Christus als dem Abglanz und ermöglicht die Aneignung der Offenbarung als **Erleuchtung** durch den Geist. Daß dieses eine Veränderung der ganzen Existenz, nicht bloß ein kognitiver Akt ist, verdeutlichte Athanasius mit Aussagen über die **Heiligung** und **Belebung** durch den Geist. Damit hat er eine Trinitätslehre konzipiert.

13.3.1 Gegen den Polytheismus machte er geltend, daß die Trinität nicht drei Prinzipien (ἀρχαί/*archai*) meint, sondern eine einzige *archē*, die **Gottheit** des Vaters, an der Sohn und Geist teilhaben als die Manifestationen Gottes in der Welt, die dem Menschen die Verbindung mit Gott ermöglichen (Orat.c.Arian. III,15-21). Im Sohn wird - in Menschwerdung, Kreuz und Auferstehung - die Erlösung präsent als Gemeinschaft mit Gott (vgl. 13.1), die vom gläubigen Individuum nur gnadenhaft als göttliche Gabe realisiert werden kann, nämlich durch die Teilhabe am Heiligen Geist (III,22-24).

13.3.2 Gegen die Pneumatomachen (dazu s. 15.4.1) um 359 hat Athanasius in drei *Briefen an Serapion* von Thmuis (Übers.: BKV 13,400-470) die **Gottheit des Geistes** mit den beiden Argumenten verteidigt, die er zuvor im Blick auf Christus entwickelt hatte: Erlösung als Gemeinschaft mit Gott gibt es gemäß dem biblischen Zeugnis nur in der Verbindung mit dem Heiligen Geist, als Erleuchtung und Heiligung (I,19-25). Erst mit der trinitarischen Erweiterung der Reflexion durch Einbeziehung der Pneumatologie hat Athanasius - in Fortführung von Origenes' Konzeption (s. 8.3.2) - die Fülle der christlichen Gotteslehre zur Darstellung gebracht, indem es nicht nur um ein objektives Offenbarungs-, Schöpfungs- und Erlösungswerk, sondern auch um die Ermöglichung konkreter Veränderung des Menschen geht.

13.4 Literatur

F. COURTH: Trinität 138-147. - C. KANNENGIESSER: Athanasius von Alexandrien, GKG 1, 1984, 266-283. - D. RITSCHL: Athanasius, 1964. - W. SCHNEEMELCHER: Athanasius von Alexandrien als Theologe und Kirchenpolitiker, ZNW 43 (1950/1) 242-256; auch in: DERS.: Ges.Aufsätze, 1974, 274-289. - M. TETZ: Athanasius von Alexandrien, TRE 4 (1979) 333-349.

14. Die theologischen Gruppen und das homöische Reichsdogma von 359

Die Konflikte seit 325 hatten gezeigt, daß die inhaltlichen Fragen entschieden werden mußten. Konstantius verfolgte - nach der Ausschaltung der Nizäner - in Analogie zum Vorgehen seines Vaters (s. 11.5) das Ziel, die Kircheneinheit auf ein von der Mehrheit getragenes neues Dogma zu gründen. Das konnte aber angesichts der theologischen Situation im Osten, wo er mit den Bischöfen seit 341 kooperierte, und wegen der kirchlichen Opposition im Westen nur (s. 12.2) antinizänisch sein. Das so schwer akzeptable *homousios* stand zur Disposition, Ersatzschlagwörter waren gefragt. Jetzt formierten sich die unterschiedlichen Gruppen bzw. Parteien (s. dazu 11.6) neu. Der atmosphärische Wandel begünstigte 357/8 ein Neuaufleben des Arianismus mit stringenter philosophischer Begründung: **Aëtius** und dessen Schüler **Eunomius** formulierten den Monotheismus konsequent ontologisch so, daß für den Logos-Christus nur die Geschöpflichkeit, d.h. das Ungleich-Sein mit Gott-Vater gelten konnte. (Wegen des Schlagwortes ἀνόμοιος/*anhomoios* wurden die Neoarianer von den Gegnern als **Anhomöer** bezeichnet.) Der Radikalismus dieser Minorität führte dazu, daß in Reaktion darauf ein großer Teil der origenistischen Mittelgruppe - die ontologische Reflexion aufnehmend - das bisherige Bekenntnis zur Übereinstimmung von Vater und Sohn dahingehend interpretierte, daß beide *gleich hinsichtlich des Seins* (ὅμοιος κατ' οὐσίαν bzw. ὁμοιούσιος/*homoiūsios* = *wesensgleich*) seien. Diese seit 358 sich formierende Gruppe der **Homöusianer** scheiterte mit dem Versuch, Konstantius für ihr Programm zu gewinnnen. Kirchenpolitisch durchsetzen konnte sich 359/360 eine konservative Gruppe, diejenige der **Homöer**, welche die umstrittene ontologische Reflexion biblizistisch überwinden wollte durch Verständigung auf das elementare Schlagwort: Der Sohn sei als *Gott aus Gott* dem Vater gleich gemäß den biblischen Aussagen (ὅμοιος κατὰ τὰς γραφάς/homoios kata tās graphās). Diese Gruppe als "Arianer" zu bezeichnen, wie seit Athanasius' und Epiphanius' Polemik vielfach üblich, ist historisch unzutreffend. Der Rücknahme der umstrittenen Lehrentscheidung von Nicäa im Jahre 357 folgte 359 die Etablierung des **homöischen Dogmas** auf dem großen Reichskonzil, welches aufgrund der Erfahrungen von Serdika 342 getrennt tagte - in **Seleukia** (Ost) und **Ariminum** (West; s. Abb.2) - und eine Fortsetzung am Hof in **Konstantinopel** fand. Dort wurde das neue Dogma endgültig beschlossen, und die kaiserliche Macht zog die kirchenpolitischen Konsequenzen durch Exilierung aller Gegner der Lehrentscheidung, der zahlreichen Homöusianer wie der wenigen Neuarianer. Das homöische Bekenntnis von Konstantinopel 359 war keineswegs "arianisch", denn es sagte im Sinne der ewigen Zeugung die Gottheit des Sohnes aus; aber es bestimmte das Vater-Sohn-Verhältnis nur unpräzise (*gleich gemäß der Schrift*) und verbot jegliche ontologische Reflexion darüber. Es sollte die Einheit der Kirche auf dem kleinsten gemeinsamen Nenner aller Nichtarianer stabilisieren. Bis 381 behielt es offizielle Geltung.

14.1 Aufhebung des Nizänums 357

Der personalpolitischen Entscheidung von 355 folgte die theologiepolitische 357 in Konstantius' Hoflager zu **Sirmium** (der Metropole der Präfektur Illyrien). Der dortige Bischof Germinius, mehr aber noch die pannonischen Bischöfe Valens von Mursa und Ursacius von Singidunum, die seit 351 zu Konstantius' engsten Beratern gehörten, setzten – unterstützt von weiteren westlichen Theologen – folgendes Konzept durch (die sog. 2. sirmische Formel; BSGR § 161, Übers.: Kelly 282f): Betonung des binitarischen Monotheismus im Sinne der origenistischen Lehre, Abwehr des Dyotheismus, Verzicht auf Näherbestimmung des Vater-Sohn-Verhältnisses, offizielle **Sprachregelung**, wonach die Verwendung der Begriffe *substantia*/οὐσία/*usia* und ὁμοούσιος/*homousios* – ὁμοιούσιος/*homoiusios* hinfort verboten sein sollte. Das bedeutete im Klartext die Abschaffung des Nizänums. (Diese Bedeutung des Aktes wird auch daraus ersichtlich, daß Konstantius den alten Ossius von Corduba ebenso wie den exilierten Liberius von Rom zur Unterzeichnung der neuen Formel zwang.) Konsequenterweise mußte man nun ein neues Reichsdogma aufstellen, was aber erst nach zweijährigem Ringen der Theologen geschah.

14.2 Der Neoarianismus: Aëtius und Eunomius

War der ursprüngliche Arianismus eine kirchliche Reaktionsbewegung, so formierte sich der Neoarianismus als **philosophische Schule** ohne breiten Rückhalt in der Kirche. Der Syrer Aëtius (gest. ca.365) propagierte seit 357 in Antiochia einen an mittelplatonischer Ontologie orientierten und mit dialektischer Argumentation begründeten **Monotheismus**: Es gebe nur eine Quelle des Seins, Gott-Vater, dessen Wesen die Ungewordenheit (ἀγεννησία/*agennesia*) sei; alles andere außer ihm, das Seiende, sei geworden, auch sein "Sohn", und daher Gott ontologisch ungleich (ἀνόμοιος κατ' οὐσίαν/*anhomoios kat' usian*). Damit war jegliches Gott-Sein Christi negiert. Aëtius' Schüler, der Kappadokier Eunomius (gest. ca.392/5), kurzfristig Bischof in Kyzikus, modifizierte seit 360 in seinen *Apologien* diese Konzeption etwas durch Konzessionen an die kirchliche Lehre und durch exegetische Begründung. Als das eigentliche Schulhaupt der neuen Bewegung wurde er in lange Auseinandersetzungen mit den Nizänern verwickelt. (Gegenschriften: Basilius von Cäsarea und Gregor von Nyssa.) Die dogmengeschichtliche Bedeutung der Anhomöer liegt in der Reaktion auf ihre Konzeption, welche die ontologische Reflexion der Trinitätslehre vorantrieb.

14.3 Die homöusianische Gruppe seit 358

Zur Abwehr des Neuarianismus formierte sich eine Gruppe der origenistischen Mittelpartei um Georg von Laodicea, Makedonius von Konstantinopel, Eustathius von Sebaste und Basilius von Ankyra neu. Die auch gegen den "Sabellianismus" Markells gerichtete Erklärung der Synode in Ankyra 358 nahm die ontologische Reflexion auf und bestimmte das Verhältnis des Sohnes zum Vater als **Gleichheit des Seins** (ὅμοιος κατ' οὐσίαν/*homoios kat' usian*, später zu ὁμοιούσιος/*homoiusios* zusammengezogen). Nach diesem Schlagwort bezeichnet man die Gruppe als Homöusianer. (Die auf Epiphanius zurückgehende Bezeichnung als "Semiarianer" ist unzutreffend.) Allerdings blieb der Begriff οὐσία/*usia*, der im wesentlichen mit ὑπόστασις/*hypostasis* identifiziert wurde, weiterhin ungeklärt; und der Begriff ὅμοιος/*homoios* (gleich bzw. ähnlich) war ebenfalls unpräzise, weil die Gleichheit nicht alle göttlichen Eigenschaften umfaßte. **Basilius von Ankyra** (seit ca.336 Bischof, gest. nach 363), der eigentliche Führer der Homöusianer, konnte zwar 358/9 Konstantius vorübergehend für sein – im Osten anscheinend mehrheitsfähiges – Programm im Blick auf eine neue Reichssynode gewinnen, so daß der Kaiser sogar die 2. sirmische Formel (s. 14.1) zurücknahm. Der Kampf ging gegen Arianismus und Sabellianismus. Doch schon 359 wurde Basilius' Einfluß durch denjenigen der Hofbischöfe Valens und Ursacius zurückgedrängt; es erschien dem Kaiser als kirchenpolitisch zweckmäßig, die dogmatische Fixierung so offen wie möglich zu halten.

14.4 Der Sieg der Homöer-Gruppe: Seleukia/Ariminum/Konstantinopel 359

14.4.1 Auf einem Treffen in **Sirmium** (Mai 359) zur Vorbereitung des geplanten Reichskonzils führten die Spannungen in der bisherigen origenistisch-eusebianischen Partei dazu, daß gegen die Homöusianer als Grundlage für das Konzil ein allgemein gehaltenes **Bekenntnis** verabschiedet wurde (die 4. sirmische Formel; BSGR § 163; Kelly 286f): Das Verbot des Begriffs οὐσία/*usia* wurde erneuert (vgl. 14.1) mit der Begründung, er habe im Kirchenvolk Ärgernis erregt und sei nicht biblisch. Das Verhältnis des Sohnes zum Vater wurde folgendermaßen definiert: *Gott aus Gott, in allem dem Vater, der ihn gezeugt hat, gleich gemäß der Schrift*, wobei betont wurde, die Weise der Entstehung des Sohnes sei nicht definierbar.

14.4.2 Das Reichskonzil tagte zunächst im italischen **Ariminum** (Rimini) mit ca.400 **westlichen Bischöfen** (wie üblich auf Staatskosten) und entschied entgegen der kaiserlichen Erwartung: Es bekräftigte das Nizänum und verwarf die sirmische Formel als häretisch. Doch die Delegation, die dieses Ergebnis dem Kaiser mitteilen sollte, wurde unterwegs in Nike (Thrakien; s. Abb.2) festgehalten und dort von Valens und Ursacius dazu gebracht, einer Modifikation der sirmischen Formel zuzustimmen; nach ihrer Rückkehr akzeptierte sogar das Rimini-Konzil diese **"Formel von Nike"**, welche die westliche Ein-Hypostasen-Lehre verurteilte und das ὅμοιος κατὰ τὰς γραφάς/*homoios kata tas graphas* bekannte (BSGR § 164).

14.4.3 Im Herbst 359 folgte die **östliche Tagung** in **Seleukia** (Kleinasien) mit ca.160 Teilnehmern; nach erregten Kontroversen lehnte die homöusianische Mehrheit die sirmische Formel ab und bekräftigte das Bekenntnis von 341 (s. 12.1.2). Theologische Führer der Gegenpartei, die sich erst jetzt als Gruppe der Homöer profilierte, wurden Eudoxius von Antiochia (seit 360 Bischof von Konstantinopel) und Acacius von Cäsarea/Palästina (gest. ca.365), der Nachfolger Eusebs, die beide wie dieser eine origenistische Position vertraten. Beide Gruppen schickten Delegationen nach **Konstantinopel**, wo auf einer abschließenden Synode im Dezember 359 in Konstantius' Beisein die Entscheidung fiel: Die Majorität akzeptierte im Sinne des Kaisers die in Sirmium konzipierte, in Nike und Ariminum beschlossene, jetzt nochmals veränderte Formel.

14.4.4 Dieses Dogma von Konstantinopel enthielt positiv die mit biblischen Aussagen angereicherte Bestimmung, daß der Sohn *Gott aus Gott* dem Vater **"gleich gemäß der Schrift"** sei, und negativ die Anweisung, für die Trinität die Begriffe οὐσία/*usia* und ὑπόστασις/*hypostasis* nicht zu verwenden (Text/Übers.: BSGR § 167, Kelly 290f). Damit war nicht nur das Nizänum, sondern auch die origenistische Hypostasenlehre ausgeschlossen; der Neuarianismus galt als verurteilt. Auf einer weiteren Konstantinopeler Synode im Januar 360 zogen die Homöer aus ihrem theologischen Sieg die kirchenpolitischen Konsequenzen: Die homöusianischen Bischöfe wurden abgesetzt und exiliert, an ihre Stelle sollten Homöer treten.

14.5 Literatur (s. auch 10.3)

L. ABRAMOWSKI: Eunomios, RAC 6 (1966) 936-947. - H.C. BRENNECKE: Studien zur Geschichte der Homöer, 1988, 5-86. - J. GUMMERUS: Die homöusianische Partei bis zum Tode des Konstantius, 1900. -TH. A. KOPECEK: A History of New-Arianism, 2 Bde., 1979. - H. LIETZMANN: Geschichte III (s. 10.4), 217-234. - W.A. LÖHR: Die Entstehung der homöischen und der homöusianischen Kirchenparteien, 1986. - A.M. RITTER: Eunomius, TRE 10 (1982) 525-528.

15. Homöische Reichskirche und Neonizäner 362-379

Nur mit Gewalt hatte Konstantius seine Vorstellung von Kircheneinheit durchgesetzt. Nach seinem Tod zeigte schon die Episode der allgemeinen Religionsfreiheit unter Julian (s. § 3; 12.3) im Jahre 362, während der alle Exilierten zurückkehren durften, daß das homöische Dogma nur von einer Minderheit bejaht wurde. Seit 364 entwickelten sich die Verhältnisse im westlichen und im östlichen Herrschaftsgebiet der Kaiser Valentinian I. und Valens (s. § 3; 12.4.1) unterschiedlich: Im Abendland setzten sich dank der staatlichen Nichteinmischung die Nizäner, die Majorität der Bischöfe, weithin gegen die Homöer (*Ariani*) durch (s. auch 18.1-2); im Orient wurde die verworrene kirchlich-theologische Lage dadurch verschärft, daß **Valens** an die Kirchenpolitik des Konstantius anknüpfte und die Kircheneinheit auf der Basis des homöischen Dogmas von 359 gewaltsam durchsetzen wollte. Die Gruppe der Homöer verlor weiter an theologischer Substanz, weil viele nach 362 das Nizänum akzeptierten und sich mit Homöusianern, die das ebenfalls taten, verbündeten. Sie interpretierten die nizänische Lehre von der Homousie im Sinne der Drei-Hypostasen-Lehre. Diese neue Gruppierung - mit Meletius von Antiochia (gest. 381) als kirchenpolitischem und Basilius von Cäsarea (gest. 378; zu ihm s. 16.1) als theologischem Kopf - kann man als **Neo- bzw. Jungnizäner** bezeichnen (trotz der Einwände mancher Forscher), und zwar im Unterschied zu den Altnizänern, deren überragender Führer Athanasius (gest. 373) blieb. Dieser trug durch die **Synode von Alexandria 362** erheblich zur Verständigung mit den Neonizänern bei. Deren Position war: Anerkennung des Nizänums (mit Anhang über die Gottheit des Heiligen Geistes; Zulässigkeit der Interpretation des *homousios* durch die Formel **"drei Hypostasen (Existenzen)"**. Die Erweiterung der Diskussion durch Einbeziehung der Pneumatologie ergab sich durch die arianische Lehre, aber vor allem durch die Ablehnung der Gottheit des Geistes durch die neue Gruppe der **Pneumatomachen**. Deren Verwerfung wurde seit 362 von Athanasius zum Bestandteil nizänischer Orthodoxie erklärt. Teilweise kooperierten die Neo- mit den Altnizänern; doch der Gegensatz hinsichtlich der Markellianer blieb. Das seit ca. 340 bestehende, nach 360 verschärfte Schisma in Antiochia behinderte die Verständigung. Für den **Westen**, insbesondere Damasus von Rom, blieben die Neonizäner dogmatisch suspekt (vgl. 12.2; 18.2); daran scheiterte die von Basilius betriebene Verständigung. Die getrennte Entwicklung beider Kirchenbereiche schritt fort. Mit gewaltsamer Kirchenpolitik konnten die Homöer unter Eudoxius von Konstantinopel (gest. 370) und Euzoius von Antiochia (gest. 376) dank staatlicher Hilfe sich in vielen Bistümern halten und in manchen Provinzen ihren Einfluß erweitern. Nach Valens' Tod 378 setzten sich jedoch die Jungnizäner im Osten durch.

15.1 Das Schisma in Antiochia

Der von den Homöern 360 als Bischof von Antiochia eingesetzte Armenier **Meletius** überwarf sich sogleich mit dieser Gruppe und mit Kaiser Konstantius, so daß man ihn verbannte und 361 durch **Euzoius** ersetzte, welcher in der "Großen Kirche" die Homöer und Arianer um sich scharte. Er nahm die Absetzung jedoch nicht hin, kehrte unter Julian zurück und wurde nach 363 ein Anhänger des Nizänums (s. 15.3), ihm folgte die Majorität der Gemeinde. Eine kleine Altnizäner-Gruppe, die Gefolgschaft des Eustathius (s. 11.5.2), opponierte gegen Meletius; sie bekam 362 in **Paulinus** einen eigenen Bischof, den nunmehr dritten in Antiochia, und hielt Kontakte zu Rom, Athanasius und den Markellianern. Von dieser Gruppe separierten sich wegen Differenzen in der Christologie (s. § 4; 2.2) die **Apollinaristen**, die wenigen Anhänger des Apollinaris von Laodicea (zu ihm s. § 4; 3.0), deren Führer Vitalis 376 ebenfalls Bischof wurde. Meletius als einer der schärfsten Gegner von Valens' Kirchenpolitik mußte 365-7 und 372-8 erneut ins Exil, doch seine Gemeinde hielt zu ihm, und die Neonizäner, voran Basilius von Cäsarea, kämpften unter den Nizänern für seine Anerkennung als des rechtmäßigen Bischofs. Das antiochenische Schisma war bis 381 ein wichtiger Teilaspekt des trinitarischen Streits; es dauerte bis 413 fort und trug dazu bei, daß Antiochia in der Konkurrenz der kirchlichen Metropolen hinter Alexandria, Konstantinopel und Rom zurücktrat. Wie oft in der Kirchengeschichte verbanden sich hier persönliche Animositäten und kirchenpolitische Rivalitäten mit theologischen Gegensätzen zu einem kaum lösbaren Problemkomplex.

15.2 Athanasius' Programm seit 362: Erweiterung der Nizänergruppe
Der aufgrund von Julians Restitutionsedikt nach Alexandria zurückgekehrte Athanasius, der der veränderten theologischen Lage Rechnung trug, hielt dort im Frühjahr 362 zwecks Sammlung der ägyptischen Nizäner eine **Synode** ab, die u.a. auch eine dogmatische Sprachregelung für die gewünschte Übereinkunft zwischen den Eustathianern und den Meletianern in Antiochia fixierte (sog. *Tomus ad Antiochenos*; MG 26, 796-809; teilw. Übers.: KTQG 1, 165f). Es war faktisch ein historisch bedeutsames **Verständigungsprogramm** für eine Koalition zwischen den (Alt-) Nizänern und der neuen Gruppe der nizänischen Homöer/Homöusianer (Neonizäner). Folgende Grundsätze sollten dafür gelten: 1. Verwerfung des Arianismus und des Sabellianismus; 2. Anerkennung des **Nizänums** als alleiniger Bekenntnisgrundlage; 3. dazu eine ergänzende Verwerfung der Behauptung, der **Heilige Geist** sei ein Geschöpf (gegen die Pneumatomachen); 4. Gleichwertigkeit der recht verstandenen Rede von **einer Hypostase/Usia** bzw. **drei Hypostasen** in der Trinität. Der letzte Punkt war besonders wichtig, weil er den alten Gegensatz zwischen Nizänern und Vertretern der origenistischen Hypostasenlehre abbauen sollte (ohne daß hier schon die spätere Formel *eine Usia, drei Hypostasen* in Sicht war - Athanasius hat nie von drei Hypostasen gesprochen). Er eröffnete den Weg für eine homöusianische Interpretation des Nizänums und damit für eine beträchtliche Verbreitung von dessen Trägerkreisen im Osten sowie für die Entwicklung des Neonizänertums.

15.3 Die neonizänische Bewegung
15.3.1 Der Begriff ὁμοούσιος/*homousios* und die unklare Identifizierung von ὑπόστασις/*hypostasis* und οὐσία/*usia* im Nizänum (s. 11.4.1-2) hatten die Origenisten/Eusebianer von einer Bejahung dieses Bekenntnisses abgehalten. Mit dem homöischen Dogma von 359 war eine neue Lage geschaffen worden, in der es sich für dessen theologische Gegner unter den Homöusianern, aber z.T. auch unter den Homöern als kirchenpolitisch zweckmäßig erwies, auf das ältere Reichsdogma zu rekurrieren, zumal mit **Jovianus** (s. § 3; 12.3.3) 363/4 für kurze Zeit ein Kaiser regierte, der die Nizäner begünstigte. Meletius von Antiochia, Acacius von Cäsarea/Palästina, Eusebius von Samosata, Athanasius von Ankyra und zahlreiche andere ehemalige Homöer erklärten 363 ihre Zustimmung zum Nizänum, wobei sie das ὁμοούσιος als ὅμοιος κατ' οὐσίαν interpretierten.

15.3.2 Dementsprechend modifizierten etliche **Homöusianer**, die noch 364 auf einer Synode in Lampsakus (s. Abb.2) gegen das Dogma von 359 das Bekenntnis von 341 i.S. des ὅμοιος κατ' οὐσίαν bekräftigten, ihre Haltung zum Nizänum: Daß ihre 366 in den Westen geschickte Delegation gegenüber Liberius von Rom das Nizänum förmlich akzeptierte, bekräftigte 367 eine **Synode in Tyana**/Kappadokien (s. Abb.2). Als theologischer Berater dieser kleinasiatischen Neonizäner fungierte seit 364 der junge Presbyter Basilius aus dem kappadokischen Cäsarea (u.a. mit seiner Schrift *Gegen Eunomius* von 364/5), der alsbald seine homöusianische Interpretation des Nizänums zu einer homousianischen Drei-Hypostasen-Lehre fortentwickelte (s. 16.1).

15.3.3 Beide Gruppen verschmolzen miteinander und bildeten eine Sammlungsbewegung. Diese Neonizäner gewannen bis 379 zunehmend Anhänger im syrisch-kleinasiatischen Gebiet. Noch größer als ihr kirchenpolitischer Einfluß war ihre theologische Potenz, und beides zusammen führte schließlich zum Erfolg (s. 17.1-2).

15.4 Die Pneumatomachen

15.4.1 Nach 358/9 fand ein neues dogmatisches Problem zunehmende Beachtung: die **Bestreitung der Gottheit des Heiligen Geistes** durch Vertreter der origenistisch-eusebianischen Tradition (seit Athanasius polemisch als *Pneumatomachen* = Geistbekämpfer bezeichnet). Teils akzeptierten sie zwar das Nizänum, aber von ihrem binitarischen Ansatz her galt der Gottesbegriff nur für Vater und Sohn; den Geist bestimmten sie entweder - wie die Arianer - als Geschöpf (vgl. 8.3.1) oder als ein dienendes Wesen nach Art der Engel oder als eine göttliche Kraft.

15.4.2 Die Gruppe der **Homöusianer** spaltete sich nach 367. Diejenigen, die Nizänum und Gottheit des Geistes ablehnten (vgl. 15.2 zu 2.-3.), standen seit 373 als Pneumatomachen im Kampf mit den Neonizänern, z.T. verbündet mit den Homöern und der östlichen Staatsmacht. Ihr Führer war weniger der bald nach 360 verstorbene Makedonius von Konstantinopel (nach diesem in der späteren Ketzerbekämpfung auch "Makedonianer" genannt) als der angesehene Asket **Eustathius von Sebaste** (gest. nach 377; vgl. § 6; 4.1). Gegen ihn schrieb Basilius von Cäsarea sein Werk *Über den Heiligen Geist* (374/5; Text/Übers.: FChr 12). Hauptverbreitungsgebiet der Pneumatomachen war Kleinasien, aber es gab sie auch in Ägypten, nicht dagegen im Westen.

15.5 Literatur

H.C. BRENNECKE: Homöer (s. 14.5), 158-242. - F. CAVALLERA: Le Schisme d'Antioche, 1905. - F. LOOFS: Meletius von Antiochien, RE[3] 12 (1903) 552-558. - R. LORENZ: KIG I/C 2 (s. 10.4), 178-198. - E. SCHWARTZ: Ges.Schriften Bd.4, 1960, 39-64. - M. TETZ: Über nikäische Orthodoxie. Der sog. Tomus ad Antiochenos des Athanasios von Alexandrien, ZNW 66 (1975) 194-222. - DERS.: Ein enzyklisches Schreiben der Synode von Alexandrien (362), ZNW 79 (1988) 262-281.

16. Die Vorbereitung des Trinitätsdogmas durch die "drei großen Kappadokier"

Den kappadokischen Bischöfen Basilius von Cäsarea (ca.330-378), Gregor von Nazianz (ca.325/9-390) und Gregor von Nyssa (ca.331/9-395) kommt große dg. Bedeutung zu, weil sie mit ihrer Trinitätslehre das Dogma von 381 vorbereitet haben, insbesondere mit der argumentativen Ausarbeitung der neonizänischen Formel, daß die Gottheit **ein Wesen** (οὐσία/*usia*) **in drei Existenzweisen** (ὑποστάσεις/*hypostaseis*) sei, die das Nizänum von 325 interpretierte. Basilius - als Diplomat und Praktiker durch persönliche Beziehungen zu Bischöfen und Staatsmännern auch kirchenpolitisch einflußreich - suchte das Geheimnis der Trinität von der religiösen Erfahrung wie von der Bibel her zu erschließen. Dabei dachte er wie Athanasius von der Einheit der göttlichen *usia* her, entfaltete aber auch mit der origenistischen Tradition die Differenzierung der göttlichen Hypostasen. Die beiden Gregore betonten mit Athanasius die Einheit Gottes, vollzogen aber in ihrer gesamten Theologie eine stärkere Abkehr von der origenistischen Tradition. Sie haben nach Basilius' Tod dessen Lehre fortgeführt, sie - rhetorisch und philosophisch - durch neue Argumente umgestaltet und für deren Durchsetzung auf dem Konzil von Konstantinopel sowie danach gewirkt.

16.1 Trinitätslehre und Kirchenpolitik bei Basilius von Cäsarea

Dem, was Athanasius theologisch wie politisch für die Behauptung der Nizäner im Osten zwischen 337 und 362 geleistet hatte, entsprach der Beitrag des Basilius für die allgemeine **Durchsetzung der neonizänischen Position**. (Werke: MG 29-32; z.T. Übers.: BKV 46-47; BGL 3.32.37.) Schon vor seiner Wahl zum Metropoliten von Kappadokien 370 hatte er sich für eine Reform der Kirche nach dem Modell des Urchristentums aus den Kräften des Mönchtums eingesetzt (vgl. § 6; 4.2-3) und gegen Arianer und Homöer eine nizänische Trinitätslehre entfaltet (s. 15.3), die er seit 372 gegen die Pneumatomachen verteidigte (s. 15.4). Die Beziehung von **Lehre und Leben** war dabei für ihn – gegen die philosophische Spekulation des Eunomius, die keinen Bezug zur Frömmigkeit hatte – wichtig. Demgemäß gründete sich seine Trinitätslehre in der Anthropologie und Soteriologie: Der nach Gottes Bild geschaffene Mensch kann diese Bestimmung, die ihn zur Gemeinschaft mit Gott führen soll, nicht von sich aus realisieren, sondern nur dank Gottes Werk der Offenbarung/Erlösung in Christus und der Erleuchtung/Heiligung im Geist. Schöpfung und Erlösung, Gotteserkenntnis und Lebensgestaltung sind trinitarisch verursacht; von den dort erfahrbaren Wirkungen der drei Hypostasen in ihrem unablösbaren Zusammenhang ist auf das Wesen Gottes zu schließen; der **Einheitlichkeit der Wirksamkeit** entspricht die Einheit des Seins. (Dieses Axiom wurde seit Basilius in der griechischen Trinitätslehre wichtig.) Im Gottesdienst findet das seinen besten Ausdruck, wie besonders an der triadischen Taufe und Doxologie erkennbar wird: die Homousie des Sohnes und die Homotimie (*gleiche Ehre*) des Geistes.

16.1.1 Mit der origenistischen Tradition betonte Basilius die Dreiheit der Hypostasen gegen den Sabellianismus mancher Altnizäner, mit dem Nizänum behauptete er gegen den Arianismus die Einheit der οὐσία/*usia* (des wahren Gott-Seins). Er trug seit 375 zur **Begriffsklärung** entscheidend bei, indem er ὑπόστασις/*hypostasis* nur noch im Sinne des Besonderen bzw. der Existenz und οὐσία/*usia* nur noch im Sinne des Allgemeinen bzw. des Wesens definierte. (So in Ep.38 – nicht von Gregor von Nyssa; Epp.214.236; Übers.: BGL 32,83-91; 37,32f.74f.) Dadurch hat er die sog. jungnizänische **Trinitätsformel**, die 381 dogmatisiert wurde, vorbereitet. Die innertrinitarischen Spezifika versuchte er als *Vaterschaft*, *Sohnschaft* und *Heiligung* zu definieren.

16.1.2 Durch umfangreiche Korrespondenz und Reisetätigkeit hat er erheblich zur Sammlung der Neonizäner und zu deren Verteidigung gegen Staatsmacht, Homöer und Pneumatomachen beigetragen. Aus Rücksicht auf die Traditionalisten hat er die **Gottheit des Heiligen Geistes**, die dogmatisch noch völlig ungeklärt war, nicht terminologisch direkt propagiert (Vermeidung des Begriffs *homousios*; stattdessen: *Homotimie* – gleiche Anbetung des Geistes). Seine Orientierung am urchristlichen Ideal machte die **Einheit der Kirche** zu einem zentralen Wert. Doch er war als politisch und kirchlich versierter Praktiker nicht bereit, für die Einheit seine theologische Substanz zu nivellieren. Das bewies er wie gegenüber Eustathius von Sebaste (s. 15.4.2) und angesichts des antiochenischen Schismas (s. 15.1) gegenüber Damasus von Rom: Er hat nicht programmatisch die Ost-West-Spaltung beheben wollen, sondern er suchte pragmatisch 372 und 375 die Unterstützung des westlichen Episkopats und Kaisers gegen Valens und die Homöer; da Damasus die neonizänische Position verwarf und Meletius nicht als rechtmäßigen Bischof von Antiochia anerkannte, scheiterte der Versuch.

16.2 Gregor von Nazianz, "der Theologe"

Gregor, als Koadjutor seines Vaters in Nazianz tätig, von Basilius 372 zum Bischof in Sasima gemacht, war kein kirchlicher Praktiker wie dieser, sondern ein **Rhetor und Literat**. (Sein Werk: Reden, Gedichte und Briefe; MG 35-38; z.T. Übers.: BKV 59; BGL 13.) Sein Ruhm als *der Theologe*, wie die Ostkirche ihn bis heute bezeichnet, gründet sich v.a. auf die fünf *Reden zur Gotteslehre*, d.h. zur Trinitätslehre, in denen er – seit 379 Leiter der kleinen Nizänergemeinde in Konstantinopel – nach Theodosius' Edikt (s. § 3; 13.1.3) gegen Homöer, Eunomianer und Pneumatomachen die **nizänische Konzeption** stringent begründete. (Text/Übers.: hg.v.

J. Barbel, 1963.) Stärker als Basilius, wohl an Athanasius orientiert, ging er vom Axiom der Einheit Gottes (der einen οὐσία/*usia*) aus. Er verstand die Homousie des Sohnes wie des Geistes als ontologische Identität und sah die trinitarische Differenzierung der drei ὑποστάσεις/*hypostaseis* in Gottes Offenbarung begründet: Der *Vater* ist der absolute Ursprung, der *Sohn* dessen prinzipielle Wendung nach außen bzw. der Offenbarungs-Zugang, der *Geist* dessen aktuelle Zugänglichkeit für den menschlichen Geist bzw. die Erleuchtung. Diese Namen bezeichnen nicht das göttliche Wesen, sondern die **innertrinitarische Relation**: *Die Einheit bewegte sich vom Ursprung her zur Zweiheit hin und kam mit der Dreiheit zum Stillstand* (Orat. 29,2 - eine später oft zitierte Formulierung). Gegen den Automatismus der neuplatonischen Emanationsvorstellung betonte Gregor, daß es sich um einen Willensakt des *Vaters* handele, d.h. daß für Gottes Sein das Handeln in der Geschichte konstitutiv sei. In Abwehr des Tritheismus und Subordinatianismus interpretierte er den Begriff ὑπόστασις/*hypostasis* durch ἰδιότης/*idiotēs* (*Besonderheit*) und formulierte dafür in einer wirkungsgeschichtlich bedeutsamen Sprachregelung die **innertrinitarischen Proprietäten**: Der eine Gott differenziert sich in Ungezeugtsein (ἀγεννησία/*agennēsia*), Gezeugtsein (γεννησία/*gennēsia*) und Hervorgebrachtsein (ἐκπόρευσις/*ekporeusis*). Auch für die Christologie sind Gregors Ausführungen wichtig geworden (s. § 4; 3.3).

16.3 Gregor von Nyssa: Christliche Metaphysik

Die philosophie- und theologiegeschichtliche Bedeutung von Basilius' jüngerem Bruder Gregor, in Nyssa durch diesen 372 als Bischof eingesetzt, ist erst durch die neuere Forschung herausgestellt worden. Sein Beitrag zum trinitarischen Streit bestand in verschiedenen Schriften mit subtiler metaphysischer und exegetischer Begründung der Gotteslehre, so v.a. in den drei Büchern *Gegen Eunomius* (Opera ed. W. Jaeger, 1921ff; z.T. Übers.: BKV 56; BGL 1.7). Hatte der Neoarianer streng logisch **Gottes Wesen** als absolute Unbedingtheit mit dem Begriff *Ungewordenheit* (ἀγεννησία/*agennesia*) vollständig definiert und damit die Gleichheit von Sohn und Geist ausgeschlossen, so identifizierte Gregor die Gottheit - in einer grandiosen Umdeutung des philosophischen Begriffs von der christlichen Schöpfungslehre her - mit der **Unbegrenztheit und Unendlichkeit** im Sinne der absoluten Vollkommenheit (Fülle des Guten) und der Unzugänglichkeit für menschliche Erkenntnis. In diese Definition schloß er den Sohn und Geist ein, weil deren Gott-Sein durch die Bibel bewiesen wäre. Damit hatte er ein ontologisches Argument für die Einheit der Trinität und für deren Unterschied zu allem Geschaffenen. Eine entsprechende Argumentation für die Differenzierung zur Dreiheit konnte er allerdings nicht liefern; ihm reichte der Hinweis auf den biblischen Befund. In engem Zusammenhang mit dieser Gotteslehre stand seine Heilslehre, die für die Geschichte der christlichen Mystik bedeutsam wurde (vgl. § 6; 5.4.1): Die Bestimmung des Menschen liegt in der Teilhabe und Angleichung an Gott, die durch einen endlosen Aufstieg der Seele erfolgt.

16.4. Literatur

D.L. BALÁS: Gregor von Nyssa, TRE 14 (1985) 173-181. - F. COURTH: Trinität 165-189. - H. DÖRRIE: Gregor III (Gregor von Nyssa), RAC 12 (1983) 863-895. - V. DRECOLL: Die Entwicklung der Trinitätslehre des Basilius von Cäsarea, 1996. - W.-D. HAUSCHILD: Basilius von Cäsarea, TRE 5 (1980) 301-313. - DERS.: Gregor von Nazianz, KlTh 1, 1981, 76-90. - K. HOLL: Amphilochius von Ikonium in seinem Verhältnis zu den großen Kappadoziern, 1904; ND 1969. - J. MOSSAY: Gregor von Nazianz, TRE 14 (1985) 164-173. - B. WYSS: Gregor II (Gregor von Nazianz), RAC 12 (1983) 793-863.

17. Das Konzil von Konstantinopel 381 und das Trinitätsdogma

Wie der trinitarische Streit aus den spezifischen Problemen der östlichen Theologie entstanden und in den verschiedenen Phasen durch sie - sowie durch den Gegensatz zwischen Ost und West - bestimmt wurde, so fand er auch seinen Abschluß im Osten. Dabei trafen die Veränderung der politischen Situation durch Theodosius, den - westlichem Nizänertum verpflichteten - neuen Kaiser im östlichen Reichsteil, und die theologische Überzeugungskraft der neonizänischen Konzeption zusammen. Während die Westkirche i.w. das Dogma von 325 festgehalten hatte und den "Arianismus" der dortigen Homöer leicht überwand, erfuhr das Dogma im Osten durch die Lehrentscheidung von 381 eine präzisierende Modifikation: Es bestand einerseits in einer **kirchenrechtlichen Fixierung** des Nizänums und einer **dogmatischen Interpretation** der Homousie durch die Drei-Hypostasen-Lehre, andererseits in einer pneumatologischen **Erweiterung des Bekenntnistextes** von 325 für den Gemeindegebrauch (sog. *Nicaeno-Constantinopolitanum* = NC). Da diese Entscheidung nur von den Neonizänern getragen wurde und die kirchenrechtlichen Beschlüsse (s. 17.2.1-3) vom Westen abgelehnt wurden, kam diesem östlichen Reichskonzil zunächst keine allgemeine kirchliche Geltung zu. Als *ökumenisch* und damit als normativ wurde es aber später zusammen mit den Konzilien von 325, 431 und 451 rezipiert.

17.1 Die Vorbereitung des Konzils durch Meletius und Theodosius

Schon vor seinem Tode in der Schlacht von Adrianopel gegen die Goten hob Valens 378 die Verbannungsurteile gegen die Nizäner auf. Der seit 375 regierende Westkaiser Gratian unterstützte - unter dem Einfluß des Ambrosius - die nizänische Orthodoxie (zu ihm und Valentinian II. vgl. § 3; 13.1.2). Das tat auch der von ihm 379 als Mitregent für den Ostteil eingesetzte Spanier Flavius Theodosius I. (vgl. § 3; 13.1.2). Damit war der Weg offen, das seit 359 gültige Reichsdogma und die darauf basierende Einheitskonzeption abzulösen. Meletius versammelte - wohl im Frühherbst 379 - eine Synode von ca.150 neonizänischen Bischöfen in Antiochia, die sich über die dogmatische Position (s. 15.2-3) verständigten und - vergeblich - die Verbindung zum Westen (über Damasus von Rom) knüpfen wollten. **Theodosius** erließ unabhängig davon im Februar 380 ein *an das Volk der Stadt Konstantinopel* adressiertes, d.h. v.a. gegen die dortige Homöer-, Pneumatomachen- und Arianermajorität gerichtetes **Edikt**. (Zur Interpretation vgl. auch § 3; 13.1.3.) Es schrieb allen (d.h. nur den christlichen) Reichsangehörigen den Glauben an die *eine Gottheit von Vater, Sohn und Heiligem Geist* ohne nähere inhaltliche Bestimmung vor; wenn es als Gewährsmänner dafür *Pontifex Damasus* und *Bischof Petrus von Alexandria*, die scharfen Gegner der Neonizäner, benannte, war damit die altnizänisch-westliche Trinitätslehre gemeint. Rechtlich bedeutete es die **Aufhebung des Reichsdogmas von 359** durch Rückkehr zum Dogma von 325. Nachdem Theodosius die komplizierte Lage im Osten 380 genauer kennengelernt hatte, orientierte er seine Kirchenpolitik inhaltlich an Meletius' Position und methodisch an einer synodalen Verständigung der Gruppen. Zur Neuordnung der kirchlichen Verhältnisse im Osten setzte er ein neues Reichskonzil an.

17.2 Der Verlauf des Konzils

Die Quellenlage für das Konzil ist schlecht. Die Vorbereitung lag bei Meletius von Antiochia, der als Trägerkreis zunächst seine neonizänischen Freunde einlud. Die Zahl von 150 Konzilsvätern entsprach etwa der Teilnehmerzahl von Antiochia 379. Wegen der - auch machtpolitischen - Differenzen mit Rom und Alexandria wurden westliche und ägyptische Bischöfe zunächst nicht eingeladen. Auf Wunsch des Kaisers kamen aber 36 Pneumatomachen, die allerdings nicht für eine Zustimmung zum Nizänum (samt Zusatz im 3. Artikel) gewonnen werden konnten und wieder abzogen. Zu sechs Themenkomplexen gab es **Konzilsbeschlüsse**.

17.2.1 Das Konzil bestimmte einen neuen **Bischof für Konstantinopel** nach der Ausschaltung des Homöers Demophilus: Gregor von Nazianz, der nach Meletius' plötzlichem Tod auch den Konzilsvorsitz übernahm. Er zeigte sich jedoch der kirchenpolitischen Taktik nicht gewachsen und gab sogleich beide Ämter auf, woraufhin das Konzil Nektarius zum Nachfolger wählte.

17.2.2 Das **antiochenische Schisma** (s. 15.1) konnte nicht beseitigt werden, weil die Neonizäner anstelle von Meletius mit Flavian einen neuen Bischof wählten, statt den Altnizäner Paulinus zu nehmen.

17.2.3 Thematisch verwandt waren die Bestimmungen zur **Kirchenverfassung**: Die 325 beschlossene Einteilung von Kirchenprovinzen (Metropolien) entsprechend dem staatlichen Aufbau des Reiches wurde für den Ostteil auf die übergreifende Ebene der fünf Diözesen ausgedehnt, deren Autonomie respektiert werden sollte (Ägypten mit Alexandria, Orient mit Antiochia, Asia, Pontus, Thracia). Daraus entwickelten sich in der Folgezeit die Patriarchate. Der politischen Einteilung des Reichs folgte auch die gegen Alexandrias Ansprüche formulierte Bestimmung, daß der Bischof von Konstantinopel (*Neurom*) nach demjenigen von Rom einen *Ehrenvorrang* haben sollte. Das lehnte Damasus strikt ab.

17.2.4 Als Dogma wurde das **Nizänum** von 325 bekräftigt und durch eine namentliche Verurteilung der gegenteiligen Häresien abgesichert: der Eunomianer (Anhomöer), Arianer (Eudoxianer, d.h. Homöer), Semiarianer (Pneumatomachen), Sabellianer, Markellianer, Photinianer und Apollinaristen.

17.2.5 Zur Interpretation wurde ein umfangreiches **Lehrdekret** (*Tomus*) im Sinne der neonizänischen Trinitätslehre damit verbunden. Es enthielt die Definition, daß die eine Gottheit von Vater, Sohn und Geist **ein Wesen** (οὐσία/*usia*) **in drei Existenzweisen** (ὑποστάσεις/*hypostaseis*) sei. Allerdings ist dieser Text nicht direkt, sondern nur in dem Brief der Konstantinopeler Synode von 382 teilweise erhalten (Übers.: Ortiz 314-318).

17.2.6 Was darüber hinaus zum Glaubensbekenntnis beschlossen wurde, ist unklar und in der Forschung umstritten. Gregor von Nazianz bezeugt, daß es Streit darüber gab. Die Akten des Konzils von Chalkedon zeigen, daß man 451 ein vom nizänischen Credo (= N) unterschiedenes Bekenntnis des Konstantinopeler Konzils kannte. Dieses sog. **Nicaeno-Constantinopolitanum** (= NC; Text/Übers.: DH 150; Kelly 295f; TRE 24, 445-447) ist vermutlich ein aus der liturgischen Praxis - vielleicht Antiochias - stammendes nizänisches Credo, das die Aussagen von N im zweiten Artikel ergänzte und einen völlig neuen dritten Artikel bot, der mit seiner - gegen die Pneumatomachen gerichteten - Pneumatologie derjenigen des Basilius und des Gregor von Nyssa entsprach: Der Heilige Geist ist a) Herr und b) Lebensspender; c) er geht aus dem Vater hervor; d) er wird zusammen mit Vater und Sohn angebetet (*Homotimie*); e) er hat durch die Propheten geredet. (Zum Problem des doppelten Ausgangs aus Vater und Sohn s. § 5; 13.3.3.)

17.3 Die Pneumatologie als neuer Bekenntnisinhalt

Daß das Dogma von 381 nicht nur ein binitarisch-christologisches wie 325, sondern ein wirklich trinitarisches war, zeigte das Lehrdekret, welches wohl im Anhang das NC zitierte. Während der für die Theologen bestimmte Text die volle Gottheit des Heiligen Geistes direkt aussprach, formulierte das Gemeinde-Credo hier im Sinne der basilianischen Konzeption (vgl. 16.1.2) zurückhaltender die **Homotimie**, die Zugehörigkeit des Geistes zu Gott und seine Funktion im Heilswerk. Es dürfte kein Zufall sein, daß nun auch die lange vernachlässigte Pneumatologie in die dogmatische Reflexion einbezogen wurde. Im 4.Jh. mehrten sich Abhandlungen zu diesem Thema und begegneten erstmals einige Bekenntnisse mit ausführlicherem dritten Artikel. Nicht erst der Streit mit den Pneumatomachen zeigte, daß man sich in der Kirche neu auf die Wirksamkeit des Geistes besann, und zwar in solchen Kreisen, die grundlegende **Reformen** des christlichen Lebens intendierten (wie z.B. Basilius zeigt: 16.1). Hatte man mit der christlichen Gotteslehre als Trinitätslehre den Absolutheitsanspruch gegenüber anderen Religionen ausgedrückt (wie z.B. Gregor von Nazianz betonte), so meinte der dritte Artikel einerseits, daß menschlicher **Zugang zu Gott** nur durch den **Heiligen Geist** - und damit nur im Raum der Kirche, außerhalb derer er nicht waltet - ermöglicht werde, und andererseits wies er über die kirchliche Institutionalität hinaus auf eine spirituelle und charismatische Realität. Das neue Dogma gab nicht nur dem Selbstbewußtsein der Reichskirche, sondern auch dem Bemühen um deren Reform theologischen Ausdruck. Das Bekenntnis von 381 (NC) setzte sich seit dem 5./6.Jh. im gottesdienstlichen Gebrauch der West- und Ostkirche als das nizänische Bekenntnis allgemein durch; es ist bis heute das einzige in der gesamten christlichen Kirche verwendete Credo.

17.4 Ausschaltung der Häretiker

Mit dem Konzil war der trinitarische Streit prinzipiell abgeschlossen. Doch noch gab es die antinizänischen Gruppen, die zahlreiche Bischöfe in den verschiedenen Provinzen stellten. Gegen sie setzten nun **staatliche Maßnahmen** ein; in zwei Dekreten vom Juli 381 wurde den Eunomianern und Arianern (d.h. Homöern) der Kirchbau verboten und die Auslieferung aller von ihnen gehaltenen Kirchen an die "katholischen" (d.h. nizänischen) Bischöfe befohlen (C. Th. XVI, 5,8; 1,3). Unter Ambrosius' Führung verurteilte eine **Synode in Aquileja** im September 381 die westlichen Homöer, die ihre Stellung in Illyrien behauptet hatten. Der Widerlegung der "Arianer" und Pneumatomachen dienten an verschiedenen Orten abgehaltene **Disputationen** und die literarischen Darstellungen der nizänischen Orthodoxie. Theodosius berief 383 ein Religionsgespräch nach Konstantinopel ein, um Vertreter der Homöer (Demophilus), Pneumatomachen (Eleusius von Kyzikus) und Neoarianer (Eunomius) zum Einlenken zu bewegen. Nach dem Scheitern ergingen dann seit 383 staatliche **Gesetze** gegen die Häretiker (mit Versammlungsverbot, Verbot von Ordinationen und Ämtern, Beschlagnahmung der Kirchengebäude, Exilierung der Kleriker). Damit zeigte das Dogma seinen Zwangscharakter als Lehrgesetz mit allgemeiner Gültigkeit für das Reich. Die staatlichen Maßnahmen haben allerdings nicht das Entscheidende bewirkt. Seit 380 besaßen Arianismus, Homöer- und Pneumatomachentum kaum noch innere Kraft, so daß ihre **Selbstauflösung** die staatlichen Verbote begleitete.

17.5 Literatur

W.-D. HAUSCHILD: Das trinitarische Dogma von 381 als Ergebnis verbindlicher Konsensusbildung, in: Glaubensbekenntnis und Kirchengemeinschaft, hg.v. K. Lehmann/W. Pannenberg, 1982, 13-48. - DERS.: Nicäno-Konstantinopolitanisches Glaubensbekenntnis, TRE 24 (1994) 444-456. - J.N.D. KELLY: Glaubensbekenntnisse (s. 10.4) 294-361. - I. ORTIZ DE URBINA: Nizäa und Konstantinopel, 1964. - A.M. RITTER: Konstantinopel I., TRE 19 (1990) 518-524. - DERS.: HDThG 1, 206-214. - DERS.: Das Konzil von Konstantinopel und sein Symbol, 1965.

18. Die Trinitätslehre der lateinischen Kirche

Die westliche Tradition war seit Tertullian und Kallist durch den Gedanken der **Einheit der Trinität** geprägt. Deswegen verstand man vom Begriff *una substantia* her das Nizänum mit dem ὁμοούσιος/*homousios* problemlos. Aufgeschlossenheit für die östliche Hypostasenlehre bekundete erstmals v.a. **Hilarius** von Poitiers um 358; seine Trinitätslehre war ein interessanter Versuch, Einheit und Dreiheit zu begründen. Die Bischöfe **Damasus** von Rom und **Ambrosius** von Mailand verteidigten durch lehramtliche Fixierung das Nizänum gegen den "Arianismus", wobei der letztere mit größerem theologischen Verständnis und literarischem Engagement 380-382 den Zusammenhang von Einheit und Dreiheit in Gott positiv entfaltete. Dieselbe Intention realisierte mit genialer Systematisierung der Trinitätslehre durch Modifikation der neuplatonischen Metaphysik **Marius Victorinus** um 360; er prägte die künftige abendländische Lehre insofern, als diese über eine bloße Reproduktion des Schriftzeugnisses hinaus auf eine spekulative Begründung zielte. Den Höhepunkt der westlichen Lehrentwicklung im Sinne einer originellen, konsensfähigen Interpretation der Tradition markierte **Augustin** mit seinem Werk *De trinitate* (verfaßt 399-419), dessen Grundgedanken für lange Zeit maßgebend blieben.

18.1 Hilarius von Poitiers

Wegen seines Widerstands gegen die kaiserliche Kirchenpolitik und die Homöer in Gallien wurde Hilarius (ca.315-367/8) 356-360 nach Kleinasien verbannt, wo er sich mit der origenistischen Theologie, insbesondere mit der Position der Homöusianer beschäftigte. Dies wirkte sich in seinen 356-9 verfaßten 12 Büchern *De trinitate* aus (Text: CChr 62/62 A; Übers.: BKV II,5-6). Er vertiefte in seiner Auseinandersetzung mit "Arianismus" und "Sabellianismus" die traditionell an der Einheit orientierte Lehre und die seit Tertullian gebräuchliche Terminologie, indem er neben der **Homousie** (= *una substantia, natura, essentia*) die **hypostatische Differenzierung** reflektierte. Vater und Sohn eignen spezifische Eigentümlichkeiten des einen göttlichen Wesens (*proprietates naturae*), an denen die Unterscheidung der *personae* kenntlich wird. Sein Verständnis von *persona* näherte sich dem Begriff ὑπόστασις/*hypostasis* an (vgl. De trin. II,1): Das Taufbekenntnis zeigt den Vater als Urheber aller Dinge (*auctor*), den Eingeborenen als Vermittler (*unigenitus*) und den Geist als Gabe in allen Dingen (*donum*). Hilarius' Werk war ein wichtiger Beitrag zur Behauptung des Nizänertums. Es gewann im 6.Jh. neue Aktualität in Gallien und Italien für die Abwehr des "Arianismus" in den Germanenreichen und wirkte im Mittelalter fort.

18.2 Damasus von Rom und Ambrosius von Mailand

Die lehramtliche Position im Westen (schon vor 381) war einfach und klar: Bejahung des Nizänums samt Verwerfung der gegenteiligen Irrlehren, interpretiert durch die Betonung von Einheit und Dreiheit, wie sie in der Formel **"una substantia, tres personae"** zum Ausdruck kam. Zu deren Interpretation nahm Ambrosius die neonizänische Konzeption (s. 16.0) auf.

18.2.1 Aus der Kanzlei des **Damasus** von Rom (366-384) ergingen im Zusammenhang der Verhandlungen mit den östlichen Theologen (vgl. 15.1; 16.1.2) zwischen 371 und 378 verschiedene **Lehrschreiben**, welche die **Einheit der Trinität** betonten: Die eine Gottheit (*divinitas*) - als eine göttliche Substanz (*divina substantia*) bzw. ein göttliches Wesen (*essentia*) entsprechend dem griechischen Begriff οὐσία/*usia* definiert - ist die Natur des Vaters (*patris natura*), an der Sohn und Geist, die beide von Ewigkeit her Gott sind, teilhaben. (Text: ML 13,350-364; mit Übers.: DH 144-177. Der *Tomus Damasi* wohl von 378, nicht von 382.)

18.2.2 Die Verbindung von **Einheit** der Natur und **Unterscheidung** der Personen in Gott, wie sie mit der Formel *una substantia, tres personae* ausgesagt wurde, war für **Ambrosius** von Mailand (ca.339-397; zu ihm s. § 5; 2.1-2.4) die Grundlage. Er bekämpfte intensiv den westlichen "Arianismus", d.h. v.a. die Position der Homöer (vgl. 17.4). In seinen Schriften *Über den Glauben* 380(378?), *Über den Heiligen Geist* 381 und *Über das Geheimnis der Menschwerdung des Herrn* ca.382 entfaltete er die traditionelle Lehrposition, wobei er sich an Athanasius, Hilarius und v.a. an Basilius orientierte. (Text: CSEL 78.79.82/1.) Er lehnte es ab, die ontologische Spekulation zur Begründung heranzuziehen, und wollte die **Einheit und Dreiheit** als in der Bibel geoffenbarte Wahrheit **exegetisch** darlegen. Ein besonderer Aspekt war dabei die Betonung der Gottheit des Geistes (*Homousie*) gegen die Arianer und Pneumatomachen, die den Geist als Geschöpf ansahen (De spir. I,23f. u.ö.). Demgemäß machte er den **Gegensatz Schöpfer-Geschöpf** zum Angelpunkt der Argumentation: Der *substantia creaturae* steht die *substantia Dei* bzw. *natura Dei* gegenüber, die durch die göttlichen Attribute wie Ewigkeit, Allmacht etc. gekennzeichnet ist und die sich nach außen hin in der **Einheit der Wirksamkeit** von Vater, Sohn und Geist offenbart (De fide I,13.22; De spir. I,32.40 u.ö.). Die Besonderheiten (*proprietates*) der drei konkreten Existenzformen (*personae*) bestimmte Ambrosius nach dem Vorbild der Kappadokier innertrinitarisch als *Vaterschaft*, *Geborensein* (*generatio*) und *Hervorgehen* (*processio*), wobei er jeden Subordinatianismus ausschloß. Auf der Synode von Aquileja 381(382?) setzte er diese Lehre gegen die Homöer definitiv durch.

18.3 Marius Victorinus: Sein und Dynamik Gottes
Eine bedeutungsvolle Konzeption entwarf der um 355 in Rom zum Christentum übertretende Rhetor Marius Victorinus (geb. um 280/290, gest. nach 363). Sie überragte durch ihre Systematik das meiste, was im 4.Jh. zum Thema geschrieben wurde, und brachte für den Westen erstmals eine **metaphysisch-philosophische Begründung** der Trinitätslehre. Wie Hilarius betonte Victorinus nicht nur die Einheit, sondern die Dreiheit Gottes (auch er von östlichen Theologen abhängig: Origenes, Athanasius u.a.). Den Begriff *persona* lehnte er als sabellianisch ab und damit auch die traditionelle Formel *una substantia, tres personae*; stattdessen sprach er von *una substantia, tres subsistentiae* (= *Hypostasen*). Gegen Arius und die Arianer sowie zur Verteidigung des ὁμοούσιος/*homousios* verfaßte er um 360 drei Schriften und drei Hymnen (Text: SC 68/69; Übers.: P. Hadot/U. Brenke, 1967; zu den Pauluskommentaren vgl. § 5; 1.4).

18.3.1 Grundlage seiner Argumentation war neben dem Nizänum die Bibel, deren Aussagen über die Trinität er zusammenstellte und ontologisch auswertete. Dabei orientierte er sich an der neuplatonischen Lehre über die **triadische Struktur des ursprünglichen Seins** (vgl. 7.2: *hen*/ἕν, *nus*/νοῦς, *psychē*/ψυχή), v.a. an der Hypostasenlehre des Plotinschülers **Porphyrius** (gest. ca.301/5), der die höchste Gottheit bzw. das Eine als dynamische Einheit von Sein, Leben und Denken begriff. Victorinus formte - in der Tradition des christlichen Platonismus - diese Ontologie zu einer trinitarischen **Gottes- und Offenbarungslehre** um: Gottes Sein (*esse*) ist eine dreifach dynamische Wirklichkeit (*tridynamos* bzw. *tripotens*), eine geistige Substanz, eine Bewegung, die sich in Gottes Leben (*vivere*) - d.h. in der Schöpfertätigkeit - entfaltet und in Gottes Denken (*intelligere*) zu sich zurückkkehrt (Adv.Arium IV,21 u.ö.). Damit wollte er das biblische Zeugnis über die Einheit von Vater und Sohn, Urbild und Abbild sowie über den Geist als Band zwischen beiden begründen: als Entfaltung des einen Seins (der *una substantia*) in einer notwendigen, aber zureichenden Dreiheit. Den offenbarungstheologischen Sinn erläuterte er in trinitarischer Umprägung der alten Logoslehre (dazu s. 3.3.3): *Der eine Gott ist Wort, der Vater Wort im Stillschweigen, der Sohn schon gesprochenes Wort, der Geist Wort des Wortes* (Adv.Arium I,13).

18.3.2 Victorinus' Konzeption macht deutlich, wie die Gestaltung der Gottes- als Trinitätslehre mit dem absoluten Wahrheitsanspruch der Christenheit zusammenhing. Ihre Wirkungsgeschichte bis ins Mittelalter ist nicht exakt zu klären; wahrscheinlich zeigt sich ihr Einfluß schon bei Augustin (s. 18.4-5), dann bei Boëthius, Eriugena und einigen Scholastikern (s. 19.2).

18.4 Augustins epochale Neuformulierung

Da die Gottesbeziehung des Menschen der Ansatzpunkt der augustinischen Theologie ist (s. § 5; 6.1-2), kommt der Trinitätslehre fundamentale Bedeutung zu. Augustin hat diese nicht als abstrakte Spekulation über Gottes Wesen entworfen (wie vielfach kritisch vermerkt wird), sondern auf dem Hintergrund seiner Soteriologie, Christologie und Pneumatologie formuliert. Nicht zufällig hat er sich mit diesem Thema lange und intensiv beschäftigt: außer in Briefen, Predigten und Bibelkommentaren hauptsächlich in den 15 Büchern *De trinitate* (abgeschlossen 419, begonnen ca.399, 420/6 nochmals redigiert; Text: CChr 50/50 A; Übers.: BKV II,13-14). Ausgehend von **biblischem Zeugnis und kirchlichem Dogma** hat er den Versuch unternommen, die **Plausibilität** beider - gegenüber der Kritik der Häretiker wie angesichts der Verständnisschwierigkeiten der Gemeinden - durch denkerische Rekonstruktion zu erweisen.

Die Einheit des trinitarischen Gottes (*deus trinus*) mit der Lehrtradition voraussetzend, hat er deren problematischen Begriff der Substanz durch **Wesen** (*essentia*) ersetzt, um den Eindruck zu vermeiden, die göttlichen Eigenschaften wären bloße Akzidentien. Da diese Gottes Wesen ausmachen, hat er - wirkungsgeschichtlich bedeutsam - den Grundsatz betont, daß das Handeln der Trinität gegenüber Welt und Mensch einheitlich sei (*inseparabilia sunt opera trinitatis* o.ä.). Weil in der westlichen Lehre die **Differenzierung** der Trinität über den Begriff *tres personae* hinaus kaum begründet worden war, hat Augustin dieses Problem besonders bearbeitet. Den Begriff *persona* hat er zwar gelten lassen, aber nur zurückhaltend gebraucht; stattdessen hat er von Beziehung (*relatio*) gesprochen, und seine Verwendung des Relations-Begriffs hat epochal fortgewirkt. Damit hat er den Definitionsversuch Gregors von Nazianz fortgeführt (vgl. 16.2): *Vater* und *Sohn* bezeichnen eine ewige Beziehung, zu der der Heilige Geist als das beide einende Band der Liebe tritt.

Zum Erweis der Plausibilität des unauflöslichen Miteinanders von Einheit und Dreiheit in Gott hat Augustin ausführlich **kreatürliche Analogien** erörtert: Ternare (Dreiheiten) im menschlichen Geistesleben wie z.B. *Geist-Erkenntnis-Liebe* oder *Gedächtnis-Einsicht-Wille*. Diese sog. **psychologische Trinitätslehre** war keine stringente Begründung, sondern verdeutlichte, daß Augustin das Wesen Gottes - wie auch sein Handeln - als der menschlichen Erfahrung nicht unzugänglich beschreiben wollte. Sie hat große wirkungsgeschichtliche Bedeutung.

18.4.1 Gott: ein Wesen in drei Beziehungsformen (relationes)

Die traditionell westliche Formel *una substantia - tres personae* konnte weder ein polytheistisches noch ein modalistisches Verständnis ausschließen. Da mit dem Begriff der Substanz nach der von Augustin übernommenen aristotelischen Kategorienlehre notwendig der Begriff der Akzidentien zusammenhing, prägte er ihn von der griechischen Trinitätslehre her um: **essentia** (= οὐσία/*usia*: Wesen, allgemeines Sein), die Gottheit, die schlechthin eine ist: eine Absolutheit und Ursprünglichkeit, eine Herrlichkeit und Ewigkeit, ein Wille und Werk; die **Eigenschaften** Gottes treten nicht zu seinem Wesen hinzu, sondern **konstituieren** es. Mit dieser Argumentation konnte Augustin der Konsequenz der arianischen Identifikation von Gottheit und Ungewordenheit (vgl. 14.2) begegnen. Gottes Sein und heilsgeschichtliches Handeln gehören demnach zusammen, so daß die subordinatianische Tendenz der griechischen Hypostasenlehre vermieden werden kann. Jesus Christus als Offenbarer und Erlöser, der in Inkarnation und Kreuz erniedrigte Gott, ist der Ausdruck dafür, daß Ewigkeit und Zeit, Schöpfer und Geschöpf im Heilswerk zusammenkommen. Seine Gabe an die Gläubigen, der **Heilige Geist**, der identisch ist mit Gott als **Liebe**, bringt die Konkretion von Gottes Gnadenhandeln (vgl. § 5; 6.3). Solche Grundsätze der Soteriologie bilden den Hintergrund für Augustins Bestimmung des innertrinitarischen Verhältnisses als *relatio*. Hinzu kommen offenbarungstheologische Aspekte, wie sie die Kappadokier als Differenzierung formulierten (vgl. 16.1-2): Vater und Sohn sind Beziehungsbegriffe, *denn es ist nicht jeder von ihnen sich selbst Vater oder Sohn, sondern der eine ist es dem anderen* (De trin. V,5,6). Die *relatio* ist nicht etwas, das zur einen *essentia* hinzutritt; sie ist kein Akzidens. Wie der Sohn vom Vater gezeugt wird (Bild für eine ewige Beziehung!), so geht der Heilige Geist aus beiden hervor und verbindet beide, die ja gemäß dem biblischen Zeugnis ebenfalls *Geist* und *heilig* sind; er ist die *Gemeinschaft (communio) von Vater und Sohn* bzw. das *Geschenk (donum)* beider (V,11-16) bzw. die *Liebe* (*caritas*), die beide verbindet (V,17-18). Mit dem Relations- ist der Personbegriff nicht völlig ausgeschaltet, obwohl Augustin ihn mit großer Reserve gebraucht wegen der semantischen Unklarheit von Hypostase, Substanz und Person (V,9; VII,6). Für die Bezeichnung der spezifischen Subsistenz - in Abwehr des Sabellianismus - ist *persona* sinnvoll (XV,22).

18.4.2 Kreatürliche Analogien: Die "psychologische Trinitätslehre"

Wie Marius Victorinus in Anlehnung an neuplatonische Ontologie (s. 18.3) hat Augustin die innertrinitarischen *relationes*, die wesensmäßige Zusammengehörigkeit der Dreiheit, mit anthropologischen Analogien zu erläutern versucht. Der von M. Schmaus geprägte Begriff *psychologische Trinitätslehre* besagt, daß Augustin von der **Selbsterfahrung** her auf bestimmte Strukturen des menschlichen Geisteslebens als **triadische Entsprechungen** (Ternare) verweist, um die Plausibilität der tradierten Glaubenslehre aufzuzeigen (vgl. § 5; 8.1.1-4). Daß hier Augustins besonderes Interesse liegt, zeigt die ausführliche Behandlung in De trin. IX-XV. Schon früher, in conf. XIII,11, hat er auf eine Ähnlichkeit zwischen Trinität und dem Zusammenhang von Sein (*esse*), Wissen (*nosse*) und Wollen (*velle*) hingewiesen. Jetzt erörtert er systematisch den menschlichen **Ternar** als *Bild der Trinität*, und zwar v.a. Gedächtnis (*memoria*) - Einsicht (*intelligentia*) - Wille (*voluntas*; z.B. De trin. X,1-12), aber auch Geist (*mens*) - Erkenntnis (*notitia*) - Liebe (*amor*; z.B. IX,5). Die Ternare sollen zeigen, wie Einheit und Dreiheit wesensmäßig zusammengehören; die trinitätstheologischen Aspekte, wonach der Sohn das (Offenbarungs-)Wort und der Geist die Liebe sind, stehen dabei im Hintergrund.

18.5 Das sog. Athanasianische Bekenntnis

Weitgehend von Augustins Lehre abhängig ist das *Symbolum Athanasianum*, wegen seiner Eingangsworte auch *Symbolum Quicunque* genannt, das formalistisch die soteriologische Bedeutung des Glaubens an das trinitarische und das christologische Dogma wie ein Kompendium expliziert (Text/Übers.: DH 75-76). Es hat dadurch große **wirkungsgeschichtliche Bedeutung** bekommen, daß es von der Scholastik im 13.Jh. mit Nizänum und Apostolikum zusammengestellt wurde, weshalb es als eines der *drei altkirchlichen Bekenntnisse* auch von der Reformation als normativ rezipiert wurde (vgl. z.B. BSLK 28-30). Der historische Ort dieses lateinischen Textes, der mit Athanasius nichts zu tun hat, ist ungeklärt; in der Forschung hat man z.T. eine Entstehung im westgotischen Bereich in Spanien oder Südgallien im 5./6.Jh. angenommen, und zwar mit guten Gründen. Es lehrt z.B. das *Filioque*, den Ausgang des Geistes *aus Vater und Sohn* (vgl. § 5; 13.3.3).

18.6 Literatur

R.J.H. COLLINS: Athanasianisches Symbol, TRE 4 (1979) 328-333. - F. COURTH: Trinität 147-165.189-216. - K. FLASCH: Augustin, 1980, 2.A. 1994, 326-368. - P. LÖFFLER: Die Trinitätslehre des Bischofs Hilarius von Poitiers, ZKG 71 (1960) 26-36. - C. MARKSCHIES: Ambrosius von Mailand und die Trinitätstheologie, 1995. - A. SCHINDLER: Wort und Analogie in Augustins Trinitätslehre, 1965. - M. SCHMAUS: Die psychologische Trinitätslehre des heiligen Augustinus, 1927; ND 1967. - DERS.: Die Denkform Augustins in seinem Werke "De Trinitate", 1962. - R. SEEBERG: Lehrbuch II, 113-116.152-167. - A. ZIEGENAUS: Die trinitarische Ausprägung der göttlichen Seinsfülle nach Marius Victorinus, 1972.

19. Zur Nachgeschichte des Dogmas

Die dogmengeschichtliche Betrachtung konzentriert sich darauf, die Entstehungsgeschichte von Lehrfixierungen (in diesem Fall: die Entwicklung bis hin zur Dogmatisierung von 325/381) darzustellen. Für die Darstellung des in der Einleitung zu § 1 ausgeführten Aspekts - die Klärung der christlichen Identität durch christologische und trinitarische Reflexion - reicht eine solche Beschränkung. Es sei aber darauf hingewiesen, daß die Lehrbildung keineswegs aufgehört hat, vielmehr in ein neues Stadium eingetreten ist: Die Nachgeschichte dieses Dogmas ist die Geschichte seiner vielfältigen **Interpretation, Anwendung und Auswirkung** in Theologie und kirchlichem Leben. Das gilt für alle Dogmen. Die Trinitätslehre hat im Verlauf der Jahrhunderte eine Fülle wichtiger Aktualisierungen erfahren.

19.1 Im **Osten** haben z.B. die beiden Alexandriner Didymus (gest. 398) und Cyrill (gest. 444; s.§ 4; 8.1.2) durch ihre Abhandlungen die Rezeption des neuen Dogmas mitbestimmt. Die Verbindung mit der Mystik wurde z.B. bei Ps.-Dionysius Areopagita (5./6.Jh.), die lehrmäßige Systematisierung z.B. bei Johannes Damascenus (gest. um 750?) ausgeführt (s. § 4; 11.4.1; 14.5). Originelle Neuansätze boten Symeon der "Neue Theologe" (ca.950-1022) und Gregor Palamas (1296/7-1359), der die Trinitäts- mit der Gnadenlehre verband (s. § 6; 5.4.3-5).

19.2 Im **Westen** haben weiterführende trinitarische Entwürfe großer Theologen - ganz abgesehen von der Unzahl der normalen Bearbeitungen - v.a. auf Augustins Lehre aufgebaut, so zunächst z.B. Boëthius (gest. 524; s. § 5; 11.2) und Eriugena (gest. ca.877; s. § 5; 14.5.2). In den Anfängen der Scholastik spielte dieses Thema eine besondere Rolle, weil es zur Anwendung der dialektischen Methode herausforderte, wie z.B. Roscellin um 1090, aber auch Abaelard um 1120 zeigten (s. § 10; 1.2.1; 4.2.4). Gilbert Porreta und dessen Schule im 12.Jh. arbeiteten an der logischen Begründung im Sinne der neuplatonischen Tradition des Boëthius weiter (s. § 10; 3.3.1). Die Tradition Augustins mit der Mystik verband Richard von St. Viktor um 1170 in einem spekulativen Entwurf; dieser wirkte fort - auch unter Orientierung an der griechischen Tradition - bei Bonaventura (s. § 10; 6.3.1; 12.2.3). Auf Augustin basierend, v.a. hinsichtlich der Trinitätsanalogien, hat Thomas von Aquino die Gottes- und die Trinitätslehre im Rahmen seines ontologischen Systems dargestellt, allerdings losgelöst vom Zusammenhang mit der Heilsgeschichte.

19.3 Für die **reformatorische Theologie** Luthers und Calvins hat das Trinitätsdogma konstitutive Bedeutung gehabt. Einer grundsätzlichen Bestreitung unterlag es allerdings schon im 16.Jh. durch die Antitrinitarier. Eine detaillierte Lehre in Anknüpfung an die klassische Tradition entwickelten die orthodoxen Dogmatiker im 17.Jh. Während Pietismus und Aufklärung (aber auch z.B. Schleiermacher) zu diesem Thema kein positives Verhältnis besaßen, bemühten sich die Philosophen des Idealismus um eine spekulative Neubegründung, voran G.W.F. Hegel und F.W.J. Schelling. Daß die religiöse Identität des Christentums in der Trinitätslehre unverwechselbar-wesenhaft zum Ausdruck kommt, belegten für das 20.Jh. die großen dogmatischen Entwürfe z.B. K. Barths, P. Tillichs, W. Pannenbergs, J. Moltmanns.

19.4 Literatur

F.C. BAUR: Die christliche Lehre von der Dreieinigkeit und Menschwerdung Gottes in ihrer geschichtlichen Entwicklung, 3 Bde., 1841-43; ND 1974. - F. COURTH: Trinität. In der Scholastik, HDG II/1b, 1985. - J. KOOPMANS: Das altkirchliche Dogma in der Reformation, 1955. - K. RAHNER: Dreifaltigkeit IV., LThK[2] 3 (1959) 549-554. - L. SCHEFFCZYK: Lehramtliche Formulierungen und Dogmengeschichte der Trinität, MySal 2, 1967, 146-220.

§ 2
Christliche Gemeinschaft als Institution Kirche

Bedeutung des Themas

Der Glaube an Jesus Christus, an seine universale Geltung (s. § 1) wie an seine Heilsbedeutung (s. § 4), konstituiert die Kirche. Dieser theologische Satz gilt auch als historische Aussage. Die Gemeinschaft der Christusgläubigen wächst heraus zunächst aus dem Judentum und alsbald auch aus dem Heidentum mit deren religiösen und soziologischen Voraussetzungen. Kirche - im weitesten Sinne verstanden als das eschatologische (d.h. als das neue, endzeitliche, universale) Gottesvolk - ist eine komplexe, ebenso empirische wie geistliche Größe: Das **Christentum** als ein auf die Person Jesu Christi bezogener, von seinem Geist geformter Teil der Menschheit ist zu unterscheiden von den mancherlei **Gemeinschaftsformen**, die es in spezifischer Realisierung repräsentieren.

Ein für die ganze Geschichte des Christentums konstitutiver Sachverhalt ist die Entwicklung der Kirche als Institution. Aus der anfänglichen Unbestimmtheit und Vielfalt von Lehre und Leben im 1./2.Jh. bildete sich durch Konzentration und Fixierung im 3./4.Jh. die "**katholische Kirche**" als eine morphologisch eindeutige Größe heraus. Wenn man diesen Begriff, dessen Sinn durch den neuzeitlichen Konfessionalismus verengt ist, vermeiden will, muß man von "**Großkirche**" sprechen, kann damit allerdings die terminologischen Probleme nicht völlig lösen. Es war in der Spätantike diejenige Gemeinschaft, die sich durch bestimmte **Normen** in Lehre und Kirchenstruktur sowie durch ihre zahlenmäßige Größe von anderen Gemeinschaftsformen unterschied, welche als häretische oder schismatische negativ klassifiziert wurden (Judenchristentum, Gnostizismus, Markionitismus, Montanismus, Novatianismus, Donatismus). Sie verstand sich als die einzig legitime Form, weil sie sich in sachlicher wie in geschichtlicher Kontinuität mit dem Ursprung in Jesus Christus verbunden wußte; das **Prinzip der Apostolizität** drückte diesen Bezug zum Ursprung aus. Sie bildete **Strukturen** aus, die trotz einer gewissen geographischen und geschichtlichen Variabilität bis heute zum Grundbestand jedweden kirchlich verfaßten Christentums gehören. Somit kommt der Epoche (1.-4.Jh.) grundsätzliche Bedeutung für die ganze Kirchengeschichte zu. Die damaligen **Fixierungen** prägten die weitere Entwicklung: die Kanonisierung der Heiligen Schrift, die fundamentalen Bekenntnisinhalte, der Bezug der Theologie auf Schrift und Bekenntnis, die Begründung der Kirchenzugehörigkeit durch die Taufe, die Institutionalisierung der Buße, die Eucharistie als Zentrum des religiösen Lebens, der liturgische Ausbau des Gottesdienstes mit entsprechenden Kirchengebäuden, der christliche Festkalender. Bei der Beschäftigung mit diesen Themen dominieren strukturgeschichtliche Aspekte, die sich z.T. in besonderen Ereignissen (meist in Konflikten) verdichten. Die "**Verweltlichung**" ergab sich als **Grundproblem** mit der Institutionalisierung, d.h. die Anpassung an Lebensformen der nichtchristlichen Umwelt und die Etablierung in der Welt durch organisatorische Selbstgenügsamkeit. Daraus ergab sich einerseits ein ambivalentes Verhältnis zu Staat und Gesellschaft (s. § 3), andererseits eine Verselbständigung des dem Christentum eignenden Protest- und Reformpotentials (s. § 6).

Hauptsächliche Probleme

- Kontinuität oder Diskontinuität in der Entwicklung der Kirchenstrukturen; Problem des Begriffs "Frühkatholizismus" im Verhältnis zu "Urchristentum"
- Mission und Ausbreitung; Pluriformität des Christentums in den verschiedenen Regionen und "Einheit der Kirche"
- Abgrenzung gegenüber dem Judentum: theologische und soziologische Gründe
- Identitätskrise im 2.Jh.: Was sind die authentisch christlichen Normen?
- Herausbildung einer Großkirche gegenüber Sondergruppen (Häresien): Was sind ihre konstitutiven Merkmale?
- Erwartung des Weltendes, Chiliasmus, Apokalyptik, Montanismus
- Wesen, Chronologie, morphologische Abgrenzung der Gnosis/des Gnostizismus
- Kanonisierung des "Neuen Testamentes" bzw. der christlichen Bibel
- Bekenntnis und Glaubensregel
- Entwicklung von Gottesdienst, Taufe und Buße im 2./3.Jh.
- Bischöfliche Organisation der Kirche; Gegenüber von Amt - Gemeinde; Verhältnis von Geist - Recht

QUELLEN: Einzelhinweise im Text zu Kap.3-16. Genaue Angaben bei B. ALTANER/A. STUIBER: Patrologie, 9.A. 1980. - H.R. DROBNER: Lehrbuch der Patrologie, 1994.

LITERATUR: H. ACHELIS: Das Christentum in den ersten drei Jahrhunderten, 2 Bde., 1912; ND 1975. - C. ANDRESEN: Die Kirchen der alten Christenheit, 1971. - C. ANDRESEN/A.M. RITTER: Geschichte des Christentums I/1, 1993 - K. BAUS: Von der Urgemeinde zur frühchristlichen Großkirche, HKG 1, 1962; 3.A. 1965. - N. BROX: Kirchengeschichte des Altertums, 1983; 5.A. 1995. - E. DASSMANN: Kirchengeschichte I, 1991. - A. HAMMAN: Die ersten Christen, 1985 - H. JEDIN/K.S. LATOURETTE/J. MARTIN: Atlas zur Kirchengeschichte, 1987; 3.A. 1988. - H. LIETZMANN: Geschichte der Alten Kirche Bd.2-3, 1936-38; ND 1975. - K. MÜLLER/H.V. CAMPENHAUSEN: Kirchengeschichte Bd.I/1, 3.A. 1941. - F. VAN DER MEER/C. MOHRMANN: Bildatlas der frühchristlichen Welt, 1959.

Wichtige Ereignisse, Sachverhalte, Personen

I.	**Von der Urgemeinde zu großkirchlichen Frühformen**
ca.30/32-40	Hebräische und hellenistische Christen in Jerusalem – Heidenchristen in Antiochia
	Wortgottesdienst, Eucharistie, Agape als Gemeinschaftsformen
ca.48/49	Sog. **Apostelkonzil** in Jerusalem: Verständigung über Heidenmission
ca.49-60	**Paulus**: Heidenmission in Kleinasien und Griechenland
66-70 **70-135**	Jüdischer Aufstand gegen die Römer Definitive **Ablösung des Christentums vom Judentum**
ca.50-100	Vorformen der Gnosis (Prägnosis)
ca.90-120	Presbyterialverfassung/Anfänge der **Ämtertrias Bischof-Presbyter-Diakone**: 1.Clemens, Pastoralbriefe, Ignatius von Antiochia
II.	**Identitätskrise und Profilierung der Großkirche**
ca.90-110	Erste christlich-gnostische Gruppen
ca.130-170	**Gnostische Systeme**/Schulen: **Basilidianer, Valentinianer**
ca.140-160	**Markion** in Rom. Markionitische Kirche. Bibelkanon, Verwerfung des AT
ca.160ff	**Montanismus** in Phrygien/Kleinasien: Enthusiasmus und Chiliasmus
ca.140	Das Problem der erneuten Buße: Hermas in Rom
ca.120-180	Allgemeine Durchsetzung des **Monepiskopats**. Prinzip der **apostolischen Sukzession**
ca.180-200	**Kanonisierung** der christlichen Bibel. **Glaubensregel**
ca.180-220	Normgebundene Theologie: Irenäus, Clemens, Tertullian, Hippolyt, Origenes
ca.170-190	Synoden als Entscheidungsinstanzen
ca.195	Streit um den Ostertermin. Viktor von Rom
III.	**Institutionelle Fixierung der Großkirche**
seit 200	Feste Formen für Gottesdienst, Taufe und Buße
200-250	**Ausbau der Ämterstruktur**. Bischofskirche. Zentralisierung der Verwaltung
ca.220	Schisma des Hippolyt in Rom. Streit mit Kallist
184/5-254	**Origenes** in Alexandria und Cäsarea: Theologie als kirchliche Wissenschaft
250/1	Cyprian und der Streit um die Buße für Apostaten
255/6	**Ketzertaufstreit** Cyprian – Stephan von Rom
nach 260	**Verstärkte Ausbreitung des Christentums**. Erste spezielle Kirchbauten Eucharistie als Opfer der Kirche – Kleriker als Priester
ca.240-314	Mission im Pontus (Gregor Thaumaturgos). Christianisierung Armeniens
216-277	Mani. Manichäismus als Weltreligion (3.-8.Jh.)
306ff	Melitianisches Schisma in Ägypten
312ff	Separation der **Donatisten** in Nordafrika
seit ca.300	**Ausbau der Metropolitanverfassung**: Kirchenprovinzen
seit ca.300	Entwicklung von Tauf- und Lehrbekenntnissen
seit 313/324	**Christianisierung der Massen**. Aufschwung des Kirchbaus. Mission
seit ca.350	Weihnachtsfest. Ausbau des Festkalenders
ca.350ff	Ausbau des Katechumenats. Verfall der öffentlichen Buße. Eucharistie als Wandlung und Opfer. Fixierung von Liturgien und Kirchenordnungen.
367/382	Abschließende Fixierung des Bibelkanons hinsichtlich des Umfangs

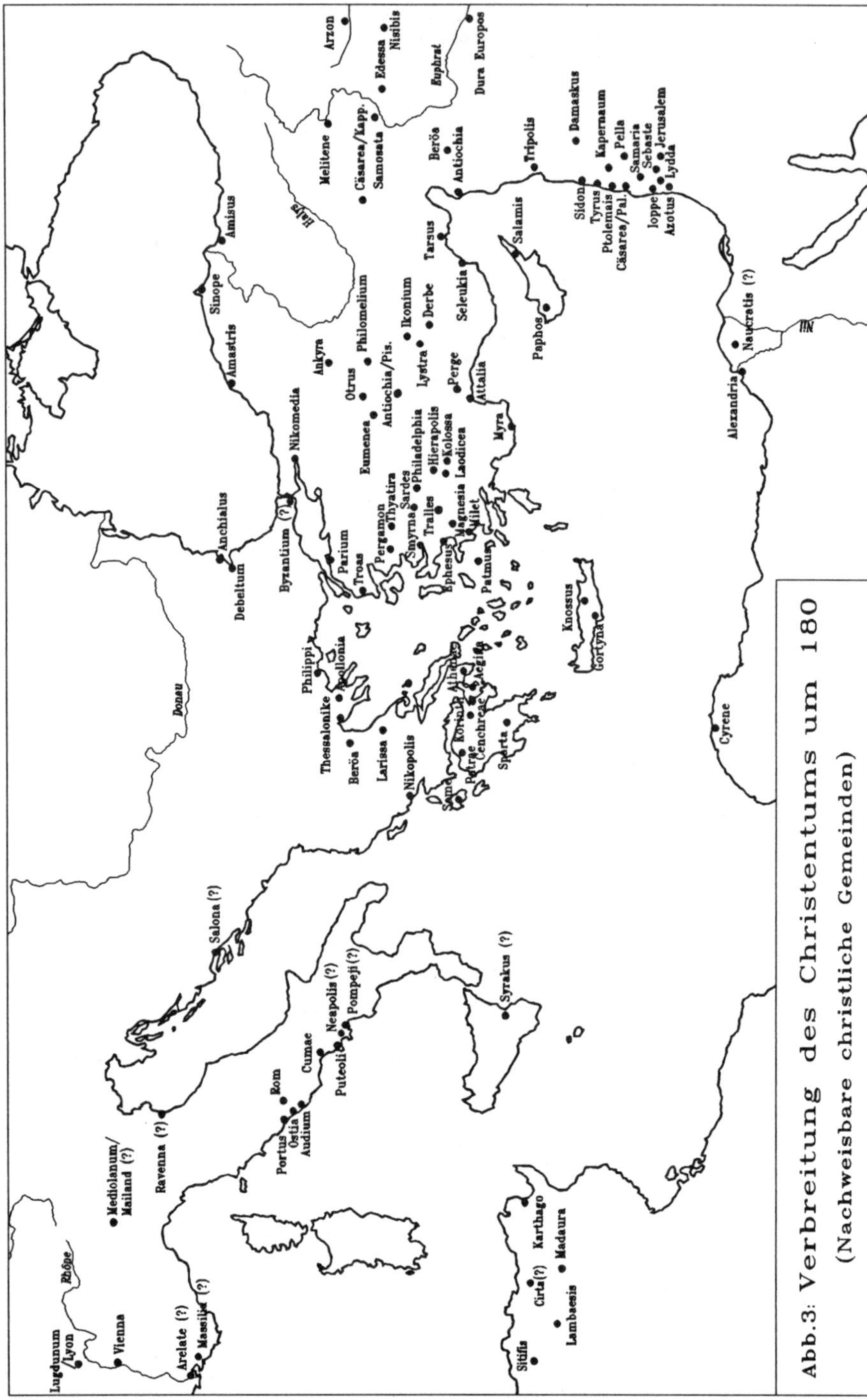

Abb.3: Verbreitung des Christentums um 180
(Nachweisbare christliche Gemeinden)

1. Die Anfänge der Kirche

Das Christentum ist als "Jesusbewegung" entstanden: als jüdische Reformbewegung bzw. Sekte apokalyptischer Prägung, die sich im Anschluß an die Person des Wanderpredigers Jesus von Nazareth bildete. Nach dessen Hinrichtung durch die römische Besatzungsmacht - vermutlich etwa i.J.30 (oder früher?) - löste sie sich nicht auf, weil die Verkündigung der **Auferweckung Jesu** durch Gott eine neue Grundlage schuf. Diese Botschaft, die theologisch begründet und missionarisch ausgestaltet wurde, wirkte so attraktiv, daß sich über **Jerusalem** hinaus rasch christliche Gemeinden in Palästina und Syrien bis hinauf nach **Antiochia** bildeten (s. 2.1.1).

1.1 Jesus und die Kirche

Jesus hat durch seine Botschaft von der Herrschaft Gottes eine **Anhängerschaft** ("Jünger"), Männer und Frauen, um sich gesammelt und in spezifischer Weise an seine Person gebunden (vgl. § 1; 1.2): durch die Forderung der Nachfolge, für die er bestimmte Anweisungen gegeben hat. Wahrscheinlich hat er daneben den engeren **Kreis der Zwölf** als symbolische Antizipation des eschatologischen Gottesvolkes berufen. Über diese Elemente hinaus hat er keine Ansätze für eine religiöse Organisation gebildet. Dennoch hat er damit in einem allgemeinen Sinne die **Grundlage der Kirche** geschaffen. Alle Einzelheiten sind historisch umstritten, so z.B. auch die Frage, welche Kontinuität zwischen der Jesusanhängerschaft vor der Kreuzigung (in Galiläa, Judäa und Jerusalem) und der nach der Auferstehungsbotschaft sich bildenden Gemeinde bestand. Für die Kirchengeschichte wurde entscheidend, daß die **konstitutive Beziehung auf Jesus Christus** für das Kirchesein grundlegend war. (Vgl. auch § 1; 1.) Als "der Herr" blieb er das kritische Gegenüber.

1.2 Reich Gottes und Kirche

Zu der von Jesus proklamierten Nähe der Herrschaft Gottes paßte durchaus die Bildung einer Gemeinschaft von Gläubigen, die sich als das messianische Gottesvolk verstand. Die **Vorbereitung** auf Gericht, Weltende und Reich Gottes konstituierte diese Gemeinschaftsbildung. Dabei erwies sich die akute **Naherwartung**, wonach das endzeitliche Reich noch in der Generation der ersten Christusanhängerschaft anbrechen würde, als unzutreffend, ohne daß die "Parusieverzögerung" eine substantielle Krise hervorgerufen hätte. Die Erwartung, daß dennoch das Weltende bald kommen könnte, bestand in den folgenden Generationen fort. Zwar entwickelten sich daneben andere Vorstellungen über eine längere Ausdehnung der Geschichte (bis hin zu Berechnungen über den großen Abstand zum Ende seit dem 2./3.Jh.). Aber die prinzipielle Naherwartung blieb seitdem in der Christenheit lebendig (s. 7.2). Diese **eschatologische Relativierung** erwies sich in zweifacher Hinsicht für die weitere Kirchengeschichte als entscheidend: a) Mit der Vorstellung vom Reich Gottes war diejenige von der **Einheit der Kirche** als Theorem, Postulat oder Hoffnung verbunden, weil es nur ein einziges Gottesvolk geben konnte; b) die Erwartung des Gottesreiches als einer grundlegenden Veränderung der Welt erwies sich als **kritisches Korrektiv** gegenüber einer Verweltlichung der Institution Kirche wie der individuellen Christenexistenz.

1.3 Theologische Deutung der Kirche (Ekklesiologie)

Aus der Beziehung auf das Reich Gottes und damit aus der eschatologischen Qualifizierung der Gemeinschaft von Christusgläubigen ergab sich ihre besondere Dignität, die sie von Anfang an zu einer theologischen Selbstreflexion führte, wie sich in verschiedenen Bezeichnungen ausdrückte: z.B. *Heilige, Erwählte, Tempel Gottes, Leib Christi.* Zur allgemeinen Bezeichnung wurde "**Versammlung**" (ἐκκλησία; als lateinisches Lehnwort: *ecclesia*), unser Wort *Kirche/ Gemeinde*, das sowohl die lokale Korporation als auch die universale Gemeinschaft bezeichnen konnte. Das war ein Begriff, der a) in der Septuaginta die Zusammenkunft der Israeliten meinte und eine semantische Nähe zum Begriff "**Volk**" (λαός) bzw. "**Volk Gottes**" aufwies und der b) im griechischen Kulturkreis die politische Versammlung der freien Bürger bezeichnete. Die Verbindung mit den Begriffen *Heilige/Erwählte* machte den Bezug auf die Heilsgeschichte deutlich: Die *Kirche Gottes* (1. Kor 1,1) bzw. *Kirche Christi* (Röm 16,16; Mt 16,18) trat, wie die weiteren ekklesiologischen Reflexionen zeigen, als das **wahre bzw. neue Israel** (so z.B. Justin, Irenäus, Hippolyt, Origenes) an die Stelle des alten Bundesvolkes. Es wurde seitdem zum **Charakteristikum** der Kirchengeschichte, daß die Christen ihre Institution nicht einfach pragmatisch als Organisationsform betrachteten, sondern einer umfassenden theologischen Deutung unterzogen und damit eine **Ekklesiologie** ausbildeten (Ansätze dazu bei Paulus und in Eph; zentrales Thema schon bei Ignatius und Hermas).

1.4 Die Jerusalemer Urgemeinde: Judenchristen und Hellenisten

Der traditionelle Begriff Urgemeinde setzt die – durch Lukas' Darstellung Apg 1ff geprägte – Auffassung voraus, daß die Anfänge der Kirche in Form einer ersten Gemeindebildung in Jerusalem lagen. Andere Zeugnisse (v.a. die vorpaulinische Formel 1. Kor 15,3-7) bestätigen das. Konstitutiv für diese Gruppenbildung waren die Erfahrung dessen, was theologisch als Auferstehung bzw. Auferweckung gedeutet wurde, und die **öffentliche Verkündigung** dieses Glaubens, die theologisch als endzeitliche Ausgießung des Gottesgeistes gemäß Joel 3 interpretiert wurde. Die **Erwartung des nahen Weltendes** bzw. der hereinbrechenden Gottesherrschaft prägte die individuelle Existenz und das Gemeinschaftsleben. Der Begriff Urgemeinde setzt aber in der Regel auch die Auffassung voraus, daß es sich um eine einheitliche Gruppenbildung handelte. Das wird durch die Quellen in Frage gestellt. Vermutlich gab es sehr früh, d.h. noch im Vorgang der Bildung der ersten Gemeinde, **theologische Differenzen** und **Unterschiede der religiösen Lebensform**: einerseits Judenchristen, andererseits Hellenisten. Deswegen ist es nicht unangebracht, von **zwei Urgemeinden** in Jerusalem zu sprechen.

1.4.1 Neben **Petrus** und dem **Zwölferkreis** spielten alsbald **Jakobus** und die **Apostel** als Leitungsinstanzen eine entscheidende Rolle. Die durch sie repräsentierte Gemeinde von aramäisch sprechenden **Judenchristen**, die sich grundsätzlich an **Gesetz** und **Tempelkult** hielten, versammelte sich in Privathäusern. Vielleicht klingt in Apg 2,42 historisch zutreffend an, daß Verkündigung und Unterweisung, Mahlzeiten und Gebete das spezifisch christliche Gemeinschaftsleben ausmachten.

1.4.2 Innerhalb dieser Gemeinde gab es neben den "Hebräern" schon sehr früh "**Hellenisten**", d.h. griechisch sprechende Diasporajuden, die in Jerusalem vorübergehend oder dauerhaft lebten. Diese bildeten um **Stephanus** und **Philippus** einen Kreis mit zunehmend besonderem Profil, weswegen es um 32 (?) zu **Konflikten** zwischen beiden Gruppen kam, die wahrscheinlich nicht bloß praktische, sondern auch grundsätzliche Differenzen im Blick auf Gesetz und Tempelkult betrafen. (Vgl. dazu Apg 6,1-6.8-15; 8,1-5.) Die hellenistische Urgemeinde wurde von den Juden verfolgt und – nach der Hinrichtung des Stephanus – weitgehend aus Jerusalem vertrieben.

1.4.3 Ein Markstein der Entwicklung wurde die Verständigung beider Gemeindetypen im Blick auf die **Heidenmission** (vgl. 2.1). Man bezeichnet die Vereinbarung, welche einerseits die "Säulen", die Leiter der Urgemeinde Jakobus, Petrus und Johannes, andererseits Paulus und Barnabas vermutlich 48/9 in Jerusalem trafen, als "**Apostelkonzil**". (Vgl. dazu die unterschiedlichen Berichte Gal 2 und Apg 15.) Die Verkündigung des gesetzesfreien Evangeliums und die Missionierung unter Heiden sollten eine gleichberechtigte Möglichkeit neben der Beziehung auf den jüdischen Volks- und Religionsverband sein. Infolge dieser Vereinbarung weitete sich die Heidenmission aus, doch die Spannungen wurden nicht beseitigt. Beispiel für die Regelung eines modus vivendi beider Richtungen in einer Gemeinde - wahrscheinlich Antiochia - war der Versuch, den Heidenchristen bestimmte Auflagen zu machen (das sog. **Aposteldekret** Apg 15,20.29, als solches nicht historisch).

1.5 "Urchristentum" - "Frühkatholizismus" - "Altkatholizismus"

Seit dem 19.Jh. hat man zur Unterscheidung der morphologischen Besonderheiten der Kirche des 2./3.Jh.s gegenüber derjenigen des 1.Jh.s die Begriffe "Altkatholizismus" oder "Frühkatholizismus" eingeführt. Beide Begriffe sind konfessionell belastet. Im 20.Jh. hat eine umfangreiche Diskussion über "Frühkatholizismus im NT" kaum zu konsensusfähigen Ergebnissen geführt; protestantische Forscher neigten zu einer Abwertung "frühkatholischer" Elemente gegenüber den urchristlichen Idealen. Der historisch verifizierbare Kern der Problematik liegt darin, daß sich ab ca.90-120 eine **Institutionalisierung** und eine **morphologische Präzisierung** bemerkbar machten, die sich von der Unbestimmtheit und Offenheit der Organisationsform zuvor abhoben. Die Normierung urchristlicher **Schriften** (s. 8.2), die Fixierung der **Ämter** (s. 11.2-3), die **Ablösung vom Judentum** (s. 3.2.2) waren die deutlichsten Merkmale der Veränderung, der Entwicklung hin zur Großkirche (s. 4.3). Während des 2.Jh.s wurden etliche von ihren Elementen ausgeprägt, aber deren Gesamtkontur war noch nicht eindeutig. Insofern kann man diese Periode als "Frühkatholizismus" von der ab ca.200 erkennbaren Konturierung als "Altkatholizismus" unterscheiden (so v.a. Carl Andresen in seiner Konzeption einer ekklesiologischen Typenlehre). Doch die Begriffe bleiben auch dann noch mißverständlich, und manche Phänomene sind nicht durch sie zu erfassen. Die kirchengeschichtliche Entwicklung im 1.-3.Jh. ist durch verschiedene Aspekte der Kontinuität und der Diskontinuität bestimmt.

1.6 Literatur

K. BERGER/G. MAY: Kirche II-III, TRE 18 (1989) 201-227. - H. CONZELMANN: Geschichte des Urchristentums, 1969, 6.A. 1989. - K.M. FISCHER: Das Urchristentum, KGE I/1, 1985. - L. GOPPELT: Die apostolische und nachapostolische Zeit, KIG I/A, 1962; 2.A. 1966. - W. SCHNEEMELCHER: Das Urchristentum, 1981.

2. Mission und Ausbreitung

Zum Wesen der Kirche gehört die Mission. Dieser wichtige Aspekt der Kirchengeschichte bekundete sich in der Anfangszeit (1.Jh.) durch gezielte Missionsarbeit, deren Prototyp Paulus repräsentierte. Die Entscheidung für die **Heidenmission** brachte die universale Ausweitung als Prinzip. Christliche Gemeinden entstanden jedoch nur vereinzelt, oft herausgewachsen aus jüdischen Synagogen, v.a. in einigen großen Städten: in Nordwestsyrien, im westlichen Kleinasien, in Philippi, Thessalonike, Korinth und in Rom. Im 2.Jh. verstärkten sich die Größe der Gemeinden und die Ausbreitung durch **Gelegenheitsmission** (werbende Existenz einzelner Christen). Jetzt kam das Christentum auch nach Alexandria, Nordafrika und Gallien. Die bischöflich organisierte Großkirche im 3.Jh. sorgte planvoller für die **Christianisierung des Umfeldes** der bisherigen Zentren (v.a. in Nordafrika und Kleinasien). Teilweise kam es zu gezielten **Missionsaktionen** in noch heidnischen Regionen, z.B. in Ägypten, Pontus, Kappadokien und Armenien. Mit der "konstantinischen Wende" seit 312/324 begünstigten die politischen Rahmenbedingungen die **institutionelle Ausweitung** der Reichsirche: durch Massenkonversion, durch Bekämpfung des Heidentums und durch Intensivierung der Christianisierung (Bekehrung und Erziehung). Ein für die weitere Kirchengeschichte entscheidender Aspekt trat jetzt deutlicher als im 2./3.Jh. zutage: Das Christentum, welches von Anfang an durch die Institution Kirche eng auf das römische Reich bezogen war, überschritt nun diesen Rahmen durch Mission außerhalb der Reichsgrenzen.

2.1 Planmission und Bekehrungsarbeit im 1. Jahrhundert

2.1.1 Die christliche Verkündigung wandte sich werbend nach außen, weil es angesichts des nahen Weltendes galt, das eschatologische Gottesvolk universal zu sammeln. Die Ablösung vom Judentum (s. 3.1-2) war dabei fundamental wichtig. Die aus Jerusalem vertriebenen "Hellenisten" missionierten in Judäa, Samaria und Syropalästina. Von **Antiochia** als Zentrum bemühte man sich um 35-40 – im Sinne der Universalität der Christusverkündigung – bewußt um die **Bekehrung von Heiden**; man missionierte dabei zunächst im westsyrischen Umland, dann – durch Barnabas und Paulus – in Zypern, Lykien, Pisidien und Lykaonien. **Paulus** hat ca.48-60 die Heidenmission theologisch abschließend begründet, praktisch intensiv ausgeweitet (in den Provinzen Cilicia, Pamphylia, Galatia, Asia, Macedonia, Achaia) und gegen die Judenchristen verteidigt. Das sog. Apostelkonzil von ca.48/9 in Jerusalem (Apg 15,6ff; Gal 2,1ff) brachte die Grundsatzentscheidung für eine universale Mission.

2.1.2 Paulus war der herausragende Vertreter des planvoll agierenden **Berufsmissionars**. Neben ihm wirkten weitere, zumeist unbekannte Missionare. Außerdem verbreitete sich das Christentum auf andere Weise, z.B. durch **Werbung** in den jüdischen Synagogengemeinden oder durch die **Reisen** christlicher Kaufleute. So entstand in Rom schon vor 49 (vgl. § 3; 3.1) eine christliche Gemeinde, danach wohl auch in einigen italischen Städten (Ostia, Antium, Puteoli). Auch in anderen Regionen, zumal in den **Städten**, breitete sich das Christentum bis zum Ende des 1.Jh.s aus: z.B. in Ostsyrien (Osrhoëne mit Edessa), Bithynien, Alexandria, Kreta. Diese Gemeinden bildeten nur verstreute Flecken auf der großen Landkarte des Imperiums.

2.2 Allmähliche Ausbreitung im 2. Jahrhundert

Während des 2.Jh.s gab es wohl kaum eine planmäßige Christianisierung, sondern zumeist die **Gelegenheitsmission** durch die Tätigkeit christlicher Lehrer oder durch die Existenz der Gemeinden und die Tätigkeit einzelner Christinnen und Christen in ihrer sozialen Umgebung. Insgesamt verstärkte sich die Ausbreitung, war aber noch sehr lückenhaft in extensiver wie intensiver Hinsicht. Die spärlichen Quellen lassen nur hypothetische Rückschlüsse auf einige Beispiele zu. Nördlich von Antiochia, in den westlichen Provinzen Kleinasiens und in Palästina nahm die Dichte der Gemeinden zu. Darüber hinaus kam es zu Gemeindegründungen in Thrakien, Pontus, Kappadokien und Mesopotamien. In Alexandria blühte das Christentum in verschiedenen Formen und Gruppen auf und strahlte wohl von dort teilweise aus auf die Provinz Ägypten. Vermutlich durch kleinasiatische Händler kam es seit ca.150 nach Gallien, wo sich Gemeinden im Rhônetal (mindestens in Lyon und Vienne), vielleicht auch in Arelate und Massilia, bildeten, die bis nach Germanien (Trier, Mainz, Köln?) missionierten. Vor 180 entstanden in Nordafrika erste Gemeinden: in Karthago und Scillium, aber wohl auch in Uthina, Madaura, Lambaesis, Cirta. Vermutlich gab es Entsprechendes im südlichen Spanien. Überall in den genannten Gebieten dürften die Zahlen der Gemeindeglieder nicht besonders groß gewesen sein. (Vgl. Abb.3.)

2.3 Systematische Christianisierung im 3. Jahrhundert

Die Blüte der kirchlichen Institution im 3.Jh. führte - neben dem kontinuierlichen Wachstum der vorhandenen Gemeinden - zu einer bewußten Förderung der Mission. Bis 312/324 erfaßte das Christentum im Prinzip das gesamte Imperium, allerdings mit unterschiedlicher regionaler Dichte (s. Abb.4). Neben einigen Belegen geben die Quellen Anhalt für Hypothesen.

2.3.1 Konsequente Christianisierung unter bischöflicher Leitung betrieb man erfolgreich in Nordafrika, Ägypten, Syropalästina, Kleinasien, Osrhoëne/Mesopotamien. Jetzt missionierte man auch - von den Städten aus - auf dem Land und in den Dörfern. Wie stark die Gemeinden in den **afrikanischen Provinzen** anwuchsen, zeigt die Tatsache, daß 256 auf einer Synode in Karthago 87 Bischöfe anwesend waren; bis 311 dürften sich die Bistümer auf ca.250 vermehrt haben. Die am zweitstärksten christianisierte Region war das **westliche Kleinasien** mit zahlreichen Bistümern. Vor 312 entstanden viele neue Gemeinden in **Italien** (ca.80-100 Bistümer?) und **Spanien** (ca.30-50?), einige wenige in Dalmatien und Pannonien, im nördlichen Gallien und in Britannien.

2.3.2 Der Origenesschüler **Gregor Thaumaturgos** (der Wundertäter, ca.210-ca.270), nach 240 Bischof von Neocäsarea, missionierte planmäßig im weiten Gebiet von **Pontus-Kappadokien** mit großem Erfolg. In Cäsarea/Kappadokien ausgebildet, brachte **Gregor Illuminator** (der Erleuchter) wohl ca.278-314 das Christentum in seine Heimat, das Königreich **Armenien**, wo es der bekehrte König Trdat/Tiridates zur Staatsreligion machte (301?). In **Ägypten** bis hinauf zur Thebaïs und in **Libyen** bauten die Bischöfe Demetrius (ca.189-231/2), Heraklas (ca.232-ca.247) und Dionysius (247/8-264/5) von Alexandria aus systematisch eine **Kirchenorganisation** in den Städten und Dörfern auf. Um 320 bestand sie aus fast 100 Bistümern, welche wegen der Entstehungsgeschichte in einem besonderen Abhängigkeitsverhältnis zum alexandrinischen Metropoliten standen. Im Zusammenhang der Christianisierung der **koptischen Landbevölkerung** wurde wohl die Bibel ins Sahidische übersetzt und die Bildung der koptischen Literatursprachen damit gefördert.

2.3.3 Die numerische **Größenordnung** des Christentums um 300 läßt sich nur sehr ungenau schätzen. Sie war im Osten weit höher als im Westen (mit ca.5 Mill.? gegenüber ca.2 Mill.?) und machte insgesamt vielleicht 15 Prozent der Bevölkerung des römischen Reiches aus. In der Hauptstadt Rom waren es vielleicht 2-5 Prozent.

2.4 Innere Expansion der Reichskirche

2.4.1 Es wäre ein Mißverständnis anzunehmen, daß mit der Begünstigung der Kirche seit Konstantin oder mit deren Funktion als Staatsreligion (vgl. § 3; 11.1; 12.2) die heidnische Bevölkerung mehr oder weniger komplett konvertiert wäre. Die Missionsstrategie des 3.Jh.s, das Christentum durch **Aufbau neuer Bistümer** auszudehnen, blieb auch jetzt bestehen. Sie verband sich allerdings mit einer stärkeren **Intensivierung der Bekehrungs- und Erziehungsarbeit** unter den Sympathisanten und Konjunkturchristen, welche wegen der gesellschaftlichen Opportunität sich der Kirche zuwandten. Das **Heidentum** behielt noch bis ins 5.Jh. hinein viele Anhänger, zumal in Italien (vgl. § 3; 13.4). Während Städte wie Karthago, Antiochia und Alexandria weitgehend christlich wurden, blieb z.B. in Rom und Athen oder in kleineren Städten wie Gaza die heidnische Bevölkerung resistent. Neu war, daß überall die Christianisierung der **Landbevölkerung** stark vorangetrieben wurde, oft getragen von Mönchen (so in Kleinasien, Syrien, Ägypten, Gallien). Dennoch blieben auch dort viele heidnische "Inseln".

2.4.2 Die oft vertretene Auffassung, der seit Ende des 4.Jh.s im Westen aufkommende Begriff *pagani* für Heiden (ἔθνη) hätte sich auf die mangelnde Christianisierung der ländlichen Regionen (*pagus* = Landbezirk) bezogen, ist nicht ganz zutreffend: Er meinte ursprünglich im Kontext der Idee vom Christsein als *militia Christi* den "Zivilisten", konnte dann aber auf die nichtchristlichen Kreise, zumeist in der bäuerlichen Bevölkerung, bezogen werden. Im Westen erlitt die Christianisierung während der sog. Völkerwanderung im 5./6.Jh. Einbrüche, im Osten dagegen war sie seit der Zeit Justinians (527-565) i.w. abgeschlossen.

2.5 Kirchengründungen außerhalb des Reiches
Neu war auch die verstärkte Mission in Gebieten außerhalb des Imperiums. Sie wurde zumeist durch private Initiativen angestoßen, z.T. aber auch durch die kaiserliche Politik begünstigt.

2.5.1 Die in **Armenien** begründete Organisation (s. 2.3.2) war durch die politischen Umstände - die wechselseitige militärische Aggression von Römern und Persern - gefährdet. Erst unter dem Oberbischof **Nerses** stabilisierte sie sich seit ca.370 mit römisch-staatlicher Hilfe, und durch Loslösung von Cäsarea/Kappadokien entwickelte sie sich zu einer autonomen Nationalkirche (vgl. § 4; 15.2). In das benachbarte **Georgien** gelangten von verschiedenen Seiten christliche Einflüsse; König Meribanes konvertierte um 350/5, und im Verlauf des 5.Jh.s entwickelte sich dort (im Teilgebiet Iberia) eine Nationalkirche. In das **Perserreich** der Sassaniden drang vereinzelt seit dem 3.Jh. das Christentum ein; durch die Eroberung großer Gebiete Mesopotamiens kam ein Teil der ostsyrischen Kirche mit Nisibis als Zentrum hinzu. Deren theologisches und geistliches Haupt war im 4.Jh. **Afrahat**, "der persische Weise" (gest. nach 345; Übers. seiner *Unterweisungen*: FChr 5/1-2). Die Kirchenstruktur war kaum durch Bischöfe, mehr durch charismatische Lehrer und Asketen geprägt. Deren Neugestaltung führte in Loslösung von der Reichskirche Bischof Marutha von Maiperqat 410 auf einer Synode in Seleukia-Ktesiphon durch (vgl. § 4; 15.1.2).

2.5.2 Das Reich von **Aksum** (Äthiopien) erhielt den Anstoß zur Christianisierung ca.340ff von den syrischen Kaufleuten **Frumentius** und **Aedesius**, welche durch ihren Einfluß am Königshof die dort bereits bestehenden kleinen Christengruppen förderten. Frumentius ließ sich von Athanasius zum Bischof weihen; damit wurde eine bis ins 20.Jh. bestehende kirchenrechtliche Abhängigkeit von Alexandria begründet. (Vgl. auch § 4; 15.4.4.) Vergeblich versuchte Kaiser Konstantius 356, diese Kirche auf seine antinizänische Bekenntnispolitik festzulegen. (Vgl. § 1; 14.) In dem nördlich von Äthiopien am Nil gelegenen **Nubien** gab es im 3./4.Jh. einzelne Christen; die systematische Christianisierung erfolgte erst im 6.Jh. Ebenfalls durch Handelsverbindungen über das Rote Meer brachten Kaufleute das Christentum in das **Reich der Himyriten/Sabäer** in Südarabien, welches mit dem Hafen Adane den Seeverkehr nach Indien kontrollierte. Der Bischof **Theophilus** ("der Inder", gest. ca.365) wurde dorthin von Kaiser Konstantius entsandt, um - zur Sicherung des römischen Indienhandels - in Kooperation mit dem König eine Kirchenorganisation aufzubauen.

2.5.3 Konstantius förderte aus politischen Interessen auch die Mission unter den **Goten** im Donaugebiet, bei denen seit ca.260 einzelne Christen (mit einem Bischof) existierten, die aber wegen einer Verfolgung 348 z.T. ins Reich auswanderten. Diese Gemeinden erhielten ca.336 mit **Wulfila** einen Bischof, der die Christianisierung und den Ausbau der Kirchenstrukturen vorantrieb. (Näheres s. § 7; 2.1.1-2.)

2.6 Literatur
E. DASSMANN: Kirchengeschichte I, 251-267. - H. FROHNES/U.W. KNORR (Hg.): Kirchengeschichte als Missionsgeschichte Bd.1, 1974. - A.V. HARNACK: Die Mission und die Ausbreitung des Christentums in den ersten drei Jahrhunderten, 2 Bde., 4.A. 1924; ND 1966. - B. KÖTTING: Christentum I (Ausbreitung), RAC 2 (1954) 1138-1159.

3. Die Ablösung vom Judentum

Jesus, seine Jünger und die Glieder der Urgemeinde waren Juden, den religiösen Traditionen Israels verbunden und in ihrer Verkündigung wesenhaft auf diese bezogen. Dennoch kam es schon früh zu einer **wechselseitigen Trennung** von Christen und Juden, die letztlich in der Strittigkeit von **Jesu Messianität** begründet war. Dieser Dissensus hatte religiöse und theologische Konsequenzen a) für das Verständnis dessen, was das Volk Gottes wäre, b) für die Haltung zum Gesetz als Lebensform, c) für die Interpretation der Heiligen Schrift. Hier ergab sich ein Gegensatz, der durch kulturelle, soziale und politische Faktoren verstärkt wurde: durch das Hineinwachsen des Christentums in die **hellenistisch-römische Welt** ("Heidenchristentum"), durch die dort verbreitete Judenfeindschaft, durch die Ausstoßung der Christen aus den Synagogen, durch die unterschiedliche Haltung in den jüdischen Aufständen gegen die römische Herrschaft 66-70 und 132-135. Seit ca.90/100 war die Ablösung des Christentums vom Judentum grundsätzlich vollzogen. Sie hatte zur Folge, daß die **Judenchristen**, die an der Zugehörigkeit zum jüdischen Volksverband und am Gesetz als Heilsweg festhielten, im 2.Jh. als Häretiker ausgegrenzt wurden. Gleichwohl lebten **jüdische Traditionen** in Theologie, Gottesdienst und Frömmigkeitsformen auch der Großkirche fort. Die theologische Auseinandersetzung mit dem Judentum war noch im 2.-4.Jh. ein wichtiges Thema, nahm aber an Substanz ab und an Polemik zu. Ein christlicher **Antijudaismus** prägte sich aus, der seit dem 4.Jh. teilweise zu Judenverfolgungen führte (vgl. § 3; 11.3.3; 13.5; 14.1) und der in der weiteren Kirchengeschichte mit unterschiedlicher Intensität theoretisch wie praktisch bestimmend blieb.

3.1 Theologische Gründe

Die Verkündigung der **Messianität Jesu**, des auferstandenen Gekreuzigten, markierte die Trennlinie am deutlichsten. Denn sie widersprach jüdischen Vorstellungen zutiefst, zumal sie die Ansage der eschatologischen Heilszeit implizierte und damit Konsequenzen für das Verständnis von Erwählung und Volk Gottes hatte. Mit der Beziehung der Gottesherrschaft auf Jesu Person, Schicksal und Lehre war von vornherein ein tendenziell **universalistisches Element** gegeben. Dessen Entfaltung führte früh zur Mission auch unter Heiden, d.h. Nichtangehörigen des Volkes Israel (s. 2.1.1-2). Die Neudefinition des Gottesvolkes als Kirche Christi o.ä. (s. 1.2) machte zu konstitutiven Merkmalen der Zugehörigkeit - anstelle von Beschneidung und Bindung an das Gesetz - den Glauben an Jesus Christus (in der § 1; 1.2-3 skizzierten Bedeutung) und die **Taufe** (s. 12.1). Das Gesetz blieb zwar als ethische Norm gültig, verlor aber seine Bedeutung als soteriologische Instanz. Die **Heilige Schrift** wurde beibehalten, jedoch christologisch interpretiert und durch christliche Texte ergänzt (s. 8.1-2). Die universale Deutung der Geschichte als **Heilsgeschichte** begriff - von Christus als Zentrum her - die Zeit des alten Bundes als Vorgeschichte (s. § 1; 3.3.1; 4.1.1; 8.1.2; § 5; 9.2).

3.2 Wechselseitige Abgrenzung

3.2.1 Der Versuch der Jerusalemer und Antiochener Urgemeinde, einen modus vivendi für das Miteinander von gesetzestreuen Judenchristen und gesetzesfreien Heidenchristen zu praktizieren (s. 1.4.3), scheiterte bald nach 48/9. Dazu trug neben der Lehre über die heilsgeschichtliche **Ablösung des Gesetzes** durch den Glauben an Jesus Christus die Zunahme von Konflikten zwischen Juden und Christen bei (vgl. § 3; 3.1). Der Ketzerprozeß gegen den Leiter der Jerusalemer Gemeinde, **Jakobus** "den Gerechten", i.J.62, der zu dessen Steinigung führte, war ein Signal. Daß die Christen in Judäa 66ff eine Beteiligung am Aufstand gegen die Römer ablehnten, machte sie suspekt. Umgekehrt deuteten sie die Zerstörung des Tempels (70) als Gericht Gottes und Verwerfung der Juden. Nach 70 dürfte es verstärkt zur **Ausstoßung der Christen** aus den Synagogen gekommen sein (vgl. Mk 13,9; Joh 9,22 u.ö.).

3.2.2 Die Neuformierung des Judentums nach 70 unter pharisäischer Führung führte u.a. zu einer Ausgrenzung fast des gesamten hellenistisch-jüdischen Schrifttums, darunter der **Septuaginta**, der Bibel der meisten Christen. Die um 90 in das **Achtzehnbittengebet** eingefügte *Verfluchung der Separatisten und Häretiker* (*birkat ha minim*) zielte ursprünglich wohl nicht auf die Christen, mußte diese aber zwangsläufig treffen. Im Bar-Kochba-Aufstand 132-135 verfolgten Juden die Christen (so Justin, Apol. I,31,5f). Wie tief die Entfremdung um 90-135 war, macht die grundsätzliche **Ablehnung des Judentums** z.B. bei Johannes, Ignatius und Barnabas deutlich: Wegen ihrer Feindschaft gegen Christus galten die Juden als die Repräsentanten der gottfeindlichen Welt (vgl. Joh 8,44: als Teufelskinder; OffbJoh 2,9f; 3,8f: Synagoge Satans). "Judaismus" galt als eine für Christen verwerfliche Lebens- und Denkungsart (Ign.Magn. 10,3 u.ö.). Der Barnabasbrief vertrat die Theorie, die Juden hätten die Heilige Schrift und das Gesetz von Anfang an völlig mißverstanden und einen gottwidrigen Tempel- und Opferkult etabliert; sie wären niemals das erwählte Gottesvolk gewesen (2,4ff; 3,1ff; 9,4ff; 14,1ff).

3.3 Die Auseinandersetzung mit den Juden im 2.-4. Jahrhundert

Pauschale Polemik gegen die Juden, theologische Abgrenzung und Diskussion über das rechte Schriftverständnis standen nebeneinander und prägten für längere Zeit die Haltung der Kirche. Zu einer expliziten dogmatischen Fixierung des Gegensatzes kam es nicht, doch die **Ablehnung** der religiösen Position des Judentums als "**Judaismus**" bildete in der Praxis eine grundlegende Norm, die auch auf christliche Positionen bezogen werden konnte (z.B. den Chiliasmus). Davon zu unterscheiden ist der **Antijudaismus** als generelle Verurteilung der Juden, die mit der Verwerfung durch Gott geschichtstheologisch begründet wurde. Eine solche Position fand sich im 2./3.Jh. erst in Ansätzen, war aber seit dem 4.Jh. als polemisches Stereotyp weit verbreitet (Juden als *Gottesmörder*). Sie verband sich mit der spätantiken Judenfeindschaft, die sich an der sozial-religiösen Sonderstellung der Juden entzündete, und führte seit Konstantin zu verstärkter legislatorischer Unterdrückung.

3.3.1 Justins *Dialog mit dem Juden Trypho* (ca.160?; Übers.: BKV 33, 1-231) ist ein Beispiel dafür, daß das Christentum von der **Christologie** her seine **religiöse Überlegenheit** mit exegetisch-heilsgeschichtlicher Argumentation zu erweisen suchte: Die Juden hätten den Bund Gottes immer wieder gebrochen und schließlich dadurch, daß sie Jesus nicht als Messias anerkannten, sich Gottes Zorn zugezogen; das wahre Israel sei daher die Kirche. Ähnlich argumentierte Tertullian in seinem Traktat *Adversus Judaeos* (ca.197; teilw. Übers.: BKV 7, 301-323). Der Hinweis auf die **Schuld der Juden** an Jesu Tod konnte schon im 2.Jh. - auf dem Hintergrund der "Theologia Christi" (s. § 1; 2.1; 2.4) - so formuliert werden, daß von ihnen *Gott getötet worden ist* (erstmals um 170/5 bei Meliton von Sardes, Passahomilie 96). Daraus wurde dann später die geläufige Bezeichnung der Juden als *Gottesmörder*.

3.3.2 Im Zusammenhang mit dem Schuldvorwurf verwies man seit Tertullian und Origenes als Beweis auf **Mt 27,25** und sah die dort begründete **Straffolge** (Vergeltung Gottes) in der Zerstörung Jerusalems und der Vertreibung der Juden. Dies wurde seit dem 4.Jh. im Sinne der **Schuldübertragung** auch auf die zeitgenössischen Juden bezogen. Ansonsten war die Kritik an den Juden in der Literatur des 2./3.Jh.s (z.B. bei Origenes und Ps.-Cyprian) insgesamt maßvoll. Dazu paßte die z.B. in der Didaskalia für Syrien (Mitte 3.Jh.) bezeugte Sitte, für die Juden als feindliche Brüder zu beten und zu fasten, damit auch sie bekehrt würden. Es bildete sich ein spezifisches Genus von Schriften *Gegen die Juden* heraus (schon vor Tertullian). Dort, wo die Auseinandersetzung mit einem relativ starken Judentum lebendig blieb und wo dieses das Christentum attackierte, ergab sich im 4.Jh. eine besonders **schroffe Polemik**: so z.B. in Palästina bei Eusebius von Cäsarea um 320/330, in Antiochia bei Johannes Chrysostomus 386/7, in Mesopotamien bei Afrahat um 340 und Ephraem um 360/370.

3.4 Das Judenchristentum als Häresie

Jüdisches Christentum als Übernahme jüdischer Traditionen in Lehre und Frömmigkeit war ein komplexes, im 1.-3.Jh. verbreitetes Phänomen. Davon als Judenchristentum zu unterscheiden sind diejenigen Gruppen, welche im Sinne des Nomismus das Christusbekenntnis mit **Gesetz und Bund Israels** (Beschneidung, Befolgung der Ritualvorschriften) vereinten. Sie waren im 2.-4.Jh. relativ stark verbreitet, v.a. in Palästina, Arabien, West- und Ostsyrien, Mesopotamien. Sie wiesen eine beträchtliche Vielfalt in Theologie und Lebensstil auf, bis hin zu synkretistischen und gnostischen Formen. Gab es im 2.Jh. noch eine weithin friedliche Koexistenz mit der werdenden Großkirche, die sich im Osten z.T. bis zum 4.Jh. hielt, so führte - beginnend im Westen - die großkirchliche Konsolidierung (s. 4.2-3) seit ca.180 zu einer Ausgrenzung dieser Judenchristen als Häretiker.

3.4.1 Kaum zufällig finden sich bei Irenäus und Hippolyt die ersten Belege dafür: In ihren Ketzerkatalogen erscheinen die *Ebionäer* zusammen mit Gnostikern und Markioniten (Adv.haer. I,26,2; Ref.VII,34). "**Ebioniten**" wurde - in Anlehnung an die judenchristliche Selbstbezeichnung als "Arme", d.h. Fromme - seitdem zum gängigen Ketzernamen. Daneben begegnete seit Tertullian auch die Bezeichnung "**Nazoräer**" (d.h. die Anhänger des Nazareners oder Observanten, die Gesetzestreuen). Deren Schrifttum - z.B. das Nazaräer-, das Ebionäer- und das Hebräerevangelium oder die Bibelübersetzung des Symmachus - wurde verworfen.

3.4.2 Trotz erheblicher Differenzierung des Judenchristentums kann man gewisse Gemeinsamkeiten feststellen (soweit sie von den Kirchenvätern notiert wurden): a) Das Werk des Messias Jesus besteht i.w. in einer Gesetzesreform: Aufhebung des Opferkultes, **Verinnerlichung** der Ritualvorschriften, Verschärfung mancher Forderungen wie z.B. Nahrungsaskese (Vegetarismus) und Armut. b) Die Zugehörigkeit zum Gottesvolk wird durch die **Beschneidung** konstituiert. c) **Kultische Reinheit** ist unabdingbar notwendig; sie wird durch die Taufe begründet und durch Waschungen (Taufbäder) aktualisiert. d) Der großkirchliche Bibelkanon ist nicht rezipiert worden; die Briefe des **Paulus als** des größten **Häretikers** werden strikt verworfen. e) Die hellenistisch-christlichen Lehrformen, v.a. die **Trinitätslehre und Christologie**, werden **abgelehnt**; Jesus gilt als der neue Mose gemäß Dtn 18,15.

3.5 Literatur

KIRCHE UND SYNAGOGE, hg.v. K.H. Rengstorf/S.v.Kortzfleisch, Bd.1, 1968, 1-209. - N.R.M. DE LANGE: Antisemitismus IV, TRE 3 (1978) 128-137. - J.W. PARKES: The Conflict of Church and the Synagogue, 1934. - H.J. SCHOEPS: Das Judenchristentum, 1964. - M. SIMON: Verus Israel, 1948. - G. STRECKER: Judenchristentum, TRE 17 (1988) 310-325.

4. Die Identitätskrise des Christentums im 2. Jahrhundert

Eine Vielfalt von theologischen Konzeptionen und kirchlichen Lebensformen war seit der ersten Generation von Christen - beginnend mit dem Unterschied zwischen "Hebräern" und "Hellenisten" - angelegt. Gleichwohl war das Ideal, daß die Kirche eine Einheit bilde, ausgeprägt, zumeist als Korrektiv zur Realität. Erst nach der Grundlagenkrise des 2.Jh.s entsprach ihm eine praktische Realisierung. Diese Krise und deren Überwindung ist kirchengeschichtlich außerordentlich wichtig, weil sie zur **Herausbildung der Großkirche** erheblich beitrug.

4.1 Pluriformität der Lehren und Lebensformen

Die Literatur des 1./2.Jh.s zeigt, daß die Differenzierung sich weiter entwickelte und daß Konflikte von unterschiedlicher ekklesiologischer Tragweite entstanden. Das Phänomen, daß **unvereinbare Lehrpositionen** sich gegenüberstanden (von Kritikern als "Häresie" klassifiziert: so Ignatius, Trall. 6,1; vgl. Tit 3,10 und schon 1. Kor 11,18f), verschärfte seit ca.90/100 die Konflikte. Das führte z.B. in einigen kleinasiatischen Städten zu ersten Spaltungen der Christenheit dergestalt, daß man sich gegenseitig die Legitimität des Kircheseins bestritt. Ein anderer Aspekt lag darin, daß durch die Ausbreitung des Christentums in den verschiedenen Regionen eine **religiös-kulturelle Pluriformität** entstanden war, die erst dann zum Problem wurde, als die differierenden Positionen in Kontakt miteinander kamen. Angesichts dessen ist es historisch unangemessen, für die Zeit bis ca.120/140 ein Gegenüber von "Orthodoxie" und "Häresie" als generelle Orientierung zu statuieren. Es gab ja keine allgemein gültig definierte Orthodoxie. Worin das authentische Christentum im einzelnen exakt bestand, war unklar. Die konkurrierende Vielfalt fiel sogar den Außenstehenden auf, wie um 178 Celsus' Kritik (vgl. § 3; 6.2.1) bezeugt, wonach es infolge des Wachstums der Christenheit zu *Spaltungen* und *Parteien* mit gegenseitiger Verdammung gekommen wäre und die Christen nur noch den Namen gemeinsam hätten (bei Origenes, C. Cels. III,10.12).

4.2 Häresien als Anstoß zur Klärung der Grundlagen

Mit fortschreitender Ausbreitung wuchs aber auch der Kontakt zwischen den verschiedenen christlichen Regionen. Es galt, dem **Ideal der Kircheneinheit** praktischen Ausdruck zu verleihen: z.B. durch Besuchsreisen der Amtsträger, durch Briefe von Gemeinde zu Gemeinde, durch strukturelle und theologische Angleichungen. Diese Entwicklung wurde dadurch gefördert, daß seit ca.140 massiert solche Positionen auftraten, welche die Grundlagen, die weithin einen christlichen Konsensus markierten, in Frage stellten: **Gnostizismus, Markionitismus** und **Montanismus** (s. 5.1-7.4). Einerseits signalisierten sie die Existenz einer tiefen **Identitätskrise**, weil die Grundlagen und Normen des Christseins zur Diskussion standen. Andererseits provozierten sie eine Auseinandersetzung, die durch einen innerkirchlichen Klärungsprozeß zur Überwindung der Krise führte. In dem Zeitraum ca.140-200 wurde mit dem Bibelkanon und der Glaubensregel einerseits, mit der Kirchenstruktur (Ämtern, Gottesdienst, Sakramenten) andererseits ein fundamentales Normengefüge für Orthodoxie und Katholizität fixiert. Diese Normen waren keine völlig neuen Sachverhalte, vielmehr klärten sie das, was sich seit dem 1.Jh. entwickelt hatte, durch eine neuartige Formalisierung. (Vgl. 8.1-9.2 und 11.1-14.1.) Damit war Klarheit gewonnen, warum jene gegenteiligen Positionen als Häresien ausgeschieden werden mußten und konnten.

4.3 Die großkirchliche Institution als apostolische und katholische Kirche

Nunmehr entstand eine dogmatisch fundierte, organisatorisch profilierte Großkirche, die sich als die wahre, alleinige Kirche Jesu Christi behauptete. Ihre Anfänge lagen zweifellos im 1.Jh.; ihre erste Konturierung zeigte sich ca.90-140, ihre Konsolidierung ca.140-200. Ein Abschluß war damit allerdings noch nicht erreicht. Vielmehr setzten sich die dogmatische Fundierung und die organisatorische Profilierung erst im Verlauf des 3.Jh.s allgemein durch. Der mißverständliche Begriff "Altkatholizismus", der z.T. in der Forschung dafür verwandt worden ist, kann das ungefähr ausdrücken. Gemeint ist damit, daß für die somit geformte **Institution Kirche** zwei Merkmale konstitutiv waren: die **Apostolizität** als zeitliche und sachliche Kontinuität (Übereinstimmung mit den Ursprüngen) und die **Katholizität** als räumlicher und sachlicher Konsensus (Übereinstimmung der Gesamtheit der Christen). Letztere bekam seit ca.170/190 einen spezifisch institutionellen Ausdruck durch die Entstehung von Synoden als Organe des Heiligen Geistes zum Zwecke kirchlicher Konsensusbildung (s. 7.5).

4.4 Literatur

W. BAUER: Rechtgläubigkeit und Ketzerei im ältesten Christentum, 1934; 2.A. 1964. - N. BROX: Häresie, RAC 13 (1986) 248-297. - M. ELZE: Häresie und Einheit der Kirche im 2. Jahrhundert, ZThK 71 (1974) 389-409. - W.-D. HAUSCHILD: Die theologische Begründung der Kircheneinheit im frühen Christentum, in: Kirchengemeinschaft - Anspruch und Wirklichkeit. FS G. Kretschmar, 1986, 9-42. - H. KÖSTER: Einführung in das Neue Testament, 1980, 504-746.

5. Die Gnosis: Christentum als Religionsphilosophie und Mythologie

Im 2.Jh. gab es verschiedene Schulen und Gruppen innerhalb des Christentums oder am Rande desselben, die zusammenfassend als Gnostiker bezeichnet wurden. Nicht ihre - zumeist unbedeutende - Größenordnung und Verbreitung in den Gemeinden waren ein Problem, sondern ihre Art der Theologie: Offenbarung und Erlösung, Protest gegen die Welt und Abwertung der Schöpfung, Erwählungsbewußtsein und elitäres Geheimwissen (Mythologie) waren dominierende Elemente. Es empfiehlt sich, von dieser christlichen Form als "**Gnostizismus**" das allgemeine Phänomen der "**Gnosis**" zu unterscheiden, das über das Christentum hinausreichte. Allerdings ist dessen Näherbestimmung umstritten; es gibt zu allen wesentlichen Aspekten der Gnosisforschung keinen Konsensus, sondern Hypothesen von unterschiedlicher Plausibilität. Elemente des gnostischen Denkens wirkten teilweise in der Kirchengeschichte fort, z.B. in manchen Formen des östlichen Mönchtums, bei mittelalterlichen Häresien und in neuzeitlicher Theosophie.

5.1 Das Wesen der Gnosis

5.1.1 Gnosis ist keine einheitliche Religion mit festen Grenzen, sondern eine Form von Religiosität bzw. **eine religiöse Bewegung.** Sie durch eine profilierte Daseinshaltung definiert sein zu lassen (Weltfeindschaft, Pessimismus, Protest gegen das Bestehende), erklärt Grundsätzliches, jedoch nicht die historischen Spezifika. Es gab **keine vorchristliche Gnosis**; sie war sowohl eine **nichtchristliche** als auch eine **innerchristliche** Bewegung des 1./2.Jh.s, vorbereitet durch eine synkretistische Frömmigkeit am Rande des Judentums, die man als **Prägnosis** kennzeichnen kann. Alle Merkmale für gnostisches Denken (s.5.1.2) müssen aus Texten gewonnen werden, deren größter Teil deswegen als gnostisch angesehen wird, weil sie eben diese Merkmale aufweisen. Aus diesem Zirkelschlußverfahren resultieren die unterschiedlichen Bestimmungen. Deshalb kann man die meisten Kriterien, die für gnostische Positionen typisch sein sollen, aufgrund jener Literatur auch problematisieren.

5.1.2 Sechs allgemeine **Merkmale** dürften generell das Wesen der Gnosis ausmachen: a) Entscheidend ist, daß der Gegensatz zwischen der bösen Welt und der guten Transzendenz als **ontologischer Dualismus** gefaßt und auf den Gottesbegriff übertragen wird (Trennung zwischen dem inferioren Schöpfergott/Demiurgen und dem Erlösergott als höchstem Prinzip). – b) Diesem Dualismus entspricht eine **Spaltung der Menschheit in zwei Klassen**, den kleinen Teil derer, die ontologisch der Transzendenz zugehören (als Pneumatiker, Lichtmenschen o.ä.), und den großen Teil derer, die der materiellen Welt verhaftet sind (als Hyliker, Psychiker o.ä.). – c) Der erste Teil wird erlöst, weil diese Menschen – die in der Entfremdung gefangenen *salvandi* (*die zu Erlösenden*) – durch ihre **Wesensgleichheit** mit der höchsten Gottheit (Pneuma, Lichtfunken o.ä.) zur Gnosis fähig sind. – d) Die Gnosis ist Einsicht in die von einer **Erlösergestalt** vermittelte Wahrheit; deren Offenbarung ist sowohl Selbsterkenntnis (daß man ein Pneuma o.ä. besitzt und nicht zur vorfindlichen Welt gehört) als auch Gotteserkenntnis, weil sie den transzendenten Bereich erschließt. – e) Ihren **kosmologischen Hintergrund** hat die Erlösung in einem transzendentalen bzw. präexistenten Verhängnis: dem Fall eines Teils der Gottheit, der Abwärtsentwicklung des pneumatischen Elementes, der Gefangenschaft desselben o.ä. Daraus resultiert die Weltschöpfung mit der Notwendigkeit der Rückführung des Pneuma, Lichtes o.ä. zur göttlichen Transzendenz. – f) Typisch gnostisch ist ein formales Kennzeichen: die Darstellung der unter a)-e) stilisierten Elemente in **mythologischer Redeform**. Künstlich-archaisierend verbindet man verschiedene Vorstellungen und personifizierte Begriffe (aus Religion und Philosophie, Astronomie und Psychologie) zu einem komplizierten Mythos mit so verwirrenden Einzelheiten, daß nur die Eingeweihten ihn entschlüsseln können. In dieser Hinsicht bedeutet Gnosis die Kenntnis und Interpretation des Mythos.

5.2 Religionsgeschichtliche und chronologische Einordnung

5.2.1 Gnosis ist ein synkretistisches Phänomen. Die verschiedenen Texte weisen in unterschiedlicher Art jüdische und hellenistische, aber auch iranische, ägyptische und christliche Einflüsse auf. In auffälliger Dichte werden **jüdische Traditionen** – insbesondere die allegorische Genesisexegese, die Kosmologie und Angelologie – interpretiert und transformiert. Teilweise besteht eine Nähe zur Apokalyptik und Weisheitsspekulation. **Hellenistischer Einfluß** zeigt sich bei Elementen der Magie und Mantik sowie der Astronomie und Astrologie, bei dem Aspekt der Gottesverwandtschaft der *salvandi* und der Erkenntnis des Gleichen durch Gleiches. Platonische Traditionen begegnen vereinzelt, zumal in den großen christlichen Systemen (s. 5.3.3-4). Man kann daraus kein einheitliches Bild zeichnen, sieht vielmehr die Vielfalt der gnostischen Bewegung, die sich an Gebildete und Halbgebildete wandte. Die sozialgeschichtliche Einordnung, für die der Begriff Protest wenig besagt, ist bislang nicht exakt erforscht.

5.2.2 Wann ist die gnostische Bewegung entstanden? Diese Frage läßt sich nicht chronologisch exakt beantworten, weil einerseits erst im 2.Jh. die Gnosis als ein morphologisch fixierter Typ von Religion begegnet, andererseits schon im 1.Jh. vielfach einzelne Elemente (Begriffe, Vorstellungen) erkennbar sind. Die Behauptung, die Gnosis sei vorchristlich, läßt sich aus keinem Text belegen. Anscheinend verlief ihre Entwicklung parallel zu derjenigen des Christentums, und zwar – nur teilweise – unter wechselseitiger Beeinflussung. In einigen ntl. Schriften finden sich Spuren davon (z.B. 1. Kor, Kol, Joh), doch diese deuten kaum auf die Existenz profilierter Gnosis oder gar gnostischer Systeme hin. Die **Anfänge** der Bewegung, d.h. die Verdichtung von gnostischen Motiven, die seit ca.50/60 zu beobachten sind, zu ersten Mythen und die Bildung spezifischer Gruppen/Schulen, dürften **um 90-110** liegen. Innerhalb des Christentums kam es **seit ca.130** zu ersten großen **Systembildungen** (Basilides, Valentin); außerhalb desselben entstanden ebenfalls Systeme und Gemeinschaften. Seit Ende des 2.Jh.s depravierten diese z.T.; die Bewegung nahm an Attraktivität ab, degenerierte weithin zu Konventikeln mit vulgärer Mythologie, fand allerdings im 3.Jh. durch den Manichäismus eine neue Form.

5.3 Der christliche Gnostizismus des 2. Jahrhunderts

Erstmals traten Gnostiker um 90-110 in christlichen Gemeinden auf und erregten mit ihrer mythologischen Religionsphilosophie Verwirrung: Faszination bei einigen und Ablehnung bei anderen. **Syropalästina** und **Antiochia** dürften das Ursprungsgebiet, zumindest in der Frühzeit das Hauptverbreitungsgebiet, gewesen sein; die ersten Namen weisen dorthin, v.a. Satornil um 100-120. Bald darauf gab es auch in **Kleinasien** gnostische Gruppen, faßbar z.B. in den Namen des Kerinth und des Karpokrates. Zum eigentlichen Zentrum entwickelte sich seit ca.130 **Alexandria** mit Ausstrahlung nach Ägypten. Dort gründeten Basilides und Valentin Schulen, die im synkretistischen Milieu der kulturell blühenden Stadt Zulauf fanden und einen wesentlichen Teil des dortigen Christentums ausmachten. Die Basilidianer und Valentinianer verbanden Schriftexegese (v.a. zu Paulus und Johannes) und Mythologie zu Systemen einer spekulativen Theologie, konzentriert auf die Soteriologie durch Betonung von Gnade und Prädestination. **Valentin** wirkte seit ca.138 in **Rom**, von wo aus seine Schule - durch die Lehren des **Ptolemäus** und des **Herakleon** - sich bis ca.180 in Italien, Nordafrika und Gallien ausbreitete, teilweise zunächst in Verbindung mit der Großkirche. Der östliche Zweig der Schule hatte außer in Ägypten auch in Syrien und Kleinasien Anhänger. Die Valentinianer gehörten zu den herausragenden christlichen Theologen des 2.Jh.s, v.a. Ptolemäus. Zahlreiche andere Gnostiker waren ebenfalls in Rom tätig, z.B. Kerdon und Apelles, die Simonianer und Naassener.

5.3.1 Vorformen: Die Ketzerbekämpfer setzten den Beginn der Gnosis an mit dem Samaritaner **Simon Magus** (vgl. Apg 8,9-25). Doch der historische Simon um 40/50 war - im Unterschied zur Sekte der Simonianer mit ihrem mythologischen System - kein Gnostiker, sondern ein von seinen Anhängern als göttlicher Mensch verehrter Wundermann (*die große Kraft*). Auch bei den Samaritanern Dositheus und Menander um 60-80 in Antiochia begegneten noch keine spezifisch gnostischen Elemente. Man kann sie jedoch zu den Vorformen einer nichtchristlichen Gnosis zählen. Das gilt auch für die **Mandäer** (*Wissende, Gnostiker*), eine ursprünglich jüdische Taufsekte, die im 1./2.Jh. nach Mesopotamien auswanderte, dort gnostische Lehren entwickelte und bis in die Gegenwart fortbestand. Christliche Vorformen lassen sich aus Hinweisen in den paulinischen und deuteropaulinischen Briefen erschließen. Beide Formen standen unter dem Einfluß jüdischer Traditionen, wandten sich jedoch prinzipiell gegen das Judentum.

5.3.2 Sog. Vulgärformen: Unklar ist, ob die um 160-200 bezeugten Gruppen der **Barbelognostiker, Sethianer, Kainiten, Ophiten** und **Naassener** (teilweise) auf frühe Formen um 100-130 in Ägypten und Syrien zurückgehen. Sie als "Vulgärgnosis" zu bezeichnen, trifft wohl nur einen Teil von ihnen; die Trägerkreise könnten z.T. dem unteren sozialen Milieu mit geringer Bildung zuzuordnen sein. Den - oft abstrusen - Mythen und Riten fehlt die theologische Reflexion der Systemgnostiker, die christliche Substanz wird synkretistisch aufgelöst. Welche Rolle die religiöse Protesthaltung spielte, zeigen z.B. Teile der Ophiten (Sammelbezeichnung für verschiedene Gruppen), welche die Schlange (ὄφις/*ophis*) von Gen 3 als Offenbarungsgestalt verehrten.

5.3.3 Die religionsphilosophische Schule der Basilidianer wirkte zwischen ca.130 und ca.200 in Alexandria; ihre Reste bestanden noch im 4.Jh. Die Texte lassen nicht deutlich bestimmen, was die ursprüngliche Lehre des **Basilides** war. (Er verfaßte *24 Bücher zum Evangelium*, das älteste ntl.-exegetische Werk.) Die christliche Erlösungsbotschaft wurde als **Metaphysik** und

Kosmologie in mythologischer Verschlüsselung begründet und entfaltet, und zwar ohne ontologischen Dualismus und Annahme eines präexistenten Falles. Hier wurde erstmals die Lehre von der *creatio ex nihilo* (Schöpfung aus dem Nichts) formuliert, die sich aus der Idee der absoluten Transzendenz Gottes ergab. Die Christologie wurde zum Fundament des soteriologischen Systems (s. § 4; 1.3.2).

5.3.4 Auch für den Visionär und Dichter **Valentin** läßt sich die ursprüngliche Position nur unsicher erschließen. Er hat auf der Basis einer pessimistischen Anthropologie die Erlösung der Pneumatiker durch Gottes **Gnade als Prädestination** gelehrt. Die **Valentinianer** orientierten sich stark an Paulus' Theologie. Der bedeutendste Vertreter und eigentliche Systematiker der Schule war **Ptolemäus**, der ca.140-155 in Rom lehrte und großes Ansehen zunächst auch in großkirchlichen Kreisen genoß. (Zu seinem Martyrium s. § 3; 5.2.3.) Sein *Brief an Flora* über die Bedeutung des Gesetzes richtete sich u.a. gegen Markions Lehre. Sein System mit der Entfaltung des göttlichen Pleroma in 30 Äonen durch Emanation aus der obersten Gottheit und mit dem präexistenten **Fall der Sophia** (der Weltweisheit, deren ungezügelter Erkenntnisdrang am Kreuz zuschanden wird) als Ausgangspunkt der Weltgeschichte ist eine mythologische Darstellung der Heilsgeschichte: Aus der Schöpfung werden die Pneumatiker durch Christi Offenbarungs- und Erlösungswerk befreit, indem sie ihre Zugehörigkeit zum Pleroma erkennen und dorthin aufsteigen. Die übliche Zweiteilung der Menschheit (s. 5.1.2 bei b) wird modifiziert, da zwischen Pneumatikern, den Geistmenschen, und Hylikern, den "Materialisten", die Psychiker stehen, die großkirchlichen Christen, welche zwar nicht zur Erkenntnis und ins göttliche Pleroma kommen, aber durch den Glauben ein relatives Heil erlangen.

5.3.5 Die Problematik des Begriffs Gnosis zeigt sich auch bei der Einordnung mancher Theologen der aramäischen Christenheit, die im mesopotamischen Raum seit dem 2.Jh. - mit **Edessa** als Zentrum - eine Blüte erreichte. Die herausragende Gestalt war der Philosoph, Astrologe und Dichter **Bardesanes** (Bardaisan; ca.154-222). Da unklar ist, welche der überlieferten Schriften von ihm stammen, bleibt seine Zuordnung zur Gnosis umstritten. Er konzipierte ein theologisches System von der Kosmologie her mit dem zentralen Gegensatz von Licht und Finsternis.

5.4 Der Manichäismus als Weltreligion

Eine Zusammenfassung des gnostischen Denkens durch eine geniale Neuinterpretation auf dem Fundament der Traditionsvielfalt Mesopotamiens (mit babylonischen, iranischen, jüdischen und judenchristlichen Einflüssen) brachte der Perser **Mani** (216-ca.277). Man hat ihn zu Recht als einen der großen Religionsstifter bezeichnet: Er hat - beeinflußt durch Bardesanes, Mandäer und Gnostiker - die Gnosis als **Buch- und Offenbarungsreligion** in ein konsequent **dualistisches System** übertragen. Damit hat er so große Wirkungen erzielt, daß seine umfangreiche Anhängerschaft über Jahrhunderte seine Konzeption multiplizierte. Die Weltgeschichte deutete er nach dem Schema der **zwei Prinzipien** und der **drei Zeiten** soteriologisch: Licht und Finsternis bestimmen - nach einer ursprünglichen Trennung - die Geschichte als Zeit der Vermischung beider, die im Kampf der Apostel des Lichts und der durch die Gnosis erweckten Seelen (Lichtfunken) gegen die Mächte der Finsternis der eschatologischen Entmischung zugeführt wird. Die von Mani organisierte Kirche verbreitete sich trotz harter Verfolgungen im Perser- wie im Römerreich und hielt sich hier bis zum 5./6.Jh. in beachtlicher Größenordnung (vgl. § 3; 9.2; § 5; 1.4). Darüber hinaus drang der Manichäismus durch konsequente Mission seit dem 6./7.Jh. nach Mittel- und Ostasien (Turkestan, China) vor, wo er in kleinen Gruppen lange Zeit existierte. Im Abendland wirkte sich seit dem 11.Jh. sein geistiger Einfluß neu aus bei Katharern und anderen Nonkonformisten (s. § 6; 11.2; § 8; 10.2) und lebte hinfort partiell und unterschwellig in der Religions- und Geistesgeschichte weiter.

5.5 Literatur

QUELLEN (ÜBERS.): W. FOERSTER (Hg.): Die Gnosis, 3 Bde., 1969-80.

LITERATUR: K. BERGER/R.MCL. WILSON: Gnosis/Gnostizismus, TRE 13 (1984) 519-550. - U. BIANCHI (Hg.): Le Origini del Gnosticismo, 1970. - A. BÖHLIG: Manichäismus, TRE 22 (1992) 25-45. - C. COLPE: Gnosis II (Gnostizismus), RAC 11 (1981) 537-659. - H. JONAS: Gnosis und spätantiker Geist Bd.1, 1934; 4.A. 1988; Bd.2, 1954; 2.A. 1993. - W.A. LÖHR: Basilides und seine Schule, 1995. - C. MARKSCHIES: Valentinus Gnosticus?, 1992. - K. RUDOLPH: Die Gnosis, 1977; 3.A. 1990; ND 1994. - DERS. (Hg.): Gnosis und Gnostizismus, 1975. - H.M. SCHENKE: Die Gnosis, in: Umwelt des Urchristentums, hg.v. J. Leipoldt/W. Grundmann, 8.A. 1990, 371-415. - G. WIDENGREN: Mani und der Manichäismus, 1961. - DERS. (Hg.): Der Mandäismus, 1982.

6. Markions Reform: Rekonstruktion christlicher Identität

Die Krise des Christentums im 2.Jh. ist am stärksten durch Markion, der in Rom ca.140-160 wirkte, aufgedeckt und verschärft worden. Gegen jede Form des Synkretismus, insbesondere gegen die Übernahme jüdischer Traditionen, postulierte er eine eindeutig christliche Identität. Sein Bruch mit der römischen Gemeinde ca.144 führte zur Organisation einer eigenen Kirche, die sich überall ausbreitete und eine größere Gefahr für die Großkirche darstellte als die Gnosis. Wenn man ihn mit A. v. Harnack als grundlegenden Reformer versteht, dann muß man beachten, daß er die Wiederherstellung der wahren apostolischen Kirche aus Reaktion gegen die vermeintliche Verfälschung ihres Wesens betrieb. Er wollte das ursprüngliche, **reine Evangelium**, das er als kontradiktorischen **Gegensatz zum Gesetz** verstand, zur Grundlage machen: Jesu Botschaft von der Güte und Liebe Gottes. Dabei orientierte er sich an der **Lehre des Paulus** als des einzigen authentischen Apostels. Die Aufhebung des Gesetzes durch das Evangelium interpretierte er mit einer **Zwei-Götter-Lehre**: als den Widerspruch des erst von Jesus offenbarten (und daher "fremden") guten Gottes des Evangeliums gegen den gerechten Gott des Gesetzes, d.h. des Alten Testaments. Indem er diesen als den **Weltschöpfer** und jenen als das schlechthin transzendente **Prinzip des Guten** verstand, nahm er gnostisches Denken auf. Trotzdem ist er vom Gnostizismus zu unterscheiden (s. 6.2). Jener Gegensatz führte ihn dazu, die bisherige Heilige Schrift der Christenheit, das Alte Testament, völlig zu verwerfen. Damit bestritt er das heilsgeschichtliche Legitimierungsmodell der Großkirche - das Schema von Weissagung und Erfüllung - und schuf einen **neuen Bibelkanon**: *Evangelium* und *Apostolikon* (Paulusbriefe). Auf die von ihm erstmals realisierte Kanonisierung urchristlicher Schriften reagierte die Großkirche durch ihren Kanon (s. 8.2), auf die Verwerfung des AT mit dessen christlicher Interpretation, auf die Ablehnung des Schöpfergottes mit der Betonung der Zusammengehörigkeit von Schöpfung und Erlösung. Einen besonders ausgeprägten Antijudaismus vertrat Markion nicht.

6.1 Die Kirche der Markioniten

Markion (ca.90/100?-ca.160?), aus Sinope im Pontus stammend, ein reicher Schiffskaufmann, siedelte sich ca.140 in **Rom** an und schenkte der Gemeinde 200.000 Sesterzen, eine enorme Summe. Der Versuch, die Großkirche für seine Reformposition (mit Lk 5,36f) zu gewinnen, scheiterte ca.144 in einer Disputation mit Presbytern und Lehrern. Er gründete nicht wie die Gnostiker eine Schule, sondern baute eine eigene Kirche auf, die der Presbyterverfassung entsprach; diese breitete sich rasch auch in Nordafrika und Gallien, Palästina und Syrien, Kleinasien und Mesopotamien aus. Sie führte (teilweise?) die Selbstbezeichnung *Markioni(s)ten*. Die intensive literarische Abwehr der Großkirche (besonders ausführlich durch Tertullian) bis zum 4./5.Jh. belegt die Bedeutung des Markionitismus. Später verband dieser sich z.T. mit dem Manichäismus. Markions größter Schüler Apelles kehrte sich vom Meister ab, entwickelte ein gnostisches System und baute in Rom (nach 160?) eine eigene Schule auf.

6.2 Der "fremde" Gott und der Gott des Gesetzes

Ob Markions religiöser Ansatz primär durch die Pauluslektüre oder durch die pessimistisch-gnostische Weltdeutung bestimmt wurde, ist umstritten. Die Überwältigung durch Jesu Verkündigung des guten Gottes kollidierte mit der Erfahrung, daß die Welt unvollkommen und schlecht ist und deswegen nicht vom guten Gott geschaffen sein kann, sondern vom minderwertigen **Demiurgen/Schöpfer**, dem *Gott dieser Welt* (nach 2. Kor 4,4) stammt. Der *fremde Gott* hat nichts mit der Welt zu tun und ist bis zur Offenbarung in Jesus völlig unbekannt. Eine Inkarnation findet nicht statt, sondern eine Epiphanie Gottes im modalistischen Sinne (s. § 1; 2.4; zum Doketismus s. § 4; 1.2.3). Es gibt keine ontologische Verbindung zwischen ihm und einem Teil der Menschheit; Pneumatiker o.ä. (vgl. 5.1.2 zu b) kennt Markion nicht. Da liegt der stärkste Unterschied zur Gnosis. Auch darin unterscheidet er sich vom Gnostizismus, daß er den Demiurgen nicht als böse, sondern als gerecht, primär nicht als Schöpfer-, sondern als Gesetzesgott definiert, daß er dessen Heilige Schrift (das AT) verwirft und sich nicht auf allegorische Exegese oder geheime Offenbarungen beruft. Aus dieser Gotteslehre folgt Markions Ablehnung der Juden und der judaisierenden Christen; er kritisiert die Juden beiläufig als die Gegner des wahren Gottes, vertritt aber keinen expliziten Antijudaismus. Seinem transzendenten Gottesbegriff entspricht eine **Ethik der Entweltlichung** (Rigorismus und Askese): z.B. mit Verbot der Ehe und Kinderzeugung, Einschränkung der Nahrung, Bereitschaft zum Martyrium. Die Erlösung versteht Markion als Befreiung durch Jesu Botschaft von der Liebe Gottes.

6.3 "Antithesen" und Bibelkanon (Evangelium - Apostolikon)

Den Gegensatz zwischen dem Gott der Liebe und dem Gott des Gesetzes/der Welt begründete Markion exegetisch in seinen *Antithesen*, einem Anhang - oder einer Einleitung - zu seinem Bibelkanon. Er führte darin Beispiele für den Gegensatz auf, z.B. einerseits den Befehl zur gewaltsamen Eroberung Kanaans, andererseits Jesu Gebot des Gewaltverzichts, die Erlaubnis der Ehescheidung gegen das Verbot derselben. Das **gesetzesfreie Evangelium** sah er durch **Paulus**, den einzigen wahren Apostel, bezeugt (v.a. durch Gal 1-2). Den tatsächlichen Zustand der überlieferten urchristlichen Schriften erklärte er durch eine Verschwörungstheorie: Der Demiurg habe judaisierende Pseudoapostel ausgesandt, die überall die verfälschende Lehre von der Identität zwischen dem Vater Jesu Christi und dem Schöpfer, von der positiven Beziehung zwischen Gesetz und Evangelium eintrugen. Deshalb reinigte er die 10 als kanonisch betrachteten Paulusbriefe von solchen Zusätzen. Da es mit Gal 1,6f u.ö. nur **ein einziges Evangelium** geben konnte, stellte er dieses mit dem analog gereinigten Lukasevangelium wieder her. Die Idee eines zweiteiligen, genuin christlichen Bibelkanons war damit erstmals - allerdings in radikaler Form - realisiert.

6.4 Literatur

B. ALAND: Marcion/Marcioniten, TRE 22 (1992) 89-101. - K. BEYSCHLAG: Marcion von Sinope, GKG 1, 1984, 69-81. - H.V. CAMPENHAUSEN: Die Entstehung der christlichen Bibel, 1968, 173-194. - A.V. HARNACK: Marcion. Das Evangelium vom fremden Gott, 2.A. 1924; ND 1985. - A. LINDEMANN: Paulus im ältesten Christentum, 1979, 378-395.

7. Der Montanismus als charismatische Reaktionsbewegung

Zwei ungeklärte Probleme der Großkirche brachen in der vom Montanismus seit ca.160 ausgelösten Krise neu auf: a) das prophetische Geistwirken und damit die Zuordnung von Geist und Amt, b) die apokalyptische Naherwartung und damit das Verhältnis von Eschatologie und Ethik (Buße). Die Bewegung entstand - auf dem Boden bestimmter kleinasiatischer Traditionen - in Phrygien als Neuaufbruch einer enthusiastischen Prophetie: **Montanus** kündigte in ekstatischer Rede - mit dem Anspruch, er wäre die Inkarnation des von Christus verheißenen **Parakleten** (vgl. Joh 14,16f.26) - das unmittelbar bevorstehende Weltende an und rief zur Buße als Vorbereitung auf. Er fand große Resonanz; als Prophetinnen wirkten neben ihm **Priskilla** (Priska) und **Maximilla** mit Orakeln und Visionen. Die charismatische Bewegung der *neuen Prophetie* dehnte sich rasch im westlichen Kleinasien aus, erfaßte bald (ca.170?) auch andere Regionen wie z.B. Syrien und Gallien. Bis ca. 250 wuchs bzw. bestand sie, danach verfiel sie allmählich; kleine Gruppen in Phrygien und den Nachbarprovinzen hielten sich bis ins 4./5.Jh. Es war eine Gemeinde des Aufbruchs, die sich an verschiedenen Orten (v.a. um das phrygische Pepuza herum, wo man die Herabkunft des himmlischen Jerusalem erwartete) mit **charismatischer Ämterordnung** und **rigoristischem Lebensstil** organisierte. Da sie sich im dogmatischen und ethischen Lehrbestand nicht von der Großkirche unterschied, konnte sie nicht als Häresie in üblicher Weise bekämpft werden. Ihre Kritik an der Verweltlichung des normalen Christenlebens wirkte attraktiv. Die kirchlichen Polemiker, die vergeblich den in Montanus, Priskilla und Maximilla orakelnden Geist durch Exorzismus als Dämon entlarven wollten, begründeten ihre Ablehnung mit dem problematischen Argument, Propheten dürften nicht in Ekstase reden. Seit ca.170 versammelten sich **Synoden** in Kleinasien, welche die Häresie der *Phryger* bzw. *Kataphryger* verurteilten. Damit wurde ein Grundsatz katholischer Ekklesiologie weiter fixiert (vgl. 11.3.2): Der **Heilige Geist** wirkt nicht in besonderen Einzelgestalten und wunderbaren Phänomenen, sondern ist der apostolischen **Kirche als Institution gegeben**, und äußert sich durch deren Amtsträger, vornehmlich die Bischöfe als Nachfolger der Apostel. Die paradigmatische Bedeutung des Montanismus bestand in vier Aspekten, welche in der weiteren Kirchengeschichte je und dann hervortraten: der apokalyptischen Naherwartung, der charismatischen Relativierung der Institution, der starken Beteiligung der Frauen, der Verbindung von ethischem Rigorismus und Kirchenzucht.

7.1 Chronologie

Vom montanistischen Schrifttum ist nur wenig erhalten. Quellen sind die Berichte bei Eusebius, Hist.eccl. III,15,14-19,3; Epiphanius, Haer. 48,1-15; Tertullians montanistische Schriften. Die Datierung von Montanus' Auftreten im phrygischen Dorf Ardabau ist unsicher: um 156/7 nach Epiphanius, 171/2 nach Eusebius. Da die Bewegung bald nach 170 bereits weit verbreitet war, ist eine Entstehung um 160 anzunehmen. Maximilla als letzte der drei Gründergestalten dürfte um 179 gestorben sein; mit ihrem Tode sollte das Weltende kommen. Dessen Ausbleiben ließ die Naherwartung abklingen, so daß man die **erste Phase** auf ca.160-200 ansetzen kann. In der **zweiten Phase** nach ca.200 war es keine Massenbewegung mehr, doch der Montanismus konsolidierte sich als Kirche des ethischen Rigorismus (vgl. v.a. Tertullian, der wegen der Kritik am großkirchlichen Laxismus ca.207 Montanist wurde). Die wichtigsten Quellen für die Frühzeit sind die rekonstruierbaren ca.20 Orakel.

7.2 Enthusiasmus, Chiliasmus, Rigorismus

Die *neue Prophetie*, die zunächst als *Häresie der Phryger*, erst später als Montanismus bezeichnet wurde, war eine **eschatologisch orientierte Bußbewegung**. Versuche, sie aus nichtchristlichen Religionen Phrygiens (z.B. dem Kybelekult) abzuleiten, haben nicht überzeugt. Sie knüpfte an die in Kleinasien noch im 2.Jh. lebendige Tradition des urchristlichen **Prophetentums** an (vgl. z.B. Apk, die Töchter des Philippus, Quadratus), allerdings modifiziert durch die Dominanz der Ekstase, und führte den dort verbreiteten Chiliasmus fort (die Erwartung eines nahe bevorstehenden tausendjährigen Reiches Christi, des *Millennium*, auf Erden; vgl. Apk 20,2-4). Diese Form einer apokalyptischen Eschatologie vertraten z.B. Papias von Hierapolis um 130/140 sowie - hierin durch kleinasiatische Theologie geprägt - Justin und Irenäus. Die Montanisten erwarteten die Herabkunft des **neuen Jerusalem** auf einem heiligen Berg zwischen Pepuza und Tymion in Phrygien; z.T. versammelten sie sich dort in Vorbereitung auf das nahe Reich. Ihre Lebensweise radikalisierte urchristliche Maximen durch strenge **Askese**: Verbot des Geschlechtsverkehrs, Auflösung der Ehen, Fasten (z.B. mit Xerophagien: Abstinenz von Fleisch, Fisch, Milchprodukten, Öl, Wein). Vielleicht propagierten sie auch das Martyrium besonders. Die von Montanus, Priskilla und Maximilla in enthusiastischer Sprache verkündeten Orakel gaben als direkte Sprüche des Heiligen Geistes bzw. Gottes autoritative Weisung; deren Kodifizierung wurde bis ins 4./5.Jh. tradiert.

7.3 Montanistische Kirchenorganisation

Teilweise verließen die Montanisten die großkirchlichen Gemeinden und bildeten eigene Gemeinschaften, zumal nach 170/180, als der Kampf gegen sie voll entbrannte. Sie unterschieden sich dezidiert als *Pneumatiker* von den geistlosen *Psychikern* der Großkirche, ohne damit das gnostische Schema aufzunehmen. Da das prophetische Element nachließ, orientierten sie sich an der frühkatholischen Kirchenverfassung, allerdings z.T. bzw. zunächst ohne das Bischofsamt und unter Betonung der **Bedeutung der Laien** (s. Tertullian). Wohl im Verlauf des 3.Jh.s bildete sich eine **hierarchische Struktur** mit Pepuza als Zentrum, wo ein Patriarch das oberste Leitungsamt innehatte, unterstützt von *Teilhabern* (κοινῶνες; *cenones*), bei denen vielleicht das traditionelle Prophetenamt nachwirkte. Die lokalen Gemeindeleiter waren Bischöfe und Presbyter. Das Gemeindeleben war durch einen - gegenüber der Anfangszeit abgeschwächten - Rigorismus geprägt; Fasten und Gebete bestimmten den Alltag; die Reinheit der Gemeinde wurde durch strenge Kirchenzucht bewahrt; mit Almosen und Missionspredigt wirkte man nach außen. Das Martyrium als Ausdruck des Geistbesitzes spielte eine große Rolle (s. die Akten der Perpetua und Felicitas in Karthago 202/3; Tertullians *Über die Flucht in der Verfolgung* ca.212). Die Großkirche reagierte seit ca.180 mit **antimontanistischer Literatur** (*Widerlegungen* z.B. von Apollinaris von Hierapolis, Meliton von Sardes, Miltiades, Gaius). Das charismatische Prophetentum wurde noch stärker als früher verdächtigt. Seit 251/2 verbanden sich die Montanisten z.T. mit den Novatianern (s. 16.1). Im Westen bestanden im 4.Jh. nur noch kleine Reste; im Osten dagegen (v.a. in Phrygien, Galatien, Kappadokien, Kilikien) behaupteten sich die Gemeinden trotz der 333 einsetzenden staatlichen Verfolgung (sechs Edikte 398-428), unterlagen ihr aber schließlich im 5.Jh.

7.4 Großkirchliche Reaktion: Die Entstehung der Synoden

Die charismatische **Verbindung von Geistwirken und Rechtssetzung** im Montanismus hat den Anstoß gegeben, dies seit dem Urchristentum virulente Problem weiter zu klären. Im antimontanistischen Kampf entstand zur gesamtkirchlichen Meinungsbildung auf regionaler Ebene die **Institution der Bischofssynoden**, ergänzt durch den Briefverkehr mit weiter entfernten Bischöfen zur Feststellung des Konsensus. Das war eine Konsequenz aus dem Axiom, daß der Bischof in besonderer Weise den Heiligen Geist besitze, daß aber nur der Gesamtkirche die Fülle des Geistes gegeben sei.

7.4.1 Es wird berichtet (zitiert bei Eusebius, Hist.eccl. V, 16,10), daß angesichts der Orakelpraxis von Montanus, Priskilla und Maximilla *die Gläubigen der Asia oft und überall in der Asia deshalb zusammenkamen*, die neue Lehre prüften und verwarfen. Wegen des Bezugs auf jene drei Personen dürfte der Vorgang auf die Zeit um 170 (bzw. vor 179) zu datieren sein. Auch in Ankyra/Galatien fanden entsprechende Beratungen statt (V, 16,4). Einige Zeit später, nach 190, verurteilten Serapion von Antiochia und dessen syrische Bischofskollegen - wohl aufgrund gemeinsamer Beratung - den Montanismus und fügten hinzu, daß dieser *von der ganzen Bruderschaft in der Welt*, d.h. von allen Bischöfen, verdammt würde (V, 19,1-3).

7.4.2 Die Synode wurde somit seit ca.170/90 zu einer normensetzenden Instanz, zum Organ von geistgewirkten Entscheidungen, welche die Katholizität der Kirche ausdrückten. Schon um 195 bewährte sich im Streit um den Ostertermin (s. 15.3.2) die neue Praxis, und im 3.Jh. setzte sie sich rasch allgemein durch.

7.5 Literatur

QUELLEN: N. BONWETSCH (Hg.): Texte zur Geschichte des Montanismus, 1914. - P. DE LABRIOLLE: Les sources de l'histoire du Montanisme, 1913. - R.E. HEINE: The Montanist Oracles and Testimonia, 1989.

LITERATUR: K. ALAND: Bemerkungen zum Montanismus und zur frühchristlichen Eschatologie, in: Ders.: Kirchengeschichtliche Entwürfe, 1960, 105-148. - W.H.C. FREND: Montanismus, TRE 23 (1994) 271-279. - H. KRAFT: Die altchristliche Prophetie und die Entstehung des Montanismus, ThZ 11 (1955) 249-271. - H. LIETZMANN: Geschichte II, 190-205. - A. STROBEL: Das heilige Land der Montanisten, 1980.

8. Die Kanonisierung der "Heiligen Schrift"

Das wohl fundamentalste Merkmal der Kirche als Institution ist ihr Bezug auf die Heilige Schrift als entscheidende Norm für Lehre und Leben. Ohne den Bibelkanon, dessen Fixierung die Reaktion auf eine Krisensituation war, wäre die Identität des Christentums als Kirche nicht gegeben. Was im 1.-3.Jh. gewachsen ist, hat die Grundlage für die weitere Kirchengeschichte bis zur Gegenwart gebildet, wobei sich seit dem 16.Jh. eine Differenz hinsichtlich des Umfangs des Alten Testaments zwischen römisch-katholischer und evangelischer Kirche ergab. Man muß bei der ntl. Kanonsbildung zwei historische Wurzeln unterscheiden: a) im 1./2.Jh. die langfristige Sammlung und Verwendung urchristlicher Texte als normativer Größen neben der *Schrift* (des *Neuen Testamentes* neben dem *Alten Testament*; so die Bezeichnung seit dem 3.Jh.); - b) um 180-200 der kurzfristige Abschluß dieses Rezeptionsprozesses durch prinzipielle Fixierung der normativen Evangelien und Apostelschriften. (Der exakte Abschluß der Kanonisierung vollzog sich erst im 3./4.Jh.) Die wichtigste Folge dieser Normierung war, daß kirchliche Theologie fortan sich i.w. als Schriftauslegung und -anwendung vollzog (s. 10.1-5).

8.1 Die "Schrift" und die Entstehung normativer christlicher Texte

8.1.1 Das Urchristentum bezog sich in Theologie und Praxis auf *die Schrift(en)* als Norm, und zwar weithin nicht auf die sog. hebräische Bibel, sondern - im Zusammenhang von Mission und Ausbreitung seit 35/40 - auf die griechische Version, die **Septuaginta** (LXX). Deren kanonische Geltung war - bis auf Markion (s. 6.2) - unumstritten. Die spezifisch christlichen Positionen legitimierte man durch verschiedene Arten des Schriftbeweises, bei denen das heilsgeschichtliche Schema von Weissagung und Erfüllung eine herausragende Rolle spielte.

8.1.2 Daneben begegnete früh als Norm *der Herr*, d.h. die mündliche Logienüberlieferung, die zum hermeneutischen Schlüssel für *die Schrift* wurde. Regulative Bedeutung kam teilweise auch den Briefen des Apostels Paulus insofern zu, als sie mancherorts im Gottesdienst verlesen wurden. Die Kanonisierung begann damit, daß seit etwa 50/60 die **Briefe gesammelt** und die **Jesustradition** schriftlich fixiert wurden. Allerdings blieb diese noch bis ins 2.Jh. auch in mündlicher Weitergabe bestehen (vgl. dazu z.B. die Sammlung des Papias von Hierapolis um 130), und die Sammlung apostolischer Schriften - über die Paulusbriefe hinaus - war nicht klar abgegrenzt.

8.1.3 Die Entstehung und Benutzung von **Apokryphen** - Evangelien, Apostelgeschichten, Apostelbriefen und Apokalypsen - im 2.Jh. belegt (ebenso wie die Fixierung von Geheimoffenbarungen im Gnostizismus) die relative Offenheit des Traditionsprozesses. (Übers.: Neutestamentliche Apokryphen, hg.v. W. Schneemelcher, 2 Bde., 5./6.A. 1989/90.) Das hatte zur Folge, daß die Theologen des 2.Jh.s sich auf ein divergierendes Normengefüge bezogen. Es gab um 150/170, wie z.B. Justin und Tatian bezeugen, noch keinen "Vier-Evangelien-Kanon"; drei bis vier der späteren kanonischen Evangelien standen überall im Gebrauch, unter denen Matth. besonderes Ansehen genoß; sie galten als normativ (bei Justin als *Schrift*).

8.2 Die zweiteilige christliche Bibel

Eine Zweiteilung normativer Glaubensurkunden war von vornherein angelegt durch das heilsgeschichtlich begründete Nebeneinander von **"Schrift"** einerseits und **"Herr"/"Apostel"** andererseits. Die rabbinische Fixierung des dreiteiligen "hebräischen Kanons" mit 39 Büchern (seit Ende des 1.Jh.s) wurde von der Kirche nicht übernommen; die Septuaginta wurde mehr und mehr zur Bibel der Christen (im Westen in lateinischer Übersetzung seit ca.180), doch deren Umfang war nicht genau festgelegt. (Erste offizielle Fixierung mit 47 Büchern durch Damasus von Rom ca.382.) Mit dem Begriff *Kanon* (d.h. Norm) meinte die frühe Kirche die Glaubensregel oder eine Rechtsvorschrift, nicht den Bestand der biblischen Texte, der *Schrift* hieß. Die Kanonisierung urchristlicher Bücher nahm im 2.Jh. als innerkirchliche Entwicklung Gestalt an. Zur Klärung nötigte der radikale Vorstoß von Markions Kanonsbildung (s. 6.3). Doch auch die Abwehr des Montanismus mit seiner Betonung der Normativität pneumatischer Sprüche und des Gnostizismus mit seiner Berufung auf dubiose apostolische Traditionen förderte die großkirchliche Kanonsbildung. Das war keine ausdrückliche, sondern eine seit ca.150 allmählich sich vollziehende Lehrentscheidung der Großkirche, die um 180-200 abgeschlossen war. Sie bezog sich auf die Fixierung einer **normativen christlichen "Schrift"** neben der bisherigen *Schrift*, den *Büchern des alten Bundes* (so Meliton von Sardes). Bei Irenäus und Tertullian zeigte sich um 180 bzw. 200 der Übergang zum Prinzip der bewußten Normierung. Ein privates Verzeichnis der normativen Bücher aus Rom ca.200, der sog. *Canon Muratori*, kann als Beleg dafür dienen, daß in der Großkirche die Kanonsidee verwirklicht wurde. Feste Kriterien für die Auswahl gab es offenbar nicht. Für die offizielle Geltung eines Textes waren a) die Herkunft aus urchristlicher Zeit und b) die sachliche Übereinstimmung mit der apostolischen Lehre (vgl. 9.2.1-2) maßgeblich. Die genaue Bestimmung der Zahl schwankte; erst um 360-410 setzte sich die bis heute gültige Zahl der 27 ntl. Bücher durch.

8.3 Kanonstheologie bei Irenäus

Die theologische Begründung der Kanonsidee wird exemplarisch bei Irenäus (zu ihm s. 10.1) deutlich. Zur Abwehr der gnostischen Lehren berief er sich auf die apostolische Verkündigung und Überlieferung als Norm, die er - neben der *Wahrheitsregel* (s. 9.2) - in bestimmten Texten fixiert sah, welche die "Lehre aller Apostel" enthielten. Neben der Apostelgeschichte betrachtete er 13 Paulusbriefe sowie 1.Petr, 1./2.Joh als *Schrift*, deren Zentrum für ihn das **viergestaltige Evangelium** war. Die Vierzahl begründete er exegetisch-heilsgeschichtlich als Ausdruck der Vollkommenheit. **Apostolizität** war für ihn kein formales Kriterium (apostolische Verfasserschaft der Texte), sondern ein Sachkriterium für die ursprüngliche Lehre der Kirche. Von "apostolischen Schriften" sprach er nicht; dieser Begriff ist nicht altkirchlich.

8.4 Der sog. "Canon Muratori"

Ein von L.A. Muratori 1740 entdecktes Handschriftenfragment ist das älteste erhaltene Kanonsverzeichnis, welches wohl in Rom um 200 als Privatarbeit entstand und die dort zur Verlesung im Gottesdienst zugelassenen und damit als normativ anerkannten Bücher mit kurzer Kommentierung auflistete. (Übers.: KTGQ 1, 58f.) Bis auf Hebr, Jak, 1./2.Petr und 3.Joh sind alle Bücher des späteren NT-Kanons genannt. Als Auswahlkriterium war vermutlich der authentische Bezug auf die Geschichte Jesu und der Apostel entscheidend.

8.5 Die Fixierung des Kanonumfangs

Im Gemeindegebrauch für Gottesdienst und Katechese sowie im theologischen Schriftbeweis schwankte der Umfang des *Neuen Testaments* noch lange. **Origenes** bemühte sich um eine Klärung, indem er die Praxis dreifach kategorisierte: allgemein anerkannte - umstrittene - als unecht verworfene Schriften. Daran anknüpfend konstatierte **Eusebius von Cäsarea** um 320 die faktische Kanonisierung von 21 bzw. 26 Büchern. Die Offenbarung des Johannes wurde im Osten weithin abgelehnt, doch auch einige der *katholischen Briefe* waren nicht überall anerkannt. **Cyrill von Jerusalem** nannte um 350 seinen Katechumenen (s. 12.4.2) 26 Bücher - ohne Apk - als normativ. **Athanasius** verzeichnete 367 erstmals alle 27 Bücher im Zusammenhang seines antihäretischen Kanonsverständnisses (39. Osterfestbrief; Übers.: Neutestamentliche Apokryphen, hg.v. W. Schneemelcher, Bd.1, 30f). Athanasius war auch der erste, der dafür den Begriff *Kanon* verwandte. Jener Bestand von 27 Büchern wurde in der Ostkirche seit dem Konzil von 692 normativ. In der Westkirche war nicht die Apk, wohl aber der Hebräerbrief - dazu auch ein Teil der *katholischen Briefe* - umstritten. Eine **römische Synode ca.382 unter** Damasus fixierte eine Kanonsliste mit 27 ntl. nach den 47 atl. Büchern (im sog. *Decretum Gelasianum* vom 6.Jh. erhalten; Text/Übers.: DH 179-180; 353-354). Synoden in Hippo und Karthago 393, 397 und 419 beschlossen ebenso. Damit setzte sich dieser Kanonsumfang faktisch durch; dogmatisiert wurde er von der römisch-katholischen Kirche auf dem Konzil von Trient 1546 (DH 1502-1504). Wie die lutherische hat auch die reformierte Kirche für das Alte Testament den kürzeren hebräischen Kanon rezipiert, wobei die erstere auch die deuterokanonischen Bücher (*Apokryphen*) zur Lektüre empfahl.

8.6 Literatur

H.v. CAMPENHAUSEN: Die Entstehung der christlichen Bibel, 1968. - H. KARPP: Schrift, Geist und Wort Gottes, 1992, 11-60. - W.G. KÜMMEL: Einleitung in das Neue Testament, 21.A. 1983, 420-451. - H. GRAF REVENTLOW: Epochen der Bibelauslegung Bd.1, 1990. - A. SAND: Kanon, HDG I/3a (1. Teil), 1974. - W. SCHNEEMELCHER: Bibel III, TRE 6 (1980) 22-48.

9. Bekenntnis und Glaubensregel

Mündliche und schriftliche Überlieferung der apostolischen Verkündigung entwickelten sich im 1./2.Jh. miteinander. a) **Bekenntnisartige Formeln**, die auch Eingang in die urchristliche Literatur fanden, entstanden sehr früh. Dieses Genus lebte im 2./3.Jh. fort. Erst im 4.Jh. ist belegt, daß die Gemeinden wörtlich fixierte Taufbekenntnisse verschiedenen Typs (regional differenziert) besaßen. Deren katechetische Verwendung hing mit der neuen dogmatischen Bedeutung der Bekenntnisaussagen zusammen (vgl. § 1; 11.4; 12.1.2; 14.1-4; 15.2). Auch das sog. *Apostolikum*, welches sich seit dem Mittelalter im Westen als allgemeines Taufbekenntnis durchsetzte, entstand in diesem Zusammenhang. – b) Die alte Kirche kannte als Norm der Theologie nie die Bibel allein, sondern diese stets nur im Zusammenhang der apostolischen Überlieferung. Neben der Kanonisierung urchristlicher Texte manifestierte sich das seit ca.180 in der ausdrücklichen Berufung auf die **kirchliche Glaubens- bzw. Wahrheitsnorm** (*regula fidei* bzw. *veritatis*, κανὼν τῆς πίστεως bzw. τῆς ἀληθείας). Beide bildeten ein einheitliches Gefüge, wobei die Interpretation umstrittener Bibelaussagen gegen die Häretiker sich an der Glaubensregel orientieren konnte (vgl. v.a. Irenäus, Tertullian und Origenes). Damit war das **Verhältnis von Schrift und Tradition** als Grundproblem der weiteren Theologiegeschichte gegeben.

9.1 Die Entwicklung des Bekenntnisses

In der älteren Forschung hat man z.T. bereits für das 2.Jh. die Existenz fixierter Bekenntnistexte – mit Taufe, Katechese oder Missionspredigt als Sitz im Leben – postuliert, und man hat bestimmte Formeln innerhalb der ntl. Literatur undifferenziert als Bekenntnissätze angesehen. Beides ist problematisch. Das "Bekenntnis" im strikten Sinne bezog sich im 1.Jh. ausschließlich auf die Person Jesu und enthielt in der antihäretischen Explikation zusätzliche Hinweise auf das Heilswerk. Ein (**deklaratorisches**) **Taufbekenntnis** existierte im 2./3.Jh. noch nicht. Es gab – mancherorts oder überall? – drei inhaltlich ausgeführte **Tauffragen** (über Gott, Christus, Geist) als Urform des Credo. Daraus entwickelten sich im 3./4.Jh. lokale Bekenntnisse, im Westen in relativ einheitlicher Form (sog. *Romanum*), im Osten stärker differierend.

9.1.1 Homologie und Pistisformel: Bekenntnis war, wie der Begriff *homologia* zeigt, primär ein **existentieller Akt** der persönlichen Bindung an Jesus Christus. Dies konnte sich im 1.Jh. in geprägten Aussagen vollziehen, welche die einmalige Würde Jesu im Zusammenhang mit der Gottesvorstellung zum Ausdruck brachten: *Jesus ist der Christus – Jesus ist der Sohn Gottes*. So lauteten wahrscheinlich die frühesten Bekenntnissätze, die seit 90/110 – z.B. im 1. Joh und bei Ignatius – eine antihäretische Präzisierung erhalten konnten. Verwandt damit waren liturgische Akklamationen wie z.B. *Kyrios Jesus*. Daneben existierten sehr früh **Lehrsätze**, welche die Auferweckung Jesu von den Toten und Jesu Tod als stellvertretende Sühne bekannten. Es empfiehlt sich, diese – auf vergangene Heilstaten bezogenen – Glaubensformeln (z.B. Röm 1,3f; 3,25; 5,6; 8,32; 10,9; 1.Kor 15,3-5) von der Homologie zunächst zu unterscheiden. In der Entwicklung christologischer Lehrsätze wuchsen beide zusammen.

9.1.2 Taufe und Bekenntnis: Nirgendwo ist im 1./2.Jh. klar belegt, daß bei der Taufe ein Bekenntnistext gesprochen wurde. (eine Ausnahme ist der späte, erst durch Irenäus bezeugte Einschub Apg 8,37.) Erstmals in Hippolyts *Traditio Apostolica* (s. 10.3.2) ca.220 wird die Praxis der drei Tauffragen bezeugt (c. 21): *Glaubst du an Gott den Vater, den Allmächtigen? Glaubst du an Christus Jesus, den Sohn Gottes, der geboren ist vom Heiligen Geist aus Maria der Jungfrau und gekreuzigt unter Pontius Pilatus und gestorben ist und auferstanden ist am dritten Tage lebend von den Toten und aufgestiegen ist zum Himmel und sitzt zur Rechten des Vaters, der kommen wird, zu richten Lebende und Tote? Glaubst du an den Heiligen Geist und die heilige Kirche und die Auferstehung des Fleisches?* (Text/Übers.: FChr 1,260-263.) Solch **interrogatorisches Taufbekenntnis** (dem die Getauften mit *Ich glaube* zustimmten) dürfte die älteste Form gewesen sein. Es verwies zurück auf den Katechumenenunterricht. Deklaratorische Formen sind erst später überliefert. (Vgl. aber 9.1.3.) Die **triadische Form der Onoma-Taufe** (s. 12.1) legte es wohl nahe, das genannte göttliche Gegenüber näher zu bezeichnen. Allgemein bezeugt das Justin, jedoch nicht für die Taufe (Apol. I,6.61.65). Die christologische Erweiterung der zweiten Tauffrage, die den Inhalt der alten Glaubensformeln aufnahm, könnte älter als Hippolyt sein. Wie stark verbreitet die Praxis der Tauffragen war, läßt sich nicht feststellen. Mehr oder weniger geprägte Formulierungen dürften überall im Gebrauch gewesen sein. (Vgl. z.B. Cyprian, Ep. 69,7.) Die ältere Forschungsauffassung, jede Gemeinde hätte seit dem 2./3.Jh. ihr eigenes Taufbekenntnis gehabt, ist von den Quellen her nicht belegbar.

9.1.3 Das altrömische "Bekenntnis": In der Forschung ist vielfach die These vertreten worden, daß das von Markell von Ankyra in Rom 340 zum Erweis seiner Orthodoxie zitierte römische Credo (vgl. § 1; 12.1.1-2; Text/Übers.: DH 11) auf ein aus der zweiten Hälfte des 2.Jh.s stammendes **"Romanum"** (R) zurückginge. Diese Datierung läßt sich nicht begründen. Auffällig ist an jenem Text allerdings zweierlei: seine inhaltliche Nähe zu dem von Hippolyt überlieferten Credo und seine griechische Sprachgestalt. Diese verweist auf die Zeit, als in Rom Griechisch noch die liturgische Sprache war: das 3.Jh., vielleicht vor 250. Die Existenz eines derartigen Gemeindebekenntnisses scheint singulär zu sein; jedenfalls ist für das 3.Jh. sonst nichts Derartiges überliefert. Das *Romanum* wurde zur Grundlage der Taufbekenntnisse in den meisten westlichen Kirchen, z.B. Mailand, Ravenna, Aquileja, Nordafrika, Spanien, und zwar jeweils mit Veränderungen und Zusätzen. Im Osten gab es erst im 4.Jh. Vergleichbares durch die Verwendung des Nizänums in manchen Gemeinden (s. § 1; 17.2.6).

9.1.4 Ob es schon im 3.Jh. vereinzelt fest formulierte **Privat- und Gemeindebekenntnisse** gegeben hat (z.B. bei Gregor Thaumaturgos), ist ungewiß. Der auffällige Sachverhalt, daß mit Beginn des arianischen Streites (s. § 1; 11.1-4) einzelne Theologen wie Arius, Alexander, Eusebius von Cäsarea und sogar Synoden Bekenntnistexte formulierten, deren Grundbestand sich z.T. berührte, dürfte auf Traditionen des 3.Jh.s verweisen. **Lehrbekenntnisse** wurden seit 318 bzw. 341 in großer Zahl produziert, bei denen in ein Gerüst traditioneller Formulierungen (normierter Bekenntnisaussagen) positionsspezifische Präzisierungen eingetragen wurden. Der technische Begriff für die Bekenntnisse, auch für das Nizänum, war *pistis/fides*. Daß es in der Gemeindepraxis verwendete (Tauf- bzw. Taufvorbereitungs-)Bekenntnisse gab, wird durch den Katechumenenunterricht Cyrills von Jerusalem um 350 erstmals belegt (s. 12.4.2). Dies dürfte eine im ganzen 4.Jh. verbreitete Sitte gewesen sein.

9.1.5 Das "Symbolum Apostolicum": Seit dem 3.Jh. begegnet im Westen der Begriff *symbolum*, ein Lehnwort aus dem Griechischen (seine Bedeutung: Erkennungszeichen, Losungswort, Kultformel), zur Bezeichnung wohl der **triadischen Taufformel**. Im 4.Jh. wurde mit *symbolum* oft das Taufbekenntnis bezeichnet. Dabei kam die Theorie auf, daß das *Romanum* samt seinen regionalen Umformungen (s. 9.1.3) von den Aposteln verfaßt worden wäre (belegt bei Rufinus von Aquileja, *Commentarius in symbolum apostolorum* ca.404). Damit wurde ein einheitlicher Begriff mit besonderer Würde für die westliche Bekenntnisform geprägt. Deren Text variierte noch lange Zeit, erfuhr kurze und längere Zusätze (s. DH 13-30). Vermutlich im südwestlichen Gallien entstand im 6./7.Jh. jene Form (*Textus receptus*), die sich unter dem Einfluß der karolingischen Kirchenreform des 8./9. Jh.s (s. § 7; 7.3.2) im Frankenreich als Taufbekenntnis und von dort aus in der gesamten Westkirche, im 10./11.Jh. auch in Rom, durchsetzte. Dieses bis heute gültige *Apostolikum* unterschied sich vom *Romanum* durch mehrere Veränderungen und Einschübe (z.B. *Schöpfer Himmels und der Erden, hinabgestiegen in die Hölle, katholische* Kirche, *Gemeinschaft der Heiligen*).

9.2 Die Glaubens- bzw. Wahrheitsregel

Die ältere Forschungsmeinung, daß die seit 180 begegnende *regula fidei* (o.ä.) ein formulierter Text, eine antihäretische Interpretation des Taufbekenntnisses, gewesen sei, ist angesichts des Quellenbefundes nicht haltbar. Schon der älteste Zeuge, Irenäus, zeigt zweierlei: Zwar handelte es sich bei Begriff und Inhalt um eine überlieferte Größe, aber sie war keineswegs fixiert, wie daraus ersichtlich wird, daß alle Bezugnahmen auf sie variieren. Das wird durch Tertullian bestätigt. Die *regula* war weder schriftliches Lehrbekenntnis noch ein Gefüge von Lehrsätzen, sondern eine **individuelle, freie Formulierung als Zusammenfassung der apostolischen Verkündigung**, also der mündlichen Tradition. Sie drückte den Konsensus aus, wie er gegen häretische Lehren – insbesondere die Trennung von Schöpfung und Erlösung – als selbstverständliche Wahrheit vorausgesetzt werden konnte. Origenes hat seine systematische Konstruktion des christlichen Lehrgefüges bewußt als Interpretation der *Regel* bzw. der *apostolischen Verkündigung* konzipiert (s. 10.5.2).

9.2.1 Der Begriff "regula/kanon": In der jüdisch-hellenistischen Tradition (z.B. bei Philo) bezeichnet der Begriff einen normativen Maßstab des Denkens und Handelns (vgl. auch 1.Clem 7,1). Der terminus technicus κανὼν τῆς πίστεως dürfte in Kleinasien zur Bezeichnung der kirchlichen Überlieferung geprägt worden sein. Bei Irenäus meint κανὼν τῆς ἀληθείας eine hermeneutische Norm in der Auseinandersetzung mit der gnostischen Schriftauslegung: Gegen deren mythologische Spekulation beruft er sich auf die Wahrheit als historische Realität, auf Gottes Heilshandeln. Diese Norm tritt nicht zur Bibel hinzu, sondern bildet mit ihr zusammen eine Einheit.

9.2.2 Form und Inhalt: Nirgends in den Belegen bei Irenäus, Tertullian, Clemens, Origenes und Novatian begegnet zweimal dieselbe Formulierung. Daraus läßt sich schließen, daß Textform und Inhalt variabel, aber an einem Grundbestand allgemeiner Auffassungen orientiert waren. Daß die *regula* eine triadische Struktur gehabt hätte und ihr Sitz im Leben die Taufkatechese gewesen wäre (so z.B. Harnack, Loofs, Kelly), stimmt nicht. Wo Irenäus explizit den Begriff verwendet, bezieht er sich meist inhaltlich auf die **Gottes- und Schöpfungslehre** gegen die Gnosis, kann das aber durch Hinweise auf **Christi Person und Heilswerk** erweitern. Deutlicher wird dieses zweiteilige Schema in Tertullians Aussagen. Eine trinitarische Ergänzung oder eine heilsgeschichtliche Erweiterung des christologischen Hinweises war möglich. Der Begriff *regula* meinte also die **normativen Elemente des Glaubensbewußtseins** im Sinne eines großkirchlichen common sense. Demgemäß war ihr Sitz im Leben die Theologie als – z.B. antihäretische – Entfaltung der fundamentalen Glaubenswahrheiten. Sie schuf eine gewisse Einheit der Überzeugung, aber keine dogmatische Einheitlichkeit.

9.3 Literatur

QUELLEN: A. HAHN: Bibliothek der Symbole und Glaubensregeln der alten Kirche, 3.A. 1897; ND 1962.

LITERATUR: H.V. CAMPENHAUSEN: Urchristliches und Altkirchliches, 1979, 217-299. – B. HÄGGLUND: Die Bedeutung der "regula fidei" als Grundlage theologischer Aussagen, StTh 12 (1958) 1-44. – J.N.D. KELLY: Altchristliche Glaubensbekenntnisse, 1972, 9-204.362-425. – A.M. RITTER: Glaubensbekenntnis(se) VI, TRE 13 (1984) 399-412. – F.E. VOKES: Apostolisches Glaubensbekenntnis I, TRE 3 (1978) 528-554.

10. Theologie als kirchliche Funktion

Seit 180/200 blühte die theologische Produktivität auf; gegenüber früher wies sie ein neues Profil auf, die **Normgebundenheit**. Sie war dezidiert Schriftauslegung und bezog sich dabei - nicht zuletzt gegen die Häresien - auf die kirchliche Lehre. Hatte die "wissenschaftliche" Theologie im 2.Jh. ihren Ort v.a. in freien Schulen, so seitdem auch in der Gemeinde bzw. in Verbindung mit ihr. Neben großen Lehrern wie Tertullian, Clemens und Origenes traten nun in starkem Maße Presbyter und Bischöfe durch theologische Arbeiten hervor, z.B. Irenäus, Hippolyt, Cyprian, Novatian und Dionysius von Alexandria. Als charakteristischer Aspekt der weiteren Geschichte entwickelte sich damit die **Verbindung von Theologie und Kirche**. (Vgl. dazu §§ 1; 4; 5; 10.) Allerdings ergab sich dadurch auch ein ebenso fortwirkender **institutioneller Dauerkonflikt**: der Gegensatz zwischen dem schlichten Glauben der Gemeindefrömmigkeit mit z.T. uneinsichtiger Intoleranz und der wissenschaftlichen Theologie mit Bemühung um denkerische Plausibilität (so erstmals deutlich bei Clemens und Origenes).

10.1 Irenäus von Lyon (ca.130/140-ca.200)

10.1.1 Traditionen seiner Heimat Kleinasien prägten seine **heilsgeschichtliche Konzeption** der Theologie (s. dazu § 1; 4.0-1!) und sein Schriftprinzip (s. 8.3). Als Presbyter in Lyon übernahm er nach der Verfolgung von 177 (s. § 3; 4.4.3) das dortige Bischofsamt. Wohl zwischen 180 und 190 verfaßte er sein umfangreiches, nur in lateinischer Übersetzung erhaltenes Werk *Entlarvung und Widerlegung der fälschlich so genannten Gnosis* (*Adversus haereses*, 5 Bücher; Text: SC 100.152/3.210/1.263/4.293/4; Text/Übers.: FChr 8/1-5; Übers.: BKV 3-4). Von seinen sonstigen Schriften ist außer Fragmenten nur eine katechetische Entfaltung der *regula fidei* mit dem Titel *Darlegung der apostolischen Verkündigung* armenisch erhalten (*Epideixis*; Übers.: FChr 8/1, 32-97).

10.1.2 Gegen Gnostiker und Markioniten wollte er die Inhalte der *regula* - als der Summe der authentischen apostolischen Lehre (vgl. Adv.haer. I,10) - verteidigen und exegetisch begründen. Ausgehend von dem alten Schema *Weissagung - Erfüllung* verstand er **Gottes Geschichte mit der Menschheit** als Entwicklung vom Unheil zum Heil: Die partikulare Erwählung Israels findet in Christus ihre universale Erweiterung; seine Herrschaft übt dieser gegenwärtig in der Kirche aus, sie mündet bald ein in das Reich Christi auf Erden (Chiliasmus), in welchem die Erlösung die ganze Schöpfung konkret-leibhaft zur Vollendung bringt. Die Kirche als Ort der Wahrheit und des Heils breitet bis zur universalen Weltveränderung die Christusverkündigung durch Mission aus; insofern ist sie die Vorhut des Reiches Christi.

10.2 Tertullian von Karthago (ca.160-ca.220/5)

10.2.1 Mit ihm beginnt die lateinisch-christliche Literatur, deren Sprache er - der Rhetor bzw. Advokat und Katechumenenlehrer in der karthagischen Gemeinde - in vieler Hinsicht geprägt hat, z.B. durch Einflüsse der römischen Rechtswissenschaft (vgl. § 1; 6.0; 6.1-2). Seine Position war durch **dogmatische Klarheit** in der Widerlegung der verschiedenen Häresien und durch **ethischen Rigorismus** im Kampf gegen die Anpassung an die römische Gesellschaft bestimmt. (31 Traktate und Bücher; Text: CChr 1-2; Übers.: BKV 7.24; vollst. hg.v. H. Kellner, 2 Bde., 1882.) Christentum war für ihn der strikte Gegensatz zur Welt. Da die Großkirche seiner Meinung nach dieser Maxime nicht genügte, schloß er sich 207 - oder einige Zeit davor - dem **Montanismus** an (s. 7.2). Die Verurteilung als Häretiker durch Papst Gelasius 495 hatte zur

Folge, daß seine Schriften, die lange Zeit in der Westkirche hoch geschätzt waren, nicht vollständig überliefert worden sind.

10.2.2 Praxisbezug und **kirchliche Positivität** bestimmten seine Lehren. Als Apologet (s. § 3; 7.1.3) kritisierte er Religion und Ethos des Heidentums in verschiedenen Abhandlungen. Seine ethischen Traktate ergänzten das im Blick auf die Erziehung der Gemeinde: z.B. über die Ehe, die Keuschheit, das Fasten, die Schauspiele, den Schmuck, die Geduld. Seine dogmatischen Traktate zur Belehrung der Gemeinde und zur Abwehr der Häretiker basierten dezidiert auf der *regula fidei* und der entsprechenden Schriftauslegung (vgl. z.B. 6.1 zu Markion; 12.2-4 zur Taufe; 13.2 zur Buße). In seiner *Prozeßeinrede gegen die Irrlehrer* ca.200 hat er erstmals das katholische **Traditionsverständnis** klar formuliert: Was bei den vielen Gemeinden im Imperium - empirisch nachweisbar - einheitlich gelehrt wird, kann kein Irrtum sein, sondern ist die apostolische Verkündigung (BKV 24, 306-354).

10.3 Hippolyt von Rom (ca.170-235)

10.3.1 Vielleicht in Kleinasien geboren, Schüler des Irenäus, wirkte er seit ca.195 als Presbyter in Rom. Die Hauptwerke dieses gelehrten Kompilators dienten der **Ketzerbekämpfung** (*Widerlegung aller Häresien/Refutatio*; GCS 26/BKV 40; vgl. auch § 1; 5.4) und der **Exegese** (Text: GCS 1,1-2.36). Z.B. hat er in seinem Daniel-Kommentar ca.204 die chiliastische Eschatologie umgeformt und eine kritische Staatslehre entfaltet (s. § 3; 7.2.2). Er genoß als Lehrer großes Ansehen, aber da seine Schriften griechisch verfaßt waren, haben sie im Westen nicht gewirkt.

10.3.2 Im Konflikt mit Bischof Kallist um Fragen der Kirchenzucht und der Lehre (vgl. 13.3; § 1; 5.1) hat seine Anhängerschaft nach 220 eine **eigene Gemeinde** gebildet, deren Bischof er wurde. Das Schisma endete erst mit seinem Märtyrertod in Sardinien 235. Wohl in Verbindung mit jenem Konflikt hat er die konservative Praxis des kirchlichen Lebens in seiner *Apostolischen Überlieferung* theologisch fixiert, die in der Geschichte der Kirchenordnungen noch lange maßgebend wirkte. (Im Original nicht erhalten. Text/Übers.: FChr 1, 211-313; s. 11.3.2; 12.2-4.)

10.4 Clemens von Alexandria (ca.140?-ca.215?)

10.4.1 In produktiver Auseinandersetzung mit der häretischen Gnosis und der Philosophie auf der Basis von Bibel und Glaubensregel hat er als Leiter einer privaten ("Philosophen"-)Schule in Alexandria bis 202 zur Begründung einer **kirchlich-theologischen Wissenschaft** und einer christlichen Literatur entscheidend beigetragen. (Text: GCS 12.15.17.39.) Die alexandrinische "Katechetenschule", die er geleitet haben soll (so die ältere Forschungsmeinung), existierte - wenn überhaupt - erst seit Heraklas (vgl. 10.5.1).

10.4.2 Seine **Lehrvorträge** wandten sich an interessierte Heiden (*Protreptikos*: Christus als *Werber* für die wahre Religion; Übers.: BKV II,7; 71-199) und an Sympathisanten bzw. Neophyten (*Paidagogos*: Christus als *Erzieher* zu einem Lebensstil der Gesinnungsethik; Übers.: BKV II,7; 203ff; II,8). Darüber hinaus sammelten sie einen Kreis von geistlich Fortgeschrittenen, denen er das **Ideal des wahren Gnostikers** als *Verähnlichung mit Gott* entfaltete: eine Synthese von Glauben und Erkenntnis, Liebe und Weltüberwindung (7 Bücher *Stromateis*, d.h. *Teppiche*, ein aphoristisches Florilegium; Übers.: BKV II,17.19.20).

10.5 Origenes (184/5-254)

Er war einer der größten, einflußreichsten Theologen der Christenheit. Zum Nachweis der in der Bibel offenbarten - der kirchlichen Verkündigung entsprechenden - Wahrheit hat er gegen die Spekulation der Gnostiker wie gegen die Naivität der Gemeindefrömmigkeit eine **systematische Theologie** als Dogmatik und Exegese erstmals mit stringenter Methodik entfaltet. (Vgl. § 1; 8.0.) Schon zu Lebzeiten ebenso berühmt wie umstritten, ist später seine Lehre attackiert worden (v.a. durch

Epiphanius und Hieronymus im sog. ersten origenistischen Streit 393ff) und schließlich 543/553 kirchenamtlich verurteilt worden (s. § 4; 12.3.5; 12.4.1). Das hat ihre Wirkungsgeschichte beeinträchtigt und zur Vernichtung eines großen Teils seiner Schriften geführt.

10.5.1 Durch die von Eusebius überlieferten Angaben (Hist.eccl. VI,2-39) ist über Origenes' Leben im Vergleich zu anderen viel bekannt. Sein Vater starb in der alexandrinischen Christenverfolgung 201/2, als er 17 Jahre alt war. Ca.203 berief ihn Bischof Demetrius als Katechumenenlehrer (nicht als Leiter einer angeblich existenten "Katechetenschule") in **Alexandria**. Darüber hinaus wollte er sich wie Clemens (sein Lehrer?) an das gebildete heidnische Publikum mit Lehrvorträgen wenden, lernte wohl bei dem Platoniker Ammonios ca.210-212 und intensivierte sein Bibelstudium. Aus asketischem Eifer kastrierte er sich, um gemäß Mt 19,12 ein *Eunuch des Himmelreiches* zu werden. Seit ca.215 fungierte er nur noch als freier Lehrer. Nunmehr berühmt, wurde er vom Statthalter der Provinz Arabia und 218 von Julia Mamäa, der Mutter des Kaisers (vgl. § 3; 4.4.5), an ihren Hof in Antiochia zu Lehrvorträgen eingeladen. Seit 215 begann er mit seiner **immensen literarischen Produktion** (vgl. 10.5.2-4), unterstützt von einem reichen Mäzen, der durch Tachygraphen seine exegetischen Vorträge aufzeichnen ließ. Die Konflikte mit Demetrius und Heraklas steigerten sich zum Bruch, als er sich auf einer weiteren Palästinareise in **Cäsarea** zum Presbyter weihen ließ. 231/2 verlagerte er seine Schule dorthin, die große Bedeutung für die Ausbildung des orientalischen Klerus erlangte. In Cäsarea entstanden u.a. seine umfangreichen Homilien zum AT. In der decischen Verfolgung wurde er wegen Verweigerung des Opfers eingekerkert; an den Folgen der Folterung starb er 254 (vgl. § 3; 8.2.2).

10.5.2 Zur Auseinandersetzung mit dem Gnostizismus hat Origenes in Anlehnung an den Platonismus des Ammonios (vgl. § 1; 7.2) die biblisch-kirchliche Überlieferung als **System** theologischer Weltdeutung interpretiert: in seinem Werk "**Über die Prinzipien**" (bzw. "Grundlehren": *Peri archōn/De principiis*, 4 Bücher; Text/Übers.: hg.v. H. Görgemanns/H. Karpp, 1976). Er hat darin seine Lehrvorträge mit verschiedenen Durchgängen durch die Themen der apostolischen Glaubensregel ca. 217-222 zusammengefaßt. (Zu den Grundzügen s. § 1; 8.1.) Dies war ein Versuch, mit Hilfe der allegorischen Auslegungsmethode (s. 10.5.3) ein konsistentes Lehrgefüge der christlichen Wahrheit zu folgenden Themen zu erstellen: Gott, Christus, Geist, Welt und Geschöpfe, Seele und Willensfreiheit, Auferstehung und Weltende, verbunden mit einer die Einheit von AT und NT erfassenden Hermeneutik (De princ.I, praef. 2-10). Er wollte damit den wissenschaftlichen Anspruch der Gnostiker übertreffen und die philosophischen Einwände widerlegen. Mit den letzteren befaßte er sich intensiv in seiner Apologie *Gegen Celsus* von 248/9 (C.Cels., 8 Bücher; Text: GCS 1-2; Übers.: BKV 52-53). Seinen Schulbetrieb in Cäsarea gliederte er in drei Stufen: Allgemeinbildung (*enkyklios paideia*), Ethik und Philosophie, Bibelauslegung und Dogmatik.

10.5.3 Der systematische Denker wollte nichts weiter als ein Interpret der Heiligen Schrift sein, die er erstmals explizit in einer **Hermeneutik** behandelte (De princ. IV,1-4). Von seiner platonischen Ontologie her, wonach das Sichtbare nur ein Abbild der unsichtbaren Wahrheit ist, baute er die seit Aristobul und Philo in Alexandria gepflegte **allegorische Methodik** aus: Da die Worte der Bibel oft die Wahrheit nicht direkt ausdrücken, sie aber stets enthalten, weil sie sämtlich vom Logos bzw. vom Heiligen Geist inspiriert sind, muß der Ausleger die Sprache als Hinweis verstehen und ihren tieferen Sinn aufspüren. Dazu bedarf er neben der Erleuchtung durch den Geist der konsequenten Anwendung der Allegorese, d.h. eines exegetischen Regelsystems. Origenes hat als erster den **Grundsatz der Verbalinspiration** (und damit der Irrtums- und Widerspruchslosigkeit) der Bibel systematisch vertreten. Seine **Theorie vom mehrfachen Schriftsinn** (in Analogie zur trichotomischen Anthropologie) diente dem bei den Konkretionen der Interpretation: Hinter dem somatischen, d.h. dem wörtlich-historischen Sinn, und dem psychischen, d.h. dem moralischen, muß der **pneumatische Sinn**, d.h. der allegorische oder anagogische, als die eigentliche Aussage über die Geheimnisse des Glaubens erforscht werden. Inhaltlich orientiert sich die Allegorese an der kirchlichen Verkündigung. Allerdings enthält nicht jede Schriftstelle alle Dimensionen; ein rein buchstäbliches Verständnis aber führt in die Irre. Mit dieser Methodik wie mit dem Reichtum seiner konkreten Einzelauslegungen hat Origenes trotz der späteren Verketzerung in der Ost- und Westkirche enorm fortgewirkt.

10.5.4 Wie kaum ein anderer Theologe hat Origenes diese Bibelzentriertheit in die Praxis umgesetzt. Mit einer imposanten Fülle von **Kommentaren und Homilien** hat er fast alle biblischen Bücher ausgelegt. Als wissenschaftliche Grundlage dafür – wie für die Diskussion mit jüdischen Lehrern – schuf er sich eine kritische Ausgabe des hebräischen und griechischen Alten Testamentes, die sog. *Hexapla* (vollendet ca.240). Parallel zu *Peri archōn* entwickelte er seine Theologie in dem monumentalen Johannes-Kommentar seit ca.218 (32 Bücher, ca.238 fertig, teilw. erhalten; Text: GCS 4; Teil-Übers.: R. Gögler, 1959), ferner in den – untergegangenen – Kommentaren zur Genesis und zu den Psalmen. Die spätere Form seiner Lehre begegnet z.B. in den Jeremia-Homilien von ca.242 (GCS 3; Übers.: BGL 10) und in dem großen Matthäus-Kommentar ca.244-249 (Fragm. in GCS 10-12; BGL 18.30.38).

10.6 Literatur

QUELLEN: B. ALTANER/A. STUIBER: Patrologie, 9.A. 1980, 110ff.148ff.164ff.190ff.197ff.

LITERATUR: Vgl. die in § 1 genannte: 4.3 zu Irenäus, 6.4 zu Tertullian, 8.5 zu Origenes. Außerdem: M. MARCOVICH: Hippolyt von Rom, TRE 15 (1986) 381-387. – A. MÉHAT: Clemens von Alexandrien, TRE 8 (1981) 101-113.

11. Die Entstehung einer kirchlichen Ämterordnung

Die Verfestigung der Organisation durch ein spezifisches Ämtergefüge (ein allgemeines Phänomen der Religionsgeschichte) gehörte zu den wesentlichen Elementen der Entwicklung der Kirche als Institution. Charakteristisch für das Amt war nicht nur a) die **dauerhafte Übertragung** durch – in liturgischen Formen geregelte – Einsetzung für die Erledigung von bestimmten Aufgaben, sondern auch b) die **rechtliche und theologische Begründung** für sein besonderes Wesen im Gegenüber zur Gemeinde. Seit ca.90/100 kam es zu einer – nicht überall gleichförmigen – relativ festen Struktur, die um 150-180 (spätestens im 3.Jh.) in der gesamten Kirche vorhanden war: der typische **dreistufige Ämteraufbau** mit Bischof, Presbytern, Diakonen. Diese Ordnung wuchs aus den Bedürfnissen des kirchlichen Lebens heraus und entstand nicht durch direkte Entlehnung aus anderen Religionen.

11.1 Urchristentum: Dienste und Funktionen

In der Frühzeit gab es keine Ämter im oben definierten Sinne, sondern eine Vielfalt von Funktionen zur Verkündigung, Lehre, Gemeindeleitung und -betreuung. Drei Grundmodelle lassen sich unterscheiden: die Presbyterverfassung (in Jerusalem, Kleinasien, Rom), die Betreuung durch Wanderprediger (in Palästina und Syrien), die funktionale Gemeindeleitung (in den paulinischen Gemeinden).

11.1.1 Die Leitungsgremien der "hebräischen" Jerusalemer Urgemeinde (s. 1.4.1) waren zunächst die Zwölf und die Apostel, einmalig-persongebundene Ämter (als durch Jesus Berufene bzw. als Auferstehungszeugen). Seit ca.50 wurden sie durch die Ältesten/*presbyteroi* mit dem Herrenbruder Jakobus an der Spitze abgelöst. Den Leiterkreis der "hellenistischen" Jerusalemer Urgemeinde (s. 1.4.2) bildeten wohl die "Sieben" um Stephanus, vermutlich ebenfalls auch "Älteste". Die Herausbildung dieser **Presbyterverfassung** orientierte sich am Vorbild der jüdischen Synagogen. Deshalb entstand sie außer in Jerusalem nach ca.50 z.B. auch in kleinasiatischen Gemeinden und in Rom.

11.1.2 Ein anderes Ordnungsmodell entwickelte sich in Antiochia und in den Dörfern Syropalästinas (s. 2.1.1): die Betreuung der vereinzelten Christen oder Gemeinden durch charismatische **Wanderprediger**, die oft als Apostel oder Propheten bezeichnet wurden und deren Hauptaufgabe in Verkündigung und Lehre lag.

11.1.3 Ortsgebunden waren die Funktionen in den **paulinischen Gemeinden** (neben den dort z.T. vorhandenen Verkündigungsdiensten der antiochenischen Tradition): die pragmatische Wahrnehmung der verschiedenen Aufgaben entsprechend der Eignung (*Charisma*), zunächst ohne feste Kompetenzabgrenzung und personale Zuordnung. Seit ca.60 begegneten dort teilweise die technischen Bezeichnungen **"Aufseher/Inspektor"** (*episkopos*) und **"Diener/Gehilfe"** (*diakonos*), wohl für Erfordernisse der Verwaltung und Betreuung. Seit ca.80 dürften dort die *Episkopen* das eigentliche Leitungsgremium geworden sein. Theologische Bedeutung bekam der Begriff durch die Nähe zu demjenigen des *Hirten*.

11.2 Presbyterverfassung und Entstehung des Monepiskopats

Für die weitere Entwicklung der ortsgemeindlichen Struktur geben die Quellen ein so lückenhaftes Bild, daß jede Generalisierung auf schmaler Basis steht. Wichtig wurde in einigen Teilen der Kirche die Verbindung der judenchristlichen Presbyterverfassung mit dem Modell der paulinischen Gemeinden, den Diensten der Episkopen und Diakone: Die **kollektive Leitung** war wohl das zwischen ca.80 und ca.150 meist vorhandene Verfassungsprinzip. Das bezeugen für Rom der 1. Clemensbrief, für Kleinasien die Pastoralbriefe und Ignatius (dieser auch für Antiochia); die letzteren bezeugen auch, daß das Episkopenamt neues Profil gewann. Und jeweils eine Quelle bezeugt erstmals Sachverhalte, die später als konstitutiv galten und allgemein verbreitet waren: die Theorie der **apostolischen Sukzession**, die Praxis der **Ordination**, die Forderung eines **Monepiskopats** (Gemeindeleitung durch einen einzigen Bischof). Programmatische Konzeptionen formten seit ca.100 zunehmend die Verfassungswirklichkeit (vgl. 11.3).

11.2.1 Die Theorie der **apostolischen Sukzession** bezeugt erstmals der **1. Clemensbrief**, ein Schreiben der römischen Gemeinde an diejenige von Korinth; im dortigen Konflikt zwischen Charismatikern und Presbytern intervenierte er mit dem Hinweis auf Ordnung und Legitimität als Prinzipien der Kirchenverfassung. (Text/Übers.: FChr 15; Die Apostolischen Väter, hg.v. A. Lindemann/H. Paulsen, 1992, 80-151. Die Datierung auf das Jahr 96 ist nur scheinbar sicher begründet; besser: um 95-100.) Für die Ämterlehre ist 1. Clem. 42-44 wichtig: Die Dignität der Gemeindeämter (als *Episkopen* und *Diakone* wohl im Blick auf Korinth bezeichnet) wird durch die Fiktion begründet, daß die von Christus ausgesandten Apostel überall in den von ihnen gegründeten Gemeinden ihre Schüler als Leiter eingesetzt hätten, die diese Sukzession (Amtsnachfolge) an ihre Schüler weitergegeben hätten. Damit ist 1. Clem ein typisches Dokument für die großkirchliche Tendenz der **sakralrechtlichen Hervorhebung des Amtes** (40,2.5 u.ö. dafür ein spezifischer Begriff: *leiturgia*) im Gegenüber zur Gemeinde, den Laien (dem *Volk/laos*: 54,2). Die Begründung dafür rekurriert auf das AT. Ein Bischofsamt im späteren Sinne existierte in Rom damals noch nicht (s. § 8; 1.1). Die Gemeindeleitung lag bei einem Kollegium von Presbytern, die - teilweise? - auch als Episkopen bezeichnet wurden. Zwar war jene Ämterlehre i.w. noch ein Postulat, doch die Realität wurde davon zunehmend bestimmt. Um 180 sah Irenäus die apostolische Sukzession der Ortsbischöfe als wesentliches Element der Kontinuität an (s. 11.3.1). Diese Idee setzte sich im 3.Jh. allgemein durch und erlangte für die Institution Kirche fundamentale Bedeutung. Sie fand Ausdruck auch in der Konstruktion von **Bischofslisten** für die vier herausragenden Gemeinden Rom, Antiochia, Alexandria, Jerusalem.

11.2.2 Mit dem Gedanken, daß die Kontinuität der Verkündigung und der Gemeindestruktur durch die apostolische Sukzession verbürgt würde, hing es zusammen, wenn seit ca.90/100 - wohl zuerst in Kleinasien - die **Praxis der Ordination** aufkam: die Amtsträger bei der liturgisch gestalteten Einsetzung durch **Handauflegung** zu legitimieren. Das betraf diejenigen aus dem Kreis der Presbyter, die als Episkopen mit besonderen Aufgaben betraut wurden: mit der Gemeindeleitung und der Lehre/Verkündigung (vgl. 1.Tim 4,14-16). Damit wurde die jüdische Praxis der Handauflegung (*semikkah*) übernommen, mit der ein Rabbi seine Schüler zur Weitergabe der Lehre bevollmächtigte. Die christliche Ordination war die durch das Presbyterkollegium vollzogene Beauftragung in der Bindung an die apostolische Lehrtradition (1.Tim 6,12; vgl. auch 2.Tim 1,6).

11.2.3 In den Pastoralbriefen wird als Entwicklungstendenz erkennbar, daß einer aus dem Kreis der Presbyter als *Bischof* besondere Würde bekommt: Der **Monepiskopat** entsteht. (Dieser Begriff ist sinnvoller als derjenige des "monarchischen Bischofsamtes"; s. dazu 11.5.) Die Briefe des Ignatius von Antiochia, der sich als *Bischof Syriens* bezeichnete, bezeugen das Programm, jede Gemeinde unter Leitung eines einzigen Bischofs zu ordnen. (Text/Übers.: Die Apostolischen Väter, hg.v. A. Lindemann/H. Paulsen, 1992, 178-241. Datierung: ca.110/115.) Zwar wird weithin das hier gezeichnete Bild als historische Realität aufgefaßt und teilweise sogar als gültige Gemeindeverfassung für die gesamte Kirche vorausgesetzt, aber das entspricht nicht dem tatsächlichen Befund. Allerdings hat Ignatius mit seinem Ideal - begründet durch eine Theologie der Einheit, der Harmonie von Geist und Fleisch, der Verbindung von Göttlichem und Menschlichem - die Entwicklung der Kirchenverfassung im 2.Jh. vorweggenommen bzw. z.T. sogar beeinflußt. Bei ihm begegnet erstmals eine **Theologie des geistlichen Amtes**: Die Kirche ist das Mysterium der Gegenwart göttlicher Geistkräfte und der Bischof der wahre Pneumatiker, denn er entspricht Gott (Eph.5,3; Pol.6,1). Die **Ämtertrias** Bischof-Presbyter-Diakone ist ein irdisches Abbild der himmlischen Hierarchie Gott-Christus-Apostel (Magn.6,1; Trall.3,1). Angesichts der Gefahr von Spaltungen und Häresien sollen die Gemeindeglieder nichts ohne den Bischof tun; das Gemeindeleben mit Taufe, Eucharistie, Agape soll zentral von diesem bestimmt werden (Sm.8,1 - bis hin zur Eheschließung: Pol.5,2). In Entsprechung zur Einheit Gottes wird die Einheit der Kirche sowohl in lokaler Hinsicht (repräsentiert durch den Bischof) als auch in universaler Hinsicht (repräsentiert durch Christus) behauptet. In diesem Zusammenhang begegnet erstmals der Begriff **"katholische Kirche"** für die universale Gemeinschaft (Sm.8,2). Seit ca.160/180 galt er allgemein als Bezeichnung der Großkirche im Unterschied zu den Häresien. (Zur Definition der Katholizität s. § 5; 10.1.3.)

11.3 Die Norm der Apostolizität

Die Verfestigung der Kirchenstrukturen zwischen ca.150 und 250 war ein Resultat der Identitätsklärung im Kampf gegen die Häresien und hing zusammen mit den Fixierungen von Bibelkanon und Glaubensregel (vgl. 8.0 und 9.0). Sie wurde theologisch begründet durch die Fiktion, daß nur die so gestaltete Großkirche in Kontinuität zum Ursprung, d.h. in der apostolischen Tradition stünde. Als Garant dafür fungierte das **Bischofsamt**, das zunächst primär als kirchliches Lehramt verstanden wurde, aber bald zur zentralen Leitungsinstanz wurde (s. 11.5).

11.3.1 Irenäus und Tertullian betonten um 180-210 gegen das gnostische Prinzip der Tradition geheimer Offenbarungen, daß die lückenlose **Sukzession der Bischöfe** als der Apostelnachfolger die Wahrheit der kirchlichen Lehre garantiere. Andere Quellen bezeugen, daß um 220/230 diese Auffassung zum großkirchlichen Allgemeingut wurde. Die Verbindung von Sukzessionsprinzip und Bischofsamt blieb seitdem maßgebliche Norm. Ging es dabei zunächst um die Betonung der Lehrkontinuität, so wurde seit dem 3.Jh. die Weihe als solche und damit die formale Betonung der Amtskontinuität entscheidender Inhalt der Sukzession. Als "apostolische" wurde die Kirche wesentlich zur Bischofskirche. Das zeigte sich auch in der praktischen Ausgestaltung.

11.3.2 Die **Ordination** verlieh dem Bischofsamt eine besondere sakrale Würde, wie beispielhaft Hippolyts *Apostolische Tradition* für die Zeit kurz nach 200 belegt (s. dazu 10.3.2). In der Handauflegung der Bischöfe der Nachbargemeinden wurden a) die apostolische **Sukzession** vermittelt, die den Bischof zu einem gegenüber dem übrigen Klerus herausragenden Geistträger machte, b) die apostolische **Vollmacht** zur Sündenvergebung und zur Weihe der übrigen Kleriker übertragen und c) die Befähigung zur **Gemeindeleitung** und zum **Vollzug der Eucharistie** deklariert. Damit unterschied sich das Bischofsamt wesenhaft von demjenigen der Presbyter und Diakone.

11.3.3 Auf der Linie dieser Entwicklung lag es, wenn **Cyprian** um 250/5 die aus der apostolischen Sukzession und der Ordination resultierende Führungsposition des Bischofs im Sinne geistlicher Vollmacht betonte: Die **Bischöfe** als Nachfolger der Apostel sind **Fundament der Kirche** und repräsentieren deren **Einheit**; wer nicht mit dem Bischof vereint ist, gehört nicht zur Kirche (Ep. 66,8; BKV 60, 287f. Vgl. auch Cyprians Schrift *Über die Einheit der katholischen Kirche/De ecclesiae catholicae unitate* 4-8; BKV 34,132-160.) Diese Vorstellung war im 3.Jh. allgemein verbreitet, ebenso die Praxis der Bischofswahl und -weihe: Gewählt wurde ein neuer Bischof von der ganzen Gemeinde unter Einschluß des Ortsklerus, geweiht wurde er von den Bischöfen der Nachbargemeinden. Seit dem 4./5.Jh. änderte sich das; die Beteiligung der Laien trat zurück, und bei Wahl und Weihe spielte der Bischof der Provinzhauptstadt, der Metropolit, eine zentrale Rolle.

11.4 Die Kleriker als "Priester"

Zur Entwicklung der vom Amt her definierten Institutionalität der Kirche gehörte seit dem 3.Jh. die Übertragung des Priesterbegriffs. Damit wurde eine religionsgeschichtlich bemerkenswerte Annäherung an die spätantike Umwelt vollzogen, die in der **kultischen Konzentration** des Gemeindelebens begründet war (Eucharistie als "Opfer", Buße als "Versöhnung" mit Gott; vgl. 14.3; 13.2.1).

11.4.1 Erstmals bezeugt ist die Bezeichnung der Bischöfe - und gelegentlich auch der Presbyter - als Priester (*sacerdotes*) bei Tertullian und Hippolyt; bei Origenes gilt sie bereits als normal. Ihr programmatisches Profil hat sie beispielhaft und wegweisend bei Cyprian bekommen. Die theologische Vorbereitung lag in der **typologischen Beziehung** des Christentums auf das Alte Testament: Was dort über das Priestertum gesagt wurde, mußte eine Entsprechung in der Kirche finden. Realgeschichtlich kam das Motiv der **konkurrierenden Überlegenheit** über die heidnischen Religionen hinzu: Wenn es dort Priester, Opfer und Tempel gab, dann mußte die wahre Religion dem überbietend entsprechen.

11.4.2 Rein äußerlich wirkte dabei wohl die Tatsache mit, daß die Übernahme des Priestertitels zunächst den Bischof, dann eingeschränkt auch den Presbyter in der römisch-hellenistischen Gesellschaft als **sakralen Amtsträger** legitimieren konnte. Die besondere Würde des geistlichen Amtes als eines, das der Heilsvermittlung dient, war damit für die folgenden Jahrhunderte konstituiert.

11.5 Bischöfliche Gemeindeleitung: "Monarchischer" Episkopat

Auch in der zunehmenden **Zentralisierung** der Aufgaben und in dem Ausbau der kirchlichen **Verwaltung** zeigte sich die Stärkung der bischöflichen Macht. Alle wesentlichen Elemente des Gemeindelebens unterstanden seit dem 3.Jh. dem

Bischof: Gottesdienst und Eucharistie, Taufe und Buße, Rechtsprechung und Armenfürsorge. Der v.a. in der älteren Forschung verwandte Begriff des "monarchischen Episkopats" trifft erst für die Entwicklung im 3./4.Jh. zu (weswegen für das 2.Jh. der Begriff "Monepiskopat" gelten sollte). Dieser Zustand hat die Kirchenstruktur für die weiteren Jahrhunderte geprägt.

11.5.1 Der Kern des Gottesdienstes (die Zelebration der Eucharistie, z.T. auch die Homilie) blieb zumeist dem Bischof reserviert, ebenso der Abschluß des Taufaktes mit Handauflegung und Geistmitteilung (s. 15.1.2-3; 12.2), ferner die Exkommunikation von Sündern, ihre Zulassung zum Bußverfahren und die Entscheidung über deren Wiederaufnahme (s. 13.2.1-2). Die Gemeindeglieder sollten ihre internen Streitfragen nicht vor weltlichen Gerichten, sondern vor dem Bischof als Richter austragen (vgl. auch § 3; 11.1). Er entschied grundsätzlich über die Vergabe der Mittel für die Armenfürsorge. Er leitete den Klerus, entschied über die Aufnahme in ein kirchliches Amt und vertrat die Ortskirche nach außen gegenüber anderen Gemeinden (z.B. durch Briefe) und staatlichen Behörden. Seit dem 3.Jh. amtierten Bischöfe in der Regel hauptberuflich und wurden von der Gemeinde besoldet.

11.5.2 Charakteristisch für die Konzentration auf das Bischofsamt war auch, daß die **Synoden**, die sich als Entscheidungsinstanzen während des 3.Jh.s voll entwickelten (s. 7.4), in der Regel aus Bischöfen zusammengesetzt waren. Damit lag auch die Fixierung des **Kirchenrechts** in der bischöflichen Kompetenz. Bis weit ins 3.Jh. gab es Bischöfe nur in den Städten (gleichsam als "Stadtpfarrer"); die Gemeinden in deren Umgebung wurden von Presbytern versorgt und unterstanden dem Bischof. Jede Stadt hatte einen Bischof. In Provinzen mit wenig Städten - wie z.B. Ägypten, Kappadokien, Nordafrika - gab es wohl seit Mitte des 3.Jh.s, vollends dann im 4.Jh. für die dörflichen Regionen (*chōrai*) sog. Landbischöfe (*chōrepiskopoi*) mit minderem Rechtsstatus.

11.6 Differenzierung der Ämter im Klerus

Spätestens seit Beginn des 3.Jh.s war der Gegensatz zwischen den **Laien**, dem Kirchen-"Volk" (*laos/plēthos-plebs; laikoi-laici*), und dem **Klerus** (*klēros-ordo*) voll ausgeprägt. Innerhalb des Klerus spezialisierten sich die Aufgaben von Presbytern und Diakonen; seit dem 2./3.Jh. bildeten sich neben der traditionellen Ämtertrias neue Ämter heraus, z.B. Lektoren und Subdiakone.

11.6.1 Den **Presbytern** kamen vor allem die Katechumenenunterweisung und die Predigt (sofern nicht vom Bischof gehalten) zu, mancherorts auch die Eucharistiefeier, z.B. in den Großstädten, in denen es mehrere Kirchengebäude gab; im übrigen bildeten sie eine Art Beraterkollegium des Bischofs, worin die alte Tradition nachklang. Die **Diakone** gewannen große Bedeutung für das Gemeindeleben, weil sie die Armenfürsorge und damit die Finanzen verwalteten, die Gaben verteilten, die Kranken und Alten betreuten; außerdem wirkten sie im Gottesdienst mit. Die Zahl der Presbyter und Diakone hing von der Größe der Gemeinde ab; in Rom gab es um 250 46 Presbyter und 7 Diakone (diese geringe Zahl entsprach der Aufteilung in sieben Bezirke), dazu aber noch 7 Subdiakone und 42 Akolythen als *Begleiter* (Helfer) der Diakone.

11.6.2 Die Ämter der **Subdiakone** und der **Lektoren** (für die Lesungen und die Psalmen im Gottesdienst) hat es im 3.Jh. wohl überall gegeben, auch diejenigen der Exorzisten (für die Betreuung der Kranken und Katechumenen). Die Ostiarier (Pförtner) gab es wohl nur im Westen; außer der Kontrolle der Gottesdienstbesucher oblag ihnen die Pflege der Kirchengebäude (im Osten: den Diakonen und Subdiakonen). Diese Funktionen übernahmen seit dem 4./5.Jh. die Küster/Mesner (*mansionarii*), die nicht mehr als Kleriker galten. Damit entstand ein **clerus minor**, wie er z.T. im Westen bezeichnet wurde, wo er im 4.Jh. fünf Ämter bzw. Weihestufen umfaßte: Ostiarius, Lektor, Exorzist, Akolyth und Subdiakon; den **clerus maior** bildeten Diakon, Presbyter und Bischof. Die alten Ämter der Propheten und Lehrer waren seit der Mitte des 2.Jh.s verschwunden.

11.7 Das Amt der Frau: Witwe/Diakonisse und Jungfrau

Hatten zu Beginn des 2.Jh.s Frauen mancherorts ein Verkündigungsamt als Prophetinnen innegehabt, so wurden sie daraus während des 2.Jh.s – in Reaktion auf die entsprechende Rolle bei Montanisten und Gnostikern – verdrängt. Als einziges Gemeindeamt, aber ohne Zugehörigkeit zum Klerus, blieb das seit dem 1.Jh. erkennbare Amt der "Witwe", für das sich seit dem 4.Jh. der Titel *Diakonisse* durchsetzte. Die Witwen versahen – mit besonderer Segnung durch den Bischof, die nicht als geistliche Vollmacht galt – den **Dienst an Frauen** beim Taufbad und bei Krankheitsfällen, konnten darüber hinaus auch generell die weiblichen Gemeindeglieder betreuen. Einen besonderen Stand bildeten daneben seit dem 3.Jh. die *Jungfrauen* (*virgines Christi/parthenoi*), **Asketinnen**, die teilweise auch Funktionen in der Gemeinde wahrnahmen (s. § 6; 1.4.2). Durch die asketische Bewegung des 4.Jh.s wurde die religiöse Stellung der Frau grundsätzlich aufgewertet (vgl. § 6; 4.1.3).

11.8 Literatur

G.G. BLUM: Tradition und Sukzession, 1963. – H.V. CAMPENHAUSEN: Kirchliches Amt und geistliche Vollmacht in den ersten drei Jahrhunderten, 2.A. 1963. – R.P.C. HANSON: Amt/Ämter V. Alte Kirche, TRE 2 (1978) 533-552. – J. ROHDE: Urchristliche und frühkatholische Ämter, 1976. – J. ROLOFF: Amt/Ämter IV. Im Neuen Testament, TRE 2 (1978) 509-533.

12. Die Taufe als umfassende Initiation

Von Beginn an wurde die Zugehörigkeit zur Kirche durch die Taufe (*baptisma*) konstituiert. Christsein war ohne sie nicht – bzw. nicht im Vollsinne (vgl. 12.4) – möglich. Denn sie bedeutete die **grundlegende Zueignung des Heils** durch die personale Bindung an Jesus Christus, dessen Erlösungswerk für das gläubige, bekehrte Individuum zur existenzbestimmenden Realität wurde. Demgemäß galt das Prinzip der **Einmaligkeit** (Nichtwiederholbarkeit) der Taufe. Auch hier handelt es sich um ein Strukturelement, das sich durch die gesamte Kirchengeschichte durchgehalten hat, wenngleich sich im einzelnen Modifikationen und Klärungen ergaben (Elemente der Taufe, theologische Deutung, Zusammenhang mit Bekehrung und Buße, Katechumenat, Kindertaufe, Gültigkeit der Ketzertaufe, Verselbständigung der Firmung). Die frühkirchlichen Grundlagen, wie sie im 2./3.Jh. ausgebildet wurden, blieben im wesentlichen bestehen.

12.1 Taufe als Beginn eines neuen Lebens

12.1.1 Taufpraxis und -lehre der Urchristenheit entsprachen deren eschatologischer Orientierung: Die Wassertaufe zur Reinigung, d.h. zur **Vergebung der Sünden**, und als Zeichen der **Bekehrung** war der Initiationsritus der Eingliederung in das endzeitliche Gottesvolk. Die darüber hinausgehenden theologischen Konzeptionen waren unterschiedlich, hatten aber durchweg einen **christologischen Bezug** insofern, als die Taufe – zusammen mit dem Glauben – die Teilhabe an dem durch Jesus Christus vermittelten Heil begründete. Ob der **Taufritus** überall einheitlich war, bleibt unklar. Mindestens bestand er aus einem symbolisierenden Tauchbad (o.ä.) und einer Tauffomel; ob diese zunächst nur auf den Namen Jesu oder von vornherein triadisch lautete ("Onomataufe") oder ob beide Formen in der Frühzeit nebeneinander bestanden, ist in der Forschung umstritten.

12.1.2 Ihr Charakter als **Onomataufe** bezeichnete den **Herrschaftswechsel** als wesentlich: Die Getauften lösten sich von der Welt und ihren Herren (d.h. von Dämonen, wie die seit dem 2.Jh. bezeugte Deutung besagt), unterstellten sich der Herrschaft Gottes in Christus und dokumentierten dies durch einen neuen Lebenswandel. Demgemäß wurde die frühchristliche Ethik von der Taufe her begründet. Diese galt analog zur Beschneidung als **Siegel**, d.h. als Markierung der Zugehörigkeit zu Christus und als Versiegelung der Geretteten für das Endgericht.

12.1.3 Seit dem 2.Jh. galt das **Martyrium als "Bluttaufe"**, d.h. bei Katechumenen (s. 12.4) ersetzte das Christusbekenntnis vor den Gerichtsbehörden die Taufe. Denn damit wurden ja der vollzogene Herrschaftswechsel und der Geistbesitz (vgl. Mk 13,11) auf das deutlichste demonstriert.

12.2 Die Taufliturgie: Symbolische Funktion des Ritus
Die Einzelheiten des Taufaktes als eines verschiedene Elemente umfassenden, feierlich ausgestalteten Ritus der christlichen Initiation lassen sich aus den Quellen des 2./3.Jh.s rekonstruieren. (Z.B. Did.7 und Justin, Apol.I,61, ausführlich Hippolyt, Trad.Apost. 21 und v.a. Tertullian, *De baptismo*; Übers.: BKV 7,275-299.) Man muß allerdings die regionalen Unterschiede beachten, die noch im 4./5.Jh. die Taufliturgien prägten. Generell hatte die nur zu Ostern stattfindende Taufe **vier Teile**: a) Vorbereitungsakt mit Gebet über dem Taufwasser und ggf. Konsekration der Öle, dazu Abrenuntiation (Absage des Täuflings an den Satan), danach ggf. Ganzsalbung; b) der eigentliche Taufakt, die dreifache **Immersion** (Eintauchen) im Baptisterium durch den Presbyter mit den drei Credo-Tauffragen als Bekenntnisakt (vgl. 9.1.2) und dreimaligem Untertauchen, anschließendem Aufsteigen mit Salbung und Bekleidung mit dem weißen Gewand als Symbol der Neuwerdung; c) als Akt der **Geistverleihung** die von einem Gebet begleitete Handauflegung durch den Bischof, die Siegelung der Stirn mit Öl (*consignatio*; in Nordafrika unbekannt), Gebet und Friedenskuß; d) die anschließende Taufeucharistie in der Kirche mit der Gabe von Milch und Honig (zusätzlich zu Brot und Wein) an die Neophyten. Die eigentliche Taufe bestand demnach aus zwei Bestandteilen: Immersion und Handauflegung.

12.3 Grundmuster der Tauftheologie

Zwar hat die gesamte alte Kirche die religiöse Bedeutung der Taufe stark betont, aber die theologische Interpretation, die sich zumeist auf die einzelnen Elemente des Ritus bezog, war nicht intensiv, sondern variierte in eindrucksvoller Bildersprache bestimmte Grundmuster: die Versiegelung (Taufe als "Siegel"), die Reinigung (Sündentilgung), die Wiedergeburt, die Erleuchtung, die Gotteskindschaft, die Geistbegabung; ferner die Beziehung auf Tod und Auferstehung Jesu Christi als symbolisches Sterben und Neuwerden sowie die typologische Entsprechung zur atl. Heilsgeschichte als Durchgang (durch das Rote Meer oder den Jordan). Seit Augustin betonte die abendländische Tradition besonders die Erlösung durch Christus.

12.3.1 Hermas kennzeichnet die Taufe v.a. als **Siegel** (*sphragis*) und versteht darunter die Zugehörigkeit zu Christus als Vorbereitung auf das Reich Gottes, die im Wasserritus begründet wird durch das Hinabsteigen der dem Tod Verfallenen sowie durch das Hinaufsteigen der zum Leben Bestimmten. Man kann annehmen, daß *Siegel/Versiegelung* um 120-150 eine geläufige Bezeichnung für die Taufe insgesamt war; dabei spielte auch der Gedanke des Schutzmittels gegen Sünden und Dämonen eine Rolle. Auch in späterer Zeit begegnete diese Vorstellung.

12.3.2 Justin zeigt, daß das Verständnis der Taufe als **Wiedergeburt und Erleuchtung** um 150/160 allgemeine Bedeutung hatte. Damit wurden Begriffe des Hellenismus, insbesondere der Mysterienkulte, aufgenommen, allerdings in bezeichnender Abwandlung: Es ging um ein passivisches Neugeschaffenwerden, d.h. um ein Handeln Gottes analog zur Schöpfung, und um eine Erkenntnis der im geschichtlichen Heilswerk Jesu Christi offenbarten Wahrheit. Diese christliche Umformung von Mysterienvorstellungen hat Clemens Alexandrinus eindrucksvoll in Buch I des *Paidagogos* dargestellt, der ersten Abhandlung zur Tauftheologie (Übers.: BKV II/7, 204-297): Taufe ist die Begründung der **Gotteskindschaft** als Erleuchtung und Wiedergeburt, d.h. als ein Sein in der Wahrheit und eine Formung durch den Heiligen Geist. Die östlichen Kirchenväter der Folgezeit haben diesen Grundgedanken aufgenommen. Insbesondere das Axiom, daß mit der Taufe die **Geistverleihung** als Prägung der Existenz verbunden sei, hat sich allgemein durchgesetzt und große Bedeutung für die Soteriologie gewonnen. (Vgl. dazu die Lehren von Irenäus bis Basilius.) In der Westkirche löste sich im Mittelalter dieses Element als ein eigener Akt ab (vgl. 12.7).

12.3.3 Die **heilsgeschichtliche Entsprechung** zu Vorgängen im alten Bund hat besonders Origenes herausgearbeitet: Taufe als Auszug aus dem Land des Verderbens, als Durchgang hin zu Gottes Seite, als Abkehr von der Sünde nach der Sintflut. Er hat aber in besonderem Maße mit Röm 6 die Taufe als **Gemeinschaft mit Christus** verstanden, als Sterben der sündigen Menschen und Auferstehen der um Heiligung und Vervollkommnung bemühten Christen. Bei den Theologen des 4./5.Jh.s (z.B. Cyrill von Jerusalem, Basilius von Cäsarea, Gregor von Nyssa, Johannes Chrysostomus, Theodor von Mopsuestia) wurde dieses Deutungsmuster entscheidend für das Verständnis des mit der Taufe gegebenen Mysteriums als des Fundaments der Christenexistenz, bei dem göttliches Gnadenwirken und menschliche Aktivität (Existenzveränderung) zusammenkommen.

12.3.4 Die abendländische Tauftheologie wurde v.a. durch Augustin beeinflußt. Er hat seine Lehre im Kampf gegen Donatisten (s. 16.3) und Pelagianer (s. § 5; 7.3) entfaltet, ausgehend von seiner Unterscheidung zwischen **Zeichen**/*signum* und **Sache**/*res* im Sakramentsbegriff (s. § 5; 8.3.1): Das Zeichen ist die durch das Wort angesagte Symbolwirkung von Wasserbad, Salbung und Handauflegung; die Sache ist die Erlösung durch Aufnahme als Glied in den Leib Christi mit Sündenvergebung und Geistmitteilung. Da das eigentliche **Subjekt** der Taufhandlung **Christus** selbst ist, gilt deren Objektivität unabhängig vom Spender (so daß auch die Taufe der Häretiker die Heilswirkung enthält, allerdings nicht faktisch vermittelt, weil das nur in der Kirche als Leib Christi möglich ist). Die Taufe **prägt fundamental** die christliche Existenz: Diesen Sachverhalt bezeichnet Augustin mit dem Begriff *character* (Kennzeichen, Prägung im Sinne der Übereignung an Christus), der seitdem für die Tauflehre konstitutiv wurde. Dem *character* entspricht im getauften Subjekt die innere Veränderung durch Glaube und Liebe, so daß die Taufe kein Erlösungsautomatismus ist. Gegen die Pelagianer hat Augustin die Notwendigkeit der **Kindertaufe** (s. 12.5) betont, die in der Allgemeinheit der Erbsünde begründet ist: Alle Menschen als solche bedürfen der Erlösung durch Christus; wer nicht getauft wird, verfällt – in unterschiedlichen Graden – der Verdammnis.

12.4 Bekehrung und Katechumenat

Die Hinwendung vom Heiden- zum Christentum bedeutete nicht nur einen Wandel im Glauben, sondern auch eine einschneidende Veränderung des Lebensstils (*conversio*). Seit Beginn des 3.Jh.s war deutlich, daß die Kirche solche Menschen erst nach einer längeren Vorbereitungszeit (z.T. drei Jahren) und einer sorgfältigen Prüfung taufte.

12.4.1 Aus Hippolyt ergibt sich für die Zeit nach 200 folgendes: Die Taufbewerber mußten Leumundszeugen beibringen (die späteren Paten), ihren **Lebenswandel** überprüfen lassen und, falls sie einen mit dem Christentum unvereinbaren Beruf ausübten, diesen aufgeben. Die Katechumenen (Unterwiesene, Schüler) bildeten einen speziellen Stand als der Kirche Assoziierte, was sich darin bekundete, daß sie als *Hörer* am Wortteil des Gottesdienstes (s. 15.1.2) teilnahmen und der kirchlichen Sittenzucht unterstanden. Ein Lehrer (später ein Presbyter oder Diakon) informierte sie über christliche Dogmatik und Moral. Ständige **Exorzismen** sollten sie sukzessive von der Macht der Dämonen befreien. Den Abschluß des Katechumenats bildete die Vorbereitung auf die Taufe mit Fasten und bischöflichem Exorzismus.

12.4.2 Seit dem 4.Jh. erfuhr der Katechumenat einige Veränderungen, die mit dem Massenandrang von Bewerbern zusammenhingen. Der Anmeldung und Aufnahme (durch Signation mit dem Kreuzeszeichen, Handauflegung u.a. ausgestaltet) folgte eine längere Zeit der Einführungskatechese und der begrenzten Teilnahme am Gemeindeleben. Viele Katechumenen blieben lange in diesem Stand; die Konzentration des Taufverständnisses auf die völlige Sündenvergebung führte zur **Praxis des Taufaufschubs** (eventuell bis kurz vor dem Tod). Diejenigen aber, die nach der Einführung die Taufe begehrten, meldeten sich durch die Einschreibung beim Bischof förmlich an; sie erhielten - als *Erleuchtete* (*phōtizomenoi*) oder *Bewerber* (*competentes*) ein eigener Stand zwischen Katechumenen und Getauften - in den Wochen vor Ostern eine spezielle Vorbereitung mit Fasten, Exorzismen, Unterweisung und Bekanntgabe des Credotextes (*traditio symboli*), der gelernt werden mußte (*redditio symboli*). Ebenfalls ein Ausdruck der Arkandisziplin war es im 4.Jh., wenn sie erst nach der Taufe genauer über die Mysterien/Sakramente informiert wurden. (Vgl. zum Ganzen v.a. die 18 *Taufkatechesen* des Cyrill von Jerusalem von ca.350 und die unter seinem Namen überlieferten, wohl von seinem Nachfolger Johannes nach 387 verfaßten 5 *mystagogischen Katechesen*; Übers.: BKV 41,16-360 und 361-391; Text/Übers.: FChr 7.)

12.5 Die Kindertaufe seit dem 3./4. Jahrhundert

In der Forschung ist umstritten, ob die frühe Kirche auch die unmündigen Angehörigen christlicher Familien getauft hat. Für das 1./2.Jh. läßt sich dies weder ausschließen noch mit sicheren Quellenbelegen begründen. Seit Beginn des 3.Jh.s (Tertullian, Hippolyt) ist sie als gelegentliche Übung bezeugt. Origenes erklärte sie für legitim. Die Erwachsenentaufe überwog aber bis weit ins 4.Jh. hinein als Regel.

12.5.1 Erstmals bei **Cyprian** kündigte sich - neben der um 250 schon traditionellen Analogie zur atl. Beschneidung - die theologische Begründung an, welche seit dem 4.Jh. die Verbreitung der Säuglingstaufe förderte: Da die Taufe Ausdruck der **Gnade Gottes** sei, dürfe niemand ferngehalten werden; und da die Neugeborenen dem Todes- und Schuldverhängnis Adams ausgesetzt seien, gelte die Sündenvergebung auch für sie (Ep. 64,5). Dementsprechend beschloß eine Synode in Karthago 251 (253?).

12.5.2 Die Ausbildung der **Erbsündenlehre** unter Augustins Einfluß (vgl. § 5; 7.4) verstärkte diese Begründung. Die Säuglingstaufe wurde seit dem 5./6.Jh. zur Regel bzw. praktizierten Norm, im Mittelalter von einigen Sekten und im 16.Jh. durch die Täuferbewegung grundsätzlich abgelehnt.

12.6 Der Ketzertaufstreit 255/6

Eine Lehrentscheidung über das Wesen der Taufe, die die weitere Kirchengeschichte bestimmt hat, vollzog sich indirekt seit dem 3./4.Jh. Ein schwerer Konflikt zwischen den beiden westlichen Zentren **Rom und Karthago** (mit den Bischöfen Stephan und Cyprian als Widersachern) konnte 255/6 das Problem nicht lösen, ob nur die in der Großkirche oder auch die in häretischen Gemeinschaften gespendete Taufe gültig wäre. Dieser "Ketzertaufstreit" hätte beinahe zum Schisma zwischen beiden Metropolen geführt. Seit dem 5.Jh. galt im Abendland, daß jede Taufe, die stiftungsgemäß praktiziert würde, durch ihren Vollzug wirksam sei (vgl. § 5; 8.3.1). Das blieb im Prinzip bis zur Gegenwart die in allen westlichen Kirchen vorausgesetzte Position, obwohl bei Konversionen das Problem immer wieder virulent wurde.

12.6.1 Seit ca.200 kam die Frage auf, ob man die in häretischen Gemeinschaften (z.B. bei Gnostikern, Markioniten, Montanisten) Getauften, die zur Großkirche übertreten wollten, als getauft anerkennen könnte. Wurde sie verneint (wie z.B. von Tertullian, De bapt. 15), dann mit der Begründung, daß die Häretiker nicht denselben Gott und Christus hätten. In Nordafrika und Kleinasien bekräftigten Synoden um 220 bzw. um 235 förmlich die **Ungültigkeit** der Ketzertaufe; Konvertiten müßten getauft werden, weil die Vollmacht zur Sündenvergebung und zur Geistverleihung allein der wahren apostolischen Kirche gegeben wäre. Dagegen befolgten Alexandria und Rom die Praxis, die Taufe anzuerkennen und bei Konvertiten nur - wie bei exkommunizierten Büßern - die **Handauflegung** zu praktizieren, d.h. ihnen den fehlenden Heiligen Geist mitzuteilen. Ein neuer Aspekt des Problems zeigte sich nach 250 im Blick auf Schismatiker wie z.B. die Novatianer, die wegen ihrer Übereinstimmung mit der kirchlichen Lehre anders zu bewerten waren als Häretiker wie Gnostiker und Markioniten.

12.6.2 Der Konflikt brach 255 zunächst innerhalb Nordafrikas aus, als **Cyprian** novatianische Konvertiten wie Häretiker taufen lassen wollte und eine Synode entsprechend beschloß (Ep.70). Seine ausführliche Begründung (Ep.69) entsprach dem großkirchlichen Selbstverständnis: Es gebe nur eine Kirche mit der apostolischen Vollmacht zur **Sündenvergebung**; allein in ihr sei der **Heilige Geist** präsent; wer sich von ihr trenne, bleibe von Christus getrennt; da den Häretikern (und den mit ihnen gleichgesetzten Schismatikern) jene Merkmale des Kircheseins fehlten, könnten sie durch Wasserbad und Handauflegung gar nichts vermitteln. Dieser Auffassung entsprach die berühmte ekklesiologische Sentenz in Cyprians langer Darlegung gegenüber einem dissentierenden Kollegen: Die Ketzertaufe ist unwirksam, *weil es außerhalb der Kirche kein Heil gibt (quia salus extra ecclesiam non est*; Ep.73,21. Die konkrete Situation dieser viel zitierten Sentenz ist zu beachten!)

12.6.3 Zur Eskalation des Konflikts kam es 256, als **Stephan von Rom** (254-257), der schon früher mit Cyprian kollidiert war, von der römischen Praxis her die afrikanische Position als unzulässige Neuerung attackierte. Dagegen erklärten sowohl die afrikanischen als auch die kleinasiatischen Kirchen (diese mit Firmilian von Cäsarea) auf Synoden, daß Cyprians Auffassung katholisch wäre. Die darauf folgende Exkommunikationsdrohung Stephans und die heftige Reaktion der Gegenseite hätten beinahe zum Schisma Rom-Karthago geführt. Doch die 257 ausbrechende Christenverfolgung (s. § 3; 8.3) ließ den Streit zurücktreten: Nach dem Tode der Hauptkontrahenten blieb der Dissensus und damit die gegensätzliche Ketzertaufpraxis für lange Zeit bestehen, ohne daß es zu einer förmlichen Klärung kam.

12.6.4 Im 4.Jh. bemühten sich verschiedene Synoden und Bischöfe um einen Ausgleich der Positionen. Die **Ostkirche** sah das entscheidende Kriterium in der Trinitätslehre: Wenn mit der Taufe eine häretische Auffassung über Vater, Sohn und Geist verbunden wäre, sei das Bekenntnis ungültig und das Sakrament unwirksam. In der **Westkirche** setzte sich im 4./5.Jh. die römische Position durch, verstärkt durch Augustins antidonatistische Sakramentenlehre (vgl. 12.3.4; § 5; 8.3.1): Jede rite vollzogene Taufe (mit korrekter triadischer Formel) vermittle die Sündenvergebung und dürfe nicht wiederholt werden; sie müsse bei Konvertiten allerdings ergänzt werden durch die Handauflegung (= Geistverleihung).

12.7 Die Abtrennung der Firmung im Mittelalter

An der im 2.-4.Jh. üblichen Erwachsenentaufe waren mehrere Kleriker beteiligt. Im **Osten** entwickelte sich seit dem 4.Jh. wegen der großen Zahl der Täuflinge der Brauch, daß Presbyter die ganze Handlung vornahmen, also auch die dort die Geistmitteilung symbolisierende Salbung. Im **Westen**, wo die Handauflegung samt Salbung (*consignatio*) die Geistverleihung darstellte, war diese dem Bischof vorbehalten als dem Träger der den Aposteln gegebenen Fülle des Heiligen Geistes; seit dem 6./7.Jh. verselbständigte sich dieser Akt (als *confirmatio/Kräftigung*, d.h. zum Christsein, bezeichnet). Die Gründe dafür lagen neben der Größe der Taufzahlen in der geographisch bedingten Änderung der Kirchenstruktur: In den germanischen Reichen gab es nur wenige Städte und damit Bischöfe; nun vollzogen Presbyter die Wassertaufe, die mehr und mehr als konstitutiver Akt der christlichen Initiation angesehen wurde. Die **Firmung** als deren ursprünglich zweiter Bestandteil (s. 12.2) wurde als Akt der Geistverleihung mit Handauflegung und Salbung (*consignatio* in Kreuzesform auf der Stirn) dem Bischof reserviert. Da dieser für eine große Region zuständig war, vollzog er die Firmung nicht regelmäßig, sondern bei entsprechenden Reisen in seiner Diözese. So kam es, daß mitunter einige Jahre vergingen, bis die Getauften auch gefirmt wurden. In der Scholastik galt sie als eigenes Sakrament; so wurde sie 1439 und 1547 dogmatisiert.

12.8 Literatur

G. BARDY: Menschen werden Christen, 1988 (Übers.: La conversion au christianisme ..., 1949). - M. BÉVENOT: Cyprian von Karthago, TRE 8 (1981) 246-254. - G. KRETSCHMAR: Die Geschichte des Taufgottesdienstes in der alten Kirche, Leit. 5, 1970, 2-346. - DERS.: Die Grundstruktur der Taufe, JLH 11 (1978) 1-14. - DERS.: Firmung, TRE 11 (1983) 192-204. - B. NEUNHEUSER: Taufe und Firmung, HDG IV/2, 2.A. 1983.

13. Institutionalisierung der Buße

Die Taufe setzte mit der Bekehrung einen grundsätzlichen Existenzwandel (eine *Buße*: *metanoia/paenitentia*) voraus. Die durch sie vermittelte Sündenvergebung galt als eschatologisch-einmalig im Blick auf das nahe Gericht. Deswegen mußte es zum Problem werden, wenn Getaufte sündigten; mit der Heiligkeit und Reinheit der Kirche war das unvereinbar. Im Verlauf des 2.Jh.s diskutierte man vielfach über die Möglichkeit einer Wiederholung der Buße. Das alte ekklesiologische Modell geriet in eine Krise. Deren Folge war schließlich im 3.Jh. die Institutionalisierung der "zweiten Buße", die nach und nach auf alle Sünden bezogen wurde. Begründet wurde sie theologisch mit Gottes Güte, ekklesiologisch mit der apostolischen **Vollmacht zur Sündenvergebung** (der Binde- und Lösegewalt/Schlüsselgewalt). Ihre soziologische Bedeutung lag darin, daß mit ihr der Bestand der Großkirche gewahrt werden konnte. Die Kritik rigoristischer Bewegungen führte zur Bildung von Sondergemeinschaften der "Reinen" (s. 16.1). Die Bußpraxis veränderte sich zwar in den folgenden Jahrhunderten, aber der kirchengeschichtlich bedeutsame Grundsatz galt seitdem: Die Institution Kirche verfügt über eine geregelte Möglichkeit der Sündenvergebung, das Sakrament der Buße (römisch-katholisch und ostkirchlich) bzw. das Amt der Schlüssel (evangelisch).

13.1 Die Heiligkeit der Gemeinde und das Problem der Sündigkeit im 1./2. Jahrhundert

13.1.1 Das frühchristliche Prinzip, wonach die Existenz der Bekehrten und Getauften durch Sündlosigkeit gekennzeichnet ist, war eschatologisch begründet: Die Kirche als Gottesvolk, als Gemeinde der *Heiligen* ist eine Gemeinschaft von moralisch Reinen. Für sündige Glieder gilt der **Ausschluß** (vgl. 1.Kor 5,1ff) oder - bei leichteren Vergehen - die **Gemeindezucht** als Möglichkeit der Reinigung bzw. die Zusage der Vergebung (vgl. Mt 18,15-18 und Joh 20,23). Vermutlich standen seit ca.80/90 zwei Möglichkeiten - oder sogar gegensätzliche Positionen? - nebeneinander, wobei mit regionalen Differenzen zu rechnen ist: die prinzipielle Ablehnung einer nochmaligen Buße nach der Taufe (vgl. Hebr 6,4-6; 12,14-17) und die Bejahung einer wiederholten Sündenvergebung bzw. Buße (vgl. 1.Clem 7,2ff; Did 14,1; 15,3; 1.Joh 1,8ff).

13.1.2 Eine analog zur Taufe institutionalisierte Buße im Sinne einer kirchlichen Ordnung gab es jedoch nicht. Die überlieferten Aufrufe zur Buße (vgl. v.a. 2.Clem 8,1ff; 17,1 u.ö.) setzten voraus, daß trotz des Prinzips der Heiligkeit/Reinheit angesichts der faktischen Sündigkeit der Gemeindeglieder die Möglichkeit der göttlichen Vergebung bejaht wurde. Wahrscheinlich bildete sich ca.90-150 die **Differenzierung** heraus, daß die Vergebungsmöglichkeit nur für leichtere Sünden bestand, nicht dagegen für Sünden, die zum ewigen Tod führen (vgl. 1.Joh 5,16), wie Abfall vom Christentum, Ehebruch und Mord.

13.1.3 Welche Bedeutung die Diskussion um die Buße hatte, zeigte v.a. **Hermas'** Prophetie. Sein Traktat *Der Hirte* (um 140, ein Aufruf zur Buße an die römische Gemeinde) verkündete angesichts des baldigen Weltendes die befristete Möglichkeit einer einmaligen **neuen Buße** (auch für schwere Sünden), jedoch nicht als institutionalisierten Akt (Text/Übers.: Die Apostolischen Väter, hg.v. A. Lindemann/H. Paulsen, 1992, 330-555). Damit wurde keine Wende im frühkirchlichen Bußwesen konstituiert (wie früher z.T. in der Forschung angenommen), wohl aber der für die Zukunft entscheidende Aspekt verdeutlicht, daß die göttliche Sündenvergebung die institutionellen Regelungen relativieren könne.

13.2 Die öffentliche Gemeindebuße im 3./4. Jahrhundert

Dem Grundsatz der Heiligkeit der Kirche (als moralische Reinheit verstanden) entsprach die öffentlich vor der Gemeinde abzuleistenden **Exkommunikationsbuße**. Sie bedeutete den temporären Ausschluß reuiger Sünder von der Eucharistie und deren Wiederaufnahme nach einer bestimmten Bußzeit. Wahrscheinlich kam diese Praxis schon vor 200 auf; im 3.Jh. setzte sie sich allgemein durch und bestand bis zum 4./5.Jh. Grundsätzlich galt, daß die *zweite Buße* (*paenitentia secunda*, so Tertullian: die Buße nach der Taufe) nur einmal im Leben gewährt wurde.

13.2.1 Erstmals klar bezeugt ist die Praxis bei Tertullian, *Über die Buße/De paenitentia* von ca. 203 (Übers.: BKV 7,224-246; vgl. auch die *Didaskalia* für Syrien um 250). Bei schweren Verstößen gegen Gottes Gebote, wie z.B. Diebstahl oder Unzucht, mußte der Sünder dies zunächst im Gottesdienst, bekleidet mit einem Trauergewand, bekennen und die Gemeinde um Fürbitte anflehen. Dieser *Exhomologese/confessio* folgte die **Exkommunikation**, welche für eine der Schwere der Tat entsprechende Dauer den Büßer von der Eucharistie ausschloß, wobei die Büßer aber als besonderer Stand neben den Katechumenen zum Wortgottesdienst erschienen (s. 15.1.2). Diese Bußzeit von einigen Wochen, Monaten oder Jahren endete mit der **Rekonziliation** (Versöhnung/Wiederaufnahme), über die zunächst die Gemeinde samt Klerus, seit dem 3.Jh. allein der Bischof entschied und die mit der priesterlichen Handauflegung vollzogen wurde (d.h. mit der erneuten Mitteilung des durch die Sünde verlorenen Heiligen Geistes).

13.2.2 Nur im Osten gab es im 3./4.Jh. die Ordnung der **Bußstufen**: Je nach Schwere der Sünde wurde die Dauer der Bußzeit vom Bischof festgesetzt, wobei die Pönitenten in verschiedenen Stufen bzw. Ständen sich der Gemeinschaft der Kommunikanten annähern mußten: a) Als *Weinende* mußten sie in der Vorhalle der Kirche bleiben und die Gemeindeglieder um Fürbitte anflehen; b) als *Hörende* wurden sie im hinteren Teil der Kirche bis zur Predigt zugelassen; c) als *Knieende* durften sie in den Teil, wo die Vollglieder standen, aufrücken und in bußfertiger Haltung teilnehmen; d) als *Dabeistehende* waren sie zwar wieder eingereiht, durften aber nicht kommunizieren. (Vgl. dazu z.B. die Canones bei Basilius von Cäsarea, Epp. 188.199.217.) Aus der Regelung der Bußzeiten entwickelte sich ein Teil des Kirchenrechts.

13.3 Buße für "Todsünden"?

Die Auffassung, daß es für *unvergebbare Sünden* (so Tertullian, später nach 1.Joh 5,16f als *Todsünden/peccata mortalia* bezeichnet) keine Buße, sondern nur das Gericht Gottes gebe, bestimmte bis zum Beginn des 3.Jh.s die Praxis. Einzelne Bischöfe dürften hier wohl unter Hinweis auf die göttliche Güte und das kirchliche Schlüsselamt (Mt 16,19) Ausnahmen gemacht haben. Tertullian bezeugt dies in seiner - als Montanist nach 207 (um 220?) verfaßten - Kritik an der laxen Bußpraxis der Großkirche (*De pudicitia/Über die Ehrbarkeit*; Übers.: BKV 24,377-472): Ein *Bischof der Bischöfe, pontifex maximus*, habe in einer *abschließenden Verfügung/edictum peremptorium* Buße und Vergebung auch für Ehebruch und Unzucht zugelassen (1,6). Entgegen der früher oft vertretenen Interpretation ist damit nicht Kallist von Rom - als "Papst" - sondern Agrippus von Karthago gemeint. Kallist hat an der Bußdisziplin wohl nichts geändert; bezeugt ist nur, daß er die kirchlichen Ehevorschriften und die Aufnahme von Häretikern liberalisierte, wogegen Hippolyt opponierte (Refutatio IX,20-26; zum Schisma s. 10.3).

13.4 Der Streit um die Buße für Apostaten 250/1

Die grundsätzliche Differenz zwischen rigoristischer und liberaler Bußlehre bekundete sich exemplarisch in dem Konflikt um die Wiederaufnahme der in der decischen Verfolgung "Gefallenen" (der *lapsi*; vgl. dazu § 3; 8.2.3). Nach bisheriger allgemeiner Praxis bedeutete eine solche Todsünde den automatischen Ausschluß aus der Kirche. Doch in manchen Gemeinden, v.a. auch in Rom, plädierten Kleriker für die Zulassung zur Buße und für die Wiederaufnahme zumal von todkranken *lapsi*. In Karthago dekretierten die **Konfessoren**, unterstützt durch gegen den Bischof opponierende Presbyter, kraft ihres in der Verfolgung bewiesenen Geistbesitzes einen Generalpardon für reuige Apostaten mit sofortiger Wiederaufnahme. Eine Gruppe von Rigoristen lehnte dagegen jegliche Bußmöglichkeit ab. **Cyprian** vertrat eine Mittelposition (so v.a. in seiner Schrift *De lapsis* von 251; Übers.: BKV 34, 92-124), die eine afrikanische Generalsynode 251 bekräftigte: Grundsätzlich sollte wegen Gottes Barmherzigkeit eine Zulassung zur Buße möglich sein, doch über die Wiederaufnahme sollte nach dem üblichen strengen Verfahren (s. 13.2), gestaffelt nach der Schwere des Abfalls, durch bischöfliches Urteil entschieden werden. Zwei Aspekte machten die kirchengeschichtliche Bedeutung dieses Streites aus: a) Prinzipiell war entschieden, daß die Buße auch für schwerste Sünden galt und daß die **göttliche Vergebung** nur durch das **kirchliche Amt** vermittelt wurde (eine wichtige Voraussetzung für die spätere Sakramentalität der Buße). b) Gegen den Anspruch der Charismatiker (Konfessoren), im Heiligen Geist vollmächtig Rechtsfragen entscheiden zu können, setzte sich das Prinzip der **Bindung des Geistes an das apostolische Amt** durch.

13.5 Verfall der Gemeindebuße. Privatbeichte

Die herkömmliche Form der Exkommunikationsbuße, die das alte Gemeindeideal voraussetzte und für die Betroffenen eine sozial schwer zumutbare Demütigung bedeutete, geriet mit den zunehmend "volkskirchlichen" Zuständen des 4.Jh.s in eine Krise. Denn die Ausgrenzung aus der Gemeinde wirkte sich auch gesellschaftlich aus. So verkümmerte die öffentliche Buße trotz der Bemühungen mancher Bischöfe (z.B. Basilius, Ambrosius). Doch im Prinzip blieb sie bestehen, zumal im Westen. Dort verkürzte und konzentrierte man die Bußzeit auf die vorösterlichen Fastenwochen. Im Osten setzte sich seit dem 4./5.Jh. die private Form der seelsorgerlich orientierten Buße - neben der von speziellen Bußpriestern begleiteten öffentlichen Form - allmählich stärker durch. Schon Clemens Alexandrinus und Origenes hatten betont, daß der entscheidende Aspekt der Buße die innere Wandlung und damit die Heilung der Sündhaftigkeit wäre. Im **Mönchtum** - v.a. bei den ägyptischen Wüstenvätern und bei Basilius (vgl. § 6; 4.3.2) - organisierte man dieses seelsorgerliche Gespräch in den Kommunitäten. Wegen ihrer großen Ausstrahlungskraft drang diese Form auch in die Kirche ein, wo die Durchführung der Buße demzufolge immer stärker bei charismatischen Mönchen lag.

13.6 Literatur

QUELLEN: H. KARPP: Die Buße, 1969.

LITERATUR: G.A. BENRATH: Buße V, TRE 7 (1981) 452-458. - I. GOLDHAHN-MÜLLER: Die Grenze der Gemeinde, 1989. - B. POSCHMANN: Paenitentia secunda, 1940; ND 1964. - K. RAHNER: Frühe Bußgeschichte in Einzeluntersuchungen, = Ders.: Schriften zur Theologie Bd.11, 1973. - H. VORGRIMLER: Buße und Krankensalbung, HDG IV/3, 2.A. 1978.

14. Theologische Deutung der Eucharistie

In Anknüpfung an Jesu letztes Mahl mit seinen Jüngern hat die Christenheit überall von Anfang an das Abendmahl gefeiert (vgl. 1.4.1; 15.1). Neben dem eschatologischen Ausblick auf die himmlische Herrlichkeit bestimmte v.a. die soteriologische Deutung des Todes Jesu diese Feier, die damit die Gemeinde an der Wirkung von Kreuz und Auferstehung partizipieren ließ: In der Mahl- bzw. Eucharistiefeier (εὐχαριστία/*eucharistia* als terminus technicus seit dem 2.Jh.: *Dankeserweis*) wurde die Gegenwart des durch Jesus vermittelten Heils erfahren. Das bestimmte das Leben über die Feier hinaus. Die theologische Interpretation reflektierte den soteriologischen Aspekt zumeist im Zusammenhang mit der Christologie. Zum Gegenstand theologischer Kontroversen oder kirchlicher Lehrbildung wurde das Abendmahl in der altkirchlichen Zeit nicht, vielmehr erst im 9. und 11.Jh. (s. § 5; 14.2-3; § 10; 1.1; 8.1). Drei zusammengehörige Aspekte erhielten eine allgemeine Fixierung: die **reale Gegenwart** Jesu Christi, die **Wandlungsvorstellung** und das **Opferverständnis**.

14.1 Das eucharistische Mysterium

Die religiöse Bedeutung des Abendmahls wurde in der Frühzeit unterschiedlich formuliert. Zwei Aspekte begegneten grundsätzlich: die **Gegenwart Jesu Christi** in Brot und Wein sowie die **existentielle Auswirkung** der Speise auf die teilhabenden Gläubigen. Das konstituierte den Akt als *Geheimnis* im speziellen Sinn (μυστήριον/*mystērion* seit Origenes, Athanasius, Eusebius von Cäsarea, Cyrill von Jerusalem; *sacramentum* seit Tertullian und Cyprian; eine Bezeichnung, die ebenso für die Taufe galt). Über diesen "sakramentalen" Charakter wurde erst seit dem 4.Jh. näher reflektiert, doch er stand bereits vorher allgemein fest. Die geheimnisvolle Abendmahlswirkung sah man in einer pneumatischen Umgestaltung, Heiligung, Teilhabe am ewigen Leben. Die geheimnisvolle Gegenwart Christi beschrieb man meist als dynamische Realpräsenz.

14.1.1 Die **Didache** bezeichnete Speise und Trank als *pneumatisch* (10,3), **Ignatius** - mit metaphorischem Ausdruck - als *Unsterblichkeitsmedizin* (Eph 20,2), womit er die Auswirkung von Jesu Tod als Hereinnahme der Gläubigen in die pneumatische Wirklichkeit Gottes meinte. Die Gleichzeitigkeit bzw. Identität von Brot und Trank mit Jesu Fleisch und Blut, die Justin voraussetzte (ohne eine Wandlung der Elemente zu lehren), bewirkte für ihn eine existentielle "Umwandlung" der Mahlteilnehmer (Apol. I,66,2). Wie er betonte auch **Irenäus**, daß die Eucharistie nicht mehr "gewöhnliches Brot" wäre, und er deutete - auf dem Hintergrund seiner Zusammenschau von Schöpfung und Erlösung - als deren Wirkung an, daß der in Brot und Wein gegenwärtige Logos-Christus die Person der Empfänger ganzheitlich formt, d.h. ihre Leiblichkeit durch den Heiligen Geist pneumatisch gestaltet und ihnen damit ewiges Leben gewährt (Adv. haer. III,18,5; V,2,3; 9,1f). **Origenes** hob als Wirkung der Eucharistie die Heiligung der Person in der pneumatischen Begegnung mit dem Logos-Christus hervor (C.Cels. VIII,33), verstand diese aber als Wortgeschehen mit ethischer Konsequenz. Generell sahen viele altkirchliche Theologen in der Eucharistie die **Verheißung des ewigen Lebens** verbürgt. Die Sündenvergebung als Abendmahlsgabe wurde im 2./3.Jh. kaum angesprochen; das dürfte daran liegen, daß sie Proprium der Taufe war.

14.1.2 Die Auffassung, daß in Brot und Wein Jesu Christi Leib und Blut präsent seien, war verbreitet. Über eine Näherbestimmung der Gegenwart wurde kaum nachgedacht. In der liturgischen **Anamnese** (s. 15.1.3) war sie begründet. Tertullian z.B. formulierte, daß Christus im Brot seinen Leib darstellt (*repraesentat*; Adv.Marc. I,14,3). Justin, Irenäus, Clemens und Origenes sahen das eucharistische Geschehen als **Analogie zur Inkarnation**, ohne das konsequent zu interpretieren. Man kann bei ihnen eine personalistische Aktualpräsenz konstatieren, wonach Christus als Geber mit seinem Heilswerk im Zentrum steht. Damit zusammenhängend, aber auch davon unterschieden gab es Konzeptionen einer **Realpräsenz**, welche Christus als Gabe bzw. die Gaben Christi hervorhoben. Eine spiritualistische Deutung im Sinne einer **Verbalpräsenz**, wie Origenes sie von seiner Logoslehre her gab (das eucharistische Mysterium als gegenwärtige Wirksamkeit des "Wortes" interpretierend; Mt.-K.ser.85), wurde kaum rezipiert.

14.2 Die Wandlungsvorstellung

Seit dem 4./5.Jh. setzte sich zunehmend v.a. im Osten die unreflektierte Annahme einer geheimnisvollen Verwandlung der eucharistischen Elemente in Leib und Blut Christi durch. Im Westen wurde sie erstmals von Ambrosius formuliert, in den Jahrhunderten danach aber nur wenig vertreten.

14.2.1 Gregor von Nyssa definierte um 385, *daß das durch den Logos Gottes geheiligte Brot in den Leib des Logos Gottes verwandelt worden ist* (Orat.catech. 37,9; BGL 1,88). Etwa gleichzeitig sprach **Johannes Chrysostomus** in verschiedener Weise davon, daß Christus bzw. sein Wort oder der Heilige Geist die Abendmahlselemente verwandeln (z.B. Mt.-Hom. 82,5); damit konnte er die von ihm betonte Identität zwischen dem eucharistischen und dem historischen Leib Christi begründen. Für **Cyrill von Alexandria**, der mit anderem Theoriezusammenhang diese Identität hervorhob (s. § 4; 8.3.1), war es die Kraft des Logos, welche die Elemente bei der Konsekration innerlich *umgestaltet* (MG 72,452C;912A). Im Osten setzte sich die Wandlungsvorstellung, die ohne terminologische Präzisierung blieb, durch. Mit seiner Transformationslehre hat ihr **Johannes Damascenus** (s. § 4; 14.5) die abschließende Gestalt gegeben.

14.2.2 In der **Westkirche** spielte die Wandlungsvorstellung zunächst keine Rolle. Ihre erste, später grundlegend werdende Beschreibung gab Ambrosius (s. § 5; 2.3). Die Scholastik hat dann eine dem Damaszener entsprechende Theorie entwickelt (s. § 10; 8.2.1-3).

14.3 Die Eucharistie als Opfer der Kirche

Verschiedene Gründe führten seit dem 3.Jh. dazu, das eucharistische Geschehen häufig als **Opfer** (θυσία/*thysia* - προσφορά/*prosphora* - *oblatio/sacrificium* u.a.) zu qualifizieren: das Verständnis des Todes Jesu als Opfer und dessen Vergegenwärtigung in der Anamnese; die **Darbringung** von Gaben - insbesondere Brot und Wein - im Gottesdienst; der Bezug auf Mal 1,11 mit der Ankündigung eines *reinen Opfers* unter den Völkern; die religiös-soziale Konkurrenz gegenüber dem heidnischen Kult mit dem Anspruch auf Überbietung. Im Zusammenhang damit stand die seit dem 2./3.Jh. aufkommende Bezeichnung des Abendmahls- oder Gabentisches als **Altar** (θυσιαστήριον/*thysiastērion/altare-altarium*). Handelte es sich zunächst um eine metaphorische oder typologische Redeweise, so stand seit dem 4.Jh. dahinter die mehr oder weniger stark reflektierte Auffassung, daß Christi einmaliges Opfer in der Eucharistiefeier als Opfer gegenwärtig wäre. Sie war zunächst im Osten (v.a. in Syrien) stärker verbreitet als im Westen, hat dort aber seit Gregor d.Gr. eine kirchengeschichtlich bedeutsame Wirkung gehabt.

14.3.1 Zunächst im kritischen Gegenüber zu den atl. Opfern bezeichneten frühchristliche Autoren das Abendmahl als Opfer/Darbringung (Did 14,2; 1.Clem. 44,4; Ign.Eph. 5,2; Justin, Dial. 41,1; 42,2). Dessen Subjekt waren die Gemeindeglieder. Eine **Beziehung zu Christi Opfer** konstatierte erstmalig **Cyprian** in der Auseinandersetzung mit der Sitte der *Aquarier*, statt Wein beim Abendmahl Wasser zu verwenden: Der Priester (*sacerdos*) bringt anstelle bzw. in Nachahmung Christi Gott das *wahre und vollständige Opfer (sacrificium) in der Kirche dar (offert)*, nämlich im Gedächtnis (*commemoratio*) der Passion Christi bei der Zubereitung von Brot und Wein (Ep.63,14.17; BKV 60,266-269). Das war eine singuläre Aussage, die ihr dogmatisches Gewicht erst durch spätere Zitierung gewonnen hat.

14.3.2 Syrische und antiochenische Theologen haben im 4./5.Jh. besonders das Opferverständnis formuliert. Dabei wirkte die große Bedeutung der **Anamnese** in der dortigen Liturgie prägend. Der in Nisibis und Edessa tätige Syrer Ephraem (ca.306-373), der sich oft über die Eucharistie äußerte, sah in dieser vornehmlich die kultisch-anamnetische Vergegenwärtigung von Christi Opfer. Johannes Chrysostomus (ca.350-407) identifizierte das einzigartige historische Opfer Christi, die Dahingabe des Lebens für die Seinigen, mit dem eucharistischen Opfer des Priesters dergestalt, daß er dieses als Gedächtnis des Todes Christi, also nicht als eigenes, neues Opfer verstand. Ähnlich lehrten Theodor von Mopsuestia (ca.352-428), Theodoret von Cyrus (ca.393-ca.466) und Nestorius (ca.381-ca.451). Sie verstanden das *Opfer* nicht als sakramentale Darbringung, bei der die Kirche oder der Priester Subjekt wären, sondern als liturgische Vergegenwärtigung von Christi Heilswerk.

14.3.3 In der **lateinischen Theologie** nach Cyprian ist vereinzelt die Opfer-Metaphorik belegt, so z.B. bei Optatus von Mileve und Hieronymus, die ohne Präzisierung von einer Darbringung des Opfers oder einer Opferung Christi in der Eucharistie sprachen. Stärker ausgeführt hat das Augustinus: Da *Opfer* jede aktive Hingabe an Gott und die Mitmenschen ist, bringt die Kirche als Gemeinschaft der Gläubigen in der Eucharistiefeier sich selbst Gott als *sacrificium Christianorum* dar, indem die Vielen mit Christus ein Leib werden; dabei hängen die Vergegenwärtigung von Christi Opfer im Sakrament als das *tägliche Opfer der Kirche* und die Selbstdarbringung der Christen zum Dienst für Gott eng zusammen (vgl.z.B. De civ.X,6; Übers.: BKV 16,10-82). Diese eigentümlich schwebende Auffassung hat dann Papst **Gregor I.** in die Lehre umgesetzt, die Kirche bringe in der Messe ein eigenes **Versöhnungsopfer** dar (s. § 5; 12.2.1). Das unterschied sich von der östlichen Konzeption und bestimmte Frömmigkeit und Kirchenstrukturen im Mittelalter auf das stärkste (s. § 10; 8.4).

14.4 Literatur

J. BETZ: Eucharistie. In der Schrift und Patristik, HDG IV/4a, 1979. - G. KRETSCHMAR: Abendmahl III/1, TRE 1 (1977) 59-89. - H. LIETZMANN: Messe und Herrenmahl, 1926; 3.A. 1955; ND 1967. - F. LOOFS: Abendmahl II, RE[3] 1 (1896) 38-57.

15. Gottesdienst, Kirchengebäude, Feste

Zwei grundlegende Strukturen, die i.w. bis heute gelten, sind seit dem 3.Jh. - nach einer Vorgeschichte im 1./2.Jh. - entsprechend der Klerikalisierung des kirchlichen Lebens fixiert worden: a) der Aufbau des Sonntagsgottesdienstes mit den einzelnen Elementen, insbesondere mit der Zweiteilung in Wortverkündigung und Eucharistiefeier; b) die Errichtung von speziell für diesen Gottesdienst konzipierten Kirchengebäuden, also von reinen Sakralbauten, deren basilikale Grundform als Bischofskirche mit dem Gegenüber von Gemeinde und Klerus in der Folgezeit prägend blieb. Der Kultus und das dementsprechende Kirchengebäude wurden somit Wesensmerkmale des Christentums.

15.1 Der Sonntagsgottesdienst

Die Liturgie wies im 2./3.Jh. eine beträchtliche Mannigfaltigkeit in den unterschiedlichen Kirchengebieten auf. Ein wesentliches Element aber war überall einheitlich, die **Verbindung von Wortgottesdienst und Eucharistiefeier**. Daraus entwickelte sich zwar eine liturgische Grundform, aber deren Ausgestaltung differierte in allen Einzelheiten. Das verstärkte sich seit dem 4.Jh. dahin, daß die kirchlichen Hauptregionen jeweils spezifische **Liturgietypen** ausbildeten (Syrien/Antiochia, Jerusalem, Ägypten/Alexandria, Konstantinopel, Italien/Rom, Gallien). Seit dem 6.Jh. wurde im Westen der **Begriff "Messe"** (*missa*) gebräuchlich; er bedeutete zunächst *Entlassung (demissio)*, was sich auf den Schlußakt der Segnung bezog, konnte dann im allgemeinen Sinn die Segnung, die Feier oder auch das Fest bezeichnen.

15.1.1 Seit dem 1.Jh. war die christologisch zentrierte **Eucharistiefeier am Sonntag** die spezifisch christliche Gottesdienstform, die sich zunehmend aus der Verbindung mit einer Gemeindemahlzeit (*Agape*) löste. Der **Wortgottesdienst** (ursprünglich am frühen Morgen) orientierte sich mit Lesungen und Gebeten an jüdischen Vorbildern. Justins Angaben über die Situation in Rom um 155 sind das beste Zeugnis für das 2.Jh. (Apol.I,65-67; Übers.: BKV 12,80-82). Danach bestand die *Versammlung* am Sonntag aus einem Wort- und einem Eucharistieteil. Genauere Einzelangaben machen die fragmentarischen Quellen für das 3.Jh.; aus ihnen läßt sich - verbunden mit Rückschlüssen aus der reicheren Überlieferung des 4./5.Jh.s - ein ungefähres Gesamtbild rekonstruieren, das im folgenden schematisiert ist.

15.1.2 Die Gemeinde versammelt sich frühmorgens im Kirchengebäude, ihre Opfergaben sammelt ein Diakon ein. Der Lektor beginnt die Feier mit **atl. Lesungen** (Gesetz und Propheten), stimmt dann **Psalmen** an, die die Gemeinde im Wechsel mitsingt. (Chöre waren noch nach 260 sehr selten.) Nach der **Epistellesung** durch den Lektor trägt ein Diakon oder Presbyter das **Evangelium** vor. (Die Lesungen waren also nach dem Schema Verheißung-Erfüllung aufgebaut. Das Credo hatte seinen "Sitz" in der Tauffeier, nicht im Gottesdienst, wo es erst seit dem 5./6. Jh. im Osten rezipiert wurde.) Anschließend predigt ein Presbyter oder der Bischof über einen Bibeltext (**Paränese** oder/und **Homilie**). Damit ist der Wortteil beendet, die Katechumenen und Büßer verlassen den Raum, weil nur die Vollmitglieder der Gemeinde dem folgenden Eucharistieteil beiwohnen dürfen.

15.1.3 Dieser beginnt mit allgemeinen **Fürbitten**, dem Hereintragen von Brot und Wein als **Opfergabe** (*oblatio*), dem Versöhnungszeichen durch den allgemeinen Friedenskuß. Nach dem sog. Kirchengebet mit speziellen Fürbitten (z.B. für verstorbene Gemeindeglieder) beginnt die in der Regel vom Bischof gehaltene Eucharistiefeier mit der **Präfation**, die deutlich macht, daß das Folgende durch den Dank für Gottes Heilshandeln bestimmt ist. Das vierteilige, lange Hochgebet bringt den Lobpreis, die **Anamnese** (*Gedächtnis* der Passion und der Abendmahlseinsetzung), die **Anaphora** (*Darbringung*) als Dank für Christi Opfer und die **Epiklese** (*Anrufung*) mit der Bitte um Sendung des Heiligen Geistes auf Brot und Wein sowie auf die Gläubigen. Dann folgen die Austeilung der eucharistischen Gaben und die **Kommunion** mit abschließendem Dankgebet. Nach der Entlassungsformel spenden die Gemeindeglieder verschiedene Gaben für die Armen, was die Verzahnung von liturgischem Leben und karitativer Praxis verdeutlicht.

15.2 Hauskirchen und Neubauten

Über die Kirchbauten des 3.Jh.s ist aus literarischen und archäologischen Quellen nur sehr wenig bekannt. Für das 4.Jh. verbessert sich die Quellenlage etwas. Mit dem Anwachsen der Gemeinden benötigte man größere Versammlungsstätten, in den großen Städten sogar mehrere. Noch im 3.Jh. reichten dafür wahrscheinlich die zu "Hauskirchen" umgebauten Privatgebäude wohlhabender Gemeindeglieder. Doch in der Epoche relativer Ruhe und Konsolidierung nach 260 (s. § 3; 8.4) kam es mancherorts zu Neubauten größeren Ausmaßes und zur Anlage eines bischöflichen Gebäudekomplexes.

15.2.1 Die ältesten gottesdienstlich genutzten Gebäude waren bis weit ins 3.Jh. (z.T. noch im 4.Jh.) umgebaute bzw. hergerichtete **Privathäuser**, in denen ein größerer Raum der Versammlung diente. Da die Kirche bis 313 keine rechtsfähige Korporation war (s. § 3; 10.4), mußten statt der Gemeinde offiziell Privatleute als Eigentümer - auch bei Häusern, die aus kirchlichen Mitteln bezahlt wurden und im 3.Jh. bei entsprechend finanzierten Neubauten - angegeben werden. Da ihre Namen auf den Tafeln am Hauseingang (*tituli*) genannt wurden, hießen diese Gebäude z.B. in Rom, wo Beispiele dafür überliefert sind, *Titelkirchen*. Als archäologisches Zeugnis für diese Hauskirchen ist diejenige im mesopotamischen Dura-Europos (um 240 gebaut) erhalten. Bezeichnenderweise lag sie am Rand der Stadt, was die soziologische Situation der Christen widerspiegelt und wohl für die meisten Kirchbauten in vorkonstantinischer Zeit galt.

15.2.2 Nur hypothetisch erschließen läßt sich eine etwa nach 260 eingetretene Veränderung: An einigen Orten dürften die Gemeinden **Zweckbauten** neu errichtet haben. Porphyrius (s. § 3; 6.2) polemisierte um 270 gegen die Ausmaße des Kirchbaus. In Nikomedia gab es vor 303 in zentraler Lage eine große Kirche (s. § 3; 9.3). Vermutlich orientierte man sich beim Bau an den gottesdienstlichen Funktionen: Eine lange, relativ breite **Halle** - im Stil der römischen Basilika - mit zwei durch Säulen abgeteilten Seitenschiffen war der Versammlungsraum der Laien; an der Stirnseite bildete eine halbrunde **Apsis** den Raum für die Kleriker mit dem Bischofsthron in der Mitte. Ein Anbau oder separater Raum, das **Baptisterium**, wurde für die speziellen Bedürfnisse der Taufhandlung eingerichtet.

15.2.3 Wahrscheinlich befand sich in etlichen Städten schon im 3.Jh. neben dem Kirchengebäude das **Bischofshaus**, nicht selten mit einem Speicher für die Mittel zur Armenfürsorge. Die literarischen Quellen für das 4.Jh. geben ein deutlicheres Bild und zeigen, daß die architektonische Entwicklung bereits früher einsetzte. Nach 313/324 kam es überall im Reich zu kirchlichen Neubauten großen Stils in den Zentren der Städte (s. § 3; 10.5; 11.4).

15.3 Der christliche Festkalender

Ein Festzyklus hat sich erst seit dem 3./4.Jh. in Ansätzen, ausgeprägt seit dem 5./6. Jh. entwickelt. Damit entstand ein für die Frömmigkeits- und Sozialgeschichte bedeutsames Element des kirchlichen Lebens. Zunächst war **Ostern das einzige Fest**. Während viele Gemeinden in Kleinasien dies im 2.Jh. als christliches Passa, d.h. als Fest der Erlösung, am 14. Nisan feierten (daher als *Quartadezimaner* bezeichnet), kam in Rom die Feier am folgenden Sonntag auf. Ein Streit um den **Ostertermin** entstand ca.195, als Viktor von Rom diese *dominikale* gegen die *quartadezimanische* Praxis allgemein in der Kirche durchsetzen wollte. Seit Mitte des 2.Jh.s entwickelten sich die lokalen **Märtyrerfeste**. Im späten 3.Jh. erhielt **Pfingsten** als Abschluß der Osterzeit eine besondere Ausgestaltung. Wohl auf dem Hintergrund reichskirchlicher Volksmission entstand seit ca.350 in Rom, danach auch im Osten das **Weihnachtsfest** am 25. Dezember, das sich seit dem 5.Jh. durchsetzte und dem parallel dazu aufgekommenen **Epiphaniasfest** vom 6. Januar eine z.T. untergeordnete Bedeutung gab.

15.3.1 Ein **Osterfest** als Feier der Auferstehung Christi (die ja an jedem Sonntag begangen wurde) ist erst im 2.Jh. bezeugt; es dürfte sich aus der spezifisch christlichen **Passafeier** entwickelt haben, die wohl ins 1.Jh. zurückreicht. Dieses einzige Fest war v.a. in der Provinz Asia als **Gedächtnis der Erlösung** verbreitet, wobei einerseits Kreuz und Auferstehung Christi zusammengeschaut, andererseits beide typologisch auf die Heilsgeschichte Israels bezogen wurden. (Quelle dafür: die Passahomilie des Meliton von Sardes; Text: SC 123; Übers.: J.Blank, 1963.) Während das christliche Passa als Vigil in der Nacht des 14. Nisan begangen wurde, kam im frühen 2.Jh. - vielleicht aber auch erst um 160/170 - in Rom der darauffolgende Sonntag als Termin auf. Die inhaltlichen Unterschiede der Festgestaltung dürften gering gewesen sein; allerdings konzentrierte sich das sonntägliche Osterfest (auch als Vigil) ganz auf die Auferstehung.

15.3.2 Durch Bischof Viktor entstand um 195 ein **Konflikt um den Ostertermin**, als in Rom ein Presbyter aus der Asia die heimatliche Sitte praktizieren wollte (vgl. Eusebius, KG V,23,1-24,17). Eine römische Synode sprach sich gegen die Praxis der kleinasiatischen Kirche aus. So entschieden auch Synoden in anderen Provinzen, z.B. in Palästina und Pontus, für den Sonntag. Nur die Asia unter Polykrates von Ephesus blieb beim alten Termin. (Demgemäß die gegnerische Bezeichnung für diese Gruppe als "**Quartadezimaner**", d.h. als Menschen, die am 14. Nisan feiern.) Daraufhin versuchte Viktor, die Kirchengemeinschaft mit den Quartadezimanern abzubrechen, stieß aber auf Widerstand (z.B. bei Irenäus). Der unterschiedliche Ostertermin blieb in der Folgezeit bestehen. Das Konzil von Nicäa 325 verurteilte die Quartadezimaner. Die grundsätzliche Bedeutung des Streites lag a) in der Tatsache, daß erstmals durch das neue Entscheidungsmittel der Synode (s. 7.4) ein einheitliches Verfahren für die Gesamtkirche angestrebt wurde; b) in dem mißglückten Bestreben Viktors, Roms Tradition in einer Einzelfrage als maßgeblich zu behaupten (vgl. § 8; 1.2).

15.3.3 Im Verlauf des 3.Jh.s wurde die Osterfeier durch zweierlei ergänzt: a) durch die Ausgestaltung der "**Pentekoste**", der sieben Wochen nach Ostern, zu einer Freudenzeit (deren Abschluß mit **Pfingsten** als eigenem Fest der Ausgießung des Heiligen Geistes wohl erst seit Beginn des 4.Jh.s gefeiert wurde); b) durch den Ausbau der traditionellen **Fastenzeit** in der Woche vor Ostern zu einer Vorbereitung auf das Fest. Weitere Feste, über das Jahr verteilt und regional unterschieden, waren die Gedenktage der Märtyrer (s. § 3; 5.1). Auch Apostelfeste dürften begangen worden sein.

15.3.4 Eine wichtige Neuerung entstand im 4.Jh.: das **Fest der Geburt Christi** am 25. Dezember (erstmals wohl um 350 in Rom und seit ca.370/380 auch in Konstantinopel, Kleinasien, Kappadokien und Syrien/Antiochia gefeiert). Das Datum ergab sich aus dem religionspolitischen Bezug auf das Geburtsfest des **Sonnengottes** (*dies natalis solis invicti*), aber auch aus dem Bestreben, in der Volksfrömmigkeit das bei Heiden wegen seiner Lustbarkeiten und Geschenke beliebte Saturnalienfest (17.-23. Dez.) abzulösen. Jetzt feierte man den dies natalis Jesu analog zu "Kaisers Geburtstag" als Herrschaftsantritt. Die Dogmatisierung der Gottheit Christi und die Konflikte um die Christologie trugen dazu bei, daß dieses Fest seit dem 5.Jh. sich allgemein durchsetzte.

15.3.5 Ein ursprünglich mit dem Weihnachtsfest konkurrierendes **Epiphaniasfest** am 6. Januar wurde im 2./3.Jh. wohl nur in gnostischen Gruppen Alexandrias gefeiert. In der Großkirche kam es erst im 4.Jh. in einigen Regionen (Ägypten, Kappadokien, Jerusalem, Zypern) auf als Fest der Geburt und der Taufe Jesu, der Ankunft der Magier und der Hochzeit von Kana. Wo sich das Weihnachtsfest durchsetzte, wurde jenes zum Fest der Taufe Jesu.

15.4 Literatur

C. ANDRESEN: Kirchen der alten Christenheit, 229-254. - DERS.: Einführung in die Christliche Archäologie, KIG I/B1, 1971. - H. BRANDENBURG: Kirchenbau I, TRE 18 (1989) 421-442. - J. JUNGMANN: Liturgie der christlichen Frühzeit, 1967. - W. NAGEL: Geschichte des christlichen Gottesdienstes, 1962, 2.A. 1970, 30-51. - W. RORDORF: Der Sonntag, 1962. - R. VOLP: Liturgik Bd.1, 1992, 181-271.

16. Schismatische Gemeinschaften: Reinheit und Heiligkeit der Kirche

Ein für die ganze Kirchengeschichte relevantes Element ist das Gegenüber von Großkirche und opponierenden Sondergemeinschaften, welche die wahre Kirche darzustellen beanspruchen (und insofern den Typ der Sekte repräsentieren). Das ekklesiologische Grundproblem, ob die Heiligkeit der Kirche sich in moralischer Reinheit ihrer Glieder und Amtsträger ausdrücken müsse, führte im 3./4.Jh. zu drei exemplarischen Konflikten. Typisch war auch die Verbindung mit persönlichen Rivalitäten, kirchenpolitischen Interessen und sozialen Differenzen. Aus der Opposition gegen die Buße für Apostaten entstand seit 251 das Schisma der **Novatianer**, die rigoristische *Kirche der Reinen*. Im Zusammenhang mit der diokletianischen

Verfolgung bildeten sich seit 306 in Ägypten das Schisma der **Melitianer** und seit 312 in Nordafrika die Märtyrerkirche der **Donatisten**, welche große Bedeutung für das weitere Schicksal dieser Kirchenprovinz und darüber hinaus für die westliche Dogmengeschichte gewann.

16.1 Das novatianische Schisma seit 251

Im Konflikt um die Buße für *lapsi* der decischen Verfolgung (s. 13.4) ging es um das Problem der Heiligkeit und Reinheit der Kirche. Gegen die Entscheidung des Bischofs Cornelius, die Apostaten wieder aufzunehmen, opponierte in **Rom** der gelehrte Presbyter **Novatian** (gest. 257/8?; vgl. auch § 1; 6.3), der bei der Bischofswahl 251 jenem unterlegen war. Hatte er 250 gegenüber Cyprian noch die milde Auffassung Roms vertreten, so propagierte er jetzt den **Rigorismus** in der Kirchenzucht. Seine kleine Anhängerschaft, der sich der Rest der Hippolyt-Gemeinde (s. 10.3) anschloß, wählte ihn zum Bischof. Doch die italischen Bischöfe verurteilten ihn 251, und dem folgten andere westliche Gemeinden. Novatian nahm Kontakt zur Rigoristengruppe in Karthago auf, weihte ihr einen eigenen Bischof, so daß auch dort ein Schisma entstand. Teilweise schlossen sich die Montanisten (s. 7.3), die eine entsprechende Ekklesiologie vertraten, der neuen Bewegung an. Diese bezeichnete sich programmatisch als Kirche der "Reinen" (καθαροί/*katharoi*). Ihre größte Verbreitung fand sie in Kleinasien und Syrien, wo sie bis zum 4./5.Jh. bestand, z.T. mit großen Gemeinden, und erst im 6./7.Jh. verschwand. Im Westen verband sie sich im 4.Jh. weithin mit den Donatisten.

16.2 Das melitianische Schisma in Ägypten seit 306

In der diokletianischen Verfolgung (s. § 3; 9.3-4) war der Metropolit Petrus von Alexandria vor dem staatlichen Zugriff geflohen. Wohl aus Kritik an dieser Haltung beanspruchte Bischof **Melitius** von Lykopolis/Thebaïs 305, die Visitations- und Ordinationspflichten an seiner Stelle wahrzunehmen. Als Petrus 306 die Buße für Apostaten, die es auch in dieser Verfolgung reichlich gab, regelte, bildete sich unter den Konfessoren eine rigoristische Opposition im Sinne einer **Märtyrerkirche**, der sich auch Melitius anschloß. Es kam zum Schisma mit erbitterten Auseinandersetzungen. Die Melitianer fanden zahlreiche Anhänger, zumal in Mittel- und Oberägypten, und hielten um 325 bereits 29 Bistümer. Gegen Athanasius führten sie aus kirchenpolitischen Gründen einen hartnäckigen Kampf (s. § 1; 11.5.1). Ihr Ideal einer reinen Kirche verband sich z.T. mit dem Mönchtum; Reste ihrer Gemeinschaft hielten sich noch lange.

16.3. Das donatistische Schisma in Nordafrika seit 312

In den nordafrikanischen Provinzen, v.a. in Numidien und Mauretanien, hielt sich der ethische Rigorismus des frühen Christentums intensiv, z.T. verbunden mit apokalyptischen Tendenzen und ausgeprägtem Märtyrerkult. Während der diokletianischen Verfolgung (s. § 3; 9.3-4) entstand nach 305 ein Konflikt um die sog. **Traditoren,** d.h. Kleriker, die den Staatsorganen die heiligen Bücher ausgeliefert hatten und nun für viele als unwürdig, also als amtsunfähig galten, weil ihre Sünde den Verlust des Heiligen Geistes bewirkte. Zum großen Streit kam es 312, als man in **Karthago** zum neuen Bischof **Cäcilian** gegen den Widerstand etlicher Kleriker und Gemeindeglieder weihte. Die Opponenten unter Führung des numidischen Bischofs **Donatus** (gest. ca.355; daher *Donatisten*) - ca.70 Bischöfe - erklärten die Weihe für ungültig, weil ein Traditor beteiligt gewesen wäre, der als Todsünder keinen Geist vermitteln könnte. Über den konkreten Fall hinaus ging es also um das grundsätzliche Problem, ob die von sündigen Klerikern gespendeten Sakramente wirksam wären (s. dazu § 5; 8.2.1 und 8.3.1). In Karthago wurde ein Gegenbischof gegen Cäcilian eingesetzt; die Spaltung erfaßte die gesamte Region, weil die Donatisten überall verbreitet waren und vielerorts die Majorität - als die wahre *ecclesia catholica* bzw. *sancta* - repräsentierten. Der Streit verschärfte sich sogleich dadurch, daß er sich auch auf Konstantins Wiedergutmachungsleistungen bezog. (Zum weiteren Verlauf s. § 3; 11.5.1.) Durch den Widerstand gegen die staatliche Unterdrückung wuchs der Donatismus als **Protestbewegung** an (336 mit 270 Bistümern), weil nun der nationale Gegensatz der Berber (u.a.) gegen die römische Herrschaft hinzukam. Außerhalb Afrikas verbreitete er sich kaum. Politische und soziale Faktoren verstärkten seit 321/337 den Konflikt.

16.3.1 Soziale und politische Unruhen

Auch unter Konstantins Nachfolgern konnten weder Toleranz noch Gewaltanwendung seitens des Staates das Donatistenproblem lösen. Die getrennten Kirchenstrukturen verfestigten sich; Donatus' Nachfolger wurde Parmenian 363-392. Unruhen in der ausgebeuteten, unterdrückten Landbevölkerung Numidiens und Mauretaniens verschärften die Situation nach 347, zumal seit 361/2, als unter Kaiser Julian die exilierten Bischöfe zurückkehrten. Hier bildete sich innerhalb des Donatismus die radikale Bewegung der **Circumcellionen** (so wohl genannt nach ihrer Sammlung um die *cellae*, d.h. entweder die landwirtschaftlichen Speicher oder die Märtyrerkapellen): Diese *Heiligen* und *Soldaten Christi*, z.T. Kleriker, verbanden ihr Märtyrerbewußtsein mit bewaffneten Angriffen auf großkirchliche Gebäude und römische Latifundien. Bei den **politischen Aufständen** der Mauren unter Firmus 372ff und Gildo 397f kämpften sie mit. Die staatliche Verfolgung ließ bei den Donatisten, die zumeist friedlich lebten, apokalyptische Stimmungen aufkommen. Der nach 411 verschärften Unterdrückung widerstanden sie weithin. Unter der Herrschaft der Vandalen 429-534 konnten sie im allgemeinen friedlich leben.

16.3.2 Die theologische Auseinandersetzung

Der Donatismus war religiös konservativ und hielt daher an alten nordafrikanischen Traditionen fest (z.B. der strengen Bußdisziplin, den Agapen). Er verwarf die Synthese von Christentum und antiker Bildung und Neuerungen wie z.B. das Mönchtum, betonte die Fremdheit gegenüber der Welt, insbesondere natürlich die scharfe Ablehnung des (Verfolger-)Staates. Das bestimmte auch die theologische Auseinandersetzung mit der Großkirche, deren Kern die **Ekklesiologie** bildete. Die Donatisten orientierten sich an Cyprians **Amts- und Sakramentsverständnis**: Der Geistbesitz erweise sich an einem heiligen Lebenswandel, weswegen nur die von würdigen Klerikern gespendeten Sakramente wirksam wären. Da sie die Ketzertaufe (s. 12.6) als ungültig ablehnten, tauften sie z.T. die übertretenden "Katholiken" und wurden deshalb als *Wiedertäufer* (*rebaptizatores*) attackiert. Das staatliche Verbot der Wiedertaufe von 373 und 405 (C.Th.XVI, 6.1.3-5) bekam erst in der späteren Kirchengeschichte, z.B. im 16.Jh., praktische Bedeutung. Der gelehrte Exeget **Tyconius** (gest. ca.400) vertrat nach 370 eine Ekklesiologie, welche die objektive Heiligkeit der recht vollzogenen Sakramente und die Unmöglichkeit einer Ausscheidung der Sünder betonte; er wurde ca.378 aus der donatistischen Kirche ausgeschlossen. (Vgl. zu ihm § 5; 8.2 und 9.1.2.) Die großkirchliche Lehre formulierte gegen die Donatisten v.a. **Optatus**, der Bischof von Mileve/Numidien um 365/385: Die wahre Kirche ist "katholisch", d.h. in der ganzen Welt verbreitet; die Sakramente sind unabhängig vom Spender gültig. Seine Position wurde nach 394 von Augustin in zahlreichen Schriften ausgebaut, mit denen er die Donatisten widerlegen und bekehren wollte. (Vgl. auch § 5; 4.2.)

16.4 Literatur

J.S. ALEXANDER: Novatian/Novatianer, TRE 24 (1994) 678-682. - W.H.C. FREND: Donatismus, RAC 4 (1959) 128-147. - T. HAHN: Tyconius-Studien, 1900; ND 1971. - F.H. KETTLER: Der melitianische Streit in Ägypten, ZNW 35 (1936) 155-193. - H. KOCH: Novatianus, PW 17/1 (1936) 1138-1156. - E. TENGSTRÖM: Donatisten und Katholiken, 1964. - H.J. VOGT: Coetus Sanctorum. Der Kirchenbegriff des Novatian und die Geschichte seiner Sonderkirche, 1968.

§ 3
Frühe Christenheit und römisches Reich

Bedeutung des Themas

Ein wesentliches Element der gesamten Kirchengeschichte ist das Verhältnis der Kirche und einzelnen Christenmenschen zu Staat und Gesellschaft. Von frühester Zeit an schuf es existentielle Probleme, die im Geschichtsverlauf bis zur Gegenwart zwar grundsätzlich fortbestanden, aber in stark unterschiedlichen Konstellationen begegneten. Soziale Probleme entstanden durch das Leben der Christenmenschen in bestimmten Gesellschaftssystemen; daß das Verhältnis der Kirche zum Staat ein Grundproblem war und heute noch ist, liegt an der **Konkurrenz** beider Institutionen, die im Blick auf denselben Personenkreis **Herrschaft** beanspruchen zur Durchsetzung bestimmter **Normen**: Die Lebensgestaltung nach den Normen der in Jesus Christus offenbarten Gottesherrschaft steht in Parallele oder im Gegensatz zum Leben nach den Normen der weltlichen Gemeinschaft (den gesellschaftlichen Konventionen wie den staatlichen Gesetzen); und durch die institutionelle Verfaßtheit des Christentums als Kirche - z.B. durch Ämter, Recht, fixierte Lehre, Verbreitung und organisatorische Vernetzung - ergeben sich Berührungen in der konkreten Herrschaftsausübung. Die wechselvolle Gestaltung des Verhältnisses im Verlauf der Jahrhunderte ist prinzipiell im Wesen des Christentums begründet, das durch eine unausgeglichene Spannung zwischen Weltbejahung und Weltverneinung, **Diastase und Synthese** geprägt wird und das eine kategoriale Trennung zwischen dem religiös-kultischen und dem politisch-sozialen Bereich nicht zuläßt.

Der Frühzeit kommt im Blick auf jenes Grundproblem nicht nur paradigmatische, sondern auch fundamentale Bedeutung zu, weil die im 4.Jh. vollzogene Synthese von Kirche und Staat die weitere Entwicklung des Christentums nachhaltig beeinflußt hat: Aus der verfolgten Minorität wurde eine etablierte Majorität. Wollte man dies nur als eine Wesensverfremdung verstehen, dann würde man den differenzierten Sachverhalt in historischer wie in theologischer Hinsicht verkennen. Vielmehr muß man zunächst die Situation im 1.-3.Jh. betrachten, die zwar durch eine prinzipielle Diastase und damit durch eine generelle **Verfolgungssituation** gekennzeichnet war, die aber mit dem Begriff "Christenverfolgung" nur partiell erfaßt werden kann. Allerdings bieten die Verfolgungen durch den römischen Staat ein grundsätzlich wichtiges **Paradigma** für die christliche Existenz in der Welt, und deswegen ist die exakte Erfassung von deren vielschichtigen Ursachen eine wichtige Aufgabe. In wirkungsgeschichtlicher Hinsicht wichtiger ist die allgemeine **Konvergenz von Kirche und Staat**, die Kaiser Konstantin seit 312/24 in einer religiös-politischen Synthese, der "Reichskirche", institutionalisiert hat: Sie wurde zum **Fundament** der weiteren Existenz der Christenheit nicht nur im spätantiken Imperium Romanum, sondern auch in dessen westlichen und östlichen Nachfolgereichen und in den neu christianisierten Gebieten (vgl. dazu v.a. §§ 7-9). Die in der weitgehenden Deckungsgleichheit von Staats- und Kirchenvolk begründete Verbindung beider Institutionen stellte sich allerdings in den jeweiligen Territorien und Perioden recht unterschiedlich dar.

Hauptsächliche Probleme

- Zusammenhang von Religion/Kult und Politik im spätantiken Weltverständnis
- Römische Konzeptionen von öffentlichem Wohl/*salus publica* und christlichen Heilsvorstellungen
- Die allgemeinen historischen Ursachen der Diastase und des Konflikts im 1.-3.Jh.: Politische, soziale und religiöse Aspekte
- Ziele und Verlaufsformen der Verfolgungen; Differenz zwischen sporadisch-regionalen Verfolgungen im 1./2.Jh. und systematisch-allgemeinen Verfolgungen im 3./4.Jh.
- Die juristische Frage nach der Rechtsgrundlage für die Christenverfolgungen
- Beurteilung des Staates in der christlichen Theologie
- Allgemeine Ursachen der Synthese in der "Konstantinischen Wende": Staatspolitische Notwendigkeiten, historische Besonderheiten, persönliche Faktoren, öffentliche Relevanz des Christentums
- Ziele und Motive von Konstantins Religionspolitik
- Allmähliche Formierung der Reichskirche im 4./5.Jh.
- Verfolgung von Heiden, Juden und Häretikern seit dem 4.Jh.
- Konstitutive Merkmale von "Staatsreligion" und "Staatskirche"
- Unterschiedliche Entwicklung in Ost und West seit dem 5./6.Jh.

QUELLEN: Einzelne Notizen und Berichte bei heidnischen und christlichen Autoren; vgl. die Textsammlungen: P. GUYOT/R. KLEIN (Hg.): Das frühe Christentum bis zum Ende der Verfolgungen, 2 Bde., 1993-4. - W.-D. HAUSCHILD (Hg.): Der römische Staat und die frühe Kirche, 1974. - E. PREUSCHEN (Hg.): Analecta. 1. Teil, 1909; ND 1968. - A.M. RITTER (Hg.): Alte Kirche. KTGQ 1, 1977; 5.A. 1991. - EUSEBIUS VON CAESAREA: Kirchengeschichte, hg.v. E. Schwartz, GCS 9, 1-3, 1903-09 (Kleine Ausgabe 5.A. 1955); Übers.: Ph. Haeuser/H.A. Gärtner, hg.v. H. Kraft, 1967; 2.A. 1981.

LITERATUR: K. CHRIST: Geschichte der römischen Kaiserzeit. Von Augustus bis Konstantin, 1988; 2.A. 1992. - T. CHRISTENSEN: Christus oder Jupiter. Der Kampf um die geistigen Grundlagen des Römischen Reiches, 1981. - A. DEMANDT: Die Spätantike. Römische Geschichte von Diocletian bis Justinian 284-565 n.Chr., 1989. - R.M. GRANT/H.D. BETZ: Kirche und Staat I, TRE 18 (1989) 354-374. - H. LIETZMANN: Geschichte der Alten Kirche, 4 Bde., 1932-44, ND 1975. - J. MOLTHAGEN: Der römische Staat und die Christen im zweiten und dritten Jahrhundert, 1970. - J. MOREAU: Die Christenverfolgung im römischen Reich, 2.A. 1971. - J. VOGT: Christenverfolgung I (historisch), RAC 2 (1954) 1159-1208.

Wichtige Ereignisse, Sachverhalte, Personen

I.	**Ursachen und Entwicklung des Konflikts**
1.Jh.	Loslösung der Christen vom Judentum; Bildung der morphologischen Besonderheiten
	Soziale Isolierung gegenüber der hellenistisch-römischen Umwelt
	Römischer Imperialismus: Herrschaftssicherung durch Reichsidee, Kaisertum und Loyalität der Untertanen
	Römische Religion: Gewährleistung der *salus publica*
	Kollektivverdacht gegen das Christentum
64	Polizeiaktion in Rom unter **Nero** wegen Brandstiftung
II.	**Sporadische Christenverfolgungen bis 250**
seit ca.90	Lokale Verfolgungen aufgrund des Christseins
112/3	Plinius-Brief und **Trajan-Reskript**: Unklarheit der Rechtslage
seit 130/50	Christliche Apologetik gegen soziale und politische Vorwürfe
140/150 nach 160	Frühformen des Märtyrerkultes Entstehung der literarischen Gattung der **Märtyrerakte**
ca.162/178	Populäre Polemik bei Fronto und philosophische Kritik bei Celsus
167-177 202/3	Verfolgungen im 2.Jh., besonders unter Mark Aurel und Septimius Severus: Pogrome der Bevölkerung, staatliche Prozesse
III.	**Konsequente Unterdrückung 250-258. 303-311**
249-251 **257/8**	Erste allgemeine, systematische, auf Gesetz basierende Christenverfolgung unter **Decius** (249-51) und **Valerian** (257/8)
seit 260	Relative Friedenszeit
seit 303	Erneute systematische Verfolgung unter **Diokletian** im Zshg. der Reichsreform
311	Erstmals ausdrückliche Toleranz: **Edikt des Galerius**
IV.	**Konstantin: Synthese von Imperium und Christentum**
seit 306	Begünstigung der Christen durch Konstantin
seit 312/3	Eingreifen des Kaisers in den donatistischen Streit
312-324	Die "**konstantinische Wende**": Christlicher Kult und *salus publica*
313	**Mailänder Vereinbarung** zwischen Konstantin – Licinius: Toleranz und Restitution
324-337	Alleinherrschaft Konstantins: **Christenfreundliche Maßnahmen**, Kirchbauten
318-325	Arianischer Streit. Reichskonzil von Nicäa
330	Konstantinopel als neue Hauptstadt
V.	**Privilegierte Reichskirche**
bis 361	Zunehmender Zwang gegen Heiden und Häretiker unter Konstans und Konstantius
361-363	Heidnische Reaktion unter Julian (*Apostata*)
379-395	Zurückdrängung des Heidentums, Christentum auf dem Weg zur Staatsreligion seit **Theodosius**. Edikt *Cunctos populos* 380
seit 410	Allmähliche Auflösung des Staates im westlichen Reichsteil (bis 476/80)
527-565	Christliche Universalherrschaft unter **Justinian**

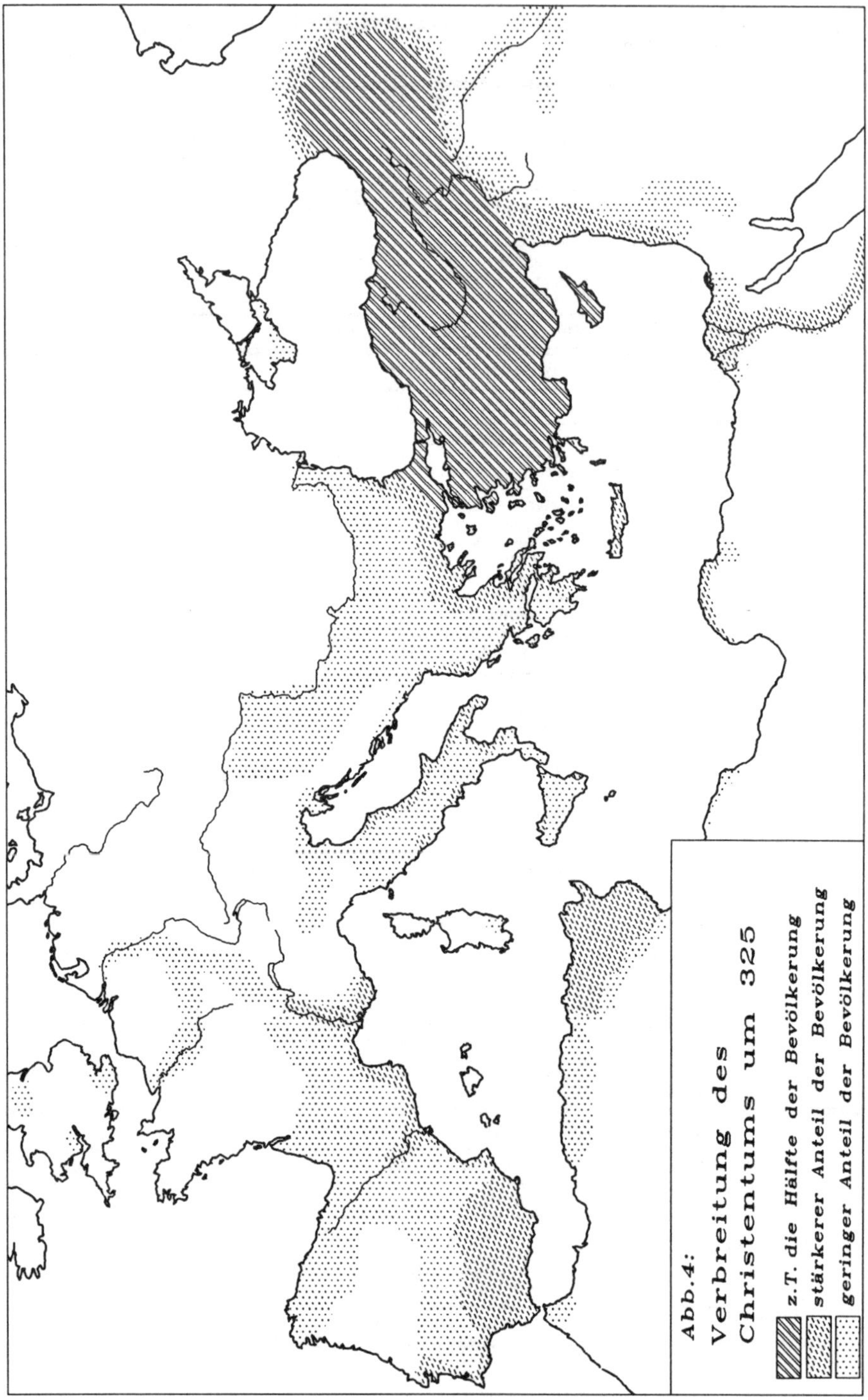

Abb. 4: Verbreitung des Christentums um 325

1. Die Grundursache des Dauerkonflikts

Das kaiserzeitliche Imperium Romanum war kein totalitäres Regime, sondern relativ tolerant in religiöser und moralischer Hinsicht. Deshalb ist die Behandlung der Christen durch staatliche Behörden erstaunlich: Verfolgungen gab es nicht ständig und überall, vielmehr waren sie zeitlich sporadisch und lokal bzw. regional beschränkt; doch es bestand eine **generelle Konfliktdisposition**, die aus dem Wesen sowohl des Christentums als auch der römischen Staatlichkeit resultierte. Dem auf militärischer Sicherung basierenden römischen Imperialismus fehlte eine für alle Reichsangehörigen plausible Staatsidee; deswegen mußte der Staat alle inneren Unruheherde auszuschalten suchen und auf die prinzipielle Loyalität sämtlicher Untertanen bedacht sein. Die Christen wurden als potentiell gefährlich verdächtigt, weil sie sich dem üblichen Lebensstil entzogen, sich den sozialen und religiösen Normen verweigerten und insbesondere den Staatskult ablehnten.

1.1 Das Reich: Herrschaftssicherung durch innere Stabilität

Das *Imperium Romanum* - ohne ein effektiv tragendes Staatsvolk, prinzipiell basierend auf der Vorherrschaft der (Stadt-)Römer und Italier über eroberte Provinzen und Völker - stand infolge seiner Ausdehnung auf eine Vielzahl kulturell und religiös divergenter Nationen vor dem Grundproblem der **Integration**: Eine gewisse staatliche Einheitlichkeit, die über die militärisch-administrative Organisation hinaus das Leben der Bevölkerung prägen sollte, mußte gewährleistet sein. Die Herrschaftssicherung durch Abwehr der Gefahren von außen (insbesondere an den Grenzen im Norden gegen die verschiedenen Stämme der Germanen und im Südosten gegen das Reich der Parther bzw. Sassaniden) und durch die Unterdrückung jedweden Aufruhrs im Innern war entscheidendes Motiv. Dabei spielte der religiöse Aspekt eine nicht unwichtige Rolle: Der römische **Staatskult** sollte als ideologisches Einheitsband fungieren, konnte das aber mangels innerer Bindungskraft nur bedingt leisten. Die innenpolitische Stabilisierung war eine Daueraufgabe, bei der alle desintegrierenden Faktoren, also auch eine nonkonformistische Religion wie das Christentum, störend wirken mußten.

1.2 Die Christen: Gottesherrschaft und spezifischer Sozialverband

Auch im Christentum ging es um die Durchsetzung von Herrschaft und um die Ordnung des menschlichen Lebens, allerdings in völlig anderer Weise (vgl. § 2). Zwar war es vom Ansatz her eine rein religiöse, auf das Heil des Individuums ausgerichtete Bewegung, aber die Orientierung an der eschatologischen Gottesherrschaft (mit deren Dialektik von zeichenhafter Gegenwärtigkeit im Wirken Jesu und noch ausstehender Zukünftigkeit der universalen Weltveränderung) führte in den Konkretionen des Lebens zu sozialen und politischen Konflikten. Christen lebten nach **anderen Normen** als ihre heidnische Umwelt. Sie organisierten sich in einem Sozialverband (Kirche, Gemeinde), der sich von anderen unterschied und die herkömmlichen sozialen Bindungen (Familie, Stand, Volk) sprengte. Sie unterschieden sich von den jüdischen Synagogen, den Mysterienkultvereinen, den *collegia tenuiorum* (Vereinen zur Pflege des Begräbnisses der Mitglieder und der Geselligkeit) oder den Philosophenschulen. Sie wollten ein neues, universales, die üblichen Grenzen übergreifendes Volk sein. Sie waren den anderen Religionen nicht vergleichbar, da Tempel und Opfer, Priester und kultische Einrichtungen fehlten. Sie ließen sich nicht befriedigend in die Gesellschaft eingliedern, und sie kollidierten mit dem Staat. Ihr Glaube verwehrte ihnen die Anpassung, welche Konflikte hätte vermeiden können.

1.3 Kollektive Verdächtigung der "Christiani"

So aktualisierte sich in unterschiedlichen Situationen mit spezifischen Anlässen die grundsätzliche Disposition der Unvereinbarkeit zweier Systeme. Sie war für die Umwelt auch erkennbar an dem Namen der Gruppierung: Als *Christiani* (so nach Apg 11,26 erstmals in Antiochia, vermutlich von römischen Behörden bezeichnet, um sie von den Juden zu unterscheiden oder als besondere jüdische Sekte zu identifizieren) waren sie als die Parteigänger bzw. als die Klientel des "Christus" definiert, d.h. eines von den Römern hingerichteten Aufrührers. Tacitus bezeugt für die Zeit um 120, daß dieser Zusammenhang allgemein bekannt war (Annalen XV, 44,3: Der unter Pontius Pilatus verurteilte Christus als *auctor nominis*). Der Christenname schien damit etwas zu implizieren, was zu Konflikten mit der Staatsgewalt führen mußte oder konnte: eine suspekte kriminelle Vereinigung. Doch konkrete Nachprüfungen bestätigten das nicht oder nicht in dem vorausgesetzten Sinne. So war die Geschichte der Verfolgungen von Mißverständnissen und Ungereimtheiten geprägt.

1.4 Literatur

E.R. DODDS: Heiden und Christen in einem Zeitalter der Angst, 1985. - O. GIGON: Die antike Kultur und das Christentum, 1966. - M. GRANT: Christen als Bürger im Römischen Reich, 1981. - DERS.: Das Römische Reich am Wendepunkt, 1972. - H. KARPP: Christennamen, RAC 2 (1954) 1114-1138.

2. Die politische Funktion der römischen Religion

Seit alters galt für die Römer der Grundsatz, daß das Wohlergehen (*salus*) der Menschen von dem Maß ihrer - in kultischer Praxis (*religio*) zu erweisenden - Ehrfurcht gegenüber den Göttern (*pietas*) abhänge. Religion war insofern keine Privatsache, als das individuelle Wohl nicht vom **Wohl der res publica** isoliert werden konnte, weswegen die Pflege des Kultes primär Sache des Gemeinwesens war. Die subjektive Überzeugung oder der Glaube spielte dabei keine Rolle, sondern allein der korrekte Vollzug. Der Staatskult, der die **salus publica** garantieren sollte, bezog sich auf die traditionellen römischen Gottheiten. Die grundsätzlich geforderte Partizipation auch aller Provinzialen war Ausdruck der religiös-politischen Loyalität. In diesem Sinne konnte auch der Kaiserkult einbezogen werden, der allerdings regionale Differenzierungen aufwies und sich im Laufe der Zeit veränderte. Der römische Polytheismus implizierte eine prinzipielle Tolerierung der in den eroberten Provinzen vorhandenen Nationalreligionen. Da das Christentum nicht unter diese Kategorie fiel, war es - im Unterschied zum Judentum - keine *religio licita*.

2.1 Götterkult und Ritus

Gleichsam als ein politisches Axiom galt, daß die Stadt Rom ihren Aufstieg zur Weltmacht dem huldvollen Wirken der alten römischen Götter (der *Di publici populi Romani*) verdanke, welches eine Reaktion auf die vorzügliche *pietas* der Römer sei. *Religio* meinte ein durch zweiseitige Leistungen bestimmtes Vertragsverhältnis: Der regelmäßigen **Gehorsamsleistung** im Kult entsprach die stete **Fürsorge der Götter** im politischen und bürgerlichen Leben. (Jupiter, Juno, Minerva, Mars, Ceres, Merkur, Apollo u.a. mit jeweils unterschiedlichen Eigenschaften und Zuständigkeiten.) Auch die philosophische Aufklärung mit ihrer Relativierung des alten Götterglaubens und die allgemeine Gleichgültigkeit hatten diese Grundanschauung nicht beseitigen können. Vielmehr kam es unter Augustus - als Belebung des Traditionsbewußtseins im Blick auf die notwendige Stabilisierung des Imperiums - zu einer Restauration der Väterreligion mit Erneuerung der Tempel, Priesterschaften, Riten und Feste. Römische Religion war kultische Praxis: genaue Befolgung der alten Zeremonien bei den Opfern und Gebeten, den Weihegaben und den vielfältigen Riten (Sühne, Reinigung, Hochzeit, Tod u.a.). Deshalb kam es auf die äußere Treuebekundung, nicht aber auf die persönliche Einstellung an. "Gottlosigkeit" war demgemäß nicht so sehr die theoretische Leugnung des Götterglaubens als vielmehr die praktische Verachtung des Kultes; wegen dessen Bezug zur *salus publica* hatte sie stets auch einen politischen Aspekt.

2.2 Der Kaiserkult

2.2.1 Seit Augustus war der Staatskult in den Provinzen ein Mittel, die **Loyalität** der kulturell und religiös differenten Reichsbevölkerung bekunden zu lassen. Zu einem Teil desselben entwickelte sich der Kaiserkult, der im Osten – in Anknüpfung an die hellenistische Tradition der Herrscherverehrung – nicht nur von oben her verordnet wurde, sondern auch aus religiösem Engagement herauswuchs, wobei der Vorstellungshintergrund der östlich-hellenistischen Religionen einwirkte (Epiphanie der Gottheit in bestimmten Menschen, Nahgötter als Helfer, Heroen im Grenzbereich zwischen Göttlichem und Menschlichem). Die Bevölkerung im Westen behielt eine reserviertere Haltung gegenüber der Herrscherverehrung. Doch unabhängig davon galt überall im Reich, daß in den Staatstempeln neben den Bildern der *Di publici populi Romani* (der kapitolinischen Trias: Jupiter, Juno, Minerva) auch Statuen der Kaiser standen, zunächst solche der *Divi imperatores*, d.h. der erst nach ihrem Tode vergöttlichten, durch Apotheose in den Himmel aufgefahrenen Kaiser (Cäsar, Augustus, Tiberius), zunehmend dann – vor allem seit Domitian – auch diejenige des jeweils regierenden Imperator/Augustus.

2.2.2 Für das **Heil des Staates und des Kaisers** (*salus publica*) brachten die Priester die vorgeschriebenen Opfer dar; die Untertanen konnten sich beteiligen durch das Ausstreuen von Weihrauch, das Schwören beim Genius des Kaisers oder durch die Teilnahme am Opfermahl, taten das aber nicht regelmäßig oder vollständig. Entscheidend war auch hier der **äußere Vollzug**, nicht ein irgendwie damit verbundener Glaube. Denn die innere Auszehrung des Polytheismus schritt im 1./2.Jh. voran, vielfach sah man in den Göttern bloß populäre Personifikationen von Naturgewalten oder Ideen. Mysterienkulte, Volksfrömmigkeit und Philosophie bestimmten viel stärker das religiöse Engagement der Bevölkerung. Das bedeutete, daß auch die Proklamation der Göttlichkeit eines Kaisers mehr ein formales Würdeprädikat für seine Machtstellung als ein Ausdruck religiöser Überzeugung war. Seine kultische Verehrung war eingebunden in den Staatskult, also für die Provinzbewohner eine **Bekundung der politischen Loyalität**, der Zugehörigkeit zum **Imperium Romanum**, und damit ein spezielles ideologisches Einheitsband zur Integration der verschiedenen Völker, Kulturen und Religionen.

2.3 Duldung von fremden Kulten

Die nationalen Religionen in den Provinzen wurden geduldet und teilweise auch in Rom zugelassen, was dem **polytheistischen Ansatz** entsprach. Religionspolitische Voraussetzung der **Toleranz** war allerdings, daß diese Kulte mit dem römischen Staatskult vereinbar waren und keine romfeindlichen oder unsittlichen Tendenzen verfolgten. Dem Judentum als Nationalkult wurde trotz seiner konsequenten Ablehnung des Polytheismus – und damit auch des römischen Staatskults – religiöse Duldung eingeräumt (Privileg einer *religio licita*), allerdings unter der Bedingung, daß in das **Opfer** im Jerusalemer Tempel (bis 70) bzw. in das Gebet des synagogalen Gottesdienstes die **Fürbitte** für das Heil des Imperiums einbezogen wurde.

2.4 Haltung der Christen

Im 1./2.Jh. lehnten die Christen zusammen mit dem gesamten Polytheismus auch den Kaiserkult ab, machten ihn aber nicht zu einem besonderen Thema der Auseinandersetzung, in der es generell um den Staatskult ging (Ausnahme: die grundsätzliche Polemik in Apk). Sie beanspruchten, mit ihrer – in Übernahme der synagogalen Praxis – geübten **Fürbitte für Kaiser und Reich** (erstmals belegt in 1. Tim 2,2 und 1. Clem 60,4-61,2) ihre Loyalität zu erweisen. Doch das akzeptierte der Staat bei ihnen nicht, weil sie keine Nationalreligion, sondern einen verdächtigen "Atheismus" repräsentierten und ihnen alle Merkmale der üblichen Religionen fehlten.

2.5 Literatur

F. ALTHEIM: Römische Religionsgeschichte, 2 Bde., 1956. – K. LATTE: Römische Religionsgeschichte, 2.A. 1967; ND 1976. – F. TAEGER: Charisma. Studien zur Geschichte des antiken Herrscherkultes, 2 Bde., 1957-60. – G. WISSOWA: Religion und Kultus der Römer, 2.A. 1912, ND 1971. – A. WLOSOK (Hg.): Römischer Kaiserkult, 1978.

3. Die Verfolgungen im 1. Jahrhundert

Als jüdische Sekte, die von ihrem Selbstverständnis her die religiöse Bindung an das Judentum sprengte, wurde das Christentum von den gesetzestreuen Juden abgelehnt und teilweise, zumal in Judäa/Palästina, solange dort noch Elemente jüdischer Staatlichkeit existierten (bis 70 bzw. 135), verfolgt. Historisch bedeutsamer und von anderer Art waren die Kollisionen mit der römischen Staatsmacht. Trotz der prinzipiellen Bedeutung der Hinrichtung Jesu durch den Statthalter Pontius Pilatus unterdrückten die römischen Behörden die rasch sich entwickelnde Christenbewegung nicht, zumal diese für sie vom Judentum kaum zu unterscheiden war. Durch die intensive Mission und die bemerkenswerte Ausbreitung (vgl. § 2;1-2) kam es in der zweiten Jahrhunderthälfte zunehmend zu **Konflikten** mit der heidnischen **Bevölkerung**, was die Staatsmacht - erkennbar seit 80/90 - zu gelegentlichem Eingreifen veranlaßte. Nach Auskunft der (lückenhaften) Quellen betraf dies vor allem die Gemeinden in Kleinasien und Rom. Eine Sonderstellung nahm dagegen die **neronische Verfolgung** im Jahre 64 ein: Sie traf die Christen in Rom wegen der angeblichen Brandstiftung, nicht aufgrund ihrer Religion; sie setzte allerdings deren gesellschaftliche Ausgrenzung voraus und hatte zur Folge, daß die Christen hinfort generell mit dem Vorurteil belastet waren, als Gemeinschaft von Verbrechern für Staat und Gesellschaft gefährlich zu sein.

3.1 Christen und Juden

Die ersten Christenverfolgungen gingen nicht von römischen, sondern von jüdischen Instanzen in Jerusalem und Palästina aus (vgl. Mk 13,9 generell dazu). Abgesehen von Aktionen gegen Führer der Judenchristen in **Jerusalem** (vgl. Apg 4,3ff; 5,17ff; 12,1ff) traf sie dort vor allem die **"Hellenisten"** (vgl. Apg 6,8ff; 7,54ff; 8,1ff), weil diese sich am auffälligsten aus dem jüdischen Volks- und Religionsverband gelöst hatten. Auch die Konflikte des Paulus mit den Synagogenvorständen im hellenistischen Gebiet standen in diesem Zusammenhang (vgl. Apg 13,50; 14,2ff; 2. Kor 11,24f). Auf derartige, durch die christliche Missionsverkündigung in den Synagogen hervorgerufene Spannungen dürfte auch die durch Suetonius um 120 bezeugte **Vertreibung der Juden aus Rom** unter Kaiser **Claudius** im Jahre **49** zurückzuführen sein (Vita Caes. V,25,3: *Judaeos impulsore Chresto assidue tumultuantes Roma expulit.* Diese Vertreibung traf auch jüdische Christen; vgl. Aquila und Priscilla Apg 18,2). Erst allmählich - mit fortschreitender Loslösung der christlichen Gemeinde von der Synagoge seit ca.50, besonders dann seit 70 - wurde die Umwelt auf deren Unterscheidung vom Judentum aufmerksam. Das hatte die juristische Konsequenz, daß für die Christen das jüdische Religionsprivileg (*religio licita*) nicht mehr galt.

3.2 Die stadtrömische Aktion unter Nero im Jahre 64 als Präjudiz

In diesem Zusammenhang gewann die Verfolgung unter Nero (54-68) prinzipielle Bedeutung für die weitere Entwicklung. Christen wurden in der Hauptstadt des Reiches als gemeine Verbrecher einer breiten Öffentlichkeit bekannt. Seit altkirchlicher Zeit (Tertullian, Eusebius) bis zur Gegenwart hat man die These vertreten, mit Neros Aktion begännen die allgemeinen, d.h. reichsweiten und gesetzlich fundierten Christenverfolgungen. Dagegen ist mit der communis opinio der neueren Forschung zu betonen, daß es sich um ein lokales römisches Ereignis handelte. Umstritten ist allerdings 1. dessen Bedeutung als **Präjudiz** für späteres staatliches

Vorgehen oder als Begründung eines allgemeinen **politischen Vorurteils** und 2. die Frage, ob Nero dafür ein spezielles Gesetz gegen die Christen erließ, welches fortdauernde Gültigkeit behielt.

3.2.1 Nach dem grundlegenden Zeugnis des **Tacitus** (Annalen XV,44,2-5, ein ca.120, also in großem zeitlichen Abstand verfaßter Text, der aber wohl auf älteren Quellen basiert) ging es um folgenden Sachverhalt: Nach Neros Brandstiftung in Rom tauchten Gerüchte auf, daß er selber deren Urheber sei, woraufhin er auf alle mögliche Weise diese Gerüchte zu zerstreuen suchte; schließlich *schob Nero Schuldige unter und bestrafte sie auf ausgesuchte Art, Leute, die das Volk Christen nannte.* Zunächst griff man sich einzelne Christen heraus, dann aufgrund von deren - vermutlich durch Folter erpreßten Angaben - *eine ungeheure Menge.* An der historischen Richtigkeit dieser Angabe braucht man nicht zu zweifeln. Tacitus nennt auch Einzelheiten der Hinrichtung in den neronischen Gärten, deren Art dem Verfahren gegen Brandstifter entsprach. Man kann also aus dem Bericht schließen, daß die Christen nicht wegen ihrer Religion, sondern wegen eines abscheulichen Verbrechens verfolgt wurden. Nero konnte aber dergleichen nur wagen, weil im Volk bereits Vorurteile gegen die Christen bestanden, ihnen also alles Schlimme zugetraut wurde (von Tacitus nicht näher spezifiziert; er sagt nur, die Christen wären aufgrund von schändlichen Taten verhaßt, *per flagitia invisos*). Man hat vermutet, daß die Differenzierung zwischen christlichen Gemeinden und jüdischen Synagogen in Rom, vielleicht sogar Denunziationen seitens der Juden eine Rolle gespielt haben könnten; doch das ist von den Quellen her nicht zu belegen.

3.2.2 Das Ganze war eine **lokale Polizeiaktion**, allerdings eine solche mit bestimmten juristischen Formen. Vor der Hinrichtung muß ein Prozeß oder Verhör stattgefunden haben, woraus die rechtliche Begründung resultierte. Tacitus sagt, daß die Christen *gestanden* und nicht nur der Brandstiftung *überführt* wurden, sondern noch mehr des *odium generis humani*, des Hasses gegen das Menschengeschlecht (μισανθρωπία), d.h. also gleichsam einer Fundamentalopposition gegen die römisch-hellenistische Kultur und Zivilisation. Für die weitere Geschichte wichtig ist die Frage nach den Auswirkungen der neronischen Verfolgung auf das künftige Verhältnis von Staat und Kirche. Zweifellos wurden die Christen zum ersten Mal einer breiten Öffentlichkeit bekannt als Verbrecher gemeinster Sorte. So entstand **im allgemeinen Bewußtsein** die **Gleichung "Christ = Verbrecher"** (*Christianus = flagitiosus*). Das erklärt, warum seit Beginn des 2.Jh.s immer wieder die Frage diskutiert wurde, ob die Christen wegen des "bloßen Namens" verurteilt würden, d.h. ob Christsein als solches ein strafbarer Tatbestand wäre. Ein spezielles Gesetz gegen die Christen hat es unter Nero aber nicht gegeben.

3.2.3 Das in der Forschung oft behandelte Problem, ob Nero ein besonderes Gesetz gegen die Christen erlassen habe, welches die Grundlage nicht nur für seine Verfolgung, sondern auch für die späteren Verfolgungen bildete, resultiert aus einer änigmatischen Formulierung bei Tertullian, der um 200 von einem *institutum Neronianum* spricht (*Ad nationes* I,7,9). Doch damit dürfte kein Gesetz oder ein ähnlicher Akt gemeint sein; *institutum* ist vielmehr ein nicht-technischer Begriff und meint den Brauch oder die Gewohnheit. Tertullian will sagen: Mit Nero begann die Praxis, die Christen zu verfolgen. Es gab demnach **kein allgemeines Gesetz**; es läßt sich auch sonst nirgends nachweisen. (Ob Neros Anweisung an die römische Polizei zur Hinrichtung der Brandstifter die Form eines Mandats hatte, muß offenbleiben; daß dies im Imperium zur allgemeinen Rechtsgrundlage wurde, ist zu bestreiten.) Dennoch darf man die Bedeutung der neronischen Verfolgung für die weitere Geschichte nicht unterschätzen. Denn mit ihr wurde ein Präjudiz geschaffen: Wer sich im Jahre 64 in Rom zum Christsein bekannte, bekannte sich damit zur Brandstiftung, ohne daß ihm die Einzeltäterschaft nachgewiesen werden mußte. Seitdem konnte sich daraus gegen das Christentum der kollektive Verdacht entwickeln, es wäre generell eine verbrecherische Organisation, so daß die politische und juristische Einschätzung sich mit dem öffentlichen Bewußtsein berührte.

3.3. Lokale Verfolgungen unter Domitian

Nach altkirchlichem Urteil (z.B. bei Eusebius, Hist.eccl. III,18) gilt Domitian (81-96) als der zweite große Christenverfolger gemäß dem schon von Tertullian ausgesprochenen Grundsatz, daß nur die bösen Kaiser die Christen verfolgt, die guten dagegen die Verfolgung beendet hätten. Wie unter Nero hat es jedoch auch unter Domitian **keine allgemeine Christenverfolgung** gegeben; er hat zwar für seine Person einen übersteigerten Kaiserkult beansprucht, aber es wäre übertrieben, wenn man darin den Grund für einen generellen Konflikt mit den Christen suchte. In seine Regierungszeit fallen allerdings zahlreiche **lokale Aktionen** gegen die Christen (vor allem in Rom und Kleinasien).

3.3.1 Rom: Bei Suetonius und Cassius Dio ist die Notiz überliefert, daß in Rom ein Vetter des Kaisers, Flavius Clemens, wegen "Atheismus" zum Tode verurteilt wurde; dasselbe Geschick traf auch Glabrio, den Konsul des Jahres 91. Ansonsten wurde dieser Vorwurf nur gegen Christen erhoben. Bekannt ist, daß der Kreis um Flavius Clemens eine Vorliebe für die jüdische Lebensart hegte. Eusebius (III,18,4) berichtet von der Verbannung einer Reihe von hochgestellten Persönlichkeiten, die Christen waren, unter ihnen Flavia Domitilla, die Nichte des Flavius Clemens. Der 1.Clemensbrief spielt auf Schicksalsschläge in jüngster Zeit an, die er mit der neronischen Verfolgung vergleicht (1,1; 7,1). Aus diesen Zeugnissen kann man schließen, daß es sich um eine begrenzte Aktion gegen die römische Gemeinde bzw. Teile derselben gehandelt hat, welche der von den flavischen Kaisern seit 70 geübten Judenpolitik entsprach. In diesem Zusammenhang könnte die Notiz stehen, daß Bischof Symeon von Jerusalem gemäß dem Mandat Vespasians als ein Davidide hingerichtet wurde (so Hegesipp bei Eusebius, Hist. eccl. III,32,6).

3.3.2 Kleinasien: Anscheinend gab es auch lokale bzw. regional begrenzte Christenverfolgungen in manchen Städten und Provinzen in Kleinasien. Hinweise dafür liefern die Apokalypse des Johannes mit ihrer Märtyrertheologie sowie der 1. Petrusbrief, der auf die Leiden der Gemeinde anspielt (z.B. 4,12-19). In dem etwas späteren Pliniusbrief (dazu s. 4.2) finden wir den Hinweis auf Apostaten, die schon vor 20 Jahren vom Christentum abgefallen seien, was von der Datierung her auf die Zeit Domitians um 91/92 führt. Fraglich ist allerdings, ob diese Aktionen den Kaiser zum Urheber haben, also von Rom aus zentral angeordnet worden sind. Es ist eher wahrscheinlich, daß es sich um Polizeiaktionen auf Provinzebene oder um ein tumultartiges Eingreifen des Pöbels handelte.

3.4 Literatur

K. GROSS: Domitianus, RAC 4 (1959) 91-109. - R. KLEIN (Hg.): Das frühe Christentum im römischen Staat, 1971, 2.A. 1982; dort M. DIBELIUS: Rom und die Christen im ersten Jahrhundert, 47-105 und J.W.PH. BORLEFFS/J. ZEILLER zum Institutum Neronianum, 217-235.236-243. - J. MOLTHAGEN: Der römische Staat, 13-33. - J. MOREAU: Christenverfolgung 26-40.

4. Die Rechtslage seit dem 2. Jahrhundert: Christsein als strafbarer Tatbestand?

Das Christentum war keine religio licita, aber auch nicht verboten durch Gesetz oder einen sonstigen Rechtsakt; es war nicht nur gesellschaftlich mißliebig, sondern auch **politisch verdächtig**. Aus diesem eigenartig unklaren Schwebezustand erklären sich sowohl die sporadischen, gewaltsamen Ausschreitungen der Bevölkerung als auch die Maßnahmen der Behörden. (Wichtige Quelle dafür: die Märtyrerakten und die Apologien; s. 5.2 und 7.1.) Dahinter stand das allgemeine, nicht genau definierte Vorurteil, daß **Christsein als solches strafbar** wäre; und den Beweis dafür erbrachten die Prozesse gegen Christinnen und Christen, indem diese die geforderte Loyalitätsbekundung gegenüber der römischen Staatsreligion verweigerten. Gesetzliche Regelungen seit Kaiser Trajan ca.112/3 klärten nicht die Grundsatzfrage, weswegen Christsein als strafbar galt, sondern lediglich die behördliche Verfahrensweise. Im Prinzip blieb diese unklare Rechtslage bis zum Toleranzedikt von 311 (s. 9.5) gültig. Das bedeutete: Faktisch war das Christentum als solches verdächtig, doch juristisch verurteilt wurde die darin angeblich implizierte Staatsfeindschaft.

4.1 Prozeß und/oder Polizeimaßnahme

Unklar sind und bleiben die juristischen Grundlagen: 1. der Grund, welcher die Verurteilung und Bestrafung legitimierte; 2. die Rechtsform des Einschreitens gegen die Christen. Nicht durch generelle Theorien, allein von den Aussagen der Quellen her kann eine Klärung erfolgen. Als Strafgründe hat man in der Forschung – abgesehen von einem speziellen Christengesetz (welches aber nicht existierte; s. 3.2.2) – u.a. genannt: allgemein strafrechtliche Tatbestände wie z.B. Majestätsbeleidigung und Gottlosigkeit (*sacrilegium/Atheismus*) oder gemeine Verbrechen wie Kindestötung, Inzest und Magie. Solche Tatbestände wurden normalerweise in der Form eines **Kriminalprozesses** (*cognitio*) abgeurteilt, der sich auf bestimmte Gesetze beziehen mußte. Nimmt man hingegen an, daß die Christen wegen **Störung der öffentlichen Ordnung** bzw. wegen einer allgemeinen politischen Gefährlichkeit ausgeschaltet werden sollten, dann kommt als Rechtsform (auch) die **Polizeiaktion** des Präfekten in Rom und der Statthalter in den Provinzen ohne Prozeß in Betracht (*coërcitio*). Die Quellen zeigen auch Kombinationen beider Formen.

4.2 Der Plinius-Brief von ca.112/3

Ein Schlüsseldokument für die Rechtsgrundlage der Christenverfolgungen im 1./2.Jh. ist der Brief, den Caius Plinius der Jüngere ca.112/3 an Kaiser Trajan mit Fragen zur Rechtslage schrieb (Ep. X,96), worauf ihm in Form eines offiziellen Reskripts (Ep. X,97) geantwortet wurde (Text/Übers.: P. Guyot/R. Klein 38-43). Als Statthalter (*legatus Augusti*) in der Provinz Pontus-Bithynia (Hauptstadt: Nikomedia) mit kaiserlichen Sondervollmachten seit ca.111 sollte Plinius allerlei Mißstände beseitigen, zu denen er auch das Christenproblem rechnete. **Prozesse** gegen Christen vor dem prokonsularischen Gericht (*cognitiones extra ordinem* aufgrund von Anzeigen aus der Bevölkerung) waren in Bithynien eine geläufige Praxis, die Plinius zunächst übernahm, bis er auf die ungeklärte Frage stieß, weswegen sie eigentlich verurteilt wurden: War **bloßes Christsein** als solches (*nomen ipsum*) ein strafbarer Tatbestand oder wurden damit zusammenhängende bzw. darin implizierte ruchlose Verbrechen (*flagitia cohaerentia nomini*) bestraft? Seine Untersuchung ergab, daß der flagitia-Vorwurf (hinter dem wohl die in 6.1 skizzierten Vorurteile der heidnischen Polemik standen) haltlos war und die Christen harmlose Menschen, wenngleich dumme religiöse Sonderlinge wären. Demnach bestrafte der Statthalter ihr bloßes Christsein im Sinne der Zugehörigkeit zu einer kriminellen Vereinigung, ausgehend von dem selbstverständlichen Vorurteil, Christentum wäre eine verabscheuungswürdige Sache (*superstitio*). Die sich dazu bekannten, wurden hingerichtet; römische Bürger wurden nach Rom zur Verurteilung abtransportiert.

4.2.1 Um solche Gesinnungsverbrecher, die ihr Christsein leugneten, zu identifizieren, verlangte Plinius von ihnen einen bereits erprobten **Test: Anrufung** der römischen Staatsgötter, **Bittopfer** vor der den Götterbildern hinzugefügten Kaiserstatue (eine *supplicatio* in Form der *libatio*, der Weinspende, mitsamt dem im Kaiserkult üblichen Weihrauchopfer) und **Verfluchung Christi**. Wer solches tat, bewies damit, kein Christ zu sein, und bekundete zugleich die religiös-politische Loyalität gegenüber dem Imperium. Wer es verweigerte, machte sich der Gottlosigkeit (*sacrilegium*, ἀσέβεια/asebeia) und der Majestätsbeleidigung (*crimen laesae maiestatis*) schuldig.

4.2.2 Ein besonderes Problem warfen die **Apostaten** auf, diejenigen, die früher einmal Christen waren, sich aber davon distanziert hatten. Hier plädierte Plinius für **Straflosigkeit** (*venia*) aus Gründen der politischen Opportunität. Christ gewesen zu sein, war also nicht strafbar. Dieser Sachverhalt verdeutlicht, daß Christsein nicht wie ein normales Verbrechen behandelt wurde. Es unterlag dem generellen Vorurteil der Staatsfeindlichkeit und der Sozialschädlichkeit; dieses konnte aber nur in actu durch Verweigerung des Loyalitätsbeweises bestätigt werden; das vermutete, fiktive Verbrechen wurde also konkret erst während der Gerichtsverhandlung begangen. Deswegen galt für die Rechtsform eine Kombination von Gerichtsverfahren und Polizeiaktion (*cognitio* und *coërcitio*), ging es doch um die Wahrung der öffentlichen Ordnung.

4.3 Trajans Reskript als künftige Rechtsgrundlage (ca.112/3)

Der Bescheid des Kaisers Trajan (98-117) billigte im wesentlichen die bisherige Praxis der Statthalter in den Provinzen. Zwar bezog er sich speziell auf den Einzelfall in Bithynien, erlangte aber allgemeine Geltung für das Imperium, wie es der Gesetzgebung der Kaiserzeit entsprach. Trajan fällte bewußt keine Grundsatzentscheidung zur Regelung des unklaren Straftatbestandes, beließ diesen also dem behördlichen Ermessensurteil. Auch die Rechtsform fixierte er nicht allgemein, gab jedoch einige **Anordnungen zum Verfahren**: 1. Nach Christen sollte **nicht polizeilich gefahndet** werden (*conquirendi non sunt*), d.h. die statthalterliche *coërcitio* allein sollte nicht gelten. (Das implizierte die Auffassung, daß Christen nicht eindeutig Staatsfeinde seien.) 2. Bei Vorliegen einer **Anzeige** aus der Bevölkerung (für die der Ankläger mit seiner Person einstehen mußte) sollte ein **Prozeß** mit geregeltem Verfahren stattfinden. 3. Anonyme Anzeigen dürften um der Rechtssicherheit willen nicht berücksichtigt werden. 4. Apostaten, die vor Gericht durch das Götteropfer (die Kaiserstatue erwähnte Trajan nicht, schränkte also den Herrscherkult ein) ihre Loyalität erwiesen, wurde Straffreiheit aufgrund des Gesinnungswandels gewährt (*venia ex paenitentia*). Trajan setzte demnach voraus, daß **Christsein als solches strafbar** wäre. Es gab aber kein gesetzliches Verbot, nur die juristische Fiktion, daß Christsein etwas für Staat und Gesellschaft Schädliches wäre, was dann während des Prozesses nachgewiesen wurde. Man kann vermuten, daß dieses Vorurteil - abgesehen von der allgemeinen Voreingenommenheit - durch zwei historische Vorgänge bestimmt war: die Verurteilung Jesu Christi als eines politischen Verbrechers und die Bestrafung der Christen unter Nero als ruchloser Feinde der menschlichen Ordnung. Der für die heidnische Antike konstitutive Zusammenhang von Religion und Politik hatte zur Folge, daß die christliche Frömmigkeit mit ihrem Absolutheitsanspruch und der daraus resultierenden Verweigerung der Teilnahme am Staatskult eine politische Dimension bekam.

4.4 Von Hadrian bis Philippus Arabs: Keine generelle Änderung

Die Rechtslage blieb bis 249 durch Trajans Reskript in ihrer prinzipiellen Unklarheit mit formaler Regelung fixiert. Die Voraussetzung eines allgemeinen Vorurteils gegen die Christen konnte dazu führen, daß deren Behandlung seitens der Behörden nicht immer in geregelten Bahnen verlief. Nicht selten gab es auch **spontane Aktionen der Bevölkerung** oder sogar Pogrome gegen die Christen, welche manchmal zu offiziellen Prozessen führten. Eine Verschärfung der Situation brachten - auf dem Hintergrund außenpolitischer Gefahren und innen-politischer Nöte - Gesetze Kaiser Mark Aurels von 167/8 und 176/7, die sich zwar nicht speziell gegen das Christentum richteten, aber dieses durch Ankurbelung der Verfolgungen trafen. Unter Septimius Severus trat - entgegen der Darstellung in der älteren Forschung - keine allgemeine Veränderung der Christenpolitik ein: Daß er 202 den Übertritt zum Christentum verboten hätte, ist eine unzutreffende Überlieferung. Vielmehr förderte er wie die syrische Severerdynastie bis 235 die orientalischen Kulte, was generell auch dem Christentum zugute kam und günstige Rahmenbedingungen für seine weitere Ausbreitung schuf. Mit der allmählichen Umwandlung des Reiches in eine Militärmonarchie (vom Prinzipat mit gewisser Machtbalance zwischen Kaiser und Senat zum Dominat mit kaiserlicher Autokratie) wirkte sich die persönliche Einstellung des jeweiligen Imperators stärker auch auf die Religionspolitik aus. So gab es unter dem an der römischen Tradition orientierten Maximinus Thrax (235-238) Aktionen gegen die Kirche, während der von orientalischer Religiosität geprägte Philippus Arabs (244-249) die Christen begünstigte.

4.4.1 Ein Reskript des Kaisers **Hadrian** (117-138) von 124/5 an den Statthalter der Provinz Asia Minicius Fundanus (Text bei Justin, Apol. I,68) brachte in Fortsetzung des Trajan-Reskriptes eine strengere Regelung insofern, als es den Terror seitens der Bevölkerung einschränkte, ordentliche Prozesse vorschrieb und durch die Zurückdrängung anonymer Anzeigen größere Rechtssicherheit gewährleisten wollte; eine Verurteilung sollte nur dann ausgesprochen werden, wenn die Christen gegen Gesetze verstießen. Auch hier trat die Bedeutung des Loyalitätserweises gegenüber dem Staat und seinem Kult deutlich zutage.

4.4.2 Bei Eusebius, Hist.eccl. IV,13,1-7 ist ein Christenreskript des Kaisers **Antoninus Pius** (138-161) erhalten. Es urteilt außergewöhnlich positiv über die Christen und verlangt deren Freilassung, wenn man ihnen außer dem Christsein nichts weiteres nachweisen könnte. Allerdings ist dieser Text eine christliche Fälschung bzw. durch christliche Überarbeitung so entstellt, daß der historische Kern nicht mehr erkennbar ist. Ein anderes bei Eusebius erwähntes Reskript desselben Kaisers (IV,26,10) ordnet an, daß so verfahren werden solle, wie es durch Trajan und Hadrian geregelt worden sei. Das dürfte historisch sein.

4.4.3 An verschiedenen Stellen der christlichen Literatur finden sich Hinweise auf Erlasse des **Marcus Aurelius** (161-180) und seines Bruders Lucius Verus (161-169), die eine Verschärfung der Situation brachten. Doch die Rechtslage veränderte sich dadurch nicht. In der Tat sind zur Regierungszeit dieses "Philosophen auf dem Kaiserthron" seit 163 auffallend **viele Martyrien** bezeugt. Das paßt zu den Zielen seiner Religions- und Staatspolitik, mit dem Rückgriff auf den *mos maiorum* (die Vätersitte) und die alte Romidee angesichts der äußeren Bedrohung durch Parther und Germanen das Imperium innerlich zu festigen. Eine Pestepidemie seit 167 veranlaßte Mark Aurel, durch Edikt ein **allgemeines Bittopfer** anzuordnen, damit die Götter die Katastrophe abwendeten. Das richtete sich nicht speziell gegen die Christen, traf sie aber in besonderem Maße (vgl. z.B. das Martyrium von Carpus, Papylus und Agathonike in Pergamon). Eine zweite Verfolgungswelle um 176/177 wurde vielleicht durch ein Edikt, daß die Behörden intensiver nach Staatsfeinden (*hostes publici*) und Unruhestiftern fahnden sollten, ausgelöst, was gerade die Christen treffen mußte. Verstärkt wurde sie durch den Senatsbeschluß, wonach in Gallien zur Kostensenkung bei Gladiatorenkämpfen die zum Tode verurteilten Verbrecher eingesetzt werden könnten (vgl. dazu die blutige Verfolgung in Lyon und Vienne 177). Aus alledem wird deutlich, daß die Toleranz gegenüber den Christen noch stärker abgebaut wurde und die Behörden der Christenfeindschaft des Pöbels bereitwilliger nachgaben.

4.4.4 Diese Tendenz hielt auch unter Mark Aurels Sohn, dem exzentrischen Kaiser **Commodus** (180-192), an, wie die zeitgenössischen Martyrien belegen. Allerdings förderte dieser zunehmend eine synkretistische Religionspolitik, die auch den Christen zugute kam (vgl. Eusebius, Hist.eccl. V,21,1). Welchen Einfluß dabei seine Konkubine Marcia (wohl eine Christin) übte, bleibt offen; sicher ist, daß sie in Einzelfällen den Christen - zumal in der Stadt Rom - geholfen hat.

4.4.5 Die **Öffnung für orientalische Religionen** (vor allem den Isis- und Serapiskult) verstärkte sich seit der Regierung des römischen Afrikaners **Septimius Severus** (193-211). Ihn unterstützte darin seine politisch einflußreiche Frau Julia Domna (gest. 217), eine Syrerin, Tochter des Priester-Herren von Emesa. Dieses religionspolitische Klima begünstigte faktisch auch das Christentum, obwohl es - wie bisher und weiterhin - von einzelnen lokalen Verfolgungen betroffen wurde. Deshalb ist es wenig wahrscheinlich, daß Severus - wie um 400 eine unzuverlässige Notiz in der *Historia Augusta* (Severus 17,1) bekundet - anläßlich einer Palästinareise 202 den Übertritt zum Judentum verboten und *dasselbe auch über die Christen festgesetzt* habe. **Antoninus Caracalla** (211-217) führte die Politik seines Vaters darin weiter, daß er den synkretistischen Ausgleich zwischen der römischen Religion und den östlichen Kulten förderte und die Rechtsunterschiede zwischen Römern und Provinzialen nivellierte (so programmatisch 212/3 mit der *Constitutio Antoniniana*, die alle freien Reichsbewohner zu römischen Bürgern machte). Der skurrile Versuch **Elagabals** (218-222), den Baal von Emesa als Sonnengott im Sinne eines henotheistischen Synkretismus zur obersten Reichsgottheit zu machen, scheiterte. Der unter **Severus Alexander** (222-235) blühende Synkretismus begünstigte das Christentum; seine tatkräftige Mutter Julia Mamäa (gest. 235), Nichte der Julia Domna, bewies gewisse Sympathien für christliche Lehren.

4.5 Literatur

QUELLEN: GUYOT/KLEIN Bd.1, 38-123.

LITERATUR: T. CHRISTENSEN: Christus oder Jupiter, 73-101. - R. FREUDENBERGER: Das Verhalten der römischen Behörden gegen die Christen im 2. Jahrhundert, dargestellt am Brief des Plinius an Trajan und den Reskripten Trajans und Hadrians, 1967; 2.A. 1969. - R. KLEIN (Hg.): Marc Aurel, 1979; dort 176-196, 261-303 die Beiträge von M. SORDI und P. KERESZTES. - H. LAST: Christenverfolgung II (juristisch), RAC 2 (1954) 1208-1228. - J. SPEIGL: Der römische Staat und die Christen. Staat und Kirche von Domitian bis Commodus, 1970. - A. WLOSOK: Die Rechtsgrundlagen der Christenverfolgungen der ersten zwei Jahrhunderte, in: Klein, Christentum (s. 3.4) 275-301.

5. Märtyrerakten und Märtyrerverehrung

Ein christliches Spezifikum wurde es, daß die in den Verfolgungen Getöteten als *Märtyrer* eine besondere religiöse Qualifizierung erfuhren. Der Begriff *Kirche der Märtyrer* für die Zeit bis 311/324 kann nur im prinzipiellen, nicht aber im historisch-faktischen Sinn gelten: Das Martyrium bestand als Möglichkeit für alle Christinnen und Christen insofern, als ihre Existenz generell durch Verfolgungen bedroht war, doch tatsächlich war die Anzahl der Martyrien nicht allzu groß (vielleicht einige hundert). Die wenigen bekannten Märtyrer und Märtyrerinnen wurden als herausragende Heroen des Glaubens gefeiert. Der Märtyrertitel (μάρτυς/martys - Blutzeuge) kam in Kleinasien um 140/150 auf. Nach 160 entwickelte sich eine gottesdienstliche Märtyrerverehrung.

5.1 Theologie des Martyriums und Märtyrerkult
5.1.1 Religionsgeschichtliche Vorbilder lagen in der **jüdischen Apokalyptik** (Dan, 2./4. Makk: Tod als stellvertretendes Leiden oder Sühne für das Volk). Grundlegender Bezugspunkt war jedoch **Jesus** als der schlechthinnige **Zeuge** der Wahrheit, der deutlich macht, daß der Glaube und die existentielle Bewährung zusammengehören, wobei diese bis zur Besiegelung mit dem Tod reichen kann. Der Begriff μάρτυς/Zeuge wurde zunächst nicht verwandt, auch nicht in der **Johannes-Apokalypse** (um 90/100) und im Römerbrief des **Ignatius von Antiochia** (um 110), die erste Ansätze einer Theologie des Martyriums bieten: Die Märtyrer, die treuen Zeugen Christi, bilden in ihrem Kampf gegen Satan zeichenhaft-proleptisch den Sieg Christi ab (Apk); christliche Existenz, zumal der Glaubenstod, ist in der Nachfolge Christi der Durchgang zur Herrlichkeit Gottes, weswegen man ständig zum Martyrium bereit sein muß (Ign.Röm.).

5.1.2 Zur Fixierung des **Märtyrertitels** als *terminus technicus* kam es erstmals in **Kleinasien** um 140/150, also in dem Gebiet, wo die Märtyrertheologie besonders profiliert entstanden ist (vgl. auch 1. Petr und 2. Tim für die Zeit um 90-110). Der μάρτυς ist der μιμητής Χριστοῦ/ *mimetes Christou*, der die Glaubensverkündigung durch den Tod als wahr bezeugt. Eine **Märtyrerverehrung** wird erstmals nach 160 im Blick auf **Polykarp von Smyrna** belegt; sie entwickelte sich seit dem Ende des 2.Jh.s und verfestigte sich seit dem 3.Jh.: Durch besondere Gottesdienste am Todestag, der als *Geburtstag* (*Dies natalis* in Entsprechung zum Herrschaftsantritt eines Kaisers: als Eingang in das ewige Leben) an der Begräbnisstätte in oder bei der Kirche bzw. an einem speziellen Altar gefeiert wurde, blieb das Blutzeugnis als Vorbild und Glaubensstärkung präsent, indem die betreffende Märtyrerakte verlesen wurde.

5.2 Märtyrerakten

Seit der zweiten Hälfte des 2.Jh.s wurden solche Texte verfaßt und gesammelt, bei denen **zwei literarische Formen** zu unterscheiden sind: der erbaulich stilisierte **Bericht** über das standhafte Leiden bis zum Tod (*Passio*; manchmal als Brief der betroffenen Gemeinde an eine andere; ältestes Beispiel: das *Polykarp-Martyrium*) und das **Protokoll** des Christenprozesses bis zur Hinrichtung (*Acta*; wohl fast immer fiktiv, in seltenen Beispielen vielleicht auf amtlichen Dokumenten oder auf Miterleben basierend, oft mit Reden der Christen vor Gericht, welche die apologetische Theologie wiedergeben). Unter dem Einfluß des seit dem 4.Jh. stark anwachsenden Heiligen- und Reliquienkultes sind die älteren Texte zumeist zwecks Verstärkung der erbaulich-wunderbaren Züge überarbeitet (erweitert) worden, ferner sind Legenden ohne historischen Kern "erfunden" worden.

5.2.1 Zu der für die Frömmigkeitsgeschichte wichtigen hagiographischen Literatur vgl. die Acta Sanctorum (67 Bde., 1643-1894: Verzeichnis der echten alten Akten bei Altaner, Patrologie 91-93; Drobner, Patrologie, 72-83). Vielleicht die älteste Märtyrerakte ist diejenige des **Polykarp von Smyrna**, deren Grundbestand wohl um 155 in apologetischer Absicht entstanden ist (andere Datierungen: 160-170; um 177) und durch verschiedene Interpolationen erweitert wurde: Im Verlauf einer lokalen Christenverfolgung, die einige Opfer (durch Verurteilung *ad bestias*) forderte, schleppte man auch den berühmten alten Bischof in das Stadion von Smyrna vor das Tribunal des Statthalters, der ihn vergeblich zur Loyalitätsbekundung durch Schwören beim Genius des Kaisers und Verfluchung der Gottlosen zu überreden suchte. (Dieses Element begegnet in vielen Akten und zeigt, daß der Staat nicht an der Tötung der Christen, sondern an ihrer Integration durch Apostasie interessiert war.) Polykarp wurde verurteilt, weil er *bekannt habe, daß er Christ sei*, und durch Verbrennung in der Arena hingerichtet. (Feuertod und Tierkampf als Strafe für gemeinste Verbrecher.)

5.2.2 Formal keine Märtyrerakte ist der **Bericht Justins** im Anhang seiner *Apologie* (II,2), der älteste einschlägige Text (um 155): Der Mann einer reichen, zum Christentum bekehrten Römerin denunzierte deren Lehrer Ptolemäus (wohl mit dem großen valentinianischen Gnostiker identisch) als Christen. Das reichte als Grund, ihn - ebenso wie einen unbekannten Lucius, der sich während des Prozesses zum Christsein bekannte - hinzurichten. Der entsprechende **Prozeß gegen Justin** und seine Schüler vor dem römischen Stadtpräfekten (wohl 165) führte zur Verurteilung wegen Verweigerung des Götteropfers und damit des Staatskults (*Acta Justini* in Protokollform). Aufschlußreich für das Gerichtsverfahren und die Verurteilung wegen des bloßen Christseins, das durch die Verweigerung des Staatskultes als politisch gefährlich erschien, sind auch die Akten des Carpus, des Papylus und der Agathonike, die in Pergamon zwischen 160 und 168 im Amphitheater verbrannt wurden, und die besonders originalgetreuen **Akten der Scilitaner** aus Nordafrika 180, mit dem Schwert hingerichtet (hier spielt der Kaiserkult eine Rolle).

5.2.3 Instruktivstes Beispiel für die pogromartige Verfolgung ist die *Passio* der zahlreichen **Märtyrer von Lugdunum (Lyon) und Vienne** im Jahre 177; sie zeigt die Verbindung von Lynchjustiz und politischer Justiz und belegt, daß die Christen als gesellschaftliche Außenseiter "vogelfrei" lebten. Die Passio der Katechumeninnen **Perpetua** und **Felicitas** in Karthago 202/3, literarisch und theologisch besonders ausgestaltet, informiert über die soziale Situation und die Frömmigkeit der Gemeinden.

5.3 Literatur

QUELLEN: Ausgewählte Märtyrerakten, hg.v. R. KNOPF/G.KRÜGER/G. RUHBACH, 4.A. 1965. - The Acts of Christian Martyrs, hg.v. H. MUSURILLO, 1972. - Übers. (z.T.): BKV 14, 297-369.

LITERATUR: TH. BAUMEISTER: Die Anfänge der Theologie des Martyrium, 1980. - DERS.: Genese und Entfaltung der altkirchlichen Theologie des Martyriums, 1991. - CH. BUTTERWECK: "Martyriumssucht" in der Alten Kirche?, 1995. - H.V. CAMPENHAUSEN: Die Idee des Martyriums in der alten Kirche, 2.A. 1964. - B. KÖTTING: Der frühchristliche Reliquienkult und die Bestattung im Kirchengebäude, in: Ders.: Ecclesia peregrinans. Ges. Aufsätze Bd.2, 1988, 90-119. - M. SLUSSER: Martyrium III/1, TRE 22 (1992) 207-212.

6. Heidnische Polemik gegen die Christen

Die dezidierte Absonderung der Gemeinden gegenüber der Gesellschaft machte die Christen allgemein verdächtig und verstärkte das politische Vorurteil (s. dazu 4.). Tertullians *Apologeticum* skizziert um 197 den **sozialen Hintergrund** der Verdächtigungen: Christen kommen auffallend häufig zusammen, nennen sich Brüder und Schwestern, veranstalten seltsame Feiern, boykottieren nicht nur den öffentlichen Kult, sondern entziehen sich auch dem damit zusammenhängenden gesellschaftlichen Leben (den Schauspielen, Gladiatorenkämpfen und Festen an bestimmten Feiertagen). Als gesellschaftlicher Fremdkörper verhaßt und verachtet, unterlagen sie stereotypen Vorwürfen, welche gleichsam die Innenseite der Motive bei der Christenverfolgung bilden. Im 2.Jh. wurde diese populäre Polemik in rhetorischer Form durch **Fronto** um 160 auf kriminelle Aspekte konzentriert und durch **Celsus** ca.178 in philosophische Form umgesetzt.

6.1 Frontos propagandistische Verunglimpfung

Vereinzelte literarische Zeugnisse belegen, daß man in der Gesellschaft seit etwa 100 des Christenproblems gewahr wurde. So erwähnte der Stoiker Epiktet um 100/120 beiläufig die christliche Einstellung zum Tod als eine unvernünftige Gewohnheit. Verächtlich äußerte sich Lukian von Samosata (ca.120-180) in der Satire *Peregrinus Proteus* über die Primitivität der Christen, wobei er besonders die Märtyrerverehrung verspottete. Der nordafrikanische Rhetor Marcus Cornelius Fronto (ca.110 bis ca.175/180) hat wohl als erster - vermutlich in einer öffentlichen Senatsrede ca.162-164 - **explizite Christenpolemik** mit bestimmten Stereotypen formuliert, um die politischen Maßnahmen gegen die verderbliche Gruppe zu legitimieren. (Der Text ist nicht erhalten, einige seiner Argumente begegnen in dem wohl 210-230 verfaßten Dialog *Octavius* des Apologeten Minucius Felix.) Er hat Schlagwörter fixiert, welche vermutlich bereits kursierende populäre Vorwürfe (Inzest, Kannibalismus) stilisierten: 1. **Atheismus**: Die ungebildeten Christen bekämpfen den traditionellen Götterkult. 2. **Ödipodeische Vermischungen**: In ihren obskuren Geheimversammlungen vollziehen die Brüder und Schwestern, Väter und Mütter einen ausschweifenden Kult sexueller Promiskuität. (Vgl. dazu die Praxis des heiligen Kusses.) 3. **Thyesteische Mahlzeiten**: Christen fressen bei ihren Zusammenkünften kleine Kinder und schlürfen deren Blut. (Vgl. dazu die Abendmahlsfeier.) 4. Populärer Verunglimpfung entstammte der **Onolatrie-Vorwurf**: Christen verehren einen Eselskopf. (Vgl. für das 3.Jh. das Spottkruzifix vom Palatin in Rom, das einen Beter vor einem gekreuzigten Eselskopf zeigt.) Überdies sollten die Christen die Genitalien ihrer Priester verehren (was sich auf die Bußpraxis mit dem Niederfallen beziehen könnte). Möglicherweise hatte ein Teil der Vorwürfe Anhalt an Praktiken einiger gnostischer Zirkel. Die heidnische Umwelt sah jedoch die Christenheit als einheitliche Gruppe; die durch Fronto bezeugte Polemik wirkte lange nach.

6.2 Die philosophische Kritik: Celsus und Porphyrius

6.2.1 Auf höherem Niveau und mit guter Kenntnis des Christentums führte der - dem Mittleren Platonismus (s. § 1; 7.) zuzurechnende, aus Alexandria stammende - Philosoph **Celsus (Kelsos)** die Auseinandersetzung für Gebildete in seinem Werk *Wahres Wort* ('Ἀληθὴς λόγος/alētēs logos) von 178 (180?; fragmentarisch erhalten in Origenes' acht Büchern *Gegen Kelsos* von 248, welche die anhaltende Wirkung der Polemik bezeugen; Übers.: BKV 52-53). Systematisches Gerüst seiner Kritik war, daß die Christen von der Tradition der Väter (sowohl der Griechen und Römer als auch der Juden) abgefallen sind und eine Religion der Unvernunft und des Aufruhrs lehren: Diese ist vulgäre, depravierte Philosophie, weil die ungebildeten Christen den wahren Logos nicht begriffen haben; sie ist pietätlose Revolution, weil die Christen, während jedes Volk seinem alten Nomos folgt, sich vom mosaischen Gesetz abgewandt haben und auch die Gesetze der römisch-hellenistischen Kulturwelt mißachten. Im einzelnen polemisiert Celsus u.a. gegen die Jesusüberlieferung, die Inkarnationslehre, die biblischen Wunder, die Missionspraxis und das Gemeindeleben. (Text: R. Bader, 1940; Übers.: Th. Keim, 1873; ND 1969.)

6.2.2 Die gründlichste und wirkungsvollste Kritik der christlichen Lehre trug um 270 der berühmte **Neuplatoniker Porphyrius** (ca.234-301/5) in seinen 15 Büchern *Gegen die Christen* vor (in Fragmenten durch die christlichen Gegenschriften erhalten). Ihm lag aber nicht mehr an dem politischen und sozialen Bezug der Polemik, sondern an dem **philosophischen Gegensatz**. Er verhöhnte den christlichen Absolutheitsanspruch, kritisierte eingehend AT und NT (hier vor allem die Theologie des Paulus); insbesondere lehnte er die Lehren über Gott, Schöpfung, Menschwerdung und Weltende als absurden Unverstand ab: Die Christen hätten sich vom universalen Logos abgewandt und sich damit aus der allgemeinen Kultur selbst ausgeschlossen, was auch an ihrer Verweigerung des Götterkultes deutlich würde.

Abb.5a: Provinzen des Imperium Romanum um 180 (Westlicher Teil)

Abb.5b: Provinzen des Imperium Romanum um 180 (Östlicher Teil)

Abb.6a: Provinzen des Imperium Romanum um 320 (Westlicher Teil)

Abb.6b: Provinzen des Imperium Romanum um 320 (Östlicher Teil)

6.3 Literatur

QUELLEN: GUYOT/KLEIN: Bd.2, 140-232.

LITERATUR: C. ANDRESEN: Logos und Nomos. Die Polemik des Kelsos wider das Christentum, 1955. - W. NESTLE: Die Haupteinwände des antiken Denkens gegen das Christentum, in: Ders.: Griechische Studien, 1948, 597-660 und in: Christentum und antike Gesellschaft, hg.v. J. Martin/B. Quint, 1990, 17-80. - W. SPEYER: Zu den Vorwürfen der Heiden gegen die Christen, JAC 6 (1963) 129-135. - R.L. WILKEN: Die frühen Christen. Wie die Römer sie sahen, 1986.

7. Apologetik und christliche Beurteilung des Staates

Der geistigen Auseinandersetzung mit der nichtchristlichen Umwelt diente in Reaktion auf die Verdächtigungen und die Verfolgungen die im 2.Jh. aufblühende Apologetik. Als eine **spezifische Literaturgattung** zum Zweck des Nachweises der **Wahrheit der christlichen Religion** behandelten die Apologien verschiedene Themen, die im Blick auf Staat und Gesellschaft für wichtig erachtet wurden. Ihre allgemeine Intention (und damit ihr politischer Zweck) war, für Toleranz gegenüber der Kirche zu plädieren. Eine eigentliche Staatslehre ist weder hier noch im sonstigen frühen Christentum entwickelt worden. Die Reflexionen über das Wesen des Staates lassen sich grundsätzlich **zwei unterschiedlichen Typen** zuordnen: generelle **Bejahung** der staatlichen Ordnungsmacht im Rahmen der Schöpfung Gottes (so seit Röm 13,1-7) - pauschale **Verurteilung** der staatlichen Macht als widergöttlicher Instanz wegen der ihr zwangsläufig innewohnenden Pervertierung durch Unrecht und Gewalt (so seit Apk 13).

7.1 Die Apologien als Aufklärungsschriften

War die christliche Literatur zunächst im wesentlichen auf innerkirchliche Leser bezogen, so machte sich seit ca.120-140 teilweise eine programmatische Wendung bemerkbar, indem bestimmte Schriften gezielt ein **heidnisches Publikum** ansprachen. Diese setzten sich ausführlich mit dem römisch-hellenistischen Götterkult sowie mit den populären Vorwürfen gegen das Christentum auseinander und entfalteten die christlichen Lehren im Gegenüber zur zeitgenössischen Philosophie. Die bedeutendsten Apologien verfaßten im 2.Jh. **Justin**, **Tatian**, **Athenagoras**, **Theophilus** und **Tertullian**.

7.1.1 Die schon im Urchristentum, vor allem im Zusammenhang der Missionsverkündigung, begegnende Apologetik setzte sich in diesen Schriften auf neuer Stufe fort, wie etwa das *Kerygma Petri* und die *Apologia* des **Quadratus**, die 125/6 oder 132 in Athen dem Kaiser Hadrian überreicht worden sein soll, belegen (beide nur fragmentarisch überliefert). Als erste vollständig erhaltene Apologie zeigte diejenige des athenischen Philosophen **Aristides** (um 140?), die an Kaiser Antoninus Pius adressiert war, zwei charakteristische Elemente: die ausführliche Polemik gegen den Polytheismus und die Behauptung der alleinigen Wahrheit der christlichen Gotteslehre. Damit sollte die Forderung nach Duldung des Christentums begründet werden.

7.1.2 Typisch für den Großteil der apologetischen Literatur war die Aufnahme der spätantiken Philosophie. Der zuletzt in Rom wirkende Lehrer **Justin** (gest. ca.165) führte in seiner um 155 verfaßten, formal an die Kaiser gerichteten Apologie, die er durch einen Anhang ergänzte (s. 5.2.3), eine bedeutende **religionsphilosophische Auseinandersetzung** mit eingehender Darstellung der christlichen Grundlehren und des kirchlichen Lebens. Über die verbreitete Beanspruchung der Topoi der Popularphilosophie und insbesondere der natürlichen Theologie hinaus suchte er - vor allem mit Hilfe der Logoslehre (s. § 1; 3.3.1) - eine Synthese von Hellenismus und Christentum auf der Basis eines vom biblischen Offenbarungsglauben her geformten Mittleren Platonismus. Wie er klagte auch sein Schüler, der Ostsyrer **Tatian**, mit seiner *Rede an die Hellenen* (zwischen 150 und 172 verfaßt) die Ungerechtigkeit der Verfolgungen an, wobei dieser aber - ebenfalls dem Mittleren Platonismus verpflichtet - die **Antithese** zwischen der christlichen Offenbarungswahrheit und der römisch-hellenistischen Kultur betonte.

7.1.3 Der gelehrte **Athenagoras** (in Athen oder Alexandria?), der demgegenüber die Philosophie positiv aufnahm, widerlegte in seiner an Mark Aurel und Commodus gerichteten *Bittschrift für die Christen* (176-180) ausführlich die **verbreiteten Anklagen** wegen Atheismus, Verweigerung des Opferkultes, thyesteischer Mahlzeiten und ödipodeischer Vermischungen. **Theophilus**, Bischof von Antiochia, verteidigte in drei Büchern *An Autolykos* (für ein breites Publikum nach 180 verfaßt) - wie die meisten Apologeten ausführlich auf die nichtchristliche Literatur zurückgreifend - die Wahrheit der Bibel und der christlichen Glaubenslehren sowie die moralische Lebensweise der Christen. Nichts von einer theologisch-philosophischen Synthese hielt der Advokat **Tertullian** (ca.160-ca.220/5; vgl. § 2; 10.2). In seinem an alle Statthalter adressierten *Apologeticum* von 197 konzentrierte er sich auf die Entkräftung der politischen Beschuldigungen, entlarvte ausführlich die Nichtigkeit des polytheistischen Götterglaubens (um zu begründen, warum die Christen nicht am Staatskult teilnehmen könnten) und hob den Gegensatz zwischen der christlichen und der römischen Religion hervor.

7.1.4 Etliche Apologien des 2.Jh.s sind verloren (z.B. von Miltiades, Apollinaris von Hierapolis und Meliton von Sardes). Während die Spottschrift des Hermias grobschlächtig die Philosophie abfertigte, brachten der - ebenfalls nicht genau datierbare - *Brief an Diognet* und der *Octavius* des **Minucius Felix** eine durchreflektierte Verteidigung des Christentums. Die apologetische Literatur fand ihren **Höhepunkt** im Werk des Clemens von Alexandria und des Origenes (s. dazu § 2; 10.4-5), ihren krönenden Abschluß dann - nach den entsprechenden Schriften des Eusebius von Cäsarea - in dem monumentalen *Gottesstaat* des Augustinus (dazu s. § 5; 9.1-3).

7.2 Positive und negative Wertung des Staates

Die grundsätzliche Loyalität kam in der seit Ende des 1.Jh.s bezeugten gottesdienstlichen **Fürbitte für die Obrigkeit** zum Ausdruck (vgl. 1. Tim 2,1f und den Gebetstext 1. Clem. 60,4-61,3). Darauf verwiesen die Apologeten immer wieder. Aristides leitete daraus den Anspruch ab, die Christen stellten einen besonderen Segen für die Mitwelt dar, und Justin empfahl die Christen als die besten Staatsbürger, weil sie mit ihrer Moral freiwillig die gesetzlichen Normen erfüllten, welche die Heiden nicht oder nur aus Angst vor Strafe einhielten (Apol. I,12.17).

7.2.1 Erstmals bei Meliton von Sardes um 175 findet sich eine Theorie der **heilsgeschichtlichen Parallelität von** Entstehung der Kirche und Blüte des Reiches seit Augustus (Eusebius, Hist.eccl. IV,26,7-11). **Irenäus** von Lyon ordnete um 180/190 die Funktion des Staates in die auf den Sündenfall reagierende Heilsgeschichte ein: Daß es auf Zwang basierende Ordnung gibt, die dem menschlichen Zusammenleben nützt, ist nicht allein der Sündigkeit, sondern auch dem Erhaltungswillen Gottes zuzuschreiben, der so das Böse eindämmt und die Möglichkeit einer relativen Gerechtigkeit schafft (Adv.haer. V,24,2f). Damit wurde das Grundmuster der positiven Sicht formuliert, welches in der Folgezeit trotz der Konflikte mit dem Staat wirksam blieb (z.B. bei Clemens Alexandrinus, Origenes und Lactantius) und schließlich bei Eusebius von Cäsarea angesichts der *konstantinischen Wende* zu der Lehre der Konvergenz und Kooperation von Kirche und Staat führte.

7.2.2 Die genannten Theologen trugen auch Kritik an konkreten Insuffizienzerscheinungen staatlicher Machtausübung vor. Eine **generelle Ablehnung** des Staates als widergöttlicher Gewalt fand sich seltener, z.B. im 2.Jh. bei den **Gnostikern** als Konsequenz ihrer Fundamentalkritik an der Welt oder bei **Hippolyt** von Rom in Aufnahme der apokalyptischen Negierung des Satansreiches. Sehr kritisch beurteilte **Tertullian** das Imperium; auch einige Märtyrerakten bekundeten derartige Tendenzen. Wahrscheinlich hat sich im lateinischen Christentum die Tradition der Distanz deutlicher als im Osten ausgeprägt erhalten (bis hin zu Augustins Lehre von den zwei Reichen).

7.3 Literatur

QUELLEN: Die ältesten Apologeten, hg.v. E.J. GOODSPEED, 1914; ND 1984. - Übers.: Frühchristliche Apologeten, BKV 12.14, 1913. - TERTULLIAN: Apologeticum, hg.v. C. Becker, 1952; 4.A. 1992.

LITERATUR: C. ANDRESEN: Frühkirchliche Apologetik, RGG[3] 1 (1957) 480-485. - L.W. BARNARD: Apologetik I. Alte Kirche, TRE 3 (1978) 371-411. - H. RAHNER: Kirche und Staat im frühen Christentum, 1961. - A.W. ZIEGLER: Entwicklungstendenzen der frühchristlichen Staatslehre, in: Kyriakon. FS J. Quasten Bd.1, 1970, 40-58.

8. Allgemeine Christenverfolgungen unter Decius und Valerian

Waren die Verfolgungen bisher unkoordinierte Einzelmaßnahmen auf Provinzebene, so führte die sich verschärfende Krise des Imperiums unter den Kaisern Decius und Valerian zwischen 250 und 260 zu einer - allerdings nur kurzfristigen - Wende: zum Versuch der **zentral gelenkten systematischen Ausschaltung** der Christen. Die den Bestand des Reichs bedrohenden Gefahren - Verschlechterung der ökonomischen Situation, Bedrohung der Grenzen durch äußere Feinde, Auseinanderdriften der verschiedenen Reichsteile, Instabilität der politischen Führung - führten zu Ansätzen einer **Reformpolitik** und im Zusammenhang mit der Stärkung der Reichsidee zur Rückbesinnung auf altrömische Traditionen. Dies implizierte eine Änderung der Religionspolitik durch Abkehr vom toleranten Synkretismus und Betonung des Staatskults.

8.1 Die Krise des Reiches

Seit dem 1.Jh. war die Grenzsicherung die wichtigste staatliche Aufgabe. Der Unterhalt der vermehrten Armee und der aufgeblähten Verwaltung führte zur **finanziellen Ausplünderung** der Bevölkerung, zu fortschreitender **Inflation** (Münzverschlechterung und Preiserhöhung), gekoppelt mit Steuererhöhungen. Landflucht und Anwachsen des Stadtproletariats waren eine der Folgen; soziale Verschiebungen in den politischen Trägerschichten kamen hinzu. Zu den permanenten **Unruhen an den Grenzen** in Gallien/Germanien und Illyrien/Pannonien trat seit 248 mit dem Vordringen der Goten, eines vor den aus Asien heranrückenden Steppenvölkern (den "Hunnen") zum Reich hin ausweichenden großen Stämmeverbandes, ein neues Element. Ferner mußte die südöstliche Grenze seit ca.227 gegen das aggressive Reich der Perser unter den Sassaniden mühsam verteidigt werden. Die innenpolitische Destabilisierung und die außenpolitische Defensive führten dazu, daß in knapp fünfzig Jahren (235-284) über dreißig Kaiser und Gegenkaiser, jeweils von unterschiedlichen Teilen des Heeres gestützt, regierten.

8.2 Restauration des Staatskultes durch Decius 249-251

Decius, ein der senatorisch-altrömischen Tradition verpflichteter Soldatenkaiser (s. RAC 3,611-629), wählte kurz nach seinem Regierungsantritt als flankierende Maßnahme zur Überwindung der Krise ein erstaunliches, aber im Zusammenhang der Restaurationsmentalität verständliches Mittel: Er ordnete durch Gesetz ein **allgemeines Bittopfer** (*supplicatio*) an, welches die Götter, die Rom groß gemacht hatten, versöhnen und zur Hilfe bewegen, außerdem die Solidarität und Loyalität aller Reichsbewohner demonstrieren sollte. Ungewöhnlich waren der Zwangscharakter und die universale Durchführung dieser Aktion, die implizit - aber durchaus beabsichtigt - auch die Christen treffen mußte. Die dürftige Quellenlage läßt allerdings weder die Gesamtintention noch die Einzelheiten zweifelsfrei erkennen. Deswegen ist das Problem, ob Decius das Opfer auch für die Heiden oder nur für die Christen dekretierte, also eine **allgemeine kultische Neubelebung oder eine Christenverfolgung** intendierte, nicht definitiv zu lösen. Die Opferaktion sollte die Christen entweder religiös in das Reich integrieren oder als Staatsfeinde eliminieren, wobei die Gewaltanwendung beschränkt blieb. Einen Erfolg erzielte sie insofern, als so viele Christen - zumal aus den höheren Schichten - am Opfer teilnahmen und damit ihren Glauben verleugneten (die sog. *lapsi*), daß der Bestand der Kirche teilweise gefährdet wurde.

8.2.1 Die Verfolgung begann im Herbst 249, schwerpunktmäßig traf sie vor allem Bischöfe (woraus man z.T. geschlossen hat, zunächst habe Decius ein Edikt gegen die Kleriker erlassen). Die Quellen (instruktiv: der Bericht des Dionysius von Alexandria bei Eusebius, Hist.eccl. VI,40,2-42,6) erwähnen nur einen einzigen **Opferbefehl**. Aus Ägypten sind über vierzig Papyri mit amtlichen Bescheinigungen (*libelli*) über den Vollzug des Opfers erhalten, die mindestens in einem Fall auch Nichtchristen galten: So mußte z.B. eine Priesterin des Krokodilgottes Petesuchos namens Aurelia Ammonous in der Stadt Arsinoe, die wohl kaum des Christseins verdächtig war, vor der staatlichen Opferkommission erscheinen und durch Trankopfer und Speiseopfer ihre Loyalität gegenüber den römischen Staatsgöttern beweisen. Daraus läßt sich folgern, daß alle Reichsbewohner, nicht bloß die Christen, opfern mußten. Es war eine Aktion zur Versöhnung der Götter, die mit dem Kaiserkult nichts zu tun hatte. **Zweck** der vor allem im Jahre 250 ablaufenden Aktion war also ein dreifacher: 1. die **Gunst der** römischen **Götter** wiederzuerlangen, 2. die **religiöse Einheit** des Reiches zu stärken, 3. das **Christenproblem** zu lösen.

8.2.2 Der Kaiser wollte nicht die Organisation Kirche treffen, sondern stellte die einzelnen Christen vor die **Entscheidung**: Entweder opferten sie, dann gaben sie ipso facto ihre Zugehörigkeit zur Kirche preis und verstärkten mit dem religiösen **Loyalitätsbeweis** die Wirkung des Bittopfers (*supplicatio*); oder sie weigerten sich und konnten damit als **Reichsfeinde** entlarvt werden. Beides nützte dem Staat. Den Behörden lag vor allem am ersteren, so daß sie auch durch Gefängnis und Folterung - bei reichen Christen: durch Androhung der Güterkonfiskation - Opfer erzwingen wollten. Das wirkte anscheinend recht gut. Nur die Kleriker widerstanden weitgehend, oder sie entzogen sich dem Zwang durch die Flucht, wie z.B. Cyprian, der Bischof von Karthago. Daß Decius vorrangig die Integration, nicht aber die Vernichtung der Christen intendierte, zeigt sich an den relativ milden Strafen: Viele Kleriker wurden eingekerkert und galten darum als Bekenner (*confessores*), darunter z.B. Origenes in Tyrus, der 254 an den Folgen der Folterungen starb; dagegen hielt sich die Zahl der Hinrichtungen (Martyrien) in engen

Grenzen. Schlagartig beendet wurde die Verfolgung mit den Thronwirren, als Decius im Kampf gegen die Goten im Juni 251 fiel.

8.2.3 Für den Bestand der Kirche konnte das **Apostaten-Problem** bedrohlich werden: die Tatsache, daß zahlreiche ihrer Mitglieder auf staatlichen Druck hin geopfert und damit ihren Abfall vom Christentum manifestiert hatten. Über den daraus erwachsenden Konflikt informiert besonders Cyprian für Karthago, aber das Problem stellte sich auch andernorts. Prinzipiell nicht weniger als jene *sacrificati* oder *turificati* (die ein Trank-/Speiseopfer oder nur ein Weihrauchopfer vollzogen) hatten diejenigen gesündigt, die sich durch Bestechung eine Opferbescheinigung ohne Vollzug des Opfers gekauft hatten (*libellatici*). Nach altchristlicher Auffassung gab es für eine solche Todsünde keine Buße, also auch keine Wiederaufnahme für reuige *lapsi*. Um diese Frage gab es – zumal in Karthago – heftigen Streit (vgl. § 2; 13.4). Dort, in Rom und andernorts entschied man sich grundsätzlich für die Eingliederung der Bußfertigen. Das bedeutete langfristig eine Stärkung der Institution Kirche.

8.3 Valerians Aktion gegen die kirchliche Organisation 257-259

Einzelne Christenbestrafungen nach herkömmlichem Brauch gab es auch unter Decius' Nachfolger Trebonianus Gallus. Der dem römischen Adel entstammende Kaiser Valerianus (zu ihm s. PW 13, 488-495), der seit 253 energisch die Festigung der politischen und militärischen Strukturen betrieb, zielte in diesem Zusammenhang auf eine **Ausschaltung der Institution Kirche**, nahm also – bei gleicher restaurativer Religionspolitik – einen anderen praktischen Ansatz als Decius. Auch er wollte eigentlich die Christen in den Staat integrieren, also als Störfaktor ausschalten, doch er konzentrierte seine Maßnahmen auf den **Klerus** und die kirchliche Organisation. Sein **erstes Edikt** vom Sommer 257 gebot allen Klerikern, die römischen Götter durch **Opfer** zu ehren (wobei es ihm auf den Vollzug des Ritus ankam, nicht auf ein Verbot der christlichen Gottesverehrung). Für den Weigerungsfall drohte er harte Sanktionen an: Exilierung der Kleriker, Verbot der christlichen Versammlungen und der Friedhofsbesuche. Da Valerian wußte, daß gerade die christlichen Amtsträger nicht opfern würden, zielte seine Anordnung darauf, der Kirche die Führungskräfte und das religöse Leben zu nehmen. Viele Geistliche flohen, versteckten sich oder wurden verhaftet und verbannt. Jenes Ziel bekundet auch sein **zweites**, verschärfendes **Edikt** vom Sommer 258, das für Kleriker die **Todesstrafe bei Opferverweigerung** bestimmte (was z.B. zur Hinrichtung Cyprians führte), die soziale Elite der Kirche treffen sollte (durch Bestrafung der vornehmen und begüterten Laien mit Güterkonfiskation und Deportation) und die Ablieferung des kirchlichen Vermögens (Gebäude, Friedhöfe, Kassen, Hilfsmittel der Armenfürsorge) forderte. Die dadurch ausgelöste blutige Verfolgung traf viele Kleriker, darunter den römischen Bischof Sixtus und einige Diakone, unter ihnen den legendären Laurentius. Doch wieder fand die Verfolgung ein rasches Ende, als Valerian im Herbst 259 bei Edessa in der Schlacht gegen die Perser in Gefangenschaft geriet, in welcher er starb.

8.4 Vierzigjährige Friedenszeit seit 260

Valerians Sohn und Mitregent **Gallienus** (253-268, zu ihm s. RAC 8,962-984) brauchte angesichts der äußeren Bedrohung innenpolitische Ruhe und befahl 260 die Freilassung der Gefangenen und die Rückgabe der kirchlichen Liegenschaften.

Sein Edikt brachte **keine grundsätzliche Toleranz**, sondern bloß eine Rückkehr zum Zustand vor 257 bzw. 249, d.h. zu dem durch Trajan fixierten rechtlichen Schwebezustand. Der überzeugte Platoniker und Anhänger des Sonnenkults war kein Freund des Christentums, suchte dieses aber (beispielhaft gegenüber dem alexandrinischen Bischof Dionysius bekundet) durch Wohlverhalten in seine Politik der Konsolidierung des Reiches einzubinden. Dessen Krise konnte er zwar dadurch nicht aufhalten, aber die Kirche entfaltete in der Folgezeit ein ungestörtes, blühendes Leben mit imposanter Ausbreitung und Festigung der Strukturen. Unter den weiteren Soldatenkaisern ragte Aurelianus (270-275; zu ihm s. RAC 1, 1005-1010) hervor, der im Zusammenhang außen- und innenpolitischer Erfolge auch eine Kultreform betrieb: Die alte Religion sollte durch die allgemeine Verehrung der Sonne als des obersten Reichsgottes im Sinne des Henotheismus neu belebt werden, wobei der Kaiser sich als deren Stellvertreter auf Erden ansah. Vielleicht plante er in diesem Zusammenhang eine Neuauflage der Christenverfolgung. Nach seiner Ermordung setzte sich die innere Erschütterung des Imperiums fort.

8.5 Literatur

QUELLEN: GUYOT/KLEIN: Bd.1, 124-165.

LITERATUR: A. ALFÖLDI: Zu den Christenverfolgungen in der Mitte des 3. Jahrhunderts (1938), in: Ders.: Studien zur Geschichte der Weltkrise des 3. Jahrhunderts nach Christus, 1967, 285-311. - A. BLUDAU: Die ägyptischen Libelli und die Christenverfolgungen des Kaisers Decius, 1931 (RQ Suppl. 27). - CHRISTENSEN (s. 4.5) 102-121. - J. MOLTHAGEN: Der römische Staat, 61-100.

9. Diokletians Reichsreform und die Christenverfolgung 303-311

Eine durchgreifende Reform der politischen Struktur des Reiches war zur unabweisbaren Aufgabe geworden, konnte allerdings trotz verschiedener Ansätze bisher nicht verwirklicht werden. Hier schuf erst Diokletian (284-305) durch verschiedene Maßnahmen einen Wandel, der die Fundamente des Reiches dauerhaft sicherte (im Westen bis zum 5.Jh., im Osten bis zum 7.Jh.). Dabei orientierte er sich an **altrömischen Traditionen**, und aufgrund des Zusammenhangs von *religio* und *salus publica* kam auch der Kultreform nicht geringe Bedeutung zu. Damit verband sich das Christenproblem, das sich - angesichts der Entwicklung der Kirche zu einem "Staat im Staate" - im 3.Jh. verschärft hatte. Die Ausschaltung des Christentums sollte der **inneren Stabilität** des Reiches und der Restauration der römischen Religion dienen.

9.1 Verbesserung der Verwaltung und Neubelebung der Religion

9.1.1 Der aus Dalmatien stammende General Diocles, der 284 durch einen Putsch an die Macht kam und sich seitdem Diocletianus nannte, veränderte in über zwanzigjähriger energischer Regierungsarbeit die Strukturen des Imperiums. Deren Stabilisierung förderte er z.B. durch die Verbesserung der **Provinzverwaltung** mit Neueinteilung und Verkleinerung, durch die Zusammenfassung der nunmehr 96 Provinzen in 12 von kaiserlichen Beauftragten geleiteten Diözesen, durch die Zentralisierung der Verwaltung, durch die Neuorganisation des Heeres, durch die am Ertrag des Landes orientierte Steuerreform. Nicht alle Reformen gelangen; so scheiterte z.B. die Währungs- und Wirtschaftsreform von 294/301, insbesondere das Höchstpreisedikt (mit Maximaltarifen für Waren und Löhne), welches der ständigen Inflation begegnen sollte.

9.1.2 Insbesondere sollten die ruinösen Rivalitäten um das Kaiseramt durch eine dauerhafte Herrschaftsteilung unmöglich gemacht werden: 286 ernannte Diokletian den General Maximian zum Mitkaiser, um zwei Verwaltungsschwerpunkte zu schaffen: 293 baute er das zum **System der Tetrarchie** aus, welches eine automatische Herrschaftsnachfolge und eine Präsenz der Zentralgewalt in den auseinanderstrebenden Reichsteilen gewährleisten sollte. An der Spitze standen die beiden **Augusti Diokletian** (mit Sitz in Nikomedia) und **Maximian** (in Mailand und Aquileja), denen durch Adoption je ein **Cäsar** als eine Art Juniorkaiser zugeordnet war, **Galerius** für Illyrien (mit Sitz in Sirmium und Thessalonike) und **Konstantius Chlorus** für Gallien/Britannien (in Trier und York). Ständige Kriege an der Rhein- und Donaugrenze, ferner die Abwehr der Perser und Aufstände in Ägypten waren der sicherheitspolitische Grund für die Herrschaftsteilung, die durch Diokletians Oberhoheit umgriffen wurde.

9.1.3 Bestandteil der Reformpolitik war auch das Bemühen um **religiöse Restauration**: Diokletian verband den römischen **Staatskult** mit der inzwischen wachsenden Tendenz zum **Henotheismus** (vgl. die Sol-Verehrung), indem er **Jupiter** als den eigentlichen Gott und Weltenlenker hervorhob, ohne damit den Polytheismus zu verlassen. Sich selber begriff er als dessen Sohn und irdischen Stellvertreter (mit dem Beinamen *Jovius* und dem Titel *dominus et deus*), wodurch das Kaisertum theokratische Züge annahm, die z.B. im Ausbau des Hofzeremoniells (vor allem der Proskynese) zum Ausdruck kamen. Der Herrscher war nicht mehr wie im alten Kaiserkult ein Gott unter vielen anderen, sondern ein Mensch, aber durch die Verbindung mit der höchsten Gottheit selber mit göttlichem Charisma ausgestattet. Wie Diokletian als *Jovius*, so galt Maximian - gemäß dem römischen Herkuleskult - als *Herculius*. Diese politische "Theologie" eines reformierten Polytheismus sollte die universale Despotie absichern. Dem dienten auch der Ausbau der Tempel, die Reorganisation der Priesterschaften und die geregelte Durchführung des Opferkultes, bei dem die Herrscherstatuen nun eine zentrale Rolle spielten. Der Rekurs auf altrömische Religion und Moral bestimmte ferner z.T. die Gesetzgebung, so v.a. bei dem Eheedikt von 295.

9.2 Manichäeredikt 297 und erste Maßnahmen gegen Christen 299
Dem Programm dieser politischen Religion entsprach das Edikt von 297 gegen den im ganzen Mittelmeerraum verbreiteten, in Nordafrika Unruhen auslösenden **Manichäismus**, eine gnostisch-dualistische Bewegung (s. § 2; 5.3), die gleichsam als Agentin des Perserreichs angesehen wurde und deren Kritik an der römischen Religion deshalb besonders mißfiel. Gegen sie wurde eine **grausame Verfolgung** inszeniert (mit Hinrichtung der Anführer, Tötung oder Exilierung der Gläubigen, Verbrennung der Schriften) - ein Vorspiel der späteren Christenverfolgung. Das war auch die **Säuberungsaktion**, mit der die vier Kaiser seit 299 zunächst aus dem **Hof**, dann aus dem **Heer** und schließlich aus der gesamten **Staatsverwaltung** die dort zahlreich vertretenen Christen zu verdrängen suchten: Für alle Soldaten und Beamten wurden Opfer angeordnet; wer die Teilnahme verweigerte, wurde entlassen, unterlag jedoch keinen weiteren Repressalien. Damit verlor die Kirche wichtige Multiplikatoren im öffentlichen Leben.

9.3 Ziel der Edikte von 303/304: Vernichtung des Christentums

Warum Diokletian erst so spät im Zug seiner Politik der Herrschaftsstabilisierung gegen die Christen vorging, bleibt unklar. Vielleicht wollte er die Reformen einigermaßen abgeschlossen haben, bevor er die Lösung eines Problems anging, welches seine Vorgänger nicht zu entschärfen vermochten. Gerade in der vierzigjährigen Friedenszeit hatte sich ja die Position der Kirche enorm verbessert. Die Quellen informieren über die Verfolgung weder vollständig noch hinreichend exakt (vor allem die Berichte bei Eusebius, Hist.eccl. VIII,1-17 und Lactantius, De mortibus persecutorum 10-35). Diokletian selber war der geistige Urheber - nicht Galerius -, er knüpfte an die Intention Valerians (Zerschlagung der kirchlichen Organisation) an, ging aber darüber hinaus, indem er die Christen insgesamt ausschalten wollte.

9.3.1 Die Aktion begann plötzlich, doch wohlvorbereitet am 23. Februar 303 mit der Zerstörung der Kirche in der Hauptstadt Nikomedia, die in der Nähe des Kaiserpalastes lag; diesem Signal entsprach ein reichsweit gültiges **Edikt** mit folgenden Anordnungen: 1. Zerstörung aller **Kirchengebäude**, 2. Ablieferung und Vernichtung der heiligen **Schriften** und liturgischen Bücher. (Mit diesen Maßnahmen wurde das Gemeindeleben unmöglich gemacht; ergänzt wurden sie durch Bestimmungen, welche die soziale Elite treffen sollten:) 3. Christen aus den höheren Schichten durften keine Prozesse führen und keine Testamente erlassen, büßten also ihre Rechtsfähigkeit ein; außerdem verloren sie ihre Ämter und Privilegien; 4. die große Schar der christlichen Palatini, der im Hofdienst tätigen Freigelassenen, sollte in den Sklavenstand zurückversetzt werden. Die Folgen des Edikts waren überall im Reich Kirchenzerstörungen, Bücherverbrennungen und Exilierungen. Die Situation verschärfte sich durch Brandstiftungen im Kaiserpalast, die den Christen zur Last gelegt wurden, woraufhin Diokletian alle Hofangehörigen zum Opfer zwang - auch seine Frau Prisca und seine Tochter Valeria, die offenbar als Sympathisantinnen des Christentums galten. Parallel zur Gewaltanwendung startete der Kaiser eine **Propagandaaktion**, indem er bei zwei Philosophen bzw. Rhetoren (Hierokles und einem Unbekannten) Schriften bestellte, welche die Minderwertigkeit der christlichen Religion nachweisen sollten.

9.3.2 Als in Syrien politische Unruhen ausbrachen, befürchtete Diokletian einen allgemeinen Aufstand. Deshalb erließ er ein **zweites Edikt** wohl im Frühsommer 303, welches die **Inhaftierung aller Kleriker** befahl. Bald darauf kam eine Anordnung (ein drittes Edikt?), welche von diesen das **Götteropfer** forderte und ihnen für den Vollzug die Freilassung, für die Verweigerung die Todesstrafe in Aussicht stellte. Dadurch wurde die Kirche schwer getroffen; die Zahl der Märtyrer, zumal unter den Bischöfen, war groß. Nach diesen Maßnahmen gegen die Institution versuchten die Tetrarchen, sämtliche Christen unmittelbar zu treffen. Ein (viertes?) **Edikt**, wohl von Anfang 304, forderte von allen Christen ein **allgemeines Opfer** und drohte im Weigerungsfall die Deportation zur Zwangsarbeit oder die Hinrichtung an. Damit war die Idee des Decius aufgenommen, aber in einem verschärften und ausschließlich auf die Christen bezogenen Sinne. Integration oder Ausrottung war die Alternative.

9.4 Der Verlauf der Verfolgung 305-311

Bei der Durchführung der Edikte wirkte sich die unterschiedliche Haltung der vier Kaiser aus. Im Gebiet des Konstantius gab es in Gallien Kirchenzerstörungen, aber kaum Martyrien; unter Maximian fand in Italien, Spanien und Nordafrika eine kurze, blutige Verfolgung statt. Im ganzen **Osten** ging man systematischer und brutaler vor. 305 erfolgte die im tetrarchischen System geplante Abdankung der beiden Augusti Diokletian und Maximian, die nicht nur die Herrschaftssicherung beeinträchtigte, sondern auch die Christenverfolgung tangierte. **Galerius** als neuer Augustus des Ostens und sein Cäsar **Maximinus Daja** setzten, Diokletians Intention folgend, die Gewaltanwendung gegen die Christen konsequent fort. In seinem

Herrschaftsgebiet Palästina/Ägypten profilierte sich Maximinus Daja als Christenverfolger durch neue Edikte 306 und 309 mit besonderer Programmatik. Zur Reinigung der Gesellschaft von Christen und zum Neubau des alten Kultes mobilisierte er auch die heidnische Bevölkerung. Im **Westen** dagegen schlief die Verfolgung nach 305 weitgehend ein. Der tolerante Augustus Konstantius starb schon 306, und der neue Cäsar **Severus** sollte seine Nachfolge antreten. Doch nun brachen wieder vom Heer geschürte Thronwirren aus: Die britannischen Truppen erhoben im Sinne des Dynastieprinzips Konstantius' Sohn **Konstantin** zum Kaiser, und in Italien folgte Maximians Sohn **Maxentius** diesem usurpatorischen Beispiel. Das System der Tetrarchie brach zusammen, der Westteil des Reiches wurde in den nächsten Jahren durch Kämpfe um die Führung beunruhigt, und an der Christenverfolgung hatten Konstantin aus persönlichen und Maxentius aus politischen Motiven kein Interesse.

9.5 Das Toleranzedikt des Galerius 311

Letztlich scheiterte auch diese umfassendste Christenverfolgung, wobei die Gründe dafür nur hypothetisch erschlossen werden können. Eine Rolle spielten die Unterschiede in der Religionspolitik zwischen Ost- und Westteil sowie die Gefahren für die Stabilität der Herrschaft, aber auch die Folgen für Bevölkerung und Wirtschaft im Osten. Es erwies sich, daß die kirchliche Organisation nicht völlig zerschlagen und die Christen nicht ausgerottet werden konnten, zumal es einen breiten, anwachsenden Kreis von Sympathisanten gab, die zwar nicht getauft (und deshalb nicht von der Verfolgung betroffen) waren, aber den christlichen Lehren folgten und die – weithin im Untergrund arbeitende – Kirche unterstützten. So änderte der Staat seine bisherige Christenpolitik grundlegend: Der todkranke Galerius verkündete im Namen aller Kaiser am 30. April 311 in Nikomedia ein vom Geist römischer Religiosität geprägtes **Edikt,** welches das **Christentum als religio licita** anerkannte (Text bei Lactantius, Mort.persec. 34). Der alte Grundsatz, daß die **Religionsausübung** für das **Heil des Staates** entscheidend wäre, wurde nun auf die Christen ausgedehnt, indem ihr Gebet zu ihrem Gott als politisch nützlich akzeptiert wurde. Deshalb sollten sie hinfort ungestört ihren Kult ausüben. Ziel des Edikts war es, die Kirche für die Bestandssicherung des Reiches in die Pflicht zu nehmen. Da sich erwiesen hatte, daß sie durch Konfrontation nicht zu eliminieren oder zu reduzieren war, beschritt der Staat nun den Weg der Toleranz.

9.6 Literatur

QUELLEN: GUYOT/KLEIN: Bd.1, 166-191. – HAUSCHILD (s.o.) 44-59. – KTQG I, 111-115.120.

LITERATUR: H.-D. ALTENDORF: Galerius, RAC 8 (1972) 786-796. – H. CASTRITIUS: Studien zu Maximinus Daja, 1969. – W. ENSSLIN: Valerius (Diocletianus): PW 7 A 2, 2419-2495. – W. SESTON: Diocletianus, RAC 3 (1957) 1036-1053. – Zusammenfassungen: T. CHRISTENSEN: Christus oder Jupiter, 113-166. – J. MOLTHAGEN: Der römische Staat, 101-122. – J. MOREAU: Christenverfolgung 98-119.

10. Die "konstantinische Wende" 312-324

Der Begriff konstantinische Wende bezeichnet in einem allgemeinen Sinne die längerfristige Veränderung, die nach der Verfolgungssituation der ersten drei Jahrhunderte eintrat: Der römische Staat tolerierte das Christentum nicht nur (so 311), sondern beanspruchte es zunehmend anstelle des alten Kultes als die Religion, welche die *salus publica* gewährleisten konnte und sollte; und er begünstigte die Institution Kirche durch verschiedene Maßnahmen, ohne jedoch das Heidentum völlig auszuschalten (s. 11.1-4). Diese Entwicklung hin zu einer "Reichskirche" vollzog sich während des ganzen 4.Jhs. In einem speziellen Sinn meint jener Begriff den von Konstantin bewirkten **Umschwung der staatlichen Religionspolitik**, der mit seinem Weg zur Alleinherrschaft 312-324 verbunden ist. Wie nur wenige Gestalten hat er in epochaler Weise die folgende Kirchengeschichte bestimmt. Die ideologiekritische Redeweise vom Konstantinischen Zeitalter der Kirche (das vom 4.Jh. bis in die Neuzeit dauere) hat sich im 20.Jh. im Blick auf das postulierte Ende desselben eingebürgert, ohne allerdings den historischen Sachverhalt angemessen zu bezeichnen.

10.1 Konstantins Motive

10.1.1 Ohne Konstantins spezifische Religiosität und seine eigenen Entschlüsse wäre es wohl kaum zu einer Synthese von Imperium und Christentum gekommen. **Persönliche Überzeugung** und **politisches Kalkül** wirkten also zusammen. Er hat das Christentum nicht wegen dessen vermeintlicher numerischer Relevanz begünstigt; er hat die Kirche nicht deswegen zur Partnerin des Staates gemacht, weil sie ein imponierender Machtfaktor gewesen wäre. Vielmehr hat er die Plausibilität der christlichen Religiosität und die Nützlichkeit der kirchlichen Organisation erkannt und für die staatliche Bestandssicherung konsequent eingesetzt.

10.1.2 Das Konstantinbild in Geschichte und Forschung ist nicht einheitlich. In Abkehr von der vorneuzeitlichen **Verklärung** des Kaisers als eines treuen Dieners Christi und frommen Beschützers der Kirche hat man sowohl seine Kirchenpolitik als Anfang des gewaltsamen **Staatskirchentums** verurteilt (so eine spiritualistische Konzeption seit Sebastian Franck 1531 und Gottfried Arnold 1699) als auch seine Motive bei der Christianisierung des Reiches kritisch gewürdigt. Die **moderne Forschung** wurde zunächst durch Jakob Burckhardts Biographie von 1853 bestimmt, wonach Konstantin ein skrupelloser Machtmensch ohne religiöse Überzeugung war, der das Christentum bloß utilitaristisch zur Herrschaftssicherung einsetzte. (Ähnlich Eduard Schwartz 1913 und J. Bleicken 1992.) Dagegen betonten Norman H. Baynes, Joseph Vogt, Hermann Dörries, Heinrich Kraft u.a. seine echte Bindung an den christlichen Glauben. Man wird dies aufgrund der Quellenzeugnisse berücksichtigen, aber auch die Tatsache beachten müssen, daß Konstantin stets von **persönlichem Ehrgeiz** wie von **politischen Interessen** geleitet war.

10.2 Konstantins religiöse und politische Entwicklung

Die Quellen geben kein deutliches Bild, weil Konstantin behauptete, stets an denselben Gott geglaubt zu haben, und diesen Glauben wohl im christlichen Sinne stilisiert hat (so noch in seinen politisch motivierten Aussagen gegenüber

Kirchenvertretern nach 320). Die Konstante seiner religiösen Position war die **Überzeugung von** der göttlichen **Erwählung** und **Beauftragung** seiner Person. Entwickelt hat sich a) die Klarheit und inhaltliche Bestimmtheit seiner Religiosität (vom solaren Henotheismus zum christlichen Monotheismus) und b) seine Hinwendung zum christlichen Gottesdienst. Eine "Bekehrung" im Sinne eines grundlegenden Wandels hat er dabei nie erlebt, auch nicht im Jahre 312 (s. 10.3), obwohl der damit gegebene Erfolg sein Sendungsbewußtsein und sein Interesse am Christentum verstärkte. Für die Zeit ab 310 ist durch die Münzprägung bezeugt, daß er sich der **Sol-Invictus-Verehrung** programmatisch verpflichtet wußte, die im synkretistischen Verständnis an die populären Sonnen-, Mithras- und Apollon-Kulte anknüpfen konnte (Universalismus mit monotheistischer Tendenz als Basis einer politischen Religion).

10.2.1 Das Geburtsjahr Konstantins ist nicht genau datierbar (ca.285? oder nach 272). Geboren wurde er in Naissus/Dacia (Niš/Serbien) als illegitimer Sohn des illyrischen Tribunen **Konstantius**, des späteren Kaisers, und dessen Konkubine Helena, einer aus Bithynien gebürtigen Schankwirtin, bei der er zunächst aufwuchs und mit der er zeitlebens eng verbunden war. Etwa seit 296 erhielt er am Hofe Diokletians und im Machtbereich des Galerius seine militärische Ausbildung bis zum Tribun. Mit dem Christentum kam er in dieser Zeit kaum in Berührung. Nach dem Machtwechsel 305 begab er sich zum Vater nach Gallien, begleitete ihn auf dem Feldzug nach Britannien und wurde nach dessen Tod am 25. Juli 306 in York von den Truppen zum **Augustus** ausgerufen, was er nach Absprache mit Galerius dahingehend legalisieren ließ, daß er Cäsar unter dem neuen West-Augustus Severus wurde, aber weiterhin den Augustustitel beanspruchte.

10.2.2 Nach der Usurpation des Maxentius und der erzwungenen Abdankung des Severus kam es 308 zur **Neuordnung der Tetrarchie**: Im Westen als Augustus Licinius, als Cäsar Konstantin (mit dem Herrschaftsgebiet Gallien/Britannien) und im Osten das Gespann Galerius-Maximinus Daja, der 310 wie Konstantin den Augustustitel zugestanden bekam. Wie brüchig das Tetrarchie-System war, zeigt auch die Tatsache, daß Maxentius unangefochten in Italien herrschte, ebenso der Usurpator Alexander in Afrika, und daß 311 nach Galerius' Tod Licinius und Maximinus sich dessen Gebiet teilten. Konstantin versuchte, im Westen die Alleinherrschaft durch Ausschaltung des Maxentius (der 311 Alexander besiegt hatte) zu erringen. Ob Maximinus Daja mit Maxentius ein Bündnis schloß, woraufhin Konstantin und Licinius sich zusammentaten (wie gelegentlich in der Forschung gemeint wurde), muß offenbleiben. Jene Rivalitäten enthielten auch religionspolitische Aspekte. Konstantin entwickelte sich dabei zunehmend zum Christenfreund, seine Gegner zu Förderern des Heidentums.

10.3 Konstantin: Alleinherrscher im Westen 312

Den machtpolitischen Gegensätzen im Osten zwischen Licinius und Maximinus Daja entsprachen solche auf religiösem Gebiet. Während letzterer bald nach dem Edikt von 311 wieder Repressalien gegen die Christen ergriff, praktizierte ersterer die vereinbarte **Toleranzpolitik**. Im Westen standen gegen Konstantins Position Maxentius' Orientierung an der altrömischen Tradition und – nach anfänglicher Duldung – eine zunehmende Unterdrückung der Christen. Der militärische Konflikt beider ist wegen seiner kirchengeschichtlichen Bedeutung in der Literatur oft behandelt worden: Konstantins Sieg vor den Toren Roms bei der Milvischen Brücke kam auch dem Christentum zugute.

10.3.1 Konstantin marschierte im Frühjahr 312 mit einem eilig zusammengestellten, relativ kleinen Heer über die Alpen nach Norditalien, eroberte gegen Maxentius' starke Truppen Turin, die Po-Ebene mit Mailand und schließlich auch Verona. Rom, wo Maxentius mit zahlenmäßig überlegenen Kräften stand, anzugreifen, war ein riskantes Unternehmen, das Konstantin erst im Herbst startete. Maxentius beging einen schweren strategischen Fehler, indem er sich nicht in Rom verschanzte, sondern - nachdem er die **Milvische Brücke** hatte abbrechen und durch eine Schiffsbrücke ersetzen lassen - nördlich des Tibers bei Saxa rubra den heranziehenden Gegner erwartete. In dem engen Raum konnten seine überlegenen Truppen sich nicht entfalten, wurden gegen den Fluß gedrückt und gerieten in Panik, wobei die Schiffsbrücke einbrach und Maxentius ertrank. Es lag nahe, diesen überraschenden, durch Fehler des Gegners geschenkten Sieg als ein Wunder zu verstehen; alsbald knüpften sich **fromme Legenden** daran.

10.3.2 Nach Lactantius' knappem Bericht von ca.316 (Mort.persec. 44,5f) sollte Konstantin unmittelbar vor der Schlacht aufgrund eines Traumes *ein himmlisches Zeichen Gottes* auf den Schilden seiner Soldaten anbringen lassen; er selber habe dafür ein quergestelltes X (d.h. +) mit umgebogener Spitze genommen. Nach der erheblich späteren - auf Konstantins eigenen Angaben basierenden, legendarisch stilisierten - Erzählung bei Eusebius (Vita Const. I,28-31) hat der Kaiser vor Beginn des gesamten Feldzugs im Beisein des Heeres in einer mittäglichen **Vision** am Himmel ein Lichtkreuz mit den Worten Τούτῳ νίκα! (toutō nika/hierdurch siege!) erblickt, in der folgenden Nacht im Traum von Christus den Befehl zur Nachbildung als Schutzmittel erhalten und daraufhin für seine Truppen eine Standarte in Gestalt eines Kreuzes (T) anfertigen lassen, auf deren Querbalken die ineinander verschränkten Buchstaben X und P - als Anfangsbuchstaben Christi - standen. Damit verbunden war nach Eusebius' Bericht seine Bekehrung zum Christengott. Historischer Kern der Legenden dürfte sein, daß Konstantin schon vor 312 auf dem Hintergrund seiner Sonnenverehrung als siegbringendes **Feldzeichen** das *Labarum* mit einem doppeldeutigen Zeichen verwandte, welches sowohl die römische Doppelaxt als auch das Christusmonogramm XP (so seit 317/8 auf seinen Münzen und seiner Standarte eindeutig) meinen konnte. Vor der Schlacht an der Milvischen Brücke hat er dann, um seine Soldaten von denen des Maxentius unterscheiden zu können und ihnen im Sinne magischen Denkens ein **Schutzzeichen** zu geben, auf deren Schilde ein Staurogramm bzw. Christusmonogramm malen lassen, obwohl sie weitgehend Heiden waren. Kirchengeschichtlich bedeutsam ist der komplizierte Vorgang deswegen, weil seitdem das Christusmonogramm als Zeichen für den Sieg der wahren Religion galt.

10.3.3 Konstantin hat seinen erfolgreichen Feldzug als Bestätigung der göttlichen Erwählung und Führung verstanden. Beim anschließenden Einzug in Rom verzichtete er auf den Gang zum Kapitol, also auf das Dankopfer für Roms Götter. Seit 312 ist bei ihm eine verstärkte **Hinwendung zur christlichen Religion** vermerkt worden. Doch man kann nicht sagen, mit jenem Sieg habe er sich zum Christentum bekehrt oder darin sei dessen politischer Aufschwung begründet. Vielmehr behielten Konstantins öffentliche Äußerungen die für ihn typische Ambivalenz, wie z.B. der von ihm errichtete, 315 fertiggestellte Triumphbogen in Rom bekundet: Der Bilderschmuck, der keinerlei christliche Motive enthält, bezieht sich in starkem Maße auf den Sonnenkult (*Sol invictus*), und die Dedikationsschrift betont, er habe *durch Eingebung der Gottheit, durch Geistesgröße, zusammen mit seinem Heer über den Tyrannen* (Maxentius) und dessen Partei gesiegt. Christen konnten das ebenso wie die Sonnensymbolik der Bilder auf ihren Gott deuten, für Heiden war es akzeptabel.

10.4 Vereinbarung von Mailand 313: Toleranz für die Christen im Osten

Daß Konstantin die Kirche entschieden begünstigte, zeigte sich alsbald nach 312 (dazu s. 11.1). Er hatte seine Rivalen Licinius und Maximinus Daja durch den enormen Machtzuwachs ausmanövriert und galt nun als Oberkaiser (*Maximus Augustus*) mit Prärogative in Gesetzgebung und Rechtsprechung. Die Spannungen im Ostteil des Imperiums eskalierten 312, zumal sich **Licinius** mit **Konstantin** verbündete. Zur Bekräftigung dieser Allianz trafen sich beide Kaiser im Februar 313 in Mailand, um allerlei politische Fragen zu erörtern, darunter die Toleranz gegenüber der Kirche, was wohl deswegen von Bedeutung war, weil Licinius bisher keine besondere Sympathie für die Christen entwickelt hatte. Vermutlich fixierten sie eine schriftliche Vereinbarung; der Text ist nicht erhalten, nur indirekt überliefert (s. 10.4.1; die ältere Forschung sprach ungenau von einem Mailänder Edikt). Es ging darum, auch im Osten die Religionsfreiheit und Entschädigungsleistungen durchzusetzen.

10.4.1 Man kann annehmen, daß Licinius Konstantins Position übernahm. Das bezeugte er öffentlich, als er in dem inzwischen von Maximinus Daja eröffneten Krieg siegreich nach Osten vordrang, dessen Residenz Nikomedia einnahm und dort am 13. Juni 313 ein Reskript (an den Statthalter von Bithynia) bzw. ein allgemeines Edikt verkündete, welches das - im Osten inzwischen nicht mehr praktizierte - Toleranzedikt von 311 fortführte, erweiterte und konkretisierte. (Lt. Original bei Lactantius, Mort.persec. 48,2-12; griech.: Eusebius, Hist.eccl. X,5,2-14, dort zusätzlich mit einer allgemeinen Einleitung.) Einleitend auf die Mailänder Zusammenkunft bezogen, gab es Regelungen wieder, die auch im Westen - in nicht erhaltenen Anordnungen - Geltung gefunden hatten: **Bekräftigung der Religionsfreiheit** für die Christen wie für alle übrigen Untertanen und **Restituierung** des beschlagnahmten **Privat- und Kirchenvermögens**. Die Kaiser betonten ihre persönliche Verehrung der höchsten Gottheit (*summa divinitas*) und bezeichneten die Kirche als *corpus Christianorum*, d.h. als **rechtsfähige Körperschaft**. Eine markante Wende in der Religionspolitik bedeuteten die Mailänder Vereinbarung und das darauf basierende Christengesetz von 313 nicht; sie spiegelten die durch Konstantin angebahnte Entwicklung von der bloßen Duldung zur Parteinahme für das Christentum wider, die dieser seit seiner Alleinherrschaft 324 im ganzen Reich praktizierte.

10.4.2 Licinius scheint die christenfreundliche Politik allmählich zurückgenommen zu haben. Das ist aus der erneuten Konkurrenz um die Macht zwischen beiden zu erklären, die im Herbst 316 zu einem kurzen militärischen Konflikt führte (mit dem Zugewinn der Balkanprovinzen bis auf Thracia und Moesia für Konstantin). Die nächsten Jahre blieben aufgrund eines ausgehandelten Modus vivendi ruhig, bis 323 die Spannungen zu einem erneuten Krieg führten. In diesem Zusammenhang - vielleicht auch schon früher - dürfte Licinius, über dessen Religionspolitik die Quellen wenig aussagen, zu Repressalien gegen die als Sympathisanten Konstantins beargwöhnten Christen gegriffen haben, z.B. durch Verbot der Abhaltung von Synoden und Entfernung der Christen aus Heer und Verwaltung. Die Schlachten bei Adrianopel (Edirne) und Chrysopolis im Juli/September 324 brachten zusammen mit der Vernichtung von Licinius' Flotte die Entscheidung zugunsten Konstantins. Licinius wurde zunächst exiliert, etwas später (325) hingerichtet. Der ehrgeizige Politiker Konstantin stand auf dem Höhepunkt der Macht, für den Weg dorthin hatte die Religion keine geringe Rolle gespielt.

10.5 Das religionspolitische Grundsatzprogramm von 324

Unmittelbar nach dem Sieg schuf Konstantin für die Christen im Osten eine neue Rechtslage durch ein **Edikt** vom Herbst 324, welches die Tendenzwende zur Begünstigung der Kirche ankündigte (Schreiben an die östlichen Provinzstatthalter; Text: Eusebius, Vita Const. II,24-42). Darin gab er - vor den Regelungen zur Entschädigung - zunächst eine für seine Religionspolitik wie für sein Selbstbewußtsein bezeichnende **geschichtstheologische Deutung** der Situation, die seinen Sieg über die Verehrer falscher Götter und die Christenverfolger als Tatbeweis für die Macht Gottes interpretierte: Die verkehrte Religion habe das Reich in die Katastrophe geführt, aus der es der allmächtige Gott durch seinen erwählten Diener Konstantin gerettet habe; diesem komme nun die Aufgabe zu, die Erziehung des Menschengeschlechts durch Beachtung des göttlichen Gesetzes (d.h. des wahren Kultes) zu vollenden.

10.5.1 Exemplarisch wurde hier deutlich, daß Konstantin den alten römischen Ansatz hinsichtlich der **politischen Funktion der Religion** übernahm, ihn aber durch Einführung des (christlichen) Monotheismus änderte. Die *salus publica* wurde danach nicht durch die vielen Götter, sondern nur durch den einen wahren Gott gewährleistet und durch den frommen Herrscher realisiert. Das Christentum trat so an die Stelle des alten Staatskultes. Konstantin forderte alle Reichsbewohner implizit zur Konversion auf, indem er Begünstigungen für rechte Religionsausübung verhieß; doch er kündigte keinen Zwang an, behielt also den Kurs allgemeiner Toleranz bei.

10.5.2 Die konkreten **Restitutionsregelungen** brachten den östlichen Kirchen eine materielle Wiedergutmachung (Befreiung der Gefangenen und Zwangsarbeiter, Eingliederung der Versklavten und der aus dem Heer Ausgestoßenen in den alten Stand, Rückgabe der Gebäude und Liegenschaften aus staatlichem, aber auch aus privatem Besitz, und zwar entschädigungslos), außerdem **Vergünstigungen** wie die, daß herren- und erbenloses Eigentum der Kirche zufallen sollte und daß die öffentlichen Plätze, auf denen Martyrien stattgefunden hatten, hinfort der Kirche gehören sollten (die damit erstmals Grundstücke für ihre Gotteshäuser mit zentraler Lage in fast allen größeren Städten bekam).

10.6 Literatur (vgl. auch 11.6)

QUELLEN: EUSEBIUS: Kirchengeschichte, hg.v. H. Kraft, 1967, 411-441. - EUSEBIUS: Leben Konstantins, BKV 9,4-83. - LACTANTIUS: Todesarten der Verfolger, BKV 36,33-63.

LITERATUR: J. BLEICKEN: Constantin der Große und die Christen, 1992. - K. CHRIST: Geschichte der römischen Kaiserzeit, 730-746. - T. CHRISTENSEN: Christus oder Jupiter, 149-238. - H. DÖRRIES: Konstantin der Große, 1958. - ST.G. HALL: Konstantin I., TRE 19 (1990) 489-500. - H. KRAFT: Kaiser Konstantins religiöse Entwicklung, 1955. - J. VOGT: Constantin der Große: RAC 3 (1956) 306-379. - DERS.: Konstantin der Große und sein Jahrhundert, 1949, 2.A. 1960.

11. Synthese von Imperium und Christentum unter Konstantin

Im strikten Sinne war Konstantin kein Christ (da er sich erst auf dem Sterbelager 337 taufen ließ), doch Gottes- und Christusverehrung verbanden sich bei ihm, und zwar auf dem Hintergrund seiner Überzeugung, von der die Welt beherrschenden Gottheit zur imperialen Herrschaft berufen zu sein. Seine persönliche Religiosität, die von vornherein mit dem Erwählungsbewußtsein ein politisches Element enthielt, konnte er konsequent in eine **Religionspolitik** umsetzen, die Bestandteil seines Programms einer weitergehenden **Reform und Stabilisierung des Reiches** war: In der Kirche fand er ein Instrument zur allgemeinen Pflege des wahren - und daher staatserhaltenden - Kultes vor, das er nicht einfach utilitaristisch als wertvoll, sondern vor allem aus wirklich religiösen Gründen schätzte. Der christliche Gottesdienst trat an die Stelle des alten Götterkultes, bekam so öffentliche Relevanz, wurde aber nicht als Staatskult politisch vereinnahmt. Die institutionelle Freiheit der Kirche blieb im Prinzip unangetastet. Ebenso blieben die nichtchristlichen Kulte und Religionen grundsätzlich in ihrem bisherigen Status. Generelle Toleranz war ein wesentliches Kennzeichen der konstantinischen Religionspolitik.

11.1 Anfänge der kirchlichen Privilegierung

Der funktionalen Synthese von christlicher Religion und kaiserlicher Herrschaft entsprach eine **Kooperation von Staat und Kirche**. Diese war zunächst noch keine Reichskirche (im Sinne einer Verschränkung beider Institutionen). Doch es kam zu kaiserlichen Eingriffen in das kirchliche Leben (s. 11.5); diese waren gleichsam die Kehrseite der **Begünstigungspolitik**, die ihren Ausdruck in finanziellen Unterstützungen (Besoldung, Armenfürsorge, Kirchbau), Sonderrechten für die Bischöfe (Anerkennung ihrer Gerichtsbarkeit, Anlehnung an staatliche Ämter) und Privilegien für den Klerus (Steuerfreiheit) fand. Ausdruck jener Synthese war auch die Tatsache, daß Konstantin damit begann, repräsentative Kirchen als Staatsbauten zu errichten.

11.1.1 Seit 312 ist für den Westen die konsequente Förderung der Kirche bezeugt. Konstantin gab den Kirchen nicht nur ihr Vermögen zurück, sondern ordnete - wohl Ende 312 - an, daß den Bischöfen in allen Provinzen seines Gebiets beträchtliche **Summen aus der Staatskasse** (*fiscus*) zu überweisen seien als *Zuschüsse zu ihren Aufwendungen* (Eusebius, Hist.eccl. X,6,1), d.h. für kirchliche Aufgaben. Ebenfalls durch Reskript dekretierte er, daß die christlichen Kleriker hinfort Immunität, d.h. Befreiung von den staatlichen Lasten wie z.B. Steuern, genießen sollten (ebd. X,7,1f; vgl. dazu **C.Th.** [= **Codex Theodosianus**] XVI,2,2 wohl vom Oktober 313). Die Gerichtsbarkeit der Bischöfe wertete er stark auf, indem er über die bisherige innerkirchlich-freiwillige Geltung hinaus eine teilweise staatliche Wirkung vorsah: Seit 316 erkannte er die vor dem Bischof bzw. in der Kirche erfolgte Freilassung von Sklaven als rechtsgültig an (**C.J.** [= **Codex Justinianus**] I,13,1; C.Th. IV,7,1); die Urteile des bischöflichen Schiedsgerichts in privatrechtlichen Streitsachen sollten allgemein verbindlich sein (C.Th. I,27,1 wohl von 318). Die Stellung der Bischöfe wertete er auch dadurch auf, daß er sie derjenigen der hohen Beamten anglich durch Insignien, Ehrenrechte und Privilegien wie die Benutzung des *cursus publicus* (Staatspost) bei Reisen zu Synoden.

11.1.2 Günstig für die kirchliche Vermögensentwicklung wirkten sich die Bestimmungen von 316 über die Gültigkeit von **Schenkungen an die Kirche** und von 321 über die Testamente zugunsten der Kirche aus (Fragm. Vat. 249; C.Th. XVI,2,4). Dazu trugen auch die seit 315 bezeugten Zuwendungen aus der kaiserlichen Privatschatulle (C.Th. XI,1,1; Eusebius, Vita Const. IV,28,1) und die enormen Zuschüsse zu den Kirchbauten bei. Die kirchliche **Armenfürsorge** förderte er - zumal nach 324 - angesichts der Mängel der staatlichen Sozialpolitik besonders: Der Kirche wurde ein Teil der staatlichen Getreideverteilung (Eusebius, Vita Const. IV,28,1) und in jeder Stadt ein Anteil am Steueraufkommen (Sozomenus, Hist.eccl. I,8,10) übertragen.

11.1.3 Ausdruck für die Begünstigung der Kirche wie für sein Erwählungsbewußtsein war es, daß Konstantin in Anknüpfung an das römische Sakralrecht als *Pontifex Maximus* nicht nur den Bau von Gotteshäusern durch die Gemeinden förderte, sondern - v.a. nach 324 - **Staatsbauten** für den wahren Gott errichten ließ. So entstanden z.B. in Rom die Basilika über dem Petrusgrab, die monumentalen Kirchengebäude in Nikomedia, Antiochia, Heliopolis und Trier, vor allem aber die Bauten im Heiligen Land, für die sich seine Mutter Helena (seit 324 mit dem Augusta-Titel) bis zu ihrem Tod 327 einsetzte: die Grabeskirche in Jerusalem, die Himmelfahrtskirche auf dem Ölberg, die Geburtskirche in Bethlehem, die Kirche in Mamre.

11.2 Christliche Einflüsse in der Gesetzgebung?

Es ist umstritten, ob oder wie stark in Konstantins umfangreicher legislatorischer Tätigkeit christliche Motive mitgewirkt haben. Eine Verchristlichung des öffentlichen Lebens hat er nicht intendiert, auch hat er mit Hilfe seiner vielen Gesetze keine Besserung der allgemeinen Moral erreicht. In den Gesetzen lassen sich teilweise - wie schon bei Diokletian - **Tendenzen zur Humanisierung** erkennen, die nicht religiös motiviert sind. Einige Gesetze dürften auf **christliche Motive** zurückgehen. Wenn seit 321 der **Sonntag als Feiertag** ausgestaltet wurde, so erhielt er doch zunächst kein spezifisch christliches Gepräge. Insgesamt gilt, daß Konstantin das Imperium in Fortsetzung von Diokletians Politik konsequent reformiert hat (besonders erfolgreich im Heer- und Münzwesen), aber ohne spezifisch christliches

Gepräge. Kaum zufällig wurden z.B. die hohen Positionen in Heer und Verwaltung noch lange Zeit mit Nichtchristen besetzt, denn gerade in der sozialen Oberschicht blieb, zumal im Westen, das Heidentum stark verbreitet.

11.2.1 Einige **Maßnahmen** könnten **christlich motiviert** sein, vor allem in späterer Zeit. Ein Edikt von 315 oder 316 verbot die Brandmarkung von Verbrechern im Gesicht mit der Begründung, daß dieses *nach dem Ebenbild der himmlischen Schönheit geformt ist* (C.Th. IX,40,2 - Bezug auf Gen 1,26f oder stoischer Einfluß?). Die Abschaffung der Kreuzigungsstrafe ging wohl eher auf christliche als humanitäre Erwägungen zurück (bezeugt von Sozomenus, Hist. eccl. I,8,13; in C.Th. IX,5,1 ist dagegen die Kreuzigung vorgesehen, wohl in einem von Licinius 314 inaugurierten Gesetz). Versuche, die von den Christen kritisierten Gladiatorenkämpfe einzuschränken (so das Verbot C.Th. XV,12,1 von 325), hatten wenig Erfolg. Ebenso ging es den von der Kirche geforderten Verboten der Aussetzung oder Tötung von Neugeborenen (vgl. C.Th. XI,27,1.2 von 315 und 322). Christlichen Maximen - aber auch staatlichen Interessen - entsprach es, wenn die Möglichkeiten der Ehescheidung oder eines Konkubinats von Verheirateten eingeschränkt wurden (C.Th. III,16,1 von 331; C.J. V,26,1 von 326) oder wenn es um Schutz für Waisen, Witwen und Schwache ging (C.Th. I,22,2 von 334).

11.2.2 Konstantin hat den **Sonntag als allgemeinen Feiertag** eingeführt, doch auch hier war zunächst die christliche Motivation nicht ausschlaggebend. Das Gesetz von 321 (C.J. III,12,2; vgl. C.Th. II,8,1) bestimmte, daß jegliche Gerichtstätigkeit und Handwerksarbeit - im Unterschied zur Landwirtschaft - *am verehrungswürdigen Tag der Sonne* ruhen sollte. Eine christliche Komponente kam erst später dadurch hinzu, daß am Sonntag im Kaiserpalast regelmäßig Gottesdienst gehalten wurde, die christlichen Soldaten Zeit für den Kirchgang erhielten und die heidnische Bevölkerung nicht opfern durfte (so Eusebius, Vita Const. IV,17f.23). Die staatspolitische Bedeutung des richtigen Kultes demonstrierte die Tatsache, daß Konstantin die heidnischen Soldaten am Sonntag zum Feldgottesdienst kommandieren ließ, wofür er eigens den Text eines - nicht spezifisch christlichen, aber monotheistischen - Gebetes zum wahren Gott als dem Helfer entwarf (ebd. IV,19f).

11.3 Restriktive Toleranz gegenüber Heidentum und Judentum

In einem grundsätzlichen Edikt an alle östlichen Reichsbewohner von 324/5 kritisierte er zwar den Polytheismus scharf, lehnte aber eine Zwangskonversion der Heiden ab (Text: Eusebius, Vita Const. II.48-60). Man hat es als Zeichen der Toleranz gewürdigt, daß der Kaiser, der selber den christlichen Gottesdienst feierte, den Heiden im Militär ein neutrales Gebetsformular (s. 11.2.2) verordnete. Andererseits muß man sehen, daß diese auch nicht einfach wie bisher Götterkult treiben durften, weil ein solcher im Grunde staatsgefährdend war. Das führte zu **Einschränkungen des Tempel- und Opferdienstes.** Auch die Juden wurden von Restriktionen getroffen.

11.3.1 Generell ließ Konstantin die **Tempel** und den **Opferdienst** bestehen. Doch er stellte die staatliche Förderung zurück, duldete gelegentliche Tempelzerstörungen und Schließungen von unsittlichen Venustempeln, ließ zu, daß die Tempel allmählich verfielen und daß teilweise ihr Gold und Silber zugunsten der Staatskasse geplündert wurden. Die private Haruspizin (mit Deutung von Eingeweiden, Blitzschlägen, Wunderzeichen) verbot er 319 (C.Th. IX,16,1.2), was wohl in deren politischem Mißbrauch begründet war; doch die öffentliche Tätigkeit der Haruspizes in Rom ließ er zu (C.Th. XVI,10,1 von 320). Den Bau eines Tempels im italischen Hispellum zu Ehren seiner Familie, der gens Flavia, genehmigte er, verbot jedoch die Aufstellung einer Kaiserstatue in diesem Tempel. Das mag er so auch andernorts gehandhabt haben.

11.3.2 Zwar behielt er das mit dem Kaisertum verbundene Amt des **Pontifex Maximus**, aber die daraus erwachsenden Pflichten bezog er auf den nach seiner Auffassung wahren Kult. Ein Beispiel dafür lieferte das erwähnte Gebet für den Feldgottesdienst. Vielleicht kann man in diesem Sinne seinen zweideutigen Ausspruch verstehen, er wäre - im Unterschied zu den

Bischöfen *für diejenigen innerhalb der Kirche* - von Gott eingesetzt als τῶν ἐκτὸς ἐπίσκοπος/*ton ektos episkopos*, d.h. als Bischof für diejenigen außerhalb der Kirche (Eusebius, Vita Const. IV,24; andere Deutung: als Bischof für das Äußerliche).

11.3.3 Eingeschränkte Toleranz galt auch für das weiterhin als *religio licita* anerkannte **Judentum**. Trotz seiner in manchen Äußerungen belegten judenfeindlichen Einstellung, die aufgrund seiner Hinwendung zum Christentum religiös motiviert war, hat Konstantin keine Verfolgung oder generelle Statusverschlechterung, wohl aber bestimmte **Restriktionen** dekretiert. Das alte Verbot, Jerusalem zu betreten, bekräftigte er. Das Beschneidungsverbot für Nichtjuden dehnte er auf christliche Sklaven in jüdischem Besitz aus; beschnittene Sklaven sollten freigelassen werden (C.Th. XVI,9,1 von 335). Wenn Juden zum Christentum konvertierte ehemalige Glaubensgenossen belästigten oder mißhandelten, sollten sie bestraft werden (C.Th. XVI,8,5 von 335). Die Behinderung von Konversionen zum Christentum wurde verboten (C.Th. XVI,8,1 wohl von 329).

11.4 Die "Stadt Konstantins" als Symbol

Die Gründung der **neuen Hauptstadt Konstantinopel** (330 eingeweiht) war u.a. auch ein Ausdruck der erstrebten Synthese von Imperium und Christentum. Ihre Architektur war von vornherein durch christliche Elemente bestimmt; die heidnische Religiosität wurde fast ganz eingeschränkt. Seit dem 5.Jh. entwickelte sie sich zu dem mit Rom konkurrierenden Zentrum der Christenheit.

11.4.1 Der Schwerpunkt des Reiches lag seit Diokletian im Osten (mit Nikomedia als Residenz). Im Krieg gegen Licinius hatte Konstantin die strategisch und verkehrstechnisch günstige Lage der alten Stadt Byzantion-Byzanz erkannt. Hier beschloß er 324 zur Erinnerung an seine Siege die **Errichtung eines "Zweiten Roms"**, das seinen Namen verherrlichen und seinem prachtliebenden Herrschaftsstil entsprechen sollte, was auch eine religionspolitische Komponente einschloß. In der alten Hauptstadt war das Heidentum noch stark und eine architektonische Christianisierung daher schwer durchführbar. Byzantions Stadtanlage wurde in der Orientierung an Rom enorm erweitert. Zahlreiche öffentliche Bauten entstanden, der Kaiserpalast wurde gewaltig ausgebaut, für die künstlerische Ausgestaltung plünderte man die heidnischen Kultzentren im ganzen Reich. Wie Rom bekam die neue Hauptstadt einen Senat. 330 wurde sie, die nunmehr Konstantinopel hieß, eingeweiht; allerdings blieb sie noch einige Zeit eine Baustelle und mit vorerst ca.20.000 Einwohnern relativ klein (aber rasch wachsend).

11.4.2 Den **christlichen Charakter der Stadt** sollten drei großartige **Kirchen** dokumentieren, die allmählich fertiggestellt wurden: diejenigen der Hagia Eirene (als Analogon zur Ara Pacis des Augustus), der - erst 360 geweihten - Hagia Sophia (als Bischofskathedrale, 532ff unter Justinian neu gebaut) und der Apostel, neben welcher Konstantin sein Mausoleum errichten ließ, wobei die Aufstellung seines Sarkophages in der Mitte von zwölf Säulen seinem apostelgleichen Sendungsbewußtsein entsprach. Hatten die heidnischen Statuen und Kunstgegenstände keine religiöse Funktion mehr, so konzedierte Konstantin immerhin auch den Bau eines Doppel-Tempels am Markt der alten Stadt, dem Augusteum: einen für die Tyche (entsprechend der Fortuna in Rom), den anderen für Rhea, die alte Schutzgöttin der Stadt, die jetzt als Fürbitterin dargestellt wurde. Doch für den traditionellen römischen Götterkult und dessen Priesterschaft war hier kein Platz mehr. (Vgl. zum Ganzen Abb.8.)

11.4.3 Konstantinopels **kirchliche Sonderstellung** entwickelte sich erst **seit 360**. Der alte Bischof von Byzantion, Alexander, amtierte hier bis 332 oder 337. Die Bedeutungsvermehrung zeigte sich daran, daß der einflußreiche Eusebius (s. § 1; 11.5) sein Bischofsamt in Nikomedia 338/9 mit demjenigen in der neuen Hauptstadt vertauschte (entsprechend verfuhr 360 Eudoxius von Antiochia). Nach 381, vollends im 5./6.Jh. wurde Konstantinopel ein Zentrum der Kirche. Die Konkurrenz zu Rom, dessen staatliche Sonderstellung tangiert war, bildete einen für die Kirchengeschichte wichtigen Aspekt: Bis 1453 besaß die Christenheit zwei verschiedene Mittelpunkte in Ost und West. (Vgl. § 4; 13.4.2; § 7; 8.0; § 8; 6.1; 8.0.)

11.5 Innerkirchliche Konflikte als politisches Problem

Die das Reichsgebiet umspannende Organisation der Kirche war gewiß für Konstantin ein Grund, sich angesichts der Aufgabe, die **staatliche Einheit** zu fördern, mit ihr zu verbünden. Deshalb lag ihm an der **Einheit der Kirche**, die er zunächst als gegeben voraussetzte. Empfindlich störte nun seine Pläne, daß er zunächst **312 im Westen** mit der donatistischen **Kirchenspaltung** konfrontiert wurde und dann **324 auch im Osten** die Kirche durch den arianischen Streit belastet vorfand. War dem Staat früher derartiges gleichgültig gewesen, so bedeutete nunmehr die konstantinische Synthese, daß kirchliche und theologische Konflikte eine öffentlich-politische Relevanz erhielten: Der Kaiser persönlich griff ein, und das markierte drastisch die epochale Veränderung im Verhältnis beider Institutionen. Als sein Berater in Kirchenfragen nahm dabei der Bischof **Ossius von Corduba**, der ihn wohl seit seiner frühen Zeit in Gallien über das Christentum informierte, eine Schlüsselstellung ein. Da die Häresien eine Gefahr für den Staat bedeuteten, wurden auch die älteren wie z.B. Gnostiker, Montanisten, Novatianer unterdrückt.

11.5.1 Mit dem 305 in der nordafrikanischen Kirche ausgebrochenen **Donatistischen Streit** (Näheres s. § 2; 16.3) bekam Konstantin 312 zu tun, als sich beim Vollzug der Restitutionsmaßnahmen zunächst in Karthago die Frage stellte, welche Gruppe die "katholische Kirche", d.h. die rechtmäßige Adressatin der staatlichen Finanzhilfe und Rückerstattung der Gebäude wäre. Hielt der Kaiser zunächst die Gemeinde des Bischofs Cäcilian dafür, so zeigte sich ihm aufgrund einer Intervention der Donatisten die Kompliziertheit des Falles. Der von ihm um Prüfung gebetene römische Bischof Miltiades hielt 313 eine Synode ab, deren Lösung die Donatisten wegen Begünstigung der Großkirche ablehnten. Als Politiker sah Konstantin, daß eine Verurteilung jener Oppositionsbewegung, die sich an einem empfindlichen Punkt des Reiches ausbreitete, sinnlos und gefährlich war. Darum berief er selber zur Untersuchung des Problems im **Sommer 314** in das gallische **Arelate/Arles** eine repräsentative Versammlung von Bischöfen aus seinem gesamten (d.h. dem westlichen) Herrschaftsbereich, die mit dem *cursus publicus* anreisen durften - die **erste Reichssynode** der Kirchengeschichte, ein verfassungsrechtliches Novum. Die Synode von Arles verurteilte die Donatisten, aber diese akzeptierten den Spruch nicht. Da das innerkirchliche Schlichtungsverfahren versagte, war das Dilemma für den Kaiser groß. Die erstrebte Einheit der Kirche ließ sich auch durch die von ihm 315/6 mit den Kontrahenten geführten Verhandlungen nicht wiederherstellen. Um nicht auf sie zu verzichten, versuchte er es nun mit gewaltsamer Unterdrückung der donatistischen Bewegung, allerdings ohne Erfolg. 321 resignierte er und überließ die nordafrikanische Kirche ihrem Schicksal, was ihm dadurch erleichtert wurde, daß der Konflikt die anderen Teile seines Herrschaftsgebietes kaum berührte (vgl. § 2; 16.3; § 5; 5.6).

11.5.2 Der 318 begonnene **Arianische Streit** (dazu s. § 1; 11.1.1-3) hat die Kirchen fast aller östlichen Provinzen in eine Kontroverse mit bedrohlichen Spaltungstendenzen verwickelt. Konstantin schickte gleich nach der Machtübernahme im Herbst 324 einen persönlichen Brief an Arius und Alexander von Alexandria und sandte seinen Ratgeber Ossius von Cordoba nach Syrien und Ägypten. Nach dessen vergeblicher Mission setzte er wie gehabt seine Hoffnung auf eine **kaiserliche Reichssynode**, zu der er im Mai/Juni 325 etwa 300 Bischöfe - wieder mit dem *cursus publicus* - in seinem Palast in **Nicäa** versammelte. Es war ein feierlicher Staatsakt, was Konstantin dadurch unterstrich, daß er die Eröffnungsansprache auf lateinisch hielt. Die folgenden theologischen Beratungen beeinflußte er massiv, und es entsprang seiner Initiative bzw. dem Rat des Ossius, daß in den antiarianischen Bekenntnistext, das Nizänum, zur Präzisierung der Vater-Sohn-Verbindung der problematische Begriff *homousios* eingefügt wurde. Er wollte wohl - aufgrund der schlechten Erfahrungen im Donatistenstreit - eine klare Entscheidung durchsetzen, weswegen er die kleine dissentierende Minderheit (Arius und seine Freunde) in die Verbannung schickte. Damit gab es erstmals staatliche Strafen für Häretiker. Dem Interesse an der Kircheneinheit entsprach übrigens auch die in Nicäa vereinbarte (von

Konstantin höher als jenes Dogma geschätzte) Vereinheitlichung des Ostertermins und der Kirchenverfassung (vgl. § 1; 11.4).

11.5.3 Bis an sein Lebensende 337 war Konstantin bemüht, den im Keim erstickten dogmatischen Konflikt nicht wieder ausbrechen zu lassen, indem er sich auf die starke Mittelgruppe der Eusebianer stützte. Die Exilierung weiterer bischöflicher Störenfriede (Markell von Ankyra, Eustathius von Antiochia, Paulus von Konstantinopel und Athanasius von Alexandria) sollte seine **Befriedungspolitik** absichern. Er war nicht an den theologischen Einzelheiten des Streits interessiert, sondern daran, daß die Kirche einheitlich blieb und gerade in der Gotteslehre ein gemeinsames Dogma besaß. Denn das Thema des Arianischen Streits war ja auch deswegen politisch relevant, weil nach Konstantins Überzeugung der wahre Gott die heidnische Religiosität überwunden hatte; für den kaiserlichen Amateurtheologen war also ein kirchliches Dogma (ein fixierter Lehrsatz mit Rechtsqualität entsprechend dem staatlichen Edikt) über die spezifisch christliche Gottesvorstellung notwendig. Darum hielt er am Nizänum trotz der Tatsache, daß es von der breiten Mehrheit in der östlichen Kirche abgelehnt bzw. nicht beachtet wurde, formal fest.

11.5.4 Mit besonderer Schärfe wandte Konstantin sich gegen die älteren Sondergemeinschaften, die seit dem 2./3.Jh. in teils beträchtlicher Größenordnung unangefochten existierten. Für sie galt die gegenüber den Heiden geübte Toleranzpolitik grundsätzlich nicht. Sein **Häretikeredikt** (wohl von 326; Text: Eusebius, Vita Const. III,64f) wandte sich gegen Novatianer (doch für diese galt das anschließende Ausnahmegesetz; C.Th. XVI,5,2 von 326), Valentinianer, Markioniten, Paulianer (die Anhänger des Paulus von Samosata) und Montanisten, also nicht gegen die neuen Abspaltungen der Donatisten, Melitianer und Arianer. Den Häretikern wurden die Gemeinderäume und Friedhöfe weggenommen (an die "katholische Kirche" übergeben) und die Abhaltung von Zusammenkünften aller Art verboten, auch derjenigen in Privathäusern. Damit sollte ihr religiöses Leben zerstört werden. Weitergehende Strafen für einzelne Mitglieder sah der Kaiser nicht vor; er wollte um der kirchlichen Einheit willen die häretischen Organisationen zerschlagen, zumal **Häresie** nun angesichts der Bedeutung des wahren Glaubens für den Bestand des Reiches auch eine **politische Gefahr** geworden war. Die Tatsache, daß im 4./5.Jh. immer wieder derartige Häretikergesetze erlassen worden sind, zeigt die relative Wirkungslosigkeit. Wichtig war vor allem das Prinzip des Verbots, die faktische Verfolgung durch die Polizei hielt sich in Grenzen.

11.6 Literatur (vgl. auch 10.6)

QUELLEN: V. KEIL (Hg.): Quellensammlung zur Religionspolitik Konstantins des Großen, 1989.

LITERATUR: A. DEMANDT: Die Spätantike, 61-80. - H. DÖRRIES: Das Selbstzeugnis Kaiser Konstantins, 1954. - DERS.: Konstantinische Wende und Glaubensfreiheit, in: Ders.: Wort und Stunde. Ges.Aufsätze 1, 1965, 1-117. - H. KRAFT (Hg.): Konstantin der Große, 1974. - R. LEEB: Konstantin und Christus, 1992. - H. LIETZMANN: Geschichte III, 68-153.

12. Auf dem Weg zur Reichskirche

Nach verbreiteter Auffassung soll Theodosius 380 die Reichs- bzw. Staatskirche geschaffen haben, indem er das orthodoxe Christentum zur alleingültigen Staatsreligion machte und alle Heiden und Häretiker zu Staatsfeinden erklärte. Damit wird die differenzierte historische Wirklichkeit nicht adäquat erfaßt. Schon bei Konstantin gab es einige staatskirchliche Tendenzen (wie z.B. den Eingriff in die Lehre 325), doch im Grunde kann man erst im 6.Jh. unter Justinian wirklich von einer Staatskirche sprechen. Der Begriff Reichskirche soll hier eine derartige **Synthese** von Kirche und Imperium bezeichnen, die einerseits eine signifikante **Verweltlichung** der Kirche zur Folge hatte (z.B. durch Dominanz politischer Herrschaftsformen in ihr oder durch volkskirchliche Unverbindlichkeit), andererseits einen wechselseitigen **Einfluß** der Kirchenmänner auf die staatlichen Belange und der Staatsmänner auf innerkirchliche Probleme einschloß. Eine solche Reichskirche entwickelte sich von den konstantinischen Anfängen bis zum Ende des 4.Jh.s, ohne zu diesem Zeitpunkt vollendet zu sein.

12.1 Staatskirchliche Tendenzen unter Konstantius 337/353-361

Nach Konstantins Tod 337 wurde die Kaiserherrschaft auf seine Söhne Konstantin, Konstans und Konstantius verteilt. Der neu aufflammende trinitarische Streit hat zwischen 341 und 360 erheblich zur Fixierung reichskirchlicher Strukturen beigetragen. Die **Kirchenpolitik** wurde zum wesentlichen Teil der **Innenpolitik**: Die Kaiser entschieden über Bekenntnisfragen und die Besetzung von Bistümern, sie exilierten renitente Nonkonformisten und ließen sich von Bischöfen in politischen Fragen beraten. Dabei tat sich Konstantius besonders hervor, Herr über den Ostteil und seit 353 Alleinherrscher (gest. 361). Sein 359/360 gewaltsam durchgesetztes neues Dogma charakterisierte den Wandel signifikant.

12.1.1 Das diokletianische Prinzip der **Herrschaftsteilung** kam nach Konstantins Tod 337 wieder zur Geltung (bis zum 5.Jh.), wurde aber seitdem mit dem dynastischen Prinzip verbunden. Unter brutaler Liquidierung fast aller möglichen Thronprätendenten in der Verwandtschaft teilten sich seine drei Söhne das Kaisertum: Konstantin II. (337-340) mit Britannien, Gallien, Spanien und Konstans (337-350) mit Afrika, Italien, Illyrien, Griechenland regierten den Okzident, den letzterer nach dem Sieg über den älteren Bruder ganz beherrschte, Konstantius II. (337-361) dagegen den Orient mitsamt dem Donauraum und Ägypten.

12.1.2 Die Kirchenpolitik wurde noch stärker als vor 337 durch den trinitarischen Streit geprägt. In dem nun aufbrechenden Ost-West-Gegensatz (vgl. § 1; 12.1-3) bewirkte das politische Übergewicht des Konstans, daß die – im Osten nur von einer Minorität vertretene – Position der Nizäner verteidigt wurde und damit die unausgeglichenen Spannungen erhalten blieben. Während er (der einzige Getaufte unter den Konstantinsöhnen) der Kirche relativ große Freiheit und eine Verbesserung ihrer Privilegien zugestand, bemühte sich Konstantius im Orient, die kirchlichen Verhältnisse unter Staatsaufsicht einheitlich zu regeln, respektierte allerdings grundsätzlich die Eigenständigkeit der Kirche und die Würde der Bischöfe. Konstans wurde 350 im Zuge der Usurpation des Generals Magnentius ermordet und dieser wiederum 353 von Konstantius ausgeschaltet, der nun seine kirchenpolitischen Maximen auch im Westen realisieren konnte: die innere Einheit der Kirche durch ein gemeinsames (homöisches) Bekenntnis als **Reichsdogma** zu gewährleisten (**so 359/360**; s. § 1; 14.4). Indem er dabei stärker und konsequenter als Konstantin die staatliche Gewalt gegen oppositionelle Kräfte einsetzte, brachte er ein neues Element in das Verhältnis von Staat und Kirche.

12.2 Unterdrückung des Heidentums unter Konstans und Konstantius

Konstantius war ein durch persönliche **Frömmigkeit**, die in mancher Hinsicht zur Bigotterie tendierte, bestimmter Kaiser und zählte die Sorge für die wahre Religion zu seinen vornehmsten Herrscherpflichten. Er hat sich wie sein Vater erst auf dem Sterbelager taufen lassen. Durch die Vorstellung, von Gott erwählt zu sein, verband sich dies mit seinem absolutistischen **Herrscherbewußtsein**. Er hat die Toleranzpolitik seines Vaters aufgegeben, indem er seit 341 die Opferkulte verbot und Tempelschließungen befahl (ohne durchschlagenden Erfolg).

12.2.1 Zusammen mit Konstans dekretierte er seit 341 Maßnahmen zur Ausschaltung des Heidentums, wobei wohl der jüngere Bruder die Initiative ergriff: Allgemein wurde als Ausdruck des Aberglaubens (*superstitio*) der **Opferkult 341 verboten** (C.Th. XVI,10,2); doch die Tempel außerhalb der Stadtmauern Roms sollten erhalten bleiben (10,3 von 342). Kennzeichnend für die zunehmende Unduldsamkeit in christlichen Kreisen war die an beide Kaiser gerichtete Schrift des sizilianischen Rhetors Firmicus Maternus von ca.346/8 *De errore profanarum religionum* (*Über den Irrsinn der heidnischen Religion*), die erstmalig – unter Berufung auf das Alte Testament – die gewaltsame Ausrottung des Götzendienstes forderte.

12.2.2 Nach Konstans' Tod setzte Konstantius diese Politik verstärkt fort, weil bis 353 der Usurpator Magnentius das Heidentum begünstigte: Konstantius verbot unter Androhung der Todesstrafe (nochmals) den Vollzug des Opferkultes sowie die Teilnahme an ihm (C.Th. XVI,10,5) und ordnete die **Schließung sämtlicher Tempel** im ganzen Reich an (10,4; von 356 – andere Datierung: 345 und 354). Daraufhin kam es an vielen Orten – z.B. Alexandria, Antiochia, Heliopolis, Arethusa, Cäsarea/Kappadokien – zu Tempelzerstörungen durch die Christen. Der Staat verfolgte die Heiden nicht und sorgte auch nicht durch administrativen Zwang für die Durchführung der genannten Gesetze. Nach seinem Rombesuch 357 schlug Konstantius aber einen gemäßigteren Kurs ein, weil er die Vertreter der heidnisch-römischen Tradition für sich gewinnen wollte. Die genannten Gesetze wurden nicht oder nur teilweise ausgeführt, neue Anordnungen gegen das Heidentum ergingen nicht. Dieses verschwand keineswegs, vielmehr erlebte es – zumal in Rom und Italien – in Teilen der Oberschicht eine neue Blüte.

12.2.3 Der Förderung des Christentums dienten auch Konstantius' primär außenpolitisch motivierte Bemühungen um die **Mission in Randstaaten** des Imperiums wie Armenien und Aksum/Äthiopien sowie unter den **Goten** (Wulfila) und die Unterstützung der Christen in **Persien** (vgl. § 2; 2.5).

12.3 Heidnische Reaktion unter Julian 361-363

Die staatliche Unterdrückungspolitik und die christlichen Tempelstürme stärkten den Widerstandswillen der überzeugten Heiden, so daß sie den programmatischen Kurswechsel unter Konstantius' Nachfolger, seinem Neffen Julian, begrüßten. Dieser war zwar christlich erzogen worden, hatte sich aber unter dem Eindruck der kaiserlichen Gewaltmaßnahmen aus Abneigung gegen das Konjunkturchristentum und aus philosophischer Überzeugung dezidiert vom Christentum ab- und der alten Religion, einem neuplatonisch interpretierten Sonnenkult, zugewandt. Von dieser geistigen Basis aus betrieb er die **Restauration des römischen Staatskultes** und – im Zusammenhang damit – die **Verdrängung der Christen** aus dem öffentlichen Leben, zumal durch sein Schulgesetz. Doch er erzielte damit keinen Erfolg.

12.3.1 Seit 355 als Cäsar in Gallien mit der Reorganisation und Verteidigung der Provinzen erfolgreich (360 von den dortigen Truppen sogar zum Augustus ausgerufen), betrieb er als Kaiser eifrig innenpolitische Reformen (zu ihm s. PW 10,26-91). Schon bald nach seinem Regierungsantritt dekretierte er (Ende Dezember 361), daß die **Verehrung der Götter** wieder gestattet und der alte Kult restauriert würden, daß die geschlossenen Tempel geöffnet und die zerstörten wieder aufgebaut werden sollten. Er wollte der alten Religion ein völlig neues, vergeistigtes Leben einhauchen, wobei er sich teilweise an christlichen Vorstellungen orientierte: Die eigentlichen Götter – mit dem *König Helios* an der Spitze, der Idee des Guten – wären die Naturkräfte des Alls; die wahren Opfer bestünden in Philanthropie und dankbarer Gesinnung; die Priester sollten demgemäß nicht bloß den Kult verrichten, sondern ein ethisch vorbildliches Leben führen und durch ihre Unterweisungen Glauben und Moral der Heiden stärken; insbesondere sollten sie eine Armenfürsorge nach christlichem Vorbild aufbauen. Zwar suchte Julian diese Reform durch großzügige Förderung voranzutreiben (z.B. durch Umwidmung der Dotationen für die Kirche), aber er fand keine Resonanz bei den Massen. Der heidnische Kult hatte offenkundig seine allgemeine Attraktivität und Plausibilität verloren.

12.3.2 Keine Verfolgung, aber **Zurückdrängung der Christen aus dem öffentlichen Leben** intendierte Julian. Er polemisierte gegen sie (so v.a. in seiner Schrift *Gegen die Galiläer* von 362) und tolerierte, daß mancherorts die Heiden sich an den Christen für vorangegangene Verfolgungen rächten. Er entfernte diese aus den Führungspositionen in Heer und Verwaltung und machte ihnen die bisherige Unterrichtstätigkeit durch sein **Rhetorenedikt** von 362 unmöglich.

Dieses **Schulgesetz** (das über seine Herrschaft hinaus fortgalt; s. C.Th. XIII,3,5; C.J. X,53,7!) richtete sich nicht ausdrücklich gegen die Christen, sondern forderte, daß nur jemand als Lehrer tätig werden könnte, der von der betreffenden Stadtverwaltung aufgrund seines Charakters (*mores*) zugelassen würde. Doch in einem Begleitschreiben (Julian, Ep.36/61c) erläuterte er, daß nur diejenigen dieser Qualifikation entsprächen, die das, was sie lehrten, auch glaubten; das aber wäre bei christlichen Lehrern (die ja in herkömmlicher Weise als Schulbücher die heidnischen Klassiker - insbesondere Homer - verwandten) nicht der Fall. Tatsächlich wurde daraufhin den Christen die Unterrichtstätigkeit weithin verboten, was bei diesen große Aufregung hervorrief.

12.3.3 Julian fiel im Perserkrieg 363. Mit ihm erlosch die (konstantinische) Flavier-Dynastie. Seine gut anderthalbjährige Regierungszeit blieb eine kirchengeschichtliche **Episode**, deren Wirkung darin bestand, daß einerseits die Kirche noch lange gegen diesen Abtrünnigen (*Apostata*) polemisierte und daß andererseits die Unmöglichkeit einer offiziellen Restauration des alten Götterkults demonstriert worden war. Was vom Heidentum blieb, waren Astrologie, Mantik und Theurgie, philosophischer Monotheismus und Mysterienfrömmigkeit. Der vom Heer zum Nachfolger ausgerufene Jovian, ein Christ, stellte in seiner kurzen Regierungszeit die christliche Vorherrschaft wieder her.

12.4 Literatur

J. BIDEZ: Julian der Abtrünnige, 1940. - A. DEMANDT: Die Spätantike, 80-109, - R. KLEIN: Constantius II. und die christliche Kirche, 1977. - H. LIETZMANN: Geschichte III, 174-291. - J. MOREAU: Constantius II, JAC 2 (1959) 162-179. - DERS.: Constans, ebd. 179-184. - O. SEECK: Geschichte des Untergangs der antiken Welt, Bd.4, 2.A. 1920, ND 1966.

13. Christentum als "Staatsreligion" unter Theodosius seit 380

Die Synthese von Reich und Kirche entwickelte sich nach 363 kontinuierlich weiter, besonders intensiv unter Kaiser Theodosius (379-395). Es ist eine problematische Simplifizierung, wenngleich eine verbreitete Auffassung, daß dessen Edikt von 380 als Gründungsurkunde der "Staatskirche" angesehen wird. Die historische Wirklichkeit ist differenzierter: a) Zweifellos hat Theodosius seit 382 wichtige Veränderungen dekretiert, die das Heidentum völlig zurückdrängen sollten und dadurch die privilegierte Stellung des Christentums stärkten (so besonders 391/2; s. 13.2.4). b) Er hat - in Fortsetzung der Politik der Kaiser Konstantin, Konstantius und Valens - 380/1 innerhalb der Kirche ein **verbindliches Reichsdogma** durchgesetzt; diese inhaltliche Fixierung christlicher Lehren war zweifellos ein staatskirchliches Element (s. 13.2). Seitdem trat das Christentum noch deutlicher als vorher in die **Funktion einer Staatsreligion** ein, obwohl erhebliche Unterschiede zum früheren Staatskult nicht übersehen werden dürfen. Denn dessen religiöser Zweck erschöpfte sich völlig darin, der *salus publica* zu dienen; seine Organisation war in den staatlichen Auftrag integriert, seine Tempel und Priester wurden vom Staat unterhalten bzw. besoldet, und der Kaiser konnte als *Pontifex maximus* die Ernennung neuer Priester entscheidend beeinflussen. All das galt für das Christentum nach 380 nur teilweise.

13.1 Wandel der Kirchenpolitik 364-379

13.1.1 Die kirchenpolitischen Verhältnisse im Ost- und im Westteil des Imperiums nach 363 unterschieden sich beträchtlich. **Valentinian I.** (364-375), ein illyrischer Offizier, befolgte im Westen eine Politik der Toleranz - auch gegenüber den Heiden - und griff kaum in kirchliche Belange ein. Dagegen knüpfte sein mit der Regentschaft im Osten betrauter jüngerer Bruder

Valens (364-378; zu ihm s. PW II,7/2, 2097-2137) an die Konzeption des Konstantius an und versuchte, dort dem homöischen Reichsdogma von 359/360 allgemeine Geltung zu verschaffen, wobei seine gewaltsame Unterdrückung der Opposition die Kirche nicht zur Ruhe kommen ließ. Die heidnische Religion allerdings duldete Valens weitgehend, wenngleich er das Verbot von Zauberei, privater Mantik und nächtlichen Opfern erneuerte (C.Th. IX,16,7-8).

13.1.2 Valentinians Sohn und Nachfolger, der sechzehnjährige **Gratian** (375-383, der formal die Herrschaft im Westen mit seinem 371 geborenen Bruder **Valentinian II.**, dem ersten "Kinderkaiser", teilte), ein theologisch gebildeter Christ, gab die anfängliche Toleranz gegenüber Häretikern und Heiden seit 379/382 unter dem Einfluß des Ambrosius von Mailand zunehmend auf. Bestärkt wurde er darin von Theodosius, einem spanischen Römer und erfolgreichen General, den er 379 zum Mitregenten im Osten einsetzte und der alsbald die Reichspolitik auf allen Gebieten entscheidend bestimmte. In Anknüpfung an Konstantins Konzeption bemühte sich Theodosius I., von der christlichen Tradition seit 451 mit dem Beinamen "der Große" geschmückt, um eine **Konsolidierung des Imperiums**, das im Innern durch vielfältige Spannungen erschüttert und von außen vor allem durch die Germanen bedroht wurde. Das wirkte sich auch in seiner konsequent auf Einheit zielenden Religionspolitik aus. Er war getauft, fromm und theologisch dem westlichen Nizänertum verpflichtet, weswegen er diese Position zur Basis der kirchlichen Neuordnung im Osten machte (vgl. § 3; 13).

13.1.3 Nachdem Gratian - formal zusammen mit ihm - 379 alle Häresien für unzulässig und allein die *catholica observatio* für rechtmäßig erklärt hatte (C.Th. XVI,5,5), erließ Theodosius am 28. Februar 380 ein **Edikt** (*Cunctos populos*), welches als *katholisch* die von Damasus von Rom und Petrus von Alexandria repräsentierte **nizänische Trinitätslehre** dekretierte, *allen Völkern* des Reiches deren Befolgung befahl und die übrigen Positionen als häretisch ausschloß (C.Th. XVI, 1,2). Ein derartiger dogmatischer Zwang entsprach der von Konstantius und Valens verfolgten Einheitskonzeption; allerdings war der theologische Inhalt verändert, und die rigorose Konsequenz war neu. Die Nichtchristen waren vom Wortlaut des Gesetzes - und wohl auch von seiner Intention - gar nicht berührt.

13.1.4 Nur bedingt kann man also mit einer vielfach vertretenen Meinung sagen, daß jenes berühmte Edikt das Staatskirchentum begründet hätte. Das gilt erst für seine spätere juristische Anwendung, wie sie auch darin zum Ausdruck kam, daß der Codex Justinianus es an die Spitze aller Gesetzgebung stellte (C.J. I,1,1). Vorerst diente es nur der Durchsetzung einer nizänischen Orthodoxie auch im Osten, und zwar im Zusammenhang mit einer Reihe weiterer kirchenpolitischer Maßnahmen (wie dem Konzil von Konstantinopel 381) und antihäretischer Gesetze (z.B. C.Th. XVI,5,6; 5,8; 5,11-14; 17-20 von 381-392, seit 384 mit Gewaltanwendung durchgesetzt).

13.2 Verschärfter Kampf gegen das Heidentum

13.2.1 Gegen das Heidentum unternahm Theodosius zunächst kaum legislative Aktionen. Wenn er als erster römischer Kaiser nicht mehr den traditionellen Titel eines Pontifex maximus annahm (und Gratian zum Ablegen desselben bewog), dann war das allerdings ein Signal. Zunächst ging der **Westkaiser Gratian** im antiheidnischen Kampf voran, indem er 382 den Kulten und Priesterschaften in Rom die staatliche Förderung entzog und den von Konstantius 357 entfernten, von Julian aber restituierten Altar der Viktoria, das polytheistische Symbol der römischen Weltherrschaft, aus dem Senatssaal schaffen ließ. (Gratian fiel 383 dem Aufstand des Usurpators Maximus in Gallien zum Opfer.) Als Valentinian II. 384 aufgrund der eindrucksvollen Bittschrift des römischen Stadtpräfekten **Symmachus,** eines der kultiviertesten und imponierendsten Vertreters der alten Religiosität, den Viktoria-Altar als Zeichen genereller Toleranz wieder zulassen wollte, kam es zu einer scharfen **Intervention des Ambrosius**, der der Kaiser nachgab. Ambrosius hatte maßgeblichen Anteil daran, daß im Westen das dort besonders stark verbreitete Heidentum zurückgedrängt wurde.

13.2.2 Auch Theodosius praktizierte keine Toleranz, wenngleich er sich in der Gesetzgebung zurückhielt - mit Ausnahme der Verbote der Konversion vom Christentum zum Heidentum, der nächtlichen Opfer und der Teilnahme von Christen an heidnischen Kulthandlungen (C.Th. XVI, 7,1 und 10,7 von 381; 7,2 von 383). Im übrigen sollten die Tempel geöffnet bleiben, allerdings ohne Opferkult (C.Th. XVI,10,8 von 382). Der Präfekt des Ostens Cynegius, der 386 eine generelle Vollmacht zu **Tempelschließungen** bekam, unterstützte die christlichen Tempelstürmer, indem er auf einer Rundreise durch Syrien und Ägypten zahlreiche heidnische Heiligtümer schließen ließ. 389 kam es in Alexandria nach Tumulten zur Zerstörung des Serapeion, eines der bedeutendsten spätantiken Bauwerke. Seit der Ausschaltung des Usurpators Maximus 388 residierte Theodosius in Mailand (bis 391) und geriet dort zunehmend unter den **Einfluß des Ambrosius**. Das hatte u.a. zur Folge, daß er seinen Befehl, die christlichen Urheber der Synagogenzerstörung in Kallinikon am Euphrat zu bestrafen, ebenso zurücknahm wie seinen Plan, die staatlichen Zuschüsse für die Tempel in Rom wieder zu gewähren.

13.2.3 Im Jahr 390 kam es zu einem für die Haltung des Kaisers bezeichnenden **Konflikt zwischen Theodosius und Ambrosius**: In Thessalonike hatte das Volk bei einem Tumult den Heermeister Illyriens totgeschlagen, woraufhin Theodosius von Mailand aus als Strafe ein Blutbad unter den im Zirkus versammelten Einwohnern anordnete. Wegen dieser Sünde exkommunizierte Ambrosius - als zuständiger Ortsbischof der Residenz - den Kaiser, der als getaufter Christ schließlich in aufrichtiger Reue die geforderte **öffentliche Buße** leistete und damit die Verbindlichkeit des göttlichen Gesetzes und die Schlüsselgewalt der Kirche auch für den obersten Inhaber staatlicher Gewalt anerkannte. Die kirchengeschichtliche Wirkung dieses - damals als spektakulär beachteten - Ereignisses dürfte im übrigen relativ gering sein; der öfter angestellte Vergleich mit Canossa 1077 (s. § 9; 6.4) ist unangemessen.

13.2.4 Man hat vermutet, Theodosius hätte infolge dieses für ihn erschütternden Erlebnisses den Kampf gegen das Heidentum deutlich verschärft. Doch seine Motive dürften eher in religionspolitischen Erwägungen, die innere Einheit des Reiches zu stärken, zu suchen sein, wobei Ambrosius' Einfluß gewiß mitspielte. **391** verbot er den Besuch der **Tempel** sowie die Teilnahme an **Opfern** und hielt die Behörden zur strengen Durchführung an (C.Th. XVI,10,10). Wie schwierig die Realisierung war, zeigt der Umstand, daß er **392** dieses Verbot auf **alle Formen** des heidnischen Kultes auch in Privathäusern ausdehnen und durch scharfe Sanktionen ergänzen mußte (10,12). Infolge dieser Restriktionen endeten berühmte Einrichtungen wie z.B. das Orakel von Delphi, die Olympischen Spiele (allmählich eingegangen, 393 verboten) oder der Vestakult in Rom. Im Unterschied zu Konstantius (vgl. 12.2.2) bemühte sich Theodosius um die praktische Durchsetzung seiner scharfen Edikte.

13.2.5 Das war auch eine Reaktion auf die heidnischen Tendenzen im Zusammenhang mit der Revolte des westlichen Heermeisters Arbogast, eines Franken, der - nach der Ermordung Valentinians II. - den römischen Rhetoriklehrer Eugenius zum Augustus ausrief. Zur Herrschaftssicherung machte Theodosius 393 seinen jüngeren Sohn Honorius zum Mitkaiser für den Westen (der ältere Sohn Arcadius, ebenfalls ein von den Beamten abhängiger "Kinderkaiser", war seit 383/4 Mitregent im Osten). Wenn beide nach seinem Tode weiterregierten (bis 423 bzw. 408), dann war das - entgegen oft geäußerter Formulierung - **keine "Reichsteilung"** im strikten Sinn, sondern eine Fortsetzung der von Diokletian und Konstantin begründeten Differenzierung der Verwaltung. Beide führten seine Politik einer Verchristlichung des Reiches fort (z.B. 399 durch Anordnung der Zerstörung aller Tempel; C.Th. XVI,10,16).

13.3 Literatur

A. DEMANDT: Die Spätantike, 109-169. - W. ENSSLIN: Die Religionspolitik des Kaisers Theodosius d.Gr., 1953. - M. FUHRMANN: Rom in der Spätantike, 1994. - G. GOTTLIEB: Gratianus, RAC 12 (1983) 718-732. - H. LIETZMANN: Geschichte IV, 1-88. - A. LIPPOLD: Theodosius der Große und seine Zeit, 1968; 2.A. 1980. - DERS.: Theodosius I., PW Suppl. 13 (1973) 837-961. - K.L. NOETHLICHS: Heidenverfolgung, RAC 13 (1986) 1148-1190 - G. RUHBACH (Hg.): Die Kirche angesichts der konstantinischen Wende, 1976. - O. SEECK: Geschichte des Untergangs der antiken Welt, Bd.5, 2.A. 1922; ND 1966. - E. STEIN: Geschichte des spätrömischen Reiches, Bd.1, 1928, 1-336.

14. Byzantinische Staatskirche unter Justinian (527-565)

Im 5.Jh. entwickelte sich die Monopolisierung des Christentums durch die staatlichen Eingriffe in das kirchliche Leben (zumal in den zentralen Lehrfragen), die politische Einflußnahme der Kirchenmänner im Staat, die Ausschaltung des Heidentums und die Bekämpfung des Judentums weiter. Das war im östlichen Reichsteil stärker ausgeprägt als im westlichen, wo die Zentralgewalt und die Institutionen des Imperiums sukzessive zerfielen - bis zur Absetzung des letzten Kaisers 476 - und durch Germanenreiche verdrängt wurden. Diese staatskirchliche Struktur wurde im **Ostreich** durch Justinian, eine der bedeutendsten Gestalten der Kirchengeschichte, vollendet und prägte das byzantinische Christentum bis 1453: eine theologisch begründete **Harmonie von Staat und Kirche** als der beiden Institutionen der einen Christenheit unter Leitung des von Gott beauftragten Kaisers. Doch grundsätzlich gab es ein Staatskirchentum auch in den Reichen der Ostgoten, Westgoten, Franken und Angelsachsen, allerdings mit anderer Begründung und Ausformung (vgl. § 7; 2.2-4; § 9; 2.1).

14.1 Kaiserliche Religionspolitik im 5. Jahrhundert

Die **Zurückdrängung des Heidentums** durch Gesetzgebung, administrative Maßnahmen und Pogrome seitens der Christen schritt voran. Der insgesamt unbedeutende Kaiser **Theodosius II.** (408-450; zu ihm s. PW Suppl. 13,961-1044) schloß seit 415 Heiden grundsätzlich vom Staatsdienst aus und verbot 435 alle Opfer bei Todesstrafe. Die im selben Gesetz (C.Th. XVI, 10,25) dekretierte Zerstörung aller paganen Heiligtümer wurde offenbar gründlich befolgt, wie die Christen rühmten, die die Heiden zum Teil gewaltsam verfolgten. (Fürchterliches Beispiel dafür: die Ermordung der Philosophin Hypatia 415 in Alexandria.) Die Sammlung aller nach 312 erlassenen Kaisergesetze, der **Codex Theodosianus** von 438, faßte im letzten, die religiösen Fragen behandelnden Buch (XVI) ausführlich alle Edikte gegen Heiden und Häretiker zusammen (Text: ed. Th. Mommsen). Die **Unterdrückung der Juden** setzte Theodosius fort, obwohl er 423 die üblich gewordene Gewaltanwendung durch die Christen zu unterbinden suchte: Abschaffung des jüdischen Patriarchats, Verbot des Neubaus von Synagogen und der Beschneidung von Nichtjuden, Ausschluß von Juden aus dem Heer und von öffentlichen Ämtern. Unter seinen Nachfolgern, v.a. Marcian und Zenon, ging dieser Kampf gegen Juden, Heiden und Häretiker weiter, bis er unter Justinian zu einem gewissen Abschluß kam.

14.2 Justinian: Christliche Universalherrschaft

Dieser gebildete Emporkömmling aus Illyrien, der schon als Ratgeber seines Onkels Justin (518-527) die Kirchenpolitik bestimmte, hat für lange Zeit die byzantinische Kaiseridee im Sinne des Gottesgnadentums geprägt. Er erstrebte eine **Erneuerung des Imperiums** (äußerlich: durch Rückeroberung Nordafrikas gegen die Vandalen 534, Italiens gegen die Ostgoten 540/555, des südlichen Spaniens gegen die Westgoten 554) und verband das mit der Idee einer christlichen Universalherrschaft: Da die Kaisermacht unmittelbar von Gott stammt und der Imperator (βασιλεύς) in Gottes Auftrag als dessen Stellvertreter das Volk Gottes, die Christenheit, regiert, muß er für die **Christianisierung des Reiches** sorgen. (Symbol dieser Idee: der Neubau der Hagia Sophia 532/7, der prächtigsten Kirche der gesamten Christenheit; vgl. Abb.8.) Das bedeutete praktisch, daß Justinian - wie kein Kaiser zuvor - in allen Einzelheiten des Lebens, der Verfassung und der Lehre der Kirche mitbestimmte (z.B. § 4; 12.1-4). Das bedeutete sodann, daß er die Reste des Heidentums zu beseitigen suchte, die sich insbesondere im Bildungswesen und im Neuplatonismus gehalten hatten. So verbot er die Lehrtätigkeit von Heiden und ließ 529 die Philosophenschulen in Athen, darunter die berühmte platonische Akademie, schließen. Durch scharfe Gesetze erneuerte er die Verbote der heidnischen Kulte und entrechtete die Heiden (flankiert durch Prozesse gegen prominente Nichtchristen); er ging jetzt auch gegen Namenschristen vor, welche innerlich dem Heidentum verbunden blieben.

14.2.1 Zu Justinians Programmatik paßte es, daß die von ihm inaugurierte Kodifizierung und Systematisierung des Rechts die Kirche an vorderster Stelle betraf: In der Sammlung der gültigen Kaisererlasse, dem **Codex Justinianus** von 529/534, standen die Religionsgesetze voran (Buch I) und erhielten damit den höchsten Rang. Ergänzende Sammlungen: die sog. *Digesten* bzw. *Pandekten*, Auszüge aus den Schriften römischer Juristen, die *Institutiones*, ein Lehrbuch, und die *Novellae*, die unter Justinian erlassenen Reformgesetze und Rechtsbestimmungen (Zusammenfassung des gesamten Komplexes seit Dionysius Gothofredus 1583 als *Corpus iuris civilis*. Text/Übers.: ed. O. Behrends/R. Knütel/B. Kupisch/H.-H. Seiler u.a. I. Institutionen, 1990. II. Digesten 1-10, 1995).

14.2.2 Der oft für das byzantinische System der Harmonie von Staat und Kirche verwandte Begriff *Cäsaropapismus* trifft nicht die historische Wirklichkeit, weil er die westliche Differenzierung beider Gewalten voraussetzt. Besser kann man von **sakraler Universalherrschaft** sprechen. Der Kaiser galt als Geistträger, aber nicht als Priester; er war das Haupt des in beiden Institutionen Kirche und Staat organisierten Gottesvolkes, weswegen er die Religionsgesetze erließ und die Reichssynoden zur Klärung der Grundsatzfragen einberief. Obwohl er stets in kirchliche Belange eingriff, lag die Leitung der Institution Kirche formal nicht bei ihm, sondern beim Patriarchen bzw. dem Klerus insgesamt. Doch der Patriarch war - wie der übrige Episkopat - vom Kaiser abhängig, dem auserwählten Diener Gottes und Abbild des Allherrschers (*Pantokrator*) Christus.

14.3 Literatur (vgl. auch § 4; 5.4; 12.5)

P. GRAY: Justinian, TRE 17 (1988) 478-486. - H. HUNGER: Kaiser Justinian I. (527-565), 1965; Abdruck in: Ders. (Hg.): Das byzantinische Herrscherbild, 1975, 333-352. - G. OSTROGORSKY: Geschichte des byzantinischen Staates, 3.A. 1963, 17-71. - B. RUBIN: Das Zeitalter Justinians, Bd.1, 1960. - W. SCHUBART: Justinian und Theodora, 1943; ND 1984.

§ 4
Christologie und Zerfall der Kircheneinheit

Bedeutung des Themas

Das Thema ist für heutiges Verständnis schwer zugänglich, weil die komplizierten Denkstrukturen und die Fülle des dogmatischen Stoffes verwirrend wirken. Seine historische Bedeutung wird daran erkennbar, daß die Christenheit sich im 5.-7.Jh. bis hin zur **Kirchenspaltung** darüber zerstritten hat. Die religiöse Identität des Christentums ergab sich aus der besonderen Bedeutung der Person Jesu Christi (vgl. § 1). Die Reflexion darüber ist einerseits die christologische im weiteren Sinne (= trinitätstheologische), andererseits die christologische im speziellen Sinne. Dissensus und Konflikte darüber gab es seit frühester Zeit. Mit der Trinitätslehre, der Dogmatisierung des vollen Gott-Seins Christi 325/381, war für die werdende Reichskirche das theologische Fundament erweitert und präzisiert worden: Das Heil für die Menschheit (die *salus publica*) wird durch den allein wahren Gott gewährt (vgl. § 3; 10.0; 10.5.1), wie er in seinem ewigen Sohn universal-gültig sich offenbart hat.

Die Frage der Heilsaneignung begleitete die Ausbildung der Trinitätslehre bis zum 4.Jh., aber nun trat der soteriologische Aspekt vollends ins Zentrum der Überlegungen. Diese kreisten um das Problem, wie der geschichtliche Jesus Christus als **vollkommener Gott** zugleich als **vollkommener Mensch** gedacht werden könnte. (Mit dem Dogma von 325/381 hatte sich die alte Fragestellung zugespitzt.) Denn diese geheimnisvolle Verbindung bildet Fundament und Modell für die Erlösung der Menschheit. Somit wurde am Paradigma der **Christologie** die **Soteriologie** erörtert. Das erklärt, warum der christologische Dissensus im 5.Jh. - wie zuvor der trinitarische Streit - zu einem die Kirche erschütternden Konflikt wurde.

Außer diesem theologiegeschichtlichen ist auch ein realgeschichtlicher Aspekt zu berücksichtigen, wenn man die Dimension und die historische Bedeutung des Streits verstehen will: Die unterschiedlichen Konzeptionen verbanden sich mit **innerkirchlichen Machtfragen und staatlichen Existenzproblemen**. Die dogmatisch-ideologisch untermauerte Rivalität der verschiedenen Kirchenregionen (der Patriarchate Alexandria, Jerusalem, Antiochia, Konstantinopel, Rom) stand in einem Zusammenhang mit dem allmählichen **Zerfall des Imperium Romanum**. Wahrheitsfrage, Kircheneinheit, Machtfrage, Reichseinheit - diese vier Elemente bestimmten in wechselseitiger Durchdringung die Entwicklung im 5.-7.Jh. Während dieser Zeit erhielt das oströmische Reich eine spezifische, neue Form (die man gewöhnlich als "**Byzanz**" bezeichnet): eine territoriale Reduktion, verbunden mit kultureller Konzentration auf das griechische Element.

Das christologische Dogma, das Chalkedonense von 451 (vorbereitet durch das Ephesinum von 431), hat die intendierte Einheit von Kirche und Reich gerade nicht erbracht bzw. gestärkt, sondern - in Verbindung mit politischen Faktoren - endgültig zerbrochen: durch die Abspaltung der östlichen **Nationalkirchen** und durch die Entfremdung zwischen griechischer und lateinischer Kirche. Am Ende der spätantiken Kirchengeschichte erweist sich, was vorher nur tendenziell erkennbar ist: Das Christentum bildet keine einheitliche Institution, vielmehr gehört - historisch betrachtet - die Differenzierung in verschiedene Kirchen zu seinem Wesen.

Hauptsächliche Probleme

- Die Vereinbarkeit von christlicher Inkarnationsvorstellung und antikem Gottesbegriff; das Verhältnis von biblischem Christusbild und anthropologischer Reflexion
- Die Besonderheit der Person Christi und die allgemeine Anthropologie: Das Problem des Logos-Sarx-Schemas (Vollständigkeit von Christi Menschsein)
- Gegensatz der Denkmodelle "Logos - Sarx" und "Logos - Anthropos" im 4.Jh.: Wie ist die Einheit von Gottheit und Menschheit erklärbar?
- Gegensatz der alexandrinischen Einheits-Christologie und der antiochenischen Differenzierungs-Christologie im 5.Jh. (Eine Natur - zwei Naturen)
- Die Eigenart der westlichen Zwei-Naturen-Lehre
- Der Kampf gegen das Dogma von 451 (Chalkedonense) und die differenzierte Position des sog. Monophysitismus. Unterschiedliches Verständnis der Begriffe "Natur - Person"
- Neochalkedonismus im 6./7.Jh.: Cyrillische Interpretation des Dogmas
- Bestimmung der religiösen Motive im Gegensatz der Lehren
- Dogma und Politik: Lehreinheit, Kircheneinheit, Reichseinheit im 5. - 8.Jh.
- Rivalität der Patriarchate Alexandria und Konstantinopel
- Auseinandersetzung von Ost- und Westkirche (politische/theologische Gründe)
- Verbindung von religiösen und nationalen Gegensätzen bei Syrern und Kopten
- Bedeutung und Begründung der Bilderverehrung. Motive des Ikonoklasmus

QUELLEN: Einzelhinweise im Text zu Kap. 1-15. Genaue Angaben zu den einzelnen Kirchenvätern bei B. ALTANER/A. STUIBER: Patrologie, 9.A. 1980. ... H.R. DROBNER: Lehrbuch der Patrologie, 1994. - A. HAHN (Hg.): Bibliothek der Symbole und Glaubensregeln der Alten Kirche, 3.A. 1897; ND 1962. - ACTA conciliorum oecumenicorum, ed. E. Schwartz, I/1-IV/3, 1914-84. - CONCILIORUM Oecumenicorum Decreta, ed. J. Alberigo et al., 1972, 37-186. - Übers. in Auswahl bei H. KARPP: Textbuch zur altkirchlichen Christologie, 1972. - K.H. OHLIG (Bearb.): Christologie I. Von den Anfängen bis zur Spätantike, 1989.

LITERATUR (vgl. auch 5.4): H.-G. BECK: Kirche und theologische Literatur im byzantinischen Reich, 1959. - K. BEYSCHLAG: Grundriß der Dogmengeschichte Bd.II/1, 1991. - A. GRILLMEIER: Jesus der Christus im Glauben der Kirche, Bd.1, 1979; 3.A. 1990; Bd.2/1, 1986; 2.A. 1991; Bd.2/2, 1989; Bd.2/4, 1990. - J. LIÉBAERT: Christologie. Von der Apostolischen Zeit bis zum Konzil von Chalcedon (451), HDG III/1a, 1965. - F. LOOFS: Leitfaden zum Studium der Dogmengeschichte, 4.A. 1906; 7.A. 1968, 205-263. - G. OSTROGORSKY: Geschichte des byzantinischen Staates, 3.A. 1963. - B. STUDER: Gott und unsere Erlösung im Glauben der Alten Kirche, 1985, 212-283. - R. WILLIAMS: Jesus Christus II. Alte Kirche, TRE 16 (1987) 726-745.

Wichtige Ereignisse, Sachverhalte, Personen

I.	**Anfänge der Lehrentwicklung im 1.-4.Jh.**
1./2.Jh.	Paradoxie des zweifachen Seins Jesu Christi
seit ca.90-110	Gegensatz von Inkarnationslehre und Doketismus
ca.200-250	Zwei-Naturen-Lehre bei Tertullian und Origenes
4.Jh.	**Logos-Sarx-Christologie** im trinitarischen Streit: Das Problem der Seele Christi
ca.360-390	Streit um **Apollinaris von Laodicea** (nus ensarkos)
seit ca.370	Sog. **Antiochenische Schule**. **Diodur von Tarsus**; **Theodor von Mopsuestia**: Einwohnung des Logos im Menschen
403/4	**Johannes Chrysostomus**: Opfer der Rivalität Alexandria – Konstantinopel
II.	**Die christologische Dogmatisierung 431/451**
428-431	**Nestorianischer Streit** um das Theotokos-Prädikat (Maria als Gottesgebärerin) **Cyrill** (*henōsis physikē*) gegen **Nestorius** (Dyophysitismus)
431	**Reichssynode von Ephesus** (3.ökum.Konzil/Ephesinum): Verurteilung des Nestorius. Maria – Theotokos (Gottesgebärerin)
433	**Unionsformel**: Verständigung zw. Alexandria – Antiochia. Theodoret von Cyrus
448-451	**Eutychianischer Streit** um den radikalen Monophysitismus. Flavian von Konstantinopel: Verurteilung des Eutyches
449	**Lehrbrief Leos I. von Rom** an Flavian (Dyophysitismus)
449	**Reichssynode von Ephesus**: Tyrannei des **Dioskur von Alexandria** ("Räubersynode"). Monophysitismus
451	Kaiserin Pulcheria – Kaiser Marcian: **Reichssynode von Chalkedon** (4.ökum. Konzil/Chalkedonense). Dogma: Einheit der Person in zwei Naturen
III.	**Der Streit um das Chalkedonense und die Monophysiten**
457ff	Aufstände der Monophysiten in Palästina, Syrien und Ägypten
482	Kaiser Zenon und Patriarch Acacius: Relativierung des Chalkedonense durch das **"Henōtikon"**
484-519	**("Acacianisches") Schisma** Rom – Konstantinopel
486	Konstituierung der "nestorianischen" Kirche in Persien
ca.500ff	Monophysitische Theologen: Philoxenus von Mabbug und Severus von Antiochia
527/536	Kaiser Justinian: Neochalkedonisches Lehrgesetz. Widerstand der Monophysiten. Jakob Baradaios
544	Verurteilung der Antiochener Theodor, Theodoret, Ibas: **"Dreikapitelstreit"**
553	**Reichssynode von Konstantinopel** (5.ökum.Konzil): **Neochalkedonismus**
IV.	**Zerfall der Kirchen- und Reichseinheit. Byzantinische Orthodoxie**
565-610	Kaiserliche Ausgleichspolitik. Konsolidierung der Monophysiten
610-668	Kaiser Heraklius und Konstans II.: Sicherung des Reiches gegen Perser und Araber
seit 633/638	**Monenergistisch-monotheletischer Streit**. Ost-West-Gegensatz. **Maximus Confessor** Definitive Abspaltung der Monophysiten (Kopten, Syrer, Armenier)
680/1	**Reichssynode von Konstantinopel** (6.ökum.Konzil): Bekräftigung des Chalkedonense; zwei Willen und zwei Energien in einer Person (**Dyotheletismus**)
692	Konzil von Konstantinopel (Trullanum II): Abgrenzung Byzanz – Rom
726ff	Ausbruch des Bilderstreites: **Ikonoklasmus** Verteidigung der Bilder: **Johannes Damascenus**
787	**Reichssynode von Nicäa** (7.ökum.Konzil): Dogmatisierung der **Bilderverehrung**
815-843	Behauptung dieser Entscheidung gegen erneuerten Ikonoklasmus

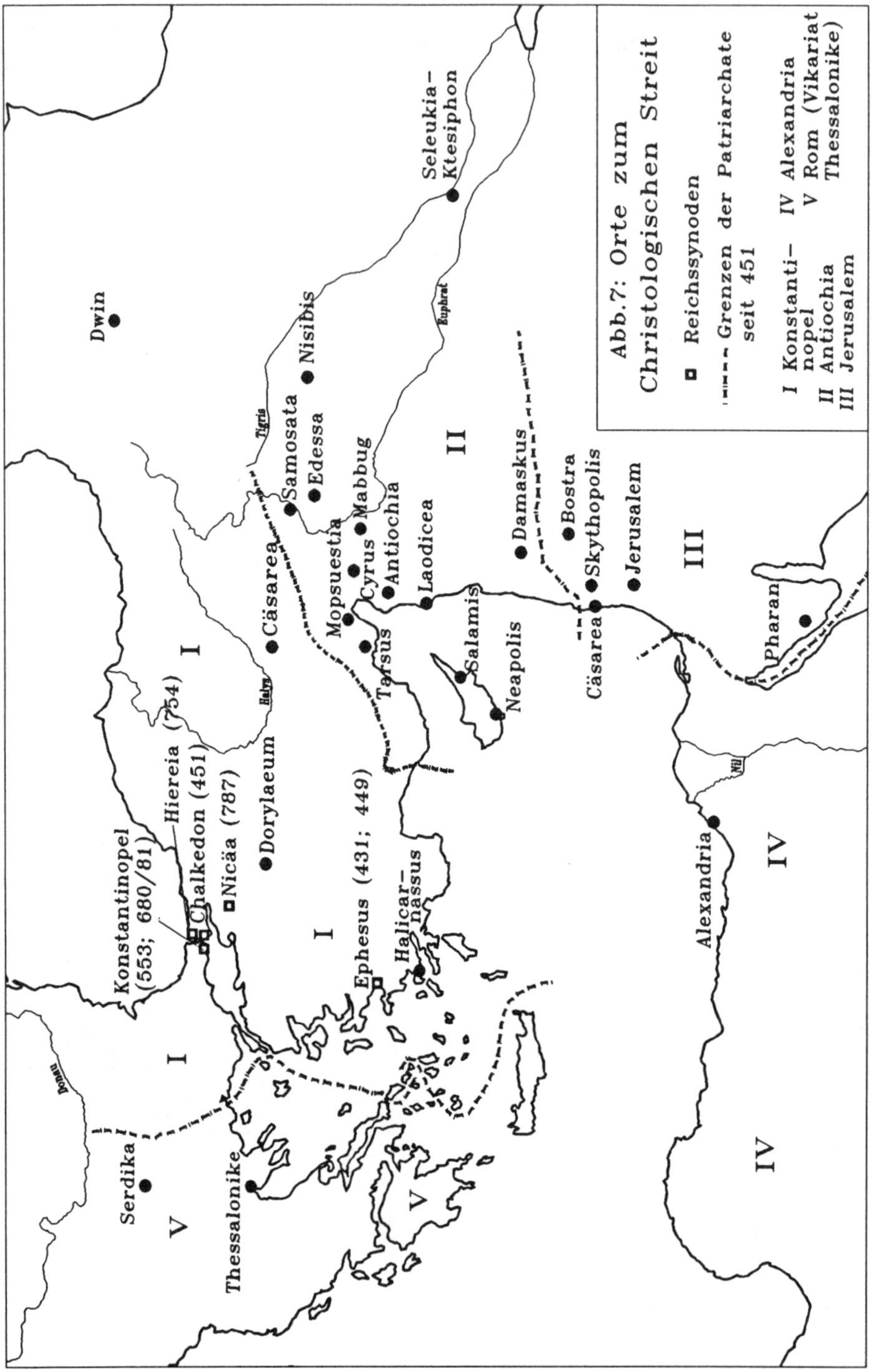

Abb. 7: Orte zum Christologischen Streit

1. Frühformen der Christologie

Christologische Konzeptionen im spezifischen Sinne begegneten relativ früh überall dort, wo die besondere Würde Jesu vom Grundgedanken der wesenhaften Verbindung mit Gott her gedeutet wurde (v.a. mit dem Hoheitstitel *Sohn Gottes*). Damit stellte sich das Problem, seine **doppelte Seinsweise** zu erklären bzw. ihn unter zweifachem Aspekt zu betrachten. Schon seit ca.90/110 kam es zu Lehrstreitigkeiten, wie die Auseinandersetzung mit dem Doketismus (der ersten rational reflektierten Christologie) zeigte, die bis ins 4.Jh. dauerte. Im Unterschied zum doketistischen Denkmodell, das als dg. Typ lange nachwirkte, entwickelten v.a. Tertullian und Origenes die Inkarnationsvorstellung zu Ansätzen einer Zwei-Naturen-Lehre fort.

1.1 Inkarnation als Paradoxie

Die Voraussetzung, daß in Jesus Gott gegenwärtig werde, wurde im 1./2.Jh. u.a. durch die nicht tiefer reflektierte Inkarnationsvorstellung ausgedrückt (s. § 1; 1.3; 2.1). Sie konnte in paradoxalen Formeln ausgesagt werden wie z.B. Phil 2,6f (*der in Gestalt Gottes war ..., nahm Gestalt eines Knechts an ... als Mensch*) oder Joh 1,14 (*der Logos wurde Fleisch*). Die christologische Entfaltung bei Johannes ging darüber nicht hinaus. Auch Theologen, die sich erstmals mit dem Doketismus (s. 1.2) auseinandersetzten, wie der Verfasser des 1.Joh und Ignatius, blieben bei der Behauptung der Paradoxie: der **Einheit zweier verschiedener Seinsweisen**. Noch Meliton und Irenäus kamen gegen die markionitische und valentinianische Christologie nicht zu differenzierteren Lösungen.

1.1.1 Ein häufig bezeugter Versuch, die doppelte Seinsweise auszusagen, bestand in der einfachen Zusammenstellung der Prädikate **Gottessohn und Menschensohn**: so z.B. bei Ignatius, Eph. 20,2; Barnabas 12,10; Justin, Dial. 100,3; Meliton, Passahomilie 7f; Irenäus, Adv.haer. III,10,2; 16,3; 17,1 u.ö. Das war eine Formel, welche die biblische Tradition auf den Begriff zu bringen und damit Orientierung zu vermitteln suchte. Noch im 3. und 4.Jh. wurde sie verwandt; danach wurde sie mit Explikationen verbunden.

1.1.2 Ignatius, der Theologe der Einheit von Transzendenz und Immanenz (s. § 1; 2.1.1), betonte gegen den Doketismus die **wahre Menschwerdung** und das **tatsächliche Leiden Jesu** (Sm. 1,1f; 2; 5,2; Trall. 9,1). Die Verbindung des Menschen mit der göttlichen Wirklichkeit drückte er in der synthetischen Formel aus, Jesus Christus sei sarkisch und pneumatisch (Sm. 1,1; 3,3; 12,2 u.ö.); diese konnte erweitert werden zu der Aussage *geworden und ungeworden, im Fleisch erschienener Gott ..., sowohl aus Maria als auch aus Gott* (Eph. 7,2). Ähnlich formulierte um 170/5 **Meliton** (Passahomilie 66.70; vgl. auch § 1; 2.4) z.T. bereits in Richtung auf eine Zwei-Naturen-Lehre (*von Natur aus Gott und Mensch*; ebd. 8). Er verfaßte gegen Markions Doketismus eine - nicht erhaltene - Schrift *Über die Fleischwerdung Christi*. Die Einheit der beiden Seinsweisen im Inkarnierten betonte - gegen die Trennung zwischen einem himmlischen Christus und einem irdischen Jesus - **Irenäus** mit seiner Formel von *ein- und demselben Jesus Christus*; die paradoxe Realität, daß Gott bzw. Gottes Sohn sich mit dem Fleisch verbindet, war ihm als Grund der Erlösung wichtig (Adv.haer. III,16,1-9 u.ö.).

1.2 Doketismus

Im Unterschied, z.T. auch im Gegensatz zur Inkarnationschristologie lösten verschiedene frühchristliche Lehrer die Paradoxie des Miteinanders von Gottheit und Menschheit in Jesus durch rationalistische Erklärungsmuster auf, die man zusammenfassend als Doketismus bezeichnet. Das war keine einheitliche Gruppe oder Position, sondern ein Denkansatz, der unterschiedliche Formen der Christologie prägte: die **Negierung des wirklichen Menschseins** des Erlösers durch die Behauptung, seine irdische Gestalt wäre ein Trugbild bzw. **Schein** (δόκησις/*dokēsis*) ohne empirische Realität. Dahinter stand nicht nur ein hellenistisches Wirklichkeitsverständnis, sondern auch ein soteriologisches Interesse. Denn wenn man den traditionellen Dualismus von Geist und Materie, den Gegensatz von Transzendenz und Welt voraussetzte, war es plausibel, die Realität der Erlösung mit der vollen Zugehörigkeit des Erlösers zur göttlichen Transzendenz zu begründen. Das hatte zur Folge, daß seine Erscheinung auf Erden keine personale Verbindung mit Jesus eingehen konnte: Wie die Menschwerdung in Maria war auch die Passion am Kreuz bloß ein Schein. Seit ca.90/110 bis ins 4.Jh. begegneten entsprechende Lehrpositionen, von der Großkirche als Häresie abgelehnt. Daneben gab es bei manchen, auch großkirchlichen Theologen sowie in der Volksfrömmigkeit durch die folgenden Jahrhunderte hindurch insofern "doketistische" Tendenzen, als die wahre Menschheit Jesu Christi verkürzt wurde. Darin bekundete sich die Schwierigkeit des antiken, insbesondere des griechischen Denkens, das Inkarnationskonzept durchreflektiert zu akzeptieren.

1.2.1 Doketistische Lehren in **kleinasiatischen Gemeinden** werden erstmals um 90/110 faßbar in der Polemik 1. Joh 4,1-3 und Ignatius, Sm. 2; Trall. 10: die Bestreitung, daß Gottes Sohn wirklich Mensch geworden sei und wirklich gelitten habe, mit dem Hinweis, *scheinbar habe er gelitten* (Sm. 2: τὸ δοκεῖν αὐτὸν πεπονθέναι). Der Hinweis auf den vordergründigen Anschein der "Inkarnation" dürfte bei derartigen Positionen eine zentrale Rolle gespielt haben. Daher erklärt sich, daß die großkirchliche Polemik seit ca.200 solche Lehrer als "Doketen" bezeichnete. Doch diese vertraten unterschiedliche Konzeptionen und dürfen deshalb nicht als einheitliche Gruppe angesehen werden.

1.2.2 Manche nahmen eine **Trennung** zwischen dem himmlischen Christus und dem irdischen Jesus an (bzw. dem oberen und dem unteren Christus); ersterer habe sich letzterem bei der Taufe nur äußerlich verbunden und sich bei der Kreuzigung wieder von ihm getrennt, weil er als göttliche Natur leidensunfähig war. (So **Kerinth** bei Irenäus, Adv.haer. I,26,1; ähnlich wohl auch **Satornil**, ebd. I,24,2; vgl. § 2; 5.3.) Dem gnostischen Denken scheint diese Konzeption besonders gelegen zu haben, denn auch bei einigen Valentinianern begegnete sie (ebd. I,21,2; III,16,1).

1.2.3 Ein anderes Denkmodell (ein "monophysitischer" Doketismus) nahm zwar eine Verbindung der modalistisch verstandenen Gottheit mit der Menschheit in Jesus an, hielt aber deren pneumatische Substanz für leidensunfähig. So haben wohl die **Markioniten** gelehrt (Tertullian, Adv.Marc. III,10,2 u.ö.), vielleicht auch die bei Irenäus I,24,4 erwähnten Basilidianer.

1.3 Zwei-Naturen-Lehre

Über die bloße Behauptung der Verbindung von göttlicher und menschlicher Wirklichkeit in Jesus hinaus kam es vereinzelt zu Versuchen, diese Verbindung zu erklären. Für die westliche Lehrtradition wurde **Tertullians** Definitionsversuch maßgeblich, in der östlichen Kirche ragte **Origenes'** systematische Konzeption hervor. Ersterer prägte die paradoxale Formel, daß in der einen Person Christi sich Gottheit und Menschheit als **zwei Substanzen** verbinden; diese Verbindung suchte er durch physikalische Analogien zu interpretieren (s. 1.3.3). Letzterer beschrieb Jesus Christus als Modell des wahren Menschen (dessen **Seele** im Unterschied zu allen gefallenen Geschöpfen mit der Gottheit verbunden blieb) und als Offenbarer Gottes (s. 1.3.4). Beide Positionen klärten die Problematik nicht vollständig, wiesen jedoch insofern in die Zukunft, als spätere Konzeptionen ihren Ansatz weiterdachten.

1.3.1 Das Problem der kirchlichen Christologie formulierte der platonische Kritiker **Celsus** um 178 (s. § 3; 6.2.1) als Dilemma: Entweder nehme man eine Inkarnation an und damit eine (für griechisches Denken unmögliche) Verwandlung Gottes in einen sterblichen Leib, oder man halte die Erscheinung Gottes für ein Trugbild (bei Origenes, C.Cels. IV,18; BKV 52,316).

1.3.2 Basilides (§ 2; 5.3.3) versuchte das Dilemma durch eine spekulative Zwei-Naturen-Lehre zu lösen, indem er für Christus **zwei präexistente "Sohnschaften"** (seine Gottheit und seine Vernunftseele) annahm, wobei die Aufnahme der Seele in die Gemeinschaft mit der Gottheit die Erlösung der erwählten Menschheit (der *dritten Sohnschaft*) vorab darstellte. Mit dieser Konzeption hat er vielleicht Origenes angeregt.

1.3.3 Tertullian interpretierte von Joh 1,14 her die traditionelle Sicht der doppelten Seinsweise (*sermo in carne*) als Annahme zweier Wirklichkeiten (*substantiae*) bzw. Zustände (*status*). In der Auseinandersetzung mit dem Modalisten Praxeas (s. § 1; 6.1) formulierte er, daß in Jesus als **Gott und Mensch** *ein doppelter Zustand, nicht vermischt, sondern verbunden in einer Person* zu beachten sei (Adv.Prax. 27,11). Mit Hilfe der Mischungstheorie der stoischen Physik und Psychologie definierte er - nach dem Modell der Einheit von Leib und Seele - die Verbindung von Gottheit und Menschheit als *mixtio*, d.h. als **gegenseitige Durchdringung** von identisch bleibenden Substanzen unter Wahrung ihrer jeweiligen Eigenschaften. Damit war das christologische Problem zwar nicht völlig geklärt, aber für die alte unreflektierte Vorstellung war eine Formel im Sinne der Zwei-Naturen-Lehre gefunden, an welcher sich die westliche Theologie bis hin zu Leo I. orientierte (s. 9.3).

1.3.4 Eine spekulative Zwei-Naturen-Lehre entwickelte **Origenes** im Zusammenhang seines kosmologischen Systems (De princ. II,6; s. § 1; 8.1): Gottes Logos verband sich in der Präexistenz mit einem der Geistwesen, dem **präexistenten Geist Jesu** zu einer so engen Einheit (*wie Eisen im Feuer glüht*), daß dieser vor dem allgemeinen Fall bewahrt blieb und insofern eigentlich nicht zu einer Seele wurde wie die menschlichen *logika*. Das Entscheidende an der Inkarnation, die Gott-Mensch-Verbindung, war somit ein präexistenter Sachverhalt (vgl. 1.3.2). Die **"Seele" Jesu** ermöglichte als vermittelnde Instanz die geschichtliche Inkarnation des Logos, weil sie sich mit dem von Maria geborenen Leib vereinigte. Sie war - analog den übrigen Seelen - von Natur aus eine menschliche Größe (und damit war Jesus ein wirklicher Mensch), aber durch die präexistente Verbindung mit dem Logos war sie etwas Singuläres und damit aus dem Sündenzusammenhang der Menschheit herausgenommen. So formte sie den Leib und konstituierte Jesu besondere Qualitäten; durch sie hindurch prägte der Logos den Inkarnierten vollkommen im Sinne einer gottmenschlichen Einheit bzw. Vergöttlichung. Leidensfähig waren nur der Leib und die Seele, d.h. die Menschheit Jesu; durch die wesenhafte Vereinigung mit dem Logos war jedoch der Sieg über den Tod bereits vorgegeben.

1.4 Literatur

K. Beyschlag: Grundriß der Dogmengeschichte, Bd.I, 2.A. 1988, 95-99.199f.205f.231f. - N. Brox: "Doketismus" - eine Problemanzeige, ZKG 95 (1984), 301-314. - A. Grillmeier: Jesus der Christus I, 1979, 157-280. - J. Liébaert: Christologie 19-52.

2. Gottheit und Menschheit Christi im trinitarischen Streit

Die Voraussetzung, daß der präexistente Christus Gott sei (wesenseins oder wesensgleich dem Vater), mußte im Blick auf dessen Inkarnation die alte Frage, wie die Verbindung von Gottheit und Menschheit vorzustellen wäre, verschärfen: Wie kann das Unvergängliche in die Vergänglichkeit eingehen? Aufschlußreich war nun, daß bis ca.360 diese Problematik nicht intensiv bedacht wurde. Origenes' Lösung schied für die meisten Theologen mit der Preisgabe der Annahme einer ewigen Schöpfung aus. Stattdessen hatte sich schon im 3.Jh. eine Christologie nach dem **Logos-Sarx-Schema** durchgesetzt, in welcher der göttliche Logos als personbildendes Element bzw. als ἡγεμονικόν/*hēgemonikon* (Vernunft und Lebensprinzip) im Sinne der stoischen bzw. mittelplatonischen Psychologie galt. Im 4.Jh. war sie verbreitet, wie exemplarisch Arius, Eusebius und Athanasius als Exponenten dreier unterschiedlicher Theologien zeigten. Für sie gab es - explizit reflektiert oder implizit vorausgesetzt - **keine menschliche Seele Jesu**, weil sie von der Einheit der Person des Inkarnierten ausgingen. Daß damit ein schweres Problem, nämlich eine tendenzielle Nähe zum Doketismus, gegeben war, blieb verborgen. Der einzige, der darauf aufmerksam machte, war ein isolierter Außenseiter: Eustathius von Antiochia. Erst der durch Apollinaris ausgelöste Konflikt (s. 3.1) schärfte das allgemeine Bewußtsein.

2.1 Der Logos als Seele Jesu

Für die arianische und die eusebianische Trinitätslehre gewann das Logos-Sarx-Schema deswegen besondere Bedeutung, weil deren Annahme einer ontologischen Differenz zwischen Logos und Gott-Vater exegetisch abgesichert werden konnte durch Rekurs auf das biblische Christusbild: Wenn der Logos anstelle der Seele den Menschen Jesus Christus in seinem Handeln bestimmt und wenn die Bibel von diesem generelle Wandelbarkeit und **Leidensfähigkeit** - konkretisiert in Affekten wie Hungern, Dürsten, Trauern, Leiden, Nichtwissen - aussagt, dann muß man diese Defizite dem Logos zuschreiben und hat einen klaren Beweis dafür, daß dieser nicht wahrer Gott sein kann, weil Unveränderlichkeit und Leidensunfähigkeit göttliche Wesensmerkmale sind. Im Blick darauf schuf die antiarianische Polemik nach ca.360 die Formel vom "**seelenlosen Leib**" (σῶμα ἄψυχον/*sōma apsychon*) als Charakteristikum der arianischen Christologie, welches mit der Leugnung der Gottheit zusammenhänge. Doch diese Formel traf v.a. auf die sog. Mittelgruppe, die Eusebianer, Homöer und Homöusianer, zu.

2.1.1 Arius hat im Konflikt mit Alexander (s. § 1; 11.2) mit exegetischen Belegen die Unwandelbarkeit und Ewigkeit des Logos bestritten. Dessen Inkarnation dachte er so, daß er im Menschen Jesus die Stelle der Seele eingenommen habe, d.h. des geistig führenden und den Willen bestimmenden Prinzips. Wie für alle Menschen war für Christus die Willensfreiheit und damit die Veränderlichkeit konstitutiv. Seine entsprechenden Niedrigkeitsaussagen wie Mt 26,38; 27,46; Mk 13,32; Lk 2,52; Joh 19,28 belegen das. Christus war für Arius das **Idealbild des vollkommenen Menschen**: Dessen - durch den göttlichen Logos verursachte - moralische Bewährung war der Grund, daß Gott ihn in besonderer Weise erwählte und zu seinem Sohn machte; *Söhne Gottes* sollen auch alle Christen in der Nachfolge Jesu werden. In Arius'

Konzept der Göttlichkeit Jesu und damit in seiner Christologie kam durchaus ein soteriologisches Interesse zum Tragen.

2.1.2 Sporadische Quellenzeugnisse lassen vermuten, daß die Lehre vom "seelenlosen Leib" für die Logoschristologie des Arianismus galt, zumal in der Zeit nach 360. Allerdings dürften die oft als Zeugen dafür beanspruchten Eudoxius und Lucius entfallen (s. 2.1.4). Lediglich für **Eunomius** (vgl. § 1; 14.2) ist klar, daß er bestritt, der Logos hätte einen aus Leib und Seele bestehenden Menschen angenommen.

2.1.3 Besonders ausgeprägt fand sich die **Logos-Sarx-Christologie** mit der Zuspitzung in der Lehre vom σῶμα ἄψυχον bei **Eusebius von Cäsarea** und - durch ihn beeinflußt - bei Vertretern der eusebianischen und der homöischen Gruppe. Eusebius dachte die Inkarnation als Höhepunkt der Theophanien im Verlauf der Heilsgeschichte: Gottes Logos erschien im menschlichen Leib Jesu, um in sichtbarer Gestalt die Gotteserkenntnis zu vermitteln; er *bewegte das Fleisch nach Art einer Seele*, d.h. er war das personbildende ἡγεμονικόν, das an die Stelle der menschlichen Seele trat. (Vgl. z.B. Eccl.theol. I,20; Theoph. III,39; Dem.Ev. X,8.) Damit war Jesus, der Erlöser, mehr als ein bloßer Mensch, nämlich göttliche Gegenwart in einem besonderen Subjekt, dessen wahres Menschsein durch das Fehlen der Seele ausgeschlossen war.

2.1.4 Die Formel "**Gott im Fleische**" verdeutlichte das soteriologische Anliegen der Eusebianer und Homöer. So interpretierte z.B. in einem Bekenntnis **Eudoxius** (Bischof von Antiochia 357-360, von Konstantinopel 360-370) den locus classicus Joh 1,14: Gottes Sohn *ist Fleisch geworden, nicht Mensch geworden; denn er hat keine menschliche Seele angenommen, sondern wurde Fleisch, damit Gott den Menschen durch das Fleisch wie durch eine Hülle sichtbar würde - keine zwei Naturen, weil er kein vollkommener Mensch war, sondern anstelle einer Seele Gott im Fleische* (BSGR § 191). Ähnlich äußerte sich der Homöer Lucius, 373-378 Bischof von Alexandria: Joh 1,14 beweise, daß Wort und Fleisch sich verbanden, aber keine Seele; andernfalls wäre Jesus eine zusammengesetzte Person, der Seele und Logos gegensätzliche Antriebe vermittelten.

2.1.5 Daß derartige Auffassungen auch bei Homöusianern (s. § 1; 14.3) verbreitet waren, belegt **Eusebius von Emesa** (ca.300-ca.358/9), ein aus Edessa stammender Schüler des Eusebius von Cäsarea, der die arianische Argumentation (Logos als Träger der Affekte) ablehnte: Inkarnation ist die Einwohnung des göttlichen Geistes (πνεῦμα bzw. δύναμις) im menschlichen Fleisch, wobei jener das bewegende Prinzip von Jesu Existenz ist, auf dieses aber die Affekte zurückzuführen sind.

2.2 Eustathius von Antiochia: Wahre Menschheit Jesu

Gegen Arianer und Eusebianer behauptete v.a. Eustathius (gest. vor 337) - mit seiner Verteidigung des Nizänums (s. § 1; 11.5.2) - die Annahme einer Seele Jesu. Er lehnte das Logos-Sarx-Schema grundsätzlich ab und orientierte sich an einem **Logos-Anthropos-Modell** mit dem Grundgedanken der **Einwohnung**: Gottes Sohn/ Logos *wohnte* gemäß Joh 1,14 im Menschen Jesus wie in einem Tempel. Seine antiochenischen Schüler brachten ca.360ff durch ihre Kritik an der apollinaristischen Christologie die allgemeine Diskussion in Gang.

2.2.1 Seine Konzeption läßt sich wegen der fragmentarischen Überlieferung nicht im einzelnen rekonstruieren. Er betonte die volle Gottheit des Logos, konnte aber seine Verbindung mit der Menschheit Jesu nur so erklären, daß er sie nach Art der **prophetischen Inspiration** dachte: als eine die Substanz des Menschen nicht umformende Einwohnung der Gottheit. Deshalb sah er in Jesus den Gott tragenden Menschen (ἄνθρωπος θεοφόρος), dessen Seele in einer Art Symbiose mit dem Logos stand.

2.2.2 Mit seiner Betonung der **Unterscheidung** ergab sich eine Tendenz, die beiden Naturen zu trennen. Diese war wohl bei den wenigen Schülern, die er in Antiochia hatte, stärker ausgeprägt und führte um 360 zu deren Kontroverse mit den dortigen Anhängern des Apollinaris (vgl. 2.3.2). Sie deuteten die Inkarnation, d.h. die Einwohnung von Gottes Logos, als Spezialfall der prophetischen Inspiration und differenzierten in Jesus Christus die *Gottesgestalt* und die

Knechtsgestalt (mit Phil 2,6f). Demgemäß polemisierten sie gegen die apollinaristische These, daß die Gottheit in Jesus anstelle der Seele bzw. der Vernunft stehe. Wahrscheinlich haben sie diese mit der arianischen Konzeption vom seelenlosen Leib (σῶμα ἄψυχον) gleichgesetzt. Damit entstand ein Konflikt, der alsbald weitere Kreise zog. (Zur Apollinaristen-Gemeinde vgl. auch § 1; 15.1.)

2.3 Athanasius: Der Logos als Lebensprinzip Jesu

Wie selbstverständlich ansonsten auch die Nizäner vom **Logos-Sarx-Denken** her die Seele Christi als theologisches Thema übergingen, zeigte sich bei Athanasius. (Vgl. zu ihm § 1; 13.0-2.) Sein Christusbild war ganz vom Wirken des inkarnierten Logos und damit von der **Dominanz der Gottheit** bestimmt: Gottes Logos ist das beherrschende Prinzip von Jesu Handeln; er wird Mensch, indem er – in Maria, der *Gottesgebärerin* – einen Leib annimmt; beim Tode Jesu verläßt er diesen wieder. Der Leib ist das **Instrument** (ὄργανον/*organon*) für sein Offenbarungs- und Heilswerk; dieser leidet und stirbt, und er – obwohl als Gott nicht leidensfähig – nimmt daran teil. Eine nähere Reflexion des damit gegebenen anthropologischen Problems fehlte.

2.3.1 Athanasius interpretierte die zentrale Bibelstelle Joh 1,14 durch eine Identifizierung von **Fleischwerdung** und **Menschwerdung**: Der Logos wurde Mensch bzw. Fleisch nicht so, daß er einen Menschen annahm, sondern so, daß er das Fleisch annahm und sich damit zu einem Menschen machte (Orat.c.Arian. III,30; Ad Epictet. 2). An dessen Leiden war er darum beteiligt (III,32). Er war das Prinzip der Lebensbewegung Jesu, doch Träger der Affekte war das Fleisch. Daß Athanasius die Seele Jesu nirgends erwähnt, ist besonders bei seiner Kritik an der arianischen Auslegung der Niedrigkeitsaussagen (s. 2.1.1) auffällig. Er bezieht diese als Affekte des Fleisches allein auf Jesu Menschheit, dagegen die Aussagen über Jesu Wundermacht, Allwissenheit usw. auf den Logos (III,26-58). Die Personeinheit ist dadurch gewährleistet, daß der Logos der beherrschende Träger von Jesu Handeln ist. Letztlich ist es also eine Paradoxie, die auch darin zum Ausdruck kommt, daß Athanasius Maria, aus welcher das Fleisch geboren wird, mit dem seit Origenes aufgekommenen Begriff als *Gottesgebärerin* (θεοτόκος) bezeichnet (III,33).

2.3.2 Die skizzierte Konzeption machte Athanasius auf der alexandrinischen Synode 362 (s. § 1; 15.2) für die Beilegung der Kontroverse zwischen Eustathianern und Apollinaristen in Antiochia geltend (sog. *Tomus ad Antiochenos* 7,1-3). Beide waren ja Altnizäner, und deshalb durfte eine scheinbar unnötige neue Streitfrage deren Zusammenarbeit nicht gefährden. Demgemäß schrieb Athanasius ihnen Korrekturen ihrer Zuspitzungen vor; er bot als schriftgemäße Lösung seine Lehre an, daß man in Jesus, dem fleischgewordenen Logos, der gleichzeitig Gottessohn und Menschensohn war, die göttliche Wundermacht und die menschliche Begrenztheit unterscheiden, aber die Einheit der Person anerkennen müßte.

2.4 Literatur

TH. BÖHM: Die Christologie des Arius, 1991, 43-84. – F.R. GAHBAUER: Das anthropologische Modell, 1984, 32-96. – A. GRILLMEIER: Jesus der Christus I, 300-326.374-385.440-479. – J. LIÉBAERT: Christologie 54-78. – R. LORENZ: Eustathius von Antiochien, TRE 10 (1982) 543-546.

3. Soteriologisch-anthropologische Christologie bei Apollinaris von Laodicea

Bis ca.360 war das christologische Problem als eigenes Thema nicht intensiv durchdacht, wohl aber als Implikation des Streites um die Gotteslehre diskutiert worden. Das historische Verdienst, es erstmals umfassend thematisiert zu haben, und zwar als Fundament der Soteriologie, gebührt Apollinaris (Apolinarios; ca.310/5-ca.390), Bischof im westsyrischen Laodicea. Er war hochgebildet, ein gründlicher Exeget und konsequenter Denker. Wie Athanasius vertrat er eine Theologie der Inkarnation und wollte er das biblische Christusbild zur Geltung bringen. Mit diesem kämpfte er für das Nizänum und die Homousie, die volle Gottheit Christi. Das darin implizierte soteriologische Interesse bildete das Zentrum seiner profilierten Christologie: einer erstmalig stringent - auch mit **anthropologischer Reflexion** - konzipierten Lehre über die **Person Jesu Christi** als des Erlösers. Diese begriff er gegen Adoptianismus und Arianismus als gottmenschliche **Einheit**: als *Gott (bzw. Geist) im Fleisch* (θεὸς [νοῦς] ἔνσαρκος/*theos [nus] ensarkos*), als *eine einzige inkarnierte Natur Gottes des Logos* (μία φύσις τοῦ θεοῦ λόγου σεσαρκωμένη). Mit diesen Schlagwörtern, die das Spezifikum seiner Konzeption zusammenfassen, interpretierte er das traditionelle Logos-Sarx-Modell (s. 2.0); das letztere wurde die klassische Formel des **Monophysitismus** (s. 11.3). Den Erlöser sah er - mit der alexandrinischen Tradition - als Vorbild der erlösten Menschheit: Deren "Vergottung" bewirkt der inkarnierte Gott. Apollinaris erregte bei Alt- und Neonizänern Anstoß, weil er angeblich die "arianische" Lehre vom *seelenlosen Leib* (σῶμα ἄψυχον/*sōma apsychon*; s. 2.1.1-4) und damit die Unvollständigkeit der Menschheit vertrat. Seit 362 kritisiert, wurde er seit 377 mehrfach als Häretiker verurteilt. Doch die durch ihn angestoßene Diskussion ging weiter und wurde zu einer Voraussetzung für den großen Streit im 5.Jh. Als dg. Typus gehörte seine Lehre zur alexandrinischen Tradition (trotz seiner "antiochenischen" Exegese; s. 3.1).

3.1 Wirken, Schriften, Verurteilung

Apollinaris' Vater stammte aus Alexandria; von ihm erhielt er eine umfassende rhetorisch-philosophische Bildung. In Laodicea (ca.100 km südl. v. Antiochia) wurde er Kleriker, vermutlich 360/1 Bischof der dortigen Nizänergemeinde. Mit Athanasius seit 346 eng verbunden, verstand er sich als dessen Sachwalter gegen Eusebianer, Homöer und Homöusianer. Er verfaßte mehrere Bibelkommentare, und auch in seinen zahlreichen theologischen Traktaten erwies er sich primär als **Exeget**. Er wirkte vorwiegend in Antiochia und hat die Entstehung der sog. antiochenischen Exegetenschule (s. 4.0) mit vorbereitet. Von seinen Schriften sind nur Fragmente erhalten. Da 362 seine **Christologie** in Antiochia umstritten war (s. 2.2.1), dürfte er sie einige Zeit vorher vorgetragen haben. Wie wichtig sie ihm war, zeigen sein Lehrschreiben an Kaiser Jovian 363 (Lietzmann 250-3) und die Fülle einschlägiger Werke, mit denen er sie bis zu seinem Tod ca. 390 - u.a. gegen Diodor, Gregor von Nazianz, Gregor von Nyssa - verteidigte. Eine förmliche **Verurteilung** seiner Lehre beschlossen u.a. 377/8 eine römische Synode unter Damasus, 381 das Konzil von Konstantinopel, 388 ein kaiserliches Gesetz. Dennoch hielten sich seine zahlreichen Schüler v.a. in Kilikien, Syrien, Phönikien und propagierten seine Schriften pseudepigraphisch (z.B. unter Athanasius' Namen, weshalb sie gerade in Alexandria fortwirkten; s. 8.3.1).

3.2 Christologie, Anthropologie, Soteriologie

Das Wesen des Christentums als einer Offenbarungs- und Erlösungsreligion sah Apollinaris gefährdet durch Lehren, welche Jesus Christus als Spezialfall eines von Gott inspirierten Propheten erklärten oder welche das menschliche und das göttliche Element in ihm nicht plausibel verbanden. Voraussetzung war ihm die uneingeschränkte Wesenseinheit (*Homousie*) des Gottessohnes mit Gott-Vater.

3.2.1 Um den Gedanken einer Verwandlung der Gottheit zu vermeiden, definierte er von Joh 1,14 her Jesus Christus als "**Gott im Fleisch**" (θεὸς ἔνσαρκος); da er mit Joh 4,24 Gottes Wesen als Geist bestimmte und den biblischen Begriff des Pneuma mit dem philosophischen Begriff des Nus (Geist, Vernunft) identifizierte, ergab sich daraus die anthropologische Formel "**Geist/Vernunft im Fleisch**" (νοῦς ἔνσαρκος): Die Gottheit, d.h. der göttliche Nus bestimmt die Person Jesu als das ἡγεμονικόν (als "führendes" Seelenteil) im Sinne der philosophischen Anthropologie; sie tritt an die Stelle der menschlichen Vernunft, verbindet sich mit Seele und Leib als den - für Menschsein charakteristischen - vitalen Elementen, gewährleistet die völlige Sündlosigkeit Jesu und damit seine das Menschsein überragende Einzigartigkeit. So vermied Apollinaris die verbreitete Lehre, wonach dem inkarnierten Gottessohn die Seele fehle.

3.2.2 Mit diesem anthropologischen Modell waren nicht nur die heilsgeschichtliche Einzigartigkeit und die soteriologische Bedeutung Jesu durch die **Dominanz der Gottheit** in ihm behauptet, sondern sollte auch seine **Personeinheit** argumentativ erklärt werden. Eine menschliche Vernunft in Jesus schloß Apollinaris aus, weil sie neben der Gottheit ein konkurrierendes Lebens- und Bewegungsprinzip bedeuten und damit die Einheitlichkeit seines Wollens und Wirkens aufheben würde (Fr.150). Sie würde eine zweite Seinsweise bzw. Natur (οὐσία, ὑπόστασις, φύσις - bei Apollinaris sinngleiche Begriffe) konstituieren.

3.2.3 Dagegen setzte er als Axiom das berühmt gewordene **Argument**: *Zweierlei Vollständiges kann nicht eins werden* (δύο τέλεια ἓν γενέσθαι οὐ δύναται; Ps.-Ath., C.Apoll. I,2; vgl. Fr. 81). Deswegen schließt die inkarnierte volle Gottheit in Jesus die normale, d.h. komplette Menschheit aus. Jesu Menschsein in Leib und Seele ist das von Gott angenommene Instrument (ὄργανον), durch das er das Heil wirkt; der Einheit seiner Wirksamkeit entspricht die Einheit seines Wesens (οὐσία; Fr. 117). So verbinden sich - im Sinne einer κρᾶσις, d.h. der nach stoischer Physik ein neues Wesen erzeugenden Mischung - der Gottessohn und der Menschensohn, Geist und Fleisch, im Inkarnierten zu einer Natur (μία φύσις τοῦ θεοῦ λόγου σεσαρκωμένη; Ep. ad Jov. 1; Fr. 10 u.ö.).

3.2.4 Dieser das bloß Menschliche transzendierenden, einzigartigen Existenz Jesu kommt deshalb **soteriologische Bedeutung** zu, weil sie in ihrer Vollkommenheit das Urbild der neuen Menschheit darstellt. Durch Jesu Geistgabe kann der Mensch die durch den Sündenfall zerstörte Bestimmung zur Vollkommenheit verwirklichen; denn seine Vernunft (νοῦς) wird durch Christi Geist zur Gotteserkenntnis und zum Leben nach Gottes Willen befähigt.

3.3 Apollinaris' Kritiker: Vollständige Menschheit

Seit ca.375 entbrannte der Konflikt um die Christologie - über Antiochia hinaus (vgl. 2.2.1) - auch in Syropalästina und in Kleinasien. Wichtig war, daß alle Kontrahenten auf dem Boden des Nizänums standen, also die volle Gottheit Christi voraussetzten. Wirkungsgeschichtlich besonders bedeutsam wurde dabei die Lehre des Gregor von Nazianz: eine vollständige Menschheit müsse in Christus angenommen werden, weil sonst die Erlösung nicht den ganzen Menschen umfasse.

3.3.1 Epiphanius von Salamis, Metropolit von Cypern (ca.315-403; Verfasser des *Arzneikasten/Panarion* gegen alle Häresien 374/7), starrer Gralshüter der Orthodoxie, betonte gegen den Apollinarismus den soteriologischen Grundsatz, daß der Gottessohn einen vollständigen Menschen angenommen habe, um so die vollkommene Erlösung der Menschheit zu bewirken. Derart schlicht-entschieden urteilte auch **Damasus von Rom** (s. § 8; 1.4) 375 gegen die neue Häresie: Der Sohn Gottes hat den ganzen Menschen mit Leib, Seele und Geist angenommen; die katholische Kirche bekennt den vollkommenen Gott und den vollkommenen Menschen (Text/Übers.: DH 146). In diesem Sinne verurteilte 378 eine römische Synode Apollinaris (DH 149).

3.3.2 Mit solcher **Zwei-Naturen-Lehre** stand gegen den Monophysitismus nicht nur die westliche Tradition, sondern auch die antiochenische Schule. Deren Haupt, **Diodor**, wurde der entschiedenste Gegner des Apollinaris (s. 4.1). Mit diesem setzten sich ebenfalls die Kappadokier (s. § 1; 16.0) v.a. hinsichtlich der Seele Jesu (darin Origenes folgend; vgl. 1.3.4) auseinander, nur beiläufig Basilius und Amphilochius, substantiell und wirkungsgeschichtlich bedeutsam die beiden Gregore. (Vgl. dazu § 1; 16.1-3.)

3.3.3 Die einprägsamen Formeln des **Gregor von Nazianz** (aus Ep. 101/2) wurden später immer wieder zitiert: In Jesus Christus wird Gott Mensch im Sinne einer - dem anthropologischen Modell der Verbindung von Leib und Seele entsprechenden - Vermischung beider Naturen, die jedoch als zwei verschiedene Elemente (ἄλλο καὶ ἄλλο) differenziert bleiben und nicht zwei Subjekte (οὐκ ἄλλος καὶ ἄλλος) bilden. Auch der menschliche Geist (νοῦς) bedarf der Erlösung, deshalb hat der Gottessohn auch ihn angenommen - *denn was nicht angenommen wird, wird auch nicht geheilt; was aber mit Gott vereint ist, das wird auch gerettet* (τὸ ἀπρόσληπτον ἀθεράπευτον/*quod non assumptum, non sanatum*: ein traditioneller Grundsatz, der Sache nach schon bei Tertullian und Origenes).

3.4 Literatur

QUELLEN: H. LIETZMANN: Apollinaris von Laodicea und seine Schule, 1904; ND 1970. - H. KARPP: Textbuch zur altkirchlichen Christologie, 1972, 98-105.

LITERATUR: K. BEYSCHLAG: Grundriß II/1, 11-22. - A. GRILLMEIER: Jesus der Christus I, 480-497. - E. MÜHLENBERG: Apollinaris, TRE 3 (1978) 362-371. - DERS.: Apollinaris von Laodicea, 1970.

4. Die antiochenische "Schule": Wahre Menschheit Christi

Für die Geschichte des christologischen Streites bedeutsam wurde die Tatsache, daß sich im Anschluß an den großen Lehrer **Diodor** seit ca.360/370 in Antiochia eine theologische Richtung mit spezifischem Profil bildete: Diodors Schüler **Theodor** (s. 4.2), **Flavian** und **Johannes Chrysostomus** (s. 4.3), ferner **Theodoret** (s. 7.2), **Nestorius** (s. 7.1) und **Johannes** (s. 6.2.2-3). Der herausragende Theologe war Theodor. Diese - inhaltlich nicht völlig homogene - "Schule" unterschied sich von der im 4.Jh. dominierenden alexandrinischen Tradition (die seit Origenes' Wechsel nach Cäsarea auch in Syropalästina verbreitet war) v.a. durch ihr anderes Wirklichkeitsverständnis, das sich in der exegetischen Methode und in dem theologischen Ansatz bekundete: Statt der platonisierenden Allegorese trieb man eine am Wortsinn orientierte **geschichtstypologische Bibelauslegung** als Textparaphrase. Einen "Aristotelismus", wie oft behauptet, gab es hier nicht. Statt der ontologischen Verbindung zwischen Gott und Mensch betonte man - stark am AT orientiert - die Diastase, was in der Christologie die Leitidee prägte, daß die endliche Natur nicht an der unvergänglichen Gottheit teilhaben könne. (Vgl. dazu das "antiochenische" Axiom *finitum non capax infiniti.*) Statt einer soteriologischen Inkarnationslehre mit dem *gekreuzigten Gott* und der Veränderung der menschlichen Natur als Zentrum bestimmte ein **ethisch-personales Verständnis** der Gott-Mensch-Beziehung die Christologie und Anthropologie (mit dem gehorsamen Menschen Jesus im Zentrum). Statt eines mystischen Spiritualismus dominierte in der Frömmigkeit ein biblischer Realismus. Elemente des syrischen Christentums drängten den hellenistischen Einfluß zurück. Daraus erklären sich die Verbreitung der antiochenischen Theologie im ostsyrisch-mesopotamischen Raum und die Übereinstimmung mit der

Schule von Edessa (vgl. 15.1). Mit dem großen Streit seit 428/9 wurde sie, verstärkt durch kirchenpolitische Gegensätze, zum Antityp der alexandrinischen Position. Das läßt sich vergröbert mit dem Schlagwort "Dyophysitismus gegen Monophysitismus" umschreiben.

4.1 "Unterscheidungschristologie" bei Diodor von Tarsus

Die Forschung hat z.T. eine ältere antiochenische Exegetenschule (seit Paulus von Samosata bzw. Lukian) von einer jüngeren (seit Eustathius) unterschieden, aber die Kontinuität beider betont. Das ist ein unhistorisches Konstrukt. Eine Schule, allerdings nicht im institutionellen Sinne, entstand erst durch die Lehrtätigkeit des Asketen Diodor (gest. vor 394). Sie besaß zumal in der Christologie ein inhaltliches Spezifikum: die exegetisch verifizierte Betonung der vollen **Menschheit Jesu** und damit die klare Differenzierung der **zwei Naturen** in ihm. Dies brachte Diodor in seinen Schriften gegen Apollinaris zur Geltung: Der Gott-Logos hat in Jesus einen vollständigen Menschen mit Leib, Seele, Geist angenommen, hat sich aber mit ihm nicht naturhaft vereint (oder gar vermischt); die Verbindung beider ist als **gnadenhafte Einwohnung** in Analogie zur prophetischen Inspiration, doch als diese überbietend, zu verstehen. Nur mit Paradoxien läßt sich Jesu Persongeheimnis ausdrücken.

4.1.1 Diodor, bis 378 Presbyter in Antiochia, dann Bischof in Tarsus, zu Lebzeiten eine Säule der Orthodoxie, geriet posthum in den Sog der antinestorianischen Polemik des 5.Jh.s und wurde 499 als Häretiker verurteilt. Das hatte zur Folge, daß sein reiches Schrifttum unterging. Nur wenige Fragmente seiner Bibelkommentare und dogmatischen Werke (darunter die antiapollinaristische Schrift *Gegen die Synousiasten*) sind erhalten; aus ihnen läßt sich seine Lehre nur ungefähr rekonstruieren, allerdings der Grundsatz erkennen, die christologischen Definitionen aus der **Exegese** abzuleiten (z.B. Mt 22,45: Davids Sohn - Davids Herr; Phil 2,6f: Christus, in der Gestalt Gottes, nahm Knechtsgestalt an, wurde aber nicht ein Knecht; Fr. 3.14 u.ö.).

4.1.2 Wegen der kategorialen Differenz zwischen Gottheit (= Unveränderlichkeit, Leidensunfähigkeit) und Menschheit (= Veränderlichkeit, Leidensfähigkeit) gibt es in Jesus nur eine **äußerliche Verbindung** der zwei Naturen als zweier unterschiedlicher Subjekte (ἄλλος καὶ ἄλλος); in der einen Person leidet und stirbt der Mensch, während die Gottheit nicht gekreuzigt wird (Fr. 2). Darum hat Maria nicht den Gottessohn, sondern den Menschensohn geboren (Fr. 22). Die Menschheit ist durch Gnade in die Personeinheit aufgenommen; die Gottheit wohnt in ihr wie in einem **Tempel** (Fr. 3.31.35): Auch Diodors Christologie ist darin soteriologisch geprägt, daß Jesus als Urbild des wahren, d.h. erlösten Menschen gilt; doch Erlösung ist nicht Vergottung, sondern **Annahme durch Gott**, Inspiration und Befähigung zu einem gottgemäßen Lebenswandel. Christologie und Ethik hängen zusammen.

4.2 Dyophysitismus bei Theodor von Mopsuestia

Der Systematiker der antiochenischen Konzeption als Exeget war Theodor (ca.352-428), einer der bedeutendsten altkirchlichen Theologen. Seine gegen Doketismus, Arianismus und Apollinarismus entfaltete Christologie ergab sich aus seiner heilsgeschichtlichen Konzeption einer Theologie der Gnade und Freiheit: Christi Erlösungswerk kündigt die Zeitenwende an, das Ende der durch Sündhaftigkeit und Todesverhängnis bestimmten adamitischen Menschheitsgeschichte, indem er in seiner Person mit der **Verbindung von wahrer Gottheit und wahrer Menschheit** die Sünde und den Tod überwindet. Damit bringt er die eschatologische Erneuerung der Schöpfung und ermöglicht die menschliche Vervollkommnung, die sich im Gehorsam gegen Gottes Willen als Gemeinschaft mit Gott verwirklicht. Von diesem Ansatz her betonte Theodor Jesu vollständiges Menschsein als heilsnotwendige Tatsache wie als dem biblischen Christusbild gemäßes Konzept. Er lehnte die arianische und apollinaristische Leugnung der Seele ab, weil die menschliche Sünde ihren Ort in der Seele habe. Die christologische Terminologie war bei ihm - wie generell zu seiner Zeit - noch nicht präzise definiert. Die Inkarnation verstand er im Sinne der Menschwerdung nach dem **Logos-Anthropos-Modell** als die Annahme der menschlichen Natur durch den Gottessohn bzw. als Teilhabe derselben an diesem. Der Gefahr, damit eine Doppelperson zu lehren, suchte er zu entgehen, indem er die Einheit der Person nicht nur exegetisch und dogmatisch postulierte, sondern vom christlichen Leben her durch den Hinweis verifizierte, daß die kultisch-liturgische Verehrung sich auf die einheitliche Person Christi beziehe. Theodors Lehre hat das Dogma von Chalkedon mit vorbereitet (s. 10.3.3).

4.2.1 Theodor war seit ca.372 Asket und seit ca.383 Presbyter in Antiochia; 392 wurde er Bischof im kilikischen Mopsuestia (s. Abb.7). Von seinem reichem Schrifttum ist - wegen der posthumen Verurteilung 544/553 (s. 12.3.4; 12.4) - nur wenig erhalten: v.a. Reste seiner Bibelkommentare und katechetischen Homilien. Er verknüpfte Welt- und **Heilsgeschichte** durch die grundlegende Beziehung Schöpfer-Geschöpf: Der menschliche Gottesgehorsam, der mit dem *ersten Adam* prinzipiell verlorenging, so daß Sünde und Tod die bestimmenden Mächte der Existenz wurden, ist durch den *zweiten Adam* Christus, den **Erstling der neuen Schöpfung**, wiederhergestellt worden (Hom.cat. 5,1-6.11; 7,4-5 u.ö.). Dieser ermöglicht durch die Taufe als Grundlage - mit Sündenvergebung, Gotteskindschaft und Erneuerung durch den Heiligen Geist (vgl. § 2; 12.3.2) - ein Leben nach Gottes Willen. Neben der Ethik ist die Tauf- und Abendmahlsfrömmigkeit wichtig, denn in Christi Nachfolge und Teilhabe an seinem Mysterium (vgl. § 2; 14.3.2) vollzieht sich die Gemeinschaft mit Gott. Deswegen hat die Christologie einen unmittelbaren Bezug zur christlichen Existenz.

4.2.2 Charakteristisch für diese ist die Betonung der **doppelten Homousie** (Christus als wesenseins mit Gott und mit den Menschen) und damit der **vollständigen zwei Naturen** gegen die arianische Bestreitung der Gottheit und gegen die apollinaristische Verkürzung der Menschheit. Die exakte, exegetisch verifizierte **Unterscheidung** der beiden Naturen ist ein besonders betontes Anliegen; sie entspricht dem theologischen Ansatz bei der Schöpfer- und Geschöpf-Beziehung. "Natur" ist einerseits φύσις als selbstbewegende Lebenskraft, andererseits ὑπόστασις als individuelle Verwirklichungsform mit bestimmten Eigenschaften. Sie umfaßt beim Menschen Leib und Seele, weswegen Christus beides angenommen hat: den Leib, um darin den Tod zu besiegen, und die Seele (als ἡγεμονικόν, als Sitz des Willens und Denkens), um darin die Sünde als Ursache des Todes zu tilgen (Adv.Apoll. 4). Insofern ist Jesus Christus als Erlöser das Urbild des neuen Menschen, der eschatologischen Kreatur. Die apollinaristische Lehre von der Vergottung des Leibes wird als doketistisch abgelehnt, weil sie keine wahre Menschwerdung annimmt.

4.2.3 Die **Menschwerdung** interpretiert Theodor in Aufnahme der traditionellen Einwohnungs-Vorstellung so: Der Logos, die göttliche Hypostase, hat die menschliche Natur (φύσις, ὑπόστασις) *angenommen*, sich mit ihr *bekleidet*, in ihr *gewohnt* und sich mit ihr *vereint* (Hom.cat. 7,1). Dadurch ist eine **Subjekteinheit** entstanden, die Theodor als πρόσωπον/*prosōpon* bezeichnet. Dieser Begriff meint die von außen wahrnehmbare Ausdrucksgestalt, die jeder *physis* bzw. *hypostasis* inhäriert. Deshalb muß man zunächst folgern, daß es in Jesus zwei *prosōpa* gibt; doch da an ihm sichtbar nur die Verbindung beider Naturen ist, muß man von einem einheitlichen *prosōpon* sprechen, und dieses ist die Gestalt der Offenbarung und der Anbetung (Leontius, Fr. 6; de inc. 7; C.Eun.-Fr.).

4.3 Johannes "Chrysostomus": Exeget und Erzieher

Der Beitrag des berühmtesten Predigers der alten Kirche (ca.350-407) zur Christologie ist unerheblich, und es ist auch fraglich, ob er (der bis 398 in Antiochia wirkte) darin eine "antiochenische" Position vertreten hat. Fraglos aber war er als **Bibeltheologe** ein herausragender Vertreter der antiochenischen Methodik. Er predigte und lehrte das Evangelium mit konsequentem Praxisbezug (zentral: Ethik und Gottesdienst), wobei seine **asketische Einstellung** die pastorale Orientierung prägte: Im Anschluß an Jesus Christus sollen die Menschen zur Vollkommenheit gelangen, indem sie sich von der Unmoral der zeitgenössischen Gesellschaft und der Oberflächlichkeit des verweltlichten Christentums abkehren. Johannes bemühte sich wie viele Mönche jener Zeit um eine grundlegende Kirchenreform. Paradigmatisch war das Schicksal dieses Idealisten in der von **politischen Kämpfen** bestimmten Reichskirche: Seit 398 Bischof von Konstantinopel, fiel er 403/4 dem Machtstreben des Patriarchen Theophilus von Alexandria und den Intrigen des Kaiserhofs zum Opfer; er wurde abgesetzt und starb im Exil. Das war hinsichtlich der kirchenpolitischen Aspekte (Rivalität der Patriarchate) ein Vorspiel zum großen Streit von 428ff, auch wenn dabei die Christologie noch keine Rolle spielte.

4.3.1 Der gebürtige Antiochener Johannes (seit dem 6.Jh. wegen seiner glänzenden Rhetorik mit dem Beinamen "Goldmund" bezeichnet) lernte von Diodor die am Textwortlaut orientierte, die Allegorese ablehnende **Schriftauslegung**. Sie praktizierte er - nach einer Zeit als Mönch und Einsiedler, auch darin von Diodor beeinflußt - seit 381/6 als antiochenischer Diakon und Presbyter in seinen **Homilien, Paränesen und Katechesen**, die für das kirchliche Leben und die Volksfrömmigkeit jener Epochen eine wichtige Quelle sind. (Text: MG 47-64; teilw. Übers.: BKV 23.25-27.39.42. II,15; FChr 6/1-2.) Sie waren theologisch nicht originell, aber wegen ihrer intensiven Textinterpretation, ihrer sprachlichen Kunstfertigkeit und ihrer seelsorgerlich-pädagogischen Inhalte haben sie (z.B. die 90 Mt-Hom. und die 88 Joh-Hom.) in der griechischen wie in der lateinischen Kirche eine enorme Wirkungsgeschichte gehabt. Das gilt auch für seinen Traktat *Vom Priestertum* ca.386, eine klassische Darstellung des geistlichen Amtes (BKV 27,97-251).

4.3.2 Während sein Freund und Mitasket Flavian (gest. 404), seit 381 Bischof von Antiochia (s. § 1; 17.2.2), als geschickter Kirchenpolitiker und Organisator die antiochenische Machtposition stärkte, war Johannes auf diesem Feld völlig unbegabt. Nur wegen seines Ruhmes als Prediger machte ihn Kaiser Arcadius (s. § 3; 13.2.5) 398 zum **Residenzbischof**. Dadurch wurde er ein Opfer der seit 381 ausgefochtenen Rivalität zwischen Alexandria und Konstantinopel, und durch seine **Gesellschaftskritik** geriet er am Hof in Mißkredit, zumal er bei Kaiserin Eudoxia in Ungnade fiel. Es kam zu Unruhen in der Kirche. Der despotische alexandrinische **Theophilus** (385-412), in seiner Skrupellosigkeit ein typischer Repräsentant der degenerierten Reichskirche, nahm die Tatsache, daß einige der von ihm wegen ihres Origenismus verfolgten nitrischen Mönche (vgl. § 6; 2.2.1) 402 in Konstantinopel Zuflucht fanden, zum Anlaß, ein dubioses Verfahren gegen Johannes zu inszenieren: Mit Unterstützung des Hofes und einiger Bischöfe setzte er diesen auf der sog. Eichensynode bei Chalkedon 403 ab; und nach ränkevollem Hin und Her verbannte ihn Arcadius 404 nach Armenien.

4.3.3 Johannes war kein Dogmatiker, sondern ein Praktiker. Demgemäß hat er keinen Beitrag zur christologischen Kontroverse jener Zeit (ca.360-400) geleistet. Seine Äußerungen zum Thema sind so wenig profiliert, daß die Forschung ihm eine Nähe sowohl zur antiochenischen als auch zur alexandrinischen Position attestiert hat. Er dürfte eher der ersteren zuzurechnen sein, weil er die **Eigenständigkeit der beiden Naturen** und die unverkürzte Menschheit Jesu Christi betonte, auch wenn er in dieser die Herrlichkeit des göttlichen Logos dominieren sah. Eine Vermischung von Gott und Mensch in Jesus lehnte er ab; die Verbindung erklärte er mit dem Konzept der Einwohnung als Annahme des Leibes bzw. Menschen.

4.4 Literatur

L. ABRAMOWSKI: Zur Theologie Theodors von Mopsuestia, ZKG 72 (1961), 263-293. – R. ABRAMOWSKI: Untersuchungen zu Diodor von Tarsus, ZNW 30 (1931) 234-262. – DERS.: Der theologische Nachlaß des Diodor von Tarsus, ZNW 42 (1949) 19-69. – K. BEYSCHLAG: Grundriß II/1, 23-44. – F.R. GAHBAUER: Modell (s. 2.4) 225-347. – A. GRILLMEIER: Jesus der Christus I, 506-515.610-634. – J.-M. LEROUX: Johannes Chrysostomus, TRE 17 (1988) 118-127. – A. RADDATZ: Theodor von Mopsuestia, GKG 2, 1984, 167-177. – CH. SCHÄUBLIN: Diodor von Tarsus, TRE 8 (1981) 763-767. – B. STUDER: Soteriologie, HDG III/2a, 1978, 175-190.

5. Der christologische Streit 428-681: Orientierung über die Probleme

Das Grundprinzip der seit Konstantin etablierten Reichskirche war der Zusammenhang von staatlicher und kirchlicher Einheit; es basierte auf der politischen Funktion der Religion gemäß antikem Verständnis: Das Heil des Staates – und damit seiner Bevölkerung – sollte durch den richtigen Kult gewährleistet werden (vgl. § 3; 2.0; 1.0). Gerade angesichts des fortschreitenden Verfalls des Imperium Romanum gewann die Vorstellung an Bedeutung, dessen **divergierende Regionen** wenigstens durch die **einheitliche Religion** zusammenzuhalten. Da diese aber nach christlichem Verständnis ohne Übereinstimmung in der Lehre undenkbar war und da andererseits die Herrscherrolle der Kaiser als Garanten der Reichseinheit ein religiöses Element implizierte, besaßen die theologischen Konflikte in der Krisenzeit des 5.-7.Jh.s eine noch gewichtigere politische Dimension als im 4.Jh. Dieser Sachverhalt und die Komplexität der christologischen Problematik machen den Streit mit seiner Fülle von Einzelheiten schwer durchschaubar.

5.1 Christologische Grundpositionen

5.1.1 Der Streit wurde letztlich nicht durch das Gegeneinander von Extrempositionen (Häresien) bestimmt. Dennoch kann man sich zunächst idealtypisch an solchen orientieren, wie sie mit den Schlagwörtern "**Nestorianismus**"/"**Eutychianismus**" (= extremer Dyophysitismus bzw. ontologischer Monophysitismus) bezeichnet wurden: einerseits die Trennung von Gottheit und Menschheit in Christus, welche die Einheit seiner Person fraglich machte; andererseits die Vermischung beider zu einer gottmenschlichen Natur, zu einem göttlichen Wesen mit unvollständiger Menschheit. Nur geringe Minderheiten vertraten solche Positionen.

5.1.2 Die dominierenden "Schulen" der **Antiochener** und der **Alexandriner** sind davon zu unterscheiden. Die z.T. in der Literatur übliche Klassifizierung beider Ansätze als "Logos-Anthropos"- bzw. "Logos-Sarx"-Schema (d.h. Annahme eines ganzen Menschen bzw. nur des menschlichen Leibes ohne Seele) verfehlt die historische Wirklichkeit im 5.Jh.; nur für Positionen des 4.Jh.s trifft sie zu (s. 2.0; 3.0; 4.1-2). Auch die Unterscheidung zwischen **Dyo- und Monophysitismus** ist bloß als grobes Raster hilfreich, weil der Begriff *physis* unterschiedliche Bedeutung hatte ("Natur" und "Person" im heutigen Sinne). Einerseits vertraten die Antiochener/Ostsyrer und der Westen eine **Zwei-Naturen-Lehre**, die das wahre Gottsein und das wahre Menschsein Christi gleichgewichtig und ebenso die Einheit der Person betonte. Andererseits hob Cyrill von Alexandria – der maßgebliche Lehrer für viele

Richtungen in der Ostkirche - zwar die **Dominanz des göttlichen Subjekts** in Christus hervor, bestritt aber nicht dessen Menschsein. Deswegen kann er nur eingeschränkt als Monophysit gelten, auch wenn die späteren Monophysiten sich stets auf ihn beriefen. (Zum Begriff "Monophysitismus" s. 11.3.)

5.1.3 Das **Dogma von Chalkedon** 451 sanktionierte einen mit cyrillischen Elementen verbundenen **Dyophysitismus** und begründete die terminologische Differenz zwischen *physis* (Wesen, Natur) und *hypostasis* (Existenz, Person). Da die Monophysiten darin "Nestorianismus", die Lehre von den "zwei Söhnen", witterten, bekämpften sie das Dogma unerbittlich, konnten sich jedoch nicht durchsetzen und bildeten eigene Kirchen (Kopten, Westsyrer, Armenier, Äthiopier). Auch die "Nestorianer"/Ostsyrer separierten sich von der Reichskirche.

5.2 Kirchliche und politische Machtkämpfe

Der Streit ging niemals nur um die reine Lehre, sondern stets auch um den Einfluß der Patriarchate (deren Leiter mit dem Titel *Erzbischof* gegenüber anderen Metropoliten hervorgehoben wurden).

5.2.1 Alexandria war bemüht, seine alte faktische **Vorrangstellung** im Osten gegenüber der Hauptstadt Konstantinopel zu behaupten, der auch in kirchlicher Sicht seit 381 größere Bedeutung zukam. Bis 451 gelang es den alexandrinischen "Erzbischöfen" Theophilus, Cyrill und Dioskur, ihre Rivalen auszuschalten (s. 4.3.2; 6.2.2; 9.4.1). Angesichts der Sonderstellung Ägyptens im Reich und der Herrschaft des Patriarchen, der mit seinem Einfluß auf die Bevölkerung wie ein Fürst regierte, lag den Kaisern daran, diese Machtfülle einzuschränken. So war der Streit um die Christologie nach 451 auch ein Kampf zwischen dem Reich und Alexandria, der im 6.Jh. vollends zum **Konflikt zwischen Griechen und Kopten** wurde: Der regionalistischen Autonomietendenz entsprach die religiöse Opposition der Monophysiten gegen die Reichsdogmatik.

5.2.2 Nationale und kulturelle Gegensätze spielten auch in **Westsyrien** eine wichtige Rolle, wo die Landbevölkerung sich gleichermaßen von Hellenismus und Chalkedonense abwandte; doch anders als Ägypten bildete Syrien weder eine politisch-ökonomische noch eine kirchlich-kulturelle Einheit. (So dominierte v.a. in den Städten das griechische Element.) Kirchenpolitische Gegensätze taten sich in **Kleinasien** (mit Ephesus als Vorort) gegenüber Konstantinopel auf, weil man dort dessen Ansprüche auf Oberhoheit zunächst ablehnte. Die am Rande des Imperiums gelegenen Gemeinden der **Ostsyrer** entwickelten sich wegen des Gegensatzes gegen die Verurteilung des Nestorius zu einer Nationalkirche außerhalb des Reiches. Analog taten es die zum Monophysitismus tendierenden **Armenier**.

5.2.3 Ein machtpolitischer Faktor besonderer Art war das Verhältnis des oströmischen Kaisertums zum **Westen** (vgl. § 8; 3.2-3). Hier spielten nicht nur die Rivalität der beiden Hauptstädte (mit jeweiligem Anspruch auf gesamtkirchliche Führung) und der sprachlich-kulturelle Unterschied eine Rolle, sondern zunehmend auch die politische Abspaltung des Westens seit 476. Um dieses Gebiet nicht völlig zu verlieren, machte Ostrom im 5.-7.Jh. dogmatische Zugeständnisse, die wiederum dazu führten, daß die Gegensätze im Osten sich verschärften.

5.3 Die Phasen des Streits

5.3.1 Die **erste Phase 428-451** (der kg. und dg. wichtigste Teil des Streites) war bestimmt durch den - sowohl christologischen als auch kirchenpolitischen - Gegensatz zwischen Alexandria einerseits und Antiochia/Konstantinopel andererseits. Man unterscheidet den **Nestorianischen Streit** 428-433 (um Nestorius' Bestreitung des Prädikats *Gottesgebärerin* für Maria) vom **Eutychianischen Streit** 448-451 (um die Verurteilung des von Eutyches vertretenen Monophysitismus). Beide hingen allerdings zusammen. Die **Verurteilung des Nestorius** und damit des "Nestorianismus" durch das von Cyrill beherrschte (Teil-)Konzil von Ephesus 431 blieb als Ergebnis fortan in Geltung. Umstritten war das christologische Dogma des Konzils von Chalkedon 451, weil es den **Dyophysitismus** sanktionierte. Alle weiteren Phasen des Streites wurden dadurch bestimmt.

5.3.2 In der **zweiten Phase 457-518** versuchte die kaiserliche Politik, den Widerstand der **Monophysiten** gegen das neue Dogma zunächst zu brechen, dann durch Kompromisse aufzuweichen. Die reichsgesetzliche Einschränkung des Chalkedonense (*Einigungsformel/Henōtikon* des Kaisers Zenon 482) hatte nur teilweise Erfolg, bewirkte aber ein förmliches Schisma zwischen Rom und Konstantinopel. Seitdem trat die **Ost-West-Differenz** als bestimmendes Element neben den Gegensatz zwischen Reichskirche und Monophysitismus.

5.3.3 Die **dritte Phase 519-553** wurde geprägt durch Kaiser Justinians Politik einer **Verständigung** sowohl mit Rom als auch mit den Monophysiten. Die dogmatische Grundlage für die Reichskirche bildete seitdem der sog. **Neochalkedonismus**: formelle Geltung des Dogmas von 451, ergänzt durch eine cyrillische Interpretation und flankiert durch die weitgehende Verurteilung der antiochenischen Theologie (so das Konzil von Konstantinopel 553).

5.3.4 Die nach-justinianische Zeit kann als **vierte Phase** betrachtet werden, wobei die Jahre **633/8-681** den Schwerpunkt bildeten. Sie brachte **Kompromisse** gegenüber den Monophysiten in vielfältiger Form, bedingt durch die außenpolitische Gefährdung des Reiches. Die neue Unionsformel von 633, daß Christus durch die Einheit seiner Wirkungsweise bzw. seines Willens konstituiert werde (von Kaiser Heraklius 638 dekretiert), führte zum **Monenergetisch-monotheletischen Streit**. Dieser wurde - nachdem die monophysitischen Kirchen unter den Arabern für das Reich verloren waren - durch das Konzil von Konstantinopel 680/1 mit der Erneuerung des Chalkedonense durch die Lehre über zwei Energien/zwei Willen beendet.

5.3.5 Als Folgeproblem kann der **Bilderstreit 726-787** und **815-843** gelten, auch wenn er sich auf eine eigenständige Thematik bezog und sich nicht aus dem christologischen Streit entwickelte. Denn auch dabei ging es um die Präsenz Gottes in der kreatürlichen Wirklichkeit. Das Konzil von **Nicäa 787** sanktionierte die Bilderverehrung, die endgültig seit 843 ostkirchliche Lehre und Praxis wurde.

5.4 Literatur (s. auch Einleitung von § 4):
H.-G. BECK: Geschichte der orthodoxen Kirche im byzantinischen Reich, KIG I/D 1, 1980, 7-95. - DERS.: Die frühbyzantinische Kirche, HKG II/2, 3-92. - A. DEMANDT: Die Spätantike, 1989, 182-210. - W. ELERT: Der Ausgang der altkirchlichen Christologie, 1957. - A.M. RITTER: Dogma und Lehre in der Alten Kirche, HDThG 1, 1982, 222-283. - E. SCHWARTZ: Über die Reichskonzilien von Theodosius bis Justinian, in: Ders.: Ges.Schriften Bd.4, 1960, 111-158. - F. WINKELMANN: Die östlichen Kirchen in der Epoche der christologischen Auseinandersetzungen, KGE I/6, 1980; 4.A. 1994.

6. Der nestorianische Streit 428-433

Ein zunächst lokaler Konstantinopeler Konflikt um die Berechtigung des traditionellen mariologischen Prädikats "**Gottesgebärerin**" (*theotokos*) 428 entwickelte sich seit 429 zu einer großen Kontroverse zwischen **Nestorius von Konstantinopel** und **Cyrill von Alexandria**. Die christologischen Gegensätze verbanden sich mit den kirchenpolitischen Rivalitäten beider Patriarchate unter Einbeziehung Antiochias und Roms. Synoden in Rom und Alexandria erklärten Nestorius zum Häretiker; ein von Kaiser Theodosius II. nach Ephesus berufenes **Reichskonzil 431** zerfiel in einen cyrillischen und einen antiochenischen Teil mit gegenseitiger Verdammung. Durch historischen Zufall setzte sich das Ergebnis des cyrillischen Teilkonzils (das **Ephesinum**) als "ökumenisch" durch: Verurteilung des Nestorius, Bekräftigung des Theotokos-Prädikats und der cyrillischen Christologie. 433 kam es auf kaiserlichen Druck zu einer kirchenpolitischen Verständigung, indem Cyrill einer **Unionsformel** des Johannes von Antiochia zustimmte, welche das Chalkedonense von 451 präludierte.

6.1 Ausgangspunkt: Der Theotokos-Streit 428-430

Den Streit in Konstantinopel zwischen Vertretern der alexandrinischen und der antiochenischen Christologie um die Frage, ob Maria als *Gottesgebärerin* oder als *Menschengebärerin* zu gelten habe, wollte im Verlauf des Jahres 428 Nestorius mit dem Schlagwort "**Christusgebärerin**" - im Sinne der antiochenischen Konzeption erläutert - entscheiden. Seine Gegner verklagten ihn in Alexandria und Rom, und mit dem Eingreifen Cyrills 429 erhielt der Streit nicht nur eine gesamtkirchliche Dimension, sondern auch eine neue theologische Qualität. Denn Cyrill entfaltete in den Lehrbriefen gegen Nestorius 429/430 seine christologische Position mit Betonung der völligen **Personeinheit** Jesu Christi (s. 8.2-3), und Nestorius explizierte seine **Zwei-Naturen-Lehre** (s. 7.1).

6.1.1 In **Konstantinopel** klangen die kirchlichen Unruhen seit 403/4 (s. 4.3.2) nicht ab. Ein starker alexandrinischer Einfluß hielt sich am Kaiserhof wie in Klerus und Mönchtum. Der dortige Patriarch war - trotz der geschickten Ausweitung seiner Kompetenzen durch Atticus 406-425 - primär ein Hofbischof und damit stark vom Kaiser abhängig. (408-450: **Theodosius II.**, *der Kleine*, eine schwache Figur, beeinflußt von seiner Schwester Pulcheria und seiner Frau Eudokia; vgl. § 3; 14.1.) Im April 428 machte Theodosius den als **Prediger und Asketen** berühmten, jedoch kirchenpolitisch unbegabten Antiochener **Nestorius** zum neuen Bischof. Dieser wollte sich sogleich nicht nur als Ketzerverfolger (gegen Novatianer, Arianer u.a.) profilieren, sondern auch einen kurz zuvor ausgebrochenen dogmatischen Streit schlichten: Antiochenisch geprägte Kleriker hatten das in der Volksfrömmigkeit verankerte Prädikat der Maria als *Gottesgebärerin* (θεοτόκος; s. 2.3.1) als unzulässig attackiert, weil sie den Menschen Jesus geboren habe (ἀνθρωποτόκος s. 4.1.2). Dagegen polemisierten Vertreter der alexandrinischen Konzeption, woraufhin Nestorius in mehreren Predigten beide Seiten verurteilte und als allein orthodox den Begriff *Christusgebärerin*/χριστοτόκος dekretierte. Dies begründete er mit seiner Zwei-Naturen-Christologie (s. 7.1).

6.1.2 Damit erregte er Zorn in breiten Kreisen. Der kaiserliche Beamte Eusebius (seit 448 Bischof von Doryläum; s. 9.2.2) attackierte ihn 428 als Vertreter der Häresie Pauls von Samosata (s. § 1; 9.2) und schickte Auszüge aus seinen Predigten an **Cyrill von Alexandria** und Cölestin von Rom. Cyrill reagierte 429 mit kritischen Rundbriefen und dann mit einem direkt an Nestorius gerichteten Brief (= Ep. 2), der den lokalen Streit als einen "ökumenischen Skandal" stilisierte. Gegen Nestorius' Antwort verfaßte er ein ausführliches **Lehrschreiben** (= Ep. 4), woraufhin jener in einem zweiten Brief an Cyrill seine Zwei-Naturen-Lehre entfaltete. Dieser schickte das ganze Material an Cölestin, und zwar mit dem Vorwurf, Nestorius halte wie Paul von Samosata Jesus Christus für einen "bloßen Menschen".

6.1.3 Nestorius hatte in der Zwischenzeit einen taktischen Fehler begangen: Um sich gegenüber Cölestin als gleichrangige Appellationsinstanz zu behaupten, verwies er auf Julian von Aeclanum und andere vom Westen verurteilte **Pelagianer** (s. § 5; 7.4.4), die in Konstantinopel zwecks Rehabilitierung vorstellig geworden waren. Damit trieb er Rom direkt auf Alexandrias Seite, zumal Cyrill Rom Hoffnungen auf eine Anerkennung seiner Hoheitsrechte im Illyricum machte. Eine **römische Synode** zu Ostern 430 verurteilte Nestorius, und Cölestin bevollmächtigte – im Sinne des Primatsanspruchs – Cyrill als seinen "Stellvertreter", um gegen jenen vorzugehen. Cyrill hielt – um dem vom Kaiser angekündigten Reichskonzil zuvorzukommen – im November 430 eine **ägyptische Synode** ab, in deren Namen er ein dogmatisches Schreiben an Nestorius mit **12 Anathematismen** (*capita*) gegen dessen Lehre erließ (= Ep. 17). Diese Verurteilung war zwar formal rechtswidrig und inhaltlich ungerecht, aber ein folgenschweres Präjudiz (s. 6.2.1).

6.2 Das gescheiterte Reichskonzil: Ephesus 431

Für dogmatische Differenzen mit derartigen kirchenpolitischen Implikationen gab es seit dem 4.Jh. eine Zuständigkeit des Kaisers. Deshalb berief Theodosius II. für Juni 431 eine Reichssynode nach Ephesus ein, die den Streit unter Leitung eines kaiserlichen Kommissars beilegen sollte. Sie wurde zu einem Fiasko – einem Paradigma für die Dominanz nichttheologischer Faktoren bei dogmatischen Entscheidungen. Denn die zuerst eingetroffene **Gruppe um Cyrill** eröffnete zusammen mit Memnon von Ephesus ohne kaiserliche Zustimmung, also rechtswidrig das Konzil; sie terrorisierte die protestierende Minderheit um Nestorius und beschloß im Eilverfahren dessen Verurteilung sowie die Orthodoxie von Cyrills Position. Die später eintreffende **Gruppe um Johannes von Antiochia**, eine Minorität, eröffnete in Anwesenheit des kaiserlichen Kommissars rechtsgültig das Konzil; sie verurteilte Cyrill und Memnon und exkommunizierte die Teilnehmer jener ersten Tagung. Das Ergebnis war also ein **Schisma**, das trotz weiterer Synodalberatungen und Verhandlungen beim Kaiser nicht beseitigt werden konnte. Cyrills Allianz mit Rom bewirkte, daß seine Teilsynode später als drittes "ökumenisches Konzil" galt und daß nachträglich ein – historisch zweifelhafter – dogmatischer Ertrag fixiert wurde: die Bekräftigung der cyrillischen Christologie und des Theotokosprädikats, die Verwerfung des "Nestorianismus". Allerdings kam noch auf kaiserliche Veranlassung die **Unionsformel von 433** hinzu. Sie war ein kirchenpolitisch motivierter Kompromiß: die Überarbeitung eines i.w. von Theodoret von Cyrus formulierten Bekenntnisses mit antiochenischer Zwei-Naturen-Lehre. Cyrill akzeptierte sie ausdrücklich, nachdem Johannes der Verurteilung des Nestorius zugestimmt hatte.

6.2.1 Die – trotz des ausdrücklichen Protestes des kaiserlichen Kommissars – am 22.6.431 eröffnete **cyrillische Teilsynode** umfaßte ca.150 Bischöfe aus Ägypten, Palästina und Kleinasien. Sie tagte in der großen Marienkirche und setzte sich durch, weil Cyrills Mönchshaufen und Memnons Bauern die Opponenten bedrohten. Ihr schlossen sich die Legaten des römischen Bischofs Cölestin an, die im Sinne des Jurisdiktionsprimats eine Kontrolle der Lehrentscheidung beanspruchten (vgl. § 8; 2.1.1). Die Synode erklärte auf der ersten Sitzung, daß dem Nizänum von 325 als Norm der **zweite und dritte Brief Cyrills** an Nestorius (= Ep.4 und 17 samt den 12 Anathematismen) entsprächen; sie verurteilte Nestorius' zweiten Lehrbrief an Cyrill (s. 6.1.2), exkommunizierte ihn und enthob ihn seines Bischofsamtes. (Text/Übers.: DH 250-264.) Später verurteilte sie noch *die Denkweise des Caelestius* (DH 267); als eine förmliche Verurteilung des gesamten Pelagianismus kann man diese beiläufige Äußerung kaum werten (vgl. § 5; 7.4.4).

6.2.2 Die **antiochenische Teilsynode** unter Leitung des Johannes von Antiochia mit ca.50 Bischöfen, durch kaiserlichen Kommissar am 26.6.431 eröffnet, erklärte die Beschlüsse vom 22.6. für nichtig, dekretierte die **Absetzung Cyrills** und Memnons und exkommunizierte die übrigen Bischöfe. Kaiser Theodosius' Befehl, nunmehr das Konzil neu zu konstituieren, widersetzte sich die Cyrill-Gruppe erfolgreich. Die Johannes-Gruppe präsentierte dem Kaiser ein i.w. wohl von Theodoret von Cyrus überarbeitetes antiochenisches **Bekenntnis**, welches u.a. das Theotokosprädikat enthielt. Die anschließenden Verhandlungen brachten keine Einigung, so daß Theodosius II. – nach der Verhaftung von Nestorius, Cyrill und Memnon – das Konzil auflöste. Nestorius verzichtete auf sein Bischofsamt und zog sich in sein Antiochener Kloster zurück, während Cyrill aus der Haft entfloh und – wie auch Memnon – bei Hofe seine Rehabilitierung durchsetzte. Zu Nestorius' Nachfolger bestimmte der Kaiser den Römer Maximianus, dem 434 Proclus, ein begabter Kirchenführer, folgte.

6.2.3 Die kaiserliche Politik zielte nun auf eine **Beseitigung des Schismas**. Nach schwierigen Verhandlungen mit den Hauptkontrahenten kam 433 ein Kompromiß zustande: Cyrill stimmte – unter der Voraussetzung, daß Johannes die Verurteilung des Nestorius bestätigte – der Ergänzung der Beschlüsse von 431 (s. 6.2.1) durch eine **antiochenische Lehrformel** zu. (In seinem berühmten *Laetentur-Brief* an Johannes, Ep. 39, zitierte er sie ausdrücklich.) Diese war eine Überarbeitung des in Ephesus beschlossenen und Theodosius eingereichten Bekenntnisses (s. 6.2.2). Sie betonte, daß Jesus Christus *vollkommener Gott und vollkommener Mensch mit einer Vernunftseele und einem Leib ..., wesenseins mit dem Vater nach der Gottheit und wesenseins (homousios) mit uns nach der Menschheit* wäre: *Denn es ist eine Vereinigung (henōsis) von zwei Naturen*, allerdings ohne Vermischung, und deswegen ist *die heilige Jungfrau Gottesgebärerin (theotokos), weil der göttliche Logos Fleisch und Mensch geworden ist*, wobei der Leib als *Tempel* gilt – eine Ausdrucksform (*prosōpon*) mit zwei Naturen. (Text/Übers.: DH 271-273.) Damit war die sachliche Differenz zwischen antiochenischer und alexandrinischer Christologie zwar keineswegs ausgeräumt, aber der Streit beendet. Das verdeutlichte Theodosius II. auch dadurch, daß er per Edikt 435 Nestorius als den Urheber des Konflikts in die Verbannung nach Ägypten schickte.

6.3 Literatur

K. BEYSCHLAG: Grundriß II/1, 44-53.77-86. – P.-TH. CAMELOT: Ephesus und Chalcedon, GÖK 2, 1964, 15-83.225-251. – E. CASPAR: Geschichte des Papsttums Bd.1, 1930, 389-414. – A. GRILLMEIER: Jesus der Christus I, 642-660.687-691. – J. LIÉBAERT: Ephesus, TRE 9 (1982) 753-755.

7. Die antiochenische Konzeption: Nestorius und Theodoret

Den kirchenpolitischen Streit begleitete eine gewisse Modifikation, insgesamt aber eine Bekräftigung der durch Diodor und Theodor formulierten Position der antiochenischen "Schule". Im Mittelpunkt stand Nestorius' Lehre, die in der Abwehr des Theotokosprädikats den Unterschied der beiden Naturen stark betonte. Nach der Verurteilung 431/433 spielte sie nur noch bei den Gegnern eine Rolle als Negativfolie. Seitdem wurde Theodoret von Cyrus zum maßgeblichen Theoretiker der antiochenischen Position.

7.1 Nestorius' "Trennungschristologie"

Nestorius (geb. nach 381, gest. ca.451 im Exil) - von den Zeitgenossen 431 als Adoptianist verurteilt, von der Nachwelt als Haupt des "Nestorianismus" (Trennung Christi in zwei Söhne) verunglimpft - war kein Häretiker, sondern ein normaler Vertreter des antiochenischen Dyophysitismus (s. 4.1-2). Durch seine Ungeschicklichkeit wurde er zum Opfer der Kirchenpolitik, wobei seine Polemik gegen das Theotokosprädikat mit der scharfen Distinktion der Naturen auch theologische Schwächen offenbarte, so daß der Vorwurf Cyrills, er lehre zwei unverbundene Söhne, zwar unberechtigt, aber verständlich war. Er wollte gegen Arianismus und Apollinarismus die vollständige Menschheit Jesu Christi behaupten und betonte immer wieder die strikte **Unterscheidung von Gott und Mensch** in ihm (gemäß dem antiochenischen Ansatz beim Schöpfer-Geschöpf-Gegensatz).

7.1.1 Da er jegliche Vermischung beider Naturen ablehnte, verstand er das Theotokosprädikat in dem Sinne: *Ich kann einen geborenen, gestorbenen und begrabenen Gott nicht anbeten.* Maria als **Christotokos** ist die angemessene Bezeichnung, weil "Christus" (nicht dessen Gottheit) der Träger der Subjekteinheit beider Naturen ist. Das begründete er exegetisch damit, daß die Namen Christus, Kyrios und Sohn den Inkarnierten meinen. Er nahm in Christus zwei eigenständige, getrennt zu betrachtende (aber nicht faktisch getrennte) Naturen an, die er auch als Hypostasen bzw. *prosōpa* (d.h. Ausdrucksformen als Realisierung eines Wesens) bezeichnete.

7.1.2 Die **Personeinheit** bezeichnete er als ein *prosōpon*, das allerdings in beide Naturen geschieden sei: *Gerade der eine ist zweifach (bzw. doppelt) ... Ich trenne die Naturen, vereine aber die Anbetung*. Damit entfiel eine Deutung der Personeinheit als wesensmäßiger Verbindung; er sah sie bloß als eine willensmäßige Vereinigung (ἕνωσις κατ'εὐδοκίαν/*henōsis kat' eudokian*; Texte bei F. Loofs; Übers.: Karpp 115-118). In seiner im Exil um 450 verfaßten zweiten Apologie, dem *Liber Heraclidis*, milderte er manche Schärfen und präzisierte die christologische Terminologie, doch das hatte keinen Einfluß auf den Streit.

7.2 Theodoret von Cyrus: Personeinheit der zwei Naturen

Zu den bedeutendsten griechischen Theologen des 5.Jh.s gehört dieser Exeget und Apologet (ca.393-ca.460/6). Von seinem umfangreichen Schrifttum ist wegen der Verurteilung 544/553 (s. 12.3-4) nur einiges erhalten. Seit 430/1 war er der bedeutendste Verteidiger der antiochenischen Christologie. Attackierte er zunächst Cyrills Lehre, so entdeckte er seit 433 Konsensusmöglichkeiten; durch seine ausgewogenen Formulierungen wurde er zu einem der Väter des Chalkedonense von 451. Er betonte klar die Unterscheidung der **beiden Naturen** in Christus mit ihren jeweiligen Eigenschaften, bemühte sich aber, die **Personeinheit** nicht nur zu behaupten, sondern auch plausibel zu begründen.

7.2.1 In Antiochia aufgewachsen, als Asket berühmt, wurde Theodoret 423 Bischof in Cyrus (Kyrrhos, ca.150 km nordöstl. Antiochias; s. Abb.7). 431 verfaßte er eine Widerlegung der 12 Anathematismen Cyrills (s. 6.1.3) und eine umfassende Kritik von dessen Christologie. Theologisch war er durch Diodor und Theodor (s. 4.1-2) beeinflußt, die er literarisch verteidigte. Er hatte maßgeblichen Anteil an der Unionsformel von 433 (s. 6.2.3), zog sich aber seit 444 die Feindschaft Dioskurs von Alexandria zu; er wurde 448 von Theodosius II. abgesetzt und 449 in Ephesus verurteilt (s. 9.4). Das Konzil von Chalkedon rehabilitierte ihn als "rechtgläubigen Lehrer". Er verfaßte Kommentare z.B. zu den Psalmen, den Propheten und den Paulusbriefen, die ihn berühmt machten, ferner eine Apologie zum Vergleich der christlichen mit den heidnisch-philosophischen Lehren, eine Kirchengeschichte (Text: GCS 44; Übers.: BKV 51), eine Mönchsgeschichte (Übers.: BKV 50) und ein Häretikerkompendium.

7.2.2 In der Christologie vertrat er den Dyophysitismus gegen den apollinaristischen Monophysitismus, orientiert am Schema der **Einwohnung Gottes** bzw. der Annahme des Menschen durch den Logos. Er kritisierte Cyrills Formel *hypostatische Einheit* als unzulässige Neuerung, als Vermischung der Naturen und dessen Behauptung der *mia physis* als Frevel, weil sie der Gottheit die Leidensfähigkeit und die Nötigung einer Verbindung mit der Menschheit zuschreibe. Dagegen betonte er, daß nicht der göttliche Logos, sondern der gottmenschliche Christus das Subjekt sei: Die beiden Naturen unterschieden sich durch ihre spezifischen **Eigenschaften** (*idiōmata*) und **Tätigkeiten**, seien jedoch in Christus, d.h. im *prosōpon*, vereint, so daß für ihn sowohl die göttlichen als auch die menschlichen Prädikate gültig seien. (Das war eine Vorstufe zu der späteren Lehre von der *communicatio idiomatum*.) Typisch antiochenisch erklärte er die Personeinheit als Ausdruck der göttlichen Gnade und Freiheit: In der Menschheit werde die Gottheit sichtbar.

7.3 Literatur

P. Canivet: Theodoretos, LThK² 10 (1965) 32-35. - A. Grillmeier: Jesus der Christus I, 692-700. - J. Liébaert: Christologie 106-109.114f. - F. Loofs: Nestoriana, 1905. - Ders.: Nestorius, RE³ 13 (1903) 736-749. - G. Podskalsky: Nestorius, GKG 2, 1984, 215-225. - K. Smolak: Theodoret von Cyrus, ebd. 239-249. - R.L. Wickham: Nestorius, TRE 24 (1994) 276-286.

8. Cyrill von Alexandria: Lehrer der Kirche

Cyrills (ca.375-444) historische Bedeutung als maßgeblicher Christologe der verschiedenen Ostkirchen (auch als viel zitierte Autorität in der Westkirche) ergab sich nicht aus der Bedeutsamkeit seiner Lehre, die kein originelles systematisches Denkgebäude war, sondern aus deren Wirkungsgeschichte. Im Kampf gegen Nestorius für die **Einheit der gottmenschlichen Natur** Christi behauptete er sich als Säule der Orthodoxie durch **rigorose Kirchenpolitik**, darin seinem Vorbild und Lehrer Athanasius vergleichbar. Er hat zum letzten Mal (als Bischof 412-444) die kirchliche Vormachtstellung Alexandrias in Verbindung mit einer die Massen überzeugenden theologischen Position zur Geltung bringen können. Er hat das dogmatische Ergebnis des Konzils von Ephesus 431 geprägt. Das hat sich auch auf das schicksalhafte Konzil von Chalkedon 451 und damit auf dessen Rezeption ausgewirkt. Dabei ergab sich das merkwürdige Resultat, daß er seitdem sowohl für die Chalkedonier als auch für die sog. Monophysiten als autoritativer Kirchenvater galt, dessen Christologie in zahlreichen Florilegien des 5./6.Jh.s tradiert wurde.

8.1 Cyrill als theologischer Schriftsteller

8.1.1 Zwischen 370 und 380 geboren, stand er früh unter dem Einfluß seines Onkels, des Erzbischofs Theophilus (vgl. 4.3.2), dessen Nachfolger er 412 wurde, was seine **Kirchenpolitik** prägte: Behauptung der Macht des alexandrinischen Patriarchats nach innen (gegen Häretiker,

Juden, Heiden) wie nach außen (gegen Konstantinopel, Jerusalem und Antiochia). Seine theologische und philosophische Bildung war nicht herausragend; er orientierte sich - zumal in der Frühzeit - v.a. an den Schriften des Athanasius.

8.1.2 Das zeigte sich zunächst (ca.423-5) in zwei umfangreichen Werken zur **Trinitätslehre** (Übers.: BKV 1879, 43-469), einer dogmatischen Anwendung (wichtig für die Entwicklung seiner Christologie), dann in einer Reihe von **Bibelkommentaren**, seelsorgerlich-erbaulichen Homilien, unter denen diejenigen zum Johannes- und Lukasevangelium hervorragen. Wohl vor dem Streit 428ff verfaßte er einen Dialog zur **Christologie** (*Über die Menschwerdung*; Text: SC 97; Übers.: BKV 1879, 471-528). Als Prediger verstand er die Massen zu begeistern und für seine Zwecke zu manipulieren, als Kirchenpolitiker war er geschickt und durchsetzungsfähig, wie er im Streit 428-433 bewies (s. 6.1-2).

8.1.3 Neben seinen Briefen an Nestorius (s. 6.1.2-3), von denen als **"ökumenische Briefe"** Epp.4.7.39 allgemeine Geltung erlangten, verfaßte er u.a. 430 eine umfangreiche Schrift *Gegen Nestorius*, eine Überarbeitung seines christologischen Dialogs zu einer Eingabe an Kaiser Theodosius II. *Über den rechten Glauben* und 431 eine *Verteidigung der 12 Anathematismen* (Übers. z.T.: BKV II,12). Nach dem Friedensschluß von 433 war er darum bemüht, die Extrempositionen auf beiden Seiten abzuwehren. Seine Christologie faßte er ca.435/6 grundlegend noch einmal in dem Dialog *Daß Christus einer ist* (SC 97,302-515; BKV II,12,109-204) zusammen, einem wirkungsgeschichtlich berühmten Text. (Gesamtausgabe seiner Werke: hg.v. P.E. Pusey, 7 Bde, 1868-77; ND 1965. Vgl. auch MG 68-77.)

8.2 Christozentrische Theologie und Frömmigkeit

Wie Athanasius repräsentierte Cyrill eine solche "alexandrinische" Position, die - charakteristisch unterschieden von der metaphysischen Spekulation im 2./3.Jh. (s. § 1; 7.2; 8.1; § 2; 5.3.3-4) - deren konstitutiven Transzendenzbezug in eine populär-religiöse Gesamtanschauung eingebracht hatte. Sie blieb bestimmt von der traditionellen Idee der Vergöttlichung als Ziel menschlicher Existenz. Da sie diese als **Teilhabe an Gott** dachte, machte sie die Christologie zum Zentrum dergestalt, daß Trinität, Heilsgeschichte, Inkarnation, Kirche und Eucharistie einen kohärenten Komplex bildeten. Das wurde bei Cyrill besonders deutlich: **Gott** ist **im Menschen** Jesus Christus anschaulich geworden und teilt sich so der Menschheit mit (v.a. in der Eucharistie), indem er das ewige Leben, das Christus darstellt, vermittelt. Diese Frömmigkeit bildete den existentiellen Hintergrund für die dogmatischen Konflikte, weil es darum ging, daß Christus nur dann das Heil bringt, wenn er wirklich und vollständig so Mensch geworden ist, daß in ihm die Menschheit nur in der Gemeinschaft mit Gott (und damit in der Gottheit als dominierendem Faktor) existiert.

8.3 Die gottmenschliche Einheit in Christus

Cyrills Christologie war eine Gesamtschau von elementarer Klarheit, aber keine exakt definierte Lehre. Gegen die antiochenische Differenzierung der Naturen betonte er unter Verweis auf das johanneische Christusbild die **Einheit des Erlösers**. Gegen das Denkmodell der Annahme eines Menschen bzw. der göttlichen Einwohnung setzte er eine Interpretation der Inkarnation als Menschwerdung Gottes: Ohne Trennung, aber auch ohne Vermischung und Veränderung hat sich der Logos in seiner göttlichen Natur mit dem menschlichen Leib (samt Seele) vereint durch die Geburt aus der Jungfrau Maria, der Gottesgebärerin (*theotokos*). Zwei Naturen verbinden sich zu einem Christus; dieser eine existiert *aus* (nicht: in!) *zwei verschiedenen Naturen* (ἔκ δύο καὶ διαφόρων φύσεων ὁ εἷς). Da aber der Logos das gesamte Handeln Christi als Subjekt bestimmt, bezeichnete Cyrill dessen Einheit als "**eine fleischgewordene Natur Gottes des Logos**" (μία φύσις τοῦ θεοῦ λόγου σεσαρκωμένη); er bestimmte die Einheit als eine solche des Wesens und der Erscheinung (ἕνωσις φυσική bzw. ἕνωσις καθ' ὑπόστασιν). In der Gestalt Christi dominiert das Göttliche als personbildendes Element so, daß das Menschliche ohne eigene Individuation in das Logossubjekt hineingenommen ist (im Sinne der Enhypostasie), obwohl die menschlichen Eigenschaften erhalten bleiben (im Sinne der *communicatio idiomatum*).

8.3.1 Cyrills **Monophysitismus mit dyophysitischen Elementen** war kein Apollinarismus, auch wenn er dessen Spitzenformeln über die eine Natur übernahm (weil sie ihm durch angeblich von Athanasius stammende Schriften vertraut waren). Er hat nicht die Christologie als Anthropologie entfaltet oder anthropologisch reflektiert. Er hat das bis dahin dominante Logos-Sarx-Schema (s. 2.0; 2.3; 3.0) überwunden, weil er der menschlichen **Seele Jesu** soteriologische Bedeutung beimaß: Die Seele bestimmt als Sitz der Vernunft, des Willens und der Gefühle Jesu Menschsein und damit auch sein Leiden als Voraussetzung der menschlichen Erlösung (z.B. Ep. 46). Cyrill dachte die Inkarnation stets im Zusammenhang mit Kreuz und Auferstehung (exegetisch in Verbindung von Joh 1,14 und Phil 2,6ff). Der Mensch Jesus ist nicht bloß der Tempel, sondern die Gestalt, in der Gott für die Menschheit wahrnehmbar erscheint (Hom.pasch. 17). Da der Logos dem Leib seine göttlichen Kräfte mitgeteilt hat, ist dieser direkt mit dem Leben verbunden und daher selber lebensspendend, was für die **Eucharistie** fundamentale Bedeutung hat.

8.3.2 Der konstitutive Bezug zur kirchlichen Frömmigkeitspraxis zeigte sich auch in Cyrills Verteidigung des **Theotokos-Prädikats**, das für ihn nicht mariologisch, sondern christologisch wichtig war: Es bekundet die wirkliche Menschwerdung Gottes, welche Erlösung und Leben bringt. Gegen Nestorius und die Antiochener betonte er die "**wesenhafte Einigung**" (ἕνωσις φυσική bzw. ἕνωσις κατὰ φύσιν; vgl. z.B. Ep. 4,3f; Ep. 17,4f). Das ist eine ontologische Verbindung im Unterschied zur bloß moralischen oder willensmäßigen (dazu s. 4.1.2; 7.1.2). *Ein einziger Christus* ist es, wie Cyrill stets bekräftigt, d.h. *eine einzige Natur* (μία φύσις; Epp.17. 40.44-46 u.ö.). Denn die göttliche und die menschliche Natur haben sich zu etwas grundlegend Neuem, etwas eschatologisch Einmaligem (eben der "fleischgewordenen Natur" des Logos) vereint; das geschah ohne eine Verwandlung oder Vermischung, welche die Eigenschaften (ἰδιώματα) der beiden Naturen aufheben würde.

8.3.3 In dieser klaren Konzeption machte sich der **Mangel an terminologischer Präzision** bemerkbar, der damals noch die christologische Diskussion begleitete. Die eine "Natur" (*physis*) als Trägerin der Eigenschaften ist eine "Person" (*hypostasis*). Deshalb gilt bei Christus die *henōsis physikē* - die Vereinigung "**aus zwei Naturen**" - als *henōsis kat' hypostasin*; der Logos ist *kat' hypostasin* dem Fleisch geeint, deshalb ist Christus *der Natur nach* (*physei*) Gott, aber der geschichtlichen Erscheinung nach (*oikonomiā*) Mensch. Damit wird die göttliche Natur nicht als solche leidensfähig (dann veränderte sich ja ihr Wesen), doch sie nimmt teil an den menschlichen Eigenschaften der Person, so daß gilt: Der Logos leidet nicht als Gott, aber in der Verbindung mit dem Menschen Jesus (De incarn. 709a-712a u.ö.).

8.3.4 Cyrill hat der Sache nach die Auffassung von der **communicatio idiomatum** vertreten (z.B. Scholia de incarn. 33), wie sie ansatzweise schon bei Origenes und den Kappadokiern begegnete, aber erst im 6.Jh. lehrmäßig reflektiert wurde. Da der Logos die Subjekteinheit in Christus konstituiert, ist die menschliche Natur nach der Vereinigung mit dem Logos in dessen Hypostase integriert, was später mit dem Begriff der Enhypostasie definiert wurde.

8.4 Literatur

K. BEYSCHLAG: Grundriß II/1, 63-77. - F.R. GAHBAUER: Modell (s. 2.4) 348-419. - A. GRILLMEIER: Jesus der Christus I, 673-686. - A. DE HALLEUX: Cyrill von Alexandrien, KlTh 1, 1981, 130-149. - E.R. HARDY: Cyrillus von Alexandrien, TRE 8 (1981) 254-260. - G. JOUASSARD: Cyrill von Alexandrien, RAC 3 (1957), 499-516. - H.-J. VOGT: Cyrill von Alexandrien, GKG 2, 1984, 227-238.

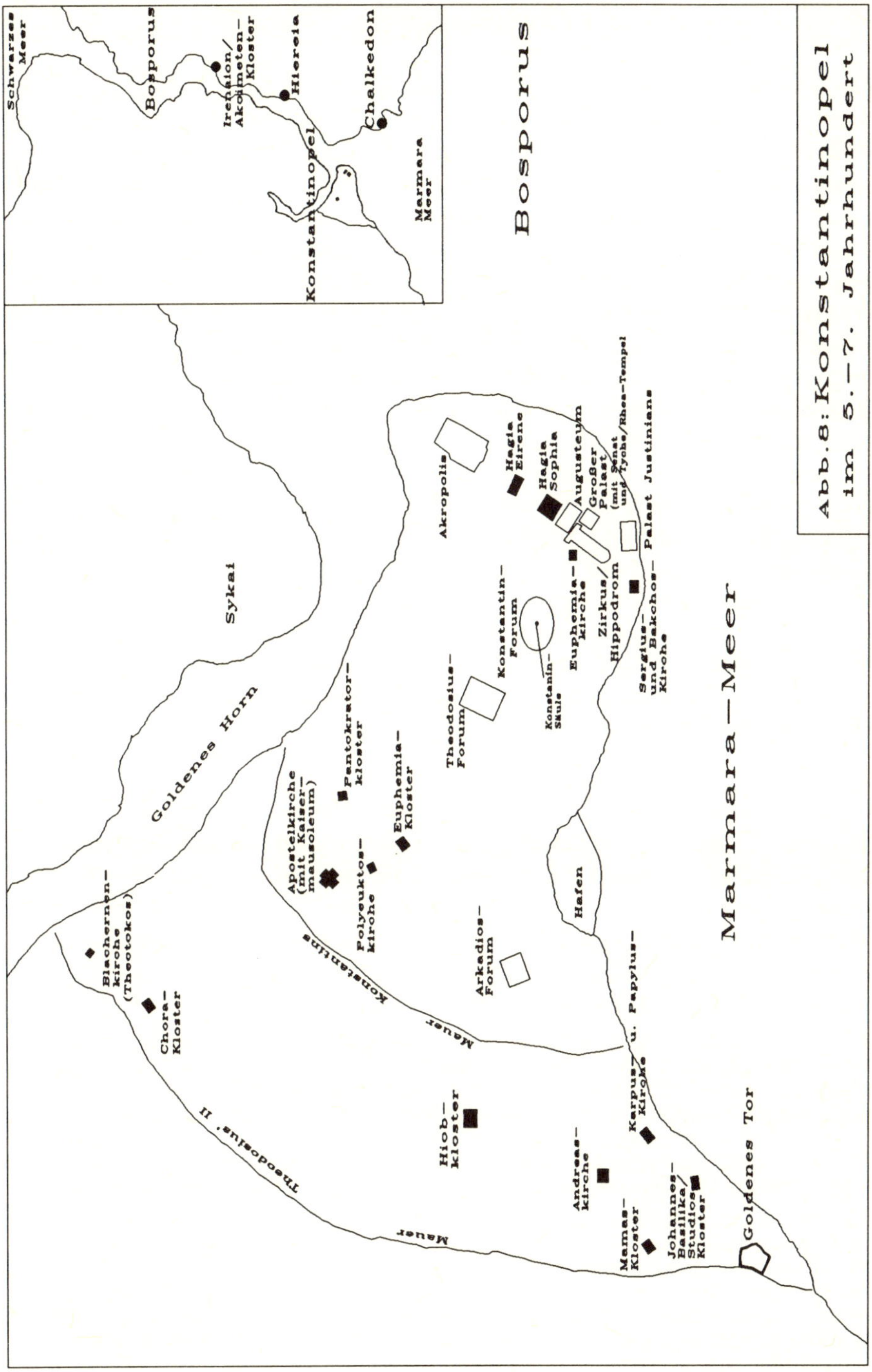

Abb. 8: Konstantinopel im 5.–7. Jahrhundert

9. Der eutychianische Streit 448-451

Die reichsoffiziell sanktionierte Unionsformel von 433 hatte die christologische Sachfrage nicht definitiv geklärt und den Antagonismus zwischen Alexandria und Antiochia/Konstantinopel nicht aufgelöst. Eine neue Führungsgeneration in den Patriarchaten brachte die bisherige Balance ins Wanken. Die **Cyrill-Anhänger** drängten nicht nur auf eine weitergehende Ausschaltung des "Nestorianismus" (d.h. der antiochenischen Position), sondern auch auf **dogmatische Präzisierung** im Sinne eines Monophysitismus. Ihr Führer wurde der neue Patriarch von Alexandria, der machtlüsterne Dioskur (Dioscorus; 444-451), der die Reichskirche in eine neue schwere Krise stürzte: Den Konflikt zwischen Flavian von Konstantinopel und dem dortigen Klostervorsteher Eutyches nahm er zum Anlaß, 449 durch ein neues **Reichskonzil in Ephesus** die Rivalen in der Hauptstadt sowie im Patriarchat Antiochia auszuschalten und eine monophysitische Position zu dogmatisieren. So rief er nicht nur den Widerstand der gemäßigten Kräfte hervor, sondern provozierte auch den **Widerspruch der Westkirche**, die durch den römischen Bischof Leo I. erstmalig substantiell in den Streit eingriff. Dadurch entwickelte sich der christologische Dissensus aus einem ostkirchlichen Konflikt zu einem gesamtkirchlichen Problem. Der Ost-West-Gegensatz wurde seitdem ein bestimmender Faktor, was auch mit der politischen Situation, dem Zerfall des westlichen Imperiums, zusammenhing. Nach dem Tod des für die Krise seit 431 verantwortlichen Kaisers Theodosius II. änderten sich die Verhältnisse schlagartig: Das Reichskonzil von Chalkedon brachte eine dogmatische Neuordnung.

9.1 Labiler Friedenszustand nach 433

Cyrill hatte zwar die stark antiochenisch geprägte Unionsformel von 433 akzeptiert und seiner Lehre gemäß interpretiert, aber viele Cyrillianer wollten beim Ergebnis von 431 bleiben und sahen v.a. in seinen 12 Anathematismen gegen Nestorius das maßgebliche Dokument zur Abwehr des "Dualismus", d.h. des Dyophysitismus. Wechselseitige Attacken zwischen Alexandrinern und Antiochenern vergifteten die Atmosphäre. Hinzu kam, daß die neuen Kirchenführer nicht mehr das Format zur Ausbalancierung der Konfliktsituation besaßen.

9.1.1 Auf die klugen Politiker Johannes und Cyrill folgten 442 in Antiochia der schwächliche Literat Domnus, 444 in **Alexandria** der skrupellose Despot und politische Taktiker **Dioskur** (Dioscorus), beides schlechte Theologen. In **Konstantinopel** wurde 446 zum Nachfolger des gebildeten, erfahrenen Proclus der besonnene **Flavian** bestimmt, der einen modifizierten Cyrillianismus vertrat, aber politisch ungeschickt agierte. Nur in Jerusalem blieb mit Juvenal (422-458) der charakterlose Anti-Antiochener am Werk. Neue Möglichkeiten der Mitbestimmung erhielt **Rom** seit 440 durch den genialen **Leo I.**, der die westliche Christologie ins Spiel brachte.

9.1.2 Der Versuch radikaler Alexandriner, 438 die Verurteilung des Nestorianismus auf die verstorbenen Häupter der Antiochener Diodor und Theodor (s. 4.1-2) auszudehnen, scheiterte. Zunehmend geriet nun **Theodoret** von Cyrus (s. 7.2) ins Zentrum der Auseinandersetzungen. Die Konflikte in Edessa zwischen dem cyrillischen Bischof Rabbula (gest. 435) und der Theologenschule unter dem "Antiochener" **Ibas** (435-457 Bischof) zeigten, daß in Ostsyrien der Widerstand gegen die Entscheidungen von 431 wuchs. Die antiochenische Partei war seit 433 keine geschlossene Größe mehr.

9.1.3 Am **Kaiserhof** gewann die cyrillische Partei zunehmend Sympathisanten, zumal den mächtigen Eunuchen Chrysaphius, den Chef der Palastverwaltung, der den Einfluß der pro-antiochenischen Kaiserschwester Pulcheria ausschaltete. Mit Chrysaphius verfeindete sich der neue Patriarch Flavian. Ein Signal der kirchenpolitischen Kursänderung war Theodosius' II. **Edikt** vom 16.2.448, welches über die Bekräftigung der Verurteilung des Nestorius hinaus einiges anticyrillisches Schrifttum verurteilte und damit v.a. Theodoret von Cyrus treffen wollte. Dadurch entstand neue Unruhe im Patriarchat Antiochia, verstärkt durch Konflikte um Ibas von Edessa.

9.2 Der Prozeß gegen Eutyches 448 und seine Folgen

Aus der spannungsgeladenen Situation mit der Mischung von christologischen Gegensätzen und kirchenpolitischen Feindschaften ergab sich der seltsame Fall des Archimandriten Eutyches, nach welchem herkömmlich die ganze Periode des Streits bis zum Konzil von Chalkedon bezeichnet wird. Seine monophysitische **Bestreitung der Menschheit Christi** wurde durch eine Konstantinopeler Synode unter Flavian 448 als häretisch verurteilt. Daraufhin setzte sein Freund Dioskur von Alexandria bei Theodosius II. 449 die Einberufung eines Reichskonzils durch, welches zu einer dramatischen Wende führte.

9.2.1 Der betagte Eutyches, Vorsteher des großen Konstantinopeler Hiobklosters (s. Abb.8) und politisch einflußreicher Parteigänger der Alexandriner, propagierte in subversiver Weise, von Hofkreisen unterstützt, einen über Cyrill hinausgehenden Monophysitismus mit dem Ziel einer **Beseitigung der Unionsformel** von 433: In Christus gebe es nach der Vereinigung von Gottheit und Menschheit nur eine Natur (*mia physis*); er sei daher nicht wesensgleich mit den Menschen und besitze nicht dieselbe Leiblichkeit wie diese. (Übers.: Karpp 163f). Für Flavian entstand damit - auch wegen der starken Präsenz alexandrinischer Mönche in der Hauptstadt - eine brisante Situation, analog derjenigen von 428 für Nestorius.

9.2.2 Im November **448** verhandelte - aufgrund einer Anklage des Eusebius von Doryläum (s. 6.1.2) - unter Flavians Vorsitz gegen Eutyches eine sog. **Endemische Synode**, d.h. die Versammlung der jeweils gerade in Konstantinopel anwesenden Bischöfe als Institution. Ihr Ergebnis: a) Absetzung des Eutyches und Verurteilung seiner Position als Apollinarismus und Doketismus; b) Bekräftigung der **doppelten Konsubstantialität** Christi im Sinne der Unionsformel von 433: *Wir bekennen, daß der Christus nach der Menschwerdung aus zwei Naturen besteht, in einer Hypostase und einer Person* (*prosōpon*; Text: BSGR § 171 - eine für Chalkedon wichtige Lehrentscheidung). Daraufhin mobilisierte Eutyches seine politischen Freunde und alexandrinischen Gesinnungsgenossen, voran Dioskur. Dieser sah nun die Chance, den Konstantinopeler Rivalen auszuschalten, und erreichte, daß der Kaiser am 30.3.449 zu einer Reichssynode nach Ephesus einlud, die den Fall Eutyches untersuchen sollte.

9.3 Der Lehrbrief Leos I. von Rom an Flavian 449

Nur mit der verwickelten Situation im Osten war es zu erklären, daß Eutyches und Theodosius II. den römischen Bischof als Gutachter einschalteten. Leo nahm daraufhin Kontakt mit Flavian auf und verfaßte aufgrund von dessen Bericht ein ausführliches Schreiben mit einer **Verurteilung des Eutyches** und einer Entfaltung der **Zwei-Naturen-Lehre**. Damit kam die abendländische Tradition als neues Element in den Streit, als eine dritte Konzeption neben der alexandrinischen und der antiochenischen. Leos sog. *Tomus ad Flavianum* gewann durch den Verlauf der Ereignisse große dg. Bedeutung. Kirchenpolitisch bedeutete er einerseits das Ende der Allianz Rom-Alexandria, andererseits den päpstlichen Anspruch auf die autoritative Vertretung der kirchlichen Lehrtradition zur Klärung des dogmatischen Dissensus (vgl. § 8; 2.0). Leo wollte die Streitfrage ohne Konzil entscheiden, doch dieses nahm – aufgrund von Dioskurs Taktik – den Lehrbrief bewußt nicht zur Kenntnis.

9.3.1 Leos Lehrbrief vom 13.6.449 (= Ep.28; Text/Übers. z.T.: DH 290-295) entfaltete vom Ansatz beim Credo her in klarer, einfacher Sprache – ohne Berücksichtigung der spekulativen Christologie und der terminologischen Bemühungen des Ostens – das **biblische Zeugnis** über den menschgewordenen Gottessohn. Im Sinne des abendländischen Dyophysitismus, in Aufnahme von Ambrosius' und Augustins Christologie – mit der Konzentration auf die Selbsterniedrigung Gottes in Christus – betonte er mit Phil 2,6ff; 1 Tim 2,5f die **Paradoxie**: daß der ewige Schöpfergott durch Annahme der menschlichen Natur (*natura*) ein endliches Geschöpf geworden sei und dadurch als Mittler (*mediator*) das Heil der Menschheit, den Sieg über Sünde und Tod, bewirkt habe. Der **Mittlergedanke** (Aufnahme der Niedrigkeit in die Hoheit, der Sterblichkeit in die Ewigkeit) bestimmte diese Demutschristologie mit ihrer zentralen Behauptung der **doppelten Konsubstantialität** (*wahrer Gott – wahrer Mensch/vere deus – vere homo*). Die Knechtsgestalt (*forma servi*) des wahren Gottes, der in der vollständigen menschlichen Natur geboren wurde, das Leiden und der Tod des leidensunfähigen Gottes (*impassibilis deus – homo passibilis*) konstituiert die neue Schöpfung und verbürgt damit die Erlösung.

9.3.2 Christi **Personeinheit**, die östliche Theologen präzise zu definieren bemüht waren, setzte Leo von diesem Konzept her schlicht voraus; er betonte v.a. die vollkommene Menschheit. Damit trat die **Unterscheidung** der beiden Naturen deutlich heraus. Deren Koexistenz in Jesu Wirken war für ihn Ausweis der Personeinheit: Die unterschiedlichen, ja antithetischen Eigenschaften (*proprietates*) beider Naturen (z.B. das Leiden und die Wunderkraft in Joh 11,33f.43f) bleiben erhalten, fügen sich aber in der einen Person Christi zusammen (*salva igitur proprietate utriusque naturae et in unam coeunte personam*). Die beiden Naturen erscheinen fast als zwei Subjekte der Person, doch sie bilden durch wechselseitige Teilhabe eine Einheit im Handeln (*agit enim utraque forma cum alterius communione quod proprium est*). In solchen Aussagen Leos wie in den o.g. Paradoxien klang die spätere Lehre von der *communicatio idiomatum* an.

9.3.3 Vom östlichen Diskussionsstand her betrachtet bot Leos Lehrbrief **keine Problemlösung**. Es war eine Position, die insofern zwischen der alexandrinischen Betonung der göttlichen Subjekteinheit und der antiochenischen Betonung der Naturendifferenz stand, als sie beiden Interessen durch eine gleichsam vorwissenschaftliche Denkweise gerecht wurde: Nicht der vergöttlichte oder der angenommene Mensch Jesus Christus, dessen spezifische Seinsweise zu definieren war, sondern die **Paradoxie der Menschheit Gottes** in der Person des Mittlers stand im Zentrum. Diese dritte Konzeption bestimmte, weil die ganze Westkirche hinter ihr stand, die weitere Entwicklung maßgeblich mit.

9.4 Das Reichskonzil von Ephesus 449 – die "Räubersynode"

9.4.1 Mit Hilfe des kaiserlichen Verwaltungschefs Chrysaphius konnte **Dioskur** samt seinen Parteigängern, voran Juvenal von Jerusalem, das Konzilsgeschehen im August 449 diktieren. Rücksichtslos setzte er sich über die wenigen Gegner (z.B. Domnus von Antiochia, Flavian von Konstantinopel, die römischen Legaten) hinweg, auch durch den bewaffneten Einsatz von Soldaten, Leibwachen und Mönchshorden, was zu **Tumulten** in der heiligen Versammlung führte. Eutyches wurde rehabilitiert, Theodoret von Cyrus, Ibas von Edessa, Eusebius von Doryläum wurden ebenso wie Domnus und Flavian abgesetzt (letzterer starb alsbald an den Mißhandlungen).

9.4.2 Das dogmatische Ergebnis bestand in einer Bekräftigung der cyrillischen Beschlüsse von 431 (s. 6.2.1), also in einer faktischen Aufhebung der Unionsformel. Dadurch gewannen die umstrittenen 12 Anathematismen Cyrills neues Gewicht. Kein förmlicher Beschluß war die **Verwerfung der Zwei-Naturen-Lehre** durch die Konzilsväter, auch nicht deren Zustimmung zur monophysitischen Formel des Eutyches (*zwei Naturen vor der Einung, eine Natur nach der Einung* in Christus). Doch beides wirkte langfristig im Bewußtsein der alexandrinischen Partei nach. Durch die kaiserliche Approbation erhielt Dioskurs Konzil offizielle Geltung, aber durch den Fortgang der Geschichte verlor es diese (von Leo I. später mit Mt 21,13 *latrocinium/ Räuberversammlung* genannt – daher die in der Literatur eingebürgerte Bezeichnung als *Räubersynode*).

9.5 Literatur

K. BEYSCHLAG: Grundriß II/1, 53-58.86-100. - P.-TH. CAMELOT: Ephesus (s. 6.3) 87-128. - E. CASPAR: Papsttum I (s. 6.3) 462-492. - A.M. RITTER: HDThG 1 (s. 5.4) 253-260. - L.R. WICKHAM: Eutyches/-Eutychianischer Streit, TRE 10 (1982) 558-565.

10. Das Reichsdogma von Chalkedon 451

Die Bedrohung der Kircheneinheit war eine Gefahr für den inneren Frieden des Reiches, insbesondere für die Verbindung zwischen Ost- und Westteil. Sie konnte nach Lage der Dinge nur durch einen dogmenpolitischen Kompromiß, der den divergenten Grundpositionen gerecht werden sollte, abgewendet werden. Deswegen setzten sich Theodosius' II. Nachfolger, seine Schwester Pulcheria und der neue Kaiser Marcian, sogleich 450 für eine **programmatische Neuorientierung** im Sinne eines umfassenden Konsensus ein. Das von ihnen gelenkte Reichskonzil in Chalkedon (s. Abb.7) verabschiedete 451 zur Abwehr beider häretischer Extreme ("Nestorianismus" und "Eutychianismus") einen umfangreichen Textkomplex, darunter eine christologische Formel als Erläuterung zum Nizänum, welche fortan als offizielles Lehrgesetz gelten sollte (das eigentliche **Chalkedonense**). Trotz der starken Orientierung an Cyrill von Alexandria wurde der **Dyophysitismus** bekräftigt und eine explizite **Verwerfung des Monophysitismus** ausgesprochen. Das beeinträchtigte von vornherein die Akzeptanz in weiten Teilen der Ostkirche. Die ausdrückliche Berufung auf Leo von Rom war den Cyrillianern suspekt, weil sie in dessen Lehrbrief den inkriminierten "Dualismus" fanden. Das Chalkedonense hat somit die Kircheneinheit nicht retten können, vielmehr eine dauerhafte Verschärfung der Konflikte bis hin zur Kirchenspaltung bewirkt. War seine Wirkungsgeschichte somit einerseits katastrophal, so muß sie andererseits als epochal gelten, weil diese christologische Norm - mit der in der Folgezeit zugefügten Interpretation - für die orthodoxe, die katholische und die evangelische Kirche bis heute die verbindliche Lehrgrundlage bildet.

10.1 Vorbereitung, Verlauf und Ergebnis des Konzils

10.1.1 Während Theodosius' II. Regierungszeit hatte seine energische Schwester **Pulcheria** (399-453), eine fromme Asketin, als Augusta die Politik entscheidend mitbestimmt, auch in Kirchenfragen (z.B. bei der Union von 433), war aber seit 439 durch Chrysaphius zurückgedrängt worden (vgl. 9.1.3). Nun ergriff sie die Initiative, ließ diesen liquidieren und machte den thrakischen General **Marcianus** (ca.396-457) zu ihrem Ehemann und Kaiser. Neben der Gefährdung durch die Hunnen mußten die durch den Glaubensstreit verstärkten **inneren Unruhen** überwunden werden. Insbesondere galt es, die Entfremdung der Westkirche aufzuhalten und die Despotie Alexandrias zu brechen, welche die **Kircheneinheit** auch im Osten gefährdete. Zu diesem Zweck berief das Kaiserpaar (formal zusammen mit dem Westkaiser Valentinian III.) die von Papst Leo geforderte Reichssynode zunächst nach Nicäa, dann nach Chalkedon, also in die unmittelbare Nähe der Hauptstadt.

10.1.2 Zur massiven Beeinflussung der ca.400-450 Teilnehmer dieses (quellenmäßig ausgezeichnet dokumentierten) größten altkirchlichen Konzils leiteten 19 kaiserliche Kommissare, darunter die militärischen und zivilen Spitzen des Reiches und der Hauptstadt, die 21 Sitzungen vom 8.10-11.11.451. Die **Mehrheit** war **cyrillisch** gesinnt, der Westen nur mit zwei afrikanischen Bischöfen und den römischen Legaten vertreten. Es ging fast so turbulent wie 449 in Ephesus zu. **Dioskur** erhielt Gelegenheit zur Verteidigung und wurde nicht wegen dogmatischer, sondern wegen disziplinärer Verstöße abgesetzt und exiliert. Die 449 in Ephesus Verdammten, zumal Theodoret von Cyrus und Ibas von Edessa, wurden rehabilitiert.

10.1.3 Der kaiserlichen Forderung nach Aufstellung eines verbindlichen Bekenntnisses widersetzte man sich, weil man jede "Neuerung" ablehnte, umging sie zunächst durch die Bekräftigung normativer Texte (s. 10.2), gab ihr aber schließlich nach: Eine Kommission erarbeitete durch Kompilation älterer Texte eine **Lehrformel** (s. 10.3), die von Marcian am 25.10. feierlich verkündet wurde. Verschiedene Fragen der kirchlichen Ordnung und bischöflichen Jurisdiktion regelte das Konzil durch **27 Kanones** (Übers.: Camelot 264-270), darunter z.B. die Einführung der bischöflichen Aufsicht über die Klöster und das Verbot des Wanderasketentums. Außerdem wurde der Jurisdiktionsbereich des Bischofs von **Jerusalem** so geregelt, daß die Stadt damit definitiv ein fünftes Patriarchat wurde. Zum brisanten Problem der Sonderstellung Konstantinopels parallel derjenigen Roms (vgl. zu 381: § 1; 17.2.3) erging ein eigener Beschluß, der seit dem 6./7.Jh. als 28. Kanon in den Rechtssammlungen begegnete, aber vom Westen nicht anerkannt wurde (vgl. § 8; 2.4.3; Übers.: Camelot 182f).

10.2 Die Lehrentscheidung als Traditionskomplex

Das umfangreiche Dogma von 451 war ein bewußter Rückgriff auf die Tradition – als *Erneuerung des Glaubens der Väter* – und setzte sich demgemäß aus **drei Teilen** zusammen (Übers.: Camelot 260-264; Text/Übers. z.T.: DH 300-303). Das waren: a) das **Nizänum** von 325 als grundlegende Norm (vgl. 6.2.1) samt dessen Bestätigung im Symbol von 381; b) die beiden "ökumenischen" **Briefe Cyrills** als Widerlegung des Nestorianismus, d.h. Ep. 4 von 430 und Ep.39 von 433 (damit auch die dort zitierte Unionsformel, nicht aber die 12 Anathematismen; vgl. 6.2.1 und 6.2.3) sowie **Leos Lehrbrief an Flavian** (s. 9.3) als Widerlegung des Eutychianismus, dazu eine Verwerfung derjenigen, die Christus *in eine Zweiheit von Söhnen aufspalten*, und derjenigen, die von *einer Natur nach der Vereinigung* fabeln, also der Monophysiten; c) eine bekenntnisartige **Lehrformel** (Text/Übers.: TRE 7,671f) als Zusammenfassung der unter b) genannten Texte zwecks Interpretation von a) mit anschließender Strafandrohung gegen alle anders Lehrenden, die sowohl den Gesetzescharakter unterstrich als auch verdeutlichte, daß dieses Dogma kein Gemeindebekenntnis, sondern eine Regel für die Theologen sein sollte. In der Sache war die Lehrformel eine durchdachte Zusammenführung der alexandrinischen, antiochenischen und westlichen Position; ihr kirchenpolitischer Zweck war ein **Kompromiß** in Anknüpfung an die Formel von 433. Deswegen konstruierte das Konzil eine Negativfolie von "Nestorianismus", der in der Realität kaum eine christologische Position entsprach, die aber – ebenso wie die Aufnahme des Theotokosprädikats – das Ephesinum von 431 bekräftigte.

10.3 Das Chalkedonense (die Lehrformel)

10.3.1 Ein einziger Satz von 27 Gliedern bekräftigte in zwei Teilen mit feierlicher Bekenntnissprache und sodann mit präziser Definition die Personeinheit Christi in zwei Naturen: a) die wahre, vollständige **Gottheit** und die wahre, vollständige **Menschheit** (*mit Vernunftseele und Leib*) des einen, identischen Jesus Christus, die **doppelte Konsubstantialität** (*wesenseins mit dem Vater nach der Gottheit und wesenseins mit uns nach der Menschheit*), die doppelte Geburt (*vor aller Zeit aus dem Vater, in den letzten Tagen ... zu unserem Heil aus der Jungfrau Maria, der Gottesgebärerin*); b) die Einheit Christi "**in zwei Naturen**" als einen theologischen Erkenntnisinhalt und Differenzierungsakt: *einen und denselben ..., der in zwei Naturen unvermischt, unverwandelt, ungetrennt, unzerteilt erkannt wird* (ἐν δύο φύσεσιν ἀσυγχύτως, ἀτρέπτως, ἀδιαιρέτως, ἀχωρίστως γνωριζόμενον); c) dies abgesichert durch die Definition, daß der Unterschied der Naturen nirgendwo wegen der Einheit aufzuheben sei, vielmehr die "**Eigentümlichkeit**" (ἰδιότης) jeder Natur bewahrt bleibe und *in eine Erscheinungsform* (Person; πρόσωπον) *und eine Existenz* (Hypostase; ὑπόστασις) *zusammenkomme.*

10.3.2 Die Aussage zielte auf **Ausscheidung der Extrempositionen** einer Trennungs- und einer Vermischungschristologie (wie v.a. die berühmten vier Negativ-Adverbien zeigen). Sie betonte demgemäß stark die **Einheit** der Person des geschichtlichen Christus, artikulierte aber ausführlicher - gegenüber der monophysitischen Position - die **Differenzierung** der Naturen. Hatte die Kommission im Entwurf zunächst mit Cyrill die Einheit *aus zwei Naturen* formuliert und damit eine monophysitische Interpretation offengelassen, so hieß es auf Druck der kaiserlichen Kommissare - unter Verweis auf Leos Lehrbrief - im endgültigen Text *in zwei Naturen*, was der antiochenischen Position entsprach, sich aber auch bei Cyrill fand. Der dyophysitische Ansatz schloß die volkstümliche Betrachtung Christi als eines göttlich dominierten Mischwesens mit gewisser Affinität zur Menschheit aus. Wie hier das Verhältnis von Zweiheit der Naturen und Einheit der Person ontologisch zu bestimmen sei, blieb ungeklärt, weil die Formel alles auf die Erkennbarkeit des geschichtlichen Christus und seiner göttlichen sowie menschlichen Eigenschaften abstellte. Doch sie brachte eine Präzisierung des christologischen **Personbegriffs**: durch die Auflösung der cyrillischen Begriffsverbindung von *physis* und *hypostasis* (= konkreter Realisierung des Wesens) und durch die Zuordnung von *prosōpon* und *hypostasis* im Sinne der Individualität der Erscheinungsform. Den Eindruck, daß es sich um ein zusammengesetztes Subjekt handele, konnte sie nicht vermeiden.

10.3.3 Eine **traditionsgeschichtliche Analyse** der Formel muß ansetzen bei dem Selbstverständnis der Konzilsväter, das sich in folgenden Ausrufen kundtat: *Leo hat gottselig und wahr gelehrt, ebenso lehrte Cyrill! ... Leo und Cyrill lehren einstimmig*. Das war das Programm; seine Realisierung fiel komplexer aus. Hatte die Forschung früher z.T. den Anteil der westlichen Tradition am Chalkedonense aufgrund von Leos Lehrbrief als entscheidend hervorgehoben, so hat sie neuerdings exakt die Herkunft der einzelnen Elemente zu bestimmen versucht; dabei hat sie den in der Tat auffälligen **Anteil Cyrills** und cyrillischer Theologen wie z.B. Basilius von Seleukia (d.h. der Konzilsmehrheit) stark betont. Man darf dabei allerdings nicht übersehen, daß der erste Teil weitgehend auf die **Unionsformel** von 433 zurückgreift und daß Cyrills Aussagen, die im zweiten Teil begegnen oder anklingen, im einzelnen mehrdeutig sind. Den Kern seines Konzepts, die Personeinheit durch die Natureinheit als göttlich dominiert zu definieren, hat das Konzil gerade nicht aufgenommen. Demgegenüber kam die **antiochenische Position** Theodors (s. 4.2) und Theodorets (s. 7.2) grundsätzlich zum Zuge, und darin deckte sich die Formel mit **Leos Lehrbrief**, wenngleich sie dessen Essentials nicht übernahm (den Mittlergedanken, die Schöpfer-Geschöpf-Paradoxie, die Demutschristologie; vgl. 9.3.1). Gerade durch ihre traditionalistische Kompilation der drei Grundpositionen wurde die Formel etwas Neues: eine ausgewogene Beschreibung des Persongeheimnisses Jesu Christi, die wegen dessen Unergründlichkeit denkerisch unbefriedigend bleiben mußte.

10.4 Literatur

K. BEYSCHLAG: Grundriß II/1, 115-134. - P.-TH. CAMELOT: Ephesus (s. 6.3) 129-196.260-271. - A. GRILLMEIER/H. BACHT (Hg.): Das Konzil von Chalkedon, 3 Bde., 1951-54; 5.A. 1979. - A.M. RITTER: HDThG 1 (s. 5.4), 261-270. - R. SEEBERG: Dogmengeschichte Bd.2, 259-267. - F. WINKELMANN: KGE I/6 (s. 5.4) 44-48.86-93.

11. Der Kampf gegen das Chalkedonense 457-518

Seit 451 war die strittige Lehrfrage definitiv mit dem Problem der Reichseinheit verknüpft. Anders als im 4.Jh. schaffte das Kaisertum es nicht mehr, durch Unterdrückung der abweichenden Gruppen die innere Stabilität i.w. zu bewahren. Denn nun beherrschten die dissentierenden "Monophysiten" ganze Regionen (v.a. Ägypten, Palästina, Westsyrien), die **Widerstand** gegen die Reichsgewalt leisteten. Der Begriff "**Monophysiten**", ein Schimpfname der Gegner, kam erst seit ca.690 auf; ihn in der historischen Darstellung zu verwenden, ist problematisch, aber nicht unberechtigt (vgl. 11.3): Er bezeichnet alle Gegner des Dyophysitismus bzw. des Chalkedonense. Dieses Dogma wurde für die theologisch desinteressierten Kaiser seit 457 zum Objekt politischen Kalküls. Einer Periode der Versuche, es mit Gewalt allgemein durchzusetzen (bis 474), folgte - markiert durch innenpolitische Unruhen - eine Periode der Versuche, durch dogmatische Kompromisse Frieden zu schaffen (bis 518). Doch es zeigte sich, daß Kompromisse für die zerstrittenen Gruppen nur z.T. akzeptabel waren und daher versagen mußten.

11.1 Widerstand der Monophysiten

Während der **Westen** mit der Annahme des neuen Dogmas keine Probleme hatte, riß die Bestimmung des Konzils über die Gleichrangigkeit Konstantinopels mit Rom (10.1.3) einen Graben auf. Im Osten die Opposition der Monophysiten bzw. Cyrillianer gewaltsam zu brechen, war das Ziel der Kaiser Marcian (450-457) und Leon I. (457-474 - erstmals vom Konstantinopeler Patriarchen gekrönt, was seitdem fester Brauch wurde). In Palästina gelang das relativ gut, während es in **Ägpyten** - dem Kerngebiet des "Monophysitismus" bis ca.500 - zur **Spaltung** der Kirche in eine kaisertreue Minderheit (später hier wie in Syrien als *Melkiten* bezeichnet) und eine antichalkedonische Mehrheit mit eigenem Patriarchen kam. Wie dort wurde auch in **Syrien** der Widerstand besonders vom Mönchtum getragen. Welch ein staatspolitischer Machtfaktor der Monophysitismus wurde, erwies sich nach 475, als der Usurpator Basiliscus das Chalkedonense zurücknahm und danach Kaiser Zenon einen Kompromiß anstrebte.

11.1.1 Für das stolze, mächtige **Alexandria** war die Niederlage Dioskurs (s. 10.1.2) eine Demütigung; im Festhalten an Cyrills Lehre und am Ephesinum von 431 lehnten die Ägypter das neue Dogma als häretisch ebenso ab wie den vom Kaiser eingesetzten Erzbischof Proterius. Mit Marcians Tod organisierte sich der Aufstand systematisch. Proterius wurde ermordet, zum "orthodoxen" Patriarchen wählte man 457 **Timotheus Aelurus** (d.h. "Kater" bzw. "Wiesel"), einen streng cyrillischen Theologen mit großer Bedeutung für den weiteren Monophysitismus. Er wurde aber 460 von Leon I. exiliert und durch den kaisertreuen Timotheus Salophaciolus (d.h. "Wackelhut") ersetzt, der bis 475 erfolgreich einen Ausgleichskurs steuerte, so daß die Monophysiten Ruhe hielten.

11.1.2 In **Palästina** revoltierten 451 v.a. die **Mönche** gegen Juvenal von Jerusalem und andere Bischöfe, weil diese mit der Zustimmung zum Chalkedonense den Glauben der Väter verraten hätten. (Severian von Skythopolis wurde sogar ermordet.) Nur mit militärischem Einsatz konnte 453 der Gegenpatriarch Theodosius vertrieben und der Widerstand im Land gebrochen werden. Seitdem folgte diese Region weithin der kaiserlichen Religionspolitik. Anders stand es dagegen in **Westsyrien**, wo sich die Opposition gegen das Chalkedonense allmählich ausbreitete, organisiert von dem monophysitischen Mönch **Petrus Fullo** (*Gnapheus*, d.h. *Walker*; gest. 488), der sich 471 zum Patriarchen von Antiochia machte, zwar sogleich wieder entfernt wurde, aber 475 und 485 zurückkehrte und dg. Bedeutung dadurch erlangte, daß er in das Trishagion der antiochenischen Liturgie den "theopaschitischen" Zusatz einfügte (s. 11.3.5).

11.1.3 Nachfolger Leons I. wurde 474 **Zenon**, ein Isaurierfürst, der zuvor am Kaiserhof und als General eine Führungsrolle gespielt hatte. Leons Schwager **Basiliskus** vertrieb ihn und übernahm 475 die Herrschaft. Dieser Machtkampf bekam dadurch einen kirchenpolitischen Aspekt, daß Basiliscus seine Position durch ein Bündnis mit den ägyptischen Monophysiten stärken wollte. Zu diesem Zweck erließ er 475 ein **Enkyklion/Rundschreiben**, an Timotheus Aelurus adressiert, welches das Chalkedonense außer Kraft setzte (Übers.: Winkelmann 95f). Zenon schaltete ihn allerdings bereits 476 aus und verhinderte einen Sieg der Monophysiten, mußte aber wegen der entstandenen Unruhen vorsichtig taktieren.

11.2 Zenons "Henotikon" 482 und das Ost-West-Schisma

Herrschaftsstabilisierung durch Ausgleich der Gegensätze war angesichts der inneren Wirren die religionspolitische Maxime Kaisers Zenons (474-491). Zu diesem Zweck machte er die von dem Konstantinopeler Patriarchen **Acacius** 482 verfaßte Einigungsformel, die mit **cyrillischer Christologie** den ägyptischen Monophysiten entgegenkommen wollte, zum allgemeinen Reichsgesetz (sog. *Henōtikon*). Die Folgen waren jedoch zwiespältig: Einerseits nutzten die Monophysiten die Toleranz zur Konsolidierung ihres Einflusses, wodurch - wegen des Widerstands der Chalkedonier - die kirchlichen Gegensätze verschärft wurden. Andererseits nahm Felix III. von Rom - päpstlichen Jurisdiktionsprimat gegenüber den kirchenpolitischen Rivalen beanspruchend - den neuen Kurs zum Anlaß, förmlich die Kirchengemeinschaft mit Konstantinopel aufzuheben (sog. **Acacianisches Schisma 484-519**). Da Kaiser Anastasius I. (491-518) eine noch stärker antichalkedonische Religionspolitik betrieb, blieb es bei dem Schisma, das wegen der Verselbständigung Italiens unter den Ostgoten seit 488/493 auch eine staatspolitische Dimension bekam.

11.2.1 Das sog. **Henōtikon** (Übers. z.T.: Winkelmann 98f), das ursprünglich nur Alexandria an Konstantinopel binden sollte, dann aber zur offiziellen Lehrnorm des Reiches wurde, distanzierte sich nicht direkt vom Chalkedonense. Es relativierte dieses weitgehend durch die Bekräftigung des Ephesinums von 431 und der **Christologie Cyrills** samt den umstrittenen 12 Anathematismen (vgl. 6.2.1). Damit sollte auch der im Osten weithin abgelehnte Lehrbrief Papst Leos beiseite geschoben werden. Da dieser aber ebenso wie das Chalkedonense nicht ausdrücklich verurteilt wurde, lehnten die ägyptischen und syrischen Monophysiten die Halbheit ab, obwohl der neue, cyrillisch geprägte Patriarch von Alexandria, Petrus Mongus (d.h. der "Heisere"), das Henotikon akzeptierte. Auf der anderen Seite protestierten die Chalkedonier, voran das Akoimetenkloster bei Konstantinopel.

11.2.2 Der römische Papst **Felix** (483-492; s. § 8; 3.2.1), durch die Akoimeten eingeschaltet, kritisierte nicht die Relativierung des Chalkedonense, sondern Acacius' Eingriffe in Alexandria und anderen Kirchen. Daß er diesen vor sein Gericht zitierte, war eine Anmaßung im Sinne des Jurisdiktionsprimats; daß er ihn exkommunizierte, wurde also nicht mit der Glaubensfrage begründet. Das **Schisma** bezog sich zunächst nur auf die Person des Acacius, wurde aber nach dessen Tod 489 von den Päpsten fortgesetzt. Auch Kaiser Anastasius war an einer Beilegung nicht interessiert, um mit Hilfe des Henotikon die Befriedungspolitik im Osten fortzusetzen.

11.3 Die Entwicklung des "Monophysitismus"

Mit der modernen Bezeichnung "Monophysitismus" werden unterschiedliche Gruppen und Theologen zusammengefaßt, deren Gemeinsamkeit darin bestand, daß sie das **Chalkedonense** wegen der vermeintlichen Zertrennung der Einheit Christi **bekämpften**. Positiv lassen sie sich kaum auf einen gemeinsamen Nenner bringen; charakteristisch für sie seit ca.500 war die **Spaltung** in viele Richtungen und Sekten. Die meisten vertraten eine Lehre, die in der Formel *Eine einzige, inkar-*

nierte Natur Gottes des Logos (μία φυσις τοῦ θεοῦ λόγου σεσαρκωμένη/*mia physis toū theoū logoū sesarkōmenē*) zusammengefaßt werden konnte. Diese Formel konnte indes cyrillisch, apollinaristisch, eutychianisch oder noch anders interpretiert werden (s. 8.3; 3.2.3; 9.2.1).

11.3.1 Die heutige Forschung hat zwei terminologische Neuansätze vorgeschlagen: a) Die Bezeichnung **Diplophysitismus** soll verdeutlichen, daß der scheinbare Monophysitismus realiter die Doppelheit der Naturen nicht leugnete; jedoch ist sie wegen ihrer semantischen Nähe zu dem völlig anders gearteten "Dyophysitismus" und wegen der Bedeutung der Formel *mia physis* ungeeignet. - b) Die Unterscheidung zwischen **realem** und **verbalem Monophysitismus** ist sinnvoller: Nur wenige Monophysiten lehrten der Sache nach "eine Natur" im Sinne eines menschlichen Mischwesens; die große Mehrheit verband mit den Begriffen *eine Natur* bzw. *ein Christus aus zwei Naturen* unterschiedliche Konzeptionen (vgl. z.B. zu Cyrill 8.3.1-3). Sie lehrten eine durch Vermischung oder Verbindung von Gottheit und Menschheit entstandene **Personeinheit** (ἕνωσις φυσικῆ bzw. ὑποστατικῆ), in welcher das menschliche Element nur gedanklich differenziert werden könne, weil es keine eigene *hypostasis* (= *physis* im konkreten Sinn von Wesen) besitze, so daß keine Naturen-Zweiheit bestehen könne und das Göttliche im Christussubjekt dominiere; dieses sei eine einzige Hypostase, Natur, Person mit einem einzigen Willen und Wirken.

11.3.2 Die herausragenden Theologen dieser Art, die im 6.Jh. starken Einfluß ausübten, waren **Philoxenus von Mabbug** (gest. 523) und **Severus von Antiochia** (gest. 538). Man darf allerdings die **Volksfrömmigkeit** der monophysitischen Massen nicht übersehen, die die dogmatischen Feinheiten nicht verstanden und in Jesus schlicht den epiphanen Gott sahen; die Menschwerdung Gottes war ihnen der Grund für die Vergöttlichung der gläubigen Menschen. Gerade die religiöse Vereinfachung mit ihrer stark **soteriologischen Komponente** gab der ganzen Bewegung Durchschlagskraft.

11.3.3 Der griechisch gebildete Syrer Aksenaja/**Philoxenus**, seit 485 Bischof von Mabbug/Hierapolis (westl.v.Euphrat), fruchtbarer Schriftsteller und syrischer Kirchenvater, vertrat gegen den chalkedonischen "Dualismus" eine **dynamische Einheitschristologie**: Der Sohn, eine der drei Hypostasen der einen göttlichen Natur, wird in Jesus Christus ohne Veränderung wirklich Fleisch (nicht durch Annahme eines Menschen), leidet und stirbt, um die Gläubigen zu Gotteskindern zu machen und so die menschliche Natur in die Gemeinschaft mit Gott zu bringen. Er ist die göttliche Natur in irdischer Existenzform, wobei das Menschliche in ihm keine "Natur", nichts ontologisch Selbständiges, ist und seine Eigenschaften in die Einheit des göttlichen Subjekts aufgenommen sind.

11.3.4 Großen Einfluß auch auf Chalkedonier erzielte der bedeutendste monophysitische Theologe, der Pisidier **Severus** (ca.465-538), ein kirchenpolitischer Aktivist, der seit 508 in Konstantinopel wirkte und dank Kaiser Anastasius' Gunst 512-518 Patriarch von Antiochia, aber 536 unter Justinian als Ketzer verurteilt wurde. (Zu seinen Schriften s. $LThK^2$ 9,702f.) Er orientierte sich stark an Cyrill. Die Vereinigung der beiden Naturen verstand er nicht als Vermischung (*mixis*), sondern als **Verbindung** (*synthesis*), aus der ein **neuer Zustand** entsteht (eine *mia physis synthetos*), in dem die menschliche Besonderheit nicht untergeht, allerdings keine selbständige Existenz besitzt. Demgemäß hielt Severus eine gedankliche Differenzierung der beiden Naturen für möglich, doch das personbildende Element war für ihn die Gottheit/der Sohn Gottes. Deswegen eignet Christus eine **einzige gottmenschliche Wirkweise** (μία ἐνέργεια θεανδρικῆ). Die Dominanz des Göttlichen ist soteriologisch wichtig, denn Christi Menschwerdung, in die alle Gläubigen durch Vergöttlichung hineingezogen werden sollen, konstituiert eine zweite Schöpfung.

11.3.5 Unter Severus' Einfluß führten in Konstantinopel v.a. die Mönche in das **Trishagion** der Liturgie (*Heiliger Gott, heiliger Starker, heiliger Unsterblicher* ...) den von Petrus Fullo in Antiochia (s. 11.1.2) praktizierten Zusatz ... *der für uns gekreuzigt wurde* ein. Das erregte schon

510/1 Anstoß, weil damit der Anschein entstand, als schriebe man der Gottheit selber das Leiden zu (Vorwurf des **Theopaschitismus**). Als 512 der neue severianische Patriarch die theopaschitische Formel offiziell einführte, revoltierte das Volk von Konstantinopel, angestachelt von den chalkedonischen Widerständlern, stürzte Kaiserstatuen um und proklamierte - erfolglos - einen Gegenkaiser gegen Anastasius. Der Vorfall verdeutlichte, welch vitale Interessen hinter dem scheinbar abstrakten christologischen Streit standen.

11.4 Christlicher Neuplatonismus bei "Dionysius Areopagita"

Neben den kirchenpolitischen, theologischen und soteriologischen Aspekten spielte im Streit die Frömmigkeit, v.a. in mystischer Form, eine wichtige Rolle. Große Bedeutung für die weitere Theologie- und Geistesgeschichte gewann ein um 500 in Syrien entstandenes **pseudepigraphisches Schriftencorpus**, welches unter dem Namen des Athener Paulusschülers Dionysius vom Areopag (Apg 17,34) alsbald weite Verbreitung fand. Verfasserschaft und chronologische Einordnung sind bisher ungeklärt. In Übernahme der neuplatonischen Metaphysik, versehen mit einigen christlichen Modifikationen, entwarf der Autor ein **System der Weltdeutung** mit dem mystischen Vokabular der "negativen Theologie" (der Definitionen dessen, was Gott nicht ist).

11.4.1 Die Forschung hat trotz vieler Thesen den Autor (z.B. Petrus Fullo) nicht identifizieren können. Das einheitliche, vor 510 fertiggestellte Corpus besteht aus 4 Abhandlungen (und 10 Briefen; Text: PTS 33.36, 1990/1; Übers.: BGL 22.26.40). Sie beschreiben die Wirklichkeit gemäß der **neuplatonischen Ontologie** (v.a. des Athener Philosophen **Proclus**; 412-485) als Ausgang aller seienden Wesen aus Gott, dem "Einen", dem unerkennbaren "Sein jenseits des Seins", als Prägung durch **göttliche Kräfte**, die sich in vielgestaltiger Abschattung und Abstufung in der **Kirche** darstellen. In *Über die göttlichen Namen* werden das Wesen und die biblischen Attribute Gottes im Sinne der negativen Theologie interpretiert; in *Über die himmlische Hierarchie* wird die intelligible Geisterwelt der Engel in Triaden beschrieben, die sich in der Kirche in verschiedenen Stufen - ontologisch gemindert - abbildet: *Über die kirchliche Hierarchie* entfaltet jeweils in Ternaren (Dreiheiten) die Sakramente Taufe, Eucharistie, Ölweihe, die Ämter Bischof, Presbyter, Diakon, die christlichen Stände Mönch, Laie, Unvollkommener. Die Vereinigung des Menschen mit dem göttlichen Wesen skizziert *Über die mystische Theologie* als eine das rationale Denken überschreitende Ekstase. Besonders im Abendland hat das Corpus Dionysiacum stark gewirkt (vgl. § 5; 14.5.2; § 10; 6.1; 12.1-2; 13.3).

11.4.2 Für den christologischen Streit wurde wichtig, daß sich hier die Formel *Eine gottmenschliche Wirkweise* (*mia energeia theandrikē*) fand, die schon Severus benutzte (s. 11.3.4) und die im 6.Jh. eine große Rolle spielte. Das Werk bot keine eigenständige Christologie, sondern verstand die Menschwerdung Jesu als **Spezialaspekt der ontologischen Beziehung** zwischen Gott und den Seienden, nicht als eschatologisches Ereignis der Inkarnation. Nicht nur Monophysiten, sondern auch Chalkedonier wie z.B. Maximus Confessor (s. 13.3) beriefen sich auf das Corpus.

11.5 Literatur

P. Allen: Monophysiten, TRE 23 (1994) 219-233. - H.-G. Beck: HKG II/2 (s. 5.4), 1975, 3-15. - B. Brons: Gott und Seienden, 1976, 236-324 [zu Dionysius Areopagita]. - A. Grillmeier: Jesus der Christus II/1. - G. O'Daley: Dionysius Areopagita, TRE 8 (1981) 772-780. - F. Winkelmann: KGE I/6 (s. 5.4) 48-57.93-101.

12. Der Neochalkedonismus in der Justinian-Ära 518-565

Der von Justinian schon unter der Herrschaft seines Onkels Justin eingeleitete kirchenpolitische Kurswechsel stand im Zusammenhang einer umfassenden politischen **Erneuerung des Reiches**. Durch Verständigung mit Rom und Zurückdrängung der Monophysiten sollte die **innere Einheit** wiedergewonnen werden, und zwar auf der Basis eines neuen christologischen Programms, das dieser Kaiser als Theologe selbst mitprägte (sog. Neochalkedonismus). Wie kaum sonst hat ein einzelner eine kirchengeschichtliche Epoche gestaltet (vgl. auch § 3; 14.2.-4). Als Gottes irdischer Repräsentant sprach er sich die Kompetenz zur Lösung theologischer Wahrheitsfragen zu. Sein Programm erfuhr zwar eine dg. Realisierung, erreichte aber nicht sein politisches Ziel: Reichs- und Kircheneinheit gingen definitiv verloren.

12.1 Kirchenpolitischer Kurswechsel 518/9

Kaiser Justin (518-527) und Justinian, entscheidender Gestalter von dessen Politik, waren infolge ihrer Herkunft aus dem westlich geprägten Illyricum Anhänger des **Chalkedonense**. Deswegen schlossen sie sich 518/9 der Forderung des Konstantinopeler Kirchenvolkes nach Abschaffung des *Henōtikon* und Beilegung des Schismas an. Sie akzeptierten auch den **vermittlungschristologischen Neuansatz**, den 519 "skythische" (d.h. gotische) Mönche mit ihrer theopaschitischen Formel auf der Basis des Chalkedonense propagierten. Die neue Verbindung mit Rom sollte auch für die spätere Rückgewinnung des Westens nützlich sein, die Justinian seit 527 vorbereitete.

12.1.1 In Konstantinopel verteidigte v.a. das Kloster der **Akoimeten** (s. Abb.8) das Chalkedonense; diese Mönche mobilisierten 518 den Volkszorn, so daß Patriarch Johannes formell das Chalkedonense anerkennen, das Henōtikon verwerfen und den Monophysiten Severus (s. 11.3.4) anathematisieren mußte. Kaiser Justin bekräftigte das durch Gesetz. Eine vermittlungschristologische Neuorientierung brachten hingegen 519 die "**skythischen**" **Mönche** (romanisierte Goten aus der Dobrudscha), chalkedonische Theologen unter Führung des Johannes Maxentius und eines Mönches Leontius, unterstützt von dem einflußreichen Heermeister (*magister militum*) Vitalian: Um das Chalkedonense gegen den Nestorianismus-Verdacht zu schützen, propagierten sie eine Interpretation des Dogmas von Cyrill her, d.h. eine Neubewertung der *mia-physis*-Formel in Verbindung mit dem Dyophysitismus (deswegen eine Gleichwertigkeit der bisher meist konträr verstandenen Formeln *aus zwei Naturen* und *in zwei Naturen* zur Bezeichnung des *zusammengesetzten Christus*). Zusammenfassender Ausdruck für diese Lehre sollte die Formel "**Einer aus der Trinität ist inkarniert und hat im Fleisch gelitten**" o.ä. sein. Sie klang scheinbar monophysitisch-theopaschitisch (vgl. 11.3.3), war aber dyophysitisch gemeint. Diese Vermittlungschristologie gewann dadurch Bedeutung, daß Justinian sich ihr anschloß (im Gesetz von 527 C.J. I,1,5 erstmals dokumentiert). Sie stieß jedoch bei vielen Chalkedoniern auf Widerstand, v.a. im Westen (sog. **Theopaschitischer Streit** nach 519).

12.1.2 Die von Vitalian schon 514/5 geforderte Wiederaufnahme der Kirchengemeinschaft Konstantinopel-Rom im März 519 kam einer Kapitulation vor den Forderungen des Papstes **Hormisdas** (514-523) gleich: Zustimmung zu dessen **Bekenntnisformel** gegen Nestorianismus und Eutychianismus von 415 (mit der Bekräftigung von Leos Lehrbrief; Text/Übers.: DH 363-365), Verdammung des Acacius (s. 11.2.2) und seiner Nachfolger sowie der Kaiser Zenon und Anastasius. Doch die darin anklingende scheinbare Überordnung Roms über Konstantinopel machte Justinian bald zunichte (s. § 8; 3.3.1).

12.2 Unterdrückung und Spaltung der Monophysiten

Theologische und politische Motive (Rückkehr zum Chalkedonense und Sorge um die Reichseinheit) führten seit 518 zu Verfolgungsmaßnahmen gegen die Monophysiten mit Absetzung und Vertreibung ihrer Bischöfe und Kleriker v.a. in Syrien. Dagegen organisierte sich in Ägypten deren Widerstand. Unterstützung fanden sie bei der **Kaiserin Theodora**, einer auch kg. wichtigen Persönlichkeit.

12.2.1 Als 532 in der Revolte der politisch einflußreichen Konstantinopeler Demen/Zirkusparteien der "Blauen" und der "Grünen" (dem sog. **Nika-Aufstand** gemäß der "Sieg"-Parole) die Monophysiten dem gefährdeten Kaiser ihre Loyalität bekundeten, suchte dieser - auch unter Theodoras Einfluß - eine **Verständigung**. Der Monophysitismus war also noch nicht zu einer reichsfeindlichen Separatistenbewegung geworden. Allerdings war er infolge von Sektenbildungen und dogmatischen Zersplitterungen keine einheitliche Größe mehr, was seine politische Bedeutung schwächte.

12.2.2 **Severus**, der angesehenste Monophysitenführer, floh 518 wie viele andere in das sichere Ägypten, darunter auch Bischof **Julian von Halicarnassus**. Beide gerieten 520 in einen Streit um den Zustand des irdischen Leibes Christi, weil Julian dessen - durch die Verbindung mit der Gottheit bewirkte - prinzipielle Leidensunfähigkeit behauptete (trotz des wirklichen Leidens und Sterbens: *leidlos im Leiden und unsterblich im Tode, auch nach dem Fleisch*). Zu den bisherigen Spaltungen kam eine neue: Die **Julianisten** wurden von den **Severianern** im Sinne des alten Doketismusvorwurf als *Aphthartodoketen* oder *Phantasiasten*, diese von jenen als *Phthartolatrai* (= Vergänglichkeitsverehrer) beschimpft. Julians Position fand viele Anhänger in Ägypten und Armenien, doch die Severianer blieben die Majorität.

12.2.3 Nach dem Nika-Aufstand 532 lud Justinian einige Severianer nach Konstantinopel zu einem **Religionsgespräch** ein, das zwar keine dogmatische Annäherung brachte, aber eine gewisse Duldung der Monophysiten zur Folge hatte. Dies stand im Zusammenhang mit der neochalkedonischen Dogmenpolitik (s. 12.3). Ohnehin half Theodora in all den Jahren den Monophysiten, und das nicht ohne Wissen ihres Gatten. Da der neue Konstantinopeler Patriarch Anthimus (seit 535) mit dem Monophysitismus sympathisierte, nahm Justinian - im Zusammenhang mit der gerade begonnenen Eroberung Italiens - einen Besuch des Agapetus von Rom zum Anlaß, auf einer Synode 536 außer Anthimus auch Severus verdammen zu lassen. Damit setzte eine neue Verfolgung der Monophysiten ein, woraufhin diese in Ägypten und Syrien dazu übergingen, sich definitiv von der Reichskirche abzuspalten. So schuf der - von Theodora geförderte - Mönch **Jakob Baradaios** seit 543 die Grundlagen für eine eigenständige Kirche (s. 15.3.2). In Ägypten hatten Gruppenkämpfe unter den Monophysiten, schwere Unruhen und militärisches Eingreifen zugunsten der Chalkedonier (der "Melkiten") eine starke Einschränkung der antichalkedonischen Organisation bewirkt.

12.3 Neochalkedonismus und Dreikapitelstreit

Angesicht der Unruhen modifizierte Justinian seinen Kurs: Er wollte die Kircheneinheit durch eine dogmatische Einheit bewahren, die das berechtigte Anliegen des Monophysitismus aufnahm, aber dessen radikale Vertreter ausschloß. Zu diesem Zweck favorisierte er eine Interpretation des **Chalkedonense** durch Orientierung an **Cyrill von Alexandria** (s. 8.2-3), und zwar an dessen komplettem Werk. Da dem die **theopaschitische Formel** (s. 12.1.1) entsprach, sanktionierte er diese seit 527/533 offiziell. Ein drittes Element seines Programms war ca.544 die Ausdehnung der **Verurteilung des Nestorianismus** auf drei Repräsentanten der antiochenischen Christologie (Theodor, Theodoret, Ibas; s. 9.1.2; 9.4.1). Das stieß aber auf erbitterten Widerstand, v.a. im Westen (sog. Dreikapitelstreit). Ohne direkten inhaltlichen Zusammenhang damit, jedoch im selben Interesse einer dogmatischen Nivellierung der Gegensätze erging die Verurteilung des Origenes 543.

12.3.1 Der **Begriff "Neochalkedonismus"** ist in der Forschung nicht eindeutig definiert (vgl. z.B. Grillmeier II/2, 450-459). Hier soll er allgemein das Programm einer Verbindung des **ganzen Cyrill** mit dem **Chalkedonense** bezeichnen. Das war vorbereitet durch ein in Alexandria ca.460-480 verfaßtes Florilegium, das in 244 Zitaten die Übereinstimmung beider bekunden wollte. Wohl als erste vertraten zwei Gegner des Severus von Antiochia explizit eine cyrillische Interpretation des Chalkedonense. Der ägyptische Mönch Nephalius propagierte um 510 in Palästina die Gleichsinnigkeit der Formeln *aus zwei Naturen* und *in zwei Naturen*, indem er von *zwei geeinten Naturen* sprach. Differenzierter argumentierte Johannes Grammaticus aus Cäsarea/Pal. um 514/8, der erstmals die Enhypostasie der menschlichen Natur Christi formulierte. (Werke: CChr. SG 1.) Wie Nephalius verband er die *mia-physis*-Formel mit dem Dyophysitismus, aber begrifflich reflektiert (unter Rückgriff auf Basilius und Gregor von Nazianz), indem er den cyrillischen *physis*-Begriff einerseits im Blick auf die Person Christi mit *hypostasis* und andererseits im Blick auf Gottheit und Menschheit in ihm mit *usia* interpretierte; daraus folgerte er, daß sich zwei *usiai* nicht zu einer *usia* vermischen könnten, sondern zu einer Hypostase und Person vereinigen; die Einswerdung von Gottheit und Fleisch gemäß Joh 1,14 bezeichnete er als "**enhypostatische Einung**" der beiden Naturen: Die Menschheit Christi existierte nie für sich, sondern immer im Gott-Logos, dessen Eigenschaften ihr mitgeteilt worden sind. Eine ähnliche Position vertrat Johannes von Skythopolis.

12.3.2 Als der klassische Vertreter des Neochalkedonismus und der Lehre von der Enhypostasie der Menschheit galt in der älteren Forschung **Leontius von Byzanz** (1. H. des 6.Jh.s) mit seinem Werk *Gegen Nestorianer und Eutychianer*. Doch er, ein origenistischer Mönch in Palästina, war ein strikter Verteidiger des chalkedonischen Dyophysitismus, der die Enhypostasie - als Verbindung von zwei verschiedenen Dingen unter Bewahrung ihrer spezifischen Eigenarten - nicht auf Christi Menschheit beschränkte. Von diesem Leontius sind zu unterscheiden der "skythische" Mönch Leontius (s. 12.1.1) und der Mönch Leontius von Jerusalem, der vor 532 gegen Nestorianer und Monophysiten schrieb und eine neochalkedonische Konzeption der Enhypostasie vertrat.

12.3.3 Offizielle Geltung erlangte die neochalkedonische Konzeption durch **Justinian**, der sich - beraten von Theologen - intensiv mit dem christologischen Problem beschäftigte und wohl mehr als nur ein theologischer Dilettant war. **533** erließ er ein Gesetz mit einem trinitarisch-christologischen Bekenntnis, welches die Cyrills Lehre entsprechende **theopaschitische Formel** enthielt: *Einer aus der Trinität, der Gott-Logos, ist Fleisch geworden ... Christus, unser Gott, ist Fleisch und Mensch geworden und ans Kreuz geschlagen* (C.J. I,1,6). Für diese Lehrentscheidung holte er die Zustimmung des römischen Papstes Johannes ein, also derjenigen Instanz, die stets für die Wahrung des Chalkedonense gekämpft hatte.

12.3.4 Um der monophysitischen Kritik am "dualistischen" Chalkedonense zu begegnen und dessen Geltung zu relativieren, erließ Justinian ca.**544** - beraten von Theodor Askidas, dem Bischof von Cäsarea/Kapp. - ein **Lehrdekret** gegen drei Repräsentanten der antiochenischen Christologie (als angebliche Vertreter der Zwei-Personen-Lehre, also des "Nestorianismus"). Diese waren 451 ausdrücklich als orthodox anerkannt worden, wurden aber von den Monophysiten - v.a. Philoxenus und Severus - attackiert: Verurteilt wurden Person und Werk des **Theodor** von Mopsuestia, die anticyrillischen Schriften des **Theodoret** von Cyrus und der nach 431/3 verfaßte Brief des **Ibas** von Edessa an den persischen Mönch Mari. (Diodor von Tarsus war schon 499 als "Nestorianer" verdammt worden.) Diese **drei Anathematismen** (= *kephalaia/ capitula*) lehnten die chalkedonischen Theologen scharf ab, zumal im Westen, wo der Afrikaner Facundus von Hermiane (gest. ca.571) zum Haupt des Widerstands wurde. (Unter den "drei Kapiteln" verstand man nunmehr die ganze Thematik, nicht mehr bloß die Anathematismen.) Wie wichtig Justinian die Sache war, zeigte sich auch daran, daß er den ebenfalls opponierenden **Vigilius von Rom** 547 nach Konstantinopel bringen und so lange bedrohen ließ, bis er 548 der Drei-Kapitel-Verurteilung zustimmte. Doch Vigilius, dessen Autorität durch dieses "Judicatum" im Westen schwer erschüttert wurde (s. § 8; 3.3.3), revozierte und exkommunizierte den Konstantinopeler Patriarchen Menas sowie Theodor Askidas; er blieb bis 555 in kaiserlicher "Schutzhaft" (vgl. 12.4.2).

12.3.5 Kirchenpolitisch-taktischer Auslöser des Dreikapitelstreites war die 543 von Justinian dekretierte **Verurteilung des Origenes**. Dessen Lehre war schon früher umstritten gewesen (zum Ersten origenistischen Streit 393ff vgl. 4.3.2; § 5; 3.2.2). Zumal im Mönchtum wirkte sie v.a. in der mystisch-spekulativen Umformung durch **Euagrius Ponticus** fort (s. § 6; 5.4.1); besonders dessen Lehre, daß alle Vernunftwesen durch ihre wesenhafte Erkenntnis wie Christus (als *Isochristoi*) in die göttliche Einheit aufgenommen würden, erregte Anstoß. Hinzu kam im 6.Jh. die Umbildung des Origenismus durch den syrischen Mönch Stephanus bar Sudaili. Konflikte um dessen Lehren zwischen den Mönchen der "Großen Laura" und der "Neuen Laura" bei Jerusalem, über die der päpstliche Apokrisiar Pelagius (der spätere Papst) Justinian berichtete, nahm dieser 543 zum Anlaß, in 10 Anathematismen bestimmte Lehren des Origenes (u.a. Präexistenz der Seelen, Apokatastasis) zu verwerfen. Da aber die Unruhen, die z.T. einen Bezug zur Christologie hatten, andauerten, griff er 553 das Thema nochmals auf (s. 12.4.1).

12.4 Das Konzil von Konstantinopel 553

Zur kirchlichen Absicherung seiner religionspolitischen Entscheidungen berief Justinian eine ihm völlig gefügige Reichssynode ein, die gemäß seinen Vorgaben die Verurteilung des Origenismus und der "Drei Kapitel" bestätigte. Als 5. ökum. Konzil erreichte sie normative Geltung. Eine positive Lehrformulierung erging nicht; doch das in 14 Anathematismen enthaltene **Dogma** - als förmliche Verfluchung der christologischen Häresien - war in der Sache eine Sanktionierung des kaiserlichen Neochalkedonismus: des **cyrillisch interpretierten Dyophysitismus**. Dieses Dogma wurde von den Monophysiten abgelehnt, aber in der griechischen und lateinischen Kirche rezipiert.

12.4.1 Die gegenüber 543 neu formulierten 15 **Anathematismen gegen den Origenismus** bezogen sich nicht nur auf Origenes' Lehren, sondern mehr noch auf die Fortbildungen z.B. bei Euagrius Ponticus. (Übers.: Grillmeier II/2, 424f.) Dessen Lehren über die Isochristie, die Seele Christi, die Inkarnation u.a. wurden verdammt. Spätere Konzilien wiederholten die Verurteilung, so daß - auch durch gezielte Vernichtungsaktionen Justinians - Origenes' Schriften weithin verloren gingen.

12.4.2 Da Justinian Papst Vigilius' definitive Zustimmung zur **Drei-Kapitel-Verurteilung** nicht erlangen konnte, formulierte er 551 ein umfangreiches neochalkedonisches "Glaubensbekenntnis" wie gehabt per Edikt. Und da Vigilius auch die Teilnahme am Konzil verweigerte (freilich dessen Ergebnis nachträglich zustimmte), setzten die 166 Konzilsväter - auf ihrer Tagung vom 5.5.-2.6.553 in der Hagia Sophia - das Edikt in **14 Anathematismen**/Kanones um (Text/ Übers.: DH 421-438). Auf der Grundlage des Nizänums und des Chalkedonense wurde die Einheit beider Naturen in Christus anti-antiochenisch, mit Cyrill als **hypostatische Einigung** (sachlich als Enhypostasie der menschlichen Natur) interpretiert, die sowohl Christi Wundertaten als auch sein Leiden einschloß. Aber die Begriffe *physis* und *hypostasis* wurden unterschieden (jedoch nicht präzise definiert), so daß die cyrillische *mia-physis*-Formel nun die Einheit der Hypostase/Person bezeichnen sollte. Der **Dyophysitismus** wurde insgesamt bekräftigt, allerdings als eine *synthesis* der Naturen, bei der beide nur begrifflich unterschieden werden könnten. (Insofern sollten die strittigen Formeln *aus zwei Naturen* und *in zwei Naturen* sich wechselseitig interpretieren.)

12.5 Literatur

K. Beyschlag: Grundriß II/1, 148-161.170-185. - P. Gray: Konstantinopel II. 553, TRE 19 (1990) 524-527. - Ders.: Neuchalkedonismus, TRE 24 (1994) 289-296. - A. Grillmeier: Jesus der Christus II/2. - F.X. Murphy/P. Sherwood: Konstantinopel II und III, GÖK 3, 1990, 9-159. - G. Podskalsky: Justinian I., GKG 2, 1984, 263-274. - E. Schwartz: Zur Kirchenpolitik Justinians, in: Ders.: Ges. Schriften Bd.4, 1960, 276-328. - F. Winkelmann: KGE I/6 (s. 5.4) 58-62.101-104.

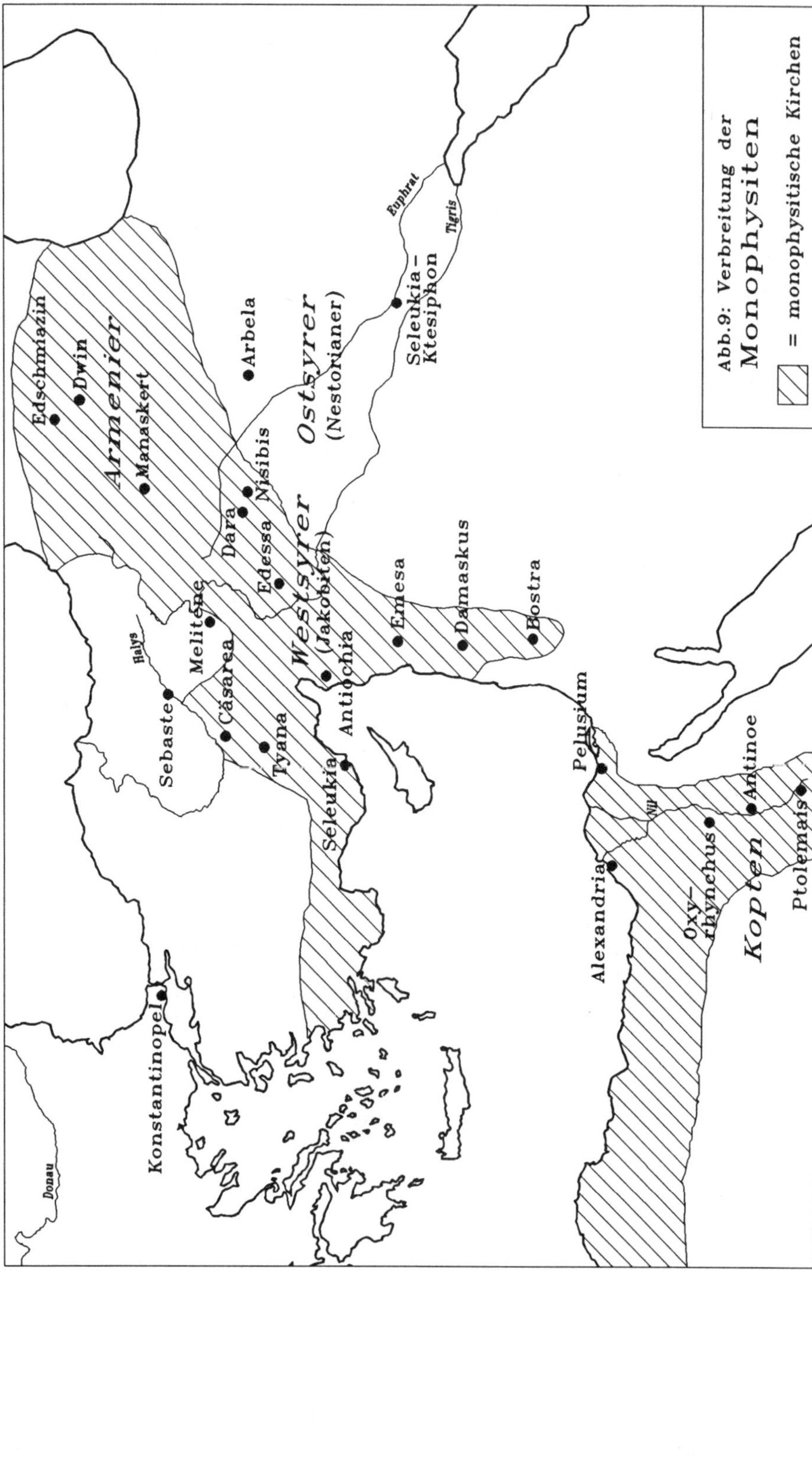

Abb.9: Verbreitung der Monophysiten

= monophysitische Kirchen

13. Der monenergistisch-monotheletische Streit 633-681

Von Anfang an war der christologische Streit mit der Reichspolitik verknüpft. Dieser Aspekt prägte vor allem seine letzte Phase, und zwar im Zusammenhang mit einem weltgeschichtlichen Umbruch: dem **Ende des alten oströmischen Reiches**, d.h. der durch die Invasion der Perser, Araber, Slawen und Awaren bedingten Beschränkung i.w. auf Kleinasien und Thrakien/Griechenland (mit Konstantinopel als Zentrum). Mit dieser außenpolitischen Veränderung der Zeit ca.600-680 ging eine kulturelle und innenpolitische Wende einher: die Konzentration auf das griechische Element. Es empfiehlt sich, die Geschichte des **byzantinischen Reiches** im eigentlichen Sinne, dessen Grundlagen die Kaiser Heraklius und Konstans II. geschaffen haben, erst mit dieser nachjustinianischen Epoche beginnen zu lassen. Der inneren Stabilisierung diente die abschließende Dogmatisierung einer christologischen Orthodoxie.

13.1 Politischer Umbruch und Kircheneinheit

Justinians Nachfolger konnten die Reichseinheit nicht bewahren. Ihre Herrschaft beschränkte sich in Afrika, Italien und im Illyricum auf immer kleinere Gebiete. In der Kirchenpolitik versuchten sie daher noch einmal, die Herrschaft über die östlichen Gebiete durch Verständigung mit den Monophysiten in Armenien, Syrien und Ägypten zu stabilisieren, allerdings vergeblich. Seit 605 drangen die **Perser** in das Reichsgebiet vor, eroberten 611 Antiochia, 614 Jerusalem, 619 Ägypten. Zwar konnte Kaiser **Heraklius** (610-641) bis 628 die Invasoren vertreiben, aber durch die Eroberungszüge der **Araber** gingen jene Provinzen 636-642 definitiv dem Reich verloren. Heraklius schuf die Basis für den Neubau des Reiches in organisatorischer und kultureller Hinsicht. Da die Monophysiten mit den Persern als Befreiern vom Joch der Reichskirche sympathisiert hatten, zielte seine Religionspolitik darauf, sich mit ihnen durch dogmatische Kompromisse zu arrangieren. Doch damit scheiterte er: Die **monenergistische Unionsformel von 633**, die das Chalkedonense relativierte (Gemeinsamkeit des Handelns der beiden Naturen Christi durch "**eine gottmenschliche Energie**") stieß auf Widerstand und wurde zurückgezogen. Stattdessen wollte die mit Rom vereinbarte, durch Gesetz als "**Ekthesis**" **638** dekretierte **monotheletische Formel** (Einheit der beiden Naturen, weil der Logos ihr Handeln durch **einen Willen** bestimmt) den kirchlichen Frieden gewaltsam sichern. Aber die Syrer und Ägypter, nunmehr unter arabischer Herrschaft der Reichsgewalt entzogen, gingen darauf nicht ein, und die heftige Opposition des Westens führte zu einem neuen Streit.

13.1.1 Mit dem Sturz des Usurpators Phokas 610 und der Herrschaft des Armeniers Heraklius wurde die bisherige europäische Führungsschicht abgelöst. Analog zu den westlichen Exarchaten Ravenna und Karthago begann Heraklius mit einer Neuorganisation der europäisch-anatolischen Provinzen durch die sog. **Themen-Verfassung**, die deren Abwehrfähigkeit durch Überordnung der Militär- über die Zivilgewalt stärkte. Sein **Krieg gegen die Perser** 622-628 weckte ein neues, auch religiös motiviertes Reichsbewußtsein. Die Rückführung der aus Jerusalem geraubten Kreuzesreliquie 629 (nach deren legendärer "Auffindung" durch Konstantins Mutter Helena seit 335 kultisch verehrt) rief allgemeine Begeisterung hervor. Kirchbau und Liturgie entwickelten sich weiter. Das Lateinische als bislang offizielle Verwaltungssprache wich dem Griechischen; der Kaisertitel lautete nunmehr offiziell *Basileus* statt *Imperator Augustus*. Die **Herrscherverehrung** nahm persische Elemente auf, statt des alten Diadems trug der Kaiser fortan eine Krone mit Christusbild, die Nachfolge wurde als Erbe an seine Familie gebunden.

13.1.2 Als Armenier war Heraklius für die monophysitische Position ohnehin aufgeschlossen, und das wurde durch die politische Lage nach 628 verstärkt. In seinem Sinne boten daher der Konstantinopeler **Patriarch Sergius** und der Alexandriner Cyrus den ägyptischen Monophysiten 633 zwecks Union eine **neue christologische Formel** an, die auf den Neochalkedonier Theodor von Pharan/Sinai (= Theodor von Raithu) zurückging, aber mit der Autorität des "Dionysius Areopagita" (s. 11.4.2) begründet wurde: *Daß der gleiche eine Christus und Sohn das Gottgemäße und das Menschliche durch eine menschliche Wirkung* (μιᾷ θεανδρικῇ ἐνεργείᾳ) *handelt*. Damit sollte der unlösbare Streit um das Naturenproblem entschärft werden. Doch da Sophronius von Jerusalem und andere sie vom Chalkedonense her kritisierten, entstand der sog. **monenergistische Streit**, der die Unionsverhandlungen scheitern ließ. Nun modifizierte Sergius die Formel auf Vorschlag des **Honorius von Rom** (625-638) so, daß der ungeklärte Begriff *energeia* durch den des einen Willens ersetzt wurde. Zwecks Beendigung des Streites erließ Heraklius 638 eine Ekthesis (= Edikt) mit einer von Sergius entworfenen Lehrformel (Übers.: Winkelmann 107f). Sie verbot die Verwendung des *energeia*-Begriffs und folgerte aus der hypostatischen Einigung der beiden Naturen, daß man *einen Willen* (ἓν θέλημα) *unseres Herrn Jesus Christus bekennen müßte*. Damit wurde der Konflikt aber neu entfacht und stark ausgeweitet (sog. **monotheletischer Streit**). Für die syrischen und ägyptischen Monophysiten wurde der ganze Unionsplan ohnehin alsbald uninteressant, weil sie unter der Araberherrschaft die Freiheit zur Entfaltung ihrer Kirchenorganisation bekamen (vgl. 15.3-4).

13.2 Westlicher Dyotheletismus gegen kaiserliche Despotie

Eine neue Dimension erhielt der Streit dadurch, daß er nach 642 nicht mehr wie seit zweihundert Jahren um die Einbindung der Monophysiten ging, sondern daß die Westkirche - in Verbindung mit der politischen Opposition gegen Byzanz - Widerstand gegen das Friedensprogramm, d.h. gegen die Ekthesis, leistete. Ihr theologischer Kopf wurde der Byzantiner **Maximus Confessor** (s. 13.3). Es ging ihm um die Bewahrung des Erbes von Chalkedon und um die Verteidigung der Freiheit der Kirche. Kaiser **Konstans II.** (641-668) führte das Reformwerk seines Großvaters Heraklius mit der Konzentration des Reiches auf den europäisch-kleinasiatischen Teil erfolgreich fort. Dabei gewannen neben dem Illyricum v.a. Nordafrika und Süditalien strategische Bedeutung für die Eindämmung der Slawen/Awaren und Araber. Daß die dortigen Kirchen die Gemeinschaft mit einer häretischen (= monotheletischen) Reichsführung ablehnten, störte das Konsolidierungskonzept. Um Frieden zu schaffen, verbot Konstans II. im sog. **Typos von 648** die christologische Verwendung der Begriffe *Wirksamkeit* und *Wille*; den Widerstand brach er brutal.

13.2.1 Der ca.630 nach Karthago geflohene **Maximus**, der klügste Kritiker des neuen Kurses seit 633, gewann 645 den nordafrikanischen Episkopat für den **Widerstand** gegen die Ekthesis und reiste nach Rom, um Papst Theodors (642-649) Unterstützung zu erhalten. Dabei verbündete er sich mit Gregor, dem byzantinischen Exarchen von Karthago, der - ebenso wie der Exarch von Ravenna, Olympius - gegen den Kaiser revoltierte. Für diesen wurde so der theologische Protest zum politischen Hochverrat. Konstans II. erließ 648 ein gesetzliches Verbot der christologischen Terminologie (*Willen* und *Wirksamkeit*, *thelēma* und *energeia*; Übers.: Winkelmann 109), um angesichts der politischen Wirren dogmatischen Frieden herzustellen.

13.2.2 Dagegen ließ der neue Papst **Martin I.** (649-653), der ohne kaiserliche Zustimmung sein Amt antrat und sich der politischen Opposition anschloß, durch ein römisches Laterankonzil 649 - beraten von Maximus - den **Dyotheletismus** als dem Chalkedonense gemäße Lehre bekräftigen sowie den Monophysitismus, Monenergismus und Monotheletismus verwerfen (Bekenntnis/-Kanones: DH 500-522). Die damit verbundene Exkommunikation des Konstantinopeler Patriarchen Paulus verdeutlichte die abermalige **Ost-West-Kirchenspaltung**. Doch mit dem Tode des Exarchen Olympius 652 entfiel der politische Schutz: Konstans II. schickte Martin I. - 653 in Konstantinopel als Hochverräter zum Tode verurteilt - ins Exil auf die Krim (gest. 655). Maximus wurde wegen des Widerstands gegen den Typos bestraft: 656 nach Thrakien verbannt, wurden ihm 662 die Zunge und die rechte Hand abgeschnitten; er starb bald darauf im georgischen Exil.

13.3 Maximus Confessor

Maximus (ca.580-662), nicht nur als "Bekenner" (*Homologetēs*), als Märtyrer der christologischen Orthodoxie eine Autorität in Ost- und Westkirche, war der bedeutendste Theologe des 7.Jhs. In seiner Verbindung von Askese und Mystik, Philosophie und Exegese war er für lange Zeit der letzte Vertreter originell-produktiven Denkens in der byzantinischen Kirche. Seine scharfsinnigen Beiträge zum monotheletischen Streit haben dessen Ausgang mitentschieden.

13.3.1 In Konstantinopel geboren, wurde er 610 Sekretär des Kaisers Heraklius, wandte sich aber 613/4 dem **Mönchtum** zu, dessen Spiritualität er durch verschiedene Schriften, z.B. den *Liber asceticus* und die *Capita de caritate*, prägte (Werke: MG 90-91; neu z.T. in CChr. SG). Seine - mit der Philosophie verbundene - **Mystik** rezipierte kritisch die origenistische Tradition, beeinflußt v.a. durch Euagrius Ponticus, Gregor von Nyssa und Ps-Dionysius Areopagita (s. § 6; 5.4): Der Mensch ist dazu bestimmt, in sich die Gegensätze zwischen geschaffener und ungeschaffener Natur zu vermitteln, und zwar durch Reinigung von Affekten und durch Erkenntnis der in der Bibel offenbarten Wahrheit; durch Gottes Menschwerdung kann er mit dem Wirken des Heiligen Geistes Gottes Kind und in der Gemeinschaft mit Gott "vergöttlicht" werden. Die **Vergottungslehre** spielte bei Maximus eine zentrale Rolle.

13.3.2 Mit dieser mystischen Soteriologie hing seine Christologie zusammen. Gegen die monenergistischen und monotheletischen Konzeptionen vertrat er die wahre Menschheit Jesu im Sinne des **chalkedonischen Dyophysitismus** mit logisch-begrifflicher Klärung: Da zur Natur (= Wesen) der Wille als bestimmende Eigentümlichkeit gehört, können verschiedene Wesen nicht einen gemeinsamen Willen haben; im Logos ist die eine Wirksamkeit der eine Wille der Gottheit (der Trinität), so daß Jesu Menschheit bei einem gottmenschlichen Willen an der Trinität teilhätte; ohne eigenen Willen wäre Jesu Menschheit unvollständig. Durch die Einheit (*henōsis*) der Naturen in der Hypostase des Christus wird der menschliche Wille nicht beseitigt, doch er wird insofern "vergöttlicht", als er durch den Logos dauerhaft bestimmt wird. Das biblische Christusbild bestätigt sowohl die volle Menschheit als auch die Einheit von Wollen und Handeln.

13.4 Das Konzil von Konstantinopel 680/1: Ende des Streites

Die Veränderung der politischen Lage unter Kaiser Konstantin IV. (668-685) führte zur definitiven Beendigung des christologischen Streits, damit aber auch zur Bekräftigung der **Kirchenspaltung**. Nach dem Friedensschluß mit den Arabern 678 (unter Anerkennung des Verlustes von Syropalästina und Ägypten) sollte die innere Stabilisierung des neuen byzantinischen (Klein-)Reiches auch eine religionspolitische Basis erhalten. Da einerseits die Monophysiten abgeschrieben waren, andererseits der Westen für das Reich bedeutsam blieb, verständigte sich Konstantin mit Rom. Ein Reichskonzil bestätigte 680/1 zusammen mit dem Chalkedonense den **Dyotheletismus** und verurteilte die Gegenpositionen. Zwar hatten nun Ost- und

Westkirche wieder eine gemeinsame dogmatische Grundlage, aber die Ostkirche war auf den griechischen Teil geschrumpft, weil die abgetrennten nichtchalkedonischen Kirchen sich endgültig konsolidierten. Und die byzantinische Kirche entwickelte die Trennung von der römisch-lateinischen fort durch die kirchenrechtlichen Beschlüsse ihres **Konzils von 692**.

13.4.1 Die Konzeptionen einer monenergistischen und monotheletischen Christologie entsprachen dem seit 553 geltenden Neochalkedonismus. Durch die Gunst der politischen Umstände konnte nun der Westen durch das **dyotheletische Dogma** seine Form des Dyophysitismus einbringen (Text/Übers.: DH 553-559). Das vom 7.11.680 bis 16.9.681 im Kuppelsaal (*Trullos*) des Konstantinopeler Kaiserpalastes tagende **6. Ökumenische Konzil** (= Trullanum I) behandelte die christologische Frage nur nebenbei, vorrangig dagegen die kirchenpolitischen Personalfragen. Auf Betreiben der römischen Legaten verurteilte es die monenergistisch-monotheletischen Protagonisten, darunter vier Konstantinopeler Patriarchen seit Sergius; im Gegenzug verdammte es auch Honorius von Rom als Ketzer. (Text/Übers.: DH 552. Diese Entscheidung spielte als "Honoriusfrage" im Streit um die Dogmatisierung der Unfehlbarkeit des Papstes 1870 eine Rolle.)

13.4.2 Der kirchenrechtlichen Neuordnung der byzantinischen Kirche dienten die 102 Kanones des - von dieser als 7. ökum. Konzil gewerteten - sog. **Trullanum II 692** (wegen der Ergänzung zum 5. und 6. Konzil auch "Quinisextum" genannt). Die **Abgrenzung vom Westen** zeigte sich z.B. in der Erneuerung der Bestimmungen von 381 und 451 über Konstantinopels Gleichrangigkeit (s. 10.1.3), in der Ablehnung der römischen Regelung von Zölibat und Fasten, in der Fixierung nur östlicher Theologen und Synoden als maßgeblicher Instanzen, im Verbot der - im Abendland verbreiteten - Darstellung Christi als Lamm. Folgerichtig verweigerte Rom dem Trullanum II die Anerkennung.

13.5 Literatur

H.-G. BECK: KIG I/D 1 (s. 5.4) 51-67. - E. CASPAR: Geschichte des Papsttums Bd.2, 1933, 530-635. - G. DAGRON: Das byzantinische Christentum vom 7. bis in die Mitte des 11.Jh.s, GCh 4, 1994, 3-96. - P. HAUPTMANN: Maximus Confessor, GKG 2, 1984, 275-288. - F.X. MURPHY/P. SHERWOOD: GÖK 3 (s. 12.5) 163-315. - G. OSTROGORSKY: Geschichte, 72-118. - C. DE VOCHT: Maximus Confessor, TRE 22 (1992) 298-304. - F. WINKELMANN: KGE I/6 (s. 5.4) 62-66.106-113. - DERS.: Monenergetisch-monotheletischer Streit, TRE 23 (1994) 205-209.

14. Der Streit um die Bilderverehrung 726-843

Der sog. Bilderstreit, der letzte Beitrag der byzantinischen Kirche zur gesamtchristlichen Lehrfixierung, war ein für sie besonders typisches Phänomen. Mit dem christologischen Streit hing er zunächst weder inhaltlich noch chronologisch zusammen, und doch bestand insofern ein Sachzusammenhang, als es beide Male um die ontologische Verbindung von kreatürlicher und göttlicher Wirklichkeit ging. Den Bezug der Bilderverehrung zur Christologie stellten die Theologen im 8./9. Jh. dann ausdrücklich her. Für spätantikes Denken war ein Bild (εἰκών/*Ikone*) die **reale Repräsentation** der dargestellten Person, bestand ein **Seinszusammenhang** zwischen dem unsichtbaren Urbild und dem sichtbaren Abbild. Drei Elemente bestimmten den Streit: a) die Verselbständigung der Volksfrömmigkeit gegenüber der theologischen Reflexion; b) die innenpolitische Situation des Reiches; c) die Bildertheologie als Teil einer Auffassung von Kirche als irdischer Repräsentation der himmlischen Herrlichkeit. Der eigentliche Streit verlief in **zwei Phasen** 726-787 und 815-843. Durch ihn erfuhr die Bilderverehrung eine theologische Klärung, v.a. bei Johannes Damascenus. Sowohl die Ausgangslage als auch der wechselhafte Verlauf des Streites waren durch ein etwa gleichgewichtiges Gegeneinander von Befürwortern und Gegnern der Bilderverehrung (**Ikonodulen - Ikonoklasten**) bestimmt. Die jeweiligen Richtungsentscheidungen 730/754 und 787/843 ergaben sich aus kaiserlichem Machtspruch, nicht aus kirchlichem Konsens. Im Verlauf des Streites verstärkte sich - i.w. aus politischen Gründen - die Trennung der Westkirche von Byzanz. Am Ende setzte sich seit 843 die **Orthodoxie des Bilderkultes** durch - mit epochaler Wirkung für die Eigenart des byzantinischen Christentums (und des von ihm geprägten slawischen Bereichs) als einer Kirche des Schauens göttlicher Herrlichkeit. Seit dem 9./10.Jh. blühte die Bildkunst - mit fester ikonographischer Programmatik - auf.

14.1 Das Aufkommen von Kultbildern im 4.-7. Jahrhundert

Die frühe Kirche kannte - wegen des Bilderverbots Ex 20,4 und des Gegensatzes zum heidnischen Kult mit seinem Bilderreichtum - keine religiösen Bilder. Seit dem 3.Jh. kamen z.T. Malereien in Kirchen und Katakomben mit biblischen Gestalten und Märtyrern (Heiligen) auf. Schon für das 4.Jh. ist eine literarische Polemik dagegen, besonders gegen die Christusdarstellung, bezeugt (z.B. Eusebius von Cäsarea, Epiphanius von Salamis). Bis zum 5.Jh. überwog im Osten und Westen die Ablehnung, doch die populäre Praxis wuchs seitdem. Die **Befürworter** argumentierten theologisch mit der Inkarnation Gottes, philosophisch mit der platonischen Urbild-Abbild-Lehre, religiös mit dem Gedächtnis, wodurch die Heiligen geehrt würden, und pädagogisch mit der Belehrung für die schlichten Analphabeten. Die **Gegner** beriefen sich auf das Bilderverbot und auf die Unmöglichkeit, Gottes Herrlichkeit abzubilden. Im 5./6.Jh. verbreitete sich der Bildschmuck in den Kirchen, zumal auf den Vorhängen vor dem Altar, der Vorform der - wohl erst seit dem 14.Jh. üblichen - Ikonostase/Bilderwand. Damit nahm auch, getragen von der **Volksfrömmigkeit**, die Bilderverehrung einen kontinuierlichen Aufschwung, meist auf die Heiligen bezogen als besondere Form der Erbauung, z.T. auch mit der Erwartung von Wundern und Gnadenwirkungen verbunden. Das Konzil von 692 (s. 13.4.2) setzte die allgemeine Zulässigkeit von Bildschmuck insofern voraus, als es im 82. Kanon (dem Verbot der typologischen Darstellung Christi als Lamm) die **Christusdarstellung** als Möglichkeit der "Erinnerung" an sein Geschick, um in seiner Menschheit den Gott-Logos zu bedenken, ansprach.

14.2 Durchsetzung des Ikonoklasmus 730-754

Die Gründe für den Ausbruch des Streites sind nicht klar erkennbar; sie dürften in einer Reaktion auf Auswüchse gelegen haben, die als Götzendienst kritisiert und als Ursache für verschiedene Nöte des Reiches (als Strafen Gottes gedeutet) angesehen wurden. Kaiser **Leon III.** attackierte in Verbindung mit kleinasiatischen Bischöfen seit 726 den Bilderkult und erließ 730 ein **Gesetz**, das den kirchlichen Gebrauch religiöser Bilder verbot und deren Beseitigung anordnete. Die Opposition blieb zunächst moderat; sie reagierte i.w. mit einer theologischen Begründung der Sinnhaftigkeit und Notwendigkeit dieses Kults (so Johannes Damascenus um 730). Im Zusammenhang des politischen Widerstands gegen Byzanz verurteilte 731 eine italische Synode unter Papst Gregor III. den Ikonoklasmus. Wegen der Verbindung der Bilderfreunde in Byzanz mit dem Aufstand gegen Kaiser Konstantin V. setzte dieser mit eigener theologischer Begründung das **Bilderverbot 754** auf einer **Reichssynode in Hiereia** (s. Abb.7.8) durch. Bilderverehrung galt nun als Häresie und wurde seit ca. 761/2 verfolgt. Widerstand leistete v.a. das Mönchtum.

14.2.1 Die permanente Bedrohung durch die Araber, die im Westen 698 das Exarchat Karthago eroberten, und die innere Erschütterung des Reiches durch Aufstände und lange Thronwirren bestimmten den Ansatz der **Reformpolitik** Kaiser Leons III. (717-741), der das Reich nach dem Sieg über die Araber 740 für längere Zeit konsolidierte. Das dürfte der Hintergrund für seine ikonoklastische Religionspolitik gewesen sein: Angesichts der Katastrophen und Gefahren galt es, Gottes Zorn zu besänftigen durch **Reinigung der Kirche** vom Bilderfrevel (und wohl damit auch der jüdischen und muslimischen Kritik am Christentum zu begegnen). Schon vor 726 gab es bilderfeindliche Aktionen kleinasiatischer Bischöfe, die **Patriarch Germanos** mit traditionellen Gründen ablehnte, ohne ihnen eine stringente Bilderlehre entgegenzusetzen. Leon III. dürfte die kritische Stimmung im Episkopat mit seiner Polemik gegen die Bilderverehrung 726ff aufgenommen haben, die in der Entfernung einer Christusikone vom Bronzeportal des Kaiserpalastes gipfelte: Das Kreuz Christi sollte anstatt der Bilder verehrt werden. Demgemäß befahl er mit Edikt wohl 730 die **Beseitigung aller Bilder**, wobei er den opponierenden Germanos absetzte. Die Realisierung und der Widerstand dagegen blieben zunächst moderat. Nun aber setzte eine theologische Diskussion ein, zu der den bedeutendsten Beitrag Johannes Damascenus lieferte (s. 14.3.1).

14.2.2 In **Italien** verband sich die Opposition mit der zunehmenden Ablehnung der byzantinischen Herrschaft, die - mit den schwachen Stützpunkten in Süditalien und Ravenna - die Kirche kaum noch gegen die Langobarden schützen konnte. Die Aufhebung des Steuerprivilegs für die römischen Latifundien (s. § 8; 4.3) wollte Leon III. ca. 726/7 gewaltsam gegen Papst Gregor II. (715-731) durchsetzen. Die Folge war ein **militärischer Aufstand** gegen die Byzantiner. Unter dem neuen Papst **Gregor III.** (731-741) verdammte eine Synode der italischen Bischöfe in Rom 731 die Zerstörung der Bilder Christi, Marias, der Apostel und Heiligen als Abkehr vom "alten apostolischen Brauch der Kirche". Der Kaiser reagierte ca. 732 - nach dem Scheitern eines Flottenangriffs auf Italien - mit einem kg. höchst folgenreichen Dekret: Er entzog Rom die kirchliche Jurisdiktion über Sizilien, Kalabrien, Illyrien und übertrug sie Konstantinopel. Damit trieb er das Papsttum auf die Seite des Frankenreiches (s. § 8; 5.1.1).

14.2.3 Den Höhepunkt erreichte der Bilderstreit unter Leons Sohn **Konstantin V.** (741-775), weil die Bilderfreunde/Ikonodulen sich 742 mit dem Usurpator Artabasdos verbündeten und nach dessen Ausschaltung 743 als Reichsfeinde bekämpft wurden. Den **Ikonoklasmus** als Kampf für die wahre Gottesverehrung machte Konstantin zum religionspolitischen **Programm**, das seine militärischen Erfolge zur Sicherung des Reiches begleitete. Wie Justinian I. griff er als kaiserlicher Theologe ein: Zur Vorbereitung einer konziliaren Entscheidung beeinflußte er diese nicht nur durch entsprechende Zusammensetzung des Episkopats, sondern auch durch Abfassung mehrerer theologischer Schriften gegen die Bilderverehrer (Fragm. in Übers.: Dumeige 283-286.) Im Sinne des antik-magischen Verständnisses statuierte er eine ontologische Verbindung (Homousie) zwischen Bild und Urbild; daraus folgerte er die Unmöglichkeit einer Darstellung der göttlichen (d.h. unbegrenzten, unbeschreibbaren) Natur Christi; eine Abbildung nur der Menschheit Christi beträfe - wegen der Personeinheit mit der Gottheit - eine eigene Person, einen bloßen Menschen ohne göttliche Natur; das einzig wahre Christusbild wäre die Eucharistie. Damit wurden Bilderfrage und christologisches Problem offiziell verbunden.

14.2.4 Auf dieser Grundlage entschied die im **Kaiserpalast Hiereia** (am östl. Ufer des Bosporus) vom 10.2. bis 8.8. 754 tagende **Reichssynode** mit 338 Bischöfen, die sich ausdrücklich als 7. ökum. Konzil deklarierte. Ihr Dekret (*Horos*; Text: Geischer 44-53; Übers.: Dumeige 290-292) verwarf die Legitimierung der Christusbilder als Nestorianismus und Arianismus und verbot insgesamt die kirchliche Verwendung von Bildern. Verfolgungen der Ikonodulen gab es zunächst nicht; erst nach ca.761/2 trafen sie v.a. den Widerstand im Mönchtum, schliefen aber mit Konstantins Tod 775 ein.

14.3 Theologie des Bildes/der Ikone

Die Begründung der religiösen Bedeutung des Bildes nahm zusammen mit einer platonisierenden Offenbarungslehre die **Christologie als Fundament**: Jesus Christus als Bild Gottes (2. Kor 4,4; Kol 1,15) ermöglicht eine Darstellung der unsichtbaren, nicht darstellbaren göttlichen Wirklichkeit. Denn in seiner Menschheit, die abgebildet werden kann, manifestiert sich die mit ihr geeinte Gottheit. Da die Ikone (Christi, Marias, der Heiligen) als Abbild auf das himmlische Urbild verweist, besteht die kultische Bilderverehrung zu Recht, weil sie allein dem Urbild gilt. Dieses Grundmodell einer Bildertheologie hat **Johannes Damascenus** erstmals genau definiert. Zahlreiche andere Theologen des 8./9.Jh.s haben ähnliche Lehren entfaltet.

14.3.1 Außerhalb des byzantinischen Reiches im Kalifat Damaskus konnte der Mönch **Johannes** (s. 14.5) unbehelligt den Ikonoklasmus bekämpfen: in den drei – ca.726/730 oder später verfaßten – sog. Bilderreden (*Gegen die Schmäher der heiligen Bilder*; Text: PTS 3; Übers.: W. Hradsky, 1994). Auch wenn deren Wirkung wohl nur relativ gering blieb, sind sie als erste systematische Entfaltung einer Bildertheologie bedeutsam. Johannes ging über die traditionelle Argumentation hinaus, wonach das atl. Bilderverbot durch die christliche Überwindung des Götzendienstes heilsgeschichtlich überholt sei und Gott selber die Anfertigung von Bildern geboten und selber Bilder (Typen des künftigen Heils) geschaffen habe. – a) Er definiert das Wesen des Bildes im Sinne der **neuplatonischen Ontologie** als Manifestation von Verborgenem, als **Gegenwart des Urbildes** im Abbild, welche sich zueinander wie Ursache und Wirkung verhalten: *Das Bild ist das Abbild* (ὁμοίωμα) *und das Beispiel* (παράδειγμα) *und der Abdruck* (ἐκτύπωμα) *von etwas, indem es in sich das Abgebildete zeigt* (Orat. III,16). Somit sind wesensmäßige Ähnlichkeit und ontische Differenz zugleich konstituiert. – b) Die religiöse Legitimation der Bilder leitet Johannes v.a. aus der **Christologie** ab: Als Mensch kann Christus abgebildet werden, und wegen der gegenseitigen Durchdringung (**Perichorese**) von menschlicher und göttlicher Natur kommt darin die an sich unsichtbare Gottheit zum Ausdruck (I,16). – c) Die kultische Bilderverehrung ist – nicht nur im pädagogischen Sinne für Analphabeten – notwendig, weil das Schauen als Ergänzung neben das Hören (die Ikone neben das Evangelium) tritt; sie ist wegen des Christusbezuges soteriologisch bedeutsam: *Ich sah das Bild Gottes in Menschengestalt, und meine Seele wurde gerettet* (I,22). Denn im Bild ist die Gnade des Heiligen Geistes wirksam (I,19). Wegen der Mehrdeutigkeit des Begriffs "Verehrung" (προσκύνησις) ist dabei zu differenzieren zwischen der allein Gott geltenden **Anbetungs-Verehrung** (προσκύνησις κατὰ λατρείαν) und der **Ehrerbietung** (προσκύνησις κατὰ τιμήν), die den Bildern gilt (I,14). Gemäß dem im Bilderstreit immer wieder zitierten Grundsatz des Basilius von Cäsarea bezieht sich die dem Bild erwiesene Ehre auf das Urbild; deswegen ist sie keine Idolatrie (Götzendienst).

14.3.2 In der zweiten Phase des Streites nach 815 (s. 14.4.2) war der bedeutendste Verteidiger der Ikonolatrie der gelehrte Konstantinopeler Abt **Theodor Studites** (759-826; vgl. § 6; 5.3.2). Er hat seine *Widerreden* (*Antirrhētikoi*; Text: MG 99, 328-426) gegen die Ikonoklasten ganz auf die **christologische Begründung** konzentriert: Die Inkarnation legitimiert nicht nur die Bilder, sondern macht sie notwendig, weil die Christusikone den gegenwärtigen Erlöser darstellt; wäre dieser – als mit der Gottheit geeinter Mensch – nicht im Bild darstellbar, würde sein Menschsein geleugnet; Ikonoklasmus ist demnach Monophysitismus, die Bilderverehrung aber logische Konsequenz des Chalkedonense. – Einen anderen, für die Folgezeit wichtigen Aspekt stellte Patriarch Nicephorus (ca.750-828) heraus: Das Bild vergegenwärtigt wie das Evangelium das Wort, ist diesem aber in seiner Wirkkraft überlegen, weil die schauende Wahrnehmung die Wahrheit unmittelbarer aneignet. Damit wurde ein spezifischer Grundzug der byzantinischen Religiosität formuliert.

14.4 Dogmatisierung des Bilderkultes 787-843

14.4.1 Während der Episkopat zumeist den Ikonoklasmus vertrat, blieb die Bilderfrömmigkeit in Mönchtum und Kirchenvolk stark genug, um den Nachfolgern Konstantins V. einen behutsamen Kurswechsel nahezulegen. Ihn vollzog **Kaiserin Irene**, eine energische Regentin, 787 mit dem politisch geschickt vorbereiteten (7. ökum.) **Konzil von Nicäa**, an dem die Legaten von Papst Hadrian I. und Vertreter der orthodoxen Patriarchate Alexandria, Jerusalem und Antiochia teilnahmen. Das

Dekret von 754 wurde aufgehoben und der Bilderkult förmlich dogmatisiert (allerdings ohne die sonst übliche christologische Begründung): als notwendige "**ehrerbietige Verehrung**" (τιμητικὴ προσκύνησις/*proskynēsis*), die im Sinne des Damaszeners von der *wahren Anbetung* (ἀληθινὴ λατρεία/*latreia*) der göttlichen Natur unterschieden wurde. (Text/Übers.: DH 600-603; zum Widerspruch der fränkischen Theologen s. § 5; 13.3.1.)

14.4.2 Da die bilderfeindlichen Kräfte - zumal im Heer - großen Einfluß behielten, kam es 815 unter Kaiser Leon V. zu einer abermaligen Wende durch Erneuerung des Bilderverbots von 754. Maßgeblich wirkte dabei in den Unruhen das geschichtstheologische Argument der Ikonoklasten mit, daß das Wohl des Reiches unter den Kaisern Leon III. und Konstantin V. gesichert war, die den Götzendienst beseitigt hätten. Die **Opposition der Ikonodulen** war heftig, getragen vom Mönchtum, angeführt von Patriarch Nicephorus, der 815 sein Amt aufgab, und vom Abt des Studios-Klosters Theodor Studites (vgl. 14.3.2). Theodor verteidigte besonders nachhaltig die Freiheit der Kirche gegenüber dem Staat und die Autonomie des religiösen Lebens. Wiederum im Zusammenhang mit einem innenpolitischen Kurswechsel hob **Kaiserin Theodora** 843 die Beschlüsse von 815 auf und restituierte das Dogma von 787, das nun definitiv gültig blieb. Seitdem feierte die Ostkirche diesen Akt im jährlichen *Fest der Orthodoxie*, bezeichnend für die ekklesiale Bedeutung des Bilderkultes.

14.5 Traditionalistische Synthese: Johannes Damascenus

Seit dem 7.Jh. wich die theologische Produktivität und Originalität der griechischen Kirche einem prinzipiellen Traditionalismus. Als **Kompilator** der dogmatischen **Vätertradition** war der aus Damaskus gebürtige Johannes (ca.650?-750?) eine dafür besonders typische Gestalt mit beachtlicher Wirkungsgeschichte. Sein dg. bedeutendstes Werk war die dreiteilige *Quelle der Erkenntnis* mit einer systematischen Darstellung der zentralen Lehrthemen als Zusammenfassung der entsprechenden Aussagen der Konzilien und Kirchenväter. Damit hat er v.a. die Gottes- und Trinitätslehre, die Prädestinationslehre und die Christologie beeinflußt. Sein Werk hat die westliche Theologie seit dem 12.Jh. durch Vermittlung terminologischer Präzision und patristischer Tradition beeinflußt.

14.5.1 Über Johannes' Leben ist so wenig bekannt, daß alle chronologischen Angaben ungenau bleiben. Als christlicher Araber stand er zunächst im Staatsdienst der Kalifen von Damaskus; um 700 wurde er Mönch im berühmten **Sabas-Kloster** bei Jerusalem, wo er bis zu seinem Tod (vor 754) **Schriften zur theologischen Belehrung und religiösen Erbauung** verfaßte: u.a. Homilien, Traktate gegen verschiedene Häresien (z.B. Manichäismus, Nestorianismus, Monophysitismus, Monotheletismus) und zu moralisch-asketischen Themen, die Bilderreden (s. 14.3.1) sowie eine Auslegung der Paulusbriefe. Wahrscheinlich stammt von ihm auch der erbauliche Roman *Barlaam und Joasaph*, eine Verchristlichung der Buddhalegende, dessen Wirkungen auf Frömmigkeit, Literatur und Kunst in Ost und West erheblich waren: eine Apologie des Christentums (unter Verwendung traditionellen Materials) als Erzählung von der Bekehrung des indischen Königssohns Joasaph durch den Mönch Barlaam zum christlichen Asketismus. (Text: MG 96, 860-1240; Übers.: L. Burchard, 1924.)

14.5.2 Als Lehrbuch schrieb Johannes wohl nach 740 die *Quelle der Erkenntnis* (πηγὴ γνώσεως; Text: PTS 7.12.22). Der 1. Teil, die sog. *Dialektik*, behandelt die für die theologische Arbeit nützliche philosophische Terminologie, die er präzise zusammenfaßt. Im 2. Teil *Über die Häresien* skizziert er die Irrlehren als Negativfolie für den 3. Teil, die *Genaue Darlegung des rechten Glaubens* (Übers.: BKV 44): einen Abriß der **Kirchenlehren** über Gott, Schöpfung, Vorsehung, Anthropologie, Christologie, Soteriologie, Sakramente, Frömmigkeit, Eschatologie. Die charakteristische **Methode**, kirchliche Überlieferung und Heilige Schrift durch Kirchenväterzitate auszulegen, basiert auf dem Ansatz, nichts Eigenes lehren zu wollen, sondern - in prinzipieller Ablehnung "neuer Lehren" - den Konsensus der Kirche darzustellen.

14.5.3 Johannes' Beitrag zur Christologie - auf der Grundlage des cyrillisch interpretierten Chalkedonense - bestand v.a. in der terminologischen Präzisierung des Neuchalkedonismus gegen den Monenergismus und Monotheletismus. Er betonte die **Einheit der Hypostase** Christi in zwei Naturen, Energien und Willen, damit aber die **Enhypostasie** der menschlichen Natur in der Hypostase des Gott-Logos (von der Anhypostasie als Nicht-Existenz unterschieden). Er bezeichnete das Verhältnis beider Naturen als **wechselseitige Durchdringung/Perichorese** (περιχώρησις), wobei allerdings die Gottheit dominiert; eine wirklich gegenseitige Mitteilung der Eigenschaften (*communicatio idiomatum*) lehrte er nicht.

14.6 Literatur

QUELLEN: H.-J. GEISCHER (Hg.): Der byzantinische Bilderstreit, 1968.

LITERATUR: H.-G. BECK: KIG I/D 1 (s. 5.4) 67-95. - G. DAGRON: Das byzantinische Christentum (s. 13.5) 97-175 - H.-D. DÖPMANN: Die Ostkirche vom Bilderstreit bis zur Kirchenspaltung, KGE I/8, 1991, 27-73. - G. DUMEIGE: Nizäa II, GÖK 4, 1985. - G. OSTROGORSKY: Geschichte 119-170. - H.G. THÜMMEL: Bilder IV-V/1, TRE 6 (1980) 525-540. - DERS.: Bilderlehre und Bilderstreit, 1991. - DERS.: Die Frühgeschichte der ostkirchlichen Bilderlehre, 1992. - K. WESSEL: Dogma und Lehre in der Orthodoxen Kirche von Byzanz, HDThG 1, 1982, 287-325.

15. Die orientalischen Nationalkirchen

Der christologische Streit brachte insofern eine Spaltung der Kirche, als durch den theologischen Widerstand gegen das Chalkedonense von 451 und durch den politischen Gegensatz zum byzantinischen Reich die nationale Sonderentwicklung in Armenien, Ost- und Westsyrien, Ägypten und Äthiopien sich zur kirchlichen Absonderung entwickelte. Den Dyophysiten ("Nestorianern") in Ostsyrien und Persien standen als Majorität in den übrigen Gebieten die "Monophysiten" gegenüber (zum Begriff s. 11.3).

15.1 Die ostsyrisch-persische Kirche (sog. Nestorianer)

Die assyrisch-aramäische Christenheit in Mesopotamien, in den Grenzgebieten von römischem und persischem Reich, hat seit dem 2.Jh. ihre - durch sprachliche, kulturelle, politische Faktoren bedingte - morphologische Eigenart ausgebildet (vgl. § 2; 2.5.1). Im 4./5.Jh. lebte ein Teil im Imperium Romanum mit Edessa als Zentrum, der andere Teil im Sassanidenreich mit Nisibis und Seleukia-Ktesiphon als Zentren; dieser wurde durch den politischen Gegensatz von der Reichskirche isoliert. Die 410 und 424 bekräftigte **Selbständigkeit als Kirche im Perserreich** verstärkte sich nach 431/451 durch den konfessionellen Gegensatz, weil sie sich 486 auf die antiochenische Theologie mit Diodor und Theodor (s. 4.1-2) als Autoritäten festlegte. Sie blieb eine geduldete, manchmal verfolgte Minderheit, so auch unter den muslimischen Arabern, die seit 633 das Perserreich eroberten. Ihre kg. bedeutsame Eigenart lag in der ausgedehnten **Missionstätigkeit** in Mittelasien bis hin nach China.

15.1.1 In **Edessa**, der blühenden Geistesmetropole Ostsyriens, bekämpften sich nach 431 die verschiedenen christologischen Richtungen (s. 9.1.2). Seit 437 leitete **Narses** (Narsai; ca.399?-502?), ein bedeutender persischer Theologe, die Schule; er mußte aber nach Ibas' Tod 457 der Herrschaft der Monophysiten weichen und verlegte die "Schule der Perser" nach **Nisibis**, wo Bischof **Bar Sauma** (Barsumas; gest. ca.495) die Kirche im nestorianischen Sinne, d.h. auf der Basis der antiochenischen Tradition, orientierte. Seitdem entwickelten die beiden Teile sich kirchlich auseinander (mit der sprachlichen Differenz zwischen dem West- und Ostsyrischen).

Das zum römischen Reich gehörige Edessa wurde im 6.Jh. unter Jakob Baradai zu einem Zentrum der sog. Jakobiten (s. 15.3.2).

15.1.2 410 und 424 hatten Synoden in der persischen Hauptstadt Seleukia-Ktesiphon die "Apostolische Kirche des Ostens" vom Patriarchat Antiochia getrennt mit **autonomer Organisation** in sechs Kirchenprovinzen unter der Oberleitung eines *Katholikos* (Gesamtbischofs) in Seleukia-Ktesiphon. Dort legte 486 eine Synode die persische Kirche auf ein "nestorianisches" Bekenntnis fest: auf einen strikten **Dyophysitismus**, demzufolge die menschlichen Eigenschaften Christi (als Hypostase) voll neben den göttlichen bestehen und die Personeinheit durch die Anbetung gewährleistet wird. Die **Araberherrschaft** seit 633 führte zu gewissen Einschränkungen, doch bis zum 9.Jh. waren die christlichen Schulen in Nisibis, Seleukia, Bet Lapat und Merw die führenden Bildungsinstitutionen, die den Arabern die spätantiken Wissenschaften (v.a. Philosophie, Mathematik, Medizin) vermittelten.

15.1.3 Auf den Handelswegen der syrischen Kaufleute gelangte dieses "nestorianische" Christentum - seit dem 6.Jh. durch eine weiträumige, v.a. von Mönchen getragene **Missionstätigkeit** verstärkt - in die an Persien angrenzenden Gebiete (Indien, Mittelasien). Stützpunkt für die Mission unter den Turkvölkern am Oxus (Amudarja) und östlich davon in Samarkand und Taschkent wurde das Bistum Merw. Seit dem 7.Jh. gab es auch in China einige "nestorianische" Gemeinden (bis zum 11./12.Jh.). Im südlichen Indien gab es - aufgrund der Seeverbindungen - schon im 3./4.Jh. Gemeinden und Bistümer; dazu kam im Nordwesten die Mission von Persien her. Seit ca.500 war diese Kirche organisatorisch mit der "nestorianischen" verbunden (seit ca.700 mit eigenem Metropoliten) und bestand wohl bis zum 13.Jh.

15.2 Die armenische Kirche

Armenien, selbständiges Königreich im Überschneidungsbereich der Großmächte Rom und Persien, war im 4.-7.Jh. durch Annexionen von beiden Seiten bedroht. (Der westliche Teil, "Kleinarmenien", war ohnehin seit dem 1.Jh. römische Provinz.) Für die politische Autonomie spielte daher die kirchlich-kulturelle Identität der Nation eine wichtige Rolle. Statt der Reichsdogmen von 431/451/553/681 wurde seit ca.552 eine **monophysitische Position** zur Basis der nationalkirchlichen Unabhängigkeit unter Leitung eines eigenen Katholikos (Gesamtbischofs).

15.2.1 Infolge der Missionierung von Kappadokien her unter Gregor dem Erleuchter um 300 (s. § 2; 2.3.2; 2.5.1) bestand eine enge Verbindung zur Reichskirche mit Vermittlung der hellenistischen und syrischen Kultur. Unter dem Katholikos Sahak (390-439) entwickelten sich die Anfänge einer armenischen **Literatur**, nachdem der Mönch **Mesrop** (gest. 441) ein eigenes Alphabet geschaffen hatte. Seit der Teilung des Landes zwischen römischem und persischem Reich 387 gehörten die meisten Provinzen der nunmehr autonomen, von nationalen Adelsgeschlechtern beherrschten Kirche zum letzteren (mit Zentrum in Edschmiazin, seit 484 in Dwin). Seit dem Ende des Königshauses 428 wurden der **Katholikos** und die feudalistischen **Bischöfe** zu den eigentlichen **Repräsentanten der Nation**. Deren Identität war so eng mit dem Christentum verflochten, daß die Armenier resistent blieben gegenüber dem persischen Zoroastrismus ebenso wie gegenüber dem Islam der arabischen Eroberer (seit 641). Im 10./11.Jh. kam es zu neuer staatlicher Autonomie, die aber durch Byzantiner und Seldschuken/Türken (seit 1071) beseitigt wurde. Durch Auswanderung bildete sich ein zweiter Schwerpunkt der armenischen Kirche in Kilikien.

15.2.2 Unter der Perserherrschaft blieben die Armenier von den dogmatischen Entscheidungen der Konzile 431 und 451 unberührt. Aufgrund von Kontakten zur Reichskirche nahmen sie 491 und 506 das *Henōtikon* (s. 11.2) an, um sich von den im Perserreich als christlicher Hauptgruppe tolerierten Nestorianern abzugrenzen. Die Abgrenzung gegen Nestorianismus und Neochalkedonismus führte dazu, daß die **Synode von Dwin ca.552** (s. Abb.7) definitiv das Chalkedonense verwarf, sich dem **Monophysitismus** anschloß, und zwar in der radikalen Form der "Julianisten" (der sog. Aphthartodoketen; s. 12.2.2). Auf Unionsversuche nach dem byzantinischen Sieg über die Perser 628/9 reagierten die Armenier, die ihre Selbständigkeit seit 552 durch eine eigene Zeitrechnung demonstrierten, mit der Bekräftigung ihrer monophysitischen Identität auf der

Synode von Dwin ca.645/9. Die Synode von Manaskert 726 brachte eine dogmatische Verständigung mit der syrisch-jakobitischen Kirche (s. 15.3); die damit begründete Union war aber durch liturgische Differenzen belastet und endete im 13.Jh.

15.2.3 Die seit dem 4.Jh. bestehende Kirche in **Georgien** (meist politisch zweigeteilt: Lasika und Iberia) formte sich unter armenischem und syrischem Einfluß. Die armenische Entscheidung für den gemäßigten Monophysitismus von 491/506 wurde zunächst übernommen. Aber im 6.Jh. schloß sich die georgische Kirche dem **Neochalkedonismus** der Reichskirche an (definitiv 610), blieb allerdings nach 680 selbständig ("autokephal") mit eigenem Katholikos. Nach der Invasion der Araber im 7.Jh. und der Mongolen im 13.Jh. hielt sich die kirchliche Organisation trotz Unterdrückung und Verfolgung der Christen, wodurch - ebenso wie durch die staatliche Autonomie weiter Teile - die nationale und kulturelle Identität behauptet wurde.

15.3 Die westsyrische Kirche (sog. Jakobiten)

Das weite syrische Gebiet zwischen Mittelmeer und Tigris, zum Patriarchat Antiochia gehörig, war weder politisch noch sprachlich-kulturell noch kirchlich eine Einheit. Seine Zersplitterung wurde durch die christologischen Konflikte verstärkt, weil nicht nur der Ostteil sich abspaltete (s. 15.1), sondern auch der Westteil in mehrere sich bekämpfende Kirchen zerfiel, nachdem dieser Einflußbereich des antiochenischen Dyophysitismus zu einem Verbreitungsgebiet der **Monophysiten** wurde. Durch bedeutende Theologen wie Philoxenus und Severus (s. 11.3.3-4) erhielt diese Position große Ausstrahlungskraft. Die Gemeinden konnten sich in der Verfolgungszeit nach 519 behaupten, wurden reorganisiert als Untergrundkirche durch **Jakob Baradaios** seit 543 (daher "Jakobiten"), trotzten der kaiserlichen Unionspolitik (s. 13.1) und erlebten unter der Araberherrschaft im 7.-13.Jh. eine beträchtliche Blüte.

15.3.1 Durch die von Petrus Fullo (s. 11.1.2) angezettelten Unruhen in Kirchenvolk und Mönchtum kam es nach 471 zum **Schisma**, als er die antiochenische Erzbischofswürde beanspruchte und ihm viele Gemeinden folgten. Seitdem herrschte in Westsyrien der Gegensatz zwischen den "Monophysiten" und den "Melkiten" (Melchiten, d.h. *Kaiserlichen*), die den offiziellen Patriarchen von Antiochia stellten; er war nicht so sehr in einer unvereinbaren Christologie begründet als vielmehr im **kulturellen und politischen Konflikt** zwischen Syrern und Griechen. Im Widerstand gegen das Chalkedonense (bzw. die Unionsformeln), die Reichskirche und die staatliche Unterdrückung fanden die Syrer zu einer Art nationaler Identität.

15.3.2 Nach **Severus** als offiziellem Erzbischof 512-518 (s. 11.3.4) beherrschten Melkiten das Patriarchat in den mehr als 100 Bistümern und verfolgten die Monophysiten so radikal, daß deren Klerus weitgehend aufgelöst wurde, während das Kirchenvolk und das Mönchtum resistent blieben. Als der monophysitische Araberfürst Harit von Ghassan ca.542/3 für sein Gebiet bei Kaiserin Theodora um Bischöfe nachsuchte, ließ diese zwei Monophysiten weihen: Theodor für "Arabien" (d.h. Transjordanien und die syrische Wüste mit nominellem Sitz in Bostra) und **Jakob Baradaios** (syr. Burd'ana, d.h. der *Filzene* - wegen seines Asketenkleides) für "Syrien" mit nominellem Sitz in Edessa. Bis zu seinem Tode 578 durchzog Jakob Syrien, Kleinasien, Palästina und Ägypten, ordinierte ca.30 Bischöfe und zahllose Presbyter sowie Diakone, organisierte die Gemeinden als **Untergrundkirche** und setzte für Syrien einen Gegen-Patriarchen als Nachfolger des Severus ein, der ebenso wie seine Nachfolger nur im geheimen von Klöstern, den wichtigsten Stützpunkten der Monophysiten, aus wirkte.

15.3.3 Nach der Eroberung Syriens durch die Araber seit 636/9 wurden die "Jakobiten" wie die anderen christlichen Kirchen geduldet und konnten daher - mit den Klöstern als Zentren - ihre Kirche stärker entfalten, verbunden mit Armeniern und Kopten. Bedeutendster Theologe war **Jakob von Edessa** (633-708) mit exegetischen, kirchenrechtlichen und philosophischen Werken. Die Blüte dauerte bis zum 12./13.Jh., gestört durch Spaltungen, die 1292-1495 zu einem großen Schisma führten. Der Schwerpunkt lag im nördlichen Syrien und in Mesopotamien. Antiochia,

Edessa und die meisten Städte verblieben allerdings den melkitischen Bischöfen. Größter Repräsentant der Blütezeit war der konvertierte Jude Johannes bzw. Gregor, genannt **Barhebraeus** (1226-86), Asket und Oberbischof der östlichen Jakobiten, ein Universalgelehrter als Theologe, Historiker und Philosoph (Vermittler des Aristotelismus). Verfolgungen durch muslimische Perser und Türken im 14.Jh. ließen die jakobitischen Gemeinden bis auf kleine Reste schrumpfen.

15.3.4 Auch in **Arabien** gab es im 6.Jh. jakobitische Christen, zunächst im Reich der Ghassaniden (s.15.3.2), von dort auf die arabische Halbinsel vordringend, wo allerdings auch die Nestorianer missionierten. Südarabien (Jemen), wo wie sonst an der Küste und den Handelsstraßen das Christentum seit dem 4.Jh. v.a. durch Kaufleute eingeführt worden war, geriet unter den Einfluß der monophysitischen Äthiopier.

15.3.5 In Syrophönizien verbreitet waren die **Maroniten**, zunächst eine asketische Bewegung in verschiedenen Klöstern (benannt nach dem Kloster des Abtes Maron, gest. ca.410/420). Gegen die Monophysiten bekannten sie sich zum Chalkedonense, akzeptierten aber unter Kaiser Heraklius den **Monotheletismus** (s. 13.1.2) und dürften auch nach 681 - obwohl das strittig ist - daran festgehalten haben. Seit ca.675 bildeten sie ein eigenes Patriarchat (im Gegensatz zu Melkiten und Jakobiten); vor den Arabern zogen sie sich seit dem 10.Jh. v.a. in den Libanon und nach Zypern zurück. Als Chalkedonenser kooperierten sie mit den westlichen Kreuzfahrern und gingen 1181/1445 eine Union mit Rom ein.

15.4 Die koptische Kirche

Im Unterschied zu Syrien bildete Ägypten eine kulturelle, kirchliche und politische Einheit mit **Alexandria** als dominierendem Vorort. Die kg. katastrophalen Folgen des Chalkedonense zeigten sich besonders in dieser für das antike Christentum zentralen Region. Durch den - von Volk und Mönchtum intensiv geführten - **Kampf gegen das neue Dogma** bildete sich im 6.Jh. eine spezifisch ägyptische (= "koptische") Identität in kultureller, konfessioneller und institutioneller Hinsicht. Dabei spielte der lehrmäßige Unterschied in der Christologie weniger eine Rolle als der politische Gegensatz gegen die Reichskirche. Da dieser in der Formel von der *einen Natur* ideologischen Ausdruck fand, kann man die Kopten dem umstrittenen Begriff **Monophysitismus** (s. 11.3) mit Recht zuordnen. Die Anhänger von Chalkedonense und Reichskirche (*Melkiten*), zumeist auf die gräzisierte Bevölkerung beschränkt, blieben eine kleine Minderheit. Da sie aber den offiziellen Patriarchen stellten, war die ägyptische Kirche - auch über die Lostrennung vom Reich 642 hinaus - organisatorisch gespalten. Unter der Araberherrschaft erlebte sie einen allmählichen Niedergang.

15.4.1 Die Hellenisierung erfaßte nur einen kleinen Teil der Bevölkerung, v.a. in Alexandria und Unterägypten. Die Kopten (moderne Bezeichnung für "Ägypter" nach dem arab. qubti) hatten ein **eigenes kulturelles Gepräge**, das sich seit dem 4./5.Jh. in ihrer volkssprachlichen Literatur mit Konzentration auf asketische Praxis und Hagiographie artikulierte. (Vgl. auch § 2; 2.3.2.) Die wirtschaftliche und fiskalische Ausbeutung des Landes durch die "Griechen" verstärkte die Aversion gegen das Imperium. Die herausragende Stellung innerhalb der Gesamtkirche wurde zuletzt durch Cyrills Wirken (s. 6.1-2; 8.1-3) manifestiert. Da für die ägyptischen Christen der **Patriarch** eine einheitsstiftende, "nationale" Symbolfigur war, traf sie die Entscheidung von Chalkedon 451 mit der Niederlage Dioskurs (s. 10.1.2) zutiefst in ihrem Selbstbewußtsein wie in ihrem religiösen Empfinden. Das zeigte sich sogleich in den schweren Unruhen (s. 11.1.1). Seitdem war die Kirche gespalten: Dem von der griechischen Minderheit, den **Melkiten** (= Kaiserlichen), gestützten offiziellen Patriarchen von Alexandria stand die große Mehrheit der Ägypter entgegen, die seit 457 eigene Patriarchen hatte. Der dogmatische Unterschied war - angesichts der starken Berücksichtigung Cyrills (s. 12.3-4) - eigentlich nicht groß, doch er fixierte sich im **Gegensatz der Formeln "Eine Natur - Zwei Naturen"**. Da die Volksfrömmigkeit durch die Christus-Gott- und die "Vergottungs"-Vorstellung bestimmt war, wurde die cyrillische Formel *mia physis* (s. 11.3) zur Parole des Widerstands gegen die Unterdrückungspolitik der Reichskirche, repräsentiert durch die melkitischen Patriarchen. Deswegen stießen alle Vermittlungsversuche bis 638 (s. 11.2-3; 12.2-3; 13.1.2) auf Ablehnung.

15.4.2 Die Spaltung der Monophysiten (s. 12.2.2) entwickelte sich im 6.Jh. zur sektenhaften **Zersplitterung**, wodurch Ägypten seine kirchliche Führungsrolle verlor. Neben den Severianern und den Julianisten bzw. Gaianiten gab es verschiedene Gruppen, z.B. die sog. Akephalen und die Agnoëten (s. $LThK^2$ 1,199f.236.688f). Die "Tritheisten" lehrten mit der Identifizierung der Begriffe *hypostasis* und *physis* u.a., daß die Trinität aus drei Substanzen bestünde; ihr geistiger Führer war der Neuplatoniker **Johannes Philoponus** (ca.490-ca.570; s. TRE 17,144-150), der als Kritiker der aristotelischen Naturphilosophie für die Begründung der Schöpfungslehre (Anfang der Materie, Impetustheorie, Dreidimensionalität des Ortes) bis zur Neuzeit große Bedeutung gewann. Nach dem Tode des Monophysiten-Patriarchen Theodosius (535-566) drifteten die Gruppen vollends auseinander, trotz der Reorganisationsbemühungen des Jakob Baradaios (s. 15.3.2) seit 566 und trotz des Aufbaus eines antichalkedonischen Episkopats durch den Patriarchen Petrus seit 575. Dessen bedeutender Nachfolger **Damianus** (578-607) überwand z.T. die Zersplitterung und festigte die Kirchenstrukturen. 616 wurde auf einer Synode in Alexandria das zwischen Kopten und Syrern 575 eingetretene Schisma beendet. Angesichts der Unterdrückung durch die Reichskirche wurden 619 die Perser und 639/642 die Araber als Befreier begrüßt. Unter Patriarch Benjamin (626-665) als dem - von der Besatzungsmacht anerkannten - nationalen Repräsentanten der Kopten blühte das Kirchenwesen neu auf.

15.4.3 Die **Araberherrschaft**, seit 642 von der dünnen Schicht der Soldaten und Beamten getragen, wirkte sich ambivalent aus. Sie brachte grundsätzlich die Religionsfreiheit für die Kopten (Monophysiten), aber auch für die zahlenmäßig geringen Griechen (Melkiten). Faktisch setzte sie jedoch die staatliche **Unterdrückung** durch die Kirchenaufsicht und die steuerliche Ausbeutung des Landes fort. Im 8.Jh. kam es zu Kirchenplünderungen, die Zahl der Bistümer ging zurück, der Klerus wurde behindert und der Kirchbau gestoppt. Aufgrund des staatlichen Druckes wuchs die Konversion zum Islam allmählich an, v.a. seit dem 10.Jh. Um 1000 gab es eine systematische Unterdrückung und Kirchenzerstörung. Den endgültigen Niedergang brachte die Herrschaft der türkischen **Mamluken** 1250-1517 mit Verfolgungen und Massenübertritten. Aus einer dominierenden Nationalreligion wurden die christlichen Kopten so zu einer Minderheit.

15.4.4 Wegen der kirchenrechtlichen Bindung an Alexandria und der Missionierung durch koptische bzw. syrische Christen gingen auch die Nationalkirchen der Nubier und der Äthiopier (s. § 2; 2.5.2) zum Monophysitismus über. Seit ca.550 wurden die **nubischen Teilreiche** von Oberägypten aus durch die monophysitische Mission geprägt und entfalteten ein blühendes kirchliches Leben; gegenüber den Arabern und dem Islam behaupteten sie sich im 7./8.Jh.; erst seit dem 14.Jh. wurde das Christentum allmählich verdrängt. - Die **äthiopische Kirche**, deren Katholikos (Gesamtbischof) bis 1959 vom alexandrinischen Patriarchen ernannt wurde, entwickelte sich im 5./6.Jh. kräftig weiter. Allmählich wurde sie im 6.Jh. durch die monophysitische Lehre bestimmt, die der schlichten Volksfrömmigkeit entsprach. (Ob dabei die "neun Heiligen" - syrische Asketen, die das Mönchtum hier aufbauten - eine Rolle spielten, ist unklar.) Ihre Eigenart trat besonders in der Kirchenmusik/Hymnik zutage. Von der übrigen Christenheit blieb sie durch den Sperrgürtel der arabischen Hoheitsgebiete jahrhundertelang isoliert.

15.5 Literatur

W. HAGE: Armenien I, TRE 4 (1979) 40-57. - DERS.: Jakobitische Kirche, TRE 16 (1987) 474-485. - DERS.: Nestorianische Kirche, TRE 24 (1994) 264-276. - DERS.: Das Christentum im frühen Mittelalter (476-1054), 1993, 29-50. - P. KAWERAU: Das Christentum des Ostens, 1972, 34-97. - C.D. MÜLLER: Geschichte der orientalischen Nationalkirchen, KIG I/D 2, 1981. - T. ORLANDI: Koptische Kirche, TRE 19 (1990) 595-607. - W. SPULER: Die morgenländischen Kirchen, 1964. - G. TROUPEAU/J.P. MAHÉ/B. MARTIN-HISARD: Die Christenheit im Osten, GCh 4, 1994, 391-599. - F. WINKELMANN: KGE I/6 (s. 5.4) 114-130.

§ 5
Augustin und die Lehrentwicklung der westlichen Kirche

Bedeutung des Themas

Ein Grundproblem der Kirchengeschichte ist diejenige Differenzierung von Frömmigkeits- und Lehrtypen, die zur Ausbildung separater Konfessionen geführt hat. Seit den Anfängen existierte das Christentum in verschiedenen regionalen Ausprägungen mit jeweiligen kulturellen und sprachlichen Eigentümlichkeiten. Der Unterschied zwischen den **westlichen und östlichen Kirchen** (*ecclesiae occidentales - orientales*; δυτικαί - ἀνατολικαί), der sich in den beiden Hauptsprachen des Imperium Romanum dokumentierte, war den Zeitgenossen schon aufgrund der politischen Differenzierung bzw. Zweiteilung des Reiches (*occidens - oriens*/δύσις - ἀνατολή) bewußt. Er hat zu einer **getrennten Entwicklung** im politisch-staatlichen Bereich geführt, die auch eine kirchliche Entsprechung fand: Sie kam deutlich bereits in den Konflikten des 4.Jh.s zum Ausdruck (vgl. § 1; 12), führte seit dem 5.Jh. zu Schismen (vgl. § 4; 11.2; § 8; 6.1) und verfestigte sich seit 1054 in der endgültigen Ost-West-Spaltung (vgl. 7.1-2). Dazu gehörte die unterschiedliche theologische Entwicklung des Westens mitsamt morphologischen Besonderheiten in Kirche und Lehre; dieses Profil wurde im 4./5.Jh. voll ausgebildet, es hat den Kulturbruch der sog. Völkerwanderungszeit überdauert und blieb auch im germanischen Abendland prägend.

Eine dominierende Rolle spielte dabei die **Theologie Augustins,** deren Themen und Problemlösungen in unterschiedlicher Intensität bis zum späten Mittelalter die Vorgaben für die theologische Arbeit bildeten: in der Sünden- und Gnadenlehre, in der Ekklesiologie und Sakramentenlehre, in der Wissenschaftslehre und Geschichtstheologie. Augustins geistiges Werk stand am Schnittpunkt zweier kg. Perioden als **Zusammenfassung** des spätantiken Kulturerbes und als **Grundlage** für das frühmittelalterliche Geistesleben. Bis zur Reformation übte es einen weithin bestimmenden Einfluß aus, und bis in die Gegenwart hinein hat es immer wieder die theologische Arbeit befruchtet. Augustin kann somit als der größte Repräsentant der abendländischen Theologie gelten. Allerdings beschränkte seine ökumenische Bedeutung sich auf die Westkirche; für die orthodoxe Theologie und Kirche hat er keine besondere Rolle gespielt. In dg. Hinsicht gilt, daß beide Kirchen eigene Wege gingen. Auch wenn sie noch gemeinsam an der Lösung des christologischen Streites bis 680/1 beteiligt waren, wurde mit der Dogmatisierung der Sünden- und Gnadenlehre seit 418 ein theologischer Komplex in spezifisch westlicher Eigenart erfaßt. Das **Gott-Mensch-Verhältnis** unter dem Grundaspekt von Sünde und Rechtfertigung, Natur und Gnade wurde seitdem zu einem typischen Thema der abendländischen Theologiegeschichte.

Neben dem überragenden Einfluß Augustins haben auch andere Lehrer für die westliche Kirchengeschichte große Bedeutung. Wenn zusammen mit ihm seit dem 8.Jh. **Ambrosius, Hieronymus und Papst Gregor I.** als maßgebliche *Kirchenlehrer/doctores ecclesiae* galten (in einem Viererschema analog zu den Evangelien und den altkirchlichen Konzilien; offiziell approbiert 1295), dann weist das darauf hin, daß deren v.a. an der Praxis des kirchlichen Lebens orientiertes Werk eine beträchtliche Wirkungsgeschichte im Mittelalter hatte. Der allgemeine Kulturbruch, der mit der Ablösung des Imperium Romanum durch die germanischen Reiche zusammenhing, ließ die Produktivität der Theologie zurücktreten. Die rezeptive Verarbeitung der **Vätertradition** wurde nun zu einer wichtigen Aufgabe, die die theologische Arbeit im 7.-10.Jh. weitgehend bestimmte. (Erst im 11./12.Jh. begann eine Blüte, die eine neue Epoche der Theologiegeschichte begründete; s. § 10.) Darin bekundete sich aber auch die Kontinuität zwischen Mittelalter und Spätantike, die sich in kg. Hinsicht neben der Theologie v.a. im Mönchtum und im Papsttum manifestierte (s. § 6 und § 8).

Hauptsächliche Probleme

- Zentrale Rolle von Anthropologie und Soteriologie: Der Mensch und sein Heil
- Wesensbestimmung von Sünde und Gnade im Zusammenhang des Gott-Mensch-Verhältnisses: Tatsünde und Ursprungssünde/Erbsünde (*peccatum originale*) - Gnade als äußere Hilfe und innere Kraft
- Synergismus/Zusammenwirken von Gott und Mensch, Gnade und Natur: Willensfreiheit, Prädestination, gute Werke, Verdienste
- Individuelle Theologie und kirchliche Lehre: Augustins spezifisches Profil und die Rezeption eines modifizierten Augustinismus
- Der Zusammenhang von Soteriologie und Ekklesiologie: Kirche als Institution der Heilsvermittlung; Sakramente als Gnadenmittel (Taufe, Buße, Eucharistie)
- Die Eucharistie als Gegenwart Christi und als Opfer der Kirche
- Schriftauslegung im Kontext der Vätertradition
- Profane Wissenschaften, Philosophie und Theologie
- Heilsgeschichte: Kirche und Reich Gottes

QUELLEN: Vgl. § 5; 2-15; DH 222-633. QGPRK 129-246.

LITERATUR: A. ANGENENDT: Das Frühmittelalter. Die abendländische Christenheit von 400 bis 900, 1990. - G. HAENDLER: Von Tertullian bis zu Ambrosius, KGE I/3, 1978; 3.A. 1986. - DERS.: Die abendländische Kirche im Zeitalter der Völkerwanderung, KGE I/5, 1980; 2.A. 1983. - DERS.: Die lateinische Kirche im Zeitalter der Karolinger, KGE I/7, 1985. - R. LORENZ: Das vierte bis sechste Jahrhundert (Westen), KIG I/C 1, 1970. - E. MÜHLENBERG: Von Augustin bis Anselm von Canterbury, HDThG 1, 1982, 406-566. - R. SEEBERG: Lehrbuch der Dogmengeschichte Bd.2, 3.A. 1923, 363-606, Bd.3, 4.A. 1930, 1-82.

Wichtige Ereignisse, Sachverhalte und Personen

I.	**Blüte der Theologie im 4./5.Jh.**
373/4ff	Bischöflicher Lehrer: **Ambrosius** von Mailand (ca.339-397): Trinität, Schriftauslegung, kirchliches Leben, Eucharistie
382ff	Gelehrter und Asket: **Hieronymus** (ca.347/8-ca.420) in Rom und Bethlehem: Exegese, Bibelrevision
354-430	(Aurelius) **Augustinus**: Lehrer, Schriftsteller, Bischof
373-384	Philosophie, Manichäismus, Skeptizismus: Karthago/Rom
384ff / **386/7**	Mailand: Neuplatonismus und Katholizismus / Bekehrung (Asketismus) und Taufe
	Cassiacum/Rom/Thagaste: Philosoph. Schriften; antimanichäische Schriften 387-400
391 / 395/6	Presbyter und Bischof in Hippo Regius
ca.394/6	Neue Rechtfertigungslehre (Römerbriefexegese) 397-401: *Confessiones*
ca.400-412	Antidonatistische Schriften: Ekklesiologie, Sakramentenlehre / 399-419 *De trinitate*
411-418	**Pelagianischer Streit** um Erbsünde und Gnadenhilfe Antipelagianische Schriften (z.B. *De spiritu et littera*)
415	Synoden in Palästina: Orthodoxie des Pelagius
418	Generalsynode in Karthago: **Dogmatisierung betr. Sünde und Gnade**
426ff	Streit um Prädestination und Willensfreiheit
413-426	*De civitate Dei*: Apologetik und Geschichtstheologie
II.	**Zwischen Spätantike und Frühmittelalter**
429-529	Streit um Gnadenlehre zwischen Augustinisten und **Synergisten** (sog. Semipelagianer)
ca.429-440	Augustinkritik: Johannes Cassian und Vinzenz von Lerinum. Prosper von Aquitanien als Augustinapologet
440-461	Papst Leo I.: Briefe und Predigten. Kirchlicher Augustinismus
ca.500ff	Fulgentius von Ruspe: Systematischer Augustinismus Cäsarius von Arles: Kirchliche Gnadenpredigt
529	Synode von Arausio/Orange: **Verurteilung des Synergismus**
6.Jh.	Tradierung des antiken Erbes: z.B. Boëthius, Cassiodorus
ca.590ff	Verkirchlichung der Vätertradition: **Gregor d.Gr.** (ca.540-604)
ca.600ff	Isidor von Sevilla: Wissenschaftliche Enzyklopädik
7./8.Jh.	Pflege der Vätertradition in Irland und England: Beda Venerabilis
III.	**Theologische Wissenschaft im Karolingereich**
ca.775ff	Bildungserneuerung und Theologie unter Karl d.Gr.: Alkuin (ca.730-804), Theodulf, Paulus Diaconus, Einhard
787-794	Streit um die **Bilderverehrung**. *Libri Carolini* 790/1. Synode in **Frankfurt** 794
786-799	Streit um den Adoptianismus (Elipandus von Toledo, Felix von Urgel)
808/9	Streit um das Filioque im Credo
ca.780-856	Hrabanus Maurus in Fulda/Mainz: Bildungsreform
ca.810-ca.877	Johannes Scotus **Eriugena**: Wissenschaftliche Systematik, Theologie und Ontologie
ca.844/5	**Abendmahlslehre**: Ratramnus (Symbolismus) gg. Paschasius Radbertus (Realismus)
848-855	Verurteilung der Lehre **Gottschalks** betr. doppelte Prädestination

Abb.10: Wichtigste Orte des Zeitalters Augustins

1. Merkmale des lateinischen Christentums im 4. Jahrhundert

Wurde zunächst im Westen die griechisch formulierte, in den östlichen Zentren der Christenheit entwickelte Theologie rezipiert (wie beispielhaft in Rom und Gallien erkennbar wird) und teilweise in lateinische Sprachgestalt transformiert, so trat seit dem 3.Jh. die Eigenart der westlichen Lehrbildung hervor. Dabei spielte die Kirche in **Nordafrika** eine herausragende Rolle. Nicht in Rom, sondern hier - zumal in Karthago - begegnete seit Tertullian die lateinische Theologie zuerst mit einem **spezifischen Profil** (vgl. § 1; 6.0-3; § 2; 10.2), welches in Augustin den bedeutendsten Ausdruck fand und durch ihn im Mittelalter zu größter geschichtlicher Wirkung gelangte.

1.1 Orientierung am christlichen Lebensvollzug

Ein charakteristischer Unterschied gegenüber der östlichen Theologie lag darin, daß - entsprechend dem pragmatischen Sinn der Römer für Lebensgestaltung und Institutionen - **Probleme der christlichen Existenz und der kirchlichen Praxis** (Ethik und Soteriologie, Ekklesiologie und Sakramentenlehre) in den Vordergrund der Reflexion rückten. Das bedeutete, daß Frömmigkeit und Theologie zunächst kaum Interesse hatten a) an der Philosophie, sofern sie auf metaphysische Spekulation bezogen war, und damit b) an ontologischen und kosmologischen Fragestellungen sowie c) an mystischen Erkenntnisweisen. Generell muß man konstatieren, d) daß hier die theologische Arbeit erst in der zweiten Hälfte des 4.Jh.s sich profilierte, dabei aber nur teilweise das östliche Niveau erreichte, e) daß sie in erheblichem Maße von der griechischen Theologie lernte. Typisch für diese Unterschiede war, daß es im Westen kaum Entsprechungen zu den theologischen Schulen und Zentren des Ostens (vor allem Alexandria, Antiochia, Edessa) gab. Als Merkmale der voraugustinischen Theologie hat man oft gesetzlichen Moralismus und pragmatischen Rationalismus hervorgehoben. Im 4.Jh. zeigten sich aufschlußreiche Modifikationen dieser Grundstruktur.

1.2 Institutionelle und juristische Elemente der Frömmigkeit

Die Praxisorientierung bekundete sich im einzelnen in folgenden inhaltlichen Eigenarten der Lehre: a) Da der Mensch nicht als isoliertes Individuum, sondern als Teil einer Gemeinschaft verstanden wird, kommt dem Bezug der christlichen Existenz auf die Institution Kirche konstitutive Bedeutung zu. Deren soteriologische Funktion (mißverständlich mit dem Begriff "Heilsanstalt" bezeichnet) wird in starkem Maße durch ein Rechtsdenken erfaßt, welches auch die kultisch-sakramentalen Aspekte prägt. - b) Römisches Denken dürfte zusammen mit alttestamentlich-jüdischen Traditionen darin nachwirken, daß das Gott-Mensch-Verhältnis weithin ebenfalls in **Rechtsbegriffen** (z.B. *lex*, *iustitia*, *culpa*, *poena*, *satisfactio*, *meritum*) und generell als Korrespondenz von Herrschaft und Gehorsam beschrieben wird. - c) Damit hängt zusammen, daß christliches Leben sich in starkem Maße als Orientierung an **Gottes Willen und Gesetz** vollzieht. - d) Demgemäß wird das Gottesverhältnis als durch **Sünde** und Schuld bzw. durch **Vergebung** und

Gnade/Barmherzigkeit bestimmt gesehen. – e) Die große Bedeutung, die dem eschatologischen Gericht Gottes für die christliche Existenz beigemessen wird, führt dazu, daß die Frage nach dem **individuellen Seelenheil** (*salus animae*) auch theologisch dominierend wird. – f) Eine auf dem Miteinander von Gnade und Verdienst basierende **Rechtfertigungslehre** wird sowohl in der Christologie fundiert (durch die Konzentration auf das Verständnis des Werkes Christi als Sühnopfer) als auch mit der Ekklesiologie vermittelt (durch den Bezug auf die Sakramente Taufe, Buße und Eucharistie).

1.3 Auctoritas: Bibel und Bekenntnis

In formaler Hinsicht ist die westliche Theologie durch eine grundlegende, manchmal auch positivistische Orientierung an Bibel und Bekenntnis geprägt. Diese sind, weil göttlich inspiriert, die schlechthinnige **Autorität** (*auctoritas*), auf die sich die Glaubensüberzeugung (*fides*) bezieht, wobei einige von deren Wahrheiten teilweise der menschlichen Vernunft (*ratio*) allgemein zugänglich sind. Maßgeblich ist das **Taufbekenntnis** (*fides*), welches – aus dem altrömischen Credo (*Romanum*) des 2.Jh.s weiterentwickelt – im 4.Jh. eine zunehmend einheitliche Gestalt als Symbolum (*Apostolorum*) erhält und als Zusammenfassung der apostolischen Verkündigung gilt, wobei noch andere Formen lokaler Taufbekenntnisse fortbestehen (vgl. § 2; 9.1.5). Typisch für den Westen sind seit dem späten 4.Jh. zahlreiche Kommentare zum Taufbekenntnis als Entfaltung des theologischen Grundwissens: z.B. von Rufinus von Aquileja, Nicetas von Remesiana, Ps.-Ambrosius, Augustin, Maximus von Turin, Petrus Chrysologus, Faustus von Reji, Caesarius von Arles.

1.4 "Paulusrenaissance"

Die altkirchliche Theologie hat sich stets, allerdings meist punktuell-selektiv, mit den Paulusbriefen beschäftigt, doch im Westen produzierte sie keine speziellen Kommentare dazu (anders z.B. Origenes). Das änderte sich in **Italien** seit ca. 360/70; nun studierten bestimmte Kreise vor allem in Rom und Mailand intensiv den Apostel, und daraus erwuchsen zahlreiche Kommentare zum Corpus Paulinum und exegetische Untersuchungen zu Einzelproblemen (*Quaestiones*). Nur insofern kann man zutreffend von einer "Wiederentdeckung" des Paulus sprechen.

1.4.1 Den Anfang machte in Rom der gelehrte Rhetor **Marius Victorinus** (gest.nach 363), der in seiner Exegese die Grundzüge der paulinischen Theologie herausarbeitete. Die Rechtfertigung *sola gratia* und *sola fide* im Zusammenhang mit Christi Versöhnungswerk und dem Leben im Geist wurde nun neu thematisiert, und zwar im Kontext eines christlichen Platonismus.

1.4.2 Der Mailänder **Simplicianus**, der bei Marius' Konversion zum Christentum 355 mitwirkte, wurde durch den ihm verbundenen Kreis christlicher Platoniker, insbesondere durch seinen Einfluß auf Ambrosius und Augustinus, seit 370/80 zu einem wichtigen Multiplikator dieser "Paulusrenaissance". (Zu Ambrosius vgl. 2.2-3.) In Rom verfaßte ein Anonymus, der sog. **Ambrosiaster**, ein vornehmer konvertierter Heide ca.370/80, in ganz anderem Geist, stärker juristisch-praktisch orientiert, einen Pauluskommentar, der im Mittelalter starke Verbreitung fand, weil er unter Ambrosius' Namen tradiert wurde. (vgl. dazu A. Stuiber, TRE 2,356-362). Hieronymus begann in Bethlehem einen Kommentar (vgl. 3.2), stellte ihn aber nur zu Gal, Eph, Tit und Phm fertig. Schließlich gehörten in diese Reihe die exegetischen Arbeiten Augustins (vgl. 5.5.1) und Pelagius' Kommentar (vgl. 7.1.2).

1.5 Einfluß östlicher Theologie

Trotz der Gegensätze im trinitarischen Streit (vgl. § 1; 12.1-2) hat die lateinische Theologie vieles von den höher entwickelten Formen der griechischen Theologie übernommen, zumal in der wissenschaftlichen Methodik, in der **Schriftauslegung** und in der asketisch-mystischen **Spiritualität**. Große Lehrer wie Hilarius, Marius Victorinus, Ambrosius, Hieronymus, Rufinus und Johannes Cassianus haben als Vermittler des östlichen Traditionsgutes gewirkt, was schon deswegen beachtlich war, weil sie im Unterschied zu den meisten abendländischen Theologen die griechische Sprache beherrschten und sich als Übersetzer oder Kompilatoren betätigten (so vor allem Ambrosius, Hieronymus und Rufinus zu Werken des Origenes, Didymus und Basilius), aber auch eigenständig adaptierten (vor allem in der Trintitätstheologie und Exegese: so Hilarius und Ambrosius). Diese Vermittlung bereicherte die westliche Theologie bis ins hohe Mittelalter.

1.6 Literatur

A. ADAM: Lehrbuch der Dogmengeschichte Bd.1, 1965; 6.A. 1992, 102-105. - H. v. CAMPENHAUSEN: Lateinische Kirchenväter, 1960; 6.A. 1986. - R. SEEBERG: Lehrbuch Bd.2, 363-396.

2. Ambrosius von Mailand: Kirche und Bibel

Ambrosius (ca.339-397) war eine der glänzendsten Gestalten der lateinischen Christenheit: ein kluger Kirchenpolitiker und engagierter Seelsorger, brillanter Prediger und fleißiger Exeget, nüchterner Dogmatiker und frommer Dichter, im besten Sinne ein **praktischer Theologe**. Er hat exemplarische Bedeutung für die grundsätzliche Klärung der Beziehung **Kirche-Staat** (vgl. § 3; 12.2-2.3), und er spielte eine entscheidende Rolle bei der Durchsetzung der **nizänischen Trinitätslehre** im Westen (vgl. § 1; 18.2). Seine Theologie stand zwar wirkungsgeschichtlich im Schatten des in dieser Hinsicht bedeutenderen Augustinus, aber sie hat ein beachtliches Profil. Durch ihn wurde Mailand, die kaiserliche Residenz, ein Zentrum der abendländischen Kirche.

2.1 Kirche als Ort der Wahrheit, des Heils und der Herrlichkeit Gottes

Es ging darum, durch die Verteidigung des Trinitätsdogmas die Kirche als Ort der Wahrheit zu behaupten gegen den Versuch des Staates, dogmatische und kirchenpolitische Kompromisse zu stützen. Dazu entfaltete er das biblische Zeugnis der Offenbarungswahrheit in klaren, einfachen Formeln und Schriftbeweisen. Gleichzeitig engagierte er sich durch intensive **Predigttätigkeit** und **Glaubensunterweisung** der Taufbewerber, durch bischöfliche **Gerichtsbarkeit** und **Armenfürsorge** - all dies nicht nur aus Verantwortung für die Menschen, sondern in der Gewißheit, daß die Kirche der Ort des Heils sei. Bei allem Praxisbezug betonte er stets die geheimnisvolle Wirklichkeit und Herrlichkeit der Kirche als Volk Gottes und Braut Christi. Im **Gottesdienst** kam für ihn beides zusammen; deswegen reformierte er die Liturgie und führte nach östlichem Vorbild den gemeindlichen Hymnengesang im Abendland ein, wobei er selber volkstümliche Hymnen dichtete und komponierte (in nicht genau feststellbarer Zahl; spätere Zeit hat ihm zu Unrecht viele *ambrosianische Gesänge* beigelegt, darunter das *Te Deum*). Darauf beruht ein wesentlicher Teil seiner Nachwirkung.

2.1.1 In seinem Einsatz für die Kirche wie in seiner Ekklesiologie ist Ambrosius Cyprian vergleichbar. Der Sproß einer römischen Adelsfamilie, die im Unterschied zu den Standesgenossen schon länger christlich war (sein Vater war Prätorianerpräfekt Galliens in Trier, wo er wohl 339 geboren wurde), machte nach dem **Rhetorikstudium** - mit fundierter klassischer Bildung und Griechischkenntnis - eine steile politische Karriere, die er jedoch um des kirchlichen Engagements willen aufgab: Um 370 wurde er **Statthalter** der Provinz Liguria-

Aemilia mit Sitz in Mailand, griff als solcher in die kirchlichen Unruhen nach dem Tode des "arianischen", d.h. homöischen Bischofs Auxentius ein und wurde von der Gemeinde - noch ungetauft, wenngleich längst ein überzeugter Christ - zum **Bischof** der Hauptresidenz des Reiches gewählt (373 oder 374). Der Staatsmann wurde nun zum engagierten Mann der Kirche bis zu seinem Tode 397. (Verzeichnis seiner Schriften: TRE 2, 383f.) Sogleich übernahm er die Führung im theologischen Kampf gegen die westlichen "Arianer" (Homöer) durch die Synodalentscheidungen von Sirmium 375(?), Aquileja 381 und Rom 382, durch seinen Einfluß auf die Kaiser Gratian und Valentinian II. und durch seine **trinitätstheologischen Schriften** *Über den Glauben* 378/80, *Über den Heiligen Geist* 381 und *Über das Geheimnis der Menschwerdung des Herrn* ca.382, darin in starkem Maße abhängig von Hilarius, Athanasius, Basilius und Didymus (Text: CSEL 78-79.82/1).

2.1.2 Zunächst der **Erziehung der Kleriker** dienten Predigten, die er nach 386 (ca.391?) in drei Büchern *Über die Pflichten der Diener* veröffentlichte, einer Übertragung der stoischen Ethik von Ciceros *De officiis* ins Christliche. Doch der Inhalt sollte alle Christen betreffen. Spezielle Standes- und allgemeine Tugendlehre in Verbindung von Religion und Moral prägten dieses erste Ethik-Lehrbuch der Kirchengeschichte, das im Mittelalter fortlebte: Höchstes Gut ist die Seligkeit des ewigen Lebens in der Erkenntnis Gottes und in der Gemeinschaft mit Gott (Übers.: BKV 32,11-269). Auch seine **asketischen Schriften** zum Thema "Jungfräulichkeit" gehören in diesen Zusammenhang.

2.2 Allegorische Schriftauslegung und mystische Spiritualität

Ambrosius' Schriftstellerei erwuchs aus seiner Predigt- und Lehrtätigkeit, bezogen auf Probleme des christlichen Lebens. Die Bibelexegese hat er vor allem in der kirchenpolitisch ruhigeren Zeit nach 386 unter Konzentration auf moralische und existentielle Aspekte gepflegt; er hat sich - abgesehen von dem großen Lukaskommentar von ca.391 (Übers.: BKV 21) - v.a. mit dem **Alten Testament** beschäftigt, wobei er in einer für die lateinische Kirche bahnbrechenden Weise die **allegorische Methode** der Alexandriner adaptierte (in starker Anlehnung zunächst an Philos, dann an Origenes' Kommentare). Mit dem darin liegenden Auslegungsreichtum des Ostens hat er dem Abendland eine Spiritualität vermittelt, die man insofern als mystisch bezeichnen kann, als es ihr wesentlich um den geistigen **Aufstieg zu Gott** und die **Vereinigung der Seele mit Christus** als dem Wort Gottes ging. (Vgl. dazu z.B. *Über Isaak oder die Seele*; Text: CSEL 32/1.) Dies paßte dazu, daß er nach der anfänglichen Prägung durch Stoa und Cicero sich seit 374 - vermittelt durch seinen christlichen Lehrer Simplicianus - philosophisch am Neuplatonismus orientierte und dessen Metaphysik der Innerlichkeit mit der Schriftauslegung verband. Doch an spekulativer Theologie war er nicht interessiert, sondern an der Verherrlichung und Anbetung Gottes, der sich in der Niedrigkeit (*humilitas*) seines Sohnes offenbart und durch ihn zur Nachfolge ruft. Bei ihm begegnet eine profilierte Jesusfrömmigkeit, die sich am Wirken des Irdischen orientiert.

2.3 Dogmengeschichtliche Bedeutung

Ambrosius war einer der wenigen lateinischen Theologen, die auch im Osten Beachtung fanden (so vor allem mit seiner Zwei-Naturen-Lehre auf den Konzilen 431 und 451). Auf die westliche Lehrentwicklung hat er hauptsächlich durch seine "realistische" **Eucharistielehre** gewirkt, die - als Gegentypus zum augustinischen "Symbolismus" - sich im 9.-12.Jh. weithin durchsetzte (s.14.3; vgl. § 10; 8.0-3).

Erstmals im Westen hat er die Vorstellung von der **geheimnisvollen Verwandlung** der Elemente durch die Worte Christi, die analog zur Schöpfung durch das Wort zu verstehen sei, klar vertreten (vgl. De myst. IX,52).

2.3.1 Darüber wie über die Taufe hat er im Katechumenenunterricht gehandelt, dessen wesentliche Gedanken er – wohl kurz vor 397 – unter dem Titel *Über die Geheimnisse/De mysteriis* zusammenfaßte. Seine ausführlichere Darlegung in sechs Predigten (oder Katechesen) wurde nach seinem Tod aufgrund von Mitschriften eines Tachygraphen von einem Anonymus unter dem Titel *Über die Sakramente/De sacramentis* veröffentlicht; die Echtheit dieses Werkes ist oft bezweifelt worden, kann aber für die Grundgedanken wohl gelten. Beide Schriften haben in der Theologiegeschichte unter Ambrosius' Namen fortgewirkt (Text/Übers: FChr 3).

2.3.2 Auch seine Äußerungen zu **Taufe** und **Buße** wurden später zitiert, ohne ebenso lehrbildend zu wirken. In seiner durch Pauluslektüre beeinflußten **Sünden- und Gnadenlehre** hat er Auffassungen vertreten, die verständlich machen, warum die Position Augustins breite kirchliche Akzeptanz finden konnte. Er betonte die allgemeine Sündigkeit der Menschheit seit Adam und deren Überwindung durch das Werk Christi, die Gabe des Heiligen Geistes, die als eingegossene *gratia spiritualis* in den Christen die Liebe hervorruft.

2.4 Literatur

H. v. Campenhausen: Kirchenväter (s. 1.6) 77-108. – Ders.: Ambrosius von Mailand als Kirchenpolitiker, 1929. – E. Dassmann: Ambrosius, TRE 2 (1978) 362-386. – Ders.: Die Frömmigkeit des Kirchenvaters Ambrosius von Mailand, 1965. – Th. Graumann: Christus Interpres, 1994. – C. Moreschini: Ambrosius von Mailand, GKG 2, 1984, 101-123.

3. Hieronymus als Schriftgelehrter

Hieronymus, ein professoraler Egozentriker mit problematischem Charakter, hat als Kirchenlehrer auf das Abendland bis zum Humanismus des 16.Jh.s durch sein **gelehrtes Schrifttum** und seine **lateinische Stilistik** nachhaltig gewirkt. Vor allem seine **Bibelkommentare** sind stets vielfältig wegen ihrer philologischen Interpretationen benutzt worden. Von Ambrosius unterscheidet er sich in mancher Hinsicht, z.B. dadurch, daß er für die Dogmengeschichte insofern nur relativ geringe Bedeutung hat, als er die Herausbildung der kirchlichen Lehren kaum beeinflußt hat, auch dadurch, daß er – trotz der Presbyterweihe – ein kirchliches Amt nie ausübte und nicht in der Praxis oder gar in der Kirchenpolitik gestaltend wirkte.

3.1 Rhetor, Philologe und Lehrer der Askese

Zwischen 340 und 350 (347/8?) in Stridon/Dalmatien geboren, aus begüterter christlicher Familie, erwarb er sich in Rom durch den Unterricht bei dem berühmten Donatus (dessen Grammatik noch im Mittelalter und in der frühen Neuzeit das meistbenutzte Lateinbuch war) und durch das anschließende Rhetorikstudium eine exzellente Kenntnis der **römischen Klassiker** (besonders Ciceros) und sprachliche Virtuosität. Nach der Taufe entschied er sich ca.368 – wie sein Studienfreund Rufinus von Aquileja – für das **asketische Leben**, dem er sich seit 374/5 in der Nähe Antiochias – mit Unterbrechungen durch Aufenthalte in Konstantinopel 379-381 und Rom 382-385 – und dann in Bethlehem bis zu seinem Tode 420 (oder 419?) widmete in einer eher professoralen Existenz, beschäftigt mit Forschungen und Schriftstellerei (vgl. auch § 6; 6.3). Seine kg. Bedeutung beruht auf der asketisch-theoretischen **Spiritualität**, der philologischen und allegorisch-erbaulichen **Schriftauslegung**, den exegetischen **Hilfsmitteln** und den **Bibelübersetzungen**. Doch als Theologe war er weder originell noch hat er produktiv gewirkt.

3.2 Schriftauslegung. Erbe des Origenes

3.2.1 Hieronymus' exegetische Arbeiten - beginnend 387 mit einer kurzen Paulusauslegung - basieren weithin auf den Kommentaren und Homilien des Origenes zu den Psalmen, Propheten und Evangelien, von denen er sich Abschriften aus der Bibliothek in Cäsarea besorgte und die er teilweise ins Lateinische übersetzte. Auch von Eusebius von Emesa, Acacius von Cäsarea und Didymus übernahm er etliches; die Chronik des Eusebius von Cäsarea bearbeitete er 380, und dessen Werk über die biblischen Ortsnamen plagiierte er 390 ebenso wie die Schrift eines unbekannten Verfassers über die hebräischen Personennamen 389. Durch seine **Reproduktion** ist der Gedankenreichtum des größten altkirchlichen Bibeltheologen - meist ohne ausdrückliche Nennung des verketzerten **Origenes** - dem Abendland überliefert worden.

3.2.2 Pikant ist daran, daß Hieronymus sich einerseits auf die Seite der Antiorigenisten um Epiphanius stellte (im sog. ersten origenistischen Streit 393ff) und daß er andererseits Origenes' Lukashomilien 392 ausdrücklich deshalb übersetzte, weil er den Lukaskommentar seines Feindes Ambrosius als Plagiat entlarven wollte. Die **Abgrenzung gegen Origenes** war zunächst 393 durch persönliche Querelen mit Bischof Johannes von Jerusalem, sodann mit Rufinus 397-402 bedingt, wurde dann aber von ihm dogmatisch - vor allem im Blick auf die "arianisierende" Trinitätslehre - begründet. Seine innere Abwendung von Origenes führte allerdings zu einer größeren Eigenständigkeit in der Auslegung. Besonders wichtig war ihm die für sein römisches Lesepublikum angefertigte **Kommentarreihe zu sämtlichen Propheten** (406-415, unvollständig zu Jeremia 415ff; Text: CChr 73-76 A). Auch sein Matthäuskommentar von 398 wurde im Mittelalter viel benutzt (Text: CChr 77).

3.3 Bibelrevision und -übersetzungen. Die "Vulgata"

Im Auftrag des Bischofs Damasus von Rom sollte Hieronymus die dort gebräuchliche Bibelübersetzung (die *Itala*, eine Form der sog. *Vetus Latina*) revidieren. 383 verbesserte er anhand der griechischen Vorlagen den Text der **Evangelien** und wohl auch der Psalmen (*Psalterium Romanum*). Diese Arbeit setzte er ab 386 in Bethlehem anhand der Septuaginta (nach Origenes' Hexapla) bei einigen alttestamentlichen Büchern fort, insbesondere bei den Psalmen (später als *Psalterium Gallicanum* im kirchlichen Gebrauch). 391-406 publizierte er angeblich aufgrund des Urtextes eine eigene **AT-Übersetzung** (*iuxta Hebraeos*); aber er hat dafür wohl eher, weil er entgegen seinen eigenen Behauptungen nur wenig Hebräisch verstand, die verschiedenen Versionen der Hexapla benutzt. Trotz massiver Kritik z.B. Augustins wurde diese Textform fortan in Italien und Gallien neben der altlateinischen Übersetzung benutzt und teilweise in diese eingearbeitet. Ihre Durchsetzung als **allgemein anerkannter Bibeltext** der lateinischen Kirche (mit dem AT und den Evangelien nach Hieronymus) erfolgte im Frankenreich im 8.Jh. vor allem durch die Bibelrevision Alkuins. Ihre Bezeichnung als *Vulgata* (*editio*) bürgerte sich seit dem 13.Jh. ein; 1546 erklärte das Konzil von Trient sie zur maßgeblichen Ausgabe.

3.4 Literatur

G.J.M. BARTELINK: Hieronymus. GKG 2, 1984, 145-165. - H. v. CAMPENHAUSEN: Kirchenväter (s. 1.6) 109-150. - G. GRÜTZMACHER: Hieronymus, 3 Bde., 1901-08; ND 1986. - P. NAUTIN: Hieronymus, TRE 15 (1986) 304-315. - H. GRAF REVENTLOW: Epochen der Bibelauslegung Bd.2, 1994, 39-52. - J. STEINMANN: Hieronymus. Ausleger der Bibel, 1961.

4. Augustins Bedeutung für die Dogmen-, Theologie- und Geistesgeschichte

Es ist ein eigentümliches Phänomen der Geschichte, daß in bestimmten Personen und deren Werk eine ganze Epoche zusammengefaßten Ausdruck findet und daß darüber hinaus ihre Wirkung für lange Zeit die Geschichte beeinflußt. Innerhalb des abendländischen Christentums gilt das in herausragendem Maße für Augustin, der im **Schnittpunkt von Spätantike und Mittelalter** steht. Er hat das Erbe der lateinischen Christenheit neu profiliert und in einer großen Synthese zusammengefaßt. Für rund tausend Jahre hat er die lateinische Theologie als überragende Autorität geprägt. An seinen Problemstellungen und -lösungen hat man sich immer wieder orientiert.

4.1 Wirkungsgeschichte

Die **dogmengeschichtliche** Bedeutung liegt darin, daß Augustin - von der Basis seiner Frömmigkeit und Schriftauslegung aus - die kirchliche Lehre umgestaltet, beeinflußt und teilweise fixiert hat. Das gilt vor allem für die Dogmatisierung in der Sünden- und Gnadenlehre mit der Entscheidung von 418 (s.7.4), aber auch für bestimmte Grundgedanken der Ekklesiologie und Sakramentenlehre (vgl. 8.2-3). Seine **theologiegeschichtliche** Bedeutung ist umfassend, aber weniger präzise bestimmbar. Sie betrifft auch die genannten Themen insofern, als seine einschlägigen Ausführungen das theologische Denken späterer Zeiten beeinflußt haben. Hinzu kommen seine grundsätzlichen, wegweisenden Überlegungen zum Verhältnis von Offenbarung und Vernunft, zur Hermeneutik und Homiletik, Ethik und Asketik, Geschichtstheologie und Staatslehre, Gotteslehre und Trinitätstheologie, aber auch Einzelheiten seiner Schriftauslegung. Die **geistesgeschichtliche** Wirkung äußert sich, sofern sie nicht in einer über Kirche und Theologie hinausgreifenden Beschäftigung mit jenen Komplexen (z.B. Anthropologie oder Hermeneutik) besteht, vornehmlich darin, daß die mittelalterliche Philosophie bis zum 13.Jh. weitgehend augustinisch geprägt war und daß man durch seine Schriften Teile des antiken Bildungsgutes vermittelt bekam (vgl. 11.1.2; § 10; 1.2; 2.1; 11.2).

4.2 Der Augustinismus

Für das **Mittelalter**, welches von dem in seinen Schriften verarbeiteten Bildungsgut in Philosophie und Dogmatik, Ethik und Geschichtstheologie, Staatslehre und Kirchenrecht, Askese und Mystik zehrte, war er der Lehrer schlechthin (*Augustinus Magister*). In der Frühzeit der **Reformation** haben sich nicht nur Luther und Melanchthon, sondern fast alle evangelischen Theologen auf ihn berufen und von ihm gelernt; Calvin ist unter den Reformatoren wohl am stärksten von ihm beeinflußt. Der **Reformkatholizismus** des 16.Jh.s besann sich neu auf Augustin, doch der Streit um den Jansenismus im 17.Jh., dann die Aufklärung und die katholische Reaktion im 18. und 19.Jh. führten weithin zu einer Abkehr von seiner Lehre. Das 20.Jh. brachte demgegenüber eine theologische Neubesinnung, vor allem aber für die **historische Augustinforschung** eine enorme Blüte und hochgradige Spezialisierung, welche die differenzierte Komplexität seines Werkes deutlich gemacht hat.

4.3 "Evangelische Katholizität"

4.3.1 Die neuzeitlichen Kontroversen um den Augustinismus zeigen, daß er nicht konfessionell vereinnahmt werden kann. Schon im Mittelalter haben sowohl Häretiker als auch Kirchenlehrer sich auf ihn berufen. Die Bandbreite seines Werkes in Verbindung mit Unterschieden im Denken beim frühen und späten Augustin ermöglicht solche **unterschiedliche Inanspruchnahme**. Auch wenn er in mancher Hinsicht das Erbe der gesamten Alten Kirche repräsentiert, muß doch festgestellt werden, daß er nur der Kirchenvater der lateinischen, nicht der gesamten Christenheit ist; die östliche Theologie hat sich kaum mit ihm beschäftigt, und nicht wenige Differenzen zur Westkirche liegen in deren augustinisch geprägten Positionen begründet.

4.3.2 Mit dem Begriff der *evangelischen Katholizität* hat man seine Theologie mit der ihr eigentümlichen **Tendenz zur Synthese** zu charakterisieren versucht: a) **Katholisch** ist sie in ihrer Betonung der Objektivität, wonach die **Heilsbedeutung der Kirche** zentral ist und in deren Sakramentalität und Autorität zum Ausdruck kommt; deshalb ist christliche Existenz nur in der Gemeinschaft des Gottesvolkes möglich, d.h. konkret in der **Institution** mit ihrer Tradition, mit ihrem sakramentalen Leben und ihrem Recht, ihren Lehren und Ämtern. b) **Evangelisch** ist sie in der Betonung der Subjektivität, wonach die **Souveränität Gottes** ebenso zentral ist und Gottes gnadenhaftes Handeln in Jesus Christus zum Ausdruck kommt; deshalb ist christliche Existenz mit Glaube und Liebe nur im Wirkungsbereich des Evangeliums möglich, d.h. trotz der Radikalität der Sünde wird der Mensch aufgrund der Gnade Gottes angenommen, durch das Wort als Person in Freiheit angesprochen und beansprucht.

4.4 Literatur

QUELLEN: Opera omnia. ML 32-47, 1841-49. – CSEL und CChr (teilweise). – Lat.-dt. Teilausgaben und dt. Übers.: Bibliothek der Alten Welt (BAW), 7 Bde., 1950-73; Werke in deutscher Sprache, hg.v. C.J. Perl, bisher 20 Bde., 1955-80. – Sankt Augustinus. Der Lehrer der Gnade (= ALG), bisher 6 Bde., 1955-91. – Sankt Augustinus. Der Seelsorger (AS), 11 Bde., 1949-75.

HILFSMITTEL: C. ANDRESEN (Hg.): Bibliographia Augustiniana, 2.A. 1973. – C. MAYER (Hg.): Augustinus-Lexikon, Bd.1, 1994.

5. Augustin – Biographie und Theologie

Augustin (354-430) ist ein Theologe, der die eigene **religiöse Erfahrung** im Bezug auf die Bibel **dogmatisch reflektiert** und dadurch verallgemeinert hat. Der enge Zusammenhang von Biographie und Theologie bei ihm (den er selber in seinen *Confessiones* thematisiert hat; vgl. 5.5) macht ihn zu einem hervorragenden Paradigma für einen Aspekt, der generell für die Kirchengeschichte gilt: **Christliche Lehre** ist nicht reine Konstruktion von Denkgebäuden aufgrund logischer Argumentation, auch nicht naiver Biblizismus oder Dogmatismus, sondern sie ist Deutung des menschlichen Lebens im Lichte der Offenbarung Gottes und damit an eine **spezifische geschichtliche Situation** gebunden. Augustins Theologie läßt sich allerdings nicht aus seiner Biographie dergestalt ableiten, daß z.B. seine Sündenlehre psychologisch erklärt werden könnte als die Rationalisierung frühkindlicher Schuldgefühle oder als der Pessimismus eines alternden Lebemannes. Dennoch spielen biographische Prägungen in ihr eine Rolle als mitbedingende – nicht aber als konstitutive – Faktoren. Deswegen, aber v.a. wegen seiner exzeptionellen Bedeutung gehört sein Lebenslauf zum kg. Grundwissen.

5.1 Philosophie und Christentum

In dem römischen Afrikaner bzw. afrikanischen Römer (Aurelius?) Augustinus spiegelt sich die **Umbruchzeit der Spätantike** wider: eine Welt mit großer Kulturtradition, doch voller politischer und sozialer Spannungen, in der die Verbreitung von transzendental orientierter Philosophie und asketischen Idealen eine Tendenz zur Entweltlichung als Grundstimmung anzeigt. Demgemäß bestimmen nicht

Probleme der Weltgestaltung, sondern die Suche nach der **Wahrheit** und die Frage nach dem **Sinn des Lebens** Augustins Entwicklung.

5.1.1. Geboren am 13.11.354 in der Landstadt Thagaste in der Provinz Numidia (heute Souk Aras in Algerien), strebte Augustinus (später mit dem Beinamen Aurelius bezeugt) aus der provinziellen Enge heraus nach **sozialem Aufstieg** durch eine bildungsbürgerliche Karriere als Rhetor, darin gefördert von seinen Eltern, dem schlichten Heiden Patricius und der frommen Christin Monnica. Daß er nicht getauft war, entsprach einer im 4.Jh. verbreiteten Sitte; doch darüber hinaus lehnte er das kirchliche Christentum, welches für ihn seine Mutter repräsentierte, als primitiv und unwürdig ab. Das Verhältnis zu Monnica gehört insofern zu den belangvollen Themen, als man darin den Einfluß der Frauen auf die Kirchengeschichte studieren und die Frage erörtern kann, welche Rolle "mütterliche" Aspekte wie die Betonung von Liebe und Zuwendung in seiner Theologie spielen.

5.1.2 Klassische Bildung in der **lateinischen Sprache und Literatur** erhielt er - nach dem Besuch in Thagaste und Madaura - durch das Studium seit 371 in Karthago. In dieser Zeit ging er mit einer namentlich unbekannten Frau ein Konkubinat ein, d.h. eine im römischen Recht vorgesehene feste Beziehung zwischen Standesungleichen, der sein - wohl 388 oder 390 verstorbener - Sohn Adeodatus entstammte, dem er mit *De magistro* 389 ein literarisches Denkmal gesetzt hat.

5.1.3 373 erlebte er eine erste geistige Wende durch die Lektüre von Ciceros *Hortensius*, die Bekehrung zur Philosophie - zur Bemühung um Weisheit - als wichtigstem Lebensinhalt. Die Frage, worin die *beata vita* (das dauerhafte "Glück"), d.h. wirkliche **Sinnerfüllung**, bestehe und wie sie zu erlangen sei, bestimmte fortan als **Leitmotiv** sein Leben. Er wandte sich jetzt einem theoretischen Idealismus zu, ohne in der Praxis von den bisherigen materialistischen Zielen (Karriere, Ansehen, Wohlstand) abzulassen. Die **Distanz zum traditionellen Christentum** wuchs damit, weil er die Bibel, an Cicero geschult, als sprachlich abstoßend und inhaltlich absurd - z.B. hinsichtlich der Anthropomorphismen des Gottesbildes - empfand.

5.1.4 Neben der Frage nach der *beata vita* trieb ihn damals wie später eine zweite Frage um, diejenige nach dem **Ursprung des Bösen in der Welt** und nach dem Grund, warum der Mensch Böses tut (*unde malum?*). Eine Lösung fand er 373 im Manichäismus, in einer philosophischen Neuformation der Gnosis (s. § 2; 5.4), die in Afrika als christliche Sekte erschien und auf Gebildete attraktiv wirkte, weil sie mit scheinbar wissenschaftlichen Beweisen die Ablösung des bloßen Glaubens durch das Denken propagierte. Der manichäische Dualismus machte das **Geistige** als das Licht zum **entscheidenden Prinzip** und erklärte das Böse für identisch mit der Materie (= Finsternis); er propagierte die Entweltlichung als Aufstieg in die Lichtwelt des reinen Geistes durch metaphysische **Spekulation** und radikale **Askese**. Letztere gefiel Augustin weniger als erstere, weswegen er dieser verbotenen (372 durch kaiserliches Edikt erneut bedrohten) Gemeinschaft von Extremisten und Protestchristen zwar beitrat, ihr aber nicht als Vollmitglied unter den Erwählten (*electi*), sondern als Randsiedler im Stande des Hörers (*auditor*) 373-382 angehörte, also in einer für die Lebenseinstellung entscheidenden Entwicklungsphase. Damit stellt sich die durch die Forschung nicht plausibel geklärte und wohl auch kaum stringent lösbare Frage nach etwaigen geistigen Einflüssen des Manichäismus auf die Entwicklung seiner Theologie.

5.2 Bekehrung zum Katholizismus und Asketismus

Die oft geschilderte, berühmte Bekehrung Augustins i.J. 386 bestand aus zwei Elementen: aus einer längerfristigen Entwicklung seines Denkens, die ihn zu einem philosophischen Christentum (einer Verbindung von Neuplatonismus und Katholizismus) führte, und aus einem plötzlichen Entschluß zur Änderung seines Lebensstils (einer Entscheidung für den Asketismus). In beidem repräsentierte er allgemeine Strömungen seiner Zeit. In dem Mailänder Bischof **Ambrosius** (s. 2.1-2) begegnete er einer imponierenden geistigen Autorität und einem glänzenden Repräsentanten der katholischen Kirchlichkeit. Er hörte 385/6 regelmäßig dessen

Predigten und lernte dabei zweierlei: durch die **allegorische Exegese** seine bisherige Bibelkritik zu relativieren und durch die **neuplatonische Ontologie** sowohl den Begriff Gott als höchstes Sein und Gut neu zu verstehen als auch die Frage nach dem Ursprung des Bösen - außer mit einem Rekurs auf die menschliche Willensfreiheit - zu beantworten, indem er das Böse als defektiven Seinsmodus und als Mangel an Gutem begriff. Daneben prägte ihn der Kontakt mit einem **Kreis christlicher Neuplatoniker**. Eine Integration von Philosophie und christlicher Lehre bestimmte seine Theologie bis ca.395. Zusammen mit einer Wandlung der philosophischen Grundlage, einem Neuansatz des theologischen Denkens und einer Beschäftigung mit der Bibel lernte er die **Institution Kirche** und damit die geschichtliche Vermittlung der Wahrheitserkenntnis schätzen. Doch sein Suchen nach der *beata vita* blieb für ihn unbefriedigend, solange Theorie und Praxis bei ihm auseinanderklafften. Die **Hinwendung zur Askese** als die eigentliche "Bekehrung" (*conversio*) schloß den längeren Prozeß seiner Umorientierung ab. Damit ist er Paradigma einer Möglichkeit christlicher Existenz, die sich in der Kirchengeschichte nicht selten findet. Für die Geschichte des Mönchtums hat er große Bedeutung (vgl. § 6; 6.5; 7.1). Zu Ostern 387 ließ er sich von Ambrosius taufen, wurde nun also Christ im Vollsinne.

5.2.1 Seit 375 Rhetoriklehrer in Thagaste und 376-383 in Karthago (wo er sich nach der enttäuschenden Begegnung mit dem Manichäerbischof Faustus innerlich von dieser Sekte abkehrte), zog er 383 nach Rom und wandte sich nach erneutem Cicero-Studium einem gemäßigten **Skeptizismus** zu, ohne dadurch seine geistige Krise überwinden zu können. Durch Fürsprache manichäischer Freunde vermittelte ihm der römische Stadtpräfekt und Philosoph Symmachus (vgl. § 3; 13.2.1) im Herbst 384 die Stelle eines Rhetoriklehrers in der kaiserlichen Residenz **Mailand**. Der gelehrte Mailänder Simplicianus (ein Presbyter?) regte ihn an zur Beschäftigung mit den *libri Platonicorum*, d.h. dem **Neuplatonismus** Plotins und Porphyrius' (und zwar - da er kein Griechisch konnte - in der lateinischen Übersetzung des Marius Victorinus, dessen Bekehrung zum Christentum ihn beeindruckte). Durch den Simplicianus-Kreis wurde er auch auf die **Paulusbriefe** aufmerksam, die er eifrig studierte (vgl. 1.4). Nahm die ältere Forschung eine doppelte Bekehrung in Mailand - zunächst zum Neuplatonismus, dann zum katholischen Christentum - an, so dürfte seit P. Courcelles Untersuchungen (1968) heute weithin anerkannt sein, daß Augustin von vornherein einer Synthese beider begegnete.

5.2.2 Augustins geistiger Wende entsprach keine Veränderung seines Lebensstils, die neuen Einsichten blieben etwas Äußerliches, solange nur sein Verstand, nicht aber sein Herz bekehrt war. So litt er unter der eigenen Inkonsequenz und Willensschwäche, bis sich diese **Krise** im August 386 aufgrund eines Berichts über die entschiedene Christlichkeit der asketischen Lebensform zuspitzte und zugleich in einer **abrupten Bekehrung** durch plötzliche Erleuchtung löste (so - in dem stilisierten Bericht Conf. VIII,12,28-30 - die berühmte Gartenszene mit der Kinderstimme *tolle lege/nimm, lies* und der Begegnung mit der Mahnung vom Röm 13,13f zur Abkehr vom materialistischen Leben). Jetzt hatte er die innere Kraft, das philosophische Leben vollständig zu praktizieren.

5.3 Philosophisches Leben

5.3.1 Unter Preisgabe seiner bisherigen Lebensplanung einschließlich des Mailänder Lehrstuhls zog Augustin auf das von einem Freund bereitgestellte **Landgut** Cassiciacum nördlich von Mailand, wo er seit Herbst 386 mit seinem Freund Alypius, der Mutter Monnica, dem Sohn Adeodatus, dem Bruder Navigius und anderen Begleitern ein philosophisches Leben führte: mit Unterricht in Propädeutik, mit religiösen Gesprächen und Bibellektüre. Literarischen Niederschlag fand dies im November/Dezember 386 in den **philosophischen Dialogen** *Contra Academicos* (Adaption der neuplatonischen Erkenntnistheorie gegen den Skeptizismus), *De beata vita/*

Über das selige Leben (wonach der Sinn des Lebens in der Freiheit von allen materiellen Fesseln besteht) und *De ordine/Über die Ordnung* (Aufnahme des kosmologischen Gottesbeweises der Antike). Um die Jahreswende 386/7 verfaßte er die *Soliloquia/Selbstgespräche* über Gott und die Seele, wo erstmals die für ihn typische **Verbindung von Metaphysik und Psychologie** anklang (Text/Übers.: H. Fuchs/H.Müller, BAW, 1954). Nach der Rückkehr nach Mailand Anfang 387 schrieb er *De immortalitate animae*, da ihn die Frage nach dem Wesen der Seele - auch in der nächsten Zeit - stark beschäftigte. Ferner arbeitete er an Schriften über die *Artes liberales*, von denen eine - nicht erhaltene - über die Grammatik und eine - nach 400 vollendete - *Über die Mystik/De musica* zustandekamen.

5.3.2 Anschließend wollte er nach Afrika zurückkehren, blieb aber - nach Monnicas Tod in Ostia - noch bis Sommer/Herbst 388 in Rom, wo er in einigen Traktaten gegen die Manichäer sich auch mit der eigenen Vergangenheit auseinandersetzte (z.B. Buch I von *De libero arbitrio/ Über den freien Willen*). Danach setzte er auf dem väterlichen Anwesen in Thagaste das unterbrochene philosophisch-asketische Gemeinschaftsleben fort und produzierte neben dem philosophischen Traktat *De magistro* (Text/Übers.: C.J. Perl, 1974) theologische Schriften wie die *Genesisauslegung* gegen die Manichäer und *De vera religione* (Text/Übers.: W. Thimme, BAW, 1962). Seit 388 wurde bei ihm die **philosophische Orientierung** immer stärker durch **theologische Aspekte** und **exegetische Argumentationen** überlagert. Es entstand eine auf die Wahrheitsfrage und Erkenntnisproblematik konzentrierte Theologie, in welche die Philosophie integriert war.

5.4 Presbyter und Bischof, Schriftsteller und Kirchenpolitiker

Durch die Veröffentlichungen mit der philosophischen Begründung christlicher Lehre wurde Augustin bald bekannt. Gegen seine Intention wählte ihn die Gemeinde der Hafenstadt Hippo Regius (heute Bône/Anaba; s. Abb.10), als er sich dort kurz aufhielt, zum Presbyter, und nach einigem Widerstand empfing er die Weihe Anfang 391. Mit dieser biographischen Wende veränderte sich die Perspektive seiner theologischen Arbeit erneut, nun geprägt durch die kirchliche Tätigkeit als **Prediger und Seelsorger**. Doch er mußte in den **kirchenpolitischen Konflikten** öffentlich Stellung beziehen, nicht mehr nur gegen die Manichäer, sondern auch - und zwar mit zunehmendem Gewicht - gegen die Donatisten (dazu s. § 2; 16.3). Da der alte Ortsbischof Valerius ihn als Helfer benötigte, erhielt er - wiederum widerstrebend - wohl im Winter 395/6 die **Bischofsweihe**; nach dessen Tod (wohl 396) übernahm er das Bischofsamt ganz, wobei zu beachten ist, daß in Hippo auch die donatistische Gemeinde einen Bischof besaß. Hinfort spielte er in der Kirchenpolitik der nordafrikanischen Provinzen - neben und zusammen mit dem "Papst" von Karthago, Aurelius - eine einflußreiche Rolle als Cheftheologe des katholischen Episkopats, woraus sich neben den literarischen Veröffentlichungen die **Breitenwirkung** seiner Positionen im gesamten Abendland ergab.

5.4.1 Von seinen **antimanichäischen Schriften** seien hier *De utilitate credendi/Der Nutzen des Glaubens* und *De duabus animabus/Die zwei Seelen* (Text/Übers.: C.J. Perl, 1966) sowie das später vollendete große Werk *Contra Faustum* in 33 Büchern (Text: CSEL 25, 251-797) genannt. Die **asketische Lebensweise** in philosophischer Gemeinschaftsform, die sich allmählich zu einer monastischen entwickelte, gab er in Hippo nicht auf, vielmehr errichtete er auf einem kirchlichen Grundstück ein Kloster. Von einer neuplatonisch geprägten Theologie der Innerlichkeit - so 387/8 bis 391/5 - wandte er sich stärker **praxisorientierten Themen** zu: der Schriftauslegung, der Predigt, der christlichen Existenz, der Kirche, den Sakramenten. Doch er vernachlässigte nicht die Bearbeitung von Grundproblemen der **Schöpfungs- und Gotteslehre**. Das zeigen seine großen Werke *De Genesi ad litteram* in 12 Büchern ca.401-415 nach zwei vorangegangenen Versuchen 389 und 393 (*Über den Wortlaut der Genesis*; Text: CSEL 28/1; Übers.: C.J. Perl, 1961-64) und *De trinitate* in 15 Büchern ca.399-419 (s. dazu § 1; 18.4).

5.4.2 Bis 411 setzte er sich intensiv mit den Donatisten auseinander; in den mehr als zwanzig **antidonatistischen Schriften** hat er die **Ekklesiologie und Sakramentenlehre** entfaltet (s. 8.2-3). Bei dem großen Streitgespräch in Karthago 411, das unter staatlicher Aufsicht über die theologische Grundlage des fast hundertjährigen Konflikts (vgl. § 2; 16.3.2) entscheiden sollte, war er der Wortführer der katholischen Bischöfe. Die der definitiven Verurteilung folgende Gewaltanwendung gegen die Donatisten zwecks Anschluß an die Großkirche befürwortete er (exegetisch legitimierend mit Lk 14,23: *Cogite intrare*; Ep. 93), obwohl seine Beiträge bis 419/420 auf die Widerlegung in Wort und Schrift zielten.

5.4.3 Seit 412 engagierte er sich gegen die **Pelagianer**, wiederum mit zahlreichen Schriften, aber auch in kirchenpolitischen Aktionen; diese Kontroverse mitsamt den Folgeproblemen beschäftigte ihn bis zu seinem Tode am 28. August 430 (s. 7.3-5).

5.5 Neue Anthropologie. Die "Bekenntnisse"

Die Zeit um 396 bildete für die Entwicklung Augustins neben dem Beginn des Episkopats auch insofern eine gravierende Zäsur, als er unter dem Einfluß eines seit 394 intensivierten Römerbriefstudiums ein **neues Menschenbild** gewann, welches hinfort seinen gesamten **theologischen Ansatz** bestimmte. Die Grundzüge seiner Rechtfertigungslehre als einer Erbsünden-, Gnaden- und Prädestinationslehre waren damit ausgebildet (vgl. 6.2-4.4). Wie wichtig ihm die neue Erkenntnis war, sieht man daran, daß er sie zum **systematischen Leitfaden** der Darstellung seines Lebens, der *Confessiones* (397-401) machte: 13 Bücher "Bekenntnis" der eigenen Sündigkeit und Schuld im Suchen nach der *beata vita* ebenso wie "Lobpreis" der Gnade und barmherzigen Führung Gottes in Zuwendung und Umwandlung seines Wesens.

5.5.1 Erstmals in der seinem Mailänder Mentor gewidmeten, nicht genau datierbaren Schrift *Über verschiedenen Fragen an Simplician/De diversis quaestionibus ad Simplicianum* I,2 (wohl von 396; Text: CChr 44; dt.-lat. Ausg. v. Th.G. Ring, 1991) fixierte er die anhand von Röm 7,7-25 und 9,9-29 gewonnene Einsicht, daß der von seiner Natur her durch die Sünde bestimmte Mensch den Willen zum Guten nur durch Gottes gnädiges Eingreifen erhält.

5.5.2 Die *Bekenntnisse*, ein Werk, das in der Weltliteratur bis heute seinen Platz hat, sind keine Biographie im modernen Sinne, sondern eine Programmschrift, in der Augustin sein Leben als **Modell der Bekehrung** in Anwendung der neuen Lehre darstellte: Conf. I-IX seine Vergangenheit bis zum Tode Monnicas; Conf. X seine Gegenwart als *memoria* im Gegenüber zu Gott; Conf.XI-XIII Lobpreis des Schöpfers und Herrn von Zeit und Ewigkeit als Auslegung von Gen 1. (Text: u.a. CSEL 33; dt.-lat.: J. Bernhart, 1955, 4.A. 1980; Übers.: u.a. BKV 18; W. Thimme, BAW, 1950; K. Flasch/B. Mojsisch, 1989.)

5.6 Literatur

P. BROWN: Augustinus von Hippo, 1973, 2.A. 1982. - H.V. CAMPENHAUSEN: Kirchenväter (s. 1.6) 151-222. - H. CHADWICK: Augustin, 1987. - E. DASSMANN: Augustinus - Heiliger und Kirchenlehrer, 1993. - K. FLASCH: Augustin, 1980; 2.A. 1994. - W. GEERLINGS: Augustinus, Augustinismus, LTHK[3] 1 (1993) 1240-1247. - W. GESSEL: Augustinus, 1995. - E. GILSON: Der heilige Augustin, 1930; 4.A. 1969. - E. HENDRIKX: Augustinus, LTHK[2] (1957) 1094-1101. - W.V. LOEWENICH: Augustin, 1965. - R. LORENZ: Augustin, RGG[3] (1957) 738-748. - H. MARROU: Augustinus, 1958; ND 1984. - C. MAYER: Aurelius Augustinus, GKG 2, 1984, 179-214. - A. SCHINDLER: Augustin, TRE 4 (1980) 645-698. - F. VAN DER MEER: Augustinus der Seelsorger, 2.A. 1958.

6. Augustins Sünden- und Gnadenlehre

Da Augustin seine Lehren im Zusammenhang mit der eigenen Wirklichkeitserfahrung entwickelt hat, darf die systematische Darstellung eigentlich nicht von der genetischen Betrachtungsweise abgelöst werden. Unter wirkungsgeschichtlichem Aspekt allerdings ist eine Systematisierung angebracht, weil seine Gedanken in der späteren Theologie abgelöst von der Entstehungssituation begegnen. Lebendiges Denken wird zum Lehrbuchwissen; auch insofern ist Augustin ein instruktives Paradigma für generelle Sachverhalte.

6.1 Voluntaristisches Gottes- und Menschenbild

Biblische und neuplatonische Elemente prägen Augustins Gotteslehre, in der Ontologie und Ethik zusammenkommen: Gott ist als Schöpfer und Herr das **absolute Prinzip** (*esse ipsum/summa essentia*) und der **höchste Wert** (*summum bonum*), von dem alles abhängig ist und zu dem alles hinstreben muß. Er ist als **wirkender Wille** Person und Abstraktum zugleich. Sein Wille offenbart sich einerseits im Wort der Heiligen Schrift, andererseits in Natur und Geschichte, weswegen Augustin als Exeget sich um das Verstehen der Schöpfung auch unter Aufnahme der antiken Kosmologie bemüht. *Nichts ist größer als Gottes Wille* (De 83 quaest., Nr. 28). Im letzten ist Augustins Gotteslehre personalistisch-voluntaristisch orientiert, was sie von dem eher ontologisch-intellektualistischen Ansatz der griechischen Kirchenväter unterscheidet. Gottes Vorsehung, sein Walten in Natur und Geschichte (*providentia*) bekundet seine **Barmherzigkeit** (*misericordia*). Sein Wille ist zugleich **Liebe** (*amor/caritas*). Dieser Gotteslehre entspricht der voluntaristische Grundzug der Anthropologie. Gott als *summum bonum* fordert vom Menschen eine entsprechende Bemühung: Als natürliches Wesen ist dieser durch seine Triebe (*cupiditates*) und Affekte (*passiones*) bestimmt, soll sie aber durch seinen Verstand/Geist (*mens*) beherrschen und damit der göttlichen Ordnung (*ordo*) entsprechen, die sich im Gesetz (*lex*) kundtut. Wollen und Erkennen müssen übereinstimmen in selbstbewußter Selbstbestimmung als Geschöpf. Alle ethischen und kognitiven Aktivitäten müssen auf das **höchste Ziel** zulaufen, **Gott anzuhängen** (*adhaerere Deo*) bzw. **Gott zu genießen** (*frui Deo*). Die Glückseligkeit (*beata vita*) liegt im Geistigen; im Geist Gott zu haben und zu genießen, bringt Ruhe nach langem Suchen, die es allerdings letztlich nur eschatologisch, im Jenseits der irdischen Existenz am Ende der Zeit, gibt. Die Zielbestimmungen *adhaerere Deo* und *frui Deo* sind charakteristisch für Augustins Lehre. Ihnen korrespondieren als Verfehlung der Genuß relativer Werte anstelle des höchsten Gutes und die **Abwendung von Gott** (*aversio a Deo*), die mit der **Abwendung vom Guten** (*aversio a bono*) identisch ist. Diese ist - der neuplatonischen Ontologie gemäß - zugleich **Abwendung vom Sein** (*esse*) und Hinwendung zum Nichts (*nihil*) bzw. Nichtsein (= *Bösen/malum*) und zum Materiellen. Gotteslehre und Ethik hängen hier eng zusammen.

6.1.1. *Gott und die Seele begehre ich zu erkennen. Sonst nichts? Überhaupt nichts* (Soliloquia I,2,7 von 386/7). *Denn du hast uns auf dich hin geschaffen, und unser Herz ist unruhig, bis es Ruhe findet in dir* (Confessiones I,1,1 von 397). **Gott und die Seele** - das ist das **Grundthema** des frühen Augustin. Zusammen mit den beiden Leitfragen nach der *beata vita* und dem Ursprung des Bösen/Gott-Widrigen (s. 5.1.3-4) hat er es seit 395/6 in Verbindung von existentieller Reflexion und Paulusexegese in einer epochalen Form der Rechtfertigungslehre bearbeitet, durch die er für das Mittelalter zum *doctor gratiae*, für die Reformation zum Wahrheitszeugen und Kontinuitätsgaranten, für die Neuzeit ebenso zum Anreger wie zum Ärgernis geworden ist.

6.1.2 Mit Gottesbegriff und Anthropologie ist ein entscheidender Ansatzpunkt für die Rechtfertigungslehre gegeben, weil der **fordernde** Gott zum **schenkenden** wird - und wegen der Sündigkeit des Menschen werden muß. Augustin kann das in der Anrede seiner *Confessiones* an Gott prägnant formulieren: *Gib, was du befiehlst, und [dann] befiehl, was du willst* (*Da quod iubes et iube quod vis*; X,29,40; vgl.31,45; 37,60). Der biblische Begriff von **Gott als Vater** findet hier eine für die abendländische Theologiegeschichte folgenreiche Interpretation. In der ontologisch orientierten, intellektualistisch geprägten Sicht der griechischen Gotteslehre ist der Vater vor allem als Quelle des Seins verstanden, zu der man durch Erkenntnis aufsteigt; mit Augustin werden im Gott-Mensch-Verhältnis die personalen Aspekte (Gehorsam, Liebe) dominant.

6.1.3 Mit dem auf die Güterlehre der antiken Philosophie, zumal der Stoa, zurückgehenden Begriffspaar *frui-uti* (**genießen - gebrauchen**) expliziert Augustin den Unterschied, wie man sich zum **höchsten Gut/Wert** und zu den **relativen Gütern/Werten** verhalten soll: Alle irdisch-geschöpflichen Dinge sind nur Gebrauchsgegenstände, Mittel zum Zweck im Sinne des *uti*, untergeordnet der Hinordnung menschlicher Existenz auf Gott; nur diesen als den absoluten Wert darf man "genießen", d.h. ihm in Liebe um seiner selbst willen anhängen. Wenn man sich den vergänglichen Gütern als dem höchsten Lebenszweck hingibt, wendet man sich von Gott ab und verfällt in Sünde. (Vgl. dazu die grundlegende Ausführung in *De doctrina christiana* I,3-21 von 396/7; CChr 32; Übers.: BKV 49).

6.2 Erbsünde als Verdorbenheit der menschlichen Natur

Augustin entfaltete seine wirkungsgeschichtlich bedeutsame Sündenlehre vom heilsgeschichtlichen Ansatz bei Urstand und Fall her. Der **Urmensch Adam** wurde von Gott "richtig" (*rectus*) erschaffen, d.h. die Triebe (*cupiditates*) waren dem Willen (*voluntas*) untergeordnet, und diesem eignete eine **Intention zum Guten**, so daß er die Möglichkeit zum Vermeiden des Bösen (das *posse non peccare*) besaß. Seine ursprüngliche Gerechtigkeit (*iustitia originalis*) bestand somit darin, daß er Gott, dem höchsten Gut, in Liebe anhing, Gottes Willen befolgte und das Gute tat. Das war allerdings keine Eigenart seiner Natur als solcher, sondern bereits Wirkung der göttlichen Gnadenhilfe (des *adiutorium gratiae*), der Urstandsgnade. Diesen Beistand hat er durch den Sündenfall verloren, wodurch auch seine Natur völlig verdorben wurde: An die Stelle der Gottesliebe (*amor Dei*) sind als entscheidende Triebkraft die **Selbstliebe** (*amor sui*) und die Selbstzentriertheit (*incurvatio* bzw. *inclinatio in se ipsum*) getreten. So ist der Widerstand gegen Gottes Willen die für den Menschen bestimmende Existenzform geworden: Ihm eignet die **Unfähigkeit, das Sündigen zu vermeiden** (das *non posse non peccare*), ja ihn treibt ein innerer Zwang zum Sündigen (*necessitas peccandi*), der nicht gegen seinen Willen steht, wie sich daran zeigt, daß er Lust zum Bösen haben kann. Dieser grundsätzliche Sachverhalt ist durch Adam verursacht worden, d.h. er gehört zum faktischen Wesen des Menschen schlechthin. So bildet die Menschheit als *universa massa peccati* (vgl. Röm 9,21; 1. Kor 5,6) eine Gesamtmasse des

Verderbens und der Verdammung. Gott in seiner Güte aber will ihr Heil; deswegen ist Erlösung nötig und möglich. Die Inkarnation seines Sohnes bringt definitiv die heilsgeschichtliche Wende.

6.2.1 Augustin hat seit 397 seine Sündenlehre ausgebaut, die er seit 411/2 in den Schriften gegen die Pelagianer vortrug und in Buch XIII und XIV von *De civitate Dei* zur Grundlage seiner Geschichtstheologie machte: In den frühen Schriften bis 395 - z.B. in Buch II-III von *De libero arbitrio* - betonte er die **Willensfreiheit** und damit die Möglichkeit, dem göttlichen Gesetz zu entsprechen. Sein Verständnis von Willensfreiheit und Sünde wandelte sich aber seit 395/6 unter dem Einfluß der Römerbriefexegese entscheidend (s. 5.5.1 zur Schrift an Simplician): Das neuplatonische verbindet sich mit dem heilsgeschichtlichen Denken zu einer Lösung, mit der er dem Manichäismus begegnen will. Dabei ist zu beachten, daß er die Sündenlehre nicht isoliert, sondern im Zusammenhang mit seiner Gnadenlehre entwickelt hat. Das Problem der Willensfreiheit hat dadurch eine spezifische Lösung erfahren (vgl. 6.4).

6.2.2 Augustins systematischer Ansatzpunkt ist - seinem Grundproblem *unde malum?* entsprechend - die Frage: Gibt es eine **Unfähigkeit**, das Gute zu **wollen** (d.h. dem Gesetz Gottes zu entsprechen)? Mit Röm 7 bejaht Augustin dies. Eigentlich besitzt der Mensch Willensfreiheit (*liberum arbitrium*), und diese ist - wie Augustin von Ambrosius gelernt hat - die Ursache des bösen Handelns, der Sünde. Doch die Freiheit besteht faktisch nicht, weil der **Urmensch Adam** durch den **Mißbrauch der Willensfreiheit** die **Sünde** (*peccatum*) - und damit das Böse/*malum* - in die Welt gebracht hat: die Abwendung von Gott in der Hinwendung zu sich selbst (*amor sui*) und in der Selbstüberschätzung (*superbia*), die zugleich ein ungezügelter Trieb autonomer, egoistischer **Selbstverwirklichung** ist, wie besonders in der **Begierde** (*concupiscentia*; vgl. Röm 7,7f!) deutlich wird. Diese Sünde am Ursprung der Menschheitsgeschichte (*peccatum originale*) bestimmt das menschliche Wesen als total sündig, weil alle von ihr herkommen. Sie trägt die **Bestrafung** insofern schon in sich, als das Böse/*malum* mit dem Verlust des Guten/*privatio boni* identisch ist. Adams Handeln begründet demnach eine **Ur-Schuld** (*originalis reatus*), deren Strafe darin besteht, daß die von ihm abstammende Menschheit nicht nur dem Tod, sondern auch der Sünde verfallen ist, die nun gleichsam zur zweiten Natur (*quasi secunda natura*) geworden ist. Befreiung davon und somit die Möglichkeit, das Gute zu wollen, gibt es nur durch Gottes Gnade.

6.2.3 Zum einen gilt Adam mit seinem *peccatum generale* als der **prototypische Repräsentant** dessen, wie der gegenwärtige Mensch schlechthin ist; heilsgeschichtlich formuliert heißt das: in Adam haben alle Menschen gesündigt, was Augustin mit Röm 5,12 (*in quo omnes peccaverunt* als Wiedergabe des kausalen ἐφ'ᾧ im Urtext: *weil alle gesündigt haben*) exegetisch begründet. Zum anderen aber ist Adam mit seinem *peccatum originale* der **Stammvater**, der die folgende Menschheitsgeschichte bestimmt, und in dieser Hinsicht kann man von **Erbsünde** im strikten Sinne sprechen. Augustin hat hier die traditionell westliche Lehre vom Erbübel, welches durch Adams Fall in die Welt kam (so z.B. Tertullian, Ambrosius), verändert und anthropologisch radikalisiert. Die **Begründung** dafür liefert sein Begriff der *concupiscentia*, in welchem zwei Aspekte der Sünde ineinanderliegen: a) die Begierde/Konkupiszenz als genereller Trieb des Habenwollens und der Selbstsucht sowie b) die Geschlechtslust als Spezifikation dieses Triebes. Da **jeder Mensch** nur in einem Akt der *concupiscentia*, der sexuellen Begierde, gezeugt werden kann, überträgt sich - gemäß einer traduzianischen Seelenlehre (wonach die Seele als Teil des Menschen durch Zeugung vererbt wird) - diese Sünde (*tradux peccati*) auf alle Menschen von Generation zu Generation. Einzig Jesus ist durch die Jungfrauengeburt aus diesem sündigen Konkupiszenz-Zusammenhang herausgenommen.

6.3 Befähigung zum Guten durch Gottes Gnade

Der sündige Mensch ist ganz auf sich fixiert und damit von Gott, dem höchsten Gut, abgewandt; insofern besteht seine virtuelle Freiheit in faktischer Unfreiheit, das wahrhaft Gute zu wollen. Entweder erkennt er es nicht, oder, wenn er es sich von der Offenbarung des Gotteswillens im Gesetz sagen läßt, dann ist er unfähig, es zu realisieren, weil ihm der Wille dazu fehlt. So besteht das **Werk der Gnade** zunächst und vor allem darin, daß Gott in seiner Barmherzigkeit den Menschen befähigt, das Gute zu wollen. Damit bringt Augustin ein neues Element in die Gnadenlehre: Nicht erst das Vollbringen des Guten, sondern schon der **gute Wille** ist Wirkung der göttlichen Gnade; und diese wird ohne menschliche Vorleistung als *gratia fidei* bzw. *evangelica gratia* aufgrund der Erwählung durch Gott geschenkt; sie macht den Menschen recht vor Gott, weswegen dieser ihn rechtfertigt. Da der Mensch aus eigener Kraft nicht sich Gott zuzuwenden vermag, ist schon der anfängliche Glaube eine Wirkung der Gnade Gottes. Der Mensch ist durch totale **Rezeptivität** gekennzeichnet, wie Augustin mit 1. Kor 4,7 (*quid autem habes, quod non accepisti?*) stets betont. Doch er ist nicht rein passiv, sondern mit seinem Willen beteiligt, der erst durch den göttlichen Liebeswillen dazu befähigt wird. Die Geschichte der menschlichen Sündhaftigkeit unter dem Gesetz zeigt, daß Gott nicht nur als Lehrer, sondern auch als Helfer nötig ist, der die Gnade nicht als Belohnung, sondern aus Barmherzigkeit als Antrieb vermittelt. Das erfolgt durch die Inkarnation in **Jesus Christus** und in deren Konsequenz durch die Gabe des **Heiligen Geistes**, wodurch nunmehr der Wille Gottes sich als *lex fidei* gleichsam von innen dem Menschen nähert. Dienten die äußerlichen Gebote vergeblich dem Ziel, den Menschen in die Gemeinschaft mit Gott zu bringen, so stellt jetzt umgekehrt zunächst Gott diese Gemeinschaft von sich aus her; und das gewandelte Innere, die **neue Mentalität** in der Verbindung von Menschengeist und Gottesgeist sowie die **neue Motivation** in der Liebe (*caritas*), äußert sich in den "Früchten des Geistes", konkretisiert sich in der allein so möglichen Erfüllung der identisch bleibenden *lex Dei*. Damit ist die ursprüngliche menschliche **Natur** in ihrer Gottebenbildlichkeit kraft Christi Erlösungswerk durch die Gnade **wiederhergestellt**. Christus ist der gegenwärtig wirkende Gott, der sich selber dem Menschen vermittelt, und zwar im Geist als dem entscheidenden Geschenk (zu Augustins Trinitätslehre vgl. § 1; 18.4.2). Insofern ist die Struktur der augustinischen Gnadenlehre pneumatologisch. Das kommt exegetisch darin zum Ausdruck, daß Augustin immer wieder Röm 5,5 zitiert, wenn er verdeutlichen will, wie die Gnade den Willen zurechtbringt: als **inspiratorische Kraftmitteilung**, als Eingießung der **Liebe** durch den **Heiligen Geist**.

6.3.1 Die Grundzüge von Augustins Gnadenlehre waren ebenfalls um 396 mit der Schrift *An Simplician* ... (I,1,9-11; 2,1-2; 2,12-13) ausgearbeitet. Doch schon zuvor und unabhängig von dieser Thematik kam er in seiner **Erkenntnislehre** zu einem analogen Ergebnis: Wahrheit kann aufgrund von **Gottes Offenbarung** gefunden werden; Gnade ist dabei einerseits dies, daß sie in Jesus Christus und im Wort der Heiligen Schrift begegnet, und andererseits dies, daß die **menschliche Zustimmung** von Gott als Erleuchtung gewirkt wird, indem das ungeschaffene Licht Gottes und das geschaffene Licht des Verstandes sich begegnen. Durch die Auseinandersetzung mit dem Römerbrief beschäftigte ihn das Verhältnis von **Gesetz und Gnade** seit 394 intensiv. Nun drängte im Gottes- wie im Menschenbild der biblische Personalismus den neuplatonischen Intellektualismus zurück; die Frage nach der Erkennbarkeit von Wahrheit wurde überlagert durch die Frage nach der Ermöglichung des rechten Handelns bzw. der Erfüllung des Gotteswillens. In den antipelagianischen Schriften, vor allem in dem klassischen Traktat von 412 *De spiritu et littera* (*Über den Geist und den Buchstaben*; vgl. 2. Kor 3,6) hat Augustin die aus der Paulusexegese gewonnene Position entfaltet. (Lat.-dt. Ausgabe: A. Forster, 1968; S. Kopp, ALG 1, 1971, 302-435.)

6.3.2 Der Bezug zwischen Christologie und Gnadenlehre wird v.a. in der **Pneumatologie** erkennbar. Gegen Pelagius wird betont (De gestis Pelagii 8,21), daß die von Jesus Christus gebrachte Gnade weder Natur noch Gesetz, sondern *spiritus vivificans* ist. Der Gnadenaspekt der Inkarnation hängt also nicht so sehr an seiner Person als vielmehr an seiner Gabe und Wirkung. Der dauerhaft gute Wille, der das Gesetz spontan aus Liebe zu Gott und zum Nächsten erfüllt, ist ebenso eine Begnadung wie die erstmalige Orientierung an Gott in der Bekehrung (vgl. De spir.6,9-29,50). **Geist und Gnade** sind eng aufeinander bezogen, aber insofern unterschieden, als jener der *spiritus gratiae* ist, die *gratia* seine vornehmlichste Wirkung und Gabe darstellt. Sie sind insofern gleichgesetzt, als beide *donum Dei* und mit inhaltlicher Bestimmung *caritas* sind. Der Gabecharakter der Gnade macht es unmöglich, sie als verselbständigte Kraft zu denken. Gnade ist im Gegensatz zur Verdienstlichkeit der Aspekt, daß Glaube an Jesus Christus inhaltlich bedeutet, durch den Geist Christi bestimmt zu sein (vgl. De spir.13,22).

6.3.3 Das Wesen der Gnade ist, daß sie **umsonst gegeben** wird: *gratia vero, nisi gratis est, gratia non est* (Enchiridion 28,107; vgl. Rectractationes I,9,4: *gratia...gratis datur*). Der Sache nach spricht Augustin das oft aus, was die Scholastik in Aufnahme seiner Terminologie später als *gratia gratis data*, *gratia infusa*, *gratia operans/praeveniens* und *gratia subsequens/cooperans* bezeichnet (vgl. § 10; 10.1).

6.4 Willensfreiheit und Prädestination

Der natürliche Mensch hat nur scheinbar das Vermögen, sich zwischen Gut und Böse zu entscheiden (*liberum arbitrium*). Er hat sich immer schon für das Böse entschieden; das Gute will er entweder nicht oder er vermag nicht, wenn er es will, es auch zu tun. Dagegen hat nur der durch die Gnade **veränderte Mensch** die Freiheit, das Gute (den Willen Gottes) zu bejahen und zu befolgen. Denn die Liebe macht ihn frei, und zwar dauerhaft. Gott gibt, was er gebietet; deswegen können die Gerechtfertigten die Gebote erfüllen, weil sie durch die Gnade die Beharrlichkeit im Guten erhalten (das *donum perseverantiae*, das Adam mit dem Sündenfall verloren hat). Zur Sicherung von Gottes Souveränität in seinem Gnadenhandeln dient Augustins **Erwählungslehre**. Zwei Aspekte bestimmten seine Konzeption von vornherein: a) Wenn der **Wille zum Glauben** durch Gottes Gnade gewirkt wird, muß erklärt werden, warum nicht alle Menschen zum Heil kommen. Augustin gibt dafür mit Röm 8,29f eine exegetische Begründung und verzichtet auf eine logische Argumentation: Gott beruft sie nicht, weil er sie nicht erwählt hat; hingegen hat er von Ewigkeit her - unabhängig vom Fall Adams (d.h. supralapsaristisch) - in seiner Güte einige zum Heil und damit zum Glauben vorherbestimmt. b) Gemäß 1. Kor 4,7 verdanken die Gerechtfertigten nicht nur den Anfang im Glauben, sondern auch die **Beharrlichkeit im Guten** der göttlichen Gnadenwirkung, so daß dieser, nicht aber ihrer verdienstvollen Leistung das Heil zuzuschreiben ist. Ihre Heiligung ist nicht Grund der Prädestination (im Sinne der Präszienz Gottes), sondern deren Ziel.

6.4.1 Erst die Gnade vermittelt Freiheit. Hat Augustin noch in seinen Frühschriften den auf Gottes Ruf antwortenden Glauben für eine aus eigener Freiheit erfolgende menschliche Leistung gehalten, so betont er in den antipelagianischen Schriften den **Geschenkcharakter** der *fides*: Gott wirkt den Willen zum Glauben, kommt insofern ihm mit der Gnade zuvor und befreit ihn dazu, sich von der Sünde lösen zu können. Dies entfaltet Augustin besonders in seinen Spätschriften gegenüber den Synergisten, den sog. Semipelagianern, z.B. in *Gnade und freier Wille/De gratia et libero arbitrio* von 426/7 und in *Die Gabe der Beharrlichkeit/De dono perseverantiae* von 429 (428? lat.-dt. Ausgabe von S. Knopp - A. Zumkeller, ALG 7, 1955; 2.A. 1987). Ein zwanghaftes Wirken der Gnade dergestalt, daß jemand gegen seinen Willen von Gott zum Guten geführt wird, ist undenkbar. Vielmehr gilt im Sinne einer Vergewisserung, daß durch die Gnade der schwache Wille *unabweichlich und unüberwindlich geleitet wird* (*Zurechtweisung und Gnade/De correptione et gratia* 12,38 von 426/7).

6.4.2 Augustin kennt den Begriff *gratia irresistibilis* nicht, der im 17.Jh. in der Diskussion um die Prädestination zwischen Jansenisten und Thomisten/Jesuiten eine große Rolle gespielt hat. Daß seine Gnadenlehre die Abkehr vom typisch altkirchlich-abendländischen Synergismus und Moralismus bringt, zeigt sich auch an seiner Behandlung der Frage nach der **Belohnung** bzw. der **Verdienstlichkeit** der guten Werke. Mit der Bibel lehrt er, daß den Guten ein eschatologischer Lohn verheißen ist. Doch der entsprechende Lebenswandel begründet vor Gott kein Verdienst (*meritum*) im Sinne eines Anspruches, weil Gott selber ihn ja durch seine Gnade gewirkt hat. So sind die menschlichen Verdienste nichts anderes als Gottes Geschenke, und sie werden nicht als *merita*, sondern als *Dei dona* gekrönt (Gnade und freier Wille 6,15).

6.4.3 Aus der Stringenz der Gnadenlehre ergibt sich Augustins **Prädestinationslehre**. Hatte die voraugustinische Theologie - passend zu ihrem Synergismus - die Erwählung in Gottes Vorherwissen begründet gesehen, so brach Augustin sowohl von seinem **Gottesbegriff** als auch von seiner **Paulusexegese** her mit dieser Tradition. (Von dem manichäischen Determinismus hatte er sich losgesagt.) Erstmals in der Schrift *An Simplician* ..., dann gegen die Pelagianer hat er den Gedanken formuliert, daß diejenigen Menschen aus der *massa peccati* durch die Gnade herausgenommen und zum Glauben geführt werden, die Gott **zum Heil vorherbestimmt** hat, daß aber nicht alle, die berufen (d.h. durch die Verkündigung angesprochen) werden, auch erwählt sind. In *De civitate Dei* hat er die Erwählungslehre in seine Geschichtstheologie und Ekklesiologie integriert, doch systematisch ausgeformt hat er sie erst in den Spätschriften gegen die sog. Semipelagianer 426-429 (Text/Übers.: ALG 7, 1955).

6.4.4 Eine Erklärung für die Prädestination gibt Augustin im Grunde nicht, sie bleibt **Gottes Geheimnis**. Die Frage, ob Gott auch die Bösen zur Verwerfung vorherbestimmt hat, verneint er. Eine doppelte Prädestination kennt er also nicht (vgl. dagegen 14.4). Ist die Erwählung in Gottes Barmherzigkeit begründet, so die **Verwerfung** in seiner **Gerechtigkeit**, weil er den Bösen - im Vorherwissen (*praescientia*), daß sie sich gegen das Heilsangebot sperren werden - in ihrem Willen zum Sündigen freien Lauf läßt.

6.5 Literatur

J. Bouman: Augustinus - Lebensweg und Theologie, 1987, 211-337. - E. Dinkler: Die Anthropologie Augustins, 1934. - J. Gross: Geschichte des Erbsündendogmas, Bd.1, 1960. - K. Janssen: Die Entstehung der Gnadenlehre Augustins, 1936. - R. Lorenz: Gnade und Erkenntnis bei Augustin, ZKG 75 (1964) 21-78. - E. Mühlenberg, HDThG 1, 445-463. - A. Nygren: Das Prädestinationsproblem in der Theologie Augustins, 1956. - A. Schindler: Gnade, RAC 11 (1981) 382-441. - R. Seeberg: Lehrbuch Bd.2, 413-423.482-550. - R. Strauss: Der neue Mensch innerhalb der Theologie Augustins, 1967.

7. Natur und Gnade: Der pelagianische Streit 411-418

Pelagius repräsentiert die voraugustinische Anthropologie und Soteriologie bzw. den **lateinischen Moralismus** in einer beachtlichen Position, die nur durch die Kollision mit Augustins Theologie zur Irrlehre erklärt wurde. Dadurch, daß sie die Negativfolie für die Fixierung des Dogmas hinsichtlich Erbsünde und Gnadenhilfe bildete, gelangte sie zu großer geschichtlicher Wirkung. "Pelagianismus" wurde wie z.B. "Arianismus" zum plakativen Häresiebegriff. Die historische Wirklichkeit ist allerdings auch hier differenzierter, als eingebürgerte Formeln besagen, wie z.B. die Definition, Pelagianismus sei diejenige Lehre, wonach Christen ohne Gottes Gnade, allein durch ihr Handeln, selig werden könnten. Der Konflikt Pelagius - Augustin bedeutete den **Zusammenstoß unterschiedlicher theologischer Typen**: Gegen eine auf das Individuum konzentrierte Frömmigkeit des Glaubens, der Bewußtseinsänderung und der Hingabe an Gott stand eine praxisbezogene Frömmigkeit des ethischen Engagements und der konkreten Veränderung von Mensch und Welt. Eine sozialgeschichtliche Interpretation kann den Konflikt zwar nicht angemessen deuten, aber sie kann die theologiegeschichtlichen Aspekte insofern ergänzen, als sie einerseits auf die konservative, systemstabilisierende Funktion von Augustins neuer Lehre und andererseits auf die nonkonformistischen, kirchen- und gesellschaftskritischen Implikationen von Pelagius' soteriologischem Traditionalismus verweist.

7.1 Pelagius: Asket, Kirchenreformer, Paulusexeget

Seit ca.380 wirkte der aus Britannien stammende Pelagius (ca.350-ca.418/420), ein gebildeter Theologe (kein Kleriker) und Asket (kein Mönch im strikten Sinne), mit großem Erfolg als Lehrer in Rom in Predigt und Bibelauslegung. Er propagierte das neue Lebensideal der Distanzierung von der Welt durch **Askese** (vgl. § 6; 6.1) und damit eine **Reform der Kirche** durch Rekurs auf die Radikalität des Urchristentums. Beides schloß eine **Kirchen- und Sozialkritik** ein, die eine Verbesserung der Christenheit durch Orientierung an Gottes Ordnung intendierte. Jesu Bergpredigt und insbesondere das Ziel einer "besseren Gerechtigkeit" waren ihm entscheidende Orientierungspunkte. Pelagius war auch ein produktiver Schriftsteller und Schriftausleger (v.a. Paulusexeget). Allerdings gingen seine Werke - gemäß der Praxis, daß häretische Texte nicht abgeschrieben und überliefert wurden - weitgehend verloren.

7.1.1 Die neuere Forschung hat anderweitig überlieferte Texte mit unterschiedlicher Plausibilität ihm oder seinen Schülern zugeschrieben. So entstand ein neues, differenziertes Pelagiusbild, während man bis zum 19.Jh. sich auf die von Augustin zitierten Texte als die wesentliche Quelle stützte. Sein Hauptwerk ist der *Pauluskommentar* von ca.406-409 (*Expositiones XIII epistularum Pauli*; Text: ML. Suppl. I,1110-1374; engl. Übers.: Th.de Bruyn 1993). Er - wie auch der sog. Ambrosiaster - bezeugt, wie intensiv man sich in Italien nach 370 mit dem Corpus Paulinum beschäftigte (vgl. 1.4). Wohl früher verfaßt wurden sein (verlorenes) Buch über die Trinität und die kürzeren Traktate *Das christliche Leben* und *Das göttliche Gesetz*. Während des Streits mit Augustin hat er weitere Traktate und Briefe mit dogmatischem Inhalt verfaßt (s.u.).

7.1.2 Nicht von Pelagius, sondern von Schülern in Sizilien ist der **sozialkritische Traktat** *De divitiis/Über den Reichtum* (ML.Suppl. I,1380-1418) verfaßt, der allerdings auf Lehren des Meisters basiert. In Aufnahme von "sozialistischen" Ideen der Spätantike werden a) eine Kritik an Reichtum und Privilegien der Oberschicht sowie am Kapitalismus der Wirtschaftsstrukturen und b) ein Rekurs auf die ursprüngliche Gleichheit aller Menschen entsprechend dem von Gott gewollten Schöpfungszustand vorgetragen; daraus resultiert c) das Ideal einer an Apg 4 orientierten Gütergemeinschaft. Solche Theorien, die allerdings nicht direkt soziale Ziele verfolgten, sondern religiös motiviert waren, vertraten nicht nur diese Pelagianer. Das etwas spätere Schrifttum des **Salvianus von Massilia** (ca.400-470), vor allem sein Hauptwerk *De gubernatione Dei/Über die Weltregierung Gottes* von ca.440/450, hat die Ansätze bei Gottes Gerechtigkeit und seinem Gericht über die Welt zu einer umfassenden, geschichtstheologisch begründeten Sozialkritik ausgebaut (Übers.: BKV II,11).

7.2 Drei Epochen der Heilsgeschichte: Natur, Gesetz, Gnade Christi

Wie Augustin wandte sich auch Pelagius in der **Anthropologie** gegen den naturalistischen Determinismus des Manichäismus; jedoch war er nicht von der neuplatonischen Ontologie, sondern vom stoischen Rationalismus und Ethizismus geprägt: Der Mensch ist gemäß Gen 1,26f nach Gottes Bild (*imago*) geschaffen, d.h. mit **Vernunft** und **Willensfreiheit** ausgestattet; diese hilfreiche **Gabe Gottes** - die gute Natur gleichsam als Schöpfungsgnade verstanden - impliziert die Aufgabe, durch rechtes Handeln Gott ähnlich zu werden in Gerechtigkeit, Heiligkeit und Wahrhaftigkeit (In Ep. ad Eph. 3,10; vgl. ad Col. 3,10). Doch *das Fleisch ist schwach* (ein Kernsatz des Pelagius mit Mt 26,41!) und hindert die Seele am Tun des Guten. Dies ist erstmals und grundlegend in **Adam** manifestiert worden. Durch ihn ist die **Sünde** im Sinne einer faktischen Kausalität (als *Reich der Sünde/regnum peccati*) in die Welt gekommen und zu einem wirkungsmächtigen Impuls (*occasio*) geworden, der in der Menschheit als ein soziales Gepräge (*consuetudo*) steckt: Adam ist, ohne daß seine gute Natur zerstört wäre, das **Leitbild** (*forma/ exemplum*) für Ungehorsam, Sünde und Verderben. Um dem hilfreich entgegenzuwirken, hat Gott das **Gesetz** als normative Orientierung (*formula*) und kritisches Korrektiv (*correctorium*) gegeben; aber es hat nur eine begrenzte Überzeugungskraft entwickeln können, weil es als bloßer Appell die Schwäche des Fleisches nicht überwinden konnte. Die Möglichkeit dazu gibt erst der menschgewordene **Sohn Gottes**, also Gott selber (wie Pelagius gegen die Arianer betont) als das personale **Leitbild der Gerechtigkeit** (*exemplum iustitiae*) und als Modell des neuen Menschen (*forma hominum resurgentium*). Durch sein wirkmächtiges Vorbild und durch seine überzeugungskräftige Lehre hat Jesus Christus das *regnum peccati* durch sein *regnum gratiae* abgelöst (In Ep. ad Rom. 5,14-21).

7.2.1 Den Begriff *gratia* hat Pelagius vor der Kontroverse mit Augustin nur wenig verwandt, doch der Sache nach entspricht ihm das, was er über Gottes Hilfe, Beistand, Fürsorge und Erziehung sagt. Man kann bei Pelagius eine **dreifache Form der Gnade** unterscheiden. Die grundlegende Form der Gnade ist Gottes **Schöpfungsgabe** der Willensfreiheit, also die an sich gute Natur des Menschen. Das zur Erfüllung des Gotteswillens gegebene Gesetz könnte man als **Wort- bzw. Offenbarungsgnade** im Sinne hilfreicher Wegweisung bezeichnen (Pelagius nennt es *Wohltat* und *Hilfe*). Das gilt auch für die **Lehre Jesu**, die definitiv verdeutlicht, daß der Mensch die Kraft zum Nicht-Sündigen hat, die aber noch mehr ist, nämlich zugleich **Heilsgnade**, weil der Mensch durch die Verbindung mit Jesu Person im Glauben und durch sein Erlösungswerk gerettet wird. Diese Erlösung erfolgt grundlegend in der **Taufe** durch die **Sündenvergebung**: Sie ist die Rechtfertigung *allein aufgrund des Glaubens* (*sola fide*), ohne jegliches Verdienst aus Werken *umsonst* (*gratis*) bzw. *allein aus Gnade* (*sola gratia*). (Zum Ganzen s. z.B. die Auslegung zu Röm 2,12; 3,20-24; 4,5f; 8,28.)

7.2.2 Diese Rechtfertigung ist aber nur der Anfang des christlichen Lebens, in welchem zum Glauben die **Heiligung** als die entscheidende Prägung tritt, die die Christenmenschen kraft ihrer Willensfreiheit mit Christi helfender Erziehung selber leisten. So wenig der Glaube ein Werk der Gnade Gottes ist, ist es auch die Existenz in der Liebe. Hier liegt die entscheidende Differenz zu Augustins Lehre. Das hängt damit zusammen, daß Pelagius ein grundsätzlich **optimistisches Menschenbild** vertritt, für das die Annahme der **Freiheit** ausschlaggebend ist. Deshalb lehnt er Augustins **Erbsündenlehre** schon vor 411 wegen der unmöglichen biologischen Kausalität eines *tradux peccati* (Übertragung der Sünde) strikt ab: Wie der Glaube ist die Sünde eine persönliche Haltung, ein Akt der Freiheit (zu Röm 5,14-21). Folgerichtig kennt er auch keine Prädestination; die einschlägige Aussage Röm 8,28 deutet er auf Gottes Präszienz.

7.3 Der Streit um Sündlosigkeit und Willensfreiheit 411-415

Den Konflikt, der in der nordafrikanischen Kirche begann, löste nicht Pelagius selbst aus, sondern sein - vor den Goten aus Rom nach Karthago geflüchteter - Schüler **Cälestius**, als er dort 411 die theologische Legitimität der **Kindertaufe** und damit die **Erbsündenlehre** bestritt. Durch Augustins literarisches Eingreifen weitete sich der bisher eher lokale Konflikt zu einer theologischen Grundsatzdiskussion aus. Augustins fundamentale These gegen Pelagius war die, daß nicht die Naturanlage die menschliche Freiheit zum Guten begründe und daß nicht die Bemühung um die Erfüllung des Gotteswillens aufgrund von Christi Lehre erfolgreich sei, sondern daß die Freiheit durch Christi Gnade inspiratorisch von Gott geschenkt werde. Augustin hat durch seine theologischen Veröffentlichungen die kirchliche Wirklichkeit gestaltet. Das zeigte sich - nach seinen zahlreichen Schriften gegen die Manichäer und die Donatisten - auch jetzt daran, daß er unermüdlich in Traktaten und Briefen seine Position explizierte und verteidigte, dafür nicht nur ein breites Lesepublikum fand, sondern auch die **Meinungsbildung im Klerus** Nordafrikas beeinflußte. Die Diskussion hier wie andernorts wurde erheblich dadurch bestimmt, daß das allgemein geschätzte Ideal des asketischen Lebens von der Zielvorstellung der **Vollkommenheit und Sündlosigkeit** lebte und dafür die moralische Leistungsfähigkeit des Menschen voraussetzte. Aus diesem Grund äußerte sich nun der nach Palästina übergesiedelte **Pelagius** (wohl zwischen 412 und 414) grundsätzlich zu der Kontroverse in einem literarischen *Brief an Demetrias* sowie mit seinem Buch *De natura*. Die Situation spitzte sich erst dadurch zu, daß der Konflikt auf die kirchenpolitische Ebene verlagert wurde: Pelagius ließ sich in **Palästina** gegen westliche Häresievorwürfe von zwei **Synoden** 415 - mit Hilfe des Jerusalemer Bischofs Johannes - in offizieller Form die Rechtgläubigkeit seiner Sünden- und Gnadenlehre bestätigen.

7.3.1 Vor dem Ansturm der Goten im Sommer 410 (vgl. 9.1; § 7; 2.1) flohen viele Italier und Römer nach Nordafrika, unter ihnen auch Pelagius, der aber schon 411 - nach kurzem, höflichem Briefkontakt mit Augustin - von dort nach Palästina weiterzog, und einige seiner Schüler wie z.B. **Cälestius**, der seine Lehre im Sinne des Moralismus vergröberte. Dieser veranlaßte - auf dem Hintergrund der von geflohenen Italiern angefachten Diskussionen um die Anthropologie - den Streit: Als er 411 in Karthago die Weihe zum Presbyter beantragte, wurde er wegen seiner Ablehnung der Kindertaufe und der Erbsündenlehre von dem Mailänder Diakon Paulinus als Häretiker denunziert, so daß er einen Nachweis seiner Rechtgläubigkeit durch Zustimmung zu sechs Verwerfungen ablegen sollte, welche die **Kindertaufe**, die **Erbsünde** und die **Möglichkeit der Sündlosigkeit** betrafen. Cälestius verweigerte das, wurde als Häretiker verurteilt, und damit war die Sache eigentlich erledigt. Doch nun wurde **Augustin** offiziell eingeschaltet durch die Bitte des Tribunen Marcellinus (der vom Kaiser zur Lösung des Donatistenproblems gesandt war; vgl. 5.4.2), er möge sich zu den Problemen der Kindertaufe und der Sündlosigkeit äußern. Das tat er mit einer ausführlichen Schrift 411/412 (Text/Übers.: ALG 1, 1971, 55-301), der er - auf entsprechende Nachfrage des Marcellinus, ob Sündlosigkeit und vollkommene Gerechtigkeit keine menschlichen Möglichkeiten wären - 412 ein weiteres Buch *De spiritu et littera* mit einer systematischen Darstellung seiner Lehre und mit einer umfassenden Ablehnung der pelagianischen Position folgen ließ (vgl. 6.3.1; zur Tauflehre s. § 2; 12.3.4).

7.3.2 Pelagius' Schriften *An Demetrias* und *Über die Natur* sind nur in Fragmenten bei Augustin erhalten (Text: Bruckner 60-67; ML 30,15-45; ALG 1,436-567). Hier belegte er seine These von der Willensfreiheit unter anderem auch mit Aussagen des frühen Augustin; er begründete die Möglichkeit der Sündlosigkeit damit, daß die Gabe der göttlichen Gebote durch

Jesus die Möglichkeit von deren Befolgung voraussetzte. **Augustin** replizierte programmatisch mit einer definitiven Verurteilung von Pelagius' Position (allerdings immer noch ohne dessen Namen zu nennen) in der Schrift *De natura et gratia*, die er wohl 415 fertigstellte (Text/Übers.: ALG 1, 1971, 436-567). Daß auch in Sizilien über das Problem der Sündlosigkeit diskutiert wurde, erfuhr er 415 durch die Zusendung von pelagianischen Thesen (des Cälestius?), die er in dem Buch *Über die Vollendung der menschlichen Gerechtigkeit/De perfectione iustitiae hominis* widerlegte (Text/Übers.: ALG 2, 1964, 129-197).

7.3.3 Eine neue Qualität erlangte der Streit durch die Ereignisse in **Palästina**. Der hispanische Presbyter **Orosius** aus Braga (durch seine Weltgeschichtsdarstellung von 417/8 berühmt geworden) wurde bei seiner Suche nach Unterstützung gegen die Priscillianisten (dazu s. § 6; 6.2) von Augustin zu **Hieronymus** geschickt. Dieser übertrug im Dauerkonflikt mit Johannes von Jerusalem (vgl. 3.2.2) seine Feindschaft auch auf dessen Schützling Pelagius, genährt durch asketisch-literarischen Konkurrenzneid. Zunächst äußerte er sie in einem Pamphlet und verlieh ihr dann in den theologisch wenig profilierten *Dialogen gegen die Pelagianer* publizistischen Ausdruck (Herbst 415; Text: CChr 80; Übers.: BKV 15, 335-497). Orosius verstärkte das, indem er Augustins Kritik vortrug. Daraufhin erörterte eine lokale **Synode in Jerusalem** im Juli 415 unter dem Vorsitz des Johannes Pelagius' Lehre, ohne in der Sache zu entscheiden. Als dann zwei gallische Bischöfe eine ausführliche Klageschrift gegen Pelagius bei dem Metropoliten, Eulogius von Cäsarea, einreichten, verhandelte im Dezember 415 eine palästinische **Provinzsynode in Diospolis** (Lydda) in Anwesenheit des Pelagius und erklärte dessen Lehre für orthodox. Eine derartige - nach traditioneller Theorie im Heiligen Geist getroffene - Entscheidung konnten die bestürzten Nordafrikaner nur mit Gegenreaktionen kontern, die auf eine höhere formale Autorität gestützt waren.

7.4 Das Dogma von Karthago 418: Erbsünde und Gnadenhilfe

Nachdem eine bedeutende östliche Kirchenprovinz die inkriminierte pelagianische Lehre als orthodox anerkannt hatte, konnte die **nordafrikanische Kirche** ihre Gegenposition kirchenpolitisch nur durch massive Aktionen durchsetzen. Das tat sie 416-418 durch Beschlüsse eigener **Provinzsynoden**, durch die Einschaltung des **römischen Bischofs** als des besonderen Sprechers der Westkirche sowie durch die politische Unterstützung seitens des westlichen **Kaisers**. So kam es, daß die Lehrentscheidung der Synode von Karthago 418 mit ihrer **Verwerfung** der pelagianischen Sünden- und Gnadenlehre im Abendland fortan allgemeine Geltung fand (allerdings nur dort). Positiv war damit ein Teil von **Augustins Lehre** in elementarisierter Form dogmatisiert worden: die generelle Bestimmtheit der menschlichen Natur durch die Erbsünde und die Rechtfertigung durch Gottes Gnade als eine zum Guten inspirierende Kraft. Dieser Grundgedanke setzte sich in der weiteren westlichen Theologiegeschichte in starkem Maße durch. Die Pelagianer führten ihren Widerstand nach 418 literarisch und kirchenpolitisch fort. Ihr Protagonist wurde der italische Bischof **Julian von Aeclanum**, der Augustins Argumentation intensiv kritisierte, was diesen zu scharfen literarischen Reaktionen veranlaßte. Die pelagianische Position blieb auch weiterhin insofern verbreitet, als sie dem traditionellen Moralismus entsprach. Doch kirchliche Geltung konnte sie nicht mehr erlangen, zumal auch das Reichskonzil von Ephesus 431 (s. § 4; 6.2) - eher beiläufig - die Pelagianer verurteilte.

7.4.1 Angesichts der palästinischen Synodalentscheidungen bemühten sich zwei **Synoden**, welche im Herbst 416 in **Karthago** und **Mileve** (hier mit Beteiligung Augustins) die Situation erörterten und die pelagianischen Hauptthesen verurteilten, durch entsprechende Briefe den **römischen Bischof Innozenz I.** (402-417) einzuschalten, den für Pelagius eigentlich zuständigen Gemeindeleiter und die vom Osten als geistliche Autorität anerkannte Instanz. In der Sache hatte aufgrund von Augustins Vorlagen Nordafrika bereits entschieden, und es dachte nicht daran, einen Primat Roms in Lehrfragen zu akzeptieren. Aber damit stand ja nur eine Kirchenprovinz gegen eine andere, und so suchte man Verstärkung gegen Jerusalem-Cäsarea. Deswegen brauchte man den Römer als Sprecher des Westens. Innozenz stimmte widerstrebend im Januar 417 der Lehrentscheidung zu, verurteilte aber Pelagius und Cälestius nicht persönlich (Text/Übers. z.T.: DH 218f). Die Situation veränderte sich allerdings, als er starb und sein Nachfolger **Zosimus** (417-418) von Pelagius ein umfangreiches Glaubensbekenntnis (*libellus fidei*) als Nachweis der Rechtgläubigkeit erhielt und außerdem von dem aus Ephesus zurückkehrenden Cälestius um erneute Untersuchung seines Falles gebeten wurde. Zosimus wollte seinen Anspruch auf den Lehr- und Jurisdiktionsprimat unterstreichen und erklärte im Spätsommer 417 aufgrund einer Synodalentscheidung **Cälestius samt Pelagius für orthodox**, was die Nordafrikaner unter Hinweis auf Innozenz' Entscheidung bestritten. In der intensiven kirchenpolitischen Auseinandersetzung mobilisierten diese alle Kräfte (auch am Kaiserhof), was deutlich macht, wie sehr die afrikanische Kirche unter Augustins Einfluß an der antipelagianischen Fixierung der Sünden- und Gnadenlehre interessiert war.

7.4.2 Nach gründlicher Vorbereitung fiel die Entscheidung auf zwei Ebenen: Ein Generalkonzil der sechs afrikanischen Provinzen mit 205 Bischöfen in **Karthago** am 1. Mai 418 unter Leitung des Metropoliten Aurelius verabschiedete - auf der Basis entsprechender Schemata Augustins - acht Kanones mit einer umfassenden **Verwerfung des Pelagianismus** (Text/Übers.: DH 222-230). Parallel dazu verurteilte ein Edikt des Kaisers Honorius die Pelagianer als Häretiker. Dadurch wurde Zosimus von Rom zur Zustimmung gezwungen, die er recht gewunden in einem Rundschreiben an die östlichen Kirchen vom Juni 418 erklärte (*Epistula tractoria*; Text/Übers. z.T.: DH 231). Die **Lehrentscheidung** bestand zunächst darin, daß die pelagianische Sünden- und Gnadenlehre fortan als häretisch gelten sollte. Sodann war positiv darin folgendes als gültige Kirchenlehre fixiert: 1. Seit Adam herrscht der Tod wegen der **Ursünde/Erbsünde** (*originale peccatum*) über die Menschen; deswegen ist die **Kindertaufe** zur Vergebung der Sünden legitim. 2. Die **rechtfertigende Gnade** Gottes ist nicht bloß Sündenvergebung oder Belehrung durch das Wort, sondern auch Hilfe (*adiutorium*) zur Vermeidung des Sündigens und zur Erfüllung des Gesetzes sowie **Befähigung zur Liebe**. 3. **Sündlosigkeit** gibt es nicht durch menschliches Vollkommenheitsstreben, sondern nur durch göttliche **Vergebung**. - Damit waren in vereinfachter Form drei zentrale Elemente der augustinischen Theologie, jedoch nicht diese selbst dogmatisiert worden. Es blieben manche Fragen offen, vor allem diejenige nach dem Verhältnis von Wirken der Gnade und menschlicher Tätigkeit. Weder der Gedanke der Alleinwirksamkeit der Gnade noch die Prädestinationslehre hatten Eingang in das Dogma gefunden. Da die Kanones von 418 in die Kirchenrechtssammlungen Afrikas, Roms und Galliens aufgenommen wurden, galten sie fortan als maßgebliche Norm.

7.4.3 Die Kontroverse ging trotz der Entscheidung von 418 weiter. Von Pelagius hörte man seitdem nichts mehr, er dürfte um diese Zeit gestorben sein. 18 italische Bischöfe, welche die *Epistula tractoria* des Zosimus nicht unterzeichneten, wurden 419 von Kaiser Honorius ins Exil geschickt, darunter der neue Wortführer und theologische **Systematiker** des Pelagianismus, Bischof **Julian von Aeclanum** in Apulien, der in den Osten zog und Unterstützung bei Theodor von Mopsuestia und Nestorius von Konstantinopel fand. Julian, ein typischer Römer, attackierte in mehreren Schriften Augustins Lehre von **Erbsünde** und **Konkupiszenz** (Sexualität und Ehe) als manichäisch, unbiblisch, primitiv und widersinnig und fand damit Zustimmung bei nicht wenigen westlichen Theologen. Er verteidigte die pelagianische Auffassung von der menschlichen Natur im Sinne einer **Schöpfungsgnade** und von Gottes pädagogischen Hilfestellungen im Sinne einer **Heilsgnade** (Fragm. bei Bruckner, Bücher Julians 24-77). Augustin wehrte sich seit 420 in mehreren Schriften gegen Julians Kritik (die letzte, kurz vor seinem Tod begonnen, blieb unvollendet; Text/Übers.: ALG 3, 1977). Nicht nur durch die Pelagianer, sondern auch durch andere Kritiker in Nordafrika und Gallien (vgl. dazu 7.5.1-2) sah er sein Lebenswerk gefährdet, was die Schroffheit seiner Polemik und die Verhärtung seiner Position erklärt.

7.4.4 Der "Pelagianismus" als eine von den direkten Pelagiusanhängern unabhängige Position eines voraugustinischen Moralismus überdauerte in verschiedenen Formen die Kontroverse; doch als kirchenpolitische Partei kam er nach 430 zum Erliegen. Dazu trug auch der Umstand bei, daß die in den Osten geflüchteten Pelagianer die negativen Folgen ihres Bündnisses mit der antiochenischen Schule um Nestorius zu spüren bekamen (vgl. § 4; 6.1.3; 6.2.1). Die Koalition zwischen **Cälestinus von Rom** (Cölestin I., 422-432) und **Cyrill von Alexandria** führte auf dem "ökumenischen" Konzil von Ephesus 431 dazu, daß die cyrillische Partei Cölestins Petition folgte und zusammen mit Nestorius auch die **Pelagianer**, die Gesinnungsgenossen des Cälestius und Pelagius, darunter Julian, **verurteilte** - ohne irgendwelche Sachgründe zu nennen (Text: ACO I,I,3; 9.22; vgl. Text/Übers. z.T.: DH 267f). Damit hatte sich formal Rom gegen die Entscheidung von Jerusalem-Cäsarea 415 und gegen die Begünstigung der Pelagianer durch Konstantinopel-Antiochia gesamtkirchlich durchgesetzt. Aber in der Sache blieb die dogmatische Entscheidung von 418 auf die Rezeption im Westen beschränkt; für den Osten war das Ganze kein aktuelles Thema.

7.5 Vorgeschichte zu neuem Streit: Die Augustinkritik der Mönche und Traditionalisten (sog. Semipelagianer)

Augustins antipelagianische Lehren stießen auch in solchen Kreisen auf Widerspruch, die mit dem Pelagianismus nichts oder wenig im Sinn hatten, sondern denen an der menschlichen Verantwortung für das Heil gelegen war und die in unterschiedlicher Weise den **traditionellen Synergismus** vertraten. Die eingebürgerte Bezeichnung dieser Position als "Semipelagianismus" ist kaum zutreffend (seit den Konflikten um die Gnadenlehre im 17.Jh. verwandt, erstmals nachweisbar der Begriff *Semipelagiani* in der lutherischen Konkordienformel 1577; vgl. BSLK 778,40). Sie basiert auf der Polemik der Augustiner und auf dem historischen Zusammenhang mit dem pelagianischen Streit. Nicht zufällig waren die Kritiker zumeist Mönche, v.a. solche im nordafrikanischen Hadrumetum und im südgallischen Massilia (vgl. auch 10.1). Denn das **asketische Vollkommenheitsideal** betonte die ethische Bemühung; der moralische Appell basierte auf der Voraussetzung, daß der Mensch fähig wäre, mit Gottes Hilfe dessen Willen zu erfüllen.

7.5.1 Die systematische Zusammenfassung der Gnadenlehre, die Augustin 418 für den römischen Archidiakon Sixtus, den späteren Papst, geschrieben hatte (Ep. 194; Übers.: BKV 30, 195-229), löste eher zufällig 426/7 eine heftige Kontroverse unter den Mönchen des Klosters in **Hadrumetum** (ca.130 km südl.v. Karthago; s. Abb.10) aus, und zwar über die Frage, ob die Annahme einer unverdienten Gnade nicht die Bemühung um **verdienstliche Werke** destruiere und damit sowohl die **Willensfreiheit** als auch das **göttliche Gericht** hinfällig mache. Augustin reagierte darauf mit zwei Lehrschreiben (Ep.214 und 215; Text: CSEL 57,380-396) sowie mit den beiden Büchern *Gnade und freier Wille* und *Zurechtweisung und Gnade* (s. 6.4.1), in denen er nochmals gegen den Pelagianismus seine Lehre von der Macht des göttlichen Gnadenwirkens entfaltete. Die Kontroverse, die auch andere Orte Nordafrikas erfaßte, schlief allerdings bald ein.

7.5.2 Folgenreicher war dagegen die Kritik, die sich im südgallischen Mönchtum gegen die spezifische Form von Augustins Lehre (mit dem Gedanken der zuvorkommenden und der alleinwirksamen Gnade) und besonders heftig gegen seine **Prädestinationslehre** richtete. Nach Bekanntwerden der beiden Schriften an die Mönche von Hadrumetum verstärkte sich diese Kritik vor allem bei den Mönchen um **Johannes Cassianus** in **Massilia**. Augustin wurde darauf 429 (oder 428?) aufmerksam gemacht durch Briefe des **Prosper Tiro von Aquitanien**, der als Asket in Massilia lebte, und seines Freundes **Hilarius**. Er reagierte darauf mit den zwei - literarisch wie sachlich zusammengehörigen - Traktaten *Die Vorherbestimmung der Heiligen/ De praedestinatione sanctorum* (über den Anfang des Glaubens als Gnadenwirkung) und *De dono perseverantiae/Über die Gabe des Beharrens* in Glaube und Liebe, der reifen Spätform seiner Lehre (vgl. 6.4.1-4; Text/Übers.: ALG 7, 1955; 2.A. 1987). Doch die Kritiker ließen sich dadurch nicht beeindrucken, vielmehr spitzte sich der Streit nach 430 zu, wobei Prosper sich vehement als Anwalt des Augustinismus betätigte (vgl. 10.1.1).

7.6 Literatur

QUELLEN: (Texte, Übers. und hist. Einl. in) SANKT AUGUSTINUS. Der Lehrer der Gnade, Bd.1-3.7, 1971. 1964. 1977. 1955. – A. BRUCKNER (HG.): Quellen zur Geschichte des pelagianischen Streites, 1906.

LITERATUR: TH. BOHLIN: Die Theologie des Pelagius und ihre Genesis, 1957. – A. BRUCKNER: Julian von Eclanum 1897. – DERS.: Die vier Bücher Julians von Aeclanum an Turbantius, 1910; ND 1973. – R.F. EVANS: Pelagius, 1968. – G. GRESHAKE: Gnade als konkrete Freiheit. Eine Untersuchung zur Gnadenlehre des Pelagius, 1972. – F. LOOFS: Pelagius und der pelagianische Streit. RE[3] 15 (1904) 747-774. – B.R. REES: Pelagius, 1988. – R. SEEBERG: Lehrbuch II, 482-550. – O. WERMELINGER: Rom und Pelagius, 1975.

8. Augustins Ekklesiologie und Sakramentenlehre

Wahrheitserkenntnis und Heilsaneignung sind, wie Augustin mit der Tradition betont, an die geschichtliche Vermittlung durch Jesus Christus gebunden. Als der inkarnierte Gott ist er die Autorität schlechthin, der Träger der göttlichen Offenbarung. Konkret wirkt sich das aus in der Beschäftigung mit der Heiligen Schrift und im Leben innerhalb der Kirche. **Schrift und Kirche** sind somit die beiden konkreten **Autoritäten**, an die die Menschen sich halten müssen, weil sie nicht aus eigener Kraft zur Wahrheit und zum Heil gelangen können. Für Augustin bilden beide eine **innere Einheit** wegen ihres apostolischen Ursprungs und wegen der in ihnen wirksamen Gegenwart des Heiligen Geistes. Wort und Geist, Sakrament und Glaube, Leib Christi und Liebe Gottes sind die tragenden Begriffe, welche die einzelnen Themen dieses Lehrkomplexes untereinander und mit den anderen Themen der augustinischen Theologie verbinden.

8.1 Bibelauslegung. Vom Glauben zum Erkennen

Für das Problem der Gewißheit theologischer Aussagen ist Augustins Lehre sowohl exemplarisch wichtig als auch wirkungsgeschichtlich bedeutsam. Sie basiert auf dem Schöpfungsgedanken, der philosophisch interpretiert wird. Da das Gott-Mensch-Verhältnis im ontologischen Zusammenhang von intelligibler und realer Welt steht, gehören **Glauben und Wissen** zusammen: Die wahre Philosophie ist der Sache nach nicht vom Christentum mit seinen Offenbarungsinhalten getrennt. Der Glaube ist nicht irrational, er orientiert sich an der Einsicht in die Glaubwürdigkeit von Heiliger Schrift und Kirche. Mit der altkirchlichen Tradition setzt Augustin voraus, daß Gottes offenbarte Wahrheit in der **Heiligen Schrift** enthalten ist und durch Auslegung erhoben werden kann und muß, bei welcher die – in der *regula fidei* zusammengefaßte – Lehre der Kirche anleitet. Der Weg vom Glauben zum Erkennen kennzeichnet die christliche Bemühung um die Wahrheit (vgl. Sermo 43,7,9; 118,1: *Crede, ut intelligas*). Der Glaube stützt sich auf von Gott Vorgegebenes, auf seine bzw. Christi **Autorität** (*auctoritas*), die sich im Zeugnis der Bibel, des Symbolum und der Kirchenlehre bekundet. *Auctoritas* ist im Unterschied zur *potestas* keine bloß überwältigende Macht, keine bloß äußerliche Instanz, sondern eine **Überzeugungskraft**, die entsprechende Erfahrung freisetzt. Sie erweist sich darin, daß das Wort Zustimmung findet, zur Erkenntnis und zum rechten Leben anleitet (und zwar als Wirkung Gottes und insofern als Gnade; vgl. 6.3). Diese Aneignung erfolgt so, daß die Wahrheit der in der Bibel begegnenden Autorität nicht vom **Wahrheitszeugnis der Kirche** gelöst werden kann, also nicht von der beglaubigten Autorität derjenigen Gemeinschaft, in der Gottes Wirklichkeit seit der Zeit der Apostel erfahrbar geworden ist. Die Ereignisse der Bibel als heilsgeschichtliche Sachverhalte sind **Zeichen** (*signa sacra*) mit einem ewig gültigen Offenbarungsinhalt. Auch Worte sind Zeichen; sie vermitteln als solche keine Erkenntnis, die nicht ohnehin in der ratio angelegt ist; sie führen auf die Sache, von der sie nicht getrennt werden können. Augustin begründet die für die abendländische Philosophiegeschichte wichtige Denkstruktur, wonach das Seinsbewußtsein als eine Entwicklung des Selbstbewußtseins erscheint und die transzendenten Wahrheiten in Anknüpfung an die irdischen Realitäten erkannt werden.

8.1.1 Das ist der Sinn der berühmten Sentenz, die Augustin 396 gegen die Manichäer formulierte: *Ego vero evangelio non crederem, nisi me catholicae ecclesiae commoveret auctoritas* (nicht biographisch-individuell, sondern generell: *Ich aber würde dem Evangelium nicht glauben, wenn mich nicht die Autorität der katholischen Kirche dazu bewegen würde*; C. ep. fund. 5,6; CSEL 25/1, 197). Was die auctoritas vorformuliert hat, eignet sich die ratio an. Denn die göttliche Wahrheit ist allgemein gültig und muß als solche demonstrativ werden.

8.1.2 Durch seine **Bibelkommentare** und Predigten zu biblischen Büchern (z.B. *Enarrationes in Psalmos* 392-420, *De Genesi ad litteram* 401-414, *Tractatus in Johannis evangelium* 414-417) hat er als Exeget bis ins späte Mittelalter fortgewirkt. Maßgeblich wirkte vor allem aber seine **Hermeneutik**, wie er sie in *De doctrina christiana* (begonnen 396, erst 426 fertiggestellt) vorgetragen hat, zunächst wohl als Handbuch für die Exegese konzipiert, dann zu einem umfassenden Bildungsprogramm ausgeformt (Text: CChr 32/1; Übers.: BKV 49, 6-225).

8.1.3 Daß göttliche Offenbarung und menschliche Erkenntnis zusammenkommen, wird in den frühen philosophischen Schriften mit Augustins neuplatonisch beeinflußter **Illuminationslehre** begründet: Die *ratio* ist geschaffenes göttliches Licht (vgl. Gen 2,7) und nimmt im Erkenntnisakt, der Erleuchtung durch Gott ist, die göttliche Seinsordnung und sich selber als deren Teil wahr. In sich selber wie in der Schöpfung findet der Mensch die allgemein gültigen Teilwahrheiten vor, die auf die Wahrheit selbst (*Christus*, die *sapientia Dei*) verweisen. In diesem Erkenntniszusammenhang haben die äußerlichen, sinnlich wahrnehmbaren, wandelbaren Dinge die Funktion von Zeichen (*signa*), welche die *ratio* auf die geistige, unveränderliche Wahrheit hinweisen. Seine wirkungsgeschichtlich bedeutende **Lehre von den Zeichen** hat Augustin zuerst 389 in *De magistro* vorgetragen, dann grundlegend 396ff in *De doctrina christiana* entfaltet.

8.2 Differenzierter Kirchenbegriff

Augustin hat seine Ekklesiologie v.a. gegen den Donatismus seit 394 entwickelt, allerdings nirgends umfassend-systematisch dargestellt. Er hat mehrere Konzepte verbunden: Kirche als **communio sanctorum**, **Volk Gottes** und **Leib Christi** ist Realität und Geheimnis gleichermaßen; sie ist zugleich *communio sacramentorum* und *societas sanctorum*, Institution und Personenverband, irdische und himmlische, gegenwärtige und zukünftige Wirklichkeit. Kirche ist eine differenzierte Einheit, eine komplexe Realität. Die Verbindung der Begriffe *communio sacramentorum* (Teilhabe aller Christen, auch der nicht wirklich bekehrten, am sakramentalen Leben) und *societas bzw. congregatio sanctorum* (Gemeinschaft der Heiligen als der von Gott erwählten Gläubigen) drückt das Spezifikum von Augustins Lehre aus. Besonders wichtig ist die Differenzierung zwischen der Kirche als dem auf Erden **pilgernden Gottesvolk** (*ecclesia qualis nunc est/Kirche, wie sie jetzt ist*) und der am Ende der Zeit im Himmel **vollendeten Schar** der Heiligen und Engel (*ecclesia qualis tunc erit/Kirche, wie sie einst sein wird*). Dies als "doppelten

Kirchenbegriff" zu verstehen, ist nur bedingt richtig und kann zu dem Mißverständnis führen, als nehme Augustin zweierlei Kirche an. So gewiß bei ihm die genannten Differenzierungen begegnen, geht er grundsätzlich von der **Einheit** der Kirche aus, die in unterschiedlichen Aspekten, vor allem aber in der **Liebe** (*caritas*) zum Ausdruck kommt: Die Liebe ist das **Prinzip** der Kirche, weil sie mit dem **Heiligen Geist** identisch ist, dessen Gaben die Kirche durchströmen; der Geist aber ist - schon in der Trinität, aber auch in der Christenheit - das in Liebe einende Band und bewirkt somit die Gemeinschaft aller Heiligen und die Kontinuität zwischen der "Kirche jetzt" und der "Kirche einst". Da er der Geist Christi, des Hauptes der Kirche, und Mittler aller Heilsgaben ist, liegt die Einheit der Kirche auch in Christus begründet, weil sie von ihm her, durch ihn und auf ihn hin lebt. In Anlehnung an den Reformdonatisten Tyconius (vgl. 9.1.2; § 2; 16.3.2) hat Augustin im Blick auf die altkirchliche Typologie der Kirche als Arche Noahs und auf die Auslegung des Unkrautgleichnisses Mt 13,24-30 eine weitere Differenzierung eingeführt, die für die spätere Ekklesiologie konstitutiv geworden ist: die **Unterscheidung zwischen theologischer und soziologischer Realität**, zwischen *corpus Christi* ("Leib" im paulinischen Sinne) und *corpus permixtum* ("Körperschaft" im Rechtssinne). Augustins Gnaden- und Prädestinationslehre begründet letztlich diese Unterscheidung: Da man bis zum Endgericht von keinem Christen wissen kann, ob er erwählt ist, gibt es eine *unsichtbare Verbindung* (De baptismo III,19,26) durch die Existenz der Prädestinierten (= Heiligen) innerhalb der sichtbaren Kirche, die gerade als solche - mit den Sakramenten und Ämtern, dem Gottesdienst und Recht - die wahre Kirche ist. Diese augustinische Konzeption hat eine beträchtliche Wirkungsgeschichte gehabt (vgl. auch CA 7-8), weil sie eine theologisch reflektierte Lösung für den Hiatus zwischen Anspruch und faktischem Zustand der Großkirche bot.

8.2.1 Der - durch die afrikanische Tradition seit Tertullian geprägte - donatistische Kirchenbegriff war insofern personalistisch, als er die Kirche mit der **Gemeinschaft der Heiligen**, d.h. der Reinen und Sündlosen, identifizierte (vgl. § 2; 16.3.2). Dagegen hatte schon Optatus von Mileve ca.365 übereinstimmend mit römischer Tradition die **sakramentale Institutionalität** der Kirche herausgestellt: Die Heiligkeit der Kirche gründe sich auf die aus sich selbst heraus heiligen Sakramente, also auf Gottes Handeln, nicht auf die Personen der Amtsträger oder der Kirchenglieder. Diesen Ansatz übernahm Augustin und verband ihn mit der Idee der Autorität, mit der heilsgeschichtlichen Konzeption vom wahren Israel und mit der neuplatonischen Ontologie, später auch mit der Prädestinationslehre und Geschichtstheologie.

8.2.2 Das durch den Donatismus zugespitzte **Grundproblem**, die Differenz zwischen Kirche als **theologischer** und Kirche als **soziologischer** Größe, hat Augustin in verschiedener Weise und in unterschiedlichen Kontexten erörtert. Daraus erklärt sich, daß die Forschung zu keiner einhelligen Auffassung von seiner Ekklesiologie gelangt ist und unterschiedliche Aspekte als Grundstruktur herausstellt. In der evangelischen Literatur ist seit H. Reuters Studien (1887) oft von einem **doppelten Kirchenbegriff** gesprochen worden im Blick auf die Unterscheidung zwischen sichtbarer und unsichtbarer Kirche im Sinne von Abbild und Urbild, zwischen der empirischen Institution und der Gemeinschaft der Glaubenden und Prädestinierten.

8.2.3 Sprach **Tyconius** im Blick auf das unscheidbare Beieinander von Sündern und Heiligen in der Kirche - analog zu den reinen und unreinen Tieren in der Arche und zum Unkraut unter dem Weizen - von einem *corpus domini bipertitum* (einem zweigeteilten Leib Christi), so besagte Augustins Formel etwas anderes: daß dem wahren Leib Christi die **Bösen beigemischt**

sind, aber gar **nicht zum Leib gehören**, d.h. nicht im theologischen Sinne Kirche sind. *Corpus verum* und *corpus permixtum* sind vielmehr zweierlei (De doctr. christ. III,32,45). Letzteres ist die empirische Kirchengemeinschaft, an deren sakramentalem Leben auch die Unwürdigen teilnehmen (Tract. in Joh 27,11).

8.3 Die Sakramente als wirksame Zeichen

8.3.1 Auch die wirkungsgeschichtlich bedeutsame Sakramentenlehre hat Augustin in der Auseinandersetzung mit dem Donatismus formuliert, wobei er seine Lehre von den Zeichen (s. 8.1) voraussetzen konnte. Der Begriff *sacramentum* ist bei ihm noch nicht spezifisch fixiert, meint aber vor allem Taufe und Eucharistie. Gegen die donatistische Bestreitung der Wirksamkeit der Sakramente, die von unwürdigen Amtsträgern gespendet werden, betont er mit Optatus von Mileve den **Grundsatz**, daß die Sakramente **durch ihren Vollzug wirksam** sind, weil sie primär Gabe Gottes sind und der Heilige Geist ihre Wirkung realisiert. Doch er unterscheidet im Blick auf die Ketzertaufe (vgl. § 2; 12.6) zwischen dem äußeren Vollzug, den auch die Häretiker haben, und der **inneren Wirkung**, die bei ihnen fehlt, weil sie den Heiligen Geist nicht vermitteln können; durch ihre Abspaltung haben sie sich vom Geist der Liebe und der Gemeinschaft getrennt (vgl. 8.2). Nur in der wahren Kirche bringen also Christi Sakramente das Heil, weil dort der Heilige Geist wirkt.

8.3.2 Die Taufe prägt den Empfänger mit einem besonderen Merkmal, dem fortdauernden Zeichen der Erlösung und der Zugehörigkeit zu Christus (*dominicus character*). Daß Kirche *corpus Christi* ist, kommt besonders in der **Eucharistie** zur Darstellung; sie ist die Feier der **Gemeinschaft** (sowohl der Gläubigen mit Christus als auch untereinander) und des Opfers, wobei Augustin den horizontalen Communio-Aspekt als Feier der **Liebe** (*caritas*) und den Aspekt der Hingabe stark betont. An der Verwandlung der Elemente als solcher hat er kein besonderes Interesse, sondern an dem Zusammenhang mit der Wandlung der Christen. Der spätere Gegensatz zwischen Symbolismus und Realismus (s. 14.3) spielt bei ihm noch keine Rolle, vielmehr liegen in seinen Aussagen beide ineinander.

8.3.3 Das liegt daran, daß nach seiner Ontologie im **Zeichen** der sakramentalen Handlung die Sache präsent ist, weil das Wort für den Glauben die wirksame Kraft der Vergegenwärtigung ist. Die Sakramente haben eine äußere Gestalt (*species corporalis*), aber eine innere Wirkung (*fructus spiritualis*), die durch das Wort angesagt wird. Im Blick auf die Taufe hat Augustin eine klassische Formulierung geprägt, die später immer wieder als **Sakramentsdefinition** zitiert worden ist: *Accedit verbum ad elementum et fit sacramentum, etiam ipsum tanquam visibile verbum/Das Wort tritt zum Element hinzu, und das Sakrament entsteht, auch dieses gleichsam sichtbares Wort* (Tract. in Joh. 80,3; vgl. BKV 19,119). Und dies ist das *verbum fidei* (ebd.), das Wort, welches Glauben hervorruft und nur so die sakramentale Wirkung erzielt. Von einer durch das Wort bewirkten Verwandlung der Elemente spricht Augustin – anders als spätere Anwender seiner Sentenz – nicht.

8.4 Literatur
Y. CONGAR: Die Lehre von der Kirche. Von Augustinus bis zum Abendländischen Schisma, HDG III/3c, 1971, 1-10. - J. FINKENZELLER: Die Lehre von den Sakramenten, HDG IV/1a, 1980, 38-61. - K.-H. LÜTCKE: "Auctoritas" bei Augustin, 1968. - C.P. MAYER: Die Zeichen in der geistigen Entwicklung und in der Theologie Augustins, 2 Bde., 1969-74. - J. RATZINGER: Volk und Haus Gottes in Augustins Lehre von der Kirche, 1954. - H. REUTER: Augustinische Studien, 1887; ND 1967. - W. SIMONIS: Ecclesia visibilis et invisibilis, 1970.

9. Augustins Geschichtstheologie

Die Grundgedanken der Anthropologie, Soteriologie und Ekklesiologie bilden das Fundament für das monumentale Werk *De civitate Dei/Vom Gottesstaat*, in dem das **Wesen des Christentums** in Form eines Grundrisses der Weltgeschichte als Heils- und Unheilsgeschichte dargestellt wird. Die altkirchliche Geschichtstheologie kulminiert in diesem Werk. Wie wenige Schriften der Weltliteratur hat es Geschichte gemacht, indem es - ohne zu einer Dogmatisierung oder einheitlichen Lehrfixierung zu führen - die Theorien über die **christliche Existenz in der Welt** beeinflußt hat, z.B. die Zwei-Gewalten-Lehre des sog. politischen Augustinismus im Mittelalter oder die Zwei-Reiche-Lehre der lutherischen Reformation.

9.1 Christliche Apologetik: Heil und Geschichte

Der Anlaß zur Abfassung war die **heidnisch-römische Polemik** gegen das Christentum nach der Eroberung Roms 410 durch die Westgoten unter Alarich. Man wertete diese unvorstellbare Katastrophe als Tatsachenbeweis dafür, daß die Götter, die Rom groß gemacht hätten, das Imperium wegen des Abfalls zum Christengott bestraft hätten; denn nach römischem Verständnis hingen rechter Kult und *salus publica* zusammen (vgl. § 3; 2.1; 8.2; 9.5). Augustin hat dagegen eine große **Apologie** gestellt. Über die Auseinandersetzung der antiken Religion und Philosophie (vgl. § 3; 7.1) hinaus hat er eine **Geschichtstheologie** als Zusammenfassung der christlichen Lehre konzipiert. Damit wollte er deutlich machen, daß es keinen direkten Zusammenhang zwischen Religion und politischem Heil, zwischen göttlichem Handeln und menschlichem Wohlergehen geben kann, daß vielmehr **alles Irdische eschatologisch relativiert** ist.

9.1.1 Augustin hat das monumentale, materialreiche Werk mit 22 Büchern 413 begonnen, aber erst 426 vollendet (Text: CChr. 47-48; Übers.: W. Thimme, 2 Bde., BAW, 1955; vgl. auch BKV 1.16.28). Im ersten Teil bietet er - vom Ideal der *beata vita* her (vgl. 5.1.3) - zunächst eine **Kritik der Romidee und der römischen Religion** (Buch I-V), deren Götter durch die Geschichte als machtlos erwiesen worden sind und somit kein irdisches Glück verleihen können. Dann folgt eine **Kritik der platonischen Philosophie** (Buch VI-X), deren Erkenntniswege nicht zur Wahrheit führen und daher keine transzendentale Sinnerfüllung bieten können. Beiden setzt er entgegen, daß Wahrheit durch Gottes Offenbarung in den Propheten und in Jesus geschichtlich vermittelt wird. Den **Zusammenhang von Heil und Geschichte** entfaltet Augustin im zweiten Teil (Buch XI-XXII) in einem Überblick von der Schöpfung bis zum letzten Gericht und zu dem doppelten Ausgang der Welt in ewiger Strafe bzw. Seligkeit. Hier beschreibt er das Wesen der beiden "Staaten" (*civitates*), ihren Ursprung, ihre Geschichte und ihr Ziel.

9.1.2 Ansätze zu dieser Konzeption zeigt schon der frühe Augustin, allerdings im Sinne der platonischen Ideenlehre und der philosophischen Güterlehre (Differenz zwischen vergänglichen und unvergänglichen Gütern). Die Anknüpfung an die apokalyptische Tradition der Zwei-Reiche-Lehre verdankt er der Beschäftigung mit dem Apokalypse-Kommentar des Donatisten Tyconius (gest. ca.400). Doch erst durch die **Übertragung der Sünden- und Gnadenlehre** von der individuellen Existenz auf einen kollektiven Zustand erhält das Ganze sein Gepräge. Der **Begriff** *civitas* ist mehrdeutig; er meint im personalen Sinne die **Bürgerschaft** als Gemeinschaft und im institutionellen Sinne die **Stadt** als Herrschaftsverband, als Staat.

9.2 Civitas Dei und civitas terrena

Da menschliche Existenz durch das Verhältnis zu Gott bestimmt wird (mit der Alternative Gottesliebe-Selbstliebe, Sünde-Glaube, Irrtum-Wahrheit), stehen sich in der Geschichte seit Beginn **zwei Typen von Menschen** mit unterschiedlicher Gemeinschaftsbildung gegenüber: die Heiligen und die Bösen, die *civitas Dei* und die *civitas terrena.* Abel und Kain repräsentieren diese gegensätzlichen Existenzformen, die seit Abraham eine **doppelläufige Menschheitsentwicklung** konstituieren, die Geschichte Israels bis hin zu Christus und die Geschichte der Weltreiche bis hin zum Imperium Romanum. Die *civitas Dei* ist die **Herrschaft des Guten**, die *civitas terrena* die **Herrschaft des Bösen** und insofern die *civitas diaboli.* Beide bilden den Gegensatz von Gottesliebe (*amor Dei*) und Selbstsucht (*concupiscentia*), von Demut (*humilitas*) und Hochmut (*superbia*), von Liebe (*caritas*) und Herrschsucht (*libido dominandi*). Sie streben unterschiedliche Ziele an mit dem Genuß vergänglicher irdischer Güter bzw. mit dem unvergänglichen Leben in der himmlischen Herrlichkeit. Doch beide sind in sich ambivalente Größen, und sie sind außerdem in dieser Weltzeit (*saeculum*) miteinander **verflochten**. Zur *civitas terrena* gehören auch gute und weise Menschen wie z.B. manche Philosophen; und in ihr verwirklichen sich insofern, als sie allen Menschen - auch den Heiligen - geordnete Lebensmöglichkeiten bietet, relative Werte (vgl. dazu Buch XIX über den Frieden). Die *civitas Dei* ist das Volk Gottes, welches auf Erden keine bleibende Stadt hat, sondern der himmlischen Stadt, dem neuen Jerusalem, entgegenpilgert; sie ist die Schar der Prädestinierten und als solche empirisch nicht verifizierbar. Ihre soziale Gestalt findet sie in der Kirche, der *ecclesia qualis nunc est* mit deren Ambivalenz (s. 8.2), ohne mit ihr identifiziert zu werden. Außerdem existiert diese Kirche innerhalb des Staates und der menschlichen Gesellschaft, von deren Friedensordnung sie Gebrauch macht (XIX,26).

9.3 Der Staat als theologisches Problem

Augustin hat weder in *De civitate Dei* noch sonst eine einheitliche Auffassung über das Wesen des Staates vorgetragen. Dennoch hat man später mit seinen Äußerungen in unterschiedlicher Weise eine Staatslehre begründet. Zwei Linien sind erkennbar: a) eine relativ **positive Wertung** des Staates aufgrund der Forderung, daß dieser durch gerechte Gesetze und durch eine Friedensordnung das Zusammenleben der Menschen regeln soll; b) eine **kritische Sicht** aufgrund seiner Anthropologie, wonach das sündige Wesen der Menschen die Verwirklichung von Gerechtigkeit und Frieden nicht zuläßt und deshalb der Staat faktisch keine

Rechtsordnung ist. – Beide Linien treffen sich in der formalen Definition des Staates als Zweckverband (De civ. XIX,24). Die **eschatologische Perspektive**, welche die Konzeption von De civ. bestimmt, verstärkt die **Relativierung** des Staates; sie macht es unmöglich, von einem christlichen Staat oder von einer Konvergenz zwischen politischer Ordnung und Gottesherrschaft zu sprechen. Damit unterscheidet Augustin sich signifikant von allen Formen einer "Reichstheologie", wie sie im 4.Jh. von Eusebius bis zu Ambrosius entwickelt worden sind. Das Volk Gottes findet keine völlig adäquate Institutionalisierung, nicht in der Kirche, auf keinen Fall aber im Staat. Friede und Gerechtigkeit sowie Sinnerfüllung menschlicher Existenz (*pax, iustitia, beata vita*) sind auf Erden nicht wirklich realisierbar, sondern nur in der Ewigkeit (*vita aeterna in pace*), in der völligen Gemeinschaft mit Gott.

9.4 Literatur

U. DUCHROW: Christenheit und Weltverantwortung, 1970, 183-319. – W. KAMLAH: Christentum und Geschichtlichkeit, 1951. – J. LAUFS: Der Friedensgedanke bei Augustinus, 1973. – B. LOHSE: Augustins Wandlung in seiner Beurteilung des Staates, in: StPat 6 (1962) 447-475. – R. LORENZ: ThR 40, 1975, 107-331. – E. MÜHLENBERG: HDThG 1, 432-445. – H. SCHOLZ: Glaube und Unglaube in der Weltgeschichte, 1911; ND 1967.

10. Auseinandersetzungen um die Gnadenlehre im 5./6. Jahrhundert

Das Verhältnis zwischen **göttlichem Gnadenwirken** und **menschlicher Aktivität** ist in der Westkirche über die augustinische Epoche hinaus diskutiert worden. Es war durch die dogmatische Fixierung von 418 nur teilweise geklärt. Generell entzog es sich schon deswegen einer definitiv gültigen Schematisierung, weil es ein Kernproblem der christlichen Existenz berührte, das sich fast stets in der Kirchengeschichte in unterschiedlicher Theoriegestalt gestellt hat. Zur Wirkungsgeschichte Augustins gehört, daß das Problem – in Fortsetzung der 426ff angestoßenen Kontroverse (vgl. 7.5) – strittig blieb und in der Prädestinationslehre eine besondere Zuspitzung fand. Gallien entwickelte sich nun zum theologischen Zentrum der Westkirche. Die Auseinandersetzungen (in drei Phasen: 429-440; um 470; 519-529) führten nicht zu einer abschließenden Klärung; in ihnen trat jedoch eine **Spätblüte der altkirchlichen Theologie** im Übergang zum Mittelalter zutage. Sie bildeten im übrigen damals nicht das Hauptthema der theologischen Arbeit; denn diese war vor allem mit den Konflikten um die Christologie (s. § 4; 9-12) und mit dem Kampf gegen den "Arianismus" der germanischen Kirchen (s. § 7; 2.1-4) beschäftigt. Daß jenes Problem dann für längere Zeit als nicht virulent empfunden wurde, ist ein bemerkenswerter Sachverhalt. Erst im 12./13.Jh. erfuhr es wieder eine intensive und damit auch kontroverse Beachtung (vgl. § 10; 10.3). Man kann fragen, ob das daran lag, daß für diese Thematik solche Epochen aufgeschlossen waren, die eine besondere religiöse Sensibilität mit hoch entwickelter theologischer Wissenschaft kombinierten.

10.1 Synergismus gegen Augustinismus

Der theologische und geistliche Führer der Anti-Augustinisten war der berühmte Abt des Klosters St. Viktor in Massilia/Marseille **Johannes Cassianus** (ca.360-430/5; zu ihm vgl. § 6; 6.4). Er formulierte die traditionell-synergistische Gnadenlehre sowohl gegen die Pelagianer als auch gegen Augustin. Die Prädestinationslehre lehnte er als Fatalismus und als eine der dogmatischen Tradition widersprechende Neuerung scharf ab. Gegen die Partikularität der Gnadenwahl behauptete er die **Universalität des göttlichen Heilswillens**: Da die Bekehrung auch ein Akt der Freiheit sei, werde das Heil allen Menschen angeboten, und Gottes schützende Fürsorge (*protectio*) wirke hilfreich bei der Realisierung mit. Gegen Cassian und die Massilienser profilierte sich **Prosper Tiro** aus der gallischen Provinz Aquitanien (ca.390-nach 455) als Protagonist des Augustinismus (vgl. 7.5.2). Er verteidigte die Lehre von der Prädestination (ohne auf dem Begriff zu bestehen) als die sachlogische Sicherung der Gnadenlehre. Seine historische Bedeutung besteht vor allem darin, daß er Augustins Lehre – gegen den Vorwurf der Massilienser, sie widerspräche der Tradition – durch den Nachweis ihrer **kirchlichen Rezeption** zu verteidigen suchte. Demgemäß erwirkte er von Cälestinus von Rom schon 431 eine förmliche Erklärung, daß Augustin stets zu den anerkannten Kirchenlehrern gehörte; und als Sekretär von Papst Leo I. hat er sich seit 440 für die allgemeine Geltung der Autorität Augustins erfolgreich eingesetzt. Im übrigen schlief der Konflikt um 440 ohne Ergebnis ein.

10.1.1 In Buch XIII der *Collationes Patrum* von 429 (s. § 6; 6.4.3-4) zum Thema *Beschützende Fürsorge Gottes/De protectione Dei* (Text: SC 54,147-181; Übers.: BKV 1.A., 2 Bde., 1879) entfaltete der Seelsorger **Cassianus** seine dogmatische Argumentation: Da der Mensch durch die Erbsünde verdorben und somit unfähig zum Guten ist, greift Gott gnadenhaft ein und verleiht den Willen und die Kraft zum Guten. (Zu Cassians Sündenlehre vgl. § 6; 6.4.4.) Im Leben gemäß seinen Geboten wirken **menschliche Aktivität und göttliche Gnadenhilfe** so zusammen, daß diese zwar eigentlich alles tut, aber jene wegen ihrer Bemühung echte Verdienste (*merita*) erwerben kann, die nicht bloß Gottes Geschenke sind. **Prosper** reproduzierte i.w. Augustins Position: Die Gnade komme in der ganzen christlichen Existenz der menschlichen Aktivität zuvor, weil Gott den Menschen neu schaffe gemäß seinem Vorsatz; die **Prädestination** beziehe sich nur auf die Geretteten; zum Bösen und damit zum Verderben bestimme Gott niemanden; die Prädestination sei der offenbare und daher zu verkündigende **Heilswille** Gottes, von dem sein verborgenes Urteil über die, die nicht zum Glauben kommen, gemäß seiner Präszienz unterschieden werden müsse.

10.1.2 Den Traditionalismus der Anti-Augustiner hat ein Mönch aus dem Cassian-Kreis auf den Begriff gebracht, womit er nicht so sehr damals als vielmehr erst in der Neuzeit als Vertreter des **katholischen Traditionsprinzips** berühmt geworden ist: **Vinzenz von Lerinum** (Lérins; vgl. § 6; 6.4.2) veröffentlichte 434 sein – formal gegen den Häretiker Nestorius, faktisch aber auch gegen Augustin gerichtetes – *Commonitorium pro catholicae fidei antiquitate/Denkschrift für das Alter des katholischen Glaubens*, in dem er gegen die häretischen Neuerungen die seit Tertullian und Cyprian gültigen **Kriterien für die Wahrheit** der kirchlichen Lehre formulierte. (Text: hg.v. A. Jülicher, 1925; Übers.: BKV 20,162-228). Bei der Vielfalt der Schriftauslegung müsse man sich an den Schriften der bewährten Kirchenlehrer orientieren, und dabei gelte der Grundsatz, daß das wirklich katholisch sei, *was überall, was immer, was von allen geglaubt worden ist*: *In ipsa item catholica ecclesia magnopere curandum est, ut id teneamus, quod ubique, quod semper, quod ab omnibus creditum est; hoc est et enim vere proprieque catholicum*. Die **Katholizität** der Lehre enthält demnach ein lokales, ein temporales und ein personales Element: *universitas, antiquitas, consensio*.

10.1.3 Die Vorherrschaft des Synergismus im Sinne eines – bestimmte Anliegen des Pelagius aufnehmenden – Semipelagianismus kam im Wirken des **Faustus** (seit ca.430 Abt von Lerinum, seit ca.460 Bischof von Reji/Riez) zum Ausdruck. Er sorgte auf zwei Synoden in Arles und Lyon ca.470/1 für die **Verurteilung der Prädestinationslehre** des Presbyters Lucidus, womit man vor allem die augustinische Gnadenlehre treffen wollte. In seiner Schrift *De gratia* propagierte er einen **Mittelweg** zwischen Pelagianismus und Manichäismus (d.h. Augustinismus!), indem er weder der menschlichen Bemühung noch der göttlichen Gnade allein, sondern beiden zusammen die Erlösung zuschreiben wollte: Den Anfang mache Gottes Gnade, aber trotz der Erbsünde bestehe Willensfreiheit, kraft welcher der Mensch sich dem Glauben zuwenden und – mit Hilfe der Gnade – gottgefällig leben könne. Das war eine für die asketische Frömmigkeit mit ihrer Betonung der menschlichen Leistungsfähigkeit typische Position. Faustus' Lehren erregten aber auch Widerspruch.

10.2 Die Lehrentscheidung von Arausio 529

Daß schließlich ein modifizierter Augustinismus kirchlich rezipiert wurde, lag – außer an den römischen Päpsten (s. 10.3) – in erheblichem Maße am Wirken des Cäsarius (ca.470-542), Bischof von Arelate, und am theologischen Einfluß des Fulgentius (ca.462/8-527/32), Abt und Bischof von Ruspe in Nordafrika, der zeitweise von den Vandalen nach Sardinien verbannt wurde. **Fulgentius** stellte in seinen Schriften Augustins Gnadenlehre in **formelhafter Systematik** dar und hat dadurch – sowie durch seine Methodik im Umgang mit der Vätertradition – der späteren Scholastik vorgearbeitet. Zumal seine literarische Verteidigung der Prädestinationslehre hat auch in Gallien und Italien gewirkt und damit den Augustinismus gegen den herrschenden Synergismus gestärkt. Der bedeutende Prediger und Neuorganisator der gallischen Kirche **Cäsarius** setzte einen moderaten Augustinismus mit seiner zielstrebigen Kirchenpolitik durch. Auf einer der von ihm betriebenen regionalen Reformsynoden, 529 in Arausio/Orange, wurden 25 Kanones mit einer **Verurteilung des Synergismus** und einer **Bekräftigung der Gnadenlehre** in Form von Augustinzitaten verabschiedet (Text: DH 370-395): 1. Die Erbsünde macht den Menschen völlig unfrei zum Guten. 2. Bekehrung und Glaube sind allein Werk der Gnade Gottes. 3. Der freie Wille wird durch die Taufgnade wiederhergestellt, was eine Veränderung der menschlichen Natur bedeutet. 4. Das Leben der Gerechtfertigten mitsamt der guten Werke ist ohne die *infusio*, *inspiratio* und *illuminatio* des Heiligen Geistes und ohne die Gnadenhilfe (das *adiutorium gratiae*) unmöglich. – Da die **Prädestinationsproblematik** gar nicht berührt wurde, fehlte das entscheidende Stück der seit 426 umkämpften Lehre Augustins. Jene Entscheidung einer formal wenig bedeutsamen Instanz gewann in der Folgezeit dadurch Gewicht, daß sie von Papst Bonifatius II. 531 akzeptiert und in die gallischen Rechtssammlungen übernommen wurde. Da das *Arausicanum* faktisch nur sehr beschränkt im Mittelalter als Lehrgrundlage diente, darf man – entgegen dem von manchen Lehrbüchern geweckten Eindruck – sein Gewicht für die Dogmengeschichte nicht zu hoch einschätzen.

10.3 Kirchlicher Augustinismus bei den Päpsten Leo I. und Gregor I.

Einen kirchlich abgemilderten Augustinismus vertraten auch die großen Päpste, deren Schriften im Mittelalter starken Einfluß ausübten. Leo I. (440-461; vgl. § 8; 2.1-3) hat trotz Prosper von Aquitanien nicht die genuine Gnadenlehre Augustins, jedoch eine solche Form rezipiert, die wesentliche **augustinische Intentionen** bewahrte: Der sündige Mensch wird durch Christus erlöst und im Heiligen Geist verändert, d.h. in einer Inspiration der Liebe, die sich - *exemplo* wie *sacramento* vermittelt - in einem Lebensstil der Nachfolge äußert, wobei Mensch und göttliche Gnadenhilfe kooperieren. Da Leos Predigten im frühen Mittelalter häufig gelesen wurden, wirkte ihre Position prägend. Das galt noch mehr für das Schrifttum Gregors I. (vgl. 12.1). Er hat dem Mittelalter einen im Sinne der kirchlichen Tradition modifizierten Augustinismus in der Gnadenlehre vermittelt, allerdings ohne die Gedanken des übermächtigen Gnadenwirkens und der freien Prädestination Gottes. Er hat betont, daß **die Gnade Entscheidendes bewirkt** (als *gratia praeveniens* den Glauben, als *gratia subsequens* den Lebenswandel), daß aber ohne die **menschliche Beteiligung** (Zustimmung des freien Willens zur Bekehrung und Mitwirkung bei den guten Werken) das Heil nicht erreicht wird. Auf die Gnade angewiesen zu sein, bedeutete somit im konkreten Lebensvollzug für die Gläubigen, mit den durch die Kirche vermittelten Sakramenten zu leben und sich sittlich zu bessern. Diesem Stand der Lehre entsprach die Tatsache, daß die Kirche im Mittelalter als "Heilsanstalt" wie als "Erziehungsanstalt" die Existenz aller Christen bestimmte.

10.4 Literatur

O. CHADWICK: John Cassian, 1950, 2.A. 1968. - DERS.: Cassianus, TRE 7 (1981) 650-657. - R.J.H. COLLINS: Caesarius von Arles, TRE 7 (1981) 531-536. - DERS.: Faustus von Reji, TRE 11 (1983) 63-67. - DERS.: Fulgentius von Ruspe, ebd. 723-727. - R. LORENZ: Der Augustinismus Prospers von Aquitanien, ZKG 73 (1962) 217-252. - E. MÜHLENBERG: HDThG 1, 464-476. - R. SEEBERG: Lehrbuch II, 567-591.

11. Vermittlung des antiken Bildungserbes im Übergang zum Mittelalter

Infolge des Zerfalls des Imperium Romanum während des 5.-7.Jh.s hörte der Mittelmeerraum als Kultureinheit allmählich auf zu bestehen. (Zur germanischen Staatenbildung im Westen s. § 7; 1-3; zum byzantinischen Reich s. § 4; 12-15.) Zwar gab es noch zwischen den unterschiedlichen Kirchengebieten eine geistige Kommunikation. Aber die Abnahme der theologischen Produktivität und die isolierte Entwicklung der Kirchen in Nordafrika, Italien, Gallien, Spanien, Britannien und Irland inmitten einer politisch instabilen Umwelt führten dazu, daß drei Aufgaben wichtig wurden: a) die **christlich-religiöse Sozialisation** der autochthonen wie der zugewanderten Bevölkerung, b) die Aufrechterhaltung der **Institutionen** durch manche Reform und Konzentration sowie c) die **Bewahrung des antiken Erbes** in Bildung, Kultur und Theologie. Nach der Blütezeit des 4./5.Jh.s brachte die Periode zwischen ca.500 und 800 einen weitgehenden Kulturbruch. Sie war durch die Vermittlung der Tradition (im Sinne einer Reduktion auf das Elementare) bestimmt, wo die Klöster als "Bildungsinseln" eine bedeutsame Rolle spielten (vgl. § 6; 8.3). Deren Schulen vermittelten die *Artes liberales*, ihre Bibliotheken die **Lehr- und Handbücher**. Als ein Beispiel für das Schrift- und Volksstudium sei das süditalische Kloster Vivarium unter **Cassiodorus** im 6.Jh. genannt. Der große Tradent des enzyklopädischen Wissensstoffes wurde der spanische Römer **Isidor** von Sevilla, dessen Sammelwerke jahrhundertelang viel benutzt wurden. Für die Vermittlung der platonischen und aristotelischen Philosophie gewann der italische Römer **Boëthius** grundlegende Bedeutung als Lehrer der Erkenntnistheorie und Ontologie; sein Traktat *Trost der Philosophie* wurde neben Augustins *Bekenntnissen* eines der meistbenutzten Bücher.

11.1 Artes liberales und Lehrbücher

Das **Allgemeinwissen** der höheren Bildung (von den Griechen als *enkyklios paideia* - vgl. den Begriff Enzyklopädie - bezeichnet) wurde von den Lateinern seit Cicero und Varro unter dem Begriff der *Artes liberales* in verschiedenen Disziplinen tradiert. Die Kirche übernahm es für ihre Zwecke in Auswahl, aber ohne eine ausdrückliche Christianisierung. Dadurch wie durch die mancherlei Lehr- und Handbücher, Sammlungen und Kommentare blieb ein Teil der Antike fortan präsent.

11.1.1 Maßgeblich für die Praxis des mittelalterlichen Bildungswesens wurde neben dem Werk des Boëthius das Handbuch des heidnischen Karthagers **Martianus Capella** (Anfang 5.Jh., also eines Augustin-Zeitgenossen) mit kompilatorischen Informationen über Grammatik, Dialektik, Rhetorik (die Lehren über das richtige Sprechen, im Mittelalter *Trivium* genannt) sowie Geometrie, Arithmetik, Astronomie und Musik (die mathematischen Disziplinen, seit Boëthius als *Quadrivium* bezeichnet). Daneben benutzte man Grammatiklehrbücher, weil - zumal für die Germanen - die **Pflege der lateinischen Sprache** besonders wichtig war: v.a. die *Ars* der Römer **Donatus** (4.Jh.; s. 3.1) und **Marius Victorinus** (s. 1.4.1-2 und § 1; 18.3).

11.1.2 Außer den grundlegenden Schriften **Augustins** zu einer christlichen Wissenschaftslehre, Laiendogmatik, Katechetik und Homiletik (s. 5.3.1; 6.1.3) waren einflußreich z.B. die Predigtsammlungen des Cäsarius von Arles (s. 10.2) und die dogmatischen Kompendien des Fulgentius von Ruspe (s. 10.3) sowie des Gennadius von Massilia (ca.470), ferner die Werke des Boëthius, Cassiodorus und Isidorus (s. 11.2-4).

11.1.3 Das antike Schulwesen trat ganz in den Dienst der **Klerikerausbildung**, speziell der Schriftauslegung. Auch die theologischen Schriften der **Väter**, v.a. Augustins, wurden zu diesem Zweck in Exzerptsammlungen und Kompilationen (in der Neuzeit als **Florilegien** bezeichnet) u.a. zu dogmatischen, moralischen und asketischen Themen ausgewertet. Allerdings spielten diese Florilegien im griechischen Osten eine größere Rolle.

11.2 Boëthius als philosophische Autorität

Prägenden Einfluß auf die abendländische Bildungs- und Philosophiegeschichte gewann als **systematischer Vermittler** des antiken Erbes der christliche Neuplatoniker Anicius Boëthius (ca.475/480-524), ein Römer, der unter dem Ostgotenkönig Theoderich höchste Staatsämter versah, aber aus politischen Gründen hingerichtet wurde (weswegen er als Märtyrer galt). An ihm wird exemplarisch deutlich, daß man sich seit dem 6.Jh. der Aufgabe, die Germanen an die antike Kultur heranzuführen, bewußt war.

11.2.1 Sein Ziel war die **Latinisierung der griechischen Bildung**, insbesondere die Adaption der platonischen und aristotelischen Philosophie (in Anlehnung an das Werk des Porphyrius), durch Abfassung von Handbüchern zu den Artes sowie philosophische Übersetzungen und Kommentare. Durch ihn ist **Aristoteles' Logik** und **Metaphysik** in modifizierter Form dem Abendland tradiert worden. So wurde er der Lehrmeister der Erkenntnistheorie und Ontologie. Auch seine trinitätstheologischen und christologischen Traktate wirkten nachhaltig. Er hat eine Fülle einflußreicher **Definitionen philosophisch-theologischer Begriffe** geprägt (z.B. *persona: naturae rationabilis individua substantia*). Insofern ist es nicht unpassend, ihn den ersten Scholastiker zu nennen (so seit Martin Grabmann), wenngleich das im historisch präzisen Sinn nicht gilt (vgl. § 10; 2.0; 4.0).

11.2.2 Sein berühmtestes Werk hat er 524 im Kerker vor der Hinrichtung als Vermächtnis verfaßt, die *Consolatio Philosophiae* in fünf Büchern (*Trost der Philosophie*; Text/Übers.: E. Gegenschatz/O. Gigon, 1990). Dieses Monument der philosophischen Frömmigkeit des Neuplatonismus ist wichtig für die Geschichte der **Gotteslehre**: In Abkehr von dem vergänglichen Irdischen und vom Bösen findet der Mensch wahres Glück, Halt und Freiheit allein in der denkenden Hinwendung zum transzendent-geistigen Bereich, d.h. zu Gott als dem höchsten Gut.

11.3 Cassiodorus als Tradent

Als ein besonders bedeutsames Beispiel für die Tradierung der **Kirchenväterschriften** und der **Methodik des Bibelstudiums**, die in den abendländischen Klöstern (z.B. in Irland) erfolgte, gilt der Italier Cassiodorus (ca.485/490-ca.580), ein gebildeter, bis 537 im Ostgotenreich einflußreicher Politiker, der nach dem Rückzug ins Privatleben u.a. philosophische und theologische Schriften verfaßte, darunter eine Psalmenauslegung. Er gründete nach 550 auf einem seiner süditalischen Güter das Kloster **Vivarium** mit einer großen **Bibliothek** und **Schreibschule**, um in der Zeit kultureller Verwilderung alle erreichbaren Schriften der Kirchenväter, insbesondere ihre Bibelkommentare, zu bewahren, wobei er die griechischen Werke übersetzen ließ. Es ist unklar, welchen Einfluß diese Bibliothek, die bis ca.600 bestand und vielleicht nach Rom verlegt wurde, auf die mittelalterliche Handschriftenüberlieferung hatte. Wirkungsgeschichtlich wichtig als im Mittelalter benutztes **Handbuch** wurden Cassiodors *Institutiones*, d.h. *Anleitungen* a) zur exegetischen Arbeit und b) zur Einführung in profane Bildung, ferner die aus den griechischen Kirchenhistorikern Sokrates, Sozomenus und Theodoret von Cassiodors Schüler Epiphanius kompilierte *Historia ecclesiastica tripartita.*

11.4 Isidor von Sevilla als kirchlicher Enzyklopädist

Die Kirche im Reich der Westgoten mit dem Zentrum Toledo (Toletum) erlebte im 7.Jh. eine Blüte, die auf die gesamte abendländische Christenheit ausstrahlte (vgl. § 7; 2.2.4). Exemplarisch zeigte dies das umfangreiche Werk des gelehrten Metropoliten von Hispalis/Sevilla Isidor (ca.560-636), das sich v.a. auf die wissenschaftliche und pastorale Ausbildung der Kleriker, aber auch auf das kirchliche Leben - mit der Reform von Liturgie, Recht, Disziplin und Mönchtum sowie mit dem Ausbau der Kloster- und Domschulen - konzentrierte. Neben seinen historischen und exegetischen Lehrbüchern hat er besonders durch seine **Realenzyklopädie** des damals verfügbaren theologischen und philologischen, natur- und gesellschaftskundlichen Wissens gewirkt: durch die *Etymologiae* (bzw. *Origines* von ca.630) in 20 Büchern, beginnend mit den sieben *Artes liberales* (Text: ML 82,73-728). Deren Titel gibt die Methodik an, durch Begriffsableitungen die verschiedenen Sachverhalte zu erklären. Diese Stoffsammlung, die aus den Schriften der Kirchenväter und spätantiken Handbüchern kompiliert war, wurde im Mittelalter viel benutzt. Auch Isidors **Sentenzensammlung** (*Sententiarum libri tres*; ML 83, 537-738), ein enzyklopädisches Lehrbuch über die Hauptinhalte der Dogmatik und Ethik auf der Basis von Kirchenväterzitaten, hat fortgewirkt; es zeigt beispielhaft, wie stark mittlerweile die theologische Arbeit sich an der **Tradition als Autorität** orientierte: Für die Fragen der Wahrheitssuche und Praxisgestaltung fand man die Antworten im reichen Erbe der Vergangenheit.

11.5 Historiographie und Kanonistik

11.5.1 Der allgemeinen Tendenz, die Tradition einer großen Kulturepoche wenigstens teilweise über den Umbruch hinweg zu bewahren, entsprachen Geschichtsdarstellungen, unter denen die Arbeit des fleißigen Bischofs **Gregor von Tours** (ca.538-594) herausragte. Neben hagiographischen Sammelwerken über die Wunder und die Lebensläufe der Märtyrer und Heiligen verfaßte er *Zehn Bücher Geschichten* (*Decem libri historiarum*; Text/Übers.: R. Buchner, 2 Bde., 1955/6), die im Mittelalter viel benutzt wurden: eine Universalgeschichte mit Schwerpunkt auf der Geschichte der Franken, die darstellen sollte, wie sich Gottes Heilsplan in der geschichtlichen Entwicklung bei den frommen und moralisch Reinen verwirklicht.

11.5.2 Das **Kirchenrecht** war in der Antike regional unterschiedlich gewachsen, obwohl man für zentrale Punkte eine Angleichung suchte. Für die weitere Überlieferung, insbesondere für die methodische Präzisierung spielten die Sammlungen des **Dionysius Exiguus** eine beträchtliche Rolle, eines gelehrten skythischen Mönches, der ca.500-540/5 in Rom wirkte. Neben seinen Untersuchungen zur Chronologie im Blick auf das Osterdatum (vgl. 13.1.3) und seinen Übersetzungen hagiographischer, philosophischer und dogmatischer Werke der Griechen wurde er durch mehrere Bearbeitungen von Konzilsbeschlüssen und päpstlichen Dekretalen berühmt, die der Rechtsvereinheitlichung im Sinne des päpstlichen Primates dienten.

11.6 Literatur

F. BRUNHÖLZL: Geschichte der lateinischen Literatur des Mittelalters, Bd.1, 1975, 8-232. - R.J.H. COLLINS: Isidor von Sevilla, TRE 16 (1987) 310-315. - A. FRIDH: Cassiodor, TRE 7 (1981) 657-663. - M. FUHRMANN/J. GRUBER (Hg.): Boëthius, 1984. - D. ILMER: Artes liberales, TRE 4 (1979) 156-171. - E. MÜHLENBERG: HDThG 1, 497-512. - DERS./F. BRUNHÖLZL: Florilegien, TRE 11 (1983) 215-221. - L. POZZI: Boëthius, TRE 7 (1981) 18-28. - M. REYDELLET: Isidor von Sevilla, GKG 3, 1983, 47-57.

Abb.11: Zentren der abendländischen Theologie im 7.–9. Jahrhundert

12. Verkirchlichung der Vätertradition bei Gregor dem Großen

Oft in der Kirchengeschichte haben nicht die originellen Geister und genialen Systematiker, sondern die großen Praktiker die Formen der Lehre und Frömmigkeit fixiert, die das allgemeine Bewußtsein prägten. Im Sinne einer **kirchlichen Normalisierung** leistete dies Papst Gregor I. (ca.540-604) durch weiterführende Verarbeitung des Erbes der Kirchenväter. Er war für die Geschichte des Papsttums wie des Mönchtums bedeutsam, eine typische Gestalt der Zeitenwende zum Mittelalter hin. (Zum Verhältnis zu Augustin s. 10.3.) Darin besteht seine dogmengeschichtliche Bedeutung als *herausragender Lehrer der Kirche* (so Bonifatius VIII.); diese wird von einer protestantischen Darstellungsweise historisch nicht adäquat erfaßt, welche v.a. seinen "Vulgäraugustinismus" und "Vulgärkatholizismus" betont. Theologe war der "Mönchspapst" als **Prediger und Seelsorger.** Daraus erwuchsen die im Mittelalter viel gelesenen und exzerpierten Werke.

12.1 Gregors pastorales und moraltheologisches Schrifttum

12.1.1 a) Die 35 Bücher *Moralia* boten in Form einer ausführlichen Hiobauslegung (um 595; Text: CChr SL 143,143 A-B) eine Art Handbuch der Ethik, Asketik und Mystik. - b) Als seine wichtigste Schrift gilt die *Regula pastoralis* in 4 Büchern (um 590; Text: CChr SL 141; Übers.: BKV II,4), eine programmatische Beschreibung des Wesens und der Aufgaben des "Seelenhirten" und Predigers, die das Idealbild eines Klerikers im Mittelalter prägte. - c) Die Homilien-Sammlungen zu Texten aus Ezechiel und aus den Evangelien (590-593; Text: CChr SL 142) wirkten in Exzerpten fort. - d) Durch die besonders einflußreichen *Dialogi*, legendarische Berichte über die Wunder und Visionen der italischen Asketen (593/4; Text: SC 251.260.265; Übers.: BKV II,3), wurde die Heiligenverehrung maßgeblich geformt (vgl. auch § 6; 7.2; 7.4).

12.1.2 Die **Bibelauslegung** bildet das Zentrum der Theologie, die sich in der **Predigt** konkretisiert und darin auf eine **Existenzwandlung** durch Willensänderung (*conversio*) in Buße, Demut, Erleuchtung und Liebe, bewirkt durch Gottes Gnade, zielt. So hoch Gregor mit der augustinischen Tradition die *vita contemplativa*/Schau Gottes schätzt, betont er doch zugleich den Wert der *vita activa* in der Praxis guter Werke. Das theologiegeschichtliche Profil seiner Schriften besteht v.a. darin, daß sie dem Frühmittelalter viele **augustinische Ideen** in popularisierter Form und seelsorgerlicher Anwendung vermittelten.

12.2 Meßopfer, Fegfeuer, Heiligenkult, Satanologie

Durch Aufnahme älterer Konzeptionen und Gedanken hat Gregor die kirchliche Erlösungslehre im Horizont volkstümlicher Frömmigkeit dadurch weiterentwickelt, daß seine Schriften durch die Arbeit des Klerus in die Breite wirkten. Er hat die Lehre, daß die Messe ein Versöhnung wirkendes Opfer der Kirche sei, ebenso geprägt wie die Lehren vom Fegfeuer (*purgatorium*) und vom Mittlerdienst der Heiligen sowie die Satanologie.

12.2.1 Die seit Cyprian geläufige Vorstellung von der **Eucharistie** als Opfer, das in liturgischer Vergegenwärtigung (*memoria, repraesentatio*) des Todes Jesu besteht (s. § 2; 14.3.1), formte er um: die Darbringung von Leib und Blut Christi durch den Priester als **Opfer der Kirche** sei eine reale, wenngleich geheimnisvolle **Wiederholung** von Christi Opfer und damit eine Versöhnung Gottes zur Vergebung der Sünden. Die Eucharistie ist demnach ein wirkliches rekonziliatorisches Opfer, sowohl Gabe Gottes als auch Handeln (*opus*) des Menschen, mit welchem man neben Gebet und Almosen auf Gott einwirken kann.

12.2.2 Das gilt auch für die Verstorbenen. In Verbindung mit der - schon bei Cyprian und Augustin begegnenden, von Cäsarius von Arles popularisierten - Lehre vom **Fegfeuer**/*purgatorium* (dem jenseitigen Ort der Reinigung von Sünden, die Gottes Güte ermöglicht, um vor ewiger Strafe zu bewahren) entsteht die Konzeption der **Seelenmesse** und findet seitdem Eingang in die kirchliche Praxis und in das allgemeine Bewußtsein. In der Solidargemeinschaft Kirche, die Lebende und Verstorbene umfaßt, wird die durch Christi Erlösungswerk fundierte Rettung nicht nur durch ethisches, sondern auch durch kultisches Handeln ermöglicht.

12.2.3 Dazu paßt Gregors Lehre vom fürbittenden **Mittlerdienst der Heiligen** vor Gott (*intercessio sanctorum*) für Lebendige und Tote, welcher in den übergroßen Verdiensten der Märtyrer und Asketen begründet ist und die schlechterdings grundlegende Mittlerrolle Christi als des stellvertretenden Versöhners ergänzt. Der bereits entwickelte **Heiligen- und Reliquienkult**, der für die mittelalterliche Frömmigkeit typisch wurde, erhielt so seinen soteriologischen Bezug.

12.2.4 Die altkirchliche Dämonologie hat Gregor in eine **Satanologie** überführt: Die Macht des Bösen, die prinzipiell durch Christi Werk im Sinne eines Freikaufs gebrochen worden ist, bedroht faktisch die Christen immer wieder, worin sich der Widerstand der Sünde gegen die Gnade gleichsam verobjektiviert; als **Gegenspieler Gottes** wird der Satan nunmehr zu einer die mittelalterliche Frömmigkeit bestimmenden Größe.

12.3 Kirche als Institution des Heils

Unermüdlich hat Gregor als Papst sich für die Reform der Kirche, für die Ausbreitung und Vertiefung des Christentums eingesetzt (vgl. § 8; 4.2-3). Bei aller Kritik an den Mängeln der Kleriker und der Gläubigen stand ihm die soteriologische Bedeutung der Kirche als **Leib Christi** fest. Diese wurde gleichsam verobjektiviert durch die Deutung der Eucharistie als Opfer, durch die Rolle der Heiligen, durch die **priesterliche Heilsvermittlung** nicht nur im Meßopfer, sondern auch in der Predigt und in der Buße. Denn auf dem Weg zu Gott bedürfen die Gläubigen des kundigen "Seelenhirten".

12.3.1 Gregor übernahm Augustins Konzeption vom *corpus permixtum* (s. 8.2), jedoch anders als dieser identifizierte er die *civitas Dei* (s. 9.2) mit der vorfindlichen Institution. Gerade die pastorale Orientierung in seinen Lehren verstärkte den Zusammenhang von Ekklesiologie und Soteriologie.

12.3.2 Dies bekundete sich auch darin, daß er der traditionellen, inzwischen stark veräußerlichten **Bußpraxis** von der augustinischen Lehre her ein **neues Profil** gab: Er privatisierte und verinnerlichte die Buße als Selbstgericht über die Sünden, als ein persönliches Geschehen, welches Gottes Endgericht vorwegnimmt. Aber dadurch, daß diese Einsicht sowie die Zusage der Vergebung durch den **"Seelenhirten"** als Prediger vermittelt werden, verband Gregor die existentielle Deutung der Buße mit der Institution Kirche. Durch die Psychologisierung hat er eine erstarrte Lebensform reformiert und damit - sowie durch den Ansatz für die Verbindung mit einer Institutionalisierung - eine der Voraussetzungen für das Aufblühen der Beicht-Buße im Mittelalter geschaffen (vgl. § 10; 9.2).

12.4 Literatur

F.H. DUDDEN: Gregory the Great, 2 Bde., 1905; ND 1967. - R.A. MARKUS: Gregor I., TRE 14 (1986) 135-145. - E. MÜHLENBERG: HDThG 1, 486-496. - J. RICHARDS: Gregor der Große, 1983. - R. SEEBERG: Lehrbuch III, 37-46. - L.M. WEBER: Hauptfragen der Moraltheologie Gregors des Großen, 1947.

13. Theologie im Zeitalter Karls des Großen um 780-810

Mit der Neuformation des Frankenreiches und seinem Aufstieg zur abendländischen Großmacht im 8.Jh. hing eine umfassende **Kirchen- und Bildungsreform** zusammen (s. § 7; 6.3). Dazu gehörte eine neue Pflege der Theologie, die dem byzantinischen Standard - auf dem Hintergrund der Konkurrenz beider Imperien - zu entsprechen suchte. In Anknüpfung an die Vermittlung des altkirchlichen Erbes (s. 11.1-12.3) wurde im 8./9.Jh. die **Grundlage für die theologische Blüte** geschaffen, die im 11.Jh. einsetzte. Wesentliche Voraussetzung dafür war die Entwicklung in der angelsächsischen Kirche. Einen wichtigen Ausdruck fand die neue Situation in **dogmatischen Kontroversen**: um die Legitimität der Bilderverehrung, um die Bestreitung des christologischen Dogmas im Adoptianismus, um den Zusatz im 3. Credo-Artikel über das Hervorgehen des Heiligen Geistes (*filioque*).

13.1 Die Voraussetzung: Irland und England im 6.-8. Jahrhundert

Während durch die unruhige politische Entwicklung in Nordafrika, Spanien, Italien und Gallien, die z.T. mit einem Kulturbruch verbunden war, die Kontinuität zum patristischen Erbe litt, blieb diese in Irland, Schottland und England stärker erhalten. Neben den iroschottischen und angelsächsischen **Klöstern** entwickelten sich seit dem Ende des 7.Jh.s die **Kathedralschulen** von Canterbury und York zu Pflegestätten einer wissenschaftlichen Theologie (mit Studium der Bibel und der Kirchenväter). Der bedeutendste Gelehrte war **Beda Venerabilis**, dessen Einfluß sich auf das Frankenreich erstreckte und lange nachwirkte.

13.1.1 In den irischen und iroschottischen Klöstern wurde v.a. die **Schriftauslegung** seit dem 6.Jh. auf beachtlichem Niveau betrieben, zumal in Iona unter dem gelehrten Columba (521/2-597). Diese Tradition ging im 7.Jh. - besonders von Lindisfarne (Holy Island) aus - auf die angelsächsische Kirche über, in der zugleich - von Canterbury ausgehend - die römisch-lateinische Tradition sich auszuwirken begann (vgl. § 7; 4.1; 4.3.2).

13.1.2 Der von Papst Vitalian 669(?) als Erzbischof nach Canterbury entsandte kilikische Mönch **Theodor** aus Tarsus (ca.602-690) hat dort nicht nur die angelsächsische Kirchenorganisation nach römischem Muster aufgebaut, sondern - zusammen mit dem Abt des Klosters in Canterbury, dem Nordafrikaner Hadrian - eine theologische Ausbildung und Wissenschaft begründet, die sich auf die **Kirchenväter** bezog und eine Kenntnis der **griechischen Sprache** einschloß. Damit war eine wichtige Grundlage für die Erneuerung der Theologie geschaffen. Auch in den northumbrischen Klöstern **Wearmouth** und **Jarrow** entstanden durch die intensiven Kontakte des Abtes Benedict Biscop (gest.689) nach Rom und Gallien theologische Zentren mit reichen Bibliotheksbeständen, welche das Kirchenvätererbe präsent hielten und an andere Klöster vermittelten.

13.1.3 In Wearmouth und Jarrow wirkte der Mönch **Beda** (ca.672-735), der bedeutendste Vertreter angelsächsischer Wissenschaft, welcher durch sein Schrifttum das kirchliche Schulwesen in England und im Frankenreich stark beeinflußt hat (was auch in dem ihm von der Nachwelt beigelegten Ehrentitel *Venerabilis/Der Ehrwürdige* zum Ausdruck kommt; Texte: ML 90-95; CChr SL 118 A-123 C). Er hat zunächst **Lehrbücher** mit Elementarwissen für die Ausbildung der Mönche und Kleriker verfaßt, zum Teil in Anlehnung an Isidor (s. 11.4). Sodann hat er - auf der Basis der Kirchenväterschriften - **Bibelkommentare** geschrieben, die viel benutzt und in den exegetischen Handbüchern der späteren Zeit, zumal in der *Glossa ordinaria* (s. § 10; 3.1.1), zitiert wurden. Sein schulmäßiger lateinischer Stil hat als Vorbild gedient, seine **Chronologie** mit der von Dionysius Exiguus übernommenen Datierung nach Christi Geburt (anstelle der bis dahin üblichen Kalenderrechnung nach Kaiser-, Papst- und Königsjahren) hat sich allgemein durchgesetzt. Sein berühmtestes, einflußreichstes Werk war die *Englische Kirchengeschichte* von 731 (*Historia ecclesiastica gentis Anglorum*; Text/Übers.: G. Spitzbart, 1982); sie galt lange als Muster der Historiographie.

13.1.4 Die in Beda kulminierende Bildung fand in den angelsächsischen Klöstern sowie in den Kathedralschulen von York und Canterbury weitere Repräsentanten. Durch die von dort ausziehenden Missionare - v.a. Winfrith/Bonifatius, der als Leiter der Klosterschule von Nursling bis 716 gelehrte Schriften verfaßte - kam sie auch ins Frankenreich.

13.2 Karolingische Bildungserneuerung: Alkuin, Theodulf, Paulus Diaconus

Im Zusammenhang der allgemeinen Reform von Kirchen- und Bildungswesen unter Karl dem Großen blühte die theologische Wissenschaft, namentlich in der **Hofschule in Aachen** (*schola Palatina*), in der **Klosterschule von Tours** und nach deren Vorbild in den neu gegründeten Domschulen des Reiches. An der Hofschule wirkten seit 780/2 der gebildete Langobarde Paulus Diaconus, der theologisch versierte Westgote Theodulf (Bischof von Orléans) und in herausragender Position der gelehrte Angelsachse Alkuin, der bedeutendste Theologe jener Epoche. Sie trugen entscheidend dazu bei, daß das Frankenreich im Westen auch auf kirchlich-theologischem Gebiet die Führungsrolle übernahm.

13.2.1 Die Hofschule - keine feste Institution, eher ein Kreis von Gelehrten im Sinne einer Akademie - baute Karl durch Hinzuziehung von Langobarden nach 774 aus, welche als Vermittler der lateinischen Kultur wichtig wurden: die Grammatiklehrer Petrus von Pisa und Paulinus (seit 787 Patriarch von Aquileja) sowie der Historiker und Theologe **Paulus Diaconus** (ca. 720/4-ca.790/9, seit 786 wieder Mönch in Monte Cassino), dessen wichtigster Beitrag zur karolingischen Reform das *Homiliar* war (vgl. § 7; 7.3.4). Seit ca.780 wirkte am Karlshof der Westgote **Theodulf** (ca.750/60-821, vor 798 Bischof von Orléans). Dieser, primär ein **Dichter**, behandelte biblische und religiöse Themen wie z.B. die Gnade Gottes oder die Nachfolge Christi in poetischen Formen; er arbeitete wissenschaftlich an der **Bibelrevision** und dürfte der Hauptverfasser der *Libri Carolini* von 790/1 (s. 13.3.1) gewesen sein.

13.2.2 Die wichtigste und einflußreichste Gestalt in diesem Kreis war der Angelsachse **Alkuin** (ca.730-804), der als Lehrer an der Domschule von York, einem herausragenden Bildungszentrum mit engen Kontakten nach Rom, sich den Ruf größter Gelehrsamkeit erworben hatte, so daß Karl ihn 781 als **Leiter der Hofschule** nach Aachen holte. Er baute diese zu einem Zentrum der Bildung und Wissenschaft aus und wurde der maßgebliche Berater des Königs in theologischen Fragen. In dessen Auftrag erstellte er 801 eine Rezension der Vulgata, die sog. **Alkuinbibel** (nicht erhalten; vgl. dazu § 7; 7.3.1). Die Bibel bestimmte sein ganzes theologisches Werk als maßgebliche Autorität. Er verfaßte Lehrbücher zu den *Artes liberales*, Gedichte, etliche **Bibelkommentare** und **theologische Traktate**, darunter einen über die Trinitätslehre (Text: ML 100-101). Alkuin war nicht an dogmatischer Spekulation oder theologischer Individualität interessiert, sondern an der Aktualisierung der Tradition, was sich daran zeigte, daß seine Schriften sich v.a. auf Augustin, aber auch auf Hieronymus, Gregor I., Isidor, Beda u.a. stützten. Insofern kann er als ein typischer Vertreter der frühmittelalterlichen Methode der **Autoritätenreproduktion** gelten. (Zu Alkuins Schüler Einhard s. § 7; 7.3.1.)

13.3 Lehrstreitigkeiten und dogmatische Entscheidungen

Kontroversen waren damals Zeichen für die beginnende Regsamkeit des geistigen Lebens und Ausdruck der Tatsache, daß die Theologie wieder - allerdings in beschränktem Maße - wissenschaftlich betrieben wurde. Die theologische Arbeit hing mit den politischen Aufgaben der inneren Stabilisierung des Karlsreiches und der äußeren Dominanz gegenüber den übrigen westlichen Reichen und Byzanz zusammen. Die Lehrstreitigkeiten waren in diesem Zusammenhang Bekräftigung eines **dogmatischen Führungsanspruches** verstehen. In Auseinandersetzung mit dem altkirchlichen Erbe standen mit den drei Themen **Bilderkult**, **Adoptianismus** und **Filioque** zwar jeweils getrennte Probleme an, aber sie wiesen darin eine inhaltliche Verbindung auf, daß es um die Gotteslehre bzw. um eine Integration von Christologie und Trinitätslehre ging. Für die abendländische Dogmengeschichte haben diese Kontroversen einige Bedeutung. Der Konzilsentscheidung des byzantinischen Bilderstreites (Nicäa 787; s. § 4; 14.4) stellten die Franken die Ablehnung der Bilderverehrung entgegen, ausführlich begründet in den *Libri Carolini* 790/1 und auf der Reichssynode von Frankfurt 794. Doch in der Folgezeit setzte sich die vermittelnde Position Roms durch (Verehrung, aber keine Anbetung der Bilder). Die in der Ostkirche mit größter Intensität geführte Auseinandersetzung um die Christologie (s. § 4; 13.2-4) fand im Karlsreich einen Nachhall im Streit um den Adoptianismus, der 792, 794 und 799 verurteilt wurde. Das christologische Dogma von 451/681 blieb hier verbindlich. Die kirchlich-theologischen Differenzen zum Ostreich traten besonders deutlich seit 808/9 in der Kontroverse um den Zusatz *filioque* (Ausgang des Heiligen Geistes aus Vater *und Sohn*) im sog. Nizänum hervor, was die Entfremdung vertiefte.

13.3.1 Der Streit um die Bilderverehrung 787-794

Die Entscheidung des Konzils von Nicäa 787 über den byzantinischen Bilderstreit - dessen Akten Papst Hadrian I. (772-795) in lateinischer Übersetzung an Karl den Großen sandte in der irrigen Annahme, der König würde zustimmen - provozierte im Frankenreich aus theologischen wie politischen Gründen scharfen **Widerspruch**. Nicht nur die Unterschiede der Spiritualität, sondern auch die imperiale Rivalität und der Anspruch, die wahre Kirche zu repräsentieren, machten die Übernahme des Konzilsergebnisses, die der Papst in der Sache befürwortete, zu einer Zumutung für das Frankenreich. Karl ließ durch seine Theologen eine Widerlegung anfertigen und schickte sie 790 nach Rom. Da die römische Übersetzung der Konzilstexte fehlerhaft war und die für die Griechen entscheidende terminologische Differenzierung zwischen Anbetung und Verehrung (s. § 4; 14.4.1) durch die pauschale Wiedergabe mit *adoratio*/Anbetung verkannte, lehnten die Franken unter Hinweis auf Dtn 6,13 und das alttestamentliche Bilderverbot ab. Auf die dagegen vorgebrachte Kritik Hadrians hin erstellte **Theodulf** - unter Mitwirkung Alkuins und anderer - ein umfangreiches **Gutachten** gegen die byzantinische Theologie, welches Karl durch persönliche Notizen redigierte, so daß das Werk unter seinem Namen überliefert - wenngleich nie veröffentlicht - wurde, die *Libri Carolini* von **790/1**, welche die folgende Lehrentscheidung im Sinne eines **christozentrischen Schriftprinzips** begründeten: Bilder dürfen nicht als Vermittlungsinstanz zwischen Mensch und Gott fungieren, weil Christus der einzige Mittler und Offenbarer ist; sie sind mehrdeutig und können Wahrheit nicht adäquat ausdrücken, was nur die Bibel als das geoffenbarte Wort oder Offenbarungszeichen wie z.B. das Kreuz vermögen; nicht das Anschauen, sondern das Hören auf das Wort und die daraus erwachsende tätige Nachfolge bestimmen die Christenexistenz; Bilder werden als bloßer Schmuck zugelassen, so daß der Ikonoklasmus im Frankenreich nicht gilt. **794** berief Karl eine fränkische **Reichssynode** nach **Frankfurt** (als "universale Synode" bewußt in Konkurrenz zum Konzil von 787), auf der außer zu anderen Fragen auch die Entscheidung im Bilderstreit sanktioniert wurde. Doch nicht diese, sondern die unklar-vermittelnde **römische Position** setzte sich in der Folgezeit durch und wurde durch eine **Lateransynode 863** bekräftigt: Den Bildern gebührt **Verehrung** (*venerari* und *colere*), weil sich der unsichtbare Gott in ihnen auf kreatürliche Weise offenbart. In der Praxis gewannen damit die **Christus- und Heiligenbilder** eine hohe religiöse Bedeutung, was zum Aufblühen der kirchlichen Kunst erheblich beitrug. Ihr ontologischer Verweischarakter trat hinter der populären Anbetung zurück.

13.3.2 Der Streit um den spanischen Adoptianismus 786-799

Die einst blühende westgotische Kirche war unter der Araberherrschaft nicht völlig untergegangen (vgl. § 7; 2.2.4). In den Konflikten zwischen dem Metropoliten **Elipandus von Toledo**

(717- nach 800) und charismatischen Rigoristen seit 782 spielte auch die Trinitätslehre eine Rolle. Die letzteren vertraten - vielleicht auch in Reaktion auf die islamische Kritik - einen archaischen modalistischen Monotheismus (vgl. § 1; 5.1). Elipandus betonte mit der spanischen Tradition, daß man in Jesus Christus den **ewigen, wirklichen Gottessohn** in seiner vollen Gottheit als den Erlösungsmittler **unterscheiden** müßte von seiner **angenommenen Menschheit** als dem Sohn Gottes *nicht der Art nach, sondern durch Adoption*, der das Urbild des erlösten Menschen darstelle. Den Begriff *adoptio* benutzte er anstelle von *assumptio*. Seine Position, die er durch Synoden bekräftigen ließ, widersprach der von der Reichskirche 553 und 681 dogmatisierten Christologie (vgl. § 4; 12.4; 13.4). Da er für sie in **Felix von Urgel** (dem Bischof einer Pyrenäenstadt, die zur spanischen Mark des Frankenreiches gehörte) einen Anhänger gewann und da dieser seinen Einfluß auf das Gebiet nördlich der Pyrenäen auszudehnen versuchte, erhielt der spanische Konflikt eine **abendländische Dimension**. Zunächst wandte sich Papst Hadrian I. 786 gegen den "Nestorianismus" des Felix und Elipandus; dann nahmen die fränkischen Theologen, voran Alkuin, die Diskussion auf. Felix wurde auf einer fränkischen Synode in **Regensburg 792** und anschließend auch in Rom verurteilt. Die große Reichssynode von **Frankfurt 794** entschied prinzipiell, indem sie den spanischen Adoptianismus anathematisierte. Doch die theologische Diskussion ging weiter, wobei **Alkuin** 798/9 in verschiedenen Schriften gegen Elipandus und Felix auf die Christologie des Cyrill von Alexandria zurückgriff (Annahme nicht einer Person, sondern der menschlichen Natur in die Einheit der Person des Gottessohnes). Den dadurch bekräftigten Anschluß der fränkischen Kirche an das traditionelle christologische Dogma fixierte abschließend die Synode von **Aachen 799**.

13.3.3 Der Streit um das "Filioque" im Credo 808-809

Seit dem 6./7.Jh. bildete sich unter dem Einfluß von Augustins Trinitätslehre in der spanischen, gallischen und angelsächsischen Bekenntnistradition die Auffassung heraus, daß der **Heilige Geist** als Geist Christi **aus Vater und Sohn** (*a patre filioque*) in seinem ewigen Wesen hervorgehe. Diese Auffassung drang von dort auch in die fränkische Theologie ein. Die *Libri Carolini* von 790/1 (s.13.3.1) entfalteten sie in einem ausführlichen Kapitel unter Verweis auf lateinische Kirchenväter als **Glaubensdifferenz gegenüber Byzanz**; Karl der Große selber betonte diese hier wie auch im Zusammenhang des Adoptianismus-Streites. Neben Theodulf vertrat besonders Paulinus, der Patriarch von Aquileja (s. 13.2.1), die darin implizierte Position, und ganz im Sinne des Königs setzte er auf einer Provinzsynode 796 durch, daß dort in den 3. Artikel des **nizänischen Credotextes** das *Filioque* als Ergänzung aufgenommen wurde. Dies war eine liturgisch-kirchenrechtliche Neuerung, setzte sich aber rasch im Frankenreich durch, weil es der allgemeinen Lehre entsprach. Nur daraus läßt sich der Konflikt verstehen, der Weihnachten 807/8 in **Palästina** anläßlich der Verwendung dieses Textes durch fränkische Mönche ausbrach: Die Griechen protestierten gegen die Häresie bei Papst Leo III. (795-816), aber Kaiser Karl unterstützte seine Kleriker, und eine **Synode in Aachen 809** erklärte aufgrund von theologischen Gutachten (u.a. Theodulfs *De spiritu sancto*) das *Filioque* im Credo für rechtens weil mit der Kirchenvätertradition übereinstimmend. Leo dagegen erkannte die Neuerung nicht an, so daß das Frankenreich und Rom in der Folgezeit einen unterschiedlichen Credotext verwandten, bis Papst Benedikt VIII. 1014 auf Drängen Kaiser Heinrichs II. offiziell das Filioque ins Nizänum aufnahm. Damit hatte sich die **karolingische Lehrentscheidung** von 809 durchgesetzt, die kirchenpolitisch das Selbstbewußtsein der Franken gegenüber Byzanz, die wahre Kirche im auserwählten Gottesvolk zu sein, und theologisch die zentrale Funktion der Christologie demonstrieren sollte. Die Divergenz im Credo zwischen West- und Ostkirche wurde nicht nur bei dem endgültigen Schisma von 1054 u.a. zur Begründung herangezogen; schon bei dem sog. Photinianischen Schisma 867ff spielte sie für die Griechen eine Rolle bei dem Häresievorwurf gegen den Westen (vgl. § 8; 6.1.4). Es ging dabei um einen substantiellen dogmatischen Unterschied zur ostkirchlichen Tradition: Deren Lehre vom Herausgehen des Geistes (als präexistenter Hypostase) aus dem Vater durch den Sohn besagte, daß Gott einen doppelten Bezug zur Welt, einen **personal-christologischen** und einen **dynamisch-pneumatologischen**, besitze, so daß die Pneumatologie einen eigenständigen Rang neben der Christologie bekam. Die lateinische Theologie dagegen ging vom heilsgeschichtlichen Ansatz bei der Sendung Christi und der Gabe des Geistes durch ihn aus und betonte die **Integration der Pneumatologie in die Christologie**. Die unterschiedliche Gewichtung der Pneumatologie trug erheblich zur theologischen Grunddifferenz zwischen Ost und West bei, und die historische Bedeutung des Streites von 808/9 bestand darin, diese eindeutig fixiert zu haben.

13.4 Literatur

A. ANGENENDT: Frühmittelalter 304-313.348-352. - G. HAENDLER: Epochen karolingischer Theologie, 1958, 11-101. - DERS.: KGE I/7, 78-97. - W. HEIL: Alkuin, TRE 2 (1978) 266-276. - R. KOTTJE: Beda Venerabilis, GKG 3, 1983, 58-68. - H.R. LOYN: Beda Venerabilis, TRE 5 (1980) 397-402. - E. MÜHLENBERG: HDThG 1, 513-523.

14. Theologische Gelehrsamkeit im Karolingerreich um 830-870

Vor allem im westlichen Frankenreich ergab sich in Fortführung der karolingischen Bildungserneuerung - d.h. der Pflege der Latinität und Buchkunst sowie der antiken Überlieferung in den *Artes liberales* - unter Karl II., "dem Kahlen" (840-877), eine beträchtliche Blüte der Theologie. Neue Zentren waren neben der Klosterschule von Tours, die Alkuin 796-804 prägte, und der sog. Hofschule - einem lockeren Kreis von Gelehrten, die sich in Laon, Compiègne oder Soissons aufhielten - die Domschulen von Lyon und Metz sowie die Klosterschulen von Corbie (an der Somme bei Amiens), St. Denis bei Paris und Reims. Von den Klöstern des ostfränkischen Teilreichs unter Ludwig II., "dem Deutschen" (840-876), entwickelte sich - abgesehen von den älteren Bildungsstätten Salzburg, Regensburg und Reichenau - Fulda zum Bildungszentrum, neben dem aber auch Werden an der Ruhr und Corvey an der Weser Bedeutung durch ihre Skriptorien und Gelehrten gewannen. **Hrabanus Maurus** wurde hier der einflußreichste Gelehrte und Kirchenführer. In der Theologie dominierte weiterhin die Orientierung an dem Vätererbe, namentlich an Augustin, doch vereinzelt bekundeten sich Neuansätze: so bei dem genialen Einzelgänger **Johannes Scot(t)us Eriugena**, der ein spekulatives System einer philosophischen Theologie entwickelte. Wie um 790/810 waren dogmatische Kontroversen (die stärker mit dem augustinischen Erbe zusammenhingen) Ausdruck des geistigen Lebens: die Diskussion zwischen **Paschasius Radbertus** und **Ratramnus** über die Realität von Christi Gegenwart im **Abendmahl** ca.843-845 und der erbitterte Streit um die radikale **Prädestinationslehre Gottschalks** 848-860.

14.1 Hrabanus Maurus als Bildungsorganisator

Schon in der Zeit Kaiser Ludwigs des Frommen (814-840) wurde die Schule der Reichsabtei Fulda durch den ab 804 dort lehrenden Alkuinschüler Hrabanus Maurus (Raban, ca.780-856, 822-842 Abt, seit 847 Erzbischof von Mainz) zur besten ostfränkischen Bildungsstätte mit Bibliothek, Schreib- und Malschule sowie Pflege der *Artes liberales*, der Schriftauslegung und der volkssprachlichen (althochdeutschen) Literatur. Hrabanus war ein **produktiver Schriftsteller** (vgl. die Werke: ML 107-112), kein Originalgenie, sondern ein eifriger Sammler (auch der antiken Literatur) und guter Kompilator, der die Schriften der Kirchenväter eigenständig auswertete. Sein Werk galt der **Verbesserung der kirchlichen Praxis** (z.B. durch Bußbücher) und der **Klerikerausbildung**. Hier erwarb er große Verdienste. Das enzyklopädische Wissen der Artes ordnete er nach theologischen Leitideen. Größtes Ansehen als Theologe - auch in der Folgezeit - erlangte er durch zahlreiche **Bibelkommentare**. In den theologischen Kontroversen (s. 14.2-4) engagierte er sich ebenso wie in der Reichspolitik. Mit dem ihm im 19.Jh. beigelegten Titel eines *praeceptor Germaniae* dürfte seine Bedeutung übertrieben worden sein.

14.2 Streit über die Meß-Allegorie um 835: Amalar und Florus
In der Kathedralschule von **Lyon**, welche auch italische und spanische Traditionen aufnahm, spielte der Einsatz für eine Kirchenreform - z.B. in Liturgie und Kirchenrecht - eine große Rolle. Der gelehrte Spanier **Agobard** (769-840), seit 816 Erzbischof, und sein Diakon **Florus** (gest.ca.860) wandten sich im Sinne einer stärkeren Bibelorientierung und eines gewissen Rationalismus gegen religiöse Dichtungen im Gottesdienst und gegen die Allegorisierung **der Liturgie.** Diese hatte v.a. der Alkuinschüler **Amalar** (ca.775-ca.850) in Metz, dem liturgischen Zentrum der Francia seit Erzbischof Chrodegang (gest. 766), in Übernahme der Methoden der allegorischen Bibelinterpretation in seinen Schriften zur Auslegung der Messe entwickelt. Danach galt die gesamte Messe mit ihren verschiedenen Zeremonien als liturgisch-dramatische Darstellung der Passion Christi in ihren einzelnen Stationen, als eine Abfolge von Mysterien, kulminierend in dem Geheimnis der Wandlung und des Opfers als realer Handlungen. Dagegen betonte **Florus** in seiner *Meßerklärung* (*De expositione missae*; ML 119, 15-72), daß ein so massiv realistisches Verständnis des Opfers und v.a. die Allegorese der Liturgie keinen Anhalt in Schrift und Vätertradition hätten. Der öffentliche Streit entbrannte 835, als Amalar als Erzbischof für Lyon - anstelle des abgesetzten Agobard - eingesetzt wurde. Florus setzte sich auf einer **Synode in Quierzy 838** mit seiner Argumentation durch. Doch trotz der Verurteilung wirkte Amalars Allegorese in den mittelalterlichen Meßerklärungen fort.

14.3 Abendmahlsdiskussion um 844/5: Paschasius Radbertus und Ratramnus

Dogmengeschichtlich bedeutender als der Streit über die Meß-Allegorie, wenngleich wirkungsgeschichtlich zunächst unerheblich, war eine gelehrte Diskussion um die **Realität der Gegenwart Christi** im Abendmahl bzw. um die Identität von sakramentalem und geschichtlichem Leib Christi, deren Anfänge in einem Zusammenhang mit jenem Streit standen. Es war kein öffentlicher Streit, insofern ist die übliche Bezeichnung als *erster Abendmahlsstreit* (zum *zweiten* vgl. § 10; 1.1; 8.1) unzutreffend. Der **Realpräsenzlehre**, wie sie Radbertus, Abt von Corbie, vertrat, gehörte die Zukunft; er lehrte die sakramentale Realität des Meßopfers und die Identität des Leibes Christi mit Brot und Wein. Demgegenüber trat die an Augustin orientierte Position eines **sakramentalen Symbolismus**, die Ratramnus (mit einiger Zustimmung im 9.Jh.) vertrat, später zurück. Er betonte die Nicht-Identität des Zeichens (Brot und Wein) mit dem geschichtlichen Leib Christi und kritisierte die traditionelle Wandlungslehre. Ein Ergebnis hatte die rein literarische Kontroverse zunächst nicht.

14.3.1 Der gelehrte, als Exeget berühmte Mönch **Radbertus** mit dem Beinamen **Paschasius** (ca.790-ca.860) in Corbie, dessen Abt er nach 842 wurde, an der Tochtergründung Corvey 822 beteiligt, verfaßte für die dortigen Mönche ca.831/3 eine Thesenreihe *De corpore et sanguine Domini*, in der er betonte, *daß Christi Kommunion sein wahrhafter Leib und sein wahrhaftes Blut seien.* Eine Überarbeitung des Textes, die er Karl dem Kahlen widmete, veröffentlichte er 843 (oder 844; Text: CChr CM 16,3-131), den ersten abendländischen Traktat zur Abendmahlslehre. Basierend auf der Lehre des Ambrosius und der gallischen Liturgie betonte Radbertus die **metabolistische Realpräsenz** von Leib und Blut Christi und damit die Identität der sakramentalen Zeichen mit der geschichtlichen Person, die allerdings als Geheimnis nur für den Glauben erfahrbar wäre; die tatsächliche Vergegenwärtigung erfolge durch den Heiligen Geist mit der **Wandlung der Elemente**. Ihm lag vor allem an der **Realität des Meßopfers**: Zur Tilgung der Sünden der Gläubigen werde Christus *im Mysterium täglich in Wahrheit geopfert.*

14.3.2 König Karl bat daraufhin den Mönch **Ratramnus** (gest. nach 868) aus Corbie um ein Gutachten zu der Frage, ob in der Eucharistie Leib und Blut Christi *im Geheimnis oder in Wahrheit* (*in mysterio an in veritate*) genossen würden. Ratramnus antwortete in seinem Traktat *De corpore et sanguine Domini* von ca.845 (Text: ML 121, 125-170; Neuedition 1954): In Wahrheit, d.h. in der empirischen Realität, wären die eucharistischen Elemente nicht mit Leib und Blut der geschichtlichen Person Christi identisch. Er kritisierte die Lehre von der Wandlung mit logischen Argumenten; da man keinerlei physische Veränderung feststellen könne, sei die **Gegenwart Christi** nicht leiblich (*corporaliter*), sondern **geistlich** (*spiritualiter*) und **symbolisch** (*figurate*); die Elemente blieben unverwandelt, doch für die Gläubigen ergebe sich eine geistliche Speise und insofern eine geistliche Wandlung: *Leib und Blut sind Zeichen/Symbole (figurae) in ihrer sichtbaren Gestalt, aber nach ihrem unsichtbaren Wesen ... sind sie wahrhaft Leib und Blut Christi.* Gegen den metabolistischen Sakramentsrealismus setzt Ratramnus also - unter Berufung auf Augustin - einen sakramentalen Symbolismus.

14.3.3 Das augustinische Verständnis betonten gegen Radbertus auch andere Theologen; erhalten sind Äußerungen von **Hrabanus Maurus** und **Eriugena** sowie ein Traktat **Gottschalks** (s. 14.4; Text: ML 112,1510-1518). Radbertus äußerte sich noch einmal zum Thema in einem Lehrbrief nach 850 (Text: CChr.CM 16,145-173). Danach schlief die Diskussion ein. Erst im Abendmahlsstreit des 11.Jh.s kam sie neu zur Sprache, und dabei wurde Ratramnus' Lehre 1050 verurteilt (s. § 10; 8.1.2). Die realistische Auffassung setzte sich in der Folgezeit immer breiter durch. Im Abendmahlsstreit des 16.Jh.s haben sich Lutheraner auf Radbertus, Reformierte auf Ratramnus als Gewährsmänner berufen.

14.4 Gottschalk und der Prädestinationsstreit 848-860

Ein großer dogmatischer Konflikt mit kirchenpolitischen Implikationen bewegte 848-860 v.a. die westfränkische Kirche. Der Mönch Gottschalk belebte mit seiner Lehre von der **doppelten Prädestination** die Konflikte um einen problematischen Teil von Augustins Gnadenlehre (s. 10.1-3) neu. Hrabanus Maurus betrieb seine Verurteilung als Häretiker 848. Die theologisch differenzierte Auseinandersetzung zwischen Vertretern eines konsequenten **Augustinismus** und eines kirchlichen **Synergismus**, der in moderater Form einige augustinische Elemente bekräftigte, verband sich mit den Konflikten um die Position Hinkmars als Erzbischof von Reims. Mehrere westfränkische Synoden befaßten sich 849-860 mit dem Thema, doch der Streit blieb **ohne dogmatisches Ergebnis** und hatte keine unmittelbaren theologiegeschichtlichen Wirkungen. Erst im 17.Jh. kam er bei den Auseinandersetzungen um die Prädestinationslehre wieder zur Sprache.

14.4.1 Der sächsische Grafensohn Gottschalk (ca.806/8-ca.866/9), der im Kloster Fulda unter Hrabanus Maurus erzogen worden war, in den Klöstern Corbie und Orbais als Mönch lebte, aber auch in Norditalien und auf dem Balkan wirkte, war ein religiöser Dichter, ein spekulativer Denker und guter Kenner Augustins, dessen Erbe er zur Geltung bringen wollte. (Werke: hg.v. D.C. Lambot, 1945.) Warum er die aus dem Zusammenhang der augustinischen Lehre herausgelöste, logisch systematisierte **Lehre von der doppelten Prädestination** (*gemina praedestinatio*; Begriff durch Isidor von Sevilla geprägt) ins Zentrum stellte, bleibt unklar. Er betonte einerseits Gottes machtvolle, unverdiente **Gnade**, mit der dieser vor Erschaffung der Welt - also supralapsaristisch - die **Erwählten** (*electi*) zum Heil bestimmt habe, andererseits Gottes **Gerechtigkeit**, mit der dieser die **Verworfenen** (*reprobi*) in der von ihm vorausgewußten Sünde und unter der von ihm vorherbestimmten, verdienten Strafe belasse. Prädestination ist Gottes Vorauswissen des eigenen Handelns, seine Unveränderlichkeit ist das entscheidende Axiom. Von dort gelangt Gottschalk im Grunde zu einem **Determinismus**, der die Universalität des göttlichen Heilswillens ausschließt: Gott als Schöpfer hat vorauswissend das Geschick der Menschen festgestellt; deswegen gilt **Christi Sühnetod** nur für die zum Heil Prädestinierten, während er den Verworfenen nichts nützt, wie sich an der Tatsache erweist, daß sie trotz der Taufe zugrundegehen.

14.4.2 Heftigster Kritiker dieser Lehre war zunächst **Hrabanus Maurus**, der im synergistischen Sinne die **menschliche Freiheit** behauptete: Gottschalks Lehre mache Gott zum Urheber des Bösen, führe zum Fatalismus und zur sittlichen Indifferenz, zerstöre die Universalität der Heilsbotschaft und untergrabe die Arbeit der Kirche. Durch eine ostfränkische Reichssynode in Mainz unter Hrabanus' Leitung wurde Gottschalk 848 als Häretiker verurteilt und an den für ihn zuständigen Metropoliten Hinkmar von Reims zur Bestrafung überwiesen. Damit geriet die Sache in die **kirchenpolitischen Auseinandersetzungen** des Westfrankenreiches und wurde zu einem umfassenden **Streit über Augustins Lehre**, bei dem es nicht nur um Gottschalks, sondern auch um Hinkmars Position ging.

14.4.3 Eine Synode in **Quierzy 849** bekräftigte die Verurteilung Gottschalks; Hinkmar bestrafte diesen mit Klosterhaft und bat einige Bischöfe um Lehrschreiben, welche die Verbreitung der Häresie unterbinden sollten. Auch andere Theologen wie z.B. Florus von Lyon wandten sich gegen Gottschalk, kritisierten aber auch die unaugustinischen Lehren Hrabanus' und Hinkmars. Allein **Ratramnus** von Corbie verteidigte die Position seines Freundes Gottschalk gegenüber dem König, woraufhin Karl der Kahle bei seinem Hoflehrer **Eriugena** ein Gutachten bestellte: Dies lehnte vom Gedanken der Einheit Gottes her die Annahme eines doppelten Wirkens und vom Gedanken der Freiheit wie des menschlichen Glücksstrebens her Gottschalks Lehre ab (*De divina praedestinatione*; Text: CChr CM 50; vgl. auch 14.5.1). Mit königlicher Unterstützung setzte Hinkmar 853 auf einer westfränkischen Synode in Quierzy die Approbation der Lehre von der **einfachen Prädestination**, dem für alle gültigen Sühnetod Christi und der menschlichen **Willensfreiheit** durch (Text/Übers.: DH 621-624). Seine Gegner in Lyon u.a. verabschiedeten dagegen auf einer Synode des Mittelreiches in Valence 855 stärker an Augustin orientierte Canones zur Bekräftigung von dessen Lehre (s. DH 625-633). Oberflächlich wurde durch ein Kompromißpapier Hinkmars der Konflikt auf einer Tagung der drei fränkischen Teilreiche in Tuzey bei Toul 860 beigelegt; die Diskussion ging aber weiter.

14.5 Wissenschaftliche Systematik: Johannes Scot(t)us Eriugena

Singuläre Genialität zeigte sich in dem literarischen Werk des großen Außenseiters Johannes Scot(t)us (ca.810?-ca.877), der sich selbst als Eriugena, d.h. aus Irland gebürtig, bezeichnete. In ihm kulminierte die von den britischen Inseln überkommene Wissenschaftlichkeit. Sein Leben ist kaum bekannt. Um 845 begegnet er in Laon als Lehrer am Hof Karls des Kahlen. Durch seine Kommentierung des Handbuchs von Martianus Capella (s. 11.1.1) wurde dies in der Folgezeit grundlegend für die Artes liberales. Wirkungsgeschichtlich bedeutsam waren v.a. die von Eriugena entwickelte **Logik** (*dialectica*) für den Lehrbetrieb und seine Übersetzung und teilweise Kommentierung der **Schriften des Areopagita** (s. § 4; 11.4) für die mystische Theologie. Philosophie- und theologiegeschichtlich höchst bedeutsam, aber - wegen der kirchlichen Verurteilung seiner Werke - nur indirekt wirksam waren seine Entwicklung einer neuen Methode zur wissenschaftlichen Begründung der Glaubenswahrheiten und sein als Grundlage der Schriftauslegung gedachtes spekulativ-sprachlogisches **System einer philosophischen Theologie**. Mit alledem gehört er in die Vorgeschichte der Scholastik. Er hat von der griechischen Patristik her, geprägt v.a. durch die Schriften des Areopagiten und des Maximus Confessor, eine **Synthese von Neuplatonismus und Christentum** geschaffen, die etwas Neues gegenüber dem augustinischen Erbe darstellte: eine Darstellung der Schöpfungs- und Erlösungslehre als ontologisches System.

14.5.1 In seinem Gutachten zu Gottschalks Prädestinationslehre (s. 14.4.2) hat Eriugena um 850 von der Logik her seine **Methode**, theologische Probleme philosophisch zu bearbeiten, entfaltet (Text: CChr CM 50). Dabei hat er die Autoritäten-Methode modifiziert: Für die **Inhalte** ist die **Bibel** grundlegend, als **Instrumentarium** zu ihrem Verstehen, dient die **Philosophie**. Ein Glaubenssatz, der in der Schrift oder Kirchenlehre als Prinzip enthalten ist, wird zunächst nach den logischen Regeln begrifflich eindeutig und widerspruchsfrei als allgemein gültige Wahrheit formuliert und erst dann durch Belege aus Kirchenvätertexten abgeklärt. Auf diese Weise kritisierte er Gottschalks Begriff der *gemina praedestinatio* und verteidigte die biblisch-kirchliche Lehre von der menschlichen Entscheidungsfreiheit und dem göttlichen Gnadenangebot in Jesus bzw. in der Taufe. Doch Eriugenas Traktat wurde wegen der rationalistischen Methodik und der Psychologisierung von Offenbarungstatsachen auf zwei westfränkischen Synoden 855 und 859 verurteilt.

14.5.2 Mit seiner philosophischen Methodik hat Eriugena in Anlehnung an das neuplatonische **exitus-reditus-Schema** des Areopagiten (Ausgang aller Vielheit aus dem Einen, Rückkehr zu ihm) über längere Zeit hin eine **Gesamtdarstellung der Wirklichkeit** als ontologische Interpretation von Gen 1-3 verfaßt: 5 Bücher *Peri physeon merismou id est de divisione naturae* (Text: ML 122,125-1244; teilw. Neued. 1968-72; Übers.: L. Noack 1870-74, ND 1984). *Peri physeon*, früher unkorrekt als *De divisione naturae* zitiert, beschreibt in ontologischer Terminologie die **biblische Heilsgeschichte** als Entfaltung bzw. logische Gliederung (*divisio*) der **Wirklichkeit** (*natura*). Durch eine vierfache Zuordnung der Begriffe *natura* und *creare* (erschaffen) läßt sich die gesamte Wirklichkeit gliedern (I,1). Gott ist die schöpferische, nichtbedingte Ursache von allem, ist ewiges Sein und Selbst-Denken, das aus sich alles heraussetzt (*natura quae creat et non creatur*). Die Primärursache (*causa omnium*) hat für alle Einzeldinge absolute Entstehungsgründe (*causae primordiales*), wie z.B. das Leben oder die Wahrheit schlechthin, fixiert, die mit dem Sohn-Logos und der Ideenwelt identifiziert werden können (*natura quae creatur et creat*). Diese spezifizieren sich in vergänglich-irdischen Konkretionen, z.B. Lebendigem oder Wahrem (*natura quae creatur et non creat*). Der **Mensch** ist v.a. durch seine nach Gottes Bild geschaffene Seele (und insofern durch einen konstitutiven Bezug zum Unbedingten) definiert, die - trotz der Aufspaltung der ursprünglichen Einheit infolge des Sündenfalls - die Fähigkeit zur Gotteserkenntnis besitzt und durch ihr **Denkvermögen** die äußere Welt im logischen Zusammenhang mit den Entstehungsgründen gleichsam konstruiert (*natura quae nec creat nec creatur*). Diese Erkenntnis und die damit verbundene sittliche Vollkommenheit werden durch Jesus Christus ermöglicht; sie führen den Menschen - und durch ihn alles andere - zu Gott zurück. In Eriugenas System spielt der Mensch, und damit auch die **Erkenntnistheorie** und die **Ethik**, eine zentrale Rolle. Auf die Gotteslehre hat er die durch den Areopagiten vermittelte Tradition der *theologia negativa*, wonach Gott alle Begrifflichkeit transzendiert, angewandt (vgl. § 6; 5.4.2). Insgesamt hat er die spätere ontologische Mystik, aber auch einen Teil der Scholastik beeinflußt.

14.6. Literatur

A. ANGENENDT: Frühmittelalter 432-456. - W. BÖHNE: Hrabanus Maurus, TRE 15 (1986) 606-610. - F. BRUNHÖLZL: Geschichte (s. 11.6) 316-506. - R. HEINZMANN: Philosophie des Mittelalters, 1992, 123-136. - E. MÜHLENBERG: HDThG 1, 524-542. - B. NEUNHEUSER: Eucharistie in Mittelalter und Neuzeit, HDG IV/4b, 1963, 11-19. - G. SCHRIMPF: Johannes Scottus Eriugena, TRE 17 (1988) 156-172. - G.E. STEITZ/A. HAUCK: Radbert, RE[3] 16 (1905) 394-402. - DIES.: Ratramnus, ebd. 463-470. - K. VIELHABER: Gottschalk der Sachse, 1956.

§ 6
Mönchtum als wahres Christentum

Bedeutung des Themas

Askese ist ein Lebenselement, das in der gesamten Kulturgeschichte mit vielfältigen Formen und Begründungen begegnet. Auch Mönchtum als spezifische Organisationsform des asketischen Lebens ist ein allgemeines religionsgeschichtliches Phänomen. Im Christentum haben beide eine eigene Begründung und Institutionalisierung erfahren. Obwohl es seinem ursprünglichen Wesen nach nicht asketisch orientiert ist, hat sich jene Lebensweise von der Frühzeit an ausgebildet. Mit dem Mönchtum hat sie sich seit dem 3./4.Jh. dauerhaft als wesentlicher Teil des Christentums etabliert. Dieses ist ein zentraler Aspekt der Kirchengeschichte, weil es Realisierungen christlichen Lebens bringt, die eine Lösung des Problems zu bieten beanspruchen, wie in dieser Welt eine entschiedene **Nachfolge Jesu Christi** möglich ist, dessen Reich nicht von dieser Welt ist.

Mönchtum verwirklichte die prinzipielle Diastase und wurde damit zur notwendigen **Ergänzung der Institution Kirche**. Denn innerhalb dieser war es nicht möglich, sämtliche Mitglieder auf einen Lebensstil konsequenter Entweltlichung zu verpflichten, zumal auch die gegenteiligen Lebensformen einer Synthese (negativ als "Verweltlichung" begriffen) sich auf eine christliche Begründung berufen konnten. Das Gegenüber von Mönchschristen und Kirchenchristen führte weithin zu einer **Zwei-Stufen-Ethik**, in der die höheren asketischen Forderungen von der normalen Moral und Frömmigkeit abgehoben wurden. Beim Mönchtum lassen sich generell **zwei Grundformen** unterscheiden: das **Eremitentum** und das **Cönobitentum** (Einsiedler und Klostergemeinschaft). Das erste blieb seit dem 5.Jh. eine Sonderform für Minderheiten. Weitere Differenzierungen kamen hinzu, von denen für das Abendland die Unterschiede zwischen Klerikermönchen ("Kanonikern") und Klostermönchen sowie zwischen diesen und den Bettelmönchen Bedeutung bekommen haben.

Da Askese – wegen des Prinzips der Entweltlichung – als konsequente Form der Heiligung galt, konnte das Mönchtum sich z.T. als **Protestbewegung** gegen eine verweltlichte Kirche verstehen. Wegen seiner Absage an herkömmliche Bindungen und Zwänge kann man es als **Freiheitsbewegung** bezeichnen. Es bezog sich aber gemeinhin positiv auf die gesamte Christenheit und oft auch auf die kirchlichen Institutionen, so daß es ebenfalls als **Erneuerungsbewegung** der Frömmigkeit und als **Reformbewegung** der Kirche gelten kann. Das zeigte sich nicht nur in der Anfangszeit gegenüber der konstantinischen Reichskirche, sondern auch im Frankenreich des frühen Mittelalters und in der Papstkirche des Hochmittelalters. Doch in der Geschichte des Mönchtums bekundete sich immer wieder das Problem, das die Kirche insgesamt seit der Frühzeit bewegte: die **Verweltlichung** durch Anpassung an die gesellschaftlichen Konventionen und staatlichen Interessen. Das führte zu Perioden der Erstarrung oder des Niedergangs, welche wiederum Reformen provozierten. Dieser Wechsel von Verfall und Erneuerung ist gleichsam ein Grundgesetz des Mönchtums. Eine große Rolle bei Erneuerungen spielten – ebenso wie in den Anfangszeiten – herausragende geistliche Persönlichkeiten, z.T. als Begründer neuer Bewegungen.

Bildete das Mönchtum ursprünglich i.w. eine Sonderwelt abseits von Kirche und Gesellschaft, so bekam es schon bald eine enorme **Kulturbedeutung**: Klöster mit ihren Schulen und Bibliotheken wurden zu Stätten der Bildung und Wissenschaft. Das galt insbesondere für das Abendland, wo mit der Ablösung des Imperium Romanum durch die Germanenreiche ein Kulturbruch eintrat, den v.a. das Mönchtum abmilderte.

Hauptsächliche Probleme

- Motive und theologische Begründung der Askese. Spezifisch christliche Züge und allgemeine religionsgeschichtliche Aspekte
- Unterschiede zwischen Askese und Mönchtum. Entstehung des Mönchtums in chronologischer und geographischer Hinsicht
- Eremitentum und Cönobitentum: jeweilige Merkmale und Ausgestaltungen
- Entstehung des westlichen Mönchtums; Verbindungen zum Osten
- Verhältnis zwischen Mönchtum und Institution Kirche: Distanz-Kooperation-Integration
- Mönchtum als Träger der Christianisierung und Vermittler der Kultur im Abendland
- Soziale und politische Aspekte
- Reformen des Mönchtums im 9./10.Jh.
- Neublüte des Mönchtums im 11.Jh.: Entstehung von Orden
- "Häretische" Bewegungen und Bettelmönchtum im 12./13.Jh.
- Mönchtum und Mystik, Mönchtum und theologische Wissenschaft in Ost/West

QUELLEN: Vgl. die Hinweise im Text zu Kapitel 2-14; ferner zur Frühzeit: H. KOCH (Hg.): Quellen zur Geschichte der Askese und des Mönchtums in der Alten Kirche, 1933. – M.J. ROUET DE JOURNEL (Hg.): Enchiridion Asceticum, 5.A., 1958.

LITERATUR: K.S. FRANK: Grundzüge der Geschichte des christlichen Mönchtums, 1975; 2.A. 1993: Geschichte des christlichen Mönchtums. – J. GRIBOMONT/M.J. WALSH/B. JASPERT: Askese IV.-VI., TRE 4 (1979) 204-239. – P. HAWEL: Das Mönchtum im Abendland, 1993. – M. HEIMBUCHER: Orden und Kongregationen der katholischen Kirche, 2 Bde., 1908; 3.A. 1933/4; ND 1987. – D. KNOWLES: Geschichte des christlichen Mönchtums, 1969. – J. LANCZKOWSKI: Kleines Lexikon des Mönchtums, 1993. – F.V. LILIENFELD: Mönchtum II., TRE 23 (1994) 150-193. – G. SCHWAIGER (Hg.): Mönchtum, Orden, Klöster. Ein Lexikon, 1993. – J. WEISMAYER (Hg.): Mönchsväter und Ordensgründer, 1991.

Wichtige Ereignisse, Sachverhalte, Personen

I.	**Ursprünge und Anfänge des Mönchtums**
2./3.Jh.	Wanderasketen in Syropalästina Ideal der Ehelosigkeit. Gemeindeaskese: "Jungfrauen"/*Virgines Christi*
seit ca.**260/280**	Asketen in Ostsyrien/Mesopotamien, Palästina, Ägypten **Wüsten-Eremitentum** in Ägypten: **Antonius** (gest. 356). Anachoretenkolonien
seit ca.**323/5**	Ägyptisches **Cönobitentum**: **Pachomius** (gest. 346). Monastische Organisation. Regel
360-378	Basilius von Cäsarea: Regeln. Integration Mönchtum - Kirche
ca.370-410	Eremiten und Klöster in Gallien/Italien (u.a. Martin v. Tours)
396ff	Augustin: Kleriker als Mönche. Erste westliche Regel (später: "Kanoniker")
seit 410	Monastische Zentren in Südgallien. Johannes Cassianus als Lehrer der Askese
II.	**Westliches Mönchtum im frühen Mittelalter**
6.Jh.	Verschiedene Regeln in Italien und Gallien, u.a. "Magisterregel"
ca.**530-550**	**Benediktregel**. Grundsätze: *stabilitas loci - conversio morum - oboedientia.*
6.-8.Jh.	Mönchtum als Träger der Christianisierung: Iroschotten/Columban (um 600). Angelsachsen/Bonifatius (ca.720-750)
755ff	**Vita canonica** der Kleriker: Chrodegang von Metz
816ff	Benedikt von Aniane: **Benediktregel** als Norm. Karolingische Klosterreform
III.	**Reform und Neuaufbruch im 10.-12.Jh.**
909/910	Gründung von Cluny/Burgund. **Cluniazenser-Bewegung** (**10.Jh.**): Disziplin und Liturgie. Klosterverband. Freiheit der Klöster von weltlicher Herrschaft
10./11.Jh.	Brogne und Gorze: **Klosterreform** in Deutschland
11.Jh.	Eremitentum in Italien: Romuald. Petrus Damiani: Bußbewegung
1084ff	Bruno von Köln/La Chartreuse: **Kartäuser** als Eremitenorden
1098ff	Cîteaux und Bernhard von Clairvaux: **Zisterzienserorden**. Filiationssystem/starke Verbreitung. Einfachheit der Lebensform
11./12.Jh. seit 1120	Erneuerung der Regularkanoniker. Augustinregel/**Augustiner-Chorherren** Norbert von Xanten/**Prämonstratenserorden**: Seelsorge
12./13.Jh.	Religiöse Frauenbewegung und weibliche Zweige der Reformorden. Beginentum. Frauenmystik: Hildegard von Bingen. Mechthild von Magdeburg
seit 1120/30	Spitalorden/Ritterorden: Templer. Johanniter. Deutscher Orden
IV.	**Armutsbewegung, Bettelorden und Frömmigkeit im 13.-15.Jh.**
seit ca.1170	Gegen Verweltlichung der Kirche: Pauperes Christi, Katharer, Waldenser, Humiliaten
12./13.Jh.	Hospitaliter-Orden: Antoniter, Heiliggeistbrüder. Bürgerl. Hospitäler: Bruderschaften
1206/1215ff	Dominikus in Südfrankreich. Prediger-Orden/**Dominikaner**: Kampf gegen Ketzer
1209-1226 seit 1212/3	**Franziskus** v. Assisi: Wanderpredigt. Orden d. **Minderbrüder/Franziskaner**. Regel (1223). Klara von Assisi: Klarissen/"Arme Frauen"
1247/1256	Karmeliter und Augustiner-Eremiten als 3. und 4. Bettelorden: Seelsorge in Städten
13.Jh.	Verbreitung des Mendikantentums in Europa. Straffe Organisation. Blüte der Städte: Tertiarier. Stadt-Klöster der Mendikanten
13./14.Jh.	**Armutsstreit** der Franziskaner: Observanten gegen Konventualen
seit ca.1380	**Devotio moderna**/Brüder vom gemeinsamen Leben: Neuer Typ asketischer Spiritualität. *Imitatio Christi* (Thomas a Kempis)

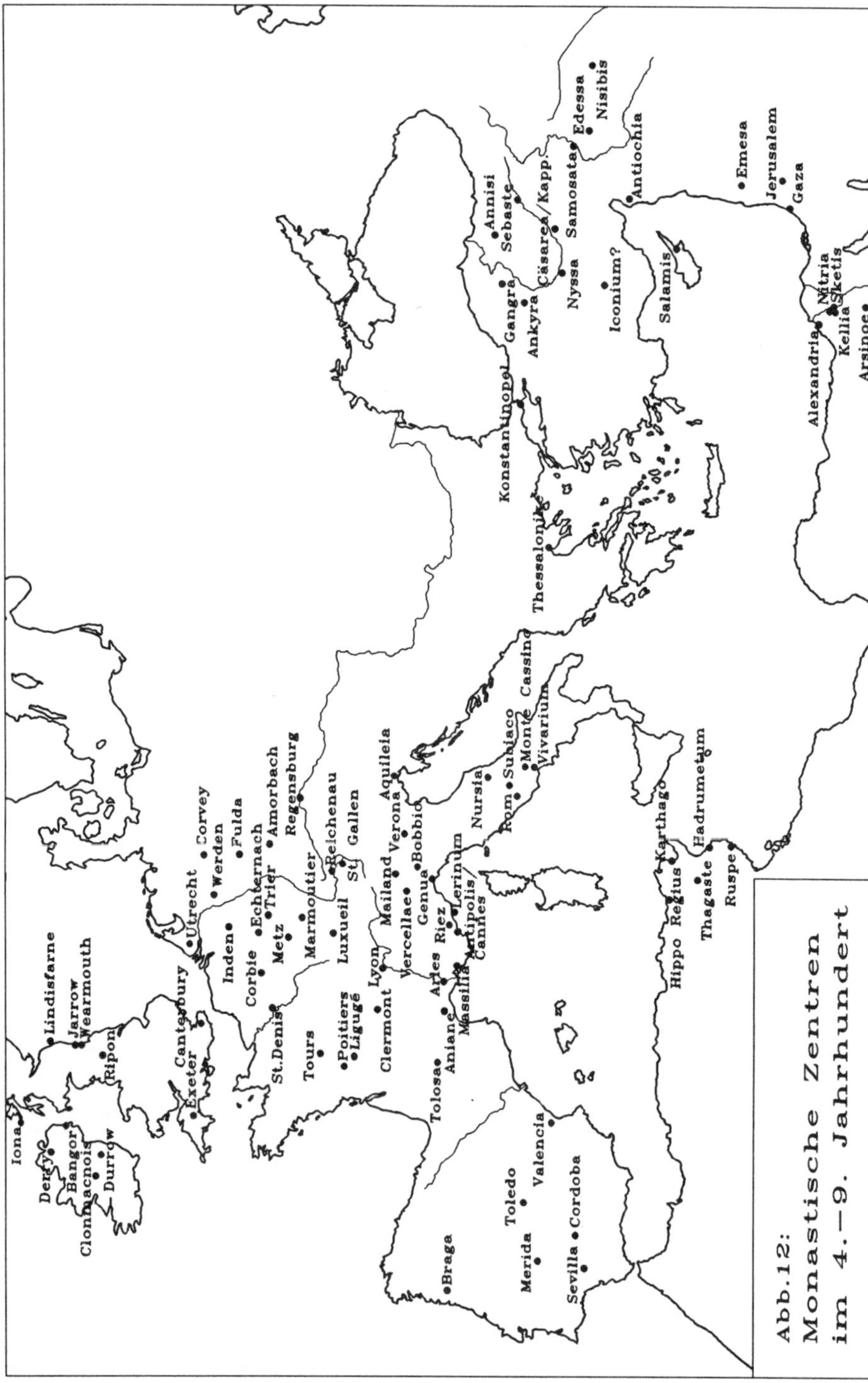

Abb.12:
Monastische Zentren
im 4.–9. Jahrhundert

1. Ursprünge des Mönchtums

Das Mönchtum ist allmählich im späten 3.Jh. aus dem älteren Asketismus entstanden. Um diesen zu begreifen, empfiehlt es sich, den Begriff **Askese** auf drei Inhalte zu beziehen: als **Verzicht auf Eigentum/Besitz, Nahrung und Ehe/Sexualität**. Der zusammenfassende Begriff dafür ist zunächst *Enthaltsamkeit* (*enkrateia*); in der hellenistischen Popularphilosophie kann er mit dem Begriff ἄσκησις/*askēsis* (= Übung) verbunden werden. Es muß unterschieden werden zwischen einem allgemeinen Asketismus, der sich in Einzelzügen von Anfang an bekundet, und dem Mönchtum als **spezifischer Institutionalisierung** des asketischen Lebens. Denn dieses ist charakterisiert durch den Aufbau einer monastischen Sonderwelt außerhalb von Gesellschaft und Kirche, durch eine "die Welt" transzendierende Gegenkultur. Doch die geschichtlichen Übergänge zwischen beiden Phänomenen sind fließend, und die Entstehung des Mönchtums kann nicht punktuell datiert werden, obwohl es sich von den Vorformen markant abhebt. Auch der geographische Aspekt ist wichtig, weil das Mönchtum sich zunächst nur in bestimmten Regionen entwickelt: in **Syrien, Palästina und Ägypten**. (Letzteres darf nicht als das einzige Entstehungsgebiet angesehen werden.) Zu den Ursprüngen und der Vorgeschichte des Mönchtums besteht - bedingt durch die lückenhafte Quellenlage - in der Forschung keine einhellige Meinung. Religionsgeschichtliche Parallelen in der Umwelt des frühen Christentums werfen die Frage auf, ob und in welchem Maße das Mönchtum auf außerchristliche Einflüsse zurückgeht; eine weitgehende Ableitung aus dem Buddhismus oder aus der hellenistischen Philosophie ist abzulehnen, auch wenn aus letzterer einzelne Motive übernommen sein dürften. Entscheidend ist die Frage nach den genuin christlichen Motiven, insbesondere nach der religiösen und theologischen Begründung dieser Form eines entschiedenen Christentums.

1.1 Wanderasketen in Syropalästina. Enkratiten in Ostsyrien

Jesus hat zwar nicht asketisch gelebt und kein asketisches Programm gelehrt, aber er hat durch seine Botschaft vom kommenden Reich Gottes die irdischen Dinge grundsätzlich relativiert. Er hat durch seine Existenz als Wanderprediger die **Freiheit von weltlichen Bindungen** zeichenhaft vorgelebt, und er hat Menschen in seine Nachfolge - und damit in eine ihm entsprechende Preisgabe normaler Existenzformen - berufen. Nach ihm praktizierten **Wanderprediger** in Palästina und im südwestlichen Syrien diese Lebensform weiter, indem sie - orientiert an der **Verkündigung des nahen Gottesreiches** - Christusanhänger zunächst innerhalb des Judentums, bald aber auch im Heidentum aus den bisherigen religiösen und sozialen Bindungen heraus zur **Nachfolge Jesu** riefen, die damit zu einer verbindlichen Lebensform wurde. Aus dieser Tradition entwickelten sich im 2./3.Jh. unterschiedliche Formen: ein Enkratitentum, das v.a. die sexuelle Enthaltsamkeit allen zur Pflicht machte, und ein Asketentum teils in, teils neben den Gemeinden, das eine Zwei-Stufen-Ethik vertrat. In Syrien kam der **Begriff "Mönch"** für Unverheiratete auf.

1.1.1 Das palästinische und syrische **Wanderasketentum** ist deutlich bezeugt für die Zeit bald nach 200 in den pseudoclementinischen Briefen *An die Jungfrauen* (Übers.: ZKG 63, 1950/1, 166-188). Spuren finden sich in der Literatur des 1./2.Jh.s, v.a. in der Didache. Charismatische Lehrer/Propheten betreuten die im Land verstreuten Judenchristen als Amtsträger (vgl. § 2; 11.1.2); Ehelosigkeit war ein deutliches Kennzeichen ihrer Lebensform, mit der sie die Nachfolge Jesu praktizierten.

1.1.2 Diese Tradition lebte als **Enkratitentum** in der ostsyrischen Christenheit im 2./3.Jh. fort, v.a. in judenchristlichen Gruppen. Die Ehelosigkeit wurde hier von allen als Bedingung für die Taufe gefordert; Enthaltsamkeit von Fleisch und Wein kam hinzu. Tatian (s. § 3; 7.1.2) repräsentierte diese Lebensform um 170. Enkratismus gab es auch in anderen Regionen, oft in dem Judentum nahestehenden Gruppen, z.B. in Alexandria vor 200. In Kleinasien fand er eine zahlreiche Anhängerschaft, zumal unter Frauen, wie die apokryphen Apostelakten des 2./3.Jh.s mit ihrer Propagierung des asketischen Ideals als der einzig wahren Lebensform zeigen: Bekehrung realisiert sich programmatisch in sexueller Enthaltsamkeit (so z.B. die Paulus- und Petrusakten).

1.1.3 Eine spezielle Form dieses Enkratismus war das sog. **Syneisaktentum** (*Syneisakten* = vom Asketen in einer geistlichen Ehe mitgeführte Jungfrauen). Es existierte schon im 1.Jh. (s. Did. 11,11, vielleicht auch 1. Kor 7,36-38), war v.a. in der syrischen Kirche, im Markionitismus und Montanismus verbreitet. Trotz der großkirchlichen Polemik (z.B. Cyprians) und der Verbote durch Synoden hielt sich diese – für Mißstände offene – Praxis noch im 3./4.Jh.

1.1.4 Die Christenheit in **Ostsyrien/Mesopotamien** war noch im 3.Jh. in besonderem Maße durch den Enkratismus geprägt: Zur Kirche, die als Bund mit Gott verstanden wurde, gehörten als Vollmitglieder nur diejenigen, die totale Enthaltsamkeit (Jungfräulichkeit und Heiligung) gelobten: die *Söhne (bzw. Kinder) des Bundes*, wie sie bei Afrahat um 340 hießen; sie waren wohl zunehmend zu einer asketischen Sondergruppe innerhalb der Gemeinden geworden. Deren Bezeichnung als *īhīdāyā* (aram./syr. für *alleinstehend*) entsprach den griechischen Begriffen *monachos* und *monogenēs* und drückte wohl auch den Bezug auf Christus, den schlechthin Einzigartigen, aus. Vielleicht hat diese Bezeichnung auf den griechischen Sprachgebrauch des 4.Jh.s (*monachos*) eingewirkt.

1.2 Eschatologische Relativierung der Existenz in der Welt

Eine generelle Disposition zur Askese entstand, wie für die früheste Zeit Paulus zeigt, durch die Entgegensetzung von jenseitiger Herrlichkeit (als eigentlichem Orientierungspunkt christlicher Existenz) und diesseitigen sozialen Bindungen. Denn das darin implizierte Postulat einer prinzipiellen **Entweltlichung** bedingte einen Lebensstil der inneren oder auch der äußerlichen Distanz zu den Freuden und Verpflichtungen des Alltags. Eine transzendentale Eschatologie der Hinwendung zum geistigen Bereich als dem eigentlichen Sein konnte das verstärken. Doch in der Praxis führte diese Einstellung keineswegs dazu, daß der Asketismus zur allgemeinen Norm wurde.

1.2.1 Obwohl die Nahrungsbeschränkung bei Jesus nicht als Forderung oder Praxis begegnet, hat sich in der Kirche früh – in Übernahme jüdischer Praxis – eine allgemeine Fastensitte herausgebildet (das sog. Stationsfasten am Mittwoch und Freitag sowie das Passa-/Osterfasten). Fasten galt oft als Ausdruck einer eschatologischen Daseinshaltung. Eine darüber hinausgehende generelle **Nahrungsaskese** lehnte man jedoch – u.a. in Reaktion auf gnostische Tendenzen – im 2.Jh. ab, und die großkirchliche Fastenpraxis ließ überhaupt seit dem 3.Jh. nach.

1.2.2 Entsprechend verfuhr man im Blick auf die **sexuelle Askese**. Die eschatologisch und christologisch begründete Relativierung der Ehe durch Paulus (vgl. 1. Kor 7,9) fand keine allgemeine Zustimmung. Doch seit dem 1.Jh. forderten einzelne Gruppen die Ehelosigkeit als Norm (vgl. die Abwehr in 1. Tim 5,1-3). Als ethisch besonders wertvolle Praxis einzelner Gemeindeglieder galt sie generell in der Kirche des 2.Jh.s (z.B. 1. Clem. 38,2; Justin, Apol. I,15,6; 29,1).

1.2.3 Ein radikal asketischer **Besitzverzicht** wurde im 1./2.Jh. allgemein nicht verlangt oder empfohlen. Abgesehen von judenchristlichen Randgruppen wirkte das Armutsideal aber auch generell weiter und fand gelegentlich beispielhafte Verwirklichung.

1.3 Das Ideal des "philosophischen Lebens"

In Teilen der griechischen Philosophie hatten sich asketische Tendenzen verbreitet, die eine - auf Geringschätzung der Äußerlichkeiten oder auf ausdrücklicher Negierung der Welt basierende - Befreiung von irdischen Zwängen und Bedürfnissen realisieren wollten. Pythagoräer und Platoniker betrachteten die Existenz im Leib als eine Fessel für die erstrebte geistige Existenzweise. Stoiker und Kyniker - in ihren popularphilosophischen Vertretern von erheblichem Einfluß auf die allgemeine Mentalität - erklärten die materiellen Werte für irrelevant und warben für eine Haltung grundsätzlicher Distanz. Askese wurde damit ein Ausdruck der Befreiung zur transzendentalen Orientierung bzw. der Freiheit gegenüber Äußerlichkeiten. Der verbreitete Begriff des philosophischen Lebens wurde damit - in unterschiedlichen Begründungszusammenhängen - zum Synonym für eine asketische Praxis als **Übung der Tugend** (ἄσκησις/*askēsis*). Das Christentum, das den Anspruch erhob, die wahre Philosophie zu repräsentieren, wurde davon im Sinne des Konkurrenzdenkens beeinflußt. **Clemens Alexandrinus** und **Origenes** waren die herausragenden Repräsentanten einer Christianisierung des Ideals vom *philosophischen Leben*. Sie haben mit ihrer Vollkommenheitslehre zur theologischen Vorbereitung des Mönchtums beigetragen.

1.3.1 Hinter der asketischen Lebensweise der Neupythagoräer sowie der Mittel- und Neuplatoniker im 2./3.Jh. stand die **dualistische Anthropologie** mit der Abwertung des Leibes (*sōma* = *sēma*: Der Leib als Grab der Seele) und mit der Tendenz, den Geist aus den materiellen Fesseln zu befreien. Seit Ammonios Sakkas und Plotin (s. § 1; 7.2) galt die Askese als praktische Entsprechung zur transzendentalen Erkenntnistheorie im **Neuplatonismus**. Dem entsprach in der christlichen Theologie **Origenes** (s. § 1; 8.1-2; § 2; 10.5) mit seiner **Vollkommenheitslehre**. "Philosophie" wurde im 4.Jh. zum Begriff für eine asketische Lebensweise.

1.3.2 Das Ideal der **Bedürfnislosigkeit** und der **Affektlosigkeit** (*apatheia*/Apathie) bestimmte die Lebensweise, die von Popularphilosophen, insbesondere **Stoikern und Kynikern** des 1./2.Jh.s (z.B. Musonius, Epiktet, Dion von Prusa, Peregrinus Proteus), als Ausdruck innerer Freiheit proklamiert wurde. Gerade gegenüber dem Luxus der spätantiken Gesellschaft wirkte diese Position anziehend, zumal in den höheren sozialen Schichten. Umgeformt durch eine christliche Motivation vertrat sie **Clemens Alexandrinus**. Er hat als erster christlicher Autor die Begriffe Askese und Asket (*askēsis/asketēs*) im technischen Sinne verwandt, die er aus der Tradition der griechischen Paideia übernahm, wo die *Übung* neben dem *Lernen* (*mathēsis*) der Formung der Natur (*physis*) diente.

1.4 Christlicher Asketismus im 2./3. Jahrhundert

Programmatisch-generelle Askese bestimmte den Lebensstil vieler **Gnostiker** und der **Markioniten**. Sie war theologisch begründet durch die dualistische Abwertung von Schöpfung und Welt, konnte als prinzipielle Leibfeindschaft, als eine Form der Vergeistigung oder als ein Protest gegen den Schöpfergott praktiziert werden. Teilaskese im Sinne eines ethischen Rigorismus, verbunden mit anderer Begründung, gab es auch bei **Judenchristen** und **Montanisten**. Wie die philosophisch motivierte Askese der Heiden, so beeindruckte auch diese Lebensform der Häretiker das großkirchliche Christentum im Sinne eines Konkurrenzmotivs. Doch hier wurde sie als

Ausnahmeerscheinung praktiziert von einzelnen Charismatikern bzw. von einem besonderen Stand innerhalb der Gemeinden, den "Jungfrauen", unverheirateten Frauen, die in ihrer Familie lebten (sog. **Gemeinde- bzw. Familienaskese**).

1.4.1 Die Abwertung der Welt führte bei den **Gnostikern** stärker zum Asketismus als zum Libertinismus (der nur in der polemischen Literatur belegt ist). Entsprechend der Vielfalt der Mythen, Lehren und Kultpraktiken gab es keine einheitliche gnostische Ethik; asketische Tendenzen waren unterschiedlich ausgeprägt. **Enthaltsamkeit** war eine grundsätzliche Maxime, konkretisiert in Fasten, Verwerfung der Ehe, Verzicht auf Sexualität und Ablehnung des Reichtums bzw. jeden Besitzes. Verbreitet waren solche Tendenzen im 2./3.Jh. v.a. in Syrien und Ägypten; sie dürften die Mentalität des dortigen Mönchtums mit vorbereitet haben. (Zur Askese im Markionitismus, Montanismus, Judenchristentum s. § 2; 6.2; 7.2; 3.4.2.) Der **Manichäismus** (vgl. § 2; 5.4) schrieb - darin wohl von ostsyrischen Enkratiten beeinflußt - strenges Fasten und Ehelosigkeit für die "Auserwählten", die Vollmitglieder, als verbindlich vor. Daß er auf das in Mesopotamien entstehende christliche Mönchtum im 3./4.Jh. eingewirkt haben soll, wie manche Forscher meinen, ist eher unwahrscheinlich. Damit entfällt auch die Annahme buddhistischer Einflüsse aus Indien, die durch ihn vermittelt worden sein sollen.

1.4.2 Das Ideal der **Ehelosigkeit/Virginität** als Ausdruck vollkommenen Christseins gewann v.a. unter Frauen - bedingt durch die soziale Situation (Frauenüberschuß, Diskriminierung) - besondere Attraktivität. Im 2./3.Jh. entstand mit den gottgeweihten **Jungfrauen** (*virgines/parthenoi*) eine in die Gemeindeorganisation integrierte Ordnung. Die Jungfrauen weihten durch ein - zunächst privates, seit dem 4.Jh. öffentliches - **Gelübde** ihr Leben Christus. Sie lebten innerhalb ihrer Familien und übernahmen z.T. in der Gemeinde bestimmte Aufgaben.

1.4.3 In Einzelfällen praktizierten Männer das Virginitätsideal als *Eunuchen für das Reich Gottes* im Sinne von Mt 19,12. Meliton von Sardes wurde als solcher geschätzt, weil er damit einen geistgemäßen Lebenswandel praktizierte. Das berühmteste Beispiel gab der junge Origenes, der sich aus asketischem Rigorismus selbst verstümmelte (s. Eusebius, KG V,24,5; VI,8,2). Die *Sentenzen des Sextus* (Alexandria, 2.Jh.) propagierten diese Praxis, die eine größere Nähe zu Gott ausdrücken sollte, ebenfalls der Apologet Athanagoras (Legat. 33f).

1.4.4 Ebenfalls vereinzelt zogen sich Asketen - meist wohl nur temporär - in die Einöde zurück. Als Beispiel solcher **Anachorese** nennt Eusebius, KG VI,9,6-10 den Jerusalemer Bischof Narcissus um 210. Der Rigorist Novatian (s. § 2; 16.1) lebte um 250 vermutlich als Asket im Sinne des "philosophischen Lebens" in einer Hütte bei Rom (Eusebius, KG VI,43,16). Berühmt als Arzt und Wundertäter war der Novatianer Eutychianus, der wohl schon um 300 als Einsiedler in den Bergen Bithyniens bei Prusa lebte (Sokrates, KG I,13). Ob der bei den Ostsyrern als Asket bewunderte Jakob von Nisibis seit ca.280 anachoretisch lebte, ist umstritten.

1.5 Literatur

H.v. Campenhausen: Die Askese im Urchristentum, 1949 (= Ders.: Tradition und Leben, 1960, 290-317). - H. Chadwick: Enkrateia, RAC 5 (1962) 343-365. - K.S. Frank (Hg.): Askese und Mönchtum in der alten Kirche, 1975. - J. Gribomont: Askese IV., TRE 4 (1979) 204-225. - K. Heussi: Der Ursprung des Mönchtums, 1936; ND 1980, 11-52. - G. Kretschmar: Ein Beitrag zur Frage nach dem Ursprung frühchristlicher Askese, ZThK 61 (1964) 27-67; abgedr. bei Frank (s.o.) 129-180. - B. Lohse: Askese und Mönchtum in der Antike und in der alten Kirche, 1969, 17-189.

2. Anfänge des Mönchtums: Eremiten in Ägypten

Im 3.Jh. - wohl nach 260 - entwickelte sich die Askese zu einer neuen Form: zur strikten Absonderung von der Gesellschaft und der Kirche durch Aufbau einer **monastischen Lebenswelt** als Gegenkultur. Der Rückzug (*anachōrēsis*) aus der Kulturwelt in kaum besiedelte Gebiete, zumeist in die Einsamkeit der Wüste (*erēmia*) gab im 4.Jh. dieser Bewegung den Namen: Anachoreten- bzw. Eremitentum. Charakteristisch dafür war die Isolierung des einzelnen Mönchs in seiner Hütte, der "Zelle", weit abseits der Städte und Dörfer; allerdings bildeten sich auch Eremitenkolonien. Die Wüste galt als Ort besonderer Prüfung, der Buße und der Begegnung mit Gott. Das rauhe Mönchsgewand demonstrierte die **Absage an die Welt**, die sich negativ in Besitzlosigkeit, Fasten, sexueller Enthaltsamkeit und positiv in der Konzentration auf Gott in Gebet, Meditation und Schweigen konkretisierte.

2.1 Antonius als Prototyp des Anachoreten

Nicht der Begründer des Mönchtums, wie eine vereinfachte Sicht behauptet hat, war der Kopte Antonius (ca.255-ca.356), die herausragende Gestalt des frühesten Wüstenmönchtums, dessen Anfänge schon vor ihm lagen. Durch Athanasius' *Vita Antonii* wurde er zum Modell asketischer Frömmigkeit stilisiert und erlangte damit große **wirkungsgeschichtliche Bedeutung** für die Entwicklung des Mönchtums: als Heroe der Weltentsagung, Dämonenbekämpfer und Pneumatiker. Der historische Antonius war als **geistlicher Vater** durch sein Leben in Buße und Demut seit ca.285 für die erste Eremitengeneration das Vorbild der Hingabe an Gott und des Gehorsams gegenüber Jesu Lehre.

2.1.1 Die **historische Gestalt** des Antonius ist nur in Umrissen greifbar. Als **Quellen** dienen dabei neben Athanasius' *Vita Antonii* (s. 2.1.3) die in den *Apophthegmata Patrum* überlieferten *Antoniuslogien* (Nr. 1-38; zum Text s. 2.2.1); problematisch, weil in ihrer Echtheit umstritten sind *Briefe* (vgl. MG 40,977-1066). Antonius war ein Kopte (d.h. nicht hellenisierter Ägypter, der vermutlich kein Griechisch verstand), dessen allgemein beachtete Wirksamkeit v.a. in der Zeit nach 310 bis zu seinem Tod ca.356 lag. Wohl um 255 in einem mittelägyptischen Dorf bei Herakleopolis als Sohn wohlhabender christlicher Eltern geboren, bekehrte er sich nach deren Tod ca.275 unter dem Eindruck von Mt 19,21 zu einem vollkommenen Leben. Nach Verteilung seines Besitzes an die Armen lebte er als Asket zunächst im Dorf unter Anleitung eines Einsiedlers (*Geronten*/Alten). Seine Askese bestand in **Entsagung und Demut**, konkret in Fasten, Schlafentzug, Beten und Hören auf Schriftworte. Um 285 verließ er die bewohnte Gegend, lebte in einer nahegelegenen Nekropole (Felsengräbern), zog aber bald weiter fort in die Wüste östlich des Nils, wo er ca.20 Jahre in einem verlassenen Kastell als Inkluse lebte. Um ihn herum entstand im Gebirge eine Kolonie von Eremiten. So wurde seine Askese mit **Anachorese** verbunden, und diesen Rückzug aus der Welt steigerte er später, indem er in der einsamen Gebirgswelt der oberen Thebaïs wohnte. (Spätere Tradition lokalisierte den Mons Antonii/Kolzim weit nordöstlich der Thebaïs; s. Abb.13a).

2.1.2 Schon früh war Antonius wegen seiner Frömmigkeit als **Seelsorger und Pneumatiker** berühmt. Besucher kamen zu ihm, um Belehrung über die Weltabkehr und den Kampf gegen die Sünden zu erhalten. Jüngere Asketen holten sich Rat bei dem großen *Vater der Mönche*, dessen Autorität strittige Fragen der Lebensführung entschied; sogar Kaiser Konstantin nahm um 335 Briefkontakt zu ihm auf. Er verstand Askese als völlige **Hingabe an Gott**: als Buße, Demut, Gottesfurcht und Abkehr von den Versuchungen der Welt wie der eigenen Seele durch das Leben in der Wüste, wobei er einen veräußerlichten Rigorismus anderer Wüstenväter abwehrte. Die *Zelle* (*kellion*), Hütte oder Höhle war sein geistliches Zentrum; sein Tagesrhythmus bestand aus Beten, Schweigen/Meditation (Memorieren von Bibelsprüchen) und Arbeit (Flechten von Körben, Matten und Seilen), unterbrochen durch Gespräche mit anderen Wüstenvätern/*Geronten* über Schriftstellen und geistgewirkte Worte. Schon zu Lebzeiten wurde er als Heiliger verehrt.

2.1.3 Athanasius, der ihn persönlich kannte und zudem durch Serapion von Thmuis Nachrichten über ihn (in Form von Aufzeichnungen?) erhielt, skizzierte ihn in seinem *Leben des Antonius* (ca.357/360?) als Urheber des Mönchtums und als Paradigma des wahren Gottesmannes. (Text: SC 400; Übers.: BKV 31,687-777.) Durch dieses erste Werk christlicher **Hagiographie**, ein literaturgeschichtlich bedeutsames Dokument, hat er die weitere Geschichte der Askese enorm geprägt. Er betonte v.a. den **Kampf gegen die Dämonen** und das Streben nach **Seelenruhe** (Affektlosigkeit/*apatheia*) als Spezifikum von Antonius' Frömmigkeit, der seine Erfolge - auch seine Wundertaten - durch die Gnade Gottes und die Hilfe Christi erringen konnte und so ein lebendes Bild der christlichen Vollkommenheit darstellte.

2.2 Die Väter der Wüste

Seit ca.280 entwickelte sich das Anachoretentum nicht nur in der Thebaïs, sondern auch in der unterägyptischen Wüste südlich Alexandrias (mit Vater Ammun als wichtigstem Repräsentanten). In den Eremitenkolonien Nitria, Sketis und Kellia (s. Abb.13a) erreichte es um 350 eine erste Blüte (repräsentiert v.a. durch Vater Makarius), eine zweite um 400. Die dort lebenden Mönche, meist ungebildete Kopten, galten in der Kirche des 4./5.Jh.s als Muster des Pneumatiker- und Charismatikertums. Sie praktizierten das *engelgleiche Leben* (ein allgemeines asketisches Ideal), d.h. eine eschatologische Existenz der Gottnähe. Die geistlichen Erfahrungen bei der Absage an die Welt reflektierten sie unter Anleitung der großen Väter. Ihre **Sprüche und Taten** wurden deshalb tradiert, übersetzt und gesammelt (*Apophthegmata Patrum*). Johannes Cassianus hat sie dem Westen übermittelt (s. 6.4.3). Diese Askese war in strengem **Bußernst** individualistisch an der Frage nach dem eigenen jenseitigen **Seelenheil** orientiert; praktiziert wurde sie - wie bei Antonius - als Kampf gegen die Sündigkeit (v.a. in Gedanken und Gefühlen) und als Trennung von allem welthaften Wesen.

2.2.1 Die *Apophthegmata Patrum*, in verschiedenen Sammlungen seit 460-500 alphabetisch oder systematisch geordnet, Anekdoten und Einzellogien der geistbegabten Alten, sind die wichtigste Quelle für das frühe Eremitentum (sog. *Alphabetikon* bzw. *Gerontikon*; Text: MG 65, 71-440; vgl. ML 73, 855-1022; Übers.: B. Miller: Weisung der Väter, 1965; 2.A. 1980). Daneben stehen die *Historia Lausiaca* des Palladius von 419/420 (Übers.: BKV 5, 315-440) und die *Historia Monachorum in Aegypto* (Übers.: S. Frank: Mönche im frühchristlichen Ägypten, 1967). Beim Natrontal/Wadi Natrun in der **Nitria**, ca.100km südl.v. Alexandria, einer bergigen Wüstenlandschaft, siedelten sich seit ca.300, zeitgleich mit Antonius, Eremiten an, als deren geistlicher Führer Ammun (gest. vor 350), ein strenger Asket, berühmt wurde. Parallel dazu bildeten sich Eremitenkolonien in der Nähe: die **Sketis**, eine Niederung, und die **Kellia**, eine Höhlenlandschaft. Als Begründer der Sketis-Siedlung galt Makarius "der Große" (ca.300-ca.360). Die Blütezeit nach 400 repräsentierte v.a. Poimen (gest. 450) als geistliche Autorität. In der nitrischen bzw. sketischen Wüste wuchsen seitdem zahlreiche Kolonien, aber auch Klöster (im 5./6.Jh. mit über 3.000 Asketen), die das wichtigste Zentrum des ägyptischen Mönchtums bildeten. Überfälle von Wüstenstämmen auf die Siedlungen seit 404 und 434 trafen deren Blüte schwer; später befestigte man sie mit Türmen und Mauern; sie hielten sich - meist in Form von Klöstern - bis ins 14./15.Jh., z.T. bis heute. Eremiten lebten auch im ganzen Niltal in Berghöhlen und Felsgräbern.

2.2.2 Für die Eremiten galt der "**Vater**" (griech. *Abbas*, kopt. *Apa*) als autoritativer **Geistträger**, als Gesetzgeber, Vorbild und Seelsorger. Sein pneumatisches Wort (*rhēma*) gab den Schülern konkrete Weisung auf die asketische Kernfrage "Wie werde ich gerettet (*pōs sōthō*)"? So bildete sich in den Sprüchen ein asketisch-geistlicher Erfahrungsschatz. Der Erbauung dienten auch die Erzählungen von Heilungswundern, Visionen und Dämonenkämpfen der großen Väter. Der

Rückzug in die Wüste galt nicht nur der Weltentsagung (Besitzlosigkeit, Fasten, sexuelle Enthaltsamkeit), sondern der besonderen Begegnung mit Gott und der Bewährung gegenüber Versuchungen. Die Eremiten lebten je für sich in einer Hütte oder Höhle (*kellion*/"Zelle"); ihre **Arbeit** (Mattenflechten) diente primär der Konzentration auf Bibelworte und Gebete. Da die Zellen nahe beieinander lagen und z.T. Kolonien bildeten, besuchten sich die Mönche gelegentlich, pflegten einander im Krankheitsfall und hielten gemeinsame Gottesdienste ab. Obwohl sie das Eremitentum als die höhere Form der Askese ansahen, wurde im 4./5.Jh. z.T. der Übergang zum Cönobitentum fließend.

2.2.3 Bedeutsam für die Entwicklung der monastischen Literatur wurde der Umstand, daß der philosophisch und theologisch begabte **Euagrius Ponticus** (ca.345-399), ein Schüler Gregors von Nazianz, ca.383-399 unter den Asketen der nitrischen Wüste lebte. Als Presbyter-Mönch hielt er Eucharistiegottesdienste für die Kolonie in der Kellia. Im Kontakt mit den Gebildeten unter den Eremiten betrieb er allegorische Exegese und mystische Spekulationen in Anlehnung an Origenes (vgl. 5.4.1). Dieser "Philosoph in der Wüste" macht als ein Beispiel deutlich, daß unter den Wüstenvätern, die im allgemeinen theologisch desinteressiert waren, durchaus auch die wissenschaftliche Theologie gepflegt werden konnte.

2.3 Literatur

W. BOUSSET: Apophthegmata. Studien zur Geschichte des ältesten Mönchtums, 1923; ND 1969. - DERS.: Das Mönchtum der sketischen Wüste, ZKG 42 (1923) 1-41. - H. DÖRRIES: Die Vita Antonii als Geschichtsquelle, in: Ders.: Wort und Stunde Bd.1, 1966, 145-224. - DERS.: Mönchtum und Arbeit, ebd. 277-301. - L.V. HERTLING: Antonius der Einsiedler, 1929. - K. HEUSSI: Mönchtum (s. 1.5) 53-280. - H. HOLZE: Erfahrung und Theologie im frühen Mönchtum, 1992. - F.V. LILIENFELD: Spiritualität des frühen Wüstenmönchtums, 1983. - B. STEIDLE (Hg.): Antonius Magnus Eremita, 1956.

3. Pachomius und das Cönobitentum

Zu den großen Reformern der Kirchengeschichte gehört der energische Kopte, der das ägyptische Anachoretentum in einer neuen Organisationsform fortführte: Pachomius (ca.287/292?-ca.346). Er baute um 323/5 in Oberägypten erstmals ein **Kloster** (*monastērion*) und faßte die Asketen in einer gemeinsamen Lebensweise, durch **Regeln** uniform geordnet, zusammen. Damit war das cönobitische Prinzip als Reaktion auf die Gefahren des Eremitentums fixiert mit drei Elementen, die dessen Ansätze ausbauten: gemeinsamem, durch eine Mauer geschützten **Wohnort**, gemeinsam geregeltem **Gottesdienst**, konsequent organisierter gemeinsamer **Arbeit**. Schon zu seinen Lebzeiten wurden in der Thebaïs weitere Klöster mit zahlreichen Mönchen gegründet; nach den pachomianischen Regeln entstanden auch in Mittel- und Unterägypten im 4./5.Jh. viele Klöster (s. Abb.13a). Das Mönchtum wurde nun zu einer **verbreiteten Bewegung**, teils verbunden mit der Institution Kirche. Es gab u.a. den ausgebeuteten Fellachen und Handwerkern, die vor dem Steuerdruck flohen, einen neuen Lebenssinn und wirkte damit attraktiv.

3.1 Leben und Werk

Pachom/*Pahōm*, ursprünglich Soldat, lebte nach seiner Bekehrung ca.315 zunächst als Eremit, unterwiesen von Geronten, an deren Tradition er anknüpfte. Er war kein Theoretiker und Systematiker, sondern ein genialer Praktiker. Infolge einer Berufung baute er ca.323/5 ein Kloster als Zusammenfassung der Anachoretenzellen. **Religiöse und soziale Motive** verbanden sich dabei. Denn die Einzelaskese erforderte angesichts der Einsamkeit und der Versuchung durch die Sünde eine gereifte Persönlichkeit, und die Eremiten in ihren Hütten/Höhlen waren wilden Tieren und Räubern schutzlos ausgeliefert, konnten außerdem durch Besucher gestört werden. Das Klosterleben bot geistliche Hilfe für das Seelenheil und materielle Sicherheit. Obwohl es eine eigene Welt neben der Kirche bildete, bemühte sich Pachomius um gute Verbindungen zum Klerus und Episkopat.

3.1.1 Die auf mündlichen Traditionen basierende, legendarisch gestaltete *Vita Pachomii* ist nicht in der Urform, sondern in Überarbeitungen erhalten (Übers.: BKV 31,798-900). Sie ermöglicht nur eine ungefähre Chronologie. Pachom, ein ungebildeter Bauernsohn, stammte aus Esne/Latopolis in der südlichen Thebaïs, war ohne Schulbildung, sprach nur koptisch. In seinem Organisationstalent wirkte sich seine militärische Ausbildung aus. Zusammen mit dem Bau des Klosters in **Tabennisi** verfaßte er **erste Regeln** für das Gemeinschaftsleben. Sein Bruder Johannes arbeitete mit, für seine Schwester Maria und andere Jungfrauen (Asketinnen) errichtete er ein Frauenkloster in der Nähe. Die Eucharistiefeier hielten zunächst auswärtige Presbyter in der Klosterkirche. Die Kommunität entwickelte sich rasch (mit über 100 Mönchen), so daß Pachomius ein **zweites Kloster** in P'bow/Pabau (als seine Zentrale) und bald weitere *monasteria* in der südlichen Thebäis errichtete (insgesamt wohl 9-11), denen er ebenfalls Regeln gab. Der begabte Theodor übernahm die Leitung von Tabennisi. Unabhängig von ihm entstandene Klöster – z.B. in Chenoboskion – schlossen sich an. Durch die **zentralistische Organisationsstruktur** entstand ein **Klosterverband** mit vielleicht ca.7-9000 Asketen und Asketinnen. Bald war Pachomius eine Berühmtheit in ganz Ägypten. Um 330 besuchte ihn Athanasius von Alexandria. Wohl 346 starb er. Seine Nachfolger als Leiter des Gesamtverbandes waren Petronius, Horiese und Theodor.

3.1.2 Die sog. **Pachomius-Regel** (urspr. koptisch, vollst. nur in der lat. Übers. des Hieronymus erhalten; Text/Übers.: Bacht 82-278) ist eine unsystematische Reihung einzelner Anordnungen für das tägliche Leben der Mönche. Sie ist durch nüchterne Ausgewogenheit, die asketische Härten vermeidet, geprägt. Nur selten zitiert sie Schriftworte, doch die Bibel als Ganze war für Pachomius – wie schon für die Eremiten – die höchste Regel. Ob sein Ansatz sich am Ideal der Urgemeinde gemäß Apg 2,44f; 4,32ff orientierte, ist nicht sicher.

3.1.3 Fast zeitgleich mit Pachomius, vielleicht abhängig von seinem Werk, entstanden – nachweisbar um 334 – **Klöster der Melitianer** (s. § 2; 16.2) in Alexandria und Unterägypten mit einer guten Organisation. Hier bestand ein Zusammenhang mit dem älteren Rigorismus und war die Einbindung in die kirchlichen Strukturen durch die Existenz als Sondergemeinschaft in Konkurrenz zur Großkirche stärker. Noch im 6.Jh. bestanden melitianische Klöster (z.B. bei Arsinoe).

3.1.4 Eine **Sonderform** von Mönchtum zwischen Cönobiten- und Eremitentum bildeten im 4./5. Jh. die sog. **Sarabaiten** (so bei Cassianus bezeichnet; d.h. *Zerstreute ohne Kloster*): kleine Gruppen von Asketen, die ohne Unterordnung unter einen Vater bzw. Abt und ohne Besitzverzicht am Rande der Städte und Dörfer wohnten und z.T. weltliche Berufe ausübten. Über sie ist wenig bekannt.

3.2 Die monastische Organisation

Die Pachomius-Klöster behielten viele Elemente des Eremitentums bei, unterschieden sich von diesem v.a. durch die **Uniformität der Lebensweise**: strikte Bindung an eine Regel, Einordnung in die Gemeinschaft, einheitliche Kleidung und Gehorsam gegenüber den Vorstehern. Das monastische Leben – auf der Basis von Besitzlosigkeit und Enthaltsamkeit – wurde durch den Rhythmus von gemeinsamer Arbeit, Gebetsgottesdiensten und Mahlzeiten gestaltet. Es spielte sich in **Gruppen** ab, die innerhalb des durch die Mauer abgeschlossenen Klosters in Häusern (mit Einzelzellen für jeden Mönch) wohnten und ihre **Arbeit** (als Selbsterziehung verstanden) außerhalb auf Feldern und in den Werkstätten des Klosters verrichteten.

Durch die Konzentration auf die Arbeit und die Vermarktung der Produkte entwickelten sich die Klöster zu **Wirtschaftsbetrieben** mit einigem Wohlstand, was zu ihrer Verweltlichung führte. Die Organisation zerfiel z.T. seit dem späten 4.Jh., doch der pachomianische Klosterverband hielt sich noch bis ins 6.Jh. Unter den Reformern im 5.Jh. ragte Schenute "der Große" hervor.

3.2.1 Straffe Disziplin war das Kennzeichen dieses Cönobitentums. An der Spitze eines Klosters stand der "**Vater**"/**Abt** (*Apa*), ihm unterstanden die **Hausvorsteher** der einzelnen Gruppen samt deren Stellvertreter und die übrigen Amtsträger: Pförtner, Krankenpfleger, Wirtschafter für die Verwaltung der Medikamente u.a. Die Klöster waren durch Kontakte und die zentrale Leitung durch Pachomius bzw. seine Nachfolger verbunden; zweimal jährlich traten sie zu Konventen zusammen. Der Wechsel von **Gebet und Arbeit** bestimmte wie bei den Eremiten den Tageslauf, allerdings jetzt gemeinschaftlich organisiert. Die Zahl der Gottesdienste und Gebetszeiten steht nicht genau fest. Morgens und abends gab es eine *collecta* für das ganze Kloster, nach der Abendmahlzeit eine Andacht in den Häusern mit Psalmenrezitation, ferner zwei Katechesen, samstags und sonntags eine Eucharistiefeier. Das eremitische **Ideal des ständigen Betens** wirkte darin nach, daß auch bei der Arbeit Psalmen und Bibelverse gesprochen werden sollten. (Später waren 12 Gebete während des Tages und 3 während des Essens vorgeschrieben.) Da alle Mönche die Bibel lesen sollten, entwickelte sich ein bescheidenes monastisches Bildungswesen (später mit Bibliothek), wobei die Klosterschulen auch auswärtigen Kindern offenstanden. Neben dem **Gehorsam** galt v.a. das **Schweigegebot** als wichtig, auch bei den Mahlzeiten. War schon für die Eremiten das Asketengewand ein Symbol der Weltentsagung, so erhielt es hier eine uniforme Gestalt: mit Hemd/Tunika, Fellmantel, Kapuze, Gürtel, Sandalen, Stock und der Klostermarke. Die gemeinsamen Mahlzeiten mittags und abends waren einfach, an zwei Wochentagen war **Fasten** geboten. Eine Besonderheit der Pachomianer war ihre Ausstattung mit *Naschwerk*, d.h. Proviant für die Arbeit.

3.2.2 Arbeitspflicht und -organisation waren ein besonderes Merkmal gegenüber dem Eremitentum: koordinierte Tätigkeit in Gruppen beim Binsenflechten (Matten und Körbe), Leinweben und Walken, in der Klosterküche, -bäckerei und -schneiderei. Händler lieferten die nötigen Waren, die Produkte des Klosters wurden – oft mit eigenen Schiffen über den Nil – in der näheren und weiteren Umgebung verkauft. So entstand ein ökonomisches System, das den Keim für den Zerfall der asketischen Disziplin durch Reichtum und Gewinnstreben in sich trug. Die pachomianischen Klöster bedurften nach einigen Jahrzehnten der Reform. Sie lebten nicht alle nach Pachoms Regel, sondern z.T. nach eigenen Ordnungen.

3.2.3 Unter Pachoms Nachfolgern als "Generaläbten" kam es zu Konflikten mit einzelnen Klöstern (oft wegen ökonomischer Probleme). Einige Klöster lösten sich auf, andere entstanden neu. Nach 360 gründete der Eremit Pgol das Weiße Kloster bei Sohag (Thebäis) und gab ihm eine gegenüber Pachom verschärfte Regel. Sein Nachfolger **Schenute von Atripe** (gest. um 460) sorgte für strenge Regelbeachtung, baute die Klosteranlage samt Filialen aus zu einem Zentrum des Mönchtums, dem er so zu neuer Blüte verhalf. Er beeinflußte die ägyptische Christenheit durch seine Predigten, Briefe und Schriften und durch seine kirchenpolitischen, missionarischen und karitativen Aktivitäten. Er hat das Koptische (Sahidische) zur Literatursprache fortgebildet.

3.3 Literatur

H. BACHT: Das Vermächtnis des Ursprungs Bd.2: Pachomius – Der Mann und sein Werk, 1983. – DERS.: Von Antonius zu Pachomius, in: Frank: Askese (s. 1.5) 183-229. – TH. BAUMEISTER: Die Mentalität des frühen ägyptischen Mönchtums, ZKG 88 (1977) 145-160. – E. BRUNNER-TRAUT: Die Kopten, 1982; 4.A. 1993. – J. LEIPOLDT: Schenute von Atripe, 1903. – H. QUECKE (Hg.): Die Briefe des Pachomius, 1975. – F. RUPPERT: Das pachomianische Mönchtum und die Anfänge des klösterlichen Gehorsams, 1971.

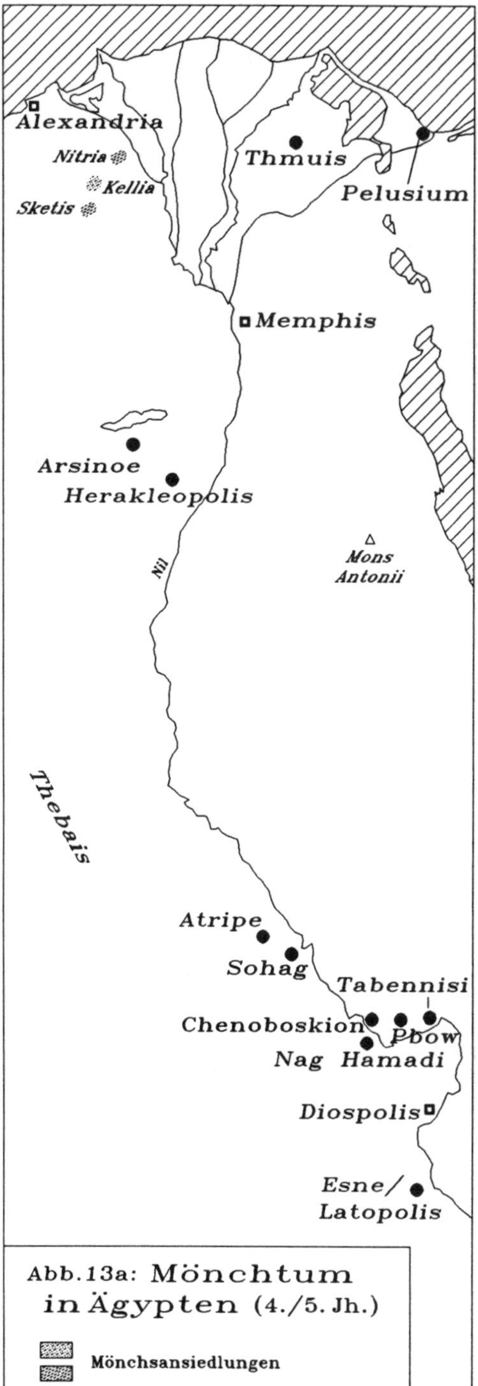

Abb.13a: Mönchtum in Ägypten (4./5. Jh.)

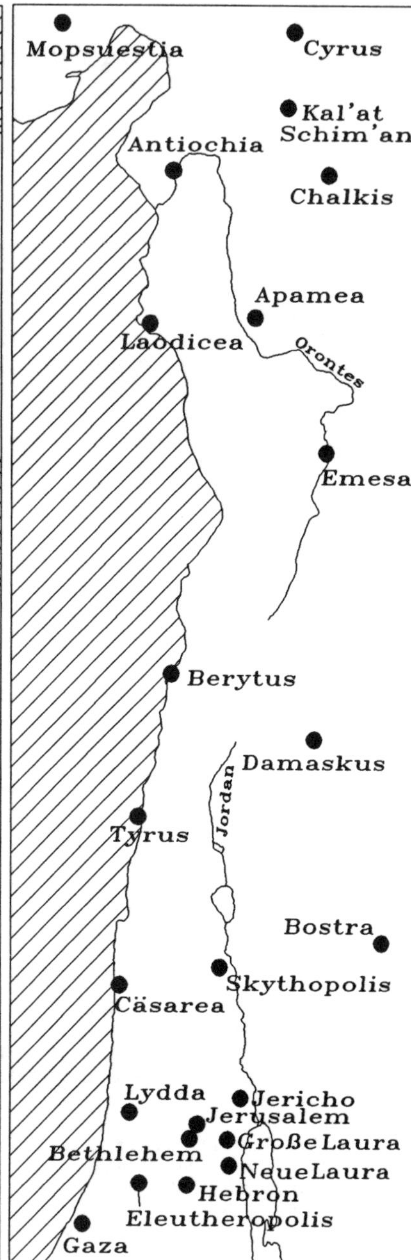

Abb.13b: Mönchtum in Syropalästina (4. – 6.Jh.)

4. Kirche und Mönchtum bei Basilius von Cäsarea

Die monastische Bewegung, die sich seit dem 4.Jh. in der gesamten Christenheit verbreitete, bildete eine Gegenwelt zur verfaßten Kirche mit z.T. beträchtlichen Konflikten. Das machte sich gerade in Kleinasien bemerkbar, wo autochthones Asketentum rigoristischer Art sich mit Einflüssen aus Mesopotamien, Syrien und Ägypten verband. Eine kirchliche Integration des Mönchtums auf der Basis eines ekklesiologisch-monastischen Konzeptes vollzog seit ca.360 Basilius von Cäsarea/ Kappadokien (ca.330-378). Unter Betonung der **sozialen Dimension** des Christentums propagierte er das Gemeinschaftsleben und damit das Cönobitentum als einzig adäquate Form der Askese, zugleich als Beitrag zur **Kirchenreform** im Sinne der Rückbesinnung auf das Evangelium. Seine wirkungsgeschichtlich bedeutsame Leistung lag in dieser "Verkirchlichung" des Mönchtums, die der Institution Kirche das Erneuerungspotential der monastischen Bewegung zuführte. Seine pastoralen Anweisungen für das Klosterleben, als *Regeln des Basilius* tradiert, wurden für das Mönchtum der griechischen - später auch der russischen - Ostkirche zur maßgeblichen Orientierung.

4.1 Askese und Mönchtum in Kleinasien

In dem weiten Raum zwischen Ägäis, Schwarzem Meer und Mesopotamien gab es seit dem 2.Jh. verschiedene asketische Strömungen, meist in kritischer Distanz zur Großkirche. Konflikte führten dazu, daß nach 350 **Eustathius von Sebaste** - Bischof der Metropole in der römischen Provinz Armenia - sich erfolgreich um eine Einbindung des von ihm cönobitisch organisierten Mönchtums in die Institution Kirche bemühte. In jenem Raum lebte der alte Asketismus auch als charismatisch-emanzipatorische Frauenbewegung fort; im weiblichen Mönchtum wurde Basilius' Schwester **Makrina** zur überragenden Gestalt.

4.1.1 Im 4.Jh. führte das Aufblühen eines enthusiastischen Wandermönchtums als radikaler Protestbewegung zu einer förmlichen **Verurteilung**: Eine Synode in Gangra/Paphlagonien ca.340 verurteilte Männer und Frauen, die in sozialkritisch-asketischem Rigorismus die Armut für alle Christen verbindlich machten, die Unterschiede der Geschlechter und Stände für irrelevant erklärten, Ehe und Familie verwarfen und die kirchlichen Ämter, Ordnungen und Gottesdienste verachteten.

4.1.2 Führer der in Gangra verurteilten Bewegung war der armenische Presbyter **Eustathius**, der vor 356 Bischof der Metropole Sebaste wurde und als solcher das auffällige Asketengewand trug. (Zu ihm vgl. § 1; 15.4.2.) Er galt später als Initiator des Mönchtums in Armenien, Pontus und Paphlagonien. Er war kein Theoretiker, baute **Klöster** und Herbergen für Wanderasketen und entwickelte monastische **Ordnungen**, an die Basilius mit seinen Regeln anknüpfte. Von dem enthusiastischen Asketentum seiner Umgebung führten wohl Verbindungen zu den Messalianern (s. 5.2.1).

4.1.3 In Fortentwicklung der älteren Gemeinde- und Familienaskese der "Jungfrauen" und wohl auch unter dem Einfluß der Eustathianerbewegung baute Basilius' ältere Schwester **Makrina** (ca.327-380) im Pontus am Irisfluß auf Familienbesitz ein **Kloster** auf, das bald Nachahmung fand. Zusammen mit ihrer Mutter Emmelia und freigelassenen Sklavinnen sammelte sie Asketinnen in Kommunitäten, darunter auch Witwen und Diakonissen, die sich aus den Gemeinden zurückzogen. Radikale **Weltentsagung** nach dem Ideal des engelgleichen Lebens war ihr Ziel. Im **Gemeinschaftsleben** spielten Meditation, Gebet und Psalmengesang die entscheidende, Handarbeit und karitative Betätigung eine untergeordnete Rolle. Makrina war eine gebildete, bedeutende Persönlichkeit, die geistliche Mutter und Lehrerin ihres Konvents. (Vgl. dazu Gregor von Nyssa: *Leben der heiligen Makrina*; Text: SC 178; Übers.: BKV 56,337-368.)

4.2 Monastische Theologie: Leben nach dem Evangelium

Basilius hat erstmals - vom Leitbegriff "Evangelium" her - eine monastische Theologie entfaltet, mit der die bisherigen religiösen Motive und praktischen Ansätze systematisch reflektiert und exegetisch begründet wurden. Zentrum ist die Verbindung von **Gottes- und Nächstenliebe**: Das alte asketische Motiv der Absage an die Welt wird - vom transzendentalen Gottesbegriff her - mit dem Gebot der Gottesliebe begründet, die sich in der **Christus- bzw. Kreuzesnachfolge** als Trennung von allen weltlichen Bindungen realisiert. Da aber der Mensch auf Gemeinschaft angelegt und die Nächstenliebe das höchste Gebot Christi ist, führt jene prinzipielle Entweltlichung nicht zur eremitischen Isolierung, sondern zum **Gemeinschaftsleben** im Kloster (in der *Bruderschaft*), das auf die ganze Kirche als Leib Christi bezogen ist. Nicht den Aufbau einer asketischen Gegenkultur, sondern die - abgestufte - Heiligung aller Christen intendierte Basilius.

4.2.1 Unter dem Einfluß Makrinas und seines Lehrers Eustathius' (s. 4.1.2-3) wandte sich der gebildete, reiche Basilius ca.357 - mit der Taufe als Demonstration seiner Bekehrung - dem philosophischen Leben zu (vgl. 1.3) und lebte zunächst als Einsiedler im Gebirge am Irisfluß. Durch den **Ansatz bei der Taufe** gewann seine Lehre ihr Profil: Auf der Basis von Sündenvergebung und Geistgabe ist christliche Existenz entschiedene Christusnachfolge (u.a. exegetisch mit Röm 6 begründet). Vom spätantiken Ideal des kontemplativen Lebens ging er über zur religiösen Verinnerlichung der Askese und zur Gestaltung des Gemeinschaftslebens nach dem Prinzip der *Bruderschaft*. Dabei trennte er nicht zwischen Asketen und Weltchristen, weil er die volle Realisierung der ethischen Maximen Jesu von allen forderte.

4.2.2 Als **Reformprogramm** für die verweltlichte Kirche verfaßte er 359/360 "**Regeln**" in Form von Bibelzitaten, Sprüchen Jesu und apostolischen Weisungen, die sog. *Moralia* (Text: MG 31, 691-869; Übers.: Sämtl. Werke der Kirchenväter 21-22, 1839). Ziel war ihm die **Bekehrung** als Abkehr von der Verweltlichung, Leitbild die **Urgemeinde**, Leitfaden die **Bibel**. Dieser Ansatz bestimmte auch die weitere Entwicklung seiner monastischen Theologie. Kirche verstand er als Bruderschaft, in der den *Athleten der Frömmigkeit* (Basilius vermied den Begriff *Mönch*) eine Vorreiterrolle zufiel bei der Realisierung der von Jesus geforderten **Vollkommenheit**, der besseren Gerechtigkeit (Mt 5,20) in Gottes- und Nächstenliebe. Diese wird ermöglicht durch die **innere Erneuerung** in der Taufe (Heiligung durch den Geist). Mit seiner Predigttätigkeit als Presbyter seit 365 und als Bischof seit 370 hat Basilius dieses Ideal in der Gemeinde von Cäsarea zu verwirklichen gesucht.

4.2.3 Als Ergänzung zur Kirche baute er seine seit ca.358 gegründeten **Klöster** am Irisfluß (v.a. in Annisi auf Familienbesitz; s. Abb.12) und im übrigen Pontusgebiet aus. Für die Probleme des monastischen Lebens formulierte er Lösungen im Stil der antiken Erotapokriseis (Fragen-Antworten), deren Sammlung er seit ca.360 bearbeitete: das sog. *Asketikon* (vgl. ML 103,483-554), eine Vorform der in den späteren Handschriften tradierten **Regeln** (55 *Lange*, 313 *Kurze Regeln*; Text: MG 31,889-1506; Übers.: K.S. Frank: Die Mönchsregeln, 1981). Das Doppelgebot der Liebe wurde hier zusammen mit der Weltentsagung und der Christusnachfolge zum Prinzip der vielfältigen Konkretionen des Klosterlebens (s. 4.3). Die eigentliche Regel im Sinne einer verbindlichen Norm aber war für Basilius das Neue Testament; seine Anweisungen an die Mönche orientierten sich stets an dessen Aussagen.

4.3 Klöster als Keimzellen der Erneuerung

Unter Basilius' Einfluß entstand im Pontusgebiet und in Kappadokien ein zahlreiches Cönobitentum, das bis nach Armenien und ins südliche Kleinasien ausstrahlte. Die Organisation – als umfassender Gottesdienst – war von biblischer Frömmigkeit und praktischer Nüchternheit geprägt. **Bibellektüre, Gebetsandachten und Arbeit** prägten den Tagesrhythmus in Verbindung von Kontemplation und Aktivität (Urform der später im Westen wichtigen Maxime *Ora et labora*). Askese war hier konzipiert als geistliche Übung in einem zu Gott orientierten Leben der Vollkommenheit. Die **Seelsorge** der Mönche untereinander erhielt großes Gewicht; daraus entwickelte sich die Beichte als Institution. Die Klöster sollten auch Stätten der **Armenpflege** sein und **Schulen** für den Elementarunterricht haben. Basilius wollte Kirche und Mönchtum verbinden, z.B. durch Unterstellung der Klöster unter die bischöfliche Autorität. Mit alledem hat er die weitere Entwicklung beeinflußt.

4.3.1 Im Unterschied zu den pachomianischen Großklöstern waren die basilianischen *monasteria* kleine Einheiten nach dem Familienprinzip (mit ca.30-40 Mönchen), je für sich autonom, aber im Kontakt miteinander. Der **Vorsteher** (*prohestōs*) leitete die Brüder als geistlicher Vater und Seelsorger in Liebe und Demut; der **Gehorsam** gegen seine Anweisungen war wichtig, weshalb notorisch ungehorsame Mönche die Gemeinschaft verlassen mußten. Basilius gestaltete erstmals ein **Noviziat**: Voraussetzung des asketischen Lebens waren die innere Abkehr von der Welt, die Trennung von der Familie und der völlige Verzicht auf Eigentum; ins Kloster aufgenommen wurde nur, wer nach sorgfältiger Prüfung ein unwiderrufliches **Gelübde** ablegte (diese Praxis erstmals bei Basilius belegt). Die jungen Novizen lernten in der Klosterschule die Bibellektüre als Grundlage monastischer Existenz.

4.3.2 **Enthaltsamkeit** prägte den Tagesablauf (mit einer frugalen Mahlzeit und wenig Schlaf), der durch sieben Stundengebete (mit Psalmgesang und Gebet in der Klosterkirche) eingeteilt wurde. Die für alle obligatorische Arbeit in den Werkstätten und auf den Feldern durfte die Ruhe nicht stören; sie diente der individuellen Selbstzucht wie der sozialen Ausrichtung. Da der **Kampf gegen die Sündigkeit** in Taten, Worten und Gedanken angesichts des drohenden Gottesgerichtes für die Asketen stets wichtig blieb, betonte Basilius die Notwendigkeit des Bekenntnisses vor Mitbrüdern und der brüderlichen Zurechtweisung durch den Vorsteher. Damit war die **Grundform der Beichte** geschaffen, und zwar aus seelsorgerlichem Motiv: zwecks innerlicher Korrektur im Blick auf das ewige Heil.

4.3.3 Basilius' **sozialkaritative Aktivitäten** stützten sich v.a. auf die Klöster, besonders auf dasjenige vor den Toren Cäsareas, das er zu einer eigenen Stadt der Armenfürsorge ausbaute (später *Basilias* genannt): mit Speiseanstalt, Hospital, Herberge für Wandermönche, Hospiz für Jungfrauen, aber auch mit den Werkstätten der Mönche und mit der Klosterkirche. Er machte es den Mönchen zur Pflicht, die überschüssigen Erträge ihrer Arbeit den Armen zu geben und Kranke zu pflegen. So wurden die Klöster zu Stätten auch der Fürsorge für Bedürftige.

4.4 Literatur

R. ALBRECHT: Das Leben der heiligen Makrina auf dem Hintergrund der Thekla-Traditionen, 1986. – B. DRACK: Beschauliches und tätiges Leben im Mönchtum nach der Lehre Basilius des Großen, FZPhTh 7 (1960) 297-309.311-414; 8 (1961) 93-108. – K.S. FRANK (Hg.): Basilius von Caesarea. Die Mönchsregeln, 1981, 12-72. – DERS.: Monastische Reform im Altertum, in: Reformatio Ecclesiae. FS E. Iserloh, 1980, 35-49. – J. GRIBOMONT: Saint Basile. Évangile et Église, 2 Bde., 1984 [grundlegende Aufs. z. Askese!] – W.-D. HAUSCHILD: Basilius von Caesarea, TRE 5 (1980) 301-313. – DERS.: Eustathius von Sebaste, TRE 10 (1982) 547-550.

5. Grundlegende Bedeutung des Mönchtums für die Ostkirche

In vielfacher Gestalt prägte seit dem 5.Jh. das Mönchtum die Frömmigkeit in Ägypten, Palästina, Syrien, Mesopotamien, Kleinasien und Konstantinopel (s. Abb.12). Seine größte Blüte erreichte es im 6./7.Jh. Trotz grundsätzlicher Verbindung mit der Institution Kirche blieb es ein **eigenständiger Faktor** und z.T. ein kritisches Ferment außerhalb der Kirche. Das Konzil von Chalkedon 451 wollte es durch verschiedene Rechtsbestimmungen in die kirchliche Hierarchie einbinden (vgl. § 4; 10.1.3). Kaiser Justinian systematisierte die juristische Integration, der sich die monastische Praxis allerdings oft entzog. Für die Opposition gegen die Reichskirche und für die Identität der östlichen Nationalkirchen bekam das Mönchtum entscheidende Bedeutung (vgl. § 4; 15.1-4). Träger der **theologischen Leistungen** waren i.w. nur noch Mönche (vgl. z.B. § 4; 13.3; 14.5), und sie prägten die Volksreligiosität, oft auch die Kirchenpolitik im Zusammenhang der großen Lehrstreitigkeiten (vgl. z.B. § 4; 9.2; 11.1; 11.3.5; 12.1.1; 14.4). Als die exemplarischen Heiligen genossen sie große Verehrung. Ihre **Predigten** wurden vielfach tradiert; ansonsten dominierte in der Literatur die **Hagiographie**. Neben dem Cönobitentum hielt sich das Eremitentum, beides in differenzierten Formen. Die Einzelklöster lebten selbständig nach eigener Ordnung (ihrem Typikon). Klosterverbände gab es vereinzelt (z.B. bei den Pachomianern in Ägypten, z.T. in Palästina, im 11.-14.Jh. auf dem Athos); ein Ordenswesen wie in der Westkirche entwickelte sich nicht.

5.1 Palästina als monastisches Zentrum

An verschiedenen Stätten des Heiligen Landes - zumal in und um Jerusalem - entstanden seit dem späten 4.Jh. neben dem älteren Eremitentum viele Klöster, in denen zu erheblichen Teilen Asketen und Asketinnen aus anderen Ländern lebten, die zumeist als Pilger kamen. So entwickelte sich Palästina im 5./6.Jh. zu einem Zentrum von gleichsam internationalem Charakter mit bedeutenden Mönchsvätern und -theologen, das auf andere Regionen im Osten ausstrahlte (vgl. 6.3 und Abb.13b).

5.1.1 Protagonisten des frühen Asketentums in Palästina waren u.a. Chariton (gest. um 350), Hilarion von Gaza (gest. 371) und der in Judäa geborene Epiphanius (ca.315-403), seit 367 Bischof von Salamis/Cypern, der - wohl nach ägyptischen Vorbildern - um 340 bei Eleutheropolis ein Kloster gründete und später allgemein das Mönchtum förderte. Neben den lateinischen **Klostergründungen in und um Jerusalem** (s. 6.3.1-2) gab es solche von Kappadokiern, Armeniern, Georgiern, aber auch von Einheimischen. **Eremitensiedlungen** traf die Pilgerin Egeria um 390/5 z.B. auf dem Ölberg, im Jordantal und am Sinai an. Entscheidende Beiträge zur Neuorganisation in verschiedenen Teilen Palästinas lieferte der Armenier Euthymius (377-473), der zuletzt am Toten Meer um 428 eine Laura (Lavra, d.h. Straße), einen Verbund von Eremitenhütten (Kellia), aufbaute. Sein Schüler **Sabas** (439-532), ein Kappadokier, gründete um 483 südöstl.v. Jerusalem die berühmte Große Laura/Mar Saba, die sich zu einer "Stadt in der Wüste" und asketischen Metropole entwickelte, danach noch weitere Klöster und Hospize. Separatisten aus seinem Kreis, die eine spekulative Mönchtstheologie im Anschluß an Euagrius Ponticus pflegten, errichteten 507 die Neue Laura (vgl. § 4; 12.3.5). Ein cönobitisches Mönchtum nach dem Vorbild des Basilius baute der Kappadokier Theodosius (Koinobiarches; ca.424-529) auf. Biographien dieser und anderer palästinischer Mönche verfaßte Cyrill von Skythopolis um 550.

5.1.2 Auf der **Sinaihalbinsel** existierten Anachoretenkolonien z.B. in Raithu und in der Oase Pharan. Zu deren Schutz baute Kaiser Justinian ca.557 das am Berg der Gesetzgebung gelegene Dornbusch- bzw. Marien- (seit dem 14.Jh.: Katharinen-) Kloster festungsartig aus, welches für die Geschichte der Christenheit erhebliche Bedeutung erlangte. Dessen Abt Johannes Climacus (ca.579-ca.649) verfaßte einflußreiche asketische Werke, darunter die mystische *Himmelsleiter/ Scala Paradisi* (nach Gen 28,10ff; Text: MG 88,631-1164), die visionär den Stufenweg der Vervollkommnung bis hin zur Gemeinschaft mit Gott beschrieb.

5.2 Asketische Sonderformen in Syrien

In Syrien mitsamt Mesopotamien blieb die Tradition eines charismatischen Wanderasketentums stärker lebendig. Eine bemerkenswerte Sonderbildung am Rande der Kirche war hier im 4./5.Jh. der **Messalianismus**, eine enthusiastische Bewegung. Aufsehen erregte das im Anschluß an den asketischen Volksprediger Symeon (gest. 459) seit dem 5./6.Jh. aufblühende **Stylitentum**, das es auch außerhalb Syriens gab: Die "Säulenheiligen" repräsentierten das alte Ideal des engelgleichen Lebens und die kompensatorische Bedeutung der Askese für die Volksfrömmigkeit.

5.2.1 Ein radikales Pneumatiker- und Wanderasketentum vertraten die seit 350/370 zunächst in Ostsyrien und Mesopotamien auftretenden **Messalianer** (d.h. "Beter", griech. *Euchiten*). Sie vertraten die Lehre, daß das wesenhaft Böse im Menschen, ein Dämon bzw. der Satan, nur durch **ständiges Beten**, welches das Einströmen des Heiligen Geistes bewirke, vertrieben werden könnte. Sie relativierten damit die Heilsbedeutung von Kirche, Gottesdienst und Taufe. Ihr Vollkommenheitsstreben äußerte sich außerdem in schroffer Weltentsagung (Heimatlosigkeit, Ablehnung der Arbeit, grundsätzlicher "Apathie") und in charismatischem Enthusiasmus (Gebet, Hymnengesang, Aufhebung der Geschlechtertrennung). Die geistige Spannbreite der Bewegung, die bald auch in Westsyrien, Kleinasien und Ägypten begegnete, machte das theologische Schrifttum deutlich, das unter dem Namen des Makarius (wohl = Symeon von Mesopotamien ca.370-430) überliefert ist und große wirkungsgeschichtliche Bedeutung bis in die Neuzeit - auch im Protestantismus - bekommen hat (teilw. Übers.: BKV 10). Die kirchlichen Theologen, voran Gregor von Nyssa und Johannes Chrysostomus, setzten sich mit messalianischen Lehren auseinander. Verschiedene Synoden verwarfen diese seit ca.390 als häretisch. Trotz der abschließenden Verurteilung durch das Konzil von Ephesus 431 wirkten die Messalianer bis weit ins 6.Jh. fort und beeinflußten z.T. das griechische Mönchtum bis zum 12.Jh. (z.B. die Akoimeten; s. 5.3.1).

5.2.2 Eine spektakuläre Sonderform des asketischen Ideals vom engelgleichen Leben bildete das **Stylitentum**: der ständige Aufenthalt auf einer hohen Säule als Stehen vor Gott. Der im Gebirge zwischen Antiochia und Aleppo lebende Eremit **Symeon Stylites d.Ä.** (ca.390?-459) praktizierte es erstmals um 422, zunächst eher aus praktischen Gründen, um sich dem Ansturm von Besuchern zu entziehen. Zahllose Gläubige pilgerten zu ihm, Schüler umgaben ihn, der als Volksprediger, Seelsorger und Missionar große Wirkung ausübte und bald als Heiliger verehrt wurde. (Bau der kolossalen Kirchenanlage Kal'at Schim'an nach 459.) Sein Vorbild löste eine förmliche Bewegung in allen Regionen der östlichen Kirche aus; z.B. ahmte es sein Schüler Daniel um 460 in der Nähe von Konstantinopel nach. Auf einem Bergfelsen bei Antiochia wirkte als Prediger und Wundertäter **Symeon Stylites d.J.** (521-592), den dort ein Kloster umgab. Die Styliten, den Unbilden des Wetters schutzlos ausgeliefert, genossen wegen ihrer außergewöhnlichen Frömmigkeit größtes Ansehen; etliche von ihnen wechselten über in ein Bischofsamt, was insgesamt für das ostkirchliche Mönchtum typisch wurde.

5.3 Konstantinopel und die byzantinische Kirche

Die Reichshauptstadt zog seit dem 5.Jh. zahlreiche Asketen an; dort entstanden so viele Klöster wie in keiner anderen Stadt. Dieses **Großstadtmönchtum** bildete wegen der Verbindungen mit den Repräsentanten von Staat und Kirche einen spezifischen Typ als kirchenpolitisch, kulturell und sozial aktive Trägergruppe. Bedeutung erlangte nach dem Akoimetenkloster als Ort besonderer Spiritualität das Studioskloster als Stätte der theologischen Wissenschaft (s. Abb.8). Theodor Studites wurde im 9.Jh. der große Reformer des griechischen Mönchtums. Viele Klöster unterhielten **Hospitäler, Pilgerherbergen** und Einrichtungen der **Armenfürsorge**; ihre medizinische Organisation beeinflußte später das abendländische Hospitalwesen. Für das religiöse Leben der byzantinischen Kirche seit dem 7.Jh. spielten die Klöster überall im Lande eine tragende Rolle. Die Mönche genossen hohes Ansehen als **Seelsorger** und Beichtväter in Konkurrenz zum Klerus. Herausragende Bedeutung als Zentrum des Mönchtums in allen Ostkirchen erlangte seit dem 10.Jh. der *Heilige Berg* **Athos**, wo zahlreiche Klöster entstanden.

5.3.1 Nach ca.350 faßte das Mönchtum in Konstantinopel Fuß. Allmählich seit 383 - der Gründung des einflußreichen Dalmatiosklosters - wuchs die Zahl der Klöster an (auf 76 um 535, in späterer Zeit sogar auf über 300), oft von Angehörigen des Kaiserhauses und hohen Beamten gestiftet. Ägypter siedelten sich hier an, aber auch Syrer, Skythen u.a.; sie griffen in die christologischen Streitigkeiten ein (vgl. § 4; 4.3.2; 9.2.1; 12.1.1). Auf den vom Messalianismus (s. 5.2.1) beeinflußten Wanderasketen Alexander ging das ca.430 errichtete Kloster der **Akoimeten** (d.h. der *Schlaflosen*) zurück, das bis 534 eine beträchtliche Rolle für Theologie und Liturgie spielte (vgl. § 4; 11.2.1; 12.1.1). Die Asketen lebten dem **ständigen Gotteslob**, das Tag und Nacht von Chören in den Sprachen der drei Nationen der Griechen, Lateiner und Syrer dargebracht wurde. Psalmengesang, Zahlensymbolik und Mystik verbanden sich dabei.

5.3.2 Für Akoimeten stiftete 463 der Konsul Studios das hinfort nach ihm benannte Kloster, das erst seit 798 allgemeine Bedeutung erlangte, als es durch die Kommunität um **Theodor Studites** (759-826) als Muster-Koinobion nach den Idealen des Basilius von Cäsarea erneuert wurde. Diese Reform prägte fortan das byzantinische Mönchtum. Das **Typikon** (die Ordnung) des Studiosklosters beeinflußte viele andere Klöster, später auch das Mönchtum auf dem Athos und in Rußland. Bibliothek und zahlreiche Gelehrte machten es zu einem **wissenschaftlichen Zentrum**. Theodor wurde berühmt durch seine Schriften zur asketischen Spiritualität, in der die Diakonie eine große Rolle spielte, und zur Liturgik sowie durch seinen Kampf gegen den Ikonoklasmus (vgl. § 4; 14.3.2; 14.4.2).

5.3.3 Zum östlichen Teil der Chalkidike, dem **Athos**, flohen im 9.Jh. wegen des Bilderstreits byzantinische Mönche, die dort als Eremiten in hesychastischer Weise lebten, z.T. in Kolonien (Lauren) zusammengefaßt. Mit der Gründung der **Großen Laura** durch Athanasius Athonites (ca.920-ca.1000) um 963 breitete sich hier das Cönobitentum aus; der Begriff *Laura* (s. 5.1.1) erfuhr allmählich einen Bedeutungswandel (= Kloster). Um 980/5 kamen die ebenfalls bis heute bedeutenden Klöster Vatopedi und (von Georgiern errichtet) Iviron hinzu. Die Kaiser sicherten die Autonomie des Gebiets und griffen in interne Konflikte - v.a. wegen der Klosterordnung (Typikon) - ein. Seit dem 11.Jh. begann die Blütezeit des "Heiligen Berges" mit schließlich 20 **Großklöstern** (u.a. von Russen, Serben) und zahlreichen **Eremitenkolonien**, die die nationale und religiöse Vielfalt der verschiedenen Ostkirchen widerspiegelten. Zum Schutz vor feindlichen Angriffen und Plünderungen wurden die Klöster burgartig befestigt.

5.3.4 Im 14./15.Jh. wurde das Cönobitentum weitgehend abgelöst durch die individualisierende Organisationsform der **Idiorhythmie**: Wohl wegen der Überfälle von See her und auch wegen ständiger Streitereien führten die Mönche ein **selbständiges Asketenleben** einzeln oder in kleinen Gruppen neben dem Kloster; gemeinsam waren nur noch die Gottesdienste. Dieses Prinzip verbreitete sich auch außerhalb des Athos als dritte monastische Lebensform neben Eremiten- und Cönobitentum.

5.4 Asketische Theorie und Mystik

Charakteristisch für die monastische Spiritualität wurde weithin die Pflege einer mystischen Theologie. Ihre verschiedenen Formen entwickelten sich in Verbindung mit einer Methodik des asketischen Lebens. Erstmals ausgeprägt erschien sie im 4.Jh. bei Gregor von Nyssa und Euagrius Ponticus, dem eigentlichen Begründer der Mönchsmystik, dessen Gedanken nicht nur im Osten, sondern auch im Westen wirkten: Im Übersteigen der Welt gelangt der gereinigte Geist zur **Schau Gottes.**

Ps.-Dionysius Areopagita und Maximus Confessor boten im 6./7.Jh. eine ontologisch bzw. christologisch begründete Mystik, welche die alle Erkenntnis überbietende ekstatische **Hingabe** an Gott betonte. Symeon, der *Neue Theologe*, faßte um 1000 die Tradition in seiner **Lichtmystik** zusammen, wonach die Kontemplation durch Lichtvisionen die Vereinigung mit dem göttlichen Licht bewirkt. Er beeinflußte den Hesychasmus, eine asketische Bewegung mit meditativ-kontemplativer Gebetstechnik im 14.Jh. Dessen genialster Vertreter, Gregor Palamas, prägte eine monastische Erfahrungstheologie als Lehre von Gottes gnadenhaften Wirkkräften, die den Menschen mit dem göttlichen Wesen verbinden. Durch diese **Energienlehre** wurde er zu einem der bedeutendsten Theologen der Ostkirche.

5.4.1 Als Theoretiker des asketisch-geistlichen Lebens hat **Gregor von Nyssa** (ca.331/9-395; vgl. § 1; 16.3) die byzantinische Mystik beeinflußt: Im ständigen Fortschreiten der Gotteserkenntnis und ethischen Entweltlichung kommt der Mensch - als Gottes Ebenbild zur Gemeinschaft mit diesem berufen - im Übersteigen der vorfindlichen Welt zur *Verähnlichung mit Gott*, zur Teilhabe an dessen Wirkungen und Eigenschaften, zur Schau Gottes. Seit Origenes war ein derartiger christlicher Platonismus als **Vollkommenheitslehre** zum Ferment der östlichen Mystik geworden. Das zeigt noch profilierter das - erst im 20.Jh. in seiner historischen Wirkung gewürdigte - Werk des **Euagrius Ponticus** (ca.345-399), der vom ontologischen System des Origenes her die Erfahrungen der ägyptischen Wüstenväter reflektierte (s. 2.2.3). Trotz der Verurteilung 553 (s. § 4; 12.4.1) blieb gerade seine monastische Theorie mit ihrer Verbindung von Metaphysik und Psychologie in der griechischen und syrischen Kirche einflußreich: Die *hēsychia/Ruhe*, das mit dem Rückzug aus der Welt verbundene, durch Meditation geprägte Bleiben in der "Zelle", macht das Wesen des Mönchtums aus. Denn dadurch wird die Abkehr von den sündigen Gedanken (die Affektlosigkeit/*apatheia*) als **Reinigungsprozeß** bzw. *praktisches Leben* ermöglicht. In **Stufen** arbeitet sich der gereinigte Geist durch verschiedene Tugenden zum *gnostischen Leben* empor, zur intuitiven Erkenntnis bzw. zum *reinen Gebet*. So wird der Mönch zum Gnostiker, der alle Dinge erkennt und in der **Schau Gottes** lebt. Durch Johannes Cassianus wurden Euagrius' Gedanken dem Westen vermittelt (s. 6.4.4).

5.4.2 Eine andere Art der Mystik bietet das unter dem Namen des **Dionysius Areopagita** tradierte Schrifttum (s. § 4; 11.4), das vor 510 ein unbekannter Mönch verfaßte. Es hat auf die griechische Mystik z.B. bei Maximus Confessor und Gregor Palamas eingewirkt und im Abendland z.B. die Mystik von Bonaventura und Meister Eckhart beeinflußt: Die Erkenntnis Gottes durch Transzendieren der sinnlichen Welt - vorbereitet durch langwierige Reinigung - wird überboten durch die **Vergöttlichung**, die **Vereinigung mit Gott**. Diese ermöglicht der in seinem Wesen unerkennbare Gott selber, indem er in seinen Kräften als seinen Offenbarungen aus sich heraustritt; sie ist als Ekstase eine *Unkenntnis*, ein Einströmen des göttlichen Lichts, darstellbar nur in der Weise der negativen bzw. apophatischen Theologie, die sich dem Dunkel von Gottes Wesen durch Aussagen darüber, was er nicht ist, annähert. Mystik ist hier also die vollständige Entäußerung von allem Denken und Sprechen. - Zur Mystik des Mönches **Maximus Confessor** (ca.580-662), der die areopagitischen Schriften kommentierte, und zu ihrer christologischen Prägung vgl. § 4; 13.3.1. Seitdem wurde die Unterscheidung zwischen Gottes unerkennbarem Wesen und seinen offenbarten Wirkungen bzw. Kräften/Attributen ein konstitutives Element der mystischen Theologie. Die menschliche Erkenntnis erstreckt sich nach Maximus mit Hilfe des Heiligen Geistes auf Gottes Attribute (Ewigkeit, Unendlichkeit, Unsichtbarkeit u.a.); doch die **Vergottung**, die Vereinigung mit der ungeschaffenen Natur nach dem Vorbild der hypostatischen Union von Gottheit und Menschheit in Christus, erfolgt als Abschluß des Strebens nach Vervollkommnung (Kampf gegen die Affekte, Fortschritt in den Tugenden, Einsicht in die biblischen Wahrheiten) in höchster *Unkenntnis*, d.h. in einer alle Erkenntnis und Meditation transzendierenden Ekstase, der Hingabe an Gott.

5.4.3 Der aus dem Konstantinopeler Studioskloster hervorgegangene **Symeon** (ca.949-1022), von seinen Schülern als "**der neue Theologe**" - d.h. nach den *Theologen* Johannes (Apostel) und Gregor von Nazianz - gepriesen, lieferte eine originelle, für die Geschichte der Mystik bedeutsame Synthese. (Texte: SC 51.96.104.113.122.129.156.174.196.) Die **Gottesschau** wird dem zur Gotteserkenntnis an sich unfähigen Menschen durch das **gnadenhafte Wirken** des Heiligen Geistes in seinem Geist zuteil, wodurch sich seine Existenz verändert, bestimmt durch Weltflucht als permanente **Reinigung**. Die Kontemplation bringt durch **Lichtvisionen** eine Vereinigung mit der Trinität, dem göttlichen Licht, jedoch nicht als wesensmäßige Verschmelzung. Der asketische Geistträger ist der wahre Heilige, der über den Klerikern steht. Die Wirkungsgeschichte von Symeons Mystik verlief i.w. indirekt über den Hesychasmus.

5.4.4 Als Hesychasten bezeichnete man schon früh die auf *hēsychia*, d.h. Weltentsagung, Einsamkeit, Schweigen und Kontemplation konzentrierten Anachoreten (vgl. auch 5.4.1). Im Athosmönchtum profilierte sich im 14.Jh. der **Hesychasmus** als **Frömmigkeitsbewegung**, die sich in der byzantinischen und slawischen Ostkirche verbreitete. Ihr maßgeblicher Theoretiker war **Gregor Sinaites** (gest. 1337/46; Texte: MG 150, 1240-1345) mit der Lehre vom geistlichen Aufstieg durch **meditative Gebetstechnik** und **psychologische Bußübung**: Das vom einzelnen Mönch in der Zelle bzw. in der Skiti (einer Eremitenhütte nahe dem Mutterkloster) im Rhythmus des Atmens zu sprechende Jesusgebet (*Herr Jesus Christus, Sohn Gottes, erbarme dich meiner*, ein älterer Text) sollte verbunden werden mit der bußfertigen Erforschung der sündigen Seele, um dadurch zu einer dauerhaften Erleuchtung - d.h. zur sinnlich wahrnehmbaren Schau des göttlichen Lichtes von Mt 17,1-13 (des Taborlichtes) als innerer Ruhe (*hēsychia*) - und zu ständigem geistigem Gebet zu kommen.

5.4.5 Der Athosmönch **Gregor Palamas** (1296/7-1359), Schüler des Gregor Sinaites, 1347 Erzbischof von Thessalonike, hat die Erfahrungstheologie des Hesychasmus von der Trinitätslehre der Kappadokier her (vgl. § 1; 16.1-3) durch seine **Energienlehre** systematisiert. (Texte: z.T. MG 150-151; Neu-Ed. v. P. Chrestou, 1962ff.) Im sog. **Hesychasmusstreit** 1337-51 um den richtigen Weg der Gotteserkenntnis hat er sie gegen die Kritik des Barlaam von Kalabrien, Nicephorus Gregoras und anderer byzantinischer Humanisten verteidigt: Gottes Wesen ist für die menschliche Erkenntnis verborgen, doch es wird der Erfahrung zugänglich in Gottes Energien/Wirkkräften, die in der Sendung des Heiligen Geistes durch den Sohn Gottes offenbart werden. Diese Energien sind **Gnadenwirkungen** (v.a. das unerschaffene göttliche Licht, das Taborlicht), die allen durch Gebet und Kontemplation nach hesychastischer Art vorbereiteten Christen in der Erleuchtung zuteilwerden können. Nach schweren Auseinandersetzungen dogmatisierte die byzantinische Kirche 1347 und 1351 durch Synodalbeschluß diese Energienlehre. Seitdem bildete der Palamismus eine - zumal im 20.Jh. erneuerte - wesentliche Richtung in der Orthodoxie. Der Hesychasmus setzte sich als unterschiedlich praktizierte monastische Lebensform in Teilen der verschiedenen Ostkirchen durch (z.B. bei Nil Sorskij und im russischen Starzentum seit dem 15./16.Jh.).

5.5 Literatur

H.-G. BECK: Kirche und theologische Literatur im byzantinischen Reich, 1959, 120-140. - DERS.: Geschichte der orthodoxen Kirche im byzantinischen Reich, KIG I/D 1, 1980, 43ff. 90ff. 134ff. 179ff. 218ff. - H.M. BIEDERMANN: Athos, TRE 4 (1979) 436-441. - DERS.: Symeon, der Neue Theologe, in: G. Ruhbach/J. Sudbrack (Hg.): Große Mystiker, 1984, 93-106. - A. GUILLAUMONT: Evagrius Ponticus, TRE 10 (1982) 565-570. - O. HESSE: Makarius, TRE 21 (1991) 730-735. - K. HOLL: Enthusiasmus und Bußgewalt beim griechischen Mönchtum, 1898. - F.V. LILIENFELD: Hesychasmus, TRE 15 (1986) 282-289. - G. PODSKALSKY: Gregorios Palamas, TRE 14 (1985) 200-206. - DERS.: Gregorios Sinaites, ebd. 206-209. - R. STAATS: Messalianer, TRE 22 (1992) 607-613.

6. Die Anfänge des Mönchtums im Westen

Wesentliche Teile des westlichen Mönchtums erwuchsen seit ca.350 aus einer **Umformung der älteren Gemeindeaskese**, bei der Einflüsse und Vorbilder des Ostens in unterschiedlicher Weise einwirkten. Charakteristisches Merkmal der Frühphase bis ca.400 war, daß sich eine asketische Bewegung - deren Träger oft Laien (im kirchenrechtlichen Sinne), v.a. Angehörige der sozialen Oberschicht, waren - unorganisiert entwickelte, meist individualistisch geprägt. In regionaler Differenzierung entstanden weithin unabhängig voneinander Zentren in Italien, Spanien, Südgallien und Nordafrika, wobei das Mönchtum in Rom vielfach als Multiplikator fungierte (s. Abb.12). Für das Abendland typische Formen wurden das **Stadtkloster** und das **Bischofskloster**. Die asketische Spiritualität wies eine beträchtliche Spannbreite auf; z.T. wurde die Vorstellung wichtig, daß Askese - als Abkehr von der Welt - ein unblutiges Martyrium sei.

6.1 Asketische Gemeinschaften in Rom und Italien

Die Entwicklung aus dem alten Virginitätsideal der asketischen Hausgemeinschaften (s. 1.4.2) ist besonders deutlich in Rom ab ca.350 erkennbar. Daraus erklärt sich auch die **führende Rolle von Frauen**; sie etablierten nicht eine religiöse Gegenwelt, sondern zogen sich in die Ruhe des **kontemplativen Lebens** zurück. Charakteristisch war der Anteil reicher Aristokratinnen, die auf ihren Landgütern oder in ihren Stadtpalästen zusammen mit Sklavinnen, Freigelassenen und Freundinnen Kommunitäten/Klöster einrichteten. Daneben gab es aber auch vereinzelt in manchen Gegenden, zumal auf kleinen Inseln, **Eremiten**, die das monastische Prinzip der Gegenkultur repräsentierten.

6.1.1 Die Quellen geben nur sporadische Nachrichten, so daß die Rekonstruktion hypothetisch bleibt. Beispiele für **Rom** sind die Aristokratinnen **Asella**, die als geweihte Jungfrau nach 345 ein eremitisches Zellenleben mit Fasten, Psalmodieren und Handarbeit begann, Ambrosius' Schwester **Marcellina** seit ca.352 mit ähnlichem Lebensstil und die Witwe **Marcella**, die seit 355 die Virginität zur asketisch-kontemplativen Existenzform in ihrem römischen Palais zusammen mit anderen Jungfrauen fortentwickelte und nach 385 auf ihrem Landgut wie in einem Kloster lebte. Die reichen Witwen **Melania d.Ä.** um 370 und **Paula** (mit den Töchtern Eustochium und Blaesilla) um 380 lebten in Rom entsprechend. **Hieronymus** (6.3.2) wurde in diesen Kreisen 382-5 zum einflußreichen Berater. **Pelagius** (s. § 5; 7.1) wirkte seit ca.380 im Haus der Proba als asketischer Lehrer. Um 385 existierten in Rom die ersten **Frauen- und Männerklöster**, die dem pachomianischen Cönobitentum entsprachen. Seit 340 dürfte Athanasius das monastische Ideal hier propagiert haben; seine nach 360 ins Lateinische übersetzte *Vita Antonii* verstärkte die Wirkung im Westen. Dessen Verbreitung bezeugte die Polemik gegen die Höherwertigkeit der Jungfräulichkeit um 380 bei Helvidius und seit 385 bei Jovinian (vgl. 6.3.2).

6.1.2 In verschiedenen italischen Städten gab es kleine Asketengruppen. Aus Rom übertrug um 350 Bischof **Eusebius von Vercellae** die asketische Bewegung dergestalt, daß er seinen **Klerus** zu einem klösterlichen Gemeinschaftsleben verpflichtete. In Aquileja ist durch Rufinus für 370 ein Männerkloster (von Klerikern?) bezeugt. Mailand entwickelte sich unter Ambrosius, der selber kein Asket war, nach römischen Vorbildern seit ca.380/5 zu einem monastischen Zentrum, bei dem die Verbindung der Klöster mit der Institution Kirche wichtig war. Ein Frauenkloster gab es z.B. auch in Verona. In Süditalien entstanden Klöster wohl etwas später: z.B. die asketische Gemeinschaft des Patriziers **Paulinus von Nola** seit 395 und die Hausklöster der römischen Adeligen **Melania d.J.** und Pinianus um 410 in Kampanien und Sizilien.

6.1.3 Das von östlichen Vorbildern beeinflußte **Eremitentum** war relativ stark verbreitet auf den Inseln entlang den Küsten Italiens, deren Einöde dem Wüstenideal entsprach. Allerdings ist es nur durch wenige Beispiele belegt: z.B. den Pannonier Martin von Tours (s. 6.4.1), der sich ca.358 auf die Insel Gallinara (vor Genua) zurückzog, Bonosus, einen Freund des Hieronymus, und durch allgemeine Angaben bei Ambrosius und Augustin.

6.2 Konflikt mit der Kirche: Der Priscillianismus

In Spanien, wo der Asketismus vermutlich ab ca.350 sich organisierte, entstand vor 380 eine **rigoristische Bewegung** im Anschluß an die Lehren des Priscillianus. Da sie u.a. die Verweltlichung der Kirche kritisierte, stieß sie auf Opposition in Teilen des Episkopats, der ihre **dualistische Begründung** der Weltentsagung als Manichäismus attackierte. In dem sich ausweitenden Streit wurden Priscillianus und seine Anhänger vor dem Kaisergericht in Trier verklagt. Ihre Hinrichtung 385 war - aufgrund bestimmter politischer Umstände - der erste Fall, daß Häretiker vom christlichen Staat mit dem Tode bestraft wurden. Ob der Priscillianismus in die Entwicklung des Mönchtums gehörte oder eine Sonderbewegung war, ist umstritten.

6.2.1 Der reiche, gebildete Laie **Priscillianus** aus der Gegend von Corduba warb als pneumatischer Lehrer (Prophet) wohl seit ca.375 für einen **radikalen Asketismus**. Er begründete die Forderung nach Abkehr von den "Werken des Fleisches" mit einer gnostisierenden Paulusauslegung. Vom metaphysischen Gegensatz zwischen Gott/der Lichtwelt und dem Bösen/der Finsternis her propagierte er den **Kampf des Geistes gegen das Fleisch** als Zerstörung des Leiblichen, d.h. als Überwindung aller Begierden und Laster, um die göttliche Seele zu reinigen und mit Christus bzw. Gott mystisch zu vereinen. Die entsprechende Askese (strenges Fasten, Trennung von Familie und Besitz, zeitweiser Rückzug in die Einsamkeit mit Bußübungen zumal in der Zeit vor Ostern) fand viele Anhänger, v.a. unter den Frauen, in den spanischen Provinzen und in Aquitanien, auch bei einigen Bischöfen, die Priscillianus ca.381 zum Bischof von Avila (in Lusitania) weihten.

6.2.2 Bei anderen Bischöfen stieß die asketische Kritik an der verweltlichten Kirche auf scharfe Ablehnung. Eine **Synode** in Caesaraugusta/**Saragossa** verurteilte 380 die priscillianistischen Lehren und Praktiken als **Häresie** (u.a. als gnostischen Dämonenkult und Manichäismus). Die Verteidiger des Priscillianismus gaben nicht auf, der Streit erfaßte auch Gallien und Italien. Ein gewaltsames Eingreifen Kaiser Gratians konnte verhindert werden, doch den Gegnern Priscillians - unter Führung der sittenlosen Bischöfe Ithacius und Hydatius - gelang es 384, den **Usurpator Maximus**, einen Spanier (vgl. § 3; 13.2.1), auf ihre Seite zu ziehen. In dessen Residenz Trier wurden Priscillianus und sechs Freunde wegen Unzucht und Magie 385 hingerichtet; weitere Anhänger wurden exiliert. Da sie nicht der Häresie überführt waren und ihre Gegner in schlechtem Ruf standen, erregte ihr Fall weites Aufsehen. Die priscillianistische Bewegung verbreitete sich - wohl unter Zunahme häretischer Tendenzen - in Spanien und Südwestgallien, wurde im 5.Jh. u.a. von Augustin und Papst Leo I. bekämpft und bestand bis weit ins 6.Jh. Sie machte deutlich, welch breites theologisches Spektrum die asketischen Lehrer im 4./5.Jh. hatten und wie stark die Abwehr des Asketismus in Teilen des Episkopats anfangs war.

6.3 Askese und Palästinawallfahrt: Hieronymus

Die heiligen Stätten der Christenheit zogen im 4./5.Jh. viele Anhänger der asketischen Bewegung an. Zumal für deren römisch-italischen Teil war diese Orientierung typisch. Ihr Protagonist wurde Hieronymus, der seit 386 in Bethlehem lebte. Vor, neben und mit ihm bauten römische Aristokratinnen **Klöster** in Jerusalem und Umgebung, die bei der Vermittlung östlich-monastischer Traditionen an den Westen eine große Rolle spielten. Durch **literarische Verherrlichung der Askese**, die allerdings keine tiefe theologische Reflexion enthielt, hat Hieronymus große Bedeutung für die Geschichte des abendländischen Mönchtums erlangt. Er gab ein aufschlußreiches Beispiel für die wachsende Attraktivität der monastischen Idee im Westen.

6.3.1 Ägypten und Palästina bildeten für westliche Anhänger der Askese im späten 4.Jh. und frühen 5.Jh. besondere Anziehungspunkte. Das bezeugt beispielhaft um 395 der Bericht der spanischen Asketin **Egeria** (Aetheria) über ihre Pilgerreise, der u.a. über das dortige Mönchtum informierte (Text: SC 21). Die reiche Römerin **Melania d.Ä.** (342-409; s. 6.1.1) pilgerte 372/3 zunächst zu den ägyptischen Wüstenvätern und Klöstern, dann nach Jerusalem, wo sie 378 ein großes **Doppelkloster** für Frauen bzw. für Männer gründete und bis zu ihrem Tod leitete. Ihr geistlicher Berater war der Gelehrte **Rufinus** (ca.345-410), ein Mönch aus Aquileja, der bei den ägyptischen Vätern gelernt hatte, durch Didymus von Alexandria ein Anhänger des Origenes geworden war und bis 397 das Männerkloster auf dem Ölberg leitete. Er vermittelte durch seine Übersetzungen dem Abendland - außer den Schriften des Origenes - östliche Mönchsliteratur. Auch Melanias Enkelin, **Melania d.J.** (383-439), die ihren immensen Besitz der Armenpflege stiftete und in Süditalien das Cönobitentum pflegte (vgl. 6.1.2), lebte seit 417 in einem von ihr gegründeten Frauenkloster auf dem Ölberg in strenger Askese.

6.3.2 Hieronymus (ca.347/8-ca.420; zu ihm s. § 5; 3.1-3) verwirklichte seinen asketischen Eifer nach einer Art Bekehrung zunächst weniger durch ein kurzes Eremitenleben in der Wüste bei Antiochia 378/9 als vielmehr durch eine Biographie über den angeblich ersten Eremiten Paulus von Theben (in Konkurrenz zur *Vita Antonii*). Das **asketische Ideal** reduzierte sich bei ihm i.w. auf die Betonung der **Jungfräulichkeit**, der Überwindung des Sexualtriebs. Dafür warb er seit seiner Rückkehr nach Rom 382 v.a. in vornehmen Frauenkreisen (s. 6.1.1). Er verfaßte traktatartige Briefe an Marcella und Eustochium sowie eine Schrift gegen Helvidius' Kritik. Nach Enttäuschungen in Rom zog er 385 mit der reichen Paula (gest. 404) und deren Tochter Eustochium über Ägypten nach Palästina. Seit 386 errichteten sie in Bethlehem drei Frauenklöster und ein Männerkloster, bestehend aus miteinander verbundenen "Zellen" (Hütten), dazu eine Klosterschule samt Bibliothek und eine Pilgerherberge. Sie praktizierten eine **gemäßigte Askese** im Sinne des philosophischen Lebens. Zu Hieronymus' reicher **literarischer Tätigkeit** gehörten u.a. eine Übersetzung der Pachomiusregel, die propagandistischen Mönchsviten über Malchus und Hilarion und die Polemik gegen Jovinian 393, welcher bestritten hatte, daß die Jungfräulichkeit höher als die Ehe und das Mönchtum wertvoller als das normale Christsein wäre. Seine asketischen Schriften wurden für das Abendland bis ins späte Mittelalter wirkungsgeschichtlich bedeutsam.

6.3.3 Hieronymus' asketische Lehren zielten darauf, die besondere religiöse Dignität des Mönchtums zu begründen, wobei er das Cönobitentum als die normale Form, das Eremitentum als nur für höher Begabte geeignet ansah. **Ehelosigkeit** und sexuelle Enthaltsamkeit galten als höchster Wert. Demut und Gehorsam, Besitzverzicht, maßvolles Fasten, Handarbeit, Gebet und Schriftlektüre bestimmten das Leben. Folgenreich wurde die soteriologische Deutung des **Mönchsgelübdes**: Als eine **zweite Taufe** begründet es das neue Sein durch Absage an die Sünde und Zusage an Gott; mit dem daraus resultierenden asketischen Leben als den guten Werken erwirkt man sich Verdienste vor Gott und damit die ewige Seligkeit; deswegen sind Mönche den Märtyrern gleichwertig. Dieses **Evangelium der Askese** paßte zu Hieronymus' synergistischer Gnadenlehre.

6.4 Cönobitentum und kirchliche Organisation in Gallien

Im Zusammenhang mit dem staatlichen Zerfall und dem gesellschaftlichen Umbruch (vgl. § 7; 1.2; 3.0) blühte im gesamten Gallien während des 5.Jh.s das Klostermönchtum auf, ausgehend von anachoretischen Bewegungen des 4.Jh.s (s. Abb. 12). Den Übergang vom kulturell isolierten Eremitentum zum kirchlich eingebundenen Cönobitentum repräsentierte zwischen 360 und 390 **Martin von Tours**, durch den Aquitanien sich zu einem Zentrum des Mönchtums entwickelte. Zweites Zentrum der von monastischen Kräften getragenen kirchlichen Neuordnung wurde seit ca.410 das Inselkloster **Lerinum/Lérins**. Stärker als der martinische Typ, der dem alten, individualistischen Ideal verpflichtet blieb, hat der lerinische Typ die kirchliche Integration des Mönchtums durch seine Organisationskraft gefördert. In **Massilia**/Marseille, dem dritten Zentrum, wirkte seit ca.410 der große Lehrer **Johannes Cassianus**, der durch sein Schrifttum dem Abendland den Geist des ägyptischen Mönchtums vermittelte und so eine eigene **asketische Spiritualität** schuf. Er wurde neben Hieronymus und Augustinus der für das Mittelalter maßgebliche Mönchstheoretiker.

6.4.1 Die Umformung der anachoretischen durch die cönobitische Lebensweise zeigte sich - auf dem Hintergrund einer wildwüchsigen, aus verschiedenen Quellen gespeisten Asketenbewegung - bei **Martin** (ca.316/7-397), seit 371 Bischof von Tours/Turones. (Stark legendarische Biographie von Sulpicius Severus: Text SC 133-135; Übers.: Frank Bd.2, 20-52.) Er lebte nach ägyptischem Vorbild seit 360 als **Eremit** (vgl. auch 6.1.3) bei Poitiers in der Anachoretenkolonie Ligugé. Eine solche war zunächst auch das von ihm als Bischof in Marmoutier bei Tours gegründete **Kloster**, das allerdings cönobitische Elemente enthielt und sich rasch zu einem kirchlichen und kulturellen Zentrum Galliens entwickelte. Auch als **Charismatiker** (Wundertäter) und **Wandermissionar** repräsentierte er die ältere Tradition, wobei der Bezug auf die Institution Kirche ein neuer, zukunftsträchtiger Zug war. Die Ausbreitung des Mönchtums - und damit des Christentums - im Gebiet zwischen Seine und Garonne, v.a. in Aquitanien, haben er und seine Schüler durch Kloster- und Kirchengründungen und durch den Kampf gegen das Heidentum kräftig gefördert. Als **Heiliger** genoß er früh paradigmatische Verehrung, seit Chlodwig galt er als Schutzherr des Frankenreiches.

6.4.2 Große Ausstrahlung ging im 5./6. von **Lerinum** aus, der von **Honoratus** (gest. 428/9) zwischen 400 und 410 aufgrund von östlichen Einflüssen errichteten Eremitenkolonie auf einer Insel vor Cannes/Antipolis, die sich bald zu einem Großkloster entwickelte. Zahlreiche Klostergründungen in der Provence und im Rhônetal folgten. Angehörige der römischen Oberschicht Nordgalliens, die sich angesichts der dortigen Auflösung des Imperiums nach Süden zurückzogen, fanden eine Wirkungsmöglichkeit, so daß Lerinum **Prototyp des "Flüchtlingsklosters"** (so F. Prinz) wurde. Dank ihrer Bildung und Verwaltungserfahrung wurden die Mönche des lerinischen Typs vielfach Bischöfe in Süd- und Mittelgallien: z.B. Honoratus, Hilarius, Caesarius und Virgilius in Arles, Maximus und Faustus in Riez, Eucherius in Lyon, Salonius in Genf, Lupus in Troyes. Lerinum war bedeutsam nicht nur als "Bischofsschule", sondern auch als Pflegestätte der Wissenschaft.

6.4.3 Die Klostergründung bei **Massilia** um 410/5 durch den Skythen **Johannes Cassianus** (ca. 360-430/5) hatte nicht eine derartige Wirkung auf die kirchliche Organisation, doch große geistige Ausstrahlung. Cassian hat **Lebensformen und Spiritualität des östlichen Mönchtums**, die er bei längeren Aufenthalten in Palästina und Ägypten vor 400 studierte, durch eine adaptierende Übertragung im Westen eingebürgert: durch die dreiteiligen *Einrichtungen der Mönche/De institutis coenobiorum* ... 419-426 und die *Gespräche der Väter/Conlationes* bzw. *Collationes Patrum* 425-429 (Text: SC 109;42.54.64; Übers.: BKV 1.A., 2 Bde., 1879). Obwohl ihm die Anachorese als höhere Form galt, hat er durch seine **Anweisungen für das Klosterleben** viele der späteren Mönchsregeln und damit v.a. das benediktinische Mönchtum beeinflußt. Er schuf die Grundlage der **monastischen Gottesdienstordnung**, des Stundengebets: fünf Gebetszeiten, über den Tag verteilt, v.a. mit Psalmenrezitation, aber auch z.T. erweitert um Bibellesungen.

6.4.4 Die mönchische Existenz ist nach Cassianus eine **Schule der Vollkommenheit**, der Vorbereitung auf ein ethisch qualifiziertes Leben der **Innerlichkeit** durch Überwindung der Sünden. Sie gilt als die eigentliche Form des Christseins, die dem Leben der Jerusalemer Urgemeinde entspricht, als das "Leben nach dem Evangelium" in Demut, Verzicht, Gehorsam und Tugend. Die dafür konstitutive Trennung von der Welt besteht in einer dreifachen **Entsagung**: dem äußerlichen Rückzug, der inneren Reinigung, der Konzentration auf das Unsichtbare (*vita contemplativa*). In seiner asketischen Theorie ist Cassianus stark durch den Origenisten Euagrius Ponticus (s. 5.4.1) bestimmt, zumal in seiner Lehre von den **acht Hauptlastern**, die - in der Umformung durch Papst Gregor I. - die mittelalterliche Lehre von den sieben Todsünden prägte (s. Coll V,2-25): Die moralische Vervollkommnung (*vita activa*) besteht v.a. in der Überwindung der "Geister" der *gastrimargia* (Völlerei), *fornicatio* (Unzucht), *filargyria* (Habgier), *ira* (Zorn), *tristitia* (Schwermut), *acedia* (Trägheit), *cenodoxia* (Eitelkeit) und *superbia* (Hochmut). Hier zeigt sich das Merkmal seines ganzen Werkes, die Verbindung von Schriftauslegung und Psychologie.

6.4.5 Die intensive **Beschäftigung mit der Bibel** hat nach Cassian zentrale Bedeutung für das Mönchsleben. Deren tiefere Erkenntnis führt zur inneren Vollkommenheit durch die *contemplatio Dei*. Er unterscheidet **vier Arten der Schriftinterpretation** in Anlehnung an Origenes (s. § 2; 10.5.3): Neben der historischen, auf die damaligen Sachverhalte bezogenen steht die dreifache geistliche Interpretation zur aktuellen Anwendung: *allegoria*/sinnbildlich-religiöse Bedeutung äußerlicher Sachverhalte, *anagoge*/eschatologisch-transzendenter Hinweis auf die himmlischen Geheimnisse und *tropologia*/moralische Anwendung (so v.a. Coll.XIV,8). Zum vierfachen Schriftsinn vgl. § 10; 17.3.1.

6.5 Augustin als Begründer des Klerikermönchtums

Auch in Nordafrika wurzelte das Mönchtum zunächst in der traditionellen Gemeindeaskese. Der ethische Rigorismus der Donatisten (vgl. § 2; 16.3) konnte asketische Tendenzen vorbereiten. Augustin beeinflußte die Entstehung des Cönobitentums seit 391/396 wesentlich. Aus seinem theologischen Ansatz ergaben sich mit den beiden Prinzipien der **Gottesliebe** und der **Gemeinschaft** einerseits ein grundsätzlicher Asketismus, andererseits eine monastische Lebensform, deren Spezifikum in der Verbindung mit den Aufgaben des Klerus lag. So wurde er zum eigentlichen Begründer des für die abendländische Kirchengeschichte bedeutsamen Klerikermönchtums, das sich zum dritten monastischen Typ neben Cönobiten- und Eremitentum entwickelte (s. 8.7).

6.5.1 Augustins Bekehrung war eine prinzipielle Hinwendung zum Asketismus, die sich als **philosophisches Leben** realisierte. Diese Form behielt er auch als kirchlicher Amtsträger nach 391 in seinem Monasterium in Hippo bei (vgl. § 5; 5.2.2; 5.4.1); er entwickelte sie weiter zu einem **monastischen Gemeinschaftsleben**, das er als Bischof nach 395/6 in die Kirche integrierte. Indem er seinen Klerus auf eine *vita communis* im Kloster an der Bischofskirche verpflichtete (mit Verbindung von *vita activa*/Dienst in der Gemeinde und *vita contemplativa*), etablierte er - nach Vorgängern in Italien (s. 6.1.2) - ein Klerikermönchtum, welches Nachahmung fand. Wohl für diese Kommunität oder für ein Laienkloster in Hippo hat er um 397 Vorschriften verfaßt, die erste westliche **Mönchsregel**, die - in mehrfacher späterer Umformung - als *Augustinregel* eine große Wirkungsgeschichte bekam (s. 7.1.1-2).

6.5.2 Der starke Einfluß von Augustins Theologie hat auch das abendländische Mönchtum geprägt. Sein **Mönchsideal** ist mehrschichtig, umfaßt sowohl die persönliche Askese (Absage an die Welt) als auch das Gemeinschaftsleben. Biblische Maximen und Gedanken der antiken Sozialphilosophie verbinden sich. Im Zentrum steht die **Liebe zu Gott** (vgl. § 5; 6.1.3), die sich gegen Selbstsucht und Begierde (*amor sui/concupiscentia*) als Urform der Sündhaftigkeit durchsetzt. Daraus folgen Demut und Gehorsam, die sich in Armut/Besitzverzicht, sexueller Enthaltsamkeit und Handarbeit konkretisieren. Das an sich wertvolle Eremitentum tritt in der Rangordnung hinter dem Cönobitentum zurück, weil allein dieses dem theologisch wichtigen Prinzip der **Bruderliebe** bzw. der *communio* und damit dem Ideal der Urgemeinde entspricht. Die spezifisch asketischen Schriften Augustins zu den Themen Enthaltsamkeit, Jungfräulichkeit, Arbeit u.a. sind viel gelesen worden (Text/Übers.: z.B. Frank Bd.1, 48-106).

6.6 Literatur

QUELLEN: K.S. FRANK (Hg.): Frühes Mönchtum im Abendland, 2 Bde., 1975.

LITERATUR: ATLAS z. KG 14. - H. CHADWICK: Priscillian of Avila, 1976. - O. CHADWICK: John Cassian, 2.A. 1968. - DERS.: Cassianus, TRE 7 (1981) 650-657. - E. GRIFFE: Der hl. Martinus und das gallische Mönchtum, in: Frank, Askese (s. 1.5) 255-280. - G. GRÜTZMACHER: Hieronymus, 3 Bde., 1901-08; ND 1986. - R. LORENZ: Die Anfänge des abendländischen Mönchtums im 4.Jh., ZKG 77 (1966) 1-61. - G. PETERSEN-SZEMERÉDY: Zwischen Weltstadt und Wüste: Römische Asketinnen in der Spätantike, 1993. - F. PRINZ: Frühes Mönchtum im Frankenreich, 2.A. 1988, 19-117. - B. VOLLMANN: Studien zum Priscillianismus, 1965. - A. ZUMKELLER: Das Mönchtum des hl. Augustinus, 2.A. 1968.

7. Die abendländischen Klosterregeln

Für die Entwicklung im frühen Mittelalter wurde als Grundorientierung wichtig: Mönchsein bedeutet, gemäß der Regel zu leben. Trotz mancher Widerstände im Klerus verbreitete sich das Cönobitentum im 5.Jh., besonders stark im 6.Jh., einer Zeit des politischen, sozialen und kulturellen Umbruchs. Die Klöster wurden Orte der Bewahrung spätantiker Tradition; das schuf eine wesentliche Grundlage für die abendländische Kirche und Kultur. Die **Vielfalt monastischer Lebensformen** dauerte zwar teilweise fort (mit Eremiten und Wanderasketen/*gyrovagi*, Inklusen und Eremitenkolonien), aber es kam zu einer **Dominanz des Klosterwesens**. Die Abhängigkeit von östlichen Einflüssen und Vorbildern trat zurück, doch da diese vielfach adaptiert und integriert waren, wirkten sie indirekt fort. Charakteristisch für diese Epoche wurde die **Produktion von Regeln**. Fast jedes Kloster fixierte seine Lebensordnung, z.T. in mehreren Texten, versehen mit Ergänzungen, oft in partieller Übernahme anderer Regeln. Derartige Mischregeln dominierten im 6.-8. Jahrhundert (vgl. 7.2.5; 7.3.2; 8.6). Besondere Bedeutung für das Mittelalter erlangten die **Augustinregel** und die **Benediktregel**. Die letztere war zunächst nur eine unter verschiedenen italischen Klosterordnungen, von Benedikt von Nursia - in Anlehnung an die sog. Magisterregel und in Aufnahme mancher Traditionen - um 550 für sein Kloster Monte Cassino konzipiert. Insofern ist es historisch unzutreffend, wenn eine ältere Sicht ihn zum "Vater des abendländischen Mönchtums" stilisiert hat; er ist dies erst nachträglich seit dem 9.Jh. dadurch geworden, daß die karolingische Klosterreform seine Regel allgemein durchsetzte.

7.1 Entstehung und Verbreitung von Mönchsregeln

Die Vielfalt der Regeln entsprach der selbständigen Entstehung und Entwicklung der Klöster. Die älteste Regel stammte von **Augustin** um 397. Sie hat nicht nur in Nordafrika (mit über 50 Klöstern im 5./6.Jh.), sondern auch in Italien, Gallien und Spanien auf das Leben vieler Frauen- und Männerklöster gewirkt. In **Italien** entwickelte sich im 5./6.Jh. auch außerhalb der Städte eine blühende Mönchslandschaft mit zahlreichen Kleinklöstern und Eremitensiedlungen. Die Mönche lebten nach bestimmten Maximen und Vorschriften, die in unsystematischer Form z.T. aufgezeichnet wurden und zu katalogartigen Regeln zusammenwuchsen. Deren heute berühmteste aus der Zeit vor Benedikt stammt von einem unbekannten Lehrer Anfang des 6. Jh.s: die **Magisterregel**/*Regula Magistri*. Auch in Gallien bzw. im

Frankenreich schritt die Entwicklung des Klosterwesens im 6.Jh. stetig voran. Hier wurde seit dem 7.Jh. die Columbanregel bedeutsam, die dem irischen Mönchtum entstammte (s. 7.3).

7.1.1 Als **Augustinregel**/*Regula Augustini* (RA; Text: Verheijen Bd.1, 53-66.148-152.415-437; Übers.: A. Zumkeller, 1962; T.J. van Bavel, 1990) sind **drei Texte** in verschiedenen Versionen überliefert. Erst im 12.Jh. hat sich ein Textus receptus herausgebildet. Von Augustin selber dürfte nur die Regel für ein Männerkloster stammen, die einige Grundsätze erörtert (heute meist als *Praeceptum* bezeichnet), vielleicht aber auch deren Adaption für ein Frauenkloster (= *Regularis informatio*), die im 7.Jh. in Spanien ergänzt und überarbeitet wurde (= Ep. 211; CSEL 57, 356-371; Übers.: BKV 30, 269-282). Wohl ein Asket aus Augustins Umkreis hat - um 395/400? - eine kurze Ordnung des Klosterlebens verfaßt (= *Ordo*, später mit dem *Praeceptum* verbunden). Die RA wurde in **Nordafrika** häufig benutzt, auch in **Italien, Gallien und Spanien** im 5.-7.Jh., wo sie einige Klosterregeln beeinflußte (v.a. die Cäsarius-, die Magister- und die Benediktregel). Sie hielt sich bis ins 11.Jh. in Männer- und Frauenklöstern; erst seit dem 12.Jh. wurde sie zur speziellen Regel für Klerikermönche/Kanoniker (s. 10.3.1).

7.1.2 Charakteristisch für die relativ kurze RA (*Praeceptum*) ist die geistliche Konzentration auf die Gottes- und Nächstenliebe, wobei sie sich für die Grundsätze und die maßvollen Einzelanweisungen durchgängig auf die **Bibel** beruft. Das Kloster soll eine **Gemeinschaft der Liebe** (*caritas*) und der **Eintracht** nach dem Vorbild der Urchristenheit Apg 4,32 sein; diese konkretisiert sich in der Gemeinsamkeit von Gebetsgottesdienst (Psalmen), Wohnen, Mahlzeiten, Arbeit, Güterbesitz, aber auch in der gegenseitigen Geduld und Hilfe. Die Gemeinschaft ist wichtig, weil sie den sündhaften Egoismus überwindet; so bilden die Fürsorge, die Armut und der Gehorsam die Basis des monastischen Lebens.

7.1.3 Die anonyme **Magisterregel**/*Regula Magistri* (RM; Text: SC 105-107; Übers.: Frank, 1989) ist wohl um 510-530 in Roms Umgebung oder in Kampanien von einem Klosterabt verfaßt worden, der sich selbst als Lehrer (*Magister*) bezeichnet: Im Namen Christi regelt er - im alten Stil von Frage und Antwort, z.T. an Cassianus orientiert - das Leben der Kommunität, die als *Schule des Herrn* den wahren **Christusdienst** neben der Massenkirche repräsentiert, um durch die monastische **Erziehung** die Mönche auf den Weg zum Heil zu führen. Trotz seines Eigenlebens ist das Kloster insofern auf die kirchliche Institution bezogen, als es die Eucharistie in der benachbarten Ortsgemeinde feiert und sein Abt vom Bischof bestätigt werden muß. Die RM ragt unter den altkirchlichen Regeln durch Länge und Inhaltsreichtum hervor. In unsystematischer Anordnung bringt sie nach **streng cönobitischem Prinzip** Bestimmungen z.B. über den strikten Gehorsam gegenüber dem Abt, die Buße für Verfehlungen, die Stundengebete mit den Psalmen, das Fasten, die Kleidung, die Aufnahme von Novizen.

7.1.4 Charakteristisch für die Entwicklung in dem von den Franken okkupierten **Gallien** wurde die Verbindung von Kirche und Mönchtum mit einer weitgehenden **bischöflichen Aufsicht** über das Klosterwesen. Der in Lerinum monastisch geprägte **Cäsarius** (ca.470-542), seit 502 Metropolit von **Arles**, hat das Mönchtum im Zusammenhang seiner kirchlichen Reformarbeit gefördert. In Arles gründete er ein Nonnenkloster, für das er 512 eine Regel verfaßte (534 überarbeitet), die sich an den Anweisungen Augustins und Cassians orientierte; sie ordnete u.a. Stundengebet und Arbeit, Fasten und Besitzverzicht sowie Bibellektüre. Die dem Cäsarius zugeschriebene Mönchsregel ist wohl ein späterer Auszug aus jener Regel, die im 6.Jh. einigen Einfluß in Gallien ausübte.

7.2 Die Regel des Benedikt von Nursia

Benedikt (ca.480/490?-ca.555/560?), ein organisatorisch und seelsorgerlich begabter Asket, erlangte schon zu Lebzeiten u.a. durch seine Wunder als Heiliger regionale Berühmtheit, und durch Papst Gregor I. wurde sein Ruhm allgemein verbreitet. Er gründete um 530 ein Kloster auf dem Monte Cassino, das aber schon 577 nach der Plünderung durch die Langobarden verlassen wurde (im 8.Jh. restauriert). Die dafür um 550 verfaßte Regel war eine klar gegliederte, relativ systematische und umfangreiche **Ordnung des monastischen Lebens**; sie nahm die Magisterregel als Grundlage und orientierte sich an der Bibel sowie an den Grundsätzen von Cassianus, Augustinus, Basilius und an weiteren monastischen Traditionen. Sie verstand das Kloster als geistliche Familie unter der zentralen Leitung des Abtes, als genau normiertes Gemeinschaftsleben mit dem **Gottesdienst als Mittelpunkt** und mit dem **Gehorsam als Lebensprinzip**. Die lebenslange Bindung an das Kloster (*stabilitas loci*) - eine Reaktion auf das Vagantentum und die Unruhe der Zeit - sollte dem entsprechen. Durch den Ausbau der Stundengebete und die Schaffung eines eigenen Mönchsklerus für die Eucharistiefeier im Kloster wurde die Liturgie neben der Handarbeit zu einem Merkmal des benediktinischen Mönchtums. Seit dem 7.Jh. fand die Benediktregel größere Verbreitung.

7.2.1 Die Beschreibung von **Benedikts Leben**, v.a. seiner Wundertaten, durch **Gregor I.** 593/4 in den *Dialogen über das Leben und die Wunder der italischen Väter* (vgl. § 5; 12.1.1; Übers.: Leben des Benedictus, hg. v. F.v.d. Meer - G. Bartelink, 1979) hat sein allgemeines Ansehen im Abendland begründet. Sie bietet keine genaue Chronologie, so daß alle Lebensdaten nur ungefähr erschlossen werden können. Aus Nursia (Norcia in Umbrien) stammend, hat er zunächst als Eremit in einer Höhle in den Sabinerbergen bei Subiaco (ca.60 km östl. Roms), dann dort als Leiter einer Siedlung von Kleinklöstern gelebt. Er verließ diese u.a. wegen Konflikten mit dem Klerus und gründete auf dem **Monte Cassino** in Kampanien (ca.150 km südöstl. Roms; s. Abb.12) an der Stelle eines paganen Heiligtums - zusammen mit missionarischer Tätigkeit unter der Bevölkerung - für seine zahlreiche Schülerschaft ein **Großkloster**, wo er bis zu seinem Tode lebte. Durch die byzantinischen Gotenkriege 535-553 wuchsen Armut und Not an, was die soziale Funktion und die Organisation dieses Mönchtums beeinflußte.

7.2.2 Für diese komplexe Gemeinschaft hat Benedikt in längerem Entstehungsprozeß eine **Regel** erarbeitet, die erst relativ spät - um 550? - ihre Endgestalt fand, die *Regula Benedicti/RB* (Text: CSEL 75/SC 181-186; lat-dt. Ausg.: B. Steidle, 3.A. 1978). Dabei benutzte er u.a. die wesentlich längere *Regula Magistri*/RM (s. 7.1.3). Diese Abhängigkeit - in der Forschung seit 1937 intensiv diskutiert - ist heute weitgehend anerkannt. Auch die Textgeschichte, die verarbeiteten Quellen und Traditionen, die Bibelverwendung und andere Probleme haben eine umfangreiche Forschung angeregt. Sicher sind die Abhängigkeit vom Werk des Johannes Cassianus (und dadurch die Vermittlung der ägyptischen Mönchstradition) sowie der Einfluß der Regeln des Augustinus und des Basilius. Benedikt hat sich also an den seit dem 5.Jh. verbreiteten Mönchstraditionen orientiert, deren Erfahrungsschatz er mit eigener Erfahrung verband. Durch diesen umfassenden Charakter, der zu ihrer späteren allgemeinen Verbreitung beitrug, unterschied sich seine Regel von den meisten anderen des 5./6.Jh.s. Wichtig waren auch ihr Bezug auf die wesentlichen Elemente des Lebens in einem Großkloster, ihre **maßvolle Askese**, ihre Nüchternheit im Blick auf das menschliche Leben und ihre **klare Ordnung**. Sie bot nicht bloß eine Kompilation der Vorlagen und Vorformen, sondern eine einheitliche Konzeption.

7.2.3 Das Leitprinzip für alle Anordnungen ist die völlige **Hingabe an Gott**; das monastische Leben ist Dienen in der Nachfolge Christi. Deswegen ist das Kloster - wie in der RM - *eine Schule für den Dienst des Herrn* (*dominici schola servitii*). Wer dort aufgenommen wird, darf das Kloster niemals verlassen; er muß nach längerer Vorbereitungszeit ein schriftliches **Gelübde** ablegen, das ihn zu **Beständigkeit**, **klösterlichem Lebenswandel** und **Gehorsam** (*stabilitas, conversatio morum, oboedientia*) verpflichtet. Der Gehorsam als Ausdruck der Demut und als Weg zum Heil prägt die gesamte Existenz; er äußert sich in der Bindung an die Klosterordnung, konkretisiert in den Anweisungen der Vorgesetzten. Auffällig ist dabei die Konzentration auf den **Abt** (*abbas*) als **Stellvertreter Christi**. Er leitet alles als Hirt, Erzieher, Lehrer, Seelsorger, Richter und wird dabei - typisch für ein Großkloster - durch seinen Stellvertreter (den *praepositus*/Prior) und die Dekane (*decani*) unterstützt. Die Rangordnung unter den Brüdern ist ein weiteres Merkmal der RB, die das **Gemeinschaftsleben** betont und deshalb z.B. für die Mönche keine Zellen, sondern gemeinsame Schlafräume vorsieht. Dazu gehört eine Disziplin, die die altkirchliche **Bußpraxis** (vgl. § 2; 13.2) übernimmt: Bei allen möglichen Vergehen werden die

Mönche z.B. von der Gebets- und Tischgemeinschaft ausgeschlossen, um nach Bekundung ihrer Bußfertigkeit (*paenitentia*) wieder aufgenommen zu werden.

7.2.4 Das Spezifikum der RB liegt in der **Ausgestaltung des Gottesdienstes** als Zentrum des Mönchslebens (neben der Arbeit - die aber nicht eigens thematisiert wird!): durch die Verbindung von **Psalmodieren** (jetzt als Gesang, nicht mehr nur als Rezitation) und **Bibellesungen** im Oratorium, in der Klosterkirche, als *opus Dei* bzw. *officium* ("Gottesdienst"). Dieser liturgischen Konzentration entspricht die Neuerung gegenüber der RM, daß die **Eucharistie** nicht mehr außerhalb des Klosters in der Gemeindekirche gefeiert werden muß, weil durch die Weihe eines Bruders zum Presbyter oder Diakon ein eigener Mönchsklerus entsteht. Das dokumentiert die Trennung der Klostergemeinde von dem normalen Kirchenvolk.

7.2.5 Die **Verbreitung** der RB im Abendland erfolgte auf verschiedenen Wegen. Im Frankenreich wurde sie im 7.Jh. von vielen Klöstern als Mischregel in Verbindung mit der Columbanregel gebraucht (s. 7.3.2) und dadurch in wesentlichen Elementen eingebürgert. In England wurde sie erst durch Benedict Biscop und Wilfrith im späten 7.Jh. (nicht schon durch Augustinus 597ff) als spezifisch römische Ordnung eingeführt. Die irofränkische und angelsächsische Tradition verbanden sich im Zusammenhang von Bonifatius' Reformwerk (s. § 7; 6.3.1). Wie er wollte auch Karl d.Gr. sie als allgemeine Norm für die Mönchs- und Nonnenklöster durchsetzen, doch erst seit 816 wurde sie wirklich die Normalregel zur Vereinheitlichung des monastischen Lebens (s. 8.5.2).

7.3 Irisches Mönchtum und Columbanregel

Bei der Christianisierung in Irland, Schottland und Wales (vgl. § 7; 4.2) gewannen die **Klöster** seit dem 6.Jh. große Bedeutung als **religiöse und politische Zentren** (s. Abb.12). Neben Eremitenkolonien gab es Großklöster, weitläufige Anlagen, die, mit Wehrtürmen und Mauern befestigt, der Bevölkerung als Schutzorte dienten. Sie übten eine **strenge Askese** gemäß der - durch Cassianus vermittelten - östlichen Tradition. Da es keine Städte gab, übernahmen die Klöster vielfach deren Funktion. In der Hand der **Äbte** lag die Kirchenleitung der großen klösterlichen Sprengel, in denen auch die nichtmonastische Bevölkerung deren Seelsorge und Jurisdiktion unterstand, so daß z.B. die in den Klöstern anhand der Bußbücher praktizierte individuelle **Beichtbuße** auch für Weltchristen galt. Wirkungsgeschichtlich wichtig wurde die Umformung des asketischen Prinzips der Heimatlosigkeit zur Praxis der **Wanderschaft** um Christi willen bzw. aus Liebe zu Gott (*peregrinatio propter Christum* bzw. *pro amore Dei*) als spezifische Art der Buße. Im 6.Jh. gaben sich die einzelnen Kommunitäten jeweils Regeln. In deren Geist war die sog. Columbanregel verfaßt, die durch ihre Geltung für die Klöster im Frankenreich besondere Wirkung entfaltete.

7.3.1 Seit ca.540/550 kam es in Irland zur Gründung der Großklöster, die das kirchliche Leben fortan bestimmten: z.B. Clonmacnois, von Ciarán, dem bedeutendsten Mönchsvater der Frühzeit, gegründet, Clonard unter Abt Finnian, Clonfert unter Brendan und Bangor unter Comgall (s. Abb.12). Besondere Aktivitäten entfaltete der durch Basilius- und Cassianlektüre geschulte Columcilla bzw. **Columba**/*Taube* (ca.521/2-597), der ca.546ff Durry und Durrow gründete. Er zog 563 mit 12(!) Brüdern im Sinne der *peregrinatio propter Christum* an die Westküste Schottlands und errichtete auf der Hebrideninsel Iona für die Mission unter Pikten und Schotten ein Großkloster, welches zum religiösen Zentrum mit vielen Tochterklöstern wurde. Die dafür geschaffenen Regeln der Frühzeit sind nicht überliefert.

7.3.2 In Bangor wuchs **Columbanus** (ca.543/7?-615/6) im strengen Geist des irischen Mönchtums auf. Diesen übertrug er, als er mit 12(!) Brüdern bei der *peregrinatio propter Christum* ins fränkische Gallien kam, auf seine Klostergründungen Luxovium/Luxeuil und Fontanae/Fontaines in den einsamen Vogesen (s. Abb.12; vgl. § 7; 3.3). Er schrieb für diese ein **Bußbuch**

(*poenitentiale*; für Weltkleriker und Laien) und **zwei Regeln**, die *Regula coenobialis* als - später erweiterte - Strafordnung (Bußbuch) für die klösterliche Disziplin und die *Regula monachorum* als Anweisung für die asketische Spiritualität. Diese - in ihrer Authentizität umstrittenen - Regeln dürften Prinzipien und Praxis der Klöster in Irland widerspiegeln. Sie enthalten jedoch kaum konkrete Anweisungen für das Klosterleben. Deswegen wurden sie in den unter Columbans Einfluß gestalteten Klöstern mit den entsprechenden Teilen der Benediktregel zu einer verbreiteten **Mischregel** verbunden, die das irofränkische Mönchtum prägte (vgl. 7.2.5).

7.4 Die Heiligenverehrung

Als Orientierungshilfe bei der Realisierung des asketischen Ideals dienten auch die seit dem 5./6.Jh. zahlreich aufblühenden **Biographien der Mönchsväter** (Heiligenviten), allerdings nicht in einem normativ-regulierenden Sinne, sondern als Vorbild. Seit der lateinischen Übersetzung der *Vita Antonii* (s. 6.1.1) machte sich das bemerkbar. Die **Verehrung der Reliquien** dieser heiligen Väter führte zur Herausbildung besonderer Kultstätten, z.B. St. Martin in Tours, des fränkischen Nationalheiligtums. Im Zusammenhang damit bildete sich als neuer Typ das Basilikakloster, eine monastische Kommunität, die v.a. den liturgischen Dienst an den Kultstätten pflegte.

7.4.1 Die **Mönchsviten** der großen Väter, eine v.a. im Osten verbreitete Literaturgattung, dienten nicht nur dem Kirchenvolk zur Erbauung, sondern auch dem Mönchtum als Vorbild für Lebensform und Frömmigkeit, als "lebendige Regel": z.B. das besonders einflußreiche *Leben des Martinus von Tours* des Sulpicius Severus um 397 (s. 6.4.1), ferner *Das Leben des heiligen Severinus* des Eugippius ca.510, die *Vita Columbans* des Jonas von Bobbio 643, v.a. aber die wirkungsgeschichtlich wichtigsten Werke, Papst Gregors I. *Dialoge über das Leben und die Wunder der italischen Väter* 593/4 (s. 7.2.1), Gregor von Tours *Buch der Väterviten* vor 590 und die im 6.Jh. entstandene Sammlung von Übersetzungen griechischer **Mönchslegenden**, die unter dem Titel *Vitae patrum* im Mittelalter ein verbreitetes Erbauungsbuch wurde.

7.4.2 Das **Basilikakloster** als spezifische Form gewann v.a. im **Frankenreich** seit dem 7.Jh. große Bedeutung. Schon im 5.Jh. gab es in Rom Klöster, die mit den über Heiligengräbern errichteten Basiliken verbunden waren (im 8.Jh. bereits ca.60). In Gallien nahm man diese Sitte auf, besonders gefördert von Königshaus und Adel. Mönchen und Klerikern als Kultdienern oblag hier die Pflege spezieller Gottesdienste, die u.a. von zahlreichen Pilgern besucht wurden. Herausragende Stätten waren St. Martin in Tours, St. Denis bei Paris, St. Germain in Auxerre, St. Médard in Soissons, St. Eucharius in Trier, St. Gereon und St. Severin in Köln. In den "Hausklöstern" der fränkischen Führungsschicht wurden sie zu Kultzentren einer Art "Selbstheiligung" (F. Prinz), weil viele der neuen Heiligen deren Familien entstammten.

7.5 Literatur

K.S. FRANK: Benedikt von Nursia, GKG 3, 1983, 35-46. - DERS.: Benediktiner, TRE 5 (1980) 549-560. - DERS. (Hg.): Die Magisterregel, 1989, 1-64. - I. HERWEGEN: Der hl. Benedikt, 1917, 4.A. 1951. - B. JASPERT: Die Regula Benedicti-Regula Magistri-Kontroverse, 1975. - F. PRINZ: Askese und Kultur, 1980. - B. STEIDLE: Beiträge zum alten Mönchtum und zur Benediktusregel, 1986. - L. VERHEIJEN: La règle de Saint Augustin, 2. Bde., 1967. - DERS.: Die Regel des hl. Augustin, in: Frank, Askese (s. 1.5), 349-368. - A. DE VOGÜÉ: Benedikt von Nursia, TRE 5 (1980) 538-549. - M.J. WALSH: Askese V, TRE 4 (1979) 225-229. - A. ZUMKELLER: Augustinregel, TRE 4 (1979) 745-748.

8. Mönchtum im Frankenreich: Politische, kulturelle und kirchliche Integration

Für das Frankenreich im 6.-9.Jh. gewann das Mönchtum grundlegende Bedeutung im Blick auf Christianisierung, kulturelle Durchdringung und innere Strukturierung (vgl. § 7; 3.3; 6.1-2; 7.3; Abb.12.19). Drei Phasen sind zu unterscheiden: a) im 6.Jh. die Kontinuität zur altkirchlichen Entwicklung im Zusammenhang der bischöflichen Stadtherrschaft; b) ca.590-ca.690 das Bündnis der neuen irofränkischen Klosterwelt mit Königtum und Adel im Merowingerreich; c) ca.690-ca.830 das Vordringen des angelsächsischen Mönchtums und die daran anschließende karolingische Klosterreform. Mit der zweiten Phase ist der Übergang zum Frühmittelalter insofern markiert, als die feudalistische Gesellschaftsstruktur sich auch auf das Klosterwesen auswirkte, v.a. in dem neuen Typ des **Königs- und Adelsklosters**. Die Klöster unterlagen nun weithin der Verfügungsgewalt weltlicher Herren und erhielten umfangreichen Landbesitz, was allmählich zur Dominanz der ökonomischen Interessen gegenüber der asketischen Spiritualität führte. Damit entstand ein für das mittelalterliche Mönchtum konstitutives Problem. Ein Merkmal der Zeit ca.600-ca.800 war ferner die **Missionstätigkeit**, die keineswegs zu den genuin monastischen Aufgaben gehörte. Dazu kam im Reich Karls des Großen die **kulturelle Multiplikatorenfunktion**, die fortan das Mönchtum prägte. Dieses erlebte zwischen ca.750 und 850 in Teilen des Reiches eine Blütezeit im Zusammenhang mit der Christianisierung der Gesellschaft; es erhielt eine dominierende Position im kirchlichen Leben, wie es sie weder vorher besaß noch später so umfassend wiedererlangte. Reformen schufen eine folgenreiche **Neuorientierung**: Vereinheitlichung des Klosterwesens durch allgemeine Verbindlichkeit der Benediktregel und Profilierung des Kanonikertums durch spezielle Regulierung.

8.1 Bischofsstadt und Klosterwesen im 5./6. Jahrhundert

Der Übergang von spätantiken zu frühmittelalterlichen Strukturen vollzog sich in den Bischofsstädten des südlichen und mittleren Gallien. Dort konnte die Kontinuität gewahrt bleiben, weil wesentliche Elemente der öffentlichen Ordnung auf die **Bischöfe als Stadtherren** übergingen (vgl. § 9; 1.2). Diese entstammten oft dem Mönchtum und gründeten ihre Herrschaft weithin auf **Klöster als Stützpunkte** in den Städten wie auf dem Land (z.B. für die Armenfürsorge, die kirchliche Betreuung, die Rekrutierung von Klerikern). Seit ca.475 wuchs die Zahl der Klöster kräftig. Die von Norden vordringende fränkische Königsherrschaft übernahm diese monastische Struktur und kooperierte mit der städtischen Bischofsherrschaft. Die Klöster profitierten davon durch **Stiftungen** von Grund und Boden, was ihre ökonomische Bedeutung anwachsen ließ. Durch die bischöfliche Kontrolle und durch eine teilweise Klerikalisierung der Mönche (die kirchenrechtlich als Laien galten) wurde die Integration des Mönchtums in die Kirche verstärkt.

8.2 Adelsherrschaft und irofränkisches Klosterwesen

Seit Chlodwig förderten die fränkischen Könige die Klöster. Durch Kooperation mit der merowingischen Herrscherelite hat Columbanus nach 590 im Zusammenhang seiner Missionsarbeit (s. § 7; 3.3) eine entscheidende Veränderung eingeleitet: die enge **Verbindung von Königtum/Adel und Mönchtum** durch Klostergründungen sowie durch monastisches Engagement der fränkischen Führungssippen. So entfaltete sich v.a. abseits der alten Städte im Zusammenhang der Christianisierung des weiten Landes ein irofränkisches Mönchtum, d.h. ein von den Iroschotten angeregtes, aber von den Franken getragenes monastisches Leben, das sich zumeist nach der columbanisch-benediktinischen Mischregel richtete (vgl. 7.3.2). Es entstand der für das Mittelalter charakteristische **Typ der feudalen Eigenklöster**, der ländlichen Klosterherrschaft, die in die familiären Interessen der Reichsaristokratie eingebunden war (vgl. § 9; 1.1; 1.3).

8.3 Mönchtum als Träger von Mission und Bildung

Waren Mönche in früheren Zeiten vereinzelt nebenbei missionarisch tätig gewesen (z.B. Martin, Severin, Benedikt), so brachten die im Frankenreich tätigen Iroschotten und Angelsachsen eine **grundsätzliche Neuerung**: die Konzentration auf die Missionsaufgabe. Dies verband sich mit den politischen Interessen der Herrscher, die östlichen Randgebiete des Reiches durch die Christianisierung stärker zu integrieren (vgl. dazu § 7; 3.3; 6.1-2). Die gallisch-fränkischen Klöster im 5.-8.Jh. dienten nicht der aus-drücklichen Pflege kultureller Aufgaben in Kirche und Gesellschaft. Zwar besaßen sie nicht selten Schulen und Bibliotheken, aber diese dienten fast ausschließlich internen Bedürfnissen. Seit Bonifatius und Karl d.Gr. änderte sich das.

8.3.1 Die Verkündigung unter Heiden bildete bei **Columbanus** und seinen Gefährten zunächst eher eine Nebenfrucht der asketischen Heimatlosigkeit (*peregrinatio propter Christum*; s. 7.3). Doch mit der Gründung der Klöster seit ca.600 erhielt sie größeres Gewicht (s. § 7; 3.3.1-3). Die angelsächsische Mission ging ebenfalls von neu errichteten Klöstern als Stützpunkten aus, wobei **Willibrord, Bonifatius** und deren Mitarbeiter z.T. Basilikaklöster nach englischem Vorbild, v.a. aber Kleinklöster für Mönche und Nonnen errichteten (s. § 7; 6.1.3; 6.2.2).

8.3.2 Die Tatsache, daß die Magister- und die Benediktregel keine Schule erwähnen, ist aufschlußreich für das generelle Desinteresse. Wo es **Klosterschulen** gab, da hatten sie nur den Zweck, dem Mönchsnachwuchs Lesen und Schreiben beizubringen. Dem antiken Schulwesen mit seinem Bildungsprogramm waren sie nicht vergleichbar. Auch die z.T. vorhandenen Bibliotheken bezogen sich i.w. auf monastische Interessen. Doch wenn diese sich mit gründlicher theologischer Arbeit verbanden, konnten sie über einen beachtlichen Bestand an Kirchenväterschriften verfügen. Ein hervorragendes Beispiel im Sinne einer Ausnahme bot Cassiodors Vivarium (s. Abb.12; § 5; 11.3). Immerhin blieb generell Traditionsgut der christlichen Spätantike auf diese Weise erhalten, zumal in den iroschottischen und angelsächsischen Klöstern im 6.-8.Jh. (s. § 5; 13.1).

8.4 Politische Instrumentalisierung unter Karl dem Großen

Karl wies beim Aufbau seines Reiches 768-814 dem Mönchtum zwei spezifische Funktionen zu: die Pflege von **Bildung und Wissenschaft** im Zusammenhang der Kulturreform (s. § 7; 7.3) und die **Missionsverkündigung** in den Randgebieten, zu deren politischer Einbindung in das Reich (s. § 7; 7.1-2). Deswegen förderte er die Klöster durch innere Reform und materielle Ausstattung, doch am monastischen Leben als solchem zeigte er wenig Interesse. Seit seiner Herrschaft wurde die Integration in Staat und Gesellschaft - und damit die innere "Verweltlichung" - definitiv zu einem Merkmal des Mönchtums. Kennzeichnend war der Typ der **Königs- bzw. Reichsklöster**, die im ganzen Mittelalter Bedeutung erlangten als politische Stützen der Zentralgewalt und als wichtiger Teil der geistlichen Fürstentümer (s. § 9; 5.0-2; Abb.14). Mit der missionspolitischen Instrumentalisierung des Mönchtums systematisierte Karl seit ca.780 den Ansatz der Angelsachsen unter Bonifatius; mit der kulturpolitischen Instrumentalisierung leitete er seit ca.790 eine Wende in der Geschichte des Mönchtums ein.

8.4.1 Zu einer **Neublüte des Klosterwesens** kam es ca.780-820 in den Randgebieten des Reiches. Unter dem Einfluß des Benedikt von Aniane (s. 8.5) wurden in Aquitanien, im Gebiet zwischen Pyrenäen und Loire, zahlreiche neue Klöster gegründet und ältere erneuert, die dem **Reformprogramm** einer strikten Beachtung der Benediktregel folgten. Zur Festigung der fränkischen Herrschaft unterstützte Karl diese Aktivitäten, mehr aber noch diejenigen in den Gebieten östlich des Rheins. Dort betrieb er - in Fortführung der merowingischen Eigenklosterherrschaft (s. 8.2) - bis ca.800 eine gezielte Klosterpolitik durch Vergabe von Privilegien und Ländereien an neugegründete und an ältere Klöster, die sich seiner Schutzherrschaft durch Übereignung unterstellten (z.B. Lorsch, Amorbach, Fritzlar, Hersfeld, Ansbach, Kempten). Diese großen **Königsklöster**, in denen er seine Vertrauensleute als Äbte einsetzte, dienten ihm durch vielfältige Leistungen (z.B. Truppenkontingente für die Heerzüge, Beherbergung des Königs und seiner Amtsträger), v.a. aber durch missionarische und kolonisatorische Aktivitäten in den neuerworbenen sächsischen und pannonischen Reichsteilen, für die sie Filialklöster errichteten (z.B. Hameln, Münster, Werden, St. Pölten). Nach 800 übertrug Karl die Verkündigungs- und Seelsorgeaufgaben in den konsolidierten Randgebieten der Institution Kirche mit dem Aufbau von Bistümern und Pfarreien, so daß die Klöster im Ostteil des Reiches einen gravierenden Funktionsverlust erlitten.

8.4.2 Im Zentralgebiet des Reiches erlebte das Mönchtum in der zweiten Hälfte des 8.Jh.s einen beträchtlichen **Niedergang**, weil viele Klöster sich nicht mehr exakt an ihre Regel hielten (Vernachlässigung des Armutsgebotes, des Gemeinschaftslebens, der stabilitas loci u.a.). Die Unterschiede zwischen der monastischen Lebensweise und dem Gemeinschaftsleben der Kleriker waren im Laufe der Zeit nivelliert. Zumal in den Städten wandelten sich Mönchsklöster in **Kanonikerstifte** um (so z.B. St. Martin in Tours, St. Denis bei Paris); sie gaben damit ihre monastische Lebensform auf. Ein besonderes Beispiel für die Trennung von Mönchs- und Kanonikerexistenz gab der als Kirchenreformer engagierte Erzbischof **Chrodegang von Metz** (ca. 712/5-766): Einerseits gründete er ca.750 das Kloster Gorze als eine unter bischöflicher Aufsicht nach Benediktregel lebende Kommunität; andererseits ordnete er für die **Domkleriker** in Metz seit 755 eine **vita communis** (z.T. mit benediktinischen Elementen), die ganz auf das liturgische Leben der Bischofskirche konzentriert war. Zunehmend setzte sich seitdem die Unterscheidung beider Ordnungen - zumindest theoretisch - durch; vgl. 8.7.

8.4.3 Karls *Admonitio generalis* (*allgemeine Ermahnung*, ein Reformgesetz, s. § 7; 7.3.2) von 789 befahl die Einrichtung von **Schulen** in allen Mönchsklöstern und Kanonikerstiften, um dort v.a. den Klerikernachwuchs zu erziehen. Das schloß eine Reform der **lateinischen Sprache** ein, weil diese durch volkssprachliche Umbildung verwildert war. Parallel dazu verlief die Verstärkung der Tätigkeit in den **Skriptorien** mit dem Abschreiben von Bibel- und Kirchenväterhandschriften und der Ausbau der **Bibliotheken**. Ludwig der Fromme setzte diese Bemühungen fort. Sie waren die Basis für die Beschäftigung mit den Wissenschaften, den Artes liberales und der Theologie (vgl. § 5; 11.1.-5). So wurden neben den Domschulen in den Städten die Klöster zu Bildungsinseln in den noch weithin unkultivierten Teilen des Frankenreiches.

8.4.4 Im 9.Jh. unterhielten manche Klöster eine Schule auch für den Elementarunterricht externer Laien. Einige - z.B. Fulda, St. Gallen, Reichenau, Corbie, St. Denis, Ferrières, Bobbio - entwickelten sich zu **bedeutenden Bildungseinrichtungen**. Im Ostteil des Frankenreiches wirkte

Hrabanus Maurus vorbildlich (s. § 5; 14.1), im Westteil förderte **Lupus von Ferrières** (ca. 805-ca.865) auch die Beschäftigung mit der heidnischen Antike und die literarische Bildung. Diese nahm im 10.Jh. zu, wie z.B. Hrotsvita in Gandersheim und Notker Labeo in St. Gallen zeigten.

8.5 Benedikt von Aniane: Durchsetzung der Benediktregel

Mit der Gründung des Klosters Aniane nach 782 am Südrand des Frankenreichs durch Benedikt nahm die Geschichte des Mönchtums eine folgenreiche **Wende**: Fortan sollte im Frankenreich allein die Benediktregel gelten, um so das Leben in den älteren Klöstern und in den zahlreichen Neugründungen zu reformieren. Nach einem wenig erfolgreichen Vorstoß unter Karl dem Großen 802ff setzte Benedikt dank der zielstrebigen Förderung durch Ludwig den Frommen seit 816 sein Reformwerk grundsätzlich durch. Damit war das Zeitalter der Mischregeln i.w. überwunden; die **Herrschaft des benediktinischen Mönchtums** dauerte bis zum 12.Jh.

8.5.1 Auf Familienbesitz gründete der westgotische Grafensohn Witiza, der sich programmatisch Benedikt nannte (ca.750-821), in Septimanien am Bach Aniane 782/7 das gleichnamige Kloster, das sich zu einer weitläufigen Anlage entwickelte. Sein Prinzip war die strikte Orientierung an den disziplinären und liturgischen Anweisungen der Benediktregel (s. 7.2.2-4) im Sinne der **Einheitlichkeit der Lebensordnung** (*una consuetudo*). Bis 814 gründete er neue Klöster und reformierte zahlreiche weitere in Septimanien und Aquitanien, so daß es durch ihn und nach seinem Vorbild - mit kaiserlicher Unterstützung - zu einem **Aufschwung des Mönchtums** kam. Sein schon unter Karl d.Gr. erreichter Einfluß auf die Kirchen- und Klosterreform kulminierte, als er nach 814 die entsprechende Gesetzgebung Ludwigs des Frommen (durch diesen zum Abt des Musterklosters Inden/Cornelimünster bei Aachen gemacht) für das ganze Reich bestimmte. Er wollte die bisherige **monastische Tradition** zusammenfassen und dabei die Benediktregel als Norm anwenden, um jene zu vereinheitlichen (so seine *Concordantia regularum* und *Codex regularum*).

8.5.2 Die alleinige, allgemeine **Geltung der Benediktregel** war schon vorher proklamiert worden. So hatte unter Bonifatius die Reformsynode 742/3 für den Ostteil dekretiert, daß alle Klostermönche und -nonnen danach leben sollten (s. § 7; 6.3.1). Die Gesetzgebung Karls, der eigens aus Monte Cassino eine Kopie der Benediktregel besorgen ließ, setzte das seit 789 als allgemein verbindlich voraus. Doch in der Praxis sah es anders aus, wie der Verfall der Klosterdisziplin und die Fortgeltung der Mischregeln zeigten. Der **Reichstag von Aachen 802** erneuerte deshalb die Bestimmung, daß die Benediktregel einzige Norm für Leben und Gottesdienstordnung sein sollte. Er forderte z.B. die Residenzpflicht im Kloster, das Gebot der persönlichen Besitzlosigkeit, den Gehorsam gegen die Oberen, die gemeinsame Unterkunft im Schlafsaal (*dormitorium*), die von der Welt abgesonderte Durchführung der Stundengebete. Doch die **Opposition** vieler Klöster, die andere Lebensordnungen praktizierten, verhinderte die allgemeine Durchsetzung dieser benediktinischen Reform. Erst seit der Reformpolitik Ludwigs des Frommen kam sie durch Benedikt von Aniane zum Erfolg. Die **Synoden von Aachen 816/817** dekretierten die einheitliche, von kaiserlichen Beauftragten zu kontrollierende Observanz der Benediktregel, und die Reichstage 818/9 unterstützten die Reformklöster durch Privilegien. Benedikts Prinzip der *una consuetudo* (s. 8.5.1) setzte sich in der Folgezeit weithin durch.

8.6 Das Klosterleben (der ordo monasticus)

Im kirchlichen Leben wuchs dank der anianischen Reform die Bedeutung der Klöster, die sich zu **kulturellen und ökonomischen Zentren** entwickelten. Oft waren es große Komplexe, deren Anlage der einer Stadt glich. Die **Verkirchlichung** drückte sich beispielhaft im Gottesdienstleben und in der Klerikalisierung der Mönche aus. Da diese sich nur noch mit geistlicher Arbeit beschäftigten, trat eine epochale Veränderung ein: Die bisher übliche **Handarbeit** wurde nicht-monastischen Laien (Handwerkern und Bauern) übertragen. Die **Klosterschulen** erfüllten eine wichtige Funktion für die Gesellschaft durch Erziehung von deren Eliten. Sozialgeschichtlich bedeutsam wurde auch die Verbreitung von **Frauenklöstern**, die zumeist den Adelsfamilien zur Versorgung unverheirateter Töchter dienten, aber eine eigene Spiritualität ausbildeten.

8.6.1 Gemäß der Benediktregel stand das **Stundengebet** der Mönche und Nonnen im Mittelpunkt. Acht Horen wurden am Tage gefeiert vom Gebet vor Tagesanbruch (*Matutin-Laudes*) bis zum Tagesabschluß (*Komplet*), dazu in der Nacht die *Nocturnen/Vigilien*, ausgestaltet durch umfangreiche Psalmenrezitationen und -gesänge. Ergänzt wurde es durch zwei gemeinsame **Eucharistiefeiern** (Konventsmessen) und durch **Sondermessen** an den verschiedenen Altären der Klosterkirchen. Da man für diesen Zweck Priester brauchte, setzte sich im 9.Jh. die Praxis durch, daß die meisten **Mönche** die **Priesterweihe** erhielten, zumal diese ohnehin als besondere sakrale Würde geschätzt wurde. Die Vermehrung der Altäre, die allgemeine Sehnsucht nach Fürbitte und der Opfercharakter der Messe (vgl. dazu § 5; 12.2.1) verursachten diese einschneidende Veränderung, der die Preisgabe der Handarbeit entsprach. Außer dem Gottesdienst oblag den (Priester-)Mönchen die Tätigkeit in Klosterschule, Skriptorium und Bibliothek.

8.6.2 Die reiche Ausstattung mit Ländereien und Dörfern im Umkreis der Klöster (oft auch in ferneren Gebieten) verstärkte die **Entwicklung zu Wirtschaftsbetrieben** mit gewaltigen Einkünften. In den Klosteranlagen dominierten deshalb neben der Kirche die Werkstätten, Vorratsräume und Ställe. Der Abt wurde zum **Grundherrn**, die Güterverwaltung beanspruchte erheblichen Einsatz. Da infolge der anianischen Reform die Mönche sich auf geistliche Aufgaben konzentrieren sollten, übernahmen **nichtmonastische Laien** die Arbeiten in Landwirtschaft und Handwerk. Das war ein folgenreicher Bruch mit der alten asketischen Tradition. Der Reichtum ermöglichte den Klöstern aber auch den Ausbau ihrer **Armenfürsorge** und **Pilgerbetreuung.**

8.6.3 Eine einschneidende Neuerung war das sog. **Oblateninstitut**, d.h. die Praxis, daß Eltern ihre kleinen Kinder einem Kloster als Weihgabe bzw. Opfer (*oblatio*) für Gott übereigneten, damit sie dort monastisch erzogen würden und zeitlebens als Mönche bzw. Nonnen verblieben. Schon die Benediktregel hatte das vorgesehen, die anianische Reform schuf dafür - in Anlehnung an atl. Vorbilder - die rechtlich verbindliche Form. Die *pueri oblati* bzw. *puellae oblatae* brachten meist einen Teil des Familienerbes in den Klosterbesitz ein. Die Klosterschulen gewannen neue Bedeutung für diese - aber auch für externe - Scholaren.

8.7 Die vita canonica des Weltklerus

Im Zusammenhang mit der Neudefinition der Klosterordnung stand eine Reform des Gemeinschaftslebens der Kanoniker, die zur praktischen Differenzierung dieser beiden Typen (*ordo monasticus/regularis* bzw. *ordo canonicus/saecularis*) beitrug. Trotz Orientierung an der Benediktregel bei Chrodegang von Metz war jene Reform nur z.T. benediktinisch geprägt. Die Aachener Synode 816 beschloß eine **Kanonikerregel**, die die Lebensführung des regulierten **Dom- und Stiftsklerus** fixierte: Konzentration auf Stundengebet und Eucharistie im Chor, geregelter Tagesablauf, gemeinsames Leben im Dormitorium und Refektorium, Zölibat, aber kein Verzicht auf Privateigentum. Die Aachener Regel brachte eine Wende in der Geschichte des geistlichen Amtes: Da der Klerus entweder mona-stisch oder kanonisch leben sollte, entsprach der Verkirchlichung des Mönchtums nun eine **Monastisierung des Klerus**, die sich allerdings nur in einigen Bischofsstädten praktisch durchsetzte, z.B. in Trier, Köln, Würzburg und Hildesheim. (Zur Neubelebung im 11./12.Jh. s. 10.3.) Eine sozial- und kunstgeschichtlich wichtige Folge der Reform von 816 war, daß an Domen und Stiftskirchen **Klosteranlagen** mitten in den Städten entstanden und daß aus deren Kommunitäten sich die Dom- und

Stiftskapitel entwickelten, die für das Hoch- und Spätmittelalter große Bedeutung gewannen.

8.8 Literatur

A. ANGENENDT: Monachi peregrini. Studien zu Pirmin und den monastischen Vorstellungen des frühen Mittelalters, 1972. - DERS.: Das Frühmittelalter, 1990, 272-279.401-419. - A. HAUCK: Kirchengeschichte Deutschlands, Bd.2, 3./4.A. 1912, 577-622. - F. PRINZ (Hg.): Mönchtum und Gesellschaft im Frühmittelalter, 1976. - DERS.: Die Rolle der Iren beim Aufbau der merowingischen Klosterkultur, in: H. Löwe (Hg.): Die Iren und Europa im früheren Mittelalter, Bd.1, 1982, 202-218. - J. SEMMLER: Karl der Große und das fränkische Mönchtum, in: W. Braunfels u.a. (Hg.): Karl der Große, Bd.2, 1965, 255-289; abgedr. in: Prinz, Mönchtum (s. 6.6) 204-264. - DERS.: Die Beschlüsse des Aachener Konzils im Jahre 816, ZKG 74 (1963) 15-82. - E.V. SEVERUS: Benedikt von Aniane, TRE 5 (1980) 535-538.

9. Monastische Reformbewegungen im 10./11. Jahrhundert

Das Mönchtum erlebte im 9./10.Jh. teilweise einen Niedergang. Durch die Raubzüge der Normannen im westlichen Frankenreich zwischen ca.840 und 890 und durch die Überfälle der Sarazenen auf Italien sowie der Ungarn und Slawen auf das fränkische Ostreich wurden etliche **Klöster zerstört** (vgl. § 7; 7.4; 5.4; 10.1). Durch das Eigenkirchenrecht (s. § 9; 1.1) gerieten die Königs- und Adelsklöster in die **Verfügungsgewalt der Feudalherren**, die den Klosterbesitz für ihre Zwecke verwandten (z.B. bei den internen Machtkämpfen im Westfrankenreich während des 9.Jh.s) und oft als Laienäbte fungierten, d.h. die Klöster leiteten, ohne deren monastischer Bruderschaft anzugehören. Doch der Niedergang des Mönchtums war - entgegen vereinfachenden Darstellungen - keineswegs allgemein verbreitet, weil nicht wenige Klöster ein intaktes Leben beibehielten. Vielmehr bekundete sich seit dem 10.Jh. besonders deutlich ein für die Geschichte des Mönchtums typisches Phänomen: Das asketische Ideal einer entschiedenen Absage an die "Welt" führte immer wieder zu Erneuerungen der strengen Lebensart, so daß **Reform** gleichsam ein **monastisches Grundgesetz** wurde.

Für eine umfassende Neuordnung ergab sich im 10.Jh. v.a. eine doppelte Aufgabe: Wiederaufbau von Klöstern, verbunden mit Neubauten in wenig erschlossenen Gebieten, und Befreiung von der Grundherrschaft des Adels. Da infolge der äußeren Umstände z.T. auch die interne Disziplin des Klosterlebens nachgelassen hatte, kam als weitere Aufgabe die Reform von Ordnung und Spiritualität in benediktinischer Strenge hinzu. Hauptsächlich **zwei Zentren** wirkten im 10./11.Jh. für eine Erneuerung: **Cluny** in Burgund und **Gorze** in Lothringen (s. Abb.14). Beide Bewegungen wirkten weithin unabhängig voneinander (mit verschiedenen Subzentren); gesamtabendländische Bedeutung hatte nur Cluny. Von der Klosterreform gingen z.T. im 11.Jh. Impulse auf die Bemühungen um eine allgemeine Kirchenreform aus (vgl. § 8; 7.1-5). Die Erneuerung der asketischen Frömmigkeit bekundete sich auch in einem **Neuaufbruch des Eremitentums**, der - z.T. ebenfalls benediktinisch geprägt - ein Streben nach radikaler Freiheit von weltlichen Bindungen bekundete.

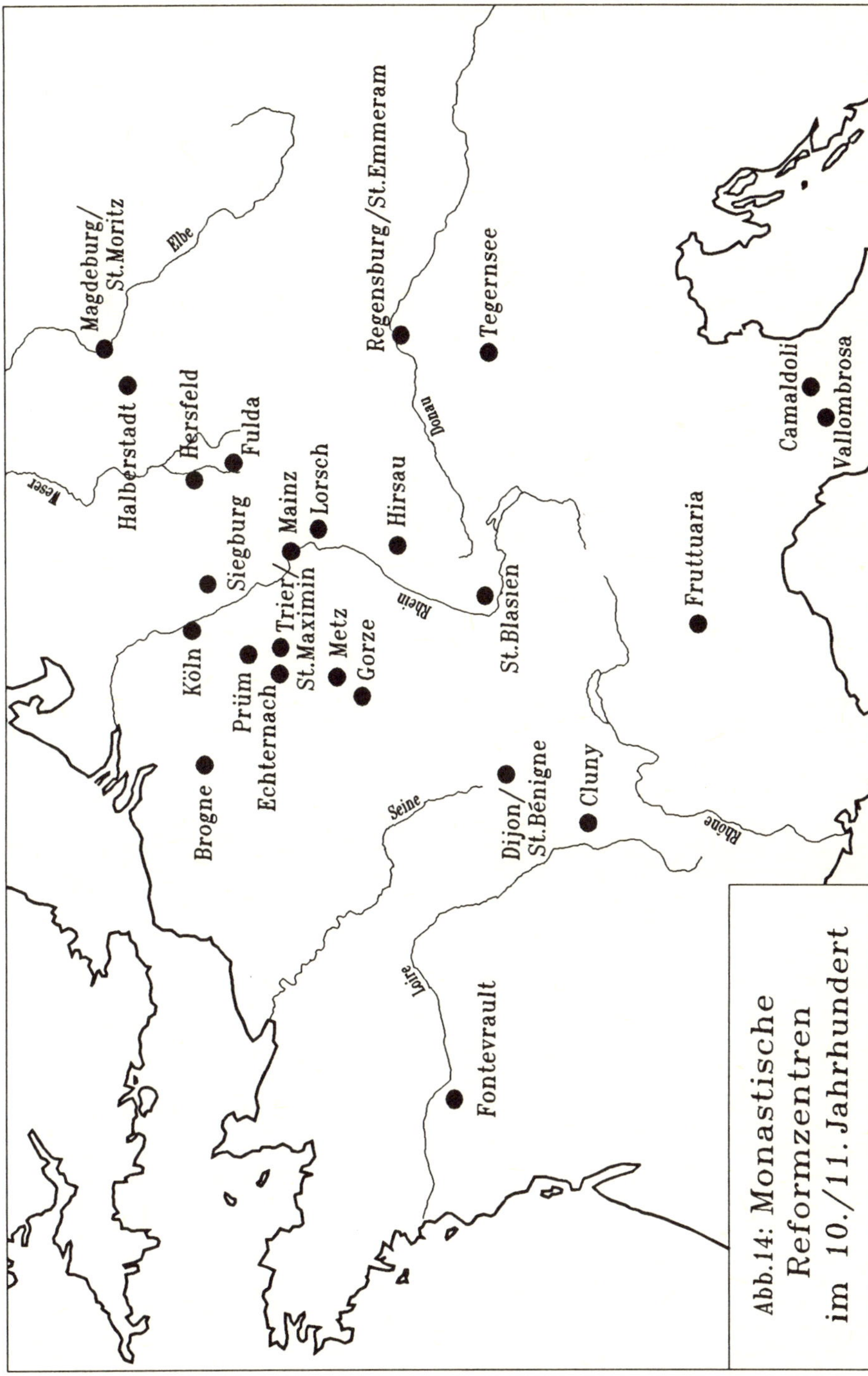

Abb.14: Monastische Reformzentren im 10./11. Jahrhundert

9.1 Cluny und die cluniazensische Bewegung

Eine neue Epoche des Benediktinertums mit einer "Fortschreibung" der Regel durch **spezifische Gebräuche** (*consuetudines*) begann seit ca.930 in dem burgundischen Kloster Cluny bei Mâcon. Diese sog. cluniazensische Bewegung war nur ein - allerdings besonders gewichtiger - Teil der monastischen Reform des 10./11.Jhs. In der älteren Literatur ist ihre historische Bedeutung z.T. übertrieben worden, zumal im Blick auf die - angebliche - Verbindung zur sog. gregorianischen Kirchenreform (s. § 8; 7.0). Die folgenreichsten Neuerungen waren die Schaffung eines teils zentral von Clunys Äbten geleiteten, teils vom Mutterkloster aus beeinflußten **Klosterverbandes** sowie der Aufbau eines **Netzes von Klöstern**, welche der cluniazensischen Lebensart folgten. Im Zusammenhang damit standen eine zunehmende **Autonomie** der Klöster gegenüber den weltlichen Grundherren und eine - unterschiedlich weit reichende - Exemtion von der Hoheit der Bischöfe, was durch päpstliche Schutzherrschaft ideell abgesichert wurde. Für das Klosterleben wurde eine Konzentration auf die **Liturgie** typisch. Mit seinem Kirchbau beeinflußte Cluny z.T. die sakrale Architektur; die seit 1088 gebaute Monumentalkirche (die damals größte im Abendland) dokumentierte die religiöse Ausstrahlungskraft. Seine bedeutenden Äbte gehörten im 10.-12.Jh. zu den kirchenpolitisch einflußreichsten Gestalten.

9.1.1 Die **Gründung Clunys** durch Herzog Wilhelm von Aquitanien 910 stand im Zusammenhang mit Reformtendenzen, die sein erster Abt Berno (gest. 927) schon vorher verfolgte. Ihre Besonderheit war die **Freiheit des Klosters**: der Verzicht des Stifters auf Teile der Eigenklosterherrschaft (z.B. Einsetzung des Abtes, Abgaben aus den Einkünften). So wurde das Kloster selbständig, aber auch schutzlos; sein Abt erhielt die volle Rechtsgewalt in äußerlichen Dingen. Wenn der Stifter es dem **Schutz des Papstes** anbefahl, dann war das ein geistliches Signal ohne rechtliche und praktische Bedeutung, weil der Papst keine Eingriffsmöglichkeiten besaß. Auch die zweite Besonderheit Clunys, die **Zusammenfassung mit anderen Klöstern** unter Leitung eines Abtes, war nichts Singuläres. Durch den starken Einfluß auf die Reformbewegung entstand dann allerdings mit der **Ausweitung des Klosterverbandes** ein Novum. Den Ausbau zum Reformzentrum mit Ausstrahlung über Burgund hinaus bewirkte Abt Odo 927-942. Seitdem stieg Clunys Einfluß in Frankreich und Italien, z.T. auch in Deutschland. 931 verlieh ihm Papst Johannes XI. das Privileg, fremde Mönche aufzunehmen und sich reformwillige Klöster zu unterstellen.

9.1.2 Große Persönlichkeiten sicherten für mehr als zweihundert Jahre Clunys europäischen Ruhm. Unter **Majolus** 948/965-994 wurden wohl erstmals "**Cluniazensische Gebräuche**" (*consuetudines cluniacenses*) fixiert. **Odilo** 994-1049, der gute Beziehungen zu Kaisern und Päpsten pflegte, sorgte für den entscheidenden Ausbau des Klosterverbandes und der eigenen Klosteranlage. Den Glanz Clunys repräsentierte v.a. der diplomatisch geschickte **Hugo** 1049-1109, Freund Heinrichs IV. und Berater Gregors VII. (vgl. § 9; 6.4.2); er verbreitete die überarbeiteten *consuetudines* durch zahlreiche Reisen u.a. in Deutschland und Italien. Der gelehrte **Petrus Venerabilis** 1122-56, der den Konvent reorganisierte, war der letzte große Abt des erst im 14./15.Jh. zerfallenden Verbandes; er beteiligte sich an den theologischen Konflikten des 12.Jh.s (vgl. § 10; 4.1.2) und verteidigte Cluny gegen die Kritik Bernhards von Clairvaux. In der französischen Revolution wurde das Kloster 1790 säkularisiert und zerstört.

9.1.3 Das monastische System mit Cluny als Hauptkloster und zahlreichen **Nebenklöstern** unter dessen Abt war keine Ordensbildung wie später bei den Zisterziensern. Auch die übliche Bezeichnung als **Klosterverband** trifft nur für die direkt unterstellten Priorate sowie die inkorporierten und die kontrollierten Abteien zu. Die von Cluny aus betriebenen Neugründungen und die ihm übergebenen Eigenklöster erhielten keinen eigenen Abt, sondern unterstanden als Priorate dem Abt von Cluny. Die ca.1200 Klöster in Frankreich, Italien, Deutschland, Flandern,

Spanien und England, die im 11./12.Jh. den *consuetudines cluniacenses* in vielfältiger Aneignung folgten, blieben zumeist selbständig, aber geistlich mit Cluny verbunden. Ein wichtiges Element der Zuordnung war die **Gemeinsamkeit** aller Mönche in den verschiedenen Klöstern, die ihr **Gelübde** vor Clunys Abt abgelegt hatten und in das dortige **Totenbuch** zum Gedächtnis als Angehörige aufgenommen wurden.

9.1.4 Die Klöster besaßen weitgehende Freiheit gegenüber den Stiftern als Grundherren. Die cluniazensische Bewegung lehnte aber das **Eigenkirchen- und Eigenklosterwesen** nicht generell ab, wie man z.B. daran sieht, daß Cluny für sich die entsprechenden Rechte wahrnahm. Das Verhältnis zu den Feudalherren war meist gut, zumal diese oft für die monastische Erneuerung eintraten. Das galt auch - trotz einzelner Konflikte - für die Verbindungen zu den **Bischöfen**. Eine generelle, totale Exemtion von deren Rechten für die in ihren Diözesen befindlichen Klöster gab es nicht. Seit dem **Privileg** Papst Gregors V. (996-999) war das Mutterkloster von der Weihegewalt des Bischofs von Mâcon befreit; 1027 erhielt es die Exemtion von der bischöflichen Strafgewalt. Besonders wichtig war die **freie Abtwahl**; doch diese galt - wie die anderen Exemtionsprivilegien - nicht für alle Klöster. Trotz des päpstlichen Schutzes ergab sich für Cluny und den Klosterverband keine Abhängigkeit vom **Papst**. Die Bewegung mit ihrer Grundidee klösterlicher Freiheit hat der gregorianischen Reform indirekt vorgearbeitet, und sie hat den päpstlichen Zentralismus theoretisch in manchem gefördert; eine Hilfstruppe des Papstes gegen die Bischöfe oder die Kaiser war sie jedoch nicht.

9.2 Die cluniazensische Lebensform als Modell

Die große Wirkung Clunys auf andere Klöster ergab sich aus der Ausstrahlung seines profilierten Frömmigkeitstyps; sie vollzog sich in der Nachahmung seiner **spezifischen Lebensart** (der *consuetudines* bzw. des *ordo cluniacensis*). Diese war nicht strikt fixiert und unterschied sich nicht wesentlich von anderen monastischen Ordnungen. Zumal Adelige engagierten sich für das cluniazensische Modell, dessen Elemente auch von solchen Klöstern übernommen wurden, die einer anderen Reformrichtung angehörten. Unter Clunys Einfluß, der sich auf das gesamte Abendland erstreckte, entstanden im 11.Jh. **Reformklöster**, die nur bestimmte Regionen erfaßten. Trotz gewisser Differenzen stimmte die **Gesamtkonzeption** überein: streng benediktinische Regulierung des monastischen Lebens, Freiheit der Klöster in religiöser und z.T. in rechtlicher Hinsicht, päpstlicher Schutz. In diesem Sinne wirkten in Burgund St. Bénigne/Dijon, in Piemont Fruttuaria, von dort beeinflußt Siegburg in der Erzdiözese Köln und St. Blasien im Südschwarzwald, ferner Hirsau im Nordschwarzwald, dessen Erneuerungsprogramm nach 1080 mehr als 120 Klöster in Deutschland übernahmen (s. Abb.14). Bischöfe und Kaiser unterstützten diese Klöster im Interesse der allgemeinen religiösen Erneuerung. Im großen Konflikt zwischen Kaiser- und Papsttum (s. § 9; 6.5) spielten sie eine unterschiedliche, insgesamt nicht unwichtige Rolle.

9.2.1 Die **Buße** als Grundhaltung hatte in Cluny zentrale Bedeutung; in speziellen Bußprozessionen sowie in der freiwilligen Geißelung fand sie besonderen Ausdruck. Die ganze Existenz abseits der Stundengebete war durch **Schweigen** geprägt, das als inneres Gebet und Nachahmung der himmlischen Stille (Apk 8,1) galt. Der **Abt** lebte als einer der Brüder eingegliedert in die Gemeinschaft ohne besonderen Wohnraum. Für die traditionell vorgeschriebene Verlesung von Kapiteln der Benediktregel diente der **Kapitelsaal**, was auf andere Klöster als Vorbild wirkte. Mit der Einrichtung eines **Laienfriedhofs**, den wegen der Nähe zur heiligen Klostersphäre viele nutzten, trat man in Konkurrenz zu den Pfarrkirchen, denen bisher allein das Begräbnisrecht zustand.

9.2.2 Die reich gestaltete **Liturgie** im vielfältigen *opus Dei* (Stundengebeten, Messen) mit entsprechender Ausstattung der Kirchen stand im Mittelpunkt, was das cluniazensische Benediktinertum überall prägte. Die Handarbeit trat demgegenüber stark zurück. Besondere Pflege erfuhren die **Marienverehrung** und das **Totengedächtnis**, z.B. auch durch die Feier des Allerseelentages am 2. November, die 1030 allen Cluniazenserklöstern empfohlen wurde. Deren Praxis, Verstorbene namentlich in die Fürbitte aufzunehmen und Sterbende durch Gelübde in die Mönchsgemeinschaft zu integrieren (mit Grab auf dem Klosterfriedhof), trug erheblich zur Anziehungskraft bei in einer Zeit, in der die Menschen sich auf die Sicherung des ewigen Heils konzentrierten.

9.2.3 Der lombardische Grafensohn **Wilhelm** von Volpiano, in Cluny geprägt, erneuerte in dessen Geist seit 990 die verfallene Abtei **Saint-Bénigne in Dijon** und übertrug diese Reform auf das 1001/3 als Eigenkloster seiner Familie gegründete **Fruttuaria** (bei Ivrea). Nach dessen *consuetudines* reformierten sich ca.40 Klöster in Lothringen, Frankreich und Oberitalien, ohne einen Verband im Sinne Clunys zu bilden. Der mächtige Erzbischof **Anno** von Köln (s. § 9; 6.3.1) reformierte mit Mönchen aus Fruttuaria seit 1068 sein Eigenkloster **Siegburg**. Die Siegburger Reformbewegung erfaßte bis ca.1150 mehr als 50 Klöster u.a. im Rheinland, in Westfalen, Hessen und Thüringen, deren Spezifikum in der Bindung an die jeweiligen Diözesanbischöfe - unter Ausschaltung der weltlichen Grundherren - bestand. Fruttuarias Reformprinzipien übernahm nach 1070 auch eine Gruppe südwestdeutscher Klöster, voran **St. Blasien** (südöstl. v. Freiburg), das im 12.Jh. zahlreiche Priorate und Frauenklöster gründete.

9.2.4 Für Deutschland bekam neben diesen Reformzentren größte Bedeutung die von Papst Leo IX. 1049 veranlaßte Neugründung von **Hirsau** durch den Grafen von Calw 1059-65. Dessen Abt Wilhelm (gest. 1091) formte das Kloster zunächst nach dem Vorbild von Gorze (s. 9.3.2), übernahm 1079 aber die Cluniazenser Observanz. Er baute Hirsau prächtig aus, dessen Kirche einen spezifischen Baustil beeinflußte. Die Hirsauer Konstitutionen führten zur Neugründung von Reformklöstern und zur Erneuerung älterer Abteien in Süd- und Mitteldeutschland. Ein organisierter Klosterverband entstand damit aber nicht. Prinzip war die völlige **Freiheit** von weltlichen Herren (ohne Exemtion gegenüber den Bischöfen, aber mit Unterstellung unter den Papst) und die exakte **Reglementierung** des Klosterlebens. Hirsau schloß sich der gregorianischen Kirchenreform an und stand - wie viele der ihm folgenden Klöster - im Investiturstreit und danach auf päpstlicher Seite.

9.3. Die Reformzentren Brogne und Gorze

Unabhängig von Cluny entwickelten in Lothringen zwei Benediktinerklöster nach 930 eine neue Lebensordnung, die zum Modell für das Reichsgebiet wurde: Brogne (bei Namur) wirkte auf einige Klöster in **Flandern**; an Gorze (bei Metz) mit dessen strengen anianischen Normen orientierten sich Bischofsklöster in **Lothringen** und bedeutende Abteien in **Deutschland**, z.B. St. Maximin in Trier, St. Moritz in Magdeburg, St. Emmeram in Regensburg (insgesamt ca.160). Hauptsächlich ging es um die strikte Beachtung von **Armut, Fasten, Gehorsam und Klausur**, die Erneuerung der **Spiritualität** und die Zurückdrängung des **Laieneinflusses**. Wegen der geistlichen Ausstrahlungskraft förderten Bischöfe, Kaiser und Adelige diese Reformklöster, die weder das Eigenkirchenrecht noch die bischöfliche Gewalt bestritten. Die Gorzer Observanz konkurrierte in Deutschland mit der cluniazensischen, wurde aber seit ca.1100 zurückgedrängt und zerfiel im 13./14.Jh. Ihre Bedeutung lag in der **Stabilisierung des Benediktinertums** in einer Zeit beginnender monastischer Differenzierung (vgl. 10.1-3).

9.3.1 Als Eigenkloster für Kanoniker errichtete der flämische Adelige Gerhard/Gérard 913 **Brogne** und wandelte es 928 in ein benediktinisch-anianisches Reformkloster um. Der Auflösung des monastischen Lebens setzte er die **strenge Befolgung der Regel** entgegen: z.B. Verzicht auf Privatbesitz für Mönche und Äbte, Erneuerung der liturgischen Tagesgestaltung, Abtwahl durch den Konvent, Einschränkung der Abgaben an Grundherren und Bischöfe. Etwa 15 Abteien in Flandern schlossen sich dem an.

9.3.2 Das ca.750 von Chrodegang von Metz gegründete Kloster **Gorze** (s. 8.4.2) hatte sich im 9.Jh. weitgehend aufgelöst. 933 bauten einige Kleriker, die dem eremitischen Ideal folgten, die verfallene Abtei neu auf, gefördert durch Bischof Adalbert von Metz. Sie wollten wie Gerhard von Brogne konsequent nach der Benediktregel im Sinne Benedikts von Aniane leben. Da ihr **religiöses Leben** mit ständigem Gebet, Fürbitte für die Weltchristen und exemplarischer Christusnachfolge eine kompensatorische Funktion für Kirche und Gesellschaft erfüllte, förderten der lothringische Adel und Episkopat - zumal in ihren Eigenklöstern - und auch Kaiser Otto I., Otto III. und Heinrich II. in den deutschen Königsklöstern die Reform, die auf das Reichsgebiet begrenzt blieb. Die Prinzipien der **Gorzer Bewegung**, die - anders als die cluniazensische - eine zentrale Steuerung oder gar einen Klosterverband nicht kannte, wurde im 10./11.Jh. von bedeutenden Abteien übernommen: z.B. Prüm und Reichenau, Remiremont (einem Doppelkloster bei Toul) und der einflußreichen Reichsabtei St. Maximin in Trier, von wo aus die Reformbewegung ausstrahlte u.a. auf Köln, Mainz, Magdeburg, Halberstadt, Echternach, Lorsch, Fulda, Hersfeld, St. Emmeram/Regensburg, Tegernsee. Seit ca.1020 erfaßte eine zweite Erneuerungswelle weitere Klöster in ganz Deutschland, insgesamt wohl ca.160, wobei sie sich mit Einflüssen anderer Reformzentren überschnitt.

9.4 Neuaufbruch des Eremitentums

Die anachoretische Lebensweise, die den persönlichen Einsatz des Einzelnen forderte, galt stets als höhere Form der Askese. Doch sie wurde im Abendland - anders als im Osten (vgl. 5.1; 5.3.3) - wegen der Betonung von Gemeinschaft und Disziplin zurückgedrängt, obwohl sie sich vereinzelt hielt. Wenn sie im 11.Jh. als Verschärfung des benediktinischen Ideals an Aktualität und Verbreitung gewann, dann lag das nicht an einer Krise des Klostermönchtums (das ja gerade in dieser Epoche einen großen Aufschwung erlebte). Hier wirkte eine radikale Tendenz zu **subjektiver Gestaltung** der Nachfolge Christi und zu **grundsätzlicher Kritik** an der "Welt", die das gesamte Kirchen- und Klosterwesen mit seinen materiellen Interessen betraf. Die ägyptischen Vorbilder des Lebens "in der Wüste" (s. 2.2; 6.4.3) wirkten dabei mit. Die Eremiten schlossen sich keineswegs gegenüber dem Volk ab, sondern standen - anders als die Klöster - in unmittelbarem Kontakt zu dessen Bedürfnissen. Ein Vorläufer dieser Bewegung ohne nachhaltige Breitenwirkung war um 950-1000 in Süditalien - im Einflußbereich byzantinischer Formen - der Eremit **Nilus**. Stärker beachtete Repräsentanten des Neuaufbruchs im nördlichen Mittelitalien um 1000-1070 waren der berühmte Asket **Romuald**, der verschiedene Eremitenkolonien gründete (darunter Camaldoli, nach der sich die Kamaldulenserkongregation nannte), und **Petrus Damiani**, eine der einflußreichsten Gestalten jener Zeit, der die theologische und organisatorische Basis der Eremitenbewegung schuf. Seit 1036 entstand in **Vallombrosa** ein Klosterleben mit eremitischer Strenge (ihm folgend ein ganzer Verband von Klöstern), dessen historische Besonderheit u.a. in der Einbeziehung von **Laienbrüdern** bestand. Im 12.Jh. verbreitete sich das eremitische Ideal, z.T. mit cönobitischen Formen verbunden (s. 10.1-3). Damit hing auch das seit ca.1050 aufblühende **Wanderpredigertum** zusammen, das Kirche und Gesellschaft in Unruhe versetzte.

9.4.1 Aus den byzantinisch geprägten Mönchsgemeinschaften in **Kalabrien und Apulien**, die meist nach den Basiliusregeln lebten, ging **Nilus von Rossano** (ca.910-1004) hervor. Er begann um 940 ein Eremitenleben in einer Höhle, zog später wegen der Sarazeneneinfälle nach Kampanien und baute dort verschiedene Kolonien auf. Um 1000 gründete er bei Rom das Kloster **Grottaferrata**, welches bis in die Neuzeit die basilianische Tradition pflegte.

9.4.2 Romuald (ca.950-1027), Sohn des Herzogs von Ravenna, gründete und reformierte in seinem unsteten Kloster-, Eremiten- und Wanderasketenleben nach 988 im Geist des strengen Benediktinertums Eremitenkolonien und Klöster in den toskanischen und umbrischen Bergen, u.a. **Camaldoli** bei Arezzo als geordnete Ansammlung einzelner Hütten nach ägyptischem Vorbild (s. Abb.14). Das Eremitenkloster Fonte Avellana machte seit 1043 als Prior der gelehrte **Petrus Damiani** (1007-1072, 1057 Kardinal) zu einem Zentrum der neuen Bewegung, das eine eigene Kongregation bildete und viele berühmte Asketen hervorbrachte. Er fixierte **Normen** für die Organisation (Verbindung des Eremus, der abgesonderten Anachoretenhütten, mit einer Kirche und einem Kloster), für das intensive Gebetsleben und die strengen Bußübungen (mit Selbstkasteiung/Geißelung, die durch ihn allgemeine Verbreitung fand). Zu seinen Kirchenreformaktivitäten s. § 8; 7.1.

9.4.3 Opposition gegen die Verweltlichung des Klosterwesens und des Weltklerus führte den Florentiner **Johannes Gualbertus** (990-1073) nach einem eremitischen Leben - u.a. in Camaldoli - dazu, in der Nähe seiner Heimatstadt in **Vallombrosa** nach 1036 eine cönobitische Gemeinschaft mit strikter Abgrenzung gegen die "Welt" aufzubauen, die das eremitische Ideal durch konsequente Armut und Wohnen in Einzelhütten realisierte. Von Kaiser Heinrich III. und Papst Leo IX. im Interesse einer Kirchenreform gefördert, entstand sukzessive eine Gemeinschaft vieler gleichartiger Konvente in der Toskana. Dem Kampf gegen Simonie und Klerikerprivilegien (vgl. § 8; 7.3) entsprach die Einführung des Instituts der **Laienbrüder**, der sog. **Konversen**/*conversi* (Bekehrten), die ohne Mönchsgelübde ein *evangelisches Leben* in Armut und Askese praktizierten. Das wirkte attraktiv in jener kritischen Epoche und fand Nachahmung bei späteren monastischen Bewegungen.

9.4.4 Zahlreiche Eremiten, die als **Wanderasketen** dem evangelischen Prinzip der Heimatlosigkeit folgten, übten durch ihre **Bußpredigten** an vielen Stätten Einfluß auf die Bevölkerung aus. (Vgl. auch 10.3.2.) So zog z.B. Robert von Arbissel seit 1095 durch Frankreich, von Papst Urban II. unterstützt; er engagierte sich v.a. in der Frauenseelsorge; durch ihn entstand seit 1101 die strenge Kongregation von Fontevrault. Für die Ausbreitung der **Armutsbewegung** (s. 11.1) spielten diese Prediger eine wichtige Rolle, auch für die Popularisierung der Kreuzzugsbewegung, wie beispielhaft der Eremit Peter von Amiens 1095/6 zeigte (vgl. § 9; 8.2.2).

9.5 Literatur

Atlas z. KG 47-49. - K.S. Frank: Cluny, TRE 8 (1981) 126-132. - Ders.: Hirsau, TRE 15 (1966) 388-390. - K. Hallinger: Gorze-Kluny. Studien zu den monastischen Lebensformen und ihren Gegensätzen im Hochmittelalter, 2 Bde., 1950-51; ND 1971. - H. Jakobs: Die Hirsauer, 1968. - H. Richter (Hg.): Cluny, 1975. - E. Sackur: Die Cluniazenser in ihrer kirchlichen und allgemeingeschichtlichen Wirksamkeit bis zur Mitte des 11.Jh.s, 2 Bde., 1892-94; ND 1965. - J. Semmler: Gorze, TRE 13 (1984) 588-590. - G. Tellenbach: Zum Wesen der Cluniazenser, 1958. - Ders.: Neue Forschungen über Cluny und Cluniazenser, 1959. - J. Wollasch: Mönchtum des Mittelalters zwischen Kirche und Welt, 1973.

10. Distanz zur Welt: Die Formation von Orden im 12. Jahrhundert

Die monastische Aufbruchsstimmung des 10./11.Jh.s setzte sich in einer verstärkten Abwendung von der Welt, realisiert in einer Vielfalt asketischer Lebensformen, fort. Bei dem Rückzug in die Einsamkeit war die Reaktion gegen die Lebensart der etablierten Großklöster mit deren Einbindung in das Feudalsystem ein wichtiges Motiv. **Drei Bewegungen** gewannen historische Bedeutung, die sich erstmals als Orden organisierten: Kartäuser, Zisterzienser und Prämonstratenser (s. Abb.15). Ausgehend von der Benediktregel boten sie eine Neuprägung der klassischen drei Typen Eremiten, Cönobiten und Kanoniker. Der heutige Begriff "Orden", mit dem die Zusammenfassung vieler Klöster in einer Organisation bezeichnet wird, unterscheidet sich vom mittelalterlichen Sinn von *ordo* (d.h. Stand, Lebensweise), der für alle monastischen Formen galt. **Merkmale** eines Ordens sind: zentrale Leitung, Gliederung in Teilkörperschaften, einheitliche Geltung einer bestimmten Regel (z.T. einer neuen) bzw. Regelanwendung, spezifische Tracht, weitgehende Exemtion von bischöflicher Aufsicht. In diesem Sinne waren erst die Neubildungen des 12.Jh.s Orden. (Vgl. auch 13.0; 14.0.)

10.1 Die Kartäuser als Orden von Eremitenklöstern

Das eremitische Ideal motivierte den Weltkleriker Bruno, seine hohen Kirchenämter mit einem kontemplativen Leben zu vertauschen. Aus seiner 1084 bei Grenoble gegründeten **Eremitensiedlung** erwuchs **La Chartreuse** bzw. die "Große Kartause" (danach die Bezeichnung Kartäuser), das Mutterkloster zahlreicher Kartausen, einer Kombination von Zellen und Gemeinschaftsräumen, in denen kleine Gruppen lebten. Bruno hat diese Organisation nicht geschaffen; sie entwickelte sich unter seinen Nachfolgern, insbesondere seit der Fixierung einer spezifischen Regel 1127. Typisch waren die Abkehr vom traditionellen Klosterwesen, die individualistische Askese mit Konzentration auf das kontemplative Leben, die strikte persönliche Armut und die Handarbeit der Laienbrüder. Erst im 13.Jh. entwickelten sich Frauenkonvente in begrenzter Zahl.

10.1.1 Der Kölner **Bruno** (ca.1030-1101), Lehrer an der Domschule und Kanzler des Erzbistums Reims, zog sich ca.1081/83 nach kirchlichen Konflikten in die Einsamkeit der Berge - als Wüste im Sinne des alten Ideals - zurück, um sich auf ein **kontemplatives Leben** abseits weltlicher Verstrickungen zu konzentrieren. Das erregte allgemeines Aufsehen. Auf einem von Bischof Hugo von Grenoble geschenkten Gelände erbaute er 1084 mit sechs Freunden - in programmatischer Selbstbzeichnung als *die Armen Christi/pauperes Christi* - die Einsiedelei **Cartusia/La Chartreuse**, eine Kolonie von Hütten/Zellen; etwas entfernt davon entstand nach 1132 die Grande Chartreuse. Nach diesem Vorbild bildeten sich auch andernorts Eremitenkolonien. Brunos ehemaliger Schüler Papst Urban II. holte ihn 1090 nach Rom, doch er zog sich alsbald nach Kalabrien zurück (vgl. 9.1), wo er bis zum Tode in einem neuen Eremitorium lebte. (Text/Übers.: FChr 10, 1992, 54-79.)

10.1.2 Wohl aus seinen monastischen Prinzipien erwuchsen die **Regeln**, die *Consuetudines Cartusiae*, die sein Nachfolger Guigo 1121-27 schriftlich fixierte (1143 approbiert, 1170/1271 ergänzt als *Antiqua Statuta*; Text: SC 313). Diese Lebensordnung war für alle weiteren Kartausen, die dem Prior von Chartreuse und dem Generalkapitel unterstanden, verbindlich. Die moderate Askese - ohne Handarbeit - war strikt auf die **Kontemplation** in der Einzelzelle hin orientiert, bei der ständiges Schweigen wichtig war. Das **Gemeinschaftsleben** umfaßte drei Horen (keine Messen) mit einfacher Liturgie. Die **Kartause** war eine Doppelanlage von durch einen Kreuzgang verbundenen **Häusern/Zellen** der Asketen und von gemeinschaftlichen Gebäuden wie Kirche, Bibliothek, Refektorium, Kapitelsaal, Wirtschaftsräumen u.a. für max. 12 Mönche (und den Prior) sowie 16 Laienbrüder. Der z.T. beträchtliche Grundbesitz für die Bestreitung des Lebensunterhalts lag nur um das Kloster herum; ihn bestellten die religiös qualifizierten **Laienbrüder/Konversen**, die auch in den Wirtschaftsräumen und Werkstätten arbeiteten. Anders als die Benediktiner lehnten die Kartäuser die Grundherrschaft über Ländereien und Dörfer ab, um der Verweltlichung durch Reichtum zu entgehen.

10.1.3 Die zentrale Leitung und die gemeinsamen Regeln machten die im 12.Jh. v.a. in Frankreich entstehenden 36 Kartausen zu einem geschlossenen Verband, einem **Orden**. Dieser wuchs bis zum 14./15.Jh. auf ca.150 Kartausen an. Gegen Widerstände der Mönche wurden seit ca. 1150 einige **Frauenklöster** akzeptiert (nicht mehr als 12 im 13.Jh., danach weniger), die nach den modifizierten Kartäuserregeln lebten mit Verstärkung des Gemeinschaftslebens.

10.2 Die Zisterzienser als eremitische Cönobiten

Die Verbreitung der *weißen Mönche* als Bewegung zur Realisierung der ursprünglichen Benediktregel im 12.Jh. verdeutlicht, welche Anziehungskraft das Ideal der Trennung von der Welt und des geistlichen Kampfes gegen das Böse besaß: Nach unscheinbaren Anfängen gab es schon um 1150 fast 350 und um 1300 sogar über 700 Abteien im ganzen Abendland; die Zisterzienser bildeten einen der für das kirchliche Leben bedeutendsten Orden. Reformbenediktiner gründeten 1098 in der burgundischen Waldeinöde das Kloster **Cistercium/Cîteaux**. Dessen Lebensordnung fixierte seit 1118/9 der Engländer Stephan Harding, der eigentliche Gründer des Ordens: die **Charta Caritatis**/*Urkunde der Liebe* als Ergänzung der Benediktregel. Kräftigen Aufschwung bekam die Bewegung erst durch Bernhard, die kg. bedeutendste Gestalt des 12.Jh.s (vgl. § 10; 5.1-3), der seit 1115 die Abtei Claravallis/Clairvaux als Tochtergründung von Cîteaux leitete und von dort aus zahlreiche Klöster gründete. Er wurde der geistliche Vater der Zisterzienser, die durch ihn in die europäische Kirchenpolitik und Kultur hineinwuchsen und u.a. auch die Entstehung von Ritterorden beeinflußten (s. § 9; 9.1). Typisch für die Ordensorganisation wurde das **Filiationssystem** unter Leitung des Generalkapitels, verbunden mit gegenseitiger Visitation zur Kontrolle der Einheitlichkeit strenger asketischer Praxis. **Einfachheit** war das zentrale Gestaltungsprinzip der Frömmigkeit mit Konzentration auf das Gebet, Reduktion der Liturgie, schmucklosem Kirchbau, vegetarischem Essen und Schweigen. Die obligatorische Handarbeit und der starke Ausbau des Instituts der **Laienbrüder/Konversen** führten – auf dem Hintergrund des Prinzips, nur in der Einsamkeit zu wirken – zumal in Ostdeutschland zu einem beachtlichen Kolonisierungswerk durch Kultivierung von Ödland. Die v.a. durch Bernhard geprägte Spiritualität, die das Klosterleben als *Schule Christi* mit dem Ziel geistlicher Vollkommenheit begriff, fand im 12.Jh. viele Anhänger. Beträchtlichen kg. Einfluß bis zur Neuzeit übten auch die Ideen des genialen Joachim von Fiore aus, die u.a. im radikalen Franziskanertum durch die Verbindung von Spiritualismus, Apokalyptik und Kirchenkritik fortwirkten. Die religiöse Frauenbewegung führte dem Zisterzienserorden im 12./13.Jh. einen bemerkenswert großen und aktiven weiblichen Zweig von historischer Bedeutung zu (s. 12.1).

10.2.1 In Ablösung von der cluniazensischen Lebensordnung und unter dem Einfluß des eremitischen Prinzips gründete eine Gruppe von Mönchen des Reformklosters **Molesme** (bei Langres) unter dessen Abt **Robert** und Prior **Alberich** nach internen Konflikten 1098 in der *schrecklichen Einöde* von **Cistercium/Cîteaux** südlich von Dijon ein *neues Kloster*: eine den bisherigen Lebensstil verschärfende Kommunität mit strikter Armut, Abbau der feierlichen Liturgie, Handarbeit, einfacher Kleidung (ungefärbtem, d.h. grauem und weißem Tuch gegenüber dem schwarzen Habit der Benediktiner). Die Unterstellung unter den Schutz des Papstes bahnte den Weg zur **Exemtion** von der bischöflichen Aufsicht und damit zur Ausgliederung aus der Institution Kirche. 1113(1112?) trat der burgundische Adelige Bernhard mit 30 Verwandten und Freunden in Cîteaux ein, der die Zisterzienser so stark prägte, daß sie große Ausstrahlungskraft entwickelten. 1113-15 wurden zielstrebig **vier Tochterklöster** gegründet: La Ferté, Pontigny, Clairvaux und Morimond (welches v.a. nach Deutschland ausstrahlte). Diese sog. Primarabteien errichteten neue Klöster/*Zisterzen* (Clairvaux bis 1153 allein 68) als Ausgangsorte für weitere Neugründungen, die alle als *linea* an die jeweilige "Mutter" gebunden waren (an Clairvaux bis

1153: 166). Der Sinn dieses Filiationssystems lag in der Kontrolle durch **Visitation** des Abtes des jeweiligen Mutterklosters mit dem Zweck, die strenge Lebensführung trotz Selbständigkeit der Einzelklöster einheitlich zu bewahren. Das jährliche Generalkapitel aller Äbte sorgte für Überwachung und Koordination, ggf. auch für Fortschreibung der Vorschriften, wobei Cîteaux mit seinen Gebräuchen (*consuetudines*) als Normkloster galt.

10.2.2 Die spezifische **Lebensordnung**, die auf wörtliche Befolgung der ursprünglichen Benediktregel zielte, faßte wohl vor 1119 der adlige Engländer **Hardingus**, genannt **Stephanus** (1059-1134) zusammen, ein genialer Organisator, der zuvor als Wanderasket und seit 1108 als Abt von Cîteaux wirkte: die **Charta Charitatis**/*Urkunde der Liebe* (in drei später überarbeiteten Formen erhalten). Danach sollten die Klöster an einsamen Orten entstehen, keine Grundherrschaft ausüben, für ihren Unterhalt durch Handarbeit selber sorgen, das Fasten- und Schweigegebot einhalten, ein schlichtes Bethaus ohne Bildschmuck haben, das gemeinsame Stundengebet (mit einfacher Liturgie) und die Lesung in den Mittelpunkt stellen und sich von der Umwelt abgrenzen. Die Abgrenzung führte dazu, daß auch zwischen den eigentlichen Mönchen und den **Laienbrüdern/Konversen** scharf getrennt wurde. Diese lebten in einem separaten Teil des Klosters und arbeiteten auf den Feldern sowie in den Werkstätten, zumeist auf den entfernt liegenden Höfen, den Grangien. Die Zisterzienser haben das im 11.Jh. entstandene Konversen-Institut (vgl. 9.4.3) voll ausgebildet, das für die bäuerliche Bevölkerung - wie der Orden für Adel und Bürgertum - anziehend wirkte.

10.2.3 Überragende Bedeutung für das Mönchtum - über die Zisterzienser hinaus, deren Verbreitung und Ansehen in der Kirche ihm zu verdanken war - erlangte **Bernhard von Clairvaux** (1090-1153). Als radikaler Vorkämpfer der **strengen Observanz** seines Ordens stellte er diese gegen die Pracht des cluniazensischen Benediktinertums schroff als allein wahre Form heraus (v.a. im Streit mit Petrus Venerabilis). Er hat liturgisches Leben und Baukunst der Zisterzienser geprägt. Seine langfristig wichtigste Wirkung lag in der Formung der **Spiritualität** durch zahlreiche Schriften (Übers.: A. Wolters, 6 Bde., 1935-38). Er gründete die monastische Theologie auf religiöse Erfahrung und Mystik im Gegensatz zum Rationalismus der scholastischen Theologie (s. § 10; 5.2.1-3). Er hat das **Mönchsideal** gegen alle Abmilderungen als Realisierung von **Buße und Demut** propagiert: Wahre Christen sind nur die Asketen als Büßer, die sich in der Christusnachfolge von allen weltlichen Bindungen lösen, so die Gottebenbildlichkeit erneuern und eine engelgleiche Existenz führen. Deren **Gelübde** gilt als neue Taufe (vgl. 6.3.3), als zweiter Bund mit Christus, als Basis für das nötige Fortschreiten zur Vollkommenheit, die durch kontemplative Hingabe an Gott zur Vereinigung des Willens mit diesem führt.

10.2.4 Außer Bernhard gab es etliche **Theologen**, welche durch ihre Schriften die typische **Zisterzienser-Spiritualität** verbreiteten: z.B. als Lehrer der Kontemplation und Mystik Wilhelm von St. Thierry (1075-1145) und Guerricus von Igny (ca.1070/80-1157), als Lehrer der Jesusliebe der Engländer Aelred von Rievaulx (1110-67), als Exeget Gottfried von Auxerre (gest. nach 1188), als Prediger Caesarius von Heisterbach (ca.1180-ca.1240), dessen Schriften in Deutschland bis ins Spätmittelalter nachwirkten. Berühmt als Historiker und Geschichtsphilosoph wurde Bischof Otto von Freising (ca.1111/2-58), der kurzfristig Abt von Morimond war.

10.2.5 Eine eigenständige, aber mit dem Zisterziensertum verbundene Gestalt war der Kalabrier **Joachim von Fiore** (ca.1135-1202), dessen trinitarische **Geschichtstheologie** und Exegese außerordentlich einflußreich wurden. Als Vorkämpfer für ein Reformmönchtum war er zunächst Zisterzienser, strebte seit ca.1177 als Abt eines kalabrischen Benediktinerklosters dessen Einbindung in den neuen Orden an. Nach 1188 gründete er in Fiore/Kalabrien ein stärker auf Kontemplation konzentriertes Kloster, aus dem ein eigener Orden hervorging. Er deutete die Geschichte vom **monastischen Ideal** her als kontinuierliches Fortschreiten der Frömmigkeit hin zur asketischen Kontemplation in den drei Zeitaltern des Vaters, des Sohnes und des Heiligen Geistes: Die Zeit des Geistes hat mit Elisa und Benedikt begonnen; in ihr bildet sich die bis zum Ende bestehende **Mönchskirche** als ideale Kirche (symbolisiert durch den Apostel Johannes als Mystiker) im Unterschied zur Petrus-Kirche, der in die Welt verflochtenen Institution.

10.3 Regularkanoniker und Prämonstratenser

Im Zusammenhang mit der Kirchenreform (s. § 8; 7.2-3) kam es im 11./12.Jh. vielfach zu Reformen von Chorherrenstiften, die anhand der **Regel Augustins** (d.h. die weniger strenge Ordnung des sog. Praeceptum; s. 7.1.1) ein Gemeinschaftsleben mit der Seelsorgetätigkeit verbanden. Diese sog. Regularkanoniker verbreiteten sich in verschiedenen Zweigen, v.a. als **Augustiner-Chorherren** (bis zum 15.Jh. mit über 4500 Stiften). Von ihr als dem *ordo antiquus* unterschied sich signifikant eine **strengere neue Lebensform** als *ordo novus*, welche durch Ergänzungen zur monastischen "Augustinregel" (s. 7.1.1) geordnet wurde. Deren bedeutsamste Repräsentanten wurden die **Prämonstratenser**, ursprünglich eine eremitische Armuts- und Predigtbewegung im Anschluß an Norbert von Xanten, der 1120 in der Diözese Laon das Kloster **Prémontré** gründete. Sie wurden nach 1130 ein Orden, der sich der Seelsorge widmete und im ganzen Abendland verbreitete. Für Deutschland haben sie wie die Zisterzienser Bedeutung gewonnen durch die ostelbische Missions- und Kolonisationstätigkeit (s. § 7; 12.0). Hinzu kamen zahlreiche Prämonstratenserinnen-Klöster.

10.3.1 Im Unterschied zu den sog. Säkularkanonikern (s. 8.7: Klerikern, die in Dom- und Kollegiatstiften nicht in monastischer Abgrenzung von der Welt lebten) bezeichnet man die Priester derjenigen Stifte, die seit dem 11.Jh. ein nach der Augustinregel geordnetes Klosterleben führten, als **regulierte Kanoniker** bzw. als **Augustiner-Chorherren**. Sie bildeten selbständige Konvente, die nicht in einem einheitlichen Orden, oft aber in Kongregationen zusammenfaßt wurden. Nicht selten entstanden ihre Klöster im Zusammenhang der eremitischen Bewegung an abgelegenen Orten. Ihr **Klosterleben** diente der Verbindung von asketischer Gemeinschaft und Betreuung der Bevölkerung, weshalb viele Grundherren und Bischöfe sie förderten. Besondere Bedeutung erlangten: St. Rufus bei Avignon (1039 gegründet, von wo aus über 100 Stifte reformiert wurden); das vom Bayernherzog Welf 1074 gestiftete Rottenbuch im Ammergau; das von dort regulierte, 1104 gegründete Klosterrath in der Diözese Lüttich (Text/Übers. der Lebensordnung/*Consuetudines Rodenses*: FChr 11/1-2); das für die Theologiegeschichte wichtige, 1113 gegründete Stift St. Viktor bei Paris (vgl. § 10; 6.0-3); die seit ca.1050 auf ein Hospiz für Alpenreisende konzentrierte Bruderschaft vom Großen St. Bernhard, die seit 1191 als Augustinerstift galt. Als Theoretiker des Regularkanonikertums wie als Kirchenkritiker trat Gerhoch von Reichersberg (ca.1093-1169) hervor. Da die Chorherren schon bald nach den Reformen des 12. Jh.s vom streng geregelten Leben z.T. abwichen, kam es zu einem Niedergang, dem im 14./15.Jh. verschiedene Reformkongregationen begegneten.

10.3.2 Der **Prämonstratenserorden**, der *weißen Brüder* (nach ihrer Büßertracht aus ungefärbter Wolle benannt) entstand aus einer Gruppe von Eremiten, die im Rückzug aus Welt und Kirche eine radikale Christusnachfolge praktizierten. Ihr spiritus rector war der einflußreiche niederrheinische Adelige **Norbert** (ca.1080/5-1134), Kanoniker in **Xanten**, der sich 1115 zu einem Leben in Buße und Armut bekehrte und dies als **Wanderprediger** in Deutschland und Frankreich praktizierte (s. 9.4.4), seit 1118 mit päpstlicher Erlaubnis. Angesichts der Probleme dieses unsteten, konfliktreichen Lebens wurde er mit seiner Gefolgschaft von ca.40 Klerikern zur Gründung eines Klosters in der Einöde bei Soissons gedrängt: **Prémontré/Praemonstratum** (d.h. von Gott *gezeigter Ort*, 1120; 1121 Verpflichtung auf die Augustinregel). Als autoritärer Führer mit geistlicher Ausstrahlung war er – weiterhin als Wanderprediger tätig – Mittelpunkt einer wachsenden Bewegung von Regularkanonikern/*Norbertinern*. Diese führte zur Gründung von Tochterklöstern durch adelige Stifter: z.B. in Laon, Antwerpen, Cappenberg/Westfalen 1122, Ilbenstadt/Oberhessen 1123. Papst Honorius II. erkannte den Chorherren-Klosterverband unter Norberts Leitung 1126 an. Da dieser seit 1126 als Erzbischof von Magdeburg (wo er Klöster nach prämonstratensischer Lebensart gründete; s. § 7; 12.1.5) sich mehr der Slawenmission als der Konsolidierung seiner Gemeinschaft widmete, wurde sein Nachfolger als Abt von Prémontré, der Flame **Hugo von Fosses** (ca.1093-1161), seit 1128 zum eigentlichen Gründer des Ordens.

10.3.3 Hugo hat die Ausbreitung gefördert (mit ca.120 Klöstern um 1160) und die **Verfassung** - z.T. in Anlehnung an die Organisation der Zisterzienser - im Sinne eines Ordens gestaltet: durch das **Filiationssystem** mit der Abhängigkeit der sonst autonomen Neugründungen vom "Vaterabt" des Mutterklosters, durch die Oberaufsicht des Generalabtes in Prémontré und durch das jährliche Generalkapitel aller Äbte/Pröpste (seit dem 13.Jh. Gliederung in Circarien/Ordensprovinzen), durch die weitgehende Autonomie gegenüber den Diözesanbischöfen, durch die Fixierung der *Gebräuche von Prémontré/Consuetudines Praemonstratenses* als Ergänzung der Augustinregel seit 1130. Ziel des - auf Armut, Keuschheit, Gehorsam gegründeten - monastischen Lebens war eine neuartige Verbindung von asketischer **Selbstheiligung** (Fasten, Schweigen, Chorgebet) und **Seelsorgetätigkeit** in den benachbarten Gemeinden (später mit dem päpstlichen Privileg, eigene Pfarreien zu übernehmen). Wegen der Bedeutung der **Handarbeit**, die i.w. die Laienbrüder/Konversen ausübten, engagierten sich die Klöster u.a. in Landwirtschaft, Urbarmachung der Waldgebiete, Straßenbau und stiegen zu großem Reichtum auf.

10.3.4 Ihre Konzentration auf die Predigt förderte die **Mission** unter den Slawen im 12./13.Jh. Für die deutsche **Ostkolonisation** wurden sie ein wichtiger Träger: z.B. durch das Magdeburger Stift mit seinen Tochtergründungen in Leitzkau, Jerichow u.a., die Domstifte in Brandenburg, Havelberg (unter Bischof Anselm, einem bedeutenden Schüler Norberts), Ratzeburg und Riga (vgl. § 7; 12.1.2-5). Hauptverbreitungsgebiete waren Deutschland, Ostfrankreich, England, Spanien, Ungarn mit über 1000 Klöstern um 1230 und ca.3000 im 14./15.Jh.

10.3.5 Schon zu Norberts Zeit schlossen sich **Frauen** der Bewegung als **Konversen** an, z.B. Ricuera von Clastre 1121, die als Gründerin des weiblichen Zweigs galt. Einige der früheren Stifte wie z.B. Cappenberg und Ilbenstadt waren Doppelklöster, doch seit 1137 drang der Orden auf Trennung, so daß unabhängige **Chorfrauenstifte** der Prämonstratenserinnen entstanden (im 14.J. waren es ca.400, zumal in Deutschland verbreitet). Ihr monastisches Leben konzentrierte sich auf Kontemplation, Stundengebet und Handarbeit. Sie unterstanden dem Abt eines benachbarten Prämonstratenserklosters bzw. einem Propst/Prior, der auch die priesterlichen Dienste verrichtete, und einer eigenen **Magistra** bzw. **Priorin** mit geringeren Kompetenzen. Da sie viel Landbesitz hatten, dienten sie v.a. dem Adel zur Versorgung der unverheirateten Töchter.

10.4 Literatur

ATLAS z. KG 50-54. - N. BACKMUND: Geschichte des Prämonstratenserordens, 1986. - K. ELM: Norbert von Xanten, GKG 3, 1983, 161-172. - DERS.: Norbert von Xanten, TRE 24 (1994) 608-612. - M. HEIMBUCHER: Orden I, 330-469. - J. HOGG: Kartäuser, TRE 17 (1988) 666-673. - DERS. (Hg.): Kartäuserregel und Kartäuserleben, 4 Bde., 1984-87. - L. HORSTKÖTTER: Der heilige Norbert und die Prämonstratenser, 6.A. 1984. - H.-D. KAHL: Bernhard von Fontaines, Abt von Clairvaux, GKG 3, 1983, 173-191. - R.E. LERNER: Joachim von Fiore, TRE 17 (1988) 84-88. - J. LORTZ (Hg.): Bernhard von Clairvaux - Mönch und Mystiker 1955. - A. SCHNEIDER u.a. (Hg.): Die Cistercienser, 1974. - J. SYDOW/E. MIKKERS/A.B. HERTKORN: Die Zisterzienser, 1989; 2.A. 1992.

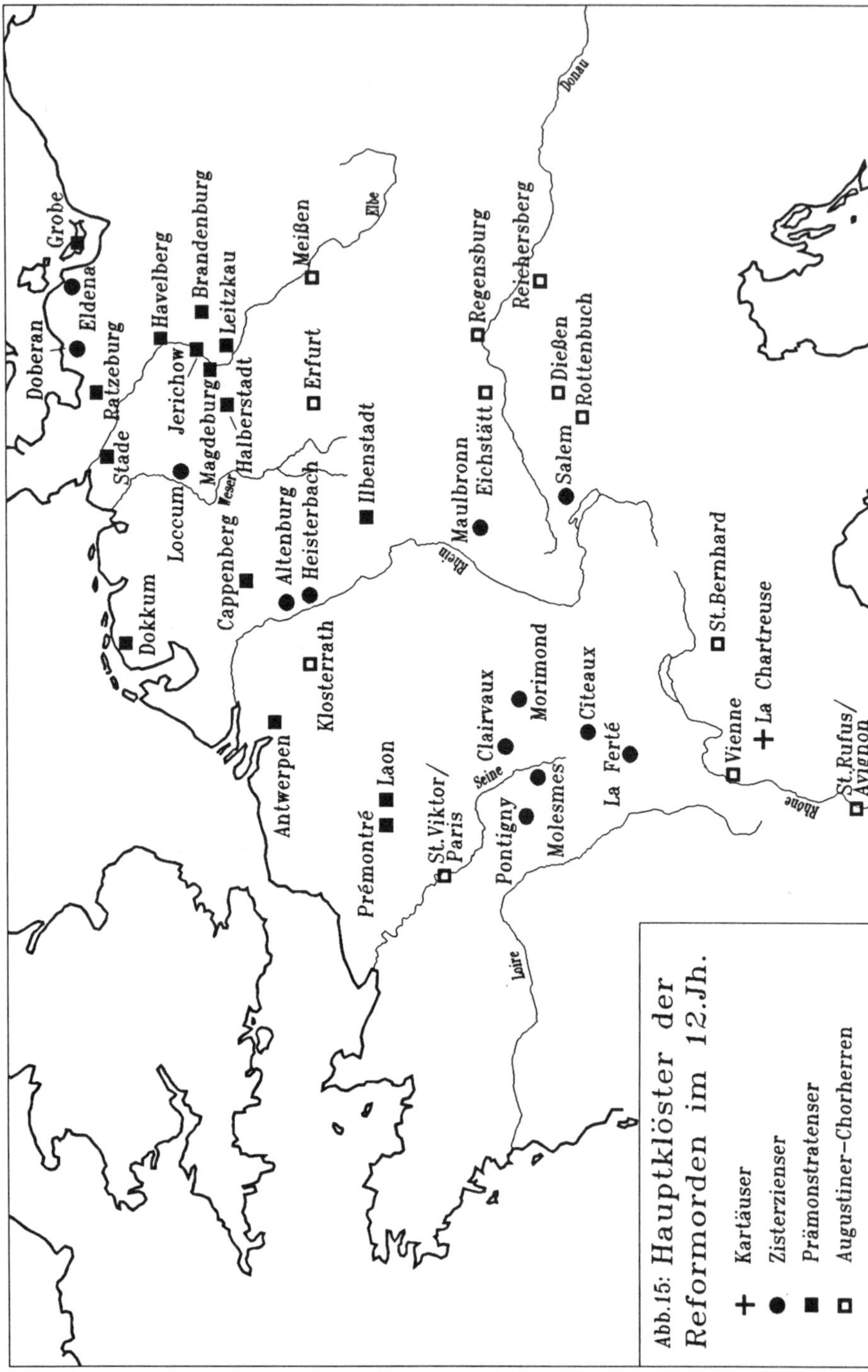

Abb.15: Hauptklöster der Reformorden im 12.Jh.

11. Armutsbewegung, Kirchenkritik und Ketzerei im 12./13. Jahrhundert

Die Veränderungen im monastischen Leben hingen mit einem gesellschaftlichen Wandel zusammen, der sich u.a. in verschiedenen Protestbewegungen bekundete. Unter diesen gewann die Armutsbewegung für das Mönchtum besondere Bedeutung. Deren **Leitbild des "armen Christus"** (*pauper Christus*) und deren Parole eines *evangelischen Lebens* (*vita evangelica*) in apostolischer Armut richteten sich einerseits gegen die reiche Kirche, deren feudale Herrschaftsstrukturen und den verweltlichten Klerus, andererseits gegen den aufwendigen Lebensstil der sozialen Oberschichten und den Reichtum der Kaufleute und Adeligen. Sie vertrat kein allgemeines Programm und hatte keine einheitliche Organisation; vielmehr stellte sie sich in unterschiedlichen Formen dar, zu denen zunächst v.a. die monastischen Aufbrüche des 11./12.Jh.s gehörten (s. 10.1-3). Große Bedeutung bekam die **Wander- und Laienpredigt**, die sich gegen die traditionelle Struktur der pastoralen Betreuung mit deren offenkundigen Mängeln richtete. Das auffällige Engagement von Frauen verdeutlichte den Zusammenhang der Armutsbewegung mit dem gesellschaftlich-kirchlichen Strukturwandel (vgl. 12.1-4). Realer Hintergrund ihrer Breitenwirkung war die **Zunahme der Armut** infolge von neuen Wirtschaftsstrukturen, Bevölkerungswachstum und Hungersnöten (diese bedingt durch Klimakatastrophen und Mißernten, die gerade im 12.Jh. sich häuften). Träger der Armutsbewegung waren keineswegs nur die Unterschichten. Vielmehr plädierten - in stereotyper Kritik am *unrecht erworbenen Gut* - nicht wenige Angehörige der höheren Schichten als Aussteiger für Verzicht auf Wohlstand und für ein schlichtes Leben. Neben die sozial bedingte Armut trat so die freiwillige Armut als besondere religiöse Lebensweise. Der Kaufmann Waldes kann als besonderes Beispiel dafür gelten. **Waldenser** und **Humiliaten** in Südfrankreich und Oberitalien repräsentierten seit ca.1170/80 die organisierte Armutsbewegung. Eine Radikalisierung trat dort ein, wo Kirchenkritik und asketisches Ideal durch eine neuartige Theologie fundiert wurden, welche den Boden der Kirchenlehre verließ: bei den **Katharern** in Oberitalien und Südfrankreich. Damit wurde Ketzerei im strikten Sinne - als Negierung der dogmatischen Grundlagen der Kirche - erstmals im Abendland zu einem umfassenden Problem. Die von Papsttum und Episkopat repräsentierte Kirche reagierte darauf - und damit auf die gesamte Armutsbewegung - mit einer Doppelstrategie: gewaltsamer Ketzerverfolgung (s. § 8; 10.3) und Förderung der Bettelorden (s. 13.2; 14.1).

11.1 Soziale Probleme und religiöse Armut

Die asketischen Neuaufbrüche des 11./12.Jh.s (vgl. 9.4; 10.1-3) standen im Zusammenhang mit sozialen, ökonomischen und politischen Umbrüchen, die sich zunächst besonders stark in Oberitalien, Südfrankreich und Flandern als den wirtschaftlich am weitesten entwickelten Regionen bemerkbar machten. Sie schufen in Teilen der Bevölkerung eine **neue Mentalität**, die für Strukturveränderungen offen war. Dabei spielte die Verarmung breiter Schichten eine wesentliche Rolle, die einerseits in der asketischen Sinndeutung durch charismatische Prediger relativiert wurde, andererseits zu verstärkten karitativen Bemühungen führte.

11.1.1 Ein Beispiel gab für die Zeit nach 1057 in Mailand und in der Lombardei die **Pataria**, die im Rahmen der sozialen Spannungen und der allgemeinen Kirchenreform (vgl. § 8; 7.4.3) gegen die Verweltlichung des reichen Klerus im Sinne des biblischen Armutsideals kämpfte. Ihre Ideen lebten im 12.Jh. fort. **Arnold von Brescia**, der verfolgte Kritiker von Episkopat und Papsttum, wirkte 1140-55 im Geist dieser Bewegung und bezog daraus seine Popularität; seine Anhänger, die *Arnoldisten*, verschmolzen zumeist mit den Katharern und Waldensern.

11.1.2 Seit 1170 bildeten sich in den lombardischen Städten, v.a. in Mailand, angesichts der ökonomischen Probleme Laiengenossenschaften von Männern und Frauen aus den sozialen Mittel- und Unterschichten, die **Humiliaten** (Selbstbezeichnung: *humiliati per Deum/um Gottes Willen Gedemütigte*). Sie lebten seßhaft in asketischer Gemeinschaft nach Prinzipien der Bergpredigt: mit öffentlicher Predigt des Armutsideals, Arbeit und Diakonie, Kirchenkritik und Eidesverweigerung. Sie praktizierten eine "kommunistische" Lebensform durch gemeinsame Eigentumsnutzung in der Produktion (v.a. der Tuchweberei). 1184 wurden sie von Papst Lucius III. zusammen mit den Waldensern verurteilt (s. 11.3.1). Aufgrund des Kurswechsels, den Innozenz III. nach 1198 gegenüber Armutsbewegung und Laienfrömmigkeit einleitete, wurden 1201 große Teile der Humiliaten nach einer kirchlich approbierten Regel in einem päpstlich geförderten Orden zusammengefaßt (getrennt nach Klerikern und Laien). Zahlreiche Konvente entstanden v.a. in Oberitalien zwecks kirchlicher Einbindung der Stadtbevölkerung und Abwehr der Ketzerei.

11.2 Asketische Ethik und Dualismus bei den Katharern

Die rasche Verbreitung der Katharer (d.h. "der Reinen") seit ca.1140, die sich durch eine dualistische Theologie und eine eigene Kirchenorganisation entschieden von der katholischen Christenheit abhoben (vgl. § 8; 10.2), ergab sich aus dem Zusammenhang mit der allgemeinen Armutsbewegung. Trägerkreise waren zunächst - in den ökonomisch prosperierenden, bevölkerungsreichen Regionen Norditaliens, Südfrankreichs, Westdeutschlands und Flanderns - gesellschaftskritische Menschen. Sie deuteten ihre Erfahrung von Armut, Leid und Bosheit durch eine dualistisch begründete **Abwertung der Welt** als des Satansreiches und zogen daraus die praktische Konsequenz, sich durch strenge **Nahrungs- und Sexualaskese** dieser feindlichen Welt zu entziehen. Dabei spielten von Anfang an Einflüsse der vom Balkan aus missionierenden **Bogomilen** eine entscheidende Rolle, die ihren sozialen Protest und ihre asketische Ethik mit einer dualistischen Weltinterpretation fundierten. Ihr Selbstverständnis als wahre Christen, *gute Menschen* bzw. *die Reinen* machte den Absolutheitsanspruch der Katharer deutlich, unter denen die *Vollkommenen* als Geistträger und asketische Rigoristen eine Führungsposition innehatten. Die Gefahr, die von ihrem kritischen Lebensstil für die etablierte Kirche ausging, wurde durch ihre dogmatische **Häresie** insofern eher neutralisiert, als sie damit seit 1184 (vgl. 11.3.1) aus der christlichen Gemeinschaft eindeutig ausgegrenzt werden konnten. Ihre Breitenwirkung über die eigene Organisation hinaus - zunehmend in den mittleren und unteren Gesellschaftsschichten - forderte dann auch positive kirchliche Gegenmaßnahmen heraus (vgl. 12.2; 13.2; 14.1).

11.3 Das evangelische Ideal der Waldenser: Predigt für die Armen

Im Unterschied zu den Katharern, z.T. im ausdrücklichen Kampf gegen deren Lehren, wollte die Laienbewegung der *Armen Christi* zunächst ein Reformpotential innerhalb der Kirche bilden. Ihr Initiator war seit ca.1176/78 der bekehrte Kaufmann **Waldes** aus Lyon. Dessen entscheidender Impuls war - auf der Basis einer strikten Befolgung der Worte Jesu, v.a. der Bergpredigt - die **Nachfolge Christi** in Armut und Wanderpredigt als Realisierung des evangelischen Lebens bzw. der christlichen Vollkommenheit und Sorglosigkeit. Gegen den Widerstand des Erzbischofs predigte Waldes in der Diözese Lyon und gewann eine zahlreiche Anhängerschaft, auch unter Frauen, die als Multiplikatoren der Bußpredigt öffentlich auftraten. Die Waldenser bildeten eine Gemeinschaft, in der für die *Vollkommenen* monastische Prinzipien mit den drei Gelübden Armut, Keuschheit, Gehorsam gegen Christi Gebote galten. Ihre Kritik an der Kirche bezog sich v.a. auf die unchristliche Lebensart der Kleriker und den Reichtum der Institution. Sie verbreiteten sich zahlreich in **Südfrankreich** und **Oberitalien**, zumal unter den armen Handwerkern und Bauern: Obwohl sie die alleinige Autorität der Bibel betonten, stellten sie sich auf den Boden der Kirchenlehre, fanden aber keine Anerkennung als Bettelorden. 1182-84 förmlich verurteilt, bauten sie ihre Organisation außerhalb der Kirche auf und wurden als Ketzer verfolgt. Nach 1205/08 spaltete sich die Bewegung. Zwei Gruppen, die *katholischen Armen* und die *versöhnten Armen*, ordneten sich Rom unter und wurden als kirchliche Orden anerkannt; sie verschmolzen im 13.Jh. mit anderen monastischen Gemeinschaften. Unter den "ketzerischen" Waldensern kam es zu Differenzen: a) Die südfranzösischen Waldenser, die **"Armen von Lyon"**, die im Sinne des Waldes nicht die Kirche verlassen wollten, wurden von dem Albigenserkreuzzug betroffen und von der Inquisition verfolgt: sie lebten im 13.Jh. als Untergrundkirche und gingen im 14.Jh. allmählich unter. b) Die radikal kirchenkritischen **"Lombardischen Armen"** gingen konsequent den Weg der Separation; sie missionierten im 13./14.Jh. in Mittel- und Westeuropa, hielten sich trotz heftiger Unterdrückung bis zum 15./16.Jh. und schlossen sich z.T. dem Hussitismus, z.T. dem Calvinismus an. Unter dem Einfluß v.a. der Genfer Reformation bildeten die Waldenser eine eigene evangelische Kirche mit kleinen Gemeinden in Piemont und Italien, unter deren Merkmalen bis heute die Sozialarbeit hervorragt.

11.3.1 Auf dem Hintergrund der Verarmung breiter Bevölkerungskreise durch die Hungersnöte des späten 12.Jh.s ermöglichte die Hinwendung zur religiös qualifizierten Armut eine neue Sinnstiftung als entschiedenes Christentum. Der reiche Kaufmann **Waldes/Valdesius** (ca.1140/50? - ca.1206?, seit 1368 mit dem Vornamen Petrus bezeichnet), der sich intensiv mit der **Bibel** in eigens bestellter romanischer Übersetzung beschäftigte, gab seinen Besitz in einer Hungersnot (wohl 1176) für die Armenversorgung hin, trat dann als Bußprediger in Lyon und Umgebung hervor. Sein Versuch, die an sich verbotene **Laienpredigt** - Kernstück seines Programms - vom 3. Laterankonzil 1179 und vom Lyoneser Erzbistum genehmigen zu lassen, scheiterte, obwohl er 1180 ein orthodoxes Glaubensbekenntnis unterschrieb. Nach **Exkommunikation** und Vertreibung durch den Erzbischof 1182/3 verlagerte sich die Tätigkeit der *Armen Christi* in die Städte Südfrankreichs (v.a. der Provinz Narbonne), z.T. auch der Lombardei. Die Abgrenzung gegen die Katharer gewann an Bedeutung. Die **Synode von Verona 1184** unter Papst Lucius III. und Kaiser Friedrich I. verurteilte zusammen mit Katharern, Humiliaten u.a. auch die *Armen* *von Lyon* (Text/Übers.: DH 760-1). Die Institution Kirche erwies sich als unfähig, die Möglichkeiten der neuen Bewegung zu nutzen, um der religiösen Krise des Zeitalters zu begegnen.

11.3.2 Die Waldenser bildeten von Anfang an eine **differenzierte Gemeinschaft**. Neben Waldes, der im Konflikt mit der Hierarchie stets den Gehorsam gegen Gott gemäß Apg 5,29 als höherrangig betonte, verstärkten sich nach 1184 die kirchenkritischen Elemente. Gemeinsam blieb der entschiedene **Laienapostolat** mit Bußpredigt, Besitzlosigkeit, Verwerfung von Eid, Krieg und Todesstrafe sowie Spendung der Sakramente (Taufe, Eucharistie, Beichte/Absolution). Doch einige Gruppen in Südwestfrankreich und Norditalien vertraten immer stärker ein antiklerikales, donatistisches Kirchenverständnis mit eigener Organisationsform unter Leitung von Vorstehern. Partielle Beeinflussung durch Katharerlehren kam hinzu. Diese Differenzen veranlaßten – auf dem Hintergrund von Innozenz' III. Politik einer Integration von Teilen der Armutsbewegung – seit 1208/10 eine südfranzösische Gruppe um Durandus von Osca/Huesca (einen scharfen Gegner von Katharern und "Donatisten") und eine oberitalienische Gruppe um Bernard Prim, sich als **kirchlich approbierte Bruderschaften** (*pauperes catholici*) zu etablieren. Unter den separatistischen Waldensern führten die ekklesiologischen Unterschiede seit der Synode von Bergamo 1218 zur **Spaltung** zwischen den **Lyonensern**/Ultramontanen und den kirchenfeindlichen **Lombarden** um Johannes von Ronco. Letztere vertraten die "donatistische" Position, wonach die wahre Kirche der Reinen von würdigen Amtsträgern, die im Sinne des Armutsideals lebten, geleitet werden müßte und damit eine eigene Sakramentsverwaltung hätte. Sie verbanden sich z.T. mit Arnoldisten und Humiliaten (s. 11.1.1-2). Die römische Kirche galt für sie als antichristlich; deren Ämter, Kult, Marien- und Heiligenverehrung, Fegefeuer- und Ablaßlehre verwarfen sie.

11.4 Literatur

A. BORST: Die Katharer, 1953; 3.A. 1995, 81-100.132-142. – D. FLOOD: Armut VI., TRE 4 (1979) 88-98. – H. GRUNDMANN: Religiöse Bewegungen im Mittelalter, 1935; 4.A. 1977, 13-127. – M. MOLLAT: Die Armen im Mittelalter, 2.A. 1987. – A. MOLNÁR: Die Waldenser, 1994. – D. MÜLLER: Katharer, TRE 18 (1989) 21-30. – K.V. SELGE: Die ersten Waldenser, 2 Bde., 1967. – DERS.: Humiliaten, TRE 15 (1986) 691-696. – E. WERNER/M. ERBSTÖSSER: Ketzer und Heilige, 1986, 152-313.

12. Die religiöse Frauenbewegung

Asketinnen spielten in der Frühzeit eine besondere Rolle, doch im Mittelalter erschienen sie eher als ein Annex des von Männern geprägten Mönchtums. Das Klosterleben galt als allgemein akzeptierte Existenzform für unverheiratete Frauen der politischen Führungs- und sozialen Oberschicht. In den Reformen und Neuaufbrüchen des 10./11.Jh.s traten sie kaum hervor. Es hing mit dem Beginn einer neuen Epoche, den **sozialen und kulturellen Veränderungen** im 12.Jh., zusammen, daß nun – im Aufbruch einer vielfältigen Laienbewegung – auch die Frauen zu einem bestimmenden Element der *vita religiosa* (der asketischen Spiritualität und Lebensweise) wurden. Dies bekundete sich signifikant in ihrem großen Anteil am Aufschwung der **Mystik**. Konnten Frauen bisher *Religiöse* im strikten Sinn nur als (Kloster-)Nonnen sein, so etablierte sich seit ca.1200-40 im **Beginentum** eine völlig neue Form. Da die Beginen als Teil der Armutsbewegung hervortraten und z.T. sich bei Katharern, Humiliaten und Waldensern engagierten, unterlagen ihre Aktivitäten dem Ketzereiverdacht, zumal sie mit ihrer Lebensweise nicht in den kirchlichen und gesellschaftlichen Rahmen paßten. Ihr Anschluß v.a. an die neuen Bettelorden bot eine Möglichkeit, dem zu begegnen; so entstanden im 13./14.Jh. außer den Beginenhäusern zahlreiche Frauenklöster.

12.1 Frauenklöster und -orden

Im 12.Jh. schlossen sich dem monastischen Aufbruch auch viele Frauen aus dem Adel, z.T. aus dem patrizischen Bürgertum, an, stießen aber zumeist auf Widerstände bei den neuen Orden, so daß die weiblichen Klöster getrennt organisiert wurden. Besonderen Zulauf fand im 13.Jh. - zumal in Deutschland - der Zisterzienserorden; und mit dem Aufblühen der Städte ergab es sich, daß bei den Franziskanern und Dominikanern förmliche Ordenszweige für Nonnen und weibliche Terziaren entstanden (vgl. 13.2.3; 14.2.2). Hier bot sich allmählich auch für Angehörige der sozialen Mittelschicht eine Möglichkeit der Aufnahme. In Deutschland stieg die Zahl der Frauenklöster von 150 im Jahre 1100 auf ca.500 um 1250. Zahlreiche Frauen lebten einzeln als Reklusen (Eremitinnen) in abgelegenen Klausen oder fanden Anschluß an den Kartäuserorden (s. 10.1.3).

12.1.1 In der Prämonstratenserbewegung engagierten sich auch Frauen (s. 10.3.6). Der Augustinerorden (vgl. 10.3.1) umfaßte auch regulierte Chorfrauen/Kanonissenstifte. Die **Zisterzienser** ließen erst nach längerem Widerstreben zu, daß Frauenklöster, die bisher nach der Benediktregel lebten, sich ihnen anschlossen (weil sie nicht die Seelsorge an den Frauen übernehmen und die konsequente Abgeschlossenheit bewahren wollten). Seit ca.1200 gab der Orden diese Reserve auf, so daß bis ca.1250 ca.220 Zisterzienserinnenklöster v.a. in Frankreich und Deutschland entstanden (bis zu ca.1000 im 15.Jh.). Auch die **Mendikanten** wehrten sich zunächst dagegen, die Seelsorge in den Frauenkonventen zu übernehmen, die ein z.T. blühendes religiöses Leben entfalteten. Angesichts ihrer relativen Eigenständigkeit kann man die Prämonstratenserinnen, Zisterzienserinnen, Franziskanerinnen (Klarissen) und Dominikanerinnen als "Frauenorden" bezeichnen. Zum Birgittenorden s. 12.4.3. Es gab auch unabhängig davon einzelne Frauenklöster; vgl. z.B. Héloïses Oratorium bei Paris (§ 10; 4.1.2).

12.1.2 Eine spezifische Funktion für die Versorgung einer sozialen Randgruppe bekam der von dem Kanoniker Rudolf von Hildesheim 1224-27 für Straßendirnen bzw. "gefallene Mädchen" zunächst in Worms begründete Orden der **Bußschwestern Mariae Magdalenae** (der sog. Reuerinnen). In zahlreichen deutschen Städten verbreitete sich dieser *Magdalenenorden* im 13.Jh.; er umfaßte auch Klöster in anderen Ländern. Seit dem 14.Jh. zerfiel er allmählich.

12.2 Das Beginentum

Zunächst in Städten des Bistums Lüttich seit ca.1200, dann in Brabant, Flandern und im Rheinland entstand eine neue asketische Lebensform **religiöser Frauen** außerhalb der Klöster. Der Keuschheit, Armut und Buße verpflichtet, organisierten innerhalb der Städte kleine Gruppen von Jungfrauen und Witwen in eigenen Häusern ein **Gemeinschaftsleben**. Ihren Lebensunterhalt bestritten sie in der Regel durch Handarbeit (Weben, Spinnen u.ä.), selten durch Bettel. Zumeist entstammten sie dem Adel und dem begüterten Bürgertum, gegen deren Lebensstil sie protestierten. Erst im 14./15.Jh. kamen auch Frauen der Mittel- und Unterschichten hinzu. Das Beginentum verbreitete sich als urbane Sonderform neben dem Mönchtum rasch v.a. im nördlichen West- und Mitteleuropa und gewann für das religiöse Leben bis zum Spätmittelalter große Bedeutung. Es etablierte sich zahlreich in den **Städten** unter kirchlicher Aufsicht, zumeist nach den Tertiarierregeln der Bettelorden (s. 12.2.3; 14.2.2) organisiert und deren Klöstern verbunden. Religiöse Motive waren ausschlaggebend, doch der Einfluß sozioökonomischer Faktoren kam hinzu (Mangel an aufnahmebereiten Klöstern, Frauenüberschuß, fehlender Lebensunterhalt). Die **Beginenhäuser und -höfe** widmeten sich unter Leitung einer Meisterin/*magistra* meist der Krankenpflege und Armenfürsorge sowie dem Unterricht von Mädchen. Die männliche Parallelerscheinung der - oft aus den Unterschichten stammenden - **Begarden** war numerisch weniger stark und umfaßte neben den religiösen Konventen auch Vagantengruppen, die z.T. dem Ketzertum zuneigten. Häresieverdacht und Aversion des Klerus gegen die der kirchlichen Reglementierung entzogene Lebensform führten 1311 zum offiziellen Verbot des Beginen- und Begardentums. In der Folgezeit erwies sich aber, daß deren regulierte Gemeinschaften davon nicht betroffen waren.

12.2.1 Der Begriff **Beginen** für *mulieres religiosae* o.ä. entstand seit ca.1200 vielleicht als populäre Umbildung von "Albigenser" (= Katharer; s. § 8; 10.2-3) und drückte den Häresieverdacht gegenüber diesen Neubildungen aus; er verbreitete sich allgemein und wurde zur Selbstbezeichnung. Als Teil der religiösen Frauenbewegung bildete sich - nicht genau datierbar - das Beginentum v.a. deshalb, weil die Aufnahmekapazität der Klöster nicht ausreichte. Die Beginen wollten das Ideal des evangelischen Lebens durch Absage an das unrecht erworbene Gut und durch Bindung an den Bräutigam Christus in **quasimonastischer Gemeinschaft** verwirklichen. In der Diözese **Lüttich** erreichten sie um 1210 eine erste Blüte. Ihre größte Repräsentantin dort war die Mystikerin Maria von Oignies (ca.1177/8-1213), ihr bedeutendster Fürsprecher der Kleriker Jakob von Vitry (ca.1170-1240), der 1216 von Honorius III. und 1230 von Gregor IX. eine **päpstliche Duldung** erwirkte. Das Beginentum verbreitete sich im 13.Jh. stark; z.B. gab es in Köln 106, in Mainz 22, in Straßburg 24, in Basel 28 Beginenhäuser (mit je ca.20 Frauen).

12.2.2 Da die Beginen zunächst ohne Regel lebten, als Zwischenform zwischen Mönchtum (*religiosae*) und Laientum (*saeculares*) nicht in die kirchliche Ständeordnung paßten, eine ungewöhnliche Frömmigkeit pflegten und z.T. in geistiger Nähe zu den verketzerten Bewegungen standen, zogen sie vielfach seit ca.1250 **Verfolgung** durch Bischöfe und Inquisitoren auf sich. Diözesansynoden fixierten angesichts praktischer Mißstände **Ordnungen** (z.B. Verbot des Bettels, der Aufnahme junger Frauen, des Kontakts mit Männern; geistliche Versorgung durch den Pfarrklerus). Der Kritik begegneten die Beginen oft dadurch, daß sie sich der Seelsorge durch Franziskaner oder Dominikaner unterstellten und sich von den Bischöfen Regeln geben ließen.

12.2.3 Die Vielschichtigkeit der Bewegung und ihre partielle Häresie erschwerten die kirchliche und soziale Akzeptanz. Das verdeutlichte die **Verurteilung** von 1311 durch Papst Clemens V. und das Konzil von Vienne (Text/Übers.: DH 891-899). Faktisch zerfiel das Beginentum mit dem 14.Jh. in zwei Teile: **verfolgte Ketzerinnen** und offiziell anerkannte, **regulierte Konvente**. Diese spielten für das religiöse Leben in den Städten bis zur Reformationszeit eine beachtliche Rolle. Jene schlossen sich z.T. den Katharern, z.T. der Sekte des Geistes der Freiheit an (s. § 8; 10.4).

12.3 Frauenmystik

Die monastische Spiritualität war in besonderer Weise für mystische Theologie offen (vgl. 5.4; § 10; 5.3; 6.1). Bei einigen Nonnen und Beginen begegnete eine neue Form der Mystik: Dominanz des **Gefühls**, verbunden mit **Privatoffenbarungen** (Visionen, Auditionen, Ekstasen), die erstmals in volkssprachlichen Texten aufgezeichnet wurden. Angesichts der Monopolisierung der Theologie durch Männer bot für Frauen gerade die mystisch-prophetische Redeweise eine Legitimation, ihren Auffassungen zu religiösen und kirchlichen Fragen allgemein Gehör zu verschaffen. Charakteristisch für viele dieser Mystikerinnen war die geistige Verbindung mit Mönchen oder Klerikern als theologischen Lehrern oder literarischen Helfern.

12.3.1 In der Mystik galt bisher der Inhalt visionärer und ekstatischer Erlebnisse als unbeschreibbar. Eine genaue Beschreibung ihrer Visionen gab erstmals **Hildegard von Bingen** (zu ihr s. 12.4.1); dabei handelte es sich allerdings nicht um ekstatische Erlebnisse, sondern um eine religiöse Erkenntnis als Dauerzustand, die sich in wissenschaftlichen Formen fixieren ließ. Ob Hildegard der Mystik zuzurechnen ist, ist z.T. umstritten. Der Typ der ekstatischen Offenbarungsvision findet sich zuerst bei der Nonne **Elisabeth von Schönau** (1129-64). Sie ließ ihre unter Qualen erlebten Entrückungen durch den Heiligen Geist von ihrem Bruder Ekbert, dem Abt des Doppelklosters Schönau, aufzeichnen. Eigentliche Mystik begegnete erst im 13.Jh. bei visionär begabten Beginen im Bistum Lüttich und Herzogtum Brabant, v.a. bei Maria von Oignies (12.2.1), Ida von Nivelles (1197-1231) und der Dichterin **Hadewijch** um 1240, deren Leben weithin unbekannt ist: Beschreibungen der Gotteserkenntnis als Erfahrung der Liebe (*Minne*), die Gott ist.

12.3.2 In Deutschland bildete das zisterziensisch geprägte Kloster **Helfta** bei Eisleben ein Zentrum der Frauenmystik. Dort wirkte neben Mechthild von Hackeborn, die ihre mystischen Gnadenvisionen niederschreiben ließ, als deren Interpretin und eigenständige Visionärin **Gertrud** von Helfta, *die Große* (1256-1301/2); ihre Meditationen wurden im 15.-17.Jh. zu einem klassischen Erbauungsbuch (Text: SC 127.139.143.255; z.T. Übers.: J. Lanczkowski, 1989). Dort lebte auch seit ca.1270 **Mechthild von Magdeburg** (ca. 1207-ca.1282), die zuvor in einem Magdeburger Beginenhaus wirkte und ihre Offenbarungsvisionen und mystischen Geisterlebnisse von einem Dominikaner aufzeichnen ließ (*Das fließende Licht der Gottheit*; dt.Ed.: H. Neumann, 1990).

12.3.3 Ein besonderes Kennzeichen einiger Mystikerinnen war das Erleben psychosomatischer Qualen, z.T. als **Stigmatisation** (Nachvollzug der Wundmale Jesu) erfahren, einer intensiven Form der imitatio Christi, bei der Franz von Assisis Beispiel anregend wirkte (s. 13.1.4). Aufgrund von ekklesiologisch-eucharistischen **Visionen**, die die Nonne Juliana von Cornillon seit 1209 erlebte, entstand im Bistum Lüttich 1246 das **Fronleichnamsfest** (vgl. § 10; 8.4).

12.4 Herausragende Frauengestalten

Das monastische Leben bot für Frauen Betätigungsmöglichkeiten, die sie angesichts der restriktiven gesellschaftlichen Bedingungen sonst kaum besaßen. In den Klöstern nahmen sie als Äbtissinnen, Priorinnen oder Nonnen organisatorische Aufgaben wahr, die sie nicht selten in politische und kirchliche Konflikte verwickelten. Dort fanden sie geistigen Austausch und Pflege der Spiritualität. Das berühmteste Beispiel gab die universal gebildete **Hildegard von Bingen**, die *deutsche Prophetin*. Außerhalb der Klöster bot die Kranken- und Armenfürsorge weitere Möglichkeiten zu religiöser Betätigung, wie exemplarisch **Elisabeth von Thüringen** zeigte. An deren Heiligsprechung 1235 schloß sich ein Kult an, der verdeutlichte, welche Rolle in der Heiligenverehrung des hohen und späten Mittelalters Frauengestalten spielten. Monastisches, spirituelles und kirchenpolitisches Engagement verbanden prophetische Gestalten wie Birgitta, die Gründerin des Birgittenordens, und Katharina von Siena.

12.4.1 Eine überragende geistige Autorität im 12.Jh. war die aus dem rheinpfälzischen Ministerialadel stammende **Hildegard** (1098-1179), als Nonne erzogen, seit ca.1150 Äbtissin von Rupertsberg bei Bingen, eine der bedeutendsten Gestalten der deutschen Theologie- und Geistesgeschichte. Der Einfluß der *prophetissa teutonica* gründete sich in ihrer visionären Begabung und deren Umsetzung in **Lehren, praktische Ratschläge und prophetische Kritik**. Ihre (lateinischen) Schriften, Predigten und Briefe fanden starke Resonanz bei kirchlichen und weltlichen Machthabern. Daß sie auf ihren Reisen öffentlich predigte, erregte Aufsehen. Seit 1141 faßte sie ihre Visionen (s. 12.3.1) literarisch zusammen in dem Werk *Scivias* (*Wisse die Wege*), einer Offenbarung des Erlösungsweges in Verbindung von Kosmologie und Trinitätslehre, Geschichtstheologie und Inkarnationslehre (Text: CChr.CM 43-43A/Übers.: W. Storch,

1991). In dem ebenfalls visionär gestalteten *Buch des verdienstlichen Lebens* (ca.1158-63; Übers.: H. Schipperges, 1972) bot sie anhand der Darstellung von Tugenden und Lastern eine Art Lebenskunde. Ihr letztes visionäres Werk *Buch der göttlichen Werke* (ca.1163-75; Übers.: H. Schipperges, 1965) stellte die Entsprechungen zwischen Mikrokosmos (Mensch) und Makrokosmos (Welt) in symbolistischer Weise schöpfungstheologisch dar. Ihren Ruf, die erste deutsche Ärztin und Naturwissenschaftlerin zu sein, begründete sie mit einem zweiteiligen Werk über Naturkunde (*physica*) und Krankheiten (*causae et curae*), in dem sie vielfältige ältere Traditionen und eigene Beobachtungen zusammentrug (Übers.: H. Schipperges, 2.A. 1961). Ihr poetisch-musiktheoretisches Werk mitsamt Gedichten und Liedern (*Symphonia*; Text/Übers.: W. Berschin/H. Schipperges, 1995) bekundete die stupende Weite ihrer Bildung und Begabung. Kirchenpolitisch engagierte sie sich u.a. für die Sicherung ihrer beiden Klöster, für Reformen im Klerus und für die kirchliche Autonomie im Konflikt Kaiser Friedrichs I. mit dem Papsttum (Ed. der Briefe: CChr.CM 91-91A).

12.4.2 Elisabeth (1207-31), Tochter des Ungarnkönigs Andreas, war der religiösen Armutsbewegung verbunden. Als Frau des Landgrafen von **Thüringen** organisierte sie bei einer Hungersnot Hilfsmaßnahmen und pflegte Kranke. Nach dem Kreuzfahrertod ihres Mannes wandte sie sich 1228 als Büßerin einem freien Asketinnentum zu (nicht als Franziskanerin), seelsorgerlich geführt von dem franziskanisch geprägten Prämonstratenser Konrad von Marburg, dem päpstlichen Inquisitor für Deutschland, der 1233 wegen seiner Ketzerverfolgungen erschlagen wurde. In **Marburg** errichtete sie 1229 ein **Hospital** und diente dort als Schwester zusammen mit anderen Frauen den Kranken, Aussätzigen und Kindern. Nach ihrem Tod 1231 genoß sie allgemeine Verehrung, die von ihrer Familie, Kaiser Friedrich II. und dem Deutschen Orden zielstrebig ausgebaut wurde; in erstmaliger Anwendung des päpstlichen Rechtes zur Heiligsprechung kanonisierte sie 1235 Gregor IX. Sie wurde eine der volkstümlichsten Heiligen Deutschlands, und ihr Grab in der – mit reichen Ablässen ausgestatteten – Marburger Elisabethkirche wurde ein Wallfahrtsort von europäischem Rang. Auch ihre Tante, die Herzogin **Hedwig von Schlesien** (1174-1243), wurde heiliggesprochen (1267); sie hatte sich tatkräftig für die Christianisierung ihres Landes, für Klostergründungen und Armenfürsorge eingesetzt.

12.4.3 Die adelige Schwedin **Birgitta** (ca.1303-73; 1391 als Nationalheilige kanonisiert) entsagte nach dem Tod ihres Mannes 1344 als asketische Büßerin der Welt und lebte seit 1347 in Rom. Ihre **Visionen** wurden in dem Werk *Himmlische Offenbarungen* zusammengefaßt, das u.a. über das göttliche Gericht auf Erden und im Jenseits handelte. Ebenfalls **Offenbarungsqualität** beanspruchte sie für ihre politischen Weisungen an die Herrscher der Welt, für ihre Kritik an Papsttum und kirchlicher Hierarchie sowie für den Plan, gemäß Christi Weisungen einen Orden zur besonderen Verehrung von dessen Passion zu gründen, wobei die Klosterangehörigen der Zahl der Apostel und Jünger entsprechen sollten. So entstand 1369-74 unter Leitung ihrer Tochter Katharina (gest. 1381, Heilige seit 1484) das Kloster Vadstena bei Linköping als Zentrum des neuen **Birgittenordens** (bzw. des Ordens vom hl. Erlöser), der sich mit 79 Klöstern v.a. in Schweden und Norwegen, aber auch in Dänemark, Deutschland, England und Italien ausbreitete. Frauen dominierten hier, obwohl alle Konvente als Doppelklöster eingerichtet wurden.

12.4.4 In der Toskana scharte die mystisch-meditativ begabte **Katharina** (ca.1347-80), die in **Siena** den Dominikaner-Tertiarinnen beitrat, eine asketische Gemeinschaft um sich, die sie als "Mutter" verehrte. Seit ca.1370 mischte sie sich – stärker noch als Birgitta – als prophetische **Kritikerin und Ratgeberin** in politische und kirchliche Konflikte ein, um ihr Ideal eines allgemeinen Friedens in der Christenheit zu realisieren. Als besonderes Anliegen proklamierte sie (auch in ihrem umfangreichen Briefwechsel; Übers.: L. Gnädinger, 1980) den Kreuzzug gegen die Ungläubigen und die Reform der Kirche; sie fand zwar Resonanz im Volk, aber kaum bei den Mächtigen. Gewissen Einfluß hatte sie wohl darauf, daß Papst Gregor XI. 1377 von Avignon nach Rom zurückkehrte; beim Papstschisma 1378ff trat sie propagandistisch für Urban VI. ein (vgl. § 8; 11.3). Ihre als Dialog mit Gott gestalteten mystischen Erlebnisse ließ sie 1377/8 im *Buch der göttlichen Vorsehung* aufzeichnen (Übers.: E. Sammer-von Seckendorff, 1964).

12.5 Literatur

G. ALBERIGO: Katharina von Siena, TRE 18 (1989) 30-34. - E. DINKLER-VON SCHUBERT: Elisabeth von Thüringen, TRE 9 (1982) 513-520. - P. DINZELBACHER: Mittelalterliche Frauenmystik, 1993. - DERS.: Mechthild von Magdeburg, TRE 22 (1992) 308-310. - P. DINZELBACHER/D.R. BAUER (Hg.): Religiöse Frauenbewegung und mystische Frömmigkeit im Mittelalter, 1988. - G. DUBY/M. PERROT (Hg.): Geschichte der Frauen Bd.2: Mittelalter, 1993. - E. ENNEN: Frauen im Mittelalter, 1984; 5.A. 1994, 110-123. - E. GÖSSMANN: Hildegard von Bingen, GKG 3, 1983, 224-237. - DIES.: Elisabeth von Thüringen, ebd. 303-316. - H. GRUNDMANN: Religiöse Bewegungen im Mittelalter, 1935, 4.A. 1977, 170-354. - U. KERN: Hildegard von Bingen, TRE 15 (1986) 322-326. - E.W. MC DONNELL: Beginen/Begarden, TRE 5 (1980) 404-411. - K. RUH: Geschichte der abendländischen Mystik Bd.2, 1993, 64-371.

13. Armut und Bußpredigt: Der Franziskanerorden

Aus einer charismatischen Bruderschaft von Wanderpredigern, welche die Jesusnachfolge i.S. des Armutsideals praktizierten, geformt durch das religiöse Genie des **Franziskus von Assisi**, entstand seit 1220 ein Bettelorden von kirchen-, theologie-, kultur- und sozialgeschichtlicher Bedeutung. Die **Minoriten/Minderen Brüder** (*Ordo Fratrum Minorum*, OFM, in Deutschland oft *Barfüßer* genannt) orientierten sich an einer grundlegend neuen Regel, einem Kontrastprogramm zum bisherigen Mönchtum. Daraus ergaben sich allerdings Konflikte und Differenzierungen innerhalb der Bewegung. Schon früh, 1212, entstand im Anschluß an die frommenergische **Klara von Assisi** als Teil der religiösen Frauenbewegung eine kontemplative Gemeinschaft von Büßerinnen, der später sog. *Zweite Orden des hl. Franziskus* der **Klarissen**. Seit ca.1230 entwickelten sich franziskanisch geprägte Bruder- und Schwesternschaften von Weltleuten/Laien zum *Dritten Orden*, die sog. **Tertiarier/Terziaren**, eine Organisationsform der Buß- und Armutsbewegung innerhalb der Gesellschaft. Die römische Kurie setzte die franziskanische Ordensfamilie zielstrebig im Kampf gegen die kirchenkritische Armutsbewegung ein, um so die Institution Kirche zu stabilisieren. Der Konflikt um die strenge Besitzlosigkeit als Basis des Ordenslebens führte bereits im 13.Jh. zu gegensätzlichen Gruppenbildungen und bekam im Armutsstreit des 14.Jh.s allgemeine Bedeutung für die Kirche. Er endete mit der Spaltung in **Observanten** und **Konventuale** als selbständige Orden (definitiv 1517: OFM und OFMConv.). Hinzu kamen im 16.Jh. als von den Observanten ausgehende Reformgruppe die **Kapuziner** (*Ordo Fratrum Minorum Cappucinorum*).

13.1 Franziskus von Assisi - Leitbild neuer Frömmigkeit

Der profilierteste Vertreter des Ideals eines *evangelischen Lebens* und der religiösen Armutsbewegung des 12./13.Jh.s war der Umbrier Franziskus (1181/2-1226). Dessen Person gewann nicht nur konstitutive Bedeutung für einen neuen Mönchsorden, sondern beeinflußte darüber hinaus die Volksfrömmigkeit allgemein. Seine Originalität und Wirkung machten ihn zu einer der kg. wichtigsten Gestalten. Protest gegen die Verweltlichung des Christseins, Reaktion auf die Kirchenkritik (insbesondere der Katharer), Absage an das bürgerliche Lebensideal und Hinwendung zu den Randsiedlern der Gesellschaft führten bei ihm seit 1202-09 zu einem **Lebensstil radikaler Jesusnachfolge** als Realisierung von Buße und Demut. Deutlichsten Ausdruck fand diese in der konsequenten **Armut** als religiösem Höchstwert (*Herrin Armut*), getragen von fröhlichem Gottvertrauen und schlichter Kirchentreue. Die Ausbreitung der Bruderschaft führte nach 1220 gegen Franz' ursprüngliche Intention zur ordensmäßigen Fixierung durch die päpstlich approbierte **Regel von 1223**. Vergeblich versuchte er, durch sein Testament 1226 die Tendenzen zur Anpassung an traditionelle monastische Formen einzudämmen und das Armutsgebot einzuschärfen. Die in der Anfangszeit der Bewegung zutage tretenden Spannungen bestimmten die weitere Geschichte des Ordens.

13.1.1 Die konfliktreiche Franziskanergeschichte nach 1220 hat zu einer tendenziösen Bearbeitung auch der biographischen Quellen geführt, so daß etliche Fakten unsicher bleiben. Aus einer wohlhabenden Tuchhändlerfamilie stammend, 1181 oder 1182 in Assisi geboren, entfremdete sich Franziskus/Francesco (getauft auf den Namen Johannes/Giovanni) **Bernardone** seit 1202 allmählich - durch die Erlebnisse von Krieg, Gefangenschaft, Krankheit geprägt - dem bürgerlich-aristokratischen Lebensideal. Er entschied sich 1206/7 im Streit mit dem Vater für ein **Leben in Buße und Demut** als Ausstieg aus der Gesellschaft: konkretisiert in der Pflege Leprakranker und in der Renovierung verfallener Feldkirchen/Kapellen bei Assisi, v.a. der Portiuncula (d.h. Teilchen eines Kamaldulenserklosters). Dort wurde er am 24.2.1208 oder 1209 durch die Tageslesung von Jesu Aussendungsrede Mt 10,5-15 dazu bekehrt, hinfort eine Existenz als **Wanderprediger in apostolischer Armut** zu führen.

13.1.2 Seine schlichte Predigt mit dem Aufruf zu Buße und Frieden gewann bald Anhänger aus Assisi und Umgebung, die eine unorganisierte **Bruderschaft** bildeten, um im Anschluß an Franz' Person die Nachfolge Christi zu praktizieren: als Nachahmung des Wandels Jesu und seiner Jünger. Er schrieb ihr **1209** eine **Lebensform**, die aus drei Nachfolgesprüchen Jesu - vielleicht Mt 19,21; 16,24; 19,29 - samt kurzen Erläuterungen bestand. Radikale Armut in Selbstverleugnung und Lösung von allen familiären Bindungen war der Inhalt dieser sog. Urregel (nicht erhalten). Um dem gegenüber der Armutsbewegung bestehenden Häresieverdacht (s. 11.1-3) zu entgehen, erwirkte er bei einem Besuch in Rom - mit Hilfe des Bischofs Guido von Assisi, der ihn und seine Bewegung stets förderte - von Papst Innozenz III. 1209 oder 1210 eine vorläufige **Genehmigung** seiner Lebensform und damit der Wanderpredigt, allerdings mit der Auflage, daß die Brüder durch die Tonsur in den Klerus eingegliedert und zu striktem Gehorsam gegen den Papst und Franziskus verpflichtet wurden. Damit begann die stärkere Organisation der **Büßer von Assisi** bzw. **Minderen Brüder** (*fratres minores*), die sich seit 1212 zu jährlichen Versammlungen/*Generalkapiteln* an der Portiuncula-Kirche trafen. Man orientierte sich jedoch weiterhin in personaler Bindung an Franziskus als Leitbild.

13.1.3 Mit der Ausweitung der Gemeinschaft (der sich 1212/13 die Frauen um Klara von Assisi assoziierten; s. 13.3.1) und mit ihrer Ausbreitung in ganz Italien stellte sich das Ziel, wie die Apostel **Heidenmission** zu treiben. Doch entsprechende Reisen in den Orient und nach Marokko 1212-17 scheiterten, auch Franz' Kontakt zu den Kreuzfahrern in Palästina und zum Sultan in Ägypten 1219. Erforderlich war nun eine - v.a. von der römischen Kurie betriebene - Regulierung der Organisation durch Ämter, was 1220 wegen der Spannungen zwischen unterschiedlichen Auffassungen zu einer dauerhaften **Krise der Bewegung** führte. Der durch Krankheit geschwächte Franziskus resignierte und zog sich in ein stärker kontemplatives Leben zurück. Er beteiligte sich allerdings 1221-23 an der **Ausarbeitung einer Regel** (s. 13.2.1) und kritisierte die teilweise Preisgabe des ursprünglichen Armutsideals. Gemäßigte Kräfte setzten sich zunehmend durch; die Leitung des Ordens übernahm 1220/1 Petrus Catanii, 1221-27 und 1232-39 Elias von Cortona, ein ehemaliger Notar. Mit seinem **Testament von 1226** wollte Franz den Orden gegen Tendenzen zur Anpassung an die Welt auf seine strenge Regelauslegung festlegen (Text/Übers.: Analekten 24-27/Schriften 70-73). Nach langer Krankheit starb er am 3.10.1226; schon 1228 wurde er durch Papst Gregor IX., seinen Freund und Helfer, heiliggesprochen. Die 1230 über seinem Grab in Assisi gebaute Monumentalkirche San Francesco wurde bald zu einem Wallfahrtsort von abendländischer Bedeutung.

13.1.4 Franz' naiv-poetische Frömmigkeit war geprägt durch optimistisches Gottvertrauen, naturverbundenen Schöpfungsglauben, tiefe Demut und intensive Jesusbindung. Diese lebte er in bewußter **imitatio Christi**: Heimatlosigkeit und Leiden, Orientierung am Kreuz, Weihnachtsfeier mit Krippe in Greccio 1223, Fasten und Vision auf dem Monte Alverno 1224, Stigmatisation mit Jesu Wundmalen wohl 1226. Zentrales Zeugnis seines Schöpfungsglaubens war der **Sonnengesang** von 1224/26 (*Canticum fratris solis*; Text/Übers.: Analekten 44f/Schriften 132-134). Seine Askese war keine Weltverneinung, sondern Konkretion der Bußgesinnung, die falschen Bindungen wehren sollte. Die **Treue zur Institution Kirche** mit Ämtern und Sakramenten war ihm ein wesentliches Anliegen, nicht zuletzt auch wegen der Gefahr, die von z.T. in die Bruderschaft eintretenden Häretikern ausging. Er ermahnte die Brüder zu unbedingtem Gehorsam gegen den Klerus und zur Teilnahme am sakramentalen Leben der Kirche. Auch wenn Konflikte mit manchen Bischöfen wegen der Predigttätigkeit nicht ausblieben, hielt er selber stets gute Kontakte zu Episkopat, Kurie und Papst.

13.2 Der Aufbau des Ordens

Dem Papsttum bot das Mendikantentum (der Typ der Bettelorden) eine sinnvolle Form für die **kirchliche Integration** der Armutsbewegung. Deshalb erkannten Innozenz III. 1209/10 und Honorius III. 1218-23 die Minderbrüder als Teil des Mönchtums an. Und in diesem Sinne beeinflußte Kardinal Hugo/Hugolinus von Segni, der Franziskus freundschaftlich verbunden war, seit 1215/20 als Protektor des neuen Ordens (1227-41 als Papst Gregor IX.) maßgeblich dessen organisatorischen Ausbau. Die nach längerer Diskussion 1223 fertiggestellte, durch päpstliche Bulle anerkannte Regel (sog. *Regula bullata*) fixierte die Lebensordnung der Brüder und die **zentralistische Organisation** des Bettelordens: mit Generalminister und Generalkapitel, Gliederung in Provinzen, Kustodien und Konvente. Der ursprüngliche Ansatz bekundete sich in der Ämterordnung insofern, als man strikt die traditionellen Titel einer Hierarchie vermied und bei den neuen Funktionsbezeichnungen den **Dienstcharakter** betonte. Für die Bruderschaft ergab sich eine wesentliche Änderung: der Übergang von der radikal besitzlosen Wanderpredigtbewegung zur seßhaften, an Klöster gebundenen Ordensgemeinschaft mit verstärkter Klerikalisierung. Ihre rasche Ausbreitung konzentrierte sich auf die **Städte**, wo die Franziskaner Häuser errichteten, so daß ihre Arbeit in Verkündigung und Seelsorge zunehmend durch die städtische Sozialstruktur geprägt wurde. Das zeigte sich auch im Anwachsen der sog. **Tertiarier**, religiös engagierter Laien. Hinzu kam die wachsende Beschäftigung mit der wissenschaftlichen **Theologie**, die in großen Konventen durch eigene Schulen, v.a. aber durch Lehrstühle und Studienhäuser an den Universitäten Paris, Bologna und Oxford gepflegt wurde. Die ältere und jüngere "Franziskanerschule" spielte eine theologiegeschichtlich bedeutsame Rolle (vgl. § 10; 12.1-4; 14.0). Gegenüber solchen Einbindungen in die bürgerliche Gesellschaft trat das mobile Element der Bewegung (z.B. in der Wanderpredigt) stark zurück, blieb aber z.T. in der franziskanischen Missionstätigkeit erhalten.

13.2.1 Angesichts des Drängens auf Schaffung einer verbindlichen Ordnung durch die Kurie und etliche Brüder mußte die offene Lebensform (*vita*) von 1209 zu einer förmlichen Regel fortentwickelt werden. Wegen der undeutlichen Quellenlage ist die Chronologie der **Regelentstehung** unsicher. Honorius III. dekretierte 1220 die den älteren Orden entsprechende Einrichtung eines Noviziats und eines lebenslänglich bindenden Gelübdes (Profeß). Auf dem Pfingstkapitel von 1221(? oder 1216), das wegen des erforderlichen Hüttenbaus für die ca.3000 Teilnehmer

Mattenkapitel genannt wurde, verhinderte Franz die Übernahme der Benedikt- oder Augustinerregel und beteiligte sich an der Umarbeitung seiner eigenen Regel. Unter Assistenz von theologisch und juristisch Gebildeten (v.a. Kardinal Hugolinus) entstand so bis 1222(oder 1219) ein ausführlicher, biblisch geprägter Text mit 24 Kapiteln, die sog. **Regula prima non bullata** (Text/Übers.: Analekten 1-18/Schriften 29-54). Da er kaum praktikabel war und nicht die päpstliche Anerkennung fand, erarbeitete Franz zusammen mit Hugolinus u.a. eine neue straffere Lebensordnung der Minderbrüder (*Regula et vita minorum fratrum*) mit 12 Kapiteln, die durch Honorius' III. Bulle vom 27.11.1223 bestätigt wurde, die sog. **Regula bullata** (Text/Übers.: Analekten 20-24/Schriften 57-65). Ihre wesentlichen Merkmale: Verschärfung der Gehorsamspflicht, striktes Verbot des Eigentums und der Annahme von Geld auch für die Konvente, Verpflichtung zur Handarbeit (deren Entgelt dem Lebensunterhalt dienen sollte), aber Zulassung des Bettels/Almosensammelns, Bindung an den Konvent (*stabilitas loci*), Unterordnung unter den Papst und Verbindung mit ihm durch einen Protektor. Ergänzungen zur Regel brachten die Anordnungen der Generalkapitel und Generalminister als **Generalstatuten** seit 1239 (1260, 1292, 1316 u.ö. zusammengefaßt).

13.2.2 In der Folgezeit verfestigte sich die Struktur v.a. durch Angleichungen an die älteren Orden (Noviziat, Gelübde, Ämter, Klöster). Durch das Almosenwesen, welches die strikte Armut relativierte, entstand ein **Bettelorden**; durch das Zurücktreten der Handarbeit wurde die **geistige Arbeit** stärker betont. Da nicht mehr alle Brüder, sondern nur examinierte, predigen durften, entstand die Gliederung in **Kleriker** und **Laienbrüder** wie z.B. bei den Dominikanern. Die Konvente/Klöster unterstanden einem Guardian ("Aufseher"), mehrere solcher bildeten eine Kustodie unter einem Kustos ("Wächter"); diese Bezirke wurden regional in Provinzen zusammengefaßt (in Deutschland seit 1230/39: Rheinland/oberdeutsch und niederdeutsch sowie Sachsen) unter je einem Provinzialminister. Die Gesamtleitung lag bei dem - von den Provinzialen und Kustoden gewählten - Generalminister sowie beim Generalkapitel.

13.2.3 Diesem Teil der Armutsbewegung schlossen sich viele Laien an. Neben dem sog. Zweiten Orden der Klarissen (s. 13.3) bildeten sich v.a. in der städtischen Bevölkerung Bruderschaften, die wohl nach 1226 als sog. **Dritter Orden** des hl. Franziskus (**Tertiarier**) in lockerer Form organisiert wurden. Diese **Weltleute** lebten nach einer **speziellen Regel** (v.a. mit Gebeten und Fasten; 1289 päpstlich bestätigt), blieben aber - meist verheiratet - in ihrem bürgerlichen Lebensraum. Solche Vereinigungen gab es auch bei anderen Orden, v.a. bei den Prämonstratensern und Dominikanern. Doch bei den Franziskanern erlangten sie im 13.-15.Jh. die größte Breitenwirkung und historische Bedeutung. Teils bildeten sie klosterartige Konvente (als regulierte Tertiarier mit Gelübde), teils formierten sie sich als Bruderschaften von Weltleuten in Anlehnung an ein Minoritenkloster (*ordo saecularis*). Auch Frauen schlossen sich dem Dritten Orden an; v.a. in Deutschland nahmen viele Beginenhäuser (s. 12.2.2) wegen der kirchlichen Absicherung ihrer Lebensweise die Tertiarierregel an.

13.2.4 Die **Theologie** besaß für die franziskanische Bußpredigt einen geringeren Stellenwert als für die Dominikaner mit ihrer Konzentration auf die antihäretische Lehrverkündigung (s. 14.3). Doch sie gewann auch hier dadurch an Bedeutung, daß der Orden sich mit Ketzern auseinandersetzen mußte. Deswegen wurden viele Lektoren der Ordensprovinzen an den neuen Universitäten ausgebildet. In **Bologna** lehrte seit 1224 **Antonius von Padua** (1195-1231) als Ordenslektor. In **Paris** entwickelte sich die seit 1219 aufgebaute Franziskanerschule dadurch, daß - neben Haymo von Faversham - der berühmte **Alexander von Hales** (s. § 10; 12.0-2) 1235/6 sich dem Orden anschloß. Für sie wurde seitdem der Augustinismus in Verbindung mit dem Aristotelesstudium maßgebend. Weitere Pariser Lehrer der Frühzeit waren Johannes von Rupella (gest. 1245), Johannes von Parma (ca.1209-89) und seit 1243/48 **Bonaventura** (s. § 10; 12.3.1). Zu **Duns Scotus**, der 1305-07 hier lehrte, und der jüngeren Franziskanerschule s. § 10; 14.1.1. Großen Einfluß errangen die minoritischen Lehrer an der neuen Universität **Oxford** seit ca.1230 mit Robert Grosseteste (ca.1168-1253), Adam von Marsh (gest. 1259) und Johannes Peckham (ca.1230-92).

13.3 Klara von Assisi und die "Armen Frauen"

Viele Frauen engagierten sich für die religiöse Bewegung und das Armutsideal. Unter ihnen fand die Predigt des Franziskus und der Minderbrüder besonderen Anklang. Doch deren unstete Lebensweise paßte in der damaligen Gesellschaft nicht für sie. Die junge Klara aus einer Adelsfamilie in Assisi floh 1212 aus dem Elternhaus zu Franz' Bruderschaft. Da ein Anschluß an diese unmöglich war, sie aber - als radikaler Armut verpflichtete Büßerin - den Eintritt in ein normales Kloster ablehnte, baute sie eine eigene Frauengemeinschaft auf, die nach einer von Franz konzipierten *Lebensform* in strenger **Kontemplation** und völliger **Besitzlosigkeit** lebte. Als weitere Frauenkonvente in Mittel- und Norditalien hinzukamen, gab diesen *armen Frauen* Kardinal Hugolinus 1218/19, von Papst Honorius mit der Integration der mittelitalienischen Frauenbewegung beauftragt, eine traditionell-monastische Regel. Klara verteidigte demgegenüber ihr Ideal und erlangte nach längeren Konflikten von Papst Innozenz IV. 1253 die Bestätigung ihrer strengeren Regel. Diese Zweiteilung des franziskanischen Frauenordens blieb fortan bestehen, zumal der Armutsstreit (s. 13.4) auch ihn tangierte. Die Klarissen breiteten sich zügig in Italien, danach u.a. in Spanien, Frankreich, Deutschland aus (mit ca.110 Klöstern um 1250, über 400 um 1400).

13.3.1 Klara/Chiara (1193/4-1253), Tochter des Ritters Favarone (nicht Sciffi/Scefe, wie früher angenommen) aus Assisi, lebte nach dem Anschluß an die franziskanische Armutsbewegung 1212 als Eremitin/Klausnerin, der sich ihre Mutter und Schwester sowie andere Frauen anschlossen. Eine demütige Christusfrömmigkeit bestimmte fortan ihr strenges Leben als Büßerin. In **San Damiano** bei Assisi errichtete sie ihren **Konvent** der *Armen Frauen*, dem Franziskus 1212/13 eine kurze *Lebensform/forma vivendi* nach Worten des Evangeliums gab. 1215/6 erhielt sie von Innozenz III. das **Armutsprivileg**, d.h. die Befreiung von jedem Klosterbesitz. Nach ihrem Vorbild entstanden bald einige Konvente; für sie verfaßte Kardinal Hugolinus als Protektor der Minoriten 1218/19 eine benediktinisch geprägte **Regel**, die u.a. eine strenge Klausur, intensives Fasten und zum Unterhalt der "Nonnen" Einkünfte aus Klosterbesitz vorsah (1247 erweitert). Klara lehnte das ab, bekam von Papst Honorius III. 1228 das Armutsprivileg für San Damiano bestätigt und verteidigte es - und damit die Zuordnung zur Franziskanerbewegung - durch Erstellung einer eigenen, 1253 päpstlich approbierten Regel für San Damiano. Dieser Regel folgten zahlreiche Klöster, viele andere dagegen der Neufassung der milderen Regel (mit Besitzerlaubnis) von 1263.

13.3.2 Die Anbindung an den Franziskanerorden blieb für alle Klarissen trotz der Regeldivergenz maßgeblich. Ihre Ordenstracht war ein schwarzes Wollkleid mit schwarzem Schleier. Auch in **Deutschland** entstanden im Verlauf des 13.Jh.s zahlreiche Klöster, oft gefördert von Adel und reichem Bürgertum. Eine herausragende Rolle spielte **Agnes von Prag** (ca.1205?-1282), Tochter König Ottokars von Böhmen, die seit 1234 als Äbtissin deutsche Klarissenkonvente prägte. Im 15.Jh. erlebten die meisten eine Reform des geistlichen Lebens im Gefolge der Observantenbewegung (s. 13.4).

13.4 Der Armutsstreit und die Spaltung des Ordens

Der ursprüngliche Impuls der franziskanischen Bewegung konzentrierte sich auf die grundlegende Bedeutung des **radikalen Armutsgebots** (der Besitzlosigkeit auch der Gemeinschaft), weil es insgesamt um eine Alternative zur an die Welt angepaßten Christenexistenz ging. Die früh eintretenden Spannungen, die sich mit der Institutionalisierung des Ordens - insbesondere mit der Seßhaftigkeit in den Städten und mit der Berücksichtigung der wissenschaftlichen Theologie - ergaben, setzten sich während des 13./14.Jh.s in einem lang andauernden Konflikt fort, der zu mancherlei Spaltungen führte. Darin manifestierten sich die spirituelle Komplexität des Franziskanertums und seine sozialgeschichtliche Relevanz für das Problem anwachsender Armut in der Gesellschaft.

13.4.1 Zunächst bekämpften sich im 13.Jh. zwei Gruppen: Eine Minorität der "**Eiferer**" trat für eine geistliche, d.h. strikte Anwendung der Regel ohne abmildernde Interpretation ein (später als "**Spiritualen**" bezeichnet); die Majorität der "**Brüder der Gemeinschaft/Kommunität**", auf die sich die Ordensleitung stützte, befürwortete eine Angleichung an andere Orden. In der **Armutsfrage** spitzte sich der Gegensatz zu. Denn die Minderheit lehnte jeglichen Besitz (also auch die Verfügung über Konventshäuser) als Bindung an die Welt ab. Die Mehrheit dagegen berief sich auf die päpstlichen Regelerklärungen von 1230, 1245 und 1279, welche für die Franziskaner ein bloßes Gebrauchsrecht an ihren Besitzungen (die Eigentum der Gesamtkirche wären) statuierten. Der Gegensatz gewann zunehmend allgemeine Bedeutung, weil sich die Spiritualen z.T. zu Kritikern des ganzen Kirchensystems entwickelten, der Ketzerei verdächtigt wurden und die Inquisition auf sich zogen.

13.4.2 Verschärft wurde die Krise dadurch, daß Papst Johannes XXII. **1323** die Auffassung, Christus und die Apostel hätten weder persönliches noch gemeinsames Eigentum besessen, als **Häresie** verurteilte. Einzelne Gruppen, welche die strenge Regelbeachtung (*Observanz*) praktizierten, zogen sich – zunächst v.a. in Italien – seit ca.1340 als Wanderprediger und Eremitengemeinschaften auf die ursprüngliche Lebensweise zurück und erhielten dafür die päpstliche Genehmigung. Auf dem Hintergrund der zunehmenden Massenarmut und der Reformforderungen des 14./15.Jh.s fanden diese **Observanten**, die als die wahren Minderbrüder galten, breiten Zulauf, öffentliche Anerkennung und eigene Organisationsformen. Die einstige Majorität der kirchlich Gemäßigten, die **Konventualen**, verloren an Einfluß. Der Gegensatz beider Gruppen führte schließlich zur definierten **Spaltung des Ordens**, die 1517 von Papst Leo X. sanktioniert wurde.

13.5 Literatur

QUELLEN: Analekten zur Geschichte des Franciscus von Assisi, hg. v. H. BOEHMER/F. WIEGAND, 3.A. 1961. - Die Schriften des Hl. Franziskus von Assisi, hg. v. K. ESSER/L. HARDIEK, 3.A. 1963. - Die Opuscula des hl. Franziskus von Assisi, hg.v. K. ESSER, 1976.

LITERATUR: ATLAS z.KG 57.58. - K. ESSER: Anfänge und ursprüngliche Zielsetzung des Ordens der Minderbrüder, 1966. - DERS.: Franziskus und die Seinen, 1963. - H. FELD: Franziskus von Assisi und seine Bewegung, 1994. - W. GOEZ: Francιscus von Assisi, TRE 11 (1983) 299-307. - M. HEIMBUCHER: Orden I, 656-828; II, 9-53. - W. HOLZAPFEL: Handbuch der Geschichte des Franziskanerordens, 1909. - U. KÖPF: Franz von Assisi, GKG 3, 1983, 282-302. - A. RATZETTER: Klara von Assisi, 2.A. 1994. - J. SCHLAGETER: Franziskaner, TRE 11 (1983) 389-397.

14. Predigt und Studium: Der Dominikanerorden

In Reaktion auf die Verbreitung häretischer Ideen im Kirchenvolk organisierte der Spanier **Dominikus** in Südwestfrankreich eine **Predigtbewegung** nach dem Vorbild des apostolischen Lebens, um die Ketzer zu widerlegen und das religiöse Leben der Gläubigen zu stärken. Missionarische Ziele im Blick auf die europäischen Randgebiete erweiterten dieses Programm. Der von ihm systematisch seit 1215-17 mit päpstlicher Unterstützung aufgebaute **Predigerorden** (*Ordo Fratrum Praedicatorum*, OFP) breitete sich während des 13.Jh.s rasch im Abendland aus, konzentriert auf die größeren Städte. Die Sozialgestalt des Mönchtums erfuhr dadurch – wie bei den Franziskanern – eine grundlegende Neuerung. Er war ein ortsunabhängiger **Personalverband** und bestand aus **Klerikern**, die als Bettelmönche (Mendikanten) in strikt apostolischer Weise nach dem Armutsgebot – ohne Grundbesitz und feste Einkünfte der Klöster - zunächst allein von Zuwendungen aus der Bevölkerung lebten. Von Anfang an bildete das Studium die Grundlage ihrer Predigttätigkeit: die besondere **Pflege der Wissenschaften** an den neuen Universitäten Paris und Bologna (als Zentren des Ordens neben Rom) sowie die theologische Ausbildung in jedem einzelnen Konvent. Die Dominikaner haben bis in die Gegenwart hinein große Bedeutung für die Theologiegeschichte erlangt.

14.1 Von der Predigtbewegung zum Orden

Angesichts der durch Katharer und Waldenser ausgelösten, durch die gewaltsame **Ketzerbekämpfung** verstärkten Unruhen im südlichen Frankreich konzentrierten sich Dominikus (ca.1170/5-1221) und sein Freund Diego nach 1205/6 auf die **Predigt des Evangeliums** unter der Bevölkerung des Languedoc südöstlich von Toulouse. Sie wollten die biblische Heilswahrheit glaubwürdig vorleben durch Wanderpredigt, Armut, Nächstenliebe und Barmherzigkeit, und zwar in bewußter Verbindung mit der durch den Episkopat repräsentierten Kirche. Das war in der Situation der blutigen Albigenserkreuzzüge nach 1209 ein mutiges Unternehmen. 1215 errichtete Dominikus in **Toulouse** ein Haus für seine kleine Predigergemeinschaft und erhielt den bischöflichen Auftrag zur Verkündigungsarbeit in der ganzen Diözese. Da das 4. Laterankonzil die Gründung neuer Mönchsorden verbot, nahm er die **Augustinregel** - ergänzt durch Prämonstratenser-Vorschriften - als Basis und erhielt so 1216/17 die **Anerkennung** durch Honorius III. Dank der päpstlichen Unterstützung konnte der Orden - unabhängig von den Bischöfen - überall im Abendland seine Predigtarbeit, gestützt auf zahlreiche Konventsgründungen, durchführen.

14.1.1 Der Kastilier **Dominikus/Domingo** (von Guzmán?, geb. 1170 in Caleruega bei Burgos) war zunächst regulierter Kanoniker in Osma. Auf Reisen begegneten er und **Diego**/Didacus, Bischof im kastilischen Osma (gest. 1207), in Südwestfrankreich der **Albigenserbekämpfung** durch päpstliche Legaten (Zisterzienser). Wegen deren Erfolglosigkeit entwickelten beide 1205 als neue Konzeption die Verbindung des **Lebensstils** der Katharer und Waldenser (Armut, Wanderpredigt) mit der **Kirchlichkeit** der Verkündigungsinhalte. Es gelang Diego, eine Waldensergruppe um Durandus von Huesca (s. 11.3.2) in die Kirche zurückzuholen. Mit der Gründung eines Klosters in Prouille 1206 begannen sie programmatisch die **Seelsorge an Frauen**, weil diese bei den Ketzern besondere Betreuung erfuhren.

14.1.2 In der Zeit des Krieges gegen die Albigenser nach 1208/9 wirkte Dominikus so erfolgreich, daß ihn 1215 der Erzbischof von **Toulouse** nach der Eroberung der Stadt dorthin holte und mit der Predigt in der Diözese beauftragte, ihm für das von ihm gegründete Kloster die Romanuskirche überließ und seine **Predigergemeinschaft** bestätigte. Die für eine Ordensgründung erforderliche **Erlaubnis durch den Papst** erteilte Honorius III. 1216/17 wegen der Annahme einer alten Regel. Dieser stellte *die Brüder von St. Romanus* unter seinen Schutz und übertrug ihnen die Predigtaufgabe, die eigentlich den Bischöfen reserviert war; 1218 empfahl er die *Brüder des Predigerordens* (*fratres ordinis Praedicatorum*) allen Bischöfen. Damit war die Unabhängigkeit von der Diözesanorganisation angebahnt.

14.1.3 Dominikus hat die Ausbreitung in ganz Europa dadurch gefördert, daß er von den Predigerbrüdern das *Studium*, die **theologische Bildung** als Basis katholischer Glaubensverkündigung, verlangte. Sollten sie dadurch zunächst für die intellektuelle Auseinandersetzung mit den ketzerischen Ideen gerüstet werden, so erweiterte sich das später zu genereller Beschäftigung mit der Wissenschaft. 1217 sandte Dominikus einige Brüder nach **Paris**, um dort zu studieren, zu predigen und einen Konvent aufzubauen. (Das dortige Jakobskloster wurde bald ein Zentrum des Ordens.) Andere Brüder sandte er nach Bologna, Madrid, Segovia und Lyon. Er selbst wirkte in **Rom**, reiste aber viel umher. Der Orden wuchs bald an und wurde zu einer abendländischen Predigtbewegung. Grundsätzlich siedelten sich die Brüder in den wichtigsten **Städten** an, weil diese die Voraussetzungen für ihre Tätigkeit boten. Ihre **Ordenskleidung** entsprach derjenigen der Kartäuser: weißer Talar mit Kapuze und Skapulier (Schultertuch), darüber ein schwarzer offener Mantel.

14.2 Organisation und Ausbreitung

Der volksmissionarische Erfolg des Predigerordens beruhte darauf, daß er das zeitgemäße Armutsideal nicht nur predigte, sondern auch vorlebte. Die Ausbreitung in den **Städten** v.a. Frankreichs, Italiens, Spaniens, Deutschlands, Polens und Englands hing mit deren Entwicklung als ökonomischen und kulturellen Zentren zusammen. Sie gab der Ordensarbeit neue Möglichkeiten (u.a. durch "Bettel"; d.h. finanzielle Unterstützung für die Predigt und Seelsorge) und soziale Mobilität. Auf die religiöse **Frauenbewegung** reagierte der Orden durch Errichtung spezieller Konvente für ein kontemplatives Leben mit Erfolg. Durch seine **Konstitutionen** von 1220/1 und 1228 schuf er sich eine zentralistische, aber flexible Verfassung. Mit der kirchlichen Hierarchie eng verbunden, wurde er nicht nur ein wichtiges Reforminstrument, sondern auch Träger der Ketzerbekämpfung und Multiplikator der Papstherrschaft.

14.2.1 Das Laterankonzil von 1215 schrieb allen Orden die Abhaltung von Generalkapiteln nach dem Vorbild der Zisterzienser vor. In **Bologna**, dem zweiten Zentrum neben Paris, versammelte Dominikus 1220 und 1221 das Generalkapitel als oberstes Leitungsgremium, um auf der Basis der Augustinregel die **Grundzüge der Verfassung** zu beschließen. Diese Beschlüsse wurden durch die Konstitutionen von 1228 und späterer Generalkapitel ergänzt. Dem **städtischen Leben** entsprach das Prinzip der kollektiven Führung und der Wahl auf Zeit für die Ämter. Auch das Prinzip des völligen Güterverzichts und der **Bettelarmut** entsprach dieser sozialen Situation, weil die Predigerbrüder ihren Unterhalt von der Stadtbevölkerung als Entgelt für ihre Tätigkeit bekamen. Vom herkömmlichen Klosterwesen unterschied man sich auch dadurch, daß das Gebot der *stabilitas loci* wegen des Ideals der apostolischen Wanderpredigt nicht galt und daß jedem **Konvent** - bestehend aus Klerikern und Laienbrüdern - ein Prior (kein Abt) vorstand. Die Konvente wurden in Provinzen unter einem Provinzial zusammengefaßt, die Provinzen unterstanden dem *Magister generalis* (Ordensgeneral, seit 1273 mit Sitz in Rom) und dem jährlich tagenden Generalkapitel, welches die Ordenskonstitutionen festsetzte. Jeder Konvent bekam eine **Schule** mit einem Lektor/Lehrer (*doctor*) für die theologische Ausbildung, jede Provinz ein zentrales, besonders gut ausgestattetes Studienhaus.

14.2.2 Von Anfang an spielten **Frauenkonvente** im Orden eine besondere Rolle (so in Prouille, dann in Bologna, Madrid und Rom). Damit begegnete man den Bedürfnissen der religiösen Frauenbewegung. Trotz anfänglicher Widerstände übernahmen Predigermönche seit 1267 die seelsorgerlich-priesterliche Betreuung der Klausurschwestern, *Moniales*, deren Konvente sich zu einem **Zweiten Orden** entwickelten (seit 1259 mit eigener Regel). Dieser war besonders stark in Deutschland verbreitet, wo um 1250 von insgesamt 22 Frauenklöstern 18 und um 1300 von 141 ca.80 lagen. Die Schwestern, die meist dem Adel und höheren Bürgertum entstammten, widmeten sich dem **meditativen Leben**; ihre profilierte Spiritualität führte in vielen Konventen zur Pflege der Mystik. Frauen und Männer, die sich vom weltlichen Treiben zurückziehen, aber nicht völlig in monastischer Strenge leben wollten, assoziierten sich schon früh dem Orden und bildeten als **Bußschwestern und -brüder** eigene Gemeinschaften mit Klausur und Gelübde: den sog. **Dritten Orden** des hl. Dominikus (mit Regel von 1285). Ihm gehörte z.B. die Mysterikerin Katharina von Siena an (s. 12.4.4). Derartige Tertiarier gab es auch in anderen Orden; sie machten deutlich, wie stark die monastischen Ideale in die Gesellschaft hineinwirkten.

14.2.3 Nach Dominikus' Tod wurde 1223 sein Nachfolger als Generalmagister der Westfale Jordan von Sachsen (ca.1185-1237), ein glänzender Prediger, der die Organisation tatkräftig ausbaute und die Verbreitung förderte. Ein weiterer Deutscher leitete 1241-52 den Orden: Johannes Teutonicus aus Wildeshausen, der sich für die Bewahrung der Disziplin und des Armutsgebotes einsetzte. **Deutschland** wurde rasch zu einem der Zentren des Ordens; hier entstanden - gefördert durch Adel und Bürgertum - die ersten Konvente zwischen 1222 und 1240 u.a. in Köln, Straßburg, Magdeburg, Trier, Basel, Wien, Erfurt, Würzburg, Regensburg, Leipzig, Lübeck (bis um 1300: ca.50). Deren theologische Arbeit machte sie zu geistigen Mittelpunkten. Hinzu kam ihr enger Kontakt zur Bevölkerung durch Seelsorge und Armenpflege, so daß die Dominikaner erhebliche **kultur- und sozialgeschichtliche Bedeutung** erlangten. 1303 wurde Deutschland in die beiden Provinzen Teutonia und Saxonia geteilt. Im Zusammenhang der Missionstätigkeit breitete sich der Orden auch in Ungarn und Skandinavien aus. Missionare arbeiteten im 13.Jh. u.a. im Baltikum und in Rußland, in Asien und Afrika.

14.2.4 Von Anfang an war die **Verbindung zur römischen Kurie** eng. Seit Honorius III. und Gregor IX. förderten die Päpste den Orden, und dieser unterstützte deren Herrschaftsanspruch in der Gesamtkirche. Innozenz V. (1276) und Benedikt XI. (1303-04) waren Dominikaner. Wegen der Geltung der wissenschaftlichen Theologie im Ordensleben wurden den Dominikanern seit 1232 vielfach Aufgaben der **Inquisition** übertragen, so daß sie für die Öffentlichkeit besonders mit dieser Form der Ketzerbekämpfung verbunden waren.

14.3 Theologie und Wissenschaft

Seit 1217/18 studierten Predigerbrüder in Paris und Bologna, seit 1220 war allen das Theologiestudium in den Ordensschulen vorgeschrieben. Der Konvent in **Paris** gewann für die dortige Universität neben demjenigen der Franziskaner Bedeutung, was zu Konflikten mit dem Weltklerus um die wissenschaftliche Betätigung der Bettelorden führte (sog. Pariser Mendikantenstreit). Dort wirkten u.a. nach 1245 **Albertus Magnus** und **Thomas von Aquino** im Sinne des neuen Programms der Aristotelesrezeption, was die Dominikaner in die Konflikte um das Wissenschaftsverständnis hineinzog (vgl. § 10; 11.2). Seit 1309 galt Thomas als offizieller Lehrer des Ordens, so daß seine Schriften dem Studium zugrundegelegt wurden. Große Ausstrahlung entwickelten auch die Studienhäuser in Bologna, Oxford und Köln. Nicht nur Theologie (besonders Exegese), sondern auch Philosophie, Naturwissenschaften und Kirchenrecht wurden gepflegt. In Deutschland erhielt die Mystik ihre herausragenden Vertreter im 14.Jh. mit den Dominikanern Meister Eckhart, Johannes Tauler und Heinrich Seuse (vgl. § 10; 15.1-2; 18.1).

14.4 Literatur

ATLAS z. KG 57.59. - B. ALTANER: Der hl. Dominikus, 1922. - K. ELM: Franziskus und Dominikus, Saec. 23 (1972) 127-147. - A. ESSER: Dominicus/Dominikaner, TRE 9 (1982) 125-136. - G. GIERATHS: Dominikanerorden, LThK[2] 3 (1959) 483-493. - A. HERTZ: Dominikus und die Dominikaner, 1981. - W.A. HINNEBUSCH: The History of the Dominican Order, 2 Bde., 1965-73. - M.-H. VICAIRE: Geschichte des hl. Dominikus, 2 Bde., 1962. - DERS.: Dominikus, GKG 3, 1983, 267-281.

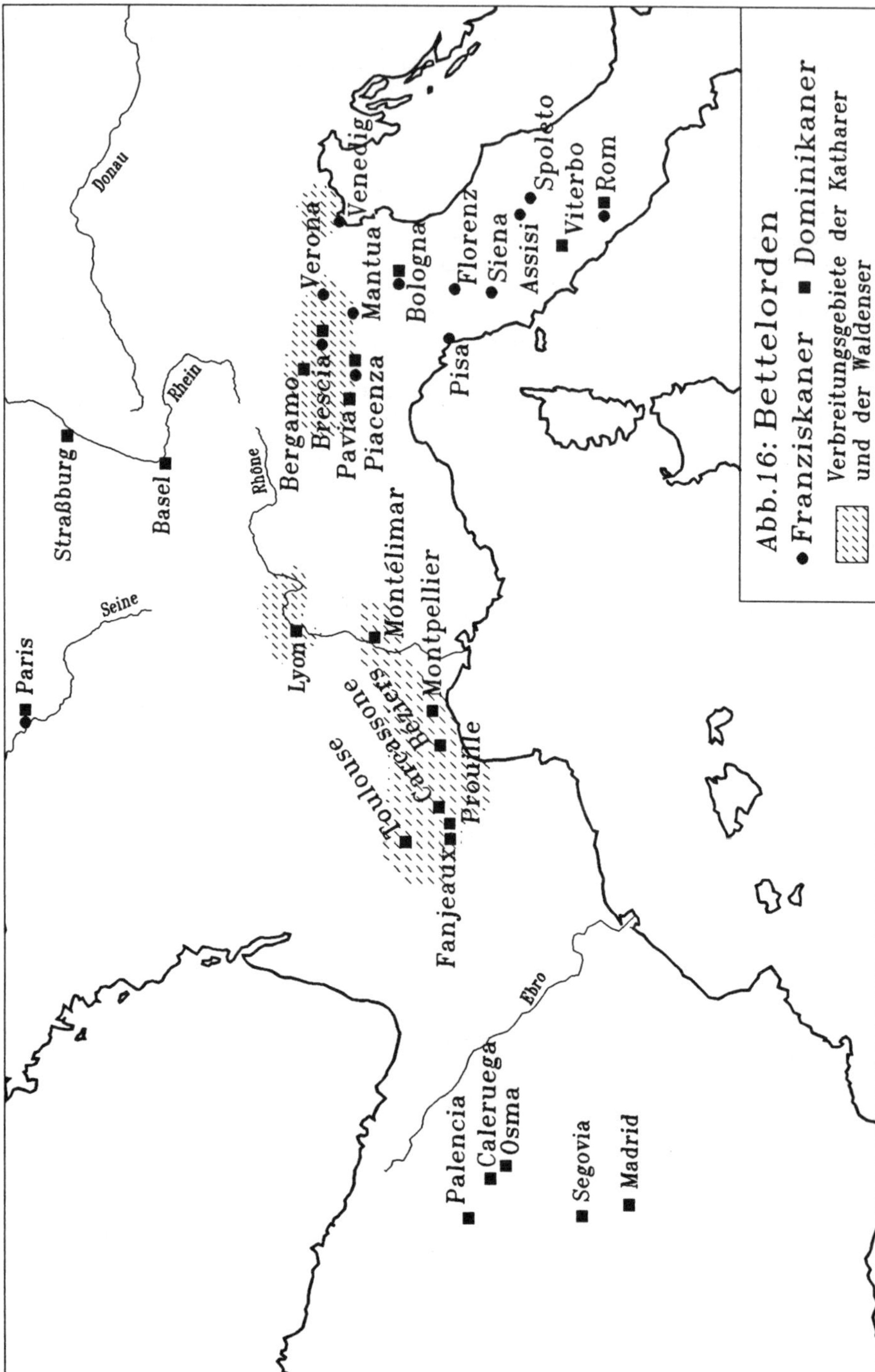

Abb. 16: Bettelorden
• Franziskaner ■ Dominikaner
Verbreitungsgebiete der Katharer und der Waldenser

15. Spätblüte und Vielfalt des monastischen Lebens

Der sozialen Differenzierung, kulturellen Horizonterweiterung und religiösen Komplexität im 13.Jh. entsprachen die zahlreichen Formen, mit denen Frauen und Männer das monastische Ideal zu verwirklichen suchten. Die Spannbreite des Mönchtums bekundeten neben der - z.T. erstarrten - Existenz der älteren Orden (Benediktiner und Augustiner-Chorherren), der fortdauernden Blüte der Reformorden (s. 10.1-3) sowie dem rasanten Aufschwung der Bettelorden (s. 13.1.-14.3) weitere Neuformationen. Das **Mendikantentum** erhielt eine für die Zukunft wichtige Ergänzung durch die Karmeliter und die Augustiner-Eremiten, die mit Franziskanern und Dominikanern im Spätmittelalter die vier großen Bettelorden bildeten und das religiös-kulturelle Erscheinungsbild der Städte prägten. Im Zusammenhang mit den Kreuzzügen entstanden seit ca.1120/30 **Ritterorden**, welche eine typisch mittelalterliche Integration von weltlicher und geistlicher Lebensform realisierten. (Näheres zu ihnen s. § 9; 9.1-3.) Daneben bildeten sich **Hospitalorden** aufgrund von Kreuzzugsbewegung und Pilgerwesen, aber auch unabhängig davon im Zusammenhang mit dem Aufblühen der Städte und der Zunahme sozialer Notstände. Die **Mystik** trug, zumal in Deutschland, erheblich zur religiösen Neubelebung v.a. der Frauenklöster bei. (Näheres s. 12.3 und § 10; 15.1; 18.1). Die Vitalität des monastischen Ideals, die im 12. und 13.Jh. zu einer erstaunlichen Fülle von Verwirklichungsformen führte, ließ jedoch spürbar nach. Seit der Mitte des 14.Jh.s geriet das Mönchtum aller Formationen in eine Krise, bedingt durch verschiedene Faktoren: v.a. die allgemeine Verweltlichung, die Autoritätseinbußen durch geistliche Erschlaffung, die ständigen Streitigkeiten der Bettelorden untereinander, deren Konflikte mit dem Stadtklerus, die abendländische Kirchenspaltung (s. § 8; 11.3) und die Folgen der großen Pest. Verschiedene Reformbemühungen im 15.Jh. konnten den Niedergang nur teilweise aufhalten.

15.1 Neue Bettelorden: Karmeliter und Augustiner-Eremiten

Im Zusammenhang von Eremiten-, Armuts-, Pilger- und Kreuzzugsbewegung entstand in **Palästina** am Karmelgebirge im 12.Jh. eine **Einsiedlergemeinschaft**, deren Leben durch Stillschweigen und Handarbeit, Fasten und Gebet bestimmt war: die **Karmeliter bzw. Karmeliten**. Infolge der muslimischen Rückeroberung des Heiligen Landes zogen viele von ihnen sich seit ca.1240 ins Abendland zurück. Sie paßten ihre Lebensweise und Organisationsform derjenigen der Mendikanten an und entwickelten sich seitdem zu einem Orden von gesamteuropäischer Bedeutung. Sie widmeten sich v.a. in den Städten der **Seelsorge** an der Bevölkerung und fanden insbesondere durch die Pflege der Marienfrömmigkeit allgemeine Resonanz. Eine Ergänzung durch einen weiblichen, zweiten Orden ergab sich im Gefolge der Reformtendenzen des 15.Jh.s mit der Entstehung der Karmeliterinnen (seit 1452). Durch Zusammenschluß von verschiedenen Einsiedlergemeinschaften, die im 12.Jh. in Italien durch die asketisch-eremitische Bewegung (s. 9.4) entstanden waren, formte sich 1244/56 der neue Bettelorden der **Augustiner-Eremiten**. Er organisierte sich nach dem Vorbild der Dominikaner auf der Grundlage der Augustinregel und gestaltete sein Leben im bewußten Rückgriff auf augustinische Spiritualität. Die Klosterneugründungen des 13./14.Jh.s erfolgten demgemäß in den Städten, wo sich die Augustiner - in Konkurrenz zu Franziskanern und Dominikanern - auf **Seelsorge, Predigt und theologische Wissenschaft** konzentrierten. Der Orden verbreitete sich rasch in ganz Europa (mit 16 Provinzen bis 1295) und gewann u.a. in Deutschland Bedeutung für das religiöse Leben und die Pflege von Mystik und Scholastik. Infolge der Krise des 14.Jh.s kam es zur Abspaltung einer strengeren Richtung, der **Observantenkongregation**, die im 15.Jh. über 30 deutsche Klöster umfaßte, darunter auch den Konvent in Erfurt, dem Martin Luther 1505 beitrat.

15.1.1 Am Karmel lebten seit dem 5./6.Jh. griechische Einsiedler in Höhlen und Zellen. Bei der - historisch unklaren - Entstehung der **Karmelitergemeinschaft** spielte um 1155 der Kreuzfahrer Berthold von Kalabrien (gest. ca.1195) eine Führungsrolle. Die **Marienfrömmigkeit** prägte diese meist aus Europa stammenden *Eremiten der seligsten Jungfrau Maria vom Berge Karmel*, die 1207/09 eine - 1226 von Papst Honorius III. bestätigte - Regel bekamen. Einzelne Gruppen wichen vor dem Druck der Muslime in ihre Heimat aus, v.a. nach Sizilien, Südfrankreich, Flandern und England. Unter dem englischen Generalprior Simon Stock (gest. 1265) formierten sie sich zu einem **Orden** mit Klöstern und gemilderter Regel (1247 von Innozenz IV. bestätigt; OCarm.; mit braunem Habit). Sie verbreiteten sich im 13./14.Jh., nun auf die Städte konzentriert: z.B. mit 40 Konventen in England bis 1265, mit 35 in Deutschland bis 1348. Ihrem intensiven Marienkult schlossen sich viele bürgerliche Bruderschaften (Tertiarier) an. Infolge von Ordensspaltung und Sittenverfall bildeten sich nach 1430 v.a. in Frankreich und Italien strengere **Observanzkongregationen**, darunter diejenige von Mantua, deren Leiter Thomas Connecte - ein volkstümlicher Bußprediger und Reformer, der auch das Papsttum kritisierte - 1434 als Ketzer verbrannt wurde. Im 16.Jh. brachte die strenge Erneuerungsbewegung der *Unbeschuhten* (*Discalceaten*) Karmeliter/Karmeliterinnen einen Aufschwung (wichtig v.a. Teresa von Avila 1515-82 und Johannes vom Kreuz 1542-91).

15.1.2 Die Umgestaltung etlicher - v.a. in der Toskana verbreiteter - Eremitenkongregationen zu einem einheitlichen Orden der **Augustiner-Eremiten** (OESA; mit schwarzem Habit) bewirkte der Druck der römischen Kurie, die verschiedene Mißstände beheben wollte (Gründungskapitel in Rom 1244, Erweiterung durch die Bulle Alexanders IV. 1256). Neben der Augustinregel galten besondere Konstitutionen; die **Ordensverfassung** lehnte sich an diejenige der Dominikaner an. Infolge der raschen Verbreitung entstanden bis 1329 24 Ordensprovinzen im ganzen Abendland, in Deutschland 4 (Blüte im 15.Jh. mit ca.2000 Klöstern in 42 Provinzen). Die Verbindung von kontemplativem und aktivem Leben führte hier zu einer besonderen Betonung der **theologischen Arbeit** mit systematischem Aufbau von Studienhäusern in den Provinzen (z.B. dem Generalstudium in Erfurt) und dem Zentrum in Paris. Durch die Orientierung an Augustins Theologie entstand eine spezifische Augustinerschule mit hervorragenden Scholastikern (s. § 10; 17.1.2-3). Ihr entsprach auch die Pflege der **Mystik**: Heinrich von Friemar d.Ä. (ca.1245-1340) übte durch seine geistlichen Schriften - z.B. über die Regungen der Seele - breiten Einfluß im Spätmittelalter aus. Auch Jordan von Sachsen/von Quedlinburg (ca.1300-80; zu unterscheiden von dem gleichnamigen Dominikaner, s. 14.2.3) hat durch Traktate und Predigten in die Breite gewirkt.

15.2 Hospitalorden und Spitäler: Betreuung von Pilgern, Kranken, Armen

Große sozialgeschichtliche Bedeutung bekam der Aufschwung des Hospitalwesens seit der Kreuzzugszeit durch die Entstehung spezifischer Kommunitäten und durch die bürgerlichen Hospitalgründungen. Die Beherbergung von Reisenden sowie die Armen- und Krankenpflege galt seit dem 4.Jh. als Aufgabe der Klöster; spezielle Einrichtungen dafür (*Xenodochien*/Hospitäler) entwickelten in größerer Breite v.a. die gallofränkischen Bischofsstädte im 5.-7.Jh. nach östlichen Vorbildern (vgl. 4.3;

5.3). Gemäß dem ritterlichen Ideal des Einsatzes für Hilfsbedürftige bildeten sich zur Betreuung der Kreuzfahrer in Europa und Palästina besondere Orden, die zunächst den Hospitaldienst in den Vordergrund stellten: so v.a. der Johanniter- und der Deutschorden (s. § 9; 9.2-3). Als nicht-ritterliche Orden verbreiteten sich in den abendländischen Städten die bürgerlichen **Hospitaliter** und **Hospitaliterinnen** in verschiedenen Organisationsformen. Teils unter ihrem Einfluß, teils durch eigenständige Wahrnehmung der sozialen Aufgaben in den anwachsenden Städten schufen **Bürger** - oft aus religiöser Motivation, zunächst in Verbindung mit Kirche und Klerus - durch reiche Stiftungen **Hospitäler, Siechen- und Leprosenhäuser**. Da deren Insassen sich durch eine Art Gelübde in die Hausordnung banden und ein geregeltes, religiös geformtes Gemeinschaftsleben führten, entstand mit diesen Bruder- und Schwesterschaften eine Analogie zum Klosterwesen. Auch die Beginen und Begarden (s. 12.2) gehörten zu den Trägern der städtischen Krankenpflege. Der Betreuung von **Pilgern** nach dem Ende der Kreuzfahrten ins Heilige Land dienten im Zusammenhang mit dem Aufschwung des Wallfahrtswesens im 14./15.Jh. spezielle Kommunitäten und Klöster.

15.2.1 Vor 1095 entstand in Südfrankreich eine Bruderschaft der **Hospitaliter des hl. Antonius** zur Pflege der am sog. Antoniusfeuer (d.h. meist tödlichen Hautgeschwüren) Erkrankten. Diese Bruderschaft verbreitete sich in Europa und wurde 1247/97 zu einem Regularkanonikerorden nach der Augustinregel umgeformt: die sog. **Antoniter** (in Deutschland oft *Tönniesherren* genannt). Der zentralistische Orden unterhielt bis zu 369 Spitäler und erwarb großen Grundbesitz. Starke Verbreitung und eine differenzierte Struktur entwickelte der um 1180/95 in Montpellier gegründete Orden der **Brüder vom Heiligen Geist**; er hatte v.a. in Italien zahlreiche Hospitäler und sah - seit ca.1250 als Klerikerorden - neben den traditionellen drei Gelübden als viertes die Verpflichtung zum Dienst *an unseren Herren, den Kranken* (bzw. *Armen*) vor. Daneben gab es an den vielen bürgerlichen Spitälern (s. 15.2.2) **Heiliggeistbrüder** ohne feierliches Gelübde. Der Leprosenpflege dienten v.a. die um 1120 in Jerusalem gegründeten **Lazariten**, ein Ritterorden, der auch in Deutschland seit dem 13.Jh. Niederlassungen unterhielt. Außer den **Schwestern des Ordens vom Hl. Geist** entstanden weibliche Ordenszweige für die Krankenpflege u.a. auch bei den Johannitern, Deutschherren, Lazariten und Augustiner-Eremiten. Dem Freikauf christlicher Gefangener aus der Versklavung durch Muslime diente neben der Krankenpflege der vor 1198 in Frankreich entstandene **Trinitarierorden**, der sich in den meisten europäischen Ländern ausbreitete und enorme Hilfsgelder sammelte.

15.2.2 Mit dem Begriff Hospital/Spital erfaßte man die verschiedenen Einrichtungen für Hilfsbedürftige, insbesondere für dauerhaft Kranke und gebrechliche Alte ("Sieche"). Neben den o.g. Orden traten seit dem 12./13.Jh. die **Bürger und Stadtobrigkeiten** als Stifter und Träger solcher Häuser hervor. Diese waren meist dem Heiligen Geist als dem Tröster der Armen geweiht und wuchsen z.T. zu riesigen, begüterten Anstalten heran (so z.B. das Hôtel/Dieu in Paris seit 1195). In Deutschland entstanden sie seit dem 14.Jh. zahlreich, erstmals 1227-34 in Lübeck. Die medizinische Versorgung war kaum entwickelt, auf bloße Betreuung beschränkt, die oft von speziellen Bruder- oder Schwesterschaften geleistet wurde. Durch die **geistliche Versorgung** mit Gottesdiensten in der Spitalkirche oder -kapelle war eine Verbindung zur Kirche gegeben. Durch das geregelte Gebetsleben, das Keuschheits- und Gehorsamsgelübde, die einheitliche Kleidung, die gemeinsamen Mahlzeiten u.a. bildeten die Hospitäler eine dem Mönchtum angeglichene Welt. Spezielle Einrichtungen zur sozialhygienischen Isolierung der Aussätzigen waren die überall in Stadt und Land seit dem 13.Jh. entstehenden **Leprosenhäuser**, die nach denselben Prinzipien organisiert wurden.

15.3 Literatur

M. HEIMBUCHER: Orden I, 417-424.448-455.536-546.611-620; Orden II, 54-92. – D. JETTER: Geschichte des Hospitals, 6 Bde., 1966-87. – A. KUNZELMANN: Geschichte der deutschen Augustiner-Eremiten, 7 Bde., 1969-75. – F. MEFFERT: Caritas und Krankenwesen bis zum Ausgang des Mittelalters, 2 Bde., 1925-27. – G. MESTERS: Geschichte des Karmelitenordens, 1958. – DERS.: Karmeliten, LThK 5 (1960) 1366-1372. – A. MISCHLEWSKI: Grundzüge der Geschichte des Antoniterordens, 1976. – H. SCHIPPERGES: Die Kranken im Mittelalter, 3.A. 1993. – J. SMET/U. DOBHAN: Die Karmeliter, 1981. – G.B. WINKLER: Karmeliter, TRE 17 (1988) 658-662. – A. ZUMKELLER: Augustiner-Eremiten, TRE 4 (1979) 728-739.

16. Erneuerung der Frömmigkeitspraxis: Die Devotio moderna

Als *Devotio moderna/neue Frömmigkeit* verstand sich eine in den Niederlanden seit ca.1380 entstehende und von dort ausstrahlende Bewegung, die z.T. den Rahmen des herkömmlichen Mönchtums sprengte, z.T. monastische Formen annahm. Ihre Motive waren einerseits die **Kritik** an dem verweltlichten Lebensstil von Klerikern/Mönchen und an der Äußerlichkeit der normalen Laienreligiosität, andererseits eine radikale Konzentration auf geistliche **Erfahrung** im Sinne einer als spiritualisierte **Christusnachfolge** verstandenen Innerlichkeit: Buße, Demut, Bewährung christlicher Tugenden im Alltag und Meditation, geregeltes Gemeinschaftsleben und Passionsfrömmigkeit waren die hauptsächlichen Merkmale. Die allgemeine Erschütterung des Lebensgefühls in ganz Europa durch die katastrophalen Auswirkungen der großen Pest von 1347-52 dürfte die Bewegung beeinflußt haben. Diese organisierte sich in **zwei Lebensformen**: den Brüdern bzw. Schwestern vom gemeinsamen Leben (Konventen von Klerikern und Laien in den Städten) und der Windesheimer Kongregation (Klöstern/Chorherrenstiften). Ihr religiöser Einfluß war im 15.Jh. beträchtlich; er ergab sich aus der Verbreitung ihres zu einer bürgerlichen Frömmigkeitspraxis anleitenden Schrifttums, die durch den Buchdruck seit ca.1470 gesteigert wurde. Da die Fraterherren v.a. in den **Städten** wirkten, bildeten sie eine Konkurrenz zu den Bettelorden, deren Existenz eng mit den urbanen Lebensformen verflochten war. Ihre **Reformimpulse** trugen auch zu partieller Erneuerung des Mönchtums bei (insbesondere zu einem beachtlichen Aufschwung der Kartäuser und Augustiner-Chorherren). Die Devotio moderna beeinflußten aber weit darüber hinaus die Frömmigkeit der spätmittelalterlichen Gesellschaft. Sie bildeten eine eigenständige, spezifisch geprägte Fortführung der religiösen Frauenbewegung des 13.Jh.s (s. 12.2) und eine praxisbezogene Umformung der Mystik (s. § 10; 18.1). Ob sie den Humanismus beeinflußt hat, ist umstritten; z.T. läßt sich das vermuten, so im Blick auf Pädagogik und Jesusfrömmigkeit. Ihre Nachwirkung in Teilen des Reformkatholizismus im 16.Jh. – v.a. hinsichtlich der praxisorientierten Mystik – war dagegen stärker.

16.1 Die Brüder/Schwestern vom gemeinsamen Leben

Entscheidende Trägerkreise der neuen Frömmigkeitsbewegung waren – zunächst in den Niederlanden, im 15.Jh. v.a. auch in Niederdeutschland verbreitet – die sog. Fraterhäuser und die diesen assoziierten Konvente frommer Frauen. Initiator und geistlicher Führer dieser Bewegung war **Geert Groote**, der sich nach seiner Bekehrung in ein bußfertig-kontemplatives Leben zurückzog und sein Haus in Deventer 1374/79 für eine **Frauengemeinschaft** bereitstellte, welcher er eine geistliche Lebensordnung gab. In derselben Stadt sammelte sich um Grootes Freund, den Priester **Florens Radewijns** seit 1380 erstmals eine Gemeinschaft von Klerikern und Laien in einem **Bruderhaus**, das zum Vorbild für die zahlreich entstehenden Kommunitäten wurde. Groote erzielte als Prediger der Buße und Demut sowie durch die spätere Verbreitung seiner Schriften große Wirkung. Zur Verwirklichung des verkündeten **Ideals der Herzensinnigkeit** gab er nüchtern-praktische Ratschläge, die der Seelenführung und Lebenskontrolle dienten.

16.1.1 Unter dem Einfluß von Kartäusertum und Mystik formte der gebildete, wohlhabende Laie **Gerard/Geert Groote** (bzw. Grote; 1340-84) eine eigene Konzeption. Eine wichtige Rolle bei der Bekehrung 1373 spielte der **Kartäuser** Heinrich Eger von Kalkar (1328-1408; Verfasser des für die Devotio moderna wichtigen *Speculum peccatorum/Spiegel der Sünden*), in dessen Kloster bei Arnheim Groote längere Zeit lebte. **Mystische Lehren** vermittelten ihm v.a. der Kontakt mit Jan van Ruusbroec und die Schriften Heinrich Seuses (s. § 10; 18.1.2-3), aber auch die Beschäftigung mit Bernhard und den Viktorinern (s. § 10; 5.1-3; 6.1-3). Er erstrebte eine **Erneuerung der Frömmigkeitspraxis**, deren Grundsätze er seit 1379 als Wanderprediger (deswegen zum Diakon geweiht) in niederländischen Städten und Dörfern verkündigte.

16.1.2 Der von Groote propagierten Bekehrung zum inneren Leben (*ynnicheit van herten*) dienten seine **Anweisungen** zur Ablösung von allen äußerlichen Gütern, Ehren und Tätigkeiten, zu Askese und Demut, Schriftmeditation und Gebet (Übers.: Janowski 45-66). Daran orientierten sich später Praxis und Schrifttum der Devotio moderna (dieser Begriff entstand im 14./15.Jh.). Monastische Regeln und Gelübde lehnte Groote für jene Lebensform ab, doch er gab dem von ihm in **Deventer** gestifteten Frauenkonvent 1379 **Statuten**; diese betonten u.a. die Handarbeit als Basis des Lebensunterhalts. Demgemäß lebten die Brüder und Schwestern des gemeinsamen Lebens/*fratres et sorores communis vitae* in ihren durch feste Ordnungen/*consuetudines* geregelten Hausgemeinschaften v.a. vom Abschreiben und Verkauf von Büchern. Diese Tätigkeit ließ sich mit ihrem Hauptzweck, der Lesung und **Meditation** von Bibel und mystisch-asketischen Schriften (z.B. des Johannes Cassianus), verbinden. Viele Häuser wandten sich auch der religiösen Jugendunterweisung zu; doch eigene Schulen unterhielten die Devoten nur selten im späten 15.Jh. Der maßgebliche Organisator der Bewegung war zunächst Florentius/**Florens Radewijns** (1350-1400), der starken Einfluß auch durch seine Anleitung zu geistlichen Übungen ausübte (den *Tractatulus devotus*; ed.H. Nolte, 1862; Übers.: Janowski 69-102). Seit 1394 bildete sich in **Zwolle** ein zweites Zentrum, das unter Dirc van Herxen (1381-1457) seit ca.1420 die Führung übernahm. Herxen wirkte auch durch seine pädagogischen Schriften in die Breite. Durch mystisch-praktische Erbauungsschriften trat unter den ersten Brüdern von Deventer der gelehrte Priester **Gerhard Zerbolt** van Zutphen (1367-98) hervor, der auch die Devotio gegen die Attacken der Bettelorden verteidigte.

16.1.3 Die Verbreitung der Bewegung zeigte sich an der **Entwicklung** der Kommunitäten: bis ca.1450 in den meisten niederländischen Städten über 80 - z.T. sehr große - Schwesternhäuser und nur knapp 20 Fraterhäuser, meist mit kleinem Konvent (hauptsächlich Klerikern). In **Deutschland** wirkte v.a. das Vorbild des Fraterhauses von **Münster**, das 1401 der Priester Heinrich von Ahaus (ca.1370-1439) aufgrund der in Deventer empfangenen Anregungen gründete (mit "Ablegern" in Köln 1416 und Wesel 1435). Daraus entwickelte sich der starke westdeutsche Kreis der Devotenbewegung, z.B. mit dem Fraterhaus Herford seit 1426. Neben ihm standen der mitteldeutsche Kreis um Hildesheim und der mittelrheinisch-oberdeutsche Kreis um Köln und Butzbach. In Württemberg bildete sich ein weiteres Zentrum v.a. aufgrund der Tätigkeit Gabriel Biels (s. § 10; 17.5.1). Bis zum Ende des 15.Jh.s gab es in Deutschland ca.25 Brüder- und sehr viel mehr Schwesternhäuser.

16.2 Die Windesheimer Kongregation: Klosterreform
Grootes Anregungen entsprechend gründeten einige seiner Schüler unter Florens Radewijns 1387 ein Kloster auf der Grundlage der Augustinregel, um die neue Frömmigkeit in einer gegenüber den kirchenamtlichen Kritikern abgesicherten Lebensform praktizieren zu können: das Chorherrenstift Windesheim bei Zwolle. Es wurde das **Modell** für eine Erneuerungsbewegung, die im 15.Jh. zu zahlreichen **Neugründungen** in den Niederlanden und in Niederdeutschland führte (seit 1395 miteinander verbunden als Windesheimer Kongregation: 87 Stifte bis 1500). Charakteristisch für diese vom Geist der Devotio moderna geformten Klöster, die abseits der Städte lagen, waren das **kontemplativ-meditative Leben** und die geordnete Gemeinschaft. Seelsorgetätigkeit in der Bevölkerung fehlte. Die Verbindung zu den Fraterhäusern war eng. Die Wirkung der Bewegung wuchs dadurch, daß sie vielen Augustinerstiften **Reformimpulse** für eine strengere Observanz vermittelte. Bis 1500 standen u.a. in den Niederlanden, Deutschland und Frankreich 200-300 Klöster unter dem Einfluß der Windesheimer Devotio. In Deutschland trat **Johannes Busch** (1399-1479) seit 1435/51 als rigoroser Organisator dieser Klosterreform hervor, die z.T. eine Spätblüte der monastischen Religiosität in einer Zeit allgemeinen Niedergangs des Klosterlebens bewirkte.

16.3 Jesusfrömmigkeit, Erbauungsliteratur und Meditationspraxis

Durch ihr Schrifttum wollte die Devotio moderna zu einer meditativ-erbaulichen, Erfahrung und Gefühl bestimmenden **Frömmigkeitspraxis im bürgerlichen Alltag** durch Rückzug in die Innerlichkeit anleiten wollte. Zwar wirkten dabei Einflüsse der Mystik mit, aber sie wurden durch das weithin unspekulative, z.T. dezidiert antimetaphysische Denken wesentlich umgeformt. Nicht originelle Geister und systematische Entwürfe bestimmten diese Literatur, sondern Kompilation und Adaption mystischer Grundgedanken im Blick auf ein Leben in Demut und Gehorsam, Kreuzesnachfolge und Gottesgemeinschaft durch Betrachtung des Lebens und Leidens Jesu Christi. Das bedeutendste Meditationsbuch war die unter dem Namen des **Thomas a Kempis** überlieferte *Nachfolge Christi/De imitatione Christi* von ca.1427, eine volkstümliche Sammlung von Anweisungen für das geistliche Leben, die das Gedankengut der gesamten Devotio moderna seit Geert Groote repräsentierte. Es wurde zum klassischen – neben der Bibel am stärksten verbreiteten – Erbauungsbuch, das bis zur Gegenwart fortgewirkt hat.

16.3.1 Die Verfasserschaft der vier Bücher von der Nachfolge Christi (seit 1424/27 anonym überliefert in ca.700 Handschriften), zu der seit dem 15.Jh. verschiedene Theorien aufgestellt wurden, läßt sich trotz umfangreicher Forschung wohl nicht definitiv klären. Als Schreiber des Autographen von 1441 nennt sich **Thomas Hemerken** aus Kempen/Niederrhein (1379/80-1471), ein gebildeter Augustinerchorherr in Agnetenberg bei Zwolle, der u.a. asketisch-mystische Erbauungsschriften verfaßte. Er dürfte der Redaktor der Endgestalt jener in verschiedenen Stufen gewachsenen (im Ansatz auf Groote zurückgehenden?) Spruchsammlung sein, die keine systematische Lehrentfaltung bietet.

16.3.2 Im Zentrum der *Imitatio Christi* steht die Orientierung an **Jesu Passion** als Vorbild für Demut und Standhaftigkeit im Leiden, als Trost in den Anfechtungen und als Anleitung zur Weltverachtung: *Was fürchtest du, das Kreuz zu nehmen, durch das man zum Reich Gottes kommt? Allein im Kreuz ist Heil, im Kreuz ist Leben ..., im Kreuz ist die Stärke der Seele, die Freude des Geistes ...* (II,12,2). Dieser **moralisierenden Kreuzestheologie** entspricht eine individualisierende Spiritualisierung des Reiches Gottes: *Lerne das Äußerliche verschmähen und dich dem Innerlichen hinzugeben, und du wirst das Reich Gottes in dir wachsen sehen* (II,1,1). Der Rückzug in die **Innerlichkeit** durch meditative Praxis bekommt soteriologische Funktion. Trotz Kritik an der veräußerlichten Religiosität (z.B. Reliquien, Wallfahrten) und trotz grundsätzlicher Emanzipation von der institutionellen Heilsvermittlung sprengt diese Frömmigkeit nicht den Rahmen der Kirche. Das zeigen z.B. die Ermahnungen zur eucharistischen Andacht, würdigen Kommunion und Sakramentsgemeinschaft mit Christus (IV,1-5.6-11.12-18).

16.3.3 Nicht so einflußreich wie die *Imitatio*, aber beachtlich wirkte das 1494 veröffentlichte, später überarbeitete **Handbuch des kontemplativen Lebens**: das *Rosetum exercitiorum spiritualium et sacrarum meditationum/Rosengarten geistlicher Übungen und heiliger Betrachtungen* des flämischen Fraterherrn **Johannes Mauburnus** (Jan Mombaer; ca.1460-1501). Dieser trat als Reformer französischer Augustinerchorherrenstifte hervor, seine Schriften zielten auf eine geistliche Erneuerung. Das *Rosetum* bot exakte Anleitungen und Techniken zum Meditieren und Beten sowie Texte von Gebeten und Hymnen, die den Erfahrungsschatz der Devotio moderna repräsentierten. Es hat die Praxis der geistlichen Übungen v.a. in Frankreich und Spanien beeinflußt (wohl indirekt auch die *Exercitia Spiritualia* des Ignatius von Loyola). Diese Methodik der Meditationspraxis war seit Gerhard Zerbolt (s. 16.1.2), bezogen auf den Tages- und Wochenrhythmus, entwickelt worden. Von den bedeutenden Theologen nahm v.a. **Johannes Gerson** (s. § 10; 17.2.4) Einflüsse der Devotio moderna auf; er verteidigte diese auch gegen die Kritik auf dem Konzil von Konstanz. Dionysius der Kartäuser (s. § 10; 17.3.4) im Kloster Roermond berührte sich z.T. mit der Bewegung. Deren Ansatz verband der gelehrte Reformtheologe **Wessel Gansfort** (ca.1419-89, zeitweise Lehrer am Brüderhaus in Zwolle, seit 1478 im Kloster Agnetenberg) mit Mystik, Augustinismus und nominalistischer Scholastik. Er hat mit seiner Meditationsmethode Mauburnus beeinflußt.

16.4 Literatur

QUELLEN: H.N. JANOWSKI (Hg.): Geert Groote, Thomas von Kempen und die Devotio moderna, 1978. - THOMAE HEMERKEN A KEMPIS: Opera omnia, ed. M.J. Pohl, Bd.2, 1904. - THOMAS VON KEMPEN: Von der Nachfolge Christi, übers.v. J.M. Sailer/W. Kröber, 1958; ND 1989.

LITERATUR: ATLAS z.KG 68. - E. BARNIKOL: Studien zur Geschichte der Brüder vom gemeinsamen Leben, 1917. - E. BROUETTE: Devotio moderna I, TRE 8 (1981) 605-609. - J. HUIZINGA: Herbst des Mittelalters, 11.A. 1975, 186-244. - E. ISERLOH: Die Devotio moderna, HKG III/2, 1968, 516-539. - DERS.: Devotio moderna, LMA 3 (1986) 928-930. - DERS.: Thomas von Kempen und die Devotio moderna, 1976. - M. DE KROON: Gerard Groote, GKG 4, 1983, 234-250. - R. STUPPERICH: Brüder vom gemeinsamen Leben, TRE 7 (1981) 220-225. - A.G. WEILER: Gerhard Grote, TRE 14 (1985) 274-277.

§ 7
DIE CHRISTIANISIERUNG EUROPAS

Bedeutung des Themas

Die problematische Periodentrennung zwischen Alter Kirche und Mittelalter ist im Blick auf die Missionsgeschichte insofern gerechtfertigt, als das Christentum im 5.-12.Jh. in Gebiete vorgedrungen ist, die fortan für die Weltgeschichte große Bedeutung erhielten. Damit entstanden "Europa" bzw. "das Abendland" als spezifische Gebilde. Die weitere Entwicklung von allgemeiner Relevanz vollzog sich bis zum 19./20.Jh. i.w. hier. Doch weder geographisch noch kulturell kann eindeutig definiert werden, was mit Europa bzw. Abendland gemeint sein soll. Beide Begriffe hängen mit der römisch-hellenistischen Kulturwelt und mit der Auflösung der politischen Einheit des Imperium Romanum zusammen: Der **westliche Teil**, das Abendland, nimmt eine **eigenständige Entwicklung** seit dem 5.Jh., die dazu führt, daß nicht mehr der Mittelmeerraum das alleinige Zentrum bildet, sondern daß neben diesem (seit dem 7./8.Jh. in zwei Blöcke gespalten, einen byzantinischen und einen arabischen) der Norden ein **neuer historischer Schwerpunkt** wird. Dessen Träger sind die "Barbarenvölker" nach römischem Verständnis, v.a. Germanen und Slawen, die auf dem Boden des Imperiums neue Reiche gründen und dabei eine erhebliche **Kontinuität im Wandel** bewahren. Der fortan dadurch geprägte Raum gilt meist pauschal als Europa, und dessen kulturell-politische Fundamente werden auf die Zeit Karls d.Gr. zurückgeführt. Das ist eine Engführung, denn geographisch wie kulturgeschichtlich gehört das oströmische Reich (Byzanz) zu Europa; und das gilt modifiziert auch für jenen weiten Raum bis zum Ural, in dem sich seit dem 10./11.Jh. das russische Reich bildet. Das mittelalterliche **Europa** in einem weiteren Sinne ist dasjenige Gebiet, wo das Christentum herrscht. In einem engeren Sinne (als **Abendland**) sind damit die westlichen Reiche gemeint, die sich bewußt von den östlichen unterscheiden, woraus in kg. Hinsicht ein Gegensatz wird: **Konfessionelle Differenz** und Kirchenspaltung markieren seit dem 11.Jh. die Grenze zwischen **West- und Osteuropa** als eigener Kulturkreise. Eine Gemeinsamkeit bleibt bis zum 15.Jh. der politisch-religiöse Gegensatz gegen die Herrschaft des Islam, dessen Ausbreitung im 7./8.Jh. als das definitive Ende der antiken Kulturwelt gelten kann. Der Übernahme des Christentums durch Germanen und Slawen sowie dem Vordringen der Kirche in neue Räume außerhalb des Imperium Romanum kommt für Europas Geschichte entscheidende Bedeutung zu, was zu einer wechselseitigen Veränderung beider, der Kirche wie der Völker, führt. Die damit gegebene Umformung der antiken Welt umfaßt einen langen Zeitraum, beginnt mit der sog. Völkerwanderung im 4./ 5.Jh. und ist im 8.Jh. mit dem Karolingerreich einerseits und mit der arabisch-islamischen Staatenbildung i.w. beendet. Die **Christianisierung** – d.h. die Durchdringung aller sozialen Bereiche mit christlichem Leben – im westlichen, nördlichen und östlichen Europa steht einer Dechristianisierung im südlichen Mittelmeerraum gegenüber. Sie wird äußerlich v.a. von kompakten **Missionsvorgängen** befördert und kommt im 12./13.Jh. zum Abschluß. Sie wird begleitet durch Veränderungen in Kirchenstruktur, Frömmigkeit und Theologie, die aus Gründen der thematischen Ordnung in diesem Lehrbuch zwar anderweitig behandelt werden, deren inhaltlicher Konnex aber beachtet werden muß (vgl. §§ 5-6; 8-9).

Hauptsächliche Probleme

- Politische, soziale und kulturelle Faktoren der Christianisierung
- Verhältnis von äußerlicher Missionierung (Taufe, Kirchenorganisation) und innerlicher Bekehrung (Frömmigkeit)
- Partielle Umformung des Christentums in den veränderten soziokulturellen Situationen
- Germanische bzw. slawische Herrschaftsbildung und Organisation von Landeskirchen/Nationalkirchen
- Das Frankenreich als Keimzelle des christlichen Abendlandes
- Das Verhältnis der germanischen und slawischen Landes- bzw. Nationalkirchen zum Papsttum; Zunahme des päpstlichen Einflusses
- Nebeneinander von Abendland und Byzanz (West- und Ostkirche): Rivalität bei der Balkanmission, konfessionell-kirchliche Spaltung Europas
- Christentum und Islam in grundsätzlichem Konflikt und kulturellem Austausch

LITERATUR: A. ANGENENDT: Das Frühmittelalter, 1990. - E. EWIG u.a.: Die lateinische Kirche im Übergang zum Frühmittelalter, HKG II/2, 1975, 95-192. - DERS.: Die Kirche unter der Herrschaft der Laien, HKG III/1, 1966, 3-30.62-282. - G. HAENDLER/G. STÖKL: Geschichte des Frühmittelalters und der Germanenmission. Geschichte der Slavenmission, KIG II/E, 2.A. 1976. - A. HAUCK: Kirchengeschichte Deutschlands, Bd.1-3, 9.A. 1958. - J. KLOCZOWSKI/C. HANNICK: Die neue Christenheit, GCh 4, 1994, 883-952. - P. RICHÉ u.a.: Die Christenheit im Westen u.a., GCh 4, 1994, 603-952. - K. SCHÄFERDIEK (Hg.): Die Kirche des früheren Mittelalters, KGMG II/1, 1978. - H.v. SCHUBERT: Geschichte der christlichen Kirche im Frühmittelalter, 1921; ND 1962.

Wichtige Ereignisse, Sachverhalte, Personen

I.	**Germanische Völkerwanderung und islamische Expansion**
375-451	Vordringen der Hunnen, Niederlage in Gallien
4.Jh.	Wulfilas Gotenmission. Bibelübersetzung. Schriftsprache. "Arianismus"
418/568-711	Reichsbildung der **Westgoten** in Südgallien/Spanien (Toledo) und Landeskirche Katholizismus seit 589 (Rekkared)
429-534	Herrschaft der Wandalen in Nordafrika. Katholikenverfolgung
493-553	Ostgotenreich in Italien/Theoderich d.Gr.: "Arianismus", kulturelle Blüte
482-511	**Chlodwig**: Expansion des Frankenreiches. Bekehrung zum Katholizismus ca.498
seit **597/636**	Christianisierung der **Angelsachsen**. Iroschottische Mission. Rom-Bindung (664 Synode von Whitby)
ca.610-632	Mohammed und die Konstituierung des Islam. Hidschra 622: Gottesstaat in Medina
633-644/95	**Arabische Eroberung** des südlichen Mittelmeerraumes
711/732	Besetzung Spaniens durch die "Mauren". Niederlage gegen Karl Martell
II.	**Das Reich der Franken und der Deutschen**
6./7.Jh.	Kirchliche Restitution und Heidenmission. Iroschotten: Columban (nach 590)
719-754	**Bonifatius**: Mission in Hessen/Thüringen; Kirchenorganisation in Bayern
ca.770ff	Bildungserneuerung und **Kirchenreform** unter **Karl d.Gr.**
772-811	Missionierung der Sachsen, Friesen, Awaren: Zwangstaufe
782	Blutbad von Verden. Strafgesetze gegen die Sachsen. Taufe Widukinds 785
798	Missionserzbistum Salzburg für den Südosten
831/2	Missionserzbistum Hamburg für den Norden (Ansgar)
936-973	**Otto d.Gr.**: Programmatische **Slawenmission** – Bistumsgründungen
955/968	Sieg über die Ungarn. Missionserzbistum Magdeburg für den Osten
983	Slawenaufstand in Nordostelbien
III.	**Die Missionierung Ost- und Nordeuropas**
863-885	**Konstantin**/Cyrill und **Methodius** in Mähren: Slawische Kirchensprache und -literatur
seit 865/9	Bulgarische Nationalkirche in Verbindung mit Byzanz
9./10.Jh.	Nationalkirchen der Kroaten und Serben: westlicher und östlicher Typ
960ff/1020ff	Allmähliche Christianisierung **Dänemarks**. Erzbistum Lund 1104
966/1000	Bekehrung des Polenherzogs Mieszko. Erzbistum Gnesen
973ff	Missionierung Ungarns und Böhmens. Bistum Prag (976), Erzbistum Gran (1001)
988	**"Taufe Rußlands"**/Kiew. Kirchenorganisation 11.-13.Jh.
995/1030	Norwegen: Staatliche Einheit und Christentum. Bekehrung Islands
seit ca.1008	Schweden: Mission und Reichsbildung. Erzbistum Uppsala (1164)
1066/**1147**	Wendenaufstand/**Wendenkreuzzug** nordöstlich der Elbe
seit 1180	Missionskreuzzüge in Livland. Bistum Riga (1201)
seit **1231/8**	Kolonisation und Gewaltmission: Deutscher Orden in **Preußen**
1386	Litauen: Konversion des letzten Heidenstaates

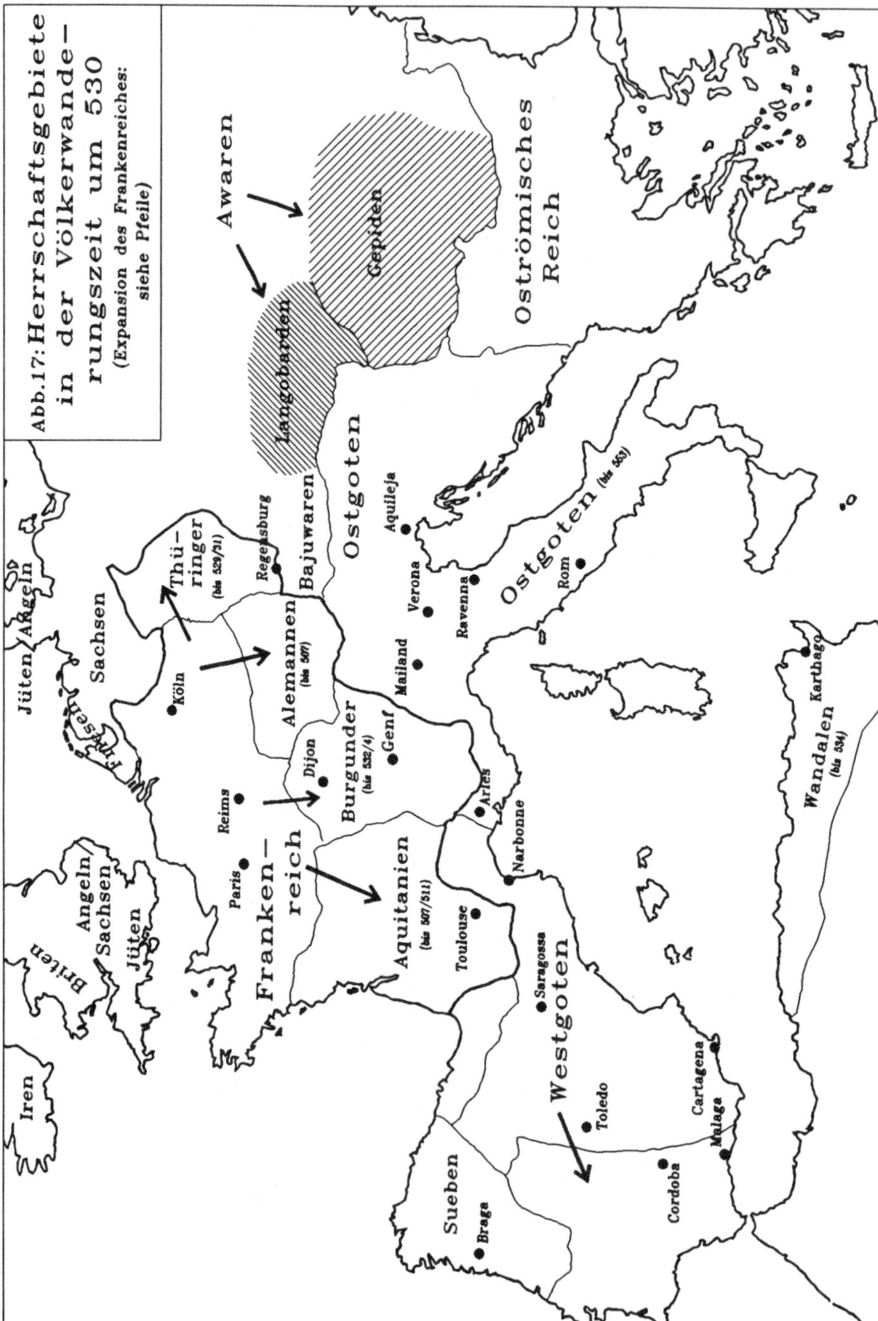

Abb.17: Herrschaftsgebiete in der Völkerwanderungszeit um 530 (Expansion des Frankenreiches: siehe Pfeile)

1. Die Neuformierung Europas im Frühmittelalter

Das Christentum hat sich bis zum 4.Jh. als vielfach mit der Spätantike verflochtene Religion entwickelt, institutionell auf das römische Reich bezogen, kulturell durch den Hellenismus geprägt. Die Situation im Westteil des Imperiums war seitdem durch die zunehmende Verselbständigung gegenüber dem nach Osten verlagerten Machtzentrum (mißverständlich als Reichsteilung bezeichnet) und durch den **staatlichen Zerfall** geprägt. Das definitive Ende einer weströmischen Zentralverwaltung 476 und die Entstehung von Germanenreichen führten auch kirchlich zu einem stärkeren **Eigenleben**. Nominell bestand der (ost)römische Herrschaftsanspruch fort, faktisch jedoch nur in partieller und temporärer Realisierung bis zum 8.Jh. Das Eigenleben war präformiert durch das Bewußtsein, daß der Westen (Okzident) mit lateinischer Sprache und Kirchenorganisation wesentliche **Spezifika** besaß; und diese entwickelten sich im Zusammenhang mit theologisch-kirchenpolitischen Konflikten weiter (s. § 1; 12; § 4; 11-14). Dem korrespondierte im Osten einerseits eine zunehmende Gräzisierung, andererseits eine Absonderung von Nationalkirchen (s. § 4; 15). Die arabische Eroberung weiter Gebiete im Südosten und Süden sowie deren zunehmende Islamisierung (s. 5.2-4) verstärkten die eigenständige Entwicklung des nunmehr auf den Nordteil beschränkten "Westens", wo sich in der **Abgrenzung gegen Byzanz** und in der **Abwehr der Araber** seit dem 8.Jh. das Bewußtsein der Eigenständigkeit verstärkte. Deswegen ist es sinnvoll, diesen Raum als Abendland (bzw. Westeuropa) für sich zu nehmen, auch wenn dessen Grenzen nach Osten hin fließend blieben. Sein politischer Schwerpunkt wurden das Frankenreich und dessen Nachfolgestaaten in Frankreich, Deutschland und Italien. Eindeutig nicht zu diesem Europa gehörten die islamischen Territorien im südlichen Mittelmeerraum. Das arabisch besetzte Spanien war in besonderer Weise während des 8.-15.Jhs. Konfliktfeld beider Kulturkreise. Daß das zu Europa gehörige byzantinische Reich nicht zum Abendland gehörte, ist unbestritten; doch wo dieses endete, ist auch in kg. Hinsicht unklar, weil der Balkanraum im ganzen Zeitalter ein Konfliktfeld zwischen West und Ost war.

1.1 Christianisierung, Mission und Bekehrung

Christentum hat es kaum ohne seine kirchliche Verfaßtheit gegeben, doch die politische und religiöse Neuformierung Europas war ein so komplexer Vorgang, daß dabei die institutionellen Grundelemente differenziert begegneten. Als wichtige Voraussetzung der weiteren Kirchengeschichte wirkte die **Differenz** zwischen den römischen Reichsteilen mit ihrer **Stadtzivilisation**/Munizipalordnung und den Randgebieten in Nordgallien, Germanien und Britannien mit ihrer **gentilen Sozial- und Herrschaftsstruktur**. Im Unterschied zum altkirchlichen Christentum mit seiner weithin urban bestimmten Kultur traten Einzelbekehrung und Gemeindebildung (vgl. § 2;2) als typische Elemente zurück. Dominant wurde – auf dem Boden einer Gentilordnung, welche Volk und Herrscher verband – die **kollektive Hinwendung** von Völkern und Stämmen zur christlichen Religion. Diese war oft ein punktueller

Akt oder ein relativ kurzer Prozeß im Zusammenhang mit politischen Entscheidungen der Herrscher. Sie fand ihren charakteristischen Ausdruck in der **Massentaufe** ohne vorangehende intensive Unterweisung und innerliche Bekehrung aller Getauften. Das entsprach der sozialen und religiösen Tradition von Germanen und Slawen. Ein entscheidendes Motiv war dabei, daß das Christentum meist als die **Religion der politisch und kulturell überlegenen Macht** (zunächst des Imperium Romanum, dann v.a. des Frankenreiches und seiner Nachfolgestaaten) übernommen wurde. Einer solcher Konversion konnte durchaus die Tätigkeit von Missionaren vorausgehen, oder sie konnte durch Einzelbekehrungen vorbereitet werden. Aber die eigentliche **Christianisierung** im Sinne einer **Veränderung** von Frömmigkeit und Lebensart sowie der **Aufbau** einer kirchlichen Organisation folgten der Kollektivkonversion in einem mehr oder weniger langen Entwicklungsprozeß (vgl. dazu z.B. 2.1.3 zu den Goten und 3.1.2 zu den Franken). Vereinfacht und abgekürzt wurde das dort, wo die heidnischen Völker durch ihre Ansiedlung auf altem Reichsgebiet eine Kirchenstruktur vorfanden. Allerdings wirkte sich dabei zunächst der Umstand komplizierend aus, daß die meisten Germanen im 5./6.Jh. zu einer **nichtkatholischen Konfession**, dem sog. Arianismus (dazu s. 2.1), übertraten und diese aus Gründen nationaler Selbstbehauptung – oft nur eine gewisse Zeit lang – beibehielten. Doch seit ca.600 verschwand diese Sonderform, und der christianisierte Westen unterschied sich nunmehr vom Osten durch eine grundsätzliche Glaubenseinheit (vgl. dagegen § 4; 13-15). Die Christianisierung der Germanen führte zur **Profilierung spezifischer Eigenheiten** in Frömmigkeit und Kirchenverfassung, was in der früheren Forschung z.T. mit dem problematischen Begriff "Germanisierung des Christentums" gekennzeichnet wurde. Um eine umfassende, wesensmäßige Neuformung handelte es sich nicht, und manche der Veränderungen resultierten sowohl aus spätantiken als auch aus germanischen Voraussetzungen. Allerdings erhielt das mittelalterliche Christentum im germanisch dominierten Abendland ein durchaus eigenes Gepräge gegenüber der Alten Kirche (vgl. z.B. § 9; 1.1-3).

1.1.1 Zunächst begegneten verschiedene Germanenstämme im 3./4.Jh. dem Christentum durch die Existenz von Bistümern und Gemeinden in den Randgebieten des Imperiums an Rhein und Donau (bis zum Schwarzen Meer). Durch einzelne Missionare drang die Verkündigung z.T. auch auf germanisches Siedlungsgebiet vor. Charakteristisch für die Germanenmission insgesamt aber war, daß sie i.w. **nach der Ansiedlung auf Reichsgebiet** im 5./6.Jh. durch die Begegnung mit den dortigen Kirchen erfolgte. Da Könige und Herzöge (Heerführer) wie Adelige in ihren Stämmen religiöse Funktionen innehatten, wirkte sich die **Struktur der Gentilreligion** – mit ihrer politischen Dimension und dem Zusammenhang zwischen Führer und Volk – auf den Bekehrungsvorgang aus: Wenn ein Fürst o.ä. zusammen mit der Führungsschicht sich für die Annahme des Christentums entschied, folgte der ganze Stamm bzw. Stammesverband. Das galt später auch für die Slawen. Christentum erschien so primär als **Herrschaftsreligion**; wichtiger als Wortverkündigung und Lehre war der Tatsachenbeweis einer Überlegenheit des neuen Christengottes gegenüber den alten Gentilgöttern (z.B. durch Zerstörung von deren Heiligtümern oder durch Schlachtenglück). Da die Bekehrung i.w. als Herrschaftswechsel galt, drückte sie sich grundlegend im **Taufakt** aus. Wichtig war dabei oft auch die persönliche Verbindung eines christlichen Herrschers zu konversionsbereiten heidnischen Fürsten, deren **Taufpate** und damit geistlicher Vater – auch für deren Stamm bzw. Volk – er wurde, woraus er das Recht ableiten konnte, Missionare in das betreffende Gebiet zu senden, um dieses der eigenen Kirche anzuschließen. So stand die Mission weithin im Dienst der politisch-kirchlichen Herrschaftsausdehnung.

1.1.2 Über die **germanische Religion** liefern die sporadischen, meist späten literarischen Quellen nur wenige zuverlässige Informationen, so daß die neuere Forschung kein konsensusfähiges Gesamtbild bietet. Schon früh war die polytheistische Religion - wie die übrige Kultur - durch die Kontakte zum Imperium Romanum einer gewissen Assimilierung ausgesetzt. Sie bildete insgesamt kaum eine Einheit, doch mag es trotz der geographischen Differenz einige grundsätzliche Gemeinsamkeiten gegeben haben: Die **Götterwelt** von personifizierten Geschichtsmächten und Naturkräften (Wodan/Odin, Donar/Thor, Tiwaz/Tyr, Freya/Frigg u.a.) bezog sich wie die persönliche Frömmigkeit i.w. auf **Kampf und Krieg**, auch auf Zauber und Lebenskraft. Die Götter als Begleiter des Menschen waren nicht allmächtig, sondern standen unter der Macht des Schicksals. Neben ihnen existierte eine Vielfalt von **Naturgeistern**, Dämonen, Riesen und Zwergen. Religion war formalisierte **Kultübung** (z.T. mit Menschenopfern) in schlichten Tempeln oder heiligen Hainen, getragen von Priestern oder Haus- bzw. Sippenältesten. Sie besaß einen konstitutiven Bezug zum **Gemeinschaftsleben**, war auch insofern "politisch" orientiert, als den Königen und dem Recht eine sakrale Würde zukam. Der Charakter als **Gentilreligion**, d.h. die enge Bindung an Stamm bzw. Volk, führte dazu, daß die Kultverbände in sich geschlossene Größen waren, bei denen nationale und religiöse Identität zusammenhingen. Die individuelle Frömmigkeit war dem eingeordnet.

1.1.3 Der **germanische Einfluß auf das Christentum** ist v.a. in der deutschen Nationalhistoriographie des 19./20.Jh.s unter den Leitbegriffen "Germanismus" oder "Germanisierung" erörtert worden (meist in ideologischer oder ideologiekritischer Absicht). Die mangelhafte Quellenlage hat in der neueren Forschung mit Recht dazu geführt, auf solche pauschalen Deutungsschemata zu verzichten, weil sie das historische Verständnis eher verdecken. Gleichwohl darf nicht verkannt werden, daß mit der veränderten soziokulturellen Situation in den Germanenreichen die kirchlichen Lebensformen sich synkretistisch entwickelten. Germanische Elemente i.V. mit spätantiken Einflüssen zeigen z.B. das Eigenkirchenwesen (s. § 9; 1.1.1) und sein Einfluß auf das Recht, die Verbindung von Landeskirchentum und sakraler Herrscherwürde (s. § 9; 2.1), die ständische Gliederung der Kirche (s. § 9; 1.3), die Verrechtlichung und Verdinglichung des Bußwesens (s. u. 7.3.3; vgl. § 10; 2.3).

1.2 Die Völkerwanderung und die germanischen Reiche

Das Imperium Romanum faßte viele verschiedene Völker zusammen und integrierte sie in einer - auf Militärmacht basierenden - staatlichen Ordnung. Diese politische Integrationswirkung und auch die kulturelle Assimilierungskraft ließen seit dem 4./5.Jh. stark nach. In den **Randzonen** war die Stabilität permanent gefährdet durch das Andringen fremder Völker; das galt seit dem 2./3.Jh. v.a. für die weitläufige Rhein-Donau-Grenze gegenüber den **West- und Ostgermanen**, die vom Wohlstand des Imperiums angelockt wurden und ihre angestammten Heimatgebiete zumeist wohl wegen Klimaverschlechterung und Hungersnöten verlassen hatten. Sie kamen durch mannigfache Kontakte in den Einflußbereich der römischen Zivilisation und z.T. auch des Christentums bzw. der Reichskirche. Eine neue Stufe der Begegnung ergab sich seit 375 durch eine breite **Bevölkerungsverschiebung** in Südost- und Mitteleuropa, ausgelöst vom Vordringen der **Hunnen**, eines aggressiven Reitervolkes aus den Weiten der asiatischen Steppe: In Osteuropa siedelnde Germanenstämme, v.a. die **Goten**, wichen auf römisches Staatsgebiet aus, dessen Grenzschutz sie z.T. als Föderaten/Verbündete übernehmen sollten. Nun führten aber die innenpolitische Destabilisierung und die zunehmende Differenzierung zwischen Ost- und Westteil dazu, daß die in Italien, Gallien, Spanien, Nordafrika und Pannonien eindringenden - zumeist teilweise christianisierten, sich nun völlig dem Christentum zuwendenden - Germanen nicht mehr in das Reich integriert werden konnten: West- und Ostgoten, Gepiden, Wandalen, Sweben, Burgunder, Alemannen, Franken, Heruler und Langobarden. Sie bildeten in Anlehnung an die römische Staatsverwaltung **eigene Herrschaftsbereiche**, die - gestützt auf militärische Überlegenheit - nur von der kleinen Schicht ihrer Volksangehörigen getragen wurden. Damit aber wurde deren Verhältnis zu den sog. Romanen, den alteingesessenen Reichsangehörigen, ein Konstitutionsproblem der neuen Gentilreiche. Kg. bedeutsam war dieser Sachverhalt, weil die Religion einen wesentlichen Bestandteil der staatlichen Ordnung bildete. Besonders im **Frankenreich** ergab sich eine dauerhafte, kontinuierlich wirksame Synthese der germanischen und romanischen Elemente, auch bei den Westgoten und Langobarden, aber deren Reiche gingen (wie die anderen im 6.Jh.) im 8.Jh. unter. Infolge der Abwanderung der Germanen aus Osteuropa siedelten sich dort **Slawen** und **eurasische Steppenvölker** (Awaren, Bulgaren, Madjaren u.a.) an und bildeten z.T. Reiche, deren Christianisierung im 9.-12.Jh. ein für die europäische Geschichte wichtiger Faktor wurde.

1.3 Literatur

QUELLEN: J. HERMANN (Hg.): Griechische und lateinische Quellen zur Frühgeschichte Mitteleuropas, 4 Bde., 1988-92 (mit Übers.).

LITERATUR: W. BAETKE: Art und Glaube der Germanen, 1934. - DERS.: Die Aufnahme des Christentums durch die Germanen, 1959. - H.J. DIESNER: Spätantike und Völkerwanderung, 1966. - DERS.: Die Völkerwanderung, 1976, 2.A. 1980. - A. EBENHAUER: Germanische Religion, TRE 12 (1984) 510-521. - W. GRÖNBECH: Religion und Kultur der Germanen, 1937-39, 8.A. 1978. - H.-D. KAHL: Die ersten Jahrhunderte des missionsgeschichtlichen Mittelalters, KGMG II/1, 1978, 11-76. - O. KÖHLER: Abendland, TRE 1 (1977) 17-42. - M. MACZYNSKA: Die Völkerwanderung, 1993. - J. MARTIN: Spätantike und Völkerwanderung, 1987, 3.A. 1995. - K. SCHÄFERDIEK: Germanenmission, RAC 10 (1978) 492-548. - DERS.: Germanisierung des Christentums, TRE 12 (1984) 521-524. - K.D. SCHMIDT: Die Bekehrung der Germanen zum Christentum, 2 Bde., 1939-42. - DERS.: Germanischer Glaube und Christentum, 1948.

2. Die Ostgermanenreiche und ihr "Arianismus"

Für die Christianisierung der Germanen haben die Goten in zweifacher Hinsicht grundlegende Bedeutung: a) weil sie im 4.Jh. erstmals als **ganze Volksgruppen** christlich wurden und eine nationale Kirchenorganisation aufbauten; b) weil sie durch ihre **volkssprachliche Übersetzung** der Bibel und der Liturgie ein wichtiges Instrument für die weitergehende Mission schufen und im 5.Jh. das Christentum bei anderen germanischen Völkern verbreiteten. Mit der Staatenbildung der Westgoten, Sweben, Wandalen, Burgunder, Ostgoten und Langobarden entstanden **Nationalkirchen**, die sich von der romanischen Bevölkerung durch ihren sog. Arianismus konfessionell unterschieden: durch die Ablehnung des Trinitätsdogmas von 325/381 und der katholischen Kirchenorganisation. Anfangs als Zeichen der nationalen Identitätssicherung wichtig, erwies sich diese Minoritäten-Konfession als schweres Hindernis für die kulturelle Integration und damit für die politische Stabilität der Ostgermanenreiche.

2.1 Die frühe Gotenmission

Die Grundlage einer allgemeinen Christianisierung schuf der mit der Reichskirche verbundene Gotenbischof **Wulfila** seit ca.340 durch seine Missionstätigkeit im Gebiet südlich der Donau (Provinzen Dacia und Moesia; s. Abb.6b) sowie durch seine **Bibelübersetzung**. Diese hat die Entwicklung einer gotischen Schriftsprache nachhaltig beeinflußt und insofern die Mission gefördert, als die wesentlichen Inhalte des Christentums nunmehr den Germanen in ihrer eigenen Sprachgestalt nahegebracht werden konnten. Das war ein für die ganze Missionsgeschichte wichtiges Paradigma. Da Wulfila seit 360 das **homöische Reichsdogma** (s. § 1; 14.4) vertrat und damit viele Westgoten prägte, verbreitete sich die nichtnizänische Bekenntnisform, die von den orthodoxen Gegnern als **"Arianismus"** bekämpft wurde. Aus politischen Gründen kam es einerseits nach 369 zu Christenverfolgungen, andererseits nach 375 zur religiösen Annäherung von Teilen der Führungsschicht an das Imperium und dadurch an die Reichskirche, zur ersten Mission "von oben" im germanischen Bereich. Mit der Ansiedlung auf Reichsboden wurde die nichtnizänische Bekenntnisform nach 381/2 gleichsam zu einer **Konfession**. Eine spezifisch germanische Religiosität drückte dieses Homöertum kaum aus. Nach langen Konflikten auf der Balkanhalbinsel zogen die - zumeist christlichen - Westgoten unter ihrem König **Alarich** nach Italien: seit 418 siedelten sie sich im südwestlichen Gallien an (s. 2.2).

2.1.1 Mit dem Sammelbegriff Goten wird ein ostgermanischer Stämmeverband zusammengefaßt, der - ursprünglich aus Südschweden stammend, dann im Weichselgebiet siedelnd - im 2./3.Jh. nördlich und westlich des Schwarzen Meeres zwischen Donau und Don lebte. Von dort aus attackierte er seit 238 in verschiedenen Wellen das römische Reich, seit dem 4.Jh. in zwei Teile gespalten, die Terwingen und Greutungen (später als *Visigothi* und *Ostrogothi* bezeichnet). Das Christentum kam zunächst vereinzelt nach 260 zu ihnen durch Gefangene aus Kleinasien. Erste Gemeinden entstanden bei den **Westgoten** im Gebiet zwischen Donaumündung und Dnjestr, deren **Bischof Theophilus** am Konzil von Nicäa 325 teilnahm (vielleicht auch bei den **Krimgoten**, die seit dem späten 4.Jh. eine eigene, blühende Kirche bildeten).

2.1.2 Die als Einzelbekehrung beginnende Mission "von unten" nahm im 4.Jh. einen beträchtlichen Aufschwung. Als Angehöriger der donaugotischen Oberschicht wurde - der mütterlicherseits von kappadokischen Christen abstammende - **Wulfila** (d.h. *kleiner Wolf*, gräzisiert Ulfilas; ca.311-383) wohl 336 in Konstantinopel von Eusebius von Nikomedia, dem Führer der origenistischen Mittelgruppe (s. § 1; 11.5), zum **Bischof** für *Gothia* (d.h. die Teile Dakiens und Mösiens nördlich der Donaugrenze) geweiht. Seitdem hielt er Kontakt zu jener antinizänischen Majorität der **Reichskirche**, zumal er 348 wegen der ersten - durch die antirömische Politik der Gotenführung motivierten - **Christenverfolgung** in die Provinz Moesia auswanderte. Durch seine Aktivitäten breitete sich das Christentum unter den sog. Kleingoten (d.h. den Goten innerhalb des Reiches) stark aus und bildete die Basis für die Mission unter den übrigen Goten. Zu dem schlichten Biblizismus paßte das **homöische Reichsbekenntnis**, das offiziell 360-380 galt, mit seiner Absage an ontologische Spekulation. Für seine **Bibelübersetzung** (NT - auch AT?) entwickelte Wulfila ein gotisches Alphabet in Anlehnung v.a. an das griechische und formte spezifische Ausdrücke; sie war bis zum 7./8.Jh. im germanischen Bereich verbreitet.

2.1.3 Im Zusammenhang mit inneren Konflikten und der Feindschaft gegen das Imperium organisierte der Westgotenfürst Athanarich 369-372 eine systematische Christenverfolgung. Dagegen betrieb sein Widersacher **Fritigern** im Interesse einer Annäherung an Kaiser Valens - unter Rückgriff auf Wulfilas Bekehrungsarbeit und dessen konfessionelle Position - seit 375 eine **politische Christianisierung** mit dauerhaftem Erfolg. Vor dem Ansturm der Hunnen 375 wichen Fritigerns Goten - als Christen von Kaiser Valens akzeptiert - in die Provinzen Thracia und Moesia (das heutige Bulgarien) aus, die Kaiser Theodosius I. 382 ihnen als offiziellen Föderaten - und damit Reichsangehörigen - zur Verteidigung der Donaugrenze überließ. Doch das Verhältnis zum Imperium blieb konfliktreich, was dazu führte, daß diese Goten unter **Alarich** (gest. 410) seit 395 plündernd durch die nördliche Balkanhalbinsel bis nach Pannonien und Dalmatien zogen, 401 erstmals nach Italien vordrangen und 410 sogar Rom eroberten (vgl. § 5; 9.1).

2.2 Kirche im Westgotenreich als Kulturbrücke

Ein für die abendländische Kirchengeschichte wichtiges Element wurde das westgotische Christentum in Spanien, das in besonderer Weise die Umformung der römischen Welt durch die Germanen repräsentierte. Als Föderaten des Imperiums bauten die Westgoten in der Provinz **Aquitanien** um Tolosa/Toulouse ihre autonome Herrschaft aus, das sog. **Tolosanische Reich** seit 418. Als dieses 507 v.a. unter dem Druck der Franken (s. 3.2) zerfiel, verlagerte sich der politische Schwerpunkt nach **Spanien**. Dort entstand mit **Toledo** als Hauptstadt seit 568 ein Staatsgebilde samt einer religiös lebendigen **Landeskirche**, wo das römische Erbe mit dem Gotentum zu einer politischen und kulturellen Synthese verschmolz. Dieses sog. **Toletanische Reich** (s. Abb.17), das das Reich der Sweben im spanischen Nordwesten annektierte, ging zwar infolge der arabischen Eroberung der Iberischen Halbinsel nach 711 unter (s. 5.4). Aber bedeutende **Reste** des westgotischen Christentums erhielten sich nördlich des Ebro und der Pyrenäen. Ihr Einfluß auf die fränkische Kirche und Theologie war nicht unerheblich, so daß auf diesem Wege ein Stück **Kontinuität** zwischen Alter Kirche und Mittelalter vermittelt wurde. Für die weitere Geschichte Spaniens bekamen sie große Bedeutung als Ausgangspunkt der Reconquista, der militärischen Rückeroberung und Rechristianisierung seit dem 10./11.Jh. (s. 5.4) Die Westgoten bewahrten zunächst ihre Identität durch Festhalten an der nichtnizänischen Konfession (dem sog. Arianismus; s. 2.1); das verhinderte allerdings die erstrebte politische Integration der romanischen Bevölkerung, die Widerstand gegen die Häretiker leistete. Die offizielle **Annahme der nizänischen Orthodoxie** für das ganze Gotenvolk unter König **Rekkared** 589 brachte eine folgenreiche Wende, weil sie die innere Einheit des Reiches und das kirchlich-kulturelle Leben förderte.

2.2.1 Von Aquitanien aus erweiterten die Westgoten ihr - sukzessive von römischer Kontrolle befreites - Herrschaftsgebiet unter König Eurich (466-484) in Südgallien und nach Spanien hin. Alarich II. (484-507) versuchte, den religiösen Gegensatz zwischen den Goten, der zahlenmäßigen Minderheit, und der Bevölkerungsmehrheit der gallischen Romanen zu überbrücken. Sein großes **Gesetzeswerk** (*Lex Romana Visigothorum*) von 506 übernahm u.a. die für die Kirche vorteilhaften Bestimmungen des römischen Kaiserrechts, begründete aber auch die **Königsherrschaft** über die Kirche z.B. bei der Berufung von Synoden und der Einsetzung von Bischöfen. Der Dualismus von gotischer Militärmacht und römischer Administration in Staat und Gesellschaft (mit getrennter Gesetzgebung für beide Bevölkerungsteile) wich allmählich einer politischen **Integration** und einer kulturell-sprachlichen **Romanisierung** der Goten. Nur der **kirchliche Dualismus** mit konfessionell getrennten Institutionen blieb störend.

2.2.2 Der aus Süddeutschland ausgewanderte Stämmeverband der **Sweben** (*Suevi*), ursprünglich an Elbe und Ostsee beheimatet, errichtete ein Reich seit 409/411 im **nordwestlichen Spanien**, in den römischen Provinzen Gallaecia und Lusitania (s. Abb.6a). Die **Christianisierung** erfolgte seit 466 v.a. unter westgotischem Einfluß (mit entsprechendem "Arianismus" bis ca.550); doch hielt sich dort das Heidentum noch lange. Führend tätig bei der Swebenmission und beim

Aufbau einer "katholischen" Landeskirche war der Mönch Martin von Dumio, Erzbischof in der Hauptstadt Braga. 585 eroberten die Westgoten dieses Reich.

2.2.3 An die Franken verloren die Westgoten nach der Niederlage 507 Aquitanien und das Gebiet um Toulouse, an Theoderichs Ostgotenreich die Provence. Sie behielten aber Septimanien, den städtereichen Küstenstreifen bis zur Rhône, und dehnten ihr Herrschaftsgebiet in Spanien nach Süden aus. Lange innere Wirren (während derer byzantinische Truppen 552 den Südteil von Sevilla/Cadiz bis Cartagena besetzten) schufen instabile Verhältnisse auch für die Kirche. König **Leovigild** (568-586) konsolidierte das Reich mit **Toledo** als politischem und kirchlichem Zentrum und vertrieb die Byzantiner. Er versuchte – gegen Widerstände der "Katholiken" –, die **konfessionelle Spaltung** zwischen Goten und Hispanoromanen auf der Basis eines gemilderten Homöertums in Bekenntnis und Liturgie zu überwinden. Die Überzeugungskraft dieser religiösen Sonderform schwand aber selbst bei vielen Goten, zumal Teile der gebildeten Oberschicht bereits zum Nizänertum/Katholizismus übergetreten waren. Deswegen und wegen der **politischen Einheit** des Reiches realisierte **Rekkared** (586-601) das Konzept seines Vaters mit entgegengesetztem Inhalt: Nach seiner persönlichen Konversion zum Katholizismus 587 ließ er auf dem **Reichskonzil von Toledo 589** durch die gotischen Bischöfe und Adelsführer förmlich das Nizänum bekennen (d.h. das NC [s. § 1; 17.2.6], das hier erstmals in die Meßliturgie aufgenommen wurde) und dekretierte den Anschluß aller Goten an die katholische Kirche. Diesen Wechsel hatte v.a. der bedeutende Erzbischof **Leander von Sevilla** (ca. 540-600, älterer Bruder Isidors: s. 2.2.4) theologisch-kirchlich vorbereitet. Der konfessionelle Gegensatz verschwand bis zum frühen 7.Jh.; die einheitliche Nationalkirche förderte die Festigung einer das Römertum absorbierenden spanisch-westgotischen Identität.

2.2.4 Einfluß auf die gesamtabendländische Kirchengeschichte bekam diese Christenheit durch die Entwicklung des Kirchenrechts, der Liturgie und der Wissenschaft auf der Basis altkirchlicher Traditionen. Die in Toledo vom König einberufenen **Reichssynoden** (die zugleich als Reichsversammlungen auch weltliche Dinge regelten) trafen im 7.Jh. bedeutsame Entscheidungen. Unter königlicher Herrschaft festigte sich eine von Rom unabhängige **Landeskirche**, in der es auch das Eigenkirchenwesen gab (s. § 9; 1.1.1-2). Die im 7.Jh. ausgeformte **Liturgie** repräsentierte einen eigenen Typus, der sich bei den spanischen Christen unter arabischer Herrschaft bis ins Spätmittelalter hielt (sog. Mozarabische Liturgie). Das Bildungswesen blühte in Bischofs- und Klosterschulen, auf hohem Niveau repräsentiert durch **Isidor von Sevilla**, einen der einflußreichsten abendländischen Lehrer (s. § 5; 11.4). Isidor hat u.a. durch seine Lehren über das **christliche Herrscheramt** prägend gewirkt, das er als einen dem göttlichen Recht verpflichteten Dienst zur Realisierung von Gerechtigkeit und Frömmigkeit beschrieb. Er hat im Zusammenhang damit wohl auch die – in der Taufe wurzelnde – Salbung als besondere Herrscherlegitimierung betont, die im 7.Jh. zur Stabilisierung des Königtums praktiziert wurde. (Vgl. § 9; 2.2.2.) Schwere innenpolitische Konflikte und die Unterdrückung der in Spanien besonders verbreiteten, ökonomisch einflußreichen **Juden** schwächten das Reich, so daß es nach dem Vordringen der Araber 711ff in wenigen Jahren zerfiel (s. 5.4.2). Gotische Herrschaft, Kultur und Christlichkeit hielten sich seit dem 8./9.Jh. im Schutz des Frankenreiches in der spanischen Mark und in Septimanien (Markgrafschaft Gothia).

2.3 Theoderich und das Ostgotenreich

Nur eine Episode, zumal in kg. Hinsicht, blieb das Ostgotenreich in Italien 493-553, das Theoderich der Große (so wegen seiner politischen und zivilisatorischen Leistungen gewürdigt) begründete und prägte. Es war verfassungsrechtlich ein Teil des vom oströmischen Kaiser regierten Imperiums, faktisch ein autonomer Staat (s. Abb.17). Als *Patricius* der Römer und König der Goten erstrebte Theoderich, mächtigster Herrscher seiner Zeit im Westen, den Ausgleich beider Völker, wehrte aber eine Integration im Sinne der Verschmelzung ab. Dem diente auch seine Religionspolitik **pragmatischer Toleranz**: Er ließ der katholischen Kirche in Lehre, Kultus und Klerus völlige Freiheit, kooperierte weithin mit dem Papsttum, hielt aber an der **homöischen Konfession** (dem sog. Arianismus) für die Goten aus

Gründen der politischen Abgrenzung - auch gegenüber Byzanz - fest. Dem entsprach seine Bündnispolitik zwecks Kooperation aller nichtkatholischen Germanenreiche, die sich u.a. gegen die Franken richtete (vgl. 3.1). In Fortführung des alten Kaiserrechts übte er die **Kirchenhoheit** über Goten und römische Katholiken aus und förderte kirchliche Bauten und Einrichtungen. Seine Regierung bis 526 brachte für Italien eine **kulturelle Spätblüte**. Nach der militärischen Zerstörung dieses Reiches durch Kaiser Justinian blieb der kleine Rest der Ostgoten historisch unbedeutend.

2.3.1 Unter dem Angriff der Hunnen zerfiel 375/6 das ausgedehnte Herrschaftsgebiet der noch heidnischen Greutungen/*Ostrogothi* (s. 2.1.1) in der Ukraine, die sich seit 456 in **Pannonien** als römische Föderaten ansiedelten und dort - z.T. durch westgotische Mission - das Christentum in der homöischen Bekenntnisform annahmen. Ihr **König Theoderich** (456/7-526) wurde als römischer Heermeister von Kaiser Zenon 488 beauftragt, gegen den abtrünnigen Usurpator Odoaker/Odowakar in Italien vorzugehen. Nach der Einnahme Ravennas 493 baute er als kaiserlich anerkannter König von Italien ein Gotenreich von Dalmatien bis Sizilien auf, gestützt auf die Militärmacht der zahlenmäßig den Italikern weit unterlegenen Goten, denen andere Germanenstämme sich anschlossen. Im Unterschied zu Westgoten und Wandalen beanspruchte er kulturelle **Kontinuität zum Römertum** (z.B. mit lateinischer Amtssprache) als Nachfolger der Westkaiser. Er modernisierte das römische Recht in einem bedeutenden **Gesetzeswerk**, dem für Goten und Römer geltenden *Edictum Theoderici*, das u.a die kirchlichen Belange regelte. Sein besonderes Ansehen bei den Goten mit z.T. sakralen Zügen beruhte u.a. darauf, daß er sein Geschlecht der Amaler von den Göttern ableitete.

2.3.2 Theoderichs Politik eines Ausgleichs zwischen Goten und Italikern, zwischen Ost und West scheiterte auch wegen des - bewußt beibehaltenen - **konfessionellen Gegensatzes** zwischen "Arianismus" und Katholizismus, der die nationalrömische Identität der Italiker und deren Verbindung zum byzantinischen Kaiser bestärkte. Er blieb ein überzeugter "Arianer" und versuchte den im oströmischen Reich verfolgten Glaubensbrüdern zu helfen. Während des Schismas zwischen Rom und Konstantinopel (s. § 4; 11.2) sicherte seine Kirchenhoheit die Päpste vor kaiserlichen Repressalien; er stärkte die **Autonomie des Papsttums** (vgl. § 8; 3.1.3), doch nach 519 bekämpfte er dessen Aussöhnung mit Byzanz. In diesem Zusammenhang unterdrückte er auch die nationalrömische **Opposition** u.a. durch Hinrichtung des von ihm zuvor begünstigten Boëthius (s. § 5; 11.2). Ansonsten aber förderte er Geistesleben, Kultur und Kirchlichkeit der Römer, wie z.B. seine Verbindung mit Cassiodor zeigte (s. § 5; 11.3). Nicht eine grundsätzliche Toleranz-, sondern praktische Machtpolitik bestimmte sein Verhältnis zu den verschiedenen **Religionen**; die berühmte Maxime *Wir können die Religion nicht befehlen* bezog sich auf einen Einzelfall, die Zulassung einer - nach geltendem Recht unzulässigen - Synagogenrenovierung der Juden in Genua. Er unterdrückte das Heidentum und förderte die "arianische" Kirche z.B. durch prächtige Bauten in seiner Hauptstadt Ravenna. Sein monumentales Mausoleum gestaltete er nach Konstantins Vorbild (vgl. § 3; 11.4.2) so, daß er sich selbst analog zu den Aposteln würdigte. Im Gedenken der germanischen Völker lebte er in mythischer Verklärung fort, die z.T. einem Sakralkönigtum entsprach.

2.4 Das Wandalenreich in Nordafrika

Eine historische Sonderrolle spielten die Wandalen insofern, als sie seit 429 ihr Reich in einem weit entfernten Teil, der reichen "Kornkammer" des Imperium Romanum, errichteten, in einigen Provinzen Nordafrikas mit Karthago als Hauptstadt (s. Abb.17). Dort errichteten sie eine **"arianische" Nationalkirche** mit systematischer Unterdrückung der katholischen Kirche als Religion v.a. der römischen Oberschicht. Sie erstrebten **keine kulturelle Synthese** oder soziale Symbiose, weil sie - eine zahlenmäßig sehr geringe Besatzungsmacht - im Grunde kein dauerhaft institutionalisiertes Staatswesen konzipierten, sondern bis zur Vernichtung durch Byzanz 533/4 eine militärische Oberherrschaft mit ökonomischer Ausbeutung des Landes ausübten. Diese konnten sie dank ihrer Flotte bis zu den Inseln im westlichen Mittelmeer ausdehnen. Wegen der **Katholikenverfolgungen** und der **Plünderung Roms** 455 schufen die literarischen Kritiker ein wirksames Negativbild für die spätere KG (deswegen der in der französischen Revolution 1794 geprägte Begriff "Wandalismus"). Ihre Herrschaft war nicht die einzige Ursache für den raschen **Untergang römischer Kultur und Zivilisation** - und damit auch des Christentums - im 8./9.Jh. (s. 5.4). Sie hat vielmehr den seit dem 4.Jh. sich entwickelnden Entromanisierungsprozeß verstärkt, der dazu führte, daß dieses kg. so bedeutsame Gebiet seitdem nicht mehr zum Abendland gehörte.

2.4.1 Die ursprünglich aus zwei - in der ungarischen Tiefebene und in Schlesien siedelnden - Stämmegruppen bestehenden Wandalen zogen 409 nach Spanien und 429 nach Nordafrika, in eine intensiv christianisierte Region. Die militärische Expansion und die politische Herrschaftskonsolidierung verdankten sie dem bedeutenden **König Geiserich** in dessen langer Regierungszeit 428-477. Das Christentum in der **homöischen Bekenntnisform** hatten sie unter gotischem Einfluß angenommen, und sie hielten daran mit großer Energie fest, um die Bewahrung ihrer **nationalen Identität** gegenüber den römischen Provinzialen und die **politische Souveränität** gegenüber Ostrom zu demonstrieren (das ihre Herrschaft offiziell 442 und 474 legalisierte). Deswegen vertrieben sie aus dem 439 eroberten Karthago und aus ihren abgegrenzten Siedlungsgebieten die katholischen Kleriker, unterbanden den katholischen Kult und besetzten die Kirchen und Bistümer mit "arianischen" Wandalen, an deren Spitze ein **Patriarch** in Karthago stand. Gottesdienst hielten sie in ihrer **Volkssprache**, während sie für die staatliche Verwaltung und die theologischen Kontroversen mit den Katholiken die lateinische Amtssprache übernahmen. Der **König** praktizierte scharfe **Kirchenhoheit** über die "Arianer" - durch Abhängigkeit des Patriarchen, Episkopats und Klerus - wie über die feindlichen Katholiken außerhalb der sog. Wandalenlose durch politische Kontrolle, Verhinderung von Bischofswahlen und Synoden. Kulturell und theologisch blieben die Wandalen den Katholiken weit unterlegen. (Zu Fulgentius von Ruspe s. § 5; 10.2).

2.4.2 Geiserichs restriktive Unterdrückungspolitik, die i.w. auf die römischen Grundbesitzer und die mit diesen verbundene Kirchenstruktur zielte, verschärften seine Nachfolger, v.a. König **Hunerich** (477-484), zu **systematischen Katholikenverfolgungen**: Kirchengebäude und Klöster wurden z.T. zerstört, Kirchengut und Privatvermögen konfisziert, Zwangskonversionen zum "arianischen" Staatsbekenntnis befohlen, Tausende von Klerikern und Laien in Sklavenlagern gefangen. Der Wandalenpatriarch Cyrila und sein Klerus beteiligten sich aktiv daran. König Thrasamund (496-523), der zeitweise mit dem Ostgotenherrscher Theoderich kooperierte, setzte diese Politik fort. Als Kaiser Justinian 533 den Angriff auf das militärisch zunehmend schwächere Wandalenreich anordnete, war neben imperialer Restitutionspolitik auch die Hilfe für die verfolgten Katholiken ein Motiv. Nach der fast völligen Ausrottung der Wandalen erlebten die nordafrikanischen Provinzen (s. Abb.6a) unter byzantinischer Herrschaft bis 665/695 eine kirchlich-kulturelle Nachblüte, die u.a. auch eine verstärkte Mission unter Mauren, Berbern und anderen Stämmen zur Folge hatte.

2.5 Der Einfluß der Langobarden in Italien

Nachhaltige historische Spuren hinterließ die - bald nach der Zerstörung des Ostgotenreiches seit 568 erfolgende - Ansiedlung der Langobarden in Italien, weil sie dessen politische **Aufspaltung** und Herauslösung aus dem byzantinischen Römerreich bewirkte. Das Langobardenreich mit der Königsstadt Pavia bestand bis zur Eroberung Oberitaliens durch Karl d.Gr. 774 (s. § 9; 3.1), mit Teilen in Mittel- und Süditalien sogar bis zum 11.Jh. Als **Heiden** und "arianische" **Nichtkatholiken** unterdrückten sie zunächst die römische Kirche, assimilierten sich ihr jedoch im

Laufe des 7.Jh.s. So erwuchs mit dem **Fortfall des religiösen Gegensatzes** seit ca.680/700 eine kulturell-politische Einheit und soziale Verschmelzung zwischen Germanen und Romanen, die die weitere Geschichte Norditaliens prägte (wo mit der Lombardei ihr Name fortlebte). Dies war eine Voraussetzung dafür, daß unter fränkisch-deutscher Herrschaft das *regnum Italiae* ein integrierter Teil des Gesamtreichs wurde (vgl. s. § 9; 3.1; 3.4; 4.2; 6.3-6).

2.5.1 Das ursprünglich von der Niederelbe stammende wilde Krieger- und Bauernvolk der Langobarden (*Langbärte*) siedelte sich zunächst nach Vernichtung des Reichs der Heruler 508 südlich der mittleren Donau in **Pannonien** an (s. Abb.6b.17). Als Reichsverbündete/*foederati* gerieten sie in das politische Spannungsfeld zwischen Ost und West und öffneten sich z.T. auch der christlichen Mission. Aus nicht mehr feststellbaren Gründen wandten sie sich nach ca.550 vom Katholizismus dem **germanischen "Arianismus"** (s. 2.1) zu. Doch nur ein Teil der Oberschicht war beim **Einfall in Italien 568** christlich, die Volksmasse dagegen noch heidnisch. Mit der allmählichen Aneignung etlicher Gebiete in Ober- und Mittelitalien als Grundherren und mit dem Aufbau einer militärischen Herrschaftsstruktur ließen sie seit ca.600 vom Kampf gegen Christentum und Kirche ab, der zu einer weitgehenden Zerstörung der alten Bistümer und der Kirchenstruktur geführt hatte. Ihre Könige und Herzöge förderten z.T. die **Christianisierung** aktiv, so z.B. die Mission Columbans vom Kloster Bobbio aus (vgl. 3.3.1). Damit verbanden sich der Anschluß an die alte katholische Kirchenstruktur und die allmähliche **Zurückdrängung des "Arianismus"**. Dieser Sonderkonfession kam hier also anders als bei den Ostgoten nicht die politische Funktion nationaler Identitätsstabilisierung zu. Demgemäß waren die Könige im 7.Jh. z.T. "Arianer", z.T. Katholiken und übten i.w. Toleranz.

2.5.2 Eine eigene germanische Landeskirche mit gefestigten Institutionen (Metropoliten, Reichssynoden) bauten die Langobarden - im Unterschied zu Westgoten und Franken - nicht auf, wenngleich sie spezifische Elemente wie das Eigenkirchenwesen und die königliche Kirchenherrschaft praktizierten. Ihre **kirchlichen Zentren Pavia und Mailand** unterstanden ebenso wie die übrigen Bistümer dem römischen Papst und wurden zunehmend mit katholischen Bischöfen besetzt. König Aripert (653-661) soll zwar den "Arianismus" abgeschafft haben, doch das war kein programmatisch-effektiver Akt. Die nichtkatholische Bekenntnisform hielt sich bei etlichen Langobarden noch lange. König Perctarit (671-688) förderte systematisch den **Katholizismus** - z.B. durch Bau von Kirchen und Klöstern - und die Bekehrung von "Arianern" und Heiden. Sein Nachfolger Cunincpert (688-700) intensivierte das, auch in den südlichen Gebieten, z.T. mit Hilfe von Byzantinern. Seit ca.680 war der Katholizismus praktisch die **Staatsreligion**. Im Kult gewann der Erzengel Michael als Patron des Kriegervolkes besondere Bedeutung, aber auch der Heilige Georg. Die langobardische **Rechtskultur** entwickelte seit dem Gesetzbuch von 643 in lateinischer Sprache eine langandauernde Blüte und förderte den Abbau der sozialen Schranken zwischen Germanen und Romanen. Der religiös-kulturelle Assimilationsprozeß kam unter König Liutprand (712-744) zum Abschluß, der durch seine Eroberungspolitik die Gesamtherrschaft über Italien anstrebte und dadurch in Konflikte nicht nur mit Byzanz, sondern auch mit dem Papsttum geriet. (Vgl. § 8; 5.1.2; 5.2.1-2; § 9; 2.2.3; 3.1.1.)

2.6 Literatur

H.J. DIESNER: Das Vandalenreich, 1966. - DERS.: Isidor von Sevilla und seine Zeit, 1973. - W. ENSSLIN: Theoderich der Große, 2.A. 1959. - J. JARNUT: Geschichte der Langobarden, 1982. - A. LIPPOLD: Ulfila, PW 9 A1 (1961) 512-531. - K. SCHÄFERDIEK: Germanenmission, RAC 10 (1978) 492-548. - DERS.: Germanenmission, arianische, TRE 12 (1984) 506-510. - DERS.: Wulfila, ZKG 90 (1979) 253-292. - DERS.: Die Kirche in den Reichen der Westgoten und Suewen, 1967. - K.D. SCHMIDT: Die Bekehrung der Ostgermanen zum Christentum (= Die Bekehrung der Germanen zum Christentum Bd.1), 1939. - L. SCHMIDT: Geschichte der deutschen Stämme Bd.1, 2.A. 1941; ND 1969. - DERS.: Die Wandalen, 2.A. 1942; ND 1970. - H. WOLFRAM: Die Goten, 3.A. 1990. - DERS.: Die Germanen, 1995.

3. Das Frankenreich auf dem Weg zur christlichen Großmacht

Die Kirchengeschichte des Abendlands im Übergang von der Spätantike zum Mittelalter wurde nachhaltig durch die Reichsbildung der Franken - des fortan wichtigsten Stämmeverbandes der Westgermanen - im 5./6.Jh. mit Zentrum im gallorömischen Gebiet bestimmt. Dort hielt sich ein Teil der Reichsgewalt, die 451 mit Hilfe verbündeter Germanen den Ansturm der Hunnen abwehren und damit diesen römischen Kulturraum bewahren konnte. Ein erhebliches Maß an **Kontinuität** ergab sich aus dem Fortbestand der alten **Kirchenstruktur** im Raum südlich der Loire (von Nantes über Orléans bis Lyon und Genf) und einiger Gemeinden nördlich dieser Linie. Doch das Vordringen des fränkischen **Heidentums** im 5.Jh. bis zur Loire und die fast gänzliche Auslöschung der Kirchenorganisation in den alten Römerstädten der Provinzen Belgica und Germania schufen zugleich eine kirchen-, sozial- und kulturgeschichtliche **Diskontinuität**, die noch durch die fränkische Expansion nach Südosten und Osten im 6.Jh. verstärkt wurde. Daraus erwuchs die komplexe Aufgabe einer **Missionierung** des verschiedene Germanenvölker umfassenden Herrschaftsgebietes im 6.-8.Jh. Denn das Christentum war formell die Reichsreligion, so daß der **Landesausbau** mit politischer Hoheitsstabilisierung und kolonisatorischer Siedlungstätigkeit von der **Verkirchlichung** mit dem Aufbau einer Organisation (Bistümer, Klöster, Gemeinden) und von der christlichen Erziehung der Völker begleitet wurde. Der Rückgriff auf das alte gallorömische Christentum und die Entstehung einer damit verbundenen fränkisch-christlichen Führungsschicht begünstigten diese Entwicklung. Deren Erfolg hing entscheidend davon ab, daß der Reichsgründer Chlodwig sich nicht zum gotischen "Arianismus" bekehrte.

3.1 Chlodwigs Bekehrung zum Katholizismus

Von ihren Siedlungsgebieten am Nieder- und Mittelrhein drangen die Stämme der Franken seit dem 4.Jh. auf römisches Reichsgebiet vor. Ihre Zersplitterung in Kleinkönigtümer überwand der Merowinger Chlodovech/Chlodwig (ca.466-511). Seit 482 Kleinkönig der noch heidnischen Salier beseitigte er 486/7 den Rest römischer Herrschaft im Raum zwischen Somme und Loire und errichtete durch weitere militärische Erfolge bis 511 (vgl. 2.2) ein auch innenpolitisch gefestigtes **Großreich**, das fast ganz Gallien und einige Randzonen umfaßte (s. Abb.17). Zur Behauptung seines Herrschaftsanspruchs entzog er sich der Bündnis- und Religionspolitik Theoderichs (s. 2.3): Nach reiflicher Überlegung und Beratung mit den Heerführern konvertierte er - nicht nur aus politischen, sondern auch aus persönlichen Gründen - wohl 498 zum Christentum in der katholischen Bekenntnisform; mit ihm ließen sich ca.3000 Gefolgsleute taufen. Damit war grundsätzlich die Weiche gestellt für die - erst in einer längeren Entwicklung erfolgende - Christianisierung aller Franken sowie der unterworfenen Alemannen und Burgunder in Anlehnung an die herkömmliche Kirchenstruktur. Diese Entscheidung bewirkte langfristig zweierlei: a) Der politische Gegensatz zwischen der fränkischen Erobererschicht und der Masse der Galloromanen (auch der alten Eliten) wurde anders als in den Gotenreichen durch die **gemeinsame Religion** gemildert; auf dem Boden der einheitlichen Kirche war eine **soziale und kulturelle Integration** leichter möglich. b) Entsprechend allgemein-germanischer Praxis auf der Basis heidnischen Sakralrechts (mit öffentlicher Funktion des Kultes), auch in Fortführung des römischen Kaiserrechts, übten Chlodwig und seine Nachfolger die **Kirchenhoheit** aus; sie konnten diese zielstrebig für Landesausbau und Herrschaftsstabilisierung einsetzen. Beides förderte die Konsolidierung des Merowingerreiches, und da dieses fortan zur abendländischen Großmacht aufstieg (während die "arianischen" Germanenreiche untergingen), kam Chlodwigs Bekehrung für die weitere kg. Entwicklung grundlegende Bedeutung zu. Das Frankenreich wurde im 7.-9.Jh. zum Zentrum der Christianisierung Europas.

3.1.1 Eine Mehrzahl germanischer Stämme faßt man unter der Sammelbezeichnung Franken (d.h. *die Kühnen*) zusammen. Deren wichtigster waren die **Salier/Salfranken** an Ijssel und Rheinmündung, die - zunächst als römische Föderaten im Grenzland Toxandria angesiedelt - ihr Herrschaftsgebiet seit ca.440 in den Raum um Tournay ausdehnten. Die sog. **Rheinfranken** drangen um 460 v.a. im Raum Köln-Trier vor. Im Bündnis mit den Römern unter den Heermeistern Aëtius, Aegidius und Syagrius (die gegen Westgoten, Burgunder, Alemannen und Rheinfranken einen Rest des Imperiums zwischen Somme und Loire behaupteten) bauten die Salfranken ihre Machtposition aus, v.a. unter ihrem Fürsten Childerich und dessen Sohn Chlodwig. Einen gewaltigen Aufschwung nahmen sie durch die **Annexion des römischen Dukats** (des sog. Syagrius-Reiches) 486 oder 487, weil sie nun über den gallischen Kernbereich - mit **Soissons** als Residenz - herrschten. Damit stieg Chlodwig über den Status eines Kleinkönigs hinaus, zumal er die Rivalen in den übrigen fränkischen Stämmen brutal liquidierte. Der Gegensatz gegen die in Aquitanien ansässigen Westgoten bestimmte nun seine Politik, auch die allmähliche Annäherung an das Christentum katholischer Prägung.

3.1.2 Bei der Vorbereitung von Chlodwigs Konversion spielte seine Frau **Chrodechildis**, eine katholische Burgunderin, eine einflußreiche Rolle. Hinzu kam im Blick auf die Überwindung des Heidentums das **Sieghelfer-Motiv** bzw. die aus germanischer Religiosität stammende Vorstellung vom stärkeren Gott (s. 1.1.1) anläßlich von Chlodwigs Sieg über die Alemannen 496/7. Das war für die Zustimmung seines Heerbanns wichtig. Aufgrund politischer Absicherung bei den Franken und mit gewisser Propaganda gegenüber den Galloromanen ließ er sich - gemäß traditionellem Brauch (s. § 2; 12.4) - den **Katechumenenunterricht**, die Zulassung und dann die **Taufe** durch den zuständigen Metropoliten Remigius von Reims erteilen (vermutlich 498, sonst 499). Zu den Quellen s. u.a. Gregor von Tours, Hist.II, 29-31, demzufolge Remigius bei der Taufe die berühmten Worte sprach: *Adora quod incendisti, incende quod adorasti/Verehre, was du verbrannt, verbrenne, was du angebetet hast.*

3.2 Anfänge einer Landeskirche

Als Teil der königlichen Kirchenhoheit beanspruchte bereits Chlodwig die Verfügungsgewalt über die ca.100 Bistümer, deren Fortbestand im fränkischen Gallien ein gewisses Maß an "staatlicher" Infrastruktur gewährleistete (s. § 9; 1.2). Die **Bischöfe** - zunehmend auch aus dem fränkischen Adel stammend - wurden die wichtigsten Organe des kirchlichen Lebens. Neben den Bistümern entwickelten sich die **Klöster** - im Norden allerdings erst seit dem 7.Jh. - zu Zentren des kirchlichen Lebens (s. § 6; 8.1-3). Chlodwigs Söhnen gelang mit der Annexion des mächtigen **Thüringerreiches** 531 und des weiten **Burgunderreiches** 534 eine beträchtliche Herrschaftsausweitung (s. Abb.17), die auch Folgen für die Missionspolitik hatte.

3.2.1 Demonstrativ versammelte Chlodwig den gallofränkischen Episkopat in **Orléans** 511 zu einer **Reichssynode**, mit deren Beschlüssen die kirchliche Reorganisation und die weitere Kirchenrechtsentwicklung begannen. Entscheidend war dabei die **Kontinuität** zu den spätantiken Strukturen, so v.a. nach der Eroberung des westgotischen Aquitanien 507 (s. 2.2); doch der Schwerpunkt der fränkischen Reichskirche blieb noch lange das christliche **Südgallien**. Die kirchliche Einheit litt unter der Reichsteilung nach 511 bzw. nach 561 (mit vier Zentren in Orléans, Paris, Reims und Soissons), die sich zur Bildung der drei **Teilreiche** Neustrien, Austrien/Austrasien und Burgund verfestigte. Durch den wachsenden **Einfluß der Könige** auf den Episkopat wurde die altkirchliche Verfassungsstruktur mit der Führungsposition der Metropoliten/Erzbischöfe zurückgedrängt; die Vorrangstellung von Arles als apostolischem Vikariat entfiel, und auch die Beziehung zum römischen Papsttum verlor an praktischer Relevanz.

3.2.2 Das nominell christliche Reich bestand als **Vielvölkerstaat** faktisch aus weiten heidnischen Teilen: An das gallorömische Provinzialgebiet südlich der Loire mit seiner intakten Kirchenorganisation schloß das fränkische Kerngebiet, die **Francia**, zwischen Loire und Rhein an, wo die geringe Organisations- und Christianisierungsdichte für die Zukunft einen kräftigen "staatlichen" Einsatz erforderte; und jenseits des Rheins erstreckte sich ein völliges Missionsgebiet bei **Alemannen, Thüringern und Bayern**. Die eigentümliche Realität der fränkischen Landeskirche wurde durch diese **Inhomogenität** für lange Zeit (6.-8.Jh.) bestimmt; die Christianisierungsaufgabe war Teil ihrer Struktur.

3.3 Fränkische und iroschottische Mission

Bis ca.600 gingen die Neubelebung des Christentums und der Neuaufbau einer Kirchenorganisation in Austrien bzw. im breiten Randgebiet der gallofränkischen Kirche von Rouen bis Besançon i.w. von einzelnen **Bischöfen und Klerikern** aus, nicht von den Königen, die sich zunächst wenig engagierten. So kam die Christianisierung nur langsam voran und wirkte nur partiell sozial-prägend, v.a. im Adel. **Neue Impulse** brachten der Iroschotte **Columbanus** und seine Begleiter seit ca. 590/92 in Verbindung mit einem Aufschwung des Mönchtums (s. § 6; 7.3; 8.2-3; Abb.19). Weitere Iroschotten kamen im Verlauf des 7.Jh.s aus ihrer Heimat, verstärkt durch **Gallofranken,** so daß die Mission allmählich den Ostteil des Reiches punktuell berührte. Auf die Förderung durch die Könige Chlothar II. und Dagobert I. sowie den neustrischen Adel bis 638 folgte ein grundsätzlicher **Konflikt** zwischen den iroschottischen Charismatikern (mit ihren Vorstellungen einer Mönchskirche; s. 4.2) und dem zunehmend verweltlichten Episkopat. Hinderlich für eine breite Christianisierung wirkten sich ferner die innenpolitischen Wirren und die Zerrüttung der Kirchenstruktur aus. Einen Sonderweg beschritten die Herzöge im verselbständigten, um 600 noch weithin heidnischen **Bayern**: Mit Hilfe von Iroschotten, Burgundern und Franken bauten sie seit 660 eine Kirchenprovinz mit monastischen Bistümern auf, die den äußeren Rahmen für eine christliche Durchdringung des Landes abgaben.

3.3.1 Alte Bistümer wurden bis ca.550 wiedererrichtet, die für die weitere Expansion wichtig wurden: Maastricht, Köln, Mainz, Straßburg, Basel, später Augsburg. Vorstöße in Gebiete östlich des Rheins erfolgten von hier aus jedoch erst im 7.Jh. Missionarische Aktivitäten entfalteten auch die neuen Bistümer Speyer, Worms und Konstanz in ihrem Umfeld. Entscheidend für **Columbans Erfolg** war die Unterstützung durch den Reichsadel. Seine **Klöster** Luxeuil, Fontaines und Annegray in den einsamen Vogesen (s. Abb.12) wirkten in vielfältiger Weise anregend, so daß die von fränkischen Adligen erbauten Klöster immer stärker zu Christianisierungszentren ihrer Umgebung und zu Missionsstützpunkten für Einzelaktionen in entfernterem Neuland wurden. Doch sein strenger Moralismus und sein Festhalten an Besonderheiten der irischen Kirchenordnung brachten ihm **Kritik** ein, zumal bei den Bischöfen. 610 mußte er deshalb

Luxeuil verlassen; nach kurzem Aufenthalt am Bodensee - wo sein Schüler (?) **Gallus** 612 eine monastische Missionsstation errichtete, das spätere Kloster St. Gallen - zog er ins Langobardenreich und gründete mit königlicher Hilfe 612 das Kloster **Bobbio**, das für die Christianisierung der Langobarden große Bedeutung erlangte. Die von Luxeuil ausgehende Christianisierung konzentrierte sich zunächst auf das nordgallische Gebiet um Rouen-Amiens-Tournay. Dort wirkten ca.600-680 z.B. Walarich, Audomar und Amandus, der *Apostel der Belgier*. Die Bistumsreorganisation, die Gründung von Klöstern und die Tätigkeit der Missionare unterstützte nachhaltig König **Dagobert I.** seit 623 in Austrien und seit 629 im Gesamtreich. Daß er einen allgemeinen Taufzwang dekretiert habe, ist eine unwahrscheinliche legendarische Angabe.

3.3.2 Die iroschottischen Impulse wirkten sich auch im burgundisch-alemannisch-rätischen Grenzgebiet (der nördlichen **Schweiz**) aus, wo sie an Restbestände alter Gemeinden und Bistümer - Lausanne, Chur - anknüpften und missionarische Aktivitäten der neuen Bistümer Konstanz und Straßburg seit dem 7.Jh. in **Alemannien** förderten. In dem von Franken kolonisierten **Maingebiet** um Würzburg und südlich davon bis zur Donau gab es nach 600 einzelne Gemeinden und einen christlichen Thüringerherzog. Dort hat der um 689 wegen politischer Querelen umgebrachte irische Wanderbischof **Kilian** (der legendarische *Frankenapostel*) wohl kurze Zeit mit seinen Genossen missioniert.

3.3.3 Die von Luxeuil inspirierte irofränkische Missionsbewegung spielte eine besondere Rolle für das **Herzogtum Bayern** unter den christlichen Agilolfingern, wo sie z.T. an Reste eines alten keltoromanischen Christentums anknüpfen konnte, während die seit dem 5.Jh. dort siedelnden **Bajuwaren** - aus Böhmen stammend, mit Teilen anderer Germanenstämme verschmolzen - noch Heiden waren. Dieses Gebiet wurde in der Folgezeit als **Durchgangsraum** nach Osteuropa und Italien auch in kg. Hinsicht besonders wichtig. Dynastische Verbindungen zu Burgund und die Hilfe Dagoberts I. dürften seit ca.620 die Missionierung gefördert haben (z.B. durch Eustasius, Columbans Nachfolger, mit einem Stützpunkt in Weltenburg/Donau). Verstärkt wurde sie seit ca.665 von dem Aquitanier **Emmeram**, durch den der Herzogssitz Regensburg zum bayerischen Missionszentrum aufstieg. Der aus Worms vertriebene rheinfränkische Bischof **Rupert/Hrodbert** organisierte seit ca.695/700 von Salzburg aus die Slawenmission. Von Freising, der dritten Herzogspfalz, aus wirkte der Irofranke **Korbinian** seit ca.715 an der Mission südlich der Donau mit. Insgesamt war damit in Bayern die Christianisierung relativ weit fortgeschritten.

3.4 Literatur

QUELLEN: GREGOR VON TOURS: Historiarum libri decem/Zehn Bücher Geschichten, hg.v. R. Buchner, AQDGMA 2, 1955, 8.A. 1990.

LITERATUR: H. ANGENENDT: Frühmittelalter 169-203.213-223. - E. DASSMANN: Die Anfänge der Kirche in Deutschland, 1993. - E. EWIG: Die Bekehrung der Franken und Burgunden, HKG II/2, 1975, 102-135. - DERS.: Die Merowinger und das Frankenreich, 1988; 2.A. 1993. - R. KAISER: Das römische Erbe und das Merowingerreich, EDG 26, 1993. - K. SCHÄFERDIEK: Chlodwig, TRE 8 (1981) 1-2. - DERS.: Franken, TRE 11 (1983) 330-335. - R. SCHNEIDER: Das Frankenreich, OGG 5, 3.A. 1995. - W. VON DEN STEINEN: Chlodwigs Übergang zum Christentum, 1932, ND 1963.

4. Die europäische Bedeutung des irischen und angelsächsischen Christentums

Für die Christianisierung Westeuropas und die abendländische Kultur hat neben dem Westgoten- und dem Frankenreich im 6.-8.Jh. die Kirche auf den britischen Inseln entscheidende Grundlagen geschaffen. Seit der Mitte des 5.Jh.s gelangte das Christentum nach **Irland,** wo sich eine eigengeprägte Kirche mit blühender Kultur entwickelte, die im 6./7.Jh. Missionsaktivitäten in Schottland und England entfaltete. Dadurch sowie durch päpstliche Impulse kam es im 7.Jh. zu einer ersten Christianisierung der **angelsächsischen Königreiche**. Von dort wirkten in der Folgezeit bedeutsame missionarische Kräfte im Lande selber, aber auch in den heidnischen Teilen und Randzonen des Frankenreichs. Ihre besondere Romorientierung (mit Petrusverehrung und Normierung durch päpstliches Recht), die sich aus ihrer Frühgeschichte ergab, wirkte prägend im Abendland.

4.1 Die Anfänge des Christentums in England

Während der Römerherrschaft im 3./4.Jh. bildete sich in den britannischen Provinzen (s. Abb.6a) eine **Kirchenstruktur** mit einigen Bistümern und einem Mönchtum von missionarischer Ausstrahlungskraft. Bis weit ins 5.Jh. hielt sich ihr Bestand, danach schrumpfte er sukzessive. Denn seit ca.410 fielen von Westen her Iren und von Norden her Pikten ein, und seit ca.450 drangen von Osten her Angeln, Jüten und Sachsen in die romanisierten Gebiete des Flachlandes vor und zerstörten Kirchen und Klöster. Die **christlichen Briten/Kelten** zogen sich ins nordwestliche und mittelenglische Bergland, nach Wales und Cornwall (auch in die gallische Bretagne) zurück. Sie blieben mit Einschränkungen Träger des römischen Kulturerbes (z.B. der lateinischen Liturgiesprache), ihr Erneuerungspotential kam v.a. aus dem Mönchtum. Im 5.Jh. fand Pelagius' Lehre (s. § 5; 7.1-3) dort viele Anhänger. In den expandierenden **germanischen Kleinreichen** (s. Abb.23) herrschte das **Heidentum**. Das Christentum drang zunächst im Süden aufgrund fränkischer und römischer Einflüsse seit 597 vor: Von Papst Gregor I. entsandte Mönche unter Leitung des **Augustinus** (vgl. § 8; 4.2) bekehrten König **Aethelbert von Kent** und dessen Gefolge; doch der geplante Aufbau einer Kirchenorganisation für das alte Britannien von Canterbury und London aus scheiterte nach 618 vorerst an der heidnischen Reaktion unter Aethelberts Sohn. Auch die Mission im mächtigen Reich von **Northumbria**, die sich mit der Bekehrung König **Edwins** und der Massentaufe in York 628 anbahnte, kam nach dessen Tod 634 zum Stillstand. Seitdem gab es in den angelsächsischen Reichen zwar Christen, aber keine effektive kirchliche Infrastruktur.

4.1.1 Nachrichten über das Leben der altbritischen Christen im 6.Jh. vermittelt das Geschichtswerk des Gildas (ca.500-570). Die Hinwendung des einflußreichen **Aethelbert von Kent** (ca.562/5-618) zum Christentum ergab sich v.a. aus seiner politischen Verbindung zum Frankenreich: Mit seiner Frau Berta, einer merowingischen Prinzessin, kam Bischof Liutprand, der bei Canterbury eine erste Kirche errichtete. Die eigentliche **Missionierung** des Landes setzte seit 597/601 mit der Arbeit der römischen Mönche ein, nachdem die **Führungsschicht** der Angeln sich hatte taufen lassen. Zwar blieb Papst Gregors Organisationsplan illusorisch, aber es gelang bis 618, eine kirchliche Basis durch **Bistümer** in Canterbury und Rochester zu etablieren und durch Einzelbekehrungen bis nach Essex/London und Wessex zu erweitern. Eine Kooperation mit den Bischöfen der altbritischen Kirche scheiterte an deren Behauptung nichtrömischer Frömmigkeitspraxis (v.a. an dem abweichenden Ostertermin).

4.1.2 Durch Einflüsse aus Kent kam das römische Christentum mit dem Presbyter Paulinus nach **Northumbria**, indem **König Edwin** planmäßig den Religionswechsel als Mittel der Herrschaftsstabilisierung und der Superiorität gegenüber den heidnischen Fürsten einsetzte. Von **York** als Erzbistum aus sollte eine Kirchenorganisation die Landesverwaltung erschließen und Einfluß auf Ostanglia, Mercia und Wessex nehmen. Doch eine schwere militärische Niederlage stoppte 634 diese Pläne. Das Heidentum drängte das Christentum zunächst wieder zurück, bis ein völlig anderer Missionsansatz nach 636 eine neue Situation schuf (s. 4.3.1).

4.2 Die Kirche in Irland und die iroschottische Mission

In das von römischer Kultur unberührte, politisch zersplitterte Land der Iren (oft als *Scotti* bezeichnet) kamen christliche Einflüsse seit ca.430 durch Missionare v.a. von Britannien her. Aus dem Wirken **Patricks**, eines Britoromanen, dürften zahlreiche Gemeindegründungen v.a. im Norden der Insel hervorgegangen sein. Klöster traten alsbald hinzu. Die weitere Entwicklung vollzog sich in einer **Isolierung** gegenüber der übrigen Christenheit, weil die heidnisch-angelsächsische Herrschaft als Sperrgürtel wirkte. Charakteristisch für die irische Kirche wurde die enge Verbindung mit dem **Mönchtum** (s. § 6; 7.3), die zu einem spannungsreichen Miteinander von Bistümern und Klöstern führte: Die im 5./6.Jh. aufgebaute bischöfliche Organisation wurde im 6./7.Jh. durch **monastische Dominanz** überformt, weil die großen Klöster als Seelsorge- und Jurisdiktionszentren die Bistümer an Bedeutung übertrafen (s. Abb.12). Asketische Motive bewogen die irischen Mönche zur Wanderschaft; an den schottischen und britischen Küsten gründeten sie Klöster, die zu Missionsstationen wurden.

4.2.1 Das Christentum wurde wohl zuerst durch Kriegsgefangene vermittelt, die die Iren nach dem Abzug der Römer 410 von der britischen Westküste heimbrachten. Als erster Bischof soll zu den dortigen Gemeinden Palladius 431 von Papst Cölestin I. gesandt worden sein. Als dessen Nachfolger wirkte **Patrick/Patricius** (ca.390-ca.460) in Irland, dessen Missionstätigkeit als **Bischof** (seit 431?) und Tod (461/491?) chronologisch unsicher überliefert sind. Er war zwar kein Mönch, förderte aber das von den Iren besonders geschätzte asketische Leben neben dem Aufbau von Gemeinden. Die **Kirchenorganisation** paßte er der spezifischen **Sozialstruktur** an: Das städtelose Land war in zahlreiche Kleinreiche gespalten, die von Clans beherrscht wurden; diese machte er – ausgehend wohl von Armagh – zu Stützen der bischöflichen Parochien, so daß das Land wohl noch im 5.Jh. zahlreiche **Bistümer** in enger Verbindung mit der politischen Ordnung umfaßte. Später wurde Patrick als irischer Nationalheiliger verehrt.

4.2.2 Das Mönchtum verbreitete sich im 6.Jh. stark, zumal die irischen Fürsten und Adeligen die **Gründung von Klöstern** förderten, die sie ihren Angehörigen übereigneten. (Vgl. § 6; 7.3.1.) Die Äbte reorganisierten nach 550 auch das Gemeindeleben in den Bistümern nach monastischen Maximen, so daß die großen Klöster wie z.B. Clonmacnois, Clonard und Bangor **eigene Parochien** ausbildeten und die Bischöfe – als formelle Leiter der Diözesen – zumeist den Äbten untergeordnet wurden. (Demgegenüber suchten die Erzbischöfe von Armagh seit dem 7./8.Jh. im Kontakt mit Rom eine Position als Primas von Irland zu erringen.) Mit der altbritischen Tradition unterschieden sich die Iroschotten vom römischen Christentum in zwei Punkten, die im 7.Jh. heftig umstritten waren: Sie praktizierten eine **Osterberechnung**, deren Termin sich von der übrigen Kirche unterschied; ihre Kleriker und Mönche trugen eine andere Form der **Tonsur** (das Standeszeichen der Geistlichen) als die allgemein übliche römische. Für beides berief man sich auf johanneische Tradition. Wenngleich es nur um Äußerlichkeiten ging, prägten sie doch das kirchliche Leben. (Vgl. auch 4.3.1.)

4.3 Romorientierung der angelsächsischen Kirche

Die steckengebliebene Christianisierung Northumbrias und der Nachbargebiete erhielt seit 636 neue Impulse durch **iroschottische Missionare**, die das Land mit einem Netzwerk monastischer Zentren überzogen. Besonders gefördert wurde sie von König Oswiu im Zusammenhang mit der Ausdehnung seines politischen Einflusses. Das hatte zur Folge, daß in den nördlichen Angelsachsenreichen die irische Form einer nichtbischöflichen Kirchenstruktur dominierte, während im übrigen die von Kent ausgehende römische Prägung fortbestand. Nicht grundsätzliche Konflikte, sondern der Streit um den unterschiedlichen Ostertermin (s. 4.2.2) belastete v.a. die Kirche in Northumbria. Aufgrund einer Disputation von Vertretern beider Observanzen im Kloster Streaneshalch 664 entschied Oswiu zugunsten der Orientierung an der römischen Praxis (**Synode von Whitby**). Dieser Einzelfallentscheidung kam deswegen grundsätzliche Bedeutung zu, weil seitdem langfristig der Einfluß der mit Rom verbundenen Kirchenorganisation auch im Norden wuchs und damit das partikularkirchliche Gepräge durch eine universalkirchliche Orientierung überlagert wurde. **Canterbury** stieg 667 zur gesamtenglischen Metropole auf, und der vom Papst entsandte Erzbischof **Theodor** baute bis 690 die **bischöfliche Verfassungsstruktur** aus, auf deren Grundlage ein zentral geordnetes kirchliches Leben mit europäischer Ausstrahlung erblühte. Dabei spielten die - weiterhin auch von iroschottischen Einflüssen befruchteten - **Klöster** als Kulturinseln eine tragende Rolle (vgl. § 5; 13.1). So bildete sich in den Angelsachsenreichen eine kirchliche Einheit; politisch wurden sie erst seit dem 9./10.Jh. enger zusammengeführt (s. 11.1.3).

4.3.1 Zur religiösen Stabilisierung seiner Herrschaft in **Northumbria** förderte König **Oswald** - im iroschottischen Kloster Iona als Christ erzogen - die Missionsarbeit v.a. dadurch, daß er 636 aus Iona den Mönchsbischof **Aidan** holte (Bau von Lindisfarne auf einer Küsteninsel als religiöses Zentrum). Seinem Sohn **Oswiu** gelang es seit ca.650, dem Christentum auch in Mercia und Essex offizielle Anerkennung zu verschaffen. Dessen Lebensformen wurden von den Klöstern aus durch Mönchskleriker nach den strengen irischen Regeln (insbesondere denjenigen Columbans; s. § 6; 7.3.2) bestimmt. In Northumbria wirkten aber auch römisch orientierte Kleriker, voran seit ca.660 der zunächst in Lindisfarne erzogene **Wilfrith** (634-710), Abt von Ripon, nach 664 Bischof von York. Dieser war gegen den iroschottischen Abtbischof von Lindisfarne **Colman** der Wortführer auf der von Oswiu 664 nach **Streaneshalch/Whitby** einberufenen Versammlung bzw. Synode. Er begründete die Richtigkeit des römischen Ostertermins mit dem Hinweis auf die von Christus verliehene Autorität des Petrus gemäß Mt 16,18. Das nahm Oswiu als grundsätzliches Argument gegen Colmans Berufung auf die Autorität des Columbanus, indem er **Petrus als Himmelspförtner** folgen wollte, der die Schlüsselgewalt im Blick auf das Heil besäße. (Vgl. dazu Beda, Hist.eccl.III,25.) Lindisfarne verlor hinfort zwar durch die Errichtung der **Bistümer York und Ripon** an Bedeutung, und mit Colman verließen etliche Iroschotten das Land. Aber der Einfluß des irischen Mönchtums in Frömmigkeit, Kultur und Bildung blieb kräftig, zumal durch die Kontakte mit den Iroschotten im Frankenreich (s. 3.3.1-3 und § 6; 8.2-3).

4.3.2 Initiativen des Königs von Kent führten zur Aufwertung von **Canterbury** als Haupt der Kirchenprovinz, das mit dem in Rom geweihten **Erzbischof Theodor** (ca.602-690; vgl. § 5; 13.1.2) zum Angelpunkt der schon lange geplanten systematischen Organisation wurde. Mit der Etablierung von 15 auf die politische Einteilung bezogenen **Bistümern** - u.a. in London, Winchester, Worcester, Hereford, Hexham - stand das Fundament der künftigen englischen Kirche. Es erfuhr allerdings 735 insofern eine Veränderung, als - nach langen Konflikten, die schon Wilfrith gegen Theodor austrug - in **York** ein zweites **Erzbistum** für den Nordteil errichtet wurde. Theodor regulierte das gesamte Kirchenwesen nach **römischen Prinzipien**: Klerus und Mönchtum, Recht und Liturgie, Bußdisziplin und Festkalender, Wissenschaft und Bildung. Damit hat er wesentlich dazu beigetragen, erstmals eine germanische "Landeskirche" an die päpstliche Autorität zu binden.

4.4 Literatur

QUELLEN: BEDA VENERABILIS: Historia ecclesiastica gentis Anglorum, hg.v. B. Colgrave u.a., 1969; Übers.: G. Spitzbart, 2 Bde., 1982.

LITERATUR: A. ANGENENDT: Frühmittelalter 203-213.223-232. - W. DELIUS: Geschichte der irischen Kirche, 1954. - R.P.C. HANSON: St. Patrick, 1968. - K.-F. KRIEGER: Geschichte Englands von den Anfängen bis zum 15. Jahrhundert, 1990, 15-56. - K. SCHÄFERDIEK: Die Grundlegung der angelsächischen Kirche im Spannungsfeld insular-keltischen und kontinental-römischen Christentums, KGMG II/1, 1978, 149-191. - R. SHARPE: Keltische Kirchen, TRE 18 (1989) 85-92. - R. WENSKUS/TH. SCHIEFFER: HEG 1, 493-526.

5. Die Expansion des Islam

Während das Christentum im Abendland in neue Länder vordrang, verlor es sein Ursprungsgebiet (Syropalästina) und Kerngebiete der älteren Zeit (Syrien, Ägypten, Nordafrika mit den Zentren Jerusalem, Antiochia, Edessa, Alexandria) an eine neue Religion (s. Abb.18). Dadurch wurde es eine i.w. **europäische Religion**, während der südöstliche und südliche Teil der Mittelmeerwelt durch den Islam eine **Transformation** erlebte, die seine orientalischen Traditionen stärker hervortreten ließ und seine hellenistischen Elemente zurückdrängte oder absorbierte. Dieser in einem raschen militärisch-politischen Herrschaftswechsel begründete Veränderungsprozeß hatte beträchtliche **kg. Auswirkungen**: a) den in seiner Schnelligkeit singulären **Umsturz der politischen Struktur** und der damit verbundenen Religion (Islam anstelle des Christentums als "Staatsreligion", getragen von der Erobererschicht) 633-644; b) die anschließende soziokulturelle Umformung der eroberten Gebiete mit **allmählicher Verdrängung des Christentums** in der Masse der Bevölkerung im 8.-11.Jh.; c) die **machtpolitische Konfrontation** im Osten durch die arabischen Angriffe auf Byzanz, im Westen durch die Eroberung Spaniens, den Zusammenstoß mit dem Frankenreich sowie die seitdem bestehende Konfliktsituation; d) die **religiös-kulturelle Auseinandersetzung** zwischen zwei feindlichen Systemen mit mancherlei Kontakt- und Kommunikationsmöglichkeiten. Für die frühmittelalterliche Kirchengeschichte gewann der Islam dadurch spezielle Bedeutung, daß e) **Nordafrika** als eine der bis dahin wichtigsten Regionen der westlichen Christenheit seit dem 8.Jh. dieser definitiv verlorenging und daß f) nach dem Untergang des Westgotenreiches in **Spanien** 711ff dort zwar erhebliche Teile der Kirche fortbestanden, aber lange vom Kontakt mit Westeuropa weithin abgeschnitten waren. Da der Sieg Karl Martells 732 die islamische Expansion im Westen stoppte, reichte das christliche Abendland seitdem von den Pyrenäen bis zum Balkan.

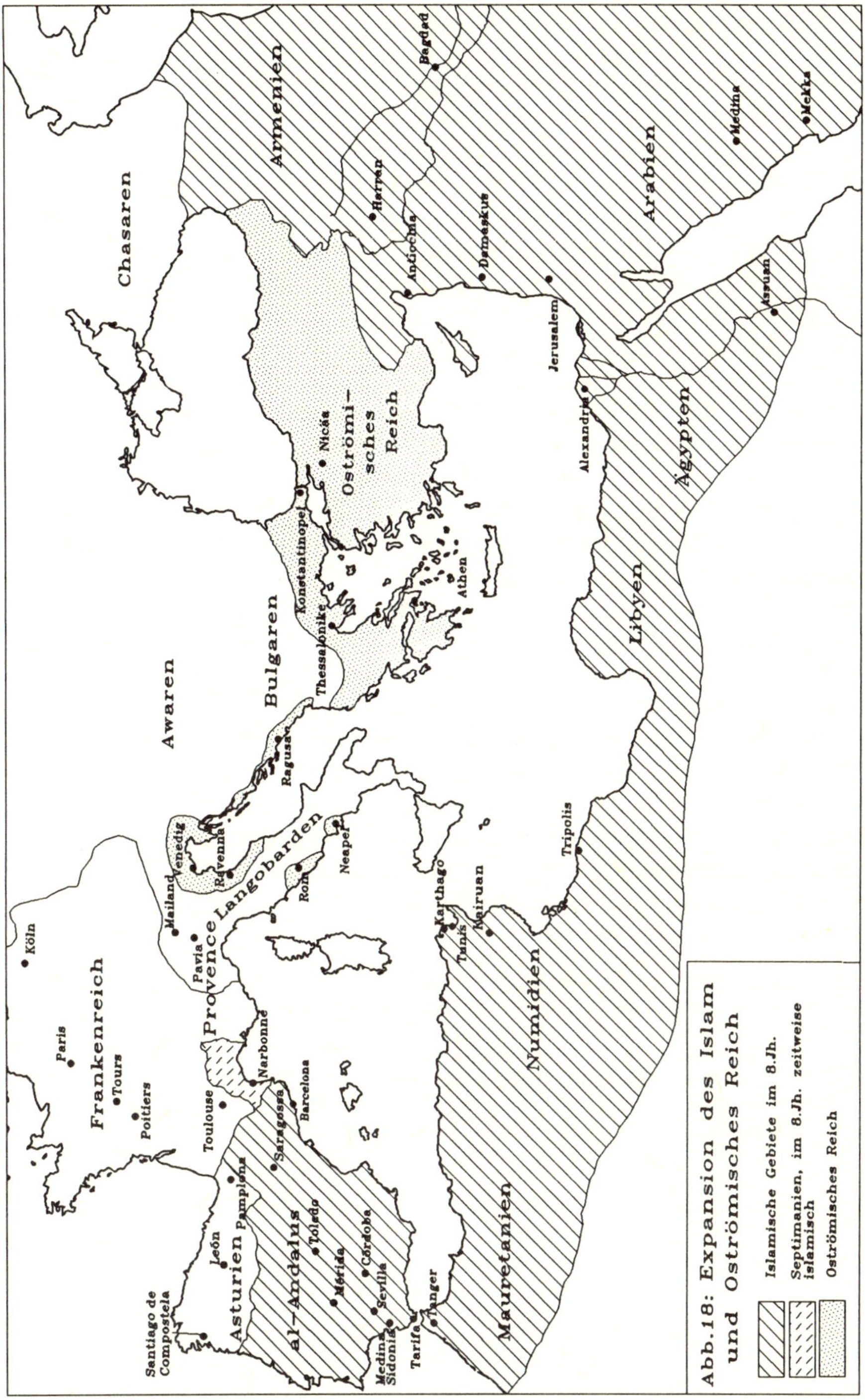

Abb.18: Expansion des Islam und Oströmisches Reich

5.1 Mohammed und die Konstituierung des Islam

In dem von verschiedenen religiösen Einflüssen geformten Arabien gelang es Mohammed/Muhammad (ca.570-632), den von ihm verkündeten Islam (d.h. Hingabe an Gottes Willen) als allgemein anerkannte Religion durchzusetzen. Als letztgültiger Prophet des einzigen, allmächtigen Gottes (*Allah*) trat er zunächst in Mekka öffentlich auf und begründete eine ursprünglich stark eschatologisch orientierte religiöse Bewegung. Später waren damit eine **neue Gesellschaftsordnung** und eine **politische Einigung** verbunden. Das hat den Arabern als *Muslimen* (d.h. *den Gott Hingegebenen*) aufgrund der neuartigen religiösen Verpflichtung zum **heiligen Krieg** – als Mittel der Ausbreitung der Gottesherrschaft in den Ländern der Ungläubigen – die Basis für eine gewaltige Expansion gegeben. Erstmals in **Medina**, wohin Mohammed 622 von Mekka übersiedelte (sog. *Hedschra/Hidjra*), setzte er den Islam als Wiederherstellung der reinen Abrahamsreligion, des wahren Monotheismus der Urzeit, gegen den arabischen Polytheismus und das Judentum durch. Es war eine von verschiedenen religiösen Traditionen geprägte synkretistische Religion, bei deren frühester Formung wohl auch Einflüsse des Christentums eine Rolle spielten. Als soziales und kulturelles Ordnungsgefüge gewann sie einen **gesetzlichen Grundzug** in Kult und Frömmigkeit, Ethik und Recht. Von Medina aus eroberte Mohammed nach langem Krieg 630 die alte arabische Kultmetropole **Mekka**, die er zum religiösen Zentrum des Islam machte. Bis 632 schlossen sich die meisten Araberstämme der neuen Religion an. Die für den politischen Zusammenhalt konstitutive Unterordnung unter den Propheten setzte sich nach dessen Tod fort in der Herrschaft der **Kalifen**, d.h. seiner *Nachfolger* bzw. *Stellvertreter* als *Beherrscher der Gläubigen.* Doch die bald einsetzenden Konflikte um die Nachfolge und die authentische Religiosität führten seit 657 zu konfessionellen **Spaltungen**, die hinfort die Geschichte des Islams bestimmten und seine Expansionskraft behinderten.

5.1.1 In Arabien mit seinen großen Wüstengebieten und wenigen Städten waren im 6.Jh. **Christentum** und **Judentum** relativ stark verbreitet (v.a. im Süden). Letzteres umfaßte z.B. in Medina ein Drittel der Bevölkerung. Ansonsten aber war diese – insbesondere in den Beduinenstämmen – durch den **altarabischen Polytheismus** geprägt, der z.T. Tendenzen zum Monotheismus entwickelte. Handelsbeziehungen verbanden überdies die Araber mit den christlichen und jüdischen Nachbargebieten. So kam der junge Fernhändler Mohammed (d.h. der *Gepriesene*) aus Mekka in Kontakt mit verschiedenen religiösen Traditionen, woraus sich im Laufe der Zeit seine strikt **monotheistische Konzeption** formte: **Allah,** der allmächtige Herr und einzige Gott, beansprucht als Schöpfer des Alls und Richter über alle Menschen totalen Gehorsam und religiöse Verehrung in der ganzen Welt. Unklar und umstritten ist in der Forschung das Ausmaß des **christlichen Einflusses** auf Mohammeds frühe Verkündigung, der z.T. als erheblich angesetzt wird. Er dürfte v.a. durch syrische und arabische Asketen vermittelt worden sein. Der jüdische Einfluß war insgesamt wohl stärker. Mohammed schätzte Jesus wie Mose als Vorläufer-Propheten positiv ein.

5.1.2 Durch Visionen und Auditionen erfuhr er einen göttlichen **Verkündigungsauftrag**, den er seit ca.610 in **Mekka** verwirklichte: v.a. durch seine Gerichtspredigt gegen die ungehorsamen Menschen und durch seine Offenbarungsmitteilungen über den rechten Lebenswandel sowie das jenseitige Schicksal. Er fand dort aber nur wenig Anhänger, die vor dem Widerstand z.T. ausweichen mußten, so daß er im Herbst 622 die Übersiedlung (*Hidjra*) nach **Jathrib** vollzog, das später **Medina**/*Stadt des Gesandten Gottes* hieß. Da dieses Ereignis den Anfang der muslimischen Gemeinschaftsbildung als einer religiösen Umformung des gesamten Lebens jener Stadt markierte, datierte man später von ihm her eine **neue Zeitrechnung**. Mohammeds Verkündigung entwickelte sich nun vom eschatologischen Schwerpunkt zur Betonung ethischer, rechtlicher und politischer Aspekte. Religionspolitisch bedeutsam wurde seine Entscheidung, die Bindung an die jetzt proklamierte monotheistische **Abrahamsreligion** durch die Ausrichtung der **Gebetshaltung** nach **Mekka** auszudrücken und die **Wallfahrt** dorthin vorzuschreiben. So integrierte er den altarabischen Kult des schwarzen Steins in der **Ka'ba**, einem würfelförmigen Gebäude, in die neue Religion, was deren Durchsetzung in ganz Arabien sehr förderte.

5.1.3 Der Islam entwickelte sich zu einer ausgeprägten Buchreligion dadurch, daß Mohammeds Verkündigung - in geformten Sprüchen und Geschichten tradiert - ca.650 im **Koran**/*Kur'an* (d.h. *Rezitation, Lesebuch*) als der heiligen Offenbarungsurkunde des Islam authentisch fixiert wurde. Der Koran ist in 114 *Suren* (*Abschnitte*) eingeteilt, kompilierte Textstücke aus den verschiedenen Verkündigungsperioden, die nach Länge bzw. Thema angeordnet sind. Als Allahs Offenbarung beansprucht er absolute Autorität in Inhalt und Wortlaut. Das wirkte sich in einer strikten Normierung des religiösen und sozialen Lebens aus. Da er nicht in andere Sprachen übersetzt werden durfte, ging von ihm langfristig eine starke **kulturelle Prägung** auch insofern aus, als das Arabische in allen eroberten Ländern die offizielle Sprache für Religion und Staatsverwaltung blieb. Angesichts der Tatsache, daß der Koran nicht alle für das spätere Leben der Muslime erforderlichen Weisungen enthält, gewann als Ergänzung und Interpretation auch die daneben überlieferte *Sunna*, die *Gewohnheit* des Propheten (bzw. der *Hadith*, die islamische Tradition), normative Geltung. Allerdings bietet sie z.T. widerstreitende Lehrmeinungen wegen der uneinheitlichen Überlieferung. Deshalb bekam die **Koranauslegung** als philologische, theologische und juristische Wissenschaft große Bedeutung. Mit ihr hing die nichtkodifizierte *Scharia*, die *Wegweisung* mit vielerlei Vorschriften für die einzelnen Lebensprobleme, zusammen, die sich auf kultische, ethische, juristische und politische Fragen bezog und verschiedenartige Gewohnheiten aufnahm.

5.1.4 Das Leben der Muslime wurde fundamental durch die von allen zu befolgenden fünf **Grundpflichten** bestimmt. 1. Als Vorbedingung der Zugehörigkeit zum Islam gilt das **Glaubensbekenntnis** zu Allah als dem einzigen Gott und zu Mohammed als seinem Gesandten. 2. Das tägliche Leben wird durch das fünfmalige - kultische Reinheit voraussetzende - **Gebet**, eine Abfolge von Verbeugungen und Rezitationen, eingeteilt; es wird nach Möglichkeit in der Gemeinschaft der Gläubigen im Gebetsraum, der Moschee (*masdjid, Ort der Niederwerfung*), vollzogen. 3. Als Zeichen der Frömmigkeit wird außerdem das regelmäßige **Almosengeben** zur Unterstützung der Armen gefordert. 4. Obligatorisch für alle Gesunden ist das jährliche **Fasten** im Monat Ramadan mit weitgehendem Verzicht auf Speise und Trank. 5. Der Rückbindung an den arabischen Ursprung und der Stärkung des Gemeinschaftsbewußtseins dient als besondere Leistung die **Mekkawallfahrt**. - All diese Pflichten markierten in der kulturellen Umwelt, in die der Islam im 7./8.Jh. vordrang, das spezifische Profil der neuen Religion.

5.2 Die arabische Eroberung des Vorderen Orients

Planmäßig gingen die Araber unter Mohammeds Nachfolgern an die Unterwerfung der orientalischen Umwelt. Motiv war nicht eine nationale Expansion, sondern die politisch-religiöse Eroberung zum Zweck der **Ausbreitung von Allahs Herrschaft** über die Welt. Die historische Voraussetzung für ihren raschen Erfolg zwischen 633 und 644 - mit der Besetzung von Syropalästina, Ostsyrien/Mesopotamien, Persien und Ägypten - war besonders günstig: die **Schwächung der Großmächte** Byzanz und Persien, welche - durch lange innere Konflikte zersplittert - in permanenten Kriegen (zuletzt 623-627) ihre Abwehrkräfte reduziert hatten. Während das Perserreich unter dem arabischen Vorstoß völlig zusammenbrach, verlor das oströmische Reich zwar wesentliche Teile (und damit seine imperiale Position im Mittelmeerraum), konnte aber das griechische Kerngebiet behaupten (s. Abb. 18). Angriffe auf Konstantinopel 668-680 wurden abgewehrt, 718 sogar mit einem vernichtenden Sieg. Weitere Voraussetzungen des raschen Erfolgs waren zwei Tatsachen: Die Araber waren schon seit längerem in den **Randzonen** beider Großreiche politisch etabliert, womit sie Vorposten für den Angriff besaßen; und die **orientalisch-christliche Bevölkerung**, die in Byzanz wie in Persien durch die Religionspolitik unterdrückt wurde, kooperierte zunächst mit den Arabern als Befreiern. Diese etablierten ihr Herrschaftssystem mit anderen Zielen und Mitteln als die von Norden in das Imperium eingedrungenen Germanenstämme: Sie waren zunächst nur an der **politischen Oberhoheit** (realisiert v.a. in militärischer Okkupation und finanzieller Ausbeutung), nicht aber an der Besiedlung der betreffenden Länder interessiert. Sie blieben im 7./8.Jh zumeist eine kleine Herrenschicht, die von ihren militärischen Zentren aus das Land regierte. Das hatte auch Konsequenzen für die Religionspolitik, speziell gegenüber den Christen.

5.3 Eingeschränkte Toleranz gegenüber den Christen

Unter den Kalifen der Omajjadendynastie 661-750 mit der Hauptstadt Damaskus lag das Herrschaftszentrum in Syrien, also auf altem römisch-christlichem Reichsgebiet. Da die Araber bei ihrer Übernahme der byzantinischen Staatsverwaltung auf Christen als Beamte angewiesen blieben, spielten diese für längere Zeit eine z.T. wichtige Rolle. Besondere Bedeutung für die Ausbreitung des neuen Herrschaftssystems kam den zahlreichen christlichen Arabern in den Randgebieten von Palästina, Syrien und Mesopotamien zu. Das i.w. positive Verhältnis zwischen Arabern und christlicher Bevölkerungsmehrheit bildete ein wichtiges Element der innenpolitischen Stabilisierung. Dem insgesamt als falsche Religion abgelehnten, in seinem Herrschaftsanspruch bekämpften Christentum konnte grundsätzliche **Toleranz** deswegen gelten, weil es sich als Schriftreligion vom Polytheismus unterschied und weil es gewisse Berührungen mit der Abrahamsreligion aufwies. Die freiwillig unterworfenen Christen besaßen bei Zahlung einer **Kopfsteuer** den Status von **Schutzbefohlenen**; an deren Bekehrung zum Islam waren die Araber nicht interessiert, weil sonst die Zwangsabgaben entfallen wären. Die Christen mußten bestimmte Dienste leisten und zur Unterscheidung von der muslimischen Herrenschicht **Erkennungszeichen** tragen. Sie genossen insofern **Religionsfreiheit**, als sie ihre Gottesdienste feiern, Taufen vollziehen und ihre geistlichen Ämter behalten durften. Sie unterlagen jedoch darin **Einschränkungen**, daß alle öffentlichen Kundgebungen ihrer Religion wie z.B. Prozessionen und Feste ebenso verboten waren wie Neubau und Renovierung von Kirchen und Klöstern. Eine gewaltsame Bekehrung gab es nicht. Doch die christlichen Araber erlagen als Volksangehörige der Eroberer relativ schnell dem islamischen **Missionsdruck**. Die Syrer und Kopten waren einem zunehmenden gesellschaftlichen **Anpassungsdruck** ausgesetzt, der seit dem 8./9.Jh. - mit regionalen Unterschieden - Konversionen zum Islam anwachsen ließ.

5.4 Nordafrika und Spanien unter muslimischer Herrschaft

Während die islamische Aggression im Südosten und Osten zum dauerhaften Konstitutionsproblem des byzantinischen Staates bis 1453 wurde, blieb sie für das Abendland seit 732 ein Randproblem, das allerdings langfristig ein beträchtliches politisches Störpotential und eine substantielle kulturelle Herausforderung enthielt. Dem **theokratischen Weltherrschaftsplan** entsprach der – relativ bald nach Abschluß der Eroberung Ägyptens erfolgende – Vorstoß nach Westen. Doch dabei zeigte sich, daß das nationale Kräftereservoir der Araber nicht mehr ausreichte und daß die innenpolitisch-religiösen Spaltungen die einheitliche Stoßkraft beeinträchtigten. Die Eroberung der nordafrikanischen Provinzen seit 670 gelang nur mühsam mit Hilfe der zum Islam konvertierenden **Berberstämme** (v.a. der Mauretanier, der *Mauren/Mauri* der abendländischen Nomenklatur). Diese wurden auch die entscheidenden Träger der Eroberung Spaniens nach dem grundlegenden Sieg über die Westgoten von 711. Das einst blühende Christentum in Nordafrika, das i.w. von der lateinischen Oberschicht getragen war, verschwand seit dem 8./9.Jh. zusammen mit der römischen Zivilisation weithin. Der oppositionelle Donatismus (s. § 2; 16.3) hatte sich nicht als Nationalkirche der Berber etablieren können. Der für die Missions- und Kirchengeschichte grundlegende Zusammenhang von politischer Herrschaft und Religion zeigte sich auch hier in der Hinwendung zum Islam. Der ganze südliche Mittelmeerraum gehörte somit fortan zur orientalischen Kulturwelt. Komplexer entwickelten sich die Verhältnisse in Spanien, wo im 9./10.Jh. das **Emirat** bzw. **Kalifat von Cordoba** ein mächtiger, ökonomisch prosperierender und kulturell blühender Staat wurde, der alle westeuropäischen Reiche an Glanz übertraf (s. Abb.18). Dort blieb unter der muslimischen Führungsschicht – trotz massenhafter Konversionen v.a. der bäuerlichen Bevölkerung – ein teilweise recht verbreitetes, insgesamt kulturell-religiös lebenskräftiges Christentum erhalten (z.T. getragen von sprachlich assimilierten Nachfahren der Westgoten und Hispanoromanen, den sog. *Mozarabern*). Im Bergland des Nordwestens jenseits des Duero/ Douro sammelten sich seit dem 8.Jh. Widerstandskräfte der dorthin geflüchteten Christen. Daraus entwickelte sich durch die Formierung und allmähliche Ausdehnung des Königreichs **Asturien/León** im 9.-11.Jh. – getragen vom religiösen Sendungsbewußtsein – die sog. Rückeroberung/*Reconquista* Spaniens. Der Versuch der muslimischen Eroberer, von Spanien aus auch das Frankenreich zu erobern, scheiterte an ihren unzureichenden militärischen Kräften: Nach der schweren **Niederlage bei Tours 732** gegen Karl Martells Heer blieben sie grundsätzlich südlich der Pyrenäen und stießen im 8./9.Jh. nur in begrenzten Aktionen an der Küste bis zur Provence vor. In Sizilien und Süditalien dagegen gelang ihnen, den sog. **Sarazenen**, größerer Gebietsgewinn. Dort und auch in Spanien kam es im 9.-13. Jh. zu einer fruchtbaren Begegnung zwischen Islam und Christentum, die Europas Kultur- und Geistesgeschichte erheblich bereichert hat.

5.4.1 Die Eroberung des gesamten römischen Reiches für Allah war zunächst das Ziel der islamischen Politik. Erst im 8.Jh. trat es wegen der Verdrängung der Araber und der Konzentration auf den östlichen Raum, insbesondere Mesopotamien und Persien – dokumentiert durch die Verlegung der Hauptstadt des Kalifen von Damaskus nach Harran bzw. Bagdad – zurück. Im

Sinne der ursprünglichen Zielsetzung griff ein arabisches Heer von Ägypten aus seit 665 die Provinz **Byzacena** (s. Abb.6a) an; dort wurde 670 mit Kairawan/Kairuan südlich von Karthago eine Festung erbaut, die später zum arabischen Herrschaftszentrum wurde. Weitere Vorstöße scheiterten zunächst am Widerstand der Berber und Byzantiner, doch 695 gelang die Einnahme Karthagos und bald danach die **Eroberung ganz Nordafrikas**. Die verschiedenen Berberstämme in Numidien und Mauretanien - teils Heiden, teils Juden, teils donatistische Christen - schlossen sich in beträchtlicher Zahl häretischen Richtungen des Islam an und bildeten vom Kalifen unabhängige Herrschaften.

5.4.2 Die ruinösen Machtkämpfe zwischen Königtum und Adel im **Westgotenreich** und die sozialen Spannungen zwischen Christen und Juden, Hispanoromanen und Goten schufen eine **bürgerkriegsähnliche Situation**, in der Teile des Adels und die Judenschaft die Muslime (Araber und Berber) als Bundesgenossen begrüßten. So gelang dem relativ kleinen Berberheer unter Tarik 711 nicht nur die Überfahrt, sondern auch ein völliger Sieg über das gotische Heer nahe dem Guadalete-Fluß, zwischen Tarifa und Medina Sidonia (nicht bei Jerez de la Frontera, wie früher angenommen). Das war deswegen ein epochales Ereignis, weil es die **Auflösung** des schutzlosen, innerlich zerrissenen Gotenreiches in kurzer Zeit bewirkte. Die Hauptstadt Toledo mit dem riesigen Königsschatz fiel den Muslimen ebenso kampflos in die Hände wie fast alle Städte. Das hatte die politisch bedeutsame Folge, daß man - wie üblich (vgl. 5.3) - den Christen die **Religionsfreiheit** und den **Fortbestand der Kirchenorganisation** gegen Zahlung der Kopfsteuer konzedierte, ihnen auch ihr Eigentum weitgehend beließ. Die wenigen Araber übernahmen das fruchtbare, von abhängigen Bauern bearbeitete Land in den Ebenen, die Masse der Berber mußte sich mit Bergland und Viehzucht begnügen. Die zahlreichen Juden in den Städten konnten sich hinfort frei von Unterdrückung entfalten. Die Christen - als noch lange Zeit größter Bevölkerungsteil in den Städten wie auf dem Lande - behielten den bisherigen religiösen und sozialen Stand mit abnehmender Tendenz (s. 5.4.4).

5.4.3 Nach oberflächlicher Herrschaftsstabilisierung in Spanien wollten die arabisch-berberischen Muslime den Rest des tolosanischen Westgotenreiches in **Südwestgallien** (Septimanien mit Narbonne) annektieren, bis Burgund vordringen und das vom Frankenreich beanspruchte Herzogtum **Aquitanien** erobern. Ihre bis **Poitiers** vorgerückte Streitmacht erlitt aber - nach gewaltigen Plünderungen des Landes - im Herbst 732 auf dem Marsch nach **Tours** eine vernichtende **Niederlage** (wohl bei Nirac) durch das von Karl Martell systematisch reorganisierte Heer der Franken (vgl. § 9; 2.1.2). Diese oft als "Rettung des Abendlandes vor der Islamisierung" stilisierte Schlacht machte deutlich, daß die Angriffskraft der - durch innere Konflikte geschwächten - muslimischen Reiche nicht mehr genügte, das übrige Westeuropa ernsthaft zu bedrohen. Sie stärkte die Autorität des tatkräftigen, erfolgreichen Karolingers (seit dem 9.Jh. mit dem Beinamen **Martell**, d.h. *Hammer* hervorgehoben), und sie schuf die Voraussetzung für die fränkische Expansion nach Aquitanien und Septimanien. Bezeichnend war die berühmte, übertreibende Bemerkung eines spanischen Chronisten, die *europäischen Völker/gentes Europenses* hätten die *Söhne Ismaels* besiegt, für das Zusammengehörigkeitsbewußtsein der Abendländer im Gegenüber zum Islam. Der Versuch Karls d.Gr., die innermuslimischen Konflikte und den Christenaufstand in Nordspanien 778 durch einen Feldzug zur Machtausweitung bis Saragossa zu nutzen, scheiterte. Doch seitdem hielt das Frankenreich mit der **Spanischen Mark** und den Grafschaften Navarra, Barcelona u.a. sowie Gothia (s. 2.2.4) einen Sperrgürtel, von dem aus u.a. gelegentliche Unterstützung der christlichen Herrschaften in Nordwestspanien möglich war und die spätere Reconquista eine Basis fand.

5.4.4 In dem von ihnen *al-Andalus*/Andalusien genannten Spanien - als einem seit 756 vom östlichen Abbasidenkalifat unabhängigen **Emirat** unter einer Omajjadenherrschaft - etablierten die Muslime einen dauerhaften Staat. Dessen Zentrum war **Cordoba**, das sich zur weitaus prächtigsten Metropole neben Bagdad und Konstantinopel entwickelte. Im Vergleich zu Cordobas riesiger Einwohnerzahl, Wirtschaftskraft und Kulturblüte erschienen alle anderen abendländischen Städte jener Zeit wie Dörfer. Es gelang, das bunte Bevölkerungsgemisch unter arabischer Führung in einigermaßen friedlichem Zusammenleben durch einen funktionierenden **zentralistischen Verwaltungsstaat** zu vereinen, was das Gewicht des Emirats innerhalb des zersplitterten Islam hervorhob. Eine Demonstration der völligen Eigenständigkeit bildete die Übernahme des Kalifentitels seit dem tatkräftigen Abd ar-Rahman III. 912-961, der u.a. Kontakte zu Kaiser Otto I. unterhielt. Die **Konversionen** von Goten und Hispanoromanen zum

Islam stiegen seit dem 9.Jh. an, doch deren Sprache und Lebensart blieben spanisch. Starke **christliche Minderheiten** hielten sich allerdings v.a. in Toledo, Merida, Sevilla und Cordoba; bei ihnen spielte der Gegensatz zwischen den arabisch und den lateinisch (bzw. hispanoromanisch) sprechenden Teilen eine auch kulturell wichtige Rolle. Viele Klöster und die Kirchenorganisation hielten sich i.w., doch mit starker Schrumpfung der Gesamtzahl (bis auf 18 Bistümer und 3 Erzbistümer).

5.4.5 Während der inneren Unruhen, die das Emirat Cordoba im 8.Jh. z.T. lähmten, gelang es den in das schwer zugängliche Bergland **Asturien** zurückgezogenen **Christen** unter dem Fürsten Alfons I., *dem Katholischen* (739-757), in diesem Gebiet ihre Herrschaft dauerhaft auszubauen, bis nach Galicien/Gallaecia zu erweitern und durch Schaffung einer Pufferzone in der einsamen Hochebene nördlich des Duero zu sichern. So entstand ein wehrhaftes Königreich, das stark durch westgotische Traditionen bestimmt war. Dessen **Sendungsbewußtsein** (mit dem Ziel einer Befreiung ganz Spaniens vom Islam) fand symbolischen Ausdruck im Jakobskult von Santiago de Compostela seit ca.820/830. Muslimische Angriffe konnten abgewehrt werden, Oviedo wurde unter Alfons II. (791-842) zur Residenz ausgebaut, die mit fortschreitender Expansion 910 nach **León** verlegt werden konnte. Neben den Königreichen León und Pamplona (später = Navarra) und den Grafschaften der spanischen Mark, v.a. Barcelona, bildete sich mit der Grafschaft **Kastilien** im 10.Jh. eine christliche Machtposition; durch dynamische Entwicklung übertraf sie bald das archaische León, was für die Reconquista bedeutsam wurde.

5.4.6 Bis 1031 bestand das zunehmend durch innere Unruhen und Machtkämpfe zerrüttete Kalifat Cordoba; danach löste es sich in zahlreiche Kleinstaaten auf. Diese waren trotz ökonomischer und kultureller Blüte dem militärischen Druck der christlichen Reiche des Nordens auf Dauer nicht gewachsen, die seit ca.1010 programmatisch die **Rückeroberung/Reconquista** Spaniens betrieben und seit 1050 über die alte Grenzlinie (Duero-Pyrenäen) vordrangen: Eroberung z.B. von Coimbra 1064, Toledo 1085, Saragossa 1118. Das Reich **León-Kastilien** entwickelte sich v.a. unter Alfons VI. (1065-1109; mit dem Titel *imperator/Kaiser ganz Spaniens*) dank der starken königlichen Zentralgewalt zu einer Großmacht, die in die europäische Politik eingriff. Auch die kulturelle Isolierung war überwunden. Mit Hilfe der Kreuzzugsbewegung (s. § 9; 8.3) eroberte Alfons VII. 1147 Lissabon und andere Städte. Im 12./13.Jh. wurde die islamische Herrschaft bis zum Guadalquivir zurückgedrängt (Eroberung z.B. von Corduba 1236, Sevilla 1248), so daß sie seitdem auf das Reich von Granada beschränkt blieb. Erst im 15.Jh. setzte die Reconquista neu ein (Fall Granadas 1492).

5.5 Literatur

QUELLEN: DER KORAN. Übers./hg.v. R. Paret, Bd.1, 6.A. 1993; Bd.2, 5.A. 1994. - DER KORAN. Arabisch-Deutsch. Übers. und wiss. Komm. v. A.Th. Khoury, 1990ff.

LITERATUR: F. BUHL: Das Leben Muhammeds, 1930; 3.A. 1961. - C. BROCKELMANN: Geschichte der islamischen Völker und Staaten, 2.A. 1943. - G. CRESPI: Die Araber in Europa, 1992. - G. ENDRES: Der Islam: Eine Einführung in seine Geschichte, 2.A. 1991. - J. VAN ESS: Theologie und Gesellschaft im 2. und 3. Jahrhundert Hidschra, 5 Bde., 1991ff. - A.TH. KHOURY u.a. (Hg.): Islam-Lexikon. Geschichte - Ideen - Gestalten, 3 Bde., 1991. - J.M. LACARRA/O. ENGELS: Mauren und Christen in Spanien (711-1035), HEG 1, 3.A. 1992, 997-1033. - R. PARET: Mohammed und der Koran, 1957; 7.A. 1991. - H. PIRENNE: Mohammed und Karl der Große, 2.A. 1986 (Übers.: Mahomet et Charlemagne, 1937). - A. SCHIMMEL u.a.: Der Islam III, RM 25/3, 1990. - DIES.: Der Islam. Eine Einführung, 1990. - A. SCHALL: Islam I, TRE 16 (1987) 315-336. - E. WAGNER: Der Einbruch des Islam, HEG 1, 3.A. 1992, 323-343. - W.M. WATT u.a.: Der Islam I-II, RM 25/1-2, 1980-85.

6. Angelsächsische Mission und Kirchenreform im Frankenreich: Das Werk des Bonifatius

Infolge des Verfalls staatlicher Ordnung und der Schwächung königlicher Zentralgewalt (s. § 9; 2.1) entwickelte sich die Christianisierung des Frankenreiches im 7./8.Jh. nur mangelhaft. Die Festigung der **Kirchenstrukturen** und die Entfaltung der **Frömmigkeitsformen** im Kerngebiet des Reiches (Neustrien, Austrien/Austrasien, Burgund) wurden verhindert durch ungenügende Organisation von Bistümern und Gemeinden, Verweltlichung des Episkopats, Zweckentfremdung von Kirchengut, weltliche Herrschaft über Kirchen und Klöster, Unbildung und Sittenlosigkeit im Klerus. Außerdem kam die **Missionierung in den Randgebieten** (Germanien) nicht zu durchschlagenden Erfolgen, weil sie ohne effektive Kirchenorganisation punktuell blieb. Es war die besondere Leistung des 719-754 hier wirkenden Angelsachsen **Winfried/Bonifatius**, Ansätze zur Lösung jener beiden Grundprobleme etabliert zu haben. Außerdem schuf er - gemäß der angelsächsischen Praxis (s. 4.3) - die Basis für die bislang nicht vorhandene **Romorientierung** der fränkischen Reichskirche, womit er dem Papsttum einen neuen Einflußbereich eröffnete (vgl. § 8; 5.0; § 9; 3.0). In dreifacher Hinsicht kommt ihm somit geschichtliche Bedeutung zu, die die kirchliche Tradition seit dem 12.Jh. mit dem Ehrentitel *Apostel der Deutschen* einerseits sachlich übertrieb (weil sein direktes missionarisches Wirken weniger erfolgreich war) und andererseits geographisch einschränkte (weil seine Wirkung ganz Westeuropa betraf).

6.1 Strategischer Neuansatz der Mission

Das iroschottische Mönchtum gab im 7.Jh. mit seinem asketischen Wanderleben (*peregrinatio propter Christum*) bedeutsame Anstöße zur Christianisierung des Frankenreiches (s. 3.3). Noch stärker als dessen Sendungsbewußtsein war dasjenige der von ihm geprägten angelsächsischen Mönche: Zielstrebig wandten diese sich der kontinentalen Germanenmission zu, ansetzend bei den ihnen gleichsam benachbarten Friesen, um von dort zu den stammesverwandten Sachsen vorzustoßen und möglichst flächendeckend die noch **heidnischen Grenzbereiche** im Norden und Osten zu erfassen. Neu gegenüber der iroschottischen Arbeit war die Abkehr von der Individualmission und die Verbindung mit Kirche und "Staat", d.h. die Absicherung durch den **Schutz der fränkischen Herrschaft** und durch den **Aufbau einer Kirchenorganisation**. Für das friesische Gebiet praktizierten das in ersten Ansätzen seit 690 und 719 der Northumbrier **Willibrord** und seine Mitarbeiter, v.a. durch Gründung des Bistums Utrecht 695 sowie von Klöstern als Stützpunkten im fränkischen Hinterland. Wesentlich für die Durchführung der Planung war die Unterstützung durch die Hausmeier Pippin seit 687 und Karl seit 714 (s. § 9; 2.1). Willibrord begründete nicht nur die Bindung des Missionswerkes an die Herrschaftsstabilisierung und -ausdehnung der **Karolingerdynastie** (vgl. auch 7.0), sondern auch dessen prinzipielle Legitimierung durch das **Papsttum**. Die Ausdehnung der Mission auf die Sachsen und Dänen scheiterte jedoch, und die

Bekehrungsarbeit im Friesengebiet hatte Erfolge nur in dessen Südwesten als einem Teil des Frankenreiches. Daran beteiligte sich seit 719 zunächst der Angelsachse **Winfried**. In Rom von Gregor II. mit päpstlicher Missionsvollmacht ausgestattet (nunmehr **Bonifatius** genannt), erhielt er durch seine Ernennung zum Missionsbischof 722 die Möglichkeit, ein eigenständiges Wirken unter den Hessen und Thüringern zu planen (s. Abb.19).

6.1.1 Die westgermanischen **Friesen** gerieten seit dem 7.Jh. dadurch, daß sie ihren Siedlungsraum an der Nordseeküste zwischen Weser/Ems und Ijsselmeer bis zur Rhein- und Scheldemündung ausdehnten, in Kollision mit dem Frankenreich. Sporadische Missionsversuche im 6./7.Jh. blieben erfolglos, auch die eher zufällige Predigttätigkeit des Bischofs Wilfrith von York (s. 4.3.1) auf seiner Durchreise nach Rom im Winter 678/9, mit der - entgegen älteren Annahmen - keineswegs die Friesenmission begann. Diese nahm ihren Anfang mit der **Konzeption** des angelsächsischen Mönchsbischofs **Egbert** (639-729), die auf eine Bekehrung aller noch heidnischen Germanenvölker sowie der Slawen und Awaren zielte.

6.1.2 Seinen Schüler **Willibrord** (658-739) sandte Egbert 690 mit einer Mönchsgruppe zu den Friesen, nachdem dort der fränkische Einfluß durch Pippin d.M. verstärkt worden war und Hoffnung auf Eingliederung ins Frankenreich bestand. Willibrord, der zunächst in Antwerpen an die Mission des Amandus anknüpfte (s. 3.3.1), plante den Aufbau einer Kirchenprovinz mit **Utrecht als Zentrum.** Deshalb ließ er sich 695 in Rom zum Erzbischof der Friesen weihen. Sein von den Karolingern mit riesigen Ländereien dotiertes **Kloster Echternach** gab ihm - ebenso wie Susteren/Maas - personelle, geistige und finanzielle Unterstützung. Doch wegen der **heidnischen Reaktion** unter dem erfolgreich die Frankenherrschaft zurückdrängenden Friesenkönig Radbod scheiterte das. Nach der Eroberung Südfrieslands durch Karl Martell 719 kam zwar die Mission wieder voran, aber jener Organisationsplan nicht zustande (vgl. 7.1.5).

6.1.3 Der aus einem Adelsgeschlecht in Wessex stammende **Bonifatius/Winfried** (Wynfreth; ca.672/5-754), ein gebildeter Mönch (s. § 5; 13.1.4), durch die asketische *peregrinatio propter Christum* für die Mission motiviert, ließ sich 719 durch persönliche **Bindung an den Papst** beauftragen. Damit gab er seinem ganzen Lebenswerk einen charakteristischen Akzent. Er schloß sich zunächst Willibrords **Friesenmission** an, zielte aber von vornherein - von Gregor II. zur Wahl eines eigenen Missionsgebietes bevollmächtigt - auch auf das Gebiet der weithin heidnischen **Hessen und Thüringer**. Die Hessen im Land zwischen Eder/Fulda und Rhein/Main mit Zentrum in Mattium bei Fritzlar hatten sich im 6.Jh. dem Frankenreich angeschlossen, aber ihre religiöse Selbständigkeit - und z.T. auch die politische - bewahrt. Das von Aller und Elbe bis zum Main ausgedehnte Thüringerreich war 531 von den Franken zerschlagen worden und seitdem z.T. in deren Staatsgebiet eingegliedert; doch lebten die Thüringer unter fränkischen Amtsherzögen - mit Zentrum in Würzburg - relativ eigenständig. 721 begann Bonifatius mit der Arbeit im hessischen Lahngau, wo er im Schutz der fränkischen Festung **Amöneburg** 722 ein erstes Kloster als Missionsstützpunkt gründete.

6.1.4 Zur Sicherung der Unabhängigkeit seiner Mission zog er 722 nach Rom, wo Gregor II. ihn zum **Missionsbischof** ohne festen Sitz weihte und durch einen besonderen **Eid** verpflichtete, formal den Bischöfen der römischen Kirchenprovinz entsprechend: **Bindung an Petrus** und die Päpste in der Treue zum katholischen Glauben, Eintreten für die Einheit der Kirche und Meidung der Gemeinschaft mit unkanonisch lebenden Bischöfen (= Ep.16; Text/Übers.: Briefe 62-65). Über die letzteren sollte Bonifatius regelmäßig berichten, womit der Papst **Einfluß auf den fränkischen Episkopat** zu gewinnen suchte. Bonifatius' Briefwechsel mit den Berichten ist eine aufschlußreiche Quelle für die kirchlichen Zustände im Ostteil des Frankenreiches.

6.2 Aufbau einer missionarischen Kirchenstruktur

Die grundsätzliche Unterstützung durch Karl Martell ermöglichte Bonifatius die Ausweitung der Arbeit vom Hessenland ins Gebiet der Thüringer. **Klöster** trugen als Missionszentren den Aufbau einer **Pfarrorganisation** und dienten als Bildungsstätten der Pflege von Wissenschaft und Theologie im Sinne der angelsächsischen Tradition (vgl. § 5; 13.1), womit sie die **kulturelle Erschließung** vorantrieben. Diese Methode übertrug er später auf die definitive Christianisierung der südlichen Gebiete. Da er und seine angelsächsischen Helfer die östliche Randzone des Reiches mit einem Netz von Klöstern und Landpfarreien überzogen (s. Abb.19), konnte die geistliche Betreuung der Bevölkerungsmasse erstmals systematisch betrieben werden. Zur Absicherung dieser Strategie bedurfte es aber der Gründung neuer **Bistümer**, die allein den rechtlichen und organisatorischen Rahmen für das parochiale Leben liefern konnten. Deswegen ließ Bonifatius sich 732 von Papst Gregor III. zum Missionserzbischof ernennen, um eine Kirchenprovinz zu errichten. Doch die Realisierung dieses Teils seines Organisationsplans scheiterte vorerst am Widerstand des fränkischen Episkopats und an der Verweigerung der Genehmigung durch Karl Martell. Die tiefe persönliche Krise zu überwinden, half - nach seiner Ernennung zum päpstlichen Legaten für Germanien 738 - die Aufgabe, im bereits offiziell weitgehend christianisierten Herzogtum **Bayern** (vgl. 3.3.3) eine **Episkopalstruktur** zu etablieren und die Kirche zu reformieren.

6.2.1 Der Einfluß der Sachsen im nördlichen Hessen und Thüringen gab dem dortigen Heidentum Rückhalt. Dagegen stützte Bonifatius sich auf die **weltliche Gewalt** der fränkischen Grafen, nachdem er sich von Karl Martell einen entsprechenden Schutzbrief hatte geben lassen. So konnte er 723/4 den spektakulären Akt wagen, zum Erweis der Macht des Christengottes (vgl. 1.1.1) die - angeblich den Himmel stützende - **Donareiche** bei Geismar zu fällen und für den Kirchbau in **Fritzlar** zu verwenden. Dort errichtete er 732 ein Kloster, ebenso im thüringischen **Ohrdruf** bei Gotha. Zahlreiche angelsächsische Mönche und Nonnen halfen ihm bei der christlichen Unterweisung des Volkes, der Zurückdrängung heidnischen Brauchtums und der Erziehung des Klerus. Zwecks **Ausweitung** seines Arbeitsgebietes und Aufbau einer germanischen **Kirchenprovinz** erhielt er 732 in Rom das erzbischöfliche Pallium.

6.2.2 Nun entstanden unter angelsächsischer Leitung **neue Klöster**: im bereits weithin missionierten mainfränkischen Gebiet um Würzburg die Frauenklöster Tauberbischofsheim (unter Lioba), Kitzingen (unter Thekla) und Ochsenfurt, später in dem vom bayerischen Herzogtum abgetrennten Nordgau und im alemannischen Sualafeld durch Willibald, Wynnebald, Walburga und Sola die Klöster Heidenheim, Eichstätt und Solnhofen. Bonifatius' vertrautester Mitarbeiter war seit 738 der Gelehrte **Lul/Lullus** aus Wessex (ca.710-786), sein Nachfolger als Bischof von Mainz. Sein von Karlmann gut dotiertes Eigenkloster wurde das 744 gegründete **Fulda** unter dem Abt **Sturmi** (ca.715-779), einem der wenigen Nicht-Angelsachsen unter seinen engen Mitarbeitern, der zuvor einen Mönchskonvent in Hersfeld aufgebaut hatte. Nach dem Vorbild von Monte Cassino wurde Fulda zu einem wissenschaftlichen und kulturellen Zentrum ausgebaut, welches das kirchliche Leben in den neu christianisierten Gebieten stark prägte.

6.2.3 Mit päpstlicher Hilfe und in Kooperation mit Herzog Odilo von Bayern konnte Bonifatius - als Legat für Germanien mit erweiterten Vollmachten - die **bayerische Landeskirche** neu gestalten. Dort hatte sich heidnischer Kult z.T. noch gehalten, und iroschottische Wanderprediger störten die Ordnung. Er setzte wohl 739 Bischöfe in den Residenzen Regensburg, Freising und Salzburg ein (in Passau hatte das zuvor der Papst getan); doch eine eigene Kirchenprovinz wurde Bayern erst 798 (s. 7.2.2).

6.2.4 Parallel zu Bonifatius wirkte in **Alemannien** - einflußreich für die christliche Erziehung der Bevölkerung und für die Reform von Klöstern - **Pirmin** (gest. 753), wohl ein Westgote. Dieser gründete u.a. die Abteien Reichenau am Bodensee 724, Murbach im Elsaß 728 und Hornbach in der Pfalz nach 742. Er war der irofränkischen Mönchstradition verbunden (s. § 6; 8.0) und stützte sich für die Durchsetzung seiner Ziele wie die Angelsachsen auf die Reichsgewalt. Heidenmission hat er nicht betrieben, als Heiliger genoß er seit dem Mittelalter große Verehrung (Patron z.B. von Pirmasens).

6.3 Anstöße zur fränkischen Kirchenreform

Karl Martells Nachfolger im ausschlaggebenden Hausmeieramt, der fromme Karlmann und der kluge Pippin d.J. (s. § 9; 2.2.1), verfolgten seit 741 einen neuen kirchenpolitischen Kurs, der Bonifatius' Plänen für kurze Zeit zugute kam. Jetzt konnte er die Kirchenorganisation für Thüringen, Hessen und Mainfranken durch die **Gründung von Bistümern** auf eine neue rechtliche Basis stellen (s. Abb.19). In Verbindung mit Karlmann, dem Herrscher über Austrasien, hielt er 743(?) für dieses Teilreich eine **erste Reformsynode** ab. Deren Beschlüsse bekundeten ein ambitioniertes **Programm** zur Verbesserung der kirchlichen Strukturen, des Klosterlebens und des Pfarrklerus sowie zur Eliminierung des heidnischen Brauchtums. Doch viele dieser Vorhaben **scheiterten** an der Opposition des Episkopats und an den widerständigen Realitäten. So resignierte Bonifatius angesichts zunehmender Einflußlosigkeit und zog sich in das ihm 746/7 zugeteilte Bistum Mainz zurück. Schließlich ging er 753 noch einmal nach Mittelfriesland, wo er den Märtyrertod fand. Der neue Gesamtherrscher Pippin brauchte für seine Kontakte zum Papst nicht mehr seine Mittlerposition; er stützte sich auf fränkische Bischöfe und Äbte als Berater, von denen allerdings einige die bonifatianischen Intentionen fortführten (so z.B. Chrodegang von Metz und Fulrad von St. Denis) und damit die Kirchenreform unter Karl d.Gr. vorbereiteten. Auch in dessen Bildungsreform wirkte Bonifatius' Erbe, der Aufbau der Klöster mit Bibliotheken und gelehrtem Personal, fort (s. 7.3).

6.3.1 Wohl 742 errichtete Bonifatius drei Bistümer an jeweils zentralen, befestigten Orten für den hessischen, nordthüringischen und mainfränkischen Bereich: **Büraburg** bei Fritzlar, **Erfurt** und **Würzburg**. Später kam **Eichstätt** dazu. Seine angelsächsischen Mitarbeiter weihte er zu Bischöfen. Die beiden ersten Diözesen hielten sich allerdings nicht lange, sondern wurden unter Lul dem Bistum Mainz eingegliedert, das sich weit nach Osten ausdehnte. Die in der Forschung als *Concilium Germanicum* bezeichnete **Reformsynode** von 743 (oder 742?; an unbekanntem Ort) beschloß - ebenso wie 744 zwei weitere Synoden im Westen - mit unvollständiger Beteiligung des Episkopats Regelungen i.S. des Bonifatius, die Karlmann zum Gesetz erhob (Text/ Übers.: Briefe 378-391). Künftig sollten jährliche Synoden eine Erneuerung der kirchlichen Ordnung und eine Verbesserung der christlichen Frömmigkeit fördern: z.B. geistlichere Lebensweise der verwilderten Kleriker, Zölibat und exaktere Amtsführung des Klerus mit Konzentration auf Taufe, Buße und Predigt; dogmatische Kontrolle durch die Bischöfe; Verbot von Totenopfern, Zauberei, Amuletten und abergläubischen Riten; Normierung des Klosterlebens nach der Benediktregel (vgl. § 6; 8.5).

6.3.2 Die Forderung nach Wiederherstellung der Metropolitanverfassung, Ernennung neuer Bischöfe und Rückgabe des entfremdeten Kirchenvermögens stieß auf scharfe **Ablehnung** in Teilen des Episkopats und Adels, die die radikalen Angelsachsen zurückdrängen wollten, sowie bei Pippin, der den Zugriff auf die Kirche erhalten wollte. Nur einige **Kompromißlösungen** kamen zustande (einziges Erzbistum in Rouen, Vergabe der Kirchengüter als kirchlicher Lehen). Karlmanns Weltentsagung durch den Eintritt ins Kloster beschnitt Bonifatius' Einfluß vollends. Der Beschluß einer Synode von 745, eine austrasische Kirchenprovinz unter Bonifatius' Leitung mit Köln als Metropole zu etablieren, konnte wegen massiven Widerstands nicht realisiert werden. Als Erzbischof und Legat blieb er zuständig für die Aufsicht über die Missionsgebiete im Osten und in **Friesland**, das er aber gegen Kölner Ansprüche verteidigen mußte. Deswegen reiste er zur Ausübung seiner bischöflichen Rechte und zur Heidenbekehrung durch Predigt und Taufe dorthin. Am 5.6.754 wurde er bei Dokkum anläßlich eines Firmgottesdienstes von einer heidnischen Friesenhorde zusammen mit vielen Klerikern und Mönchen erschlagen. Der Märtyrer (mit Grab in Fulda) genoß hinfort allgemeines Ansehen im Frankenreich.

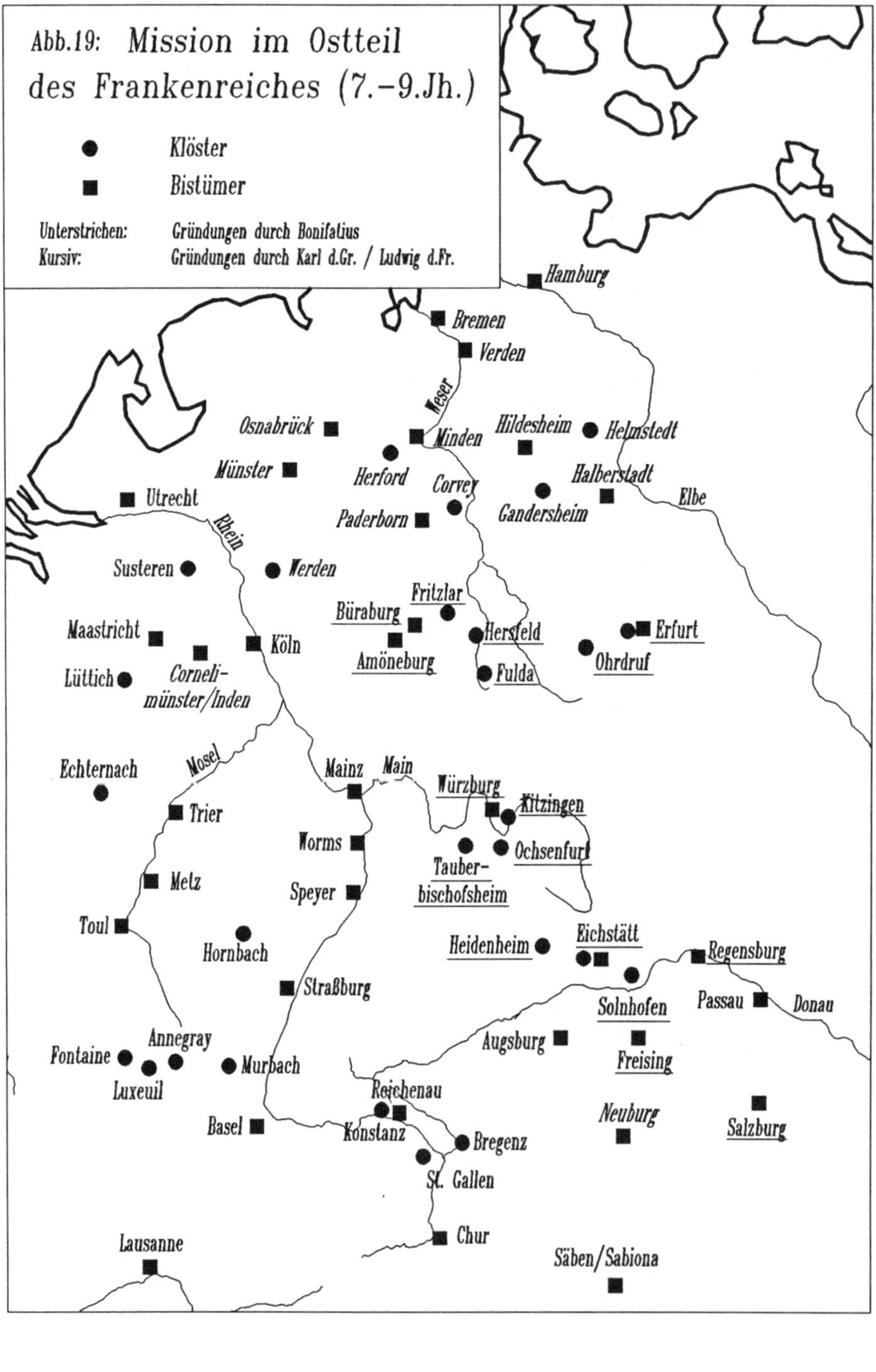
Abb.19: Mission im Ostteil des Frankenreiches (7.–9.Jh.)
Klöster
Bistümer
Unterstrichen: Gründungen durch Bonifatius
Kursiv: Gründungen durch Karl d.Gr. / Ludwig d.Fr.
Hamburg
Bremen
Verden
Weser
Osnabrück
Minden
Hildesheim
Helmstedt
Münster
Herford
Halberstadt
Utrecht
Corvey
Elbe
Paderborn
Gandersheim
Rhein
Susteren
Werden
Fritzlar
Büraburg
Maastricht
Köln
Hersfeld
Erfurt
Amöneburg
Ohrdruf
Lüttich
Cornelimünster/Inden
Fulda
Echternach
Mosel
Mainz
Main
Würzburg
Kitzingen
Trier
Worms
Ochsenfurt
Tauberbischofsheim
Metz
Speyer
Toul
Hornbach
Heidenheim
Eichstätt
Regensburg
Straßburg
Solnhofen
Passau
Donau
Augsburg
Freising
Annegray
Fontaine
Murbach
Luxeuil
Reichenau
Neuburg
Salzburg
Basel
Konstanz
Bregenz
St. Gallen
Chur
Lausanne
Säben/Sabiona

6.4 Literatur

QUELLEN: BRIEFE DES BONIFATIUS. Willibalds Leben des Bonifatius, hg.v. R. Rau, AQDGMA 4b, 1968. – WILLIBRORD – Apostel der Friesen, hg.v. H.-J. Reischmann, 1989.

LITERATUR: A. ANGENENDT: Frühmittelalter 268-283. – DERS.: Bonifatius, LThK[3] 2 (1994) 575f. – G. HAENDLER: Bonifatius, GKG 3, 1983, 69-86. – K. HAUCK: Kirchengeschichte I, 391-552. – K.-U. JÄSCHKE: Bonifatius, TRE 7 (1981) 69-74. – J. JARNUT: Bonifatius und die fränkischen Reformkonzilien (743-748), ZSRG.K 66 (1979) 1-26. – H. LÖWE: Pirmin, Willibrord und Bonifatius. Ihre Bedeutung für die Missionsgeschichte ihrer Zeit, KGMG II/1, 1978, 192-226. – TH. SCHIEFFER: Winfried-Bonifatius und die christliche Grundlegung Europas, 1954; ND 1972.

7. Das Reich Karls des Großen als Grundlage des christlichen Abendlandes

Die sukzessive Verchristlichung, die sich v.a. im Ausbau der Kirchenorganisation und im Wachstum einer christlichen Kultur bemerkbar machte, erreichte im 8.Jh. mit der inneren Konsolidierung und der äußeren Expansion des Karolingerreiches einen vorläufigen Höhepunkt. Konsequenter als Karl Martell und Pippin d.J. hat Karl d.Gr. – in einer Integration von religiösem, kulturellem und politischem Engagement – das Christentum als **Stabilisierungsfaktor** der öffentlichen Ordnung eingesetzt. Die Christianisierung der Sachsen und Friesen, Slawen und Awaren entsprang nicht einem kirchlichen Missionskonzept, sondern Karls Machtpolitik im Blick auf die Einverleibung von deren Gebieten. Sie orientierte sich an der älteren Maxime, daß **alle Angehörigen** des Frankenreiches **Christen** sein müßten. (Der verbreitete Begriff der *Schwertmission* trifft den differenzierten Sachverhalt nur teilweise.) Die von Karl energisch betriebene **Bildungserneuerung**, früher ungenau als *karolingische Renaissance* bezeichnet, wirkte zusammen mit den Maßnahmen einer **Kirchenreform** langfristig sehr nachhaltig.

7.1 Unterwerfung und Missionierung der Sachsen

Die Sachsen hatten im 8.Jh. alle fränkischen Eroberungsaktionen abgewehrt; zu ihnen vordringende Missionare behandelten sie als Repräsentanten der Feindmacht. **Verteidigung der politischen Selbständigkeit und der religiösen Identität** waren eines in der Abwehr von Franken und Christentum. Das zeigte sich in konfliktreicher Zuspitzung, als Karl d.Gr. seit 772 ihr Land gewaltsam zu annektieren versuchte und dabei die Christianisierung als religionspolitisches Korrelat der Eroberung verstand. **Massentaufen** ohne vorangehende Missionsunterweisung – eher ein Zeichen der politischen Zwangsbekehrung als der militärischen "Schwertmission" – sollten seit 776/7 die **Unterwerfung** demonstrieren: Treue (*fidelitas*) gegen den König und Glaube (*fides*) an Christus, Eingliederung ins Frankenreich und in die Kirche fielen für Karl zusammen. Vor allem weite Teile des sächsischen Adels konnte er auf seine Seite ziehen. Als die Bauern in immer wieder erneuerten **Aufständen** – unter Führung des Edelings **Widukind** – sich von fränkischer Herrschaft und Religion befreien wollten, wandte Karl brutale Gewalt an, weil er den Widerstand rechtlich als (todeswürdige) **Apostasie** vom Christentum qualifizierte. Das sog. Blutbad von Verden/Aller und die scharfen Strafgesetze von 782 zeigten das drastisch. Trotz Widukinds Unterwerfung und Taufe 785 setzten sich die Aufstände und Kämpfe bis 803 in verschiedenen Wellen fort. Seit 780 nahm der **Aufbau einer kirchlichen Organisation** im Sachsenland zu, die auch der staatlichen Herrschaftssicherung dienen sollte. So entstanden sukzessive als Missionsvorposten acht Bistümer; die Entwicklung von Pfarreien erfolgte erheblich später. Die **innere Christianisierung** Sachsens war im 9./10.Jh. ein Prozeß von langer Dauer, der zunächst von Klerus und Adel getragen wurde. Entsprechendes galt für das 785 eroberte Friesland. Bischöfe und Theologen (voran Alkuin; s. § 5; 13.2) widersprachen Karls Konzeption einer Zwangsbekehrung durch äußerliche Massentaufen vergeblich, doch sie sorgten für die nötige Glaubensunterweisung im nachhinein. Die kg. Bedeutung der Sachsenmission bestand u.a. darin, daß hier in politisch-kultureller Hinsicht eine wichtige Basis für das spätere deutsche Reich geschaffen wurde (s. § 9; 4.1-2). Allerdings hielt sich die heidnisch-germanische Religiosität in Teilen der bäuerlichen Bevölkerung noch bis ins 11.Jh.

7.1.1 In dem Raum zwischen Elbe und Lippe, Ems und Saale hatten sich verschiedene germanische Stämme seit dem 3.Jh. ausgebreitet, die man zusammenfassend als **Sachsen** (lat. *Saxoni*) bezeichnete, wohl nach dem für sie typischen Kurzschwert (*sahs*). In ihrem Expansionsdrang kollidierten sie seit dem 6.Jh. mit dem Frankenreich, dem sie auf Dauer unterlegen waren, weil sie **keine einheitliche Führung** (Herzog oder König) besaßen. Sie bildeten drei größere Teilstämme: Westfalen, Engern und Ostfalen. Ein starkes politisches Einheitsband war der Götterkult, i.w. eine bäuerliche **Naturreligion**. Anders als bei den Franken war der soziale Unterschied zwischen Adeligen/Edelingen einerseits und freien Bauern, Halbfreien, Hörigen andererseits (vgl. § 9; 1.1; 1.3) nicht so scharf ausgeprägt. Der **Adel** hatte sich der alten Religion z.T. entfremdet; sein Interesse an Kooperation mit den Franken wurde durch die Übertragung von deren Sozialstruktur begünstigt. Der westfälische Adelige **Widukind** (ein mächtiger Grundherr, kein Herzog o.ä.; gest.nach 800?) vertrat mit seiner Widerstandsposition nur eine Minderheit, fand aber großen Anhang im Bauerntum.

7.1.2 Karls Sachsenfeldzüge 772-803 waren zunächst kein Missions-, sondern ein Eroberungskrieg, bei dem religiöse Motive eine politische Funktion hatten. (Text/Übers.: Reichsannalen und Einhard, Quellen Bd.1.) Die Zerstörung der **Irminsul** 772, des zentralen Kultortes der Engern auf der Eresburg an der Diemel, galt dem Symbol sächsischer "Staatlichkeit" und sollte die Überlegenheit von Frankenkönig und Christengott beweisen. Seit 776 vertrat Karl einen **Zusammenhang von Militär- und Religionspolitik**: Zahlreiche Repräsentanten der Sachsenstämme mußten ihre Unterwerfung durch die **Taufe** bekräftigen, die – entgegen bisherigem Brauch – ohne vorangehende Unterweisung erfolgte. Auf einem Reichstag im sächsischen Paderborn, der neuen Königspfalz, 777 wurde der Friedensschluß wiederum durch Massentaufen begleitet. Nun plante man die Mission im Sachsenland, denn Karl sah es als Teil seines Reiches an. Der **Aufstand unter Widukind** 778 beseitigte weithin die Besatzungstruppen, doch seit 780 griff Karl brutal-flächendeckend mit großer Streitmacht ein. Als Vergeltung für die schwere Niederlage am Süntel und als Strafe für den Abfall vom Christentum ließ er 782 in Verden an der Aller zahlreiche, z.T. von ihrem Adel denunzierte Sachsen hinrichten (4500 nach den Reichsannalen, tatsächlich wohl weniger). In der nationalistischen Historiographie wie in der Christentumskritik des 19./20.Jh.s galt dieser Greuel als wichtigstes Beispiel für den "Sachsenschlächter" Karl.

7.1.3 Auf den Zusammenbruch der Mission reagierten die harten **Strafgesetze** von 782ff in der *Capitulatio de partibus Saxoniae* (Text: MGH.Leges 2/1, Nr.26; teilw. Übers.: KTGQ 2, 33f): Todesstrafe u.a. für Empörung gegen die Reichsgewalt und Rückfall ins Heidentum, für Vergehen gegen Kirchengebäude und Kleriker, für Taufverweigerung. Sie forderten die Zehntabgaben für die Kirche von allen Adeligen und Freien. **Unterwerfung und Taufe**, Tributpflichtigkeit und christlicher Glaube, Planung von Missionsbistümern und Einführung des fränkischen Grafschaftssystems gehörten nun zusammen. Fränkische Adelige und Kleriker kamen ins Land, sächsische Adelige profitierten von der Kooperation mit dem König. Oppositionelle Bauern und Adelige wurden tausendfach ins Frankenreich deportiert. **Widukind** unterwarf sich, wurde 785 in der Königspfalz Attigny getauft und erhielt Karl d.Gr. zum **Paten**, was - nach byzantinischem Vorbild - eine **geistliche Verwandtschaft** unter Herrschern begründete (eine im Frühmittelalter verbreitete Sitte; vgl. z.B. 7.4.1; 8.2.1; 9.2.1). Doch nach 791 flammte der sächsische Widerstand neu auf, bis er allmählich erlahmte (803 Friedensschluß mit den Westfalen, Engern und Ostfalen; 804ff erneute Kämpfe in Nordelbien).

7.1.4 Die seit 780 angestrebten, praktisch nur schwer realisierbaren acht **Bistumsgründungen** prägten für das ganze Mittelalter die kirchliche Landschaft. Sie bestanden zunächst i.w. aus Missionsstationen und Bischofsernennungen. Doch da sie an den strategisch wichtigsten Punkten erfolgten, dienten sie dem Aufbau der kirchlichen wie der staatlichen Verwaltung. Der Angelsachse und Friesenmissionar **Willehad** wurde 787 für das Gebiet zwischen Unterweser und Unterelbe zum Bischof geweiht und baute 789 in **Bremen** eine Kirche; erst seine Nachfolger weiteten die Organisation aus. Vielleicht wurden etwa um 790 ein von Missionaren aus dem Kloster Amorbach getragenes Bistum in **Verden** und eines in **Minden** (in Anlehnung an das Kloster Fulda) errichtet, nach 799 wohl in **Osnabrück** und **Paderborn** (jenes von Lüttich, dieses von Würzburg aus unterstützt). Wie Willehad besaß auch der - 805 zum Bischof geweihte - Friesenmissionar **Liudger** Rückhalt am Bistum Utrecht für seine Missionstätigkeit im Westfalenland (mit dem Kloster Werden an der Ruhr als Station); in Mimigernaford, später **Münster** genannt, entwickelte sich aus seinem Kloster das seit 799 geplante Bistum. Östlich der Weser verzögerte sich die Organisation; die Bistümer in **Hildesheim** und **Halberstadt** wurden erst seit ca.815 bzw. ca.814/827 gebildet. Auch die **Klostergründungen** spielten im 9.Jh. für die Christianisierung in Sachsen eine tragende Rolle: u.a. Werden/ Ruhr, Corvey, Gandersheim, Herford und Helmstedt (s. Abb.19).

7.1.5 Die früheren Missionsversuche bei den **Friesen** litten darunter, daß diese das Christentum als Religion des ihre Autonomie bedrohenden Frankenreiches ablehnten (s. 6.1.1-2). Nach der partiellen Eroberung Mittelfrieslands 734 gelang erst Karl d.Gr. 785 die völlige **Eingliederung** des Gebietes an der Nordseeküste von der Rhein- bis zur Wesermündung. Die Mission drang von den Bistümern Utrecht (seit 695), Bremen (seit 787) und Münster (seit 805) allmählich vor. Eine eigene Kirchenprovinz wurde Friesland - wie auch das Sachsenland - nicht.

7.2 Unterwerfung und Missionierung von Slawen und Awaren

Eine zweite Expansionsbewegung konzentrierte sich auf die Nachbargebiete des Herzogtums Bayern. Dessen Herrscher Tassilo versuchte nach 760 zusammen mit seiner Hoheit auch die Mission auf die Slawen in Kärnten und auf Teile der Awaren auszudehnen. Die Awaren, ein asiatisches Reitervolk, hatten seit dem 6.Jh. an Donau und Theiß im alten Pannonien ein bedeutendes Reich errichtet. Karl d.Gr. weitete nach der völligen Annexion Bayerns jene Politik aus. Er führte 791-811 Kriege gegen die Awaren, bei denen er wie bei den Sachsen trotz kirchlichem Einspruch die **Unterwerfung** durch **Massentaufen** demonstrieren ließ. Durch die Eingliederung des Awarengebietes schob sich das Karolingerreich weit nach Osten vor, so daß westliches und byzantinisches Christentum fortan auf dem Balkan konkurrierten (s. 8.1-2).

7.2.1 Der Bayernherzog Tassilo III., ein fränkischer Lehnsträger, förderte bis zu seiner Absetzung 788 die Mission im Zusammenhang seiner Kolonisationspolitik. Die in das Ostalpengebiet vorgedrungenen slawischen **Karantanen** (*Slowenen*) wurden seit 747 von Salzburg aus - v.a. durch die Aktivitäten des Bischofs Virgil (gest. 784), eines Iroschotten - zunächst friedlich bekehrt. Nach der militärischen Niederlage 772 verstärkte sich die Mission. Karl d.Gr. erbeutete nach dem Sieg über die **Awaren** 795 deren riesige (kulturgeschichtlich bedeutsame) Schätze. Auch bei ihnen wandte er mit den Zwangstaufen sein Prinzip an, daß fränkische Untertanen Christen sein müßten. Dagegen forderten die bayerischen Bischöfe 796 einen vorangehenden Taufunterricht. Missionare und Kolonisten folgten den Heeren, so daß die Awaren als eigene

Volksgruppe infolge von Christianisierung und Assimilation im 9.Jh. verschwanden. Anders als bei den Sachsen erfolgte keine Gewaltanwendung.

7.2.2 Die Zuständigkeit für die Missionsarbeit in der kärntischen Slawenkolonie (*Sclavinia*) und in der awarischen Mark gab Karl - neben dem Patriarchat Aquileja - v.a. dem deswegen 798 zum Erzbistum erhobenen **Salzburg**. Zu dessen bayerischer Kirchenprovinz gehörten die ebenfalls in der Slawenmission engagierten Bistümer Passau und Regensburg, ferner Freising und Säben (= später Brixen). Ein Netz von Pfarreien überzog bald das Land, so daß eine intensive Verchristlichung möglich wurde.

7.3 Bildungserneuerung und Kirchenreform

Karl d.Gr. war kein bewußt-planvoller Reformer, sondern hat im Interesse des Herrschaftsausbaus und der Reichseinheit neben Neuordnungen im Heer-, Gerichts- und Münzwesen auch Bildung und kirchliches Leben gefördert. Diese von seinen Nachfolgern im 9.Jh. fortgesetzten Maßnahmen beeinflußten die weitere abendländische Kirchengeschichte erheblich. Die Bildungserneuerung knüpfte - auf der Basis einer Reform der lateinischen Schrift und Sprache - an antikes Traditionsgut an, das durch Lehrbücher in den **Dom- und Klosterschulen** einer geistigen Elite zusammen mit formaler Erziehung vermittelt wurde; dabei wurde die Aachener Hofschule zum maßgeblichen Zentrum (vgl. § 5; 11.1-5; § 6; 8.4-5). Da diese Elite v.a. aus Klerikern bestand, gewann neben der Pflege der wissenschaftlichen Theologie (vgl. § 5; 13.2; 14.1-5) die **praktisch-theologische Schulung** große Bedeutung, z.B. durch homiletische Musterbücher. Für das normale Gemeindeleben wichtig wurden die **Liturgiereform** und die Verpflichtung der Priester zur - notfalls volkssprachlichen - **Predigt** sowie zur **Seelsorge**. Der Kirche oblag ja eine fundamentale Erziehungsaufgabe an den z.T. nur oberflächlich christianisierten Massen, die ein Mindestmaß an christlicher Lehre und Frömmigkeit erlernen mußten. Dazu diente neben der Klerusreform der **Ausbau der Pfarreien**. In der Volksfrömmigkeit dominierte - z.T. kirchlich gefördert - eine naive Verdinglichung und "Werkerei": z.B. durch den blühenden Reliquien- und Heiligenkult, durch die Bedeutung der Benediktionen und Exorzismen, auch durch die Veräußerlichung des Bußwesens. Der **Reglementierung der Buße** kam im 8./9.Jh. große Bedeutung zu. Neben der alten Form der öffentlichen Gemeindebuße hatte sich im Gefolge der Mission die **Privatbuße/Beichte** stark verbreitet (vgl. 3.3.1; 6.3.1; § 6; 7.3). Diese war als ein individueller Akt grundsätzlich öfter wiederholbar und weniger ehrenrührig. Alles Gewicht rückte auf Satisfaktionsleistung und Sündenvergebung, über die der Priester im persönlichen Gespräch entschied. Doch diese Seelsorge erhielt dadurch ein gesetzlich-formalistisches Gepräge, daß die Bußleistungen bzw. Strafen und damit die Sünden durch **Bußbücher** rein äußerlich klassifiziert wurden (sog. Tarifbuße). Das galt erst recht für die öffentliche Buße. Hinzu kam, daß sich ein System der Umwandlungs- und Loskaufmöglichkeiten entwickelte. Neben der Messe wurde die (Privat-)Buße im Frühmittelalter zur wichtigsten Form des kirchlichen Lebens.

7.3.1 Die führenden Köpfe der **Bildungserneuerung** waren Alkuin, Theodulf und Paulus Diaconus (s. § 5; 13.2.1-2). Als Leiter der beispielgebenden Hofschule fungierte nach Alkuin der mainfränkische Laie Einhard (ca.770-840), dessen - nach dem Vorbild der antiken Kaiserbiographien Suetons gestaltete - *Vita Caroli Magni* für die aufblühende **Historiographie** ein Beispiel bot (Text/Übers.: Quellen Bd.1, 163-211). Die Pflege der Dichtkunst, der **Artes liberales** (vgl. § 5; 11.1.1; 13.2.2) und das Studium von Bibel und Kirchenvätern kamen hinzu. Für die nötige Handschriftenherstellung mußten die **Klosterschulen** sorgen (s. § 6; 8.5.2). Doch auch elementare Voraussetzungen für die als Gottesdienst verstandene Beschäftigung mit dem Wort mußten geschaffen werden. Deswegen forderten Karl und Alkuin in dem Rundbrief über die Wissenschaftspflege ca.785 Korrektheit im Lesen und Schreiben; deshalb reformierte und vereinheitlichte man das - v.a. durch den lebendigen Sprachgebrauch in den romanischen Reichsteilen - vulgarisierte **Latein** in einer für das Mittelalter grundlegenden Weise. Und man ersetzte die verwilderten Schriftformen durch eine klare, einheitliche **Schrift**, die sog. karolingische Minuskel. Auf dieser Linie lag auch die sprachliche **Revision des Bibeltextes**, die Alkuin betrieb (vgl. § 5; 13.2.2).

7.3.2 Hinsichtlich der Kirchenreform setzten Karl und seine Berater Bonifatius' Werk fort (s. 6.3.1-2). Das grundlegende Gesetz war die - wohl maßgeblich von Alkuin geformte - *Allgemeine Ermahnung/Admonitio generalis* von 789, die Karls Aufgabe mit der atl. Reform Josias verglich (Text: MGH.Leges 2/1, 52-56). Die Königsboten/*missi dominici* (eine spezifische Institution zur Durchsetzung der zentralen Anordnungen) sollten mit den Grafen und Bischöfen die Realisierung vor Ort überwachen. Fundamentale Bedeutung besaß die Konzentration auf die **Kompetenzen der Bischöfe**. Sie wurden verpflichtet, das kirchliche Leben in ihren Pfarreien einheitlich zu reglementieren und durch Visitationen zu kontrollieren. Zur Mithilfe dabei und bei der Durchführung der Firmung setzten sie die sog. Chorbischöfe ein, die im weiten Land der Diözesen tätig waren. Nur ein Mindestmaß wurde von den normalen **Priestern** gefordert: z.B. Kenntnis des lateinischen Credo und Vaterunser sowie des Festkalenders und der Bußzeiten, rechter Gebrauch der Liturgie bei Messe und Taufe, ordentliche Amts- und Lebensführung, regelmäßige Predigt und Beichte. Analoges galt für die **Laien**: Kenntnis von Credo und Vaterunser, Befolgung der Gebote, Teilnahme an Gottesdienst und Beichte. Die Volkssprache konnte dabei verwandt werden. Doch die Einheitlichkeit der Liturgie im ganzen Frankenreich, die entscheidend war, hing an der lateinischen Sprache. Hierzu diente die besonders eifrig betriebene, wirkungsgeschichtlich bedeutsame **Liturgiereform**, für die Karl aus Rom ein "gregorianisches" Sakramentar besorgte (das sog. *Hadrianum*, in verschiedenen Fassungen überliefert). Der römische Einfluß als normative Kraft machte sich nicht nur hier bemerkbar, sondern auch beim **Kirchenrecht**, für das Karl von Papst Hadrian I. eine erweiterte Form der Sammlung des Dionysius Exiguus (vgl. § 5; 11.5.2) erhielt, die sog. *Dionysio-Hadriana*.

7.3.3 Im iroschottischen und angelsächsischen Mönchtum spielten harte Bußübungen in Verbindung mit seelsorgerlichen Gesprächen eine große Rolle. Durch dessen Missionsarbeit gewann für die **Erziehung** des Volkes zum christlichen Lebensstil die **Privatbuße** erhebliches Gewicht. Bei der daneben weiterhin bestehenden **öffentlichen Buße**, die durch das Kirchenrecht seit alters geregelt war (vgl. § 2; 13.2.2), trat die pädagogische Funktion ganz hinter dem Strafcharakter zurück. Die individuelle Buße hatte ihr gegenüber den Vorteil, daß sie häufig praktiziert werden und auch die kleineren Sünden erfassen konnte. Doch die **Zweigleisigkeit** der Bußform bestand bis ins 12.Jh., weil die karolingischen Reformer die Wildwüchse der willkürlich-subjektiv gehandhabten "Tarifbuße" durch das Kirchenrecht bzw. die Kapitularien eindämmen und sich insgesamt an den altkirchlichen Bußkanones orientieren wollten. Als Regel galt i.w., daß die öffentliche Buße für schwere öffentliche Sünden mit harten Strafen, die Privatbuße für geheime Sünden zuständig war. **Bußbücher** (*libri paenitentiales*) gab es für beide Formen, v.a. jedoch für die Privatbuße, wo sie den Priestern eine Anleitung zur Beurteilung der Sünden und zur Festsetzung der Satisfaktionsleistungen geben sollten. Als Hilfsmittel für die priesterliche Praxis waren sie seit dem 7./8.Jh. weit verbreitet. Sie gaben auch Normen für die *Kommutation*/ Umwandlung langer Bußzeiten in kürzere mit intensiverer Satisfaktionsleistung sowie für die *Redemption*/Loskauf, den Ersatz der persönlich zu erbringenden *Satisfaktion*/Strafe (v.a. Fasten) durch eine Geldzahlung o.ä. Seit dem 8.Jh. kam zudem die Möglichkeit auf, Bußleistungen (z.B. langes Fasten, weite Wallfahrten) in **Stellvertretung** durch andere erbringen zu lassen (z.B. bei Herren durch Knechte).

7.3.4 Die Bildung der Kleriker (nicht der einfachen Landpriester) oblag den **Schulen**, die an jeder Bischofskirche eingerichtet werden sollten. Regelmäßige Diözesansynoden sollten die Tätigkeit des Klerus überprüfen. Als Anleitung für die **Predigttätigkeit** stellte vor 786 in Karls Auftrag Paulus Diaconus (s. § 5; 13.2.1) aus Kirchenvätertexten ein **Homiliar** zusammen, das zum Normbuch im ganzen Reich wurde (Text: ML 95, 1159-1584). In den Kirchenstrukturen ergab sich seit karolingischer Zeit eine grundlegende Fixierung durch die **Pfarrorganisation**: Die Kirchen in den größeren Orten und Dörfern verselbständigten sich nun definitiv dadurch, daß ihnen die Zuständigkeit für Meßfeier und Taufe sowie das alleinige Recht auf die - durch Karl gesetzlich verordneten - Zehntabgaben zugewiesen wurden. Das **Eigenkirchenwesen** (s. § 9; 1.1.2) dominierte weiterhin dadurch, daß fast alle Pfarrkirchen im Besitz von adeligen Grundherren, Bischöfen und - zunehmend - von Klöstern waren. Der **Kirchbau** blühte auf, zumal in den architektonischen Monumentalleistungen der Kathedral- und Klosterkirchen.

7.3.5 Die altkirchliche Organisation der **Kirchenprovinzen** erneuerte Karl nur zögernd seit 794. Das Frankenreich besaß sie seit dem 6.Jh. nicht mehr, der Titel Erzbischof war eine bloße Würde geworden, die meist nur einem einzigen Bischof (z.B. Chrodegang von Metz 754) verliehen wurde. Für die Umsetzung der Kirchenreform war der Rückgriff auf das alte Kirchenrecht insofern wichtig, als die Erzbischöfe die Aktivitäten der Bischöfe koordinieren und kontrollieren sollten. Für die Missionsarbeit war das besonders wichtig. Doch im ostfränkischen Gebiet wurden nur wenige **Erzbistümer** geschaffen: Köln, Trier, Mainz (weit nach Osten ausgreifend) und Salzburg (vgl. 7.2.2). Um 811 waren es in den übrigen Reichsteilen 16, z.B. in Reims, Sens, Tours, Bourges, Lyon.

7.4 Mission jenseits der Reichsgrenzen im 9. Jahrhundert

Schon Karl hatte die fränkische Einflußsphäre im Norden und Südosten über die Grenzen des Reiches hinweg ausgedehnt und darum dort die Mission gefördert. **Ludwig der Fromme** (814-840) betrieb im außenpolitischen Zusammenhang seines Reformkonzeptes (s. § 9; 3.3) systematisch die Ausbreitung des Christentums nach **Dänemark** und **Schweden**. Die Trägerschaft sollte bei der fränkischen Reichskirche als Hauptvertretung der universalen Christenheit liegen (vgl. § 9; 3.2). Als Organisator der Mission wurde der Mönch **Ansgar** entsandt, der 826-829 wegen der innerdänischen Konflikte nichts ausrichten konnte, allerdings in Schweden einige, vorläufige Erfolge erzielte. Daß 831/2 das **Erzbistum Hamburg** unter seiner Leitung für die Christianisierung Skandinaviens errichtet wurde, war ein Zeichen für weiträumige Planung, die jedoch zunächst nicht realisiert werden konnte. Denn mit der Reichsteilung von 843 (s. § 9; 3.4) entfiel die einheitliche Unterstützungsbasis, die angesichts der vielfältigen Krisensituationen in Skandinavien nötig gewesen wäre. Zudem verwüsteten die Raubzüge der Wikinger/Normannen im 9.Jh. die westeuropäischen Küstenregionen und bedrohten die kirchliche Organisation. Jenseits der Grenzen Bayerns versuchte der ostfränkische König **Ludwig** (*der Deutsche*; 840-876) sein Hoheits- und Einflußgebiet auch mit Hilfe der von Regensburg und Salzburg getragenen Mission auszuweiten. Insbesondere wollte er seit 845/6 das aufstrebende **Mährerreich** und dessen Vorfeld in Böhmen an sich binden (s. 8.1). Die Fortsetzung der Missionsarbeit im Norden förderte er dadurch, daß mit der Verlegung des Hamburger Erzbistums nach Bremen deren institutioneller Ansatz erhalten blieb.

7.4.1 Handelsbeziehungen verbanden **Dänemark** mit dem Frankenreich, so daß erste Missionsversuche der Angelsachsen unter Willibrord (s. 6.1) unternommen wurden. Etwas erfolgreicher war die Missionsreise des vom Papst bevollmächtigten Erzbischofs **Ebo von Reims** 822/3 (mit einigen Taufen), deren politische Voraussetzung die fränkische Einflußsphäre und Christianisierungsarbeit in Holstein waren. Zur Stärkung seiner Position in den Machtkämpfen kam der Teilkönig (des Schleswiger Gebiets?) **Harald Klak** 826 zu Ludwig dem Frommen, ließ sich in Mainz taufen und wurde durch dessen Patenschaft als geistlicher Sohn in die Kaiserfamilie aufgenommen. Ihn begleitete zwecks Bekehrung der Dänen der in Corbie erzogene, seit 823 als

Lehrer in Corvey tätige Flame **Ansgar** (801-865); doch der politische Widerstand gegen Harald entzog der Missionsarbeit jede Grundlage. Deshalb schickte der Kaiser Ansgar nach **Schweden**, wo er 830 im Zusammenwirken mit König Björn, der die Kontakte zum Frankenreich fördern wollte, in der Residenz Birka/Mälarsee eine Missionsstation errichtete.

7.4.2 In der Missionsstrategie Kaiser Ludwigs und Papst Gregors IV. (827-844) für Nordeuropa spielte **Ansgar** eine wichtige Rolle. Nach der kaiserlichen Errichtung eines neuen Bistums für Nordelbien in der fränkischen Festung Hammaburg/**Hamburg** sollte er seit 832 als **Erzbischof** - ohne Suffraganbistümer - und als päpstlicher Legat die Gründung einer weiträumigen Kirchenprovinz für Dänen, Schweden und Slawen betreiben. Diese rechtlich singuläre Situation entsprach derjenigen bei Bonifatius (s. 6.2.1) und Methodius (s. 8.1.4). Nach Schweden sandte Ansgar 832 den Missionsbischof **Gauzbert**, der aber 845 durch einen heidnischen Aufstand vertrieben wurde (seitdem Bischof von Osnabrück). Mit Rückhalt beim ostfränkischen König Ludwig konnte Ansgar 848 das **Bistum Bremen** übernehmen, das Papst Nikolaus I. 864 mit Hamburg zu einem **Erzbistum** vereinigte. Doch sein weiterer Einsatz in Schweden blieb wenig erfolgreich, und in Dänemark existierten Kirchen nur in Haithabu/Schleswig und Ripen. Seine Nachfolger missionierten trotzdem weiter, aber ein organisatorischer Ausbau gelang erst seit 948 (s. 10.1.2).

7.5 Literatur

QUELLEN: R. RAU (Hg.): Quellen zur karolingischen Reichsgeschichte. 1.Teil, AQDGMA 5, 1955; ND 1993. - W. TRILLMICH/R. BUCHNER (Hg.): Quellen des 9. und 11.Jh.s zur Geschichte der Hamburgischen Kirche und des Reiches, AQDGMA 11, 1961; 6.A. 1990.

LITERATUR: A. ANGENENDT: Frühmittelalter 292-348. - W. BRAUNFELS (Hg.): Karl der Große. Lebenswerk und Nachleben, 5 Bde., 1965-68. - H. BÜTTNER: Mission und Kirchenorganisation des Frankenreiches bis zum Tode Karls des Großen, ebd. Bd.1, 1965, 454-487. - H. DÖRRIES: Ansgar, in: Ders.: Wort und Stunde Bd.2, 1969, 129-209. - H. DÖRRIES/G. KRETSCHMAR: Ansgar, 1965. - J. FLECKENSTEIN: Karl der Große, 1962; 3.A. 1990. - G. HAENDLER: Die lateinische Kirche im Zeitalter der Karolinger, KGE I/7, 1985, 78-107. - R. SCHNEIDER: Karl der Große - politisches Sendungsbewußtsein und Mission, KGMG II/1, 1978, 227-248.

8. Zwischen West- und Ostkirche: Die Balkanhalbinsel

Die Christianisierung des weiten Gebietes zwischen dem fränkischen und dem oströmischen Reich vollzog sich in einer wechselvollen politisch-kulturellen Entwicklung, die stark durch den Zustrom asiatischer Völker bestimmt wurde. Bedingt durch **Bevölkerungswandel** und **Machtverschiebungen** kamen der Raum von Böhmen bis Rußland sowie die sog. Balkanhalbinsel südlich der Donau (wo bis zum 4./5.Jh. das Christentum verbreitet und kirchlich organisiert war) lange Zeit nicht zur Ruhe. In der Endphase der Völkerwanderung waren verschiedene **Slawenstämme** im 6./7.Jh. nach Westen und Süden vorgedrungen, ohne jedoch Staaten zu bilden. Auf dem Balkan bahnte sich seit dem 8./9.Jh. eine dauerhafte Neuordnung an: einerseits durch die Etablierung des **Bulgarenreiches** (unter Einschluß der dort siedelnden Slawen), andererseits durch kleinere Staaten im westlichen Teil. Die kirchliche Hoheit über dieses Gebiet, in dem früher die Trennlinie zwischen den beiden Hälften des Imperium Romanum verlief, war seit langem zwischen Rom und Konstantinopel strittig. Die **historische Bedeutung** der Christianisierung im 9./10.Jh. bestand v.a. darin, daß die damit verbundene Aufteilung in eine römisch-katholische und eine griechisch-orthodoxe Einflußsphäre die kirchliche **Teilung der Slawenwelt** begründete.

8.1 Die "Slawenlehrer" Konstantin/Cyrill und Methodius in Mähren

Das Reich des slawischen Stämmeverbandes der Mähren schloß sich unter fränkischem Einfluß dem Christentum an und wurde kirchlich den Bistümern Regensburg und Passau unterstellt. Doch da es die **politische Unabhängigkeit** vom Ostfrankenreich anstrebte und durch dessen Bündnis mit den Bulgaren bedroht wurde (vgl. 8.2), vertrieb man die bayerischen Missionare und erbat von Byzanz die Entsendung von slawisch sprechenden Lehrern (nicht von Missionaren), welche die **kirchlich-kulturelle Verselbständigung** fördern sollten. Daraufhin kamen 863 mit einer kleinen Gruppe die Brüder Konstantin (später Cyrill genannt) und Methodius. Mit der von dem gelehrten Konstantin erfundenen Schrift schufen sie die **slawische Kirchensprache** für Bibel und Liturgie. So beeinflußten sie die kulturelle Entwicklung und die weitere Christianisierung des gesamten Ostslawentums nachhaltig. Da in dem Widerstand der bayerischen Bischöfe gegen ihre Tätigkeit die Sprachenfrage - die angeblich unkanonische Ersetzung des Latein - eine vordergründige Rolle spielte, zogen die beiden Lehrer nach Rom, wo Hadrian II. 868/9 die liturgische Verwendung der Volkssprache genehmigte. Damit fiel eine für die weitere Missionsgeschichte wichtige **Grundsatzentscheidung**. Konstantin/Cyrill starb 869 in Rom, der zum Erzbischof von Sirmium ernannte **Methodius** konnte nur gegen starke **Widerstände** in Mähren und Pannonien wirken. Nach seinem Tod 885 wurden seine Mitarbeiter vertrieben; sie zogen nach Bulgarien und leisteten einen entscheidenden Beitrag für den Aufbau der dortigen Kirche (s. 8.2). Das war eine Vorentscheidung für die künftige Orientierung der süd- und ostslawischen Christenheit am byzantinischen Kirchenwesen.

8.1.1 Die ostfränkische Mission erfaßte - über den slowenischen Raum hinaus (s. 7.2.1) - im frühen 9.Jh. Teile **Böhmens**, des südlichen **Dalmatien** und des östlichen **Pannonien**. Vom Erzbistum Salzburg aus wurden in Pannonien um 840-860 zahlreiche Kirchen gegründet, während die Christianisierung des serbokroatischen Gebietes südlich der Drau vom Patriarchat Aquileja aus geleitet wurde (vgl. 8.3).

8.1.2 Das - nach dem Untergang des Awarenreiches (s. 7.2) um March und Waag gebildete - **großmährische Reich** seit ca.835, das sich nach Böhmen und Pannonien hinein erstreckte, war die erste bedeutende, aber nur ephemere Staatenbildung der Slawen, die bis zum Ungarneinfall 894-907 bestand. Es dürfte 862, als der christliche **Fürst Rastislaw** - nach erfolgreicher Abwehr ostfränkischer Angriffe - eine außenpolitische Wende vollzog und sich an Kaiser Michael III. wandte, bereits in starkem Maße missioniert gewesen sein. Angesichts dieser Tatsache und der kirchenrechtlichen Zuständigkeit des Patriarchats Rom dachte Konstantinopel nicht an eine Ausdehnung seines kirchlichen Hoheitsgebietes, sondern leistete pädagogische "Entwicklungshilfe" zwecks allgemeiner politischer Beeinflussung.

8.1.3 Der Mönch **Methodius** (ca.815-885) und der kirchliche Lehrer bzw. Priester **Konstantin** (826/7-869; beim Eintritt in ein römisches Kloster kurz vor seinem Tod mit dem Namen **Cyrill** benannt, unter dem er in der Geschichte fortwirkte) waren auf die Aufgabe in Mähren gut vorbereitet. Sie stammten aus Thessalonike, wo Slawen seit dem 6.Jh. siedelten. Konstantin war ca.860/1 an einer Gesandtschaft ins Chasarenreich auf der Krim beteiligt (vgl. 9.1.2) und hatte schon vor 863 für die Slawenmission im byzantinischen Reich ein dem Lautsystem entsprechendes Alphabet geschaffen. (Diese sog. glagolithische Schrift wurde später in Bulgarien vereinfacht zur **kyrillischen Schrift**, die starke Verbreitung fand.) Ihr Erziehungsauftrag in Mähren galt v.a. einer gesellschaftlichen Elite; er sollte den Aufbau einer **Nationalkirche** unterstützen. Ihre entscheidende Neuerung war der **volkssprachliche Gottesdienst**. Außer der Liturgie übersetzten sie die wichtigsten biblischen Texte, später - mit ihren Schülern - die ganze Bibel,

Teile der Kirchenväter und des Kirchenrechts. Da die **bayerischen Bischöfe** ihre geistliche Hoheit über Mähren nicht preisgeben wollten, betonten sie, daß es für christliche Schriften nur die **drei heiligen Sprachen** gebe (Hebräisch, Griechisch, Latein). Dieses Argument ließ Hadrian II. 868/9 nicht gelten; es hätte die Mission gehemmt. Der Papst sah eine Chance, durch Einflußnahme auf die mährische Reichskirche seine Oberhoheit in den slawischen Bereich auszudehnen, und das in einer Situation, da Rom mit Byzanz um die Anbindung der bulgarischen Kirche konkurrierte (s. 8.2). Anders entschied dann Stephan V. 885 mit dem Verbot der slawischen Liturgie.

8.1.4 Papst Hadrian II. ernannte Methodius 870 zum **Metropoliten** der seit dem 6.Jh. untergegangenen Kirche von Pannonien. Damit bekräftigte er gegen Byzanz den **römischen Hoheitsanspruch** auf dem Balkan und wollte er den Verlust der Jurisdiktion über das Illyricum (s. § 8; 5.1.1) kompensieren. Da Rastislaws Nachfolger Swatopluk eine erneute Anlehnung an das Ostfrankenreich betrieb, kooperierte er mit den bayerischen Bischöfen, die 870 Methodius auf einer Synode verurteilten und in Klosterhaft nahmen. Es war ein schwerer Affront, daß der Salzburger Erzbischof Adalwin ihn erst 873 nach massiven päpstlichen Interventionen freiließ. Diese Maßnahme und die vergeblichen Annexionsversuche König Ludwigs (des Deutschen) verdeutlichten, welche politische Bedeutung der Christianisierung Mährens und Pannoniens im Spannungsfeld zwischen Frankenreich und Papsttum, Rom und Byzanz zukam.

8.2 Die bulgarische Nationalkirche und Byzanz

Die Bulgaren, ein turktatarisches Nomadenvolk aus Asien, waren nach 680 in die weithin von ebenfalls heidnischen Slawen besiedelte Provinz Moesia (s. Abb.6b) eingedrungen. Sie hatten dort ein Reich aufgebaut, das für Byzanz nach 750 eine permanente Bedrohung darstellte, weil es sich nach Thrakien und Makedonien hin ausdehnte. Die **kirchliche Organisation** war schon seit der slawischen Landnahme eingeschränkt, bestand aber z.T. noch. **Christen** gab es dort unter den Slawen und Griechen; sie waren bis ins 9.Jh. Verfolgungen ausgesetzt, doch ihr Einfluß stieg. Die **griechische Kultur** prägte auch die Bulgaren, die zunehmend mit den Slawen verschmolzen. Durch die Ausdehnung nach Westen in die ehemals awarischen Gebiete bis zur Theiß seit 814 gerieten sie in die Nachbarschaft des **Frankenreiches** und bemühten sich um Verständigung mit diesem. Nun bekam die Christianisierungsfrage auch eine außenpolitische Dimension. Als Khan **Boris** gegen die byzantinische Bedrohung 863 ein Bündnis mit dem ostfränkischen König Ludwig (s. 7.4) abschloß und deshalb seine Taufe in Aussicht stellte, öffnete er sein Land lateinisch-fränkischen Missionaren. Demgegenüber bemühten sich der oströmische Kaiser Michael III. und Patriarch Photius um die Verstärkung der kulturellen Abhängigkeit der Bulgaren durch ihre Missionierung nach griechischem Vorbild, zumal der Gegensatz gegen den Westen durch das Schisma zwischen Rom und Konstantinopel verschärft wurde (s. § 8; 6.1). Die Vermischung von politischen und kirchlichen Aspekten führte zu einem dramatischen Hin und Her mit dem Ergebnis, daß seit 869 sich in **Anlehnung an Konstantinopel** eine orthodox-bulgarische Kirche entwickelte (als autonomes Patriarchat nach 927). Dem Ausbau der Nationalkirche und der politischen Konsolidierung des Reiches diente – mit Hilfe der aus Mähren vertriebenen Methodiusschüler (s. 8.1) – die Entwicklung einer blühenden **slawischen Kultur**, die auf das übrige Slawentum ausstrahlte. Damit war ein für die weitere Kirchengeschichte der Süd- und Ostslawen (u.a. der Serben und Russen) **folgenreiches Paradigma** gegeben: die Übernahme der byzantinischen

Tradition bei verfassungsrechtlicher Selbständigkeit. Die Trennlinie zwischen der west- und der osteuropäischen Christenheit war seit dem 9./10.Jh. i.w. fixiert.

8.2.1 In den eroberten Gebieten südlich der Donau war die **slawische Bevölkerung** so stark, daß die Bulgaren sich ihr im 8./9.Jh. sprachlich und ethnisch weitgehend assimilierten und zu einem **neuen Slawenvolk** wurden. (Anders verhielt es sich mit den sog. Wolgabulgaren, die nördlich des Schwarzen Meeres im 10.-12.Jh. einen politischen und ökonomischen Machtfaktor bildeten.) Ihre kg. Bedeutung bestand u.a. darin, daß sie sich zum **kulturellen Zwischenglied** zwischen Byzanz und der übrigen Slawenwelt entwickelten. Die zeitweilige Verständigung mit dem oströmischen Reich bis ca.750 verstärkte die **griechisch-christlichen Einflüsse**, so daß das - zumal in Thrakien und Makedonien verbreitete - Christentum immer mehr zum Einheitsband für die verschiedenen Volksgruppen wurde.

8.2.2 Zur Stabilisierung des seit 681 bestehenden Bulgarenreiches erstrebte Khan **Boris** (852-889) die politisch-kirchliche Unabhängigkeit. Dem diente seine Schaukelpolitik: Zunächst ging er 865 durch seine **Taufe** eine geistliche **Verbindung mit Byzanz** ein; er wurde Patensohn des Kaisers (zu diesem "Modell" vgl. 7.1.3) und hieß seitdem auch Michael. Aber seine Hoffnung auf kirchliche Autonomie wurde enttäuscht, und deswegen wandte er sich 866 an Rom.

8.2.3 Papst Nikolaus I. (vgl. § 8; 6.1.3) sah in der Einflußnahme auf die Bulgarenmission eine Möglichkeit, den Verlust alter Zuständigkeitsbereiche an den Konstantinopeler Patriarchen nach 730 (s. § 8; 5.1.1) durch Expansion in dessen Jurisdiktionsgebiet zu kompensieren. Auf Boris-Michaels dogmatische und kirchenrechtliche Anfragen antwortete er 866 in einem ausführlichen **Lehrschreiben**, das in kluger Weise die bisherige christliche Praxis des Landes bestätigte, verschiedene griechische Bräuche ablehnte und die dogmatischen sowie kirchenrechtlichen Grundsätze Roms erläuterte (teilw. Text/Übers.: DH 643-648). Er schickte zwei **Bischöfe** für den Ausbau der Missionsarbeit und stellte - statt des gewünschten Patriarchen - die spätere Ernennung eines Erzbischofs in Aussicht, falls die bulgarische Kirche entsprechend wachsen sollte; dessen Bindung an den Papst betonte er als besonders wichtig. Auf dieses Angebot und damit auf einen **eventuellen Anschluß an Rom** ging Boris-Michael zunächst ein, auch wenn sein Ziel damit nicht erreicht war.

8.2.4 Für **Byzanz** entstand die Gefahr, daß die latente politische Bedrohung seitens des Bulgarenreiches durch den kirchlichen Einfluß Roms unmittelbar an seiner Grenze verstärkt würde. Das verschärfte das Schisma (vgl. § 8; 6.1.4) und führte zu Konzessionen an die bulgarische Konzeption. Infolge der veränderten Situation nach dem Sturz Kaiser Michaels III. und des Patriarchen Photius bekam Boris 869 einen **Erzbischof** für eine **autokephale Bulgarenkirche**. Nun besaß er, was Nikolaus I. ihm verweigert hatte, so daß die Annäherung an Rom obsolet wurde.

8.2.5 Der Aufbau einer **slawischen Nationalkirche** nach 869 ermöglichte dem Bulgarenreich die politische Konsolidierung im Überschneidungsbereich der beiden Machtblöcke in Ost und West. Unter Boris' bedeutendem Sohn **Symeon** d.Gr. (893-927), der statt der erstrebten byzantinischen Kaiserwürde den entsprechenden Titel *Zar* bekam, gab es eine kirchliche und kulturelle Blütezeit. Der Methodius-Schüler Clemens als Bischof (gest. 916) und dessen Mitarbeiter legten durch ihre Übersetzungstätigkeit und ihre Missionsarbeit dafür das Fundament. Nun entwickelte sich das **Alt-Kirchenslawische** in Schrifttum, Liturgie und Recht zum Einheitsband der ostslawischen Christenheit. Wann ein **eigenes Patriarchat** entstand, steht nicht genau fest (zwischen 927 und 969). Die militärischen Niederlagen gegen Russen und Byzantiner führten dazu, daß Bulgarien nach 1018 als **byzantinische Provinz** dem Reich eingegliedert und seine - jetzt nur noch von einem Erzbischof geleitete - Kirche dem Kaiser, nicht jedoch dem Konstantinopeler Patriarchen unterstellt wurde (bis zur Errichtung des zweiten Bulgarenreiches 1186-1393).

8.3 Römischer und byzantinischer Einfluß in Kroatien und Serbien

Am stärksten umstritten war die Zugehörigkeit zum westlichen bzw. östlichen Einflußbereich bei den Slawenstämmen im Nordwesten der Balkanhalbinsel, in den alten römischen Provinzen Dalmatien, Savien und Pannonien (vgl. Abb.6a), wo die politische Ordnung unübersichtlich schwankte. Die **Kroaten** wurden seit Anfang des 7.Jh.s von Italien her allmählich missioniert. Die byzantinische Herrschaft hielt sich z.T., seit dem 10.Jh. bestand weithin eine **kirchliche Anbindung an Rom**. Die politische Oberhoheit über die Küstenstädte und Inseln errang Venedig, während das Königreich Kroatien im 11.Jh. mit Ungarn verbunden wurde (s. 10.4). Langfristig setzte sich der römische Katholizismus vollends durch, aber mit slawischer Kirchensprache, worin das Methodius-Erbe fortwirkte. Ebenfalls eine sukzessive Christianisierung ergab sich bei den **Serben**, die nach ca.870 infolge der Herrschaft Konstantinopels und des Einflusses der Methodius-Schüler eine **slawisch** geprägte, rechtlich dem **byzantinischen** Patriarchen unterstellte Kirchenorganisation bekamen. Das Königreich Serbien schuf sich seit 1219 eine orthodoxe **Nationalkirche** (mit autokephalem Patriarchat im 14./15.Jh.). Bis in die Gegenwart haben die konfessionellen Unterschiede den Gegensatz der Nationalitäten auf dem Balkan mitgeformt.

8.3.1 Nach dem Zerfall der fränkischen Oberhoheit bauten die südslawischen **Kroaten** seit ca. 850-875 ihr **Herrschaftsgebiet** im nördlichen Dalmatien auf, das seit dem 10.Jh. kirchlich an Rom gebunden blieb. Die Küstenstädte unterstanden meist Konstantinopel, das hier im 9.Jh. die politische Oberhoheit stabilisierte. Eine Synode beschloß 928 die Unterstellung der gesamten kroatischen Kirche unter das **Erzbistum Spalato/Split**, das dem Jurisdiktionsbereich Roms zugeordnet wurde. Eine Sonderstellung hatte das Bistum bzw. (seit 1022) Erzbistum in der halbautonomen Handelsstadt **Ragusa/Dubrovnik**, das bis 1204 zu Konstantinopel gehörte. Das seit ca.1070 bestehende Königreich Kroatien suchte seine politische Unabhängigkeit durch päpstliche Lehnshoheit zu sichern (vgl. § 9; 6.1.3). Nach ca.1050 mit Ungarn verbunden, unterstand es diesem in Personalunion seit 1102. Es war die einzige westliche Kirche mit römischer Liturgie und Kirchenverfassung in slawischer Sprache (glagolithischer, nicht kyrillischer Schrift).

8.3.2 Die südlich von Kroatien in zersplitterten Kleinfürstentümern siedelnden **Serben** schlossen sich infolge der Unterwerfungspolitik Kaiser Basilius' I. zwischen ca.870 und 890 kirchlich **Byzanz** an, gerieten aber seit 924 unter **bulgarische Herrschaft**, was sich auch auf die Kirchenorganisation und das Klosterwesen auswirkte. Die Einflüsse der beiden orthodoxen Mächte prägten im 10.Jh. das religiöse und kulturelle Leben. Doch durch die Berührungen mit den Küstenstädten kamen westliche Traditionen ins Land, zumal die kirchenrechtliche Zuständigkeit des lateinischen Erzbistums Spalato/Split für den nordwestlichen Landesteil erhalten blieb. Der dort regierende Fürst von Zeta, der zeitweise alle serbischen Gebiete unterwarf, ließ sich sein Königtum als päpstliches Lehen von Gregor VII. 1077 bestätigen und setzte 1089 offiziell das **lateinische Christentum** durch. Aber in der wechselvollen politischen Geschichte des 12.Jh.s kam es mit der Vereinigung der Serben im Nordwesten und Südosten unter dem Fürsten von Raska zur **Dominanz des östlichen Kirchentyps.** Der als Nationalheiliger der Serben verehrte Erzbischof Sava baute seit 1219 eine eigenständige orthodoxe Kirche mit 10 Bistümern auf.

8.4 Literatur

QUELLEN: ZWISCHEN ROM UND BYZANZ, Übers.: J. Bujnoch (= Slavische Geschichtsschreiber Bd.1), 1958.

LITERATUR: F. DVORNIK: Byzantine missions among the Slavs, 1970. - F. GRIVEC: Konstantin und Method. Lehrer der Slaven, 1960. - C. HANNICK: Cyrillus und Methodius, TRE 8 (1981) 226-270. - DERS.: Die byzantinischen Missionen, KGMG II/1, 1978, 279-359. - DERS.: Die neue Christenheit im Osten, GCh 4, 1994, 921-952. - M. HELLMANN: Die politisch-kirchliche Grundlegung der Osthälfte Europas, HEG 1, 3.A. 1992, 868-897. - A. DE SANTOS OTERO: Bulgarien I, TRE 7 (1981) 364-372. - G. STÖKL: Geschichte der Slavenmission, KIG II/E, 1961, 77-93.

9. Rußland: Östliches Christentum am Rande Europas

Im riesigen Siedlungsraum der **Ostslawenstämme** südlich des Ladogasees sowie um den Dnjepr zwischen den Oberläufen von Dnjestr und Wolga dominierte die politische Herrschaft der **Waräger**, d.h. schwedischer Wikinger/Normannen (s. 11.1). Seit dem 9.Jh. vollzog sich eine gewisse Staatenbildung der *Rus'* mit Kiew als politischem Zentrum. Jenen Raum durchzogen die Handelswege von der Ostsee zum Schwarzmeer, so daß schon früh ökonomische Verbindungen zu Byzanz bestanden. Durch vielfältige Einflüsse kam es zu einer sukzessiven Christianisierung von Süden her. Seit der offiziellen Einführung des Christentums als Staatsreligion 988ff bestand im **Kiewer Reich** eine **slawische Kirche** orthodoxer Prägung in Verbindung mit der byzantinischen Reichskirche. Der Untergang des Kiewer Reiches 1225-38 infolge der Mongolenstürme und die Etablierung der über zweihundertjährigen Tatarenherrschaft bedeuteten nicht das Ende des dortigen Christentums, vielmehr blieb dieses Fundament der nationalen und kulturellen Identitätsbewahrung der Russen. Unabhängig von der Kiewer Kirche vollzog sich die Christianisierung im nordrussischen **Gebiet von Nowgorod** seit ca.1000 unter westlichen Einwirkungen. Sie war durch die wirtschaftlichen und kulturellen Beziehungen zum römisch-katholischen **Abendland** beeinflußt und erfolgte zunächst im Kontakt mit der deutschen Kolonisation des Baltikums (s. 12.2) und in verfassungsrechtlicher Abhängigkeit von Rom. Der Abwehrkampf gegen schwedisch-deutsche Annexionsversuche brachte hier die russische Selbstbehauptung seit ca. 1240 zur **Annäherung** an die religiösen Formen des südlichen Bereichs und damit zur Übernahme der - eigenständig umgeformten - byzantinischen Tradition des Christentums. Damit wurden die Grundlagen für die **russisch-orthodoxe Kirche** geschaffen, die seit dem 16.Jh. - mit Zentrum in Moskau - als eigener Konfessionstyp der östlichen Christenheit für das Slawentum große Bedeutung bekam.

9.1 Christliche Einflüsse im 9./10. Jahrhundert

Erste Spuren des Christentums dürften auf Einzelkontakte im Zusammenhang von Handelsbeziehungen zu Balkanslawen, Chasaren, Armeniern und Byzantinern zurückzuführen sein. Eine gezielte Missionstätigkeit der östlichen Reichskirche gab es nicht; doch nach 860 versuchte die byzantinische Staats- und Kirchenführung, die von Norden drohende Gefahr durch eine systematische Christianisierungsaktion (mit Errichtung eines Bistums) einzudämmen. Diese Ansätze blieben infolge der **heidnischen Reaktion** stecken, als von Nowgorod her eine neue warägische Herrschaftsschicht nach 880 das Kiewer Gebiet eroberte. Durch die Handelsverbindungen mit Byzanz kam es jedoch zur **Bekehrung von Teilen** der gesellschaftlichen Elite. Die kluge **Fürstin Olga** ließ sich 957 taufen, aber der von ihr intendierte Aufbau einer Kirchenorganisation - im Kontakt einerseits mit dem Ostkaiser Konstantin VII., andererseits mit dem Westkaiser Otto I. - scheiterte v.a. am Widerstand der heidnischen Kräfte. Christen und erste Gemeindebildungen gab es bis dahin nur bei den Kiewer Rus'; das Gebiet um Nowgorod war unter dem Einfluß der skandinavischen Waräger noch weithin durch germanisches und slawisches Heidentum bestimmt. Da das politische Gewicht und die militärische Kraft der Russen gegenüber den Bulgaren und den Chasaren ständig zunahmen, aber ein heidnisches Reich den Nachbarn kulturell unterlegen bleiben mußte, bestimmte das Christianisierungsproblem die Zukunft.

9.1.1 Im Gebiet nördlich des Kaukasus bestanden verschiedene Herrschaften, darunter seit dem 6.Jh. das weite Reich der **Chasaren** zwischen Don und Wolga, eines Stämmeverbandes, der mit den 922 zum **Islam** übertretenden Wolgabulgaren (s. 8.2.1) verwandt war. Da dort zahlreiche Juden siedelten, nahm die chasarische Führungsschicht unter ihrem Khagan das **Judentum** um 700 als offizielle Religion an. Aber die Toleranzpolitik des Reiches ermöglichte auch Christen, Muslimen und Heiden die Kultusfreiheit. Die **Russen** im Kiewer Gebiet lösten sich im 9.Jh. von der Chasarenherrschaft. Um 940/5 verstärkte sich der Einfluß der Juden infolge von deren Ausweisung aus dem byzantinischen Reich. Aus dem Chasarenreich kamen - ebenso wie aus Armenien - erste Missionare im Zusammenhang der Handelskontakte nach Kiew. Doch jenes Reich zerfiel seit 966/9 unter dem Druck der Russen, was zur Folge hatte, daß fortan heidnische Steppenvölker wie z.B. Petschenegen und Kumanen den nördlichen Schwarzmeerraum besiedelten und die Kiewer Rus' gefährdeten. (Beim Versuch, die wilden Petschenegen zu missionieren, kam 1009 Brun von Querfurt - 1004 zum *Erzbischof für die Heiden* geweiht - um.)

9.1.2 Legendarische Informationen über die Anfänge, aber wichtige Nachrichten über die weitere **Christianisierung der Russen** bietet die sog. Nestorchronik (11./12.Jh. in Kiew verfaßt). Den Ostslawen, die sich von Norden her zwischen Dnjepr und Wolga ausbreiteten, folgten im 7.Jh. von der Düna her schwedische Wikinger, **Waräger**/*Nordleute* genannt (slawisch als *Rus'* bezeichnet), welche die politisch-ökonomische Führung übernahmen (mit nördlichem Zentrum Nowgorod und südlichem Zentrum Kiew). 860 griffen sie mit ihrer Flotte **Konstantinopel** an, konnten es aber nicht einnehmen. Daraufhin verbündeten die Byzantiner sich mit den Chasaren und unternahmen erfolgreiche Missionsversuche bei den Russen, die 867 Patriarch Photius zu der voreiligen Feststellung veranlaßten, das Volk der Rus' hätte sich zum Christentum bekehrt. Die aufgebauten Anfänge einer **kirchlichen Organisation** gingen indes i.w. unter infolge einer **heidnischen Reaktion**: Der aus dem Nowgoroder Raum mit neuen Scharen eindringende Warägerfürst Oleg/Helge (878-912) vereinte beide Gebiete und machte Kiew zum politischen Mittelpunkt der Ostslawen insgesamt. Die intensiven Wirtschaftskontakte allerdings führten dazu, daß der kulturelle und religiöse **Einfluß der Griechen** sukzessive Teile der warägischen Oberschicht und der russischen Bevölkerung erfaßte. Um 945 gab es wieder eine Kirche in Kiew.

9.1.3 Das war die Voraussetzung, von der aus die Fürstenwitwe **Olga** (eine Skandinavierin: Helga), die von einem Kiewer Priester bekehrt wurde, während ihrer Regentschaft 945/6-960/2 die **Christianisierung** des Reiches betrieb. Die **Taufe** ließ sie sich solenn in Konstantinopel 957 vom Patriarchen unter kaiserlicher Patenschaft erteilen. Doch ihrem Wunsch nach dem Aufbau einer möglichst **autonomen russischen Kirche** kam Kaiser Konstantin VII. nicht nach. Deshalb wandte sie sich an den Westkaiser **Otto I.**, der 961 als Missionsbischof den Trierer Mönch Adalbert (s. 10.2.1) entsandte. Aber dieser konnte nichts ausrichten, weil sich inzwischen die Religionspolitik änderte und unter Olgas Sohn zu einer **heidnischen Reaktion** führte: Der tüchtige Fürst **Swjatoslav** (960/2-972/3) konsolidierte und erweiterte durch militärische Aktionen - u.a. gegen Chasaren und Bulgaren - das Kiewer Reich auf der Basis der traditionellen Religion. Seine drei Söhne teilten die Herrschaft; in den Machtkämpfen siegte ca.979 Wladimir, der Herrscher von Nowgorod.

9.2 Die "Taufe Rußlands" 988 und ihre Folgen

Die Annahme des Christentums als Volksreligion hing mit der Umformung der Kiewer Rus' von einem lockeren Gemeinschaftsverband zu einem Staat unter dem Großfürsten **Wladimir** (972/9-1015) zusammen. Sie war eine innen- und außenpolitisch begründete Entscheidung, die eine hundertjährige Entwicklung allmählicher Missionierung abschloß. Wladimir, der ursprünglich sein Land auf der

Grundlage aller russischen Gentilkulte stabilisieren wollte, konnte die relativ starke **Verbreitung des christlichen Glaubens** gerade in der Elite seines Volkes nicht ignorieren. Und erst durch die Christianisierung konnte sein Reich ein als vollwertig respektierter **Bündnispartner für Byzanz** werden. Deswegen nutzte er die Tatsache, daß Kaiser Basilius II. auf seine militärische Hilfe angewiesen war, für eine engere Verbindung durch Heirat mit der Kaiserschwester, die allerdings nur nach seiner Taufe möglich war. Den offiziellen Übergang der Kiewer Rus' zum Christentum demonstrierte anschließend im Frühjahr 988 (oder 989?) eine **Massentaufe** der Bevölkerung im Dnjepr. Diese religionspolitische Wende bestimmte die weitere Geschichte Rußlands. Nun begann die Christianisierung des Landes mit dem allmählichen Aufbau einer Kirche im 11.Jh., die als Metropolie/ Erzbistum zwar dem Konstantinopeler Patriarchen unterstand, aber dennoch Möglichkeiten zu selbständiger Entfaltung bot. Bedeutsam war dabei die Verwendung der **altkirchenslawischen Schriftsprache** (s. 8.1), wenngleich der geistig-kulturelle Einfluß der griechischen Kirche und Theologie noch lange Zeit dominierte.

9.2.1 Der legendarische Bericht der Nestorchronik stilisiert die Gründe der Bekehrung: Prüfung der verschiedenen Religionen durch Wladimir, seine Gesandtschaft erlebt in Konstantinopel einen herrlichen Gottesdienst mit Theophaniecharakter wie nirgends sonst. Das läßt - neben den politischen Gründen - erkennen, daß die kulturelle Blüte des byzantinischen Christentums an Attraktivität alles andere übertraf. Die **Annäherung an Konstantinopel** seit 987 wurde durch die Heirat mit einer purpurgeborenen Prinzessin besonders feierlich bekräftigt. (Der deutsche König Otto II. erhielt dagegen nur geringere Ehren; zu Theophanu s. § 9; 4.2.4.) Auch durch die kaiserliche Patenschaft für Wladimir, der den Taufnamen Basilius/Wassilij erhielt (seit dem 13.Jh. als apostelgleicher Heiliger verehrt), wurde die Verbindung bestärkt.

9.2.2 Trotz des gespannt bleibenden politischen Verhältnisses erfolgte die Christianisierung des Kiewer Reiches nach 988 i.w. von der byzantinischen Kirche her: z.B. durch Priester aus der griechischen Kolonie Cherson/Krim oder durch den ersten Kiewer Metropoliten, den griechischen Armenier Theophylakt aus Sebaste (bis ca.1015). Noch lange übten Griechen als Erzbischöfe, Bischöfe und Priester beträchtlichen Einfluß aus. Allerdings war der dauerhafte Erfolg der Christianisierung im 11.Jh. i.w. auch darin begründet, daß die Russen von den Bulgaren das **kirchenslawische Schrifttum** (Bibel, Liturgie, Hagiographie, Kirchenväter u.a.) übernahmen und im Anschluß daran eine eigene Nationalliteratur schufen; das prägte die Mentalität von Klerus und Mönchtum nachhaltig. Dabei wurden jedoch die antike Philosophie und Literatur nicht tradiert, so daß im geistigen Leben Rußlands bis zur Neuzeit jene Rationalität und Bildung fehlten, die den Westen formten.

9.2.3 Bei den Machtkämpfen der Söhne Wladimirs nach 1015 starben - die bis heute als Heilige intensiv verehrten - Boris und Gleb und setzte sich der politisch bedeutende **Jaroslaw** durch (*der Weise*, 1019-54). Dieser förderte Kirchenorganisation, Kultur und Rechtspflege kräftig und brachte **Rußland als Machtfaktor** in die europäische Politik ein, u.a. durch Kriege mit dem benachbarten Polen sowie Heiratsverbindungen mit Schweden, Frankreich und Ungarn. Kiew baute er nach Konstantinopels Vorbild zu einer **imposanten Metropole** für ganz Rußland aus, z.B. durch Sophienkirche, Klöster, Bibliothek und Burg. Im Konflikt mit Byzanz machte er 1051 erstmals mit Hilarion einen Russen - vorübergehend - zum Metropoliten, blieb aber nach dem großen Schisma 1054 trotz seiner Kontakte zum Westen der Ostkirche verbunden. Weitere **Bischofssitze** entstanden flächendeckend bis an die Grenzen Litauens, Polens und Ungarns (im 11.-13.Jh. ca.15). Gab es schon um 1020 mehr als 400 Kirchen im Kiewer Gebiet, so erhöhte sich diese Zahl gewaltig. Die Städte waren im 12.Jh. i.w. christianisiert, jedoch auf dem Land hielten sich heidnische Lebensformen. Größte Bedeutung für die christliche Erziehung des Volkes kam dem **Mönchtum** zu. Das religiöse und kulturelle Zentrum der russischen Kirche wurde seit 1055/60 das berühmte **Höhlenkloster** am Dnjeprufer bei Kiew, das auf die vom Athosmönchtum (s. § 6; 5.3.3) bestimmte Eremitenkolonie des Antonius/Antonij zurückging. Seine große Autorität bekundete sich auch darin, daß aus ihm viele russische Bischöfe hervorgingen.

9.2.4 Das russische Reich blieb permanent gefährdet durch den Ansturm asiatischer Nomadenvölker. Hinzu kamen innere Krisen infolge sozialer Spannungen sowie Teilungen in Kleinfürstentümer. Seit ca.1160/70 ging deswegen Kiews politische Bedeutung zurück. Die westliche Okkupation des byzantinischen Reiches nach 1204 (s. § 9; 10.2) beeinträchtigte seinen Handel. Seit 1223 drangen die **Mongolen** - von den Russen **Tataren** genannt - vor, zerstörten 1225 Kiew und eroberten 1238 ganz Rußland ohne dessen nordwestlichen Teil. Das Christentum ließen sie i.w. bestehen.

9.2.5 In **Nowgorod** (wo der legendäre Wikinger Rurik um 860-870 seine Herrschaft etabliert hatte, der Stammvater der russischen Dynastie bis 1598) hielt sich die politisch-kirchliche **Identität** der Russen seitdem in der Abwehr gegen die Tataren von Süden sowie gegen die Schweden und Deutschen vom Nordwesten her. Fürst **Alexander Newskij** errichtete durch seine Siege über die Schweden und die deutschen Ordensritter 1240-42 einen politischen Sperrgürtel gegenüber dem Westen, so daß die bisherige kirchlich-kulturelle Formung im Anschluß an die byzantinische Tradition erhalten blieb. Seit dem 13.Jh. übernahm sukzessive das Fürstentum **Moskau** die Rolle Kiews; 1326 wurde der Metropolitensitz dorthin verlegt - ein neues Zentrum der Weltchristenheit entstand seitdem. (Vgl. § 9; 10.3.3.)

9.3 Literatur

QUELLEN: P. HAUPTMANN/G. STRICKER (Hg.): Die Orthodoxe Kirche in Rußland. Dokumente ihrer Geschichte (860-1980), 1988. - R. TRAUTMANN (Hg.): Die altrussische Nestorchronik, 1931.

LITERATUR: K.C. FELMY u.a. (Hg.): Tausend Jahre Christentum in Rußland, 1988. - C. HANNICK: Die byzantinischen Missionen, KGMG II/1, 1978, 323-354. - M. HELLMANN: Ostslawen und Kiewer Rus', HEG 1, 3.A. 1992, 918-938. - M. KLIMENKO: Ausbreitung des Christentums in Rußland seit Vladimir dem Heiligen bis zum 17.Jh., 1969. - L. MÜLLER: Die Taufe Rußlands. Die Frühgeschichte des russischen Christentums bis zum Jahre 988, 1987. - G. PODSKALSKY (Hg.): Christentum und theologische Literatur in der Kiever Rus' (988-1237), 1982. - G. STÖKL: Russische Geschichte, 1952, 5.A. 1990.

10. Missionspolitik im Kraftfeld des Ottonenreiches

Mehr programmatische als faktische Bedeutung besaß zunächst die Missionspolitik Ottos I. (936-973), die dieser seit Regierungsbeginn plante, zunächst in Anknüpfung an Ludwig den Frommen und Heinrich I. Neu bei ihm war die zielstrebige **Ausdehnung über die Reichsgrenzen** im Norden und Osten, die religiös wie politisch begründet war und im Zusammenhang mit seinem sakralen Herrscherverständnis sowie seiner imperialen Großmachtpolitik stand (s. § 9; 4.2). Das christianisierte Böhmen assoziierte er dem Reich. Er schuf die organisatorische Grundlage für eine **deutsche Slawenmission**, die allerdings erst später in Gang kam. Im Bereich der Wenden (Elb- und Ostseeslawen) bis zum Baltikum verzögerte sich die Christianisierung gegenüber derjenigen der Süd- und Ostslawen. Das lag v.a. an der Behauptung politischer Selbständigkeit in vorstaatlichen Herrschaftsformen, die erst im Zuge der deutschen Ostkolonisation im 12./13.Jh. entfiel (s. 12.1).

10.1 Heidenbekehrung und Ungarnabwehr

Vor 936 gab es nur vereinzelte Ansätze zur Mission außerhalb der Reichgrenzen. Neben dem gut durchorganisierten Bayern (s. 7.2.; 8.1) wurde das Grenzland Sachsen, wo die kirchliche Infrastruktur noch schwach war, zur Hauptbasis. Otto d.Gr. plante eine systematische Christianisierung **nördlich und östlich der Elbe**. Zunächst konzentrierte er die Aktivitäten auf das dänische Nordelbien, das

Heinrich I. bis Jütland in Verbindung mit dem Reich gebracht hatte, sowie auf den Raum der Abodriten und Liutizen (s. Abb.20), wo er ebenfalls an die Expansionspolitik seines Vaters anknüpfte. 948 errichtete er drei Bistümer für Jütland als Suffragane des Erzbistums Hamburg-Bremen sowie zwei Bistümer für die Wenden als Suffragane des Erzbistums Mainz. Die Rivalitäten der beiden Erzbistümer erwiesen sich auch in der Folgezeit als Störfaktor. Wegen der ungarischen Angriffe auf südöstliche Teile und Nachbargebiete des Reiches seit ca.900 wurde der Weg für die Ostmission erst durch den großen **Sieg über die Ungarn 955** frei. Nun verstand sich Otto als Retter der westlichen Christenheit und jenen Sieg als Anlaß, seinen alten Plan einer Slawenmission durch Ausbau Magdeburgs zur Missionszentrale zu konkretisieren.

10.1.1 Die militärischen Aktionen König Heinrichs I. (919-936), des vormaligen Sachsenherzogs, gegenüber Dänen 934 und Slawen 928ff boten nördlich und östlich der Elbe erste Möglichkeiten, die z.T. Erzbischof Unni von Hamburg-Bremen durch eine Missionsreise nach Dänemark und Schweden zu nutzen versuchte. Otto I. dagegen entwickelte eine Konzeption der **Mission "von oben her"**. Er hatte seit seiner Jugend Beziehungen zu Slawen; vor 936 lebte er einige Zeit in der Pfalz Magdeburg an der sächsisch-slawischen Grenze, wo er 937 das Mauritius-/Moritzkloster gründete mit dem Ziel, von dort aus die Unterwerfung der Heiden zu betreiben. Dieser Plan stand in Spannung zu der Tatsache, daß die verschiedenen Sachsenführer eine Christianisierung der Slawen ablehnten, weil diese damit zu gleichberechtigten Glaubensgenossen geworden wären, denen man nicht mehr so einfach Tributleistungen abpressen konnte. Deswegen blieben die Sachsen im Unterschied zu ihrem König noch lange Zeit gegenüber der Wendenbekehrung sehr reserviert. Militärpolitisch wurde das nördliche und östliche Grenzgebiet durch **Marken** mit einem **System von Burgen** gesichert, die königlichen Beauftragten mit speziellen Vollmachten unterstanden: seit 936 für die Abodriten (Obotriten) jenseits der Unterelbe unter Markgraf Hermann Billung die sog. **Billunger Mark**; für die Liutizen/Wilzen, Redarier und Heveller unter Markgraf Gero die sog. **Nordmark** (später geteilt: Nordmark/ Brandenburg, Ostmark/Lausitz, Mark Meißen). Im Schutze der Burgen dürften wohl die dortigen Kleriker nach 930 im Sorbenland vereinzelte Missionsversuche gestartet haben. Ein durchgreifender Erfolg blieb freilich aus.

10.1.2 Im Zusammenhang mit der Reichssynode von Ingelheim 948 werden erstmals Bischöfe für **Schleswig, Ripen und Aarhus** erwähnt, die wohl dort geweiht wurden. So erhielt der tüchtige Erzbischof Adaldag von Hamburg-Bremen (937-988) die bisher fehlenden Suffragane. Mit Zustimmung des päpstlichen Legaten konnten noch 948 ebenfalls neue Missionsbistümer in **Brandenburg** und **Havelberg** gegründet werden, die aber wie jene Bistümer längere Zeit ihr Gebiet kaum kirchlich durchdringen konnten. Schwer getroffen wurden sie 983 dadurch, daß die Elb- und Ostseeslawen (die verschiedenen Stämme der Wilzen/Liutizen, Heveller und Abodriten) die deutschen Besatzungstruppen aus der Billunger Mark und der Nordmark vertrieben und die Anfänge einer Kirchenorganisation vernichteten. Erst seit 1137/38 kam es dort zu einer Neubelebung, v.a. durch den Prämonstratenser Anselm von Havelberg (gest. 1158; s. 12.1.2).

10.1.3 Die **Madjaren** (Magyaren) bzw. **Ungarn**, ein asiatisches Steppenvolk, waren seit 890 über die Karpaten nach Pannonien und Mähren vorgedrungen und bildeten zwei Generationen lang eine schwere **Bedrohung** für das westliche Europa. Sie vernichteten das großmährische Reich (s. 8.1.2), griffen seit 906/7 mit ihren Reiterheeren Bayern, Sachsen, Alemannien, selbst Lothringen an, verübten Greueltaten und verwüsteten Teile Deutschlands. Trotz der Niederlage gegen ein deutsches Heer unter König Heinrich I. an der Unstrut 933 wiederholten sie seit 937 - begünstigt durch die innerdeutschen Konflikte - ihre Plünderzüge. Als sie erneut in Bayern einfielen, besiegte Otto I. sie mit einem großen Heer, verstärkt durch böhmische Truppen, auf dem **Lechfeld** bei Augsburg am 10.8.955; in den Tagen darauf wurde das fliehende Ungarnheer vernichtet. Seitdem lebten die Ungarn zurückgezogen in der Theißebene und öffneten sich der Christianisierung (s. 10.4.3). Für Ottos Machtposition und auch für seine Missionspolitik hatte der wahrhaft epochale Sieg bedeutsame Folgen.

10.2 Magdeburg als Metropole der Westslawenmission

Die auf den Osten gerichtete Missionskonzeption verband sich seit 962 mit Ottos Kaisertum (s. § 9; 4.2). Sie entsprach seinem **religiösen Sendungsbewußtsein**, als von Gott beauftragter Führer der Christenheit für die Ausbreitung der Kirche und das Seelenheil der Heiden zu sorgen. Sie entsprach politisch seinen Bemühungen um **Expansion der Reichsherrschaft** nicht nur nach Italien, sondern auch in die östlichen Gebiete hinein, was ihn in Konkurrenz zum byzantinischen Reich brachte. Charakteristisch dafür war ebenfalls sein gescheiterter Versuch 959/961, Einfluß auf die Christianisierung des russischen Fürstentums Kiew zu gewinnen (s. 9.1). Entscheidend aber wurde, daß er gegen lang anhaltende Widerstände im deutschen Episkopat 967/8 ein **Erzbistum in Magdeburg** errichtete, welches - wie 831 Hamburg (s. 7.4) - ausschließlich für die Mission bestimmt war und deshalb als Suffragane nur im Slawenland gelegene Bistümer bekam: neben den bereits bestehenden in Brandenburg und Havelberg (für das Liutizenland nordöstlich von Elbe und Havel) die neuerrichteten in Merseburg, Zeitz und Meißen (für das Sorbenland zwischen Saale und Elbe). Die **Bistumsorganisation** stützte sich auf die deutschen Burgen als Zentren der **Militärverwaltung** in den Markgrafschaften. Demgemäß bestimmte primär nicht die individuelle Bekehrung, sondern eine rigide Eroberungspolitik die Slawenmission. Erfolge erzielte man nur bei den Sorben, die bis ca.1000 weithin getauft und damit äußerlich in die Reichskirche eingefügt wurden. Im transelbischen Bereich jedoch brach mit dem **Slawenaufstand** von 983 die Missionsarbeit für ein Jahrhundert völlig zusammen. Und durch die Bildung einer eigenständigen Kirche in Polen (s. 10.4) sowie durch den Ausbau der christlichen Herrschaft in Böhmen (s. 10.3) wurde der Einfluß der deutschen Reichskirche im Osten und Südosten definitiv abgeriegelt. So blieb Ottos I. großräumige Konzeption kaum erfolgreich. Magdeburg rückte wie Hamburg-Bremen für lange Zeit einflußlos an den Rand der Reichskirche.

10.2.1 Sogleich nach dem Sieg über die Ungarn verhandelte Otto I. mit Papst Agapet II. (946-955) über die Umwandlung des Magdeburger Moritzklosters in ein **Missionserzbistum**. Der größte **Widerstand** gegen diesen Plan kam von Erzbischof **Wilhelm von Mainz**, seinem Sohn, der eine Schmälerung des Einflußbereiches im östlichen Sachsen (z.B. durch Ausgliederung des Bistums Halberstadt) befürchtete und eine Vermischung von kirchlichen und königlichen Kompetenzen ablehnte. Während seines Romaufenthaltes 962 drängte Otto Papst Johannes XII. (vgl. § 8; 6.2.1), die Erhebung Magdeburgs zum Erzbistum grundsätzlich zu dekretieren. Förmlich gegründet werden konnte es erst nach Erzbischof Wilhelms Tod. Johannes XIII. (965-972) und Otto regelten die Gebietsprobleme der vorgesehenen Diözesen auf zwei Synoden in Ravenna 967 und 968. Als ersten **Metropoliten** setzte der Kaiser seinen Vertrauensmann **Adalbert** (gest. 981) ein, den er 961 als Missionsbischof zur Fürstin Olga von Kiew gesandt hatte (s. 9.1.3).

10.2.2 Die **neuen Diözesen** bestanden zunächst nur aus Bischofssitzen in einer Königspfalz, **Merseburg**, und in den Burgen **Zeitz** und **Meißen**. Ihre Bischöfe engagierten sich zunächst jedoch wenig. Bis dahin war unter den Sorben z.T. von Regensburg aus missioniert worden (v.a. durch den Mönch Boso, der dann Merseburger Bischof wurde). Nun wurde Regensburgs Einfluß auf die Slawenmission beschnitten (vgl. 10.3 zu Bamberg). Alle Slawenvölker jenseits von Elbe und Saale sollten in die Magdeburger Zuständigkeit fallen. Doch es kam nach 968 vorerst zu **keiner konzentrierten Missionsstrategie**. Für die Abodritenmission gründete Otto wohl 972 das - dem hamburgischen Erzbistum unterstellte - Bistum **Oldenburg** in Wagrien (Ostholstein) als einsamen Vorposten, der nach dem Slawenaufstand von 983 bedeutungslos wurde.

10.3 Böhmen und das Reich

Erste christliche Einflüsse verbreiteten sich bei den westslawischen Stämmen der Böhmen/Tschechen mit Zentrum in Prag während des 9.Jh.s durch Missionsaktivitäten von Bayern und Mähren her. Dadurch dominierten lateinische Formen im kirchlichen Leben. Die Dynastie der Przemysliden einte im 10.Jh. das Land unter ihrer Herrschaft, annektierte Mähren und setzte das Christentum als offizielle Religion durch. Ausdruck dieser Veränderung war die Ablösung von der kirchlichen Hoheit Regensburgs durch Gründung des **Bistums Prag** 973/6 in Anbindung an das Ottonenreich. Die Bildung eines **Nationalstaates** hing also auch hier mit der **Christianisierung** zusammen. Demgemäß wirkte böhmischer Einfluß bei der Missionierung Polens und Ungarns mit (s. 10.4). Die zuvor bestehende Verbindung zum ostfränkischen Reich verfestigte sich unter Otto d.Gr. zu stärkerer Abhängigkeit. Seit dem 11.Jh. galt Böhmen als **deutsches Reichslehen**, und sein Herzog wurde im 12./13.Jh. einer der bedeutendsten Reichsfürsten (seit 1198 mit erblicher Königswürde). Die christliche Formung der tschechischen Bevölkerung war bis ins 11.Jh. durch die **Abwehr der Dominanz deutscher Einflüsse** belastet; sie vollzog sich in einer allmählichen Entwicklung durch den Aufbau einer kirchlichen Organisation. Für das Grenzgebiet zwischen Böhmen und Thüringen gründete Kaiser Heinrich II. 1007 mit päpstlicher Unterstützung das exemte **Bistum Bamberg**, das sich allerdings nicht wie geplant zu einer dynamischen Missionsmetropole zwischen Magdeburg und Salzburg entwickelte.

10.3.1 Die Anbindung an die ostfränkische Reichskirche kam beispielhaft dadurch zum Ausdruck, daß 14 Stammesfürsten/*duces* der Böhmen sich 845 in Regensburg taufen ließen. Sie wurde durch die Abhängigkeit vom großmährischen Reich nur kurzfristig unterbrochen, doch dadurch kam auch der **slawische Einfluß** der Methodius-Mission ins Land (vgl. 8.1.2-4). Der Stammvater der bis 1306 regierenden Przemyslidendynastie, Herzog Borziwoj, empfing ca.880 von Methodius die Taufe. Seine durch heidnische Reaktion getötete Witwe Ludmilla wurde später als Heilige verehrt, ebenso sein Enkel **Wenzel I./Václav** (921-935), der den Ausbau der Kirchenorganisation wie seiner Landeshoheit vorantrieb und deshalb ermordet wurde.

10.3.2 Wenzels Bruder **Boleslaw I.** (935-967), der sich vergeblich gegen die Abhängigkeit vom deutschen Reich sperrte, mußte 950 Otto d.Gr. **Lehnshuldigung** leisten. Dadurch bekam er Rückhalt für eine größere Einflußnahme u.a. in Polen, dessen Herzog er 965/6 zu seinem Schwiegersohn machte und zur Taufe bewog (s. 10.4.1). Auch dieses Beispiel illustriert den konstitutiven Zusammenhang von Herrschaftsstabilisierung und Christianisierung. Als neue Form einer Abhängigkeit beschloß der Reichstag zu Quedlinburg 973 die kirchliche Loslösung von Bayern (mit dem der Böhmenherzog konspirierte) und die Gründung eines dem Erzbistum Mainz untergeordneten **Bistums für Böhmen**. Dieses wurde 975/6 in der Hauptstadt Prag errichtet und erhielt den Sachsen Thietmar als Bischof, um die Verbindung zu den Ottonen zu pflegen. Ein wohl schon damals geplantes zweites Bistum für Mähren wurde erst 1063 in Olmütz gegründet.

10.3.3 Der Widerstand in Volk und Adel gegen ein aus dem übermächtigen Nachbarreich eingeführtes Christentum blieb noch lange kräftig. Das zeigte sich auch am Wirken des seit 983 amtierenden Bischofs **Adalbert von Prag** (ca.956-997), eines tschechischen Hochadeligen, dessen Familie in scharfem Gegensatz zum böhmischen Herrscherhaus, aber in Freundschaft mit den ottonischen Kaisern lebte. Da Adalbert mit seinem asketischen **Reformeifer** nicht viel ausrichten konnte, wich er 988/9 in ein römisches Kloster aus. Er konnte zwar nach seiner Rückkehr 992 einige Erfolge bei der Verbesserung des Kirchenwesens erzielen, mußte aber wegen der Opposition gegen seine Amtsführung und der Verfolgung durch die Przemysliden 995 erneut flüchten. In Rom begegnete er **Kaiser Otto III.**, dessen religiöse Einstellung er stark beeinflußte. Nach kurzer Missionstätigkeit in Ungarn ließ er sich vom Polenherzog mit der Bekehrung der Prußen/Preußen beauftragen; 997 fand er dort den Märtyrertod, von den Polen - später auch von den Böhmen - als Nationalheiliger verehrt (vgl. 10.4.1).

10.4 Christliche Staaten in Polen und Ungarn

Otto d.Gr. zielte vergeblich auf einen Anschluß aller im Osten angrenzenden Slawen an das von den Deutschen beherrschte Reich. Es gelang ihm nicht, die staatlich nicht einheitlich organisierten Elbslawen (Abodriten, Liutizen, Heveller) dauerhaft zu unterwerfen oder gar zu christianisieren. Darüber hinausgehend auch den erstarkenden Staat der Polen dem Reich einzuverleiben, erwies sich trotz einiger militärischer Erfolge als unmöglich. Es gelang aber, den **Polenherzog Mieszko** in tributpflichtiger "Freundschaft" dem Reich zu verbinden. Dieser nahm 966 das **Christentum** an und förderte es seitdem in seinem Lande. Komplizierter lagen die Verhältnisse bei den Ungarn, die seit ca.970 die Christianisierung in Anlehnung an den Westen anstrebten. Grundlegende kg. Bedeutung bekam die europäische **Reichskonzeption Ottos III.** (s. § 9; 4.3.1): Sie hatte zur Folge, daß im Zuge der Missionierung Polens und Ungarns die dortigen Kirchen - anders als Böhmen - ihre Unabhängigkeit von der deutschen Reichskirche behaupteten. Das förderte die staatliche **Selbständigkeit**, die nationale **Integration** des Christentums und den Aufbau lebenskräftiger Kirchen. Durch die Gründung der **Erzbistümer Gnesen** i.J. 1000 und **Gran** i.J. 1001 wurden Polen und Ungarn autonome Kirchenprovinzen mit direkter Verbindung zu Rom. Sie gehörten fortan zum christlichen Abendland mit entsprechenden kulturellen und politischen Beziehungen zu den westlichen Nationen, insbesondere zum deutschen Reich. Eine intensivere Christianisierung der Bevölkerung vollzog sich allerdings erst vom späten 11.Jh. an. Seitdem wurden beide Reiche zu östlichen Vorposten der römisch-katholischen Christenheit in Abgrenzung gegenüber Byzanz und Rußland.

10.4.1 Die Entstehung der polnischen Kirche ist hinsichtlich der Einzelheiten wegen der Beziehung zu Deutschland in der Forschung früher umstritten gewesen. Ausschlaggebend für die **Christianisierung Polens** waren wie in allen anderen Slawengebieten politische Gründe: Sie diente dem Aufbau eines stabilen Herrschaftsgebietes in Abwehr gegen die heidnisch-slawischen Stämme an der Ostseeküste (Pomoranen, Prußen u.a.) und in distanziertem Kontakt zum Ottonenreich. Sie begann 966 mit der **Taufe** der Herzogs **Mieszko** (Dagon/Dagobert), der eine Tochter des böhmischen Herzogs Boleslaw heiratete (s. 10.3.1). Man kann annehmen, daß die ersten Missionare aus Böhmen kamen, darunter wohl auch der Missionsbischof Jordan. Diesem wurde das 968 gegründete, vermutlich direkt Rom unterstellte **Bistum Posen/Poznan** übertragen. Die Unabhängigkeit von Magdeburg und damit von der deutschen Reichskirche spielte für Mieszko eine so wesentliche Rolle, daß er kurz vor dem Tod 992 sein Land dem Papst formell übereignete, d.h. dessen ideellem Schutz unterstellte. Dadurch erhielt das polnische Christentum von vornherein eine **lateinische Prägung** und besondere **Bindung an Rom**. Die von Mieszko begründete Piastendynastie beherrschte Polen bis 1370.

10.4.2 Boleslaw Chobry/*der Tapfere* (992-1025), mit dem Otto III. gemäß seiner Konzeption vom christlichen Universalreich einen brüderlichen Freundschaftspakt schloß, baute die Kirchenorganisation gezielt aus. Anläßlich einer Wallfahrt zum Grab seines geistlichen Vaters Adalbert von Prag (s. 10.3.3) in **Gnesen/Gniezno**, der polnischen Hauptstadt, gründete Otto III. dort i.J. 1000 nach Absprache mit Papst Silvester II. ein **Erzbistum mit neuen Bistümern** in Kolberg/Kolobrzeg, Krakau/Krakow und Breslau/Wroclaw (zu denen im 11.Jh. Posen kam). Er machte Boleslaw, der 1025 König wurde, zum Stellvertreter des Kaisers im Blick auf dessen innerkirchliche Rechte. Dieser dehnte das polnische Gebiet weit aus durch Annexion der Lausitz, Mährens, der Slowakei und von Teilen Rußlands (die aber 1038 wieder verloren gingen). Zunächst erfaßte das Christentum nur die Oberschicht und die Hauptorte. 1034-40 stürzte eine **heidnisch-politische Reaktion** das Land in Anarchie und zerstörte weithin die kirchliche Organisation. Doch im 11./12.Jh. erlebte diese mit einer Fülle von Pfarrkirchen einen neuen **Aufschwung**, wenngleich die politische Machtstellung Polens nicht wieder erreicht wurde.

10.4.3 Einem ganz anderen Kulturkreis als die Slawen entstammten die **Ungarn/Madjaren**, eine Völkergruppe, die auf ihrer Westwanderung aus dem Ural- und Schwarzmeergebiet verschiedene ethnische Elemente verband. Nach dem Ende ihrer Raubzüge (vgl. 10.1.3) wurden sie in dem weiten Gebiet der Donau-Theiß-Ebenen zwischen Karpatenbogen und March/Drau seßhaft. Ihr Fürst Géza (972-997) suchte gegen Byzanz, woher seit 948 die ersten Missionsversuche kamen, den Anschluß an das ottonische Reich und bat 973 um Entsendung von Missionaren. Bischof **Pilgrim von Passau** engagierte sich, u.a. auch in der Absicht, die Metropolitanrechte über Ungarn und Mähren zu erlangen. Konkurrierende Interessen verfolgte der unter den Ungarn missionierende Mönch **Wolfgang**, seit er 972 Bischof von **Regensburg** wurde.

10.4.4 Die **systematische Christianisierung** begann unter Gézas Sohn Vajk, der seit seiner Taufe durch Pilgrim **Stephan** hieß (997-1038; 1083 als Nationalheiliger kanonisiert), durch den Aufbau einer Kirchenorganisation in Anlehnung an Rom und an das Reich: Kaiser Otto III. und Papst Silvester II. ernannten ihn im Winter 1000/01 zum König und genehmigten die Errichtung eines **Erzbistums** für Ungarn in der Hauptstadt **Gran/Esztergom**. Zur Stärkung seiner zentralistischen **Landeshoheit** baute Stephan zehn **Bistümer** für die verschiedenen Landesteile auf, ein weiteres Erzbistum ca.1009 in der alten Residenz Kalocsa für die Missionierung im südöstlichen Gebiet. Er gründete zahlreiche **Klöster** und holte auswärtige **Kleriker** für die Besetzung der hohen Kirchenämter, um sie dem Zugriff des Adels zu entziehen. Beim Aufbau des Kirchenwesens wirkten u.a. die Schüler Adalberts von Prag (s. 10.3.3) mit. Nach 1038 kam es zwar zu inneren Wirren und z.T. zu einer heidnischen Reaktion. Aber das von Stephan begründete Werk konsolidierte Ladislaus I. (1077-95) durch fortschreitende Christianisierung der verschiedenen Bevölkerungsteile.

10.5 Literatur

QUELLEN: A. BAUER/R. RAU (Hg.): Quellen zur Geschichte der sächsischen Kaiserzeit, AQDGMA 8, 1971, 4.A. 1992. - W. TRILLMICH (Hg.): Thietmar von Merseburg, Chronik, AQDGMA 9, 1957; 7.A. 1992.

LITERATUR: H. BEUMANN: Die Ottonen, 1987; 3.A. 1994. - DERS. (Hg.): Heidenmission und Kreuzzugsgedanke in der deutschen Ostpolitik des Mittelalters, 1963. - K. BLASCHKE: Geschichte Sachsens im Mittelalter, 1990. - G. HAENDLER: Von der Reichskirche Ottos I. zur Papstherrschaft Gregors VII., KGE I/9, 1994, 70-80. - B. HÓMANN: Geschichte des ungarischen Mittelalters, 2 Bde., 1940-43. - J. KLOCZOWSKI: Die Ausbreitung des Christentums von der Adria bis zur Ostsee, GCh 4, 1994, 883-905. - F. MACHILEK: Adalbert von Prag, TRE 1 (1977) 410-414. - G. RHODE: Kleine Geschichte Polens, 1965, 1-40. - W. SCHLESINGER: Kirchengeschichte Sachsens im Mittelalter, Bd.1, 1962; 2.A. 1983.

11. Staatenbildung und Nationalkirchen in Skandinavien

Die historische Bedeutung Skandinaviens bestand zunächst darin, daß aus diesem Raum Wanderungs- und Invasionsbewegungen kamen, die in Intervallen während des ersten Jahrtausends - beginnend mit den Goten - das europäische Siedlungsgefüge beeinflußten. Die gewaltige **Expansion** der heidnischen Wikinger/Normannen, die sich im 9.-11.Jh. auf **erhebliche Teile Europas** von Irland bis Rußland und vom Baltikum bis Sizilien erstreckte und die von der Christenheit als schwere Erschütterung wahrgenommen wurde, hat die Kirchengeschichte in verschiedener Hinsicht mitgestaltet. Im Zusammenhang damit vollzog sich die **Christianisierung** Skandinaviens, die wie in fast allen anderen Gebieten Europas auch in Dänemark, Norwegen und Schweden die Bildung von Nationalreichen begleitete und förderte. Der kulturelle Anschluß an das christliche Abendland, der die weitere Geschichte

Skandinaviens formte, war damit vollzogen. Allerdings hielten sich neben der kirchlichen Organisation sowie der christlichen Frömmigkeit und Lebensordnung noch lange heidnische Elemente in Brauchtum und Religiosität der Bevölkerung.

11.1 Der Zugriff der Normannen auf Westeuropa im 9.-11. Jahrhundert

Mit ihren großen Schiffsflotten und der entsprechenden militärischen Infrastruktur besaßen Dänen und Norweger ein im Abendland einmaliges Machtinstrument; sie betrieben damit seit ca.800 **Beute- und Eroberungszüge** an den Nordseeküsten Schottland-Englands und des Frankenreiches. Auf den Flüssen drangen sie in das Landesinnere vor, wo sie u.a. Kirchen und Klöster plünderten und zerstörten. Somit bedrohte eine neue, gefährliche **Welle des Heidentums** von Norden her - parallel zu den Angriffen der asiatischen Steppenvölker im Osten und der muslimischen Araber im Süden - die Christenheit, die das als ein apokalyptisches Gerichtssignal deutete. Doch historisch bedeutsamer als dieser - ein gutes Jahrhundert andauernde - Kulturschock war langfristig die Ansiedlung der Normannen/ *Nordmänner* in **England** und im **Westfrankenreich** (in der späteren **Normandie**) seit 866 und 911. Sie paßten sich der dortigen Zivilisation an, übernahmen weithin das **Christentum** und bauten eine imponierende **Kultur** auf. Von England aus beeinflußten sie die Christianisierung ihrer Heimatländer im 11.Jh.; von der Normandie aus drangen sie mit ihren Schiffen nach Sizilien und Süditalien vor, wo sie im 11.Jh. eigene Staaten bildeten (s. § 9; 7.4.5). Sie beherrschten auch den Ostseeraum, wurden dort seit dem 8.Jh. zur bestimmenden Handelsmacht, dehnten ihre Siedlungen im Osten bis Nowgorod und Kiew aus und trugen entscheidend zur Staatenbildung in Rußland bei (s. 9.0). Im Nordatlantik besiedelten sie Island und Grönland. Überall wirkte sich ihre allmähliche Bekehrung zum Christentum seit dem 11.Jh. kg. bedeutsam aus. Ohne in einem einheitlichen Reich zusammengefaßt zu sein, bildeten sie in verschiedenen Wirkungsgebieten bis zum 12.Jh. - als zahlenmäßig kleine Besatzungstruppen - eine militärpolitisch-ökonomische Großmacht in zersplitterter Form.

11.1.1 Teile der ethnisch und sprachlich verwandten germanischen Bauernvölker in Dänemark, Norwegen und Schweden trieben seit dem 7.Jh. mittels ihrer technisch überlegenen Segelschiffe ausgedehnten **Handel** im Nordsee- und Ostseeraum. Ihre Beweglichkeit, Abenteuerlust und Beutegier veranlaßte sie später auch zu **Raubzügen** in das stärker zivilisierte Westeuropa. Als die politische Zersplitterung in Kleinlandschaften und -königtümer seit dem 9.Jh. - zuerst in Dänemark - abgelöst wurde durch die Bildung einheitlicher Reiche, entzogen sich integrationsunwillige Häuptlinge und Gefolgschaften durch Ausweichen über das Meer: die *Wikinger* (d.h. wohl: *Leute auf Beutezug*) bzw. *Normanni* o.ä., wie man sie nannte. Ihr Überfall 793 und 802/4 auf die berühmten Klöster Lindisfarne und Iona (s. § 6; 7.3.1; § 5; 13.1.1) löste im christlichen Abendland erstes Entsetzen aus. Seit 834 okkupierten sie Friesland und plünderten von dort aus die Küstenregionen und das Hinterland des **Frankenreiches** (z.B. 841 Rouen, 845 Hamburg und Paris). Sie setzten sich seit 879 zahlreich in den Mündungsgebieten von Schelde, Maas und Rhein fest, drangen z.B. bis Köln und Trier vor und belagerten nochmals Paris. Als Geißel Gottes und Strafe für die Sünden der Christenheit erschienen sie den Chronisten (Erfüllung der Gerichtsprophetie von Jer 1,13f und Hes 38,15).

11.1.2 Wegen der zunehmenden politischen Schwäche war das **Westfrankenreich** daran interessiert, die äußere Bedrohung durch Verständigung einzudämmen. Deshalb erhielt eine dänische Normannengruppe unter Rollo, nachdem sie das Christentum angenommen hatte, 911 von König Karl III., dem Einfältigen, Teile des nordwestlichen Küstengebietes an der unteren Seine als **Grafschaft Rouen** zu Lehen. Durch sukzessive Ausdehnung erweiterte sich das Gebiet - auch durch Einwanderung weiterer Normannen im 10.Jh. - nach Westen zum autonomen **Herzogtum Normandie**. Dessen zentralisierte Staats- und Kirchenorganisation (mit 7 Bistümern) bildete im 11.Jh. die Basis für eine imponierende äußere Machtentfaltung. Da die Skandinavier sich der einheimischen Bevölkerung assimilierten, entstand dort eine romanisch-christliche Kultur von starker Ausstrahlungskraft, z.B. in den Kathedralen und Klöstern (darunter Bec, das nicht zufällig bedeutende Lehrer wie Lanfrank und Anselm anzog; vgl. § 10; 1.1.1; 2.1.1).

11.1.3 Parallel zu den Angriffen auf das Frankenreich besetzten dänische Wikinger seit 850 im Gefolge ihrer Raubzüge von der Themse bis Schottland weite Gebiete der - wegen ihrer Zersplitterung machtlosen - **angelsächsischen Teilreiche**. Seit 866 verwalteten sie diese in eigener Hoheit (sog. *Danelaw*/dänisches Rechtsgebiet). Nur **Wessex** blieb ihnen vorenthalten, wo der - als christlicher Gesetzgeber und Volkserzieher bedeutende - König **Alfred der Große** (871-899) die angelsächsische Herrschaft behauptete. Diese weiteten seine Nachfolger im 10.Jh. durch weitgehende Eroberung des Danelaw aus, wobei sie die größtenteils christianisierten Wikinger dort tolerierten. Allerdings kam es nach 980 zu erneuter dänisch-norwegischer Okkupation. (Zur Großreichsbildung unter Knut d.Gr. s. 11.2.2; vgl. auch 11.3.1.)

11.1.4 Folgenreich für die weitere Geschichte des englischen Christentums wurde die dauerhafte Annexion durch die Normannen 1066-71 unter **Wilhelm dem Eroberer** (1066-87), dem Herzog der Normandie, der dieses Gebiet - wo er sich als Kirchenreformer hervorgetan hatte - aufgrund dynastischer Ansprüche mit den angelsächsischen Reichen verband. Das leitete nicht nur die **einheitliche Reichsbildung** in England ein, sondern brachte mit der Umformung des Königtums auch eine **Veränderung der Kirchenstruktur**. Denn diese völlig romanisierten Normannen etablierten im Episkopat ihre Adelsherrschaft, bauten gewaltige Kathedralen als Sinnbilder christlicher Dominanz, organisierten die Bistümer neu durch Domkapitel und Archidiakonate und förderten insgesamt die Etablierung einer - vom Papsttum stärker als bisher unabhängigen - Nationalkirche.

11.2 Dänemarks Abkehr von der deutschen Reichskirche ca.965-1104

Seit ca.800 formierte sich als frühester skandinavischer Einheitsstaat ein dänisches Reich, das Jütland und Südschweden sowie die dazwischenliegenden Inseln umfaßte. Seine Christianisierung erfolgte von zwei Seiten her: einerseits unter dem politischen Druck vom benachbarten Frankenreich bzw. deutschen Reich her mit dem für die Skandinavienmission gegründeten **Erzbistum Hamburg-Bremen** (s. 7.4), andererseits durch den **religiös-kulturellen Einfluß** der in **England** siedelnden Dänen, die das dort angenommene Christentum in die Heimat übertrugen. Die universale Missionskonzeption Kaiser Ottos d.Gr. und seiner Nachfolger zielte auf eine Anbindung der dänischen Kirche seit den Bistumsgründungen von 948 (s. 10.1). Ihr entsprach der erste christliche König Harald Blauzahn ca.960/5 durch seine Taufe und durch die Anfänge einer Missionierung im Zusammenhang der politischen Einigung Dänemarks. Langfristig effektiver für die Christianisierung des Landes wirkte in Verbindung mit England seit ca.1020 die Herrschaft König **Knuts des Großen**, der eine systematische Bekehrung des Volkes durch angelsächsische Missionare betrieb und die Grundlagen für eine selbständige Landeskirche schuf. Gegen diese nationalkirchlichen Tendenzen, die eine Loslösung von Hamburg-Bremen implizierten, konzipierte dessen Erzbischof Adalbert nach 1050 ein nordisches Patriarchat unter seiner Führung; doch der Plan scheiterte u.a. am Papst. Mit der Errichtung des **Erzbistums Lund** 1104 gab es eine von Deutschland unabhängige dänische Kirchenprovinz (s. Abb.20). Unter der Herrschaft des Königs gingen Nationalkirche und Reich fortan wie in den anderen europäischen Staaten eine Symbiose ein. Dänemark wurde im Hoch- und Spätmittelalter zur politisch und kulturell bedeutendsten Macht in Nordeuropa.

11.2.1 Die **außen- und innenpolitischen Zusammenhänge** zeigten sich als dominierende Faktoren der Mission am dänischen Beispiel besonders klar. Das Verhältnis zum Karolinger- und Ottonenreich war mit der Eidergrenze in Südjütland/Schleswig und mit dem Interesse an der Herrschaft über die Ostseeslawen durch eine grundsätzliche Konfliktsituation bestimmt, die durch pragmatische Kooperation entschärft werden konnte. Die **Taufe Harald Gormssons** (gen. *Blauzahn*; gest. 986) war eine politische **Grundsatzentscheidung**, die seiner Herrschaftsstabilisierung dienen sollte. Sie stand im Zusammenhang mit den Missionsbemühungen des mächtigen Erzbischofs von Hamburg-Bremen, **Adaldag** (937-988), eines Vertrauten Ottos I. Allerdings beseitigte Harald diese Abhängigkeit, als 983 der große Slawenaufstand die Reichsmacht in Norddeutschland erschütterte. Sein Sohn Sven Gabelbart (985-1014), ein expansionistischer Wikingerkönig, der England und Norwegen unterwarf, förderte dagegen die heidnische Reaktion in Adel und Volk.

11.2.2 Den Ausbau des dänischen Großreiches (u.a. durch Oberhoheit über den südlichen Ostseeraum bis Pommern und Samland) und der Kirche betrieb Svens Sohn **Knut der Große** (1018-35) i.w. von England aus. Die Tatsache, daß 1036 seine Tochter Gunhild (gest. 1038) den deutschen König Heinrich III. heiratete, demonstrierte seine **Machtposition** und Aufnahme in die **christliche Herrscherfamilie**. Das zeigte auch sein Pilgerzug nach Rom 1027. Er schickte viele angelsächsische Mönche, Priester und Bischöfe nach Dänemark, ließ dort zahlreiche **Pfarrkirchen** bauen und gründete **Bistümer** in Odense und Roskilde. Sein Plan, auch rechtlich eine unabhängige Nationalkirche zu etablieren, scheiterte am Widerstand des bremischen Erzbischofs Unwan. Doch er hat Dänemark definitiv für die **christliche Kultur** des Abendlandes geöffnet.

11.2.3 Die Entwicklung hin zu einem innerlich gefestigten Reich förderte **Sven Estridsen** (1047-76) u.a. auch durch eine dichte **Diözesanstruktur** mit neuen Bistümern in Lund, Viborg und Börglum/Vendsyssel. Nachdem er zunächst mit dem mächtigen, missionarisch aktiven Erzbischof **Adalbert von Hamburg-Bremen** (1043-72) kooperiert hatte, bahnte er die Unabhängigkeit von der deutschen Reichskirche an durch verstärkte Kontakte zum Reformpapsttum unter Alexander II. und Gregor VII. Aber die erstrebte Gründung einer autonomen Kirchenprovinz erreichte erst sein Sohn 1103/4. Das **Erzbistum Lund** erhielt auch die Hoheit über die schwedische Kirche, worin sich der imperiale Anspruch Dänemarks bekundete. Die dortigen Widerstände führten jedoch bald zu einer Loslösung (s. 11.4.2).

11.3 Englische und deutsche Mission in Norwegen ca.1000-1154

Die Vereinigung mehrerer Kleinherrschaften in dem geographisch zerklüfteten, aber ethnisch einheitlichen Land zu einem Königreich wurde außenpolitisch durch die Befreiung von dänischer Okkupation und innenpolitisch durch die Missionierung gefördert. Besonders wirkte hier der angelsächsische Einfluß zunächst auf die **Wikinger in England**, dann - zielstrebig zur Stützung ihrer Herrschaft durch die Könige vermittelt - auch im norwegischen Volk. Der in England getaufte König **Olaf I. Tryggvason** förderte im Machtkampf um die politische Einigung des Landes seit 995 systematisch die Bekehrung im Westen bis nach Trondheim. Zu einem gewissen Abschluß kam die Missionierung Norwegens unter der Herrschaft **Olafs II. des Heiligen** seit 1015. Er baute die Kirche im geeinten, aber unter dänischer Oberhoheit stehenden Reich mit Hilfe englischer und deutscher Missionare gegen Widerstände im Adel aus und unterstellte sie dem Erzbistum Hamburg-Bremen. Doch eine geregelte **Kirchenorganisation** mit bischöflicher Struktur entwickelte sich erst allmählich im 11./12.Jh. im Zusammenhang der staatlichen Konsolidierung bis zur Konstituierung einer autonomen Kirchenprovinz 1154.

11.3.1 Infolge der Rivalität der südlichen und nördlichen Teilkönige kam es in Norwegen erst nach manchen Anläufen um 1050 zu einer dauerhaften Einheit, verbunden mit einer Befreiung von dänischer Herrschaft (bis 1380/97). **Norwegische Wikinger** besetzten im 9.Jh. Teile Nordschottlands, Nordenglands und Irlands, wo sie vom Christentum beeinflußt wurden. Erste **Missionare** kamen von dort seit ca.940 nach Norwegen, gefördert durch den in England getauften König Hakon I. (*den Guten*, ca.935-959). Auf seinen Beutezügen durch England 991ff ließ der Wikingerhäuptling **Olaf Tryggvason** sich taufen, um als christlicher Herrscher 995-1000 für die politische Einheit der Heimat die neue Religion als Integrationskraft zu nutzen. Er gründete **Nidaros/Trondheim** (die spätere Hauptstadt) und baute dort eine Kirche, die zu einem weiteren Missionszentrum wurde. Norwegische Wikinger brachten das Christentum nicht nur nach Island (s. 11.3.3), sondern auch nach **Grönland**: Leif Eriksson ließ sich unter Olafs I. Einfluß taufen und die Insel seit 999 durch einen deutschen Priester missionieren.

11.3.2 Die inneren Unruhen und die dänischen Angriffe behinderten noch lange eine intensive **Christianisierung**. Um eine solche bemühte sich der in England oder in der Normandie getaufte Wikinger **Olaf II. Haraldsson** (König 1015-28/30, später als norwegischer Nationalheiliger verehrt) in seinem Kampf gegen Dänen und rivalisierende Kleinkönige: durch ein System von Pfarrkirchen, Kollektivtaufen, religiöse und ethische Normen (das sog. Christenrecht) sowie Errichtung eines Bistums in Nidaros/Trondheim. Seine Nachfolger konsolidierten zwischen ca. 1060 und 1160 die **Kirchenorganisation** u.a. durch weitere Bistümer in Oslo, Bergen, Stavanger und Hamar, die – zusammen mit den Inselbistümern der Orkneys, Shetlands, Faröer und Hebriden, Islands und Grönlands – 1154 durch den Papst von der Oberhoheit Hamburg-Bremens gelöst und zur **Kirchenprovinz** mit dem Erzbistum Nidaros/Trondheim zusammengefaßt wurden. Diese Maßnahme festigte die norwegische Machtposition und bekundete das Interesse des Papsttums an der Stärkung der mit ihm verbundenen Nationalkirchen.

11.3.3 Die **Christianisierung Islands** ist ein instruktives Paradigma für die Motive, die bei dem Religionswechsel maßgebend waren. Christen kamen vereinzelt dorthin seit ca.900: einerseits iroschottische Eremiten, andererseits unter den norwegischen Siedlern, die das Land erst bevölkerten, aber v.a. heidnische Kultstätten aufbauten. Wenig Erfolg hatte der Missionsversuch des Isländers Thorvald und des deutschen Wanderbischofs Friedrich 981ff. Der Norwegerkönig Olaf Tryggvason erzwang durch **Androhung von Gewalt** die Bekehrung der Heiden: Auf dem Allthing des Jahres 1000 übertrugen die beiden Religionsparteien zur Vermeidung eines bewaffneten Konflikts dem **Gesetzessprecher** Thorgeir, einem Heiden, die Entscheidung; und dieser erklärte die allgemeine Annahme des Christentums – unter Duldung heidnischer Bräuche – als allein dem **Frieden** dienlich. Nun entstanden Klöster und Pfarrkirchen sowie zwei Bistümer, die mit ihren Schulen den Aufbau einer **christlichen Kultur** förderten. Besondere historische Bedeutung gewann dabei die literarische Fixierung der nordischen Sagas, der Götter- und Heldenlieder der Skalden, im 13.Jh., die – in der sog. Edda gesammelt – eine wesentliche Quelle für die germanische Religion darstellen.

11.4 Die späte Christianisierung Schwedens (11./12. Jahrhundert)

In Schweden setzte sich das Christentum relativ spät durch, weil sich die altertümlichen Strukturen länger als in den anderen Reichen hielten. Nach kümmerlichen Anläufen im 9.Jh. (s. 7.4) kam es erst mit Beginn des 11.Jh.s zur Bekehrungsarbeit v.a. durch angelsächsische Missionare sowie durch dänische und polnische Einflüsse, die sich nur mühsam gegen eine starke heidnische Adelsopposition durchsetzen konnten. König Olaf begann mit dem Aufbau eines einheitlichen Herrschaftsgebiets in Mittel- und Südschweden seit ca.1008 die Hinwendung zum Christentum; er gründete in Skara ein Bistum für den westlichen Bereich, wo die englisch-norwegische Mission relativ erfolgreich war (s. Abb.20). In Verbindung mit Erzbischof Adalbert von Hamburg-Bremen, der eine weiträumige Skandinavienmission organisierte (s. 11.2), kam es nach 1050 zur Errichtung weiterer Bistümer. Heidnische Reaktion und innenpolitische Konflikte verhinderten lange eine Stabilisierung der christlichen Königsmacht und damit eine systematische Christianisierung. Diese bekam erst 1164 mit der Bildung einer schwedischen **Kirchenprovinz** (Erzbistum Uppsala) eine Basis, aber das Heidentum wurde nur allmählich verdrängt.

11.4.1 Die Anfänge der Kirchengeschichte bis zum 12.Jh. sind quellenmäßig schlecht bezeugt. Schwedische **Wikinger** beherrschten mit Handel und Kriegszügen seit dem 10.Jh. weite Teile des Baltikums und drangen bis nach Rußland vor (die Waräger bzw. Rus'; s. 9.1.2). Der Gegensatz zwischen den politisch dominierenden Svear im Mälargebiet, das die Grundlage des späteren Schwedenreiches bildete, und den Götar im Süden hemmte die Entfaltung einer einheitlichen Herrschaft. Er verschärfte sich dadurch, daß das **Götaland** im 11.Jh. zunehmend **christlich** wurde, während das **Svealand** (mit Kultzentrum in Uppsala) weithin **heidnisch** blieb, obwohl die in seiner Hauptstadt Birka von Ansgar gegründete Kirche (s. 7.4.1) fortbestand. Die von **Olaf** (ca.995-1022; mit dem Beinamen *Schoßkönig*) geschaffenen Grundlagen boten gewisse Möglichkeiten für die ausländischen Missionare: z.B. für den englischen Wanderbischof Sigfrid, der später als Nationalheiliger verehrt wurde. Papst Gregor VII. versuchte 1080/1 vergeblich, die Christianisierung voranzubringen. In den **dänischen Provinzen** Schonen, Blekinge und Halland dagegen setzte sich die Mission vom Bistum Lund aus rascher durch.

11.4.2 Die organisatorische Konsolidierung vollzog sich seit ca.1120/30 sehr langsam, weil der alte Gegensatz der Landschaften in dynastischen Rivalitäten fortwirkte. **Neue Bistümer** entstanden in Linköping, Västeras, Strängnäs und Sigtuna. König Sverker (ca.1130-56) förderte die in der Missionsarbeit besonders aktiven **Zisterzienser** durch Klostergründungen. Sein Gegenspieler Erik IX. (König 1156-60, *der Heilige*) soll ebenfalls die Christianisierung - auch in Finnland - vorangetrieben haben; die Legende hat ihn zum Schutzpatron der schwedischen Nation und Kirche stilisiert. König Karl Sverkersson nutzte die politische Schwäche Dänemarks, die Vertreibung des Erzbischofs Eskil von Lund (eines Anhängers der gregorianischen Reformpartei; gest. 1181) und das Papstschisma dazu aus, 1164 von Alexander III. die päpstliche Genehmigung für ein **Erzbistum in Uppsala** zu bekommen. Seit dem 13.Jh. festigten sich die nationalkirchlichen Strukturen, und das religiöse Leben blühte v.a. unter franziskanischem und dominikanischem Einfluß auf. (Zum Birgittenorden s. § 6; 12.4.3.)

11.4.3 In das schwach besiedelte **Finnland** kamen Einflüsse des östlichen wie des westlichen Christentums im 11./12.Jh. über die Handelswege. Der Schwedenkönig Erik IX. (s. 11.4.2) unterwarf um 1155 durch einen Kreuzzug südwestliche Landesteile; dort begründete der Bischof von Uppsala, **Henrik**, die - insgesamt dürftige - **Kirchenorganisation** (Bistum in Nousiainen, im 13.Jh. nach Turku/Abo verlegt). Henrik wurde um 1160 von Heiden getötet und später als Nationalheiliger verehrt. Weitere **Kreuzzüge** ca.1249 und 1293 sicherten die schwedisch-christliche Herrschaft im Westen, während Karelien unter russisch-ostkirchlichem Einfluß blieb. Heidentum hielt sich bis ins Spätmittelalter.

11.5 Literatur

R.A. BROWN: Die Normannen, 1991. - K.-U. JÄSCHKE: Die Anglonormannen, 1981. - I. MONTGOMERY: Norwegen, TRE 24 (1994) 643-659 (Lit.). - B. SAWYER u.a. (Hg.): The Christianization of Scandinavia, 1987. - M. SCHWARZ LAUSTEN: Dänemark, TRE 8 (1981) 300-317 (Lit.). - W. SEEGRÜN: Das Papsttum und Skandinavien bis zur Vollendung der norddeutschen Kirchenorganisation (1164), 1967. - DERS.: Adalbert von Hamburg-Bremen, TRE 1 (1977) 407-410. - K. WÜHRER: Die Anfänge der nordeuropäischen Monarchien, HEG 1, 3.A. 1992, 939-996.

Abb.20: Ausbreitung des Christentums im Baltikum, in Skandinavien und in Böhmen (10.–13.Jh.)

12. Deutsche Ostkolonisation und "Schwertmission" (12./13. Jahrhundert)

Das seit der Ottonenzeit gesteckte Ziel, die nordöstlich der Reichsgrenze gelegenen Gebiete der Wenden (Elb- und Ostseeslawen) zu annektieren und zu missionieren, konnte auch im 11.Jh. nicht erreicht werden. (Nur für die Sorben im südöstlichen Bereich war es gelungen.) Dem hartnäckigen **Widerstand der Wendenstämme**, in dem sich die Behauptung der politisch-nationalen Eigenständigkeit mit dem Festhalten an ihrer alten Religion verband, stand auf deutscher Seite keine einheitliche Machtposition gegenüber. Im 12.Jh. änderte sich die Situation grundlegend durch den Beginn einer **allgemeinen Kolonistenbewegung**, die sukzessive vom bevölkerungsreichen Westen in den dünn besiedelten Osten vordrang, diesen durch Rodung, Urbarmachung u.a. erschloß und dabei die Christianisierung förderte (s. Abb.20). Die politische Führung lag bei deutschen Fürsten, die kirchliche Trägerschaft i.w. bei Mönchen (v.a. Zisterziensern, Prämonstratensern) und Ritterorden. Bis zum 14./15.Jh. wurde mit dem weiten Raum zwischen Elbe und Memel sowie Teilen des Baltikums der deutsche Herrschaftsbereich enorm ausgeweitet und so der **geographische Bestand** des neuzeitlichen Reiches i.S. einer **Osterweiterung** fundiert: z.B. mit Mecklenburg, Brandenburg, Lausitz, Schlesien, Pommern, West- und Ostpreußen. Das Heidentum verschwand dort bis auf einige Reste infolge der gewaltsamen Unterdrückung. **Gewaltanwendung** spielte bei der die Kolonisation begleitenden Mission eine größere Rolle als in den meisten anderen zuvor christianisierten Territorien. Doch nicht der gesamte Vorgang war "Schwertmission", wenngleich einzelne Komplexe mit diesem Begriff erfaßt werden können: Der alte Missionseifer, schon in karolingischer und ottonischer Zeit in die politischen Ziele integriert, verband sich nun mit der neuen **Kreuzzugsmentalität** (s. § 9; 8.0). Insofern ergab die Missionsgeschichte des sog. deutschen Ostens ein kg. wichtiges Paradigma.

12.1 Ausdehnung der Reichskirche nach Osten

Sächsische Markgrafen, Grafen und Herren bemühten sich im 10./11.Jh. vergeblich um ein Vordringen der christlich-deutschen Herrschaft nordöstlich der Elbe unter den **Abodriten, Liutizen** und **Hevellern** (s. Abb.20). Den Aufbau einer Mission mit Hilfe des christlichen Abodritenfürsten Gottschalk betrieb seit ca.1045 Erzbischof Adalbert von Hamburg-Bremen (vgl. 11.2; 11.4), doch deren Ansätze gingen 1066 im großen Wendenaufstand unter. Dagegen konnte das **Sorbenland** östlich der Saale im 10.Jh. dem Reich eingegliedert und zunehmend christianisiert werden. Neue Impulse gab dann die Ostpolitik Kaiser Lothars III. nach 1134. Schon seit ca.1100/10 gewann in Verbindung mit der anhebenden Siedlungswelle die Idee des heiligen Krieges gegen die Heiden an Bedeutung: Sächsische Fürsten, Bischöfe u.a. führten 1147 - unterstützt durch den Kreuzzugsprediger Bernhard von Clairvaux und Papst Eugen III. - einen **Wendenkreuzzug** gegen Abodriten und Liutizen. Dieser angebliche, nur z.T. erfolgreiche Missionskrieg diente tatsächlich nur der territorialen Eroberung und belastete die künftige Bekehrungsarbeit. Er schuf allerdings die Voraussetzung für den **Wiederaufbau der Bistümer** in Ostholstein, Mecklenburg und Brandenburg nach 1150, den Herzog Heinrich der Löwe und Markgraf Albrecht der Bär zwecks Ausbau ihrer Landeshoheit förderten. In **Pommern** entstanden erste kirchliche Ansätze v.a. durch die Missionsarbeit Bischof Ottos von Bamberg seit 1124. Doch auch dort wie in jenen westlichen Gebieten sowie in der **Ostmark** (Meißen und Lausitz) und in **Schlesien** setzte sich die systematische Christianisierung – und damit die ethnische Assimilation der Slawen – erst im Zusammenhang der deutschen Kolonisation bis ca.1300 durch. Dabei spielten neben zahlreichen Klöstern die nun rasch entstehenden **Städte** als neuartige kirchlich-kulturelle und ökonomisch-politische Zentren für den ganzen Ostseeraum von Lübeck über Danzig bis Riga eine große Rolle.

12.1.1 Im Ostseeküstengebiet zwischen Trave und Warnow siedelten die unter einheitlicher Führung zusammengefaßten Teilstämme der **Abodriten**; seit Ludwig dem Frommen blieben bei ihnen Missionsversuche langfristig erfolglos (trotz Taufe ihrer Fürsten in Verbindung mit Heinrich I., Otto I. und Otto III.). Der große **Slawenaufstand 983**, der von den ihnen benachbarten **Liutizen** bzw. **Wilzen** – ebenfalls einer Kultgemeinschaft mehrerer Kleinstämme – begonnen wurde, vernichtete auch bei den Abodriten und den nördlich der Havel seßhaften **Hevellern** das Christentum. Doch die Abodritenfürsten blieben an der Verständigung mit dem Reich und deshalb an der Christianisierung interessiert, so daß der in Lüneburg christlich erzogene, in England von Knut d.Gr. (s. 11.2.2) beeinflußte **Gottschalk** nach 1043 in Kooperation mit dem Dänenkönig und Adalbert von Hamburg-Bremen eine **slawische Kirchenorganisation** begründete. Um 1060 errichtete Adalbert das Bistum **Oldenburg** wieder (s. 10.2.2) und Bistümer in den wendischen Residenzen **Ratzeburg** und **Mecklenburg** neu. Seine reichspolitische Entmachtung (s. § 9; 6.3.1) war u.a. Anlaß für den **Wendenaufstand** 1066, der sich gegen die Herrschaft der Sachsen und damit der Christen wandte.

12.1.2 Der Sachsenherzog **Lothar von Supplingenburg** (König/Kaiser 1125-37) betrieb seit 1106 eine energische Markenpolitik in Holstein und Mecklenburg; im Schutz seiner Burgen kamen wieder Missionare ins Land, z.B. in Wagrien der Augustiner-Chorherr Vicelin (später Bischof von Oldenburg/Holstein, gest. 1154). 1134 erhielt der Askanier **Albrecht der Bär** (ca. 1100-70) die sächsische Nordmark, die er östlich der Elbe ins Hevellerland ausdehnte. Dort wurde **Brandenburg** wieder Bistum und nun auch Residenz (seitdem Markgrafschaft Brandenburg), und **Havelberg** erhielt mit dem königlichen Berater Anselm 1129-55 einen neuen Bischof. In Konkurrenz mit Albrecht baute der bedeutende Sachsenherzog, der Welfe **Heinrich der Löwe** (ca.1129/30-95), seit 1142 seinen Machtbereich aus u.a. durch Unterwerfung der Abodriten und Liutizen.

12.1.3 Sie waren die Anführer der beiden Heereszüge ins Liutizen- bzw. Abodritenland beim sog. **Wendenkreuzzug** 1147, den einige – v.a. sächsische – Fürsten statt der Teilnahme an dem vom Reich getragenen sog. zweiten Kreuzzug (s. § 9; 8.3.2) führten. Im Unterschied zu den Kirchenmännern zielten sie primär nicht auf die Taufe, sondern auf die **Unterwerfung** der Wenden. Insgesamt war die Mission noch zu jener Zeit (wie schon im 10.Jh.; s. 10.1.1) dadurch belastet, daß die Sachsen mehr an einer Tributpflichtigkeit der Wenden (die deren Heidentum voraussetzte) als an deren Christianisierung interessiert waren. Der unterworfene, bekehrte Abodritenfürst Pribislaw wurde als Graf von Schwerin integriert (Stammvater der späteren Herzöge von Mecklenburg). Nach 1147 verstärkten Heinrich und Albrecht wie die anderen Fürsten die **Anwerbung von Siedlern** aus Flandern, Friesland, Westfalen u.a., um die slawischen Gebiete unter deutscher Führung landwirtschaftlich zu erschließen. Die christliche Durchdringung und der Aufbau einer **Kirchenorganisation** mit Bistümern und Pfarreien folgten daraus, wobei Heinrich der Löwe 1154 von Kaiser Friedrich I. das königliche Recht erhielt, **Bistümer** zu errichten und Bischöfe zu investieren. So entstanden **Ratzeburg**, **Lübeck** (statt Oldenburg) und **Schwerin** (statt Mecklenburg) neu. Prämonstratenser und Zisterzienser förderten besonders die Missionierung und zivilisatorische Erschließung.

12.1.4 Der slawische Stämmeverband der **Pomoranen/***Pomerani* im Gebiet um die Odermündung bis hin zur Weichsel, der von Wollin, Stettin, Kolberg, Danzig u.a. aus Handel und Seeräuberei im Ostseeraum betrieb, widersetzte sich im 10./11.Jh. der Mission, die v.a. die Polen zwecks Herrschaftsausdehnung betrieben. Im Spannungsfeld zwischen deutschem und polnischem Reich begann im 12.Jh. die **Christianisierung durch politischen Einfluß** auf Fürsten und Adel. Das Herzogtum um Stettin öffnete sich der Bekehrung, die vom deutschen Reich aus in Absprache mit dem Polenherzog Boleslaw 1124/5 der einflußreiche, bedeutende Bischof **Otto von Bamberg** (der *Apostel der Pommern*; ca.1060-1139) - unterstützt von Kaiser und Papst - mit Massentaufen und Aufbau von Missionsstützpunkten zwischen Wolgast und Kolberg systematisch begann. Nach einer heidnischen Reaktion, die die polnische Oberhoheit beseitigte, organisierte Otto seit 1128 die **Anfänge des Kirchenwesens:** einerseits durch Anbindung Pommerns an das deutsche Reich (seit 1181 galten dessen Herzöge als Reichsfürsten) und andererseits durch Aufbau von Pfarreien (1140 Errichtung des **Bistums Kammin**). Trotz Zerstörung der Heiligtümer Arkona/Rügen und Rethra hielt sich das Heidentum bis weit ins 13.Jh. und wurde erst durch die deutsche Kolonisation verdrängt, die i.w. von Prämonstratenser- und Zisterzienserklöstern organisiert wurde (z.B. Grobe, Belbuck, Eldena, Kolbatz, Oliva; s. Abb.15.20).

12.1.5 In den **brandenburgischen Marken** mit den im 10.Jh. gegründeten Bistümern Brandenburg und Havelberg drang die Mission nach 1147 zusammen mit der kolonisatorischen Erschließung und der Tätigkeit von Prämonstratensern und Zisterziensern erfolgreich vor, im 13.Jh. bis zur Oder, gefördert von den Askanier-Markgrafen und den Magdeburger Erzbischöfen. Auch hier wurden neben den Klöstern die Städte für den Aufbau einer christlichen Kultur wichtig. Der Prämonstratenser-Führer **Norbert von Xanten** (s. § 6; 10.3.2) bemühte sich als Erzbischof von **Magdeburg** 1126-34 um eine rigorose Kirchenreform in seinem Stift wie um die Ausbreitung des Christentums in den Slawengebieten. Dabei achtete er aber mehr auf die formelle Unterwerfung unter die Kirchenorganisation und auf die Erweiterung der Magdeburger Machtbasis als auf eine intensive Bekehrungsarbeit. Auch der in der Reichspolitik einflußreiche Erzbischof **Wichmann** von Magdeburg (1152/4-92) war primär am Ausbau der Landeshoheit in Verbindung mit der deutschen Kolonisation interessiert.

12.1.6 Für die Mission im **mittleren Odergebiet** zwischen Liutizen, Pomoranen, Sorben und Polen entstand 1124/5 das **Bistum Lebus**, das seit dem 13.Jh. zur Mark Brandenburg gehörte. In der südlich angrenzenden **Markgrafschaft Meißen** (vgl. 10.1.1; 10.2.2), der Keimzelle des wettinischen Sachsen, brachte erst die deutsche Ostsiedlung seit dem 12.Jh. Missionserfolge. Nach wenig erfolgreicher Slawenmission v.a. vom Bistum Meißen aus (z.B. unter Bischof Benno 1066-1106) begann die Christianisierung mit der Errichtung von **Dörfern** und Pfarrkirchen (im 13.Jh. mit Städten); sie breitete sich östlich von Saale und Mulde, dann jenseits der Elbe in der Nieder- und Oberlausitz sowie nach Süden im Vogtland und Erzgebirge aus. Die slawischen **Sorben** assimilierten sich weithin, behielten aber z.T. in der Oberlausitz ihre eigene Sprache auch im kirchlichen Leben bei. Zahlreiche Kollegiatstifte und Klöster - darunter viele Frauenkonvente - entstanden im 12./13.Jh. und wurden wichtige Kulturträger.

12.1.7 Mission und Kirchenorganisation im zu Polen gehörigen **Schlesien** entwickelten sich trotz heidnischer Reaktion zwischen 1000 und 1150 (v.a. vom Bistum Breslau aus; vgl. 10.4.2). Durch eine gewisse Verselbständigung seit 1163 wurde das Herzogtum zur **Kulturbrücke** zwischen West- und Osteuropa. (Teilung in Nieder- und Oberschlesien, nach 1250 in verschiedene Fürstentümer, seit 1348 unter der Oberhoheit Böhmens und so indirekt mit dem deutschen Reich verbunden.) Der Ansturm der **Mongolen/Tataren** auf Ungarn und Polen - nach der Okkupation Rußlands (vgl. 9.2.4) - mit deren Sieg bei Liegnitz 1241 über ein Heer der Schlesier, Polen und Ordensritter verwüstete das Land, hatte aber keine langfristigen Folgen. Danach wurden zum Wiederaufbau **deutsche Siedler** geholt, deren Zustrom erst eine intensivere Christianisierung und eine wesentliche **Strukturveränderung** des Landes - z.B. durch Absorption der slawischen Bevölkerungsteile durch deutsche Dörfer und Städte - bewirkte.

12.2 Christianisierung Preußens und des Baltikums

Die letzten Bastionen des Heidentums bei den baltischen Völkern im weiten Gebiet zwischen Weichsel und Finnischem Meerbusen – v.a. bei den Prußen und Litauern, die in permanenten Konflikten mit den Slawen lebten – beseitigte das christliche Abendland i.w. durch **Schwertmission**, z.T. in Form von **Kreuzzügen**. Hier berührten sich die politischen Interessensgebiete v.a. der Deutschen und Polen, Dänen und Russen, also von christlichen Reichen. Friedliche Individualmission von den verschiedenen Seiten her führte im 11./12.Jh. zu keinem Erfolg; und wegen der unübersichtlichen Herrschaftsstrukturen gab es – anders als in den aus politischen Gründen missionierten Reichen (s. z.B. 10.3-4) – keine Partner für eine kooperative Christianisierung. So bewirkten hier Eroberung des Landes und Zwangsbekehrung eine **Kollision zweier grundverschiedener Kulturwelten** mit gegensätzlichen religiösen und sozialen Systemen. Im nördlichsten Bereich, bei den **Esten**, brachte seit ca.1170-1220 dänischer Einfluß das Christentum. Im Gebiet südlich davon, bei den **Letten** in Livland und Kurland, kam die Mission von Deutschland her: zunächst sporadisch mit Kaufleuten, seit der Errichtung des Bistums **Riga** 1201 gezielt mit Kreuzfahrern, Ritterorden und Kolonisatoren, die eine dauerhafte Verbindung zum Reich begründeten. Weiter südlich bei den **Prußen** etablierte seit 1231/38 der **Deutsche Orden** mit deren Unterwerfung seine staatliche und kirchliche Herrschaft, der die deutsche Besiedlung im 14.Jh. das christliche Fundament gab. Noch länger als die Prußen verteidigten die östlich davon siedelnden **Litauer** ihr angestammtes Heidentum zusammen mit ihrer Unabhängigkeit gegenüber dem Deutschen Orden, dem polnischen Reich und den Russen. Aus politischen Gründen kam es seit 1386 zu ihrer Bekehrung. Reste von heidnischer Religiosität und Brauchtum hielten sich hier wie in Preußen und im Baltikum teilweise bis in die frühe Neuzeit.

12.2.1 Erste christliche Einflüsse im Baltikum kamen im 11.Jh. durch Handelsverkehr und politische Abhängigkeiten aus Rußland und Skandinavien, in **Estland** v.a. durch dänische Mission (Gründung des Bistums **Reval** 1219/28 als Suffragan von Lund). Erste Kirchen in **Livland** errichteten seit ca.1180 deutsche Kaufleute, die auf der Düna nach Osten zogen, und Missionare wie der Segeberger Augustinerchorherr Meinhard (1186 Livland-Bischof in Üxküll; gest. 1196). Eine systematische Bekehrungsarbeit – zunächst in Verbindung mit dem Erzbistum Hamburg-Bremen – betrieb im Zusammenhang mit der Ansiedlung von Deutschen **Bischof Albert** von Buxhoeveden (gest. 1229). Er gründete 1201 **Riga** und missionierte seit 1202 mit dem **Schwertbrüderorden** sowie deutschen **Kreuzfahrern** die heidnischen Letten, Liven, Kuren und Esten gewaltsam. Livland wurde seit 1207/24 grundsätzlich mit dem deutschen Reich verbunden, Riga seit 1245/55 ein mächtig aufstrebendes baltisches **Erzbistum** mit Suffraganbistümern bis nach Preußen hin (s. 12.2.3).

12.2.2 Die baltischen Stämme der **Prußen** zwischen Weichsel und Düna verhinderten nicht nur erste Missionsversuche Adalberts von Prag 997 und Bruns von Querfurt 1009, sondern wehrten auch kontinuierlich im 11./12.Jh. die Angriffe der Polenfürsten und damit jede Christianisierung ab. Als sie sich auch gegen den Neuansatz der deutschen Zisterzienser von Lekno seit ca.1200 (Missionsbischof Christian für Preußen 1216) sperrten, kamen erste **Kreuzfahrer** ins Land. Die konsequente Schwertmission brachte dann der polnische Herzog Konrad von Masowien 1225/6 durch den Hilferuf an den in Ungarn tätigen **Deutschen Orden** (vgl. § 9; 9.3). Dessen Hochmeister **Hermann von Salza** (gest. 1239) sicherte die Rechtsbasis der künftigen Herrschaft durch kaiserliches Privileg Friedrichs II. 1226, Vertrag mit Konrad 1230 und päpstliche Schutzurkunde Gregors IX. 1234. Die Eroberung des Kulmer Landes bis ca.1238 und des gesamten

Prußengebietes bis ca.1285 - unter Beteiligung deutscher und polnischer Kreuzfahrer - begründete einen auf Militärmacht (Burgen, Heere) gestützten **Ordensstaat** mit kolonisatorischer Erschließung durch **deutsche Städte und Dörfer**. Die dezimierten Prußen wurden nicht ausgerottet, aber meist als Unfreie unterdrückt; sie assimilierten sich z.T., behielten aber weithin ihre **Sprache** bei (bis ins 16./17.Jh.); sie öffneten sich z.T. nicht völlig der innerlichen Christianisierung, sondern behielten heidnische Bräuche bei. Der Deutsche Orden erhielt auch weite Gebiete in **Livland**, nachdem er sich 1237 mit den Resten des dortigen Schwertbrüderordens nach dessen schwerer Niederlage gegen die Litauer vereinigt hatte.

12.2.3 Die der Zwangstaufe folgende Bekehrungsarbeit trugen i.w. Dominikaner, z.T. auch Franziskaner, seit ca.1238; die Pfarrkirchen wurden meist Priesterbrüdern des Deutschen Ordens übertragen. 1243 errichtete Papst Innozenz IV. vier preußische **Bistümer**, die 1255 dem Erzbistum Riga unterstellt wurden: Kulm, Pomesanien, Ermland und Samland. Dadurch ergaben sich machtpolitische Spannungen mit dem als deutscher Reichsfürst geltenden Hochmeister, der seit 1309 - nach der Besetzung Pommerellens und Danzigs - in **Marienburg** residierte, dem imposanten Symbol der Ordensherrschaft. **Konflikte** mit den Städten und Landständen sowie der dauerhafte Gegensatz gegen Polen (-Litauen; s. 12.2.4) - v.a. seit der Niederlage bei Tannenberg 1410 - führten im 2. Thorner Frieden 1466 zum Verlust von Pommerellen, Kulmer Land, Ermland u.a. (Reduktion des Ordensstaates auf Ostpreußen mit Residenz **Königsberg**).

12.2.4 Eine wesentliche Aufgabe des Deutschen Ordens war im 13./14.Jh. der Heidenkampf gegen die **Litauer**, deren Siedlungsgebiet zwischen Memel und Dnjepr das preußische von dem baltischen Ordensland trennte und sich nach Osten bis zu den Russen erstreckte. Aufgrund intensiver **Kreuzzugspropaganda** zogen ständig abenteuerlustige Ritter aus Deutschland und Westeuropa mit dem Orden gegen das renitente - seit ca.1300 politisch sich konsolidierende - **letzte heidnische Reich**, ohne jedoch mit ihrer das Land verheerenden Kriegsführung Missionserfolge zu erzielen. Ein Ansatz zur friedlichen Christianisierung mit Errichtung eines Bistums und Taufe des Litauerkönigs 1251-63 scheiterte. Mit der **Expansion** des Reiches auf russisches Gebiet (in Konkurrenz zum Aufstieg des Moskauer Großfürstentums) umfaßte es auch Christen des östlichen Kirchentyps, und bei den westlichen Nachbarn begegnete ihm das lateinische Christentum, so daß die **Religionsfrage** zum **Politikum** wurde. Großfürst Jogaila/ **Jagiello** konvertierte 1386 zwecks Krönung zum polnischen König durch Heirat mit der Thronerbin Jadwiga/Hedwig und versprach die Bekehrung seines Landes zum römischen Katholizismus. Mit der **Personalunion Litauen-Polen** entstand eine - allerdings innerlich instabile - Großmacht, welche die Herrschaft der Deutschen zurückdrängte (s. 12.2.3) und für die osteuropäische Geschichte bis in die Neuzeit bedeutsam wurde. Trotz des starken polnischen Einflusses und der formellen Christianisierung (Kirchenorganisation mit Bistum Wilna seit 1387) blieb in Litauen das Heidentum z.T. bis ins 16.Jh. lebendig.

12.3 Literatur

QUELLEN: K. SCHOLZ/D. WOJTECKI (Hg.): Peter von Dusburg, Chronik des Preußenlandes, AQDGMA 25, 1984. - H. HELBIG/L. WEINRICH (Hg.): Urkunden und erzählende Quellen zur deutschen Ostsiedlung im Mittelalter, 2 Bde., AQDGMA 26a-b, 1968-70. - A. BAUER (Hg.): Heinrich von Lettland, Livländische Chronik, AQDGMA 24, 1959.

LITERATUR: H. BEUMANN (Hg.): Heidenmission und Kreuzzugsgedanke in der deutschen Ostpolitik des Mittelalters, 1963. - H. BOOCKMANN: Der Deutsche Orden, 4.A. 1994. - DERS.: Ostpreußen und Westpreußen, 1992, 75-221. - H. HEYDEN: Kirchengeschichte Pommerns, Bd.1, 2.A. 1957. - J. PETERSOHN: Der südliche Ostseeraum im kirchlich-politischen Kräftespiel des Reichs, Polens und Dänemarks vom 10. bis 13. Jahrhundert, 1979. - W. SCHLESINGER: Kirchengeschichte (s. 10.5). - K. SCHMALTZ: Kirchengeschichte Mecklenburgs, Bd.1, 1935. - J. SCHULTZE: Die Mark Brandenburg, Bd.1, 1961; 2.A. 1989. - R. WITTRAM: Baltische Geschichte, 1954; ND 1973. - DERS. (Hg.): Baltische Kirchengeschichte, 1956.

§ 8

Papsttum und römischer Katholizismus

Bedeutung des Themas

Als einzige Institution der Welt weist das Papsttum einen kontinuierlichen **Bestand** von der Spätantike bis in die Gegenwart auf. Schon daran wird seine Bedeutung für die Kirchengeschichte erkennbar, die durch inhaltliche Aspekte spezifiziert wird: Nach der Lehre des römischen Katholizismus, also des zahlenmäßig überwiegenden Teils der heutigen Christenheit, gehört es zum Wesen der Kirche, weil es als "Petrusamt" Ausdruck und Garant von deren Einheit ist. Demgemäß bestimmt es nicht nur Recht und Dogma der Gesamtkirche durch seine autoritativen Setzungen, sondern auch viele Einzelheiten des kirchlichen Lebens. Obwohl die übrigen Kirchen der östlichen wie der westlichen Tradition diese Konzeption ablehnen, muß das Papsttum in unterschiedlicher Weise als ein Teil auch von deren Geschichte angesehen werden. Für Protestantismus und Anglikanismus, die sich im 16.Jh. von der Papstkirche getrennt haben, gilt es als wichtiges Element mindestens der eigenen Vorgeschichte, aber auch der konfessionellen Abgrenzung. An kaum einem kg. Paradigma läßt sich der Zusammenhang von **Idee und Realität** so eindrucksvoll demonstrieren: Eine allmählich sich ausprägende Lehrform hat in verschiedenen historischen Schüben eine ihr entsprechende Wirklichkeit gestaltet, wobei bestimmte geschichtliche Situationen die Verwirklichung der Idee begünstigt haben. Am Anfang der Entwicklung (im 2.-5.Jh.) steht der Anspruch des römischen Bischofs auf eine besondere Würdestellung innerhalb der gesamten Christenheit. Zunächst insbesondere eine christianisierte Form der spätantiken Romideologie (*Roma caput orbis*/**Rom als Hauptstadt der Welt**), wird er zunehmend historisch-dogmatisch begründet mit der Amtssukzession des Apostelfürsten Petrus, der von Christus einmalige Vollmachten erhalten hat. Zu dieser **Petrinologie** kommt als praktisch-dogmatisches Element seit dem 4./5.Jh. der Anspruch hinzu, in besonderer Weise die juristische Appellationsinstanz für kirchliche Konfliktfälle mindestens im Westen des Reiches zu sein. Dieses Element erfährt im Frühmittelalter mit zunehmender Romorientierung der neu im Abendland entstehenden Kirchen eine kontinuierliche Verstärkung. Theorien, Fiktionen, z.T. auch gefälschte Urkunden bauen **Rechtsansprüche** auf, die meist erst in einer späteren Zeit - unter Ausnutzung entsprechender politischer und kirchlicher Gelegenheiten - in die Wirklichkeit umgesetzt werden. Der Papst gewinnt als **oberste juristische Instanz** eine umfassende Hoheit in Rechtssetzung und Gerichtsbarkeit und damit größten Einfluß auf das kirchliche, aber teilweise auch auf das weltliche Leben. Seit dem 11./12.Jh. ist er faktisch der Leiter aller abendländischen Kirchen. Dieser Entwicklung zur Papstkirche korrespondiert die endgültige Trennung zwischen West- und Ostkirche/Rom und Byzanz. Einen bedeutsamen

Beitrag zur Stärkung der gesamtkirchlichen Herrschaft des Papsttums liefert das westliche **Kaisertum** seit 800/962 durch den gemeinsamen Bezug auf christliche Universalität (s. dazu § 9). Die Papstgeschichte als ein Teil der allgemeinen Kirchengeschichte bildet einen eigenen, komplexen Forschungsbereich. In ihr kann man mit dem Spätmittelalter insofern eine Zäsur ansetzen, als bis dahin sowohl die theoretische Basis (die Papatologie) als auch deren entsprechende Realisierung voll entwickelt sind. Die Neuzeit bringt dann wichtige Veränderungen und Ergänzungen.

Hauptsächliche Probleme

- Was ist Papsttum? Definition der wesentlichen Merkmale
- Entwicklung der Primatsidee in der alten Kirche ("Petrusdoktrin"/"Petrinologie"): Differenz zwischen Anspruch und Wirklichkeit
- Bedeutung von Fiktionen und Rechtsansprüchen
- Roms Stellung zu den übrigen Kirchen im 2.-7.Jh. (Bistümern/Patriarchaten)
- Allmählicher Ausbau der Vorrangstellung im Abendland seit dem 5./6.Jh.
- Besondere Stellung gegenüber den germanischen Landeskirchen seit dem 8./9.Jh.; Aufwertung durch Kirchenrecht und Petrusfrömmigkeit
- Konflikte zwischen Rom und Konstantinopel seit dem 4.Jh. Entfremdung zwischen West- und Ostkirche im 8.-11.Jh.
- Ausbau des päpstlichen Zentralismus im 11./12.Jh.; Aufbau des Kirchenstaates und Verwicklung in die Italienpolitik
- Verfall des Papsttums durch Politisierung und Verweltlichung
- Entstehung der Nationalstaaten und Einschränkung der Papstherrschaft im 14./15.Jh.; Konziliarismus gegen Papalismus

QUELLEN: J. ALBERIGO u.a. (Hg.): Conciliorum Oecumenicorum Decreta, 3.A., 1973. - H. DENZINGER/P. HÜNERMANN (Hg.): Enchiridion symbolorum, definitionum et declarationum de rebus fidei et morum/Kompendium der Glaubensbekenntnisse und kirchlichen Lehrentscheidungen, 37.A., 1991. - C. MIRBT/K. ALAND (Hg.): Quellen zur Geschichte des Papsttums und des römischen Katholizismus Bd.I, 6.A., 1967.

LITERATUR: K. ALAND/H. FUHRMANN/F. BOCK: Papsttum I-II, RGG^3 5 (1961) 51-71. - E. CASPAR: Geschichte des Papsttums, 2 Bde., 1930-33. - K.A. FINK: Papsttum und Kirche im abendländischen Mittelalter, ND 1994. - A. FRANZEN/R. BÄUMER: Papstgeschichte, 1974; 2.A. 1978. - M. GRESCHAT (Hg.): Das Papsttum I-II, 2 Bde., 1985 (= GKG 11-12). - J. HALLER: Das Papsttum, 5 Bde., 1934-45; 2.A. 1950-53; ND 1962. - A.-M. HAYEZ/G. SCHWAIGER: Papst, Papsttum, LMA 6 (1993) 1667-1685. - J.N.D. KELLY: Reclams Lexikon der Päpste, 1988. - G. DENZLER (Hg.) u.a.: Päpste und Papsttum, bisher 32 Bde., 1971ff. - B. SCHIMMELPFENNIG: Das Papsttum. Von der Antike bis zur Renaissance, 1984; 3.A. 1988. - F.X. SEPPELT: Geschichte der Päpste, 5 Bde., 1934-41; 2.A. 1954-59. - F.X. SEPPELT/G. SCHWAIGER: Geschichte der Päpste, 1964. - W. ULLMANN: Kurze Geschichte des Papsttums im Mittelalter, 1978. - H. ZIMMERMANN: Das Papsttum im Mittelalter. Eine Papstgeschichte im Spiegel der Historiographie, 1981.

Wichtige Ereignisse, Sachverhalte, Personen

I.	**Primatsanspruch Roms in reichskirchlicher Konkurrenzsituation**
2./3.Jh.	Besonderheit Roms als Gemeinde der Reichshauptstadt: Fiktiver Führungsanspruch in Einzelfällen/Lehrstreitigkeiten. Anfänge einer **Petrinologie**
4.Jh.	Roms Gegensatz zum Osten im trinitarischen Streit. Damasus I. 380ff: Prärogative Roms/Petrusprimat. Konzil 381: Gleichrangigkeit Konstantinopels
440-461	**Leo I.**: Exegetische Begründung des Primats - Papst als **juristischer Petrusnachfolger** Führungsanspruch und Praxis: Rom als Appellationsinstanz im Westen
5./6.Jh.	Rom - eines der 5 Patriarchate (Pentarchie) im röm. Reich. Gelasius I. 494: Zwei-Gewalten-Lehre. Silvesterlegende ca.480/490
590-604	**Gregor I.**: Erweiterung der päpstlichen **Autorität** der Germanenmission. **Reorganisation** der Kirchengüter/*Patrimonium Petri* (päpstl. Domänen)
II.	**Wachsende Führungsrolle in der Westkirche (8.-11.Jh.)**
seit **754**	Abkehr von der Bindung an das oström. Reich. Frankenreich als Schutzmacht für **Italien**: **Pippinsche Schenkung 756** (Grundlage des sog. Kirchenstaates - päpstliche Territorialherrschaft). "**Konstantinische Schenkung**" ca.750-780: **Grundurkunde** der papalistischen Herrschaftsansprüche
9./10.Jh.	Verstrickung in röm. Parteikämpfe. Streit um Balkanmission mit Byzanz: **Nikolaus I.** gegen Photius (**Photinianisches Schisma** 867-880). Universalanspruch durch Verbindung mit dem neuen weström. Reich
ca.850	**Päpstliches Recht** als höchste Instanz: Pseudoisidorische Fälschungen
1046	**Synode von Sutri/Rom**: Basis für Reform des Papsttums durch Kaiser Heinrich III.
ca.**1050ff**	Sog. **Reformpapsttum** seit **Leo IX.**; Aufbau eines päpstl. Zentralismus (Hintergrund: Missionierung des Abendlandes, Rombindung). **Papstwahldekret** 1059. **Kardinalskollegium**. Ausbau der Kurie. Klerusreform: Kampf gegen Ämterkauf und Priesterehe
1054	**Schisma** Rom - Byzanz (Humbert - Michael Kerullarios)
1073-85	**Gregor VII.**: Päpstlicher **Universalepiskopat**. "Gregorianische" Reformpartei: Kirchenfrömmigkeit
III.	**Das Abendland als Papstkirche: Herrschaft durch das Recht**
12.Jh.	Ausbau des papalistischen **Zentralismus**: Romorientierung von Kirchenrecht und Gerichtsbarkeit. Ketzerbekämpfung/Katharer seit 1135/40. Päpstlicher Universalanspruch. Kreuzzüge: Christenheit unter dem Papst
1198-1216	Realisierung der **Universalgewalt**/*plenitudo potestatis* seit **Innozenz III.** Neue theoretische Basis: Papst als **Vicarius Christi/Haupt** des Leibes Christi (Papatologie). Ausbau des **Kirchenstaates**
1215 1231/2	4. Laterankonzil: Demonstration des Jurisdiktions- und Lehrprimats Ketzerinquisition und staatliche Ketzergesetze
13.Jh.	Zunehmende **Politisierung** und Verweltlichung. Bonifatius' VIII. Bulle *Unam Sanctam* 1302 - Divergenz von Anspruch und Wirklichkeit
1309-1377	Päpstliche Kurie in **Avignon**. Abhängigkeit von Frankreich. Ausbau des **Finanzssystems** und der Verwaltung. Dogmatisierung des Ablaßwesens 1343
1378-1417	Papstschisma - **Abendländische Kirchenspaltung** (Rom - Avignon - Obödienz). Mißerfolg des Konzils von Pisa 1409: Drei Päpste
1377ff/1407ff	Radikale Kirchenkritik in England (**Wyclif**) und Böhmen (**Hus**). Ketzerkreuzzug gegen die "Hussiten" 1420-36
1414-49	**Konziliarismus** als Gegengewicht zum Papalismus - **Kirchenreform** als Programm. Konzil von Konstanz (1414-18): Ende der Kirchenspaltung. Scheitern der Reformversuche: Konzil von Basel 1431-49. Päpstl. Konzil Ferrara/Florenz: Union mit den Griechen 1439. Erstarken des Papsttums

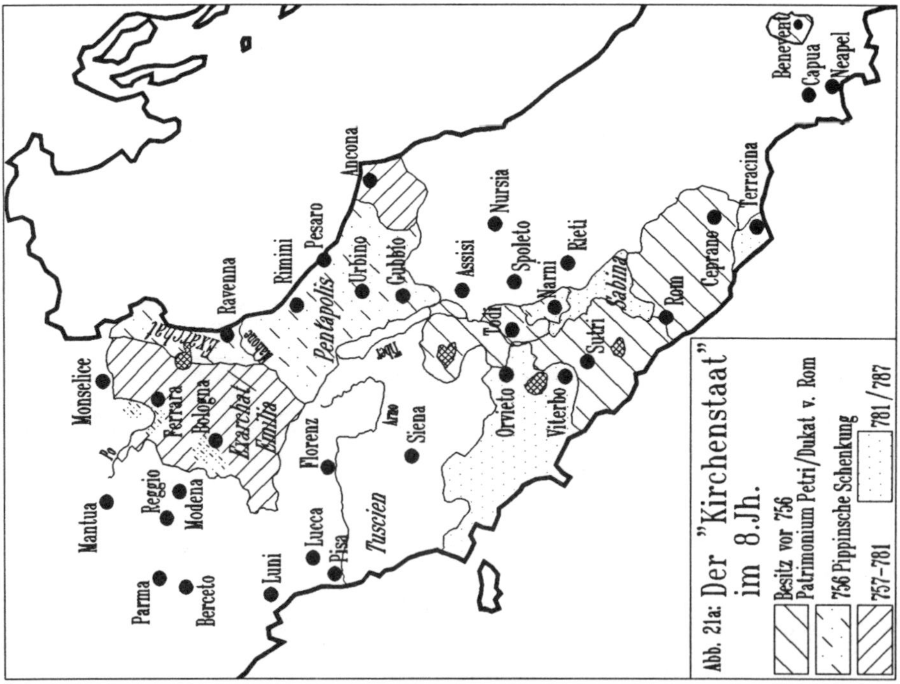

Abb. 21a: Der "Kirchenstaat" im 8.Jh.

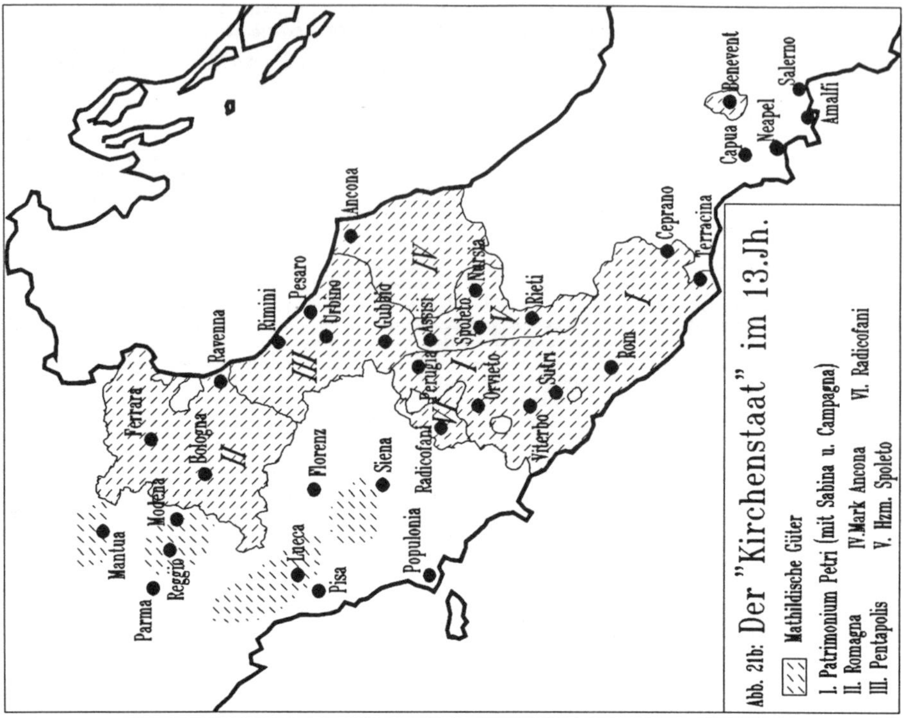

Abb. 21b: Der "Kirchenstaat" im 13.Jh.

1. Romidee und Petrusamt in der Frühzeit

Die Frühgeschichte des Papsttums besteht v.a. in der Entwicklung der Petrusdoktrin bzw. **Petrinologie**: eines Ideenkomplexes, einer dogmatischen Lehre in Gestalt der historischen Fiktion, daß der Apostelführer Petrus als seinen Nachfolger den Bischof von Rom eingesetzt und ihm seine von Christus erhaltene Vollmacht zur Leitung der Gesamtkirche übertragen habe. Dem darin implizierten Führungsanspruch entsprach die Realität im 2.-4.Jh. keineswegs. Vielmehr begann die Entwicklung damit, daß an der **Würde der Hauptstadtgemeinde** deren Leitung partizipierte, zunächst ein Kollegium von Presbytern (= Episkopen?), seit ca.150 ein Bischof im Sinne des Monepiskopats (vgl. § 2; 11.2). Ein Primatsanspruch gegenüber anderen Kirchen wurde vor dem 4.Jh. nicht erhoben; seitdem entwickelten ihn ansatzweise römische Bischöfe wie Julius I. und Damasus I. im Zusammenhang der Reichskirchenpolitik während des trinitarischen Streites. Der Ausbau der Kirchenverfassung im 4./5.Jh. durch **Patriarchate** - mit dem Vorrang der Metropoliten von Rom, Konstantinopel, Alexandria, Antiochia und Jerusalem - gab Rom für den ganzen Westen eine Führungsposition, die allerdings von Nordafrika (Karthago) und Gallien (Arelate/Arles) bestritten wurde. Die päpstliche Jurisdiktion und die Fortentwicklung des Kirchenrechts waren das Mittel, dies abzusichern. Die Begründung eines Primates mit der Lehre von der **Petrusnachfolge** wurde im 5.Jh. seit Innozenz I. ausgebaut, und in Konkurrenz zu Konstantinopel argumentierte man dabei mit einer **christianisierten Romidee** (*Roma caput orbis*): Rom als Hauptstadt des Reiches und Petrus als Haupt der Kirche waren die beiden Fundamente des werdenden Papsttums. Die politische Unabhängigkeit des römischen Bischofs wurde dadurch gestärkt, daß die Westkaiser seit 337 Mailand, seit 402 Ravenna zur Hauptstadt nahmen.

1.1 Petrus, Paulus und die apostolische Sukzession der Hauptstadtgemeinde

1.1.1 Die römische Gemeinde genoß schon früh - wie Paulus und Ignatius bezeugen - herausragendes **Ansehen** aufgrund des Sachverhalts, daß sie in der Hauptstadt lebte, die dem ganzen Reich das Gepräge gab. (Vgl. Ignatius, Röm./Präskript: *Vorsitz im Gebiet der Römer.*) Das dürfte auch der Grund gewesen sein, daß sie um 95-100 mit 1.Clem. in Korinth intervenierte (s. § 2; 11.2.1).

1.1.2 Paulus fand hier den Märtyrertod, wahrscheinlich auch Petrus, obwohl letzteres nicht zweifelsfrei belegt ist (vgl. 1.Clem. 5,4; 6,1f - auch 1.Petr 5,13?). Um 200 zeigte man in Rom die **Gräber** beider Apostel (Eusebius, Hist.eccl. II,25,7). Die archäologischen Untersuchungen unter dem Petersdom im 20.Jh. haben ein auf ca.160 datiertes Grabdenkmal - in der Nähe des neronischen Circus - entdeckt, das kein eindeutiges Ergebnis erbringt (ein besonders verehrtes Monument, vielleicht mit dem Namen Petrus). Entgegen der späteren Fiktion war Petrus nicht der erste **Bischof** Roms. Denn ein solches Amt hat sich aus dem kirchenleitenden Kollegium der Presbyter (die auch als *Bischöfe* bezeichnet wurden: s. 1.Clem. 42,4f; 44,1-5; 54,2; Hermas, Vis.II,2,6; 4,2f; III,5, Sim.IX,27,2) erst nach ca.150 als Monepiskopat hervorgehoben; die Entwicklung in Rom vollzog sich später als in Kleinasien (s. § 2; 11.2).

1.1.3 Als erster Bischof in diesem Sinn kann wohl Soter (ca.166-174?), vielleicht aber auch schon sein Vorgänger Anicetus gelten. Die **Bischofsliste**, die Irenäus nach 180 zitierte (Adv. haer. III.3,3), war eine damals relativ junge Konstruktion, welche die apostolische Sukzession auch für die römische Gemeinde belegen sollte. In diesem Sinne berief man sich auf Petrus wie andere Gemeinden auf andere Apostel. Eine Primatsvorstellung war damit nicht verbunden.

1.2 Apostolische Tradition und kirchliche Konflikte im 3. Jahrhundert

1.2.1 Im Konflikt um den Ostertermin ca.195 (s. § 2; 15.3.1) pochte Viktor I. zwar nicht auf einen Vorrang, aber sein anmaßender Umgang mit den Kleinasiaten drückte den Anspruch aus, **Hüter der wahren Überlieferung** zu sein. (Zu Kallist/Calixt I. als vermeintlichem Beispiel für - mit Mt 16,18f begründete - Primatsansprüche s. § 2; 10,3; 13.3) Auch Stephanus I. hat sich mit analogem Anspruch im Ketzertaufstreit 255/6 gegenüber Cyprian (s. § 2; 12.6.3) vermutlich nur auf die Tradition und wohl auch auf die Petrusnachfolge, jedoch nicht auf einen Primat berufen; sollte er letzteres getan haben, dann kollidierte er darin mit der cyprianischen und der gemeinchristlichen Ekklesiologie.

1.2.2 Daß die **Petrusnachfolge** zu jener Zeit nicht die **Primatsidee** implizierte, verdeutlichte die vieldiskutierte Ausführung Cyprians von 251 in Kap.4 seines Traktats *Über die Einheit der katholischen Kirche* (vgl. § 2; 11.4.2; 13.4.1), die den Zusammenhang von **Schlüsselgewalt und Kircheneinheit** nach Mt 16,18f erörtert: Die wohl ursprüngliche Textfassung sieht die Einheit des Apostolats in Petrus repräsentiert, und zwar im Sinne des kollegialen Episkopalismus; eine spätere Fassung spricht so vom Primat (*primatus*) und Stuhl (*cathedra*) Petri, daß man dies nicht im Sinne eines Primatsanspruchs des römischen Bischofs verstehen muß, wohl aber kann. Nirgends sonst ist vor 382 eine Verbindung von Petrusnachfolge und Primatsanspruch bezeugt. Deswegen ist es historisch unwahrscheinlich, daß dies einmalig-punktuell 251/6 der Fall gewesen sein sollte.

1.3 Kirchenpolitik und Primatsanspruch im 4. Jahrhundert

1.3.1 Dogmatische Theorie und kirchenpolitische Praxis verbanden sich in der Geschichte des römischen Primatsanspruchs gerade während des 4.Jhs. Es dürfte eine kirchliche Adaption der Romidee gewesen sein, die dazu führte, daß die Gemeinde bzw. der Bischof von Rom in Konflikten mit anderen Kirchen rechthaberisch auftrat (vgl. auch § 1; 9.1.2). Als **Schiedsinstanz** für die Westkirche beanspruchte Rom erstmals auch der Staat: so Kaiser Konstantin 313 im Donatistenstreit (s. § 3; 11.5.1). Verstärkt wurde das durch die kirchenpolitische Situation im trinitarischen Streit des 4.Jh.s, in der der römische Bischof sich seit **Julius I.** (337-352) zum Schiedsrichter gegenüber den östlichen Gruppen aufschwang (vgl. § 1; 12.1.2). In diesem Zusammenhang stand die Entscheidung des westlichen Teilkonzils von **Serdika 342**, die Appellation des Athanasius an den Bischof von Rom für rechtens zu erklären (s. § 1; 12.2; Text/Übers.: DH 133-135).

1.3.2 Aus diesem Einzelfall machte etwas später die römische Kanzlei einen Kanon allgemeiner Art, der - unter Berufung auf Petrus - grundsätzlich Rom zur **Appellationsinstanz** für alle Bischöfe in kirchlichen Streitigkeiten erklärte. Wohl dieselbe Rechtssammlung gab dem Kanon 6 von Nicäa 325, der die bisherigen Metropolitanrechte Alexandrias, Roms, Antiochias u.a. fixierte, die historisch unzutreffende, aber für römische Machtansprüche bezeichnende Überschrift *Die römische Kirche hat immer den Primat gehabt.* In den nächsten Generationen versuchte Rom, seinen Anspruch auf oberste kirchliche Gerichtsbarkeit wenigstens im Westen durchzusetzen, allerdings zumeist vergeblich.

1.4 Papales Selbstbewußtsein bei Damasus I.

1.4.1 Im Sinne der bisherigen Politik agierte der herrschsüchtige Damasus I. (366-384), nachdem er sich in schweren Unruhen gegen den Gegenbischof Ursinus und dessen Anhang durchgesetzt hatte. Er führte erstmals den Titel *pontifex* und betonte die **Prärogative Roms** als des *apostolischen Stuhles* (*sedes apostolica*) schlechthin. Vielleicht hat er die Rechtsform der Dekretalen begründet (s.u.). Sein Versuch 378, von Kaiser Gratian die römische Gerichtshoheit über die anderen Westkirchen bestätigt zu bekommen, scheiterte.

1.4.2 Gegenüber den bedrängten östlichen Neonizänern proklamierte er, allerdings ohne Erfolg, Rom als **Entscheidungsinstanz** über Rechtgläubigkeit und Rechtmäßigkeit (s. § 1; 15.1; 15.3.2; 16.1.4; 17.1). Deswegen attackierte er die Bestimmung des Konzils von 381, wonach Konstantinopel als neue Hauptstadt einen "Ehrenvorrang" vor allen Kirchen, aber nach Rom haben sollte (s. § 1; 17.2.3). Ihm reichte die politische Begründung des Vorrangs als alter Hauptstadt des Reiches nicht mehr. Er wollte den Primat der römischen Kirche als *Petri apostoli sedes* unabhängig von Konzilsbeschlüssen begründen und berief sich 382 dafür - im Kontext des allgemein akzeptierten Prinzips der apostolischen Sukzession - auf den **Petrus-Primat** gemäß Mt

16,18f, also auf eine **göttliche Anordnung** (Text: QGPRK 314). In der Praxis hat er damit nichts erreicht, doch damit wurde eine Entwicklung angebahnt, die im 5.Jh. eine Verfestigung der Theorie und Versuche einer entsprechenden Praxis brachte.

1.5 Ausbau von Jurisdiktion und Petrusdoktrin

1.5.1 Die Argumentation mit der Petrusdoktrin führten Damasus' Nachfolger in weiteren kirchenpolitischen Auseinandersetzungen fort. Bei **Siricius** (384-399) begegneten erstmals als Form der Rechtssetzung und Rechtsinterpretation die den kaiserlichen Verordnungen nachgebildeten **Dekretalen**, welche strittige Fragen kirchlicher Disziplin für die Westkirche regeln sollten. Damit trat neben das bisherige Synodalrecht (die Kanones), das auf Mehrheitsbeschlüssen und Konsensus basierte, der autoritative Erlaß, hinter dem der Anspruch auf einen römischen Jurisdiktionsprimat stand. Allerdings dauerte es einige Jahrhunderte, bis dieses Recht sich in der westlichen Praxis durchsetzte.

1.5.2 Innozenz I. (402-417) wollte mit zahlreichen Dekretalen Rom als Gerichtsinstanz in den **bedeutenderen Streitfällen** (*causae maiores*; exegetisch begründet mit Ex 18,22) durchsetzen und einen römischen Primat zwecks Vereinheitlichung des Kirchenrechts praktizieren. Auch in strittigen Lehrfragen hat er ein Entscheidungsrecht beansprucht (s. § 5; 7.4.1). Er begründete das stärker als seine Vorgänger programmatisch mit der **Petrusdoktrin**: Petrus repräsentiere Ursprung und Einheit der Kirche; dessen Tradition werde von der römischen Kirche treu bewahrt, welche damit als einzige apostolische Gründung im Westen die Befolgung ihrer Rechtsgrundsätze verbindlich machen könne. Doch auch hier blieb die Praxis hinter der Idee zurück; die selbstbewußten Kirchen Nordafrikas und Galliens dachten nicht daran, Rom zu folgen. Ein besonderer kirchenpolitischer Erfolg gelang Innozenz allerdings: Er machte den Bischof von **Thessalonike** zum *Apostolischen Vikar*, zum Stellvertreter Roms für die Reichs-Präfektur Illyricum, was den römischen Einfluß für einige Zeit weit nach Osten hin ausdehnte (vgl. 5.1.1).

1.5.3 In der juristischen Begründung des Primats der römischen *Cathedra Petri* (vgl. 2.1) spielte seit ca.420 zunehmend eine **Legitimationsurkunde** eine große Rolle: die lateinische Übersetzung der sog. *Epistula Clementis ad Jacobum* (überliefert in den Pseudoclementinen, Homilien 14,2,1-6). Danach soll Petrus vor seinem Tod Clemens als seinen Nachfolger im römischen Bischofsamt eingesetzt, ihm seine *cathedra* (Lehramt) und seine von Christus gegebene Binde- und Lösegewalt (Mt 16,18f) übertragen und damit den Primat des römischen Bischofs begründet haben.

1.6 Literatur

N. BROX: Das Papsttum in den ersten drei Jahrhunderten, GKG 11, 1985, 25-42. - E. CASPAR: Geschichte des Papsttums Bd.1, 1930, 1-343. - W. MARSCHALL: Karthago und Rom, 1971, PuP 1, 18-203. - J. SPEIGL: Die Päpste in der Reichskirche des 4. und frühen 5. Jahrhunderts, GKG 11, 1985, 43-55. - M. WOJTOWYTSCH: Papsttum und Konzile von den Anfängen bis zu Leo I. (440-461), 1981, PuP 17, 19-303.

2. Leo der Große und die Begründung des Papsttums

Die knapp hundertjährige Entwicklung des Primatsanspruchs kam bei Leo I. (440-461) zu einem gewissen Abschluß, einem Repräsentanten klassischen Römertums, den die Tradition mit Recht als *den Großen* bezeichnet hat. Insofern kann man den Beginn des Papsttums im spezifischen Sinn mit ihm ansetzen. Drei Elemente zeigen das: a) Er hat erstmals konsequent eine **exegetisch-juristische Begründung** dafür entfaltet, daß der Papst der Rechtsnachfolger Petri sei; b) er hat dies mit einer Christianisierung der **Romidee** verbunden; c) er hat erstmals in Ansätzen der Papstidee eine **adäquate Realisierung** zu verschaffen gesucht. Stärker als seine Vorgänger hat er den Anspruch auf einen **Jurisdiktionsprimat** im Westen durchgesetzt und ihn durch Ansätze zu einem **Lehrprimat** im Blick auf die Gesamtkirche (die *ecclesia universalis* - ein Leitmotiv seines Denkens) zu ergänzen versucht. Er hat in den institutionellen Wirren des untergehenden Westreichs die herausragende politische Stellung des römischen Bischofs demonstriert und in die dogmatischen Konflikte des Ostreichs die römische Lehrposition als apostolische Tradition entschieden eingebracht. Trotz allem muß man jedoch konstatieren, daß auch unter Leo I. dem Papsttum faktisch kein Primat zukam, weder ein juristischer gegenüber den Bischöfen der Westprovinzen noch ein ideeller oder gar dogmatischer innerhalb der Gesamtkirche.

2.1 Stellvertretung Petri und Stiftung des Petrusamtes durch Christus

In das von Christus gestiftete Petrusamt tritt nach Leos Lehre jeder Nachfolger Petri unmittelbar ein und übernimmt damit alle Rechte und Pflichten dieses Erbes, unabhängig von der Würdigkeit seiner Person. Mit der Trennung zwischen der grundsätzlichen **Objektivität der Amtswürde** und der subjektiven Qualität des jeweiligen Amtsträgers hat Leo ein für die Geschichte des Papsttums grundlegendes **Prinzip** formuliert. Die bisherige exegetische Begründung des Primats hat er von jener juristischen Petrusmystik her konzentriert entfaltet durch Rekurs auf die drei Belegstellen, die seit ihm zu den **klassischen Primatstexten** geworden sind: **Mt 16,16-19; Lk 22,31f; Joh 21,15-19**. Die Glaubensstärke und die Bekenntnissicherheit des Petrus, die seinen Vorrang vor allen Aposteln begründeten, sind ebenso wie die ihm verliehene Binde- und Lösegewalt in bevorzugtem Maße auf das von ihm gestiftete Amt übergegangen. Damit kommt dem Papst die petrinische Machtfülle (*plenitudo potestatis*) zu.

2.1.1 Leo hat die bisherigen Argumente für den Primat zusammengefaßt und vom Prinzip der Nachfolge und Stellvertretung her so systematisiert, daß damit für die nächsten Jahrhunderte eine konsistente Theorie des Papalismus zur Verfügung stand (dazu z.B. Sermo 3-5; Übers.: BKV 54,5-21) Vom römischen **Erbrecht** her - wohl auf der Basis der *Epistula Clementis* (s. 1.5.3) - interpretierte er den alten Gedanken der **Petrusnachfolge** neu. Als Nachfolger und Erbe Petri amtiert der Papst an dessen Stelle (Sermo 3,4: *cuius vice fungimur*), er ist *Petrus ipse* in rechtlicher Gleichzeitigkeit. Den Begriff *Stellvertreter Petri* (*vicarius Petri*) hat Leo wohl kaum explizit verwandt, aber die Sache deutlich ausgedrückt; schon die Legaten Coelestins I. verwandten in Ephesus 431 einen entsprechenden Ausdruck. (Vgl. § 4; 6.2.1). Da Christi Priestertum durch Petrus repräsentiert wird, partizipiert dieser an dessen Vollmachten und überträgt sie auf seinen jeweiligen Amtsnachfolger. (Die Bezeichnung des Papstes als *Stellvertreter Christi* wurde erst viel später geläufig s. 9.1.2; 9.2.1.)

2.1.2 Leo hat jene Bibeltexte noch nicht explizit als Stiftung der dreifachen Primatialgewalt (Schlüssel-, Hirten-, Lehramt) interpretiert, doch seine Aussagen tendierten dahin. Mit privatrechtlichen Kategorien wie Erbschaft, Teilhaberschaft, Stellvertretung hat er den zentralen verfassungsrechtlichen Begriff der **Führerschaft** bzw. Monarchie (*principatus*) verbunden: Wie der Kaiser aufgrund der historischen Legitimierung als *princeps* die Gesetzgebungskompetenz im Staat hat, so eignet Petrus als Führer (*princeps*) der Apostel und demgemäß dessen Nachfolgern kraft göttlicher Legitimierung durch Christus die höchste Ordnungsgewalt in der Kirche.

2.2 Die christliche Romidee

Leo verband die so begründete Petrinologie mit der christianisierten Romidee. Denn der imperialen Ideologie, wonach das ewige Rom den Mittelpunkt der Erde und die Quelle des Friedens wäre, entsprach seine Betonung, daß Christus als der eigentliche Herr des Imperiums die *salus publica* gewährleiste und daß in seinem

Auftrag der Petrusnachfolger für den **religiösen Frieden** eintreten müsse durch die Bewahrung der kirchlichen Ordnung und der apostolischen Lehre. Wie das politische Rom *caput orbis/Haupt der Welt*, so ist der Petrusnachfolger das *Haupt aller Kirchen* (von Leos Legaten in Chalkedon 451 betont; s. § 4; 10.1). Über den normalen Bischöfen stehen die Metropoliten, darüber aber der römische Papst. Der politischen Gliederung des Reiches (die einen Primat des Konstantinopeler Bischofs erfordert hätte) stellte Leo auch mit dieser Behauptung die Kombination von Petrus- und Romidee entgegen.

2.3 Jurisdiktionsprimat in der Westkirche

In seiner bischöflichen Praxis hat Leo den Primatsanspruch zu realisieren versucht. Er hat nachdrücklich die Reinheit der **Lehrtradition** verteidigt: durch seinen Kampf gegen den Pelagianismus und Manichäismus in Italien sowie gegen den Priscillianismus in Spanien, ferner durch sein autoritatives Auftreten im christologischen Streit (s. § 4; 9.3). Er hat gegenüber nordafrikanischen, spanischen, norditalischen und gallischen Bischöfen in **disziplinären Streitfällen** Rom als oberste Entscheidungsinstanz zur Geltung gebracht.

2.3.1 Insbesondere hat er verhindert, daß der Metropolit von Arelate/Arles durch eine Art Patriarchat für die südgallischen Bistümer - analog zur früheren Position Karthagos - diese als von Rom unabhängig behauptete. Gegen Hilarius von Arelate erwirkte er 445 von Valentinian III. (425-455) ein **kaiserliches Edikt**, welches - unter Hinweis auf den bischöflichen Prinzipat des Petrus, die Würdestellung der Stadt Rom und Kanon 6 von Nicäa - dem Papst mit dem Jurisdiktionsprimat auch die **Leitung** der (westlichen) Gesamtkirche zusprach (Text: QGPRK 445). Diesem Dokument staatlicher Anerkennung kam für die Zukunft des Papsttums große prinzipielle Bedeutung zu.

2.3.2 Die herausragende Position des Papstes demonstrierte Leo in der politischen Auflösung des Westreiches auch dadurch, daß er 452 an der Spitze einer römischen Gesandtschaft gegenüber dem Hunnenkönig Attila bei Mantua die weitere Verwüstung Italiens abwenden konnte und daß er 455 den Wandalenkönig Geiserich beim Angriff auf Rom zur Schonung der Bevölkerung bewog (vgl. § 7; 2.4): Die **moralische Autorität** der Kirche trat im staatlichen Machtvakuum **als Führungskraft** hervor. Auch damit wurde ein für die weitere Geschichte des Papsttums wichtiger Aspekt sichtbar.

2.3.3 Daß Roms Primat allerdings auf den Westen beschränkt war, stellten die Beschlüsse des Konzils von **Chalkedon** 451 - unter Rückgriff auf das Konzil von 381 - klar: Da die innerkirchliche Macht eines Bistums durch die staatliche Bedeutung der entsprechenden Stadt bestimmt würde, kämen der neuen Hauptstadt Konstantinopel *die gleichen Vorrechte* wie der alten Hauptstadt zu (Kanon 28; Text: QGPRK 456; vgl. § 4; 10.1.3). Innerhalb des Gesamtreiches spielten also die kirchenpolitischen Aspekte die entscheidende Rolle, nicht die römische Petrinologie; der Kaiser und der Patriarch in Konstantinopel hielten den Machtanspruch des Papsttums in Grenzen (s. z.B. 3.3; 5.1.1).

2.4 Literatur

E. CASPAR: Geschichte (s. 1.6) Bd.1, 423-564. - P. STOCKMEIER: Leo I. der Große, GKG 11, 1985, 56-70. - B. STUDER: Leo I., TRE 20 (1990) 737-741. - W. ULLMANN: Gelasius I. (492-496), 1981, PuP 18, 35-107. - M. WOJTOWITSCH: Papsttum (s. 1.6) 304-350.

3. Patriarchat des Westens unter Ostgoten und Byzantinern

Während nach Leo I. der dogmatische Primatsanspruch weiter ausgebaut wurde, geriet in faktischer Hinsicht das Papsttum aufgrund seiner Abhängigkeit von Konstantinopel und den Goten in eine **lange Krise**. Zwar konnte es innerhalb Italiens - nach dem Fortfall der römischen Herrschaft 476 und in der Zeit des Ostgotenreiches 493-553 - seine Machtposition ausbauen und diese zeitweise gegenüber Ostrom behaupten. Aber in Gallien, Spanien und Nordafrika ging sein Einfluß fast ganz zurück, und unter Justinian begann seit 535 eine neue Phase kaiserlicher Herrschaft im Westen, in der Rom lediglich als eines der Patriarchate galt, eingegliedert in die Reichskirche. Diese politische Abhängigkeit lockerte sich nach 568 etwas, als die Langobarden Teile Italiens besetzten, doch mit dem verfassungsrechtlichen Bezug zum byzantinischen Reich blieb während des ganzen 7.Jh.s die Verwicklung in dessen dogmatisch-kirchenpolitische Konflikte.

3.1 Rom und das Ostgotenreich

In dem während des 5./6.Jh.s stark verwüsteten Italien blieb das Papsttum ein **sozialer Ordnungsfaktor**. Das entvölkerte Rom machte es durch **Bautätigkeit** zu einer nunmehr christlichen Metropole. Beides wurde für die Zukunft bedeutsam. Unter Theoderich (493-526) erhielt es größere Freiheit gegenüber Ostrom, wurde aber in manchem vom Gotenkönig abhängig, wie z.B. das **Papstschisma** Symmachus-Laurentius 498ff zeigte. Dessen allgemeine Bedeutung lag in der Entstehung des Grundsatzes, der Papst hätte über sich *keinen irdischen Richter.*

3.1.1 Durch die **Barbareninvasionen** von 410 (Goten), 452 (Hunnen), 455 (Vandalen), durch die politischen Wirren nach 476 und durch die byzantinischen Gotenkriege 535-553 litt Italien ökonomisch und kulturell erheblich. Die Bevölkerung ging zurück, z.B. in Rom von ca.500.000 auf ca.100.000, wo auch die alte städtische Pracht zerfiel. Nur die römische Kirche hielt sich; sie drängte das Heidentum durch gezielte Christianisierung zurück, errichtete im Zentrum der alten Hauptstadt **Sakralbauten**, baute die bischöfliche Verwaltung - einschließlich der Armenfürsorge - aus und vermehrte ihren **Grundbesitz** in Mittel- und Süditalien. Gegenüber der fremdsprachigen und häretischen Besatzungsmacht der Ostgoten repräsentierte sie die alten Werte der Romanitas und die dogmatische Wahrheit der Katholizität.

3.1.2 Die Verselbständigung der Kirchenprovinzen Nordafrika, Gallien und Spanien gegenüber der Reichskirche unter germanischer Herrschaft (Vandalen, Franken/Burgunder, Westgoten) hatte zur Folge, daß der Papst seinen Anspruch auf Patriarchatshoheit dort nicht realisieren konnte. Die Entwicklung eigener **Landeskirchen** unter den Franken und den Westgoten machte dann die erstrebte Rom-Orientierung illusorisch. Das **Ostgotenreich** ließ die päpstliche Herrschaft weiterhin auf das sog. suburbikarische Italien, d.h. den Bereich südlich Roms, beschränkt blieben. Der "Arianer" **Theoderich** bemühte sich zwar um Religionsfrieden mit den "Katholiken" in seinem weiten Herrschaftsgebiet, aber er griff durchaus auch in deren kirchliche Belange ein, z.B. wenn er Papst Johannes I. 526 beauftragte, in Konstantinopel gegen antiarianische Maßnahmen vorstellig zu werden (vgl. § 7; 2.3.2).

3.1.3 Auch in dem sog. **Symmachianischen Papstschisma** 498-506 wurde Theoderich beansprucht. Der Gegensatz zu Konstantinopel während des Schismas 484ff (s. 3.2) wirkte sich 498 darin aus, daß eine byzanzfreundliche Minderheit in Rom den Archipresbyter **Laurentius**, eine byzanzfeindliche Mehrheit den Diakon **Symmachus** zum Bischof wählte. Aufgrund schwerer Ausschreitungen griff der König ein und erklärte letzteren für rechtmäßig gewählt. Laurentius konnte sich dennoch behaupten. Über die schweren Vorwürfe gegen Symmachus wurde 502 auf einer - von Theoderich einberufenen! - italischen Synode in Rom verhandelt; diese mochte aber nicht urteilen und überließ Gott das Gericht mit der Bemerkung, der Inhaber des ersten Stuhls (*prima sedes*) dürfte von seinen Untergebenen nicht gerichtet werden. Daraus machten bald darauf die sog. **Symmachianischen Fälschungen**, ein Konvolut fiktiver Akten von Papstprozessen, den **Grundsatz**, daß der Papst **von niemandem gerichtet** werden könnte (*prima sedes a nemine iudicatur*) - eine Maxime, die in der späteren Papstgeschichte nachhaltig wirkte. Wegen seiner Konflikte mit Ostrom sorgte Theoderich 506 dafür, daß Symmachus sich als Papst behaupten konnte (bis 514).

3.1.4 Im Zusammenhang mit dem Ausbau der päpstlichen Kanzlei entstand wohl um 530 das sog. **Papstbuch** (*Liber pontificalis*), zunächst eine Redaktion älterer Päpstelisten mit kurzen biographischen Notizen, später ausgebaut als Verzeichnis der Papstbiographien, eine wichtige Quelle für die Papstgeschichte des 6.-9.Jh.s (Text: hg.v. L. Duchesne, 1886; ND 1953). Einige Zeit später entstand als Formularsammlung für die Kanzleigeschäfte der sog. *Liber Diurnus*, ebenfalls eine wichtige Quelle bis zum 11.Jh.

3.2 Das Schisma Rom-Konstantinopel. Gelasius' Zwei-Gewalten-Lehre

Trotz der politischen Abtrennung des ehemaligen Westreiches blieb Rom in die - durch die Konflikte mit den Monophysiten bestimmten - Geschicke der Reichskirche eingebunden. Das zeigte sich spektakulär im Zusammenhang von Kaiser Zenons Befriedungspolitik. Wegen der Zustimmung zu dessen *Henotikon* brach Rom 484 die Kirchengemeinschaft mit Konstantinopel ab (sog. Acacianisches Schisma; s. § 4; 11.2). Eine im Zusammenhang dieses Schismas von Papst **Gelasius** 494 verfaßte Ausführung über das Verhältnis von Priester und Herrscher gewann später grundsätzliche Bedeutung als klassischer Text für die sog. **Zwei-Gewalten-Lehre** (vgl. § 9; 6.1).

3.2.1 Der Konflikt mit Konstantinopel entzündete sich an der Besetzung des alexandrinischen Patriarchats. **Felix III.** (bzw. II., 483-492), der erste Papst aus dem Senatorenadel, verdichtete seine Vorwürfe gegen den Patriarchen **Acacius** so weit, daß er diesen als Rechtsbrecher durch eine römische Synode 484 exkommunizieren und seines Amtes entheben ließ. Das hatte zwar keinerlei praktische Auswirkungen im Ostreich, führte aber zum **ersten förmlichen Schisma**, zumal Felix auch den Kaiser attackierte und von diesem aus den Diptychen, der offiziellen Bischofsliste des Reiches, gestrichen wurde.

3.2.2 Sein Nachfolger **Gelasius I.** (492-496), ein theologisch gebildeter und politisch kluger Kopf, der schon vorher in der päpstlichen Kanzlei die programmatischen Äußerungen zum Konflikt vorbereitet hatte, gab dem Kampf eine **grundsätzliche Dimension**. In einem Schreiben an Kaiser Anastasius 494 berief er sich darauf, daß die Welt durch zwei Mächte regiert werde, und stellte die *auctoritas* des Bischofsamtes über die *potestas* des Kaiseramtes, weil diese nur für das irdische Wohl, jene dagegen für das Seelenheil zu sorgen habe; deswegen dürfe der Kaiser sich in religiösen Dingen nicht über die Bischöfe, insbesondere nicht über den Petrusnachfolger, hinwegsetzen (Text/Übers. z.T.: DH 347). Damit beanspruchte Gelasius die **Entscheidungsfreiheit** der Kirche gegenüber dem Staat. Trotz der politischen Wirkungslosigkeit gewann die hier formulierte Zwei-Gewalten-Lehre für die Zukunft größte Bedeutung als eine weitere Leitidee des papalen Hoheitsanspruchs.

3.2.3 Gelasius erlangte historische Bedeutung auch durch seine **liturgischen Arbeiten**: Hymnen, Gebete, Teile des Meßkanons. Jedoch geht das *Sacramentarium Gelasianum*, ein Sammelwerk mit verschiedenen Schichten aus dem 6./7.Jh., nicht auf ihn zurück, ebenso nicht das sog. *Decretum Gelasianum*, eine wohl im frühen 6.Jh. zusammengestellte Dokumentensammlung zu Trinitätsdogma, Primat, Konzilien und Bibelkanon (z.T. bei DH 350-354).

3.2.4 Bedeutsam für die Verbreitung der Papstidee wurde eine wohl um 480/490 entstandene Fälschung: die sog. **Legende des hl. Silvester**. In Form eines Synodenprotokolls wurde über die Bekehrung und Taufe Kaiser Konstantins durch Papst Silvester und die von diesem legitimierte Verlegung der Hauptstadt nach Konstantinopel berichtet. Das sollte - im Zusammenhang jener kirchenpolitischen Konflikte - verdeutlichen, daß die neue Metropole ihren Rang eigentlich dem Papsttum verdankte. Der Text wurde im 8.Jh. zur Grundlage der sog. Konstantinischen Schenkung (s. 5.2.3).

3.3 Justinian: Der Kaiser als Herr über den Papst

Mit Justinians chalkedonensischer Kirchenpolitik (s. § 4; 12.1-4) und mit seiner auf Gewinnung des Westens gerichteten Außenpolitik brach für Rom nur scheinbar eine Verbesserung der Situation an. Die Kontakte zum Kaiser wurden seit 518/527 trotz der Gotenherrschaft enger, jedoch wurde das Papsttum auch als Spielball der politischen Mächte in die Konflikte bis 553 verwickelt. Seine gesamtkirchlichen Führungsansprüche erwiesen sich als Illusion: Justinian ignorierte sie in seiner Rechtsordnung und Kirchenpolitik; beispielhaft degradierte er Papst Vigilius 548-553 zum kaiserlichen Befehlsempfänger. Das päpstliche Ansehen im Westen sank erheblich.

3.3.1 Die Beendigung des Schismas durch die 519 vollzogene Aussöhnung mit Papst Hormisdas (514-523) begründete in der Folgezeit eine besonders ehrenvolle Behandlung der römischen Bischöfe durch den Kaiser, z.B. Johannes' I. (523-526; s. 3.1.2) und Agapetus' I. (535/6), der in Konstantinopel den neuen Patriarchen Menas weihen durfte. Doch gerade diese **Papstreisen** - die mit dem bisherigen Axiom, Rom nicht zu verlassen, brachen - demonstrierten eine neue Abhängigkeit. Justinian stellte klar, daß er trotz des traditionellen Ehrenvorrangs dem römischen Bischof keinerlei Jurisdiktionsprimat zuerkannte. Vielmehr hat er dessen Befugnisse bei der kirchlichen Neuordnung im Westen seit 535/6 auf Italien beschränkt.

3.3.2 Sein kaiserliches **Herrscherverständnis** als Kosmokrator, als Stellvertreter Gottes und Christi auf Erden und als Quelle des Rechts, schloß die Herrschaft über die Kirche - und damit Eingriffe in deren Lehre und Ordnung - ein (vgl. § 3; 14.2). Dies konkretisierte er durch sein Verständnis von **Rechtsstaatlichkeit**: Nach seiner Gesetzgebung und Verwaltungspraxis war das Kirchenrecht ein Teil des öffentlichen Rechts, so daß kein Raum blieb für irgendeine Rechtsetzung oder oberste Jurisdiktion des Papstes. Hatte er diesem anfangs - bei der Durchsetzung der chalkedonensischen Orthodoxie - eine beispielhafte Lehrautorität zugebilligt, so zeigten die **Konflikte** mit den Päpsten Vigilius (537-555) und Pelagius I. (556-561) im Zusammenhang des Dreikapitelstreits 547-553 (s. § 4; 12.3.4) und danach, daß Justinian deren dogmatische Position nicht achtete, sondern als Widerstand gegen seine Religionspolitik verurteilte.

3.3.3 Die durch Gewalt erzwungene Zustimmung beider Päpste zur kaiserlichen Lehrentscheidung im Dreikapitelstreit führte im **Westen** zu **heftiger Opposition** gegen diese und damit gegen Roms Stellung: Die Kirchen Nordafrikas und Galliens stellten Roms Rechtgläubigkeit in Frage, die Metropoliten von Mailand und Aquileja kündigten um 557 die Gemeinschaft auf; dieses Schisma dauerte bis ca.600, z.T. noch länger. Der Patriarch des Westens besaß keine rechtlichen Möglichkeiten, die Opposition in seinem Bereich zu unterbinden. So zeigte die justinianische Ära, wie gering es auch dort faktisch mit dem beanspruchten Jurisdiktions- und Lehrprimat bestellt war.

3.4 Literatur

E. CASPAR: Geschichte des Papsttums Bd.2, 1933, 10-305. - G. HAENDLER: Das Papsttum unter gotischer und byzantinischer Herrschaft, GKG 11, 1985, 71-82. - B. MORTON: Gelasius I., TRE 12 (1984) 273-276. - W. ULLMANN: Gelasius I. (s. 2.4) 108-275. - W. DE VRIES: Rom und Patriarchate des Ostens, 1963.

4. Gregor der Große: Ausbau der päpstlichen Herrschaft

Im Übergang von der Antike zum Mittelalter bzw. in der Epoche der Ablösung der römischen Herrschaftsformen durch die germanischen hat Gregor I. (590-604; von der Tradition mit dem Beinamen *der Große* hervorgehoben) enorme Bedeutung für die Weiterentwicklung des Papsttums bekommen. Vor allem drei Leistungen in struktureller Hinsicht bewirkten das: 1. der Ausbau der päpstlichen Aufsicht über weitere Teile der Westkirche; 2. die systematische Bemühung um die Germanenmission, insbesondere um die Verbindung Englands mit Rom; 3. die Reorganisation der päpstlichen Domänenverwaltung, des *patrimonium Petri.* Daneben standen seine persönlichen Leistungen. Er hat durch seine pastoralen Schriften stärker als alle seine Vorgänger den mittelalterlichen Klerus geprägt und wurde so gleichsam ein **Musterpapst** (vgl. § 5; 12). Er war Asket und blieb das auch als römischer Bischof; zu Recht hat man ihn als **Mönchspapst** bezeichnet. Das bekundete sich beispielhaft darin, daß er im Protest gegen den seit 588 verwandten Titel eines *ökumenischen Patriarchen*, mit dem der Konstantinopeler Bischof seinen universalen Herrschaftsanspruch ausdrücken wollte, sich selber im Sinne mönchischer Demut als *servus servorum Dei* bezeichnete. Diese Devotionsformel wurde seitdem ein regulärer Papsttitel.

4.1 Kirchenpolitischer Einfluß

Das Westgotenreich in **Spanien** hatte sich 589 unter König Rekkared vom "Arianismus" zum römischen Katholizismus gewandt (s. § 7; 2.2). Gregor versuchte nun, eine Bindung der westgotischen Kirche an Rom aufzubauen, hatte damit aber wenig Erfolg. Besser gelang ihm das bei der fränkischen Kirche in **Gallien** durch seine Kontakte zu Königshaus und Episkopat. Doch eine päpstliche Jurisdiktion gab es auch dort nicht. Innerhalb der **Reichskirche**, als deren Angehöriger der römische Bischof dem Kaiser unterstand, baute Gregor als Patriarch des Westens den juristischen und disziplinären Einfluß z.B. in Nordafrika, Sizilien, Sardinien, Korsika, Norditalien und Dalmatien aus.

4.2 Christianisierung der Angelsachsen und deren Rombindung

Dem starken missionarischen Interesse Gregors entsprang sein Plan, 596/7 den Abt des römischen Andreasklosters, Augustinus mit 40 Mönchen nach Britannien - in das Königreich Kent (s. § 7; 4.1) - zu senden, um die Angelsachsen zu christianisieren und dort eine Kirchenorganisation (mit zwei Metropolen in York und London sowie 12 Bistümern) aufzubauen. Zwar wurde dieser **Plan** nicht völlig realisiert, aber durch die Bekehrung König Aethelberts und die Errichtung des Bistums Canterbury unter Augustinus entstand eine enge organisatorische Verbindung der neuen angelsächsischen Kirche mit Rom, die 664 auf der Synode von Whithby förmlich bekräftigt wurde (vgl. § 7; 4.3). Im 8.Jh. wurde sie durch die Mission der Angelsachsen in Germanien und durch deren Reorganisationstätigkeit im Frankenreich auf den **Kontinent** ausgedehnt, womit die Grundlage für die päpstliche Jurisdiktion über die gesamte abendländische Kirche geschaffen wurde. Auch für die religiöse Bindung an den Papst leisteten die Angelsachsen Pionierdienste: Im Sinne der heidnisch-germanischen Vorstellung des *fulltrui* (*Freund-Gott*) sahen sie in Petrus den neuen himmlischen Gefolgsherrn, der die Schlüssel zum ewigen Heil trägt, und die diesem zu leistende Gefolgschaftstreue übertrugen sie auf seinen irdischen Nachfolger, den Papst. (Die Idee von Petrus als Himmelspförtner wurde für das ganze Mittelalter soteriologisch wichtig.)

4.3 Reorganisation des "patrimonium Petri"

Die römische Kirche besaß reichen **Grundbesitz** aufgrund von Stiftungen und Schenkungen wie alle anderen Kirchen, allerdings in weitaus größerem Umfang: verschiedene, von Gallien bis Nordafrika verstreut liegende Domänen (*patrimonia*/ Erbgüter) mit Schwerpunkten in Sizilien und Unteritalien, seit dem 6.Jh. mit dem Begriff *patrimonium Petri* bezeichnet. Aus den Einkünften dieser Ländereien bestritt der Papst neben dem Unterhalt des römischen Klerus und den sonstigen kirchlichen Aufgaben v.a. die **Armenfürsorge** in der Stadt, die durch den weitgehenden Ausfall der staatlichen Gelder enorme Sachmittel erforderte. Dadurch verstärkte sich der päpstliche Einfluß in Rom und Umgebung beträchtlich. Gregor verbesserte die Organisation und die Erträge des Patrimoniums durch Zusammenfassung kleinerer Güter, unterstellte sie der örtlichen Kontrolle durch römische Kleriker und der päpstlichen Zentralverwaltung in Rom. Dieser Landbesitz hatte noch einen privatrechtlichen Status; als Begründer des "Kirchenstaates" (der erst mit der Pippinschen Schenkung von 754 entstand) kann man Gregor zwar nicht ansehen, aber er hat wichtige materielle Voraussetzungen dafür geschaffen.

4.4 Literatur

E. CASPAR: Geschichte (s. 3.4) Bd.2, 306-514. - R.A. MARKUS: Gregor I., TRE 14 (1986) 135-145. - J. RICHARDS: Gregor der Große. Sein Leben - seine Zeit, 1983.

5. Politische Westorientierung und Anfänge des "Kirchenstaates"

Trotz des Primatsanspruchs blieb das Papsttum bis zum 8.Jh. eingebunden in das römische ("byzantinische") Reich und war damit ein Teil der vom Kaiser beherrschten Reichskirche. Zur allmählichen **Ablösung von Konstantinopel** trugen verschiedene Faktoren bei: die dogmatischen Gegensätze im monotheletischen Streit und im Bilderstreit, die kaiserliche Unterdrückungspolitik, die Rivalität mit dem oströmischen Patriarchat um die gesamtkirchliche Führung, der Zerfall der byzantinischen Herrschaft in Italien, die Bedrohung durch das Langobardenreich. Angesichts der Verschiebung der europäischen Mächtekonstellation (Ausdehnung der islamischen Herrschaft im Mittelmeerraum, Schrumpfung des Kaiserreiches auf ein griechisches Kerngebiet, Aufstieg des Frankenreiches) erstrebten die Päpste im 8.Jh. eine Konsolidierung ihrer **Eigenständigkeit** u.a. durch den Ausbau eines eigenen weltlichen Herrschaftsbereichs. Das Mittel dazu sollte der politisch-militärische Schutz durch den Frankenkönig sein. Diese Abkehr von Ostrom brachte eine Veränderung von weltgeschichtlicher Bedeutung, weil sich für Roms kirchlichen Führungsanspruch nunmehr - in Verbindung mit dem expandierenden Frankenreich - neue Realisierungsmöglichkeiten im gesamten Westen Europas eröffneten. Auch der Ausbau des sog. Kirchenstaates, d.h. der päpstlichen Territorien in Italien, bestimmte für die folgenden Jahrhunderte - bis weit in die Neuzeit - die Geschichte von Papsttum und Kirche, für die seitdem die Beteiligung an der europäischen Machtpolitik ein konstitutives Element wurde. Allerdings erfolgten im 8.Jh. nur grundlegende **Weichenstellungen**; die tatsächliche Verwirklichung des papalen Programms blieb bescheiden, weil jene beiden Veränderungen sich zunächst kontraproduktiv auswirkten: Durch die Anlehnung an das Frankenreich geriet das Papsttum in eine jahrhundertelange politische Abhängigkeit, die z.T. noch stärker als diejenige vom byzantinischen Kaiserreich war; und durch den Ausbau der Territorialherrschaft verstrickte es sich für lange Zeit in die Machtkämpfe der Kleinstaaten des zersplitterten Italien.

5.1 Das Frankenreich als Schutzmacht

Infolge der militärischen Schwäche des oströmischen Reiches war Rom zunehmend schutzlos den Übergriffen des Langobardenreiches ausgesetzt. Da zudem die Kontroversen um die Christologie und die Bilderverehrung (s. § 4; 13.2; 14.2) den religiös-kirchlichen Abstand vertieften und da der Kaiser den Jurisdiktionsbereich sowie den Grundbesitz des Papstes empfindlich schmälerte, suchte dieser seit 739 den Schutz des Frankenkönigs zu gewinnen. In akuter Bedrängnis durch die Langobarden wandte sich Stephan II. (752-757) an Pippin III. d.J. um Hilfe (vgl. § 9; 2.2). Ihr Freundschaftsbündnis von 754 machte den Karolinger zum neuen *Schutzherrn der Römer/patricius Romanorum.* Aus einer momentanen **Notmaßnahme** wurde eine historische Wende, die **dauerhafte Symbiose** beider Gewalten durch die Ausdehnung des Frankenreiches auf Italien seit der Einverleibung des Langobardenreiches 774 unter Karl dem Großen (vgl. § 9; 3.1). Das Papsttum mit seinem Anspruch auf Universalität wurde einerseits zur unentbehrlichen religiös-politischen Legitimationsinstanz des neuen westlichen Kaisertums, andererseits aber zu einem Teil der fränkischen Reichskirche.

5.1.1 Infolge der Auflösung der staatlichen und wirtschaftlichen Ordnung Italiens schwand Roms allgemeine Bedeutung im 7.Jh. immer stärker; innerhalb des Reiches wurde es zur Randzone. Grundsätzlich hielten die Päpste (im 7./8.Jh. zumeist Griechen, Sizilianer, Syrer) loyal zum Kaiser. Ausdruck ihrer **Unterordnung** war es, daß jeder neugewählte Papst erst nach kaiserlicher Bestätigung die Weihe empfing. Doch die Konstantinopeler Religionspolitik im 7./8. Jh. verstärkte die alten theologischen und kirchlichen Gegensätze. Das zeigten beispielhaft einerseits die Opposition Papst Martins I. (649-653) gegen das monotheletistische Vermittlungsprogramm (vgl. § 4; 13.2.2), andererseits die Abgrenzung des Konstantinopeler Konzils 692 gegen westliche Bräuche (vgl. § 4; 13.4.2). Die Spannungen verfestigten sich im Bilderstreit nach 726 (vgl. § 4; 14.2.2), als Papst Gregor II. (715-731) dem Ikonoklasmus Leons III. widerstand. Schon vorher hatte dieser Kaiser die **päpstlichen Domänen** in Sizilien und Süditalien durch neue Steuergesetze schwer geschädigt. Jetzt konfiszierte er diese z.T. und hob die römische **Jurisdiktion** über die dortigen Kirchenprovinzen sowie über das Vikariat Thessalonike auf, was den Einfluß des Papstes auf dem Balkan dauerhaft-folgenreich einschränkte.

5.1.2 Das von Langobarden und Byzantinern beherrschte Italien bildete eine **Brücke** zwischen Ost und West. Römische Kreise erstrebten seit ca.730 eine politische Autonomie. Papst Gregor III. (731-741) entwickelte wohl erstmals das **Konzept** einer Absicherung durch das Frankenreich; doch seine Bitte an Karl Martell 739, Rom vor der Vereinnahmung durch den Langobardenkönig Liutprand zu schützen, blieb wirkungslos. Als die langobardische Bedrohung sich seit 749 unter König Aistulf, der die Hoheit über Rom anstrebte, verschärfte, vollzog der Römer Stephan II. systematisch die politische Wende durch das Bündnis mit Pippin, dessen Königtum er religiös sanktionierte (vgl. § 9; 2.2.3).

5.2 Territorialherrschaft seit der "Pippinschen Schenkung"

Das wichtigste Ziel der päpstlichen Politik im 8.Jh. war die Autonomie gegenüber Byzanz und, damit verbunden, der Ausbau des bisherigen Domänenbesitzes um Rom zu einem eigenen Herrschaftsgebiet, um die Macht in Italien behaupten zu können. Nach der Eroberung des oströmischen Exarchats Ravenna durch die Langobarden 751 schuf hier das Bündnis mit dem Frankenreich von 754 neue Möglichkeiten: Pippin, der Papst Stephan II. weitgehende, jedoch unklare territoriale Zusagen gemacht hatte, intervenierte als *patricius Romanorum* 756 erneut militärisch gegen die Langobarden und nahm diesen die vom Papst beanspruchten Gebiete ab. In diesem Zusammenhang bestätigte er einen Teil jener Zusagen (sog. Pippinsche Schenkung von 756): die päpstliche Herrschaft über den **Dukat Rom** und den **Exarchat Ravenna** (s. Abb.21). Damit war der sog. Kirchenstaat begründet, denn über den bisherigen Grundbesitz - das umfangreiche *patrimonium Petri* (s. 4.3) - hinaus erhielt das Papsttum seitdem Territorien mit Souveränität und staatlichen Hoheitsrechten, die allerdings formell noch dem byzantinischen Reich angehörten. Wichtig wurde, daß Karl der Große 774 die Zusagen Pippins erneuerte und auch die päpstlichen Ansprüche auf weitere byzantinisch-langobardische Gebiete bestätigte (s. Abb.21a). Der Umfang des "Kirchenstaates" blieb aber unbestimmt und war daher noch jahrhundertelang umstritten; es handelte sich zunächst nicht um ein zusammenhängendes Territorium, sondern eher um Flecken einzelner Herrschaften. Als Ausdruck päpstlicher, vom Kaiserreich sich emanzipierender Herrschaftsansprüche entstand wohl in römischen Kreisen nach 754 eine historisch folgenreiche Fälschung: die sog. **Konstantinische Schenkung**, die das Papsttum in späteren Konflikten als Rechtsurkunde geltend machte.

5.2.1 Pippins Schenkungsurkunde von 756 ist nicht erhalten, ihr Inhalt nicht genau rekonstruierbar (vgl. Texte: Fuhrmann 14-29/Übers.: KTGQ 2,27f). Sie betraf zunächst die Provinz um Rom unter Leitung eines byzantinischen Militärkommandeurs (*Dux*), den *Dukat* Rom (*ducatus Romanus*; dt. "Herzogtum"), auf dessen Gebiet sich Teile des *patrimonium Petri* befanden und der z.T. von Langobarden besetzt war. Hier wurden also die bisherige kirchliche Oberhoheit über die Bistümer und die Verfügungsrechte über die Domänen in eine staatliche Herrschaft mit öffentlich-rechtlicher Qualität überführt. Der von den Langobarden beherrschte **Exarchat** Ravenna als militärisch-administratives Machtzentrum des kaiserlichen Stellvertreters (*exarchos*) für die Regierung ganz Italiens war bisher kein päpstliches Einflußgebiet; hier sollte der Papst nun die militärische und administrative Gewalt anstelle des Ostkaisers ausüben, desgleichen in der benachbarten **Pentapolis**. In Aussicht gestellt waren ihm bei dem Treffen in Ponthion und Quierzy 754 angeblich auch die byzantinischen Provinzen Venetien und Istrien, die langobardischen Herzogtümer Spoleto und Benevent sowie Korsika; doch das blieb realpolitisch illusionär, gleichwohl ein Anspruch der päpstlichen Propaganda.

5.2.2 Die Päpste bemühten sich auch nach 754/6 um Verständigung und Kooperation mit dem Kaiser in Konstantinopel, dessen Hoheitsanspruch auf Italien fortbestand. Ihr "Staat" wurde jedoch durch die **Italienpolitik Karls d.Gr.** faktisch zu einem fränkischen Reichsteil. Als König des Langobardenreiches seit 774 übertrug Karl Papst Hadrian I. (772-795) nur zögernd die einst versprochenen Gebiete: Dukat Rom, Exarchat Ravenna, Pentapolis und Sabina (so 781), schließlich noch den südlichen Teil der Toskana/Tuscien. Im 9./10.Jh. konnte das Papsttum diese umfangreiche Territorialherrschaft nicht behaupten.

5.2.3 Zweck, Bedeutung, Entstehungszeit und -ort der sog. **Konstantinischen Schenkung** (*Constitutum Constantini*; Text/Übers. z.T. bei: Fuhrmann 79-83/QGPRK 504/KTGQ 2,29-31) sind in der Forschung trotz intensiver Diskussion nicht geklärt. Die Urkunde dürfte von einem römischen Kleriker zwischen 750 und 780 zur rechtlichen Untermauerung papalistischer Herrschaftsansprüche angefertigt worden sein unter Rückgriff auf die Silvesterlegende (s. 3.2.4). Seit dem 9.Jh. wurde sie zunehmend zur Legitimierung päpstlicher Autonomie und Herrschaftsrechte herangezogen; die Kaiser des Hochmittelalters mußten sie vor der Krönung bestätigen. Ihr Inhalt ist die Beschreibung einer utopischen Schenkung (*Donatio*) Kaiser Konstantins an Papst Silvester I. mit **prinzipiellen und konkreten Rechtsübertragungen**: Rom als Residenz des Hauptes der christlichen Religion, Gleichordnung von päpstlicher und kaiserlicher Gewalt, Tragen kaiserlicher Hoheitszeichen durch den Papst, Anerkennung des römischen Prinzipats über die vier Patriarchate und alle anderen Kirchen, Schenkung des Lateranpalastes als Amtssitz sowie weiteren konstantinischen Besitzes u.a. *in Afrika und Italien oder verschiedenen Inseln*, weltliche Oberhoheit über *die Stadt Rom und alle Provinzen Italiens sowie der westlichen Regionen*. Fundament dieser programmatischen Ansprüche war die Theorie vom Papst als Stellvertreter und Rechtsnachfolger Petri. Ihre konkrete Begründung gab der einleitende **Bericht** (die *Confessio*) über Konstantins Heilung vom Aussatz und seine Taufe durch Silvester; wegen dessen manifester Unhistorizität erwiesen 1433/40 Nikolaus von Kues und Laurentius Valla den Text als Fälschung, was schon u.a. Kaiser Otto III. aus Rechtsgründen behauptet hatte.

5.3 Literatur

QUELLEN: H. FUHRMANN (Hg.): Quellen zur Entstehung des Kirchenstaates, 1968.

LITERATUR: H.H. ANTON: Von der byzantinischen Vorherrschaft zum Bund mit den Franken, GKG 11, 1985, 100-114. - E. CASPAR: Geschichte (s. 3.4) Bd.2, 669-740. - DERS.: Das Papsttum unter fränkischer Herrschaft, ZKG 54 (1935) 132-264; Separatdruck 1956. - E. EWIG: HKG III/1, 1966, 3-30.62-110. - H. FUHRMANN: Constitutum Constantini, TRE 8 (1981) 196-202. - J. HALLER: Das Papsttum Bd.1, 2.A. 1936, 322-440. - W. ULLMANN: Kurze Geschichte des Papsttums im Mittelalter, 1978, 64-82.

6. Behauptung der Papstidee in Zeiten des Niedergangs

Der politischen Bindung an das karolingische Kaisertum und der religiösen Kraft der Petrus-Rom-Idee verdankten die Päpste im 9.Jh. - trotz des Zerfalls von Kaisermacht und Reich nach 814 - die Möglichkeit, grundsätzlich ihren Universalanspruch zu behaupten. Dieser bestand allerdings in der innerkirchlichen Wirklichkeit keineswegs, weil die verschiedenen Landeskirchen und die einzelnen Bistümer autonom waren. Die Divergenz zwischen papalistischer Theorie und kirchenpolitischer Realität trat im 9./10.Jh. kraß zutage. Der Papst war tatsächlich nicht mehr als ein **italienischer Landesbischof** und Kleinfürst. Das zeigte sich besonders deutlich zwischen 896 und 1046, als der Stuhl Petri zum Reservat der römischen Adelsparteien wurde, einige Zeit von zwielichtigen Gestalten besetzt, oft mit Päpsten, die nur wenige Wochen oder Monate amtierten. Die **politischen Interessen** überwucherten die kirchliche Funktion. Unregelmäßigkeiten bei der Wahl und Schismen (Gegenpäpste) entlarvten den dogmatischen Anspruch auf lückenlose apostolische Sukzession; die Papstliste läßt sich für jenes Zeitalter nicht eindeutig rekonstruieren. Fast alle Päpste stachen durch ihren fürstlichen Lebensstil, einige wenige durch Unmoral hervor; doch es gab auch manche bedeutenden Gestalten in jenem Zeitraum. Trotz der zeitgenössischen und der späteren Kritik an diesem *finsteren Zeitalter* (*saeculum obscurum*) der Papstgeschichte gilt: Die **Institution** überdauerte prinzipiell unbeschädigt, nicht zuletzt wegen der fundamental wichtigen Unterscheidung zwischen Papstidee/Petrusamt und Person des jeweiligen Amtsträgers. Sie erfuhr eine beträchtliche Stärkung durch den Ausbau des päpstlichen Kirchenrechts und durch die Verbindung mit den monastischen Erneuerungsbewegungen (dazu s. § 6; 9.1).

6.1 Partikularmacht und Universalanspruch im 9. Jahrhundert

Während der römische Einfluß auf Liturgie, Recht und religiöses Leben der fränkischen Kirche beträchtlich war, entfiel er für die anderen Gebiete, v.a. England und Spanien, praktisch. Die durch Karl den Großen bewirkte Position eines fränkischen Reichsbischofs überstiegen die Päpste seit 823 dadurch, daß sie sich die **Kaiserkrönung** als spezifisches Recht sicherten. Doch sie mußten ihr Wirken weithin auf Italien konzentrieren, das in verschiedene kleine Herrschaften (die z.T. nach 887 Träger des bedeutungslosen Kaisertums wurden) zersplittert war und von den Arabern/"Sarazenen" bedroht wurde. Die Verteidigung Roms und die Sicherung der Territorialherrschaft blieben vordringlich. In der Rivalität mit den mächtigen Metropoliten/Erzbischöfen des Westens wie mit dem Konstantinopeler Patriarchen Photius bekundete **Nikolaus I.** zentralistisches Durchsetzungsvermögen und papalistische Universalansprüche. Seine Exkommunikation des Photius 863 und dessen Bann gegen ihn 867 führten vorübergehend zum förmlichen Bruch der Kirchengemeinschaft (sog. **Photinianisches Schisma** bis 880). Die fortschreitende Entfremdung zwischen Rom und Byzanz zeigte sich hier exemplarisch in der Unversöhnlichkeit hinsichtlich der Primatsfrage und im machtpolitischen Gegensatz beim kirchlichen Einfluß auf dem Balkan. Auch gegenüber Königen und weltlichen Herren intervenierte Nikolaus I. zwecks Durchsetzung des Kirchenrechts. Da er erstmals die – von ihm strikt juristisch begründete – **Papsttheorie** umfassend in die **Praxis** umzusetzen versuchte, bildete sein Pontifikat einerseits eine markante Zäsur insofern, als die Dominanz des päpstlichen Rechtes seitdem ein programmatisches Ziel wurde, andererseits aber eine singuläre Episode, weil eine Weiterentwicklung dieser Praxis in der Folgezeit unterblieb. Erst das sog. Reformpapsttum des 11.Jh.s knüpfte an den Höhepunkt unter Nikolaus I. an. Eine bedeutsame Rolle spielte dabei ein um 850 von Klerikern der Diözese Reims fabrizierter Rechtskodex: die **Pseudoisidorischen Fälschungen**, die u.a. zwecks Behauptung der bischöflichen Autonomie gegen die erzbischöfliche Suprematie auf die päpstliche Autorität rekurrierten.

6.1.1 Die seit der **Kaiserkrönung** Ludwigs I. 816 erteilte Salbung galt als ein Sakrament, das nur der Papst vollziehen konnte. Durch das sog. *Pactum Ludovicianum* von 817 sicherte Paschalis I. (817-824) dem Papsttum die territorialen Ansprüche, die Gerichtsbarkeit und den kaiserlichen Schutz; es wurde von den folgenden Kaisern bis ins 11.Jh. wiederholt und Teil des Kirchenrechts (Text: QGPRK 516). Seit der Krönung Lothars I. zum Mitkaiser 823 (mit symbolischer Schwertverleihung) und der Krönung von dessen Sohn Ludwig II. 850 setzte sich durch, daß der Papst über diese Rangerhöhung des fränkischen Königs verfügte. Johannes VIII. (872-882) demonstrierte das gegenüber Karl dem Kahlen 875 und Karl dem Dicken 881.

6.1.2 Durch die Raubzüge der **Sarazenen** (vgl. § 7; 5.4) wurden 846 Süd- und Mittelitalien verwüstet und Rom geplündert. **Leo IV.** (847-855) ließ die westliche Vorstadt Roms neu befestigen (sog. Leostadt), Kirchen renovieren, Wehranlagen an der Küste errichten und das Gebiet des Dukats sichern. Aufgrund seiner Initiative besiegte eine byzantinisch-italische Flotte 849 diejenige der Sarazenen entscheidend.

6.1.3 Der gebildete, machtbewußte Römer **Nikolaus I.** (858-867) trug durch seine rigide Behauptung der päpstlichen Rechtsposition in verschiedenen Streitfällen und durch seine Dekretalen sowie Briefe (Text: MGH.Ep. 6) erheblich zum **Ausbau des Jurisdiktionsprimats** bei. Es gelang ihm 861, den nach kirchlicher Autonomie und unabhängiger Landesherrschaft strebenden Erzbischof Johannes von Ravenna abzusetzen. Gegenüber dem mächtigen Beherrscher der fränkischen Kirche, Erzbischof **Hinkmar von Reims** (vgl. § 5; 14.4), setzte er den von ihm öfter behaupteten alten Anspruch, die Appellationsinstanz für alle *causae maiores*/schwerwiegenden Streitfälle zu sein, paradigmatisch durch, indem er 864 den von einer fränkischen Reichssynode rechtsgültig abgesetzten Bischof Rothad von Soissons wiedereinsetzte. Die ihm bei dieser Gelegenheit zur Kenntnis gebrachte Dekretalensammlung (Pseudoisidor; s. 6.1.5) benutzte er nicht. In einem spektakulären **Konflikt mit Lothar II.**, dem König des Mittelreiches (Lotharingien), und dessen Bischöfen 863/4 verteidigte er das **kirchliche Eherecht** gegen die germanisch-rechtliche Praxis, indem er Lothars Friedelehe (lösbare Ehe) mit Waldrada und die daraus stammenden Söhne, die für Lothars Nachfolge wichtig waren, nicht als legitim anerkannte. Da dies aber die lothringischen Erzbischöfe Gunther von Köln und Thietgaud von Trier, zwei mächtige Kirchenfürsten, zuvor getan und die kinderlose, nach kirchlichem Recht geschlossene Ehe mit Theutberga annulliert hatten, setzte Nikolaus sie ab. Er konnte sein Urteil gegen großen Widerstand durchsetzen, auch gegen die militärische Drohung Kaiser Ludwigs II.

6.1.4 Die häufigen **Wirren in der byzantinischen Kirche**, die nach 858 zu ihrer vorübergehenden Spaltung führten, boten für Nikolaus I. - beraten von dem gelehrten Kanzleivorsteher Anastasius Bibliothecarius - eine Gelegenheit, den römischen **Primatsanspruch** zu demonstrieren. Der von Kaiserin Theodora 847 in kanonisch zweifelhafter Weise als Patriarch eingesetzte **Ignatius** - ein ungebildeter Mönch und ungeschickter Kirchenführer, der Teile des Episkopats gegen sich aufbrachte - wurde nach Theodoras Sturz wegen Hochverrat von Kaiser Michael III. abgesetzt. An seine Stelle trat der hohe Staatsbeamte **Photius** (ca.820-ca.891), ein hervorragender Gelehrter und kluger Politiker, der als Laie im Schnellverfahren - unkanonisch - die nötigen Weihen bekam. Die Ignatiusanhänger erkannten ihn nicht an und intervenierten in Rom. Daraufhin schrieb Nikolaus I. 862 an Photius und Michael III., daß ohne seine Zustimmung die Streitfrage nicht entschieden werden dürfte, weil der päpstliche Primat in Disziplinarfragen überall gelte; er forderte die Rücknahme der durch Kaiser Leon III. verfügten Restriktionen (s. 5.1.1). Durch eine Lateransynode 863 ließ er Photius **exkommunizieren** und für abgesetzt erklären; auf die von diesem verfaßte Antwort des Kaisers, die Roms Ansprüche mit historischer Begründung zurückwies, reagierte er 865 mit schroffer Ausdehnung des Primatsanspruchs auf alle Bereiche und mit genereller Kritik an der Legitimität des Konstantinopeler Patriarchats (Ep.88; Text/Übers.: DH 638-642). Eine Zuspitzung erfuhr der Streit jetzt durch die Rivalität um die Oberhoheit über die neue bulgarische Kirche (vgl. § 7; 8.2). Der alte Kampf um den **Einfluß auf dem Balkan** trennte Rom und Konstantinopel unversöhnlich. Photius ließ 867 auf einer Synode die lateinischen Häresien (u.a. den Zölibat und das Filioque; s. § 5; 13.3.3) verurteilen und Nikolaus als Häretiker absetzen. Dessen Nachfolger Hadrian II. (867-872) führte die Konfrontation fort. Doch ein Machtwechsel im Reich zwang Photius 867 zu Abdankung und Exil; der neue Kaiser Basilius I., der Makedonier, setzte Ignatius wieder ein und suchte die innerbyzantinische Kirchenspaltung durch ein Konstantinopeler **Konzil** 869/870 zu beheben, das - schwach besucht und inhaltlich dürftig - wegen der vagen Bestätigung eines allgemeinen römischen Primats und wegen der Verurteilung des Photius von der Westkirche als 8. Ökumenisches Konzil gewertet wurde. Nach Ignatius' Tod 877 kehrte Photius ins Patriarchenamt zurück und bekräftigte seine Zurückweisung der römischen Primatsansprüche auf einem vom ganzen Episkopat getragenen **Konzil** in Konstantinopel 879/880, das die Gleichrangigkeit beider Patriarchate betonte. Papst Johannes VIII. (872-882) nahm das hin in der Hoffnung auf byzantinische Hilfe gegen die Sarazenengefahr. Photius verlor beim abermaligen Machtwechsel 886 erneut sein Amt und starb ca.891. Das Schisma - eine wechselvolle Episode - wurde nie formell, sondern implizit beendet. Die tiefe Kluft blieb jedoch (s. 8.0).

6.1.5 Die **Pseudoisidorischen Fälschungen** gehören zu den wirkungsvollsten Dokumenten der Papstgeschichte: vier umfangreiche Sammlungen von verfälschten und erfundenen Rechtssätzen mit ca.10.000 Stücken, die zwischen 845 und 857 entstanden. Im Mittelalter spielten Fälschungen generell eine große Rolle, z.B. dann, wenn man Rechtsansprüche durchsetzen wollte, von deren Legitimität man überzeugt war, ohne sie dokumentarisch beweisen zu können. Das war das Motiv für einen historisch gebildeten Kreis von Kirchenreformern im Erzbistum Reims, ihre Ziele juristisch abzusichern: v.a. die Zurückdrängung des Eigenkirchenwesens mit dem großen Einfluß der Laien (vgl. § 9; 1.1), die Sicherung des Kirchengutes vor dem Zugriff weltlicher Herren, die Stärkung der Bischofsgewalt gegenüber Erzbischöfen und Königen sowie die Verbesserung des Klerikerstandes. Dazu "aktualisierten" sie älteres kirchliches und weltliches Recht (*Canones*, *Capitularien* u.a.) - basierend auf einer Verfälschung der *Collectio Hispana* von 630 (Text: vgl. ML 84, 25-846) - durch Abänderungen sowie Ergänzungen, v.a. aber durch massenweise Erfindung neuer Bestimmungen unter Berufung auf altkirchliche Autoritäten sowie auf römisches, westgotisches und fränkisches Recht (die *Capitula Angilramni*). Zumal das **Recht der Päpste** als die höchste Autorität wurde - v.a. zum Schutz der Bischöfe - "zitiert" und dabei deren Jurisdiktionsprimat und Universalepiskopat stark betont: so besonders im vierten Teil unter dem Namen eines ansonsten unbekannten Isidor Mercator, eine Sammlung ver- und gefälschter Dekretalen, Papstbriefe und Konzilsbeschlüsse, darunter auch die sog. Konstantinische Schenkung. (Text: Decretales Pseudo-Isidorianae et capitula Angilramni, hg.v. P. Hinschius, 1863, ND 1963; Benedicti Levitae collectio capitularium, in: MGH.Leges II/2.) Auszüge aus diesen Sammlungen wurden seit dem 10.Jh. stark verbreitet. Für die Vorkämpfer des päpstlichen Primats wurden die Dekretalen seit dem 11.Jh. eine wichtige Waffe. Seit dem 15./16.Jh. wurde das ganze Werk als Fälschung entlarvt.

6.2 Das "finstere Zeitalter": Politische Stadtherrschaft

Infolge des Machtverfalls der fränkischen Teilreiche und der politischen Zersplitterung Italiens konzentrierte sich das Papsttum im 10.Jh. auf die Stadtherrschaft in Rom, 896-963 dominiert von den Machtinteressen einer römischen Senatorenfamilie. Nur vorübergehend nahm es danach unter dem erneuerten Kaisertum Ottos I. einen kirchlichen Aufschwung. Das sog. *Pactum Ottonianum* von 962 bestätigte einerseits den "Kirchenstaat", ordnete andererseits den Papst der kaiserlichen Herrschaft unter (vgl. § 9; 4.2). Die umfassenden Pläne Kaiser Ottos III. zur Neuordnung Europas und die Bemühungen der Päpste Gregor V. und Silvester II. 996-1003 blieben ebenso ohne durchgreifenden Erfolg wie die sog. Reformsynoden unter Kaiser Heinrich II. Eine grundlegende Erneuerung ermöglichte erst die Ablösung der Adelsherrschaft durch eine von Kaiser Heinrich III. geförderte Reformpartei: Als *patricius Romanorum* beseitigte er auf Synoden in Sutri und Rom 1046 das durch drei rivalisierende Päpste verursachte Chaos. Ihm wurde ein entscheidender Einfluß bei künftigen Papstwahlen zugestanden. Die von ihm seitdem designierten Päpste gaben dem Amt neue geistliche Bedeutung.

6.2.1 Der durch Caesar Baronius um 1600 für die Zeit 880-1046 geprägte Begriff *saeculum obscurum* ist nicht unangemessen, darf aber die geschichtliche Bedeutung dieser unruhigen Periode und die Leistungen einiger Päpste nicht verdunkeln. Die weltliche Regierung Roms lag seit ca.890 bei dem Senator und Dux (Herzog) **Theophylaktus** (gest. ca.924) und dessen Familie, die nach dem Streit um Papst Formosus (891-896) die Päpste künftig einsetzte. Seine tyrannisch-vitale Tochter **Marozia** (gest. ca.936), mit Markgraf Alberich von Spoleto verheiratet, wohl Geliebte des Papstes Sergius III. (904-911) und Mutter von Johannes XI. (Papst als Jüngling: 931-935), beherrschte mit Gewalt und Intrigen das Papsttum; so ließ sie den politisch tüchtigen Johannes X. (914-928; der u.a. durch eine Allianz der italischen Fürsten 915 einen entscheidenden Sieg gegen die Sarazenen errang) einkerkern und ermorden. Ihr Sohn **Alberich II.** beherrschte 932-954 als *Princeps/Fürst* Stadt und Kurie; er setzte die Päpste ein, u.a. seinen moralisch verkommenen, politisch unfähigen Sohn **Octavian** im Alter von ca.16-18 Jahren

(**Johannes XII.**, 955-964). Die hier erstmals begegnende **Namensänderung** neugewählter Päpste durch Annahme eines Amtsnamens wurde seit 983 (Johannes XIV., 983/4, vorher Petrus heißend) definitiv zu einem festen Brauch.

6.2.2 Durch **Ottos I.** Eingreifen in die römischen Konflikte um Johannes XII. und das *Pactum* von 962 wurde für die Folgezeit die **Rechtsgrundlage** geschaffen, die dem deutschen König als römischem Kaiser eine erhebliche Mitwirkung bei der Papsterhebung ermöglichte (Text: QGPRK 525). Doch wegen der Unmöglichkeit, dauernd in Italien und Rom präsent zu sein, behielten die **Adelsparteien** großen Einfluß auf das Papsttum: so die Crescentier ca.974-1012, danach die kaisertreuen Tuskulaner (Grafen von Tusculum) bis 1046, die selber drei Päpste stellten (s. 6.2.4).

6.2.3 Gegen die Tyrannei der Crescentier rief Papst Johannes XV. (985-996) Kaiser **Otto III.** zu Hilfe, der seinen Vetter Bruno von Kärnten zum ersten deutschen Papst machte: Gregor V. (996-999) bemühte sich um eine religiöse Erneuerung und eine Überwindung der römischen Parteikämpfe (Gegenpapst Johannes XVI. 997/8). Kirchenpolitisch festigte er den päpstlichen Jurisdiktionsprimat in Norditalien und Frankreich. Das tat noch stärker der als erster Franzose von Otto III. auf den Stuhl Petri erhobene **Silvester II.** (999-1003; Gerbert von Aurillac, vorher Erzbischof von Ravenna, ein berühmter Universalgelehrter). Der programmatischen Erneuerung von Reich und Kirche im Sinne Karls d.Gr. - mit Rom als Hauptstadt der Welt und Mutter aller Kirchen - dienten u.a. die Einrichtung der Erzbistümer in Polen und Ungarn (vgl. § 7; 10.4) und die Förderung des Klosterwesens.

6.2.4 Unter den **Tuskulanern** wurde das Papsttum als Familiengut zum weltlich-geistlichen Fürstentum, das zugleich die Kaiser als oberstes Reichsbistum behandelten. **Benedikt VIII.** (1012-24) ragte durch kirchliches Engagement und politische Begabung hervor, während seine beiden Nachfolger nur noch den moralischen Tiefstand des Amtes markierten. Zusammen mit Kaiser Heinrich II. setzte sich Benedikt VIII. seit der Synode von Ravenna 1014 für eine Stärkung der päpstlichen Autorität und für eine Klerusreform - Durchsetzung des Zölibats, Abstellung des Ämterkaufs - ein: so v.a. auf der Synode von **Pavia** 1022 (Text: QGPRK 528). Sein Bruder Johannes XIX. (1024-32) führte nicht das Reformwerk, sondern die Korruption und Machtpolitik fort. Sein jugendlicher Neffe Benedikt IX. (1032-45) fiel zwar durch Unmoral auf, baute aber den päpstlichen Einfluß auf Süditalien und auf die kirchlichen Reformkreise aus.

6.2.5 Die revoltierende Crescentierpartei machte 1044/5 den Bischof von Sabina zum - erfolglosen - Gegenpapst Silvester III. Gegen eine hohe Entschädigungssumme verzichtete Benedikt IX. 1045 zugunsten eines Anhängers der **Reformpartei**, der als **Gregor VI.** zunächst unangefochten das Amt führte, aber unter den Verdacht der *Simonie* (s. 7.3.2) geriet. Der fromme deutsche König Heinrich III., Förderer der Kirchenreform, griff nun zur Klärung der Situation ein auf seinem der Kaiserkrönung dienenden Romzug. Auf einer vom ihm geleiteten Synode in **Sutri** am 20.12.1046 erklärten Gregor VI. und Silvester III. notgedrungen ihren Amtsverzicht. Silvester blieb Bischof, Gregor wurde nach Deutschland verbannt (gest. 1047). Am 24.12.1046 setzte eine Synode in der römischen Peterskirche auch Benedikt IX. formell ab und Heinrichs Vertrauten, Bischof Suidger von Bamberg, als Papst ein, der unter programmatischem Rückgriff auf die nachapostolische Zeit sich **Clemens II.** nannte, aber nur bis zum 9.10.1047 amtierte (wohl durch Gift ermordet). Damit war der Weg für die Erneuerung des Papsttums frei. Im Blick auf künftige Papstwahlen gestand man dem Kaiser ein Vorrecht, einen *principatus electionis*, zu (vgl. 7.1.3).

6.3 Literatur

J. FRIED: Die Päpste im Karolingerreich, GKG 11, 1985, 115-128. - DERS.: Nikolaus I., TRE 24 (1994) 535-540. - H. FUHRMANN: Einfluß und Verbreitung der Pseudoisidorischen Fälschungen von ihrem Auftauchen bis in die neuere Zeit, 3 Bde., 1972-74. - K.J. HERRMANN: Das Tuskulanerpapsttum (1012-1046), 1973. - B. SCHIMMELPFENNIG: Das Papsttum, 3.A. 1988, 100-146. - W. ULLMANN: Geschichte (s. 5.3) 83-118. - H. ZIMMERMANN: Die Päpste des "dunklen Jahrhunderts", GKG 11, 1985, 129-139. - DERS.: Das dunkle Jahrhundert, 1971. - DERS.: Papstabsetzungen des Mittelalters, 1968.

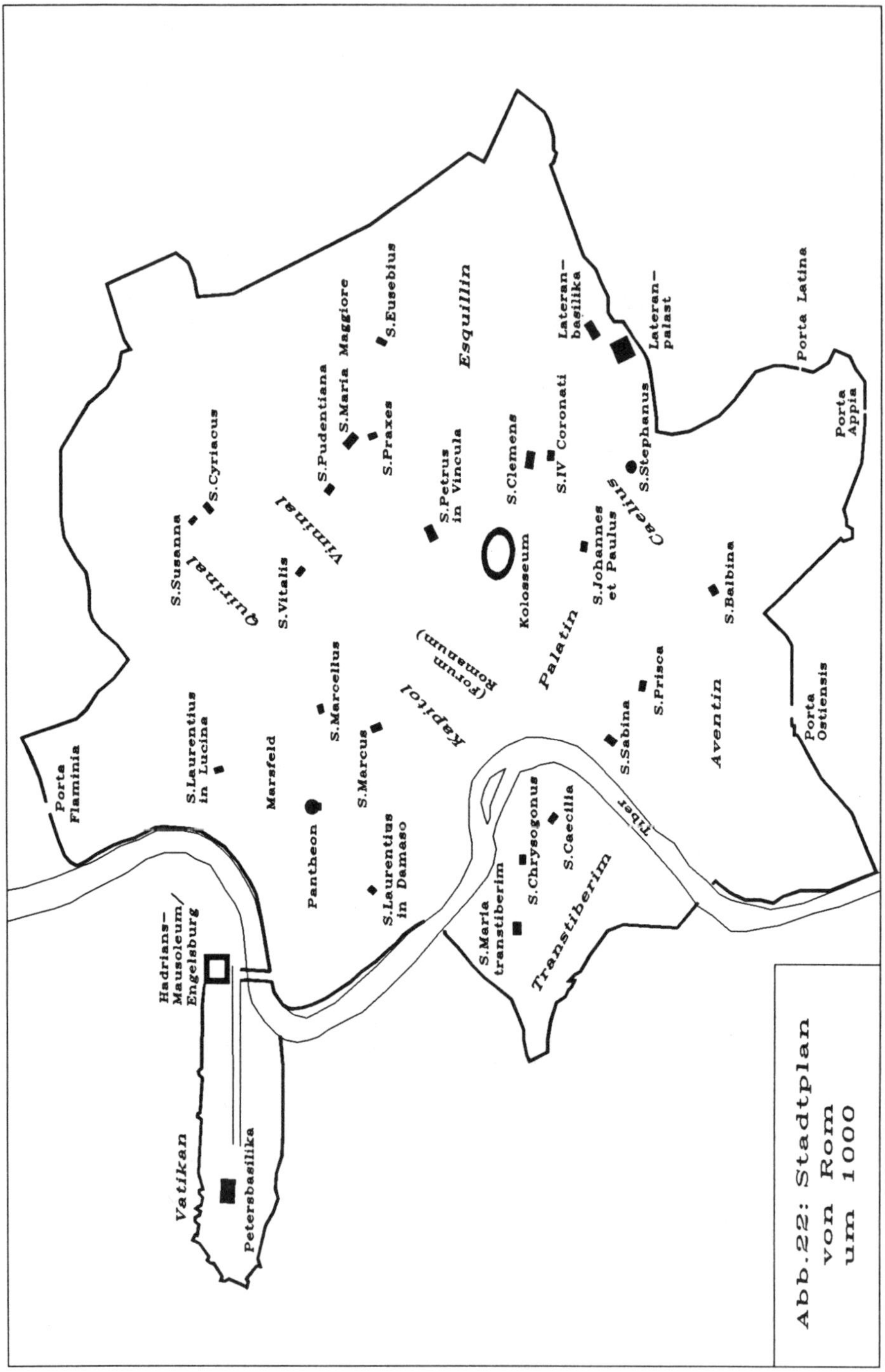

Abb.22: Stadtplan von Rom um 1000

7. Die "Gregorianische Reform": Anfänge des römischen Zentralismus

Das für die Papstgeschichte typische Element - die eigentümliche Wirksamkeit von theoretischen Konstrukten (theologischen Grundideen und juristischen Maximen), die lange Zeit nach ihrer ersten Formulierung entsprechende Realisierungen erfuhren - trat im 11.Jh. besonders deutlich zutage. Die Primatsidee mit Anspruch auf einen Universalepiskopat des Papstes hat erst seit ca.1050/60 Konkretionen in der kirchlichen Praxis erfahren, die zu einer faktischen Durchsetzung der päpstlich-römischen **Herrschaft über die gesamte abendländische Kirche** hinführten. Für die Entwicklung, die im 13./14.Jh. einen vorläufigen Abschluß erreichte, wurden im 11.Jh. die Grundlagen geschaffen. An die Stelle des traditionellen Partikularismus trat ein römischer Zentralismus. So gewiß man dabei an ältere Konzeptionen anknüpfte, brachte die Entwicklung im 11.Jh. jedoch tiefgreifende Neuerungen, welche die wohl **markanteste Zäsur** der Papstgeschichte bedingten: Erst jetzt wurde das Papsttum zum dominierenden Element der Kirchenstruktur; es verdrängte zunehmend das alte Verfassungsprinzip des Episkopalismus und der landeskirchlichen Autonomie. Folgerichtig eröffnete es nunmehr den grundsätzlichen Konflikt mit dem Kaisertum und der weltlichen Macht generell: **Freiheit der Kirche**/*libertas ecclesiae* wurde die alle Bereiche umfassende Parole (vgl. § 9; 6.1). Man hat herkömmlicherweise das Ganze als "Reform" bezeichnet und entsprechende Begriffe wie "Kirchenreform" und "Reformpapsttum" eingebürgert. Eine solche Terminologie, die kaum der damaligen Vorstellung von *reformatio/reformare* entspricht, ist deswegen problematisch, weil es nur bei wenigen der vorgenommenen **Veränderungen** um die Wiederherstellung älterer Zustände oder um die Berufung auf das Ideal der urchristlichen Kirchlichkeit ging. Sie ist auch insofern unpassend, als der heutige Begriff von Reform den Aspekt einer Verbesserung impliziert. Das ältere Bild einer durch schreckliche Mißstände geprägten Kirche vor 1046 ist inzwischen erheblich revidiert. Zwischen der damaligen Realität und Propaganda muß unterschieden werden. Im folgenden wird daher der herkömmlich verbreitete Begriff "Reform" meist nur mit der genannten Einschränkung verwandt. Es waren die Päpste seit Leo IX. mit ihren Ratgebern und Kardinälen, die das große Neuerungswerk initiierten. Unter ihnen ragte Gregor VII. faktisch und im allgemeinen Zeitbewußtsein so hervor, daß man die ganze Epoche der Veränderungen mit seinem Namen verbunden hat. (Dabei spielte der Investiturstreit eine entscheidende Rolle; vgl. § 9; 6.6). Doch auch ein Begriff wie "**Gregorianisches Zeitalter**" deckt nur teilweise die historische Wirklichkeit. Das gilt schließlich ebenfalls für den oft betonten Zusammenhang der sog. Kirchenreform des 11.Jh.s mit der Klosterreform - insbesondere der Cluniazensischen Bewegung - des 10./11.Jh.s (s. § 6; 9.1-4). Aus deren Erneuerungspotential kamen zweifellos wichtige Impulse, die auf die Gesamtkirche einwirkten. Aber weitere Einflüsse wirkten daneben auf die institutionellen Neuerungen, und im Unterschied zum Mönchtum gab es in der Kirche keine durchgreifend-generelle Reform. Deswegen ist das früher häufig verwandte Deutungsschema (Übergang der cluniazensischen Klosterreform in die gregorianische Kirchenreform) eine Simplifizierung.

7.1 Das sog. Reformpapsttum seit Leo IX.

Mit Heinrichs III. Eingreifen 1046 sollte das Papsttum - unter dem Schutz des Kaisers als des Oberhauptes der Christenheit und des *patricius Romanorum* - aus der Einengung auf eine mittelitalienische Territorialherrschaft gelöst werden. Denn mit den von ihm (gemäß dem 1046 fixierten Beteiligungsrecht; s. 6.2) designierten Päpsten kamen die Reformkräfte aus Deutschland, Frankreich, Burgund und Reichsitalien nun an höchster Stelle zum Zuge. **Papst Leo IX.** hat - in Kooperation mit dem Kaiser - eine kirchenpolitische **Wende** und organisatorische Neubelebung initiiert, welche die päpstliche Herrschaft über die abendländische Kirche stabilisierte. Er hat die sporadischen Kirchenreformtendenzen in Rom zentralisiert, er hat den Einfluß des Papstes auf das kirchliche Leben außerhalb Italiens verstärkt, er hat mit der Institutionalisierung des **Kardinalskollegiums** im Sinne eines päpstlichen Senates und mit dem Ausbau der **kurialen Verwaltung** die organisatorische Grundlage für den römischen Kirchenzentralismus begonnen. Ermöglicht wurde diese Veränderung durch einen Kreis exzellenter Mitarbeiter, die er nach Rom holte: v.a. Humbert von Silva Candida, Petrus Damiani, Friedrich von Lothringen (später Papst Stephan IX.) und Hildebrand (später Papst Gregor VII.). Fortan bestand hier ein Führungsgremium, das unabhängig vom Wechsel der Päpste für eine gewisse Kontinuität sorgte. Die Konzeption der Neuerer orientierte sich an der Durchsetzung der **göttlichen Ordnung** (*ordo*) und **Gerechtigkeit** (*iustitia*), die sie v.a. im alten Kirchenrecht ausgedrückt sahen. Da die Papstwahlen, die nach alter Tradition *Volk und Klerus* von Rom oblagen, oft einen Unruheherd bildeten wegen der Einflußnahme lokaler und regionaler Machthaber (so z.B. auch 1058, als es kurzfristig zum Schisma kam), brachte das unter Nikolaus II. verkündete **Papstwahldekret** von 1059 eine zukunftsträchtige Veränderung. Mit dem Kardinalskollegium wurde nun eine oberste hierarchische Instanz allein zuständig, unabhängig auch vom Kaiser. (Zur weiteren Entwicklung 11.2.)

7.1.1 Nach Clemens II. (s. 6.2.5) und dem 1048 nur 20 Tage amtierenden Damasus II. trat ein wirklicher Wandel erst ein mit **Leo IX. (1049-54)**, einem elsässischen Grafensohn, Bischof von Toul, Vertrauten Heinrichs III. Durch ihn wurden die Impulse der lothringischen Klosterreform (s. § 6; 9.3.2), die er weiterhin förderte und mit dem Papsttum verband, gesamtkirchlich wirksam. Dorther kamen seine einflußreichen **Berater**, die er zu Kardinälen machte: Humbert (s. 7.1.2); Friedrich, ein Sohn des Herzogs von Lothringen, Archidiakon in Lüttich (Papst Stephan IX., 1057-58); Hugo Candidus/der Weiße aus dem Kloster Remiremont bei Toul; Azelin von Compiègne; Udo von Toul. Der römische Mönch Hildebrand kam mit aus dem deutschen Exil. Auch anderweitige Mönchsreformer unterstützten Leo IX. wie z.B. Petrus Damiani (s. 7.1.3), Odilo von Cluny und Halinard von Lyon. Durch die persönlichen Kontakte entstand gleichsam ein Netzwerk in Italien, Deutschland und Frankreich.

7.1.2 Eine herausragende Gestalt war der theologisch gebildete **Humbert** (ca.1006-1061), ein Mönch aus dem Kloster Moyenmoutier bei Toul, seit 1050 Kardinalbischof von Silva Candida (Werke: s. TRE 15, 684). Er wurde in Rom, auf Synoden und Reisen der schroffste Wortführer der Neuerer und war wohl ihr **maßgeblicher Ideengeber** (vgl. 7.3.3). Als Vorkämpfer für den römischen Primat kollidierte er 1054 mit den Byzantinern (s. 8.1.2). Die kirchliche Eucharistielehre setzte er 1059 gegen Berengar durch (s. § 10; 8.1.2).

7.1.3 Mit **Petrus Damiani** (1007-72) unterstützte einer der berühmtesten Vertreter der asketischen Reformbewegung die päpstliche Politik (vgl. § 6; 9.4.2; § 10; 1.1-3). Als ein fruchtbarer theologischer Schriftsteller nahm er zu vielen Streitfragen Stellung (Werke: ML 144/5) und wirkte literarisch-propagandistisch für die Klerusreform (s. 7.3.3). Als Kardinalbischof von Ostia seit 1057 vertrat er an der Kurie und als Legat u.a. in Mailand, Florenz und Ravenna erfolgreich das päpstliche Erneuerungsprogramm.

7.1.4 Wie so oft im 10./11.Jh. kam es nach dem Tod Stephans IX. 1058 zu Konflikten. Gegen die zweifelhafte Wahl des Kardinals Johannes durch den Stadtadel (= Benedikt X.) protestierten die Reformkräfte um Hildebrand, Humbert, Damiani und erhoben in Florenz den dortigen Bischof zum Papst (= **Nikolaus II.**, 1059-61). Eine Lateransynode beschloß daher im April 1059 - unter Damianis und Humberts Einfluß - ein **Dekret zur Regelung der Papstwahl**, um den Einfluß der Adelsparteien auszuschließen (Text/Übers. der echten Fassung: Laudage, Investiturstreit 42-49). Entscheidend für die Wahl - die entgegen dem Herkommen auch außerhalb Roms stattfinden und amtierende Bischöfe berücksichtigen durfte - sollten die **Kardinalbischöfe** nach Art der Metropoliten als Erstvotanten die sein, die den übrigen Kardinalklerus (s. 7.1.5) hinzuziehen sollten. Auf das bisherige Entscheidungs- und Mitwirkungsrecht des deutschen Königs/Kaisers (s. 6.2.5) wurde so vage Bezug genommen, daß es später als eine jeweils persönlich erteilte Konzession erschien und die Anwendung umstritten war. Die o.g. Bestimmungen des - später veränderten - Dekrets wurden in der Folgezeit keineswegs strikt eingehalten, setzten sich aber im 12.Jh. durch. (Zum Wahldekret von 1179 s. 9.1.4.) **1061** entstand ein **Schisma**, als römische Adelige und lombardische Bischöfe mit Hilfe des deutschen Königshofes gegen den von der Reformpartei gewählten Alexander II. ihren Kandidaten als Gegenpapst Honorius II. erhoben, der jedoch nach synodaler Verurteilung 1064 keine Chancen mehr hatte. (Vgl. auch § 9; 6.2.1.)

7.1.5 Das **Kardinalskollegium** entwickelte sich seit 1049/59 (mit den drei *ordines*/Gruppen der Kardinalbischöfe, -presbyter und -diakone) zu einer zentralen Beratungsinstanz. Der Titel *cardinalis* hob seit dem 6.Jh. die im Kult an einer Bischofskirche (*cardo*, d.h. Angelpunkt) tätigen Kleriker, nicht nur in Rom, hervor. In Rom bildeten seit dem 8.Jh. die ranghöchsten **Presbyter** der 25 bzw. 28 Titelkirchen als *cardinales* ein besonderes Gremium. Auch die **Diakone** der ursprünglich 7 (später 12) Regionen hießen so, ferner die 7 suburbikarischen **Bischöfe** (von Ostia, Albano, Porto, Silva Candida, Palestrina, Sabina und Tusculum), die liturgische Funktionen an der Lateranbasilika ausübten. Mit dem Papstwahldekret 1059 traten diese drei *ordines* erstmals als korporative Institution auf, die sich im 12.Jh. fixierte und großen Einfluß auf die päpstliche Kirchenpolitik gewann. Auch Äbte der bedeutenden italienischen Klöster konnten zu Kardinälen ernannt werden. Das **Konsistorium**, die Tagung des Kardinalskollegiums zur Beratung des Papstes, verdrängte seit dem 12.Jh. die bis dahin entscheidende Instanz der römischen (Provinz-)Synoden. (Zur Entwicklung der Kurie als päpstlicher Verwaltung s. 11.2.2.) Als persönliche Gesandte vertraten die **Kardinallegaten** den Papst bei speziellen kirchenpolitischen Missionen (vgl. 7.4.2).

7.2 Klerikerkirche gegen Laienherrschaft

Im 11.Jh. bahnte sich ein grundlegender Wandel im **Kirchenverständnis** an, dessen Auswirkungen die weitere Kirchengeschichte bestimmten: eine Verdrängung v.a. der germanisch-rechtlichen Konzeption einer Mitwirkung weltlicher Herrschaftsträger (vgl. § 9; 1.1) durch einen Rekurs auf das **genuine kirchliche Recht**. Dieser Wandel stand in einem umfassenderen sozialen, religiösen und theologischen Zusammenhang. So verdeutlichte z.B. der monastische Aufbruch (s. § 6; 9.2-4) die Spezifika des christlichen Lebens als Abgrenzung gegenüber der "Welt"; die sakramentale Konzentration des kirchlichen Handelns profilierte die Bedeutung von Eucharistie und Buße neu (s. § 10; 8.1 und 9.2); die allgemeine Bemühung um gesicherte Wahrheitserkenntnis führte zu einer Neukonstituierung der Theologie als Wissenschaft (s. § 10; 1.1-2.3); die Errichtung imposanter neuer Kirchengebäude – Klöster wie Kathedralen und Pfarrkirchen – drückte im Zusammenhang der allgemeinen Bevölkerungszunahme und Landerschließung die Sonderstellung der Institution Kirche aus; in den aufblühenden Städten trat der soziale Unterschied zwischen Klerikern und Bürgern hervor. Die **Heiligkeit der Kirche**, die das Heil der Menschen verbürgte, manifestierte sich in Amt und Sakrament. Noch längere Zeit blieben vielfältige Formen oder Restbestände der Synthese von geistlichem und weltlichem Bereich erhalten, doch im 11.Jh. begann die Differenzierung, die schließlich zur verfassungsrechtlichen Identifikation von Kirche und Klerus führte. Sie zeigte sich programmatisch im Ruf nach *Freiheit der Kirche/libertas ecclesiae* von weltlichen Einflüssen. Und diese Parole realisierte sich paradigmatisch in dem Streben nach der kirchenrechtlich ordnungsgemäßen Wahl/*electio canonica* der geistlichen Amtsträger (Pfarrer, Bischof, Papst).

7.3 Klerusreform: Verbot von Priesterehe und Simonie

Nach vereinzelten Ansätzen seit Beginn des 11.Jh.s, das grundsätzliche Verbot von Ehe und Konkubinat für Geistliche in die Praxis umzusetzen und die Vergabe geistlicher Ämter unabhängig von weltlichen Verpflichtungen zu regeln, erhoben überall die sog. Reformer diese beiden Probleme zum Thema einer umfassenden **Propaganda**. Seit Leo IX. machte auch das Papsttum die Zölibatsforderung und das Simonieverbot zu zentralen Inhalten der kirchlichen Erneuerung. Drei unterschiedliche **Begründungszusammenhänge** trugen dazu bei, daß jene beiden Probleme in den Vordergrund des Interesses traten: die Übertragung des verbreiteten **asketischen Ideals** – mit seiner Plausibilität als Lebensform entschiedener Christen – auf die Pfarrgeistlichkeit; die **Unterscheidung des Klerikerstandes** vom normalen Christenleben mit Arbeit, Erwerbstätigkeit, Ehe, Familie etc.; die Sicherung der **Unabhängigkeit des Kirchengutes** von privater Vereinnahmung, Vererbung und Entfremdung. Die konkreten Forderungen der "Reformer" hingen also essentiell mit der ekklesiologischen Konzentration zusammen (s. 7.2). Keineswegs war der Grund eine besonders verbreitete Unmoral der Kleriker, die es abzustellen galt (auch wenn bedenkliche sittliche Verwahrlosung und Verweltlichung des Lebensstils durchaus vorkamen). Vielmehr wurden die bisher üblichen Lebensformen nunmehr religiös-ethisch als Mißstände disqualifiziert. Der seit dem 4./5.Jh. geforderte **Zölibat** für Priester war im germanischen Bereich während des Frühmittelalters kaum durchsetzbar; nicht wenige Kleriker waren verheiratet, viele lebten im förmlichen Konkubinat (entsprechend der *Friedelehe*; s. 6.1.3). Daß Klerikerkinder die geistlichen Güter erbten, war zwar illegal, kam aber nicht selten vor und mußte für eine auf kirchliche Machtkonzentration bedachte Institution anstößig werden. Dies wurde nun zunehmend allgemein seit ca.1060 als *Nikolaitismus*, d.h. als Unzuchtssünde, denunziert (nach der Verwerfung der *Werke der Nikolaiten* Apk 2,6.14, die von dem in Apg 6,5 genannten Diakon Nikolaus her auf Kleriker bezogen wurde). Daß Kandidaten für die Übertragung eines materiell einträglichen Pfarr- oder Bischofsamtes dem zuständigen Grundherrn eine finanzielle Beteiligung o.ä. zahlten, war eine im Eigenkirchenrecht begründete übliche Praxis. Jetzt verdammten die kirchlichen Neuerer sie pauschal als **Simonie**, d.h. als *Kauf der Gabe des Heiligen Geistes* (nach Simon Magus' Bestechungsversuch Apg 8,18f). Dies verbanden sie außerdem mit ihrem Kampf gegen die Laieninvestitur, die so - z.B. bei Humbert - zum Inbegriff der Simonie umgedeutet wurde, und mit ihrer Forderung nach "kanonischer Wahl" der Bischöfe (vgl. § 9; 6.2). Für das Kirchenvolk wurde das Ganze zu einer **religiösen Lebensfrage**, weil etliche Polemiker die Gültigkeit der von "Nikolaiten" und "Simonisten" gespendeten Sakramente bestritten, so daß die Laien die Heilsvermittlung gefährdet sahen.

7.3.1 Die alte Forderung der **Ehelosigkeit** (*caelibatus*) für Priester, die ursprünglich im Gedanken der kultischen Reinheit begründet war, wurde seit der Karolingerzeit immer wieder durch Synoden und Bischöfe, Kirchenrechtssätze und Bußbücher erhoben und spezifiziert. Sie war aber nicht konsequent durchsetzbar, weil v.a. die kaum begüterten Landpfarrer Frau und Kinder zur Erwirtschaftung des Unterhalts brauchten; und da nicht selten deren Söhne die Nachfolge antraten, entstanden sog. Priestererbkirchen. Doch es kam auch durch Vererbung zur Entfremdung von Kirchengut. Dagegen wandten sich die Bischöfe z.B. mit Bestimmungen, daß die Priesterkinder zu Unfreien (also Leibeigenen) der Kirche werden müßten und deshalb nicht erben könnten: so z.B. auf den Synoden 1019 in Goslar und 1022 in Pavia (vgl. 6.2.4). Die monastische Reformbewegung stärkte mit der Verbreitung des Kanonikertums (vgl. § 6; 10.3.1) die **Zölibatsforderung**. Allgemein wandte sich die Stimmung im kirchlichen Volk während des 11.Jh.s zunehmend gegen diese "Hurerei" der Kleriker, d.h. gegen Ehe und Konkubinat.

7.3.2 Durch die Einbindung des Klerus in das Eigenkirchensystem und Lehnswesen gewann die Polemik gegen den angeblichen **Ämterkauf** im 11.Jh. - nicht zuletzt auch im Zusammenhang mit Korruptionsfällen - besondere Brisanz, zumal meist zwischen den *temporalia* und den *spiritualia*, den weltlichen und geistlichen Elementen eines kirchlichen Amtes, nicht differenziert wurde. Als **Simonie** war seit dem 5.Jh. die Annahme von Geschenken und Geldern für die Spendung von Sakramenten, v.a. für Priester- und Bischofsweihe, offiziell verboten. Nun wurde der Begriff insofern erweitert, als er auch die üblichen Geschenke, Anerkennungs- und Entschädigungszahlungen umfassen sollte, die Kleriker für ihre Pfründen (also nicht für die geistlichen "Gaben") an Stifter, Grundherren o.ä. zu zahlen hatten. Das war angesichts zahlreicher Fälle von regelrechtem Ämterkauf nicht unberechtigt. Es traf aber z.B. auch die laufenden Zahlungen aus dem Kirchengut, zu denen Bischöfe als Lehnsträger des Königs verpflichtet waren. Durch Verbindung mit der Polemik gegen die "Laieninvestitur" entstand ein **Grundsatzkonflikt** zwischen geistlicher und weltlicher Gewalt (s. § 9; 6.2.1-2).

7.3.3 Die päpstlichen "Reformsynoden" machten überall Zölibat und Simonie zum zentralen Thema seit 1049. **Petrus Damiani** behandelte es 1049 in dem *Liber Gomorrhianus*, einer polemischen Kritik des "Nikolaitismus" (Text: ML 145, 159-190) sowie 1052/61 in einem umfangreichen Gutachten, dem sog. *Liber gratissimus* (Text: Briefe Teil 1, MGH.Ep, 1983, 384-509). Er forderte im Sinne der monastischen Reform von allen Klerikern Ehelosigkeit, Keuschheit und Eigentumsverzicht, plädierte aber auch für eine bessere Ausbildung. Die von *Simonisten* erteilten Weihen - und damit die von ihnen gespendeten Sakramente - erkannte er als objektiv gültig an. Die umfassendste Polemik gegen die bisherigen Zustände bot **Humbert von Silva Candida** 1054-58 in den *Libri tres adversus Simoniacos* (Text: MGH.Libelli 1, 1891, 95-253). Im Unterschied zu Damiani bestritt er die Gültigkeit der simonistischen Weihen und Sakramente, weil er **Simonie** pauschal zur **Häresie** erklärte und Häretikern die Geistgabe fehlte. Indem er dazu generell auch die **Laieninvestitur** (ohne Ämterkauf) zählte, verschärfte er die Konfliktsituation erheblich; er hat damit erstmals das bisherige Verhältnis von geistlicher und weltlicher Gewalt grundsätzlich in Frage gestellt. Humberts Schrift wurde zwar kaum verbreitet (und hat insofern nicht die ihr oft zugeschriebene große Wirkung gehabt), aber er hat die dort vorgetragene Position in den päpstlichen Entscheidungsprozeß eingebracht: so z.B. auf den Lateransynoden 1060 und 1063, die gegen die Simonisten entschieden (Text/Übers.: DH 691-694). Schon 1059 hatte die päpstliche Synode den Laien verboten, die Messe bei einem verheirateten oder im Konkubinat lebenden Priester zu hören (Text: QGPRK 541).

7.4 Ausbau der päpstlichen Oberhoheit

Der Primatsanspruch der Päpste hatte bislang auch im Abendland eine geringe praktische Bedeutung gehabt; nur gelegentlich spielte er bei der Lösung von Streitfällen eine Rolle. Der römische Einfluß auf die Ausbildung des Kirchenrechts verstärkte sich z.T., dominierte aber keineswegs. Bischöfe und Erzbischöfe regierten selbständig, und die jeweiligen Landeskirchen – v.a. in Deutschland und Frankreich – regelten ihre Belange unabhängig vom Papst, z.B. durch die vom König einberufenen Synoden. Die Gliederung in Kirchenprovinzen war Ausdruck der **landeskirchlichen Autonomie**. Hier eine gewisse **Abhängigkeit** vom Papst zu schaffen, war ein Ziel der Kirchenpolitik Roms seit dem 9.Jh.: Die Verleihung des *Palliums* an die Erzbischöfe/Metropoliten (eines weißen, mit Kreuzen verzierten Bandes als päpstlichem Hoheitszeichen) sollte nur persönlich in Rom unter Ablegen eines Treueides erfolgen (so seit Alexander II.). Seit Leo IX. sollte den alten päpstlichen Anspruch auf Kontrolle der landeskirchlichen Synoden – aber auch der kirchlichen Verhältnisse insgesamt – ein Ausbau des Instituts der **Legaten** einlösen, die als persönliche Stellvertreter des Papstes vor Ort erschienen und die Verbindung zur römischen Zentrale garantierten. Leo IX. kümmerte sich auch um **direkte Kontakte**, indem er 1049-54 ständig v.a. nach Frankreich und Deutschland reiste, um auf Synoden, bei Bischöfen und Herrschern den päpstlichen Primat zu demonstrieren und das Reformprogramm zu vertreten. Die persönlich von Päpsten geleiteten Synoden (ca.100 zwischen 1049 und 1122) wurden zum wichtigen Instrument des gesamtkirchlichen Einflusses. Ein Paradigma für die Ausdehnung der Oberhoheit über die Metropoliten wurde seit Nikolaus' II. Eingreifen 1059/60 das zum Reich gehörige Mailand, die alte Rivalin Roms. Das von ihm begründete Bündnis mit den Normannenherrschaften in **Süditalien** ermöglichte die römische Hoheit über bisher byzantinische Diözesen. Die süditalienische Situation bestimmte die päpstliche Machtpolitik bis zum 14.Jh. Alexander II. realisierte seit 1063 teilweise den Anspruch auf den Universalepiskopat durch verstärkte Einflußnahme in Spanien, abgeschwächt auch in England. Wenn er erstmals für den Kampf gegen die spanischen Araber einen **Kreuzablaß** verkünden ließ, dann deutete sich damit eine Entwicklung an, die zu enormer Steigerung der gesamtkirchlichen Autorität des Papstes führte. (Zur Kreuzzugsbewegung s. § 9; 8.1-2.) Ein analoger Einfluß auf kirchliche Lebensformen und Institutionen, die sich der bischöflichen Autorität zu entziehen tendierten, ergab sich mit der **Exemtion von Klöstern** (vgl. § 6; 9.1). Diese seit dem 10.Jh anhebende, zunächst rein theoretische Unterstellung unter den Papst wurde durch den praktischen Ausbau des römischen Zentralismus mit der Blüte der asketischen Bewegung im 11./12.Jh. zu einem Faktor, der die päpstliche Macht – auf dem Wege über die monastische "Parakirche" – stärkte.

7.4.1 Primatsanspruch und Romidee spielten auch in der Theoriebildung der Neuerer eine große Rolle. Der Grundsatz, daß die römische Kirche *Mutter aller Kirchen* als deren *Angelpunkt, Quelle und Ursprung* (*cardo, fons et origo*) sei, prägte **Humbert** in seiner Schrift *De sancta Romana ecclesia* von ca.1053/54. Das ging erheblich über den bisherigen Anspruch auf Jurisdiktions- und Lehrprimat hinaus und fundierte die künftigen Universalitätsansprüche (vgl. 7.5.2). Das theologische Prinzip des römischen **Zentralismus** begegnete erstmals klar bei Humbert. **Petrus Damiani** begründete es auch kirchenrechtlich, indem er die päpstlichen Dekretalien zum letztgültigen Maßstab bei Rechtsunklarheiten erhob und all diejenigen für Häretiker erklärte, welche im Gegensatz zu Rom stünden.

7.4.2 Seit karolingischer Zeit waren die Kirchenprovinzen mit den **Metropoliten/Erzbischöfen**, denen mehrere Bischöfe als Suffragane (d.h. Gehilfen bzw. Stimmberechtigte) unterstanden, die wichtigste Organisationseinheit. Die Provinzsynoden entschieden in allen dogmatischen, rechtlichen und disziplinären Fragen. Dagegen suchte das Papsttum seit dem 11.Jh. seinen Lehr- und Jurisdiktionsprimat durchzusetzen, v.a. durch den Erlaß von Dekretalien als einer höherrangigen Rechtsform. Um die Metropoliten stärker an den Papst zu binden, baute Alexander II. den symbolischen Akt der **Palliumsverleihung** aus (ursprünglich einer reinen Ehrung, die seit dem 9.Jh. durch Nikolaus I. und Johannes VIII. zur konstitutiven Amtsübertragung wurde). Denn das *Pallium*, einst ein kaiserliches Ehrenzeichen, symbolisierte die pontifikale Hoheit. Die Verpflichtung, es persönlich vom Papst zu empfangen, sollte - in Verbindung mit der Verpflichtung zu regelmäßigen Besuchen in Rom - eine stärkere Abhängigkeit begründen. Durch die Institutionalisierung des traditionellen päpstlichen **Gesandtschaftswesens** mit der vorrangigen Verwendung von Kardinälen als **Legaten** wurde die Macht der Erzbischöfe erheblich beeinträchtigt. Denn diese *legati a latere* (sc. *pontificis*)/persönlichen Vertreter des Papstes repräsentierten dessen Vollmacht mit dem Anspruch, die bischöfliche Jurisdiktion zu übersteigen. Das wirkte z.B. bei Appellationen in zahlreichen Streitfällen i.S. einer römischen Zentralisierung.

7.4.3 Wie die Könige und Kaiser für eine Durchsetzung ihrer Herrschaft durch persönliche Präsenz sorgen mußten, taten es auch Leo IX. und seine Nachfolger durch ihre **Reisen**. So konnten sie die rechtlich formulierten, aber kaum wirksamen Ansprüche effektiver vertreten, z.B. auf Synoden in Frankreich und Deutschland, die den königlichen Einfluß zurückdrängten. Das war eine neuartige Synodalpolitik mit großem Effekt. Schon 1049 demonstrierte Leo IX. auf einer Synode in Reims den Jurisdiktionsprimat durch Erlaß von Kanones gegen Priesterehe (-konkubinat) und Simonie (vgl. 7.3) und die päpstliche Autorität durch Verkündung eines *Gottesfriedens* (s. dazu § 9; 8.1.3). Ähnlich verfuhr er in jedem weiteren Jahr seines Pontifikats, um den Episkopat fester an das Papsttum zu binden. Gregor VII. und Urban II. haben daran angeknüpft.

7.4.4 Gegenüber Rom hatte das Erzbistum **Mailand** seit dem 4.Jh. als kaiserliche Residenz und seit dem 8.Jh. als Teil des Reiches seine kirchliche Unabhängigkeit stets bewahrt. Die Volksbewegung gegen die verweltlichten "simonistischen" Kleriker, die sich 1057 in einem Aufstand entlud, gab dem Papst Anlaß zum Eingreifen: Petrus Damiani als Legat Nikolaus' II. vermittelte 1059 zwischen Klerus und Pataria (dazu s. § 6; 11.1.1) und erreichte dabei die Anerkennung der **päpstlichen Oberhoheit**. Gegen den reichstreuen lombardischen Episkopat verbündete sich Alexander II. nach 1064 mit der **Pataria**, deren Führer Erlembald er im gewaltsamen Kampf durch Übersendung der Petrusfahne demonstrativ unterstützte. Die Konflikte um Mailand wurden nach 1070 ein zentrales Element im Kampf zwischen Papst und Kaiser (vgl. § 9; 6.3.2).

7.4.5 Süditalien samt Sizilien als ein offiziell noch zu Byzanz gehöriges, von Sarazenen bedrohtes, z.T. von Langobarden beherrschtes Gebiet stand nur eingeschränkt dem Einfluß des Papsttums offen, das die Oberhoheit unter Berufung auf die *Konstantinische Schenkung* beanspruchte. (Ausdruck dafür war z.B. 1050 die - in der Praxis bedeutungslose - Ernennung Humberts zum Erzbischof von Sizilien.) Seit Beginn des 11.Jh.s veränderte sich die Lage durch die Eroberungen der **Normannen**, die in Apulien und Kalabrien einzelne Herrschaften errichteten, die Bevölkerung sowie die Kirche bedrückten und den "Kirchenstaat" von Süden her bedrohten. Der von Leo IX. 1053 zur Abwendung der Gefahr initiierte Feldzug endete mit der Niederlage bei Civitate und längerer Gefangenschaft des Papstes. Unter Nikolaus II. kam es 1059 zur Wende, der - veranlaßt v.a. durch Hildebrand - im Kampf um den Stuhl Petri (s. 7.1.4) die militärische Hilfe der Normannen erbat und deren Fürsten Richard von Aversa-Capua und Robert Guiscard von Apulien-Kalabrien, bisherige Raubritter, durch einen **Treu- und Lehnseid** als Herrscher legitimierte. Dadurch erweiterte sich auch der kirchliche Einfluß: Schon 1059 hielt Nikolaus II. eine Synode in Melfi zwecks Neuordnung der Kirchen in Süditalien ab. Alexander II. und Gregor VII. bauten die päpstlich-normannische Allianz aus (vgl. § 9; 6.5).

7.5 Zentralistisches Herrschaftsprogramm bei Gregor VII.

Der führende Kopf der sog. Reformpartei war seit 1059 der römische Archidiakon Hildebrand, der die Kirchenpolitik Nikolaus' II. und Alexanders II. wesentlich mitformte. Er hat als Gregor VII. (1073-85) den Kampf gegen Priesterehe, Simonie und Laieninvestitur verschärft. Man bezeichnet ihn zutreffend als ein singuläres Genie, als religiösen Eiferer mit intensiver asketisch-mystischer Frömmigkeit, als kirchlichen Revolutionär mit starken politischen Interessen, als militanten Vorkämpfer einer **Petrus-Rom-Ideologie**. Er eilte damit seiner Zeit voraus, überschätzte die Realisierungsmöglichkeiten, unterschätzte die Widerstandskräfte, worin sein Scheitern begründet war. Er baute mit seiner Petrusmystik die für das 11.Jh. typische **Kirchenfrömmigkeit** zu einer auf den päpstlichen Primat konzentrierten Gehorsamsethik aus; kraft der Amtsheiligkeit war für ihn der Papst der irdische Mittler zwischen Gott und Mensch, weswegen alle Christen ihm folgen müßten. Als **Theoretiker der Primatsidee** ragte Gregor VII. insofern hervor, als er alte Rechte und Ansprüche zuspitzte und sie durch neue Aspekte so verschärfte, daß die Fiktion von der absoluten Universalgewalt des Papstes erstmals umfassend spezifiziert wurde. Das wird programmatisch deutlich in dem sog. **Dictatus papae** von ca.1075, knappen (nicht veröffentlichten!) Leitsätzen bzw. Postulaten, worin er u.a. durch die päpstliche Jurisdiktionsgewalt die Rechte der Bischöfe minimalisierte, die Unfehlbarkeit der römischen Kirche konstatierte und die Superiorität über die weltliche Gewalt beanspruchte. Dies versuchte er in die Praxis umzusetzen; auch wenn er damit zu Lebzeiten nur teilweise Wirkungen erzielte, gab er doch Anstöße zur Realisierung der päpstlichen Gesamtherrschaft und des römischen Zentralismus im 12./13.Jh. Durch seinen Kampf gegen die kirchlichen Rechte und die sakrale Würde des Kaisertums im Investiturstreit wie durch seine Versuche, die weltliche Herrschaft des Papstes durch Lehnshoheiten über Könige und Fürsten auszubauen, hat er folgenreich zur **Politisierung des Papsttums** beigetragen (vgl. § 9; 6.1-5). Der von Kaiser Heinrich IV. erhobene Gegenpapst Clemens III. (1080-1100) repräsentierte dagegen eine gemäßigte Kirchenreformpolitik und ein moderates Primatsverständnis im herkömmlichen Sinn. Das die abendländische Kirche 1080-1111 spaltende **Papstschisma**, welches sich im 12.Jh. mehrfach wiederholte, beeinträchtigte die kirchenpolitische Durchsetzung der römischen Zentralismustendenzen.

7.5.1 Der in der Toskana ca.1025 geborene **Hildebrand**, in Rom als Mönch mit Verbindung zu Cluny aufgewachsen, gehörte seit Gregor VI. (s. 6.2.5) und Leo IX. (s. 7.1.1) zu den Radikalen der sog. Reformpartei. Nikolaus II. machte ihn 1059 zum einflußreichen Archidiakon der römischen Kirche, der u.a. für das Gerichts-, Finanz- und Militärwesen des Kirchenstaates als Vertreter des Papstes zuständig war. An den wichtigsten Maßnahmen der kirchlichen Erneuerung war er beteiligt; die Wahl Nikolaus' II. und Alexanders II. zu Päpsten 1059 und 1061 hatte er veranlaßt. Unter tumultuarischen Umständen wurde er 1073 von Volk und Klerus rechtsgültig im alten Sinne einer Inspirationswahl – aber ohne Beachtung des Papstwahldekrets von 1059 – als Papst akklamiert. Bezeichnend für sein **Sendungsbewußtsein** waren die wohl authentischen letzten Worte auf dem Sterbebett in Salerno 1085: *Ich habe die Gerechtigkeit geliebt und das Unrecht gehaßt* (mit Ps. 45,8), *deshalb sterbe ich im Exil.*

7.5.2 Gregors kirchenpolitische Konzeption orientierte sich an der religiösen Leitidee der Neuerer: am Kampf für die **Freiheit der Kirche** (*libertas ecclesiae*) als Durchsetzung der göttlichen **Ordnung** (*ordo*) in Kirche und Welt sowie als Realisierung der göttlichen **Gerechtigkeit** (*iustitia*) in allen Bereichen. Er war - im Unterschied zu den großen Päpsten des 12./13.Jh.s - kein juristischer Vertreter der Primatsidee. In ungewöhnlich zahlreichen Briefen hat er die Maximen seiner Amtsführung konkretisiert; über 360 davon sind original in päpstlichen Briefregistern erhalten (Text/Übers.: z.T. AQDGMA 12a). Dort ist unter der formalen Überschrift *Dictatus papae* (d.h. persönliche Formulierung; so auch bei vielen anderen Gregor-Texten) ein eigenartiger Text erhalten, dessen Form und Zweck die Forschung intensiv diskutiert hat: wohl kein Index einer nicht erhaltenen Kanonessammlung (wie früher vermutet), sondern eine nicht zur Veröffentlichung bestimmte unsystematische Liste von Leitsätzen bzw. **Sentenzen** über die **Universalgewalt des Papstes**, die seine persönliche Konzeption - anknüpfend an kanonistische Äußerungen Petrus Damianis - schroff fixierten. Da der Text zwischen zwei Briefen vom 3. und 4.3.1075 im Register steht, dürfte er etwa in dieser Zeit diktiert worden sein; doch eine Abfassung schon 1074 ist möglich. (Text/Übers.: AQDGMA 12a,148-151.)

7.5.3 Grundlage dieses Programms ist eine - Petrus Damianis Vorstellungen entsprechende - Verschärfung der traditionellen **Petrinologie**: *Die römische Kirche ist vom Herrn allein gegründet worden* (eine exklusive Beziehung der Apostelberufung mit Mt 16,18f auf Rom). Konsequenz dieser Christusunmittelbarkeit sind die Irrtumslosigkeit (nicht des einzelnen Papstes, sondern Roms) und der absolute Vorrang vor allen anderen Kirchen i.S. des Universalepiskopats, der in den einzelnen **Primatialrechten** - z.T. gegen die bisherige Rechtslage und Praxis - fixiert wird: Allein der Papst kann Bischöfe ein- und absetzen oder versetzen; seine Legaten führen auf jeder Synode den Vorsitz; nur er darf neue Gesetze erlassen, neue Gemeinden und Abteien errichten; die gesamte kirchliche Gerichtsbarkeit wird auf ihn als Appellationsinstanz konzentriert, während er von niemandem gerichtet werden darf. Der aus der *Konstantinischen Schenkung* abgeleitete Anspruch, daß im Westen allein der Papst die kaiserlichen Insignien tragen dürfe, fand seit 1059 in der Hinzufügung einer Krone zur Tiara, einer spitzen Mütze als weltlichem Hoheitszeichen, seinen Ausdruck (seit dem 14.Jh. mit drei Kronen). Im Sinne der Theorie von der päpstlichen *translatio imperii* postulierte Gregor, daß der Papst Kaiser absetzen dürfe; und politische Brisanz enthielt auch seine Sentenz, daß er *Untertanen vom Treueid gegenüber Ungerechten* lösen könne (vgl. dazu § 9; 6.4.1).

7.5.4 Den Kampf gegen Priesterehe und Simonie nutzte Gregor VII. seit der Fastensynode von 1074, um die Macht der **Metropoliten und Bischöfe** zu beschneiden. Prinzipiell beanspruchte er ihnen gegenüber, daß seinen Befehlen **Gehorsam** zu leisten sei als den Befehlen Petri bzw. Gottes. Konkret konnte er das nur teilweise durchsetzen, wobei er erheblichen **Widerstand** provozierte. Er drängte die Bischöfe zu rigiden Maßnahmen gegen Verheiratete und simonistische Kleriker. Zumal in Frankreich, wo die Praxis des Ämterkaufs besonders kraß war, verband er solche Vorstöße mit dem Ziel einer grundsätzlichen Anerkennung seiner Autorität: so v.a. in dem Konflikt mit dem mächtigen Erzbischof Manasse von Reims 1077-80, dessen Absetzung er bewirken konnte. Weniger gelang es ihm, den Widerstand des Episkopats in Reichsitalien (v.a. in der Lombardei) zu überwinden. Die scharfen Gegensätze zwischen ihm und den deutschen Bischöfen wirkten sich auch im Investiturstreit aus (vgl. § 9; 6.3.3). Der Episkopat kritisierte Gregors Amtsanmaßung, nicht aber seinen Kampf gegen die Simonie (so ließ er z.B. den simonistischen Bischof Hermann von Bamberg nach der päpstlichen Absetzung 1075 fallen). Empörung löste 1074/5 das Verfahren aus, unter dem Simonievorwurf einige deutsche Bischöfe nach Rom zu zitieren oder durch Legaten zu verurteilen und dabei die Laien gegen den Episkopat zu mobilisieren. Denkwürdig war die Kritik des von der römischen Fastensynode 1075 exkommunizierten Bremer Erzbischofs Liemar: *Der gefährliche Mensch will den Bischöfen wie Gutsverwaltern befehlen, was er will.*

7.6 Literatur

A.P. BAGLIANI: Die römische Kirche 1054-1124, GCh 5, 1994, 33-87. - U.-R. BLUMENTHAL: Gregor VII., TRE 14 (1985) 145-152. - DIES.: Leo IX., TRE 20 (1990) 742-744. - J. DEÉR: Papsttum und Normannen, 1972. - G. DENZLER: Das Papsttum und der Amtszölibat, Bd.1, 1973. - H. FUHRMANN: Gregor VII., "Gregorianische Reform" und Investiturstreit, GKG 11, 1985, 155-175. - D. HÄGERMANN: Nikolaus II., TRE 24 (1994) 540-543. - F. KEMPF: Die gregorianische Reform (1046-1124), HKG III/1, 1966, 401-441. - J. LAUDAGE: Gregorianische Reform und Investiturstreit, 1993. - DERS. (Hg.): Der Investiturstreit. Quellen und Materialien, 1990. - F.-J. SCHMALE (Hg.): Quellen zum Investiturstreit I., Ausgew. Briefe Papst Gregors VII., AQDGMA 12a, 1978. - T. SCHMIDT: Papst Alexander II. (1061-1073) und die römische Reformgruppe seiner Zeit, 1977. - G. TELLENBACH: Die westliche Kirche vom 10. bis zum frühen 12. Jahrhundert, KIG 2/F 1, 1988, 120-176.236-264. - W. ULLMANN: Geschichte (s. 5.3) 118-154.

8. Päpstlicher Primat und Ostkirche

Machtfragen dominierten in dem lang andauernden **Prozeß der Entfremdung** zwischen Ost- und Westkirche. Ging es bei den ersten Konflikten zwischen ca.195 und ca.365 um den römischen Anspruch auf besondere Autorität in Lehrfragen, so kam seit der kirchenrechtlichen Gleichstellung Konstantinopels von 381/451 (s. 1.2; 1.4; 2.3.3) die Konkurrenz um **Jurisdiktions- und Einflußgebiete** hinzu. Die Behauptung eines Primats des römischen Papstes sprengte - für lange Zeit allerdings nur theoretisch - den geltenden Verfassungsrahmen der sog. Pentarchie, der fünf Patriarchate mit einem Ehrenvorrang beider Reichshauptstädte. Durch die politische Neuordnung im Westen seit dem 8.Jh. mit Großreichsbildungen und konkurrierendem Kaisertum (s. § 9; 3.0; 4.0) sowie durch den steigenden Einfluß Roms auf die neuen Kirchen im Abendland (s. § 7; 4.3; 6.0; 10.3; 11.0) erhielt der Primatsanspruch für den Westbereich einen zunehmenden Realitätsgehalt, kulminierend in der Transformation zur Papstkirche im 11.-13.Jh. Dem entsprach - nach den Kollisionen bei der Christianisierung der Balkanvölker (s. § 7; 8.1-3) - ein qualitativ **neues Stadium** im Ost-West-Verhältnis: Die herkömmlichen Machtkämpfe um Unteritalien und um das Illyricum verlagerten sich im Zusammenhang der abendländischen Expansion in der Kreuzzugsbewegung ostwärts nach Griechenland und Syropalästina (s. § 9; 8.0). Der politischen Schwäche des Ostreiches korrespondierten einerseits ein **Vordringen der Westkirche**, andererseits - angesichts von Byzanz' Bedrohung durch die Türken - **Annäherungsversuche** zur offiziellen Überwindung der Trennung. Dabei spielten auch die theologisch-kirchlichen Kontroverspunkte eine Rolle, doch faktisch waren sie, weil in der Sache von geringerem Gewicht, den machtpolitischen Aspekten stets untergeordnet. Die skizzierte Entwicklung begann 1054 mit einem keineswegs epochalen Schisma, das sich in ähnliche Zerwürfnisse der Vergangenheit einreihte (s. 6.1; § 4; 11.2), und sie endete mit den Unionsverhandlungen 1438/9.

8.1 Das Schisma von 1054 und seine Folgen

Die Ausweitung papalistischer Hoheitsansprüche in der sog. gregorianischen Reform und v.a. die Ausdehnung des päpstlichen Einflußgebietes in Mittel- und Süditalien (wo die Normannen vordrangen, aber noch Reste byzantinischer Herrschaft bestanden) bildeten die Voraussetzungen für einen neuen Konflikt, der die faktisch seit längerem bestehende Trennung beider Kirchen manifestierte. Gegen Versuche Papst Leos IX. seit 1050, die im 8.Jh. verlorene **Jurisdiktion** über Süditalien und Sizilien wiederherzustellen, und gegen seinen Plan, mit Hilfe des Ostkaisers die eingedrungenen Normannen zu vertreiben, opponierte der machtbewußte Konstantinopeler Patriarch Michael Kerullarios. Der eskalierende Konflikt, in dem die liturgisch-rituellen Differenzen den wechselseitigen Häresievorwurf begründen sollten, führte schließlich 1054 dazu, daß Kardinal Humbert (s. 7.1.2) als päpstlicher Legat in Konstantinopel und Kerullarios sich gegenseitig mit dem feierlichen Bannfluch belegten. Es war zwar **kein förmliches Schisma** i.S. einer Aufkündigung der Kirchengemeinschaft zwischen Rom und Byzanz, sondern eine personenbezogene Exkommunikation. Aber die beigefügten Begründungen enthielten mit den **grundsätzlichen Sachdifferenzen** eine Lehrverurteilung, und das Bewußtsein des Getrenntseins (das sich schon seit dem 9.Jh. in den Häresievorwürfen artikulierte) wurde durch jenen Akt verschärft. Trotzdem blieben die kirchenpolitischen Kontakte bestehen, wie sich v.a. beim Beginn der Kreuzzugsbewegung zeigte (s. § 9; 8.2). Erst diese vertiefte die Konfliktsituation zum unüberwindbaren Gegensatz, vollends bekräftigt durch die westliche Okkupation des Ostreiches seit 1204 und durch die Errichtung einer lateinischen Kirchenorganisation dort (s. § 9; 10.2). Deswegen ist es historisch unangemessen, den Beginn der endgültigen Kirchenspaltung auf das Jahr 1054 zu fixieren; es handelte sich bei dieser nicht um einen punktuellen Bruch als Ereigniszäsur, sondern um eine längerfristig realisierte politisch-kulturelle Entfremdung als Mentalitätsdifferenz.

8.1.1 Zwischen Sarazenen und Normannen hielt sich die *Italia byzantina* in Apulien und Kalabrien und an der Ostküste Siziliens bis ins 12.Jh. Papst Leo IX. erstrebte nicht nur eine Ausdehnung des kirchlichen Einflusses durch Abhaltung von Synoden und Besetzung von Bistümern, sondern auch eine politische Sicherung gegen die den Kirchenstaat bedrohenden Normannen (s. 7.4.5). Dazu verbündete er sich mit dem byzantinischen Dux Italiae. Hierin sah Patriarch **Michael Kerullarios** (1043-58), ein ehrgeiziger Politiker ohne theologische Bildung, eine Gefährdung seiner Jurisdiktion. In seinem Auftrag polemisierte 1053 der bulgarische Erzbischof Leon von Achrida/Ochrid gegen die judaistischen **Häresien der Westkirche**: v.a. den Gebrauch von Azyma/ungesäuertem Brot in der Eucharistie und das Fasten an den Samstagen der Fastenzeit (Text: MG 120, 836-844). Das war der Vorwand für Kerullarios, die lateinischen Kirchen in Konstantinopel zu schließen. Doch da der Papst und der Kaiser an einer politischen Verständigung interessiert blieben, kam eine römische Gesandtschaft 1054 nach Konstantinopel (die Kardinäle Humbert von Silva Candida und Friedrich von Lothringen sowie Erzbischof Petrus von Amalfi).

8.1.2 **Humberts** Forderung nach Wiederherstellung der päpstlichen Jurisdiktion in Süditalien und im Illyricum trug zur Eskalation der Kontroverse mit Kerullarios ebenso bei wie seine maßlose Polemik gegen die **Häresien der Griechen**, unter denen er – neben den rituellen Fragen – jetzt erstmals auch die angebliche Weglassung des Filioque im Credo (s. § 5; 13.3.3) thematisierte. Seine z.T. absurden Vorwürfe faßte er in einer **Bannbulle** zusammen, die er als Zeichen der Exkommunikation des Patriarchen und seiner Mitstreiter am 16.7.1054 auf dem Hauptaltar der Hagia Sophia niederlegte (Text: ML 143, 1002-1004). Nach Begründung ihrer Häresien stellte die Bulle abschließend fest: *Sie seien verflucht, Maranatha, zusammen mit Simonianern, Valentinianern, Arianern ... und allen Häretikern, ja mit dem Teufel und seinen Engeln, wenn sie nicht doch zur Einsicht kommen.* Maßgebliche Begründung dafür war, daß sie *dem Glauben des heiligen römischen und apostolischen Stuhles* widersprochen hätten. Kerullarios reagierte entsprechend, indem er am 24.7. durch eine **Synode** die Verurteilung der päpstlichen Legaten beschließen ließ.

8.1.3 Im 11./12.Jh. gab es gelegentlich Vorstöße, durch **theologische Gespräche** die Einheit wiederherzustellen, so z.B. von Kaiser Alexius I. im Zusammenhang seiner Bemühung um politische Kooperation mit dem Papst zwischen 1097 und 1112. Seitdem diskutierte man intensiv, aber erfolglos die trinitätstheologischen und pneumatologischen Differenzen v.a. anhand des Filioque-Problems. Die verfestigten Unterschiede in **Liturgie, Ritus und Kirchenrecht**, die dem tiefen Abstand in der Mentalität entsprachen, waren im Grunde gravierender, jedoch kaum überbrückbar. In der **Primatsfrage**, die immer stärker in den Vordergrund rückte, war eine Verständigung unmöglich. Das zeigte sich auch bei den politisch motivierten Gesprächen, die Anselm von Havelberg im Auftrag Kaiser Lothars III. 1136 in Konstantinopel führte (Text: ML 188, 1139-1248; SC 118), und bei den Bemühungen Kaiser Manuels I. um eine Verständigung, die seine imperiale Italienpolitik begleiteten.

8.2 Die Unionsversuche 1274-1439

Während Innozenz' III. Pontifikat schienen die Errichtung eines westlichen Kaiserreichs in Byzanz und die Einsetzung eines lateinischen Patriarchen nach 1204 zusammen mit der Oberhoheit über die Patriarchen von Antiochia und Jerusalem in den "Kreuzfahrerstaaten" den **universalen Herrschaftsanspruch** zu verwirklichen. Doch Kleriker und Gemeinden der Ostkirchen entzogen sich dem durch ihre hartnäckige Opposition, so daß der Primat faktisch nur für die dort lebenden Abendländer galt. Auch die solennen Dekrete des Laterankonzils 1215 über die Obödienz der Ostkirche gegenüber Rom standen nur auf dem Papier. Es waren wie im 11./12.Jh. politische Gründe, die den bedrängten byzantinischen Kaiser Michael VIII. 1262 zu neuen Verhandlungen veranlaßten (nach dem üblichen Muster: Unionsangebot gegen Militärhilfe; s. § 9; 10.3). In Papst Gregor X. fand er schließlich einen geneigten Partner, der auf dem **Konzil von Lyon 1274** - nach Zustimmung der griechischen Delegation zum römischen Primat und zum Filioque im Credo - feierlich die Union vollziehen ließ. In der Praxis bedeutete diese Deklaration jedoch nichts, weil in Byzanz der Kaiser den Widerstand der Unionsgegner nicht überwinden konnte und weil Gregors Nachfolger sich reserviert verhielten, bis Martin IV. aus rein politischen Motiven 1281 durch die Exkommunikation Michaels VIII. die Verbindung förmlich abbrach. Die byzantinischen Kaiser, die im 14./15.Jh. erneut die Union betrieben, versuchten, das durch intensivere theologische Vorarbeiten abzusichern. So kamen Lehrgespräche zwischen östlichen und westlichen Theologen zustande, die allerdings keinen Rückhalt im griechischen Klerus und Kirchenvolk besaßen, bei denen die Aversion gegen *die Lateiner* seit 1274 noch weiter gewachsen war. Ihr Ergebnis, die durch Lehrdekrete auf dem **Konzil von Florenz 1439** förmlich besiegelte Union, hatte deshalb abermals keine praktische Bedeutung (s. § 9; 10.3.2-3).

8.2.1 Als erster Patriarch im **lateinischen Kaiserreich** Konstantinopel wurde 1204 der Venezianer Thomas Morosini (gest. 1211) eingesetzt und nachträglich von Innozenz III. bestätigt; auch dessen Nachfolger bis 1261 stammten zumeist aus Venedig. Der Papst, der diese Amtseinsetzungen bereits als Zeichen der Union verstand, ließ neben den griechischen Bischöfen, die sich ihm unterordnen sollten (das aber z.gr.T. verweigerten), auch **lateinische Bischöfe** einsetzen; so bestanden zwei Kirchen nebeneinander mit unterschiedlichem Ritus und Recht, was zu permanenten Konflikten führte. Die Repräsentation der Gesamtkirche auf dem **Laterankonzil** 1215 war nur scheinbar ökumenisch; denn die vier östlichen Patriarchate (mit Ausnahme Alexandrias) waren bloß durch die westlichen Amtsinhaber vertreten. Die Fiktion einer Kircheneinheit durch päpstliche **Jurisdiktion über die Ostkirchen** trat auch in den Konzilsdekreten zutage: Den Griechen befahl man allgemein die Abstellung ihrer schädlichen Riten (u.a. der Wiedertaufe lateinischer Christen); die östlichen Patriarchen sollten zum Zeichen der Unterordnung unter den Papst von diesem das Pallium erhalten (Text/Übers. z.T.: DH 810-811).

8.2.2 Im Zusammenhang der Neukonsolidierung des byzantinischen Reiches nach 1261 strebte **Kaiser Michael VIII.** Palaiologos die Union mit Rom an (s. § 9; 10.3.1). Er setzte sich über die Bedenken von Patriarch und Episkopat gegen die päpstlichen Forderungen (Anerkennung von Primat und Filioque), die 1273 von einer Synode bekräftigt wurden, hinweg und stimmte einem von Rom vorgeschriebenen Glaubensbekenntnis zu, meinte aber, für seine Kirche die traditionellen Formen von Credo und Ritus beibehalten zu können. In diesem Sinne stimmten seine Gesandten auf dem westlichen **Konzil in Lyon** am 6.7.1274 der Union durch Rezitation eines umfangreichen **kaiserlichen Bekenntnisses** zu, das u.a. das Filioque, die sieben Sakramente, die Transsubstantiationslehre, die Eucharistie mit Azymen, den *höchsten und vollen Vorrang und die Vorherrschaft (primatum et principatum) über die ganze katholische Kirche der römischen Kirche zugestand* (Text/Übers.: DH 851-861). Offen blieb allerdings, ob damit der Jurisdiktionsprimat oder nur der seit jeher konzedierte Ehrenprimat gemeint war. Und die Zustimmung zum Filioque widersprach der bisherigen Lehre der griechischen Kirche.

8.2.3 Neben den Kaisern, die gegen die Türken eine politisch-militärische Unterstützung des Westens erstrebten, gab es einige Gelehrte, die durch theologische Kontakte eine Verständigung suchten. Die alte byzantinische Forderung nach einem ökumenischen Konzil erhielt durch den westlichen Konziliarismus seit 1409 Auftrieb. Doch das **gemeinsame Konzil**, das nach zähen Verhandlungen am 9.4.1438 in **Ferrara** - mit starker Beteiligung beider Seiten (darunter Papst, Kaiser und Patriarch) - eröffnet, von Papst Eugen IV. nach **Florenz** verlegt und dort mit einem formellen **Unionsdekret** am 6.7.1439 abgeschlossen wurde, war im Grunde bloß eine kirchenpolitische Aktion ohne wirkliche dogmatische Verständigung und ohne kirchliches Fundament im Osten (Text/Übers. z.T.: DH 1300-1308). Die Wortführer der großen griechischen Delegation waren der Humanist Bessarion (seit 1439 römischer Kardinal, gest. 1472) und der Erzbischof von Ephesus Markus Eugenikos, ein scharfer Kritiker der *Lateiner*. Die Diskussion über die strittigen Lehrfragen Fegfeuer, Transsubstantiation und Trinität (Filioque) erbrachte keine echte Annäherung, sondern **Formelkompromisse**. Das galt auch für den - jetzt dogmatisch und juristisch exakter als 1274 definierten - römischen Primat, weil er unter Wahrung aller Privilegien und Rechte der östlichen Patriarchate gelten sollte. Die tatsächliche Situation im Osten machte die Union zur Illusion (s. § 9; 10.3.3). Das galt auch für die Unionsdekrete, die nach 1439 einer winzigen Delegation der **Armenier** und 1442/1444 einzelnen Vertretern der **Kopten** und der **Syrer** diktiert wurden. Die langen Ausführungen über die Sakramente im *Decretum pro Armenis* (Text/Übers.: DH 1309-1328) waren künftig nur für die Westkirche bedeutsam, weil sie deren Lehren dogmatisch verbindlich fixierten (vgl. § 10; 9.1.5-6; 9.2.3). Das *Decretum pro Jacobitis* für Kopten und Syrer brachte neben christologischen Ausführungen u.a. den westlichen Kanon der biblischen Bücher (Text/Übers.: DH 1330-1353).

8.3 Literatur (vgl. § 9; 10.4)

H.-G. BECK: Kirche und theologische Literatur im byzantinischen Reich, 1959. - F. Dvornik: Byzanz und der römische Primat, 1966. - J. GAUSS: Ost und West in der Kirchen- und Papstgeschichte des 11. Jahrhunderts, 1967. - J. GILL: Konstanz und Basel-Florenz, 1967, GÖK 9, 259-357. - A. MICHEL: Humbert und Kerullarios. Quellen und Studien zum Schisma des 11. Jahrhunderts, 2 Bde., 1924-30. - B. ROBERG: Das zweite Konzil von Lyon (1274), 1990. - K. WESSEL: Dogma und Lehre in der Orthodoxen Kirche von Byzanz, HDThG 1, 1982, 348-405. - H. WOLTER/H. HOLSTEIN: Lyon I/Lyon II, 1972 (= GÖK 7), 141-257.

9. Etablierung der Papstkirche im 12./13. Jahrhundert

Charakteristisch für die Entwicklung des päpstlichen Primats war seit dem 5.Jh. der Hiatus zwischen Idee und Realität. Programmatische Ansprüche wurden formuliert und blieben gleichsam im Raum stehen so lange, bis die Gunst der historischen Situation ihre praktische Umsetzung - meist allerdings nur teilweise - ermöglichte. Dabei wurde im 9.-11.Jh. als Herrschaftsfundament die Ausbildung eines römischen **Kirchenrechtssystems** enorm wichtig. Angesichts der Verzahnung von kirchlichen und weltlichen Lebensbereichen konnte das Papsttum damit - neben seiner Rechtshoheit über Episkopat und Klerus - auf die Entwicklung der politischen Herrschaft und der Gesellschaft Einfluß nehmen. So waren päpstliche

Rechtsetzung und Gerichtsbarkeit in einer erst allmählich sich formierenden, der Normierung bedürftigen abendländischen Staatenwelt die wichtigsten **Machtmittel** zur Verwirklichung des Hoheitsanspruches. Damit verband sich als ideologische Absicherung und Verstärkung die papalistische Theorie, die sich, von der traditionellen Petrinologie ausgehend, zu einer umfassenden **Papatologie** entwickelte: Als irdischer Stellvertreter des Weltherrschers Christus behauptete der Papst eine singuläre religiöse Dignität mit Rechtsqualität, die in der Praxis auf eine geistliche Weltherrschaft hinauslaufen sollte. Ein solcher Anspruch erhielt Realisierungsmöglichkeiten in einem Zeitalter, das einerseits generell die Dominanz des Geistlichen gegenüber dem Weltlichen und die Priorität des jenseitigen Heils gegenüber dem diesseitigen Leben akzeptierte, das andererseits durch eigentümliche politische Konstellationen dem Papsttum Herrschaftsmöglichkeiten eröffnete, die vorher nicht bestanden und auch undenkbar waren. Die skizzierte Veränderung vollzog sich in dem Zeitraum zwischen ca.1075 und 1215: von dem programmatischen Anspruch unter Gregor VII. bis zur ideologischen Realität unter Innozenz III. Nun wurde die abendländische Kirche endgültig zu einer römisch-katholischen Papstkirche.

9.1 Papalismus und päpstliches Recht

Die Krise der gregorianischen Erneuerungsbewegung nach dem Scheitern Gregors VII. wurde z.T. gemildert durch die Steigerung päpstlicher Autorität unter Urban II. (1088-99) infolge der Kreuzzugsbewegung. Sie machte sich jedoch nach 1130 in einem weiteren **Papstschisma** bemerkbar, das durch stadtrömisch-machtpolitische Konflikte, aber auch durch den Gegensatz zwischen Neuerern und Konservativen verursacht war. Die Auseinandersetzung führte u.a. zum weiteren Ausbau des **papalistischen Systems** (der Zentralisierung) und der **Papsttheorie** i.S. einer Papatologie (woran der einflußreiche Bernhard von Clairvaux maßgeblich beteiligt war). Beides wurde fundiert durch ein romorientiertes **Kirchenrecht**. Der große Grundsatzkonflikt zwischen Papsttum und Kaisertum seit 1155 (s. § 9; 7.1) stärkte trotz des erneuten Schismas - gegen Barbarossas Tendenz, den Papst gleichsam nur als Patriarchen unter dem Kaiser in das Reich einzufügen - nicht nur wegen gelingender Positionsbehauptung das päpstliche Selbstbewußtsein. Er brachte v.a. unter Alexander III. eine breite Umsetzung des immer stärker spezifizierten päpstlichen Rechtes in gesamtabendländische Praxis. Die Laterankonzile von 1139 und 1179 demonstrierten diesen Wandel, der in erheblichem Maße ermöglicht wurde durch den **Ausbau der Kurie** zu einer effektiven "Regierungszentrale", die alle weltlichen Verwaltungs- und Herrschaftszentren weit übertraf (s. 11.2-3). Zwar wuchs die **Kritik an der Verweltlichung** der Kirche bedrohlich an, aber dem konnte das Papsttum durch verstärkte Verbindung mit den monastischen Reformkräften (s. § 6; 10.1-3) einen Zugewinn an geistlicher Autorität entgegensetzen. Allerdings erfuhr es eine massive **Politisierung** durch seine immer stärkere Beteiligung an den Kämpfen um Italien: in Mittelitalien die Abwehr der kaiserlichen Hoheitsansprüche, im Süden die wechselvolle Auseinandersetzung mit den Normannen und der byzantinischen Restherrschaft, im Norden die Beteiligung an den

Konflikten der lombardischen Städte mit Friedrich I., in Rom und Umgebung der Kampf gegen die einflußreichen Adelsfamilien.

9.1.1 Trotz der großen Veränderungen des 11.Jh.s blieb das Papsttum in Rom von den politischen Rivalitäten der Adelsfamilien (v.a. der Pierleoni und der Frangipani) beeinflußt, unter denen sich z.T. ein neuer Geldadel bemerkbar machte. Spannungen zwischen diesen Gruppen sowie zwischen gregorianischen Neuerern und kaisertreuen Konservativen verursachten 1130 eine Spaltung des Kardinalskollegiums und damit eine **doppelte Papstwahl**. Während der formal rechtmäßig gewählte **Anaklet II.** (1130-38), ein Pierleoni, Rom beherrschte, gewann der nach Frankreich ausweichende "Gregorianer" **Innozenz II.** (1130-43) dort sowie in Deutschland, England und Spanien trotz seiner zweifelhaften Legitimation breiten Rückhalt, zunächst in monastischen Kreisen. Außer der politischen Hilfe des Prämonstratensers Norbert von Xanten verdankte er das v.a. dem politischen und publizistischen Einsatz der Zisterzienser unter Bernhard von Clairvaux. Mit Hilfe der Regularkanoniker förderte Innozenz eine **Reform** des Klerus; durch Intensivierung der Synoden machte er erstmals konsequent das Kirchenrecht zum Instrument gesellschaftlicher Reformen. Das von ihm gestaltete **2. Laterankonzil 1139** schrieb das in 30 Kanones allgemein verbindlich fest (Text: COD 197-203; Übers.: Foreville 225-231).

9.1.2 Diese Politik setzte der Zisterzienser **Eugen III.** (1145-53) fort, der ebenfalls aus Rom weichen mußte, weil es sich zur Republik erklärt hatte und infolge der Agitation des Kirchen- und Papstkritikers Arnold von Brescia, der vom Konzil 1139 vergeblich verurteilt worden war, ein unruhiges Pflaster war. Eugen machte erneut den **Kreuzzug** zum Programm (s. § 9; 8.3.3) und baute das päpstliche Rechtssystem aus. Sein Lehrer **Bernhard von Clairvaux** (s. § 6; 10.2.3; § 10; 5.1-2) verfaßte für ihn ca.1145 einen "Papstspiegel", eine umfangreich belehrende *Erwägung/De consideratione* (Text: ML 182, 727-808) über die Besonderheit des päpstlichen Dienst-Amtes. Dieser viel gelesene Traktat enthielt neben scharfer Kritik an der Verweltlichung und Verrechtlichung etliche **Grundsätze**, welche starken Einfluß auf die weitere Ausbildung einer Papatologie ausübten. Er bezeichnete den Papst als **Stellvertreter Christi** auf Erden, der als Mittler zwischen Gott und den Menschen stehe und deshalb alle anderen Menschen überrage, als Priester und König zugleich, in dem sich die höchste geistliche und weltliche Gewalt vereinen, weil er der monarchische Aufseher/*speculator* über die ganze Christenheit ist. Demgemäß formulierte er die **Zweischwertertheorie** mit exegetisch-allegorischer Begründung so, wie die spätere Papatologie sie als selbstverständlich vertrat: Gemäß Lk 22,38 eignen dem Papst das geistliche Schwert (Wort, Sakrament, Kirchenrecht, Bann), das er selber führt, und das weltliche Schwert (Gewalt, irdische Herrschaft), das die Fürsten in seinem Auftrage führen. Ein derartiges Theoriegebilde, das bei Bernhard der religiösen Vertiefung dienen sollte, gab späteren Päpsten mit größerem Machtinstinkt die Handhabe, ihren universalen Herrschaftsanspruch zu legitimieren.

9.1.3 Eine wichtige Übergangsperiode in der Papstgeschichte – entscheidend geprägt durch den Konflikt mit der staufischen Reichskonzeption (s. § 9; 7.1.1-4) – begann ca.1158: mit den Pontifikaten des Engländers **Hadrian IV.** (1154-59) und dessen Mitarbeiters, des Juristen Roland Bandinelli (wohl Verfasser einer kanonistischen *Summa* und einer Sentenzensammlung; s. § 10; 7.2.2), bei dessen Wahl als **Alexander III.** (1159-81) es zum Schisma kam (s. § 9; 7.1.3). Sie entwickelten die Tradition des gregorianischen Papalismus insofern weiter, als sie sie in der Praxis gegen das Kaisertum behaupteten und innerkirchlich durch **Ausbau des Kirchenrechts** realisierten. Mit unzähligen **Dekretalen** griff Alexander III. in ganz Europa in strittige Rechtsfälle ein; erstmals setzte er dieses Mittel systematisch ein, u.a. auch, um so seine durch die kaiserlichen Gegenpäpste angefochtene Position zu stärken. Durch seine Dekretalensammlung entstanden fortdauernde Normen für viele Bereiche des kirchlichen und bürgerlichen Lebens (z.B. zu Ehe-, Lehns-, Zins-, Wahl- und Disziplinarrecht). Das alte Eigenkirchenrecht (s. § 9; 1.1.2) schafften Alexanders Dekretalen faktisch ab durch Überführung in ein neuartiges Patronatsrecht.

9.1.4 Eine solenne Fixierung dieser Rechtszentralisierung und -vereinheitlichung brachte in Fortsetzung des Lateranense II das – zunächst der Bereinigung der Folgen des Papstschismas dienende – **3. Laterankonzil 1179** mit seinen 27/28 Kanones (Text: COD 211-225; Übers.: Foreville 246-261) u.a. zur Klerikerdisziplin, Ämterbesetzung, Kirchenbesteuerung, Exkommunikationspraxis, Ketzerbekämpfung, zum Wahlrecht (erstmals eindeutig mit Mehrheitsprinzip/*maior et sanior pars capituli*) und zum Patronatsrecht. Die wichtigste Rechtsbestimmung betraf die **Papstwahl**: Zur Vermeidung eines Schismas wie zuletzt 1159 sollte derjenige als gewählt gelten, für den zwei Drittel der Kardinäle stimmten. Demgemäß galt auch hier das, freilich verschärfte, Mehrheitsprinzip, nicht mehr der Vorrang besonderer Kardinalbischöfe.

9.2 Höhepunkt päpstlicher Macht: Innozenz III.

Eine einmalige Konstellation günstiger Umstände gab Gelegenheit, das gregorianische Programm der päpstlichen **Universalgewalt/plenitudo potestatis** sowohl innerkirchlich als auch politisch in der Wirklichkeit zu konkretisieren: die abendländische Ostexpansion in der Kreuzzugsbewegung, die zeitweise Schwäche der römisch-deutschen Kaisermacht, die Eingriffsmöglichkeiten in vielen instabilen Reichen Europas, die Abwehr systemkritischer Häresien, die Notwendigkeit umfassender Reformen des kirchlichen Lebens, die Blüte einer systemkonformen Wissenschaft in Jurisprudenz und Theologie. Das waren Möglichkeiten, die ein zielstrebiger **Stratege** im Papstamt für dessen Stärkung nutzen konnte; mit dem Juristen und Politiker Innozenz III. (1198-1216) gab es just zur rechten Stunde einen genialen Organisator der Macht. Was er erreichte, wirkte nach, auch wenn die Veränderung mancher der o.g. Rahmenbedingungen erhebliche Einschränkungen erzwang. Das Papsttum hatte um 1200 den Gipfel seiner Entwicklung erreicht; selbst der folgende allmähliche Abstieg bewahrte noch wesentliche Elemente dieser Größe, deren wirkungsgeschichtliche Bedeutung für die spätmittelalterliche Kirchengeschichte beträchtlich war. Geistige Grundlage war die abschließende **Ausformung der Papatologie**. Den im 12.Jh. und zuvor gelegentlich begegnenden Gedanken, daß der Papst irdischer **Stellvertreter Christi**/*vicarius Christi* sei, verfestigte Innozenz erstmalig zu einem seitdem stereotypen **Titel**, der den Anspruch auf die Vollgewalt/*plenitudo potestatis* ausdrückte. Er gab ihm eine theologisch-juristische Begründung mit dem Prinzip der hierokratischen Monarchie (königlich-priesterlichen Herrschaft Christi nach der Ordnung Melchisedeks) und mit dem **Leib-Christi-Gedanken**, wonach die Christenheit als *corpus* nur ein Haupt/*caput* besitze, eben den Papst als universalen Führer. Typisch für Innozenz III. war, daß er von der realitätsstiftenden Kraft der Ideen überzeugt war und deswegen jene Konzeption in die europäische Politik einbrachte, und zwar aufgrund günstiger Situationen z.T. mit Erfolg (s. § 9; 7.2). Dem entsprach im Blick auf das kirchliche Leben die Ausformung der älteren Theorie von der römischen Kirche als Mutter aller Kirchen zu dem Anspruch, daß das Papstamt die *Quelle allen Rechts* in der Kirche sei. Innozenz baute das papalistische System kirchlicher **Zentralisierung** durch Festigung des **Jurisdiktionsprimats** aus, indem er u.a. die Abhängigkeit der Bischöfe vom Papst theoretisch und praktisch steigerte, die Kompetenzen der Erzbischöfe weiter verringerte, erstmals eine offizielle Sammlung des römischen Kirchenrechts herausgab, die kuriale Gerichtsbarkeit straffte und deren Einfluß im Abendland erhöhte (vgl. 11.3). Er wurde der Begründer des **Kirchenstaats** im eigentlichen Sinne dadurch, daß er die alten territorialen Ansprüche auf zahlreiche Gebiete durch eine erfolgreiche Politik der sog. *Rekuperationen* (*Wiedergewinnung* von Hoheitsrechten in Mittelitalien) einlöste und daß er dort einen päpstlichen Herrschaftsapparat durch geordnete Verwaltung etablierte. Damit wurde das Papsttum zu einer italienischen Territorialmacht in ständiger Rivalität mit anderen, was seine **Politisierung** auch von dieser Seite her vorantrieb und den Kampf um Erhalt und Vergrößerung des Kirchenstaates zu einer Dominante der weiteren Papstgeschichte (mit Bedeutung für die abendländische Kirchengeschichte) werden ließ.

9.2.1 Der aus alter lombardischer Adelsfamilie stammende **Lothar von Segni** (geb. ca.1160/1), ein frommer Asket, Kardinal seit 1190, seit 1198 Papst Innozenz III., hatte in Paris Theologie und in Bologna Kanonistik studiert. Seine Schriften nach 1190 waren wenig originell: z.B. *De miseria humanae conditionis/ Über das Elend des menschlichen Daseins* (Text: hg.v. M. Maccarone, 1955), eine pessimistische Betrachtung der sündigen Existenz in dieser Welt, ferner *De missarum mysteriis/Über die Geheimnisse der Messe* (Text: ML 217, 763-916), eine einflußreiche Erörterung u.a. zu Realpräsenz und Transsubstantiation, die für seine späteren Lehräußerungen wichtig war. In Predigten, Briefen und Dekretalen hat er seit 1198 seine neuartige **Lehre über das Papstamt** (Papatologie) formuliert, erstmals programmatisch in seiner Antrittspredigt (s. § 9; 7.2.4). Sie war fundiert in seiner **universalistischen Ekklesiologie**, die Kirche, Christenheit und Weltordnung zusammensah, und übertrug den Transzendenzbezug von irdischer Kirche und himmlischem Urbild auf den Papst. In plerophorer Rhetorik explizierte er sie mit exegetischen, historischen und logischen Beweisen, mit Analogien aus Natur und Recht, ohne damit jedoch eine lehramtliche Fixierung zu bieten. Das **Christusvikariat** wurde zum zentralen Aspekt, so daß er den traditionellen Titel *Vicarius Petri* als unzureichend ablehnte. Er reservierte den im 11./12.Jh. verschiedenartig - z.B. auf Könige und Bischöfe - angewandten Begriff *Vicarius Christi* für den Papst als einzigen Stellvertreter, der alle Macht Christi auf Erden ausübt. Die entscheidende theologische Begründung gab ihm der **Leib-Christi-Gedanke**: Aus der gängigen Lehre, daß die Kirche als Leib einerseits Christus zum Haupt hat und andererseits in irdischer Konkretion als Körperschaft existiert, folgerte er, daß der Papst als *caput ecclesiae* in direkter Beziehung zu Christus steht und diesen auf Erden repräsentiert, auch dessen Mittlerschaft zwischen Gott und Mensch, wie sich v.a. in der Eucharistie/Papstmesse zeigt.

9.2.2 Entscheidend war, daß Innozenz III. aus der Idee des Christusvikariats Folgerungen nicht nur für die Überordnung über die weltlichen Gewalten (s. § 9; 7.2.4), sondern auch für die **kirchliche Universalgewalt**/*plenitudo potestatis* zog. Denn deren praktische Konkretionen hatten - im Unterschied zum politischen Herrschaftsanspruch - Bestand in der weiteren Kirchengeschichte. Den alten, von ihm stark betonten Anspruch Roms, Mutter aller Kirchen zu sein, verband er mit der Idee der Christus-Stellvertretung: Sämtliche Gewalt und Vollmacht in der Kirche strömt vom Papst auf die übrigen Amtsträger aus (exegetisch belegt mit Joh 1,16: *Aus seiner Fülle/plenitudo haben wir alle empfangen* ...). Das bedeutete, daß die geistlichen und rechtlichen Vollmachten der **Erzbischöfe** und **Bischöfe** diesen vom Papst übertragen werden, weswegen er deren Wahl (auf die er zunehmend Einfluß zu nehmen suchte) bestätigen muß und sie durch den obligatorischen Rombesuch ihre Bindung an ihn bekunden müssen. Das bedeutete ferner, daß er sich einzelne **Amtsübertragungen** vorbehalten kann (zum System der Reservationen etc. s. 12.1.1) und daß er - auch als Quelle des Rechts - durch **Dispense** Einzelbestimmungen des normalen Kirchenrechts außer Kraft setzen darf und gegenüber der bischöflichen Rechtsprechung die oberste **Appellationsinstanz** ist. Demgemäß baute Innozenz die Praxis aus, daß alle *causae maiores/wichtigeren Rechtsangelegenheiten* in die päpstliche Zuständigkeit fielen, wobei die Konkretisierung jenes unscharfen Begriffs dem Papst oblag (z.B. Neuerrichtung und Abgrenzung von Bistümern, Entscheidung bei strittigen Bischofswahlen).

9.2.3 Der sog. **Kirchenstaat** (s. 5.2) war als Ganzes eine päpstliche Funktion, im einzelnen eine unkoordinierte Kumulation von Gebieten, Rechts- und Besitztiteln, Einnahmequellen und Abhängigkeiten. Große Teile der beanspruchten Territorien gehörten zu Reichsitalien, aber in den Jahrzehnten der deutschen Thronwirren nach 1197 betrieb Innozenz III. eine erfolgreiche **Rekuperationspolitik** durch Okkupation von Reichsgütern, Ersetzung kaiserlicher Amtsleute durch päpstliche und Aufbau einer zusammenhängenden Verwaltung in den jeweiligen Provinzen mit weltlichen Statthaltern/*rectores* an der Spitze. So gliederte er dem Patrimonium Petri (das im 11./12.Jh. um einige Schenkungen erweitert worden war, z.B. die Städte Benevent und

Ferrara) das Herzogtum Spoleto, die Mark Ancona und die Grafschaft Radicofani an; doch die dauerhafte Besetzung der Romagna, der Pentapolis und der Mathildischen Güter gelang nicht (s. Abb.21b). Daran änderte auch die günstige Rechtsgrundlage aufgrund der kaiserlichen Versprechungen von 1209 und 1213 (s. § 9; 7.2.2-3) faktisch nichts. Insgesamt entstand ein päpstlich beherrschtes Territorium (kein einheitlicher "Staat") in Mittelitalien als **Sperrgürtel** zwischen dem Königreich Sizilien und dem Reich (Oberitalien, Burgund, Deutschland). Die Folge war, daß seit dem 13.Jh. die Päpste viel massiver und direkter in die kriegerischen Konflikte der verschiedenen Mächte in Italien verwickelt wurden.

9.3 Das 4. Laterankonzil von 1215

Innozenz' III. theoretische Konzeption und praktische Verwirklichung päpstlicher Vollgewalt in der gesamten Kirche als einer **Herrschaft durch das Recht** fand ihre eindrucksvollste Demonstration in der Durchführung und den Ergebnissen seines Generalkonzils in Rom 1215. Es stellte die größte Bischofsversammlung des Mittelalters dar und erzielte eine nachhaltige kg. Breitenwirkung. Es behandelte nach Innozenz' Maßgaben eine Fülle von Themen, v.a. die **Kreuzzugsplanung** und die Angliederung der **Ostkirchen**, die für seine Herrschaftsauffassung besonders wichtig waren (s. § 9; 8.4; 10.2), Streitfälle kirchlichen und weltlichen Rechts sowie vielfache Maßnahmen der **Kirchenreform**. Unter diesen befand sich auch eine dogmatische Konstitution, das umfangreiche Bekenntnis des katholischen Glaubens gegen die Häretiker, das u.a. durch Fixierungen zur Sakramentenlehre bedeutsam wurde (s. § 10; 8.3; 9.2). Die **Ketzerbekämpfung** war ein wichtiges Thema; dazu gehörten auch das Verbot neuer Mönchsorden zwecks Eindämmung der häretischen Bewegungen und die Normierung der Kontrollsysteme in den bestehenden Orden, die freilich v.a. deren innerer Reform dienen sollte. Eine **Förderung des kirchlichen Lebens** erwartete man von der geistigen und sittlichen Hebung des Klerikerstandes, einer Verbesserung der Seelsorge und Straffung der Kirchenzucht (u.a. durch Beicht- und Kommunionpflicht). Die scharfen Rechtsbestimmungen für die **Juden** gehörten in den Zusammenhang dieses umfassenden Versuchs, das christliche Abendland einheitlich als vom Papst gelenkte Kirche zu reglementieren und deren Feinde (Häretiker, Juden, Muslime) auszugrenzen.

9.3.1 Die sorgfältige Vorbereitung seit der Ankündigungsbulle von 1213, die u.a. die Aufstellung von Gravamina vorsah, und die für das Abendland repräsentative Teilnehmerschaft (über 400 Bischöfe, 800 Äbte/Prioren, Gesandte europäischer Könige und Fürsten) unterstrichen die allgemeine Bedeutung dieses Konzils, das am 11.-30.11.1215 in der Lateranbasilika tagte (s. Abb. 22). Es sollte – so die Bulle – dem *gemeinsamen Wohl aller Gläubigen durch Verteidigung der Kirche* gegen den Ansturm ihrer Feinde dienen. Die Einbeziehung des Ostens verstärkte die Illusion einer Versammlung der Weltchristenheit unter päpstlicher Führung. Innozenz III. legte auf der Basis früherer Äußerungen **70 Dekrete**, z.T. ausführliche juristische Darlegungen, vor, denen zumeist ohne Diskussion zugestimmt wurde (Text: COD 230-271; Übers.: Foreville 400-449; z.T. DH 800-820). Sie waren nicht nur formal sein Werk, sondern auch inhaltlich, und ihre historische Bedeutung zeigte sich daran, daß sie zumeist in die späteren Kirchenrechtssammlungen aufgenommen wurden (bis hin zum Codex von 1917). Das Konzil beschloß ferner über weltliche Rechtsfragen wie z.B. den dt. Thronstreit und über strittige Bistumsbesetzungen. Die umfangreiche **Kreuzzugskonstitution** (c.71) sollte für 1217 einen Kreuzzug vorbereiten u.a. durch die erstmals allgemeine Besteuerung des Klerus, durch Erneuerung des Plenarablasses für die Teilnehmer sowie von Teilablässen für fördernde Hilfe (vgl. § 9; 8.3.2).

9.3.2 Gegen Katharer und Waldenser definierte das 1. Dekret die **katholische Lehre** zu Trinität (so auch c.2 gegen Joachim von Fiore) und Sakramenten (s. § 10; 8.3; 9.2). Ansonsten spielten dogmatische Probleme bei diesem ganz auf die kirchliche Praxis konzentrierten Konzil keine Rolle. Das Dekret über die Häretikerbekämpfung führte Lucius' III. Bestimmungen von 1184 fort; es war Teil der umfassenden Maßnahmen von Kirche und Staat (s. 10.3.1). Einen entscheidenden Beitrag zur **Kirchenreform** sollten die Bischöfe leisten: durch Provinzialsynoden, Überwachung der Moral ihrer Kleriker, Einsetzung von Predigern zur besseren Betreuung des Kirchenvolkes, Verbesserung des kirchlichen Schulwesens und der Priesterausbildung. Mißstände bei der **Ämtervergabe** sollten abgestellt werden; dazu gehörten auch die kanonische Wahl - ohne Beteiligung weltlicher Gewalten - und die Bestätigung durch die Vorgesetzten, z.B. bei Bischöfen durch den Papst. Die Sicherung der **Zehntabgaben**, der Basis des kirchlichen Finanzsystems, wurde eingeschärft. Allen Gläubigen galt - unter Androhung der Exkommunikation - die Verpflichtung, mindestens einmal im Jahr zur **Beichte** und zu Ostern zur eucharistischen **Kommunion** zu gehen. Das sollte die Kirchlichkeit stabilisieren. Bei der Reliquienverehrung sollte der Wildwuchs u.a. durch römische Kontrolle eingedämmt werden. Detaillierte Vorschriften spezifizierten das **Eherecht** und regelten die kirchliche Gerichtsbarkeit. Vier Dekrete brachten **Sanktionen gegen die Juden**: Einschränkung des Zinswuchers, Tragen einer besonderen Kleidung zur Unterscheidung von Christen, Verbot der Übernahme öffentlicher Ämter, Abschaffung jüdischer Lebensgewohnheiten bei Konvertiten.

9.4 Diskrepanz zwischen Anspruch und Wirklichkeit

Der Zenit päpstlicher Macht, wie ihn Innozenz III. repräsentierte, war, kaum erreicht, rasch überschritten. Im 13.Jh. begann bereits ein allmählicher **Niedergang**, der im 14.Jh. zur Krise führte. Dieser Sachverhalt zeigt, daß die postulierte Universalherrschaft v.a. ein fragiles Ideengebilde war, dessen Realisierung von der jeweiligen Situation abhing. Die **machtpolitische Verwicklung** in den Kampf um die staatliche Ordnung Italiens nach 1220 (s. § 9; 7.3) und das Scheitern der päpstlich geführten Kreuzzugsbewegung in Syropalästina und Byzanz (s. § 9; 8.4; 10.2) reduzierten den politischen Herrschaftsanspruch auf ein Normalmaß im Konfliktfeld der beteiligten Kräfte. Die offenkundige **Verweltlichung** rief zunehmend Gegenkräfte auf den Plan. Die Propaganda Kaiser Friedrichs II. und seiner Kreise mit der Forderung, der Papst sollte sich auf seine geistlichen Aufgaben beschränken, entsprach einer allgemeinen Zeitströmung, die ihren radikalsten Ausdruck in der "häretischen" Kirchenkritik fand. Das politische Interesse dominierte in der Amtsführung von Gregor IX. und Innozenz IV. bis 1254; ein geistlicher Reformer wie Alexander IV. konnte danach nicht viel bewirken. Die **Italienpolitik** war neben dem **Ausbau des innerkirchlichen Zentralismus** zur Hauptaufgabe geworden. Mit der päpstlich geförderten Herrschaft der Franzosen im Königreich (Sizilien-)Neapel nahm sie eine folgenreiche Wende: Das von den Deutschen getragene Kaiserreich entfiel als Widerpart und Schutzmacht; nun mußte sich das Papsttum mit dem Haus Anjou, den einheimischen Adelsfamilien und den erstarkenden Städterepubliken auseinandersetzen. Es war ein Symptom der Zersplitterung und Schwäche, daß zwischen 1261 und 1294 sich die Probleme bei der Papstwahl, die Vakanzen und die kurzen Pontifikate häuften. **Bonifatius VIII.**, in die italienischen und europäischen Konflikte verstrickt, stellte gleichsam das Ende der hochmittelalterlichen Papstherrschaft dar: Einerseits fixierte er mit der Bulle **"Unam sanctam"** 1302 die bisherige **Papatologie** dogmatisch (Heilsnotwendigkeit der Unterordnung aller Menschen unter den Papst), andererseits aber unterlag er im Kampf gegen Frankreich schmählich (s. § 9; 11.1). Danach begann eine neue Phase der Papstgeschichte: die Abkehr von Rom als Fundament päpstlicher Autorität, die Hinwendung zu Frankreich.

9.4.1 Der rein machtpolitisch motivierte Einsatz kirchlicher Sanktionen - auch der Kreuzzugsidee - gegen Friedrich II. und die Stauferpartei durch Gregor IX. (1227-41) und Innozenz IV. (1243-54) schädigte das Ansehen des Papsttums nachhaltig. Als herausragende Juristen haben beide die päpstliche Jurisdiktionsgewalt weiter ausgebaut: Gregor IX. 1234 durch den *Liber extra*, eine große **Gesetzessammlung** als Ergänzung zu Gratians *Decretum*, Innozenz IV. durch seinen Kommentar dazu. Der Grundsatz, daß der Papst *Richter über alles* sei und daß er *alle Rechte* in seinem Herzen trage, legitimierte endgültig die freie Vollmacht, das gesamte Kirchenrecht zu setzen. Das von Innozenz v.a. gegen Friedrich II. einberufene **1. Konzil von Lyon** 1245 (s. § 9; 7.3.5), das Lugdunense I, verabschiedete auch zahlreiche Kanones: u.a. zum kirchlichen Prozeßrecht und zur Exkommunikation (Text: COD 283-301).

9.4.2 Erst nach dreijähriger Sedisvakanz konnte das zerstrittene Kardinalskollegium sich auf einen Nichtpriester als neuen Papst einigen: **Gregor X.** (1271-76), dem die Kreuzzugsbewegung das wichtigste Anliegen war. Diese und die Union mit den Griechen machte er zum Schwerpunkt für das **2. Konzil von Lyon** 1274 (vgl. § 9; 8.4.4; 10.3.1), das aber auch bedeutsame kirchenrechtliche Entscheidungen traf. Um die Kardinäle zu rascherer Einigung bei der **Papstwahl** zu zwingen, fixierte man erstmals die **Konklaveordnung**, die zwar - wegen ihrer rigiden Einschränkung des Lebensstils - von den nächsten Päpsten wieder umgestoßen wurde, aber danach i.w. bis zur Gegenwart gültig blieb (Text: COD 314-318; Übers.: Wolter/Holstein 302-306). In Anknüpfung an das Lateranense IV von 1215 war seitdem die Kirchenreform ein wichtiges Thema. Dazu erließ man Dekrete u.a. über die Bischofswahl, die kirchliche Immunität, die Seelsorgetätigkeit der Bettelorden in Abgrenzung zu derjenigen des Weltklerus (ein Dauerproblem im 13.-15.Jh.).

9.4.3 Eine kg. bemerkenswerte Episode war der kurze Pontifikat des angesehenen Eremiten Peter von Morrone, der, nach langer Sedisvakanz gewählt, als **Cölestin V.** 1294 nach sechs Monaten chaotischer Amtsführung abdankte (gest. 1296). Die in ihn gesetzten Hoffnungen auf eine Reform des verweltlichten Papsttums verbanden sich mit der - auf Joachim von Fiore (s. § 6; 10.2.5) zurückgehenden - apokalyptischen Vorstellung vom **Engelpapst**/*papa angelicus* v.a. in Franziskanerkreisen. Das war charakteristisch für die verbreitete Unzufriedenheit mit der Institution. Nur z.T. im Zusammenhang mit der papstkritischen Zeitstimmung des 13.Jh.s verbreitete sich in verschiedenen Chroniken die - völlig unhistorische, aber bis ins 16.Jh. verbreitete - Legende von der **Päpstin Johanna**, einer gelehrten Jungfrau, die 855/7 als Johannes Anglicus Papst gewesen und wegen ihrer Schwangerschaft entdeckt worden sei.

9.4.4 Der robuste Machtpolitiker und kluge Jurist **Bonifatius VIII.** (1294-1303), der - z.T. mit einem Kreuzzugsaufruf - gewaltsam für seine Familie die Güter der mächtigen römischen Colonna-Familie annektierte und zwei Colonna-Kardinäle verjagte, suchte seine Herrschaft im Kirchenstaat durch konsequenten **Nepotismus** (s. 11.0) zu stabilisieren. Im Konflikt mit Philipp IV. von Frankreich gab er der **Papatologie** des 12./13.Jh.s in der Konstitution *Unam sanctam* von 1302 klassischen Ausdruck (Text/Übers. z.T.: DH 870-875; zum politischen Zusammenhang s. § 9; 11.1.2). Aufgrund der entsprechenden Schriften des Aegidius Romanus (s. § 9; 11.3.2) verfaßte den Text wohl Kardinal Matthäus von Acquasparta, ein franziskanischer Scholastiker (s. § 10; 12.1.5): Mit exegetischen Belegen wird zunächst dargelegt, daß *die eine heilige katholische Kirche nur ein Haupt hat, nicht zwei Häupter wie ein Monstrum, nämlich Christus und als Christi Stellvertreter (vicarius) Petrus und den Nachfolger (successor) Petri.* Damit wird als selbstverständlich die Entsprechung zwischen himmlischem und irdischem Haupt vorausgesetzt, so daß der Papst als Petrusnachfolger an Christi Stelle steht und dessen Richteramt auf Erden mit der Binde- und Lösegewalt als eine *göttliche Gewalt/divina potestas* ausübt. Die Bulle schließt mit der feierlich deklarierten dogmatischen Definition, die eine ekklesiologische Aussage des Thomas von Aquino umformt: *daß es für jedes menschliche Geschöpf zum Heil unbedingt notwendig ist, dem römischen Papst unterworfen zu sein/subesse Romano Pontifici omni humanae creaturae ... omnino esse de necessitate salutis.* Diese Definition wurde vom 5. Laterankonzil 1516 ausdrücklich bekräftigt (Text: QGPRK 785; Übers.: KTGQ 3,8).

9.5 Literatur
J. EHLERS: Alexander III., TRE 2 (1978) 237-241. - O. ENGELS: Von den Staufern zu den Anjou, GKG 11, 1985, 208-228. - R. FOREVILLE: Lateran I-IV, GÖK 6, 1970. - P. HERDE: Cölestin V. (1294), 1981. - DERS.: Cölestin V., GKG 11, 1985, 229-247. - A. PARAVICINI BAGLIANI: Die römische Kirche vom ersten Laterankonzil bis zum Ende des 12.Jh.s, GCh 5, 1994, 181-252. - DERS.: Die römische Kirche von Innozenz III. bis Gregor X., ebd. 555-614. - F.J. SCHMALE: Das Papsttum im Zeitalter Bernhards von Clairvaux und der frühen Staufer, GKG 11, 1985, 176-195. - G. SCHWAIGER: Innocenz III., TRE 16 (1987) 175-182. - DERS.: Innocenz IV., ebd. 182-186. - W. ULLMANN: Geschichte (s. 5.3) 162-263. - H. WOLTER: Das Hochmittelalter, HKG III/2, 1968, 3-113.168-213.237-356. - DERS.: Bonifatius VIII., TRE 7 (1981) 66-68. - H. WOLTER/H. HOLSTEIN: Lyon (s. 8.3).

10. Radikales Ketzertum und kirchliche Abwehr

Seit den Anfängen des Christentums gab es das Phänomen, daß starke Lehrunterschiede auftraten, die als nicht innerhalb derselben Gemeinschaft vereinbar angesehen wurden. Zum Selbstverständnis einer durch bestimmte Normen fixierten Großkirche gehörte seit dem 2.Jh., daß der Gegensatz zu andersartigen Formen als ein solcher von wahrer Kirche (bzw. Rechtgläubigkeit) und Häresie begriffen wurde. Seitdem gehörte die Klassifizierung fremder Lehren als "häretisch" zum kirchlich-theologischen Instrumentarium, zumal dann, wenn es sich um Gegensätze zu bereits fixierten Dogmen handelte. In den großen theologischen Kontroversen des 4.-8.Jh.s ging es bei der Ausformung der zentralen Dogmen (s. § 1; § 4; § 5) um Lehrgegensätze, von denen eine Position sich als orthodox durchsetzte und die andere als häretisch ausschied. In zahlreichen kleineren Konflikten ging es meist darum, daß einzelne Theologen - mit begrenztem Anhängerkreis - angreifbare Lehrmeinungen vortrugen (s. z.B. § 5; 13.3; 14.4; § 10; 4.1; 8.1). Seit dem 11./12.Jh. ergab sich eine **neue Situation** insofern, als mehr oder weniger große **Gruppen** auftraten, für die eine **ausdrückliche Negierung** der kirchlichen Lehrgrundlagen (oder wesentlicher Teile derselben) und/oder der Institution Kirche charakteristisch war. Radikale Häresie in verschiedenen Formen - terminologisch nur im Deutschen mit dem eigentlich gleichbedeutenden Begriff "Ketzertum" besonders markierbar - wurde gleichsam ein **Massenphänomen**. Das hing mit der zunehmenden sozialen und kulturellen Differenzierung der Gesellschaft zusammen, aber auch mit der Tatsache, daß die katholische Papstkirche nunmehr sich zu einem festgefügten, viele Lebensbereiche prägenden Netzwerk entwickelte, dem man sich u.a. durch Fundamentalopposition entzog. Die Institution begegnete dieser mit der Ausformung eines Abwehrsystems, so daß seit dem 12./13.Jh. die **Ketzerverfolgung** zu einem Bestandteil der Kirchenstruktur wurde. Dabei erfuhr der Begriff der Ketzerei/Häresie eine nivellierende Ausweitung, die nahezu jede Form der Kirchen- und Dogmenkritik sowie ungewöhnlicher Lehre erfaßte.

10.1 Neuartige Häresien im 11. Jahrhundert

Seit ca.1010/20 fielen in verschiedenen Gegenden Deutschlands, Frankreichs und Italiens **Gruppen** - meist von **Laien**, unter Führung von **Predigern** - durch nonkonformistische Anschauungen und Verhaltensweisen auf. Unter ihnen bemerkten die Zeitgenossen v.a. solche, die sie als *Manichäer* bezeichneten. Doch die betreffenden Gruppen vertraten zumeist keinen manichäischen Dualismus, sondern sie lehnten Elemente des kirchlichen Lebens wie Sakramente oder Heiligenverehrung ab. Typisch für sie war eine **Ablehnung der Institution Kirche**. Sie waren kaum organisiert und erlagen bis ca.1050/60 rasch den sporadischen Verfolgungsmaßnahmen. Die durch sie repräsentierte kirchenkritische Mentalität konnte jedoch z.T. bei einzelnen Wanderpredigern fortleben. Einen konsequenten **Dualismus** vertraten dagegen die seit dem 10.Jh. in Bulgarien auftretenden **Bogomilen**. Diese wirkten im 12.Jh. durch verschiedene Kontakte von Konstantinopel und von der westlichen Balkanhalbinsel her auf die Formierung der Katharer ein (s. 10.2).

10.1.1 Lehrsysteme und Religionsgemeinschaften einer dualistischen Weltanschauung waren mit dem Verschwinden des Manichäismus seit dem 7.Jh. in Europa nicht mehr existent. Doch in Armenien und Ostsyrien hatte sich seit ca.660 - im Fortwirken markionitischer und manichäischer Einflüsse - eine neue dualistische Bewegung mit den sog. **Paulicianern** formiert (Fremdbezeichnung aufgrund ihrer Paulusverehrung). Sie gewann im 9.Jh. durch Kontakte zum byzantinischen Christentum politische Bedeutung: Die wegen ihrer Panzerreiter auch militärisch bedrohliche **militante Sekte** im Grenzgebiet des Reiches, die das traditionelle Kirchenwesen mit Ämtern, Sakramenten, Kult etc. ablehnte, gefährdete die innere Stabilität Kleinasiens durch ihr Vordringen. Sie wurde massiv bekämpft, um 870 z.gr.T. ausgerottet und in ihren Resten im 10.Jh. nach **Thrakien** umgesiedelt. Dort beeinflußten die Paulicianer vermutlich die nonkonformistischen Gruppen im **Bulgarenreich**, die unter dem Einfluß des Priesters Bogomil (um 930-960) ihre Kritik am Feudalismus der sozialen Führungsschichten und an der von diesen getragenen Kirche zu einer spezifischen Religiosität der Weltflucht ausbildeten: die sog. **Bogomilen**. Ihre Hauptlehre war ein **Dualismus**, der angesichts leidvoller Wirklichkeitserfahrung die Welt als Schöpfung des Teufels verstand (weswegen sie das AT und Teile des NT verwarfen). Dem entsprachen als praktische Konsequenzen ein asketischer Lebensstil (v.a. Fasten) und eine Ablehnung der kirchlichen Ämter, Sakramente, Frömmigkeitsformen (Bilder, Reliquien). Die Wassertaufe ersetzten sie durch einen Initiationsritus, das *consolamentum*, die Geisttaufe. Nach der Eingliederung des bulgarischen in das **byzantinische Reich** 1018 (s. § 7; 8.2.5) verbreitete sich dort das Bogomilentum in weiten Teilen des Landes und fand v.a. in den geistigen Oberschichten - bei Mönchen, Klerikern, Laien - regen Zuspruch und intellektuell-theologische Neuprägung. **Konstantinopel** wurde ihr Zentrum, wo ihr Führer Basilius und dessen Anhänger von Kaiser Alexius I. ca.1110 als staatsfeindliche Häretiker verbrannt wurden. Trotz der Verfolgung breiteten sich die Bogomilen im 12.Jh. weiter aus. Von Bulgarien aus hatten sie zuvor schon in Serbien und Bosnien erfolgreich missioniert. So gelangte ihr Einfluß auch nach Westeuropa.

10.1.2 Ob die als *Manichäer* um 1020-50 verfolgten kleinen **Ketzergruppen** in Mainz, Orléans, Arras und andernorts in Frankreich, Burgund, Oberitalien und Nordspanien von den Bogomilen beeinflußt waren, ist angesichts der dürftigen Quellenlage unsicher; es läßt sich aber vermuten. Meist ungebildete Laien, vertraten sie keinen reflektierten ontologischen Dualismus, sondern einen **praktisch-asketischen Dualismus**. Ihre Ablehnung von Taufe, Eucharistie, Buße, Ehe, Kirchengebäude und Klerikerhierarchie berührte sich mit bogomilischen Auffassungen, entsprach aber auch bestimmten **kirchenkritischen Tendenzen**, die sich seit dem 11.Jh. angesichts der Verweltlichung der Institution bemerkbar machten. Wahrscheinlich gingen einige dieser Gruppen in der Armutsbewegung des 11./12.Jh.s auf (s. § 6; 11.1). Auch einzelne Kirchenkritiker mit häretischen Tendenzen um 1115-30, die Anhänger um sich scharten, dürften im weiten Sinn jener Einflußsphäre zuzuordnen sein: so z.B. die **Wanderprediger** Tanchelm in Flandern (1115 erschlagen) und Petrus von Bruis in Südfrankreich (ca.1138 verbrannt) oder der Eremit Heinrich (oft fälschlich Heinrich "von Lausanne" genannt), der seit 1116 in der Provence und im Languedoc erfolgreich gegen die verweltlichte Kirche predigte, die Sakramente ablehnte und seine Anhänger (die *Heinricianer*) nochmals taufte. Das 2. Laterankonzil 1139 verurteilte ihn, Petrus von Bruis und einige ihrer Sonderlehren (Text/Übers.: DH 718).

10.2 Die "Gegenkirche" der Katharer

Im Zusammenhang der komplexen Protest- und Armutsbewegung, die seit Beginn des 11.Jh.s die abendländische Christenheit erfaßte (s. § 6; 11.0), bildeten sich mit den Katharern **spezifisch geprägte Gruppen**, bei denen sich asketische Weltkritik mit bogomilischen Einflüssen verband und zu einem radikalen Gegensatz gegen die etablierte Kirche führte. Es war zwar keine organisatorisch einheitliche oder durch ein fixiertes Lehrsystem zusammengehaltene Gemeinschaft, aber grundlegende Merkmale stimmten i.w. überein: die mit verschiedenen Formen eines Dualismus begründete **Ablehnung der Welt**, die konsequente asketische Lebensweise (s.a. § 6; 11.2) und der Aufbau einer **eigenen Kirchenorganisation**. Diese Konturen gewann die seit ca.1135/40 besonders stark in Frankreich und Italien - und von da aus im übrigen Abendland - verbreitete Bewegung erst nach 1170. Während für die meisten Katharer seitdem ein radikaler Dualismus maßgeblich war, gab es auch Gruppen, die in eine monistische Schöpfungslehre dualistische Elemente einbauten. Beidemale ging es um Versuche einer theologischen Deutung der negativen Welterfahrung. Die damit verbundene totale Ablehnung der Kirche machte auch äußerlich sichtbar, daß es sich um ein grundlegend andersartiges Christentum handelte. Entsprechend scharf fiel die Abwehrreaktion der durch dieses Phänomen irritierten Kirche aus (s. 10.3).

10.2.1 Die **Entwicklung** der zunächst namentlich nicht fixierten Häresie war durch rapides Wachstum bestimmt. Im Languedoc und in der Gascogne, v.a. im Gebiet um Toulouse, begegneten unter den religiösen Sondergruppierungen (s. 10.1.2) seit ca.1135 solche, die durch ihren - freilich noch gemäßigten - **Dualismus** auffielen und anfangs als *Arianer* oder *Manichäer* bezeichnet wurden, später nach ihrem Hauptverbreitungsort Albi *Albigenser*. Von Nordfrankreich her beeinflußt traten in Köln und Lüttich nach 1140 Häretiker hervor, die sich die *Armen Christi*, die *Vollkommenen*, die *Auserwählten* o.ä. nannten und mit ihrer hierarchischen Organisation beanspruchten, die **wahre Kirche** zu sein. Ähnliche Gemeinschaften machten sich in Norditalien seit ca.1155 bemerkbar. Bei allen wirkten **bogomilische Einflüsse** mitgestaltend (s. 10.1). Unter den verschiedenen Selbstbezeichnungen (v.a. *gute Christen*) dominierte nach außen hin der auf griechischen Einfluß hinweisende Begriff **Katharer**/*Cathari*, d.h. *die Reinen*. Wahrscheinlich entstand daraus - vermittelt über die italienische Bezeichnung *gazzari* - der deutsche, seit ca.1210 nachweisbare Begriff **Ketzer**, was den allgemein prägenden Eindruck jener Bewegung demonstriert.

10.2.2 Schwerpunkte der Verbreitung bildeten Südfrankreich und Nord- sowie Mittelitalien; die dortigen Gruppen unterschieden sich in der Lehre z.T. beträchtlich. Das lag v.a. daran, daß der Konstantinopeler **Bogomilenbischof Niketas** auf einer Missionsreise in Italien einige Gruppen (v.a. die Albanenser um Brescia) und dann die Albigenser auf einer **Synode** in St. Félix-de-Caraman bei Toulouse um 1170 (1174/6?, nicht schon 1167) dogmatisch und organisatorisch formte. Er bekehrte sie zum **radikalen Dualismus** und weihte **Bischöfe**. Damit war die Entstehungsphase abgeschlossen; seitdem trat die **Katharerkirche** als Institution mit starker Ausstrahlungskraft im allgemeinen Bewußtsein hervor. Es gab überall etliche Gemeinschaften, die nicht den radikalen Dualismus, sondern eine Einprinzipienlehre vertraten; in Italien waren es v.a. - im Unterschied zu den Albanensern - die Concorrezzenser und Bagnolenser. In diese drei "Konfessionen", zu denen später weitere Trennungen kamen, zersplitterten sich die italienischen Katharer, während die Albigenser in ihren sechs Bistümern eine dogmatische und organisatorische Einheit aufwiesen.

10.2.3 Die stark mythologische **Theologie** der Katharer, in der z.T. origenistische Elemente (wie z.B. die Lehren von der Präexistenz der Seele und der Apokatastasis) nachwirkten, war nicht ontologisch-systematisch, sondern heilsgeschichtlich orientiert. In der radikalen Form bei den Albigensern u.a. deutete sie die **Geschichte der Menschheit** in ihrer verhängnisvollen Entstehung und ihrer Erlösungsmöglichkeit vom Gott-Satan-Gegensatz her dualistisch: als **Kampf** zwischen einem guten **Prinzip des Geistes** und einem bösen **Prinzip der Materie**, zwischen Sein und Nichtsein, Licht und Finsternis, die sich in Engeln und Dämonen manifestieren. Die Einzelheiten der Weltentstehungsmythologie entsprachen weithin dem Material, das die Gnosis im 2./3.Jh. entfaltet hatte (s. § 2; 5.1.1); sie wurden durch allegorische Bibelexegese verifiziert. Die **Erlösung** bringt der von Gott gesandte Engel Jesus Christus (eine Inkarnation negierten die Katharer): Er offenbart **Vorschriften** für eine total asketische Lebensweise, welche die Materie überwindet und mit der Geistwelt verbindet; er bringt das erlösende **Sakrament** des sog. *consolamentum*, die Geisttaufe (so bezeichnet nach dem Parakleten/Tröster/*consolator*), wodurch die Zugehörigkeit zur wahren Kirche konstituiert wird. Dieser Ansatz bedeutet, daß die als Bekehrung verstandene Glaubenserkenntnis in eine **geistgemäße Lebenspraxis** einmündet. Das war einer der Gründe, warum die Katharer zu einer Zeit, da die Armutsbewegung breite Anziehungskraft entfaltete, in allen Bevölkerungsschichten starke Resonanz fanden.

10.2.4 Im Unterschied zum zeitgenössischen Asketismus prägte bei den Katharern der dualistische Ansatz die Moral einer dezidierten **Entweltlichung**. Der Geschlechtsverkehr als Wurzel der Verbreitung des Materiell-Bösen wurde so konsequent gemieden, daß davon auch die **Fastenpraxis** bestimmt wurde (Enthaltung von allem, was durch Geschlechtsverkehr entsteht: Fleisch, Milch, Eier etc.). Zahlreiche Fastentage und -zeiten regelten das Leben. Selten praktizierten Katharer das völlige Fasten, das zum Hungertod/*endura* führte. Das **kultische Leben** wurde durch verschiedene Riten geprägt: Das unter Handauflegung vollzogene *consolamentum* (s. 10.2.3), das zugleich Initiation und Priesterweihe war und insofern alle Getauften gleich machte, empfingen nur die wenigen **"Vollkommenen/perfecti"**, die zur völlig asketischen Lebensweise bereit waren. Von diesen abgehoben war die breite Masse der gläubigen Sympathisanten/*credentes*, die den Predigten beiwohnten; diese ließen sich z.T. erst auf dem Sterbelager das *consolamentum* erteilen. Die *perfecti* verteilten in der **Mahlfeier**/*fractio panis* das von ihnen gesegnete Brot. Das *melioramentum*/**Besserungsmittel**, die grundlegende Hinwendung der Gläubigen zur Gemeinschaft, war ein Bußritus; die ganze Existenz wurde als Buße, d.h. Abkehr von der Welt verstanden. Die kirchlichen Sakramente und hierarchischen Ämter lehnten die Katharer ab. Sie waren in starkem Maße eine **Laienbewegung**. Ihre Bischöfe waren einfache Gemeindeleiter, die Seelsorge trugen die Diakone. Frauen waren vom Prinzip her gleichberechtigt und konnten als *Vollkommene* bestimmte Funktionen in den Gemeinden ausüben.

10.3 Ketzerbekämpfung: Kreuzzug und Inquisition

Für eine institutionell scheinbar gefestigte Kirche, die unter zentraler Leitung des Papstes alle Lebensbereiche zu normieren und zu kontrollieren beanspruchte, bedeuteten die subversiven Katharer - ebenso wie die der Kirche näherstehenden Waldenser, Humiliaten und sonstigen Vertreter der Armutsbewegung (s. dazu § 6; 11.1-3) - **Verunsicherung und Herausforderung** zugleich. Die Päpste, voran Innozenz III., reagierten darauf mit einer **Doppelstrategie**: der systematischen Ausrottung des harten Kerns der Ketzergemeinschaften und der taktischen Bemühung um Immunisierung der für die häretischen Lebenskonzepte anfälligen Gläubigen. Sie förderten demgemäß einerseits die Predigt und Seelsorge der neuen Bettelorden, die sich positiv mit der Ketzerbewegung auseinandersetzten (s. § 6; 13.0-14.2). Andererseits riefen sie zum Kreuzzug gegen diese Feinde der Kirche auf und schufen mit der Ketzerinquisition einen erschreckend effizienten Unterdrückungsmechanismus, der durch institutionalisierten Terrorismus weite Bevölkerungskreise - über die Ketzergruppen hinaus als Sympathisanten verdächtigt - einschüchterte. Papst Innozenz III. löste durch seine Kreuzzugsproklamation den 1209 einsetzenden **Albigenserkrieg** aus, der nicht nur die Ketzer vernichtete, sondern bis 1229 durch ständige Militäraktionen der an weltlichem Machtgewinn interessierten Fürsten - v.a. mit der Durchsetzung des auf Nordfrankreich gestützten

Königtums gegen das seit jeher separierte Südfrankreich - eine blühende Kulturlandschaft verwüstete. Die von Innozenz inaugurierten Ansätze einer systematischen "geistlichen" Bekämpfung der Ketzer baute Papst Gregor IX. - in dieser Hinsicht mit Kaiser Friedrich II. übereinstimmend - zu dem spezifischen Gerichtswesen der **Inquisition** seit 1231 aus. Dieser Versuch, die "heile Welt" einer christlichen Einheitsgemeinschaft durch offizielle Maßnahmen zu retten, produzierte zwar viel Leid und Angst und eliminierte die organisierten Formen der "Zersetzung" durch weitgehende Vernichtung der Katharer und der anderen Ketzer bis ca. 1300/1350. Aber er konnte die in diesen Krisensymptomen zutagetretenden Bedürfnisse nach Abkehr von einer sinnentleerten Institution und nach individualisierender Differenzierung nicht unterdrücken, die sich hinfort u.a. in nonkonformistischen, jedoch weniger radikalen Frömmigkeitsformen äußerten (z.B. in Mystik und Beginentum). Folgerichtig bekämpfte die Papstkirche seitdem alle gegen sie opponierenden Kräfte als Ketzertum (s. § 9; 11.2.2).

10.3.1 Bislang lag die Abwehr von Häretikern, für die es kein einheitliches Verfahren gab, bei den bischöflichen Gerichten. Klosterhaft war die normale Strafe für Verurteilte, doch mit dem Anwachsen der Ketzerei im 12.Jh. verschärften sich die Maßnahmen. Eine **Kooperation** von geistlicher und weltlicher Gewalt bahnte sich an, weil die Grundlagen der gesamten Ordnung in Kirche und Staat bedroht schienen. Eine **Synode in Verona 1184** unter Papst Lucius III. verurteilte förmlich die Katharer, Waldenser, Humiliaten u.a. mit knapper Begründung, weil sie in der Sakramentenlehre von der Kirche abwichen (Text/Übers. z.T.: DH 760-761). Sie verpflichtete alle **Bischöfe** zu **Untersuchungen** in den Gebieten mit häresieverdächtigen Bewohnern; auf deren Ersuchen sollten die weltlichen Obrigkeiten - wie der anwesende Kaiser Friedrich I. versprach - gewaltsam gegen Häretiker einschreiten (Text: Fearns 61-63). Damit standen seitdem die Grundzüge der Ketzerbekämpfung fest, die in der Folgezeit weiterentwickelt wurden. So stellte Innozenz III. 1199 in einer Dekretale die Häresie dem **Majestätsverbrechen** des römischen Rechts gleich, was die Anwendung der Todesstrafe zur Konsequenz haben mußte. Durch das **4. Laterankonzil 1215** ließ er ein ausführliches Glaubensbekenntnis verabschieden, das künftig bei Untersuchungen den Häretikern als Norm vorgelegt werden sollte (Text/Übers.: DH 800-802); und aufgrund der Erfahrungen mit dem Albigenserkreuzzug wurde das **Verfahren** der Ketzerbekämpfung detailliert geregelt: u.a. Exkommunikation der Verdächtigen, Verpflichtung der weltlichen Obrigkeiten zur gewaltsamen Eliminierung der von der Kirche benannten Häretiker, Verpflichtung der Bischöfe zur regelmäßigen Visitation der verdächtigen Gemeinden, Plenarablaß für die Teilnehmer an Ketzerkreuzzügen (c. 3; Text: COD 233-235).

10.3.2 In der Logik dieses Ansatzes lag es, wenn Gregor IX. 1231 die **päpstliche Inquisition** als ein besonderes Gerichtsverfahren in Abkehr von der Alleinzuständigkeit der Bischöfe institutionalisierte (Text: Fearns 72f). Dem entsprach, daß Friedrich II. - nach vorangegangenen Gesetzen seit 1220 - für das Reich 1232 ein **Ketzeredikt** erließ, das u.a. die Verbrennung als - dem Majestätsverbrechen entsprechende - Strafe samt Güterkonfiskation vorsah und für solche, die der Häresie absagten, lebenslängliches Gefängnis festsetzte (Text: Fearns 75-77; Übers. z.T.: KTGQ 2, 132f). Weitere Gesetze folgten, auch in den meisten europäischen Reichen, woraus deutlich wurde, wie ernst die Lage war. Überall fanden seit ca.1230 systematisch-juristische **Ketzerverfolgungen** statt, die nach den Verfahrensregeln der päpstlichen Inquisition durch Sondergerichte unter weitgehender faktischer Ausschaltung der bischöflichen Gerichtshoheit praktiziert wurden. Träger von Untersuchung und Verurteilung waren v.a. die Dominikaner (z.T. auch die Franziskaner), die mit Hilfe von Anzeigen aus der Bevölkerung anhand spezieller Lehrbücher vorgingen und die Prozesse in absoluter Geheimhaltung führten. Dabei wurde die früher kirchenamtlich verurteilte **Folter** als normales Mittel zur Erzwingung von Geständnissen massiv eingesetzt. Unbußfertige Ketzer verfielen dem - von der weltlichen Gewalt zu vollstreckenden - **Feuertod** (um durch Verbrennung des Leibes ihre Seele zu retten). Doch diese Strafe kam nur in seltenen Fällen zur Anwendung, weil die meisten als reuige Sünder ins Gefängnis mußten. Im 14.Jh. verfiel die päpstliche Inquisition als funktionierende Institution allmählich. In Spanien wurde sie seit 1480 zur Bekämpfung von Juden, Muslimen und Ketzern besonders intensiv neu etabliert.

10.3.3 Gegen die in Südfrankreich stark verbreiteten, von etlichen Fürsten und Baronen unterstützten **Albigenser** ging Innozenz III. zunächst so vor, daß Zisterzienser als seine Legaten die Obrigkeiten zum Einschreiten bewegen und die Bevölkerung durch Predigten immunisieren bzw. bekehren sollten. Das war wenig erfolgreich, genauso wie das öffentliche Religionsgespräch 1204 mit einem Katharerbischof in Carcassonne. Deswegen tat der Papst 1207 den mächtigsten Fürsten, der sich gegenüber den Katharern neutral verhielt, den Grafen Raimund VI. von Toulouse, in den Bann. Als die Situation sich dennoch nicht änderte und 1208 einer seiner Legaten ermordet wurde, rief Innozenz die abendländische Christenheit zum **Kreuzzug** gegen die Ketzer auf. Von Lyon aus zog 1209 ein großes Heer v.a. französischer, aber auch deutscher und englischer Ritter gegen die Fürsten im Languedoc, eroberte die Städte Béziers (unter Niedermetzelung von ca.7000 Einwohnern) und Carcassonne, kam dann aber nicht recht voran, so daß der eigentliche Kreuzzug nach wenigen Monaten beendet war und in einen normalen Krieg überging. Bald trat die Ketzerbekämpfung hinter den **politischen Interessen** der Nordfranzosen (v.a. des Barons Simon von Montfort), sich die besetzten Gebiete anzueignen, zurück. Nun zogen sich die erbitterten Kämpfe, u.a. mit langer Belagerung von Toulouse, jahrelang hin; Tausende von Katharern, Waldensern und Nichtketzern wurden getötet und weite Landstriche verwüstet - ein aufschlußreiches Beispiel für die **typische Entartung** der Kreuzzüge zu rein weltlichen Eroberungskriegen. 1229 unterwarf sich Raimund VII. von Toulouse König Ludwig IX., der zur Stärkung der Monarchie große Gebiete für sich und seine Anhänger okkupierte. Nicht alle Katharer waren ausgerottet; ihre letzten Festungen fielen 1240-55, die seit 1231 tätige Inquisition wütete weiter, aber Reste der Katharer hielten sich in abgelegenen Gegenden bis ca.1330.

10.4 Literatur

QUELLEN: J. FEARNS (Hg.): Ketzer und Ketzerbekämpfung im Hochmittelalter, 1968. - G. ROTTENWÖHRER: Der Katharismus Bd.1, 1982. - K.-V. SELGE: Texte zur Inquisition, 1967.

LITERATUR: A. BORST: Die Katharer, 1953; 3.A. 1995. - Y. DOSSAT: Albigenser, LMA 1 (1980) 302-306. - M. ERBSTÖSSER: Ketzer im Mittelalter, 1984. - H. FICHTENAU: Ketzer und Professoren, 1992. - H. GRUNDMANN: Religiöse Bewegungen im Mittelalter, 1935; 2.A. 1961; ND 1972. - DERS.: Ketzergeschichte des Mittelalters, KIG 2/G 1, 1963; 3.A. 1978. - H. KAMEN: Inquisition, TRE 16 (1987) 189-196. - M. LAMBERT: Ketzerei im Mittelalter, 1981; ND 1991. - D. MÜLLER: Katharer, TRE 18 (1989) 21-30. - G. ROTTENWÖHRER: Der Katharismus, 6 Bde., 1982-93. - DERS.: Katharer, LMA 5 (1991) 1064-1068. - E. WERNER/M. ERBSTÖSSER: Kleriker, Mönche, Ketzer, 2.A. 1992.

11. Das Papsttum in Avignon und das große Schisma

Ursprünglich und für lange Zeit gründete sich die einzigartige Autorität der Päpste auf ihren Residenzort Rom, *Hauptstadt der Welt/caput orbis* (damit verbunden seit 800/962 die Kaiserkrönung). Die Entwicklung der **Papatologie** - zumal mit der Überlagerung der alten Petrinologie (s. 2.1) durch das Theorem vom Christusvikariat - schuf eine auf den Amtsträger bezogene, im Grunde unabhängige Herrschaftslegitimation (von Kanonisten seit dem 13.Jh. auf die Formel gebracht *Wo der Papst ist, dort ist Rom/Ubi est papa, ibi est Roma*). Das wurde zudem innerkirchlich konkretisiert durch die papalistische **Rechtspraxis**, die eine starke Abhängigkeit vom Papst als oberstem Richter und von seiner Kurie schuf, jedoch ebenfalls nicht an die Stadt Rom gebunden war. Mit dem Fortfall des universalen, letztlich nur von der Romidee her legitimierten Kaisertums seit 1250 ergab sich eine weitere Lockerung. All diese grundsätzlichen Aspekte machen verständlich, warum eher zufällige Äußerlichkeiten seit 1305 zu einer **Übersiedelung** von Papst und Kurie in die Provence - mit dauerhafter Residenz in Avignon seit 1309/16 - führten, die keine förmliche Verlegung war: Unruhen in Rom sowie im Kirchenstaat und zunehmende politische Abhängigkeit von Frankreich. Weit entfernt davon, zu einem französischen "Reichsbischof" degradiert zu werden (wie seinerzeit unter deutscher Herrschaft im 10./11.Jh.), behielt der Papst seine Universalgeltung in der abendländischen Kirche. Ja, er baute diese - bedingt durch die Trennung von Residenz und Kirchenstaat - insofern noch weiter aus, als nun ein exzessiver **fiskalischer Zentralismus** installiert wurde, an dessen organisatorische Effektivität kein Königshof in Europa herankam. Papsttum und Geldgier koinzidierten seitdem im allgemeinen Bewußtsein, denn die Kurie entwickelte mit "modernen" Methoden ein Finanzsystem, welches die gesamte Kirche vom Erzbistum bis zur Pfarrei erfaßte. Die abendländische **Kirchenspaltung**, die 1378-1415/17 aus dem Papstschisma (mit der Konkurrenz zwischen Rom und Avignon) resultierte, verstärkte diese Ausbeutung noch. So bedeutete die Avignoneser Periode der Papstgeschichte ca.1305/09-1377, daß die traditionelle **Politisierung** sich mit einer **Fiskalisierung** verband und das Papsttum fortan prägte. Die unangemessene Metapher *Babylonische Gefangenschaft* (bzw. *Exil*) der Kirche, die seit dem 14.Jh. vielfach zur Charakteristik jener Periode verwandt worden ist, insinuiert, das Papsttum wäre wider Willen nach Avignon gekommen, längere Zeit beherrscht von einer fremden Macht. Es handelte sich jedoch um eine souveräne Entscheidung während des gesamten Zeitraums, und die enge Bindung an Frankreich bedeutete nicht den Verlust kirchlicher Freiheit.

11.1 Französische Päpste in Anlehnung an Frankreich

Die traditionell guten Beziehungen zu Frankreich, die durch Bonifatius VIII. belastet worden waren (s. § 9; 11.1), wiederherzustellen, war eine wichtige Aufgabe päpstlicher Politik. Wegen der ungünstigen Verhältnisse in Rom, wo sich im 13.Jh. ein vom Papst unabhängiges Stadtregiment bildete und wo die mächtigen Adelsfamilien dominierten, hatten zuletzt etliche Päpste mit Teilen der Kurie mehr in anderen Städten des "Kirchenstaates" als dort residiert. Die Wahl eines Südfranzosen 1305 leitete eine Zäsur ein, deren historische Bedeutung nicht sogleich erkennbar war: **Clemens V.** lebte lieber in seiner Heimat, nahm deshalb seit 1309 seine Residenz in Avignon, einem nominellen Reichslehen. Verstärkend kam die starke **politische Abhängigkeit** vom französischen König hinzu, die sich u.a. beim Prozeß gegen die Templer und beim Konzil von Vienne 1311/12 zeigte. Da das Kardinalskollegium inzwischen größtenteils aus Franzosen bestand, unterstützte es die Umsiedlung. Auch Clemens' - auf Druck des französischen Königs gewählter Nachfolger - **Johannes XXII.** (1316-34), zuvor Bischof von Avignon, dachte nicht an eine Rückkehr in das politisch renitente, städtebaulich verkommene Rom. Er baute in Avignon die Kurie und v.a. das päpstliche Finanzsystem organisatorisch aus, und seine **Nachfolger** - bis 1378 allesamt **Franzosen** - setzten das fort. Der prächtige Papstpalast in der aufblühenden Stadt symbolisierte das neue Machtzentrum. Niemals fiel eine Grundsatzentscheidung, die den Residenzwechsel sanktioniert hätte; die Rückkehr nach Rom blieb eine vage Idee, die erst infolge politischer Schwierigkeiten und der massiv anwachsenden Kritik am Papsttum seit 1353 relevant wurde.

11.1.1 Bonifatius' VIII. Nachfolger Benedikt XI. (1303-04), der seine Residenz nach Perugia verlegte, war um eine **Verständigung mit Frankreich** unter Philipp IV. dem Schönen bemüht, lehnte aber den von diesem geforderten Prozeß gegen seinen Vorgänger ab. Nach seinem Tod blockierten die anti- und die profranzösische Partei im Kardinalskollegium sich gegenseitig, so daß erst nach Monaten mit dem Erzbischof von Bordeaux als **Clemens V.** (1305-14) ein neuer Papst antrat, ein Schwächling, der dem **Druck Philipps IV.** nicht gewachsen war, wie sich schon bei der geforderten Inthronisation in Lyon und bei der anschließenden Ernennung etlicher Franzosen zu Kardinälen zeigte. Clemens machte fünf Neffen zu Kardinälen und versorgte viele Familienangehörige mit reichen Pfründen; seitdem war der schon von Bonifatius VIII. praktizierte **Nepotismus** ein typischer Bestandteil des päpstlichen Herrschaftssystems im 14.-17.Jh.

11.1.2 Philipps Vernichtungsfeldzug gegen den Templerorden (s. § 9; 9.2.2) legitimierte Clemens V. kirchenrechtlich durch das vom König geforderte allgemeine **Konzil zu Vienne** 1311/12 (nach späterer römischer Zählung das 15. ökumenische). Doch das Konzil sollte wie diejenigen des 13.Jh.s - abgesehen von der Neuauflage eines Kreuzzugs - auch **kirchliche Reformen** bringen, wozu die Bischöfe lange Listen von Beschwerden über Mißstände einreichten. Diese wurden zwar vom Konzil kaum bearbeitet und erst recht nicht durch effektive Dekrete bekämpft, aber sie waren insofern kg. wichtig, als es nicht mehr nur um eine Klerusreform, sondern vordringlich auch um eine Reform der **päpstlichen Verwaltungspraxis** ging. Seitdem war eine Diskussion in der Kirche angestoßen, die mit dem Schlagwort *Reform an Haupt* [d.h. Papst] *und Gliedern* [d.h. Klerus] von den Konzilen des 15.Jh.s wieder aufgenommen wurde. Die **Gravamina** von 1311 bezogen sich einerseits auf Übergriffe weltlicher Gewalten gegen die Gerichtsbarkeit, Steuerfreiheit und Güter der Kirche, andererseits auf den päpstlichen Zentralismus und Fiskalismus: z.B. auf die zahllosen Exemtionen von Klöstern, Stiften etc., auf die Pfründenvergabe und das Anwachsen der Reservationen. Im franziskanischen Armutsstreit (s. § 6; 13.4.1) beschloß das Konzil eine vermittelnde Lösung, erzielte jedoch damit wenig Wirkung. Die Beginen wurden verurteilt (vgl. § 6; 12.2.3). Eine **dogmatische Konstitution** entschied entsprechende Lehrstreitigkeiten der Scholastiker u.a. so, daß a) die **Vernunftseele** die Form des Leibes sei und b) die **Taufe** nicht nur die Erbsünde tilge, sondern auch die formende Gnade mitteile. (Texte /Übers. z.T.: COD 336-401; Lecler 203-215; DH 891-908.) In der Konzilsgeschichte bildete Vienne mit der Reformthematik, der Arbeit in Kommissionen und der Vertretung der Kirche nach Nationen eine Zäsur: den Übergang von den Papstkonzilien des Hochmittelalters (Lateranense I-IV, Lugdunense I-II) zu den Konzilien des 15.Jhs.

11.1.3 Während Clemens V. seit 1309 in **Avignon** noch keine feste Residenz bezog, tat das Johannes XXII. seit 1316 im dortigen Bischofspalast, in dem und um den herum sich die verschiedenen Ämter der Kurie etablierten (s. 11.2.2). Die Stadt lag gleichsam wie Rom auf Reichsboden; denn sie gehörte zur Grafschaft Provence, einem Teil des Königreichs Arelate/Burgund. Clemens VI. kaufte sie samt Umland (Grafschaft Venaissin) 1348 und baute den von Benedikt XII. begonnenen **Palast** zu einer mächtigen Festung als Sitz der Kurie aus (einem der prächtigsten mittelalterlichen Gebäude). Durch eine Fülle von Neubauten der Kardinäle und Kurialen, eine Universität u.a. sowie durch ein rasantes Bevölkerungswachstum übertraf die Stadt bald Rom an Glanz. Bis 1791 gehörte sie zum Kirchenstaat.

11.2 Organisationsstruktur der Kurie

In Avignon erhielt der schon im 13.Jh. weit gediehene Ausbau des päpstlichen Herrschaftsinstrumentariums seine Abrundung, womit die Grundlagen für die spätere Zeit feststanden. Weitgehend neu war die Effizienzsteigerung im Finanzwesen (s. 12.1). Eine wesentliche Voraussetzung dafür war die ausufernde Zentralisierung der **Gerichtsbarkeit**. Das seit dem 11.Jh. bestehende **Kardinalskollegium** (s. 7.1) entwickelte sich zu einem oligarchischen Gremium, das an der gesamtkirchlichen Regierung beteiligt war. Die Kardinäle bildeten dadurch ein Gegengewicht zum

Papst, daß sie als Berater im päpstlichen Konsistorium, als Leiter und Mitglieder der Kurienbehörden **großen Einfluß** auf Einzelentscheidungen besaßen, deren Fülle eine Folge des Zentralismus war. Da das Recht zur Kardinalsernennung den Päpsten persönlich vorbehalten blieb, suchten diese das Kollegium durch Ernennung von Vertrauenspersonen in ihrem Sinne zu beeinflussen. Dabei spielten Familienangehörige eine zunehmend gewichtige Rolle, so daß der schon im 13.Jh. entwickelte **Nepotismus** zu dem für das Spätmittelalter typischen Herrschaftssystem wurde: die Übertragung wichtiger Kurienämte an Nepoten (v.a. Neffen, aber auch andere Verwandte) der Päpste sowie der Kardinäle, was quasidynastische Beziehungsgeflechte entstehen ließ.

11.2.1 Die Macht der **Kardinäle** zeigte sich besonders bei der ihnen seit 1059 allein zustehenden **Papstwahl**, deren rechtlichen Rahmen die Dekrete von 1179 und 1274 mit Zweidrittelmehrheit und Konklaveordnung fixiert hatten (s. 9.1.4; 9.4.2). Während der Vakanzen im 13.Jh. hatten die Kardinäle ihren Einfluß gesteigert. Im 14.Jh. versuchten sie, die neuen Päpste durch Wahlkapitulationen vertraglich zu binden, was aber kaum gelang. Ihre Zahl betrug i.d.R. etwa 20-30, wobei die Päpste daran interessiert waren, sie möglichst gering zu halten, u.a. auch deswegen, weil sie an allen Einkünften der Kurie beteiligt waren. Es war auch deshalb ein einträgliches Amt, weil sie sich zumeist zahlreiche lukrative **Pfründen** im ganzen Abendland - v.a. in Italien und Frankreich - besorgten. War es bis zum späten 13.Jh. eine Domäne der italienischen Adelsfamilien gewesen, so überwogen im 14.Jh. die Franzosen (zwischen 1305 und 1375 gab es 111 französische Kardinäle gegenüber 15 italienischen).

11.2.2 Seit dem 11.Jh. faßte die **Curia Romana** (d.h. ursprünglich "Hof") die verschiedenen Verwaltungszweige zusammen. Mit einer im Abendland einmaligen Effizienz erledigte die **Kanzlei** den immensen Schriftverkehr (Ausfertigung von Urkunden, Urteilen, Privilegien, Dekretalen etc.), wozu sie viel Personal und eine gute Organisation - Register, Archiv, Bibliothek - benötigte. Die Apostolische **Kammer**/*camera* verwaltete die päpstlichen Finanzen; für den Einzug der Steuern und Abgaben arbeitete ein Netz von Kollektoren in den europäischen Kirchenprovinzen. Der päpstliche **Gerichtshof** gliederte sich in zwei Abteilungen. Die *Audientia sacri palatii* mit sog. Auditoren als Richtern war die Appellationsinstanz für Prozesse, die an den Bischofsgerichten begonnen hatten; wegen des riesigen Arbeitsanfalls wurde sie 1331 in mehrere Kammern geteilt und als **Rota Romana** für alle Zivil- und Strafrechtssachen zuständig. Die **Pönitentiarie**/*Sacra paenitentiaria* regelte die dem Papst reservierten Bußfälle, Dispense und Ablässe. Besonderes Gewicht besaß die **Kapelle** mit zahlreichen Mitgliedern/*Kaplänen* u.a., die primär für die Gestaltung der päpstlichen Gottesdienste zuständig waren.

11.3 Rückkehr nach Rom, Papstschisma, Kirchenspaltung

Der Zerfall des Kirchenstaates und die zunehmenden Schwierigkeiten in Avignon legten auf dem Hintergrund anwachsender Papst- und Kirchenkritik eine Rückkehr an den Ort nahe, der dem päpstlichen Universalanspruch letztlich die ideelle Grundlage bot. Nach zwei vergeblichen Versuchen zog Gregor XI. 1377/78 um; bei der Wahl seines Nachfolgers 1378 führte jedoch eine Verkettung von Seltsamkeiten dazu, daß das Kardinalskollegium nach dem problematischen **Urban VI.** alsbald mit **Clemens VII.** einen Papst installierte, der wegen der Nähe zu Frankreich seinen Sitz in Avignon nahm. Welcher von den beiden rechtmäßig gewählt worden sei, ließ sich angesichts der kirchenrechtlichen Komplikationen weder damals noch im historischen Rückblick bis heute entscheiden. Die politischen Begleitumstände führten dazu, daß das - an sich keineswegs ungewöhnliche - Amtsschisma eine Spaltung des Abendlandes in **zwei gegensätzliche Obödienzen** (Rom - Avignon) bewirkte: zwei Päpste, zwei Kardinalskollegien und Kurien, zwei unterschiedliche Geltungsbereiche päpstlicher Jurisdiktion und zwei verschiedene Finanzsysteme, zwei unterschiedliche Lager der Anhänger (z.B. Frankreich zumeist für Avignon, Deutschland zumeist für Rom), woraus sich eine Zweiteilung vieler gesamtkirchlicher Institutionen wie z.B. der Orden, aber auch etlicher Domkapitel und Bistümer ergab. Die antagonistischen Optionen - v.a. der politischen Mächte - bedingten immer wieder ein **Scheitern der Einigungsversuche**, so daß Urbans VI. und Clemens' VII. jeweilige Nachfolger sich im Amt halten konnten. Die vom Papsttum seit gut 300 Jahren bewerkstelligte **Einheit** der abendländischen Kirche schwand dahin. In dieser Situation verbreitete sich der **Konziliarismus**, d.h. die Auffassung, nur ein allgemeines Konzil als oberstes Entscheidungsgremium und als Repräsentanz der Kircheneinheit könnte eine Lösung bringen (s. 14.1). Ein i.w. vom Kardinalskollegium getragenes **Konzil in Pisa** 1409 setzte zwar die beiden Päpste ab, und die Kardinäle wählten einen neuen Papst. Aber da jene die Absetzung nicht anerkannten, gab es nunmehr für einige Jahre drei Päpste mit drei Obödienzen.

11.3.1 Aus der Konzentration der Papstherrschaft in Avignon folgte ein sinkender Einfluß in Italien, wo z.B. die Städte Mailand und Florenz unter ihren Signorien (autokratischen Herrschaften) zu bedeutenden Mächten aufstiegen. Der **"Kirchenstaat"** zerfiel zunehmend in selbständige Territorien und Städte. In Rom, das kulturell und architektonisch seit langem stagnierte, kam es vorübergehend 1347-54 - unter dem seltsamen Volkstribunen **Cola di Rienzo**, der von joachimitisch-eschatologischen Reformideen ausging - zur Bildung einer Republik nach altrömischem Muster. Die **nationale Sehnsucht** nach der einstigen Größe Roms und Italiens brachte v.a. der Dichter Francesco **Petrarca** (1304-74), einer der ersten Humanisten, zum Ausdruck. Der religiös motivierten Forderung nach Rückkehr der Kurie gaben die prophetischen Charismatikerinnen **Katharina von Siena** und Birgitta von Schweden (s. § 6; 12.4.3-4) eine populäre Verbreitung. Auch weltliche Fürsten wie Kaiser Karl IV. drängten den Papst, nachdem der tüchtige Kardinallegat **Aegidius Albornoz** seit 1353-57 die päpstliche Machtposition im Kirchenstaat erheblich gestärkt hatte. Doch die **Rückkehr Urbans V.** 1367-70 zeigte, daß in Rom ein gedeihliches Wirken kaum möglich war, weswegen er wieder nach Avignon zog.

11.3.2 Nach militärischen Aktionen gegen renitente Kräfte im "Kirchenstaat" (u.a. Bologna, Cesena) unternahm Gregor XI. Ende 1377 einen zweiten Anlauf, aber sein baldiger Tod führte zur Krise, weil nun die **unterschiedlichen Interessen** eine einheitliche Papstwahl gefährdeten. Die **Wahl Urbans VI.**, eines Italieners, 1378 erwies sich wegen seiner weitgehenden Amtsunfähigkeit als schwerer Mißgriff, woraufhin das Kardinalskollegium ihn wenig später für abgesetzt erklärte und einen rigiden Machtpolitiker zum neuen Papst wählte: **Clemens VII.** aus dem Genfer Grafenhaus, einen Verwandten des französischen Königs, der seit 1379 in Avignon residierte. Nun verschärften sich die Gegensätze zwischen den Italienern und der französischen Partei, und da Urban VI. an seinem Amt festhielt, bannten beide Päpste sich gegenseitig und den jeweiligen Anhang dazu. Das Schisma von 1378 übertraf an Breitenwirkung diejenigen von 1130ff und 1159ff beträchtlich: Dem klugen Taktiker Clemens VII. (1378-94) gelang es, nicht nur den König und die Kirche Frankreichs sowie das Königreich Neapel auf seine Seite zu ziehen, sondern auch Schottland, Aragon, Kastilien, Navarra und kleinere Teile Deutschlands. Zu Urban VI. (1378-89), der in Rom Kurie und Kardinalskollegium weitgehend neu aufbauen mußte, hielten der Kaiser und Deutschland, dessen nördliche und östliche Nachbarkirchen, England und die meisten italienischen Territorien.

11.3.3 Die Aufspaltung in verschiedene Obödienzen gab i.V. mit der konziliaristischen Konzeption den "**Nationen**" (d. h. den verschiedenen Reichen) erstmals auch in der Kirche eine politische Bedeutung als entscheidenden Handlungssubjekten, weil die jeweiligen Päpste von ihrer Unterstützung abhängig waren und keinerlei Universalität mehr verwirklichen konnten. Die verwickelten Verhandlungen um eine Beseitigung des Schismas bzw. um Fortbestand oder Aufkündigung einer Obödienz mit ihren z.T. grotesken Einzelheiten demonstrierten für gut dreißig

Jahre die **totale Politisierung** des Papstamtes. Viele Kräfte setzten sich - ausgehend von den Theorien der Pariser Universität - für die *via cessionis* ein, die Lösung durch **Abdankung** beider Päpste, um durch Neuwahl die Einheit wiederherzustellen. Das entscheidende Hindernis war - in Verbindung mit politischen Interessen - die Tatsache, daß in Avignon als Clemens' Nachfolger mit dem Spanier **Benedikt XIII.** (1394-1417, gest. 1423) ein politisch und juristisch begabter Papst regierte, dem es gelang, sich trotz des 1395/8 beschlossenen, aber wieder rückgängig gemachten Obödienzentzugs durch Frankreich im Amt zu halten. Die spanischen Reiche stützten ihn lange Zeit, auch nachdem seine Kardinäle zusammen mit denjenigen des römischen Papstes **Gregor XII.** (1406-15) - dessen schwache Vorgänger Bonifatius IX. und Innozenz VII. vergeblich eine Verständigung mit Benedikt gesucht hatten - beschlossen, durch ein allgemeines **Konzil in Pisa** 1409 eine Lösung (= *via concilii*) herbeizuführen. Das Konzil machte Benedikt und Gregor, die vorher noch durch eigene Konzile ihre Herrschaft zu stabilisieren suchten, formell den Prozeß mit der **Verurteilung beider** als Schismatiker und Häretiker (samt Ausschluß aus der Kirche). Daraufhin wählte das vereinigte Kardinalskollegium einen aus Kreta stammenden Franziskaner-Kardinal zum neuen Papst: **Alexander V.** (1409-10). Da seine beiden Kontrahenten einen nicht unerheblichen Rückhalt bei einigen europäischen Reichen und Kirchen behielten und da wie er auch sein ungeistlicher Nachfolger **Johannes XXIII.** (1410-15) zwar v.a. in Italien und Deutschland einige Unterstützung, aber keine allgemeine Anerkennung erfuhr, blieb das Schisma bestehen.

11.4 Literatur

K.A. FINK: Die Päpste in Avignon, HKG III/2, 1968, 365-425. - B. GUILLEMAIN: Der Aufbau und die Institutionen der römischen Kirche, GCh 6, 1991, 17-74. - K. HAUSBERGER: Die Päpste in Avignon, GKG 11, 1985, 258-274. - B.-U. HERGEMÖLLER: Kurie, LMA 5 (1991) 1583-1589. - J. KÖHLER: Die Päpste des Großen Abendländischen Schismas, GKG 12, 1985, 7-26. - J. LECLER: Vienne, GÖK 8, 1965. - C.A. LÜCKERATH: Johannes XXII., TRE 17 (1988) 109-112. - G. MOLLAT: Les Papes d'Avignon (1305-1378), 10.A. 1965.

12. Verweltlichung und Veräußerlichung der geistlichen Gewalt

Als zentralistische Leitung der abendländischen Kirche bestimmte das Papsttum mit seinen konsequent ausgebauten Möglichkeiten, durch rechtliche **Normierung** tief in das Leben aller Christenmenschen einzugreifen, die gesellschaftliche und kirchliche Wirklichkeit nachhaltig. Was es während der Avignoneser Periode in dieser Hinsicht an Weiterentwicklungen älterer Ansätze brachte, prägte in nicht geringem Maße die Kirchengeschichte auch im 15.Jh. Schon bei den Bemühungen um "Reformen" im 13.Jh. hatte es sich gezeigt, daß diese primär der Stabilisierung der Papstkirche angesichts differenzierter werdender Frömmigkeitsformen dienen sollten. Deshalb erfuhr das **Kirchenrecht** im Blick auf die verschiedenen kirchlichen Institutionen und die christliche Lebensgestaltung eine immer feinere und umfassendere Fixierung, wohingegen die mit dem Lehrprimat verbundenen dogmatischen Aufgaben zurücktraten. Die Papstkirche, die sich nach unten verlängerte in Bistümern und Pfarreien, war für die Alltagserfahrung der Menschen im 14./15.Jh. im wesentlichen ein **Rechts- und Finanzsystem**, das konkurrierend neben den entsprechenden weltlichen Ordnungen stand.

12.1 Die Papstkirche als Finanzmacht

Kurie und päpstlicher Hofstaat mit dem zahlreichen Personal sowie die Militäraktionen in Italien erforderten gewaltige Mittel, die aus dem zerrütteten "Kirchenstaat" und den bisherigen Steuerquellen kaum zu bestreiten waren. Deshalb bauten seit Johannes XXII. die Päpste ein detalliertes **Finanzsystem** zu Lasten der Bistümer, Klöster, Pfarreien etc. aus, das die Gesamtkirche durch ein fiskalistisches Netzwerk umspannte. Durch immer neue Gebühren, ordentliche und außerordentliche Abgaben sowie durch die Anwendung geistlicher Strafen bei deren Eintreibung (beides durch das Schisma 1378ff kräftig gesteigert) erregten sie aber alsbald heftige, freilich wirkungslose **Kritik**, die sich mit dem stärker werdenden Ruf nach Reform des Papsttums verband. Übertraf die Kurie als leistungsfähigster Verwaltungsapparat alle weltlichen Staaten, so trug sie durch ihren auf die Geldwirtschaft konzentrierten Fiskalismus mit zur Herausbildung des "Frühkapitalismus" im 15./16.Jh. bei. Das war eine logische **Konsequenz des Jurisdiktionsprimats** mit der Zentralisierung des Gerichtswesens und der Pfründenvergabe. In diesem Zusammenhang gewann der **Armutsstreit** der Franziskaner (s. § 6; 13.4) indirekt eminente Bedeutung für das Papsttum: Die These, daß Christus und seine Apostel kein Eigentum besessen hätten, traf auch die wuchernden Finanzinteressen und die Prachtbauten des angeblichen Christus-Stellvertreters und Petrus-Nachfolgers. So war es nur folgerichtig (und bezeichnend für die Instrumentalisierung theologischer Argumentation), daß Johannes XXII. 1323 jene These als häretisch verurteilte. Opposition gegen diese Lehrentscheidung regte sich insbesondere in den radikalen Mendikantenkreisen, die ihrerseits Johannes zum Häretiker erklärten. **Reichtum** war eine generelle **Signatur der Kirche** gerade im Spätmittelalter, und zwar nicht nur des Papsttums, sondern auf allen Ebenen. Er unterlag zwar immer wieder der Einzelkritik bei konkreten Maßnahmen der strittigen Abgabeneintreibungen, jedoch blieb eine das System erschütternde Grundsatzkritik eher eine Minderheitenposition.

12.1.1 Außer den herkömmlichen Einnahmen durch Gerichtsgebühren, Kreuzzugssteuern und andere Klerikerabgaben, Zinserträgen aus Gütern des Kirchenstaates, dem von einigen Ländern gezahlten Peterspfennig und dem besonders ergiebigen päpstlichen Zehnten systematisierte die Kurie seit dem 14.Jh. **neue Einkünfte**, die mit dem Einfluß auf das **Stellenbesetzungsrecht** zusammenhingen. Seit dem 11./12.Jh. beanspruchte der Papst die Mitentscheidung in strittigen Fällen von Bischofs- und Kanonikerwahlen. Durch Erweiterung auf andere Fälle bildete sich daraus das Rechtsinstrument der **Reservation**, d.h. des Vorbehalts, von Rom aus bestimmte Stellen zu besetzen, seit dem 14.Jh. ausgedehnt auf viele Abteien und auch niedere Pfründen. Für deren Vergabe, aber schon für die Anwartschaften auf noch besetzte Stellen (*Provisionen* und *Expektanzen*) kassierte die Kurie **Teile der Pfründeneinkünfte**. Aus dieser Praxis ergab sich, daß Pfründenjäger zuhauf nach Avignon bzw. Rom zogen, um Ämter zu erwerben. Diejenigen Bischöfe und Prälaten, die ihr Amt durch Konsistoriumsbeschluß aus der Hand des Papstes empfingen, mußten – ebenso wie die Erzbischöfe für das Pallium – dafür **Servitien** entrichten (ein Drittel des ersten Jahreseinkommens). Neu war seit dem 14.Jh. die Ausdehnung dieser Praxis auf zahlreiche Bistümer und Pfründen durch Zahlung der **Annaten**, d.h. Jahrgelder (sämtlicher Einkünfte des halben ersten Amtsjahres), ferner die Beanspruchung des – früher dem König zustehenden – Nachlasses aller Prälaten und Pfarrherren, der **Spolien**. All diese Zahlungen brachten einerseits der päpstlichen Kammer gewaltige Einnahmen, belasteten andererseits die entsprechenden Kirchen, Klöster und Gemeinden schwer. Die Klagen über die finanzielle Ausbeutung durch das Papsttum wuchsen kontinuierlich an, zumal die Gelder im 14.Jh. meist für die Führung von Kriegen – v.a. im "Kirchenstaat" – verbraucht wurden.

12.1.2 Die ersten Konflikte der mit der Armutsbewegung verbundenen Bettelorden um die Legitimität von Eigentum und Besitz erschütterten v.a. die Franziskaner während des 13.Jh.s im sog. **praktischen Armutsstreit** (s. § 6; 13.4.1). Gegen die durch apokalyptische Tendenzen – unter dem Einfluß der Ideen Joachims von Fiore – verstärkte franziskanische Armutsbewegung der Spiritualen um Petrus Olivi setzte Johannes XXII. seit 1317 die Inquisition ein. Als dabei v.a. die Dominikaner die franziskanische Berufung auf das Vorbild Christi und der Apostel attackierten, kam es zum sog. **theoretischen Armutsstreit**: Das franziskanische Generalkapitel erklärte 1322 die völlige Armut Jesu und seiner Jünger zur verbindlichen Lehre; dagegen verwies Johannes XXII. zunächst auf die Divergenz zwischen Ideal und Praxis im Ordensleben und verwarf dann in einer **dogmatischen Konstitution** 1323 jene Lehre unter Hinweis auf Anhaltspunkte, die Eigentum und Besitz schon bei Jesus voraussetzten und legitimierten: Die Behauptung, *unser Erlöser und Herr Jesus Christus und seine Apostel hätten weder je für sich noch gemeinsam irgendetwas besessen*, sei häretisch, ebenso die Behauptung, sie hätten kein Verfügungsrecht über ihren Besitz gehabt (Text/Übers.: DH 930-931). Die nunmehr von der Inquisition verfolgten Franziskaner, u.a. deren Generalminister Michael von Cesena sowie Wilhelm von Ockham, flohen zu Kaiser Ludwig dem Bayern und erklärten nun ihrerseits Johannes XXII. zum Häretiker, dem offiziell der Prozeß gemacht werden müßte.

12.2 Kirchenstrafen als politische Kampfmittel

Die wirkungsvollste und am häufigsten angewandte harte Kirchenstrafe war die **Exkommunikation** bzw. der **Bann**, der Ausschluß von Individuen aus der sichtbaren Kirchengemeinschaft, der bis zur Absolution/Wiederaufnahme nach geleisteter Satisfaktion gültig blieb. Die ursprüngliche Verbindung mit dem Bußsakrament hatte sich infolge der Privatbuße gelöst, so daß der Bann zum öffentlichen Strafmittel wurde, dessen Wirksamkeit dann besonders groß war, wenn ihm weltliche Sanktionen folgten. In der politischen Auseinandersetzung mit Kaisern und Königen hatte sich diese Strafe infolge häufigen und ungerechten Gebrauchs zwar abgenutzt, blieb aber noch gefürchtet (vgl. z.B. § 9; 6.5; 7.1; 7.3; 11.1-2). Seit dem 14.Jh. wurde sie von Päpsten und Bischöfen systematisch auch eingesetzt, um **Steuern**, **Zehntabgaben** u.a. einzutreiben; das trug ebenfalls zur Abstumpfung bei. Eine andere in diesem Zusammenhang oder in politischen Konflikten eingesetzte Kirchenstrafe gegen Territorien und Orte war das von Päpsten, Bischöfen oder Archidiakonen verhängte **Interdikt**, d.h. Verbot der Abhaltung jeglicher Gottesdienste; es war ursprünglich nur bei schweren Vergehen vorgesehen, wurde aber im 14.Jh. oft bei Konflikten um die kirchliche Gerichtsbarkeit und Steuererhebung eingesetzt. Bei häufiger Anwendung und langer Dauer stumpfte auch diese - oft in ihrer Rechtmäßigkeit bezweifelte - Maßnahme ab, zumal bei einem Interdikt die betroffenen Kleriker keine Opfergaben erhielten und etliche, v.a. Ordensangehörige, trotzdem Gottesdienste feierten. Die allgemeine **Mentalität** der spätmittelalterlichen Menschen wurde durch die mißbräuchliche Anwendung der Kirchenstrafen insofern geprägt, als diese im 15.Jh. zu einem wichtigen Gegenstand der Kirchenkritik und Reformforderungen wurde.

12.2.1 Seit dem Hochmittelalter unterschied man den **großen** und den **kleinen Bann**: die komplette Verstoßung aus der kirchlichen Gemeinschaft und den Ausschluß vom Sakramentsempfang. Als Strafe war er primär ein Mittel der **Kirchenzucht** zur Einhaltung der Gebote, zur individuellen Besserung und zum Schutz der öffentlichen Ordnung. Die besonders mit dem großen Bann verbundene Gefahr war der drohende Verlust der ewigen Seligkeit für Menschen, die als Exkommunizierte verstarben. Eine reale Schädigung konnte sich aus der theoretisch z.T. geregelten **Verbindung mit weltlichen Strafen** - der Friedlosigkeit und Acht - ergeben. So vereinbarten z.B. Kaiser Friedrich II. und die geistlichen Fürsten für Deutschland 1220, daß nicht absolvierte Gebannte ihre Prozeßfähigkeit verlieren und mit der kaiserlichen Acht/*proscriptio* belegt werden sollten (Text/Übers.: AQDGM 32,380f; vgl. § 9; 7.3.1). Das konnte allerdings nur für schwere Verbrechen gelten und wurde mit ausufernder Exkommunikationspraxis wirkungslos. So exkommunizierte z.B. Johannes XXII. 1328 wegen unterbliebener Abgabenzahlung mehr als 30 Bischöfe und 40 Äbte; spätere Päpste handhabten es ebenso, und Bistümer und Klöster verfuhren entsprechend z.B. bei Zehntabgaben weltlicher Personen.

12.2.2 Als eine auf Kollektivgrößen bezogene Form des Banns diente das **Interdikt** im 10./11. Jh. zunächst v.a. dem **Schutz** von Kirchengütern, Klerikern und wehrlosen Menschen vor Gewaltanwendung weltlicher Machthaber. Im 13./14.Jh. entartete es häufig zu einer kirchlichen **Kampfmaßnahme**, die u.a. ein ganzes Reich treffen sollte: so z.B. Frankreich unter Philipp IV. d. Schönen oder Deutschland unter Ludwig IV. d. Bayern (s. § 9; 11.1.1-2; 11.2.2). Das päpstliche Interdikt, das 1324-47 den Teilen des Reiches galt, die Ludwig folgten, wurde von Gewalt- und Boykottmaßnahmen begleitet. Häufig kam es vor, daß Bischöfe eine Stadt wegen vermeintlicher Übergriffe in den kirchlichen Bereich mit dem Interdikt belegten, daß dann aber die - durch päpstliche Privilegien eximierten - Bettelorden aushilfsweise einsprangen. In der Praxis bedeutete es i.d.R. nicht die vollständige Einstellung aller Gottesdienste, sondern v.a. der öffentlichen Messen. Taufen, Beichten oder Gottesdienste bei geschlossenen Kirchentüren waren meist erlaubt.

12.3 Das Ablaßwesen

In den Sog der fiskalistischen Degeneration des Papsttums geriet auch eine Einrichtung, die ursprünglich allein von seelsorgerlichen Intentionen im Zusammenhang des Bußwesens geformt war: der **Nachlaß zeitlicher Strafen** für verschiedene Sünden (*Ablaß/indulgentia* o.ä.). Zunächst nur für eine begrenzte Strafdauer aufgrund persönlicher **Bußleistungen**/Satisfaktionen erteilt, verband er sich seit dem 11.Jh. immer stärker mit Ersatzleistungen und Geldzahlungen, insbesondere im Zusammenhang der Kreuzzugsbewegung als Möglichkeit für Nichtkreuzfahrer, die heilige Sache zu unterstützen. Seitdem kam auch der **Plenarablaß** auf, d.h. der Nachlaß aller zeitlichen Sündenstrafen. Seit dem 13.Jh. verband man mit der Lehre vom **Schatz der Kirche**, die diese Praxis legitimierte, die **Fegfeuerlehre** zu der Auffassung, die Kirche - bzw. der Papst als ihr irdisches Haupt und als originärer Verwalter der Schlüsselgewalt - könnte auch Ablässe für Verstorbene zur Verkürzung bzw. Tilgung ihrer im Fegfeuer abzuleistenden Sündenstrafen dekretieren. **Lehramtliche Fixierungen** boten Clemens VI. 1343 zur Lehre vom Kirchenschatz und erst 1476/77 Sixtus IV. zum Ablaß für Verstorbene. Seit 1300 spielte der sog. Jubiläumsablaß für Romwallfahrten im Heiligen Jahr eine wichtige Rolle. Für das alltägliche Leben gewannen im 15.Jh. die sog. kleinen Ablässe erhebliche Bedeutung: z.B. Butter- und Fleischbriefe, welche die Strafen für den Bruch der Fastengebote neutralisierten.

12.3.1 Der im Hochmittelalter praktizierte und theologisch reflektierte Ablaß war zunächst eine **Kombination** der frühmittelalterlichen Redemptionen (Ersatzleistungen für persönliche Bußwerke; s. § 7; 7.3.3) mit der Absolution durch kirchliche Fürbitte, losgelöst vom Bußsakrament. Er war **Straferlaß** (daher der juristische Fachbegriff *venia* bzw. *indulgentia*), nicht Sündenvergebung. So befreite z.B. ein Ablaß von 40 oder 100 Tagen von einer entsprechend dauernden Satisfaktionsleistung (Fasten, Wallfahrt o.ä.). Viele Kirchen, Klöster etc. wurden als besondere Gnadenorte mit Ablässen ausgestattet. Erst nach dem Kreuzzugsaufruf Urbans II. 1095 entwickelte sich der **Plenarablaß**, der im Grunde an die Wallfahrtspraxis anknüpfte und den Tod im Heidenkrieg voraussetzte. (Vgl. 9.3.1; § 9; 8.2.2; 8.3.2-3.) Seit 1187 galt er auch für die Unterstützung von Kreuzzügen durch Geldleistungen. Eine besondere Form war der von Bonifatius VIII. 1300 den beichtenden Besuchern der römischen Hauptkirchen verheißene **Jubiläumsablaß**, der sich - theologisch problematisch - nicht nur auf die zeitlichen Sündenstrafen/*poenae*, sondern auch auf die allein von Gott zu vergebende Sündenschuld/*culpa* beziehen sollte (Text/Übers.: DH 868); er war seit 1390 auch gegen Geldzahlung ohne Wallfahrt erhältlich. Im Rahmen des päpstlichen Fiskalismus wurden seit dem 14.Jh. derartige Ablaßgelder eine Geldquelle, die ansonsten dezentral an den zahlreichen Gnadenorten sprudelte.

12.3.2 Die Ablaßpraxis war ein typischer Ausdruck der Entwicklung zur Papstkirche, weil sie sich auf die Theorie vom universalen **Richteramt des Papstes** in göttlicher Vollmacht als Stellvertreter Christi gründete (vgl. 9.4.4). Verstärkend trat die zuerst um 1230 von dem Dominikaner Hugo von St. Cher (s. § 10; 17.3.2) formulierte Lehre hinzu, daß allein der Papst als Haupt der Kirche über den sog. **Schatz der Kirche**/*thesaurus ecclesiae* verfügen könne, d.h. über den Fonds der überschüssigen Verdienste Christi und der Heiligen, deren satisfaktorische Kraft den übrigen Gliedern des Leibes Christi zufließe. Thomas von Aquino systematisierte in diesem Sinne die **Ablaßlehre** und setzte voraus, daß die Kirche auch den Verstorbenen im **Fegfeuer** Ablaß zuwenden könne. Offen blieb, ob dies durch richterliche Entscheidung oder nur auf dem Wege der Fürbitte bei Gott erfolge. Im Blick auf den Plenarablaß des Heiligen Jahres 1350 - vor dem Hintergrund der europäischen Pestkatastrophe - definierte Clemens VI. 1343 in der Bulle *Unigenitus Dei Filius* als dogmatische Grundlage die Lehre vom Schatz der Kirche, den der irdische Christus-Stellvertreter all denen, die *wahrhaft reuig sind und gebeichtet haben, barmherzig applizieren kann* (Text/Übers.: DH 1025-1027). Die Möglichkeit, daß Christgläubige für ihre **verstorbenen Angehörigen** und Freunde im Fegfeuer gegen bestimmte Geldbeträge für fromme Zwecke einen vollkommenen Ablaß erwerben könnten, definierte Sixtus IV. 1476 und 1477 in zwei Bullen als besondere Weise der päpstlichen **Fürbitte**, was aber die populären Mißverständnisse einer durch das päpstliche Richteramt bewirkten "Automatik" nicht ausschloß (Text/Übers.: DH 1398.1405-1407).

12.4 Literatur

G.A. BENRATH: Ablaß, TRE 1 (1977) 347-364. - P. LANDAU: Kirchengut, TRE 18 (1989) 560-575. - G. MAY: Bann IV, TRE 5 (1980) 170-182. - DERS.: Interdikt, TRE 16 (1987) 221-226. - B. POSCHMANN: Der Ablaß im Licht der Buß-Geschichte, 1948. - W. ULLMANN: Geschichte (s. 5.3) 214-236. - H. VORGRIMLER: Buße und Krankensalbung, HDG IV/3, 1978, 203-214.

13. Kirchenkritik und Reformprogramm als Ketzerei

Die allgemeine Unzufriedenheit mit den kirchlichen Zuständen, insbesondere mit der Papstherrschaft, äußerte sich seit Mitte des 14.Jh.s in verschiedenen Formen. Theologen entwarfen Reformkonzepte, neue religiöse Bewegungen entstanden in mehr oder weniger großer Distanz zur Institution, monastische Erneuerungstendenzen regten sich mancherorts (vgl. z.B. § 10; 17.2; § 6; 16.1-2). Häretische Gruppierungen entwickelten sich in unterschiedlicher Ferne oder Nähe zur Kirche wie z.B. die Beginen und Begarden, die sich z.gr.T. integrieren ließen, oder die Brüder und Schwestern des freien Geistes, die bis weit ins 15.Jh. nonkonformistische Kreise eines individualistischen, institutionenkritischen Christentums bildeten. Zu einer Krise des gesamten Kirchensystems kam es jedoch nicht. Ausdruck einer radikalen Bußgesinnung im Gefolge des tiefen Kulturschocks, den die gewaltige **Pestepidemie** (der *Schwarze Tod*, das *Große Sterben*) von 1347-51 in ganz Europa auslöste, waren die **Flagellanten**: Züge von organisierten Geißelbruderschaften und -schwesternschaften, die das göttliche Strafgericht durch intensive Bußübungen, v.a. durch die Nachahmung der Geißelung Christi als stellvertretende Sühne für die Sünden der Christenheit, abzuwenden suchten. 1348/9 bildeten sie sich - von Ungarn, Österreich und Böhmen aus vordringend - in den meisten mitteleuropäischen Ländern; da sie ihren Bußruf weithin mit grundsätzlicher Kritik an Papsttum und Klerikerkirche verbanden, galten sie bald als Ketzer, wurden aber nur z.T. gewaltsam verfolgt. Nachhaltiger wirkten die **nationalkirchlichen Tendenzen** in einigen Ländern, die zumeist eine Reaktion auf Entartungserscheinungen der Papstkirche darstellten (s. § 9; 11.1). Im Zusammenhang damit, besonders mit dem großen Schisma, entwickelten sich in zwei Randbereichen der abendländischen Kirche, in **England** und **Böhmen**, seit ca.1378 bzw. ca.1409 kirchenkritische Bewegungen, die durch ihre Reformprogramme den bisherigen Rahmen sprengten, weil sie nicht bloß von einzelnen Nonkonformisten, sondern von umfangreichen Gruppen getragen wurden.

13.1 Radikale Kirchenreform bei John Wyclif

Der Oxforder Theologieprofessor John Wyclif (ca.1330-84) engagierte sich zunächst im Rahmen der **nationalen Opposition** gegen die päpstlichen Finanzpraktiken 1374ff als scharfer Kritiker verschiedener Mißstände in der Kirche. Angesichts der innenpolitischen Probleme, welche die – wegen des permanenten Krieges gegen Frankreich seit 1339 notwendigen – Steuerforderungen des Königs schufen, propagierten Adelige und Bürger einen **Zugriff auf die Kirchengüter** als Entlastung. Das betraf nicht nur die Abgaben an den Papst, sondern auch die Einkünfte des hohen Klerus und der reichen Klöster. Als volkstümlicher Prediger und Schriftsteller erzielte Wyclif eine erhebliche Breitenwirkung mit seinem Angriff auf den unbiblischen Wohlstand der Kirche und mit seiner Forderung nach Enteignung sowie nach Preisgabe jeglicher irdischer Herrschaft. Er schuf sich damit Anhänger im Adel, jedoch erbitterte Feinde im Weltklerus und im besitzenden Mönchtum, die ihn schließlich bei der Kurie unter Hinweis auf seine Schriften wegen Ketzerei verklagten. Daraufhin verurteilte 1377 Gregor XI. ausgewählte Lehrsätze als häretisch. Doch diese **Verurteilung** blieb zunächst ohne Konsequenzen, weil Wyclif von König, Parlament und Bevölkerung gestützt wurde und weil das Papstschisma von 1378 die kirchliche Handlungsfähigkeit beeinträchtigte. Nun entwickelte er in seinen Traktaten 1378/9 eine **grundsätzliche Kirchenkritik**, welche die besondere Vollmacht des Papstes, v.a. dessen Schlüsselamt und kirchlichen Leitungsanspruch, sowie die gesamte Erscheinungsform der sichtbaren Kirche ablehnte. Als deren theologische Fundierung wirkten sein konsequenter Biblizismus und seine augustinische Ekklesiologie (s. § 10; 17.4) dahingehend, daß von seiner Konzeption her eine Verständigung mit der Papstkirche und Hierarchie unmöglich wurde. Denn er zerstörte das bisherige Autoritätsprinzip und untergrub die Machtposition der römisch-katholischen Kirche. Für ihn war die Kirche primär die **unsichtbare Gemeinschaft** der von Gott erwählten Gläubigen, deren Haupt allein Christus, aber in keiner Weise der Papst ist; Stellvertreter Christi und Nachfolger Petri waren für ihn all diejenigen, die dem Gesetz Christi gemäß in der Nachfolge, d.h. in Armut und Demut, leben. Wyclifs öffentliches Ansehen litt erheblich, als 1381 Bauernunruhen ausbrachen und seine Feinde ihm deren religiöse Vorbereitung vorwarfen; es sank rapide, als 1382 die englischen Bischöfe seine Ablehnung der Transsubstantiationslehre und andere Lehrsätze verurteilten. Doch der Ketzer blieb bis zum Tode 1384 persönlich unbehelligt. Lebendig war sein geistiger Einfluß ab 1382 in der **Lollardenbewegung**: Gruppen von Laien und Klerikern v.a. aus den unteren sozialen Schichten, die eine umfassende Kirchenkritik propagierten, deswegen der Häresie verdächtig waren und seit 1401 auch staatlicher Verfolgung unterlagen. Ihre faktische Wirkung in der Bevölkerung blieb begrenzt. In vielen Städten und Orten hielten sich Lollarden bis nach 1450 als Träger einer lebendigen Religiosität und eines kirchlichen Reformpotentials. Wirkungsgeschichtlich bedeutsamer als Massenbewegung wurde die verketzerte "Wyclifie" seit 1395/1400 in Böhmen (s. 13.2).

13.1.1 Es war etwas Besonderes, daß in der bislang von Häresien kaum berührten englischen Kirche ein renommierter Oxforder Theologieprofessor - über die gelehrten Zirkel hinaus wirkend - zum Haupt einer populären Ketzerei wurde. (Zu Wyclifs wissenschaftlichem Werk s. § 10; 17.4.1.) Dazu trug seine Verbindung mit den Kreisen des Adels und des Bettelmönchtums bei, die den Kampf gegen die **päpstliche Abgaben-, Gerichts- und Pfründenpraxis** trugen: gegen Peterspfennig, Forderung nach Wiederaufnahme des Lehnszinses, Appellationen, Provisionen, Reservationen etc. (vgl. 12.1.1; § 9; 11.1.5). Der Königssohn Johann von Gent, Herzog von Lancaster, als Wortführer in diesem Kampf konnte einen theologischen Kopf wie Wyclif dabei gut gebrauchen, v.a. bei den Verhandlungen mit Abgesandten des Papstes 1374 in Brügge. Deshalb bekam Wyclif die Kronpfarrei Lutterworth in Leicestershire als gut dotierte Pfründe. In **Predigten und Schriften** untermauerte er mit exegetischer Argumentation die Forderung nach Verzicht der Kirche auf weltliche Herrschaft und reiche Güter. Sein Armutsideal berührte sich mit demjenigen der radikalen Franziskaner, und seine Vorstellungen über die königliche Hoheit in äußerlichen Kirchendingen paßten den Politikern ins Konzept. (So v.a. ausgeführt in den beiden Traktaten *De divino dominio/Über die göttliche Herrschaft* und *De civili dominio/ Über die bürgerliche Herrschaft* von 1375/6, die seine Gegner im englischen Episkopat zur Grundlage des Ketzerprozesses machten.) Wyclifs energischster Widersacher, der Londoner Bischof William Courtenay, wurde an der Durchführung des Ketzerprozesses durch königliche Gewaltmaßnahmen gehindert. Doch immerhin konnte er sich hinfort auf fünf päpstliche Bullen stützen, die eine **Verurteilung der Irrtümer Wyclifs** im Blick auf die kirchliche Verfügung über zeitliche Dinge enthielten (Text/Übers.: DH 1121-1139). Es waren 19 Thesen aus Wyclifs Werk, die u.a. die päpstliche Autorität vom Ansatz beim Gesetz Christi her in Frage stellten (s. § 10; 17.4; 17.4.2). Diese Papstkritik lag noch auf der Linie entsprechender Äußerungen z.B. radikaler Franziskaner (vgl. § 9; 11.3.3-4). Wyclif verteidigte seine schon früher vorgetragenen 18 Thesen (ohne DH 1127) mit Erläuterungen in einem Schreiben an das englische Parlament mit dem Angebot, sich vom Gesetz Christi her korrigieren zu lassen (Übers.: Benrath 264-274).

13.1.2 Eine grundsätzliche, schärfere Form bekam die Kritik in Wyclifs Schriften *De ecclesia/ Über die Kirche* 1378 und *De potestate papae/Über die Macht des Papstes* 1379. Die Verdrängung der Bibel und damit des Gesetzes Christi durch das päpstliche Recht in der kirchlichen Wirklichkeit hielt er für ein Zeichen der **Herrschaft des Antichrists**, der sich an Christi Stelle setzt. Seine zunächst mit dem Pontifikat Urbans VI. verbundene Hoffnung auf ein Reformpapsttum, das in apostolischer Armut nach dem Gesetz Christi lebe, hatte er aufgegeben. Nun verdichtete sich seine Kritik an den **Erscheinungsformen der Papstkirche** zu der Meinung, daß der Papst mit seiner total verweltlichten Herrschaft und seinem Mißbrauch der apostolischen Vollmacht (z.B. in der Exkommunikationspraxis) dem Wesen der Kirche Christi widerspreche, die Zeichen des Antichrists an sich trage und damit deutlich mache, daß seine Herrschaft diejenige des Antichrists sei - als Stellvertreter des Antichrists. Demgemäß verwarf Wyclif wesentliche **Frömmigkeitsformen** wie z.B. den Ablaß, die Reliquien, den Heiligenkult, die Totenfürbitte, die priesterliche Absolution. Auch seine Ablehnung der Transsubstantiations- und Meßopferlehre (s. § 10; 17.4.4) traf die traditionelle Religiosität des Kirchenvolkes und fand daher wenig Zustimmung. Da ihn inzwischen selbst die Bettelorden angegriffen hatten, erweiterte er seine Kritik am Reichtum der Klöster zu genereller **Ablehnung der Mönchsorden** mit der Begründung, daß deren menschliche Regeln von der Beachtung der göttlichen Gebote wegführten und daß der Ordensstand mit dem von der Bibel geforderten Christenleben unvereinbar sei. Nun eröffnete der englische Episkopat - mit William Courtenay als neuem Erzbischof von Canterbury an der Spitze - erneut ein **Zensurverfahren** gegen Wyclif. Eine Kirchenversammlung in London verurteilte 1382 ohne Namensnennung 24 seiner Lehrsätze z.T. als häretisch, z.T. als irrig (Übers.: Benrath 288-290). Vor einer persönlichen Ketzerverurteilung schreckte man zurück, weil Wyclif immer noch Rückhalt am Königshof und Parlament besaß. So lebte er bis zum 31.12.1384 unbehelligt in seiner Pfarrei Lutterworth und verfaßte dort u.a. weitere polemische Schriften gegen die Papstkirche. Doch seine Anhänger wurden verfolgt und oft aus ihren Ämtern vertrieben. Erst posthum im Gefolge des Hus-Prozesses wurde er vom Konstanzer Konzil 1415 als Ketzer verurteilt (Katalog seiner 45 "Irrtümer": DH 1151-1195).

13.1.3 Wyclifs Forderung nach Enteignung bestimmter Kirchengüter interpretierte die Polemik seiner Gegner dahingehend, er würde generell das Eigentum aller Herren als unbiblisch ablehnen. Als gegen die harten königlichen Steuermaßnahmen 1381 sich ein **Bauernaufstand** erhob, verurteilte er öffentlich die damit verbundenen Enteignungsversuche. Seine adeligen Gönner wandten sich trotzdem z.T. von ihm ab. Seine zahlreichen Anhänger im Land wurden von den Gegnern mit einem bereits geläufigen Sektennamen als "**Lollarden**" bezeichnet, d.h. als *Unkrautsäer* und *Vagabunden.* Unter ihnen spielte eine große Gruppe von **Predigern**, *armen Priestern*, eine zunehmend wichtige Rolle, die seine Lehren auch in den Mittel- und Unterschichten verbreiteten. So wurde die "Wyclifie" durch die Lollarden zu einer **Volksbewegung**. Obwohl Wyclif in seinen Publikationen für *poor priests* geworben hatte, die das Gesetz Christi predigen sollten, hat er wohl kaum direkt zur Aussendung von (Lollarden-)Predigern beigetragen. Doch seine Ideen gaben für diese den Anstoß, und sein Sekretär in Lutterworth John Purvey wurde zum wichtigen Multiplikator. Ein bedeutsames Element in der Tätigkeit der Lollarden wurde die **volkssprachliche Bibelübersetzung** (unter Mitwirkung Oxforder Gelehrter wohl von Purvey/NT und Nicholas von Hereford/AT i.w. verfaßt). Sie wurde als ketzerisch verboten, was ein Zeichen dafür war, daß die Institution Kirche ihre Lehrautorität bedroht sah, wenn Laien sich im Sinne von Wyclifs Schriftprinzip auf die Bibel als alleinige Autorität beriefen.

13.1.4 Da Wyclif noch eine beachtliche Anhängerschaft im Adel besaß, konnten die Lollarden über diese 1395 beim Parlament eine radikale **Kirchenreform** beantragen, die sie in **12 Thesen** begründeten (Übers.: Benrath 294-301). Sie nahmen Wyclifs Programm auf und kritisierten u.a. den weltlichen Besitz der Kirche, die Entartung des Priesteramtes und des Mönchtums, die Transsubstantiationslehre und die Benediktionen. Wegen ihrer Forderung nach Unterstellung der Bischöfe unter die königliche Gerichtsbarkeit und wegen ihres Angriffs auf die Kirchengüter fanden sie Zustimmung v.a. im niederen Adel. Da der Lancaster-König Heinrich IV. (1399-1413) als Usurpator auf die Unterstützung des Episkopats angewiesen war, nahm er dessen Forderung nach der – in England bisher unbekannten – **Todesstrafe für Häretiker** auf: Das Statut *De haeretico comburendo/Daß ein Häretiker verbrannt werden muß* von 1401 schuf die Rechtsgrundlage für die – insgesamt maßvollen – Lollardenverfolgungen im 15.Jh. Zur politischen **Katastrophe** kam es mit dem Scheitern des von Lollarden begünstigten Aufstandes des Ritters John Oldcastle gegen den neuen König Heinrich V. 1413. Denn nun galten diese Häretiker zugleich als Staatsfeinde; die Lollarden verloren ihren Anhang im Landadel und Bürgertum und konnten sich hinfort nur noch als Untergrundbewegung mit Sympathisanten unter den verarmten Handwerkern und Klerikern halten. Ihre größte **historische Wirkung** bestand darin, daß sie in England die Reserven gegen die vom Papsttum geprägte Kirchenstruktur und eine kirchenkritisch-biblizistische Mentalität nachhaltig verbreiteten, die bis ins 16.Jh. ein wichtiges kirchenpolitisches Faktum blieb.

13.2 Jan Hus und die Erneuerungsbewegung in Böhmen

Wyclifs Kirchenkritik und Reformprogramm fanden eine besondere Resonanz im Königreich Böhmen aufgrund der verschiedenen Kontakte zu England, weil dort die allgemeinen Voraussetzungen für eine umfassende kirchlich-religiöse Erneuerung sich mit spezifisch **nationalen und gesellschaftlichen Aspekten** verbanden, die Ausdruck einer umfassenden **Krise** waren. Die Erneuerungsbewegung wurde seit ca.1360 durch nonkonformistische Prediger und Laien vorbereitet. Sie erhielt ihre feste Form seit ca.1400 im Gefolge der Konflikte um die "Wyclifie", die die renitenten Kirchenkritiker und Reformer zur scharfen Kollision mit der Institution

Kirche (dem Prager Erzbischof, der Kurie und dem Papst) führten. Berühmtester Wortführer des Protestes wurde der Prager Universitätslehrer **Jan/Johannes Hus** (ca.1370-1415) nicht wegen seiner wissenschaftlichen Lehren, sondern durch die Breitenwirkung seiner populären **Predigten und Traktate**. Weder originell-produktiver Theologe noch schlicht-reproduzierender Wyclifadept war Hus ein religiöses Genie insofern, als er die wesentlichen Sachverhalte der Kirchenpraxis und Frömmigkeit einprägsam zusammenfassen und so klar formulieren konnte, daß die Laien in allen Schichten des Volkes darin ihre Anliegen wiederfanden. Seine **Theologie** war gemäßigt-konservativ, nicht in ihrer Substanz, sondern in ihren praktischen Konsequenzen revolutionär. Ihr zentrales Thema war die **Kirche** als Gemeinschaft der von Gott erwählten Gläubigen, die in der Nachfolge Christi ein entschiedenes Leben gemäß Gottes Gesetz führen. Das verband sich mit der bereits verbreiteten Erneuerungsbewegung sowie Kirchenkritik; Hus gab dieser ein neues Profil durch seine intensive Volkspredigt. Kirchengeschichtlich entscheidend wurden die daraus resultierenden, seit 1407 sich ausbreitenden **Unruhen**, welche – z.T. mit dem nationalen Gegensatz der Tschechen gegen die Deutschen verbunden – die etablierten Kirchenstrukturen und die päpstliche Herrschaft bedrohten. In diesem Zusammenhang wurde Hus 1412 als Ketzer vom Papst gebannt, obwohl seine Kritik an der Kirche, ihren Lehren und Frömmigkeitsformen bis dahin relativ moderat war. Böhmen, Kernland des Reiches unter Kaiser Karl IV., war auch unter dessen politisch unfähigem Nachfolger König Wenzel immer noch ein bedeutsamer Teil der abendländischen Kirche, und seine Rezeption der wyclifitischen Häresie konnte für die gesamte Kirche ein gefährliches Beispiel abgeben. Deswegen befaßte sich damit das allgemeine **Konzil von Konstanz** (s. 14.1), bekräftigte 1415 die Verurteilung des dorthin vorgeladenen Hus und ließ ihn, weil er seine Verteidigung Wyclifs nicht widerrufen wollte, als notorischen Häretiker verbrennen. Erst mit diesem spektakulären Akt, der Hus zum Märtyrer machte, das nationale Selbstbewußtsein vieler Böhmen schwer traf und auch darüber hinaus als Unrecht empfunden wurde, erhielten Hus' Lehren eine weitere Verbreitung und allgemeine Beachtung. Er wurde zur Symbolfigur des böhmischen Widerstands gegen eine entartete Kirche.

13.2.1 Im 14.Jh. hatte sich Böhmen durch Industrie und Handel zu einem ökonomisch prosperierenden Zentrum in Mitteleuropa entwickelt, doch damit waren mancherlei soziale und politische **Spannungen** verbunden, die auch die Kirche betrafen: Gegensätze zwischen wohlhabendem Bürgertum und städtischer Unterschicht sowie Bauerntum, zwischen den zahllosen verarmten Geistlichen ohne Pfründen und dem reichen Klerus, zwischen dem oft seine Kirchenhoheit mißbrauchenden Adel und der Institution Kirche mit ihrem Grundbesitz, zwischen Deutschen und Tschechen, zwischen einflußreichem Adel und schwachem König, König und Prager und Erzbischof (z.B. wegen der Ermordung von dessen Generalvikar Johannes von Nepomuk 1393, der seit dem 18.Jh. als Nationalheiliger verehrt wurde). Böhmischer König war 1378-1419 der gebildete, aber charakterlich problematische, wegen Unfähigkeit von den Kurfürsten 1400 als römisch-deutscher König abgesetzte **Wenzel**. Gegen kirchliche Mißstände propagierten Prediger z.B. Rückbesinnung auf die Urchristenheit, stärkere Beteiligung der Laien am kirchlichen Leben, Intensivierung der Eucharistiefrömmigkeit (v.a. durch tägliche Kommunion, z.T. mit Kelchkommunion). Führer dieser **Erneuerungsbewegung**, die manchmal mit der Inquisition kollidierte, waren u.a. der Bußprediger Matthias von Waldhausen (gest. 1369), der Spiritualist und Apokalyptiker Jan Milić von Kremsier/Mähren (gest. 1374), der biblizistische Reformprediger

Matthias von Janow (gest. 1393). Sie trugen zur Schaffung eines religiösen Klimas bei, das eine wesentliche Voraussetzung für die Konflikte der Hus-Ära und der Zeit nach 1415 war.

13.2.2 Den sozialen Aufstieg schaffte der arme Fuhrmannssohn Jan von Husinec/Südböhmen, genannt **Johannes Hus**, durch sein Universitätsstudium in Prag: seit 1396 Magister in der Artistenfakultät, 1400 zum Priester geweiht, seit 1402 als **Volksprediger** an der Bethlehemskapelle in Prag durch die Verkündigung in tschechischer Sprache zunehmend einflußreich in der anwachsenden Reformbewegung, unterstützt zunächst von König Wenzel und vom Erzbischof Zbyněk von Hasenburg. Seine Verkündigung orientierte sich an den Ideen des Jan Milić, getragen auch von einem **volkspädagogischen Impuls**, zu dem die Pflege der tschechischen Sprache gehörte. Seit ca.1398 befaßte Hus sich intensiv mit **Wyclifs Schriften**, die u.a. durch Böhmen, die in Oxford studiert hatten, verbreitet wurden. Der Scholastiker Wyclif war zunächst aus universitätspolitischen Gründen für die Tschechen wichtig, die sich auf ihn als Repräsentanten eines extremen **Realismus** (s. § 10; 17.4) beriefen in Opposition gegen die nominalistische Majorität unter den Philosophie- und Theologieprofessoren. Seit 1403 spielte in dieser Auseinandersetzung Wyclifs als häretisch verurteilte Eucharistielehre eine wichtige Rolle (der sich Hus nie anschloß). Durch die Diskussion um **Wyclifs Reformprogramm** weitete sich der Streit in der Öffentlichkeit aus, so daß 1408 die römische Kurie und der Prager Erzbischof gegen einige Wyclifiten vorgingen.

13.2.3 Der Streit um Wyclifs Lehren verschärfte in der **Prager Universität** den Gegensatz zwischen den vier stimmberechtigten "Nationen" (Böhmen, Bayern, Sachsen, Polen), als er sich mit der unterschiedlichen Haltung zum **Papstschisma** nach dem Pisaner Konzil (s. 11.3.3) verband. Während die Professoren der drei deutschen Nationen mit Erzbischof Zbyněk an der römischen Obödienz/Papst Gregor XII. festhielten, favorisierten die Tschechen zusammen mit König Wenzel die Pisaner Obödienz/Papst Alexander V., woraufhin Wenzel im Kuttenberger Dekret 1409 die **Universitätsverfassung** änderte: Er gab nach dem Pariser Vorbild der "böhmischen Nation" in allen Entscheidungen drei Stimmen gegenüber einer Stimme der nun zur "deutschen Nation" zusammengefaßten Ausländer. Das stärkte auch den Einfluß der Wyclifiten enorm; Hus wurde zum Universitätsrektor gewählt. Die Folge war u.a., daß die meisten deutschen Magister und Studenten Prag verließen (in diesem Zusammenhang Gründung der Universität Leipzig 1409). Nun wurden die tschechischen **Wyclifiten** für den - alsbald zu Alexander V., ab 1410 zu Johannes XXIII. als der stärkeren Macht überwechselnden - Erzbischof und den hohen Klerus auch politisch gefährlich. Denn sie untergruben die kirchliche Autorität im Volk und legitimierten die Übergriffe von König und Adel auf die Kirchengüter theologisch.

13.2.4 Seit 1410 bekam deshalb der Konflikt die Form einer **Ketzerverfolgung**: Gestärkt durch den Papst verbot Erzbischof Zbyněk die Beschäftigung mit Wyclifs Schriften (die öffentlich verbrannt wurden) sowie Hus' Predigttätigkeit, den er außerdem exkommunizierte. Es kam zu **Unruhen** in Prag mit Zusammenstößen zwischen tschechischen Reformanhängern und deutschen Gegnern. Als schwerer taktischer Fehler erwies sich Hus' juristische Anfechtung von Wyclifs Ketzerverurteilung durch einen seit 1408 in Rom angestrengten Prozeß. Denn deswegen traf ihn 1411 auch der päpstliche (kleine) **Bann**, und über die renitente Stadt Prag wurde das **Interdikt** verhängt. Den Konflikt verschärfte 1412 ein **Streit um den Ablaß**, den Alexander V. für einen Kreuzzug gegen König Ladislaus von Neapel wegen dessen Unterstützung für Gregor XII. auch in Böhmen verkaufen ließ. Hus polemisierte in Predigten und Schriften gegen den Ablaß und die entartete Hierarchie, womit er sich nun auch den am Ablaßgeschäft beteiligten König Wenzel zum Gegner machte. Drei seiner Anhänger wurden wegen ihrer Ablaßkritik hingerichtet. Als die theologische Fakultät erneut die häretischen **Lehrartikel Wyclifs** verurteilte, verteidigte Hus diese öffentlich und verband so sein weiteres Schicksal mit demjenigen der böhmischen Wyclifiten. Der von Johannes XXIII. über ihn verhängte **große Bann** (vgl. 12.2.1), der vom Prager Klerus solenn verkündet wurde, zwang ihn zur Flucht aus Prag. Er lebte 1412-14 unter dem Schutz südböhmischer Adeliger auf deren Burgen, wo er zahlreiche theologische Schriften - u.a. eine tschechische Auslegung von Credo, Dekalog und Vaterunser - verfaßte.

13.2.5 Hus war nicht als wissenschaftlicher Theologe bedeutend (s. § 10; 17.4.5), sondern als **praxisbezogener Lehrer**. Er unterschied sich von Wyclif darin, daß seine Kirchenkritik und seine Reformvorstellungen weit **weniger radikal** waren. (Hus, Opera omnia, Bd.1ff, 1959ff.)

Grundsätzlich stand er auf dem Boden traditioneller Kirchlichkeit und der kirchlichen Lehre; er lehnte auch das Papsttum nicht generell ab, sondern nur dessen Verweltlichung und Verrechtlichung. Nicht eine Hierarchie als solche, bloß deren gegenwärtige Form hielt er für unvereinbar mit der Bibel: Haupt der Kirche könnte allein Christus sein, und die kirchlichen Amtsträger vom Papst bis zum Pfarrer müßten ein wahrhaft apostolisches Leben in Bescheidenheit führen. Er vertrat kein Schriftprinzip wie Wyclif, sondern betonte die **Bedeutung der Bibel** als Gesetz Gottes bzw. Christi, das auch in der Kirche als entscheidende Norm konsequente Anwendung finden müßte. Doch daneben behielten für ihn die Lehren der Konzilien und Kirchenväter autoritative Bedeutung. Seine **Ekklesiologie** entsprach dem (v.a. in der stark an Wyclif orientierten Hauptschrift *Tractatus de ecclesia* von 1413 lehrmäßig entfaltet; Text: hg.v. S.H. Thomson, 1956; Übers. z.T.: Benrath 346-355): Die Kirche als Gemeinschaft der Prädestinierten besteht aus den Gläubigen, die Christus in Armut und Demut nachfolgen; echter Stellvertreter Christi kann nur ein solcher Papst sein, der dies vorbildhaft realisiert. Den päpstlichen Mißbrauch des Schlüsselamtes kritisierte Hus ebenso wie die Auswüchse beim Ablaß, Heiligenkult und Mönchtum; aber er verwarf all diese kirchlichen Institutionen nicht als solche. Ebenfalls stark von Wyclif geprägt war sein Traktat *De simonia*, in dem er den üblichen Ämterkauf, die Habsucht und Unsittlichkeit der Kleriker tadelte. Dem entsprach seine **Gesellschaftskritik**, die sich auf die dem Gesetz Christi widersprechenden Verhaltensweisen v.a. der Obrigkeiten und Oberschichten bezog.

13.2.6 Bei der Einberufung des **Konstanzer Konzils** forderte Papst Johannes XXIII. auch eine Verhandlung gegen Hus. König Wenzel war ebenso wie sein Stiefbruder, der römisch-deutsche König **Sigismund** (weltlicher Protektor des Konzils) an einer Beilegung der Unruhen in Böhmen interessiert. Deswegen drängten beide Hus zwecks Neuverhandlung im Ketzerprozeß zur Reise nach Konstanz, für die ihm Sigismund einen Geleitbrief ausstellte. Doch auf Veranlassung von Johannes XXIII. nahmen ihn die Konzilsväter noch vor Sigismunds Eintreffen am 28.11.1414 als gebannten Häretiker wegen Fluchtgefahr in **Klosterhaft**; ob das ein Bruch des königlichen Schutzes war, ist seit damals viel erörtert worden. Die Verhandlungen der Untersuchungskommission - u.a. mit den berühmten Theologen Pierre d'Ailly und Johannes Gerson (s. § 10; 17.2.3-4) - konzentrierten sich auf den **Wyclifievorwurf** und wurden durch die erneuerte Verurteilung von Wyclifs Lehrartikeln (s. 13.1.2) präjudiziert. Auch die Verwerfung der Forderung nach obligatorischer Kommunion unter beiderlei Gestalt als allein stiftungsgemäßer Eucharistiefeier (Text/Übers.: DH 1198-1200) traf indirekt Hus, weil dieser den **Laienkelch** als biblisch legitimierte Praxis gerechtfertigt, wenngleich nicht strikt verlangt hatte. Hus lehnte den geforderten **Widerruf** seiner bisherigen und nun erneut bekräftigten partiellen Zustimmung zu Wyclifs Lehren v.a. deswegen ab, weil er seine Gesinnungsfreunde, die böhmischen Wyclifiten, nicht desavouieren wollte. Um seine eigenen Lehren ging es im Grunde kaum, auch wenn formell diese - faktisch als Übereinstimmung mit wyclifitischen Positionen - in 30 *Irrtümern/ errores* verworfen wurden (Text/Übers.: DH 1201-1230). So wurde er als unbußfertiger Ketzer erneut, diesmal vom Konzil als höchster Instanz, verurteilt und gemäß dem Reichsrecht (s. 10.3.2) am 6.7.1415 in Konstanz auf öffentlichem Scheiterhaufen verbrannt. Diese Entscheidung gegen den kirchenkritischen Reformer verletzte zusammen mit der Verurteilung der Laienkelchforderung das religiöse und nationale Bewußtsein der Tschechen zutiefst, weil sie überzeugt waren, daß Hus nicht der Häresie überführt worden sei. In Briefen an das Konzil protestierten 1415 Adelige aus Böhmen und Mähren. Doch dem Konzil wie dem König ging es darum, die dortigen Unruhen gewaltsam zu unterdrücken. Deshalb verurteilte man auch Hus' Anhänger, den leidenschaftlichen Wyclifiten Hieronymus von Prag, 1416 zum Feuertod (Übers. seiner Verteidigungsrede vor dem Konzil: Benrath 362-364).

13.3 Gemäßigtes "Hussitentum" als böhmische Nationalkirche

Die jahrzehntelangen Unruhen in Böhmen und Mähren nach 1415/19, die sich v.a. gegen die Koalition von deutschem Königtum und Papstkirche richteten, waren in der Sache mit Hus nur indirekt verbunden. Sie brachten eine Verschärfung der seit 1407 bestehenden Spannungen mit sowohl religiösem als auch sozialem und politischem Hintergrund, wobei sich in den Reihen der Opposition Angehörige fast aller Gesellschaftsschichten zusammenfanden. Hus hatte keine Schule gebildet, es gab keine einheitliche hussitische Theologie, und der Begriff "Hussiten" wurde v.a. von den Gegnern als Ketzername verwandt. Hus war ein die Tschechen gegen die Deutschen einigendes Band durch die Verehrung als Märtyrer. Ansonsten aber waren die Reformanhänger in verschiedene Aktionsgruppen getrennt, die sich z.T. scharf bekämpften. Einen radikalen Neubau von Kirche und Gesellschaft forderten die **Taboriten**, apokalyptisch-revolutionäre Gruppen; sie brachten in den Anfangsjahren des Umbruchs entscheidende Impulse. Das eigentliche Symbol des kirchlichen Widerstandes für viele wurde seit 1417 der **Laienkelch**, weil er an einer für die Frömmigkeit zentralen Stelle die Durchbrechung des Klerikermonopols signalisierte. (Deshalb auch die Ablehnung durch das Konstanzer Konzil.) **Utraquisten** bzw. **Calixtiner** hießen demnach die gemäßigten Gruppen wegen ihrer Forderung der Kommunion unter beiderlei Gestalt (*sub utraque specie*) bzw. mit Kelch (*calix*). Diese Forderung war einer der sog. Vier Prager Artikel von 1420, eines von Rom als häretisch verurteilten moderaten Reformprogramms, das sich stark vom Programm der Taboriten unterschied. Seit 1420 verwüstete der vom Papst ausgerufene, von König Sigismund geführte **Ketzerkreuzzug** in verschiedenen Wellen bis 1436 das Land und die Kirche, wobei die taktisch überlegenen Hussiten trotz ihrer Spaltung sich militärisch behaupten konnten. Diese sog. Hussitenkriege griffen auch auf Randgebiete des Reiches über; die *böhmische Gefahr* versetzte die ganze abendländische Kirche in Unruhe. Die Gegensätze zwischen Taboriten und Utraquisten, Radikalen und Konservativen, führten schließlich dazu, daß die letzteren sich mit den Katholiken verbündeten, 1434 die Taboriten vernichtend besiegten und für ihr kirchliches Reformprogramm 1436/7 die offizielle Anerkennung erhielten. Diese **utraquistische Kirche** unterschied sich sachlich nur wenig von der römisch-katholischen, sah aber in ihrer Sonderform die tschechische Identität in Abgrenzung gegen die Papstkirche gewahrt. So bestand sie als reformkatholische Konfession im 15./16.Jh. fort. Die **konfessionelle Spaltung** des Landes verstärkte die politische Krisensituation nachhaltig. Die taboritische Tradition lebte z.T. weiter in hussitischen Reformkreisen, die sich nach 1450 zu den Gemeinden der **Böhmischen Brüder** zusammenschlossen. Auch diese hielten sich bis zu den gegenreformatorischen Vernichtungsmaßnahmen nach 1621 im Land.

13.3.1 Die älteren Gegensätze zwischen gemäßigten und radikalen Reformgruppen führten seit 1416/7 zur Bildung zweier Parteien, die allerdings in sich stark differenziert waren. Die radikalen **chiliastischen Bruderschaften** sammelten sich in ihrer Parusieerwartung an Orten mit biblischen Namen als Ausdruck eines endzeitlichen Symbolismus (Tabor und Oreb/Horeb): die südböhmischen **Taboriten** und die ostböhmischen **Orebiten**, darunter viele Bauern, Kleinadelige und arme Kleriker. Sie griffen das alte Kirchenwesen gewaltsam an, z.T. mit Plünderung, Bilderstürmerei, Klerikerverfolgung. Einige vertraten kommunistische Vorstellungen für eine **grundlegende Neuordnung** von Kirche und Gesellschaft. Dagegen intendierten die um das Symbol des Laienkelches vereinten Universitätsreformer, nationalistischen Bürger in Prag, städtischen Unterschichten und Hochadeligen, die **Utraquisten**, eine **behutsame Reform** der Ständegesellschaft. Im Kampf gegen König und Bischofskirche vereinten sich jedoch beide Parteien. Blutige Unruhen brachen 1419 in Prag aus, u.a. mit Gewaltanwendung gegen königliche Beamte und antihussitische Ratsherren (sog. Erster Prager Fenstersturz). Daraufhin eröffnete der allgemein als Hus-Mörder abgelehnte **König Sigismund**, der Wenzels Nachfolge als Böhmenherrscher antreten wollte, mit deutschen Kreuzfahrern den **Hussitenkrieg**. Gemeinsame Aktionsbasis für die Widerstandsgruppen wurden die Forderungen der **Vier Prager Artikel** vom

27.5.1420: Laienkelch/Abendmahl in beiderlei Gestalt; freie Predigt des Wortes Gottes; Armut der Kirche durch Verzicht auf Besitz und weltliche Macht; Bestrafung der Todsünder, v.a. unter den Klerikern (Übers. des lat. Textes: Benrath 368-371).

13.3.2 Die Utraquisten besiegten Sigismunds Kreuzfahrerheer in mehreren Schlachten 1420/1. Die Anerkennung der Vier Artikel durch den Prager Erzbischof Konrad von Vechta und durch den böhmischen Landtag 1421 bot die Grundlage zur Etablierung eines utraquistischen Konsistoriums und eines durch bischöfliche Sukzession legitimierten **utraquistischen Klerus** in Prag und anderen Städten. Der wichtigste theologische Führer der Utraquisten war Hus' Freund Jacobellus von Mies (ca.1373-1429). Die **Taboriten** bauten dagegen in völliger Abkehr von der alten Tradition eine **eigene Kirchenorganisation** auf. Ihr religiös-politischer Führer war der verarmte Kleinadelige Jan Žižka (ca.1360-1424), ein genialer Militärtaktiker, der mit neuen Kriegstechniken die großen Kreuzfahrerheere besiegte. Nach seinem Tod versuchte der Priester Prokop der Kleine (gest. ca.1434) das fortzusetzen. Seit 1427 warben Taboriten und Utraquisten mit **Manifesten** in ganz Europa für ihre Sache und forderten die Christenheit zum Kampf gegen Papsttum und verweltlichte Kirche auf. Die hussitischen Heere beider Parteien (die *Gottesstreiter*) erzielten auch weiterhin **militärische Erfolge**; nach ihrem Sieg über ein Kreuzheer 1431 erklärte sich das Reformkonzil in Basel (s. 14.2) zu Verhandlungen mit den Utraquisten bereit. Das Ergebnis waren die sog. **Prager Kompaktaten** von 1433, eine reduzierte Form der Vier Artikel (Konzession nur des Laienkelches), die nach Sigismunds Zustimmung 1436 auf dem böhmischen Landtag verkündet und 1437 vom Konzil akzeptiert, aber vom Papst abgelehnt wurden (Übers.: Gill 400-404). Das war die Grundlage für einen dauerhaften, wenngleich immer wieder gestörten Religionsfrieden, der in dem religiös und sozial gespaltenen Land zu einer Annäherung zwischen Utraquisten und Katholiken (König, Erzbischof etc.) führte. Der durch die Konflikte gestärkte - weithin utraquistische - Adel errang größten Einfluß auf die Landesregierung. Die 1434 geschlagenen Taboriten unterlagen dagegen weiterhin der Verfolgung, seit 1452 durch den Landesverweser Georg von Podiebrad, einen Utraquisten (1458-71 König von Böhmen). Nach Zerschlagung ihrer Kirchenstrukturen lebten kleine Gruppen im Untergrund und im Exil weiter.

13.3.3 Von der Bruderschaft der Taboriten separierte sich 1420 v.a. wegen seiner pazifistischen Gesinnung der theologisch gebildete Laie **Peter Chelčický** (gest. nach 1450). Er baute nach urchristlichem Modell eine Brüdergemeinde auf. Er lehnte die Kirche als große Hure Babylon mit dem Papst als Antichrist ab, aber verwarf auch den revolutionären Chiliasmus. In manchem von Wyclif und den Waldensern beeinflußt, wollte er die Gemeinschaft der Erwählten sammeln, die als einzige Autorität die Bibel gelten läßt und alle weltlichen Ordnungen (Obrigkeit, Krieg, Eid, Strafen) ablehnt. Aus der Vereinigung dieser Gemeinde mit verschiedenen Reformgruppen, Waldensern und verstreuten Resten der Taboritenkirche entstand durch das Wirken des Gregor Rokycana (gest. 1474), des englischen Wyclifiten Peter Payne (gest. 1456) u.a. 1457/8 bei Kunwald eine **Brüdergemeinde**, die zum Kristallisationskern der **Böhmischen Brüder**/*unitas fratrum*, eines lockeren Verbandes von Einzelgemeinden wurde. Bis 1464 erlitten die Brüder staatliche Verfolgungen wegen ihrer Ablehnung u.a. der kirchlichen Sakramente. Danach entwickelten sie sich in Böhmen und Mähren beträchtlich mit stärkerer Annäherung an Staat und Gesellschaft. Das führte dazu, daß die Brüderversammlung unter Führung des **Lukas von Prag** (1460-1528) seit 1494 ein positiveres Verhältnis zu den weltlichen Ordnungen einnahm. Lukas wurde der maßgebliche Theologe, der Lehre und Verfassung der Unität prägte.

13.4 Literatur

QUELLEN: G.A. BENRATH (Hg.): Wegbereiter der Reformation, KlProt 1, 1967.

LITERATUR: G.A. BENRATH: John Wyclif, GKG 4, 1983, 219-233. - DERS.: Wycliff und Hus, ZThK 62 (1965) 196-216. - PH. CONTAMINE: Die Kirche auf den Britischen Inseln, GCh 6, 1991, 655-682. - J. GILL: Konstanz und Basel-Florenz, 1967 (= GÖK 9). - M.D. LAMBERT: Ketzerei im Mittelalter, 1981; ND 1991, 307-487. - J. LOSERTH: Huss und Wiclif, 1884; 2.A. 1925. - DERS.: Wiclif und der Wiclifismus, RE^3 21 (1908) 225-244. - F. MACHILEK: Hus/Hussiten, TRE 15 (1986) 710-735 (Lit.!). - R. MANSELLI: Brüder des freien Geistes, TRE 7 (1981) 218-220. - F. SEIBT: Hussitenstudien, 1987; 2.A. 1991. - DERS.: Jan Hus, GKG 4, 1983, 251-266. - P. SEGL: Geißler, TRE 12 (1984) 162-169.

14. Das Scheitern von Konzilen und Kirchenreformen

Seit den Konzilen von 1215 (Lateran IV) und 1311/12 (Vienne) gehörte die **Reform der Kirche** im Blick auf Klerus und Gemeindeleben zu den unerledigten Themen. Seit dem Papstschisma und der Kirchenspaltung von 1378ff kam als dringlich die schon vorher geführte Diskussion um eine **Reform der Kurie** hinzu. Die **Parole** von der Notwendigkeit einer *reformatio in capite et membris/Erneuerung an Haupt* (d.h. Papst) *und Gliedern* (d.h. Bischöfen bzw. Klerikern) verbreitete sich seit Beginn des 15.Jh.s zunehmend. Und das **Konzil** als Gesamtvertretung der Kirche sollte das **Instrument** sein, um die Reform zu initiieren. So entwickelte sich der **Konziliarismus**, in verschiedenen Formen begründet und entfaltet, zu einer Theorie, die der Kirche aufhelfen sollte durch Rückkehr zu älteren episkopalistisch-dezentralen Verfassungsstrukturen, welche die korporative Seinsgestalt der Kirche ausdrückten. Daß das i.w. von Kardinälen konzipierte Konzil von Pisa 1409 bei der Beseitigung des Schismas keine Lösung bewirkte, entmutigte die konziliaristischen Theoretiker nicht. Ihr Erfolg auf dem Konzil von Konstanz 1414-18 stärkte den Konziliarismus lehrmäßig und kirchenpolitisch so, daß er ein Gegengewicht zum **Papalismus** und kurialen Zentralismus wurde. Damit forderte er allerdings den autokratischen Selbstbehauptungswillen des Papsttums heraus. Auf dem Hintergrund von mancherlei Differenzierungstendenzen (z.B. der verschiedenen Häresien und Nonkonformisten, der nationalkirchlichen und säkularistischen Tendenzen) wurde der **Konflikt beider Konzeptionen** im Zusammenhang mit dem Baseler Konzil 1431-49 ausgetragen. Nun zeigte sich jedoch, daß der konsequente Konziliarismus sich gegen den Einfluß der päpstlichen Autorität und Handlungsmöglichkeiten nicht behaupten konnte, daß somit ein vom Papst relativ unabhängiges Konzil als Steuerungsinstrument nicht vom Konsensus der Gesamtkirche getragen wurde. Da mit dem Papstamt seit dem Hochmittelalter wesentliche Elemente der kirchlichen Heilsvermittlung verbunden waren, erwies sich im allgemeinen Bewußtsein die papstzentrierte **monarchische Kirchenstruktur** als stärker. Das hatte zur Folge, daß die Päpste zukünftig mit der Verdrängung des Konzils auch das notwendige Thema "Reform der Kirche an Haupt und Gliedern" unterdrückten - bis es im 16.Jh. mit der Reformation neu aufbrach.

14.1 Konziliarismus als Grundsatzprogramm

Die Entwicklung des Papsttums nicht nur zur entscheidenden Instanz der Gesamtkirche, sondern zur grundlegenden Institution, die das Wesen der Kirche ausmacht, war die Ursache dafür, daß seine im 14.Jh. zutage getretenen praktischen Deformationen zu einer **Grundlagenkrise** führten. Kanonisten und Theologen griffen in verschieden begründeten Konstruktionen auf das Konzil als Lösungsmöglichkeit zurück, ohne daraus eine einheitlich-systematische Lehre zu entwickeln. Der konsequente Konziliarismus implizierte eine brisante **Antithese zum Papalismus**. Denn danach galt der Papst nicht als eigentlicher Träger der Vollgewalt/*plenitudo potestatis* in der Kirche, sondern als ein der Gesamtkirche untergeordneter Repräsentant derselben. Er übt die Vollgewalt in der normalen Praxis aus, doch in Notsituationen dieser Institution (Papstschisma oder -häresie) zeigt sich, daß die **Gesamtkirche** unabhängig von ihm existiert. Deswegen ist diese zum Handeln nicht nur bevollmächtigt, sondern auch verpflichtet; und sie kann das faktisch nur in der Form des **allgemeinen Konzils** tun, welches die Gesamtkirche durch eine **Aktion ihrer Teile** repräsentiert. Nur wenige Radikal-Konziliaristen sahen im Konzil eine Konkurrenzinstitution zum Papst, die diesen ins zweite Glied drängen sollte. Doch die weithin vertretene Koordination konnte im Blick auf die Konkretionen der Entscheidungsmechanismen unterschiedlich gedacht werden (zugespitzt in der Frage der Über- oder Unterordnung des Papstes über/unter das Konzil). Entscheidend war bei den meisten Denkansätzen, daß mit dem Konzil eine vom Wesen der Kirche her **notwendige Ergänzung** zum Papst die gesamtkirchliche Leitungsstruktur bestimmen sollte. Demgegenüber vertraten die Papalisten und Kurialisten die Auffassung, daß das Konzil legitimerweise nur ein besonderes Handlungsinstrument des Papstes als des einzigen Hauptes der Kirche sein könnte. Die Kontroverse wurde v.a. im Zusammenhang mit dem Baseler Konzil 1431-49 ausgetragen und zugunsten der papalistischen Doktrin entschieden. Wie im Hochmittelalter waren auch in der Neuzeit die "ökumenischen Konzile" päpstliche Generalkonzile.

14.1.1 Die Forschung zum Konziliarismus des 14./15.Jh.s, einem umfangreichen Komplex, hat ein stark **differenziertes Bild** ergeben. Bei der zusammenfassenden Auswertung spielt allerdings die dogmatische Position nicht selten eine Rolle, weil die normative Entwicklung der römisch-katholischen Papstkirche mit der Dogmatisierung des uneingeschränkten päpstlichen Primats und Universalepiskopats den konsequenten Konziliarismus als häretisch ausgeschieden hat. Kirchliche Loyalität führt dann ggf. dazu, die konziliaristischen Quellen so zu interpretieren, daß sie mit der offiziellen Doktrin einigermaßen in Einklang zu bringen sind. Demgegenüber tendieren Kritiker der Papstkirche dahin, den Gegensatz der beiden Konzeptionen auch in den Quellen des 14./15.Jh.s zu überzeichnen. So ist das Thema ein gutes Beispiel für das Problem einer "interessegeleiteten" bzw. "vorurteilsfreien" Historiographie, weil alle einfachen Lösungen nicht stimmen.

14.1.2 Der Konziliarismus war **keine einheitliche Position**, sondern wurde von unterschiedlichen Ansätzen aus entfaltet. Eine wichtige Rolle spielten dabei Kanonisten, die aus der Häresieklausel des *Decretum Gratiani* (d. 40, c. 6: daß der Papst nur bei Abweichung vom wahren Glauben gerichtet werden dürfe) eine Unterordnung des Papstes unter das Konzil in diesem Grenzfall oder sogar generell eine Einbindung des Papstes in die Gesamtkirche bei Glaubensdingen ableiteten. Die radikalen Formen gingen i.w. auf Marsilius von Padua und Wilhelm von Ockham zurück (s. § 9; 11.3.3-4), die das Konzept der Repräsentation der Gesamtkirche durch das Generalkonzil begründeten: so z.B. der deutsche Kurienbeamte **Dietrich von Niem** (ca. 1340-1418), der in seinem vielbeachteten *Dialogus* 1410 eine Lehre von der Vollmacht des allgemeinen Konzils entwickelte und 1414 für das Konstanzer Konzil durch ein Programm der Reform an Haupt und Gliedern/*reformatio ecclesiae in capite et membris* ergänzte (Text: hg.v. H. Heimpel, 1933). Eine gemäßigte Konzilstheorie vertrat der einflußreiche Pariser Theologe **Johannes Gerson**, der sich seit 1392 mit den ekklesiologischen Problemen des Papstschismas beschäftigte und dabei u.a. an der areopagitischen Konzeption orientierte (s. § 10; 17.2.4); er sah im Konzil die Einheit und die hierarchische Ordnung der Kirche sichtbar dargestellt, weshalb es seine Vollmacht direkt von Gott habe, über dem positiven Recht stehe und ggf. über den Papst richten dürfe. Ebenfalls eine vermittelnde konziliaristische Position i.S. einer gestuften Hierarchie trug der stark beim Baseler Konzil engagierte **Nikolaus von Kues** in seinem Traktat *De concordantia catholica* 1434 vor.

14.2 Das Konzil von Konstanz 1414-18 und die Kircheneinheit

Das für die Kirche verderbliche Papstschisma war zwar durch das Konzil von Pisa 1409 zunächst eher verschärft worden. Aber die Pisaner Obödienz unter Alexander V. und Johannes XXIII., der seit 1410 in Rom - mit Schwierigkeiten - residierte, errang eine zunehmende Gefolgschaft unter den Königen und Kirchenfürsten Europas. Dennoch blieb das praktische und dogmatische Problem, daß durch drei Stellvertreter Christi und Häupter der Kirche die Einheit der Christenheit nicht dargestellt werden konnte. Zu seiner Lösung verständigte man sich weithin auf eine Kombination von *via cessionis* und *via concilii* (s. 11.3.3), d.h. von **Rücktritt** sämtlicher Päpste und **Neuordnung** durch das Konzil. Dessen Zustandekommen ermöglichte v.a. der römisch-deutsche **König Sigismund**, der - gleichsam als Nachklang alter kaiserlicher Universalität - in Verhandlungen mit den abendländischen Königen und in Kooperation mit Johannes XXIII. den Konsens durchsetzte, daß der Papst das von verschiedenen "Nationen" beschickte (nicht einfach päpstlich berufene) Konzil in der Reichsstadt Konstanz eröffnete. Es war im Grunde eher eine politische Versammlung der abendländischen Christenheit, wie die starke Beteiligung von Herrschern und Laien zeigte. **Drei Aufgaben** waren gestellt: Beseitigung des Schismas (*causa unionis*), Reform der Kirche (*causa reformationis*) und Lösung dogmatischer Probleme, zumal im Zusammenhang der neuen Häresien (s. 13.1-3; *causa fidei*). Die erste war vordringlich, konnte aber nicht sogleich gelöst werden, weil eine bloße Konzilsentscheidung - wie Pisa 1409 gezeigt hatte - nichts nützte. So wurde nach einigen Turbulenzen Johannes XXIII., der eine Abdankung verweigerte, 1415 wegen Unwürdigkeit abgesetzt; Gregor XII. trat 1415 freiwillig zurück, und Benedikt XIII., den man trotz langer Verhandlungen nicht zum Rücktritt bewegen konnte, traf 1417 ebenfalls das Absetzungsurteil. Mit **Martin V.** wurde - erstmals nicht allein durch das Kardinalskollegium, sondern auch durch das Konzil - ein neuer Papst gewählt (1417-31), der dank allgemeiner **Anerkennung** die Kirchenspaltung wirklich beenden konnte. Diese kg. bedeutsame Wende hatte die konziliaristische Konzeption mit politischer Hilfestellung der weltlichen Gewalt ermöglicht. Nicht so erfolgreich, aber beachtlich waren die Ergebnisse zum Thema Kirchenreform, v.a. deren wichtigstes, das Dekret über die **oberste Gewalt des allgemeinen Konzils**, ergänzt durch das Dekret über die regelmäßige Abhaltung von Konzilen, d.h. die Institutionalisierung dieses Entscheidungsorgans. Dadurch waren zukünftige Konflikte mit dem neu gestärkten Papsttum programmiert. Hinsichtlich der Abstellung der vielerlei **Mißstände** erließ das Konzil einige Bestimmungen, die jedoch in der Folgezeit nur geringe Wirkungen erzielten. Die **Abwehr von Häresien** dominierte bei den - nicht ebenso umfangreichen und sorgfältigen - dogmatischen Erörterungen des von bedeutenden Theologen getragenen Konzils: Verurteilung der Laienkelchforderung, der Lehrartikel Wyclifs und des Ketzers Jan Hus (s. 13.2). Das Konstanzer Konzil war die numerisch größte mittelalterliche Kirchenversammlung, eine wirkliche Vertretung der ganzen abendländischen Kirche, die überall Beachtung fand und mancherlei Veränderungen signalisierte. Seine **wirkungsgeschichtliche Bedeutung** ergab sich daraus, daß es mit der Beseitigung der Kirchenspaltung in ambivalenter Weise eine **neue Epoche** eröffnete. Einerseits gab es dem Konziliarismus ein dogmatisches Fundament und praktische Verwirklichungsmöglichkeiten, andererseits konsolidierte es das schwer erschütterte Papsttum. Ersterer scheiterte in der nächsten Generation, letzteres regenerierte sich durch den Ausbau Roms zum kirchlichen Zentrum und festigte durch die Wiederherstellung des Kirchenstaates seine politische Machtposition.

14.2.1 Der skrupellose Politiker **Johannes XXIII.** (heute als *senior* bezeichnet wegen der Namensdublette zu Johannes XXIII. 1958-63) wollte den Konziliarismus, der ihm das Amt ermöglicht hatte, für sein Ziel nutzen, die Konkurrenten auszuschalten. Sein römisches Konzil 1412/13 blieb jedoch völlig wirkungslos. Nach der Vertreibung aus Rom verbündete er sich mit **Sigismund**/Sigmund, dem Sohn Kaiser Karls IV. (seit 1410/11 römischer König, erst 1433 Kaiser, gest. 1437), der wieder eine aktive deutsche Italienpolitik intendierte. Sigismund gewann durch geschickte Diplomatie v.a. Frankreich und England für die Teilnahme (später dazu die spanischen Reiche), und wegen der strittigen Papstobödienz lud auch er - neben Johannes XXIII. - zum Konzil ein, das dieser am 5.11.1414 eröffnete. (Gregor XII. durfte dann seinerseits am 4.7.1415 das bereits tagende Konzil nochmals einberufen, um als legitimierter Papst dann abzudanken.) Da Johannes die erforderliche Amtsniederlegung verweigerte und aus Konstanz floh, machte ihm das Konzil den **Prozeß** wegen unsittlicher Lebens- und unwürdiger Amtsführung, Simonie und Förderung des Schismas (Text: COD 417f; Übers.: Gill 371-373); sein Anhang löste sich auf, er blieb bis 1419 in einem deutschen Gefängnis. Erst nachdem Sigismund durch langwierige Verhandlungen die Könige von Aragon, Kastilien und Navarra zum Abrücken von **Benedikt XIII.** und zur Teilnahme am Konzil bewogen hatte, konnte dieser inzwischen völlig einflußlose Papst erneut (s. 11.3.3) als Schismatiker und Häretiker verurteilt werden (Text: COD 437f; Übers.: Gill 388-390). Beim Modus der Papstneuwahl wirkte sich die durch das Absetzungsverfahren bestätigte Rechtsposition des Konzils aus. Die erstaunlich rasche Einigung auf den Kardinal Oddo Colonna, Sproß der für die Papstgeschichte bedeutsamen römischen Familie, als Papst **Martin V.** war so von breitem Konsens getragen.

14.2.2 Die starke Stellung der weltlichen Herrscher und der Universitäten beim Zustandekommen des Konzils führte zu einer bedeutsamen Verfahrensänderung. Das **Stimmrecht** lag nicht wie sonst bei den einzelnen Bischöfen (mit dem Übergewicht Italiens), sondern korporativ bei den vier, seit 1417 fünf "**Nationen**", die als Fraktionen arbeiteten und auch Nichtbischöfe umfaßten (*natio Italica, Germanica, Gallicana, Anglicana*, seit 1417 *Hispanica*, jeweils unter Zuordnung der kleineren Reiche). Dem entsprach, daß zahlreiche Fürsten sowie Städtevertreter und neben den ca.300 Bischöfen und Äbten auch fast 600 Professoren teilnahmen, darunter theologische Koryphäen. Die Flucht Johannes' XXIII. veranlaßte das Konzil zur Feststellung seiner **Unabhängigkeit vom Papst** (Text: COD 408f; Übers.: Gill 369f). Wenig später bekräftigte es das in dem berühmten, u.a. auf Johannes Gersons Lehren zurückgreifenden Dekret *Haec sancta* über die **Konzilsautorität** vom 6.4.1415, einem grundlegenden Dokument des Konziliarismus: Dieses legitim im Heiligen Geist versammelte Generalkonzil *stellt die* [sc. auf Erden] *kämpfende katholische Kirche dar und hat ihre Gewalt unmittelbar von Christus/potestatem a Christo immediate habet* (Text: COD 409f; Übers. z.T.: Gill 370). Die Bedeutung des Textes ist umstritten. Es war eine auf die akute Notsituation bezogene, keine generelle dogmatische Aussage, implizierte jedoch grundsätzliche Folgerungen. Das zeigte das allgemein gültige Dekret *Frequens* vom 9.10.1417 über *häufige* Abhaltung von Generalkonzilien in geregelten Zeitabständen, die als das beste Mittel zur Behebung von Mißständen angesehen wurde (Text: COD 438f; Übers.: Gill 390f). Keineswegs wurde damit das Konzil als vom Papst unabhängiges Organ konstituiert, aber die päpstliche Willkür sollte durch bestimmte Verfahrensregeln eingeschränkt werden.

14.3 Niederlage der Reformer: Das Konzil von Basel 1431-49

Die päpstliche Politik zielte nach 1418 darauf, die lästige Einschränkung der absoluten Vollgewalt durch das Konzil als ständige Einrichtung zu überwinden. Martin V., dem an einer einschneidenden Kirchenreform nichts lag, organisierte das in Konstanz vereinbarte Konzil von Pavia (verlegt nach Siena) 1423/4 so, daß es von vornherein scheitern mußte. Dem kamen die allgemeine Konzilsmüdigkeit im Episkopat und die Abschreckung durch die mit der Teilnahme verbundenen Kosten entgegen. Eine gezielte **Desavouierung der konziliaren Praxis** bezweckte Martin auch für das nächste obligatorische Konzil, 1431 nach Basel einberufen, allerdings unter seinem Nachfolger, dem politisch unbegabten Eugen IV. ablaufend. Als Eugen das schwach besuchte Konzil alsbald auflöste und ein Papstkonzil nach älterer Art anstrebte, kam es zu einem folgenreichen Konflikt. Nun strömten Theologen, Juristen und Vertreter der weltlichen Gewalten nach Basel (allerdings kaum Bischöfe und Äbte). Das **Konzil** wurde von der Mehrheit der Kardinäle und Könige gestützt und etablierte sich programmatisch i.S. des konsequenten Konziliarismus als **Konkurrenzinstitution** zum Papst mit eigener Kirchenleitungspraxis. Es erarbeitete eine Fülle von Vorschlägen und Dekreten zur **Kirchenreform**, die eine z.T. einschneidende Erneuerung intendierten, z.T. auch die päpstliche Macht deutlich begrenzten. Doch für die praktische Umsetzung bedurfte es der - illusorischen, weil unerreichbaren - Kooperation mit dem Papst. Zum Statusproblem wurde die Frage, wo das geplante **Unionskonzil** mit den Griechen stattfinden sollte, d.h. wen diese als Verhandlungspartner vorzogen (s. 8.2). Der Papst setzte sich durch und verlegte 1437 das Konzil von Basel nach Ferrara. Doch die Mehrheit verweigerte den Umzug und reagierte 1439 mit einer radikalen Maßnahme: mit der dogmatischen Fixierung der **Oberhoheit des Konzils** über den Papst und mit der Absetzung Eugens IV. als Häretiker (sowie der Wahl eines neuen Papstes). Nun gab es ein **Schisma**, das sich in dem Nebeneinander eines Papstkonzils in Ferrara-Florenz-Rom und eines papstunabhängigen Konzils in Basel-Lausanne bis 1449 darstellte. Doch die konziliaristischen Leitungsansprüche fanden bald kaum noch Resonanz in den Teilkirchen und bei den weltlichen Herrschern, so daß dieses Konzil wegen zunehmender Bedeutungslosigkeit sich auflöste und Papst Nikolaus V. unterwarf. Der Konziliarismus als Reformkonzept hatte gegen das Papsttum als Machtfaktor verloren - ein kg. Paradigma für die Schwierigkeit, Ideen in Praxis umzusetzen. Die päpstliche Monarchie bestand hinfort unangefochten.

14.3.1 Daß das Konzil sich zunächst 1431-33 gegen Eugen IV. (1431-47) behaupten konnte, lag an dem **verbreiteten Reformbedarf** v.a. im Blick auf das päpstliche Finanz- und Stellenbesetzungswesen, den die abendländischen Staaten und der höhere Klerus geltend machten. Deswegen gab der Papst dem Druck z.B. Kaiser Sigismunds nach und erkannte 1433 das Konzil an. Dieses hatte zuvor allerdings sich als **unabhängige Leitungsinstanz** konstituiert (u.a. auch deswegen, weil viele Kleriker, Herren etc. sich in Rechtsstreitigkeiten nach Basel statt nach Rom wandten): mit eigenem Behördenapparat und Gerichtshof, selbständiger Vergabe von Pfründen und Ablässen. Seine **Zusammensetzung** widersprach der bisherigen Konzilstradition, weil nicht die Bischöfe, sondern - dem radikalen Konziliarismus gemäß - Vertreter des gesamten Kirchenvolks beteiligt waren (bis zu 3500 inkorporierte Konzilsväter, v.a. aus Universitäten, Domkapiteln und Stiften, die aber nur zeitweise anwesend waren). Auch seine Tagung in **Permanenz** über lange Jahre hinweg war ein Indiz dafür, daß es eine dauerhafte Kirchenleitung anstrebte. Dazu paßte die **Dogmatisierung der Superiorität** des Konzils über den Papst im Dekret vom 16.5.1439, das den Beschluß von 1415 (s. 14.2.2) ins Grundsätzliche erhob (von Eugen IV. verurteilt: Text/Übers.: DH 1309). Die Absetzung Eugens und die Wahl des Herzogs Amadeus von Savoyen zum Papst (**Felix V.**, 1439-49) waren eine Demonstration dieses Anspruchs. Felix' Reichtum ermöglichte die Fortsetzung des 1448 durch Kaiser Friedrich III. aus Basel vertriebenen Konzils in seiner Stadt **Lausanne**. Aber angesichts der Aussichtslosigkeit seines Herrschaftsanspruchs dankte Felix V. zugunsten von Nikolaus V. (1447-55) ab, und daraufhin löste sich das - seit 1443 ohnehin kaum noch aktive - Konzil auf.

14.3.2 Angesichts der Machtlosigkeit des Konzils blieben seine beachtlichen **Reformdekrete** bloße Theorie, zumal diese z.T. die päpstlichen Rechte und Finanzinteressen kräftig beschnitten. 1433-36 beschloß es aufgrund intensiver Arbeit u.a. Dekrete über die Wahl der Bischöfe und Äbte durch die zuständigen Gremien ohne Eingriffsrechte des Papstes, über das Verbot der Erhebung von Abgaben bei der Ämterverleihung (z.B. der Annaten), über die zurückhaltendere Anwendung der Exkommunikation und des Interdikts. Bedeutsam waren auch die Vorschriften über die Papstwahl und über das Kardinalskollegium, dessen Mitglieder künftig vom Kollegium gewählt (nicht mehr vom Papst allein ernannt) werden, auf 24 beschränkt werden (mit höchstens 8 aus einer Nation) und bestimmte Qualifikationen aufweisen sollten. Zur Klerusreform (z.B. Abschaffung des Konkubinats) und Gottesdienstreform ergingen Bestimmungen; generell sollten diese Bereiche überwacht werden durch regelmäßige Synoden in den Diözesen und Kirchenprovinzen (Texte: COD 469-505; Übers. z.T.: Gill 408-412.) Die Verwirklichung all jener Vorstellungen litt unter der **Verurteilung des Konziliarismus** durch die Päpste. Gleichwohl realisierten einige Länder diejenigen Baseler Reformdekrete, die ihnen in das Konzept einer Befreiung von päpstlicher Finanzausbeutung paßten (s. § 9; 11.1.4; 11.2.4). Eugen IV. verdammte 1441 in einer Bulle den Grundsatz einer Oberhoheit des Konzils als teuflische Häresie; viel Unheil folge daraus, wenn man die Autorität des Papstes einschränke (Übers.: Gill 426-434). Und Pius II. verurteilte in einer Bulle 1460 den *fluchwürdigen Mißbrauch* der Appellation an ein Konzil gegenüber päpstlichen Entscheidungen (Text/Übers.: DH 1375).

14.4 Literatur

R. BÄUMER (Hg.): Die Entwicklung des Konziliarismus, 1976. - DERS. (Hg.): Das Konstanzer Konzil, 1977. - W. BRANDMÜLLER: Konstanz, TRE 19 (1990) 529-535. - DERS.: Papst und Konzil im Großen Schisma, 1990. - DERS.: Das Konzil von Konstanz 1414-1418, Bd.1, 1991. - K.A. FINK: Das abendländische Schisma und die Konzilien, HKG III/2, 1968, 490-516.539-588. - A. FRANZEN/W. MÜLLER (Hg.): Das Konzil von Konstanz, 1964. - J. GILL: Konstanz und Basel-Florenz, 1967 (= GÖK 9). - P. LAZARUS: Das Basler Konzil, 1912; ND 1965. - P. OURLIAC: Das Schisma und die Konzilien, GCh 6, 1991, 75-131. - A.N. SCHOFIELD/J. GILL: Basel - Ferrara - Florenz, TRE 5 (1980) 284-296. - H. SMOLINSKY: Konziliarismus, TRE 19 (1990) 579-586.

§ 9
Geistliche und weltliche Gewalt im christlichen Abendland

Bedeutung des Themas

Seit der Frühzeit bildete das Verhältnis der Kirche zum Staat einen fundamentalen Aspekt (s. § 3). Das galt für das sog. Mittelalter auch, aber unter signifikant veränderten Rahmenbedingungen. Die Christianisierung Westeuropas mit einer kulturellen und sozialen Transformation im Zusammenhang der Herausbildung neuer Staatsformen gab der Zuordnung von **politischer und religiöser Dimension** der Lebenswirklichkeit neue Gestaltungen. Diese wurden zu einem kg. Grundproblem, weil das Christentum als allgemein verbreitete Volksreligion öffentliche Geltung beanspruchte mit entsprechender Normierung der gesellschaftlichen und politischen Wirklichkeit. Daraus ergaben sich vielfältige Konflikte auf der Basis einer grundsätzlichen Synthese. Die neuzeitliche Trennung von Kirche und Welt war der mittelalterlichen Mentalität und Verfassungswirklichkeit ebenso fremd wie das, was unser Begriff "Staat" meint. Charakteristisch für dieses Zeitalter waren **fünf Merkmale**: 1. Es gab im 5.-11.Jh. nur eine schwach ausgebildete Staatlichkeit, die aus einer **Vielfalt personaler Herrschaft** bestand; der **religiöse Bezug** war ein konstitutiver Teil der Herrschaftsausübung. Erst seit dem 13.-15.Jh. entwickelten sich allmählich institutionelle Formen, die den neuzeitlichen Staat vorbereiteten und eine neuartige Verbindung von Herrschaft und Religion implizierten. – 2. Die von vornherein stärker institutionalisierte Kirche war in die jeweiligen Reiche mehr oder weniger stark integriert in Form von **Landeskirchen** als wesentlicher Stützen der politischen Herrschaft. Dies schuf von vornherein Problemkonstellationen mit einem beträchtlichen Konfliktpotential. – 3. Neben dem römischen Papsttum als Repräsentanz der Gesamtkirche beanspruchte das von Karl d.Gr. infolge der fränkischen Großmachtposition seit 800 erneuerte, durch Otto d.Gr. seit 962 mit dem deutschen Reich verbundene römische **Kaisertum** in ganz anderer Weise eine universale Geltung in der abendländischen Christenheit – analog dem byzantinischen Kaisertum im Osten, jedoch mit anderer theoretischer Legitimation (der sakralen Herrscherwürde germanisch-rechtlicher Provenienz). Die Konkurrenz beider **Universalgewalten** (*sacerdotium – imperium*) bestimmte im 11.-13.Jh. v.a. die deutsche Kirchengeschichte nachhaltig, weil sie zu grundsätzlichen Konflikten führte, die die politische Situation stark veränderten. – 4. Seit dem Hochmittelalter vollzog sich ein bedeutsamer Mentalitätswandel: Die undifferenzierte Synthese von politischer und religiöser Dimension wurde abgelöst durch eine Unterscheidung der **Spezifika beider Gewalten**, die eine qualitativ neue Zuordnung ermöglichte, aber auch die Konflikte verstärkte. Unabhängig vom westlichen Kaiserreich (*imperium*) bildeten seit dem 11.Jh. die nationalen Königreiche (*regna*) eine spezifische

Identität aus. Sie bedurften für ihre konstitutive Legitimation keines Bezugs zum Papsttum mit seinem Universalanspruch. In einem längeren Prozeß der Abwehr päpstlicher Zugriffe formten sich dort seit dem 14.Jh. **Nationalkirchen**. - 5. Trotz der theoretischen Differenzierung war das politische und kirchliche Leben bis zum 15.Jh. von einer **praktischen Verschränkung** beider Gewalten auf lokaler, regionaler und nationaler Ebene geprägt. Die kirchlichen Amtsträger nahmen politische und kulturelle Funktionen wahr, und die Könige, die z.T. eine religiöse Dignität behaupteten), sowie die übrigen weltlichen Herren bestimmten vielfach in kirchlichen Angelegenheiten mit. Deswegen ist es problematisch, generell einen "Dualismus" der weltlichen und geistlichen Gewalt als Charakteristikum des Abendlandes (v.a. gegenüber Byzanz) anzunehmen; ihn gab es abseits der grundsätzlichen Konfliktsituationen kaum.

Hauptsächliche Probleme

- Politische und kulturelle Veränderung der Ordnung Westeuropas seit dem Zerfall des Imperium Romanum
- Staatenbildung und Kirchenstruktur in den germanischen Reichen ("Nationalkirche"/"Landeskirche")
- Sakrale Herrscherwürde und weltliche Kirchenhoheit
- Kirchliche Autonomie und staatliche Integration der Kirche
- Universalanspruch des römischen Papsttums und Universalanspruch des erneuerten römischen Kaisertums: Zusammenhang und Gegensatz, unterschiedliche Ausprägungen im Früh- und Hochmittelalter (Wer ist das Haupt der Christenheit?)
- Das Universalreich (*imperium*) und die Einzelreiche (*regna*) im Verhältnis zu Gesamtkirche und jeweiliger "Landeskirche"
- Fundamentale Differenz zweier Rechtssysteme: Kirchenrecht gegen germanisches bzw. römisches Recht
- Ausformung von Nationalstaaten und Nationalkirchen im westlichen Abendland seit dem 13.Jh.

QUELLEN: E. EICHMANN (Hg.): Kirche und Staat, 2 Bde., 1912-14; ND 1968. - C. MIRBT/K. ALAND (Hg.): Quellen zur Geschichte des Papsttums und des römischen Katholizismus, 6.A., Bd.1, 1967. - R. MOKROSCH/H. WALZ (Hg.): Mittelalter, KTGQ 2, 1980; 3.A. 1989.

LITERATUR: M. BORGOLTE: Die mittelalterliche Kirche, EDG 17, 1992. - E.H. KANTOROWICZ: Die zwei Körper des Königs, 1992. - H. MITTEIS: Der Staat des hohen Mittelalters, 4.A. 1953; 11.A. 1986. - P. MORAW: Kirche und Staat II, TRE 18 (1989) 374-381. - TH. SCHIEDER (Hg.): HEG 1, 3.A. 1991; Bd.2, 1987. - P.E. SCHRAMM: Kaiser, Könige und Päpste, 4 Bde., 1968-71. - R.W. SOUTHERN: Kirche und Gesellschaft im Abendland des Mittelalters, 1976. - N. STAUBACH: Königtum III, TRE 19 (1990) 333-345. - H. ZIMMERMANN: Kaisertum und Papsttum, TRE 17 (1988) 525-535.

Wichtige Ereignisse, Sachverhalte, Personen

I.	**Frankenreich und Reich der Deutschen: Religiöse Herrscherwürde und universales Kaisertum**
seit 751 754	Christliche **Herrschaftslegitimierung seit Pippin d.J.**: *Von Gottes Gnaden* Bündnis Frankenreich – Papsttum in Ponthion u. Quierzy
 800	Ausbau der königlichen **Kirchenhoheit** durch Pippin und **Karl d.Gr.** (768-814) **Erneuerung des römischen Reiches** im Westen: Karl d.Gr. als **Kaiser**/*imperator*
962	Otto I. (936-973): Erneuerung des karolingischen **Kaisertums**. Krönung in Rom (seitdem konstitutiv). **Theokratie**: **Herrscher als Repräsentant der Christenheit**
10./11.Jh.	Entwicklung der **Reichskirche**: Bischöfe/Prälaten als königliche Lehnsträger. Begründung der geistlichen Fürstentümer: Lehnsgebiete, Regalien
seit 1075	Erster **Grundsatzkonflikt** der Universalgewalten ("**Investiturstreit**"): Angriff des Papsttums auf **Sakralwürde** und **Kirchenhoheit** des Kaisertums. **Gregor VII.**: Programm "**Freiheit der Kirche**"/*libertas ecclesiae*
1076/77	**Heinrich IV.**: Absetzung Gregors; Gregor VII.: **Kirchenbann**; Heinrichs Buße/Gang nach **Canossa**. Gegenkönig – "Bürgerkrieg" in Deutschland
1122	Sog. **Wormser Konkordat**: Verzicht des Kaisers auf geistliche Investitur, Beibehaltung der weltlichen **Belehnung**
II.	**Kaisertum und Papsttum im Streit um die "Universalherrschaft"**
   1159-77	Zweiter **Grundsatzkonflikt**: **Röm. Kaiseridee** (*sacrum imperium*) und europäische Großmachtpolitik bei **Friedrich I. Barbarossa** (1152-90) Papstschisma. Kaiser gegen **Alexander III.** Abendländische **Kirchenspaltung**. **Machtkampf um Italien**. Friede von Venedig
	Päpstlicher Anspruch auf **Vollgewalt**/*plenitudo potestatis* bei Innozenz III.: Übertragung der Reiche und Lehnshoheit über die Fürsten
1198-1268	Dritter **Grundsatzkonflikt**: "**Weltherrschaft**" des Papstes / **Machtkampf um Italien**
	Thronwirren/"Bürgerkrieg" in Deutschland (1198-1215). **Einmischung Innozenz' III.** Bulle von Eger 1213: Preisgabe königlicher Kirchenhoheit
1215-50	Europäische Großmachtstellung **Friedrichs II.**: Kaiserreich und Königreich Sizilien Krieg gegen Papst und oberitalienische Opposition **Gregor IX.**: Exkommunikation/Absetzung Friedrichs II. Autoritätsverlust der Gewalten
1324-47	Letzter Kampf zwischen Kaiser und Papst. **Ludwig d. Bayer**: Zurückweisung päpstlicher Hoheitsansprüche. **Nationalkirchen** in England/Frankreich
III.	**Die Kreuzzugsbewegung: Krieg gegen die Feinde der Kirche**
1095-99	Erster Kreuzzug: Aufruf Papst **Urbans II.** zur Befreiung des Hl. Landes. Massen- und Ritterzüge. Judenprogrome. **1099 Eroberung Jerusalems**. **Christenheit unter päpstlicher Führung**. Gründung von Kreuzfahrerstaaten
1107-49	Unternehmungen zur Unterstützung der Kreuzfahrerstaaten. Sog. Zweiter Kreuzzug 1147/8: Scheitern
 1188-97	**Rückeroberung** durch Sultan Saladin. 1187 Kreuzfahrerstaaten weithin vernichtet **Groß-Kreuzzüge** der abendländischen Reiche. Sicherung der Küstenstädte
1204-61	Kreuzzug gegen **Konstantinopel**; sog. lateinisches Kaiserreich
1228/9	Kreuzzug Kaiser **Friedrichs II.** (König von Jerusalem): Modus vivendi mit Muslimen
1244-91	Sukzessiver Verfall der Kreuzfahrerstädte und -burgen. Fall Akkons
13.Jh.	**Heidenkreuzzüge** in Preußen, Litauen, im Baltikum
14.Jh.	Fortsetzung der Kreuzzugsbewegung in Plänen und Aufrufen. Konstantinopel: Militärhilfe gegen Union? 1396 Kreuzzug gegen die Türken auf dem Balkan
1453	Ende des oströmischen Kaiserreiches/Fall Konstantinopels

Abb.23: Das Frankenreich im 8./9.Jahrhundert

1. Frühmittelalterliche Herrschaftsformen

Stärker als im oströmischen Reich erlebte im Westen seit dem 4./5.Jh. die staatliche Verwaltung mit dem Wandel von Wirtschaft und Bevölkerung eine allmähliche Auflösung. Die alten Institutionen verschwanden, die Städte als Zentren von Administration und Ökonomie traten zurück (in den germanischen Gebieten fehlten sie ohnehin); mit einer **Reagrarisierung** ergab sich eine **Rearchaisierung** der Gesellschaft. Verstärkt wurde dieser Zerfallsprozeß durch die Mentalität und Lebensart der Germanen, die auf dem Boden des Imperium Romanum ihre Reiche errichteten, wobei die politischen und sozialen Ordnungen im Frankenreich seit dem 6.Jh. beispielgebend in Westeuropa wirkten. An die Stelle des "Staates" als einer abstrakt-transpersonalen, relativ stabilen, institutionell verfaßten, differenziert organisierten Größe trat die **personale Herrschaft** bzw. der **Personenverband** mit begrenzten Funktionen. Das prägte das öffentliche wie das kirchliche Leben bis ins Hoch- und Spätmittelalter. Wenn in der wissenschaftlichen Literatur der Begriff "Herrschaft" weithin den des "Staates" abgelöst hat und z.T. zum verfassungsgeschichtlichen Zentralbegriff geworden ist, dann darf nicht außer acht gelassen werden, daß dieser verallgemeinernde Begriff (mit den damaligen lateinischen Äquivalenten *dominium*, *auctoritas*, *potestas*, *imperium*, *regnum*) unterschiedliche Konkretionen abdecken soll: z.B. Haus-, Gefolgschafts-, Gerichts-, Stadt-, Kirchen-, Lehns-, Königsherrschaft. Die meisten Formen verbanden personale und dingliche Elemente, Bindung auf der Basis von Eigentum.

1.1 Grundherrschaft und Eigenkirche

Schon im Imperium Romanum entwickelten sich die Latifundien des senatorischen Adels und der Reichen als der *patroni* zu weithin selbständigen Verwaltungseinheiten, die einer Masse von Abhängigen als ihrer *clientela* Schutz (*patrocinium*) gewährten. In Gallien, Spanien und Italien verband sich das seit der Völkerwanderungszeit mit der germanischen Ordnung der Grundherrschaft. Da das Königtum das öffentliche Leben wenig regulieren konnte, kamen wesentliche staatliche Aufgaben in die **Hoheit privater Herren** (v.a. der Edelinge/Adligen): Herrschaft über Personen und Sachen (*Munt* und *Gewere*); äußerer **Schutz** und **Gerichtsbarkeit** für alle auf dem umfangreichen Grundbesitz lebenden halbfreien und unfreien Bauern und Handwerker samt Familienangehörigen; die **Verfügungsgewalt** über alle Güter und Einkünfte im Grundherrschaftsbereich. Vom König über Herzöge und Grafen bis zu den Adelsherren und freien Bauern, Bischöfen und Äbten basierte im Frankenreich alle öffentliche Ordnung auf dem Grundbesitz. Für die mittelalterliche Kirchengeschichte wurde dieser Sachverhalt prägend, weil aus ihm das erwuchs, was man als **Eigenkirchenwesen** bezeichnet. Das war eine Rechtsform, die sich im 6.Jh. unter dem Einfluß der germanischen Mentalität aus der spätantiken Form der Privatkirche (*oratorium*) entwickelte und seit dem 7./8.Jh. die Kirchenstruktur im Frankenreich und in dessen Nachfolge- sowie Nachbarstaaten beträchtlich mitbestimmte. Danach gehörte dem **Grundherrn**, der auf seinem Gebiet aus eigenen Mitteln eine Kirche erbaute, diese mitsamt den für den laufenden Betrieb gestifteten Ländereien und deren Erträgen; er stellte einen Unfreien oder Hörigen aus seiner Herrschaft als Kleriker/*Eigenpriester* ein, der ihm rechtlich unterstellt war und die kirchlichen Abgaben abliefern mußte; und er (ein Laie) übte auch die **geistliche Leitungsgewalt** über Kirche und Priester aus. Ohne derartige Stiftungen wären die Christianisierung und der Aufbau einer Pfarrorganisation im Frankenreich nicht so effektiv erfolgt, weil die Institution Kirche - repräsentiert durch die Bischöfe - dazu gar nicht die materiellen Möglichkeiten besaß. Auch Eigenklöster entstanden auf diese Weise. Der wesentliche Unterschied der frühmittelalterlichen Eigenkirchen gegenüber den spätantiken Privatkirchen lag in der **ökonomischen Nutzbarmachung**, welche die Stiftung der geistlichen Einrichtungen wegen der Erträge ihrer Ländereien nicht selten zu einer lukrativen Kapitalanlage machte (abgesehen von der religiös-transzendentalen Verdienstlichkeit). Das wurde verstärkt durch eine Einbindung in das Pfarrsystem, weil damit die Stolgebühren und die - seit der karolingischen Gesetzgebung obligatorischen - **Zehntabgaben** weitgehend den Grundherren zuflossen. Diese waren allerdings seit 818/9 verpflichtet, keine Leibeigenen als Priester einzusetzen (bzw. sie vor der Priesterweihe freizulassen) und ihnen ein eigenes Stück Land sowie einen Gebührenanteil als **Pfründe**/*beneficium* für den Unterhalt zu überlassen. Kirchenrechtlich war das Eigenkirchen- und Klosterwesen seit 826 durch den Papst anerkannt.

1.1.1 Die altkirchliche Gemeinde- und Pfarrstruktur war an die Städte als Bischofssitze gebunden. Auf dem Land verselbständigte sie sich seit dem 4./5.Jh., und dieser Vorgang wurde durch die nichturbane Sozialordnung der Germanenreiche verstärkt. Der von Ulrich Stutz geprägte Begriff *Eigenkirchenwesen* bzw. *Eigenkirchenrecht* basiert auf der mittelalterlichen Bezeichnung *propria ecclesia* für bestimmte Kirchengebäude, welche sich in der vermögensrechtlichen **Verfügungsgewalt** eines Laien, Bischofs, Klosters etc. befanden. Der Ursprung der Entwicklung in Gallien und Italien lag nicht allein im germanischen **Hauspriestertum** (mit Eigentempeln), sondern v.a. im Zusammenhang von **Grundherrschaft und Sakralgemeinschaft**, die für das germanische wie für das römische Recht charakteristisch war, sowie in der christlichen Sitte der **Kirchenstiftung** durch Begüterte. Als besondere Motive wirkten bei der Errichtung einer Eigenkirche die Verbindung mit den Gräbern der Stifterfamilie und der spezifische Rechtsschutz der zugehörigen Ländereien, die nun als Gott geweihtes Kirchengut vor Zugriffen und Erbteilungen gesichert waren.

1.1.2 Das Eigenkirchenrecht war in unterschiedlicher Intensität im ganzen Abendland verbreitet, war jedoch nicht die einzige Form des Niederkirchenwesens. Seine allgemeine Bedeutung geht auch aus der **gesetzlichen Regelung im Karolingerreich** hervor. Als Sondervermögen durfte eine Eigenkirche zwar als ganze veräußert oder vererbt werden, aber nicht ihr einzelnes Zubehör. Sie durfte nicht in eine profane Sache umgewandelt ("säkularisiert") werden. Gestattet wurde der Erwerb von Zehntrechten. Der Grundherr konnte über die Stellenbesetzung frei entscheiden, wobei der Bischof nur die Priesterweihe vollzog. Entsprechend germanischem Recht gehörte der Nachlaß (*spolia*) eines Eigenpriesters dem Herrn; daraus entwickelte sich - verstärkt durch das Lehnswesen - das kirchengeschichtlich wichtige **Spolienrecht**, das auch den Anspruch weltlicher und geistlicher Herren auf das Vermögen von Bischöfen und Äbten - zumal in Verbindung mit dem **Regalienrecht** der Könige/Kaiser - einschloß. Trotz vereinzelter kirchlicher Kritik hielt sich die Institution des Eigenkirchenrechts. Infolge des Laieninvestiturverbots und der sich entwickelnden Differenzierung zwischen *temporalia* und *spiritualia* im 11./12.Jh. (vgl. 6.6) erhielten die Bischöfe das Besetzungsrecht und die geistliche Aufsicht, während den Grundherren das Vorschlagsrecht blieb. Aus dem Eigenkirchenrecht wurde so der durch besondere Privilegien konstituierte **Patronat**, der für die Kirchengeschichte bis zum 20.Jh. bedeutsam blieb.

1.2 Bischofsherrschaft und staatliche Verwaltung

Charakteristisch für die westliche Kirche im Mittelalter wurde die Verbindung von geistlichen und weltlichen Funktionen im Bischofsamt. Auf die Sozial- und Verfassungsstrukturen des Frankenreichs im 6.-8.Jh. wirkte der Unterschied zwischen den südlich-romanischen Teilen, wo eine stärkere Kontinuität zur spätantiken Stadtzivilisation bestand, und den nördlichen sowie östlichen Teilen mit ihrer germanischen Bevölkerung und ländlich-agrarischen Prägung. Die gallorömischen Stadtgemeinden (*civitates*) entwickelten sich z.T. zu Bischofsherrschaften: Der **Bischof** wurde zum einzigen **Träger staatlicher Gewalt** in der betreffenden Stadt und Umgebung durch die Übernahme der Armenfürsorge, der Gerichtsbarkeit, der öffentlichen Ordnung und des militärischen Schutzes. Wegen der politischen Bedeutung dieses Amtes kamen die Bistümer in die Verfügungsgewalt zunächst der gallorömischen Aristokratie und dann der fränkischen Adelsfamilien. Im Zusammenhang mit dem Prinzip der Grundherrschaft verstand man das dem Bischofsamt unterstellte Kirchengut nun auch - wie beim weltlichen Eigenkirchenwesen - als seinen persönlichen Besitz, so daß die Bistümer als **bischöfliche Eigenkirchen** galten (auch in den erst später erschlossenen Gebieten östlich des Rheins, wo es keine alten Städte gab). Die fränkischen Könige förderten diese Entwicklung durch Gewährung von **Immunität** (d.h. zunächst nach römischem Recht: Befreiung von der Steuerpflicht und der weltlichen Gerichtsbarkeit), **Privilegien**, welche die Bischofsherrschaft aus der Verwaltungshoheit der königlichen Beamten herausnahmen, und Schenkungen von Fiskalgütern, die die bischöfliche Abgabenhoheit und Gerichtsbarkeit ermöglichten. Die "Einstaatung" der Bistümer seit Karl Martell und Pippin (s. 2.1.2; 2.2.4) stoppte diese Entwicklung nicht, verband aber stärker die Bischofs- mit der Königsherrschaft. Ansonsten übten die Könige ihre Oberhoheit, die kein systematisch gegliedertes Herrschaftssystem war, im Gerichts- und Militärwesen durch ihre Amtsträger aus, v.a. durch *duces*/Herzöge und *comites*/Grafen.

1.3 Lehnswesen und Adelskirche

Als Lehnswesen/Feudalität bezeichnet man die umfassende Rechtsordnung, die seit dem 7./8.Jh. aus verschiedenen historischen Elementen entstand und seit dem 8./9.Jh. die sozialen und politischen Strukturen grundlegend bestimmte. Sie verband **persönliche Bindung** als Herrschaftsform (Vasallität) mit einer dauerhaften **Besitzübereignung** als Lehen (Benefizialität). Da das ursprünglich auf das Bauerntum bezogene Lehnswesen grundsätzlich alle Stände erfaßte, galt es für die gesamte Eigentums- und Herrschaftsordnung, die auf dem Grundbesitz und dessen Erträgen basierte. Daraus resultierte die **politische Bedeutung** für Staat und Kirche: Könige, Herzöge, Grafen, Edelherren, Bischöfe und Äbte lebten in komplizierten lehnsrechtlichen Verbindungen miteinander. Ausgenommen von der Feudalordnung war das freie Eigengut/*Allod* der einzelnen Adelsfamilie, die Basis unabhängiger Macht. Der Adel als politische Führungsschicht im Frankenreich war i.w. gekennzeichnet durch den Landbesitz mit der Grundherrschaft über viele Menschen. Die Kirche war auf allen Ebenen - Pfarrei, Kloster, Stift, Bistum - durch

Lehnsgabe und Lehnsnahme, Ämterleihe und Dienstverpflichtung beteiligt. Zusammen mit Grundherrschaft und Eigenkirchenwesen bildete dies den Ansatz dafür, daß sie sich zur **Adelskirche** entwickelte: Die hohen Positionen im Klerus und Mönchtum besetzten Adelige, und die Hoheit über das sog. Niederkirchenwesen lag weithin bei weltlichen und geistlichen Eigenherren. Dagegen blieben die verschiedenen Niederkirchenämter (Pfarrer, Diakone, Kapläne etc.) den Freien und Halbfreien überlassen, so daß sich die für das ganze Mittelalter typische Standestrennung zwischen hohem und niederem Klerus herausbildete.

1.3.1 Die komplizierte **Entstehung** des Lehnswesens wird in der Forschung nicht einhellig gedeutet. Vereinfachend kann man wohl konstatieren, daß die galloromanische und altfränkische Form der **Vasallität** - eine Verknechtung von Freien (v.a. Bauern) gegenüber Grundherren - sich mit der germanischen Form der **Gefolgschaft**, einer freiwilligen Treuepflicht, verband. Dadurch hob sich der soziale Status des Vasallen, zumal der Waffendienst in den Vordergrund trat. Aus einem bloßen Abhängigkeitsverhältnis wurde eine **gegenseitige Bindung** zwischen freiem Lehnsmann und adeligem Lehnsherrn.

1.3.2 Die Lehnsbindung wurde begründet durch die **Kommendation** (Übereignung bzw. Handgang, später als *hominium/Mannschaft* bezeichnet, d.h. Eingliederung als Lehnsmann). Als Vertragsverhältnis basierte sie einerseits auf dem **Treueid**/*fidelitas* des Vasallen, andererseits auf dem **Lehen**/*beneficium* bzw. *feudum* des Herren; der persönlichen Dienstverpflichtung entsprach somit eine dingliche Gabe, meist Ländereien. Dem Treueid (der *Huldigung*), der die Zusage von *Rat und Hilfe* einschloß, eignete **religiöse Qualität** insofern, als er auf Evangelienbüchern oder Reliquien abgelegt wurde. Die Belehnung als Besitzeinweisung (*investitura*) vollzog sich als symbolischer Akt z.B. mit Übergabe einer Fahne, einer Waffe oder eines Stabes. Das galt auch für die Investitur in kirchliche Ämter (vgl. 6.2).

1.3.3 Mit dem Tode erlosch die Lehnsbindung, doch sie konnte von den jeweiligen Nachkommen neu begründet werden, was dazu führte, daß seit dem 9./10.Jh. sich die **Erblichkeit** der Lehen - d.h. der Anspruch auf Neubelehnung - zunehmend durchsetzte. Das Element der persönlichen Bindung trat zurück. Hinzu kamen die **Mehrfachvasallität**, d.h. die Kumulation von Lehen verschiedener Herren, und die **Aftervasallität**, d.h. die Weitergabe von Teilen des Lehnsbesitzes. Da nun alle königlichen Ämter und Hoheitsrechte, das Königsgut und die Güter der fränkischen Großen (Herzöge und Grafen, Bischöfe und Äbte) in das Lehnssystem einbezogen waren, wurde dieses im 10.-13.Jh. zum dominierenden Staats- und Sozialgefüge.

1.4 Literatur

E. BOSHOF: Lehnswesen, TRE 20 (1990) 602-608. - O. BRUNNER: Sozialgeschichte Europas im Mittelalter, 1978; 2.A. 1984. - J. FLECKENSTEIN: Grundlagen und Beginn der deutschen Geschichte, 1974; 3.A. 1988, 106-123. - F. L. GANSHOF: Was ist das Lehnswesen?, 1961, 7.A. 1989. - H. KÄMPF (Hg.): Herrschaft und Staat im Mittelalter, 1956. - P. LANDAU: Eigenkirchenwesen, TRE 9 (1982) 399-404. - P. MORAW: Herrschaft II, GGB 3 (1982) 5-13. - R. SPRANDEL: Verfassung und Gesellschaft im Mittelalter, 5.A. 1994, 30-99. - U. STUTZ: Die Eigenkirche als Element des mittelalterlich-germanischen Kirchenrechts, 1895; ND 1955. - DERS.: Eigenkirche, Eigenkloster, RE[3] 23 (1913) 364-377.

2. Sakrale Königswürde und Kirchenherrschaft im Frankenreich

Das fränkische Reich war seit Chlodwig das größte Herrschaftsgebilde im westlichen Europa und entwickelte sich im 8.Jh. zu dessen politischem Zentrum. Für die spätere Kirchengeschichte wurde es bleibend bedeutsam, daß sich hier mit den Karolingern seit Pippin III./dem Jüngeren (741-768) ein christliches Königtum mit **spezifisch religiöser Legitimation** herausbildete. Geistliche und weltliche Gewalt erfuhren eine weitgehende **Integration** unter der Leitung des Königs, der sich als von Gott berufenes Oberhaupt der Kirche in seinem Reich (einer Landeskirche) verstand und dementsprechend in das kirchliche Leben eingriff. Diese Struktur bestand fort nach der Reichsteilung des 9.Jh.s im west- und ostfränkischen Reich sowie weiterhin in Frankreich und Deutschland bis ins hohe Mittelalter. Daß seit 800 durch Karl d.Gr. dieses sakrale Königtum mit dem Kaisertum eine zusätzliche Würde erhielt, änderte nichts an jener integrativen Kirchenherrschaft im Blick auf das Frankenreich bzw. dessen Teilreiche; allerdings kam ein auch kirchlich relevanter universaler Aspekt hinzu (s. 3.1). Die Kirchengeschichte des fränkisch-deutschen Reiches wurde dadurch bis zur Neuzeit geprägt, auch wenn dort die sakrale Würde des Königs/Kaisers seit dem 12.Jh. zurücktrat. Bei der späteren Herausbildung von Nationalkirchen in Westeuropa (s. 11.1) spielte diese Mentalität eine wichtige Rolle.

2.1 Merowinger-Könige und Karolinger-Hausmeier

Im fränkischen Großreich bezog das Königtum seine Legitimation aus der angeblich göttlichen Herkunft der Merowinger. Dieser Geblütsheiligkeit des Herrschergeschlechts entsprach - aufgrund alter germanischer Vorstellung - das **Königsheil**, d.h. die Vermittlung von Wohlergehen und Segen an das Volk (z.B. durch militärische Siege, innere Sicherheit und Ordnung, Kinder- und Viehreichtum). Typisch für diese Denkweise war der enge **Zusammenhang von Königtum und Volk**: Der König als Träger wichtiger Funktionen repräsentierte das Volk so, daß er konstitutive Bedeutung für dessen Identität besaß (entsprechend den allgemeinen Vorstellungen von personaler Herrschaft; vgl. 1.0). Seine - in germanischer Religiosität begründete - **charismatische Qualität** fundierte die sakrale Würde des Königtums generell, dem - unter dem Einfluß des Christentums seit dem 6.Jh. - eine besondere Beziehung zu Gott, dem Weltherrscher, und zu Christus, dem König der Ehren, zugeschrieben wurde. Die Merowinger verstanden sich somit bewußt als **christliche Herrscher**, und daraus leiteten sie ihre Verfügungsgewalt über die fränkische Kirche ab. Ein machtpolitischer Mangel, der sich zu einem Konstitutionsproblem des Reiches auswuchs, lag allerdings darin, daß durch die Herrschaftsteilung das Reich in die drei Teilgebiete Neustrien, Austrien (Austrasien) und Burgund zerfiel. Dort regierte anstelle des Königs je ein *Hausmeier/maior domus*. Die blutigen Rivalitäten in der Merowingerdynastie führten dazu, daß die Herrschaft faktisch auf eine Vielzahl einflußreicher Adeliger, an ihrer Spitze die Hausmeier, überging. Unter diesen entwickelten sich seit ca.650 die **Karolinger** als Hausmeier in Austrien zur führenden Kraft, die seit ca.690 mit Pippin II./dem Mittleren und **Karl Martell** eine königgleiche Herrschaft über das gesamte Frankenreich ausübten.

2.1.1 Mit der religiösen Qualifikation der Königsdynastie hing das Prinzip der **Erbteilung** des Reiches (bei der Söhne und Brüder eines verstorbenen Königs Ansprüche erhoben) zusammen. Für die Geschichte des merowingischen und karolingischen Frankenreiches hatte es bis zu dessen Ende 888/911/987 fatale Bedeutung, weil es die Zentralgewalt und die Einheit schwächte und den großen Einfluß des Adels ermöglichte. Die letzten bedeutenden Merowingerkönige waren Chlothar II. (613-629) und Dagobert I. (623/9-639), die auch für die Christianisierung des Reiches einiges leisteten (vgl. § 7; 3.3). Sie trieben durch den Vergleich mit den atl. Vorbildern David und Salomo sowie durch den bischöflichen Segen bei der Königserhebung die **Verchristlichung des Herrscherideals** voran. Nach 639 verselbständigten sich der Ostteil Austrien und der Westteil Neustrien (samt Burgund) zu eigenen Reichen. Unter den königlichen "Hausverwaltern", die die Regierungsgeschäfte führten, ragte die **Karolingerdynastie** hervor, die einer Verbindung der Kinder des mächtigen Bischofs Arnulf von Metz und des Hausmeiers Pippins des Älteren entstammte und in umfangreichen Besitzungen zwischen Maas, Mosel und Rhein ihre Machtbasis besaß. **Pippin der Mittlere** (687-714) verband Austrien, Neustrien und Burgund unter seiner Führung als *princeps Francorum*. Sein Sohn **Karl Martell** (714-741) baute diese Position aus und gliederte das südliche Gallien sowie Aquitanien dem Reich ein; praktisch war er ein Vizekönig (*subregulus*), wie ihn der Papst 739 nannte (s. § 8; 5.1.2).

2.1.2 Karl Martell, ein durchaus religiöser Herrscher, hat im Zusammenhang seiner ständigen Kriege (die er nach atl. Vorbildern als Auftrag Gottes verstand) die Kirche in folgenreicher Weise für staatliche Zwecke beansprucht, zumal bei der Abwehr der Araber 732 (s. § 7; 5.4.3): Für den Aufbau eines Reiterheeres zog er die reichen **Kirchengüter** heran, indem er Bischöfe und Äbte - zunächst im romanischen Süden Galliens - zwang, seine Reitervasallen mit Ländereien als **Lehen** auszustatten. Da diese Lehen kirchliches Eigentum blieben, war es keine "Säkularisation". Für die Entstehung des mittelalterlichen Lehnswesens (s. 1.3) hatte diese Maßnahme große Bedeutung. Auch die Bistümer und Reichsklöster mußten aus ihren Mitteln Truppen aufstellen, was zur Entwicklung der - für das Verhältnis von König und Kirche im Mittelalter fundamental wichtigen - **Stiftsvasallität** führte. Darüber hinaus band Karl Martell die Bistümer und Klöster dadurch an die Zentralmacht, daß er sie mit seinen Familienangehörigen sowie mit austrasischen Adeligen besetzte. Durch all jene Maßnahmen beschnitt er die Macht der alten Bischofsherrschaften (s. 1.2) und integrierte diese in das politische Gefüge des Reiches. Damit schuf er die **Grundlagen für die "staatliche" Kirchenherrschaft** im Karolingerreich.

2.2 Pippin III. d.J.: "König von Gottes Gnaden"

Der fränkische Hausmeier Pippin III. (741-768), der sich 751 als König an die Stelle der Merowinger setzte, hat für die allgemeine Geschichte Europas wie für die Kirchengeschichte durch seine weit ausgreifende Politik grundlegende Bedeutung gewonnen. Wenn diese bei seinem Sohn Karl in erheblicher Steigerung erscheint, dann darf nicht vergessen werden, daß er zunächst Pippins Ansätze ausbaute. Das gilt auch für die **neue Begründung der Königsherrschaft** als *Gottesgnadentum*, die für das christliche Abendland wegweisend wurde. Da Pippin seit 747 faktisch das Frankenreich völlig regierte, aber das Königtum der - durch die im Volk verankerte Vorstellung von Geblütsheiligkeit und Königsheil legitimierten - Merowingerdynastie nicht einfach beseitigen konnte, schuf er 751 mit Hilfe des Papstes Zacharias und der fränkischen Bischöfe eine neue Legitimation, die ihre Plausibilität aus dem Christentum der Franken ableitete: die **Königsweihe** durch die sakramentale **Salbung**, die als Beauftragung durch Gott galt. Allerdings lag der entscheidende Rechtsgrund in der vorangehenden **Wahl und Huldigung** durch den fränkischen Adel als Repräsentant des Reichsvolkes, die der traditionellen Praxis folgte. Das Bündnis mit dem Papsttum unter Stephan II. 754 trug Pippin mit dem besonderen Würdetitel eines *patricius Romanorum/Schutzherrn der Römer* eine weitere Legitimation ein; mit der Ausdehnung seines Herrschaftsanspruchs auf das langobardische Oberitalien gab er dieser Verbindung eine erweiterte realpolitische Basis. (Einzelheiten dazu s. § 8; 5.2.) Konsequent baute er die von Karl Martell neu profilierte **Hoheit über die fränkische Kirche** aus, indem er die Integration der Bischofsherrschaften in das Reich fortsetzte und für die Reichsverwaltung kirchliche Amtsträger heranzog. Durch diese Verbindung von geistlicher und weltlicher Gewalt hat er ebenfalls eine Grundlage für die weitere kg. Entwicklung geschaffen.

2.2.1 Infolge der von Karl Martell verfügten Herrschaftsteilung regierten zunächst neben Pippin auch Karlmann (747 als Mönch in Italien zurückgezogen) und Grifo (747/9 ausgeschaltet). Als Alleinherrscher mit konsolidierter Macht im ganzen Reich betrieb Pippin die – im 7.Jh. vergeblich angestrebte – definitive Ausschaltung der machtlosen **Merowingerdynastie**, auf die sich ein Teil des konkurrierenden Adels berief. Er dürfte bereits die **Zustimmung** breiter Adelskreise gehabt haben, als er 750 (749?) die für die Franken wichtige **Autorität des Papstes** bemühte: Er fragte durch Gesandte Zacharias, ob der bisherige Zustand gut wäre, und erhielt zur Antwort, *es sei besser, daß der König heiße, der die Gewalt habe, als der, welcher ohne königliche Gewalt sei.* Damit die Ordnung nicht verwirrt würde, sollte Pippin König werden (Reichsannalen, in: AQDGMA 5,15). Vom augustinischen Konzept der Weltordnung her gab der Papst – zugunsten des Eignungsprinzips, das später die Päpste in Konflikten mit der weltlichen Gewalt anwandten – eine Bestätigung dessen, was Pippin ohnehin vorhatte. Dieser organisierte 751 in der merowingischen Residenz Soissons nach fränkischer Sitte seine **Wahl zum König**, verbannte den letzten Merowinger Childerich III. in ein Kloster und erhielt eine zusätzliche sakrale Qualifikation durch die von fränkischen Bischöfen (nicht von Bonifatius) vollzogene Salbung. Im Sinne einer Legitimations- und Devotionsformel bezeichnete sich Pippin nun als *König durch Gottes Gnade/Dei gratia rex* (seitdem fester Bestandteil der Herrschertitulatur im Abendland).

2.2.2 Diese – wohl nach westgotischem Vorbild praktizierte – **Königssalbung**, die später ein konstitutiver Akt der Inthronisation wurde, war für die in Symbolen denkenden Menschen des Mittelalters wichtig als Analogie zu atl. Vorbildern (Saul, David). Liturgiegeschichtlich erwuchs sie aus der Taufsalbung (im Mittelalter zur Firmung verselbständigt; s. § 2; 12.7). Sie ersetzte bei den Karolingern das alte Geblütscharisma durch eine – im Frühmittelalter als **Sakrament** geltende – christliche Weihe. Sie erhöhte den König zum *Gesalbten des Herrn/christus Domini*, der an Gottes Stelle – als *vicarius Dei* – regierte. Die **Gottunmittelbarkeit** gab dem Herrscher somit eine einmalige Würde, die ihn zum Haupt der Christenheit machte und seine Verfügungsgewalt über die Reichskirche rechtfertigte. In späterer Zeit konnte damit gelegentlich die Vorstellung vom **Königspriestertum** (*rex et sacerdos*) verbunden werden, ohne eine offizielle Theorie zu sein. Fränkische Theologen betonten dagegen seit dem 9.Jh. unter Rückgriff auf entsprechende Lehren Gregors d.Gr. und Isidors von Sevilla, daß dem König ein **Dienst-Amt** (*ministerium*) mit spezifischen Pflichten und entsprechender Verantwortung vor Gott durch die Bischöfe verliehen werde, das ihn an die Befolgung der göttlichen Gesetze binde.

2.2.3 Im **Kontakt zum Papsttum** sah Pippin eine Gelegenheit, die fränkische Herrschaft nach Italien auszuweiten, zumal seine Beziehung zu den Langobarden, die Rom bedrohten, sich verschlechterte. Darum ging er auf die Bitte Stephans II. um Hilfe und Schutz ein, der zu diesem Zweck für mehrere Monate ins Frankenreich reiste. In der Pfalz **Ponthion**/Champagne empfing ihn Pippin am 6.1.754 wie einen Kaiser mit Proskynese (Kniefall) und Stratordienst (Steigbügelhalten als Geste der Unterwürfigkeit, später im Streit zwischen Papsttum und Kaisertum wichtig); dort schlossen sie einen förmlichen **Freundschaftsbund**. Die darin vorgesehene Heerfahrt gegen die Langobarden stieß auf Widerstand im fränkischen Adel, doch Pippin konnte sie am 14.4./Ostern auf einer Reichsversammlung in der Pfalz **Quierzy** (Carisiacus, bei Noyon) durchsetzen; dort machte er wohl das historisch folgenreiche **Schenkungsversprechen** im Blick auf Mittelitalien (s. dazu § 8; 5.2; 5.2.1). Angesichts der Opposition, mit der sich Karlmann und dessen Söhne verbündeten, wiederholte Stephan II. in St. Denis bei Paris - der Grabstätte der Merowinger, dem religiösen Zentrum des Frankenreichs - die Salbung Pippins; indem er auch dessen Söhne salbte, wurde die neue Sakralwürde auf die ganze Dynastie übertragen. Die hier erfolgte Verleihung des Titels *patricius Romanorum* hing mit dem anschließenden Zug gegen die Langobarden zusammen: Nach Pippins Sieg erkannte deren König Aistulf die fränkische Oberhoheit an, hielt sich jedoch nur kurz daran, so daß Pippin 756 härter vorging (vgl. § 8; 5.2).

2.2.4 An die seit Chlodwig praktizierte Form der königlichen, aber unter den Merowingern verfallenen Form der **Kirchenherrschaft** knüpfte Pippin wieder an, indem er nicht nur die Bistümer besetzte, sondern auch Synoden abhalten ließ (vgl. § 7; 6.3). Karl Martells Politik der *Einstaatung der Kirche* (F. Prinz) setzte Pippin fort, indem er neben dem Adel auch Bischöfen und Äbten staatliche Aufgaben dauerhaft übertrug. Besondere Bedeutung erlangte dabei für die Folgezeit die Schaffung der sog. **Hofkapelle**. Das war zunächst eine Gruppe von Klerikern in Pippins Umgebung, die v.a. die wertvollste Königsreliquie, den Mantel (*cappa*) des hl. Martin von Tours (s. § 6; 6.4.1), zu bewachen hatten und daher *capellani* hießen. Unter Leitung des mächtigen Abtes Fulrad von St. Denis wurde diese Einrichtung durch weitere Aufgaben im herrschaftlichen Kultus und in der königlichen Administration zur **zentralen Institution** der Reichsverwaltung und des religiös-theologischen Lebens ausgebaut. (Vgl. auch § 7; 7.3.)

2.3 Literatur

E. EWIG: Die Merowinger und das Frankenreich, 1988; 2.A. 1993. - F. KERN: Gottesgnadentum und Widerstandsrecht im früheren Mittelalter, 2.A. 1954; ND 1980. - TH. MAYER (Hg.): Das Königtum. Seine geistigen und rechtlichen Grundlagen, 1956; ND 1965. - F. PRINZ: Grundlagen und Anfänge. Deutschland bis 1056, NDG 1, 1985, 2.A. 1993. - R. SCHIEFFER: Karolinger, 1992. - R. SCHNEIDER: Das Frankenreich, OGG 5, 3.A. 1995. - N. STAUBACH: Königtum III, TRE 19 (1990) 333-345.

3. Universalherrschaft und christliches Kaisertum bei Karl dem Großen

Durch den gewaltigen Ausbau des Frankenreiches nach außen wie nach innen hat Karl I. (768-814) die Grundlagen Europas als des christlichen Abendlandes geschaffen (vgl. § 7; 7.0). Der Herrscher über das **mächtigste Großreich**, neben dem im Westen nur Kleinstaaten existierten, entwickelte schon früh ein - durch praktische Politik gestütztes - imperiales und theokratisches Selbstbewußtsein, das u.a. auch in seiner religiösen Legitimierung durch die sakrale Königswürde begründet war: Er verstand sich als von Gott beauftragter Herr über die ganze Christenheit, der für den Schutz der Kirche, für die Reinheit der Lehre und für das religiöse Leben des Volkes zu sorgen hätte. Demgemäß nahm er die fränkische Landeskirche verstärkt in den Dienst der Reichsverwaltung und betrachtete den römischen Papst als ihm untergeordneten Bischof seines Reiches mit besonderer Würdestellung. Es war ein Ausdruck der tatsächlichen Machtposition, als er i.J. 800 den Kaisertitel annahm und damit eine **Erneuerung des Kaisertums** im Westen des alten römischen Reiches vollzog. Sein universaler, christlich begründeter Herrschaftsanspruch fand darin eine adäquate Form. Für die abendländische Kirchengeschichte hat die Vorstellung vom römischen Kaiserreich v.a. durch zwei Aspekte **langfristige Bedeutung** gewonnen: dadurch, daß sie seit 962 mit Deutschland verbunden wurde (bis 1806) und daß sie einen wesenhaften Bezug zum römischen Papsttum bekam, der das Verhältnis zwischen geistlicher und weltlicher Gewalt zu einem Dauerproblem machte. Letzteres zeigte sich schon im 9.Jh., als die Kaisermacht seit Ludwig dem Frommen (814-840) zerfiel. Infolge der Reichsteilung unter dessen Söhnen reduzierte sich das politische Gewicht der drei Teilreiche, und die mit Italien verbundene Kaiserwürde sank seit 855 zur Bedeutungslosigkeit herab.

3.1 Karl als theokratischer Herrscher

Die außenpolitischen Erfolge und die innere Machtstabilisierung bestätigten dem fränkischen König den Wirklichkeitsgehalt seiner sakralen Dignität. Die Eroberung der sächsischen und awarischen Gebiete veranlaßte ihn, dort die Christianisierung durch Aufbau einer Kirchenorganisation zu fördern (vgl. § 7; 7.1-2). Seit der Unterwerfung des Langobardenreiches 774 war er auch dessen König. Damit erfolgte eine für die abendländische Kirchengeschichte bedeutsame Weichenstellung, weil hinfort das Frankenreich - und in dessen Nachfolge das deutsche Reich - unmittelbar in die **Territorialpolitik Italiens** involviert war (durch das *regnum Italicum*). Als *patricius Romanorum* übernahm Karl den Schutz der Stadt Rom, die immer noch als ideelles Zentrum der Welt galt, sowie den Schutz des Papsttums, das den Primat in der gesamten Kirche beanspruchte. Die Funktionstüchtigkeit der fränkischen Kirche und das kulturelle Niveau des Reiches versuchte er durch vielfältige Reformen zu verbessern (vgl. § 7; 7.3). Somit schien es gerechtfertigt zu sein, wenn er 796 gegenüber dem neuen Papst Leo III. programmatisch seine **universale Herrschaft** über die Kirche kundtat und wenn seine Ratgeber ihm 799 eine imperiale Position zuschrieben. Daß er damit auch den Anspruch des byzantinischen Kaisertums auf die Gesamtrepräsentation der Christenheit bewußt bestritt, demonstrierte er 791-794 in seiner Stellungnahme zur Bilderverehrung (s. § 5; 13.3). "Theokratisch" kann man dieses Herrschaftsverständnis insofern nennen, als der Begriff die Wahrnehmung der Weltregierung durch eine religiös legitimierte Person im Auftrage und an Stelle Gottes meint.

3.1.1 Im Unterschied zu anderen unterworfenen Gebieten löste Karl das **Langobardenreich** nach dem Sieg von 774 nicht einfach auf durch Eingliederung in das Frankenreich. Er verband beide vielmehr in einer **Personalunion**, nannte sich daher *durch Gottes Gnade König der Franken und Langobarden und Schutzherr der Römer/gratia Dei rex Francorum et Langobardorum atque patricius Romanorum*. Darin bekundete sich die dauerhafte Ausweitung der fränkischen Herrschaft nach Italien (bis zu den Grenzen der noch nicht genau fixierten päpstlichen Territorien, des sog. Kirchenstaates; s. § 8; 5.2.2). Das Langobardenreich war wegen der inneren Spaltung kein einheitlicher Staat. So fielen Oberitalien mit der Hauptstadt Pavia sowie das Herzogtum Spoleto an die Franken; doch die mittel- und süditalienischen **Fürstentümer** Benevent, Capua und Salerno behielten - trotz zeitweiser fränkischer Oberherrschaft - bis zum 11.Jh. ihre Selbständigkeit (abgelöst durch die Normannenherrschaft). Durch die Italienpolitik ergaben sich seit 774 neue Beziehungen zum oströmischen Reich, das in Süditalien und Sizilien noch z.T. herrschte.

3.1.2 Für die **theologische Deutung der Herrschaft** spielten neben Karls Selbstbewußtsein Berater wie v.a. der gelehrte Alkuin (s. § 5; 13.2.2) eine Rolle, der die Funktion des Königs als des von Gott Beauftragten vornehmlich mit der Sorge für Recht und Frieden, der Hilfe für Arme und Unterdrückte, der Bestrafung der Bösen und Bestärkung der Guten beschrieb. Karl verstand sich nicht nur als Beschützer, sondern auch als **Leiter der Kirche**. Das bekundete er in der - wohl von Alkuin inspirierten - Antwort auf die Wahlanzeige des neuen Papstes Leo III. Anfang 796, in der er die Erneuerung des mit Hadrian I. (772-795) geschlossenen Bundes bekräftigte: *Unsere Sache ist es, gemäß dem Beistand der göttlichen Güte die heilige Kirche Christi überall gegen den Einbruch der Heiden und die Verwüstung durch Ungläubige mit Waffen äußerlich zu verteidigen und innerlich sie durch die Anerkennung des katholischen Glaubens zu festigen. Eure Sache, heiligster Vater, ist es, wie Mose mit zu Gott erhobenen Händen* (vgl. Ex 17,11) *unseren Kampf zu unterstützen* (Text: QGPRK 261). Der Papst auf die liturgischen Aufgaben beschränkt, der **König als weltlich-geistlicher Führer** des christlichen Volkes (*populus christianus*) - drastischer konnte die Oberhoheit i.S. einer Theokratie nicht formuliert werden. Daß Karl damit eine **kaisergleiche Position** beanspruchte, formulierte Alkuin 799 in einem Vergleich der drei ranghöchsten Personen in der Welt (des Papstes, des Kaisers des *zweiten Rom* und des fränkischen Königs), wonach Karl als dem *Lenker des christlichen Volkes*, auf dem allein das Heil der Kirche ruhe, die höchste Herrschaftswürde zukomme. Welche praktisch-politische Bedeutung derartige Theorien implizierten, zeigte Karls Kaisertum.

3.2 Die Kaiserkrönung in Rom und ihre Folgen

Faktische Hegemoniestellung im westlichen Europa und imperialer Anspruch bewogen Karl dazu, sich am Weihnachtsfest des Jahres 800 von Papst Leo III. zum Kaiser (*imperator*) krönen und vom römischen Volk dementsprechend akklamieren zu lassen. Damit hob er das in seiner Italienpolitik dargestellte Verständnis seiner Funktion als *patricius Romanorum* auf eine höhere Stufe. Dieser "revolutionäre" Akt, für den der Papst keine Legitimation besaß (der aber seinen Anspruch auf Verfügung über die Herrschaft im Westen voraussetzte), bedeutete faktisch die Proklamation eines **doppelten Kaisertums**, das theoretisch als Anknüpfung an den bis 476 bestehenden Zustand der Ost-West-Gliederung gedeutet werden konnte. Karl verstand sich jedoch nicht direkt als "römischer Kaiser", sondern als ein das römische Reich regierender Kaiser, der seine Machtbasis im fränkischen Königtum besaß. Nicht die Römer sollten das Reichsvolk sein, sondern die Franken. Er wollte nicht bloß eine Restitution des weströmischen Kaisertums, sondern eine völlige **Erneuerung des Reiches** (*renovatio imperii Romani*). Das implizierte die formaldefinitive **Abgrenzung gegenüber Byzanz**, eine herrschaftsideologische Konkurrenz im Blick auf die Gesamtvertretung der Christenheit und eine machtpolitische Rivalität im Blick auf Italien. Die Anerkennung des westlichen Kaisertums durch Ostrom 812/815 beseitigte diesen Gegensatz nicht, der allerdings wegen der politischen Realitäten seit dem 9.Jh. - Herrschaft der Araber im Mittelmeerraum, Schrumpfung des oströmischen Reiches, Aufspaltung des Frankenreiches, Aufstieg kleinerer Reiche im mittleren und östlichen Europa - an praktischer Bedeutung verlor. Universalreiche gab es faktisch nach Karls Tod 814 nicht mehr. Bleibend bedeutsam war die Bindung des westlichen Kaisertums an das - Universalität beanspruchende - Papsttum, das jenes als seine Schutzmacht zu instrumentalisieren suchte.

3.2.1 Papst **Leo III.** (795-816) stieß mit seiner profränkischen Politik und seiner Amtsführung auf Widerstand im römischen Adel und Klerus, die ihn im April 799 unter Mißhandlungen vertrieben und bei Karl wegen moralischer Verfehlungen anklagten. Daraufhin floh er zu Karl nach Paderborn und kehrte 799 mit einer Schutzmannschaft/Untersuchungskommission nach Rom zurück, wohin der König erst im Herbst 800 zog. Vor einer **römischen Synode** am 23.12. rechtfertigte er sich nach fränkischer Sitte durch einen Reinigungseid, denn Karl respektierte den Anspruch, daß über den Papst nicht gerichtet werden dürfte (s. dazu § 8; 3.1.3). In diesem Zusammenhang müssen 799/800 Verhandlungen über die **Kaiserkrönung** Karls stattgefunden haben, die Leo am 25.12. (Weihnachtstag, damals zugleich Neujahrstag) in der Peterskirche vollzog, wobei *das ganze Volk der Römer* die traditionelle **Kaiserakklamation** - den eigentlich konstitutiven Akt - darbrachte: *Dem Augustus* (bzw. *dem erhabenen: augusto*) *Karl, dem von Gott gekrönten* (*a Deo coronato*) *großen, friedenstiftenden Kaiser* (*imperatori*) *der Römer Leben und Sieg!* (Reichsannalen, in: Quellen Bd.1, 74f). Mit dem Kniefall vor dem Gekrönten drückte Leo - dem byzantinischen Zeremoniell entsprechend - die Unterwerfung des Papstes unter den Kaiser aus. Wie bei Pippin 751 erschien hier als **Legitimationsformel** der Hinweis auf die **Krönung durch Gott**. Dem entsprach, daß man öffentlich alsbald vom *imperator Christianissimus* und *imperium Christianum* sprach.

3.2.2 Karl selber führte seit 801 in Urkunden einen **differenzierten Titel**, der den Unterschied gegenüber dem oströmischen Kaiser markieren sollte: *Karolus serenissimus augustus a deo coronatus magnus pacificus imperator Romanum gubernans imperium, qui et per misericordiam dei rex Francorum atque Langobardorum* (MGH.Dipl.Kar.1, 265). In dieser Kompromißformel, die Karl aus Rücksicht auf Byzanz nicht direkt als römischen Kaiser bezeichnete, trat klar die fränkisch-christliche Herrschaftsidee zutage: Gott als Auftraggeber, das Frankenreich als Machtbasis. Die viel diskutierte Bemerkung Einhards, Karl hätte von dem Plan des Papstes nichts gewußt und sei darüber unwillig gewesen (Vita Caroli Magni 30; Text/Übers.: Quellen Bd.1, 200-203), ist nicht eindeutig geklärt; sie könnte eine traditionelle Bescheidenheitsgeste oder die **Form der Krönung** mit der mißlichen **Rolle des Papstes** meinen. Für letzteres spricht, daß Karl die Kaiserkrönung Ludwigs 813 ohne Papst vollzog. Nach seiner Vorstellung sollte das neue Kaiserreich nicht wesenhaft mit dem Imperium Romanum verbunden sein. Das änderte sich aber nach dem Zerfall seiner Machtposition. Fortan geriet das Kaisertum in eine konstitutive ideelle Abhängigkeit vom Papsttum, weil ein fränkischer oder deutscher König - nach Leos III. geschicktem Fundierungsakt - nur Kaiser werden konnte, wenn er sich in Rom vom Papst krönen ließ.

3.2.3 Damit unterschied sich die verfassungsrechtliche Begründung dieses Kaisertums wesentlich von derjenigen in Byzanz, wo die Krönung kein konstitutiver, sondern nur ein deklaratorischer Akt war. Im **Osten** gab es das **Amt des Kaisers** im Zusammenhang des Staatsaufbaus, im Westen gab es Könige, denen die Würde eines Kaisers zugeeignet werden konnte. Daß jenes Amt im Jahre 800 als vakant gelten konnte (weil von einer Frau besetzt: Irene), dürfte für Karl keine Rolle gespielt haben. Er suchte in langwierigen **Verhandlungen mit Byzanz**, das ihn als Usurpator betrachtete, einen Ausgleich, der 812 mit seiner Anerkennung als *imperator* zustande kam (wogegen der Ostkaiser als *imperator Romanorum* galt). Kontakte zu Harun al-Raschid, dem Kalifen von Bagdad, die u.a. dem Schutz der Stätten im Heiligen Land galten, unterstrichen seine Bedeutung als mächtigster Herrscher der Christenheit.

3.2.4 Daß das **Kaisertum** nicht ein bloßes Ornament, sondern ein **Wesenselement** seiner sakral-universalen Herrschaft sein sollte, zeigte Karl 802: Alle Reichsbewohner wurden über den Treueid von 789 hinaus gesetzlich verpflichtet, nach Art eines Lehnseides ihm als Kaiser/*imperator Christianissimus* persönliche Treue zu schwören und ihre Bindung an Gottes Gebote zu bekräftigen (MGH.Capit. 1, 102-104). Seit 802 verstärkte er zusammen mit der administrativen Tätigkeit die auf Reichstagen und Synoden verabschiedete Gesetzgebung in den sog. Kapitularien und damit u.a. seine Bemühungen um eine Kirchenreform. Seine Pfalz **Aachen** wurde nun zur zentralen Residenz.

3.3 Schwächung der Reichsgewalt unter Ludwig dem Frommen

Ludwig I. - von seinem Vater 813 eigenhändig zum Kaiser gekrönt, von dem übergangenen Papst 816 nochmals gekrönt und gesalbt - scheiterte trotz hoffnungsvoller Ansätze mit seinem **Reformprogramm** einer umfassenden *renovatio regni Francorum*/Erneuerung des Frankenreichs, das die Christianisierung aller Gebiete intensivieren sollte (vgl. § 6; 8.5-7; § 7; 7.4). Er hat der Kirche ein größeres Eigenleben ermöglicht, die Macht der Bischöfe sowie des Papstes aufgewertet und durch seine Regierungsschwäche den Zerfall des Reiches angebahnt. Der Aufstand seiner Söhne seit 829/833 führte zum Chaos.

3.3.1 Die **Wiederholung der Kaiserkrönung** und die Salbung durch Stephan IV. (816-817) in Reims sollten den päpstlichen Anspruch auf die Verleihung dieser besonderen Würde untermauern (vgl. § 8; 6.1.1). Beides war zugleich ein Zeichen für beginnende Emanzipationstendenzen des Papsttums gegenüber der fränkischen Oberhoheit. Nur vorübergehend konnten diese gebremst werden durch Ludwigs ältesten Sohn **Lothar I.**, der seit 817 als Mitkaiser und Regent in Italien fungierte: Seine *Constitutio Romana* von 824 reservierte dem Kaiser die Bestätigung einer Papstwahl und schrieb jedem künftigen Papst einen **Treueid** gegenüber dem Kaiser vor, was seine Stellung derjenigen der fränkischen Bischöfe anglich. Ludwig schwächte seine Autorität u.a. dadurch, daß er 822 wegen seiner harten Maßnahmen gegen rebellierende Angehörige und Bischöfe öffentlich **Kirchenbuße** für das begangene Unrecht leistete (wobei dieser Akt seinem christlichen Herrscherverständnis entsprach).

3.3.2 Ludwig suchte zunächst die **Reichseinheit** zu bewahren, indem er 817 in der *Ordinatio imperii* das alte fränkische Prinzip der Herrschaftsteilung mit einer Rangfolge der Herrschaft verband: Lothar I. sollte als Kaiser den Großteil des Reiches erben, die jüngeren Söhne Ludwig (*der Deutsche*) und Pippin (gest. 838) dagegen nur die verselbständigten Teilgebiete Bayern und Aquitanien. Als Ludwig diese Ordnung 829 änderte, um Karl (*den Kahlen*), den Sohn aus zweiter Ehe, zu beteiligen, revoltierten die älteren Söhne, was zu jahrelangen **Unruhen** führte. Ein Großteil des Episkopats unterstützte sie im Interesse der Reichseinheit. 833 kam auf Lothars I. Veranlassung Papst Gregor IV. (827-844) als vermeintlicher Schiedsrichter, der die Absetzung Ludwigs - nach dessen erneuter Kirchenbuße vor den Bischöfen - durch die Söhne sanktionieren sollte. Das bedeutete, daß die Regenten den Repräsentanten der Kirche eine politisch relevante Kontrolle über die ethischen Normen für die Herrscher zugestanden.

3.4 Reichsteilung und Ende der Universalherrschaft

In wechselnden Koalitionen, die schon die Unruhen seit 829 begleitet hatten, kämpften Ludwigs I. Nachkommen um möglichst große Anteile am Reich. Im Vertrag von Verdun 843 erhielt Lothar I. (817-855) als Kaiser ein die Residenzen Aachen und Rom verbindendes Mittelreich, während Ludwig der Deutsche den Ostteil und Karl der Kahle den Westteil bekamen. Nach der Aufteilung des Mittelreiches 855/870 verblieb die Hauptmacht beim westfränkischen Reich, dem späteren Frankreich, und beim ostfränkischen Reich, dem späteren Deutschland. Deren zunehmende Auseinanderentwicklung führte zu einem eigenständigen Gepräge der jeweiligen Kirchengeschichte. Der Kaisertitel - nunmehr eine Würde ohne Machtbasis - blieb zumeist mit den Resten der italienischen Karolingerherrschaft verbunden. Das Papsttum verlor dadurch ebenfalls an universaler Geltung (vgl. § 8; 6.2). Die politische und kirchlich-kulturelle Einheit des Abendlandes, die mit dem Karlsreich angebahnt wurde, kam fortan nie mehr zustande.

3.4.1 Die Vormachtansprüche Lothars I. scheiterten an der militärischen Kooperation Ludwigs und Karls, deren Bündnis insofern von kulturgeschichtlicher Bedeutung war, als es 842 durch die sog. Straßburger Eide bekräftigt wurde, die ersten Zeugnisse für die offizielle Verwendung der althochdeutschen und der altfranzösischen Sprache. Lothars **Mittelreich** bestand aus den alten karolingischen Zentralgebieten, war aber nur ein schmaler Streifen, der von Friesland über Burgund bis Mittelitalien reichte. Seine Auflösung infolge des Aussterbens der Dynastie (vgl. dazu auch § 8; 6.1.3) hatte beträchtliche Folgen für die Spaltung des westlichen Europa. Nach dem Tode König Lothars II. (855-869) wurde dessen Reich, das *Lothari regnum* (später **Lothringen** genannt), das von der Nordsee bis zu den Quellen von Maas und Mosel reichte, 870 zwischen Karl dem Kahlen und Ludwig dem Deutschen aufgeteilt. Der westfränkische Teil Lothringens fiel 880 an das Ostfrankenreich. Kaiser Ludwig II., Lothars I. ältester Sohn, regierte bis 875 das **Königreich Italien** mit erheblichem Einfluß auf Kirche und Papsttum.

3.4.2 Im **Westfrankenreich** entfaltete sich unter König Karl d. Kahlen (840-877, seit 875 Kaiser Karl II.) ein blühendes kulturelles und kirchliches Leben, das die künftige nationale Identität Frankreichs vorbereitete. (Vgl. dazu § 5; 14..2-5; § 8; 6.1.5.) Der Episkopat unter Führung des bedeutenden Erzbischofs Hinkmar von Reims gewann eine starke politische Stellung. Die königliche Zentralgewalt erlitt dadurch Einbußen, auch durch die wachsende Machtposition des Adels, der sukzessive erhebliche Teile des Königsgutes sowie des Kirchen- und Klosterbesitzes erhielt. Dagegen bewahrte im kulturell und kirchlich unterentwickelten **Ostfrankenreich** König Ludwig der Deutsche (840-876) die karolingische Oberhoheit über die Kirche z.B. durch Bischofsernennungen und Verfügung über das Kirchengut.

3.5 Literatur (vgl. auch § 7; 6.4)

QUELLEN: R. RAU (Hg.): Quellen zur karolingischen Reichsgeschichte. 1.Teil, AQDGMA 5, 1955; ND 1993.

LITERATUR: W. BRAUNFELS (Hg.): Karl der Große. Lebenswerk und Nachleben, Bd.1, 1965. - P. CLASSEN: Karl der Große, das Papsttum und Byzanz, 1985; 2.A. 1988. - H. FICHTENAU: Das Karolingische Imperium, 1949. - R. SCHIEFFER: Karolinger, 1992, 70-186. - TH. SCHIEFFER: Das Karolingerreich, HEG 1, 3.A. 1992, 527-664. - R. SCHNEIDER: Karl der Große, TRE 17 (1988) 644-649. - G. WOLF (Hg.): Zum Kaisertum Karls des Großen, 1972.

4. Religiöse Kaiserherrschaft in Deutschland seit Otto I.

Die Erneuerung des Kaisertums Karls d.Gr. - in Verbindung mit der Konsolidierung des Reiches der Deutschen zu einem europäischen Machtfaktor - durch den Sachsen Otto I. (936-973) hat die deutsche Kirchengeschichte nachhaltig bestimmt: Ein **partikulares Königreich** (*regnum*) überhöhte sein Selbstverständnis durch **ideelle Universalität** als Kaiserreich (*imperium*). Zwar blieb es faktisch hinter dem gesamteuropäischen Machtanspruch im 10.-12.Jh. - erst recht später - weit zurück und stand in einer Reihe mit den anderen Königreichen. Aber als geographisches **Zentrum** des Abendlandes war es durch grundsätzliche **Offenheit** nach allen Seiten hin - speziell durch die politische Verbindung mit Italien und Rom - und damit durch eine internationale Orientierung bestimmt. Der deutsche König (*rex*) war zugleich der römische Kaiser (*imperator*) und gewann dadurch besondere Autorität. Deutschlands Schicksal als "Sonderweg" wurde bis zum 19.Jh. durch diese Reichsidee geprägt, zu der eine zweite verfassungsrechtliche Determinante trat: Neben der zentralen, durch das Königtum/Kaisertum getragenen Reichsgewalt standen die Stammesherzogtümer (10.-13.Jh.) bzw. die sich entwickelnden **Territorialfürstentümer/Landesherrschaften** als eigene Formen der Staatlichkeit. Der Dualismus von Reich und Ländern (das föderalistische Gegengewicht gegen jeden Zentralismus) prägte ebenfalls die kirchliche Entwicklung grundlegend, v.a. in Spätmittelalter und Neuzeit. Als drittes kirchengeschichtlich bedeutsames Element entstand damals das geistliche Fürstentum (s. 5.1-3).

4.1 Zentralgewalt und Partikulargewalten

Im ostfränkischen Reich formierten sich nach dem Tode Ludwigs des Deutschen 876 die von Karl d.Gr. ausgeschalteten **Stammesherzogtümer** angesichts des Verfalls der Königsmacht neu und wurden zu entscheidenden Machtfaktoren: Bayern, das stets eine Sonderrolle gespielt hatte; Sachsen, das abseits der Reichsmitte ein eigenes Leben führte; das durch Ostkolonisation des Staatsvolkes entstandene

Franken, das allerdings wenig konsolidiert war; Schwaben als Gebiet, wo die Tradition des alten Alemannenreiches fortwirkte; schließlich als Teil des karolingischen Mittelreichs das politisch zersplitterte Lothringen mit seinem reichen kirchlich-kulturellen Leben. Neben den Herzogtümern entwickelten sich seit dem 10.Jh. am Ostrand des Reiches verschiedene Markgrafschaften, ferner innerhalb des Reiches mancherlei Grafschaften, die trotz der Lehnsabhängigkeit vom König relativ eigenständige Herrschaftsgebiete wurden. Eine für die weitere deutsche Geschichte **grundlegende Entscheidung** fixierte sich seit der Wahl der Sachsen Heinrich I. 919 und Otto I. 936 zu Königen: die Ablösung des dynastischen Prinzips der Karolinger und der damit verbundenen Praxis der Reichsteilung durch das **Prinzip des Wahlkönigtums** und der **Unteilbarkeit des Reiches**. Die religiöse Legitimation der Königsherrschaft *von Gottes Gnaden* (vgl. 2.2) blieb erhalten, wie sich z.B. im Krönungsritus mit der Salbung zeigte. Für die Stärkung der Zentralmacht gewannen die **Schutzvogtei über die Kirche** und die enge Verbindung mit dem Episkopat große Bedeutung. Die besondere Stellung der Reichskirche wurde bis in die Neuzeit ein Charakteristikum der deutschen Geschichte.

4.2 Erneuerung des Kaisertums durch Otto den Großen

Die mit dem deutschen Königtum verbundene Kaiserwürde war Ausdruck der Tatsache, daß das ottonische Reich in mancher Hinsicht die Nachfolge des Karlsreiches antrat. Das war eindrucksvoll durch den Schutz Westeuropas vor der **Ungarngefahr** 955 erwiesen; das zeigte sich auch in der Vereinigung mit dem Königreich **Italien** (Reichsitalien) seit 951. Hier lag der eigentliche Grund dafür, daß Otto bewußt die **Erneuerung des fränkischen Kaiserreiches** (*renovatio imperii Francorum*) anstrebte. Durch die Heirat mit der bedeutenden Adelheid erwarb er Herrschaftsansprüche in Oberitalien und Burgund. 962 ließ er sich von Papst Johannes XII. unter Akklamation des römischen Volkes krönen, nachdem er in einem Vertrag diesem einen Schutzeid, dieser ihm einen Treueeid geleistet hatte. In einem feierlichen Privileg garantierte er den Bestand des sog. Kirchenstaates. Doch der Papst war ein unzuverlässiger Partner; als er sich mit den antideutschen Kräften verbündete, ließ Otto ihn 963 durch eine römische Synode als Verbrecher absetzen und Leo VIII. (963-965) zum Papst machen. Künftig sollte kein Papst ohne kaiserliche Zustimmung gewählt werden (sog. Römereid). Die Italienpolitik wurde hinfort ein wesentlicher Teil der deutschen Reichspolitik, was zur Folge hatte, daß seit Otto I. die Kaiser häufig persönlich dort eingreifen mußten. Zu den beiden Königreichen Deutschland und Italien kam definitiv seit 1032/33 das Königreich Burgund, so daß das Gesamtreich/*imperium* bis zum 14.Jh. aus der **Personalunion** dieser drei Reiche/*regna* bestand und damit einen weiten Raum umfaßte. Deutschland entwickelte sich zum stärksten Reich im Abendland, das durch die Slawenmission nach Osten ausgriff (s. § 7; 10.2) und zeitweise eine gewisse Oberhoheit über Dänemark, Polen und Böhmen (später auch über Ungarn) beanspruchte. Otto I. und seine sächsisch-salischen Nachfolger praktizierten in bewußt religiöser Bindung ein **Sakralkönigtum**, das durch das Kaisertum einen

Bezug auf die **gesamte Christenheit** erhielt: An der Spitze des Volkes Gottes (der Kirche) stand danach nicht der Papst, sondern der König/Kaiser, was durch spezielle liturgische Formen und christliche Herrschaftssymbole demonstriert wurde (s. 4.3). Versuche einer Verständigung mit Byzanz gelangen z.T. insofern, als der oströmische Kaiser seine Nichte Theophanu Ottos Sohn zur Frau gab und das westliche Kaisertum anerkannte.

4.2.1 Europäischen **Führungsanspruch** demonstrierte Otto I. erstmals 948 mit einer Reichssynode in seiner Pfalz Ingelheim, die v.a. Konflikte im Westfrankenreich regeln sollte, aber auch die Gründung von Missionsbistümern in Dänemark und im Slawengebiet behandelte (vgl. § 7; 10.1.2). Zunehmenden Einfluß gewann er in den **Königreichen Burgund** (Hochburgund samt Schweiz und Niederburgund, dem *regnum Arelatense*). Von dort wie von Bayern aus, dessen Herzöge ihre Hoheit nach **Oberitalien** ausdehnen wollten, legte sich ein Eingreifen in die verworrenen italienischen Verhältnisse nahe. 951 eroberte Otto Pavia, ließ sich zum Langobardenkönig wählen und heiratete **Adelheid** (ca.931-999), die Witwe König Lothars II. von Italien, die fortan als *consors regni*/Mitregentin und seit 962 als vom Papst gekrönte Kaiserin/*consors imperii* einen beachtlichen politischen und kirchlichen Einfluß ausübte. Ihre Erbansprüche auf Teile des politisch zerrissenen Burgund und die enge Anlehnung der burgundischen Könige an die Ottonen führten dazu, daß nach Rudolfs III. Tod 1032 Kaiser Konrad II. das Reich erbte (1033 zum König von Ober- und Niederburgund gekrönt).

4.2.2 Schon 951 ließ Otto in Rom sondieren, ob Papst Agapet II. (946-955) ihn zum Kaiser krönen könnte, was am Widerstand des stadtrömischen Herrschers Alberich II. scheiterte. Dessen Sohn geriet als **Papst Johannes XII.** (s. § 8; 6.2.1) 959 in so starke Bedrängnis durch Berengar II., den früheren König Ober- und Mittelitaliens, daß er Otto zu Hilfe rief. Dieser bereitete den **Romzug** von 961/2 sorgfältig vor und klärte durch Vorverhandlungen die Übernahme der Kaiserwürde. (Daß in diesem Zusammenhang die spätere Reichskrone mit ihrer religiös-politischen Programmatik angefertigt worden sei, ist nicht mehr als eine Hypothese; vgl. 4.4.2.) Sein als *Ottonianum* bezeichnetes **Privileg** für die römische Kirche vom 13.2.962 (Text: QGPRK 269-271) versprach – auf der Grundlage der Pippinschen und der Konstantinischen Schenkung – die illusionäre Restitution der päpstlichen Besitz- und Hoheitsansprüche in Mittelitalien, im Exarchat Ravenna, in der Pentapolis, in Tuscien u.a., den kaiserlichen Schutz des Papsttums; es regelte in einem zweiten Teil die Papstwahl durch Klerus und Volk von Rom, der die Weihe erst nach Ablegen eines Treueides vor kaiserlichen Gesandten folgen sollte.

4.2.3 Die Verwicklung des Papstes in die **italienischen Machtkämpfe** störte ein positives Verhältnis zum Kaiser. Dieser konnte durch die Einsetzung Leos VIII. nur vorübergehend Einfluß ausüben. Das Schisma von 963/4 dauerte an, doch Otto I. verbannte den von einer Synode verurteilten Benedikt V. nach Hamburg (dort 965/66 gest.). Eine konstruktive Zusammenarbeit ergab sich für ihn erst mit **Johannes XIII.** (965-972), der seine Missionspolitik unterstützte. Nachdem der Kaiser bereits 961-964 ununterbrochen in Italien weilte, blieb er seit 966 sechs Jahre dort, um direkt in die römischen Konflikte sowie in die **süditalienischen Verhältnisse** (Capua, Salerno, Benevent) einzugreifen, was allerdings zur militärischen Konfrontation mit dem in Apulien und Kalabrien noch präsenten Byzanz führte.

4.2.4 Dem von Otto angestrebten Ausgleich stimmte wegen der vielfältigen Bedrohung des byzantinischen Reiches Kaiser Johannes Tzimiskes grundsätzlich zu; doch statt mit einer Tochter des Kaisers konnte – der schon 961 zum deutschen König und 967 zum Mitkaiser gekrönte – Otto II. nur mit dessen Nichte **Theophanu** 972 in Rom verheiratet werden. Als Königin/Kaiserin sorgte diese seit 973 u.a. dafür, daß die **byzantinische Kultur** Einfluß in Deutschland gewinnen konnte. Nach Ottos II. Tod führte die Griechin seit 985 – nach Adelheids Beschränkung auf die Königsherrschaft in Italien – für ihren unmündigen Sohn Otto III. zusammen mit dem tatkräftigen Erzbischof Willigis von Mainz eine **energische Regentschaft** bis zu ihrem Tod 991. Sie verstand sich als *Kaiserin von Gottes Gnaden* und nahm – entsprechend byzantinischer Tradition – bei ihrem Romzug 989 eigene Herrschaftsrechte als *Dominus Theophanius imperator* wahr.

4.3 Das Kaisertum der Ottonen und Salier

4.3.1 Nach der glücklosen Regierung Ottos II. (973-983) brachte das Kaisertum unter dessen Sohn Otto III. (983/994-1002) und unter Heinrich II. (1002-24) eine **Blüte** des kirchlichen und kulturellen Lebens. Der gebildete, idealistische, religiöse **Otto III.** erstrebte in der Nachfolge Karls d.Gr. eine programmatische *Erneuerung des Römerreiches*/**renovatio imperii** auf den antiken und christlichen Fundamenten mit Rom als Zentrum der Weltherrschaft und einträchtiger Kooperation von Kaiser und Papst. Wie über die dem König unterstehenden deutschen Bistümer (s. 5.1) verfügte er auch über den Stuhl Petri, indem er 996 seinen Hofkapellan Bruno als Gregor V. und 999 seinen Lehrer Gerbert als Silvester II. zum Papst machte. Doch in Italien scheiterte er an den Partikularmächten. Zu jenem Programm gehörte auch die Christianisierung des Ostens, die er in Anknüpfung an Otto I., aber mit dem neuen Ziel einer brüderlichen Vereinigung der Herrscher betrieb (vgl. § 7; 10.4). Das Programm des genialen Jünglings blieb eine nicht realisierbare Utopie, abgesehen von Ottos kirchenpolitischen Erfolgen in Deutschland und von der kirchlichen Verselbständigung Polens und Ungarns, die deren Nationalstaatlichkeit vorbereitete. Dagegen betrieb der pragmatisch-tatkräftige **Heinrich II.** eine auf den deutschen Reichsteil konzentrierte Realpolitik zwecks Konsolidierung der Herrschermacht. Er förderte die Slawenmission (s. § 7; 10.3) sowie die lothringische Klosterreform (s. § 6; 9.3) und baute den königlichen Einfluß auf die Reichskirche konsequenter als seine Vorgänger aus. Als einziger Kaiser wurde er offiziell heiliggesprochen (1146).

4.3.2 Sein Werk setzte **Konrad II.** (1024-39) aus dem Hause der Salier fort, v.a. durch die Angliederung Burgunds (s. 4.2) und durch eine Wiederherstellung der Reichsgewalt in Italien. Die salischen Kaiser bis 1125 führten die religiöse Herrschaft – mit ihrer in frühmittelalterlicher Mentalität begründeten sakralen Legitimation – zum Höhepunkt, brachten aber auch die Wende (s. 6.5-6). In herausragender Weise verstand sich der düster-fromme **Heinrich III.** (1039-56) als **theokratischer Kaiser**, als Priester und König, Stellvertreter Christi und Herr der Christenheit. In diesem Sinne vollzog er erstmals die Bischofsinvestitur nicht nur wie bisher mit dem Stab, sondern auch mit dem Ring (s. 6.2). Er hat die religiöse Friedensbewegung unterstützt, die Kloster- und Kirchenreformer gefördert und die Erneuerung des Papsttums 1046 initiiert (s. § 8; 6.2; 7.1). Doch in Deutschland hat er die Machtbasis des Königs gegenüber Herzögen und Grafen geschwächt und damit die Krise vorbereitet, die unter Heinrich IV. ausbrach (s. 6.3).

4.4 Christliche Herrschaftssymbolik

Der mittelalterliche Mensch lebte und dachte in Symbolen als einer besonderen Wirklichkeit mit Verweischarakter, die religiöse und politische Sachverhalte ausdrückte. Da das Königtum/Kaisertum im umfassenden Sinne als Gottesdienst verstanden wurde (Schutz des Rechtes, der Armen und Bedrängten, der Kirche u.a.), stellte es sich für die Zeitgenossen v.a. in der sog. Staatssymbolik dar, d.h. in Formen symbolischer Repräsentation, welche die sakrale Würde und den Christusbezug des Kaisertums als einer schlechterdings singulären Herrschaft ausdrückten: in der Krönungsliturgie, in Festgottesdiensten, in den feierlichen Einzügen in Städten, Klöstern und Pfalzen, im Herrscherlobpreis und in den dabei gezeigten Reichsinsignien, insbesondere der religiös verehrten **Reichskrone** und der wunderkräftigen Reliquie der **Heiligen Lanze**. Diese Insignien repräsentierten "das Reich"; nur wer sie besaß, war legitimer Herrscher. Gerade hier trat die typische **Synthese** von **Weltlichem und Geistlichem**, von Reichs- und Kirchengeschichte zutage. All diese Formen einer "Staatssymbolik" kennzeichnen die mittelalterliche Mentalität und sind als Ausdruck einer – unterschiedlich reflektierten – politischen Religiosität der damaligen Menschen für die kg. Betrachtung jener Zeit genauso wichtig wie die theologischen Lehren, die in ihrer Differenziertheit nur von einer Elite erfaßt werden konnten.

4.4.1 Die **Krönungsordines**, liturgische Formulare für die kirchliche Weihe des Königs, verdeutlichten den theokratischen Charakter der Herrschaft als **Beauftragung durch Gott**. Zunächst im Westfrankenreich im 9.Jh. entwickelt, fand diese Form in Deutschland v.a. seit dem Mainzer Krönungsordo (sog. *Pontificale Romano-Germanicum*) von ca.950/965 allgemeine Verbreitung und beeinflußte die Monarchen-Liturgien in ganz Europa. Ihre Gebete betonten die **Zuordnung** der geistlichen Gewalt der Bischöfe als der Apostelnachfolger und der weltlichen Gewalt des Königs/Kaisers als des sakralen Amtsträgers nach dem Vorbild Davids und Salomos, aber auch die **religiöse Verpflichtung** des Herrschers: die Verteidigung der Kirche gegen äußere und innere Feinde (symbolisiert durch das Schwert), die Treue zum katholischen Glauben als *stabilitor christianitatis* (mit dem Ring), den Schutz der Gerechtigkeit nach Christi Vorbild (mit Szepter und Stab) und die Heiligkeit der Herrschaft in Stellvertretung Christi (mit der Krone). Die hymnischen **Herrscherakklamationen**/*Laudes regiae*, die in den Gottesdiensten der hohen Feste v.a. in den Domen und Reichsklöstern zur Huldigung gesungen wurden, parallelisierten Christi Weltherrschaft mit der geistlichen und weltlichen Gewalt von König/Kaiser und Papst.

4.4.2 Nahezu kultische Verehrung galt seit dem Hochmittelalter der bei Königs- wie Kaiserkrönungen, bei Prozessionen, Einzügen, Festgottesdiensten etc. verwandten **Reichskrone**, die wohl schon in ottonischer Zeit entstand und unter Konrad II. überarbeitet wurde (heute in der Wiener Hofburg ausgestellt). Sie enthält ein ikonographisches **Herrscherprogramm,** welches den Kaiser als irdischen Vertreter Christi und Nachfolger Davids sowie Salomos versteht und dessen Regentschaft über die Christenheit auf die atl. Vorstellungen vom Gottesvolk und Hohenpriester sowie auf die endzeitliche Erfüllung im himmlischen Jerusalem bezieht. Ihre - unter den Kronen Europas einmalige - **oktogonale Form** ist ein Hinweis auf die eschatologische Vollendung. Zusammen mit den anderen Reichsinsignien wurde sie im 14.Jh. in Prag, im 14.-16.Jh. in Nürnberg einmal jährlich in den sog. *Heiltumsweisungen* den Wallfahrern gezeigt. Seit Otto I. mit der **Heiligen Lanze** (einer Verbindung von Christus- und Mauritiusreliquie), die er vom Burgunderkönig erworben hatte, 955 den Sieg über die Ungarn einleitete, galt diese als Symbol für die **Universalherrschaft** und für die **Missionsaufgabe** des Kaisers.

4.5 Literatur

QUELLEN: A. BAUER/R. RAU (Hg.): Quellen zur Geschichte der sächsischen Kaiserzeit, AQGDMA 8, 4.A. 1992.

LITERATUR: H. BEUMANN: Die Ottonen, 1987; 3.A. 1994. - E. BOSHOF: Die Salier, 1987; 2.A. 1992. - DERS.: Königtum und Königsherrschaft im 10. und 11. Jahrhundert, EDG 27, 1993. - J. FRIED: Die Formierung Europas 840-1046, OGG 6, 2.A. 1993. - DERS.: Der Weg in die Geschichte (= Propyläen Geschichte Deutschlands Bd.1), 1994, 450-736. - K. GÖRICH: Otto III. Romanus Saxonicus et Italicus, 1992. - G. HAENDLER: Von der Reichskirche Ottos I. zur Papstherrschaft Gregors VII., KGE I/9, 1994. - R. REINDEL: Königtum und Kaisertum der Liudolfinger und frühen Salier ..., HEG 1, 3.A. 1992, 665-730. - P.E. SCHRAMM: Kaiser, Rom und Renovatio, 1929; ND 1957. - DERS.: Herrschaftszeichen und Staatssymbolik, 3 Bde., 1954-56. - H. ZIMMERMANN (Hg.): Otto der Große, 1976.

5. Die Reichskirche seit den ottonisch-salischen Kaisern

Die Verzahnung von geistlicher und weltlicher Gewalt als typisch mittelalterliches Phänomen trat paradigmatisch in der Kirchenstruktur im ostfränkisch-deutschen Reich hervor. Seit den Karolingern war die **Integration** der Bistümer und großen Klöster in das Reich eine Säule der Königsherrschaft (vgl. 2.1.2; 2.2.4). Durch die spezifische Verfassungssituation Deutschlands (s. 4.1) entwickelte sie sich seit Otto I. zu einem wesentlichen Element der Reichseinheit. Anders als die weltlichen Fürsten, die eine Verselbständigung ihrer Territorien gegenüber der Königsmacht betrieben (z.B. durch Erblichkeit der Reichslehen, Ausbau des Eigengutes/*Allods*), blieben die Reichsprälaten - Bischöfe und Äbte/Äbtissinnen der Reichsklöster -

stärker vom König abhängig. Rechtsgrundlage dafür war die mit der sakralen Herrscherwürde - entsprechend dem Eigenkirchenwesen - legitimierte Verfügung über kirchliche Ämter und Güter. Seit Otto d.Gr. wurden die Reichsprälaten zunehmend zu **Stützen der Königsherrschaft**: Sie erhielten über das bisherige Kirchen- und Klostergut hinaus weiten **Grundbesitz** als königliche Lehen sowie königliche **Hoheitsrechte/Regalien**. Das war der Ansatz für den allmählichen Aufbau einer Territorialherrschaft. So wurden sie zu **Reichsfürsten**, wobei sie zwar eng mit den Hochadelsfamilien verbunden waren, aber stärker dem Einfluß des Königs/Kaisers unterstanden, dem sie den **Königsdienst** - z.B. bei der Heerfolge und Reichsverwaltung - leisten mußten. Seit dem Ende des Investiturstreits 1122 veränderte sich ihre Rechtsqualität dadurch, daß sie nicht mehr als Geistliche dem König unterstanden, sondern zu weltlichen Lehnsmännern wurden (vgl. 6.6). Ein Bistum hatte hinfort eine doppelte Qualität: Es war eine **Diözese**, ein kirchlicher Aufsichtsbezirk mit weiterem geographischem Umfang, und ein **Hochstift**, eine weltliche Herrschaft (ein "Staat" in der Neuzeit) mit engerem territorialem Umfang. Analog war ein Abt der geistliche Vater in seinem Kloster, zugleich aber - weit über dessen Areal hinausgreifend - der weltliche Regent über Ländereien. Der allgemeinen Verselbständigung der Lehen entsprach die seit dem 13.Jh. zunehmende Unabhängigkeit der geistlichen Fürstentümer, die jedoch im Unterschied zu den weltlichen wegen des Zölibats keine erblichen Lehen werden konnten. Als Einflußbereich der Aristokratie waren sie eine besonders typische Ausdrucksform der **Adelskirche**. Die weitere deutsche Kirchengeschichte bis zur Reformation bzw. bis zur Säkularisation aller geistlichen Fürstentümer 1803 war durch diese Reichskirche geprägt.

5.1 Das Wesen der "Reichskirche": Bindung an den König

Die Kirche im Reich (seit dem 10.Jh. z.T. als *ecclesia regni* bzw. *imperii* bezeichnet) hatte darin ihr Spezifikum, daß die Bistümer und Reichsabteien stärker an den König/Kaiser gebunden waren als in anderen Ländern, daß sie seinem besonderen Schutz unterstanden (der Schirmvogtei/*advocatia*), daß sie als Elemente von dessen Herrschaftsstabilisierung und damit als Träger der Reichseinheit eingesetzt werden konnten und daß sie sich zu gleichrangigen Fürstentümern neben den Herzogtümern und Grafschaften entwickelten. **Otto I.** machte damit - in Anknüpfung an die karolingische "Reichskirche" - insofern den Anfang, als er den königlichen **Einfluß auf die Wahl** der Reichsprälaten verstärkte, diese vereinzelt mit Reichsgut sowie Königsrechten belehnte und ihre Beiträge zum Königsdienst vermehrte. Herzöge durften - nach der Beseitigung des Investiturrechts in Bayern 939 - keine Bistümer besetzen. Anders stand es z.B. im Westfrankenreich, wo die Bistümer und Klöster weithin in die Verfügungsgewalt des Hochadels gerieten, so daß der König an ihnen keine Stütze der Zentralmacht besaß.

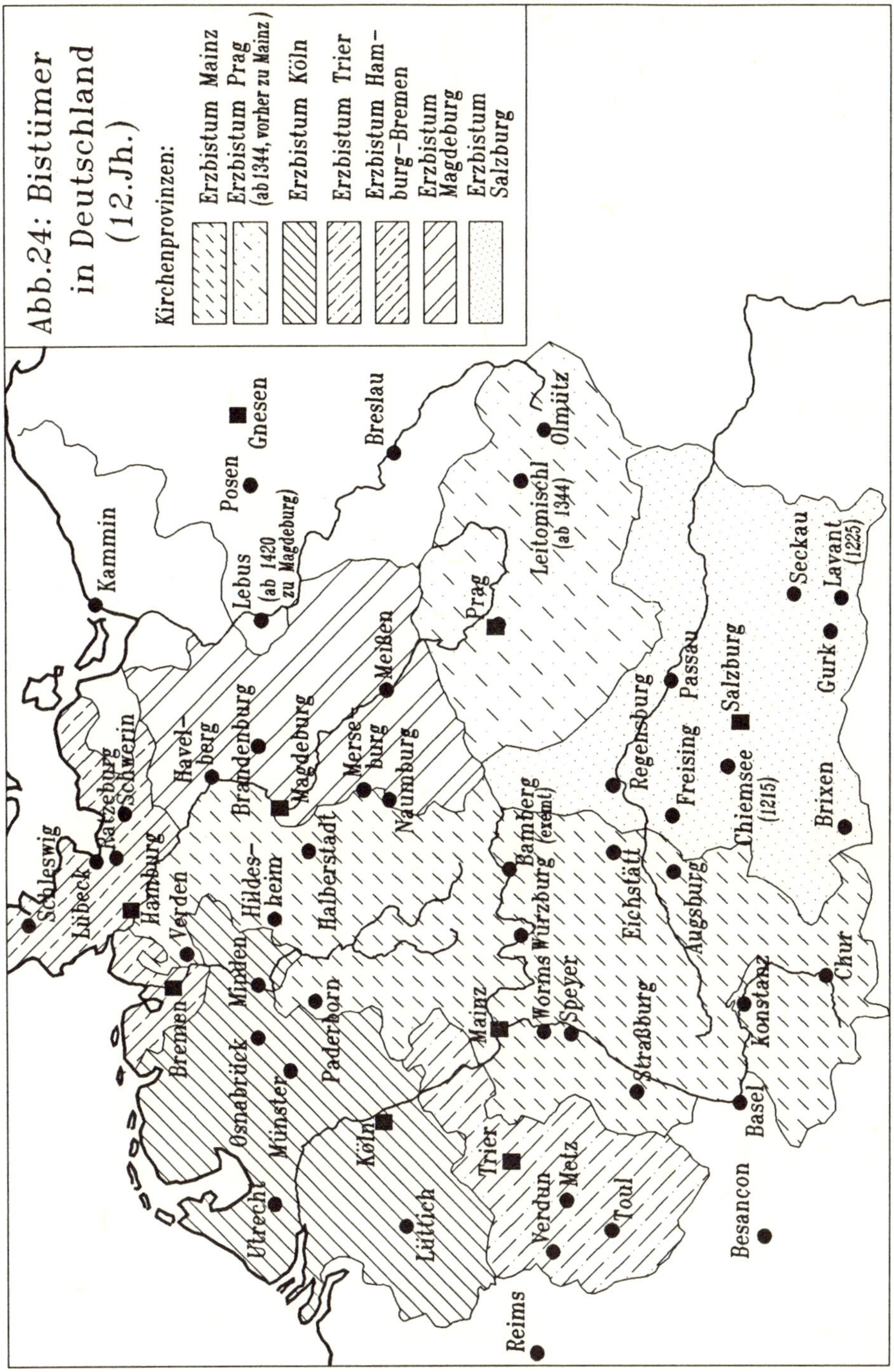

Abb.24: Bistümer in Deutschland (12.Jh.)

5.1.1 In der neueren Forschung ist die Berechtigung des Begriffs "ottonisch-salisches Reichskirchensystem" bestritten und sogar der Begriff "Reichskirche" z.T. hinterfragt worden. Deswegen sind zwei **Abgrenzungen** zur Vermeidung von Fehleinschätzungen nötig: a) Selbst in der Periode stärkster königlicher Kirchenherrschaft unter den sächsischen und salischen Kaisern im 10./11.Jh. gab es **keine** Reichskirche i.S. einer abgegrenzten deutschen **Nationalkirche** mit autonomer Rechtsetzung, wohl jedoch eine kirchliche Organisation, die – bei zunehmender Abhängigkeit vom Papsttum (s. § 8; 7.4) – in spezifischer Weise auf das Reich bezogen war. b) Ein konsequent entwickeltes **Verfassungssystem** derart, daß Otto I. reichskirchliche Strukturen als etwas völlig Neues geschaffen und seine Nachfolger diese zu einer geschlossenen Rechtsform weiterentwickelt hätten, existierte niemals; es handelte sich vielmehr um eine differenzierte Entwicklung der Zustände in den einzelnen Bistümern und Stiften.

5.1.2 Die Integration von Kirche und Reich zeigte sich u.a. auch daran, daß die – unregelmäßig je nach Bedarf stattfindenden – **Hoftage** bzw. **Reichsversammlungen** (die späteren Reichstage) unter starker Beteiligung der Bischöfe oft mit Funktionen von **Synoden** verbunden waren, die kirchliche Belange auf Reichsebene regelten. Es waren keine Nationalsynoden, und bei den Italienaufenthalten der Kaiser von Otto I. bis Heinrich III. konnten solche Gremien um den dortigen Episkopat und Kardinäle erweitert werden oder sogar in Form römischer Synoden abgehalten werden (vgl. z.B. 4.2; 4.2.3; 6.5.2; § 8; 6.2.5). Die Anbindung an die Gesamtkirche kam seit dem 11.Jh. durch die Teilnahme päpstlicher Legaten zum Ausdruck (s. § 8; 7.4.2).

5.1.3 Die Erzbistümer und Bistümer waren im 10./11.Jh. weder grundsätzlich noch faktisch vom Papst abhängig, allerdings auch nicht autonom. Die kirchenrechtliche und liturgische Vereinheitlichung vollzog sich zunächst eher auf deutscher als auf gesamtkirchlicher Ebene, und dabei wirkte der König erheblich mit. Die Dichte der – im 10./11.Jh. noch nicht abgeschlossenen – Sprengelorganisation war in Deutschland viel geringer als in Frankreich, worin die Missionssituation des 8./9.Jh.s nachwirkte (vgl. § 7; 6.3.2). Die **sechs Kirchenprovinzen** im Reich waren ungleich verteilt, sie umfaßten um 1000 38 Bistümer (s. Abb.24). Das stärkste Gewicht lag bei den alten Erzbistümern **Köln, Trier und Mainz** (dieses war infolge der Mission des 8./9.Jh.s mit 14 Suffraganbistümern am größten), während die neueren Erzbistümer Salzburg, Bremen-Hamburg und Magdeburg durch die Mission an Bedeutung zu gewinnen suchten. Die Gewichtsverteilung zeigte sich auch darin, daß nur die drei rheinischen Erzbischöfe bei der Königswahl und -krönung mitwirkten (was nach 1257/90 durch ihre Mitgliedschaft im Kurfürstenkollegium fortgesetzt wurde). Die Krönung vorzunehmen, wurde seit 1052 zum Vorrecht des Kölners, während der Mainzer als Erzkanzler für Deutschland – in Verbindung mit der Hofkapelle (s. 5.2.4) – großen Einfluß auf die Reichsverwaltung erhielt und seit 975 mit päpstlicher Hilfe zum faktischen Primas der deutschen Kirche aufstieg.

5.1.4 Die **Bischofswahl**, die nach altem Kirchenrecht durch Klerus und Gemeinde unter Beteiligung der Nachbarbischöfe erfolgen sollte, war nicht einheitlich geregelt. Seit Pippin und Karl d.Gr. beanspruchte der **König** das Vorschlags- oder gar das Besetzungsrecht. Dies faktisch durchzusetzen, gelang seit Otto III. – oft gegen Widerstände – allen folgenden Kaisern, wobei sie häufig Mitglieder ihrer Hofkapelle nahmen. Das Wahlrecht beanspruchten eigentlich die **Domkapitel** allein für sich, doch sie fügten sich meist den königlichen Wünschen. Seit dem Frühmittelalter hatten sie sich aus den Kanonikergemeinschaften als Institutionen der Diözesanverwaltung entwickelt. Ihr Einfluß wuchs seit dem 11.Jh. und damit auch der Einfluß der Hochadelsfamilien, denen sie zumeist entstammten, auf die Besetzung der Bistümer. Deren Güter wurden aufgeteilt in das Tafelgut des Bischofs und das Kapitelsgut, die Pfründen der Domherren. Spezifischen Einfluß sicherten sich die Herrscher seit den Ottonen dadurch, daß sie ihren **Hofkapellanen** *Kanonikate*/Pfründen in den Dom- und Stiftskapiteln verschafften, daß sie sich diesen durch **Gebetsverbrüderung**/*fraternitas* (Aufnahme in die Fürbitten) persönlich verbanden und daß sie gelegentlich selber Mitglieder in einigen Dom- und Stiftskapiteln – ohne Klerikerweihe – wurden (so v.a. in Aachen und Köln; Entwicklung des sog. **Königskanonikats** als Institution seit dem 12.Jh.).

5.1.5 Als **Reichsabteien** galten die wenigen seit dem 8./9.Jh. bestehenden Großklöster und die ottonischen Neugründungen, die unter dem besonderen **Königsschutz** standen und von der Diözesangewalt des zuständigen Bischofs ausgenommen waren. Sie erhielten Immunitäten, Regalien, Grundbesitz und Hoheitsrechte (z.B. die niedere Gerichtsbarkeit und – ausgeübt durch adelige Herren als Klostervögte - die Blutgerichtsbarkeit). Zu ihrer Herrschaft gehörten z.T. zahlreiche Dörfer, Pfarrkirchen und Forsten. Die ältesten Reichsklöster lagen v.a. im Südwesten und Süden: z.B. Echternach, Prüm, St. Maximin/Trier, Weißenburg/Elsaß, Gengenbach, St. Gallen, Reichenau, Lorsch, Maursmünster, Murbach, Amorbach, Ellwangen, Fulda, Hersfeld; im Südosten: St. Emmeram/Regensburg, Ottobeuren, Tegernsee, Kempten. Im sächsischen Gebiet waren Corvey und Herford die ersten, dann kamen hinzu z.B. Essen, Werden und Gandersheim, später Quedlinburg, Meschede, St. Mauritius/Magdeburg und Berge (s. Abb.14. 19). Die im 11. Jh. gegründeten Reformklöster unterstellten sich nicht mehr der königlichen Herrschaft, doch seitdem erlangten noch etliche Klöster die Reichsunmittelbarkeit.

5.2 Beteiligung der Kirche an der weltlichen Herrschaft

Die Bischofsherrschaft griff seit dem frühen Frankenreich über den rein kirchlichen Bereich hinaus (s. 1.2). Die alten **Immunitätsprivilegien** - Befreiung von Steuern und Gerichtsbarkeit - boten seit dem 9./10.Jh. in Verbindung mit der **kirchlichen Grundherrschaft** den Ansatz, die weltlichen Hoheitsrechte durch königliche Übertragung auszubauen: so v.a. durch die gesamte **Gerichtsbarkeit** im jeweiligen Territorium, mit der die Polizeigewalt (bis hin zum militärischen Einsatz zwecks Urteilsvollstreckung) und der bewaffnete Schutz des Gebietes verbunden waren. Daraus ergab sich, daß die Bistümer und Abteien unter der Leitung eines weltlichen Vogtes über einen eigenen Heerbann verfügten. Vereinzelt seit ca.950, aber mit steigender Tendenz bis ca.1050 wurden ihnen **Königsrechte** verliehen wie z.B. Genehmigung von Märkten, Prägung von Münzen, Erhebung von Zöllen und Handelssteuern; später kamen dann auch Hoheitsrechte über Straßen, Flüsse und Forsten hinzu. (All das bezeichnete man seit ca.1100 als **Regalien**.) Dadurch erhöhten sich die Einnahmen gewaltig, die bislang nur aus den Agrarerträgen des Kirchenguts und aus dem allgemeinen Kirchenzehnten flossen. Verstärkt wurde das dadurch, daß die Bistümer und Reichsabteien **Ländereien** aus dem Königsgut, kleinere Lehen und vereinzelt sogar Grafschaften erhielten. Dieser Reichtum setzte die Reichsprälaten instand, den aus jenen Privilegien folgenden **Königsdienst**, das *servitium regis*, in besonderer Weise zu leisten: Sie stellten die größten **Truppenkontingente** für das jeweils ad hoc einberufene Reichsheer und übernahmen die beträchtlichen **Finanzlasten**, die sich aus der Beherbergung des reisenden Königshofes und der königlichen Beauftragten ergaben. Da der König/ Kaiser keine zentrale Residenz besaß und seine auf Personalbindungen beruhende Machtposition nur so festigen konnte, daß er möglichst intensiv durch Reisen seine Präsenz demonstrierte, gewannen neben den wenigen Königspfalzen die Reichsabteien, Bischofsstädte und -burgen große Bedeutung für die Reichsverwaltung. Als ein wichtiges Instrument derselben bildete sich die **Hofkapelle** mit der königlichen Kanzlei heraus, eine Gruppe besonders qualifizierter junger Geistlicher aus den Familien des Hochadels, die der König/Kaiser bei der Besetzung der Reichsprälaturen bevorzugt heranzog.

5.2.1 Entscheidende Anstöße für die Entwicklung des geistlichen Fürstentums gab Ottos I. politisch begabter Bruder **Brun** (925-965), seit 953 **Erzbischof von Köln**, Reichsverweser 961-965 während Ottos Italienaufenthalt. Durch verschiedene Maßnahmen erwarb er im Herzogtum Lothringen weltliche **Hoheitsgebiete** und **Herrschaftsrechte**, so daß er im westlichen Reichsgebiet faktisch die Herzogsgewalt ausübte (als *archidux* bezeichnet). Weltliche Herrschaften vergab er auch an die ihm gefügig gemachten Suffraganbistümer Metz und Lüttich.

5.2.2 Das Erzstift Köln bekam sukzessive als weltliches Territorium – z.T. aus Reichsgut – ein linksrheinisches Gebiet von erheblichem Umfang, dazu u.a. 1180 das Herzogtum Westfalen-Engern, im 13.Jh. das Vest Recklinghausen, im 14.Jh. die Grafschaft Arnsberg. Ähnlich – wenngleich nicht so mächtig – entwickelten sich die anderen Hochstifte aus den Anfängen im 10./11.Jh. zu Landesherrschaften, meist aber nur mit **Streubesitz** wie z.B. Mainz (im Rheingau um Bingen, am Main um Aschaffenburg, in Hessen, Thüringen u.a.). Zunächst nur einige Bistümer kamen in den Besitz von **Grafschaften**, so z.B. Lüttich, Paderborn, Magdeburg und Würzburg unter Otto III. und Heinrich II.; immerhin dürften es zwischen 983 und 1056 ca.40 Grafschaften gewesen sein, wobei der Würzburger Bischof besonders hervortrat, der auch das Herzogtum Franken verwaltete (seit 1168 definitiv damit belehnt). Da die Geistlichkeit kraft alten Kirchenrechts das weltliche Schwert nicht direkt führen durfte, bestand für Bistümer und Klöster seit karolingischer Zeit der **Vogteizwang**: Adelige der Umgebung, zumeist Grafen, übten als Stiftsvögte v.a. in der Gerichtsbarkeit selbständigen Einfluß aus, was zu Kollisionen mit den Bischöfen und zur Ausschaltung der Vögte durch Abfindungen seit dem 11./12.Jh. führte.

5.2.3 Die Bistümer und Reichsabteien waren wie die Herzöge, Grafen und weltlichen Herren verpflichtet, dem König **Heeresfolge** zu leisten und Truppen für dessen Feldzüge (v.a. für den **Romzug**) zu stellen. An der Größe ihrer Kontingente wurde deutlich, daß ihre Finanzkraft diejenige der weltlichen Fürsten weit überstieg. Unter Otto II. stellten sie 982 gut 70 Prozent des Reichsheeres, z.B. die Bischöfe von Mainz, Köln und Straßburg je 100 gepanzerte Reiter gegenüber 20-30 der Grafen (Text: MGH.Const. 1, 632-633).

5.2.4 Zum organisatorischen Zentrum der Reichsverwaltung und der Reichskirche entwickelte sich die königliche **Hofkapelle** (vgl. 2.2.4) v.a. durch die Tätigkeit Bruns von Köln seit Otto I. Ihr gehörten zunächst die am umherreisenden Königshof tätigen Kleriker v.a. in den Pfalzen an, sodann auch Mitglieder der Domkapitel, so daß die Kapelle über das ganze Reich verbreitet war. Mit ihr verbunden war die **Kanzlei** (für die Ausfertigung von Briefen, Urkunden etc.), seit 965 dem Mainzer Erzbischof als Erzkanzler für Deutschland unterstellt. Der Nachwuchs an Hofkapellanen wurde in herausragenden Dom- und Klosterschulen ausgebildet.

5.3 Literatur

M. BORGOLTE: Kirche, 38-60.70-122. – J. FLECKENSTEIN: Die Hofkapelle der deutschen Könige, 2 Bde., 1959-66. – G. HAENDLER: KIE I/9, 36-42.82-104. – M. PARISSE: Die Reichskirche, GCh 4, 1994, 797-820. – L. SANTIFALLER: Zur Geschichte des ottonisch-salischen Reichskirchensystems, 2.A. 1964. – G. TELLENBACH: Die westliche Kirche vom 10. bis zum frühen 12. Jahrhundert, KIG 2/F1, 1988, 43-64.72-82. – H. ZIELINSKI: Der Reichsepiskopat in spätottonischer und salischer Zeit (1002-1125), Bd.1, 1984.

6. Kampf um die rechte Ordnung der Christenheit und Investiturstreit

Verschiedene religiöse, kirchliche und politische Faktoren verursachten den 1076 ausbrechenden **Grundsatzstreit** zwischen Kaiser Heinrich IV. und Papst Gregor VII., der das Abendland erschütterte. Unmittelbarer Anlaß war der sich zuspitzende Kampf des sog. Reformpapsttums gegen die Amtseinsetzung von Bischöfen durch den deutschen König, die nun als **Laieninvestitur** verstanden und mit der – schon seit längerem bekämpften – Simonie (Ämterkauf; vgl. § 8; 7.3) gleichgesetzt wurde. Dieser Kampf hing eng zusammen mit dem prinzipiellen Bestreben der Päpste, die **kirchliche Oberhoheit** über den gesamten abendländischen Episkopat zu erlangen (vgl. § 8; 7.4), sowie mit der **machtpolitischen Konfrontation** zwischen Kaiser und Papst in Italien. Innerhalb Deutschlands spielten dabei die Politik des jungen Königs Heinrich IV. (1066-1105) zur Durchsetzung seiner bedrohten Herrschaft und so der Gegensatz zwischen der königlichen **Zentralgewalt** und den fürstlichen **Partikularmächten** eine wichtige Rolle, wobei den Bischöfen als Reichsfürsten besondere Bedeutung zukam. Ein nicht unerheblicher Faktor war auch der Gegensatz zweier Persönlichkeiten: Dem macht- und sendungsbewußten Kleriker Gregor VII., einem religiösen Fanatiker, der als Stellvertreter Petri die römisch-kirchlichen Interessen schroff vertrat, stand der von seiner unvergleichlichen Hoheit als Gesalbter des Herrn überzeugte Heinrich IV. gegenüber, ein hinterhältiger Taktiker, konsequenter Machtpolitiker und frommer Christ. Die Bedeutung, die der Charakter einzelner Führungsgestalten für den Verlauf der Geschichte hat, tritt hier paradigmatisch zutage. Generell war es eine Konfrontation zwischen zwei gegensätzlichen **Rechtssystemen** und **politischen Theorien**: a) Einerseits der am Spezifikum der kirchlichen Identität orientierte neue Rekurs auf das kanonische Recht in der Auslegung und Anwendung durch das zentralistische Papsttum, andererseits die Verteidigung der traditionellen, v.a. germanisch-rechtlich begründeten Hoheitsrechte des Königs über das Kirchengut, die Amtsträger und das kirchliche Leben. b) Einerseits der neue Anspruch des Papstes auf Alleinrepräsentation der Christenheit durch die geistliche Gewalt, der mit prinzipieller Entsakralisierung der Königsmacht und Unterordnung der weltlichen Gewalt (*regnum*) unter das päpstliche Priesteramt (*sacerdotium*) verbunden war; andererseits die Behauptung der religiösen Würde des Herrschers und des Anspruchs auf Universalherrschaft durch den christlichen Kaiser. In diesem Streit spielte das Investiturproblem bis 1106 nur eine untergeordnete Rolle. Entscheidend war, daß ein **Veränderungsprozeß** begann, der die religiöse Bedeutung des Kaisers als Haupt der Christenheit im allgemeinen Bewußtsein allmählich schwinden ließ. Die Regelung der Investitur im sog. Wormser Konkordat 1122 mit der Trennung von weltlichem und geistlichem Aspekt im Bischofsamt war allerdings für die Praxis seitdem nicht minder wichtig, weil sie die ottonisch-salische Reichskirche aushöhlte und die Entstehung neuer geistlicher Fürstentümer förderte.

6.1 Gregors VII. Anspruch auf weltliche Herrschaft

Nicht nur die "Kirchenreform" mit dem Ziel der *libertas ecclesiae* (vgl. § 8; 7.0) war eine wesentliche Ursache des Konflikts, weil sie den Einfluß der weltlichen Herren auf die Besetzung kirchlicher Ämter beseitigen wollte und deshalb folgerichtig in den Investiturstreit mündete. Hinzu kam ein programmatischer Übergriff der päpstlichen Gewalt in den weltlichen Herrschaftsbereich, der über die traditionelle Territorialpolitik in Mittel- und Süditalien weit hinausging. Dahinter stand eine Konzeption der Zuordnung der **zwei Gewalten** (i.S. der gelasianischen Lehre; vgl. § 8; 3.2), die aus der **Höherwertigkeit des Priesteramtes** (*sacerdotium*) als Vermittlungsinstanz für das ewige Heil politische Folgerungen zog: Die petrinische Schlüsselgewalt gemäß Mt 16,18f enthält mit dem Ausschluß eines sündigen Herrschers aus der christlichen Gemeinschaft auch die Vollmacht, dessen Untertanen vom Treueid zu entbinden; die Übergabe der **zwei Schwerter** an Petrus gemäß Lk 22,37f bedeutet, daß der Papst als Oberhaupt der Christenheit das geistliche Schwert (den Bann) direkt führt und über das weltliche Schwert zwar grundsätzlich verfügt, es aber den Königen zur Gewaltausübung überlassen hat. Diese Konzeption spielte nicht nur im Investiturstreit eine Rolle, sondern auch bei Gregors

Versuchen, eine **Lehnshoheit** über verschiedene Könige Europas zu postulieren, die in der Praxis kaum Erfolg hatten. Darin bekundete sich - wie in dem deutschen Investiturstreit - die **utopische Konzeption** der sog. Reformer, der "Gregorianer" und v.a. dieses ehrgeizigen Papstes: die rechte **Ordnung der Welt** durch Oberhoheit der geistlichen Gewalt auch in den irdischen Realitäten zu schaffen. Allerdings blieb die praktische Politik der Päpste noch lange Zeit moderater, als Gregors Prinzipien es erfordert hätten.

6.1.1 Die in ihrer Intensität neuartige Einmischung Gregors VII. in weltliche Belange basierte auf seinem **priesterlichen Sendungsbewußtsein**, die Welt nach Gottes Ordnung zu gestalten. Insofern repräsentierte er einen politischen Augustinismus. Die **Zwei-Schwerter-Theorie** gewann seitdem große Bedeutung für die grundsätzliche Legitimierung der päpstlichen Oberhoheit auch über die Könige/Kaiser. (Zur Translationstheorie s. 7.2.5.) Gregors Freund und Berater **Petrus Damiani** hatte noch im älteren Sinne das gewaltsame Königsschwert von dem sanften priesterlichen Schwert des Geistes (= Wort Gottes) getrennt und das harmonische Zusammenwirken der beiden Gewalten beschworen. **Gregor** und noch stärker die **Publizistik** der gregorianischen Partei nach 1080 betonten den hierokratischen Anspruch so, daß die Königsgewalt - unter Leugnung ihres bisherigen theokratischen Charakters - nicht nur als weltliche Größe, sondern als von der Priestergewalt abhängig erschien.

6.1.2 In Mittelitalien und in der Lombardei verstärkte sich der politische Einfluß des Papstes u.a. durch die Unterstützung der **Pataria** (vgl. § 8; 7.4.4) und des Stadtbürgertums gegen die Adelskirche sowie durch die Verbindung mit **Mathilde von Tuscien** (1046-1115). Diese, eine treue Anhängerin des Reformpapsttums, verfügte als Erbin der toskanischen Markgrafschaft, die seit dem Regenten Herzog Gottfried von Lothringen 1054 mit dem Papsttum kooperierte, über gewaltige Eigengüter/*Allodien* und Reichslehen. Erstere schenkte sie wohl ca.1079 der römischen Kirche und erhielt sie von Gregor VII. als Lehen zur Verfügung. Seitdem spielten die sog. Mathildischen Güter im Konflikt zwischen Papsttum und Kaisertum eine beträchtliche Rolle (s. 7.1.1). Besonderes Gewicht erhielt das Verhältnis zu **Süditalien**. Die **Normannen** waren unzuverlässige Lehnsmänner und weiterhin gefährlich für den Kirchenstaat (vgl. § 8; 7.4.5). Da Robert Guiscard 1071/2 die byzantinische Truppe aus Apulien und die Sarazenen aus Sizilien vertrieb, erweiterte sich der kirchliche Einfluß des Papstes. Die alten Ansprüche auf **Korsika** und **Sardinien** verdichteten sich zur päpstlichen Lehnsherrschaft.

6.1.3 Die päpstliche **Lehnshoheit über weltliche Herrscher** begründete Gregor VII. zwar nicht direkt mit der geistlichen Universalgewalt, aber diese spielte insofern eine Rolle, als es dabei um weltliche Rechte - insbesondere aufgrund der *Konstantinischen Schenkung* um die Verfügung über den Westen des alten Reiches - ging. Die nordspanischen Königreiche Aragon und Leon standen in einem besonderen Treueverhältnis zu Petrus, d.h. zum Papsttum, das dort seine kirchliche Hoheit durchzusetzen suchte. Deren Kämpfe gegen die Araber, die Reconquista (s. § 7; 5.4.6), im Bündnis mit französischen Rittern unterstützte Gregor mit dem Anspruch, daß die rückeroberten Gebiete päpstliche Lehen würden. Seine Versuche, den Russenkönig und den Polenherzog in eine ideelle Abhängigkeit zu bringen, blieben vage. Gegenüber dem Ungarnkönig behauptete er direkt eine Lehnshoheit des Papstes. Noch enger band er die Könige von Kroatien-Dalmatien und Serbien 1075 bzw. 1077 durch einen Vasalleneid (vgl. § 7; 8.3.2). Sein Bemühen, den vom Papsttum seit 1060 ideell unterstützten Normannenkönig Wilhelm den Eroberer dazu zu bringen, England als päpstliches Lehen zu verstehen, schlug fehl, nicht einmal die kirchliche Oberhoheit konnte er dort durchsetzen. So blieb Gregors Politik, den Anspruch auf weltliche Herrschaft zu konkretisieren, insgesamt wenig erfolgreich. Doch als Tendenz war sie ein Signal für künftige Entwicklungen (vgl. 7.2.4).

6.2 Das Investiturproblem

Im Leben und Denken des mittelalterlichen Menschen spielten Symbole und Zeichenhandlungen eine wichtige Rolle, um Realitäten auszudrücken. Dazu gehörte die Amtseinsetzung und Besitzeinweisung der Bischöfe und Reichsäbte, die sog.

Investitur (wörtlich: Einkleidung) mit den Insignien, die das Miteinander von geistlichem Amt und weltlicher Herrschaft verdeutlichten: Den **Hirtenstab** - kirchliches Symbol der Gemeindeleitung, zugleich aber Zeichen der weltlichen Rechtsverwaltung - überreichte der König als sakraler Herrscher, aber auch (so erst seit Heinrich III.) den **Ring** als Zeichen für die Verbindung mit der Kirche, also ein rein geistliches Symbol. Mit dieser Investitur, die die traditionelle königliche Kirchenherrschaft demonstrierte, wurde der **Treueid** verbunden, den ein Reichsprälat dem König als dessen weltlicher Lehnsmann im Blick auf die Regalien leistete. Die gregorianische Kirchenreformbewegung bekämpfte jene Praxis als vermeintliche Einmischung der weltlichen Gewalt in rein kirchliche Angelegenheiten; der König dagegen mußte sie als Teil seiner Herrschaftssicherung bewahren. Die Forschung hat bisher nicht klären können, ob Gregor VII. erst 1078 oder schon 1075 (wie früher meist angenommen) ein **allgemeines Verbot** sämtlicher Formen der Laieninvestitur erlassen hat. Die Investiturfrage spielte in dem 1076 ausbrechenden Konflikt nicht die entscheidende, doch auch eine Rolle.

6.2.1 Ein zentraler Punkt im päpstlichen Kirchenreformprogramm (vgl. § 8; 7.1-4) war die Forderung nach kanonischer Wahl der Bischöfe und Einsetzung der Pfarrer gemäß dem alten Kirchenrecht. In Verbindung mit der Bestreitung der religiösen Würde und der entsprechenden kirchlichen Mitwirkungsrechte des Königtums ergab sich daraus eine seit ca.1060/70 zunehmende Polemik gegen die Laieninvestitur, die z.B. Kardinal Humbert von Silva Candida - wegen des zweifellos verbreiteten Ämterkaufs - generell als Simonie qualifizierte (vgl. § 8; 7.3.3). Die römische Synode von 1059, die unter Nikolaus II. u.a. das Papstwahldekret beschloß, verbot erstmals offiziell dem Klerus, kirchliche Würden aus Laienhand zu empfangen (Text/Übers.: Laudage 40f). Das betraf aber wohl nur das Niederkirchenwesen (die Einsetzung von Pfarrern durch Grundherren), nicht jedoch die königliche Bischofseinsetzung, die gerade in Reichsitalien wegen der politischen Kräfteverschiebung in ganz Italien und wegen der Unterstützung des Gegenpapstes Honorius II. (1061-72) durch Heinrich IV. besonderes Gewicht bekam. In der Praxis hat das Verbot von 1059 wenig bewirkt.

6.2.2 Die Auffassung der älteren Forschung, die römische Fastensynode von 1075 habe ein für die ganze Kirche auf allen Ebenen der Ämterbesetzung geltendes **Verbot der Laieninvestitur** verkündet, wird durch die Quellen nicht belegt. Doch eine Mailänder Chronik behauptet und Indizien deuten darauf hin, daß seit jener Synode von 1075 der Papst sich verschärft gegen die Laieninvestitur wandte. Ein totales Verbot ist eindeutig erst für **Herbst 1078** bezeugt (römische Synode vom 19.11.; Text/Übers.: AQDGMA 12a, 288-291): *daß kein Kleriker die Investitur (investituram) in ein Bistum, eine Abtei oder Kirche aus der Hand des Kaisers, des Königs oder irgendeiner Laienperson, Mann oder Frau, empfängt.* Im Konflikt zwischen Heinrich IV. und Gregor VII. spielte es keine besondere Rolle. Erst seit ca.1100 wurde um das Investiturproblem im Reich und in England intensiv gestritten (s. 6.6.1-2).

6.3 Heinrichs IV. Behauptung der Königsmacht

Infolge der Schwächung der königlichen Zentralgewalt während der Regentschaft nach Kaiser Heinrichs III. frühem Tod 1056 und infolge der Erstarkung der fürstlichen und bischöflichen Partikulargewalten war die lange Regierungszeit des Saliers Heinrich IV. (1065/6-1105) insgesamt geprägt durch die ständigen Konflikte um die Macht im Reich/*imperium*, das seit 1032/3 in Personalunion die drei Königreiche/*regna* Deutschland, Burgund und Italien (d.h. Nord- und Mittelitalien) vereinte. Diese Situation wurde durch die **päpstliche Einmischung** in entscheidenden Phasen verschärft, so daß Kirchen- und Reichsgeschichte sich bedeutsam verzahnten. Die erste Phase bis 1075 war bestimmt durch Heinrichs rigide Versuche, die **königlichen Güter, Rechte und Einflußmöglichkeiten** wiederherzustellen, wogegen sich eine mächtige Oppositionsgruppe im Hochadel bildete. Seine Erfolge in Deutschland stärkten das religiös untermauerte herrscherliche Selbstbewußtsein, so daß er daran ging, auch in Reichsitalien seinen Einfluß geltend zu machen: Er verschärfte 1075 – vielleicht nach einem zuvor erlassenen, aber nicht veröffentlichten Verbot der Laieninvestitur – den **Konflikt um Mailands Kirche** durch Einsetzung eines neuen Erzbischofs, was zwar der herkömmlichen Rechtspraxis entsprach, aber angesichts der veränderten Machtverhältnisse politisch brisant war. Denn nun griff Gregor VII. ihn massiv an, indem er die umstrittene Investiturfrage mit einer Attacke auf Heinrichs Königswürde verband. Dieser jedoch setzte sich an die Spitze der düpierten Papstgegner im deutschen Episkopat (vgl. § 8; 7.5.4); er erklärte auf einer **Reichsversammlung in Worms** 1076 Gregor für amtsunwürdig, forderte ihn zur Abdankung auf und attackierte ihn öffentlich. Das lag i.w. noch auf der Linie der früheren Eingriffe ottonisch-salischer Herrscher und war Ausdruck der kaiserlichen Hoheit als *patricius Romanorum*. Völlig neuartig war dagegen Gregors rasche Reaktion, die dem Streit eine historisch folgenreiche Wendung gab.

6.3.1 Der Herrschaftswechsel nach Kaiser Heinrichs III. Tod 1056 führte zu einem Machtvakuum, weil für den minderjährigen, bereits gekrönten König Heinrich IV. (geb. 1050) – dessen Thronnachfolge v.a. dem Einsatz Papst Viktors II. als Mitglied des Reichsepiskopats (Gebhard von Eichstätt) zu verdanken war – zunächst die schwache **Regentschaft** seiner Mutter **Agnes** eintrat. Die vom König belehnten Herzöge, Grafen, Bischöfe etc. bauten ihre Landeshoheit durch Annexion von Königsgütern, Reichsklöstern und Regalien aus; so auch die einflußreichsten Berater am Königshof, die Kirchenfürsten Erzbischof **Anno von Köln** (ca.1010-75; s. TRE 2, 755-759) und Erzbischof **Adalbert von Hamburg-Bremen** (ca.1000-72; s. TRE 1, 407-410). Die selbständige Regierung seit 1066 nutzte der junge König zunehmend zum Aufbau einer **Machtposition**, so v.a. im östlichen Sachsen um den Harz durch Errichtung neuer Burgen und durch Einsatz schwäbischer Dienstmannen/*Ministerialen* als loyaler Beamter gegen die Adelsfamilien. Den **Aufstand in Sachsen** unter Führung einiger Bischöfe und Hochadeliger 1073 konnte er erst 1075 halbwegs niederwerfen. In dieser Notlage suchte er in ungewöhnlicher Form bei Gregor VII. moralisch-politische Unterstützung, indem er Gehorsam und Mitwirkung bei der Erneuerung der deutschen Reichskirche versprach.

6.3.2 Zum Auslöser des Konflikts mit dem Papst wurde die verworrene **Situation in Mailand**, wo die Pataria seit ca.1060 die Adelskirche bekämpfte und mit päpstlicher Hilfe gegen den von Heinrich IV. in problematischer Weise investierten Erzbischof Gottfried, einen Hochadeligen, 1072 den Reformkleriker Atto einsetzte. Papst Alexander II. verhängte deswegen 1073 über königliche Räte und lombardische Bischöfe den Bann. Angesichts der Unruhen in der Stadt griff Heinrich nach seinem militärischen Sieg in Sachsen ein. Er löste im Sommer 1075 den erfolglosen Gottfried durch den Mailänder Tedald, Mitglied der königlichen Hofkapelle, ab; außerdem setzte er in Fermo und Spoleto Bischöfe seiner Wahl ein. Dagegen protestierte Gregor VII. in einem langen Schreiben vom 8.12.1075, forderte Buße für die Verfehlung, Gehorsam gegenüber dem Petrusstellvertreter und Freiheit für die Kirche, vielleicht auch unter Anspielung auf ein Investiturverbot der Fastensynode (Text/Übers.: AQDGMA 12a, 196-205).

6.3.3 Dieser Brief führte – in Verbindung mit dem Widerstand der von Gregor gemaßregelten Bischöfe – zum Ausbruch des prinzipiellen Gegensatzes, weil Heinrich seine sakrale Herrscherwürde als **Gesalbter des Herrn** (*dominus Christi*), wie er betonte, angetastet sah. Auf einem **Reichstag** bzw. einer Bischofssynode in der Königsstadt **Worms** am 24.1.1076 beschlossen die Bischöfe, Gregor den Gehorsam aufzukündigen, weil er unkanonisch gewählt worden sei und die bischöflichen Vollmachten an sich gerissen habe (vgl. § 8; 7.5.1; 7.5.4). Heinrich IV. betonte in einer Art **Manifest** (*An Hildebrand, nicht mehr den Papst, sondern den falschen Mönch*), daß Gregor wegen der von ihm in der Kirche angerichteten Verwirrung und wegen seiner Angriffe auf die von Gott verliehene Königsgewalt seines Amtes unwürdig sei, und forderte ihn zur Abdankung auf: *Wir, Heinrich, König von Gottes Gnaden, mit allen unseren Bischöfen sagen dir: Steige herab, steige herab (descende, descende)!* (Text/Übers.: AQDGMA 12,61-69. Zur Reaktion des Papstes s. 6.4.1.) Zur öffentlichen Begründung des Vorwurfs gegen Gregor, dieser habe Gottes Ordnung verletzt, ließ der König wenig später in einem Schreiben auf die Superiorität der weltlichen Gewalt mit einer theokratischen Form der Zwei-Schwerter-Lehre (vgl. 6.1.1) verweisen: Der König wehrt die Feinde Christi mit dem weltlichen Schwert in der Kirche ab; das geistliche Schwert der Kirche (d.h. das Wort) dagegen soll die Menschen zum Gehorsam gegen den als Vertreter Gottes regierenden König führen (Text/Übers.: ebd. 69-73).

6.4 Exkommunikation und Absetzung. Bußgang nach Canossa

Aus den konkurrierenden Machtansprüchen hinsichtlich der Bischofsinvestitur und des Einflusses in Italien erwuchs durch Gregrors VII. Politik ein Kampf der beiden Universalgewalten um die **Oberhoheit** in der abendländischen Christenheit. Damit ergab sich eine qualitativ **neue Entwicklungsstufe** in der Beziehung zwischen Papsttum und Königtum/Kaisertum. Denn Heinrichs Attacke nahm Gregor zum Anlaß für eine bis dahin unvorstellbare Handlung: Auf der traditionellen päpstlichen Fastensynode in Rom 1076 erklärte er Heinrichs **Absetzung** als König, löste alle Untertanen von ihrem Gehorsamseid und verhängte über ihn den kirchlichen Bann. Dieser Schlag wirkte erst allmählich, und auch nur deshalb, weil er der deutschen Adelsopposition ins Konzept der Ablösung Heinrichs paßte. Gregor gelang es während des Jahres 1076, etliche Bischöfe auf seine Seite zu ziehen. Schließlich bildeten Heinrichs Feinde auf einer großen Fürstenversammlung in Tribur (Oktober 1076) die Mehrheit; die Verhandlungen mit dem König und den päpstlichen Legaten ergaben, daß Heinrich und die renitenten Bischöfe dem Papst Gehorsam versprachen. Etliche Fürsten und Bischöfe planten für Februar 1077 eine Versammlung in Anwesenheit Gregors als Richter, die Heinrich absetzen sollte, falls er sich bis dahin nicht vom Bann gelöst hätte (was man für unmöglich hielt). Doch der kluge Taktiker Heinrich zog mitten im harten Winter über die Alpen nach Rom und begegnete **als Büßer** in der toskanischen **Burg Canossa** Gregor (25.-28.1.1077). Nach zähen Verhandlungen und den kanonischen Bußleistungen konnte der seiner priesterlichen Pflicht bewußte Papst dem König die **Absolution** nicht verweigern, obwohl ihm der politische Nachteil deutlich war. Unklar blieb, ob damit auch die Absetzung annulliert war. Heinrich jedenfalls setzte das voraus und agierte in der Folgezeit dementsprechend. Doch trotz des taktisch-persönlichen Augenblickserfolgs war der **Schaden für die Institution** des Königtums/Kaisertums auf Dauer historisch bedeutsam: Wie ein normaler Laie war der König als reuiger Sünder behandelt worden. Mit dem "Gang nach Canossa", der in der deutschen Nationalgeschichtsschreibung v.a. des 19.Jh.s als Demütigung galt, war die alte Sakralwürde des Herrscheramts prinzipiell in Frage gestellt.

6.4.1 Die **römische Synode** vom 14./15.2.1076 verurteilte mit Absetzung und Exkommunikation zunächst den Mainzer Erzbischof Siegfried, weil er die *Bischöfe und Äbte des Reiches der Deutschen (regni Teutonicorum) von der heiligen römischen Kirche, d.h. ihrer geistlichen Mutter abzuspalten versucht hat*, sodann die lombardischen und einige burgundische Bischöfe (Text/Übers.: AQDGMA 12a, 206-209). Die folgende **Verurteilung Heinrichs IV.** erging in der besonders feierlichen Form eines an den Apostelfürsten Petrus gerichteten Gebetes unter Hinweis auf die päpstliche Schlüsselgewalt gemäß Mt 16,19: *Zur Ehre und Verteidigung deiner Kirche ... untersage ich ihm die Lenkung des ganzen Reiches der Deutschen und Italiens und löse ich alle Christen vom Bande des Eides ... und verbiete, daß ihm jemand als König diene ... Und weil er als Christ den Gehorsam verachtete, ... binde ich ihn an deiner Stelle mit dem Band des Anathema* (Text/Übers.: AQDGMA 12,288f). Damit praktizierte Gregors erstmals den im *Dictatus Papae* formulierten, aber bisher nicht öffentlich verkündeten Hoheitsanspruch (vgl. § 8; 7.5.3).

6.4.2 Gerade die Ungeheuerlichkeit dieses Angriffs beeinträchtigte zunächst dessen öffentliche Wirkung, weil es zweifelhaft war, ob der Papst das Recht besäße, Könige abzusetzen. Heinrich hat das Absetzungsurteil niemals anerkannt. Wirksamer war dagegen sein Ausschluß aus der christlichen Gemeinschaft; doch Gregor VII. war durchaus bereit, wie er 1076 gelegentlich betonte, ihn aufgrund gehorsamer Buße zu absolvieren. Darauf ging Heinrich ein, weil der schwindende Rückhalt im Episkopat und Hochadel einen Widerstand gegen die Koalition der Fürsten mit dem Papst aussichtslos machte. Um ihn an der Romreise zu hindern, sperrten die süddeutschen Herzöge die deutschen Alpenpässe; darauf zog Heinrich im Dezember 1076 mit kleinem Gefolge unter größten Strapazen von Burgund her über die Alpen nach Turin. Da er sogleich Rückhalt in der Lombardei fand, befürchtete der bereits auf der Reise nach Deutschland befindliche Gregor einen militärischen Angriff und zog sich zurück in die Festung **Canossa** am Apennin-Nordhang, die Residenz seiner Anhängerin Mathilde von Tuscien; auch Heinrichs Taufpate, Abt Hugo von Cluny, kam dorthin. Aufgrund der zähen Verhandlungen willigte der Papst ein, ihn nach dreitägigen **Bußleistungen** zu absolvieren. Wenn er daraufhin nach Rom zurückkehrte, gestand er damit ein, daß er sich an der geplanten Königsneuwahl nicht mehr beteiligen wollte.

6.5 Spaltung des Reiches und der Kirche

Trotz der Befreiung vom kirchlichen Bann wählte in Deutschland die fürstliche Oppositionsgruppe als neuen König den Schwabenherzog Rudolf von Rheinfelden. Damit gab es **erstmals** in der deutschen Geschichte einen **Gegenkönig**. Das Reich wurde in zwei Parteien gespalten, und die Jahre nach 1077 waren durch die militärisch-politische Auseinandersetzung bestimmt, in der Heinrich allmählich die Oberhand gewann. 1080 erkannte Gregor den Gegenkönig Rudolf als rechtmäßig an, übertrug ihm als *Lehnsmann der Apostel* das deutsche Reich, erneuerte die Bannung und Absetzung Heinrichs, erzielte damit aber nur noch wenig öffentliche Wirkung, weil das als taktisches Kampfmittel erschien. Nun ging der König zum Angriff über: Er ließ 1080 einen **Gegenpapst** wählen, der als **Clemens III.** (bis 1100) die kirchliche Erneuerung ohne den gregorianischen Radikalismus anstrebte; er zog 1081 nach Italien, konnte aber Rom erst 1084 erobern, wo er durch Clemens III. endlich die seit 1066 angestrebte **Kaiserkrönung** empfing. Gregor flüchtete zu den Normannen und starb 1085 in Salerno. Die Kirchenspaltung dauerte fort: Während Clemens III. durch den kaiserlichen Einfluß in Deutschland und Italien zunehmend Gefolgschaft fand, konnte die geschwächte Gregorianerpartei erst 1087 unter normannischem Schutz einen neuen Papst wählen (Viktor III.) und brauchte nach dessen baldigem Tod abermals längere Zeit, bis sie mit Urban II. (1088-99), einem französischen Cluniazenser, einen neuen Aufschwung fand. Auch im Reich wirkte die politische und kirchliche Spaltung, mit der eine rege literarische Propaganda einherging, noch lange weiter und schuf instabile Verhältnisse. Die Kämpfe gegen Heinrich IV. dauerten bis zu dessen, von seinem Sohn mit Hilfe u.a. des Papstes und der Bischöfe erzwungener, Absetzung 1105/6 fort. Daß dabei wie 1076ff **religiös-kirchliche Kampfmittel** bedenkenlos eingesetzt wurden, gehörte nun und in den folgenden Jahrhunderten zur Normalität der politischen Auseinandersetzung. Insgesamt führte der von Gregor VII. ausgelöste Konflikt zu einer **Auflösung der alten Ordnung**: durch Entsakralisierung des Kaisertums und Schwächung des Reiches, durch Verselbständigung der Territorialfürsten neben dem König und Distanzierung des Episkopats von diesem, durch Papstschismen und Politisierung der kirchlichen Autorität.

6.5.1 Die **Königswahl Rudolfs**, eines Schwagers Heinrichs IV., in Forchheim 1077 hatte auch insofern grundsätzliche Bedeutung, als die Reichsfürsten damit ihr Wahlrecht gegen das dynastische Geblütsrecht bekräftigten und Rudolf den päpstlichen Legaten die freie kanonische Bischofswahl unter Ausschluß der Simonie garantierte. Nach seinem Tod 1080 wurde Graf Hermann von Salm zum (Gegen-)König gewählt, was ohne praktische Bedeutung blieb. Der Papst verhielt sich längere Zeit neutral gegenüber den deutschen Konfliktparteien. In der militärischen und politischen Auseinandersetzung stützte sich Heinrich IV. u.a. auf den niederen Adel, das Stadtbürgertum und die neue Reichsministerialität, also auf Kräfte, die fortan an Gewicht in der Gesellschaft gewannen. Die Investitur der Bischöfe und Äbte vollzog er weiterhin, worauf Gregor VII. 1080 das Verbot verschärfte und ihn erneut bannte.

6.5.2 Die antigregorianischen Bischöfe Deutschlands und Norditaliens verurteilten Gregor VII. auf einer Synode in Brixen (25.6.1080) und wählten den von diesem gebannten, vom König nominierten Erzbischof Wibert von Ravenna zum Papst, der mit der Namensgebung als **Clemens III.** an die königliche **Kirchenreform** von 1046 anknüpfte (s. § 8; 6.2.5). Die Majorität des Reichsepiskopats hielt zu ihm bzw. zum König, der erst 1085 daran ging, die ihm feindlichen Bischöfe durch Parteigänger zu ersetzen. Das führte z.B. zur Spaltung der Diözesen, in denen sich die Anhänger von zwei rivalisierenden Bischöfen bekämpften. Auch die Klöster engagierten sich in den gegensätzlichen Lagern (s. § 6; 9.2.4).

6.5.3 Begleitet wurde der **Konflikt zwischen "Gregorianern" und "Heinricianern"** durch ein Anschwellen der **Streitschriftenliteratur** v.a. nach 1080, die zwar nur eine begrenzte Verbreitung erfuhr, aber die allgemeine Diskussion zum Verhältnis Kaisertum-Papsttum, zur Absetzung Heinrichs, zum Zölibat und zur Laieninvestitur widerspiegelte (s. bes. wichtige Texte/Übers.: AQDGMA 12b,46-595). Unter den "Heinricianern" ragte Petrus Crassus insofern hervor, als er die Superiorität der Königswürde erstmals mit Hilfe des alten römischen Kaiserrechts bewies (Text/Übers.: ebd. 174-239) - ein Indiz für die beginnende Beschäftigung mit dem *Corpus Iuris* (vgl. § 10; 11.1.3). Von antiköniglicher, gregorianischer Propaganda geprägt waren die bis 1077 reichenden *Annalen* des Mönchs Lampert von Hersfeld (Text/Übers.: AQDGMA 13, 1957). Naturrechtlich von der Idee der Volkssouveränität her rechtfertigte Heinrichs Absetzung der Mönch Manegold von Lautenbach (vgl. § 10; 1.1.3).

6.5.4 Die **päpstliche Propaganda**, deren Träger u.a. Wandermönche und -prediger waren, betonte neben den kirchlichen Zielen (römische Oberhoheit, Verbot der Simonie, Durchsetzung des Zölibats) die Idee der geistlichen Universalherrschaft, die eine Bestreitung des kaiserlichen Anspruchs implizierte. Das drückte sie z.B. seit 1074/75 durch die programmatische Verwendung des Begriffs *deutsches Reich/Reich der Deutschen* (*regnum Teutonicum/regnum Teutonicorum*) und durch die Bezeichnung Heinrichs IV. als *rex Teutonicorum* aus (vgl. 6.4.1). Damit sollten das imperiale Reichsverständnis und die Hegemonievorstellung abgewiesen werden, indem Reich (*imperium*) und Kaiser auf die gleiche Stufe mit den anderen Reichen (*regna*) und Königen gestellt wurden, deren Herrschaftsanspruch Gregor VII. ebenfalls abqualifizierte, um seine Oberhoheit über die ganze Christenheit zu verdeutlichen. Seit 1034 bürgerte sich in Deutschland die Bezeichnung *Römisches Reich* (*Imperium Romanum*) für die Zusammenfassung der drei Reichsteile ein, und demgemäß hieß der König - als präsumptiver Kaiser - *rex Romanorum* (so definitiv seit Heinrich V. 1110).

6.6 Investiturstreit, "Wormser Konkordat" und Reichskirche

Erst unter dem letzten Salierkönig Heinrich V., einem unreligiösen Herrscher, wurde das Investiturproblem, das auch in Frankreich und England zum Streit geführt hatte, zu einer Zentralfrage im Konflikt zwischen Kaisertum und Papsttum. Für das Reich, zumal für dessen deutschen Teil, besaß es **existentielle Bedeutung**. Denn nur hier verfügten die Bischöfe und Reichsäbte als **königliche Lehnsträger** über die Regalien, d.h. riesige Ländereien und wesentliche Herrschaftsrechte. Sie trugen die Zentralgewalt durch militärische und administrative Unterstützung. Deshalb war der Einfluß auf ihre Wahl und Einsetzung für die Behauptung des Königtums eine Lebensfrage. Doch die **Grundlage** der Reichskirche, das Ineinander von weltlicher und geistlicher Gewalt, war durch die gregorianischen "Kirchenreformer" **erschüttert** worden, welche die kirchlichen Aspekte des Bischofsamtes als entscheidend betonten und die religiöse Legitimierung des Königs zur Verfügung über Kirchengut bestritten. Französische Kanonisten, voran Ivo von Chartres (s. § 10; 3.2.1), brachten durch eine **Differenzierung** zwischen den *temporalia* und den *spiritualia*, weltlichen und geistlichen Aufgaben eines Bischofs wegweisende Klärungen auch für Deutschland (die von päpstlicher Seite zunächst nicht akzeptiert wurden). Doch hier, wo Heinrich V. rücksichtslos die alten Investiturrechte praktizierte, kam es erst nach heftigen Konflikten zu einer neuen Lösung, die der kluge Politiker und Reformpapst Calixt II. im Zusammenwirken mit den deutschen Reichsfürsten durchsetzte. Das sog. Wormser Konkordat 1122 fixierte einerseits den kaiserlichen **Verzicht auf die Investitur** mit Stab und Ring sowie die Praxis der freien kanonischen Wahl; es brachte andererseits die päpstliche Zusicherung eines königlichen Einflusses auf die **Wahl** sowie einer **weltlichen Belehnung** mit den Regalien – symbolisiert durch Übergabe eines Szepters – vor der kirchlichen Investitur/Weihe. Damit war für Deutschland die Beibehaltung der Reichskirche sichergestellt und im symbolischen Akt betont, daß die Bischöfe und Reichsäbte **primär als Lehnsträger** des Königs, sekundär als Kirchenmänner anzusehen wären. Doch für Burgund und Reichsitalien galt das nicht; dort erfolgte die Belehnung erst nach der geistlichen Weihe, und auf die Wahl hatte der Kaiser kaum noch Einfluß. Die radikalen Gregorianer kritisierten zwar die deutsche Lösung, wie sich bei der "Ratifizierung" durch eine römische Synode 1123 (das später sog. Erste Laterankonzil) zeigte. Aber sie beendete die ottonisch-salische Form der Reichskirche mit ihrer typischen Integration von geistlichen und weltlichen Elementen (beim sakralen König wie bei den herrschaftlichen Prälaten). Langfristig ergab sich, daß die deutschen Bischöfe und Reichsäbte zu in das Lehnssystem eingegliederten Landesherren – mit zunehmender Selbständigkeit gegenüber dem König/Kaiser – wurden, während ihre kirchliche Abhängigkeit vom Papst wuchs.

6.6.1 Nach dem Putsch gegen seinen Vater konnte **Heinrich V.** (1106-25) im Einvernehmen mit den Reichsfürsten die Königsherrschaft stabilisieren. Obwohl Papst Paschalis II. 1106 das Investiturverbot bekräftigte und es 1107 und 1110 verschärft wiederholte, setzte er zahlreiche königstreue Bischöfe ein. Die Investitur mit Stab und Ring galt ihm jetzt v.a. als weltlicher Belehnungsakt, weshalb der **Gehorsamseid** (*hominium*; s. 1.3.2) gegenüber dem König besonders wichtig wurde. In **England** endete der Investiturstreit – in dem v.a. der Primas Anselm von Canterbury (s. § 10; 2.1.1) seit 1095/97 für die Freiheit der Bischöfe gekämpft hatte - 1107 mit dem sog. Londoner Konkordat, wonach Heinrich I. nur die weltliche Hoheit als Lehnsherr behielt, aber die Bischofswahl beeinflussen konnte. Auch in **Frankreich** verzichtete König Philipp I. 1104/07 auf die kritisierte Investitur mit Stab und Ring; die Lehnshuldigung konnte hier angesichts der Bedeutungslosigkeit von Regalien fehlen.

6.6.2 Als Gegenleistung für Heinrichs V. Kaiserkrönung forderte Paschalis II. - vergeblich - den Verzicht auf die Investitur; stattdessen vereinbarten Unterhändler 1111 in Rom einen eigenartigen Vertrag, wonach die Kirchen im Reich sämtliche **Regalien** (hier erstmals exakt definierte Güter und Hoheitsrechte) an den König zurückgeben sollten. Das hätte die bisherige Reichsverfassung radikal verändert, nicht nur Bischöfe und Äbte weitgehend entmachtet, sondern auch den weltlichen Herren die umfangreichen Kirchenlehen entzogen. Am Widerstand von Reichsadel und -episkopat, der seitdem gegen den König opponierte, scheiterte das Vorhaben. Nun erpreßte Heinrich von Paschalis 1111 gewaltsam das **Privileg**, die bisherige Investiturpraxis beizubehalten, was dieser aber angesichts der Kritik am *Pravilegium/Schandurkunde* und der Absetzungsdrohung durch die Gregorianerpartei 1112 revozierte. 1112 exkommunizierte eine burgundische Synode in Vienne unter Leitung des gregorianischen Erzbischofs Guido (des späteren Papstes Calixt II.) Heinrich V.; ein päpstlicher Legat wiederholte 1115 in Deutschland den **Bann**, um damit die Aufstände gegen den Kaiser zu unterstützen. 1116 konnte dieser seine italienische Machtbasis verstärken durch die Übernahme der ihm 1111 vererbten Güter der Mathilde von Tuscien (vgl. 6.1.2). Der dadurch verschärfte Gegensatz zum Papsttum zeigte sich auch darin, daß Heinrich V. - die väterliche Politik fortsetzend - mit Gregor VIII. (1118-21) einen gelehrten Cluniazenser einsetzte, der aber nicht viel ausrichten konnte.

6.6.3 Die Differenzierung der französischen Kanonisten zwischen *Temporalien* und *Spiritualien* förderte die Verhandlungen, die Papst Calixt II. (1119-24), ein burgundischer Hochadeliger, seit 1119 betrieb. Doch ein fertiger Vertrag scheiterte an seiner Forderung, der Kaiser müßte auch auf die **Temporalieninvestitur** (Belehnung mit den Regalien) verzichten. 1121 ergriffen die deutschen Fürsten auf einem Reichstag vor Würzburg die Initiative, die am 23.9.1122 in den Wormser Verhandlungen mit dem päpstlichen Legaten zum Abschluß des **Friedensvertrages** in Form beiderseitiger Erklärungen führte (seit W. Leibniz 1693 allgemein als *Wormser Konkordat* bezeichnet; Text/Übers.: Laudage 86-91; vgl. QGPRK 296-298; KTGQ 2,67-69). Im *Privilegium imperatoris* überließ **Heinrich** als *Kaiser der Römer jede Investitur mit Ring und Stab (omnem investituram per anulum et baculum) der heiligen katholischen Kirche* und konzedierte, daß *in allen Kirchen, die in meinem regnum oder imperium liegen, die kanonische Wahl und freie Weihe erfolgen.* Im *Privilegium pontificis* konzedierte **Calixt** Heinrich als *Kaiser der Römer*, daß *die Wahlen der Bischöfe und Äbte des deutschen Königreiches, die zum Königreich (regnum) gehören, in Deiner Gegenwart erfolgen* (ohne Simonie und Gewalt), und daß *der Gewählte* - also vor der kirchlichen Weihe - *die Regalien durch das Szepter von Dir empfängt* und die darauf bezogenen Rechtsverpflichtungen erfüllt, während *in den anderen Teilen des Kaiserreichs (imperium) der Geweihte (!) innerhalb von sechs Monaten die Regalien von Dir empfängt und das tut, was er aufgrund derer Dir schuldet.* An dem Text fällt auf, daß das kaiserliche Privileg die Institution Kirche, das päpstliche Privileg jedoch die Person des Herrschers anspricht, was dem Unterschied der Verfassungsstruktur entsprach: Der Kirche stand nicht "der Staat" o.ä. gegenüber, sondern Kaiser Heinrich (vgl. auch 1.0). Die Beteiligung der Fürsten an dieser für die Reichsverfassung wesentlichen Entscheidung - und an deren Ratifizierung auf dem Hoftag in Bamberg Nov.1122 - war ein zukunftsträchtiges Signal für die Entwicklung zum "Dualismus" von Kaiser und Landesherren.

6.7 Literatur

QUELLEN: F.J. SCHMALE (Hg.): Quellen zum Investiturstreit. T.1: Ausgew. Briefe Papst Gregors VII., AQDGMA 12a, 1978 - I. SCHMALE-OTT (Hg.): Quellen zum Investiturstreit. T.2: Schriften über den Streit zwischen Regnum und Sacerdotium, AQDGMA 12b, 1984. - F.J. SCHMALE/I. SCHMALE-OTT (Hg.): Quellen zur Geschichte Kaiser Heinrichs IV., AQDGMA 12, 3.A. 1974. - J. LAUDAGE (Hg.): Der Investiturstreit, 1990.

Abb.25: Das Reich und seine Nachbarn um 1200

LITERATUR: U.R. BLUMENTHAL: Der Investiturstreit, 1982. - DIES.: Gregor VII., TRE 14 (1985) 145-152. - E. BOSHOF: Die Salier, 1987; 2.A. 1992. - DERS.: Königtum und Königsherrschaft im 10. und 11. Jahrhundert, EDG 27, 1993. - H. FUHRMANN: Deutsche Geschichte im hohen Mittelalter, 1978; 3.A. 1993, 65-110. - W. GOEZ: Investiturstreit, TRE 16 (1987) 237-247. - W. HARTMANN: Der Investiturstreit, EDG 21, 1993. - A. HAVERKAMP: Aufbruch und Gestaltung. Deutschland 1056-1273, 1984; 2.A. 1993, 97-126. - H. KÄMPF (Hg.): Canossa als Wende, 1976. - R. SCHIEFFER: Die Entstehung des päpstlichen Investiturverbots für den deutschen König, 1981. - G. TELLENBACH: Libertas. Kirche und Weltordnung im Zeitalter des Investiturstreites, 1936. - DERS.: KIG II/F1 (s. 5.3), 116-225.

7. Die Stauferkaiser und der Konflikt um die Universalherrschaft

Dem Kaisertum der deutschen Könige und dem Papsttum des römischen Bischofs lagen **zwei Konzeptionen** einer Universalrepräsentanz der Christenheit zugrunde, die jeweils eine unterschiedliche **Machtbasis** besaßen. Das zeigte sich bei der Fortentwicklung des seit 1075 aufgebrochenen Gegensatzes in der Zeit ca.1150-1250: Einerseits konsolidierten die Päpste den **innerkirchlichen Zentralismus** durch Ausbau ihrer juristischen Vollmacht (s. § 8; 9.1-2); und durch die Anerkennung ihrer geistlichen Autorität in den aufstrebenden Nationalstaaten - v.a. Frankreich, England, Spanien - sowie in den neu christianisierten Gebieten (s. § 7; 10.4; 11.1-4) erhielten sie auch **politischen Einfluß** als einzige wirklich universale Instanz der Christenheit. Andererseits festigten die deutschen Könige der Stauferdynastie, voran Friedrich I. Barbarossa, die **Reichsgewalt** in Deutschland und Italien und gaben dadurch dem im Kaisertum ausgedrückten Universalanspruch eine machtpolitische Grundlage; doch die anderen **europäischen Königreiche** waren nicht bereit, diesem - im Grunde bloß ideellen Anspruch - durch ihre Anerkennung irgendwelche Realität zu verleihen, und die Päpste bestritten zunehmend die dahinterstehende theoretische Legitimation. Hatte sich unter den Salierkaisern und den Gregorianerpäpsten der Gegensatz der Universalansprüche v.a. in der Frage nach dem jeweiligen Einfluß auf die Bischöfe und Prälaten konkretisiert, so dominierte nun die auch vorher schon relevante **Konfliktsituation in Italien**. Denn dort trafen die machtpolitischen Gegensätze unmittelbar aufeinander, die dem Widerstreit der Ideen aktuelle Brisanz gaben. Der fast zwei Jahrhunderte andauernde Kampf der Universalgewalten erbrachte das **Ende der Kaiserherrschaft**, wie sie von Otto I. bis Friedrich II. praktiziert bzw. erstrebt worden war. Damit begann auch in kg. Hinsicht ein neues Zeitalter.

7.1 Neubegründung des Kaisertums bei Friedrich Barbarossa

Seit den Ottonen und Saliern war die Stärkung der königlichen Zentralgewalt gegenüber den Emanzipationstendenzen der Fürsten eine Daueraufgabe, bei der die Kaiserwürde als Autoritätsstärkung eine Rolle spielte. Der Staufer Friedrich I. versuchte das **doppelte Konstitutionsproblem** seiner Herrschaft (die unzureichende Machtposition in Deutschland und die Abhängigkeit vom Papst bei der Begründung des Kaisertums) in seiner langen Regierungszeit 1152-90 energisch zu lösen. Da er als Schwabenherzog über keine große Hausmacht verfügte, wollte er diese erweitern, zudem die Königsgüter, die Reichsverwaltung und das Lehnssystem ausbauen sowie die Macht der Reichsfürsten begrenzen (so v.a. im Kampf gegen den Sachsenherzog Heinrich den Löwen). Es gelang ihm zwar, trotz mancher Opposition die **Königsherrschaft** in Deutschland zu stabilisieren, aber nicht, sie institutionell dauerhaft zu sichern. Gegenüber der Tendenz der Päpste, die Superiorität geistlicher Gewalt zu postulieren, behauptete er die Souveränität des Kaisertums, indem er die **Rechtskontinuität** und die **dynastische Verbindung** mit dem antik-römischen Kaisertum betonte: Friedrich I. verstand sich als Gesamtherrscher der Christenheit nicht mehr im Sinne der frühmittelalterlichen Idee sakraler Würde, sondern im Sinne des römischen Rechts; danach leitete der römische Kaiser völlig unabhängig vom römischen Papsttum das *heilige Reich* (*sacrum imperium*) und übte damit auch die politische Oberhoheit über die dem Reich verbundene Kirche aus. Die geistliche Autorität des Papstes respektierte er (nicht jedoch dessen politische Ansprüche), weshalb er für eine harmonische Kooperation eintrat. In **Italien** mußte sich die Tragfähigkeit dieser Konzeption erweisen: einerseits gegenüber dem Autonomiestreben der mit dem Papst paktierenden **lombardischen Städte,** gegenüber den Herrschaftsansprüchen von Normannen und Byzantinern und gegenüber dem expandierenden Kirchenstaat; andererseits bei der Durchsetzung der kaiserlichen Position im **Papstschisma** 1159-81 gegenüber **Alexander III.** Trotz seines langen Kampfes erreichte Barbarossa in Italien seine Ziele nicht. Doch er konnte im Konflikt mit Papst und Reichsitalien die Kaiserherrschaft prinzipiell unbeschädigt bewahren; und in Deutschland erlitt er durch die Angriffe der päpstlichen Partei anders als Heinrich IV. keine Autoritätseinbuße. Damit hatte er allerdings nur eine Position verteidigt, der in ideeller wie in machtpolitischer Hinsicht zukunftsträchtigere Kräfte entgegenstanden: die faktische Leitung der Westkirche durch den Papst, der Ausbau der europäischen Nationalreiche, die Loslösung der italienischen Territorien von deutscher Oberherrschaft. Mit dem 1188 systematisch organisierten **Kreuzzug** als gemeinsamer Aktion der abendländischen Christenheit unter seiner – nicht der päpstlichen – Führung (s. 8.4) demonstrierte Friedrich I. die kaiserliche Autorität noch einmal eindrucksvoll.

7.1.1 Die Eindämmung papalistischer Hoheitsansprüche gehörte von Anfang an zum Regierungsprogramm Friedrichs I. (den die Italiener *Barbarossa/Rotbart* nannten). Das zeigte sich schon bei dem Konflikt vor seiner **Kaiserkrönung** 1155 in Rom, als er Hadrian IV. die traditionelle Ehrenbezeugung des Strator- und Marschalldienstes (s. 2.2.3) verweigern wollte, um nicht als päpstlicher Vasall zu erscheinen. Sein begabter, ehrgeiziger Kanzler Rainald von Dassel (ca.1120-67, seit 1159 Erzbischof von Köln) förderte den systematischen Konfrontationskurs, wie z.B. die berühmte Szene auf dem **Reichstag in Besançon 1157** zeigte: Den im Schreiben Hadrians IV. für die Kaiserkrönung verwandten Begriff *beneficium* (d.h. *Wohltat*) interpretierte er als *Lehen*; Friedrich insistierte gegenüber dem Kardinallegaten Roland Bandinelli, der die kuriale Theorie von der *translatio imperii* durch den Papst vertrat, auf der Unabhängigkeit seiner Kaisergewalt (Text/Übers.: AQDGMA 17, 418-435). Dabei spielten auch **machtpolitische Aspekte** mit: Vermeintlich entgegen dem Konstanzer Vertrag von 1153 hatte der Papst sich mit dem Normannenkönig Wilhelm I. arrangiert (Konkordat von Benevent 1156); außerdem strebte er ein Bündnis mit den lombardischen Städten an, gegenüber deren Autonomieansprüchen Friedrich die königlichen Hoheitsrechte – ebenso wie gegenüber Rom und Tuscien – durchsetzen wollte. (So v.a. 1158 beim Reichstag auf den Ronkalischen Feldern bei Piacenza: Verlesung des **Regalienkatalogs** durch Bologneser Juristen.) Auch die beiderseitigen Besitzansprüche auf die Mathildischen Güter (s. 6.1.2) forcierten den Konflikt.

7.1.2 Friedrich, ein kluger Politiker, war persönlich fromm und kirchlich gesinnt. Seine Konzeption eines **Nebeneinanders der beiden Gewalten** im Sinne der Lehre Gelasius' I. (s. § 8; 3.2.2) implizierte eine Abkehr vom sakralen Herrscheramt, auch wenn sein Kaisertum grundsätzlich an die ottonisch-salische Tradition anknüpfte. Seine Berufung auf das im Codex Justinianus fixierte **römische Kaiserrecht** (s. § 3; 14.2.1) - in Anlehnung an die Arbeit der Juristen von Bologna (vgl. § 10; 11.1.3) - brachte jedoch einen neuen Begründungszusammenhang, der die Bindung an das Papsttum (s. 3.2.2) überflüssig machte. Danach besaß der Kaiser sein Amt **unmittelbar von Gott**; deshalb wehrte er sich dezidiert gegen alle Versuche der Papalisten, aus der neuerdings entwickelten Translationstheorie (s. 7.2.5) eine Unterordnung der kaiserlichen Gewalt abzuleiten. Programmatisch bezeichnete seine Kanzlei seit 1158 gelegentlich das Reich im Sinne antiken Denkens als **sacrum imperium** (nicht *sanctum*). Er stellte seine Rechtssetzung in den Kontext des alten Codex, verstand Rom als seine Hauptstadt und sein Reich als ein römisches, ohne jedoch daraus Weltherrschaftsansprüche gegenüber den europäischen *regna* abzuleiten. Nach der von ihm betriebenen Heiligsprechung Karls d.Gr. 1165 betonte er als Grundlage seiner Kaiserherrschaft stärker deren **dynastische Kontinuität**, die von den Staufern über die Verwandtschaft mit den Saliern zu den Karolingern und Römern reichen sollte. **Karl d.Gr.** wurde mit seiner Eroberung Italiens und seiner göttlichen Beauftragung zur entscheidenden Legitimationsbasis. Für die praktische Politik ergab Friedrichs Kaiserkonzeption die Notwendigkeit einer starken **Präsenz in Italien** durch überlegene Militärmacht (sechs z.T. lang dauernde Italienzüge zwischen 1155 und 1186). Die Zweischwertertheorie (s. 6.1.1) deutete er im Sinne einer **politischen Oberhoheit** der weltlichen Gewalt und einer Begrenzung des Papsttums auf geistliche Funktionen. Das **Resultat des Konflikts** 1177 (s. 7.1.4) brachte jedoch eine grundsätzliche Aufwertung des Papstes im Sinne eines gleichberechtigten **Nebeneinanders** beider Gewalten. Das Verhalten der europäischen Staaten hatte gezeigt, daß für diese die Einheit der Christenheit nicht durch den Kaiser, sondern nur durch den Papst repräsentiert wurde. Die papalistischen Herrschaftsansprüche gingen inzwischen über das Koordinationsmodell jedoch weit hinaus (s. 7.2.4).

7.1.3 Der **Grundsatzstreit** brach mit dem **Papstschisma** aus, als 1159 die Kardinalsmehrheit Roland Bandinelli zum Papst machte (= **Alexander III.**, s. § 8; 9.1.3) und eine Minorität für den mit Deutschland verbundenen Kardinal Oktavian votierte (= **Viktor IV.**, 1159-64). Gemäß altem Kaiserrecht berief Friedrich 1160 zur Lösung der Streitfrage eine **Synode in Pavia** ein, die Viktor als rechtmäßig anerkannte und Alexander bannte (woraufhin dieser den Kaiser exkommunizierte). Doch die abendländischen Kirchen folgten Friedrichs Kurs, das Papsttum in Abhängigkeit vom Kaisertum zu halten, nicht. Nur in Deutschland, Dänemark und Polen hielt der Episkopat zu Viktor IV. sowie zu dessen Nachfolgern Paschalis III. (1164-68) und Calixt III. (1168-78); die gesamte übrige Westkirche stand dagegen zu Alexander III. Dem hartnäckigen Widerstand Friedrichs gegen seine Anerkennung (z.B. durch Verpflichtung der deutschen Fürsten auf dem Würzburger Reichstag 1165) begegnete dieser erfolgreich: einmal durch das Bündnis mit den **lombardischen Städten** und dem süditalienisch-sizilischen **Normannenreich**, zum anderen durch den Rückhalt in Frankreich und den Ausbau des Einflusses auf die west- und nordeuropäischen Kirchen. Friedrichs verschiedene Militäraktionen 1162-76 (z.B. Zerstörung Mailands 1162, Einnahme Roms 1167) brachten keinen durchgreifenden Erfolg; deshalb suchte er nach der - das kaiserliche Prestige schädigenden - Niederlage gegen den lombardischen Städtebund 1176 bei Legnano die Verständigung mit Alexander III.

7.1.4 Im **Frieden von Venedig 1177** garantierten beide Seiten sich ihren Besitzstand; Friedrich ließ seinen Gegenpapst fallen, Alexander befreite ihn vom Bann. Es war ein für beide vorteilhafter **Kompromiß**, die faktische Bekräftigung der i.S. einer Koordination verstandenen Zweigewaltentheorie. Nun konnte der Papst seine innerkirchliche Machtposition ausbauen. (Zum 3. Laterankonzil 1179 s. § 8; 9.1.3.) Nun konnte Barbarossa a) 1180/81 die Rebellion des zu königgleicher Macht in Norddeutschland aufgestiegenen Herzogs **Heinrich des Löwen** niederschlagen und die Königsherrschaft durch Ausbau des Lehnssystems stärken, b) einen dauerhaften **Ausgleich mit den Lombarden** unter Wahrung der kaiserlichen Rechte bewerkstelligen (Friede von Konstanz 1183) und c) **Frieden mit den Normannen** unter König Wilhelm II. schließen (1184 besiegelt durch Heirat seines Sohnes Heinrich mit dessen Tante Konstanze). Die Kooperation der beiden Universalgewalten erhielt symbolischen Ausdruck auch durch die gemeinsamen Maßnahmen zur Ketzerbekämpfung auf der Zusammenkunft mit Lucius III.

(1181-85) in Verona 1184 (s. § 8; 10.3.1) und durch die gemeinsame Vorbereitung des Kreuzzuges mit Gregor VIII. seit 1187 (s. 8.4.1).

7.2 Universalistische Herrschaftsideologie und Machtpolitik: Innozenz III.

Unter Barbarossas Sohn Heinrich VI. erreichte die staufische Kaiserpolitik ihren Höhepunkt durch Vereinigung des Imperiums (Deutschland, Burgund, Oberitalien) mit dem Königreich Sizilien(-Unteritalien). Doch damit wurde zugleich eine Wende angebahnt, weil das territorial eingekesselte Papsttum nun darauf bedacht war, seine Freiheit gegen die Stauferdynastie zu sichern. Gelegenheit dazu boten das **Machtvakuum** infolge von Heinrichs Tod 1197 und die **deutschen Thronwirren** 1198-1215, die der bedeutendste Politiker unter den mittelalterlichen Päpsten zum Aufbau einer geistlichen "Weltherrschaft" nutzte: **Innozenz III.** (1198-1216; zu ihm vgl. § 8; 9.2). Nach der zwiespältigen Königswahl in Deutschland - mit dem Staufer Philipp gegen den Welfen Otto IV. - fungierte er als Schiedsrichter, wobei er durch geschickte Schaukelpolitik 1208/9 wichtige Zugeständnisse von beiden erlangte, die dann Friedrich II. 1213 bestätigte: u.a. die Preisgabe des königlichen Einflusses auf die Bischofswahlen. Er schränkte die kirchlichen Hoheitsrechte des deutschen Königs wesentlich ein und näherte dessen Position grundsätzlich derjenigen eines päpstlichen Vasallen an. Durch seine Vormundschaft für Friedrich II. gewann er großen Einfluß auch im Königreich Sizilien, und durch geschickte Ausnutzung innenpolitischer Konflikte in anderen Königreichen, deren Herrscher ihre Autorität durch die päpstliche Belehnung stärken wollten, konnte er den **Anspruch auf die Oberhoheit**/*plenitudo potestatis* des Papstes über die Christenheit auch in weltlicher Hinsicht erstmals realisieren (wie in kirchlicher Hinsicht durch das 4. Laterankonzil; s. § 8; 9.3). Seine theoretische Begründung dafür stützte sich auf das Axiom von der **Höherwertigkeit der geistlichen Gewalt** gegenüber der weltlichen (Seele-Körper-Vergleich), auf exegetische Beweise für die Einsetzung durch Gott und v.a. auf den Gedanken des **Christusvikariats** (vgl. § 8; 9.2). Die besondere historische Situation der europäischen Mächtekonstellation bot ihm einmalige Chancen zur politischen Verwirklichung dieser Herrschaftsideologie. Sie konnte jedoch keinen dauerhaften Bestand haben. Was faktisch von seinen Erfolgen blieb, war der Ausbau der innerkirchlichen Papstherrschaft - zumal in Deutschland - und des Kirchenstaates.

7.2.1 Entscheidende Determinante der **Stauferpolitik** war die Herrschaftssicherung in Italien, die dem Kaisertum eine gewisse Realisierung des Universalanspruchs ermöglichte. Der dadurch verschärfte **Konflikt mit dem Papsttum** bestimmte bis zum Ende des Mittelalters das grundsätzliche Verhältnis zwischen geistlicher und weltlicher Gewalt (vgl. 7.1.1-3; 7.3.3-5). Der Versuch **Heinrichs VI.** (1190-97), in Deutschland ein staufisches **Erbkönigtum** zu etablieren und dieses institutionell mit seinem Erbkönigreich Sizilien zu vereinen, scheiterte. Der kaiserliche Machtbereich umfaßte erstmals fast ganz Italien und sollte über den Mittelmeerraum bis nach Byzanz und Palästina ausgedehnt werden (vgl. 8.4.2). Dadurch wurden allerdings dauerhafte **Gegenkräfte** mobilisiert: die deutschen Reichsfürsten, die Könige von England und Frankreich sowie der Papst, die jeweils ihre Machtposition behaupten wollten und nach Heinrichs Tod faktisch erweitern konnten.

7.2.2 Die Regentschaft für Heinrichs dreijährigen Sohn Friedrich sollte in Deutschland dessen Onkel **Philipp von Schwaben** führen, der aber von der Stauferpartei 1198 zum König gewählt wurde, wogegen die Fürstenopposition bzw. Welfenpartei **Otto von Braunschweig,** den Sohn

Heinrichs des Löwen, in Aachen inthronisierte. In den folgenden "Bürgerkrieg" griff Innozenz III. seit 1199 mit dem Anspruch auf autoritative Entscheidung ein. Er bannte Philipp und deklarierte 1201 den für das Papsttum weniger gefährlichen Otto als rechtmäßigen Herrscher: *weil die Verfügung über das Kaisertum ihn* [d.h. den Papst] *bekanntlich hinsichtlich dessen Ursprung und Bestimmung (principaliter et finaliter) angeht* (Text: Reg.Innoc. III,43f). Dafür berief er sich auf die päpstliche *translatio imperii* bei Karl d.Gr. und die jeweils erforderliche Kaiserkrönung durch den Papst. Gegen den Protest der Stauferpartei bekräftigte er das 1202 in der berühmten Dekretale *Venerabilem fratrem*, erkannte aber auch das Recht der Fürsten auf Königswahl an (Text/Übers.: AQDGMA 32,340-349). Doch da in dem militärischen Machtkampf Philipp sich durchsetzte, erkannte Innozenz ihn gegen erhebliche Zugeständnisse an und ließ sich - nach dessen Ermordung 1208 - diese von Otto IV., den er in Rom zum Kaiser krönte, 1209 bestätigen: u.a. Verzicht auf bestimmte Hoheitsrechte gegenüber der deutschen Reichskirche und in den rekuperierten Teilen des Kirchenstaates (s. § 8; 9.2.3) sowie territoriale Zugeständnisse in Mittelitalien.

7.2.3 Otto IV. betrieb nun aber italienische Machtpolitik im Stil der Staufer und marschierte in das Königreich Sizilien ein, weswegen der Papst ihn 1210 bannte und die Wahl des Staufers Friedrich zum deutschen (Gegen-)König 1211 betrieb. **Friedrich II.**, seit 1208 eigenständiger Herr im Königreich Sizilien, setzte in Deutschland 1212-15 seine Herrschaft durch (nachdem sein Verbündeter, Philipp II. August von Frankreich, Otto IV. und dessen Verbündeten, den englischen König Johann Ohneland, 1214 bei Bouvines vernichtend besiegt hatte). Als Preis für Innozenz' III. Unterstützung bekräftigte er reichsrechtlich definitiv Ottos Verzicht auf königliche Kirchenhoheit in der **Goldbulle von Eger 1213**: Verzicht auf die alten Königsrechte bei der **Wahl** der Bischöfe und Reichsäbte und damit Preisgabe des Wormser Konkordats (s. 6.6.3); Verzicht auf das **Spolien- und Regalienrecht**, d.h. auf den persönlichen Nachlaß der Reichsprälaten und die Einkünfte bei Sedisvakanz einer Reichsprälatur; ungehindertes Recht zur **Appellation** an die Kurie in kirchlichen Streitfragen; Bestätigung des - genau umgrenzten - **Kirchenstaates** unter Verzicht auf bisherige kaiserliche Gebiete und die Mathildischen Güter (Text/Übers.: AGDGM 32,358-365).

7.2.4 Die **theoretische Legitimierung** des päpstlichen Anspruchs auf "**Weltherrschaft**" (d.h. auf prinzipielle Suprematie der geistlichen Gewalt über die weltliche Gewalt in den christlichen *regna* und im *imperium*) begründete Innozenz III. durch stringente Systematisierung der älteren Ansätze: Er zog aus religiösen Ideen juristische Konsequenzen, wobei v.a. das Christusvikariat wichtig wurde. (Vgl. auch § 8; 9.2.1.) In seiner Antrittspredigt 1198 betonte er programmatisch, daß der Papst als **vicarius Christi/Stellvertreter Christi** von Gott *über die Völker und über die Königreiche gesetzt sei* (so mit dem von ihm oft zitierten Beleg Jer 1,10) und daß er damit *in die Mitte zwischen Gott und den Menschen gesetzt sei, diesseits Gottes, aber jenseits des Menschen, geringer als Gott, aber größer als der Mensch* und daß er das Richteramt über alle Menschen ausübe, selbst aber von niemandem gerichtet werde (Text: ML 217, 657f). Wie Melchisedek ist der Christus-Stellvertreter **Priester und König** zugleich, deshalb steht ihm die Krönung der Könige zu; seine *Herrschaft über die Seelen* ist höher als diejenige über die Körper, und wie die Sonne den Mond übertrifft (s. Gen. 1,16), *so erhält die königliche Macht den Glanz ihrer Würde von der priesterlichen Autorität* (ML 214, 377; vgl. auch DH 767). Die **Zweischwertertheorie** (vgl. 6.1.1) deutete Innozenz auf das harmonische Zusammenwirken des geistlichen Predigtamtes und des weltlichen Zwangsamtes, aber er zog aus der exegetischen Prämisse der Übergabe beider Schwerter an Petrus mit Theoretikern des 11./12.Jh.s die Folgerung, daß die weltlichen Herrscher im Auftrag von Petri Nachfolger ihr Amt führen. Das praktizierte er nicht nur im deutschen Thronstreit (s. 7.2.2), sondern auch anderweitig - in Anknüpfung an Gregor VII. (s. 6.1.3) - durch die **Lehnshoheit über Königtümer**: so gegenüber Konstanze und Friedrich II. in Sizilien, Peter II. von Aragon und Johann Ohneland von England, modifiziert auch gegenüber den übrigen spanischen Reichen, Ungarn, Polen und Dänemark. Praktische Bedeutung für die Politik hatte das jedoch kaum.

7.2.5 Seit Alexander III. und Innozenz III. gewann die von kurialen Juristen um 1150 formulierte **Translationstheorie** zunehmende Bedeutung im Konflikt mit dem Kaisertum. Diese Lehre zog aus der historischen Tatsache der Kaiserkrönung Karls d.Gr. (und der Anknüpfung daran unter Otto I.; s. 3.2.1-2; 4.2.2) die **verfassungsrechtliche Folgerung**, daß seinerzeit nur der Papst legitimiert gewesen sei, das römische Reich von den Griechen auf die Franken und dann auf die Deutschen zu übertragen (*translatio imperii*), und daß seitdem diese Legitimierung jeweils ad hoc in der Kaiserkrönung zum Ausdruck komme. In den gregorianischen Streitschriften gegen Heinrich IV. trat diese Auffassung erstmals hervor. Ihre juristische Präzisierung erhielt sie durch Kanonisten, die Barbarossas Behauptung einer dynastischen Kontinuität widersprechen wollten. Innozenz III. stützte sich v.a. darauf bei seinem Eingreifen im deutschen Thronstreit. Doch kirchenpolitisches Gewicht gewann die Theorie erst seit dem Kampf gegen Friedrich II. (s. 7.3.4-5) und in der juristischen Publizistik beider Seiten im 13. und 14.Jh.

7.3 Kampf des Papstes gegen Friedrich II.: Italien und das Kaisertum

Die Unmöglichkeit, in einem politisch differenzierter werdenden Europa einen ideologisch begründeten Universalherrschaftsanspruch zu verwirklichen, zeigte sich beim **letzten Paradigma** für den hochmittelalterlichen Konflikt zwischen Kaisertum und Papsttum: beim Versuch Kaiser Friedrichs II. (1212-50), das römische (deutsche) und das sizilische Reich durch Aufbau einer "staatlichen" Organisation zu modernisieren und in Personalunion zu einer Großmacht zu verbinden. Dem stand nicht nur der Selbstbehauptungswille des Papsttums im Blick auf dessen italienische Machtsphäre und auf den politischen Einfluß in Europa entgegen, sondern auch der Aufstieg der westlichen Nationalstaaten und die Entwicklung der deutschen Reichsfürsten zu eigenständigen Landesherren. Friedrich ragte als Persönlichkeit hervor, welche den Beginn einer neuen Zeit eindrucksvoll repräsentierte, zugleich aber traditionelle Elemente der christlichen Kaiserideologie zur Machtstabilisierung einsetzte (so z.B. die Führung eines Kreuzzuges, die er nicht der päpstlichen Zuständigkeit überlassen wollte). Nach einer Zeit relativer Harmonie, in der er 1215ff die deutschen Verhältnisse ordnete und 1220ff seine sizilisch-unteritalienische Herrschaft militärisch und administrativ festigte, begann ein **neuer Konflikt ab 1226**, weil er in Italien die alten Kaiserrechte restituieren wollte und dabei mit den **lombardischen Städten** und dem **Kirchenstaat** kollidierte. Die Schwierigkeiten bei der Realisierung des Kreuzzugsplanes 1225-27 bildeten nur den Vorwand für **Papst Gregor IX.**, einen klugen Kirchenreformer und rigiden Vorkämpfer papalistischer Herrschaftsausweitung. Sein Bann gegen Friedrich brachte die Wende zu einem erbitterten Vernichtungskrieg, den dieser durch Attacken gegen die Verweltlichung der Kirche propagandistisch verschärfte. Die weitgehende **Politisierung der geistlichen Universalgewalt** demonstrierte der Papst nun deutlicher als zuvor: **Innozenz IV.**, ein scharfsinniger Jurist, veranstaltete 1245 das Konzil von Lyon primär lediglich zur allgemeinen Verurteilung des Kaisers; außerdem rief er zum Kreuzzug gegen den als Ketzer gebannten Kaiser auf. So wurde nicht nur die Kaisermacht durch die Kämpfe in Italien und Deutschland erschüttert, sondern auch die Papstautorität durch anwachsende Kirchenkritik relativiert. Das Ende alter Universalherrlichkeit als Ergebnis des Machtkampfes um Italien trat beim Kaisertum alsbald nach Friedrichs Tod ein mit der Vernichtung der Stauferdynastie bis 1268; beim Papsttum zeigte es sich weniger spektakulär in dem rapiden Verfall bis 1303.

7.3.1 Nach den bürgerkriegsähnlichen Thronwirren erstrebte Friedrich II. - römischer König definitiv seit 1215, seit 1220 Kaiser - eine Verständigung mit den deutschen Fürsten und eine Nachfolgesicherung, um das Chaos im sizilischen Reich beseitigen zu können. Deswegen machte er den Bischöfen und Prälaten bedeutsame Konzessionen: In der *Confoederatio cum* *principibus ecclesiasticis/Bündnis mit den kirchlichen Fürsten* von 1220 überließ er ihnen Königsrechte: z.B. Spolienrechte, Gerichtsbarkeit, Zölle/Münzrechte und Vogteien (Burgen, Städte) in den geistlichen Territorien, Garantie der Kirchengüter und der geistlichen Lehnshoheit über die jeweiligen Vasallen (Text/Übers.: AQDGMA 32, 376-385; vgl. KTGQ 2, 130f). Damit wurde eine weitere Voraussetzung für die **Etablierung geistlicher Territorialherrschaft** in Deutschland geschaffen (vgl. 5.2.2; 7.2.3). Friedrichs Sohn Heinrich (VII.), seit 1222/28 König, konzedierte angesichts der politischen Spannungen analoge Rechte auch den weltlichen Territorien im *Constitutio in favorem principum/Gesetz zugunsten der Fürsten*, das sein Vater - der ihn deswegen absetzte - 1232 bestätigen mußte (Text/Übers.: AQDGMA 32,434-439). Das war die Grundlage für den Aufstieg der Fürsten zu weithin unabhängigen **Landesherren** und bedeutete, daß ein königlich beherrschter Einheitsstaat in Deutschland hinfort unmöglich war (ebenso wie eine Erbmonarchie verhindert worden war, weil beim Wahlkönigtum die Fürstenmacht größer blieb).

7.3.2 Anders als in Deutschland vermochte Friedrich II. im **Königreich Sizilien** seit 1220 seine Herrschaft gegen die normannischen Barone und die Sarazenen durchzusetzen: durch ein Netz von Kastellen, Abbau des Lehnswesens, Aufbau einer Staatsverwaltung mit geschulten Beamten (dazu Gründung der Universität Neapel 1224; s. § 10; 11.1.4), Neuordnung und Zentralisierung der Justiz, Schaffung einer Flotte und einer muslimischen Leibwache, die gegen geistliche Attacken resistent war. Es entwickelten sich eine **Handels- und Kulturblüte**, eine Synthese der verschiedenen geistigen Traditionen mit Toleranz für Moslems, eine herausragende Pflege der Wissenschaft (v.a. auch der Medizin) sowie der lateinischen Sprache und der Dichtkunst, ein vorbildliches Rechtswesen (im sog. *Liber Augustalis* 1231) - das modernste Staatsgebilde im Abendland, das ein neues Zentrum für die Mittelmeerwelt werden sollte. Friedrichs herausragende, schillernde Persönlichkeit hat schon die Mitwelt zu Erstaunen und Bewunderung (daher die Bezeichnung **stupor mundi/Staunen der Welt**), aber auch zu scharfer Ablehnung veranlaßt. Durch traditionell-kirchliche Christlichkeit geprägt, hat er durch wissenschaftliche Bildung und Kontakte mit Muslimen und Juden eine eigenständige religiöse Position geformt, die Anlaß zu polemischen Verdächtigungen gab (z.B. er hätte das Beispiel von den drei Menschheitsbetrügern/*tres impostores* Moses, Christus und Mohammed erfunden). An seinem Hof herrschte eine weltoffene Geistigkeit, jedoch keine Freigeisterei. (Ihn als "modernen Menschen" oder "Renaissancetyp" zu bezeichnen, trägt wenig aus.) Sein berühmtes Falkenbuch *De arte venandi cum avibus/Über die Kunst, mit Vögeln zu jagen* (Text: hg.v. C.A. Willemsen, 2 Bde., 1942; Übers.: 1964) beschrieb die Geheimnisse der Natur von der Erfahrung her, ohne eine Schöpfungstheologie anklingen zu lassen. Empirische Forschungen hat er gefördert und selbst betrieben. Zur Institution Kirche entwickelte er zunehmend eine - i.w. politisch begründete - Distanz, blieb aber ein frommer, z.B. dem Mönchtum zugetaner Herrscher.

7.3.3 Wie ernst er seine christlichen Herrscherpflichten nahm, bekundete Friedrich II. schon durch das erste **Kreuzzugsgelübde** 1215 und durch die staatliche Hilfe bei der Ketzerbekämpfung seit 1213. Mit ersterem durchkreuzte er die seit Innozenz III. verfolgten Pläne, wonach der Papst als Oberhaupt der Christenheit auch der Führer bei Kreuzzug und Heidenbekämpfung sein sollte. Honorius III. (1216-27) machte er sich dadurch und durch sein Vorgehen gegen die Autonomietendenzen der **oberitalienischen Städte** zum Feind. Seine Verfügung über die sizilianischen Bistümer und seine Herrschaftsansprüche in Spoleto, Ancona und Tuscien (Gebieten, die der Papst für den Kirchenstaat beanspruchte) verschärften den **Konflikt**, der 1227 unter Gregor IX. (1227-41) voll zum Ausbruch kam. Dieser belegte ihn mit dem **Bann**, weil er den bereits von Brindisi aus mit einer Flotte gestarteten Kreuzzug wegen einer Seuche abbrach. Daß er 1228/29 doch noch nach Palästina fuhr (s. 8.4.3), bewog den Papst keineswegs zum Einlenken, weil er dort als König von Jerusalem der abendländischen Christenheit kundtat, er sei in der Nachfolge Davids ihr eigentlicher Führer. Nachdem er in einigen kirchenpolitischen Streitpunkten nachgegeben hatte, kam es allerdings 1230 zum Friedensschluß (u.a. mit Lösung vom Bann).

7.3.4 Der Konflikt brach neu aus, als Friedrich nach der Konsolidierung seiner Position in Deutschland (u.a. Erlaß des Ketzergesetzes 1232 und der Mainzer Landfriedensordnung 1235) wieder gegen die unbotmäßigen - von ihm zu Ketzern erklärten - **Lombarden** zog, aber trotz des großen Sieges bei Cortenuova 1237 die Städte nicht niederwerfen konnte. Gregor IX., der den Kirchenstaat durch die Straffung der kaiserlichen Verwaltung in Reichsitalien und durch die Annexion der Mark Ancona sowie des Herzogtums Spoleto bedroht sah, unterstützte die Städteopposition und erneuerte in diesem Zusammenhang 1239 die **Exkommunikation** des Kaisers, die er mit dessen Politik begründete (Übers.: Heinisch 417-419). Darauf reagierte dieser mit der öffentlichen Betonung seiner religiösen Würde als Haupt der Christenheit. Nun eskalierten auf beiden Seiten die Manifeste zu einem einmalig schroffen **Propagandafeldzug** (vgl. auch 6.5.3-4): Gregor erklärte *den sog. Kaiser* zum Lästertier aus dem Meer (Apk 13,1f), zum *Vorläufer des Antichristen* und Ketzer, der den katholischen Glauben und die kirchliche Freiheit zerstören wolle. Friedrich antwortete mit der Beschuldigung, der falsche Papst wäre die Gestalt von Apk 6,4, die den Frieden zerstöre, der Drache von Apk 12,9, der die Welt verführe, ja der Antichrist selber und Fürst der Finsternis (Texte/Übers.: Heinisch 423-427). Hatte er 1239 von den Kardinälen ein **Konzil** zur Klärung der Vorwürfe gefordert, so verhinderte er gewaltsam 1241 das von Gregor nach Rom einberufene Konzil, weil es seine Absetzung dekretieren sollte.

7.3.5 Die Verständigungsbemühungen beider Seiten unter **Innozenz IV.** (1243-54) waren wegen des prinzipiellen Gegensatzes zum Scheitern verurteilt, zumal der juristisch und politisch versierte neue Papst bewußt die Programmatik Innozenz' III. aufnahm und jetzt die Entmachtung des Staufers betrieb: Er entwich über Genua nach **Lyon** (bis 1250), um vor Friedrichs Zugriff sicher zu sein, und berief 1245 ein **allgemeines Konzil** ein (mit ca.150 Bischöfen v.a. aus Frankreich und Spanien wenig repräsentativ). Es sollte über die Hilfe für Jerusalem, die Abwehr der Mongolengefahr und den Ketzerprozeß gegen Friedrich II. entscheiden. Das einzig relevante Ergebnis war die Bestätigung der **Absetzung des Kaisers** mit entsprechenden Maßnahmen (Lösung aller Untertanen vom Treueid und Aufforderung an die deutschen Fürsten zur Neuwahl). Erstmals war ein Konzil - seit dem 17.Jh. als 13. "ökumenisches" gewertet - weitgehend nur mit einer politischen Frage befaßt; innerkirchliche Probleme spielten, von der Neuordnung des Prozeßrechtes abgesehen, keine Rolle. (Übers. der Konzilstexte: Wolter-Holstein 269-289; vgl. DH 830-839). Nun ergab sich eine weitere Steigerung einer beide Institutionen beschädigenden Propaganda (in der Innozenz IV. sogar Kreuzzugspredigt und -ablaß gegen den Kaiser einsetzte); auch Deutschland wurde in den Machtkampf einbezogen, wo die antistaufische Opposition angewachsen war. Diese erhob 1246 zum **Gegenkönig** den Thüringer Landgrafen Heinrich von Raspe und nach dessen Tod 1247 Graf Wilhelm von Holland (bis 1256). Zu deren Unterstützung bot der Papst - abgesehen von Attentätern gegen Friedrich - alle geistlichen Strafmittel gegen die Stauferpartei auf. Doch der Kaiser konnte i.w. seine Position in Deutschland und Italien halten; erst sein Tod 1250 führte zur **Vernichtung der Kaisermacht**: Sein Sohn Konrad IV. (gest. 1254) konnte sich weder im Imperium (gegen König Wilhelm) noch im sizilianischen Königreich behaupten; hier verlor sein Stiefbruder Manfred 1266 die Herrschaft gegen den vom Papst zum König von Sizilien gekrönten Karl von Anjou, den Bruder des französischen Königs, und sein Sohn Konradin wurde von diesem 1268 hingerichtet. Die Machtverhältnisse in Italien und Deutschland veränderten sich zwar durch den Fortfall der Stauferdynastie, aber nicht zum Vorteil des Papsttums. Denn an die Stelle der universalen Kaiserherrschaft traten nun nationale Mächte mit neuem Durchsetzungsvermögen.

7.4 Literatur

QUELLEN: A. SCHMIDT (Hg.): Bischof Otto von Freising und Rahewin: Die Taten Friedrichs, oder richtiger: Cronica, AQDGMA 17, 3.A. 1986. - L. WEINRICH (Hg.): Quellen zur deutschen Verfassungs-, Wirtschafts- und Sozialgeschichte bis 1250, AQDGMA 32, 1977. - K.J. HEINISCH (Hg.): Kaiser Friedrich II. in Briefen und Berichten seiner Zeit, 1968; 6.A. 1978.

LITERATUR: H. DILCHER: Friedrich II., TRE 11 (1983) 659-665. - DERS.: Gregor IX., TRE 14 (1985) 152-155. - O. ENGELS: Die Staufer, 1972; 6.A. 1994. - DERS.: Friedrich I. Barbarossa, TRE 11 (1983) 653-659. - E. KANTOROWICZ: Kaiser Friedrich der Zweite, 1927; 4.A. 1936; Erg.bd. 1931; ND 1964. - F. KEMPF: Innocenz III., GKG 11, 1985, 196-207. - DERS.: Papsttum und Kaisertum bei Innocenz III., 1954. - M. LAUFS: Politik und Recht bei Innozenz III., 1980. - F. OPLL: Friedrich Barbarossa, 2.A. 1994. - H.M. SCHALLER: Kaiser Friedrich II., 1964; 3.A. 1991. - G. SCHWAIGER: Innocenz III., TRE 16 (1987) 175-182. - DERS.: Innocenz IV., ebd. 182-186. - W. STÜRNER: Friedrich II., Bd.1, 1992. - G. WOLF (Hg.): Friedrich Barbarossa, 1975. - DERS. (Hg.): Stupor mundi. Zur Geschichte Friedrichs II. von Hohenstaufen, 1966. - H. WOLTER/H. HOLSTEIN: Lyon I/Lyon II, 1972 (= GÖK 7).

8. Die Kreuzzugsbewegung: Krieg gegen die Feinde der Christenheit

Mit der Kreuzzugsbewegung begegnete seit 1095 ein neues, für die religiöse wie die politische Situation des Abendlandes im 11.-13.Jh. charakteristisches Phänomen, das die Verbindung von geistlicher und weltlicher Gewalt exemplarisch repräsentierte. In ihm spiegelten sich die soziale Unruhe und die politische Differenzierung der europäischen Staatenwelt, die religiöse Intensität und die räumliche Mobilität einer Epoche, die von vielfältigen Neuaufbrüchen geprägt war. Die Kreuzzüge kann man definieren als **Religionskriege** der gesamten Christenheit gegen alle Feinde der Kirche, bei denen das **Papsttum** die **ideelle Führung** übernahm. Sie standen im Zusammenhang mit dem papalistischen Universalanspruch seit der sog. gregorianischen Reform und waren deren spektakulärster Verwirklichungsversuch, bei dem das Papsttum verschiedene weltliche Gewalten in seine Dienste stellte. Da es definierte, wer als zu bekämpfender Feind galt, konnten Kreuzzüge nicht nur gegen die Muslime im Orient und in Spanien, sondern auch gegen Heiden in Nordosteuropa, gegen Häretiker und gegen politische Gegner des Papsttums gerichtet werden. Man muß demgemäß unterscheiden zwischen Kreuzzügen im **engeren Sinne** (Heerfahrten ins Heilige Land mit Pilgercharakter) und Kreuzzügen im **weiteren Sinne** (verschiedenen heiligen Kriegen gegen Heiden, Ketzer und Glaubensfeinde in Europa).

Das wichtigste religiöse Merkmal war eine Verbindung der traditionellen Wallfahrerfrömmigkeit mit der neuen Idee des **Glaubenskrieges**. Das wichtigste politische Merkmal - neben dem Universalanspruch der geistlichen Gewalt - war die **Expansion des Abendlandes** in den Mittelmeerraum hinein (die bislang auf Süditalien beschränkt war): Einerseits ging es um die Vertreibung der Moslems (der Mauren in Spanien, der Sarazenen in Sizilien, der Araber und Seldschuken in Palästina), andererseits um eine erneute - teils kooperative, teils feindselige - Verbindung zum byzantinischen Reich. Die ältere Forschung hob 6-7 große, militärisch **organisierte Kreuzzüge** ins Heilige Land zwischen 1096 und 1270 hervor und setzte das Ende der Kreuzzugsbewegung meist mit dem Fall Akkons, der letzten Kreuzfahrerfestung, 1291 an. Demgegenüber hat die neuere Forschung deutlich gemacht, a) daß es zwischen den großen militärischen Unternehmungen weitere, kleinere Kreuzzüge sowie zahlreiche unorganisierte Pilgerströme nach Palästina gab, weswegen die einzelnen Züge nicht isoliert betrachtet werden sollten; b) daß die anderweitigen Kreuzzüge in Europa ein integraler Bestandteil der ganzen Bewegung waren; c) daß die Kreuzzugsidee bis zum 15./16.Jh. lebendig blieb und die europäische Politik in verschiedenen Schüben bestimmte (v.a. als Kampf gegen die Türken). Die Bewegung war ein Ausdruck der **intensiven Kirchlichkeit** im Hochmittelalter und der weitreichenden Papstherrschaft; in ihr stellte sich die Christenheit als Einheit dar. Demgemäß koinzidierte das Ende der organisierten Orientkreuzzüge mit dem Niedergang der päpstlichen Macht und dem Beginn der nationalkirchlichen Differenzierung. Die Bewegung repräsentierte diejenige Epoche, in der der Religionskrieg zur Durchsetzung des römisch-katholischen Christentums erstmals systematisch eingesetzt wurde. Sie repräsentierte aber auch die – schon zuvor begonnene – Öffnung des Abendlandes zum Orient und die damit gegebene kulturelle, wirtschaftliche und religiöse Horizonterweiterung. Schließlich repräsentierte sie in sozial- und kulturgeschichtlicher Hinsicht das Zeitalter des Rittertums und einer spezifischen Weltlichkeit des Christentums.

8.1 Religiöse, soziale und politische Voraussetzungen

Die beiden grundlegenden Merkmale – das Pilgerwesen und die religiös motivierte Gewaltanwendung – bildeten in ihrer für die Kreuzzugsbewegung typischen Verknüpfung eine komplexe Realität. **Wallfahrten in das Heilige Land** waren seit dem 4.Jh. eine verbreitete, entbehrungsreiche Frömmigkeitspraxis (vgl. § 6; 5.1; 6.3); sie wurden auch durch die arabische Besetzung nicht wesentlich unterbrochen (vgl. § 7; 5.2-3). Das irdische Jerusalem und die Orte der Wirksamkeit des Erlösers bildeten gleichsam Anknüpfungspunkte für eine Antizipation der himmlischen Herrlichkeit. Das Aufkommen der **Ablaßpraxis** seit dem 11.Jh. (s. § 8; 12.3) verstärkte die Entwicklung von Wallfahrten auch zu anderen heiligen Orten wie v.a. den Apostelgräbern in Rom und Santiago de Compostela. Das Pilgerwesen erfuhr zunehmende Reglementierung, weil es zum wichtigen Bestandteil des kirchlichen Lebens wurde. Auch dabei spielte der in allen Bereichen spürbare Anstieg der **Autorität des Papstes** eine wichtige Rolle. Die neuartige Wallfahrtspraxis im Zeichen des Kreuzes (das man fortan als Abzeichen an der Pilgerkleidung trug) war im Blick auf die Befreiung Palästinas durch Waffentragen gekennzeichnet. Das Prinzip, daß **Gewaltanwendung** bei der Ausbreitung des Glaubens gegenüber Heiden wie bei der Verteidigung gegen Häretiker legitim sei (s. § 3; 11.5; 13.2), erhielt seit dem 11.Jh. eine Verschärfung, die sich in Ketzervernichtung und Heidenkrieg kundtat. Hinzu kam die Erfahrung, daß das Abendland dauerhaft im **ideologisch-kulturellen Gegensatz** gegen eine fremde Religion, den Islam, und gegen eine Fremdform des Christentums, Byzanz und die übrigen Ostkirchen, lebte. Eine wesentliche gesellschaftliche Veränderung brachte die Formierung des **Rittertums** als eines regional und sozial differenzierten, aber ideell zusammengefaßten Standes, der durch eine neuartige Qualifizierung des Waffendienstes in der **Gottesfriedens- und Landfriedensbewegung** ein spezifisches Profil mit religiösen Akzenten bekam. Parallel dazu verfestigte sich eine kirchliche **Neubewertung des Krieges** unter den Leitideen des gerechten Krieges bzw. des Kriegsdienstes für Christus (*militia Christi*), die besonders vom Reformpapsttum des 11.Jh.s beansprucht wurde. Jene Veränderung bewirkte auf dem Hintergrund einer weit verbreiteten Verarmung des niederen Adels durch Landverknappung eine grundsätzliche Mobilität mit dem Streben, in fernen Ländern neue Siedlungs- und Herrschaftsmöglichkeiten zu erschließen, die durch das Ideal des christlichen Ritters (*miles Christianus*) eine religiöse Komponente erhalten konnte. Zwar waren die Ritter Hauptträger der Kreuzzugsbewegung, aber unter deren sozialen Voraussetzungen muß auch die **allgemeine Verbreitung der Armut** im 11./12.Jh. infolge von Naturkatastrophen, Hungersnöten, Seuchen beachtet werden. Sie trug wesentlich dazu bei, daß anfangs und z.T. auch später eine **Massenbewegung** entstand. Schließlich war auch der Wandel der "weltpolitischen" Situation im späten 11.Jh. wichtig: das Vordringen der **Seldschuken**, eines asiatisch-islamischen Turkvolkes, nach Kleinasien und Palästina und die damit verbundene, durch innere Unruhen verstärkte Zerrüttung des byzantinischen Reiches.

8.1.1 Die **Pilgerreise** (*peregrinatio* o.ä.), meist in Gruppen veranstaltet, zu den Orten von Jesu Wirken war eine beliebte fromme Übung, deren besonderer religiöser Wert in den damit verbundenen Gefahren und Strapazen bestand (viele Wallfahrer kamen dabei um). Seit Karl d.Gr. mit dem Kalifen Harun al-Raschid einen Vertrag geschlossen hatte, war den Christen grundsätzlich der **ungehinderte Zugang** zu den heiligen Stätten in Jerusalem garantiert. Die im späten 11.Jh. allmählich entstehende Regelung, daß aufgrund einer Wallfahrt bestimmte Sündenstrafen erlassen werden könnten, verstärkte die Motivation. Gerade im 11.Jh. dürfte der beträchtliche **Aufschwung der Jerusalemwallfahrten** - abgesehen von der allgemeinen Mobilität jener Zeit - auch durch einen äußeren Umstand bedingt gewesen sein: Die direkte Seereise von Frankreich oder Italien aus war für die meisten Pilger zu teuer und für größere Gemeinschaften ungeeignet; doch der lange **Landweg** bot jetzt relativ gute Möglichkeiten, weil das seit 1000/ 1040 christianisierte Ungarn die Pilger passieren ließ und weil Byzanz seit 1019 den gesamten Balkan beherrschte. Unaufhörliche Ströme zogen über Konstantinopel und Kleinasien nach Jerusalem; sie genossen den **Rechtsschutz der Kirche**, an den Wegen waren Herbergen und Versorgungsstationen errichtet, in Jerusalem gab es spezielle Unterkünfte und Hospitäler.

8.1.2 Idee und Praxis der Missionskriege zur Ehre Gottes im 10.Jh. sowie die Lehre vom gerechten Krieg bildeten die Voraussetzung für den **geistlichen Militarismus** der sog. gregorianischen Reform: Papst Gregor VII. verstand seine kirchenpolitische Auseinandersetzung mit renitenten Bischöfen und mit Kaiser Heinrich IV. als **heiligen Krieg,** in dem Christus gegen den Satan kämpfte; und seine Feldzüge in Süditalien gegen die Normannen deutete er ebenfalls religiös als Kriege des Apostels Petrus. Dem Normannenkönig Wilhelm schickte er vor der Eroberung Englands die Petrusfahne, um dessen Kriegszüge als Gottesdienst zu qualifizieren. Vor allem aber wirkte sich aus, daß er - wie die sog. Reformpäpste vor ihm - die Reconquista in Spanien (s. § 7; 5.4.6) als heiligen Krieg ansah und die Ritter Südfrankreichs durch Absolution zur Teilnahme ermunterte. Auf diesem Hintergrund war **Gregors VII. Plan** von 1074 plausibel, an der Spitze eines abendländischen Ritterheeres in das von den Seldschuken bedrohte byzantinische Reich zu ziehen und mit der **unter päpstlicher Führung geeinten Christenheit** nach Jerusalem vorzudringen. Die Wirren des Investiturstreits verhinderten eine Ausführung des Plans; gleichwohl markierte dieser eine signifikante Veränderung der politischen Situation: Die gregorianische Theorie, die allein den Papst als Haupt der gesamten Christenheit begriff (s. 6.1), konnte gerade im Kreuzzug eine adäquate Realisierung finden.

8.1.3 Die Veränderung in der kirchlichen Bewertung militärischer Gewaltanwendung trat auch in der sog. **Gottesfriedensbewegung** zutage. Seit Ende des 10.Jh.s propagierte die Kirche in Südfrankreich zur Eindämmung der vielfältigen Gewalttätigkeiten, v.a. des Fehdewesens, die *treuga Dei*/den *Landfrieden Gottes*. Da sich im westlichen Karolingerreich mit der Zentralgewalt auch die staatliche Ordnung weitgehend aufgelöst hatte, wuchsen Fehden, Privatkriege und Übergriffe auf das Kirchengut durch einzelne Adelsherren zu einer chaotischen Situation an. Deswegen fixierten die Bischöfe als Beschützer der Armen und der Kleriker den Gottesfrieden als eine **Rechtsordnung**, um durch geistliche und weltliche Strafen die Gewaltanwendung zu reduzieren (Schutzbestimmungen v.a. für Arme, Geistliche und das Kirchengut). Daneben entwickelte sich seit ca.1030/40 das System einer zeitlichen Einschränkung der Fehde (Friedensgebot für Sonntage, hohe Festtage und bestimmte Werktage, generell für die Advents-, Passions- und Osterzeit). Auf einer Synode in Reims 1049 verkündete Papst Leo IX. diese Friedensordnung, für deren Einhaltung die französische Kirche den **niederen Adel** heranzog, der damit einen religiös qualifizierten Dienst übertragen bekam. Das war eine der Wurzeln für die Entwicklung eines neuen Standes, des **christlichen Rittertums**. Mit Waffengewalt Gottes Ordnung zu schützen, wurde somit eine ideelle Vorbereitung des Kreuzzugsgedankens.

8.1.4 Die politischen Voraussetzungen für die Blüte der Jerusalemwallfahrten (8.1.1) entfielen nach 1070/80: Das durch Destabilisierung und Thronwirren geschwächte **byzantinische Reich** wurde 1071 von den **Seldschuken** (einem Stämmeverband nomadischer Turkmenen, die sich zum sunnitischen Islam bekehrt und ein Reich im Iran und in Mesopotamien etabliert hatten) bei Mantzikert/Armenien besiegt. Die Folge war, daß ein Teil der Seldschuken in der Folgezeit unter ihrem Sultan Suleiman Ibn-Kutulmisch (gest. 1085) fast das ganze Kleinasien besetzte. Da Byzanz zudem durch die 1065 in Thrakien/Makedonien siedelnden Petschenegen, seit 1072 durch Slawenaufstände auf dem Balkan, seit 1081 in Epirus durch die Normannen bedroht wurde (an die es zuvor schon Sizilien und Unteritalien verloren hatte), war der tatkräftige neue **Kaiser Alexius I. Komnenos** (1081-1118) bestrebt, auch mit westlicher Hilfe sein Reich zu schützen und durch Vertreibung der Eindringlinge möglichst auf den alten Stand zu bringen. Die **muslimische Staatenwelt** hatte sich durch religiöse, politische und nationale Differenzen gespalten. Das Kalifat der Abbassidendynastie in Bagdad, das ursprüngliche Zentrum des Araberreiches, war 1055 dem Ansturm der Seldschuken erlegen, die ihr Großreich in Mesopotamien mit Mossul als Hauptstadt aufbauten. Das Kalifat von Kairo, wo seit 969 die schiitische Fatimidendynastie unabhängig von Bagdad regierte, hatte seine Herrschaft bis nach Palästina und Syrien erweitert, diese Gebiete aber weithin an die Seldschuken verloren; es drängte auf Rückeroberung, und ihm gelang 1098 die Einnahme Jerusalems. Die Kriegslage im Heiligen Land und die Blockade des üblichen Landweges über Kleinasien führten zu so starken **Behinderungen des Pilgerverkehrs**, daß dieser schließlich fast ganz erlag. Berichte darüber wurden im Abendland - z.T. in entstellter Form - verbreitet. Die Zersplitterung der muslimischen Staatenwelt in einander bekämpfende arabische und türkische Reiche schuf allerdings seit 1090 in Syrien und Palästina eine Situation, in der für die Kreuzfahrerheere Aussicht auf Erfolg bestand. Nach dem Tode des Sultans Malik-Schah 1092 zerfiel das Großseldschukische Reich, und permanente Konflikte schwächten die türkische Herrschaft im Orient.

8.2 Der erste Kreuzzug

Die skizzierten längerfristigen Voraussetzungen machen verständlich, warum der relativ spontan auftauchende **Plan Papst Urbans II.**, einen Kreuzzug nach Palästina zu unternehmen, so nachhaltige Resonanz fand. Eine Bitte des byzantinischen Kaisers um westliche Militärhilfe bot den **akuten Anlaß**. Der durch das französische Rittertum und den geistlichen Militarismus der Gregorianer geprägte Mönchspapst sah eine Chance, unter päpstlicher Führung die abendländische Christenheit gegen den Islam zu einen und die schismatische Ostkirche (s. § 8; 8.1) mit dem Westen zu verbinden. Nach vorbereitender Werbung unter der südfranzösischen Ritterschaft proklamierte Urban auf einer **Synode in Clermont** 1095 den Krieg zur Befreiung der heiligen Stätten im Zeichen des Kreuzes als Möglichkeit, sich Gottes Gnade und kirchlichen Ablaß zu erwerben. Dieser Plan, durch seine Aufrufe und viele Prediger rasch verbreitet, löste nicht nur sorgfältige Vorbereitungsaktionen in der **Ritterschaft**, sondern auch eine begeisterte **Massenbewegung** aus. Schon im Frühjahr 1096 brachen als erste Kreuzfahrerwelle schlecht organisierte Gruppen aus den Unterschichten (der *pauperes/Armen*: Bauern, Handwerker u.a.) auf, oft angeführt von fanatischen Predigern wie v.a. dem charismatischen Eremiten Peter von Amiens. Apokalyptische Religiosität trieb sie an, aber sie erreichten ihr Ziel nicht und gingen zumeist unterwegs zugrunde. Bei ihrer Sammlung kam es v.a. im Rheinland zu fürchterlichen **Judenverfolgungen**, weil man meinte, die Feinde Gottes müßten auch in der Heimat besiegt werden. Als zweite Welle folgte ebenfalls auf dem Landweg das nach den päpstlichen Plänen organisierte **Heer der Ritter** unter Führung des Grafen Gottfried von Bouillon und seines Bruders Balduin. Trotz großer logistischer Probleme, Konflikte mit dem byzantinischen Kaiser und interner Interessengegensätze erzielte man nach dreijähriger Heerfahrt einen gewissen Erfolg mit der **Eroberung Jerusalems 1099**. Die Kunde von dieser als göttliches Wunder verstandenen Tat versetzte alsbald das ganze Abendland in Begeisterung und trug dazu bei, die erlahmende Kreuzzugsbewegung am Leben zu erhalten.

8.2.1 Der aus dem nordfranzösischen Adel stammende, als Prior von Cluny monastisch geprägte Papst **Urban II.** (1088-99) hatte schon als Kardinal seit 1080 eine Politik des Ausgleichs mit Deutschland und Frankreich betrieben und eine Union mit Byzanz angestrebt. An Gregors VII. Plan, das bedrängte Ostreich durch einen Kreuzzug zu retten und zugleich botmäßig zu machen, knüpfte seine Reaktion auf die Bitte des bedrängten **Alexius I. Komnenos** (s. 8.1.4) um Truppenhilfe an. Eine päpstliche Reformsynode in Piacenza im März 1095 forderte allgemein die christlichen Ritter zur Verteidigung der Ostkirche auf. Bei Sondierungen in der Provence und in der Grafschaft Toulouse stieß Urban auf große Bereitschaft, so daß er auf der nächsten **Reformsynode in Clermont** im November 1095 (die u.a. eine Ordnung für den Gottesfrieden/ *treuga Dei* fixierte) in einer Predigt seinen **Kreuzzugsaufruf** verkündete: Durch bewaffnete Wallfahrt sollten Jerusalem und die heiligen Orte von den Ungläubigen befreit werden (Übers. z.T.: KTGQ II, 69f). Die Volksmenge reagierte mit begeisterter Zustimmung (*Deus le volt!/ Gott will es!*); viele befestigten Stoffkreuze an ihrer Kleidung als Zeichen der Christusnachfolge und gelobten die bewaffnete Jerusalemwallfahrt.

8.2.2 Die Vorbereitung verlief zweigleisig. Während der Papst i.J. 1096 unter der Ritterschaft warb, gingen zahlreiche **Wanderprediger** als Multiplikatoren seines Aufrufs über den von der Synode beschlossenen Pilgerablaß hinaus und lockte die Gläubigen mit einem Plenarablaß. Der eifrigste und erfolgreichste Bußprediger war **Peter von Amiens** (ca.1050-1113), Propagandist des apostolischen Armutsideals in Nordfrankreich, der die apokalyptische Grundstimmung jener Zeit mit konkreter eschatologischer Jerusalemorientierung verband. Unter seiner Leitung brachen **regellose Haufen** von 50-70.000 *Armen/pauperes*, darunter nur wenige Ritter, im Frühjahr 1096 auf, zogen plündernd durch Ungarn und die Balkanhalbinsel (dort bereits z.gr.T. getötet) bis Konstantinopel, wo sie Schrecken und Mißtrauen gegen die Kreuzzugsbewegung provozierten; in Kleinasien wurden ihre Reste im Herbst 1096 von Seldschuken vernichtet. Noch drei weitere Haufen dieses sog. Bauernkreuzzuges brachen 1096 auf und kamen unterwegs elend um.

8.2.3 Etliche Gruppen des Kreuzzugs der kleinen Leute, aber auch des Ritterkreuzzuges kombinierten ihre religiöse Erregung mit dem verbreiteten – gerade von gregorianischen Reformkräften geförderten – **Antijudaismus**: Die Feinde Christi sollten nicht nur im Orient, sondern auch im Abendland bekämpft werden; die vermeintlichen Christusmörder sollten angesichts des nahen Weltendes im Zeichen des Kreuzes bestraft werden. (Antijudaismus und Kreuzzugsmentalität verbanden sich auch später immer wieder.) Nach ersten Übergriffen gegen die Juden in Rouen kam es 1096 zu **systematischen Pogromen** gegen die blühenden jüdischen Gemeinden u.a. in Neuß, Köln, Metz, Trier, Mainz, Worms und Speyer, v.a. durchgeführt von den zahlreichen Banden des Grafen Emicho von Flonheim (mit mehr als 5000 Toten). Auf dem Zug nach Osten verfolgte man auch in Regensburg und Prag die Juden. Nur solche, die zum Christentum konvertierten (gemäß der Parole *Taufe oder Tod*), blieben unbehelligt. In der Geschichte der Judenverfolgungen bildete der erste Kreuzzug eine Zäsur: den Übergang zu allgemeiner Gewaltanwendung.

8.2.4 Auch die zweite Welle, das eigentliche **Hauptheer** mit den **Rittern** v.a. aus Frankreich, Flandern und Süditalien brach in verschiedenen Gruppen auf, teils auf dem Seeweg. Mit ca. 20.000 Mann unter **Gottfried von Bouillon** (ca.1060-1100, der sich in dem ihm übertragenen Herzogtum Niederlothringen nicht durchsetzen konnte) und seinem Bruder Balduin von Boulogne zogen lothringische und flandrische Ritter über Ungarn nach Konstantinopel. Für die Ausrüstung des Heeres hatten sie oft ihr Hab und Gut verkauft oder verpfändet, was ihre starke religiöse Motivation bewies. Kaiser Alexius verweigerte die ursprünglich zugesagte Hilfe. Dieses Heer, verstärkt durch französische und normannische Scharen, die über Griechenland heranzogen (insgesamt ca.40.000 Mann, davon nur ca.4.500 Ritter), eroberte im Juni 1097 **Nicäa**, die Hauptstadt der anatolischen Seldschuken, und zog quer durch Kleinasien nach **Antiochia**, eine bis 1085 byzantinische Stadt, die erst nach langer Belagerung im Juli 1098 fiel. Die verschiedenen Heerführer waren uneins hinsichtlich der Interessen, Ziele und Kampfmethoden. Viele Ritter und Söldner starben an Krankheit und Hunger; die Pferde waren meist vorher zugrunde gegangen. In dieser Situation gründete im Frühjahr 1098 Balduin von Boulogne mit der **Grafschaft Edessa** den ersten Kreuzfahrerstaat. Ohne den Nachschub, den die Flotten der italienischen Seestädte (Venedig, Genua, Pisa u.a.) brachten, wäre das Heer wahrscheinlich verloren gewesen, dessen Reste schließlich am 15. Juli 1099 **Jerusalem** mit einem fürchterlichen Blutbad einnahmen und anschließend ein ägyptisches Heer bei Askalon besiegten. Die ganze Aktion, eine bedeutende militärische Leistung, war somit trotz aller Widerstände erfolgreich und stärkte die Kreuzzugsstimmung.

8.3 Die "Kreuzfahrerstaaten" und die Kreuzzüge bis 1148

Die weitere Geschichte war weithin durch die Bemühungen der *Franken* (wie die lateinischen Christen im Orient hießen) um eine **Herrschaftsstabilisierung** bestimmt (s. Abb.26). Es ging jetzt nicht bloß um die Sicherung der Wallfahrten zu den heiligen Stätten, sondern mehr noch um Landgewinn für abendländische Adelige und Ritter. Diese eroberten nach Errichtung des sog. Königreiches Jerusalem i.J. 1100 zunächst die **Küstenstädte**, erbauten dann gewaltige **Burgen** zur Kontrolle des weiten Landes zwischen Antiochia und Gaza und wollten von dort aus durch westliche Siedler ihr Hoheitsgebiet ausdehnen. Eine wichtige Rolle spielten dabei auch die Ritterorden (s. 9.1-3). Doch auf Dauer konnte mit den numerisch geringen Kräften die muslimische Bevölkerung nicht beherrscht werden, auch wenn die Militärmacht der rivalisierenden Moslemstaaten (des arabischen Kalifats Ägypten und der seldschukischen Sultanate Mossul/Aleppo und Damaskus) vorerst keine akute Gefahr darstellte. Einen permanenten Zustrom brachten vom Abendland her neben den individuellen Wallfahrten die **vielfältigen Kreuzzüge** größerer und kleinerer Gruppen zwischen 1107 und 1147. Die Existenz der sog. Kreuzfahrerstaaten (lockerer Lehnsherrschaften), die unter dem besonderen Schutz des Papstes standen, war der entscheidende Grund für die Durchführung offiziell organisierter Kreuzzüge im 12./13.Jh. Angesichts ihrer militärischen Bedrohung durch eine Neuformation des Sultanats Mossul rief Papst Eugen III. zu einem neuen **großen Kreuzzug** auf, der erst zustande kam, als der einflußreiche Bernhard von Clairvaux (s. § 6; 10.2) sich intensiv für das Projekt einsetzte. (Gleichzeitig unternahmen norddeutsche Fürsten den sog. Wendenkreuzzug, und in Spanien zogen Kreuzfahrer erfolgreich gegen die Mauren; s. § 7; 5.4; 12.1). 1147/8 marschierten die Könige der beiden mächtigsten Reiche, Konrad III. von Deutschland und Ludwig VII. von Frankreich, über Konstantinopel nach Palästina; politische Gegensätze und Niederlagen gegen die Türken machten diesen sog. 2. Kreuzzug jedoch zum **Desaster**. Sein Resultat war u.a. eine verbreitete Kreuzzugskritik und -verdrossenheit, die dazu führte, daß die Bewegung nachließ und die zahlreichen Aufrufe der Päpste bis 1187 kaum Resonanz fanden.

8.3.1 Die Gründung von "**Kreuzfahrerstaaten**" begann 1098 mit der bis zum Euphrat reichenden **Grafschaft Edessa** (s. 8.2.4) und erstreckte sich nur auf den schmalen Küstenstreifen Westsyriens und Palästinas: das **Fürstentum Antiochia**, die **Grafschaft Tripolis** und als größtes, expandierendes Territorium das **Königreich Jerusalem** (s. Abb.26). Dieses begründete –

nachdem Gottfried von Bouillon i.J. 1100 gestorben war, der nur als Vogt des heiligen Grabes fungierte - sein Bruder Balduin von Boulogne bis 1118 (= König Balduin I.). Die Ritterherrschaften, die sich entgegen vorherigen Absprachen nicht dem byzantinischen Kaiser als dem ursprünglichen Herrn des Landes unterstellten, waren in sich nach dem abendländischen Lehnssystem differenziert (mit selbständigen Vasallen, so z.B. im Fürstentum Galiläa). Sie lebten von der Sicherung durch die zahlreichen, über das Land verteilten Burgen der Barone und durch den Nachschub aus dem Abendland. Doch die Ritterheere, die mit Söldnern verstärkt wurden, reichten zahlenmäßig nicht aus, um das Land gegen Angriffe zu behaupten. In den Städten entstand eine **Kirchenorganisation** nach römischem Recht mit zumeist westlichen Klerikern unter Leitung des lateinischen Patriarchen von Jerusalem, die dem Papst unterstand. Die zerstörten Kirchengebäude und Klöster wurden wieder aufgebaut, die byzantinische Grabeskirche in Jerusalem 1042/8 renoviert und in der Folgezeit durch Erweiterungen zu einem romanischen Bau umgestaltet.

8.3.2 Der Ausdehnung der lateinischen Herrschaften durch Eroberung der Küstenstädte dienten seit 1100 - neben den Pilgerströmen und bewaffneten Wallfahrten wie derjenigen des Norwegerkönigs Sigurd 1107 - verschiedene **kleinere Kreuzzüge**. Papst Calixt II., der auf dem 1. Laterankonzil 1123 den Kreuzzugsablaß institutionalisierte und die bindende Kraft des Kreuzzugsgelübdes dekretierte, hatte 1122 eine größere Unternehmung proklamiert, die sowohl nach Palästina als auch nach Spanien gerichtet war und bis 1126 anhielt (u.a. mit Eroberung von Tyrus). Eine **Veränderung** der militärischen und politischen Situation ergab sich seit 1127 dadurch, daß der türkische Feldherr Zengi im nördlichen Mesopotamien und Syrien ein neues mächtiges Staatsgebilde schuf, 1144 die Stadt **Edessa eroberte** und die westlichen Teile der Grafschaft bedrohte, die bis ca.1160 in fränkischer Hand blieben. Seine Söhne teilten das Reich mit Zentren in Mossul und Aleppo (s. 8.4.1).

8.3.3 Die Kreuzzugsbulle **Papst Eugens III.** (1145-53), eines Zisterziensers, von 1145 stellte zwar vielerlei geistliche Vorteile und rechtliche Privilegien in Aussicht, fand aber unter den Fürsten und Rittern kaum Resonanz. Daraufhin beauftragte er seinen Lehrer **Bernhard von Clairvaux**, eine Predigtkampagne in Westeuropa zur Werbung für den Kreuzzug zu organisieren. Unermüdlich warb dieser auf Reisen in Frankreich und Deutschland sowie durch Briefe an Könige und Fürsten für das Projekt, indem er Sündenvergebung und jenseitige Erlösung als Lohn für das Kreuz-Nehmen verhieß, ja dies sogar drastisch als ein gutes Geschäft (für irdischen Einsatz himmlisches Heil) anpries. Nach dem französischen König **Ludwig VII.** (1137-80) gewann er auch den deutschen König **Konrad III.** (1138-52) dafür, die zwei Reichsheere aufstellten und 1147 getrennt nach Konstantinopel zogen, wobei zahlreiche andere Gruppen mit Schiffen Palästina ansteuerten. Konrads Heer erlitt gegen die Türken bei Doryläum im nördlichen Phrygien eine schwere Niederlage; dessen Reste kamen 1148 zusammen mit dem ebenfalls bedrängten Heer Ludwigs VII. nach Palästina, doch die Feindschaft beider verhinderte zielstrebiges Handeln. Die Grafschaft Edessa blieb z.gr.T. verloren, und der Versuch, Damaskus zu erobern, scheiterte wie schon ein erster Angriff 1128/9. Als Ergebnis der ganzen Aktion blieben starke Spannungen zwischen den Abendländern und den "Kreuzfahrerstaaten".

8.4 Die Orientkreuzzüge bis zum Ende der "Kreuzfahrerstaaten"

Unter Zurückdrängung der seldschukischen Teilreiche stieg Sultan **Saladin** seit 1171/74 zum Gesamtherrscher über das muslimische Gebiet in Ägypten, Palästina und Syrien auf. Da er die **Rückeroberung** der christlichen Gebiete betrieb, fanden sich mehrere abendländische Reiche unter Führung **Friedrich Barbarossas** zu einem neuen großen Kreuzzug (den sog. 3.) bereit, der an systematischer Organisation und militärischer Kraft alle bisherigen übertraf. 1189-91 zogen verschiedene Heere zu Land und zu Wasser nach Palästina, aber Barbarossa Tod 1190 und Konflikte unter den Kreuzfahrern beeinträchtigten die Stoßkraft, so daß als Ergebnis bis 1192 nur die Besetzung einiger Städte und kleiner Gebiete zustandekam. Erfolgreicher war der von Kaiser Heinrich VI. geplante Kreuzzug deutscher und sizilianischer Ritter, die 1197 fast das ganze **Küstengebiet** zurückgewannen. Doch Jerusalem und die anderen heiligen Stätten blieben in der Hand der Moslems. Der universalen Herrschaftskonzeption **Papst Innozenz' III.** (s. 7.2) entsprach sein programmatisches Engagement für die Kreuzzugsbewegung insgesamt. Seit 1198/9 betrieb er eine rechtlich und finanziell abgesicherte Planung, doch zunächst kam nur ein fehlgeleitetes Unternehmen gegen Byzanz zustande (der sog. 4. Kreuzzug; s. 10.2). Auf dem großen 4. Laterankonzil von 1215 machte er den Kreuzzug zum Zentralthema, woraufhin 1217-21 einige **kleinere Heere** nach Palästina und Ägypten zogen, aber nichts ausrichteten (z.T. als 5. Kreuzzug bezeichnet). Innozenz' Nachfolger setzten seine Programmatik fort, aber der Intensität von Ideologie und Propaganda entsprach keine solche der militärischen Praxis. Immerhin gelang es dem unabhängig vom Papst agierenden Kaiser **Friedrich II.** (vgl. 7.3), 1229 durch **Verhandlungen** die christliche Präsenz in Jerusalem - als dessen König - zu sichern (sog. 5. bzw. 6. Kreuzzug). Andere Kreuzfahrerheere konnten zwischen 1231 und 1241 das Gebiet des Königreichs erweitern, doch die fränkischen Herrscher verloren durch **innere Unruhen** und **muslimische Gegenangriffe** immer stärker an Boden. Daran konnten auch der religiös motivierte Einsatz des französischen Königs Ludwig IX. 1248-54 (der sog. 6. bzw. 7. Kreuzzug) und 1270 sowie Aktionen anderer Fürsten nichts mehr ändern. Der **Fall Akkons**, der wichtigsten Festung, 1291 symbolisierte das definitive **Ende der Kreuzfahrerherrschaft** in Palästina, wenngleich die allgemeine Kreuzzugsmentalität das Heilige Land weiterhin im Blick behielt und im 14.Jh. neue westliche Vorstöße - über den Besitz Zyperns, Rhodos' und Kretas hinaus - nach Kleinasien und Syrien erfolgten.

8.4.1 Die Konflikte zwischen den arabischen und seldschukischen Reichen hatten in Syrien und Palästina eine instabile Lage geschaffen und die Entstehung der Kreuzfahrerstaaten begünstigt. Die Seldschuken-Sultanate von Aleppo und Damaskus waren nach 1098 nicht stark genug, um sich gegen die "Franken" zu behaupten. Doch das **neue türkische Reich** unter Zengi (s. 8.3.2) und dessen Sohn, Sultan Nur ad-Din (1146-74), wuchs zu einer schweren Bedrohung heran; es dehnte sich seit 1154 über Damaskus bis nach Ägypten aus. Dort beseitigte der energische Kurde **Salah ad-Din/Saladin** 1171 die Fatimiden-Herrschaft, und nach Nur ad-Dins Tod errang er auch die Herrschaft über Syrien. Damit kreiste er die Kreuzfahrerstaaten ein, deren Heer er 1187 in der **Schlacht bei Hattin**/Galiläa vernichtete und die er bis auf kleine Reste um Tyrus, Tripolis und Antiochia eroberte. Die Nachricht von diesem Verlust erschütterte das Abendland; noch 1187 rief **Papst Gregor VIII.** zu einem neuen Befreiungskreuzzug auf. Nun nahmen die mächtigsten Herrscher das Kreuz, doch es dauerte geraume Zeit, bis sie ihre Vorbereitungen abschlossen. Erste Flotten fuhren nach Palästina, der alte **Friedrich I.** zog an der Spitze eines großen Reichsheeres im Mai 1189 von Regensburg aus und kam bis Kleinasien; als er im Juni 1190 im Saleph ertrank, löste sich sein Heer weitgehend auf. Zu dieser Zeit brachen der englische König Richard I. Löwenherz und der französische König Philipp II. gemeinsam auf, um zur See von Marseille über Sizilien nach Akkon vorzustoßen. Da sie sich zerstritten, zog nur Philipp nach Akkon, kehrte aber nach Eroberung dieser wichtigsten Hafenstadt 1191 zurück. Richard eroberte das von den Byzantinern beherrschte **Zypern** und operierte dann längere Zeit in Palästina mit dem Kreuzfahrerheer gegen Saladins Truppen. Zwar gelang es ihm nicht, Jerusalem zu befreien, aber er sicherte vor seiner Rückkehr durch einen Vertrag mit Saladin 1192 den ungehinderten Zugang der Pilger und die Existenz der fränkischen Herrschaftsgebiete in einem schmalen Streifen von Tyrus bis Askalon.

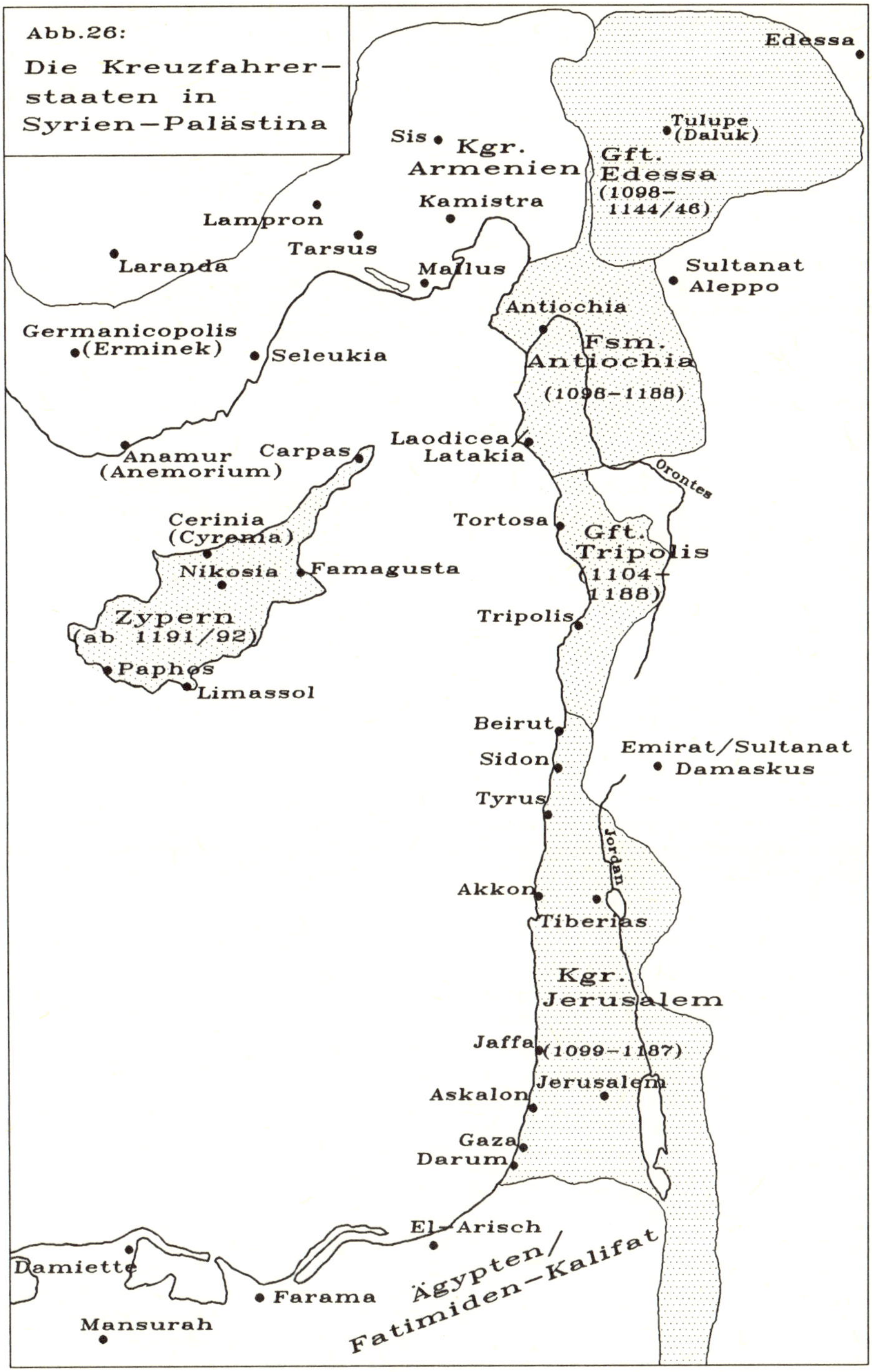
Abb.26:
Die Kreuzfahrerstaaten in Syrien–Palästina
Edessa
Tulupe (Daluk)
Sis
Kgr. Armenien
Gft. Edessa (1098–1144/46)
Kamistra
Lampron
Tarsus
Laranda
Mallus
Sultanat Aleppo
Antiochia
Germanicopolis (Erminek)
Seleukia
Fsm. Antiochia (1098–1188)
Laodicea Latakia
Anamur (Anemorium)
Carpas
Orontes
Cerinia (Cyrenia)
Tortosa
Gft. Tripolis (1104–1188)
Nikosia
Famagusta
Zypern (ab 1191/92)
Tripolis
Paphos
Limassol
Beirut
Sidon
Emirat/Sultanat Damaskus
Tyrus
Jordan
Akkon
Tiberias
Kgr. Jerusalem
Jaffa
(1099–1187)
Askalon
Jerusalem
Gaza
Darum
El-Arisch
Damiette
Farama
Ägypten/Fatimiden-Kalifat
Mansurah

8.4.2 Barbarossas Sohn **Heinrich VI.** organisierte im Zusammenhang seiner imperialen Politik (vgl. 7.2.1) einen neuen Kreuzzug. Sein Heer segelte 1197 nach Akkon, eroberte Sidon und Beirut, löste sich aber nach seinem plötzlichen Tod auf. Die Erfolge waren dadurch ermöglicht worden, daß nach Saladins Tod 1193 sein Reich in rivalisierende Teile zerfiel. In der Folgezeit bestanden die stark **verkleinerten Kreuzfahrerstaaten** fort: das Königtum Jerusalem ohne die heilige Stadt, mit Akkon als Hauptstadt; die Grafschaft Tripolis und das isolierte Fürstentum Antiochia, dazu das Königreich Zypern. Die **allgemeine Kreuzzugsbewegung** im Abendland nahm um 1200 noch einmal gewaltig zu. Expansionsdrang im Kampf gegen die *Feinde Christi* motivierte neue Erfolge der Reconquista in Spanien und die Kreuzzüge im Baltikum (s. § 7; 5.4.6; 12.2). Der Albigenserkreuzzug gegen die häretischen Feinde der Kirche mobilisierte in Südfrankreich neben König und Adel auch fanatisierte Massen (s § 8; 10.3). Im Zusammenhang mit Armutsbewegung und Apokalyptik, die die Mentalität weiter Kreise prägten, entstand eine **Bewegung von Armen** zur gewaltlosen Befreiung Jerusalems durch Gottes Kraft, die in den Schwachen und Demütigen mächtig ist: der **sog. Kinderkreuzzug** von 1212. Dessen Hauptträger waren nicht v.a. Kinder im Alter von 10-18 Jahren, wie man aufgrund der legendarischen Berichte meist gemeint hat, sondern die Angehörigen sozialer Unterschichten (Landarbeiter, Handwerksburschen u.a.), die i.S. des verbreiteten Ideals von der Nachfolge des leidenden Christus zu Tausenden aus Frankreich und dem Rheinland nach Marseille und Genua zogen, dort aber in ihrer Hoffnung auf Gottes Eingreifen enttäuscht wurden und z.T. elend umkamen.

8.4.3 Der von Innozenz III. vorbereitete, von Honorius III. inaugurierte **päpstliche Kreuzzug** führte 1217/18 i.w. deutsche und ungarische Truppen nach Palästina. Verstärkt durch eine Flotte, griffen diese 1218 das Nildelta (Damiette) an, um das **ägyptische Sultanat**, also die Machtbasis der militärischen Bedrohung des heiligen Landes auszuschalten. Doch die bis 1221 sich hinziehenden Aktionen bewirkten nichts. Das Scheitern lastete man **Kaiser Friedrich II.** an, der sein Kreuzzugsgelübde nicht eingelöst hatte, weil er zur Stabilisierung seiner Herrschaft in Deutschland und Sizilien bleiben wollte. Aufgrund seiner Heirat mit Isabella, der Tochter des Königs Johannes von Jerusalem, erhob er 1225 dynastische Ansprüche auf das dortige Reich. Deswegen gab er dem Drängen des Papstes nach und verpflichtete sich vertraglich zur Ausrüstung eines Kreuzfahrerheeres, das 1227 von Brindisi aus mit einer Flotte startete. Doch wegen einer gefährlichen Seuche, an der auch er erkrankte, brach er das Unternehmen ab (und wurde deshalb von Gregor IX. gebannt; s. 7.3.3). Er nahm es 1228 wieder auf, unterstützt wie zuvor von Hermann von Salza und dem Deutschen Orden, seinen wichtigsten Helfern im heiligen Land, wo der Jerusalemer Patriarch und der Klerus ihn wegen des päpstlichen Bannes bekämpften. Da wegen der militärischen Schwäche der Kreuzfahrer eine Rückeroberung Jerusalems illusorisch war, sicherte Friedrich durch geschickte Diplomatie in einem **Friedensvertrag** mit dem ägyptischen Sultan 1229 für zehn Jahre die **fränkische Herrschaft über Jerusalem** und andere Orte wie z.B. Bethlehem, Lydda, Nazareth; er konzedierte aber den Muslimen den Besitz ihrer beiden Moscheen in Jerusalem, was auf scharfe Kritik des Papstes und des Patriarchen stieß. (Übers. z.T.: KTGQ 2,131.) Als **König von Jerusalem** verband er seinen kaiserlichen Universalanspruch mit der eschatologischen Vorstellung, die im allgemeinen Bewußtsein verbreitet war, daß er der messianische Endkaiser wäre, der von Jerusalem aus die Weltherrschaft antrete. (So sein Manifest an die Völker der Erde unter Berufung auf Lk 1,68f.)

8.4.4 Die fränkischen Barone opponierten gegen die Hoheitsansprüche der Stauferdynastie (Friedrichs Sohn Konrad IV. als König von Jerusalem), waren untereinander uneins und wurden in die Wirren der Moslemreiche verwickelt. **1244** besetzten Truppen des ägyptischen Sultans **Jerusalem** und vernichteten ein fränkisches Heer, so daß mit der heiligen Stadt bis 1250 auch **weite Teile des Landes** definitiv verloren gingen. Das Schicksal versuchte der fromme König **Ludwig IX. von Frankreich** (*der Heilige*, 1226-70) 1248/9 durch einen sorgfältig geplanten Flotten-Kreuzzug noch einmal zu wenden. Doch nach der Eroberung von Damiette wurde sein Heer in Ägypten 1250 geschlagen; er zog daraufhin nach Akkon und baute bis 1254 dort wie in anderen Festungen die französische Vorherrschaft aus. In Ägypten übernahmen seit 1254 die Mamluken die Macht (importierte türkische Soldatensklaven) und etablierten dort ein straff geordnetes islamisches Staatswesen, das sich bis nach Syrien ausdehnte und dem die Kreuzfahrerstaaten nicht standhalten konnten. Seit 1263 eroberten die **Mamluken** konsequent die fränkischen Burgen (z.B. 1268 Antiochia), 1291 die Hauptstadt Akkon, danach die restlichen christlichen Siedlungen.

8.4.5 Auf vorgeschobenem Posten hielt sich westliche Herrschaft im **Königreich Zypern**, das nach der Eroberung von 1191 (s. 8.4.1) für die Kreuzfahrer große Bedeutung als Nachschubbasis und Rückzugsort besaß. Seit 1196 wurde eine lateinische Kirchenorganisation - mit Erzbistum in Nikosia - errichtet, der die reduzierten griechischen Bistümer jurisdiktionell untergeordnet wurden. Die päpstliche Hoheit hielt sich hier - nach Ablösung des Königtums durch Venedig 1489 - bis zur Eroberung durch die Türken 1570/1. Eine christliche Enklave im muslimischen Herrschaftsbereich war das 1199 begründete **Königreich Klein-Armenien** in Kilikien (s. Abb.26). Wegen der seldschukischen Eroberung ihres Landes waren zahlreiche Armenier nach 1070 dorthin ausgewandert und siedelten unter dem Schutz der Kreuzfahrer, die allmählich eine Latinisierung des Kirchenwesens und eine Anbindung an Rom betrieben. Diese wurde 1197 durch eine Union besiegelt; der in der Hauptstadt Sis residierende Katholikos unterstand bis zur Auflösung der Union 1361 dem Papst. Klein-Armenien fiel 1375 an die ägyptischen Mamluken, 1516 an die osmanischen Türken.

8.5 Wirkungsgeschichtliche Bedeutung

Die historisch wichtigen Ergebnisse der Orientkreuzzüge waren v.a. kultureller und ökonomischer Natur und standen im Zusammenhang mit der generell sich anbahnenden Konzentration auf den Mittelmeerraum. Durch die "Kreuzfahrerstaaten" ergab sich eine dauerhafte Verbindung zum Vorderen Orient, die den Aufschwung des Levantehandels begleitete. Das verstärkte die wirtschaftliche Blüte in Italien und Südfrankreich. Die Städterepubliken Venedig, Genua und Pisa entwickelten sich zu politischen Mächten mit weitreichendem Einfluß, der bis ins 16.Jh. andauerte. Das Königreich Sizilien unter den Normannen und Staufern wurde die mediterrane Drehscheibe zur Begegnung der verschiedenen Zivilisationen, büßte aber diese Funktion nach 1268 wegen der Aufteilung in ein spanisches Königreich Sizilien und ein französisches Königreich Neapel ein. Die Begegnung des Abendlandes mit dem arabischen Geistesleben - und dadurch sowie durch Byzanz vermittelt mit demjenigen der Antike - führte zu einem Aufschwung von Philosophie, Mathematik, Geometrie, Astronomie und Medizin. (Vgl. auch § 10; 11.0.) Die hochentwickelte arabische Zivilisation machte sich u.a. bemerkbar in Veränderungen von Mode, Wohnkultur (z.B. Tapeten), Schreib-, Bank- und Waffenwesen. Die ursprünglich religiösen Motive der Kreuzzugsbewegung blieben zwar erhalten, wurden aber durch weltliche Interessen ergänzt und z.T. verdrängt. Die geistliche Universalherrschaft der Kirche erfuhr Einbußen auch durch die relativierende Begegnung mit dem Islam. Die Differenzierung der politischen Kräfte wurde durch die Entstehung neuer abendländischer Herrschaften und durch die Konfrontation mit islamischen Staaten im Mittelmeergebiet gefördert.

8.6 Literatur

QUELLEN: H.E. MAYER (Hg.): Idee und Wirklichkeit der Kreuzzüge, 1965. - R. PERNOUD (Hg.): Die Kreuzzüge in Augenzeugenberichten, 1961; 3. A. 1975.

LITERATUR: A.S. ATTIYA: Kreuzfahrer und Kaufleute, 1964. - C. ERDMANN: Die Entstehung des Kreuzzugsgedankens, 1935; ND 1980. - H.E. MAYER: Geschichte der Kreuzzüge, 1965; 7.A. 1989. - J. RILEY-SMITH: Kreuzzüge, TRE 20 (1990) 1-10. - DERS.: Kreuzzüge, LMA 5 (1991) 1508-1519. - DERS. (Hg.): Großer Bildatlas der Kreuzzüge, 1992. - H. ROSCHER: Papst Innocenz III. und die Kreuzzüge, 1969. - ST. RUNCIMAN: Geschichte der Kreuzzüge, 3 Bde., 1957-60; ND 1995. - DERS.: Der Erste Kreuzzug, 1981. - A. WAAS: Geschichte der Kreuzzüge, 2 Bde., 1956.

9. Die geistlichen Ritterorden

Mit den Kreuzzügen entstanden im 12./13.Jh. Ritterorden: in Palästina zunächst die Templer und Johanniter und später der Deutsche Orden, dann v.a. in Spanien verschiedene Orden. Sie nahmen einerseits in ihrer Religiosität das monastische Ideal umgeprägt auf (vgl. § 6; 10.2-3). Sie repräsentierten andererseits die für das Mittelalter typische Verschmelzung von Geistlichem und Weltlichem. Voraussetzung war die Entstehung des Rittertums als eines niederen Adels und neuen christlichen Standes sowie dessen Beanspruchung durch die Papstkirche in dem neuartigen **Kriegsdienst für Christus** (s. 8.1). Erst die gewandelte Einstellung der Kirche zum Krieg ließ es zu, den militärischen Dienst einer **Laienbruderschaft** als besondere geistliche Berufung zu würdigen. Dieses Phänomen muß als Teil des Umbruchs jener Zeit im Zusammenhang mit religiösen Bewegungen und sozialen Verschiebungen gesehen werden, deren Teil auch die Kreuzzugsbewegung war. Die traditionelle Erklärung, es resultiere aus einer Verschmelzung von Rittertum und Mönchtum, reicht nicht aus. Denn es war kein Mönchtum im Sinne des *ordo monasticus*, sondern eine **Verknüpfung** von reguliertem Kanonikertum, Hospitalitertum und Rittertum, d.h. von religiöser Grundhaltung, karitativem Einsatz, militärischem Engagement und ständischer Exklusivität.

Charakteristisch für den Einsatz der *militia Christi* waren ursprünglich verschiedene Aufgaben: Pilgerbetreuung, Krankenpflege, Armenfürsorge, Schutz des Heiligen Landes (bzw. christlicher Orte) und Kampf gegen Heiden. Das letzte Element dominierte zunehmend, und die religiös motivierte Gewaltausübung verselbständigte sich z.T. Die Orden lebten nach spezifisch umgestalteten **Mönchsregeln**; zu dem traditionellen Gelübde von Armut, Keuschheit und Gehorsam trat als vierte Verpflichtung der Waffendienst für die Christenheit bzw. den christlichen Glauben (daher ihre charakteristische Tracht mit dem Kreuz). Ihre Mitgliedschaft differenzierte sich in **drei Klassen**: die adeligen Ritter (die numerisch geringste Gruppe) als die eigentlichen Träger des Ordens für den Waffendienst zu Pferde; die Ordenskapläne für die priesterlichen Dienste und die nichtadeligen Servienten (Dienende Brüder) als Fußtruppen im Kampf und als Arbeiter in Landwirtschaft und Handwerk. Päpstliche Anerkennung, Exemtionen und Privilegien (v.a. die Befreiung von der Zehntpflicht) gaben den Ritterorden eine hervorgehobene Stellung. Besondere Bedeutung gewannen sie – ermöglicht durch die Gelder aus den Kreuzfahrerablässen – als Bankiers und Kreditgeber in der sich entwickelnden Geldwirtschaft. Dadurch und durch ihre **reichen Besitztümer** im Orient sowie in Europa wurden sie – miteinander konkurrierend und sich bekämpfend – zu ökonomischen und politischen Machtfaktoren. In der abendländischen Geschichte haben sie bis zur Neuzeit markante Spuren hinterlassen, zumal der Johanniter- und der Deutsche Orden, die eigene Staaten bildeten. In **Spanien** wurden zur Verteidigung gegen die Mauren eigene Ritterorden gegründet, die bei der Eroberung und Kolonisation Zentral- und Südspaniens im 13.Jh. eine tragende Rolle spielten.

9.1 Die Templer als Vorbild der "christlichen Miliz"

Unter dem Einfluß der Kreuzfahrerbewegung entstand als adelige Kampfgemeinschaft zum Schutz der Pilger und der Wallfahrtsorte im Heiligen Land seit 1118/1129 durch **französische Laien** der Orden der Tempelritter. Er wurde zum Vorbild für die anderen Ritterorden. Er war eine rein **militärische Organisation** mit Zentrale in Jerusalem und umfangreichen Besitztümern in Europa (v.a. in Frankreich), die zunächst dem Unterhalt des stehenden Heeres in den Kreuzfahrerstaaten dienten. Dank der propagandistischen und kirchenpolitischen Unterstützung durch Bernhard von Clairvaux und dank der Privilegierung durch Papst Innozenz II. entwickelte er sich zu einem eigenständigen Machtfaktor, der für die Verteidigung der Kreuzfahrerstaaten in Syropalästina bis 1291 große Bedeutung gewann, aber - wie die anderen Ritterorden - die innere Konsolidierung der westeuropäischen Staaten störte. Deshalb vernichtete der französische König ihn 1307-14 in einem spektakulären politischen Prozeß.

9.1.1 Nach der Errichtung des Königreichs Jerusalem bildeten 1118/19 einige französische Ritter unter Hugo von Payens eine Bruderschaft zum **Schutz der Pilger und der heiligen Stätten**. Nach ihrem Sitz im angeblich über dem salomonischen Tempel erbauten Palast nannten sie sich Tempelritter. Materiellen und personellen Rückhalt fanden sie v.a. in **Frankreich**. Unter dem Einfluß Bernhards von Clairvaux (s. § 6; 10.2.3) und der Zisterzienser (deren weißen Mantel sie übernahmen) wandelten sie sich zu einem kirchlich approbierten Orden. Bernhard propagierte ihn in seiner Schrift *Lob des neuen Kriegsdienstes* von ca.1130 als Realisierung des neuen christlichen Ritterideals. Auf der Synode von Troyes 1128 oder 1129 erhielt er eine eigene, benediktisch beeinflußte **Regel**. Seit 1139 wurde er durch päpstliche **Privilegien** gefördert (z.B. Freistellung vom Zehnten, Recht auf eigene Priester, was zu Konflikten mit dem Weltklerus führte).

9.1.2 Der straff organisierte, herrschaftlich auftretende Orden verbreitete sich schnell in Westeuropa und gewann durch Besitzungen in Frankreich und Geldgeschäfte **Macht und Einfluß**. Das wurde ihm zum Verhängnis nach der Beendigung seiner Tätigkeit im Orient, als er mangels eines eigenen Ordensstaates sich auf seine französischen Güter konzentrierte, durch den sog. **Templerprozeß**: König Philipp IV. der Schöne wollte im Zusammenhang seiner Politik nationaler Konzentration diesen Machtfaktor ausschalten; er ließ 1307 die Templer in Frankreich verhaften, u.a. wegen Ketzerei anklagen und bis 1314 in Schauprozessen hinrichten. Andere Staaten folgten diesem Beispiel. Der anfangs opponierende Papst Clemens V. half dabei mit durch Verbot und Auflösung des Ordens auf dem Konzil von Vienne 1311/12. Dieser spektakuläre "Justizmord" verdeutlichte die weltlichen Verflechtungen des geistlichen Rittertums besonders deutlich.

9.2 Die Johanniter/Hospitaliter

Zur Betreuung kranker Pilger bildete sich ca.1100-1130 der **Hospitalorden** der Johanniter (*Diener der Armen Christi*) in Jerusalem. Neben seinen bedeutenden Leistungen in der Krankenpflege traten angesichts der Existenzbedrohung der Kreuzfahrerstaaten der bewaffnete Schutz der Pilger und der christlichen Siedlungen sowie der Kampf gegen die Muslime seit ca.1140 in den Vordergrund. So entstand ein zunehmend von Adeligen beherrschter **Ritterorden**, dessen besonderes Gelübde dem Dienst an den Armen und der Verteidigung des Glaubens galt. Nach dem Ende der Kreuzfahrerstaaten bildeten die Johanniter auf **Rhodos** einen eigenen **Ordensstaat**; sie spielten im 14./15.Jh. mit ihrer Flotte und ihren gewaltigen Burgen im östlichen Mittelmeerraum eine wichtige Rolle beim Abwehrkampf gegen die Türken. Diesem Zweck dienten sie weiterhin, als sie 1530 ihren Vorort nach **Malta** verlegen mußten (daher auch *Malteser* genannt), bis ins 18.Jh.

9.2.1 Der alten Tradition der Palästinawallfahrt (vgl. 8.1.1) entsprach die Fürsorge für die Pilger, die fern der Heimat besonderer Hilfsmaßnahmen bedurften. Italienische Kaufleute renovierten um 1080 in Jerusalem ein seit dem 7./8.Jh. bestehendes (wohl nach dem alexandrinischen Patriarchen Johannes Eleemosynarius benanntes) Hospital zusammen mit einem Benediktinerkloster. Dort bildete sich 1099 im Zusammenhang der Kreuzfahrerbewegung ein Hospitaliterorden (mit einer ersten Regel um 1130) zur **Pilgerbetreuung und Krankenpflege**, der sich später Johannes den Täufer als Patron nahm. Weitere **Hospitäler** entstanden in Syropalästina sowie in den südeuropäischen Hafenstädten und Wallfahrtsorten. Ihre - nach byzantinischen Vorbildern organisierte - medizinische Versorgung war vorbildlich. Seit 1136 übernahmen die Johanniter (Ordenstracht: schwarzer Mantel mit weißem achtspitzigem Kreuz) **Burgen** im Königreich Jerusalem zum Grenzschutz gegen die Muslime. Der **militärische Dienst** wurde ausgebaut und trat in den Vordergrund; der Reichtum des Ordens wuchs durch Schenkungen von Landbesitz und durch Ablaßgelder. Unter dem Meister Raymond du Puy erhielt der Orden ca.1155/60 eine **Regel** auf der Basis von Augustiner- und Templerregel. Konflikte mit Templern und Kreuzfahrern behinderten im 12./13.Jh. die Verteidigung der christlichen Bastionen.

9.2.2 Der zentralistisch organisierte, v.a. in Westeuropa verbreitete Orden gliederte sich in 7 *Zungen* (Nationen), 25 Priorate und ca.700 **Kommenden/**Komtureien auf regionaler Ebene. Nach dem Fall Akkons 1291 verlegte der Meister seinen Sitz nach Zypern, 1309 nach **Rhodos,** das - als Festung und Hafen ausgebaut - zur Basis der **Seemacht** und der **Handelsgeschäfte** des Ordens wurde. Die abendländischen Besitztümer wurden - v.a. durch Übernahme von Teilen des Templervermögens - kräftig vermehrt. Im Kampf gegen das Vordringen des Türkenreiches erwarb der Orden sich große Verdienste, bis er 1522 Rhodos aufgeben mußte. Von Kaiser Karl V. erhielt er 1530 Malta; als souveräner "Staat" spielte er bis 1798/1809 eine politische Rolle in Europa. Neben dem im 19./20.Jh. reorganisierten katholischen Orden (mit dem Malteser-Hilfsdienst in Deutschland) entstand in Preußen 1812/52 ein evangelischer Johanniterorden mit sozialkaritativen Aufgaben, der sich u.a. in Deutschland bis heute gehalten hat (z.B. mit Johanniter-Unfallhilfe und -Schwesternschaft).

9.3 Der Deutsche Orden und die Heidenmission

Als letzter der drei großen Ritterorden entwickelte sich in Palästina aus einer Hospitalbruderschaft analog zu den Johannitern seit 1198 der *Orden der Deutschen Brüder*, dessen Regel die Verpflichtungen zum **Kampf gegen das Heidentum** und zur **Krankenpflege** verband. Kaiser Friedrich II. förderte ihn im Blick auf seine Palästinapolitik und wurde bei seinem Kreuzzug 1227-29 von ihm - im Unterschied zu Templern und Johannitern - kräftig unterstützt. Bis 1291 blieb er in Palästina ein militärischer Machtfaktor. Unter seinem bedeutenden Hochmeister Hermann von Salza bildete er jedoch einen neuen Schwerpunkt mit der gewaltsamen **Heidenmission in Preußen und im Baltikum** seit 1231, wo er ein eigenes Herrschaftsgebiet etablierte (vgl. § 7; 12.2).

9.3.1 Im Zusammenhang mit der Gründung eines Feldspitals beim Kampf um Akkon 1189/90 durch Lübecker und Bremer Kaufleute entstand eine **Laienbruderschaft**, die die Kontinuität zum älteren Hospital der Deutschen Brüder in Jerusalem beanspruchte und sich 1198/99 nach dem Templer-Vorbild zum Ritterorden wandelte (1199 päpstlich anerkannt): Der *Ordo fratrum domus hospitalis Sanctae Mariae Theutonicorum* (o.ä.) bzw. *Ordo Theutonicorum.* Er rekrutierte sich v.a. aus dem Ministerialadel Deutschlands mit Unterstützungsbasis zunächst in Thüringen-Hessen (besonderem Schwerpunkt in Marburg um die Verehrung der heiligen Elisabeth; s. § 6; 12.4.2). Seine bis 1245 entwickelte Regel kombinierte diejenigen der Johanniter und Templer; deren **Organisation** entsprach die seinige: u.a. Balleien und Komtureien als Verwaltungseinheiten, Mitgliedschaft in drei Klassen, weißer Mantel mit schwarzem Kreuz als Rittertracht. **Hermann von Salza** (Hochmeister 1209-39) erwarb ihm durch seine guten Kontakte zu

Friedrich II. und den Päpsten politischen Einfluß und Privilegien. Im Heiligen Land erwarb er Burgen (v.a. Montfort/Starkenberg bei Akkon bis 1271 als Hochmeistersitz) und Ländereien; die Konflikte mit Johannitern und Templern belasteten die Situation. Durch den Kreuzfahrerablaß und zahlreiche Stiftungen in Deutschland wurde er reich.

9.3.2 Da die Heidenbekämpfung die Hauptaufgabe war, aber die Aussichten in Syropalästina sich seit ca.1220 verschlechterten, intendierte Hermann von Salza ein eigenes Herrschaftsgebiet in Europa. Die vom Papst unterstützte **Mission im Burzenland** (Siebenbürgen) 1211-25 scheiterte am Widerstand des ungarischen Königs Andreas. Als der polnische Herzog Konrad von Masowien den Orden bat, das angrenzende **Land der Prußen** im Sinne der Kreuzzugsidee zu christianisieren, baute dieser seit 1231 bis 1283 eine **eigenständige Herrschaft** im Kulmer Land, in Samland und Preußen auf. Der 1228 gegründete polnische Ritterorden der **Dobriner** und der seit 1202/3 in Livland tätige **Schwertbrüderorden** schlossen sich 1235 bzw. 1237 ihm an. (Zum preußisch-livländischen Ordensstaat s. § 7; 12.2.2-4).

9.4 Literatur

H. BOOCKMANN: Der Deutsche Orden, 4.A. 1994. - DERS.: Deutscher Orden, LMA 3 (1986) 768-777. - A. DEMURGER: Die Templer, 4.A. 1994. - J. FLECKENSTEIN/M. HELLMANN (Hg.): Die geistlichen Ritterorden Europas, 1980. - H. PRUTZ: Die geistlichen Ritterorden, 1908; ND 1977. - J. RILEY-SMITH: Johanniter, LMA 5 (1991) 613-616. - B. WALDSTEIN-WARTENBERG: Die Vasallen Christi. Kulturgeschichte des Johanniterordens im Mittelalter, 1988. - H. WIENAND (Hg.): Der Johanniter-Orden. Der Malteser-Orden, 2.A. 1977.

10. Das Ende der christlichen Großmacht Byzanz

Dic Expansion des Abendlands in den östlichen Mittelmeerraum als wesentliches Element der Kreuzzugsbewegung brachte eine **neue Phase der Konflikte** mit dem oströmischen Reich, dem ursprünglichen Träger des christlichen Universalanspruches mit spezifischer weltlich-geistlicher Synthese. Die Entwicklung der beiden westlichen Universalgewalten war seit dem 5. bzw. 8.Jh. auch durch eine Auseinandersetzung mit Byzanz bestimmt. Es gab **keine völlige Trennung** der Interessensphären und damit kein beziehungsloses Nebeneinander, zumal Reste der byzantinischen Herrschaft in Süditalien und in der Adria bis ins 11.Jh. verblieben und unmittelbaren machtpolitischen Konfliktstoff boten. Die kirchenpolitischen Beziehungen zwischen römischem Papst und byzantinischem Kaiser blieben auch nach dem Schisma von 1054 bestehen, wurden allerdings durch die Kreuzzugsbewegung schwer belastet, z.B. durch die lateinische Neuorganisation der Kirchen in Syropalästina. Daß der **sog. 4. Kreuzzug** 1202-04 entgegen der ursprünglichen Intention sich gegen Konstantinopel richtete, war im Zusammenhang der weitreichenden Konfrontation zwischen West- und Ostchristenheit kein Zufall. Die durch ihn veranlaßte Errichtung von **lateinischen Herrschaften** (Kaisertum mit Fürstentümern) auf oströmischem Reichsboden 1204-61 trug zu Byzanz' Niedergang wie zur Entfremdung beider Kulturkreise entscheidend bei. Seit dem 13./14.Jh. schrumpfte das Reich auf dem Balkan und in Kleinasien infolge serbischer und türkischer Expansion. Schon seit dem 11./12.Jh. war es keine europäische Großmacht mehr, allerdings immer noch ein Machtfaktor im östlichen Mittelmeerraum. Die **Existenzbedrohung durch die Türken** veranlaßte den Kaiser zur Annäherung an den Westen. Das führte im 13.-15.Jh. zu verschiedenen Verständigungsversuchen, die durch das **Junktim von Militärhilfe und Kirchenunion** unter Roms

Führung bestimmt waren. Im Abendland kam es zu einer Neubelebung der Kreuzzugsaktivitäten (die eine Fortsetzung im 16./17.Jh. bei den militärpolitischen Aktionen zur Abwehr der "Türkengefahr" fanden); doch diese scheiterten ebenso wie die Unionsversuche. Die Zerrüttung des byzantinischen Staates und das Vordringen der Türken nach Europa waren nicht aufzuhalten. Der Fall Konstantinopels 1453 markierte eine **weltgeschichtliche Zäsur**, deren kg. Bedeutung in folgendem bestand: a) Das christliche Europa verengte sich auf das Abendland mit alleiniger kirchlicher Dominanz des römischen Papsttums (bis zur Reformation). b) Die ostkirchliche Form des Christentums lebte größtenteils in zersplitterten, unterdrückten Minderheitskirchen weiter. c) Die religiös-politische Tradition des oströmischen Reiches fand eine Fortsetzung im russischen Zarenreich (mit dem Anspruch, daß Moskau das *dritte Rom* sei), was für die europäische Kirchengeschichte bis 1917 wichtig wurde.

10.1 Innere Instabilität und territoriale Erosion

Außenpolitisch war Byzanz infolge seiner geostrategischen Lage von den Völkern, die aus Asien westwärts drangen, doppelt bedroht und stand seit dem 7.Jh. in **grundsätzlichem Zweifrontenkrieg.** Vom Balkan- bzw. Schwarzmeergebiet her bedrohten es Bulgaren, Petschenegen und Kumanen; nach Kleinasien drangen Araber, Seldschuken, Türken und Mongolen vor. Hinzu kam als **dritte Front** bis ca.1070 die Verteidigung der westlichen Reichsteile v.a. in Süditalien. Innenpolitisch wurde das Reich immer wieder durch **Machtkämpfe** um die Herrschaft geschwächt, die Ausdruck sozialer Spannungen und ethnischer Gegensätze waren. Diese wurden teils verursacht, teils verschärft durch die außenpolitische Lage, die eine Dominanz militärischer Aspekte bei der Staatsverwaltung erforderte. Die Zeit des sog. Mittelbyzantinischen Reiches (867-1261) war geprägt durch den Wechsel von Phasen des Niedergangs und des Aufschwungs. Zunächst gab es für ca.150 Jahre eine erstaunliche Blüte mit Siegen über Araber und Slawen, Rückgewinnung der alten Reichsgebiete im Südosten bis Edessa, Antiochia und Damaskus, kulturellem Glanz und ökonomischer Prosperität. In dieser Periode war Byzanz letztmalig eine dominierende Großmacht, wie sich auch an den Missionserfolgen v.a. in Bulgarien, Serbien und Rußland zeigte (s. § 7; 8.2-9.2). Seit ca.1025 begann ein Prozeß der inneren **Destabilisierung** und der außenpolitischen **Schwäche**, der allmählich zum Abbau der alten Reichsherrlichkeit führte. Nun spielte die religionspolitische **Annäherung an den Westen** zunehmend eine Rolle, wobei das seit Karl d.Gr. und Otto d.Gr. bestehende Zwei-Kaiser-Problem (der ideologische Konflikt um die legitime Nachfolge des Imperium Romanum und die Universalrepräsentanz der Christenheit) ein gewisses Gewicht für die praktische Politik besaß. Da die griechische Kirche eine Union mit Rom als Preisgabe der Orthodoxie ablehnte, bahnte sich eine Distanz zum Kaiser und damit eine neuartige Differenz zwischen Kirche und Staat an.

10.1.1 Mit der von Basilius I. (867-886; vgl. § 8; 6.1.4) begründeten Makedonierdynastie, die sich bis 1056 hielt, begann - nach einer Vorbereitung in der kulturellen Blütezeit seit 843 (s. § 4; 14.4.1) - die bedeutendste Phase der **Machtentfaltung**. Die arabische Gefahr hörte aufgrund der militärischen Erfolge seit 940 definitiv auf; doch der Ausdehnung nach Syrien, Palästina und Kreta stand die Bedrohung auf der Balkanhalbinsel durch Slawen und Bulgaren gegenüber. Jene Phase äußerer Macht und innerer Stabilität endete nach Basilius' II. (976-1025) Tod. Ob man die **Periodisierung** so vornimmt, daß man die **Mittelbyzantinische Zeit** erst seit 867 (oder schon 641 nach Heraklius) ansetzt, ist eine zweitrangige Formalie; die Periodisierung hängt von der Definition des Phänomens "Byzanz" ab. In kirchengeschichtlicher Hinsicht beginnt es - und damit die Frühbyzantinische Zeit - nicht schon mit Konstantin, wie viele Byzantinisten annehmen, sondern mit Justinian (vgl. § 3; 14.1-2) bzw. eigentlich erst mit Heraklius (s. § 4; 13.1.1). Charakteristisch für die mittelbyzantinische Periode war die fast uneingeschränkte **Herrschaft des Kaisers über die Kirche**, die allerdings eine Opposition kirchlicher Repräsentanten und Gruppen nicht ausschloß (s. dazu z.B. § 4; 14.2.3; 14.4.2; § 8; 6.1.4). Die grundsätzlich postulierte Harmonie/*symphonia* zwischen Staat und Kirche drückte sich konkret v.a. darin aus, daß der Kaiser als Gottes Abbild die äußeren Geschicke der Kirche lenkte und damit auch für ihren institutionellen Erhalt zuständig war: z.B. durch Einberufung von Konzilien, Erlaß der Kirchengesetze/*kanones*, Verteidigung der *Orthodoxie* - d.h. des Wesens der Kirche - gegen Häretiker als Staatsfeinde. Konflikte mit dem Patriarchen und dem Episkopat gab es durchaus, sie erhielten aber nie grundsätzliche Bedeutung. Eine Autonomie der Kirche konnte es von diesen Voraussetzungen her nicht geben, deshalb selbst keine Zweigewaltentheorie o.ä. wie im Westen (nicht bei Photius, wie z.T. vermutet).

10.1.2 Der **Niedergang des Reiches** bis 1204 hatte zunächst **innenpolitische Gründe**: Herrschaft der Militäraristokratie unter der Komnenendynastie 1081-1185 mit fortschreitender Feudalisierung (Begünstigung der Großgrundbesitzer, Zurücktreten des Wehrbauerntums), Verarmung der Bevölkerung, Zerfall der Zivilverwaltung und Zerrüttung der Staatsfinanzen. Deswegen konnten die **außenpolitischen Gefahren** nicht abgewendet werden: Eroberung des größten Teils von Kleinasien durch die Seldschuken nach 1071 und 1076, Verlust der letzten Herrschaftsgebiete in Sizilien und Süditalien 1061/71 an die Normannen, dann die Entstehung eines großserbischen Reiches um 1171, Eroberung Dalmatiens und Kroatiens durch die Ungarn und die Loslösung der Bulgaren in einem neuen Reich seit 1185/6. Episoden blieben die Blütezeiten unter Alexius I. (1081-1118), Johannes II. (1118-43) und Manuel I. (1143-80) trotz innerer Konsolidierung und gewisser militärischer Erfolge in Kleinasien und Syrien. Der Versuch einer Expansion nach Apulien scheiterte 1155-58; trotzdem bekundete Manuel I. - wie schon sein Vater 1124ff - nach 1162 sogar Bereitschaft zu einer **Union mit Rom** unter Anerkennung des päpstlichen Primats, um von dem Kampf gegen Friedrich Barbarossa zu profitieren (s. 7.1.3). Das scheiterte an Roms Desinteresse und am **Widerstand der byzantinischen Kirche**, die seit Alexius' I. Annäherung an den Papst (s. 8.2.1) die militärpolitisch motivierten Einigungsvorstellungen der Kaiser bekämpfte. Das hatte zur Folge, daß das traditionelle System der Einheit von Staat und Kirche durch eine zunehmende Polarisierung abgelöst wurde; denn die Kaiser wurden ihrer Aufgabe, Hüter der Orthodoxie zu sein, nicht mehr gerecht.

10.2 Westliche Okkupation: Das "lateinische Kaisertum" 1204-61

Durch die Kreuzzugsbewegung ergaben sich im 12.Jh. mancherlei kritische oder feindliche Kontakte zum Abendland, v.a. durch die über Konstantinopel führenden Pilger- und Heerzüge. Die ursprüngliche Hoffnung, mit deren Hilfe die alten Herrschaftsgebiete in Syropalästina restituieren zu können, hatte sich als Illusion erwiesen, vielmehr ging auch Zypern 1192 an die Kreuzfahrer verloren. Die Seldschuken im Sultanat Ikonium waren seit 1176 wieder ein gefährlicher Feind, hinzu kamen die Venezianer, welche zunehmend die Inseln und Küsten der Ägäis zu beherrschen suchten. Die großräumige Herrschaft auf der Balkanhalbinsel löste sich seit 1181 rapide auf. Das Reich schrumpfte auf ein Kerngebiet in Griechenland und im westlichen Kleinasien zusammen. Soziale Konflikte, finanzielle Zerrüttung und Thronwirren unterhöhlten die Stabilität. Diese Krise wurde zur Katastrophe, als **Venedig** 1202-04 ein **Kreuzfahrerheer** für seine Expansionspolitik mißbrauchte, das die bislang uneinnehmbare Hauptstadt eroberte und das Reich z.gr.T. annektierte. Ein **lateinisches Kaiserreich** mit **autonomen Vasallenstaaten** unter französischen Baronen und venezianischen Herren wurde errichtet (s. Abb.27). Byzantinisch blieben nur drei kleine Restgebiete. Die Herrschaft der "Franken" und Venezianer blieb weithin instabil, beschränkt auf Burgen und Städte, von der Bevölkerung abgelehnt. Die **kirchliche Union** mit Rom wurde formell deklariert (mit einem dem Papst unterstellten lateinischen Patriarchen in Konstantinopel und westlichen Bischöfen), hatte aber wenig praktische Auswirkung, weil Klerus und Kirchenvolk heftigen **Widerstand** leisteten. Zwar bröckelte die Machtposition des lateinischen Kaisertums schon seit 1216/25 erheblich ab, aber erst 1261 eroberte ein byzantinisches Heer die Hauptstadt zurück, während die Herrschaft der Franzosen in Morea (Peleponnes) und der Venezianer (sowie der Genuesen) auf den Inseln sich bis ins 15.Jh. hielt. In machtpolitischer Hinsicht nur eine Episode, hat die westliche Okkupation in kg. Hinsicht **längerfristige Wirkung** erzielt, weil sie die religiöse Spaltung nachhaltig vertiefte. Viel stärker als das Schisma von 1054 markierte sie die Trennung zwischen Ost- und Westkirche. Doch sie brachte auch Positives, indem sie den Austausch beider Kulturkreise förderte, v.a. die byzantinische Kunst und Architektur dem Abendland vermittelte.

10.2.1 Das sog. *lateinische Kaisertum* als Ergebnis des sog. **4. Kreuzzuges** ergab sich nicht aus einer folgerichtigen päpstlichen Politik, sondern aus einer Verkettung von Zufällen in Verbindung mit dem politischen Konzept der Republik Venedig. Papst **Innozenz III.** propagierte allgemein den **Kreuzzug als wichtigste Aufgabe** zur Verteidigung der Christenheit unter päpstlicher Leitung (s. 8.4). Er organisierte im ganzen Abendland die Kreuzzugspredigt zur Anwerbung von *Soldaten Christi* und schuf durch die Erhebung einer Kreuzzugssteuer auf geistliche Einkünfte ein Finanzsystem, mit welchem fortan die kostspieligen Kriegszüge gesichert werden sollten. 1198 rief er zur Teilnahme an einem Kreuzzug auf, der sich – zum dauerhaften Schutz Palästinas – gegen das islamische Machtzentrum Ägypten richten sollte. Herzöge und Ritter aus Mittelfrankreich und Flandern folgten v.a. dem Aufruf und schlossen einen Vertrag mit der **Republik Venedig** unter dem mächtigen, klugen Dogen Enrico Dandolo (gest. 1205), wonach dessen **Flotte** das Kreuzfahrerheer gegen eine riesige Geldsumme transportieren sollte. Da aber bis zum Herbst 1202 nur ein Teil der vorgesehenen Streitmacht versammelt war, der die geschuldete Summe für das ganze Heer nicht bezahlen konnte, mußten die Kreuzfahrer im Auftrag Venedigs die – bis 1186 venezianische – Küstenstadt Zara in Dalmatien erobern, die nun zum ungarischen Reich gehörte. Das war ein Verstoß gegen die Maxime der Kreuzzugsbewegung, keine christlichen Gebiete anzugreifen, und trug dem Heer – vorübergehend – den päpstlichen Bann ein. Nun aber ging die Entwicklung zum Freibeutertum weiter, i.w. gelenkt von Enrico Dandolo. Der junge byzantinische Thronprätendent **Alexius IV.**, Mitkaiser seines abgesetzten Vaters Isaak II., suchte **Hilfe** gegen einen Usurpator bei Venedig und den Kreuzrittern und versprach eine gewaltige Geldsumme und die Kirchenunion mit Rom. Als verstärkende Motive kamen für viele Kreuzfahrer die Aussicht auf die immensen Reliquienschätze Konstantinopels und der durch die Propaganda geschürte Haß gegen die griechischen "Ketzer" hinzu. Mit ihrer Flotte segelten sie im Sommer 1203 nach Chalkedon, konnten aber zunächst das stark befestigte Konstantinopel nicht erobern. Volk und Klerus verweigerten Alexius IV. die Erfüllung der illusionären Versprechungen und ermordeten ihn samt Isaak II., woraufhin die Kreuzfahrer im April 1204 unter fürchterlichem Morden und Plündern die Stadt einnahmen. Das war ein unerhörter Akt, weil **Konstantinopel** bislang allen äußeren Feinden getrotzt hatte – die größte, prächtigste Stadt der damaligen Welt mit zahlreichen Palästen, Kirchen, Klöstern und Kunstschätzen, die nun z.T. vernichtet wurden.

Abb. 27: Sog. Lateinisches Kaiserreich um 1214

10.2.2 Das byzantinische Reich wurde bis auf einige Reste erobert und zwischen Venedig und den Kreuzfahrern, den *Franken*, aufgeteilt (s. Abb.27). In Konstantinopel machten diese Graf Balduin von Flandern zum - ziemlich machtlosen - **Kaiser** (gest. 1205), der nur über ein Viertel des Territoriums verfügen konnte (das neue Reich **Romania**): Thrakien und das nordwestliche Kleinasien entlang dem Marmarameer sowie z.T. Konstantinopel (zusammen mit Venedig). Balduins I. Nachfolger, sein Bruder Heinrich (1205/6-16), konnte diese Position halten, doch danach ging es stetig abwärts durch Niederlagen gegen das Byzantinerreich von Nicäa, Verselbständigung der Vasallenstaaten und wirtschaftliche Not. (Zum lateinischen Patriarchat Konstantinopel s. § 8; 8.2.1). Daneben entstand ein unabhängiges **Königreich Thessalonike** mit Teilen Makedoniens und Thessaliens, das allerdings schon 1224 unterging. Als stabilste lateinische Herrschaft erwies sich das aus einem Verbund verschiedener Lehnsgebiete bestehende **Fürstentum Achaia** mit Schwerpunkten in Attika (1280-1311 autonomes Herzogtum Athen) sowie auf der Peloponnes (jetzt Morea genannt) unter dem Franzosen Gottfried von Villehardouin und dessen Nachkommen. Mächtige **Burgen** beherrschten das Land, die Festung Mistra (bei Sparta) entwickelte sich zum Herrschaftszentrum dieses französischen Feudalreiches, das nach 1261/2 in Anlehnung an das Haus Anjou (Königreich Neapel) im Kerngebiet bis 1432 sich behaupten konnte. **Venedig**, das außer wichtigen Küstenstädten in Dalmatien und Westgriechenland die meisten **Inseln** erhalten hatte (sog. Herzogtum Archipelagos) und Kreta annektierte, beherrschte nun den Seeweg nach Konstantinopel durch eine Art Kolonialreich, das bis zur türkischen Eroberung im 16.Jh. bestand (auf Kreta bis 1669).

10.2.3 Nach der Eroberung Konstantinopels 1204 zog sich der zum Kaiser ausgerufene Theodor I. Laskaris nach **Nicäa** zurück und baute von dort aus ein **griechisches Kaiserreich** auf, das sich allmählich konsolidierte und vergrößerte (s. Abb.27). Auch der byzantinische Patriarch residierte fortan dort. Konkurrierende Ansprüche erhoben die "Kaiser" in der Herrschaft um **Trapezunt** an der Schwarzmeerküste (die nach territorialen Verlusten bis 1461 als eigener Kleinstaat bestand) und die Nachkommen der letzten Kaiser aus der Angelosdynastie, die gegen die *Franken* in **Epirus** ein autonomes Herrschaftsgebiet/Despotat behaupteten und nach Eroberung des Königreichs Thessalonike 1224 ebenfalls den Kaisertitel führten. Ein für die Lateinerherrschaften bedrohlicher Machtfaktor war bis 1241 das expandierende Bulgarenreich. Doch entscheidend wurde die **Blüte des Reiches von Nicäa** unter dem tatkräftigen **Johannes III.** Dukas Vatatzes (1222-54), der durch eine geschickte Finanz- und Wirtschaftspolitik sowie durch die Stärkung der Militärmacht die Grundlage für den künftigen Aufstieg schuf. Er verdrängte die Lateiner zunächst aus Kleinasien, dann - wie die Bulgaren - aus Thrakien und Makedonien. Eine neue Dynastie begründete **Michael VIII. Palaiologos** (1259-82), durch dessen geschickte Außenpolitik - nach der eher zufälligen Einnahme Konstantinopels 1261 - Byzanz letztmalig eine bedeutende Position errang. Die Palaiologendynastie herrschte bis 1453.

10.3 Die Spätphase: Türkengefahr und Kirchenunion

Eine wirkliche Großmacht wurde das Spätbyzantinische Reich (1261-1453) trotz anfänglicher Restauration und Konsolidierung nicht. Es blieb territoriell zunächst eine Mittelmacht und war seit ca.1350 ein **Kleinstaat** mit Schrumpfungstendenz. **Durchgängige Krisensituationen** bestimmten den weiteren Geschichtsverlauf. Die Abwehr gegen die Zugriffe des Westens und der Türken schwächte die Lebenskraft des im Innern durch Unruhen, Bürgerkriege und religiöse Konflikte destabilisierten Staatswesens. Das seit dem 6.Jh. typische System einer **Harmonie**/*symphonia* von Staat und Kirche unter Leitung des Kaisers (s. § 3; 14.0) zerfiel vollends seit 1204. Interessengegensätze und eine größere kirchliche Selbständigkeit führten zunehmend zu Konfrontationen, v.a. wegen der unterschiedlichen Haltung gegenüber dem Abendland. Die Kaiser versuchten - nach ersten Ansätzen im 11./12.Jh. - in mehreren Anläufen seit ca.1270 bei ihren Verhandlungen eine westliche **Militärhilfe** gegen die Türken mit einer **Kirchenunion** unter Roms Führung zu bezahlen. Doch Patriarch, Klerus und Kirchenvolk widersetzten sich erfolgreich dem fast perfekten Unionsplan von 1274, weiteren kaiserlichen Versuchen im 14.Jh sowie schließlich einer neuen förmlichen Union 1439. Seit 1354 drang das **türkische Osmanenreich** - nach Eroberung ganz Kleinasiens - auch im europäischen Reichsteil unaufhaltsam vor und vernichtete die Reiche der Serben und Bulgaren. Das gab dem nunmehr alarmierten **Abendland** Grund, erneut einen aufwendigen **Kreuzzug** zu starten; aber das Kreuzfahrerheer erlitt 1396 eine so vernichtende Niederlage, daß die Türken weiter nach Westen vordringen konnten. Auch ein letzter Versuch dieser Art - nach der "Union" von 1439 - scheiterte 1444 völlig, wodurch die osmanische Balkanherrschaft endgültig gefestigt wurde. Damit war das Ende des i.w. auf die Hauptstadt beschränkten byzantinischen Staates unaufhaltsam (1453 Eroberung Konstantinopels). Seine große kulturelle Tradition lebte fortan nur noch in der griechisch-orthodoxen Kirche weiter. Das osmanische Reich aber war eine Großmacht in Europa geworden, die die abendländische Geschichte bis 1918 mitbestimmte.

10.3.1 Die Bedrohung durch **westliche Angriffe** i.V. mit den lateinischen Herrschaften in Südgriechenland blieb auch nach 1261 für das restituierte Reich, zumal der neue König von Sizilien(-Unteritalien) Karl von Anjou mit seinen Eroberungsplänen 1266ff das Streben nach der Kaiserwürde verband. Dem begegnete Michael VIII. Palaiologos durch ein taktisches Manöver, indem er Papst Gregor X. und den frommen Ludwig IX. von Frankreich durch das Angebot einer **Kirchenunion** auf seine Seite zog, die auf dem **2. Konzil von Lyon 1274** ohne theologische Vorbereitung formell dekretiert wurde (s. § 8; 9.4.2). Die Opposition der griechischen Kirche suchte Michael mit Gewalt gegen Kleriker und Gläubige zu unterdrücken; seine dadurch vereitelte Unionspolitik scheiterte vollends, als Papst Martin IV. und Karl von Anjou 1281 zusammen mit den Serben nach Makedonien eindrangen.

10.3.2 Die durch die Kämpfe im Westen bedingte Vernachlässigung des kleinasiatischen Kernlandes schwächte dessen Wirtschaft und Infrastruktur, so daß nach dem Zerfall des seldschukischen Sultanats von Ikonium um 1300 dort verschiedene, aus Zentralasien eingewanderte Turkstämme Fürstentümer errichteten, unter denen dasjenige des Osman (ca.1300-26) besondere Dynamik entwickelte. Die territoriale Expansion der **osmanischen Türken** wurde seit 1328 begünstigt durch bürgerkriegsähnliche Thronfolgekämpfe und durch die Unruhen im Zusammenhang mit dem Hesychasmusstreit (s. § 6; 5.4.5). So überquerten sie 1354 die Dardanellen und eroberten 1391 Adrianopel (als Edirne ihre neue Residenz). In dieser Situation wandten sich die Kaiser wieder an den **Westen**, und der alte Schacher *Militärhilfe gegen Kirchenunion* erlebte eine verworrene Neuauflage. Allerdings zog Andronikus III. (1328-41), der sich dem Papst anbiederte, Lehren aus der Vergangenheit und schaltete 1333ff Theologen ein, v.a. den gelehrten kalabrischen Mönch Barlaam (ca.1290-1350; s. § 6; 5.4.5). Während die Griechen ein ökumenisches Konzil vorschlugen, forderte Rom die Ratifikation der Beschlüsse von 1274. Ebenso wie dieser Versuch scheiterten die **Unionsverhandlungen** des Usurpators Johannes VI. Kantakuzenos 1347 und Johannes' V. (1341-91) 1355-69 an der Konzilsfrage und an der Resistenz der byzantinischen Kirche. Selbst Johannes' Konversion in Rom 1369 half nichts. Der vom Papst gewünschte, aber nicht realisierbare **Kreuzzug** kam erst zustande, als die Türken/Osmanen Makedonien eroberten und die Reiche der Serben 1389 (Schlacht auf dem Amselfeld) und der Bulgaren 1393 unterwarfen. Doch das abendländische Ritterheer unter dem ungarischen König Sigismund (seit 1410/11 Kaiser) wurde in der **Schlacht bei Nikopolis**/Donau 1396 besiegt.

10.3.3 Der umzingelte Zwergstaat Konstantinopel, dem noch das Despotat Morea/Peleponnes unterstand, blieb allerdings vorerst verschont, weil die Osmanen durch eine schwere Niederlage gegen die Mongolen unter Timur Lenk 1402 für einige Zeit geschwächt waren. Eine Rettung durch die - diesmal sorgfältig schon vom theologisch gebildeten Kaiser Manuel II. seit 1414 vorbereiteten - **neuen Unionsverhandlungen** zu erhoffen, war illusionär. Zwar kam es nach verschiedenen, mühseligen Anläufen unter Johannes VIII. (1425-48) dazu, daß Kaiser, Patriarch und Episkopat auf einem **gemeinsamen Konzil** zunächst in Ferrara 1438, dann in Florenz 1439 mit Vertretern der Westkirche nach intensiver Diskussion eine **förmliche Union** vereinbarten (s. § 8; 8.2.3). Der Papst versprach die Ausrüstung einer Flotte und Landstreitmacht, was er jedoch aus Finanznot nicht realisieren konnte. In Konstantinopel rebellierte die Bevölkerung gegen die unionistische Preisgabe der religiösen Identität, so daß die Union von 1439 niemals praktiziert wurde. Die **russische Kirche** sah damit von Byzanz die Orthodoxie preisgegeben, erklärte sich für autonom und verstand sich hinfort als legitime Hüterin der orthodoxen Tradition. Nach dem Untergang Konstantinopels 1453 beanspruchte das Moskauer Reich die Nachfolge; das demonstrierten die Annahme des **Kaisertitels** (*Zar*) 1547 durch Großfürst Iwan IV. Groznyi (*den Schrecklichen*, d.h. *den Ehrfurcht Gebietenden*) und die Erhebung Moskaus zum **Patriarchat** 1589.

10.4 Literatur

H.-G. BECK: Geschichte der orthodoxen Kirche im byzantinischen Reich, KIG I/D 1, 1980, 147-158.192-207.226-264. - M.-H. CONGOURDEAU: Die byzantinische Kirche von 1274-1453, GCh 6, 1991, 132-204. - DIES.: Die Beziehungen zwischen den Kirchen des Ostens und des Westens, ebd. 812-839. - H. HUNGER: Das Reich der Neuen Mitte, 1965. - R.-J. LILIE: Byzanz und die Kreuzfahrerstaaten, 1981. - F. MAJOROS/ B. RILL: Das Osmanische Reich (1300-1922), 1994. - J. MEYENDORFF: Byzanz, TRE 7 (1981) 500-531. - G. OSTROGORSKY: Geschichte des Byzantinischen Staates, 3.A. 1963. - E. PATLAGEAN: Das byzantinische Kaiserreich von 1054 bis 1122, GCh 5, 1994, 3-32. - DIES.: Die Beziehungen zwischen Konstantinopel und Rom ..., ebd. 372-387. - DIES.: Die griechische Christenheit ... (1204-1274), ebd. 716-753. - P. SCHREINER: Byzanz, OGG 22, 1985; 2.A. 1994. - P. WIRTH: Grundzüge der byzantinischen Geschichte, 1976; 4.A. 1994.

11. Staatliche Souveränität gegen päpstlichen Herrschaftsanspruch

Das päpstliche Postulat einer universalen Machtfülle/*plenitudo potestatis*, die die grundsätzliche Oberhoheit über die weltlichen Reiche einschloß, war ein Produkt der hochmittelalterlichen Situation. Praktische Auswirkungen konnte es nur in der Zeit um 1200-20 und 1250-80 haben, als die staatliche Organisation weithin noch schwach entwickelt, die politische Macht der Herrscher begrenzt und das Kaisertum in seinem Einfluß reduziert waren. Gleichwohl blieb es als **Theorie** bestehen, erlitt aber seit ca.1300 einen definitiven **Realitätsverlust**. Denn an die Stelle des einheitlichen Hauptwiderparts - des ebenso illusionären, nur ansatzweise realisierbaren Universalanspruchs der Kaiser - trat nun eine **differenzierte Bezugsgröße** in Gestalt von sich entwickelnden "Nationalstaaten", d.h. von Reichen, in denen die Könige ihre Herrschaft u.a. auch unter Einschränkung kirchlicher Macht auszubauen suchten. Diese - voran Frankreich - hatten gegenüber dem Kaiserreich den Vorteil, über Ansätze für eine stabile innere Machtbasis zu verfügen und in ihrer verfassungsrechtlichen Begründung unabhängig von päpstlichen Mitwirkungsansprüchen zu sein. Den letzteren entzog sich im 14.Jh. auch Deutschland, obwohl es kein einheitlicher Nationalstaat war oder wurde; es verabschiedete sich von seiner gesamtabendländischen Kaiserpolitik. Mit dem Ausbau der europäischen Nationalreiche im 14./15.Jh., der z.T. mit nationalkirchlichen Tendenzen verbunden war, wurde es dem durch interne Probleme geschwächten Papsttum (s. § 8; 11.3) unmöglich gemacht, eine "Weltherrschaft" in irgendeiner Form zu verwirklichen. In eine komplexer und differenzierter werdende politische Situation paßte derartiges nicht mehr. Zwar mischten sich die Päpste weiterhin immer wieder in die Politik der einzelnen Staaten ein, aber das war zumeist eine Begleiterscheinung ihrer Konzentration auf die innerkirchliche Gesamtherrschaft. Mit der Betonung der Autonomie des weltlichen Bereiches (der ein entsprechender Wandel in Philosophie und Theologie parallel ging; s. § 10; 14.0; 16.0) verlor das päpstliche Argumentationsmuster generell an Plausibilität. In alledem bekundete sich der Übergang vom Mittelalter zur Neuzeit.

11.1 Frankreichs paradigmatischer Konflikt mit dem Papst

Im Kampf gegen die Stauferkaiser hatten sich die Päpste v.a. auf französische Könige, Barone und Bischöfe gestützt; zu Frankreich besaß die Kurie seit dem 11.Jh. ein besonders gutes Verhältnis, wie z.B. die Trägerschaft der Kreuzzüge, die Zusammensetzung des Kardinalskollegiums oder der Pfründenbesitz zeigten. Auch die machtpolitischen Probleme, die sich aus der päpstlichen Belehnung Karls von Anjou, des Bruder Ludwigs IX., mit dem Königreich Sizilien 1265 ergeben konnten (mit dessen Einmischung in Mittel- und Oberitalien sowie in kuriale Belange), wirkten nicht negativ. Erst ein grundsätzlicher Konflikt Papst Bonifatius' VIII. mit König Philipp IV. dem Schönen 1296-1303 brachte eine Wende. Dessen allgemeine kg. Bedeutung bestand in einer **Kollision** zwischen dem päpstlichen Anspruch auf kirchliche **Gesamtherrschaft** und politische **Oberhoheit** einerseits und der königlichen **Souveränität** und staatlichen **Autonomie** (mit Steuer- und Gerichtshoheit gegenüber der Kirche) andererseits. Der Jurist **Bonifatius VIII.**, ein dezidiert politischer Papst, faßte letztmalig die **papalistische Theorie** der *plenitudo potestatis* und der Abhängigkeit der weltlichen Gewalt in klassischer Form zusammen: in seiner berühmten Bulle *Unam sanctam* 1302. Doch die Wirkungslosigkeit dieses Anspruchs und der geistlichen Strafmittel gegenüber der national verankerten Königsgewalt war evident (drastisch bekundet durch den französischen Versuch 1303, den Papst zu verhaften und vor Gericht zu stellen). Die politische Publizistik der Franzosen verdeutlichte den Mentalitätswandel: die programmatische Abkehr vom Primat des Geistlichen und die **Betonung weltlicher Eigenständigkeit**. Auch andernorts in Europa wurde dieser Veränderungsprozeß sichtbar (vgl. 11.2-3), konkretisiert z.B. in Englands Behauptung staatlicher Verfügungsgewalt über Kirchengüter. Im 14.Jh. geriet das verweltlichte Papsttum unter französischen Einfluß (vgl. 9.1.2; § 8; 11.1). Gegen seine zentralisierte Finanz- und Rechtsherrschaft über die einzelnen Kirchen erhob sich eine nationalkirchliche Opposition in Frankreich mit der Betonung der *libertas gallicana*, aber auch in England. Dieser sog. **Gallikanismus** verband sich einerseits mit den o.g. staatlichen Bestrebungen, andererseits mit dem innerkirchlichen Konziliarismus (s. § 8; 14.1). Er führte dazu, daß 1438 Frankreichs Kirche weitgehend von der Papstherrschaft befreit, dafür aber z.T. der königlichen Oberhoheit ausgeliefert wurde. Analoges galt für England, wo die Verhältnisse von vornherein wegen der größeren Distanz zum Papsttum und der starken königlichen Verfügungsgewalt über die Kirchengüter günstiger waren. Die Entwicklung zum neuzeitlichen Staatskirchentum kündigte sich hier an. Der Papst galt als singuläre Autorität hinsichtlich seiner innerkirchlichen Stellung; in der Politik war er hinfort nur eine Macht unter anderen, weil seine religiöse Legitimation im Blick auf weltliche Dinge ausdrücklich bestritten wurde.

11.1.1 König **Philipp IV. der Schöne** (*le Bel*, 1285-1314), auf Expansion und Stabilisierung seiner Herrschaft bedacht, zog in notorischer Geldnot 1294 alle **kirchlichen Pfründen** zur Zehntabgabe heran. Kleriker und Klöster beschwerten sich bei **Papst Bonifatius VIII.** (1294-1303), der - 1296 in seiner Dekretale *Clericis laicos* unter Hinweis auf die kirchenrechtlich fixierte Steuerimmunität des Klerus - solche Zahlungen an Laien verbot und die Exkommunikation/Absetzung androhte. Daraufhin unterband Philipp die Ausfuhr von Gold und Silber, was die Kurie angesichts ihrer zahlreichen französischen Pfründen schwer traf. Der Steuerstreit hatte eine **generelle Dimension**, weil ein auf Konsolidierung bedachtes Nationalreich externe Einflußmöglichkeiten, wie das kirchliche System sie bot, ausschalten wollte. Er wurde flankiert durch eine **Grundsatzdiskussion** in Streitschriften, in denen die königlichen Legisten/Staatsrechtler unter Führung von Pierre Flotte die staatliche Souveränität gegenüber kirchlichen Eingriffen betonten. Angesichts der französischen Finanzsperre und des Konflikts mit der mächtigen römischen Adelsfamilie der Kolonna lenkte der Papst ein u.a. durch Heiligsprechung Ludwigs IX. (s. 8.4.4), wodurch das französische Königtum eine kirchliche Bestätigung seines Anspruchs auf religiöses Charisma (u.a. mit Wunderheilungskräften) bekam.

11.1.2 Eine Neuauflage des Konflikts ergab sich 1301, als Philipp IV. einem französischen Bischof wegen Hochverrats den Prozeß machen wollte, Bonifatius aber dessen Freilassung und die Verhandlung vor dem päpstlichen Gericht forderte. Der grundsätzliche Aspekt des Falles betraf die für einen Nationalstaat wichtige **Unterwerfung des Klerus** unter die königliche Gerichtsbarkeit, die für den Herrschaftsanspruch des Papstes unerträglich war. Nun stellte Bonifatius in verschiedenen Bullen, Dekretalen und Schreiben die **hierokratische Theorie** des Papalismus mit dem Anspruch auf Oberhoheit über die Könige der Welt heraus, forderte Philipp öffentlich zum Gehorsam auf und hetzte den französischen Klerus gegen ihn auf. Dies attackierten die königlichen Legisten unter Pierre Flotte und Wilhelm von Nogaret/Guillaume de Nogaret (ca. 1260/70-1313, dem einflußreichsten Ratgeber Philipps und schärfsten Papstkritiker) als unzulässigen Übergriff in den weltlichen Bereich; der König habe auf Erden keinerlei Vorgesetzten. Bonifatius erließ nun zur Vorbereitung der Bannung Philipps die Konstitution "**Unam sanctam**" vom 18.11.1302, welche die **traditionelle Papatologie** im Blick auf ihre **politischen Konsequenzen** zusammenfaßte (s. § 8; 9.4.4): Unter Berufung auf die Zweischwertertheorie, wonach der Christus-Stellvertreter das ihm originär eignende weltliche Schwert den Königen zur Ausübung übertragen habe, statuierte er, daß die irdischen Machthaber bei Abweichung von ihrem Auftrag durch die geistliche Gewalt gerichtet werden könnten, während diese von niemandem gerichtet werde. Doch die Publikation der folgenden Bannbulle verhinderte Philipp: In Verbindung mit der Colonnafamilie überfiel ein Stoßtrupp unter Nogaret am 7.9. 1303 Bonifatius VIII. in seiner Residenz zu Anagni, um ihm in Frankreich auf einem Konzil den Ketzerprozeß zu machen; doch Anagnis Bevölkerung befreite ihn, der bald darauf starb. Dieses **Attentat** charakterisierte die tatsächliche Machtlosigkeit eines die Weltherrschaft beanspruchenden Papsttums gegenüber den Machtmitteln eines "modernen" Königtums.

11.1.3 Seit dem 12./13.Jh. formte sich ein spezifisches **Nationalbewußtsein,** doch Frankreich war im 14.Jh. noch **kein Staat** im neuzeitlichen Sinne. Das zeigte sich v.a. am Fehlen einer institutionalisierten Finanzgrundlage, was zur Folge hatte, daß die Könige (voran Philipp IV. mit seinen Expansionskriegen, z.B. der Annexion Flanderns) in ihrer ständigen Geldnot auch auf die Kirchengüter zugriffen. Das zeigte sich in der Aufsplitterung von Gerichtswesen und Landesverwaltung, wo die kirchlichen Zuständigkeiten störend wirkten. Das zeigte sich ferner in der Macht des Hochadels und des mit ihm verbundenen Episkopats. Die innere Zerrissenheit steigerte sich mit der Schwächung der Königsgewalt im 14./15.Jh., weshalb für England der sog. **Hundertjährige Krieg** (1339-1453) - später im Bündnis mit Burgund - die Möglichkeit zur weitgehenden Besetzung des Landes bot. In diesem Zusammenhang gewann das wundersam-charismatische Auftreten der von ihrer göttlichen Sendung überzeugten **Jeanne d'Arc/** Johanna von Orléans 1429 Bedeutung für die Befreiung und nationale Konsolidierung unter Karl VII. (1422/29-61). Typisch für die Verbindung religiöser und politischer Aspekte war auch ihre Hinrichtung als Ketzerin 1431.

11.1.4 Für eine Politik, die eine Stärkung der königlichen Macht betrieb, war die im Mittelalter gewachsene **Sonderstellung der Kirche** ein zunehmend attackiertes **Hindernis**, obwohl jeder König sich bei der Krönung verpflichtete, Schutzherr der Kirche zu sein. Seit dem Konflikt mit dem Papst 1301-03 (s. 11.1.2) suchten König und Adel die **kirchliche Gerichtsbarkeit** der

Synoden, bischöflichen Offizialate u.a. einzuschränken. Bequeme Zugriffe auf die kirchlichen **Geldquellen** boten die Königsrechte bei Vakanzen von Bistümern und bei Ämterverleihungen sowie der Besitz von Pfründen. Doch angesichts der gerade im 14.Jh. gesteigerten päpstlichen Finanzansprüche (s. § 8; 12.1) wurde die Doppelbelastung für die französische Kirche unerträglich. Deswegen ging die allgemeine Tendenz dahin, unter dem nationalkirchlichen Schlagwort der *libertas gallicana* (so seit 1394) dem Papst die Zugriffsmöglichkeiten zu beschneiden. Das verband sich mit der konziliaristischen Position (s. § 8; 14.1). 1407 ergingen - weithin mit Zustimmung des Klerus - entsprechende staatliche **Verordnungen**, die allerdings nur mühsam in die Praxis umgesetzt werden konnten. **1438** beschloß eine Nationalsynode in diesem Sinne zusammen mit der Anwendung der konziliaristischen Reformen; König Karl VII. machte daraus ein staatliches Religionsgesetz, die sog. **Pragmatische Sanktion von Bourges**, die neben innerkirchlichen Reformen betr. Messe und Klerus v.a. alle päpstlichen Steuerrechte abschaffte, die geistliche Gerichtsbarkeit den weltlichen Gerichten/Parlamenten übertrug, die Appellation nach Rom einschränkte und den königlichen Einfluß auf die kirchliche Stellenbesetzung verstärkte. Doch es gab bei der Anwendung erhebliche Widerstände und Schwierigkeiten. Deshalb und aus allgemeinen politischen Gründen gab König Franz I. im **Konkordat von 1516** Papst Leo X. einige jener Rechte zurück, erhielt aber das völlige Ernennungsrecht für alle Bistümer und Klöster, was die staatliche Kirchenhoheit enorm stärkte.

11.1.5 Nachdem der päpstliche Einfluß in **England** während des 13.Jh.s - nicht zuletzt aufgrund der 1213 von König Johann Ohneland gegenüber Innozenz III. begründeten Lehnsabhängigkeit (symbolisiert durch jährlichen Lehnszins bis 1366) - noch stark war, drängten ihn im 14.Jh. die Könige seit Edward I. (1272-1307) massiv zurück. Dabei wirkten sich die Konflikte mit Frankreich aus, weil für die Engländer seit 1309 das Papsttum als französisch dominiert galt. Nun wurde die bisherige **Integration der Kirche in das Feudalsystem** ausgebaut. Da der König sich als ihr oberster Patron verstand, drängte er im 14.Jh. die wachsenden Zugriffe des Papstes auf die **Besteuerung** des Klerus und die Vergabe von **Pfründen** zurück (in Statuten von 1351, 1365 und 1390). Auch den päpstlichen Einfluß auf die **kirchliche Rechtsprechung** beschnitt das Königtum systematisch bis hin zum Verbot von Appellationen an die Kurie (Statuten von 1353, 1365 und 1393). Die kirchliche Gerichtsbarkeit wurde - im Zuge des Ausbaus der staatlichen Gerichte - auf rein geistliche Dinge beschränkt. Da die schwindende Autorität des Papstes infolge des Schismas von 1378ff (s. § 8; 11.3) noch weiter sank und da die Loyalität der englischen Bischöfe stärker dem Königreich als der Kurie galt, verfestigten sich die **nationalkirchlichen Tendenzen** im 15.Jh.

11.2 Verselbständigung des römischen/deutschen Reiches

Die Ausschaltung der Stauferherrschaft in Deutschland und Italien bedeutete das faktische **Ende der kaiserlichen Universalität**. Das demonstrierten sowohl die lange Periode einer schwachen deutschen Königsgewalt im Spätmittelalter als auch das Fehlen einer machtpolitischen Grundlage des weiterhin bestehenden Kaisertums. Als *imperator* kam dem *rex Romanorum* (wie der deutsche König offiziell hieß) zwar weiterhin eine nominelle Autorität zu, die ihn über die anderen Könige erhob, aber in der politischen Praxis - zumal auch in den Auseinandersetzungen mit dem Papsttum - war er nur einer der europäischen Herrscher. Der besondere Anspruch des *sacrum imperium*, des *heiligen römischen Reiches* (wie es sich nannte), wurde im 13./14.Jh. dadurch ausgehöhlt, daß die Teilreiche Burgund (bzw. Arelate) und Italien nun tatsächlich sich verselbständigten. In der politischen Wirklichkeit bestand das Imperium nur noch aus Deutschland, weswegen man im 15.Jh. begann, es "**Heiliges römisches Reich deutscher Nation**" zu nennen (seit 1486/ 1512 titular verfestigt, bis 1806 offizielle Bezeichnung). Allerdings behielt seine Sonderstellung vorerst insofern eine **spezifisch kg. Bedeutung**, als die Kaiserkrönung konstitutiv an Rom bzw. an den Papst gebunden war und dieser seit Innozenz III. das **Approbationsrecht** bei einer Königswahl beanspruchte. Der propagandistisch angeheizte **Konflikt** um diesen Anspruch zwischen Kaiser **Ludwig IV.** (*dem Bayern*, 1314-47) und Papst **Johannes XXII.** (1316-34) bildete einen bloßen Nachklang der großen Auseinandersetzungen von 1075-1250 mit Bannfluch, Einsetzung eines Gegenpapstes und Kämpfen um Italien, hatte indes nur noch begrenzte Relevanz. Seine allgemein wichtigen Aspekte bestanden in zweierlei: a) In der antipäpstlichen Publizistik kündigten sich **neue Staatslehren** an, welche die absolute Souveränität der weltlichen Gewalt gegenüber der religiösen Bindung betonten und damit das säkularistische Staatsverständnis der Neuzeit vorbereiteten. b) Zur Abwendung der päpstlichen Eingriffsmöglichkeiten formte sich in Deutschland seit 1338 das **Verfassungsrecht**, wonach der von den Kurfürsten gewählte *König der Römer* ohne päpstliche Bestätigung rechtmäßiger Amtsträger war und die sieben Kurfürsten als Königswähler und -berater eine herausgehobene Position im Reich einnahmen (Goldene Bulle Karls IV. von 1356). In der Praxis führte es allmählich dazu, daß auch die Krönung durch den Papst in Rom nicht mehr als konstitutiv für die Kaiserwürde betrachtet wurde und deshalb nach 1452 entfiel. Das lief auf eine Angleichung des Reiches an die Nationalstaaten hinaus, doch ansonsten fehlte ihm - wegen der Fixierung der Territorialstaatlichkeit in den Fürstentümern etc. - die nationalstaatliche Einheitlichkeit, was u.a. zur Folge hatte, daß der König/Kaiser zumeist auf politisches Einvernehmen mit dem Papst bedacht war. Eine aktive Italienpolitik betrieb er seit Karl IV. (1346/7-78) nicht mehr; die alten innerkirchlichen Rechte wurden fast völlig preisgegeben. Die deutsche "Reichskirche" unterschied sich im 15.Jh. durch ihren Föderalismus und ihre Rombindung wesentlich von den westeuropäischen Nationalkirchen mit deren zunehmender Staatshoheit in vielen Belangen.

11.2.1 Das Prinzip des **Wahlkönigtums** ließ nach dem Ende der Stauferdynastie keineswegs 1254-73 in Deutschland ein *Interregnum* (*Zwischenherrschaft*, d.h. Thronvakanz) entstehen. Entgegen häufiger Verwendung dieses mißverständlichen Begriffs gab es durchaus legitimierte Könige, wenngleich in einer Doppelwahl (Wilhelm von Holland bis 1256, seit 1257 Richard von Cornwall bis 1272 und Alfons X. von Kastilien bis 1275); diese taten allerdings für das Reich wenig bzw. nichts. Seit der Wahl Rudolfs I. von Habsburg (1273-91) stabilisierte sich die Reichsherrschaft (unter Preisgabe von Königsrechten und -gütern in Italien) aber vorübergehend, geschwächt v.a. durch den Gegensatz zwischen der Habsburger und der Luxemburger Fürstendynastie. **Heinrich VII.** (1308-13, 1312 in Rom zum Kaiser gekrönt) versuchte, an die staufische **Kaiserpolitik** in Italien und an den Anspruch auf Universalherrschaft anzuknüpfen, scheiterte aber an den partikularen Gegenkräften und an den italienischen Parteiungen (*Ghibellinen/Waiblinger* = Staufer/Kaisertreue gegen *Guelfen/Welfen*, d.h. Papstanhänger bzw. Antikaiserliche; jetzt allgemein auf die inneritalienischen Gegensätze beschränkt). In diesem Zusammenhang war es von geistes- und theologiegeschichtlicher Bedeutung, daß in der publizistischen Kontroverse Dante Alighieri mit seiner *Monarchia* von ca.1312/3 die staufische Kaiserkonzeption und die alte Romideologie erneuerte (s. 13.3.2).

11.2.2 Die Doppelwahl des Jahres 1314 schuf bis 1322 (Sieg Ludwigs, des Herzogs von Bayern, über Friedrich den Schönen, Herzog von Österreich) und darüber hinaus in Deutschland **instabile Verhältnisse**. Erst als Ludwig IV. 1323 in Oberitalien eingriff, um Mailand vor den päpstlichen Truppen zu schützen, berief sich Johannes XXII. auf das vermeintlich seit Innozenz III. bestehende Bestätigungsrecht und eröffnete einen **Ketzerprozeß** gegen ihn (dessen üblicher Beiname *der Bayer/Bavaricus* auf die kuriale Propaganda zurückging, die damit sein Königsein bestritt). Auf den Kirchenbann, die Exkommunikation, reagierte Ludwig 1324

– in Fortsetzung seines juristischen Protestes – mit einer kirchenpolitisch brisanten Maßnahme: der Forderung nach einem **allgemeinen Konzil als Berufungsinstanz** (sog. Sachsenhäuser Appellation; vgl. das ähnliche Beispiel Friedrichs II. 7.3.4). Er folgte damit den franziskanischen Papstkritikern im Armutsstreit und den antipäpstlichen Staatstheoretikern und Konziliaristen (s. 11.3). Daraufhin erklärte der Papst seine Königswahl für nichtig, was der Absetzung gleichkam und die Position Friedrichs des Schönen (gest. 1330) stärken sollte. Nun wirkte sich aus, daß seit 1309 der Papst nicht mehr in Rom residierte (s. § 8; 11.1). Zur Stärkung seiner Herrschaft zog Ludwig 1327 nach Italien, empfing in Mailand die Langobardenkrone und 1328 in Rom (das sich zur Republik erklärt hatte) vom Repräsentanten des Volkes die **Kaiserkrönung** – erstmals als einen nichtreligiösen Akt. Als Johannes XXII. zum Kreuzzug gegen ihn als Ketzer aufrief, machte er den Franziskaner Petrus von Corvaro zum **Gegenpapst Nikolaus V.** (1328-30; letztmalige Praktizierung des alten kaiserlichen Rechtsanspruchs). Ludwig erzielte bis 1330 aber in Italien keine Erfolge. Der Konflikt wurde anders als im 11.-13.Jh. nicht militärisch, sondern politisch-propagandistisch ausgetragen.

11.2.3 Eine wichtige **Grundsatzerklärung** trafen die Kurfürsten auf Initiative des seit 1308 in der Reichspolitik einflußreichen Erzbischofs Balduin von Trier (1307-54), eines Bruders Heinrichs VII. Im **Kurverein von Rhens** bei Koblenz – d.h. in einer Konferenz des Kreises der Königswähler, die sich erstmals zu gemeinsamer reichspolitischer Aktion trafen – 1338 verkündeten sie als *Weistum*, d.h. als Feststellung des geltenden Rechts, daß der von den Kurfürsten Gewählte als römischer König ipso facto den Titel führen und das Reich regieren dürfe, und zwar ohne päpstliche Zustimmung oder Mitwirkung. Ludwig IV. bestätigte das 1338 durch sein Gesetz *Licet iuris*, das über dies die Gottunmittelbarkeit des Kaiseramtes betonte (Texte/Übers.: AQDGMA 33, 286-293). Allerdings kam es wegen der Opposition gegen Ludwigs Politik u.a. auch unter dem Einfluß von Papst Clemens VI. (1342-52) 1346 zur Wahl eines Gegenkönigs: des Luxemburgers Karl, Markgrafen von Mähren. **Karl IV.** nahm mit seinem Wahlprivileg, der auf den Reichstagen in Nürnberg und Metz verkündeten **Goldenen Bulle von 1356**, die Rechtsposition von 1338 auf und erweiterte sie dadurch, daß er das seitdem klar definierte Kollegium der **Kurfürsten**/*Electores* – über seine Funktion bei der nun exakt geregelten Königswahl hinaus – als kaiserliches Beratungsorgan an der Reichspolitik beteiligen wollte; damit, v.a. aber mit der Fixierung von Unteilbarkeit und Primogenitur der Kurfürstentümer, stellte er sie über die übrigen Reichsfürsten. Die Goldene Bulle, bis 1806 gültiges "Grundgesetz", prägte die künftige Verfassungswirklichkeit des Reiches und sicherte die Unabhängigkeit gegenüber päpstlichen Rechtsansprüchen (Text/Übers.: AQDGMA 33, 314-395).

11.2.4 In den jahrhundertelangen Kämpfen mit dem Papsttum hatten die Kaiser die dem deutschen Königtum eignende Verfügungsgewalt über die Reichskirche weitgehend eingebüßt. Die Bistümer und Abteien waren kirchenrechtlich durch eine starke Papstabhängigkeit (v.a. in finanziellen Fragen), staatsrechtlich durch territoriale Eigenständigkeit bestimmt. Die Entwicklung hin zu einer deutschen Nationalkirche war damit – anders als in England und Frankreich – unmöglich. **Karl IV.** hat im Einvernehmen mit dem Papst die *libertas ecclesiae/Freiheit der Kirche* seit 1354 durch verschiedene **Privilegien** bestätigt, welche die Rechte der geistlichen Fürsten und des Klerus vor dem Zugriff weltlicher Obrigkeiten sichern sollten (u.a. durch Verbot der Besteuerung von Kirchengütern und der Einschränkung der kirchlichen Gerichtsbarkeit). Doch die Kritik an der päpstlichen Finanzwirtschaft und die Autonomietendenzen in der Ära des Konziliarismus wirkten sich auch in Deutschland aus. Die Kurfürsten erklärten 1439 im **Mainzer Akzeptationsinstrument** die Gültigkeit der Reformdekrete des Baseler Konzils für das Reich. Doch was Frankreich mit der Pragmatischen Sanktion 1438 erreichte, ließ sich hier wegen der politischen Zersplitterung nicht durchsetzen. Die kuriale Diplomatie unter Enea Silvio Piccolomini beeinflußte den neuen König Friedrich III. (1440-93) durch Privilegien für dessen habsburgische Erblande, mit dem **Wiener Konkordat** von 1448 die römischen Einflußmöglichkeiten in Deutschland und Finanzvorteile weitgehend zu erhalten. Allerdings wuchs die Kritik an dieser Abhängigkeit im Verlauf des 15.Jhs. Die konziliaristischen Reformvorstellungen faßte 1438/9 ein südwestdeutscher Kleriker in einer populären deutschen Schrift zusammen, die unter dem Namen des Kaisers Sigismund dessen angebliches Konstanzer Programm präsentierte, die sog. **Reformatio Sigismundi** (seit 1476 vielfach gedruckt; ed. H. Koller, 1964). Die *Beschwerungen* Deutschlands durch die Rechte des Papsttums, durch Abgaben und geistliche Gerichtsbarkeit faßten die Reichsfürsten seit 1456 offiziell in den

Gravamina nationis germanicae zusammen, die – bis ins 16.Jh. immer wieder u.a. auf den Reichstagen diskutiert – über jene Kritikpunkte hinaus auf ein umfangreiches Kirchenreformprogramm zuliefen.

11.3 Staatstheorien: Trennung der beiden Gewalten

Im geistesgeschichtlichen Umbruch des 13./14.Jh.s entsprachen den Tendenzen zur Emanzipation vom Primat religiös-kirchlicher Lebensbestimmung neue Konzeptionen zum Verhältnis von Staat und Kirche. Diese Lehren standen in einem ereignisgeschichtlichen Zusammenhang mit der in 11.1-2 skizzierten Verselbständigung der weltlichen Gewalt. Gesellschaft und Staat wurden nun – u.a. unter maßgeblicher Einwirkung des Aristotelismus (vgl. § 10; 11.2) – als ein Bereich verstanden, der primär den rationaler Erkenntnis zugänglichen **diesseitigen Gesetzmäßigkeiten** unterliegt. Damit entzog man dem Anspruch des Papsttums auf geistliche Weltherrschaft, den auch nach 1300 nicht wenige Theologen lehrmäßig begründeten, die theoretische Legitimierung. Schon der Ansatz des **Thomas von Aquin** mit der Betonung des Gemeinwohls als zentralen Ziels der politischen Ordnung und mit der Trennung zwischen natürlichen und übernatürlichen Zwecken begründete nicht mehr eine unmittelbare kirchliche Herrschaft im weltlichen Bereich, sondern nur noch eine *potestas indirecta*. **Kritiker des Papsttums** gingen darüber noch weit hinaus: **Dante** plädierte – bei einem grundsätzlichen Nebeneinander beider Gewalten – für die Herstellung von Gerechtigkeit durch die Herrschaft eines Weltkaisers. **Wilhelm von Ockham** bestritt der Kirche jedes Recht auf Einmischung in politische Belange aufgrund seiner scharfen Trennung des geistlichen und des weltlichen Zuständigkeitsbereiches und verteidigte zugleich ihre Freiheit gegenüber dem Zugriff der Fürsten. Wirkungsgeschichtlich am bedeutendsten war die Staatslehre des **Marsilius von Padua**, die dem rein diesseitig-rational definierten Staatszweck – der Gewährleistung von Frieden, Gerechtigkeit und Wohlfahrt – auch die Kirche einordnete und dem weltlichen Gesetzgeber (Volk und Regent) die Vollmacht zusprach, von sich aus die kirchlichen Belange zu regeln. Die in diesem Ansatz implizierten laizistisch-säkularistischen Tendenzen griffen den späteren neuzeitlichen Begründungen eines Staatskirchentums vor.

11.3.1 Der Mensch als Geschöpf Gottes besitzt nach **Thomas von Aquin** (s. § 10; 13.1) eine doppelte Orientierung. Vom natürlichen Wesen her ist er auf Gemeinschaft hin angelegt als ein *animal politicum et sociale* (so in Anlehnung an Aristoteles definiert), weshalb er wie die politische Herrschaft auf das *bonum commune* ausgerichtet ist; doch das wird wegen seiner übernatürlichen Bestimmung zur Gemeinschaft mit Gott durch eine höhere Zweckbestimmung überlagert. Wichtig ist nun, daß Thomas aus diesem Ansatz nicht wie die hierokratischen Papsttheoretiker eine Überordnung der geistlichen Gewalt im praktischen Leben und damit eine generelle Oberhoheit der Kirche über die weltlichen Herrscher ableitet. Entsprechend seiner kategorialen **Scheidung von übernatürlichem und natürlichem Bereich** (vgl. § 10; 13.4) hat letzterer eine **eigenständige Gesetzmäßigkeit**, besitzt somit die weltliche Gewalt ihre natürlich-autonome Autorität. Das bedeutet, daß die Kirche auf das politische Handeln, das auf Wohlfahrt und Tugend zielt, keinen direkten Einfluß nehmen darf. Doch wegen der **Höherrangigkeit** des übernatürlichen Daseinszweckes gebührt dem Priester (d.h. dem Papst als irdischem Repräsentanten des Priester-Königs Christus) eine höhere Würde als dem weltlichen Herrscher, weswegen alle Menschen um ihres Heils willen dem Papst untertan sein müssen (vgl. § 8; 9.4.4). Dieser hat zwar **keine direkte weltliche Oberhoheit** (die sich z.B. in der Belehnung realisieren könnte), aber er besitzt insofern eine *potestas indirecta*, als die Kirche in weltlichen

Fragen, die für das übernatürliche Ziel des menschlichen Lebens belangvoll sind, mitentscheiden kann und muß.

11.3.2 Aus Thomas' Ansatz konnten gegensätzliche politische Theorien abgeleitet werden. Die **hierokratische Position** i.S. der seit Gregor VII. und Innozenz III. behaupteten Lehre von der päpstlichen Universalherrschaft vertrat z.B. der u.a. in Paris und Rom lehrende Thomasschüler, der Augustiner-Eremit **Aegidius Romanus** (vgl. § 10; 17.1.3) im Konflikt zwischen Bonifatius VIII. und Philipp dem Schönen: Da die Kirche auf Erden die *civitas Dei* darstellt, der die Christen mit all ihren Lebensbereichen angehören, kommt dem Papst als Haupt der Kirche und Repräsentanten der Einheit aller Christen auch in weltlichen Dingen die Oberhoheit zu. An Aegidius' Traktat *De ecclesiastica potestate* von 1301/02 (Text: hg.v. R. Scholz, 1929/ND 1961) orientierte sich nicht nur Bonifatius' VIII. Bulle *Unam sanctam* (s. 11.1.2), sondern auch eine Vielzahl von gleichnamigen Schriften der Hierokraten im 14.Jh., z.B. Jakobus von Viterbo (gest. 1307/8) und Augustinus Triumphus (von Ancona, gest. 1328). Die **Gegenposition** dazu begegnete z.B. im politischen Schrifttum des Florentiners **Dante Alighieri** (s. § 10; 15.5), das in dieser Hinsicht z.T. von Thomas' Lehre beeinflußt war. In seiner *Monarchia* (zum historischen Zusammenhang s. 11.2.1; Text: hg.v. F. Mazzoni, 1966) bezog Dante die aristotelische Staatslehre auf den zerstörerischen Konflikt der beiden Universalgewalten und folgerte daraus, daß für Glück und Wohlfahrt der Menschheit, die im weltlichen Bereich verwirklicht werden, eine einheitliche **Weltmonarchie** in Gestalt des Kaisers erforderlich ist. Dieser verkörpert als Vollstrecker des Naturrechts die Vernunft bei der Regelung zwischenmenschlicher Beziehungen und sichert somit Gerechtigkeit und Frieden auf Erden. Die Kirche ist ihm nicht unterworfen, weil die **geistliche Gewalt** neben der weltlichen ihre **spezifische Funktion** hat im Blick auf das Menschheitsziel der übernatürlichen Glückseligkeit (und insofern sogar einen höheren Wert besitzt). Doch die päpstlichen Weltherrschaftsansprüche waren mit dieser Beschränkung auf das rein Religiöse abgewiesen. Wie brisant eine derartige Theorie damals war, zeigte der publizistische Kampf der Hierokraten gegen Dantes Traktat, der 1329 öffentlich verbrannt wurde. Zu den einflußreichen Kritikern der hierokratischen Position gehörte der dominikanische Scholastiker **Johannes von Paris**/Jean Quidort (gest. 1306), der in seinem Traktat *De potestate regia et papali/Über die königliche und die päpstliche Gewalt* (Text/Übers.: hg.v. F. Bleienstein, 1969) von 1303 die Autorität des Papstes auf den innerkirchlichen Bereich beschränkte und die Autonomie der weltlichen Gewalt betonte. Sein Schüler **Petrus de Palude** (gest. 1342), einflußreicher Pariser Scholastiker und Kirchenpolitiker (zeitweise Patriarch von Jerusalem), setzte wie Jean Quidort Thomas' Differenzierung zwischen natürlichem und übernatürlichem Bereich voraus bei seinem Plädoyer für die Trennung zwischen geistlicher Gewalt des Papstes und weltlicher Gewalt der Fürsten in seiner wirkungsgeschichtlich bedeutsamen Schrift *De potestate papae/Über die Gewalt des Papstes* (Text: hg.v. P. Stella, 1966).

11.3.3 Gegen den hierokratischen Papalismus verfaßte der Italiener **Marsilius von Padua** (ca. 1280/90-1342/3, seit 1313 Rektor der Pariser Universität) - in Aufnahme der französischen Opposition und unter dem Einfluß des Aristotelismus seines Freundes Johannes von Jandun (gest. 1329) - 1324 die Kampfschrift *Defensor pacis/Verteidiger des Friedens* (Text/Übers.: hg.v. H. Kusch, 2 Bde., 1958). Er wurde deswegen von Papst Johannes XXII. als Ketzer verurteilt und floh 1326 zu Kaiser Ludwig IV. (s. 11.2.2), an dessen Münchener Hof er hinfort als Arzt und Berater wirkte. Da er den Frieden in Europa durch die Ansprüche des Papstes und die daraus resultierenden Kämpfe gestört sah, wollte er die **kuriale Form der Zweigewaltenlehre** widerlegen: die Theorie vom Primat des Geistlichen und von der Herrschaft der Kirche in allen Lebensbereichen. Diese Widerlegung begründete er mit der Bibel als alleiniger Autorität und mit dem Instrumentarium der **aristotelischen Staatslehre**. Der naturrechtlich aus der Sozialnatur des Menschen begründete Staat hat irdisch-diesseitige Aufgaben (u.a. Sicherung der Ordnung und Förderung des Gemeinwohls). Der für die mittelalterliche Kaiseridee wichtige transzendentale Zweck der Hinordnung des Menschen auf Gott tritt bei Marsilius zurück und erscheint in neuartiger Weise in den Aussagen über die Stellung der **Kirche**. Diese wird tendenziell eine **Funktion von Staat und Gesellschaft** mit der Konzentration auf die religiös-moralische Erziehung der Bürger. Die Kirche soll gemäß franziskanischen Vorstellungen arm sein und sich auf den geistlichen Bereich beschränken. Aus der aristotelischen Tradition erklären sich gewisse "demokratische" Züge in Marsilius' Staatslehre; denn als eigentlicher Souverän gilt das christliche Volk (*der gläubige Gesetzgeber*), dessen Repräsentant der Herrscher ist.

11.3.4 Der als Kritiker der Papstkirche verfolgte Franziskaner **Wilhelm von Ockham** (s. § 10; 16.0-1) wirkte seit 1330 in München am Hofe Ludwigs IV. zusammen mit Marsilius für die kaiserliche Publizistik im Kampf gegen die Kurialisten. (Opera politica, bisher 3 Bde., 1941-63; ausgew. Übers. v. Ockhams Hauptwerk *Dialogus*: J. Miethke, 1992; vgl. auch den Traktat *De imperatorum et pontificum potestate/Die Gewalt der Kaiser und Päpste*, hg.v. R. Scholz 1914/ND 1971.) Der Ansatz von Ockhams Staatslehre bei der Idee der **Freiheit** entspricht seiner Anthropologie und Soteriologie (vgl. § 10; 16.4). Es geht um die Freiheit der weltlichen Gewalt von geistlich-politischer Einmischung, in allgemeiner Hinsicht um die individuelle Freiheit gegenüber autoritären Institutionen. Hinsichtlich Kaiser und Papst gilt, daß **beide Gewalten** wechselseitig einander **zugeordnet** sind und in ihrem jeweiligen Herrschaftsbereich keine Vollgewalt (absolute *potestas*) besitzen, weil ihre Grenzen bei der Freiheit des Individuums und beim Gemeinwohl liegen. Mit dem aristotelischen Ansatz werden Staat und Kirche definiert als Gemeinschaften, die sich aus einer Vielheit von Einzelpersonen aufbauen (entsprechend der nominalistischen Erkenntnistheorie, wonach Allgemeinbegriffe sekundäre Abstraktionen sind). Da die **Kirche** demgemäß die Gemeinschaft der Gläubigen, nicht aber eine überindividuelle Rechtsperson ist, wird der Anspruch des Papstes auf die Leitung der Kirche beschränkt; er darf sich nicht in weltliche Dinge einmischen. Ockhams Abgrenzung der Zuständigkeitsbereiche von Kirche und Staat ging nicht so weit wie Marsilius' laizistische Einordnung des geistlichen in den weltlichen Bereich. Insofern war sie konventioneller, darum aber auch repräsentativer für die papstkritischen Positionen des 14.Jhs.

11.4 Literatur

QUELLEN: L. WEINRICH (Hg.): Quellen zur Verfassungsgeschichte des Römisch-Deutschen Reiches im Spätmittelalter (1250-1500), AQDGMA 33, 1983.

LITERATUR: J. FAVIER: Frankreich im Zeitalter der Lehnsherrschaft 1000-1515, 1989. - D. GUILLEMAIN: Die Kirche im französischen Königreich, GCh 6, 1991, 626-654. - W. KÖLMEL: Wilhelm Ockham und seine kirchenpolitischen Schriften, 1962. - H. RHEINFELDER/H. DENZER: Dante, in: Klassiker des politischen Denkens, hg.v. H. Maier u.a., Bd.1, 1968; 6.A. 1986, 147-171. - T. SCHMIDT: Bonifaz VIII., GKG 11, 1985, 248-257. - R. SCHOLZ: Marsilius von Padua und die Genesis des modernen Staatsbewußtseins, HZ 156 (1937) 88-103. - R.L. STOREY: England III, TRE 9 (1982) 626-635. - H. THOMAS: Ludwig der Bayer (1282-1347), 1993. - DERS.: Deutsche Geschichte des Spätmittelalters 1250-1500, 1983, 131-308. - H. WOLTER: Bonifatius VIII., TRE 7 (1981) 66-68.

§ 10

Blüte der Theologie im Mittelalter

Bedeutung des Themas

Die Zeit, die herkömmlich mit dem problematischen und inhaltsarmen Begriff "Mittelalter" bezeichnet wird, gehört in theologiegeschichtlicher Hinsicht zu den herausragenden Epochen. Trotz der Kontinuität mit dem frühen Mittelalter bringt das Hochmittelalter eine deutliche Zäsur, die eine spezielle Beschäftigung mit dieser Periode rechtfertigt. Nach der langen Zeit einer durch Aneignung und Reproduktion des altkirchlichen Erbes geprägten Theologie (vgl. § 5; 11-14) begann mit dem 12.Jh. ein fulminanter Aufstieg, der bis zum Ende des 14.Jh.s eine Fülle herausragender Positionen brachte. Wie in keinem anderen Zeitalter bestimmte die Theologie die gesamte Geistes- und Kulturgeschichte, wie sich auch an ihrem engen Bezug zur Philosophie zeigte. In der wissenschaftlichen Methodik, in der Verbindung von Theologie und Frömmigkeitspraxis sowie in der Ausgestaltung der dogmatischen und ethischen Einzellehren wurden damals **geistige Grundlagen** für die abendländische Christenheit geschaffen, die bis in die Neuzeit fortwirkten. Die **Scholastik** ragt dabei als besonderer Komplex hervor: die schulmäßig als Wissenschaft mit philosophischen Hilfsmitteln betriebene Theologie, die einerseits die bisherige Lehrtradition (Dogmen und Kirchenväter als "Autoritäten") explizieren wollte, andererseits vielfältige neue Elemente durch selbständige Problemlösungen brachte. Doch die Scholastik war nicht die einzige Form der Theologie. Andere praxisbezogene Konzeptionen einer Erfahrungstheologie hatten ihr eigenes Profil. Sie hat die neuere Forschung unter dem Leitbegriff der **monastischen Theologie** (zu der auch die mystische Theologie gehörte) neben der scholastischen zusammengefaßt. Das Nebeneinander beider Typen trat besonders deutlich im 12.Jh. zutage; im 13./14.Jh. kam es zu Mischformen, die zeigen, daß alle terminologische Klassifizierung nur eingeschränkt die historische Wirklichkeit erfaßt. Die **Mystik** als spezifischer Typ (im 12./13.Jh. z.T. mit scholastischen Formen verbunden) gewann im 14./15.Jh. ebenso wie die **Exegese** an eigenständiger Bedeutung. Für die Dogmengeschichte im strikten Sinne, d.h. die Fixierung und Interpretation kirchlicher Lehrnormen, erwies sich v.a. die Arbeit der Scholastiker als grundlegend. Zu solennen **Lehrentscheidungen** kam es freilich nur sporadisch, und zwar v.a. im Bereich der Sakramentenlehre; aber auch hinsichtlich der Ekklesiologie und Amtslehre kam es zu Normierungen, welche kg. wirksam wurden. (Vgl. auch § 8; 7.7.3; 7.5; 9.2-4). Das hing damit zusammen, daß die Kirche im Hochmittelalter als konkrete Heilsvermittlerin eine alle Lebensbereiche dominierende Institution war. Infolge der konfessionellen Spaltung des 16.Jh.s sind für den Protestantismus diese Lehrfixierungen nicht verbindlich wie die ökumenischen Dogmen zur Trinitätslehre und zur Christologie. Doch sie haben für die reformatorische Theologie und Bekenntnisbildung Anknüpfungspunkte in positiv-rezeptiver wie in negativ-abgrenzender Hinsicht geboten. Die **Leistungen der Theologen** im Hoch- und Spätmittelalter gingen allerdings weit über eine bloß vorbereitende Beziehung zur Dogmenbildung hinaus. Ihnen kommt wegen ihres sachlichen Gewichts auch heute noch eine orientierende Funktion zu, auch für die evangelische Theologie. Deshalb ist es wichtig, sich mit den komplexen Lehrsystemen der großen Denker zu befassen: z.B. eines Anselm von Canterbury, Abaelard, Bernhard von Clairvaux, Thomas von Aquino, Duns Scotus, Wilhelm von Ockham.

Hauptsächliche Probleme

- Aneignung und Begründung der Glaubenswahrheiten: Offenbarung und Vernunft, Lehrtradition und Interpretation (*auctoritas* - *ratio*)
- Unterschied und Verbindung von scholastischer und monastischer Theologie: Sitz im Leben, Literaturformen, Intellekt - Emotion, *scientia* - *sapientia*
- Definition des Wesens der Scholastik: Wissenschaftliche Methodik zum Problem *auctoritas* - *ratio*; Schulwissenschaft und methodische Textinterpretation
- Chronologische und typologische Gliederung der Scholastik: Vor-, Früh-, Hoch- und Spätscholastik; Unterschiede der Schulen
- Theologie und Philosophie: Dialektik, Metaphysik, Naturphilosophie, Aristotelesrezeption, Universalienproblem
- Gott und die Welt: Philosophische Theologie
- Dogmengeschichtliche Fixierungen: Wesen und Zahl der Sakramente, Buße, Eucharistie
- Entfaltung der Sünden- und Gnadenlehre (Natur und Gnade)
- Bibelauslegung und Dogmatik
- Definition des Wesens der Mystik: Verschiedene Formen, Unterscheidung zwischen mystischem Erlebnis und mystischer Theologie

QUELLEN: Vgl. die Hinweise im Text von Kap. 2-17. Übers. in Teil-Auswahl bei: G.A. BENRATH (Hg.): Wegbereiter der Reformation, KlProt 1, 1967. - K. FLASCH (Hg.): Mittelalter (= Geschichte der Philosophie in Text und Darstellung, Bd.2), 1982. - R. MOKROSCH/H. WALZ (Hg.): Mittelalter, KTGQ 2, 1980; 3.A. 1989.

LITERATUR: B. GEYER: Die patristische und scholastische Philosophie = F. Überweg: Grundriß der Geschichte der Philosophie Bd.2, 11.A. 1927; ND 1961, 181-791. - G.R. EVANS: Philosophie und Theologie. II. Mittelalter 1994. - K. FLASCH: Einführung in die Philosophie des Mittelalters, 3.A. 1994. - DERS.: Das philosophische Denken im Mittelalter, 1986. - M. GRABMANN: Geschichte der scholastischen Methode, 2 Bde., 1909-11; ND 1957. - DERS.: Mittelalterliches Geistesleben, 3 Bde., 1926-56; ND 1985. - R. HEINZMANN: Philosophie des Mittelalters, 1992. - K.H. KANDLER: Christliches Denken im Mittelalter bis zur Mitte des 14. Jahrhunderts, KGE I/11, 1993. - A.M. LANDGRAF: Dogmengeschichte der Frühscholastik, 4 Teile in 8 Bänden, 1952-56. - K. RUH: Geschichte der abendländischen Mystik, bisher 2 Bde., 1990-93. - M.A. SCHMIDT: Scholastik, KIG II/G 2, 1968. - DERS.: Die Zeit der Scholastik, HDThG 1, 1982, 567-754. - R. SEEBERG: Lehrbuch der Dogmengeschichte, Bd.3, 6.A. 1959, 268-291.

Wichtige Ereignisse, Sachverhalte, Personen

I.	**Theologie und Philosophie ("Dialektik"/Logik)**
ca.1049-79	Streit um die Abendmahlslehre: Berengar von Tours Dialektiker gegen Antidialektiker. Kirchliche Lehrfixierung.
seit ca.1090	Der **Universalienstreit**: Realismus als Normalposition gegen den Nominalismus Roscellins
1033/4-1109	**Anselm von Canterbury**: Denknotwendigkeit der Glaubenslehren. Gottesbeweis. Satisfaktionslehre
ca.1080-1140	Exegetische Methodik in der Schule von Laon: Glossa
um 1140	Kanonistik (Kirchenrecht): Gratian und die Konkordanzmethode
II.	**Frühscholastik und monastische Theologie im 12.Jh.**
	"Schulwissenschaft" (Kathedralschulen) und Weisheitslehre (Klosterschulen)
1079-1142	**Petrus Abaelardus**: Entwicklung der scholastischen Methode (rationale Bearbeitung der Väter-Sentenzen)
1090-1153	**Bernhard von Clairvaux**: Christozentrische Neuformierung der Mystik (Liebe und Jesusfrömmigkeit, Demut und Kreuz)
ca.1120-40	Mystik und Scholastik bei Hugo von St. Viktor und den Viktorinern
ca.1155-58	**Petrus Lombardus**' Sentenzensammlung
12.Jh.	Scholastische Fixierung der Sakramentenlehre: Siebenzahl, Gnadenvermittlung
1215	4. Laterankonzil: "Dogmatisierung" der **Transsubstantiationslehre**
III.	**Theologische Lehrsysteme der Hochscholastik (13.Jh.)**
	Der Aristotelismus als neue philosophische Grundlage. Vermittlung durch arabische und jüdische Philosophen: Avicenna, Averroës, Maimonides
seit ca.1200	Entstehung der **Universitäten**: Paris, Bologna, Oxford Institutionalisierung der Wissenschaften
1210/15	Streit um den Pantheismus/Aristotelismus in Paris
ca.1193-1280	Grundlegung eines christlichen Aristotelismus bei Albertus Magnus
seit ca.1235	Begründung der älteren Franziskanerschule: Alexander Halesius
1217/8-74	**Bonaventura**: Scholastik und Mystik
1225-74	**Thomas von Aquino**: Natur und Gnade
1270-77	Verurteilung des radikalen Aristotelismus ("Averroismus") in Paris
ca.1260-1328	**Meister Eckhart**: Spekulative Metaphysik und Mystik
ca.1265-1308	Kritischer Neuansatz der wissenschaftlichen Theologie: Johannes **Duns Scotus**
IV.	**Differenzierung der theologischen Positionen im 14./15.Jh.**
ca.1280-1349	**Wilhelm von Ockham** und die Wende zum Individualismus
seit ca.1380/1400	Sog. Wegestreit/Universalienproblem: **Via moderna – Via antiqua**. Ockhamisten ("Nominalisten") – Thomisten/Scotisten (Realisten)
	Nominalismus und Augustinismus: Gregor von Rimini (gest.1358)
	Nikolaus von Lyra (gest.1349): Postille/Bibelexegese
	Mystik bei Johann Tauler (gest.1361) und Heinrich Seuse (gest.1366)
	Schriftprinzip und Kirchenkritik bei John Wyclif (gest.1384)
	Johannes Gerson (gest.1429): Nominalismus und Mystik
	Theosophie und Kosmosophie bei Nikolaus von Kues (gest.1464)
	Modifikation des Ockhamismus bei Gabriel Biel (1410-95)

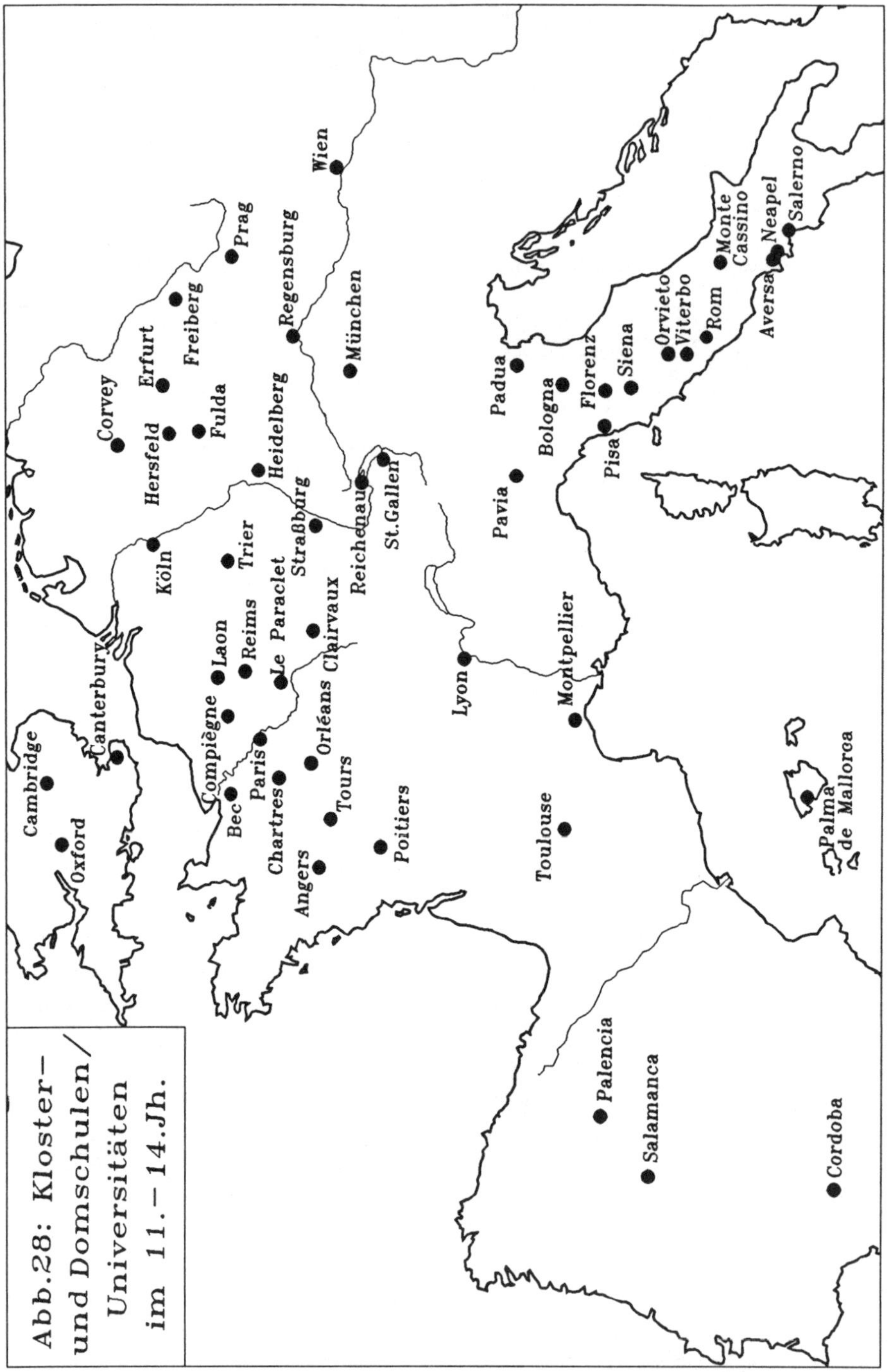

Abb.28: Kloster- und Domschulen/ Universitäten im 11.-14.Jh.

1. Neuformierung der Theologie als Wissenschaft

Schon im 11.Jh. kündigten sich in der Theologie Tendenzen an, die im 12.Jh. zu einem Strukturwandel führten: zur methodisch-wissenschaftlichen Explikation der tradierten Dogmatik. Damit wurde das alte Problem des Verhältnisses von Theologie und Philosophie (Glaube und Denken, Autorität und Vernunft) zwecks genereller fundamentaltheologischer Orientierung neu bearbeitet. Allerdings galt das nicht für alle Theologen, sondern v.a. für diejenigen, welche eine neue Methodik pflegten und so eine spezifische Schultheologie entwickelten. Man bezeichnete sie - wegen der Anwendung der Philosophie (Dialektik und Logik; vgl. § 5; 11.1) auf theologische Probleme - als **Dialektiker**. Es waren gleichsam die Vorläufer der Scholastiker (s. 3.4), Exponenten der Rationalität des neuen Zeitalters. Von den konservativen **Antidialektikern** wurden sie bekämpft, weil sie angeblich die dogmatische Tradition und damit die göttliche Wahrheit destruierten. Der **Grundsatzstreit** um die Anwendung der Vernunft (**ratio**) bei der Darstellung der überlieferten Wahrheit (**auctoritas**) bekundete sich in zwei paradigmatischen Fällen: a) ca.1049-1079 im Streit um die Eucharistielehre des Dialektikers Berengar von Tours, der die herkömmliche Wandlungsvorstellung mit logischen Argumenten kritisierte; b) seit ca.1090 im Universalienstreit, einer philosophisch-fundamentaltheologischen Kontroverse um das Verhältnis von Allgemeinem und Besonderem, die in verschiedenen Wellen bis ins Spätmittelalter fortdauerte.

1.1 Eucharistielehre und Dialektik: Berengar von Tours

Im Eucharistiestreit des 11.Jh.s (zum Inhalt s. 8.1) ging es u.a. um das Verhältnis von denkendem Individuum und institutionalisierter Lehrfixierung, Vernunft und Autorität, rationaler Erfassung und gläubiger Hinnahme der offenbarten Geheimnisse. Seitdem wurde die **selbständige Verarbeitung der Lehrtradition** zur dominierenden Aufgabe. Im Verlauf des 11.Jh.s profilierte sich die Dialektik neu, z.T. mit einer Tendenz zur Emanzipation von den Vorgaben der kirchlichen Tradition. Einzelne Dialektiker (*philosophi, sophistae*) demonstrierten vorurteilsfreies Denken wie z.B. der italienische Wanderlehrer Anselm von Besate (*Peripateticus*) ca.1050. Andere stellten die Philosophie so stark über die Theologie, daß sie mit Syllogismen kirchliche Lehren kritisierten. Auf diesem Hintergrund gewann der Eucharistiestreit besondere Brisanz, den Berengars dialektische Argumentation auslöste.

1.1.1 In einigen Schulen wurde die Dialektik in die theologische Arbeit integriert wie z.B. in der von Fulbert von Chartres (ca.960-1028) begründeten Domschule (vgl. 3.3). Theologie studierte hier der bereits als Philosoph ausgewiesene **Berengar von Tours** (ca.1005-88), Leiter der St. Martin-Stiftsschule in Tours. Seine Kritik an der traditionellen Eucharistielehre führte 1049/50 zum Konflikt u.a. mit **Lanfrank** (ca.1010-89), einem gemäßigten Dialektiker, der die Klosterschule im normannischen Bec seit 1042/5 zu einem geistigen Zentrum ausbaute in der Verbindung von Schriftauslegung und Artes liberales. Dieser Zusammenstoß unterschiedlicher Weisen, die Dialektik auf theologische Probleme anzuwenden, war ein exemplarisches Vorspiel künftiger Kontroversen.

1.1.2 Die **Verwendung ontologischer und sprachlogischer Argumente** gegen die traditionelle Wandlungslehre war neuartig an Berengars Lehre. (Zum einzelnen s. 8.1.1.) Eine solche Kritik der verbreiteten Auffassung, die tief in die populäre Religiosität einschnitt, hatte als theologische Methode innerhalb der Kirche keine Zukunft. Dort setzte sich - beispielhaft in der Entscheidung gegen Berengar - eine lehramtlich domestizierte Dialektik durch (vgl. 8.1.3; 8.2).

1.1.3 Gegen die Anwendung der Vernunft auf Gegenstände des Glaubens formierte sich die prinzipielle **Opposition der Antidialektiker**, die meist eine monastische Theologie vertraten. Neben dem Benediktiner Otloh von St. Emmeram/Regensburg (ca.1010- ca.1070) und dem Augustiner Manegold von Lautenbach/Elsaß (ca.1030-1103ff) trat als Kritiker der weltlichen Wissenschaften v.a. der berühmte Eremit **Petrus Damiani** (1007-72; s. § 6; 9.4.2) hervor, einer der einflußreichsten Kirchenführer jener Zeit. Seiner schroffen Absage an die Welt entsprach die Ablehnung der Dominanz menschlichen Denkens. Er bestritt daher generell die Anwendbarkeit der Dialektik auf Glaubenslehren (so 1067 in seiner Schrift *De divina omnipotentia .../Über die göttliche Allmacht*; Text: ML 145, 595-622): Gottes Wundertaten übersteigen alle Regeln der Logik, auch das Gesetz des Widerspruchs, so daß die Theologie schlicht die offenbarten Geheimnisse zu explizieren hat; sie kann aber bei der Bibelauslegung ggf. die Artes liberales als Dienerin/*ancilla* einsetzen (Vorform des späteren Axioms *philosophia ancilla theologiae.*)

1.2 Der Universalienstreit: Realismus gegen Nominalismus

In dem seit ca.1090 aufbrechenden Gegensatz zwischen dem traditionellen Realismus und einem neuartigen "Nominalismus" ging es auch um das Verhältnis von Individuum und Gemeinschaft, aber in erkenntnistheoretischer Grundsätzlichkeit. Man thematisierte mit der Beziehung zwischen Denken und Sein das Problem der Individualität sowie den **Realitätsgehalt der Glaubensaussagen**. Das gab dem Streit theologisches Gewicht. Auf der einen Seite erkannten die sog. Nominalisten wie v.a. Roscellin nur den empirisch wahrnehmbaren **Einzeldingen** Realität zu und hielten die abstrakten **Allgemeinbegriffe** (*universalia*) für bloße Setzungen des menschlichen Verstandes (*voces* bzw. *nomina*). Auf der anderen Seite verteidigten Realisten wie z.B. Wilhelm von Champeaux und Anselm von Canterbury den traditionellen, augustinisch geformten Platonismus, wonach die Allgemeinbegriffe das eigentlich Reale wären, an dem die Individuen partizipierten (*universalia sunt ante rem*). Sie wollten verhindern, daß die Welt des Glaubens, ein Bereich nicht-empirischer Wahrheit, zu einem Bereich der subjektiven Behauptung degradiert würde. Die allgemeine Relevanz der Universalienproblematik in dem langen Zeitraum vom 11. bis zum 15.Jh. hing damit zusammen, daß man die Bedeutung der menschlichen Subjektivität, der ontologischen Individualität und der empirischen Realität neu wahrnahm.

1.2.1 Das Problem stellte sich seit der Infragestellung der platonischen Ontologie und Erkenntnistheorie durch das sukzessive Vordringen des Aristotelismus. Konkretisiert wurde es in den Schuldiskussionen des späten 11.Jh.s um einen Abschnitt in Boëthius' Kategorien-Lehrbuch (s. § 5; 11.2.1) über die reale oder die bloß gedachte Existenz der *genera*/Allgemeinheiten und der *species*/Arten. Der Dialektiker **Roscelinus von Compiègne** (ca.1050-1120/25), Lehrer u.a. an der Stiftsschule in Tours, soll angeblich die Allgemeinbegriffe als willkürliche Setzungen des Verstandes (als *flatus vocis* oder als *voces*) bezeichnet und deren Realität unter Hinweis auf die alleinige Realität der Einzeldinge bestritten haben. Später meinte man, er habe die *universalia* für *nomina* gehalten, und machte ihn zum Vater des "Nominalismus", der im 11./12.Jh. allgemein verworfen wurde und erst im 14./15.Jh. eine reflektierte Form fand. Da Roscellin seine Auffassung anhand der **Trinitätslehre** explizierte, wurde er u.a. von Anselm von Canterbury als Tritheist kritisiert und von einer Synode in Soissons 1092 verurteilt. Sein Schüler Abaelard nahm die Thematik neu auf (s. 4.2.2).

1.2.2 Einen extremen platonischen **Begriffsrealismus** vertrat zunächst der berühmte Pariser Dialektiklehrer **Wilhelm von Champeaux** (ca.1070-1122), der Gründer des Stifts von St. Viktor (s. 6.1.1). Er behauptete die volle Substantialität der *universalia*, weil das Allgemeine allen unter seinem Begriff zusammengefaßten Individuen innewohne als eine ungeteilte Wesenhaftigkeit (z.B. die Substanz Mensch im Sinne von Menschheit aller Einzelmenschen). Nach Abaelards Kritik (vgl. 4.2.2) modifizierte er diese Position im Sinne der sog. Indifferenzlehre dahingehend, daß die *universalia* in den Einzeldingen nicht wesenhaft/*substantialiter-essentialiter*, sondern *individualiter*, aber *indifferenter* existierten. (D.h. ohne Unterschied gestalte sich in den verschiedenen Individuen die Gattung als gemeinsames Substrat.) Eine differenzierte Lösung trug Anselm von Canterbury vor (s. 2.2.4).

1.3 Literatur

B. GEYER: Philosophie 181-213. - M. GRABMANN: Geschichte Bd.1, 215-234. - J. KLEIN: Universalienstreit des MA, RGG³ 6 (1962) 1151-1157. - J. DE MONTELOS: Berengar von Tours, TRE 5 (1980) 598-601.

2. Vorscholastische Wissenschaft bei Anselm von Canterbury

Herausragende wirkungsgeschichtliche Bedeutung kommt Anselm (1033/4-1109) insofern zu, als sein Werk in der Neuzeit immer wieder besonders gewürdigt worden ist. Seine tatsächliche historische Bedeutung, zumal sein substantieller Einfluß auf die mittelalterliche Theologie, ist etwas geringer zu veranschlagen. Er gehört zu den Denkern, die epochale Leistungen vollbracht haben; das gilt sowohl für die methodische Reflexion als auch für die Bearbeitung bestimmter Themen. Hatte die ältere Forschung ihn als "Vater der Scholastik" hervorgehoben und an den Beginn der Frühscholastik gestellt, so urteilt die neuere Forschung anders. Anselm war eine Gestalt des Übergangs, ein theologischer Repräsentant jenes Umbruchs im 11./12.Jh., der alle Lebensbereiche veränderte. Seine auf Augustin aufbauende Methodik, welche die **Denknotwendigkeit der Glaubensinhalte** und damit die Vereinbarkeit von Offenbarung und Vernunft (*auctoritas* und *ratio*) durch theologische Theoriebildung demonstrieren wollte, stand im Zusammenhang der geistigen Auseinandersetzung des 11.Jh.s und bereitete den scholastischen Ansatz des 12.Jh.s vor. Doch die für die Scholastik typische Methode (s. 4.2) begegnete bei ihm noch nicht; seine Schriften wiesen die traditionellen Formen auf. Man kann ihn als **Wegbereiter der Scholastik** ansehen, weil er deren Wesensart, den Glauben rational zu begründen, programmatisch repräsentierte. Seine Schriften lösten vielfältige Diskussionen aus, sein ganzes Wirken vollzog sich im Zusammenhang mit den kirchenpolitischen und geistigen Konflikten jener Zeit: als Lehrer an der berühmten Klosterschule von Bec/Normandie und seit 1093 als Erzbischof von Canterbury. Eine Schule hat er nicht gebildet, doch sein Einfluß machte sich in der Diskussion um seine Thesen bemerkbar.

2.1 Das Programm: Harmonie von Glauben und Wissen

Anselms Bemühung, die tradierten Inhalte kirchlicher Lehre durch den Aufweis ihrer denkerischen **Plausibilität** zu verstehen, muß auf dem Hintergrund des Streits zwischen Dialektikern und Antidialektikern sowie im Kontext einer neuartigen Auseinandersetzung christlicher Theologen mit nichtchristlichem Denken gesehen werden. Der Erfahrung der komplexer werdenden Lebenswirklichkeit begegnete Anselms Theologie durch eine Neubewertung der menschlichen Denkfähigkeit (*ratio*) in Relation zu Gott als der absoluten Wahrheit und in Korrespondenz mit

Gottes Offenbarung, der Heiligen Schrift (*auctoritas*). Seine **Erkenntnistheorie** war platonisch-augustinisch geprägt: im Sinne der Entsprechung von göttlichem Urbild und menschlicher Abbildhaftigkeit als Lehre von der Erleuchtung durch Einsicht in die Seinsstruktur bzw. als Anwendung der Gnadenlehre auf die Anthropologie (Befähigung zur Wahrheitserkenntnis durch Gottes Wirken). Um den Gegensatz zwischen Dialektikern und Antidialektikern oder zwischen Ungläubigen und Gläubigen zu überwinden, proklamierte er eine **Methodik**, die er als neuartig empfand und zunächst am Gottesgedanken entfaltete (s. 2.2): die *ratio Anselmi*, wie man im Mittelalter sagte, die logische Argumentation des Glaubens, der nach Einsicht, d.h. nach dem Verstehen der Wahrheit strebt (*fides quaerens intellectum*) und damit die **Evidenz der christlichen Lehre** allein durch das Denken (*sola ratione*) erweist. Theologie ist damit im Glauben fundiert (im subjektiven Glaubensakt des Individuums wie im objektiven Glaubensinhalt von Bibel und Dogma); sie ist letztlich nicht voraussetzungslos, aber für alle Menschen zugänglich, sofern sie eine begründete Einsicht in die Richtigkeit der offenbarten Wahrheit vermittelt und diese als logisch zwingend (als *necessitas*) darstellt.

2.1.1 Anselm von Aosta, aus lombardischer Adelsfamilie gebürtig (1033/34), studierte an verschiedenen Schulen, bis er 1060 - angezogen durch Lanfrank (s. 1.1.1) - in das Kloster **Bec**/Normandie eintrat, wo er 1063 Prior und damit Leiter der **Klosterschule** wurde, die er zu einer allseits angesehenen Bildungsstätte machte (seit 1079 als Abt). Er pflegte Kontakte zu den Geistesgrößen und Kirchenfürsten seiner Zeit; nach Lanfranks Tod, der seit 1070 **Erzbischof von Canterbury** war, nominierte ihn der Normannenkönig Wilhelm II. 1093 - im Zusammenhang der politischen und kirchlichen Wirren Englands - für dieses Primasamt, das ihn hinfort in den englischen Investiturstreit verwickelte. Er kämpfte für die Freiheit der Kirche von König und weltlichen Herren und suchte gegen deren Autonomietendenz die Anlehnung an den Papst (v.a. Urban II.); zweimal mußte er deswegen ins Exil ausweichen 1097-1100 und 1103-06.

2.1.2 Sein Schüler Eadmer verfaßte eine Vita und eine Historia zu seinem Wirken. Seine **Schriften** sind i.w. thematische Traktate z.B. zu Willensfreiheit, Erbsünde, Prädestination, Trinität, Christologie. (Text: S. Anselmi Opera omnia, hg.v. F.S. Schmitt, 6 Bde., 1938-61; ND 2 Bde., 1968.) Drei Traktate gewannen besondere theologiegeschichtliche Bedeutung (s. 2.2-3). Sein Ruhm führte dazu, daß zahlreiche spätere Schriften unter seinem Namen tradiert wurden.

2.1.3 Den Ausgleich zwischen Dialektikern und Antidialektikern erstrebte er durch eine Unterscheidung zwischen **Wort-** und **Sachdialektik**: In der Aussage über einen Sachverhalt sind zwei Möglichkeiten der Wahrheitsbeziehung (*rectitudo*) zu unterscheiden, die Bezeichnung als subjektives Moment und die zutreffende Erfassung; beides kann divergieren, denn die höchste *rectitudo* gibt es nur in der Annäherung an die absolute Wahrheit. Der Prozeß des Erkennens vollzieht sich als ständiges Meditieren der biblisch-kirchlichen Lehren; Erkenntnis ist möglich, weil der menschliche Verstand (*ratio*) ein Abbild des göttlichen Lichtes ist und dem Urbild, dem höchsten Sein (*summa essentia*) nahekommen kann. Doch der Mensch ist als natürliches Wesen durch den Sündenfall bestimmt und hat damit ein gebrochenes Verhältnis zu Gott bzw. zur Wahrheit. Durch die göttliche Gnade aber ändert sich das: Christen können - vom Fundament der offenbarten Wahrheit (*auctoritas*) her - den rechten Gebrauch von ihrer *ratio* machen.

2.1.4 Das **Programm einer neuartigen Methodik** entwickelte Anselm um 1070 von diesem Ansatz aus in zwei - nicht erhaltenen - Traktaten, einer Meditation über den Grund des Glaubens (*De ratione fidei*) sowie in der Abhandlung *Fides quaerens intellectum*. Er wollte die Glaubenswahrheiten nicht durch Verweis auf die Bibelautorität begründen, sondern in gemeinverständlichen Beweisen als Vernunft-Notwendigkeit (*rationis necessitas*) und evidente Wahrheit (*veritatis claritas*) darstellen. Dies exemplifizierte er an der Frage, ob Gott wirklich existiert und das höchste Gut ist; er formulierte dafür ein Argument, welches durch spätere Ausarbeitung (s. 2.2.2) große Bedeutung erlangte.

2.2 Denkerischer Nachweis von Gottes Existenz

Anselms philosophiegeschichtliche Bedeutung ist mit dem sog. Gottesbeweis verbunden, den er in seinen beiden Traktaten **Monologion** (*Selbstgespräch*) und **Proslogion** (*Anrede*, d.h. an Gott) entwickelte. Sie entfalteten seinen Versuch, eine rational-argumentative Methode der Theologie zu begründen. Er knüpfte damit an die philosophische Tradition der Spätantike an und gab das Paradigma für eine in der mittelalterlichen Theologie fortwirkende Thematik. Es handelte sich dabei nicht um einen Gottesbeweis des apriorischen Denkens, sondern um den logisch vorgehenden Nachweis der Richtigkeit des Gottesglaubens, wobei die platonisch-augustinische Ontologie und Erkenntnistheorie vorausgesetzt wurde. Die spätere Theologie ist Anselm darin kaum gefolgt, doch sie hat sich mit seiner Argumentation auseinandergesetzt. Im *Monologion* wollte er zeigen, daß die in der Offenbarung gegebene **Gottesvorstellung** in der Selbsterkenntnis deshalb impliziert ist, weil der Mensch nach guten und gerechten Umständen strebt, diese aber auf die Realität des schlechthin Guten und Gerechten verweisen. Das *Proslogion* postulierte, daß der **Begriff Gott**, den das Denken als höchste Abstraktion bildet (als *aliquid quo nihil maius cogitari potest/etwas, über das hinaus nichts Größeres gedacht werden kann*), die Existenz dieses höchsten Wesens einschließt.

2.2.1 Das Programm von *Fides quaerens intellectum* hat Anselm in einer überarbeiteten Fassung ca.1076 im *Monologion* als einer Art Meditation und ca.1077/8 im *Proslogion* in Form eines Gebetes - also in typisch monastischen Literaturgattungen - entfaltet. (Philosophiegeschichtlich typisiert: den kosmologischen und den ontologischen Gottesbeweis; Text/Übers. hg. v. R. Allers 1966). Zunächst wollte er im *Monologion* nachweisen, daß der dem Glauben geoffenbarte Gottesbegriff durch **Rückschluß aus der Selbst- und Welterkenntnis** denknotwendig ist. Materiell knüpfte er dabei an Augustins Gotteslehre, speziell an dessen Werk *De trinitate* an, doch formal schuf er bewußt etwas Neues mit der methodischen Durchführung der Argumentation: Denkende Wesen erstreben nur das, was sie für gut halten; sie stoßen dabei auf viele gute Dinge und fragen nach dem Gemeinsamen dieser Güter, womit sie auf das eine Gute stoßen, durch welches alles andere gut ist. (Das entspricht der neuplatonischen Vorstellung vom *summum bonum*.) Analoges gilt für das Gerechte, da sich in den Einzeldingen ein Identisches bekundet, so daß die Kette des Seienden auf ein letztes Sein-Selbst führt, das höchste Gut bzw. den göttlichen Geist, dessen Abbild der menschliche Geist ist.

2.2.2 Von der Frage, ob das, was der Mensch auf diese Weise denkend erfaßt, auch in der Wirklichkeit existiert, ging Anselm im *Proslogion* aus. Er setzte dabei letztlich den Gottesglauben voraus, sicherte diesen nur als denkerisch plausibel ab. Der Mensch hat die Gottesvorstellung und will erkennen, daß dieser Gott existiert; er kann vieles im Denken erfassen und kommt in einem Fortschreiten der **Abstraktion** bis zum **Absoluten**, d.h. dem, über das hinaus etwas Größeres nicht mehr gedacht werden kann; für dieses muß nun gelten, daß es existiert, weil andernfalls - also bei Nichtexistenz des höchsten Denkinhalts - zu postulieren wäre, daß es ein noch Größeres gäbe, welchem als höchstem Denkbaren auch die **Existenz** eignet. Diese Argumentationsfigur, wonach Gott einerseits denknotwendig ist und andererseits wirklich existiert, war die *ratio Anselmi* bzw. für Anselm der eine Gedankengang (*unum argumentum*), der als in sich schlüssig außer seiner selbst keines weiteren Wahrheitsbeweises bedurfte.

2.2.3 Schon die Zeitgenossen haben an dieser *ratio Anselmi* **Kritik** geübt, so z.B. der Mönch Gaunilo, der dagegen das *Buch für den Toren/Unverständigen* (*Liber pro insipiente*) verfaßte. Er verteidigte den von Anselm angesprochenen "Unverständigen" der Psalmen, d.h. den Gottesleugner bzw. -zweifler und warf Anselm vor, daß er einen unberechtigten Übergang von der Ordnung des Denkens in die Ordnung des Seins (vom *esse in intellectu* zum *esse in re*) vollziehe. Doch das traf Anselm als Erkenntnistheoretiker des Realismus kaum, der dem Denknotwendigen einen höheren Grad von Realität als dem Vorfindlichen zuwies. Nur von diesem

Postulat der Übereinstimmung zwischen Denken und Sein, Begriff und Wirklichkeit her gewann Anselms Gotteslehre ihre Plausibilität; in der Neuzeit konnte man das nicht mehr nachvollziehen, wie Kants Kritik zeigte.

2.2.4 Im Universalienstreit vertrat Anselm einen **gemäßigten Realismus** gegen Roscellin (s. 1.2.1). Seine Gotteslehre verdankte ihre Plausibilität der realistischen Ontologie mit ihrer Rangordnung der Seinsstufen, wonach das Allgemeinste das Realste ist. Das absolute Wesen, das *ens realissimum*, ist der Geist Gottes bzw. Gott als Geist, so daß es eine **Rangordnung** der Seinsstufen gibt: zunächst das Sein im Geist Gottes, dann das Sein in den empirischen Dingen, in denen die *universalia* als existent wahrnehmbar sind (*in rebus*, aber *ante rem* im Geist Gottes als des Schöpfers), und erst an dritter Stelle das Sein im Geist des Menschen (*esse in intellectu*, welches auf ein *esse etiam in re* verweist). Anselm verband also den platonischen Begriffsrealismus mit der aristotelischen Ontologie entsprechend der durch Boëthius überlieferten Denkweise, die ihn prägte. Seine Verknüpfung von Gottesbegriff und Gottesexistenz wie generell seine semantisch-sprachlogische Argumentation wurden durch den Nominalismus bedroht; deswegen betonte er die Übereinstimmung von Denken/Sprache und Sein.

2.3 Versöhnungslehre: Notwendigkeit der Inkarnation

Die in der Gotteslehre entwickelte rationale Argumentation wandte Anselm auf weitere Lehren an. Am stärksten wirkte seine Schrift über die Notwendigkeit der Inkarnation Christi *Cur Deus homo/Warum wurde Gott Mensch?* Darin entwickelte er eine **Satisfaktionstheorie**, welche die christliche Sündenlehre mit germanischem Rechtsdenken (Sühne für Untaten durch Strafe oder Bußleistung) verband: Da die Menschen durch die **Sünde** den schuldigen Gehorsam gegen Gott verweigerten (kollektiv in Adams Sündenfall, individuell in der konkreten Sünde), haben sie seine Ehre als Schöpfer – und damit die auf **Gerechtigkeit** basierende Weltordnung – verletzt. Diese muß wiederhergestellt werden. Doch die entsprechende Bestrafung würde die Menschheit vernichten, und die gebührende Satisfaktion können wegen ihrer unendlichen Größe Menschen nicht erbringen; das kann nur Gott selber, so daß die Inkarnation seines Sohnes notwendig ist. Denn als Gott-Mensch (*Deus homo*) schafft dieser durch seinen freiwilligen Tod in **Stellvertretung** für seine Mitmenschen die nötige Versöhnung mit Gott. Anselms Argumentation fand kaum Zustimmung; sie wirkte in der Theologiegeschichte v.a. durch die Auseinandersetzung mit ihr fort.

2.3.1 Der um 1100 verfaßte Dialog zwischen Anselm und seinem Schüler Boso *Cur Deus homo* (Text/Übers. hg.v. F.S. Schmitt, 1956; 3.A. 1970) befolgte die **Methode**, unter Absehung von der Christusoffenbarung allein mit **logischer Argumentation** (*remoto Christo – rationibus necessariis*) die Notwendigkeit der Inkarnation als einziger Möglichkeit zur Rettung der Welt durch Gott aufzuweisen. Seine apologetische Intention dürfte mit der geistesgeschichtlichen Situation, der Auseinandersetzung mit jüdischer und islamischer Christentumskritik, zusammenhängen. Formal neu war die Betonung der *necessitas*, inhaltlich neu die Konzentration auf die Versöhnung und damit auf Christi Kreuzestod. Den praktischen Hintergrund für das Verständnis der Schlüsselbegriffe bildete die zeitgenössische **Bußlehre und -praxis** (vgl. 9.3). Theologische Basis war die **Erbsündenlehre** insofern, als Adams Sünde die Kollektivschuld der Menschheit begründet und alle Menschen notwendig sündigen (Sünde personal verstanden als Ungehorsam in der Geschöpf-Schöpfer-Relation).

2.3.2 Außerdem setzte die Argumentation eine **soziologisch-juristische Plausibilitätsstruktur** voraus, die für die Zeitgenossen im 11./12.Jh. evident war. Ihr Zentrum war die Betonung von Gottes Ehre (*honor*) und Entehrung (*exhonoratio*) durch die Sünde/den Ungehorsam. **Ehre** wurde hier nicht als moralischer Wert oder Tugend verstanden, sondern – in der durch das Lehnswesen personal strukturierten Rechtsordnung – als Voraussetzung der Handlungsmöglichkeit innerhalb der Gesellschaft. Ehrlosigkeit bedeutete, außerhalb der Rechtsordnung zu stehen, und beim Herrscher führte sie zur Erschütterung der politischen Ordnung insgesamt. Die Entehrung Gottes galt somit als eine fundamentale Störung der Weltordnung, die nur durch die Wiederherstellung der Ehre - nach germanischem Recht *aut poena aut satisfactione* - behoben werden konnte. Ziel der Menschheitsgeschichte mußte somit die **Wiederherstellung von Gottes Ehre** sein, die aber durch eine dem verletzten unendlichen Rechtsgut entsprechende Strafe zur Vernichtung der Menschheit führen würde. Eine Wiedergutmachung durch Strafersatz/Buße schied aus, weil alle Menschen als Sünder für ihre eigenen Verfehlungen Gott ohnehin all ihre guten Werke schulden. **Barmherzigkeit**/Vergebung ohne *satisfactio* käme als Möglichkeit nicht in Betracht, weil Gott durch diesen Strafverzicht seine Weltordnung willkürlich umstoßen würde.

2.3.3 Auf diesem Hintergrund entfaltete Anselm seine **Satisfaktionstheorie**: Das grundlegende Dilemma besteht darin, daß der Mensch eine unendlich wertvolle Sühne leisten muß, die er nicht vollbringen kann, die nur für Gott möglich ist; als Lösung folgt daraus, daß Gott Mensch werden muß, um als Mensch die *satisfactio* für Gott zu erbringen. Dies tut der nicht von der Erbsünde belastete Jesus Christus, der *Deus-homo*, der Gott allen Gehorsam, jedoch nicht den Tod schuldig ist, durch den er ein unendliches Verdienst (*meritum*) erwirbt, welches er für sich nicht benötigt und daher seiner Sippengenossenschaft (den ihm im Glauben verbundenen Menschen) im Sinne der Stellvertretung zuwenden kann. Die **Erlösung** bringt also - unter Wahrung der Gerechtigkeit Gottes - die gestörte **Schöpfungsordnung** wieder zurecht; da sie für Anselm ganz auf den Kreuzestod konzentriert ist, vertritt er eine christologisch fundierte Soteriologie mit besonderem Profil.

2.4 Literatur

I. DALFERTH: Fides quaerens intellectum. Theologie als Kunst der Argumentation in Anselms Proslogion, ZThK 81 (1984) 54-105. - K. FLASCH: Anselm von Canterbury, in: O. Höffe (Hg.): Klassiker der Philosophie Bd.1, 1981; 3.A. 1994, 177-197. - G. GRESHAKE: Erlösung und Freiheit. Zur Neuinterpretation der Erlösungslehre Anselms, ThQ 153 (1973) 323-345. - R. HEINZMANN: Anselm von Canterbury, KlTh 1, 1981, 165-180. - L. HÖDL: Anselm von Canterbury, TRE 2 (1978) 759-778. - M.A. SCHMIDT: Anselm von Canterbury, GKG 3, 1983, 123-147.

3. Exegese, Kanonistik, Scholastik

Die Form wissenschaftlicher Theologie, die unter dem Begriff Scholastik zusammengefaßt wird, ist keine durch eindeutige Merkmale definierte Erscheinung. Sie läßt sich am besten als neuartige Methodik erfassen (s. dazu 4.0). Bei ihrer Entwicklung wirkten neben der Philosophie auch die Exegese und Kanonistik mit. Denn Schriftauslegung und Kirchenrecht spielten im gesamten Mittelalter eine bedeutende Rolle, u.a. auch dadurch, daß ihre reichhaltige Tradition kompendienartig zusammengefaßt wurde. Nach der rezeptiv-reproduktiven Arbeitsweise des Frühmittelalters entwickelte ca.1080-1140 die Schule des Anselm von Laon eine **veränderte exegetische Methodik**, die die spätere Bibelexegese und Dogmatik stark beeinflußte: die philologische Glossierung und systematische Kommentierung aller biblischen Bücher. Ihre sog. *Glossa ordinaria* wurde neben dem Sentenzenwerk des Petrus Lombardus (s. 7.1) bis zum 15./ 16.Jh. das maßgebliche Lehrbuch. Unabhängig davon vollzog sich im 11./12.Jh. ein ebenfalls epochaler Wandel im Umgang mit der unübersichtlichen Masse der **Kirchenrechtstradition**, die nun wissenschaftliche Formen bekam. Wichtigster Anreger dieser Entwicklung war Gratian in Bologna, dessen Werk fundamentale Bedeutung für die Kanonistik in Mittelalter und Neuzeit bekam. Zu beachten ist dabei, daß einerseits das kirchliche Recht auch theologische Sachverhalte umfaßte und daß andererseits die Theologie auch Rechtssätze explizierte (so z.B. in der Sakramentenlehre). Ein eigentümliches Phänomen war die sog. **Schule von Chartres**, die in manchem für die Entwicklung der Scholastik bedeutsam, aber nur z.T. eine einheitliche Größe mit spezifischem Gepräge war. In der dortigen Kathedralschule, einem Wissenschaftszentrum von europäischem Rang, pflegte man im 11./ 12.Jh. neben der Kanonistik die Naturphilosophie, Mathematik und Medizin. Doch auch Grammatik, Sprachlogik und Metaphysik fanden eine profilierte Bearbeitung, wie sich paradigmatisch in dem für die Frühscholastik wichtigen Werk des Gilbert Porreta um 1125-50 zeigte.

3.1 Anselm von Laon und seine Schule

Das exegetische Material wurde seit dem 9.Jh. in Katenen und Sammlungen von Glossen/Einzelauslegungen kontinuierlich tradiert. Im 11.Jh. spielte dabei die Schule des Fulbert von Chartres eine besondere Rolle (s. 3.3). Deren Arbeit führte an der Domschule von Laon Anselm (ca.1050-1117) zusammen mit seinem Bruder Radulf und anderen, z.B. Wilhelm von Champeaux, in neuer Weise fort. Sie stellten die verschiedenen Auslegungen der Väter als einander ergänzende **Sentenzen** zusammen mit einer **harmonisierenden Tendenz**, wobei die eigene Leistung nicht nur in der Kompilation der Texte und in der philologischen Erläuterung, sondern mehr noch in der Erklärung und systematischen Ordnung der Sentenzen bestand. Theologie betrieben sie somit als Schrift- und Väterkommentierung (*lectio divina*), allerdings ohne Anwendung der Dialektik und daher in konservativer Lehrweise als Autoritätenreproduktion. Dadurch fixierten sich bestimmte Lehrmeinungen im Sinne einer Schulbildung.

3.1.1 Die Schule von Laon war im 12.Jh. einflußreich, ihre geschichtliche **Wirkung** bemerkenswert, vermittelt durch zahlreiche Schüler, die in wichtigen Positionen als Multiplikatoren dienten. Wegen ihrer "Teamarbeit" lassen sich die individuellen Beiträge nur schwer eruieren. Von Anselm stammten wohl die Glossen zum Psalter, zum Johannesevangelium und zu den Paulusbriefen, die besonders stark nachwirkten. **Glossierung** und **Kommentierung** waren die beiden Methoden der Schule: Bibeltext mit Erläuterungen zu den einzelnen Schriften des AT und NT aufgrund des Vätermaterials, eingetragen in den Text in – seitdem beispielgebend wirkender – Form von **Interlinear- und Marginalglossen** (d.h. kurzen Stichworten zwischen den Zeilen zu Grammatik, Wortbedeutung, Sinngliederung etc. und längeren Ausführungen am Rand mit Kirchenväterzitaten und eigenen Bemerkungen). Die doppelte Form spiegelte den Lehrbetrieb von Laon wider und hat die mittelalterliche Universitätspraxis bestimmt. Diese *Glossa* (= Kommentar) wurde als Standardwerk allgemein rezipiert und seit dem 14.Jh. als *Glossa ordinaria* zitiert, seit dem 16.Jh. fälschlich dem Reichenauer Abt und Exegeten Walahfried Strabo (ca.808/9-849) zugeschrieben. (Text: ML 113/4; mangelhaft.) Somit war die Bedeutung dieses Werkes für die Theologie- und Frömmigkeitsgeschichte bis zur Neuzeit enorm.

3.1.2 Die Theologie der Schule von Laon als *sacra pagina* bezog sich auf Bibel und Kirchenväter und entwickelte in Form von Sentenzen (Lehrsätzen) eine **heilsgeschichtliche Systematik** unter Aufnahme der augustinischen Sünden- und Gnadenlehre. Drei Stufen der Weltgeschichte als Heilsgeschichte bestimmten alle Aussagen über Gott, Christus und Menschheit: Urstand/ Schöpfung, Sündenfall, Erlösung. Viele Scholastiker des 12./13.Jh.s orientierten sich daran.

3.2 Die Konkordanzmethode bei Gratian

Im 11.Jh. fertigten Reformprogrammatiker – auf dem Hintergrund des allgemeinen Strebens nach Erneuerung und Eigenständigkeit der Kirche – **Rechtssammlungen** an. Sie wollten dabei z.T. Regeln für den Ausgleich der unterschiedlichen Bestimmungen fixieren oder das disparate Traditionsgut in eine systematische Ordnung bringen. Dadurch wurde es in der Praxis leichter, für Streitfragen juristische Orientierung zu bekommen. Die neue Konkordanzmethode verband sich mit der Herausbildung einer eigenen Kirchenrechtswissenschaft (Kanonistik), die v.a. in Bologna gepflegt wurde. Dort verfaßte bis ca.1140 Gratian eine **Harmonisierung** der unterschiedlichen Rechtsnormen, die *Concordia discordantium canonum*, die unter dem Titel *Decretum Gratiani* allgemeine Bedeutung im Mittelalter bekam.

3.2.1 Seit dem 6.Jh. war das gewaltig anschwellende kirchenrechtliche Material - Synodalentscheidungen (*Kanones*), bischöfliche Regelungen, päpstliche Dekretalen u.a. - in verschiedenen Sammlungen geordnet worden, die zumeist auch einen kirchenpolitischen Zweck verfolgten (vgl. § 8; 6.1.5). Im Zusammenhang mit den Reformtendenzen des 11.Jh.s entstanden einige Werke, die für die **Entwicklung einer wissenschaftlichen Theologie** bedeutsam wurden. Schon Bischof **Burchard von Worms** (965-1025) wollte mit seinem *Decretum* die kirchliche Praxis in Verwaltung und Rechtsprechung, Seelsorge und Unterweisung - unter dem Leitmotiv der Freiheit der Kirche - auf eine solide Basis stellen; dieses Werk beeinflußte die Rechtssammlungen des 11./12.Jh.s. Der Parteigänger der gregorianischen Reform **Bernold von Konstanz** (ca. 1054-1100) entwickelte angesichts der Widersprüche der überlieferten Rechtssätze eine neue **Konkordanzmethode**, die als Vorstufe der scholastischen Methode im Umgang mit den Autoritäten gelten kann. Er fixierte Regeln für den rationalen Ausgleich: Vergleich der verschiedenen Rechtssätze; Berücksichtigung ihrer Situationsgebundenheit, ihrer Ursachen und Tendenzen; Untersuchung ihrer Authentizität. Der große, einflußreiche Bischof **Ivo von Chartres** (ca.1040-1115), Schüler Lanfranks, der durch seine rechtssystematischen Theorien das päpstliche Dekretalenrecht förderte und die Kanonistik prägte, verarbeitete umfangreiches patristisches Material und formulierte dafür Grundsätze der Systematisierung und des Ausgleichs der Autoritäten, die auch in der Theologie fortwirkten.

3.2.2 Der Mönch **Gratian** (gest.ca.1150), der an der päpstlich geförderten Juristenschule in Bologna lehrte, schuf die Grundlagen der kirchlichen Rechtswissenschaft (Kanonistik) durch seine **systematische Kompilation** der bisherigen Tradition, die im einzelnen stark divergierte und die er durch eine konsequente Methodik harmonisierte. Dogmatische und juristische Themen flossen dabei ineinander. Er kombinierte die **Konkordanzmethode** Bernolds und Ivos mit der **Dialektik**, um die Widersprüche der Rechtssätze auszugleichen. Neu und wirkungsgeschichtlich bedeutsam war die Bemühung um Vollständigkeit. Sein Werk, das von anderen Autoren überarbeitet wurde, erlangte zwar nie offizielle Geltung als kirchlicher Rechtskodex, wurde aber insofern maßgeblich, als die katholische Kirche sich faktisch daran orientierte (seit 1582 mit autoritativem Text: Corpus Iuris Canonici I, ed. E. Friedberg, 1879, ND 1959).

3.3 Die Schule von Chartres und ihr Umfeld

Der Pflege des gesamten Bildungssystems der **Artes liberales** diente die von Bischof Fulbert (gest.1028) ausgebaute Domschule in Chartres: der intensiven Beschäftigung mit der antiken Literatur, der Bearbeitung von Platons *Timaios* (und damit der Kosmologie und Naturphilosophie, ergänzt durch eigene naturwissenschaftliche Studien) sowie der Beschäftigung mit Aristoteles' Logik. Erweitert wurde das durch die Pflege des **Kirchenrechts** v.a. unter Ivo von Chartres seit 1090 (s. 3.2.1). Auch **Gilbert Porreta** und **Johannes von Salisbury** wirkten zeitweilig in Chartres. Gilbert wandte systematisch eine an Aristoteles orientierte Sprachlogik auf die Theologie an (v.a. in der Gottes- und Trinitätslehre) und geriet dadurch in Konflikt mit konservativen Theologen unter Führung Bernhards von Clairvaux. Seine Schülerschaft - die sog. Porretanerschule - wirkte mit beträchtlichem Einfluß im 12./13.Jh. Johannes war ein herausragender lateinischer Stilist und Humanist, der in Anlehnung an Aristoteles bedeutende Werke zur Ethik und

Logik verfaßte und als Empiriker die Grenzen der philosophisch-theologischen Erkenntnis herausstellte.

3.3.1 Zahlreiche Schüler prägte **Bernhard** von Chartres (gest.ca.1124/30) durch das Studium der antiken Autoren sowie der Philosophie Platons und Aristoteles'. Mathematische Studien und aristotelische Logik betrieb **Thierry/Theoderich** von Chartres (gest.ca.1150). **Gilbert von Poitiers** (genannt Porreta/Porretanus; ca.1080-1154) lehrte ca.1124-37 in Chartres, danach in Paris und Poitiers. Er vertrat eine sprachlogisch-kritische Interpretation der trinitätstheologischen und christologischen Terminologie mit der allgemeinen - der Scholastik entsprechenden - Zielsetzung, die dogmatische Tradition von der Philosophie her zu begründen. Bernhard von Clairvaux attackierte ihn als häretischen Neuerer, doch Synoden in Paris 1147 und Reims 1148, die seine Lehren prüften, verurteilten ihn nicht.

3.3.2 Der in der englischen Politik als Kämpfer für die Freiheit und Erneuerung der Kirche engagierte **Johannes von Salisbury** (ca.1115/20-1180), seit 1176 Bischof von Chartres, verband kirchliche Praxis und Wissenschaft, orientiert an der Priorität **empirischer Erkenntnis**. Er hat wohl erstmals Aristoteles' Organon für die theologische Arbeit fruchtbar gemacht (vgl. 11.2.1). In seinem *Metalogicon* behandelte er u.a. das Universalienproblem und die logische Kritik der Metaphysik. Sein *Polycraticus*, ein Traktat über den Machtmißbrauch der geistlichen und weltlichen Gewalten, hat die politischen Theoretiker bis ins späte Mittelalter beeinflußt.

3.3.3 Wohl ein Schüler von Thierry und Gilbert war der bedeutende Naturphilosoph und Ethiker, Kanonist und Dichter **Alanus ab Insulis** (d.h. aus Lille; ca.1125/30-1203), *doctor universalis* der mittelalterlichen Tradition. Insbesondere hat er methodologische Fragen der Verbindung von Theologie und Philosophie bearbeitet.

3.4 Die Entwicklung der Scholastik

Die Sinnhaftigkeit des in der älteren Literatur kaum problematisierten Begriffs Scholastik ist in neuerer Zeit bezweifelt worden, weil die Komplexität der Phänomene eine exakte Definition erschwert. Auch wenn die Philosophiehistoriker ihn z.T. nicht mehr verwenden, hat er für die Theologiegeschichte seine Berechtigung behalten. Er meint eine differenzierte Form der **Schulwissenschaft**, welche die rationale Explikation der in der Bibel enthaltenen Glaubenswahrheiten systematisch pflegte, dazu ein reflektiertes Methodeninstrumentarium einsetzte (vgl. 4.2; 7.3; 12.2) und in den Universitäten die geeignete Institutionalisierung erfuhr (vgl. 11.1). Ansätze dazu, die man wegen der historischen Kontinuität als **Vorscholastik** bezeichnen kann, finden sich bei Anselm von Canterbury sowie in den Schulen von Chartres, Laon und Bologna. Für eine ungefähre Orientierung ist die herkömmliche Periodisierung hilfreich. Danach umfaßt die **Frühscholastik** i.w. das 12.Jh. (ca.1120-ca.1230/40), die **Hochscholastik** i.w. das 13.Jh. (ca.1230/40-ca.1310/20) und die **Spätscholastik** - die nicht als Abstieg oder gar Verfall verstanden werden darf - i.w. das 14./15.Jh.

3.5 Literatur

M. GRABMANN: Geschichte Bd.1, 234-246; Bd.2, 136-168. - N. HÄRING: Schule von Chartres, TRE 7 (1981) 698-703. - DERS.: Gilbert Porreta, TRE 13 (1984) 266-268. - L. HÖDL u.a.: Anselm von Laon, TRE 3 (1978) 1-5. - P. LANDAU: Gratian, TRE 14 (1985) 124-130. - DERS.: Ivo von Chartres, TRE 16 (1987) 422-427. - H. RENVENTLOW: Epochen der Bibelauslegung Bd.2, 1994. - R. SCHÖNBERGER: Was ist Scholastik?, 1991. - B. SMALLEY: Glossa ordinaria, TRE 13 (1984) 452-457.

4. Petrus Abaelardus: Frühscholastische Methodik

Den geistigen, kulturellen und sozialen Umbruch, der mit dem 12.Jh. einsetzte, repräsentierte exemplarisch der geniale Bretone Peter Abaelard (1079-1142). Seine theologiegeschichtliche Bedeutung besteht darin, daß er die scholastische Methode - den **argumentativen Ausgleich** widersprüchlicher Aussagen der Tradition - in Anlehnung an die Konkordanzmethode der Kanonisten (s. 3.2) systematisch begründete. Insofern könnte er als "Vater der Scholastik" gelten, wenn man eine derartige Klassifizierung beanspruchen will (die jedoch keine historische Monokausalität meinen kann). Zur Entstehung der Scholastik hat er Entscheidendes beigetragen, indem er das Grundproblem des Verhältnisses von *auctoritas* und *ratio*, das sich u.a. für Anselm im Blick auf die Themen der Theologie stellte, als **Wissenschaftstheoretiker** löste: durch kritisch-hermeneutische Reflexion über die in der Lehrtradition begegnende Interpretation der biblischen Offenbarungswahrheiten. Seine Verbindung von Glauben und rationaler Durchdringung entsprach ebenso wie seine Betonung der Subjektivität dem Geist der neuen Epoche. In dieser Blütezeit von Theologie und Philosophie ragte er neben anderen großen Geistern (s. 5.1.-6.3), die z.T. einflußreicher als er waren, durch sein spezifisches Profil als Methodiker hervor.

4.1 Rationale Genialität im Konflikt mit der Kirche

Welche Probleme die neue Wissenschaftlichkeit schuf, zeigte das Schicksal des intellektuellen Rigoristen Abaelard, dessen bewegte Biographie den Epochenumbruch widerspiegelte. Zunächst philosophisch engagiert, wandte er sich der Theologie zu. Den traditionellen Lehrbetrieb - v.a. der Schule von Laon - kritisierte er als zu konservativ. Durch Intelligenz, rhetorische Begabung und Arroganz schuf er sich überall Feinde. Er war **Dialektiker**, aber kein Rationalist; er wollte die Sprachlogik als Instrument für ein besseres Verständnis der Glaubenslehren benutzen sowie die Theologie als systematisches Ganzes konzipieren, um sie dem allgemeinen Denken zugänglich zu machen. Nach philosophischen Erstlingswerken demonstrierte er das in seiner *Theologie des höchsten Gutes*, einer Erläuterung der Trinitätslehre, die allerdings 1121 von einer Synode in Soissons verurteilt wurde. Daß der fortan unter dem **Häresieverdacht** tätige Lehrer ein gesellschaftlicher Außenseiter - allerdings ein v.a. von der Jugend verehrter - war, zeigten zuvor seine Liebesbeziehung zu der klugen Heloïssa und anschließend seine monastische Existenz. Die **Kollision** der scholastischen Theologie als Wissenschaft mit der monastischen Theologie als Weisheitspraxis erlebte er paradigmatisch in der erbitterten Verfolgung durch Bernhard von Clairvaux und andere Repräsentanten der traditionellen Lehrform sowie des kirchlichen Establishments. Eine Synode in Sens und ein Urteil Papst Innozenz' II. 1140 verdammten seine Lehren. Doch der Vermittlung einflußreicher Freunde war es zu verdanken, daß diese Verurteilung (die seine historische Wirkung schwer beeinträchtigt hätte) rückgängig gemacht wurde. Mehr als durch seine Schriften wirkte er durch seine bedeutenden Schüler.

4.1.1 Obwohl Petrus Abaelardus/Pierre Abailard einem Rittergeschlecht der Bretagne entstammte, repräsentierte sein Denken nicht mehr wie dasjenige Anselms die feudalistisch-monastische Lebenswelt, sondern die neue **Rationalität** der aufstrebenden **Stadtkultur**. Er war eine "moderne" Persönlichkeit von markanter Individualität. Wohl ca.1132 verfaßte er einen autobiographischen Brief, der als *Leidensgeschichte/Historia calamitatum* überliefert wurde (Ep.1; Übers.: E. Brost, 4.A. 1979, 9-71; H.-W. Kautz, 1989, 5-58). Schüler zunächst des umstrittenen Philosophen Roscellin (s. 1.2.1), dann des konservativen Denkers Wilhelm von Champeaux in Paris (s. 1.2.2), lehrte er seit ca.1110 selbständig bei **Paris** auf dem Mont St.Geneviève mit großem Erfolg. Doch er entschloß sich ca.1113 zum Theologiestudium in der Schule von Laon (s. 3.1), geriet aber schon bald mit Anselm wegen seiner provokativen Dialektik - wie zuvor mit Wilhelm - in Konflikt. Als Meister im Disputieren schuf er sich viele Feinde bei kleineren Geistern, allerdings auch einen großen Kreis begeisterter Schüler: so seit 1114 als Kanonikus an der Schule von Notre Dame in Paris. Dort erlebte er die große Liebe mit seiner schönen, hochintelligenten Schülerin **Heloïssa/Héloïse** (ca.1100-64); trotz der Heirat ca.1118 zog er sich den Zorn ihrer Familie zu, die ihn entmannen ließ. Héloise wurde **Nonne** im Kloster Argenteuil, Abaelard **Mönch** im berühmten St. Denis bei Paris. Dort verfaßte er gegen den Nominalismus einen Traktat über die göttliche Einheit und Freiheit *Theologia summi boni* (Text/Übers.: U. Niggli, 1989). Seine Gegner attackierten ihn und erreichten, daß er auf einer Synode in Soissons 1121 wegen dieses Traktats als Ketzer zu lebenslanger Klosterhaft verurteilt wurde.

4.1.2 Nach der Begnadigung durch den Papst lebte er seit 1122 als **Eremit** bei Nogent an der Seine, gründete die Einsiedelei *Le Paraclet* (Stätte des Trostes und des Heiligen Geistes), die er - seit ca.1127 **Abt** eines Klosters in der Bretagne - Héloïse überließ, welche dort nach seiner "Regel" (= Ep.8) ein Nonnenkloster aufbaute. (Übers. des - authentischen? - Briefwechsels: E. Brost, 4.A. 1979, 73-364.) Wegen der Probleme mit den zuchtlosen Mönchen von St. Gildas kehrte er ca.1135/6 nach Paris zurück, wo er mit großer Resonanz lehrte und seine **Hauptschriften** überarbeitete bzw. verfaßte. Gegen ihn schrieb 1139 der Zisterzienser Wilhelm von St. Thierry (ca.1080/5-1148/9), ein bedeutender Vertreter der mystischen Theologie, woraufhin auch **Bernhard von Clairvaux** ihn in Predigten und einem Traktat angriff. Es handelte sich um einen **Zusammenstoß zweier gegensätzlicher Konzeptionen** von Theologie. Bernhard sah in dem kritischen Rationalismus eine Gefahr für Frömmigkeit und Kirchenlehre; mit kirchenpolitischer Taktik setzte er durch, daß eine Synode des Erzbistums **Sens 1140** nicht über Abaelards Lehren diskutieren ließ, sondern diese einfach verurteilte. Dem üblichen Ketzerschicksal entkam Abaelard durch die Hilfe des Abtes von Cluny Petrus Venerabilis (s. § 6; 9.1.2). So blieb sein Schrifttum erhalten, wenngleich seine Gedanken v.a. indirekt über seine Schüler nachwirkten.

4.1.3 Charakteristisch für Abaelards - zu Lebzeiten viel gelesenes - Schrifttum, das im Zusammenhang des Lehrbetriebs entstand, sind die mehrfachen Überarbeitungen vieler Traktate, die erst die neuere Forschung eruiert hat (Datierung z.T. unsicher wie die sonstige Biographie.) Seine erste Schaffensperiode bis ca.1126 war neben den philosophischen Schriften - v.a. der *Logica* und *Dialectica* (hg.v. B. Geyer, 1919-33) - durch den Versuch geprägt, einen umfassenden **Neuansatz** für die Theologie zu konzipieren. Diesen hat er v.a. in den späteren Redaktionen der *Theologia* und des *Sic et non* ausgearbeitet (vgl. 4.2.3).

4.1.4 Abaelards europäischer Ruhm zog viele **Schüler** nach Paris, die ihm z.T. verbunden blieben. Unter ihnen erlangten einige historische Bedeutung wie z.B. Robert von Melun (ca. 1100-67) und Robert von Salisbury (s. 3.3.2), Roland Bandinelli (s. 7.2.2), der Geschichtstheologe Otto von Freising, aber auch der "Revolutionär" Arnold von Brescia (s. § 6; 11.1.1). Durch die Abaelard-Schule beeinflußt wurde Petrus Lombardus (s. 7.1.2).

4.2 Verbindung von Dialektik und Theologie

Abaelard war kein Dogmatiker, sondern ein Kritiker, der in bahnbrechender Weise Methodenfragen erörtert hat. Das zeigte er schon in seinen frühen philosophischen Schriften mit einer Lösung des Universalienproblems (vgl. 1.2), welche gegen die Extremformen von Nominalismus und Realismus eine mittlere Lösung stellte, den sog. **Konzeptualismus**: Die menschliche Erkenntnis orientiert sich allein an der

empirischen Wirklichkeit der Einzeldinge, deren übereinstimmende Merkmale sie durch Allgemeinbegriffe feststellt; diese **Abstraktionen** existieren nicht als vom Denken losgelöste Realitäten, sind aber auch keine willkürlichen Setzungen, sondern haben eine seinsmäßig begründete Signifikationsbeziehung zu den Einzeldingen und existieren objektiv im Geist Gottes. Diese Position fand viel Zustimmung. Daß Abaelard die Dialektik als Sprachlogik konzipierte, zeigt auch seine **Trinitätslehre**. (Den traditionellen Begriff *theologia*, d.h. Gotteslehre, erweiterte er mit der Bearbeitung dieser Frühschrift durch Aufnahme der gesamten Heilslehre; damit hat er die neue, seit dem 12./13.Jh. geläufige Bedeutung von Theologie vorbereitet.) Er wollte das Geheimnis des göttlichen Seins durch Analogien aus dem menschlichen Denk- und Sprachbereich plausibel erläutern. Besonderen Anstoß erregte er dadurch, daß er den Heiligen Geist mit der platonischen Weltseele identifizierte und so scheinbar dem inkriminierten Pantheismus zuneigte. Für das **Autoritätenproblem**, den Widerspruch bzw. die Nichtübereinstimmung zwischen den Aussagen der kirchlichen Lehrer, entwickelte er seit 1121 eine bahnbrechende Lösung durch sein Werk *Sic et non* (*Ja und Nein*): eine Sammlung widersprüchlicher Lehrsätze, für die seine Einleitung Regeln zum rational-methodischen Umgang formulierte. Theologie sollte nicht traditionelle Aussagen reproduzieren, sondern wissenschaftlich kontrollierbar Denkprobleme selbständig bearbeiten.

4.2.1 Theologische Arbeit vollzog sich bisher als Auslegung und Aneignung des in Schrift und Lehrtradition (*auctoritas*) vorliegenden Textbestandes. Diesen Grundsatz behielt Abaelard bei, differenzierte ihn aber durch **hermeneutische Methodik**. Eine logische Beweisbarkeit der Glaubenssätze hielt er - anders als Anselm von Canterbury - für unmöglich, weil der Mensch nicht zu einer den Wortlaut der *auctoritas* übersteigenden Erkenntnis gelangen könne, sondern diesen mit Hilfe der Dialektik stets neu verstehen müsse. Er wertete die **Vernunft** als eine gute Gabe Gottes hoch (die auch die vorchristlichen Philosophen zur teilweisen Erkenntnis der göttlichen Wahrheit befähigt habe; s. dazu den *Dialog zwischen einem Philosophen, Juden und Christen* von ca.1125/26; Text hg.v. A. Thomas, 1970). Doch er beschränkte sie auf die empirische Wirklichkeit; er war insofern kein Rationalist, als für ihn nur der Glaube die übernatürliche Wirklichkeit der Offenbarung voll erschließen konnte. Einen Gottesbeweis hielt er für unmöglich, wenngleich er die Hinweise der Erfahrungswelt auf Gott betonte. Mit der Sprache kann die *ratio* in bildhafter Annäherung die Wahrheit ausdrücken; mit der Dialektik soll sie v.a. die Gegner des Glaubens widerlegen.

4.2.2 Von dem Grundsatz aus, daß Erfahrung die menschliche Erkenntnis fundiert, löste Abaelard das **Universalienproblem** in Abgrenzung gegen seine Lehrer Roscellin und Wilhelm von Champeaux: Aus der Wahrnehmung der **Einzelphänomene** folgt die Erkenntnis, daß sie in Natur und Eigenschaften wesenhafte **Gemeinsamkeiten** aufweisen, von denen die Vernunft eine Vorstellung (*conceptus*) und eine den Sinn erfassende Aussage (*sermo*) bildet. Diese Sinngebung ist nichts rein Subjektives; die Allgemeinheit der Bezeichnungen ergibt sich daraus, daß ihr logischer Gehalt von unterschiedlichen Dingen ausgesagt werden kann. Den *universalia* als generalisierenden Begriffen korrespondiert in den Einzeldingen ein reales Gemeinsames, das (gegen den Realismus) keine *res*, keine empirische Wirklichkeit, aber auch (gegen den Nominalismus) keine bloß subjektive Setzung ist. Man hat diese Position als "**Konzeptualismus**" klassifiziert; *conceptus* und *sermo* als Verallgemeinerung haben einen Anhalt in der Empirie als der Schöpfung Gottes, so daß die Universalien letztlich in Gott als Musterformen/Ideen aller Dinge existieren. Wie die menschliche Erkenntnisfähigkeit ist auch die Einheit der Welt in der Beziehung zu Gott begründet.

4.2.3 Die juristische Konkordanzmethode (s. 3.2.1) übertrug Abaelard auf die Dogmatik. Für die traditionelle Methode, theologische Aussagen durch Zitation und Kommentierung von **Autoritäten** (Belegstellen/Sentenzen aus Bibel, Dogma, Liturgie, Kirchenvätern) zu formulieren, brachte die Feststellung von deren **Widersprüchlichkeit** eine Krise. In 158 Kapiteln stellte Abaelard Sentenzen zu Themen der Glaubenslehre, Sakramentenlehre und Ethik jeweils so zusammen, daß einer Aussage *Sic* (z.B: Daß der Mensch durch die Sünde den freien Willen verloren habe, c.56) die gegenteilige Auffassung mit *Et non* bzw. *Et contra* folgte. Ihm lag allerdings nicht an der Relativierung, sondern an kritisch-konstruktiver Bewältigung des Problems; deshalb fomulierte er im Prolog sein Programm mit methodischen Leitsätzen für die historische, semantische und sprachlogische Auflösung der - oft scheinbaren - Widersprüche. Diese seinen Unterricht widerspiegelnde Schrift "**Sic et non**" hat er erstmals wohl 1121 konzipiert und später zweimal überarbeitet (Text: hg.v. B.B. Boyer/R. Mc Keon, 1976/7). Sie prägte fortan den scholastischen Lehrbetrieb hinsichtlich der dialektischen Bearbeitung der Sentenzen.

4.2.4 Die **Trinitätslehre** bildete wie im 11./12.Jh. allgemein auch für Abaelard ein zentrales Thema. Das Dogma wollte er "vernunftmäßig begründen", allerdings nicht in der Weise des Anselm von Canterbury, sondern durch Erläuterung der Bedeutung seiner Aussagen. Insbesondere für die **Plausibilität** der Beziehung von Einheit und Dreiheit zog er Vergleiche aus der kreatürlichen Wirklichkeit heran (z.B. Erz-Siegel-Versiegelung), wobei er der Methodik Augustins folgte (vgl. § 1; 18.4.3-5): Vater als Macht des Seins, Sohn/Logos als Weisheit und Grund der logischen Struktur der Welt, Geist als Liebe, als Einheitsband zwischen beiden.

4.3 Versöhnungslehre und Ethik

Im Kontrast zu Anselms Satisfaktionstheorie (vgl. 2.3) hat man Abaelards Lehre oft als Gegenposition hervorgehoben; er hat sie allerdings nicht eigens thematisiert, sondern im Zusammenhang seines Römerbriefkommentars expliziert. Er konnte für Christi Inkarnation und Kreuzestod keine logisch-theologische Notwendigkeit, sondern nur eine historische Faktizität konstatieren. Ihr Sinn bestand für ihn in der **Offenbarung der Liebe Gottes**, die auf eine Veränderung des Menschen durch Weckung der Gegenliebe zielt; diese Liebe - wie der Glaube eine Wirkung der göttlichen Gnade - machte für ihn als freie Zuwendung zu Gott die Versöhnung aus. Damit traten an die Stelle des heilsgeschichtlich-rationalen Objektivismus (so Anselm) bzw. der sakramental-kultischen Institutionalisierung (so die traditionelle Kirchenlehre) ein **Personalismus** und **Moralismus**, die der im 12.Jh. aufkommenden Subjektivität entsprachen. Demgemäß sah Abaelard das Gnadenwirken Gottes verbunden mit der Selbsttätigkeit des Menschen. Dessen Beanspruchung als eines verantwortlichen Individuums war auch der Grundgedanke in seinem Traktat *Ethica* mit dem Untertitel *Scito te ipsum/Kenne dich selbst*, der bahnbrechend die christliche Morallehre als **Gesinnungsethik** konzipierte. Das Gewissen sollte - in Korrespondenz mit Gottes Geboten - zentrale Instanz für das rechte Handeln sein, dessen Beurteilung sich v.a. an der Intention orientieren müßte. Damit kehrte sich Abaelard von einem objektivistischen Sündenverständnis und einer entsprechenden kirchlichen Bußpraxis ab. Die Entwicklung der scholastischen Gnadenlehre hat er durch die - mit der Betonung der Liebe gegebene - Psychologisierung und Moralisierung beeinflußt.

4.3.1 Welche Rolle für die systematische Theologie die Bibel spielte, zeigte v.a. Abaelards **Römerbriefkommentar** ca.1135-37 (Text: CChr.CM 11), eine originelle, individuelle Auslegung. Über die Grundgedanken des Paulus setzte er sich ebenso wie über Augustins Lehren hinweg z.B. hinsichtlich der universalen Macht der Sünde (als Erbsünde) oder der Rechtfertigung als eines Handelns Gottes. Ob er sich direkt gegen Anselms Lehre gewandt hat, muß offenbleiben. **Erlösung** bringt für ihn nicht Christi Opfer, sondern dessen Vorbild der Liebe im Leiden und dessen Lehre, welche in den Gläubigen die **Liebe** wecken, die - als gute Gesinnung und moralische Kraft - von der Sünde befreit.

4.3.2 Die wohl ca.1138/9 verfaßte "**Ethica**" (Text: hg.v. D.E. Luscomb 1971; Übers.: F. Hommel, 1947) stellte Abaelards theologischen Neuansatz als Bruch mit der Tradition im Geist der neuen Zeit dar. Die **Selbsterkenntnis** wurde zur Basis der Ethik: Handlungen oder Motive sind nicht an sich gut oder schlecht, sondern erst dann, wenn sie von einer freien Zustimmung, einer bewußten Intention getragen werden. Eine den Menschen determinierende Erbsündigkeit kann es nicht geben. Sünde ist nicht die objektiv böse Tat, sondern die gottwidrige Gesinnung; aufgehoben wird sie nicht durch Satisfaktion und Vergebung im Bußsakrament, sondern durch die Reue als Gesinnungswandel und Hinwendung zu Gott (vgl. 9.3.1).

4.4 Literatur

A. ANGENENDT: Peter Abaelard, GKG 3, 1983, 148-160. - M. GRABMANN: Geschichte Bd.2, 168-229. - L. GRANE: Peter Abaelard, 1969. - D.E. LUSCOMB: The school of Peter Abelard, 1969. - R. PEPPERMÜLLER: Abaelard, TRE 1 (1977) 7-17. - DERS.: Abaelards Auslegung des Römerbriefes, 1972. - M.A. SCHMIDT: Scholastik 86-91. - DERS.: HDThG I, 570-575. - R. THOMAS (Hg.): Petrus Abaelard (1079-1142). Person, Werk und Wirkung, 1980.

5. Erfahrungstheologie bei Bernhard von Clairvaux

Epochale Bedeutung kommt Bernhard (1090-1153) nicht nur als Organisator des Mönchtums und als Kirchenpolitiker (vgl. § 6; 10.2; § 8; 9.1; § 9; 8.3), sondern auch als Theologen zu. Alle drei Aspekte seines Werkes gehören zusammen, haben ihr Zentrum in seiner intensiven Frömmigkeit und kulminieren in seiner **Mystik**, die er in spezifisch christlicher Form neu begründet hat. Wie Abaelard war er eine Gestalt des Übergangs, allerdings in der Sache völlig anders geprägt: Er faßte die patristische Tradition in einer eigenen Synthese zusammen, repräsentierte den Epochenwandel durch seine Theologie der **religiösen Subjektivität** und der spirituellen Erfahrung; in beidem bereitete er die Blüte der mittelalterliche Theologie mit vor. Man hat das 12.Jh. gelegentlich als "Jahrhundert der Liebe" bezeichnet. Bernhards Theologie paßte - wie diejenige Abaelards - in jene Zeit des Minnegesangs und der Liebeslyrik, der Troubadoure und Vaganten, der Wiederentdeckung menschlicher Individualität und diesseitiger Schönheit. Im 12.Jh. wurde gleichsam die **Liebe als Thema der Theologie** neu entdeckt. Jene Zeit war aber auch ein "Jahrhundert der Kirche" insofern, als die **kirchliche Eigenständigkeit** gegenüber den weltlichen Gewalten behauptet wurde; diese Konzentration auf das christliche Proprium zeigte sich in Bernhards Theologie. Groß war seine **Wirkungsgeschichte**: Neben der Prägung der Mystik hat er die Verbindung von scholastischer Lehre und religiöser Erfahrung angeregt, die franziskanische Theologie, die spätmittelalterliche Ekklesiologie, die Devotio moderna und schließlich auch Martin Luther beeinflußt.

5.1 Monastische Theologie als spezifischer Typ

Ein wesentlicher Aspekt der Theologiegeschichte des 12.Jh.s. war die Tatsache, daß neben der scholastischen Wissenschaftlichkeit die traditionelle Form einer praxisorientierten Theologie fortbestand und neues Profil erhielt. Es handelte sich nicht um klare Gegensätze, wohl aber um unterschiedliche Typen, wie sich z.B. daran zeigte, daß ihnen ein verschiedener Sitz im Leben entsprach: die Mönchsschulen mit kontemplativer Tendenz und Rückzug aus der Welt, die Klerikerschulen mit zweckgerichteter Bildung für die kirchlichen Aufgaben in den Städten. Das äußerte sich auch in einem unterschiedlichen Stil der Darstellung: Während die monastische Theologie sich vorwiegend in biblischen **Bildern und Vergleichen** ausdrückte, formulierten die Scholastiker ihre Lehren in abstrakter Begrifflichkeit. Der von ihnen gepflegten Disputation als intellektuellem Streit um die terminologisch fixierbare Wahrheit korrespondierte in der monastischen Theologie der ständige Bezug auf **Kontemplation, Gebet und Askese**. Man verstand hier die Bibel nicht primär als Quelle der wissenschaftlich-theologischen Erkenntnis, sondern erbaulich als **Weg zum Heil** durch Vermittlung der nötigen spirituellen Kenntnisse. Nicht zufällig kommentierten ihre Vertreter so häufig das Hohelied als kontemplativen Text. Die literarischen Gattungen ihrer Schriften waren an konkreten Verwendungssituationen mit **persönlich-pastoralem Bezug** orientiert (Brief, Dialog, Predigt, Seelsorgetraktat); besonders geschätzt war die Geschichtsdarstellung, insbesondere die Hagiographie, deren fromme Beispiele die Leser nachahmen sollten. Grammatik und Eschatologie prägten die Intention der monastischen Theologie: (formal) die literarische Bildung für das Studium von Bibel und Kirchenvätern und (inhaltlich) die Konzentration auf das jenseitige Leben im himmlischen Jerusalem und in der Welt der Engel.

5.2 Mönchsleben und Christusfrömmigkeit

Hat die ältere Forschung Bernhard nur als großen Prediger und Erbauungsschriftsteller gesehen, so hat die neuere ihn auch als Theologen gewürdigt, der die Kirchenväter, besonders Augustin, neu zur Geltung brachte. Er war der herausragende Repräsentant einer monastischen Theologie (s. 5.1), in der es für ihn um die **Praxis des Glaubens** ging: Die "Schule Christi" verwirkliche sich im Leben der Mönche, nicht in der Erkenntnis von Philosophen und Scholastikern; denn Christus und die Apostel hätten keine dialektischen Regeln oder technischen Fertigkeiten gelehrt, sondern dazu angeleitet, das Leben als Weg zu Gott zu begreifen und zu gestalten. Daraus ergab sich für die Theologie die strikte **Bibelorientierung** als Formalprinzip und als Materialprinzip die **Nachfolge Jesu**. Angesichts der Autorität der Heiligen Schrift mußte für ihn das menschliche Denken zurückstehen. Nicht wissenschaftliche Erkenntnis (*scientia*), sondern weise Lebenserfahrung (*sapientia*) sollte Ziel der theologischen Bemühung sein. Dieser Gegensatz blieb seit Bernhard für viele religiöse Denker bestimmend. Er verband sich bei ihm mit Askese und monastischer Spiritualität. Seine Theologie zentrierte sich um die Christologie, wobei er nicht wie die Tradition bei Christi Gottheit, sondern bei der Menschheit Jesu, des inkarnierten Gottes, ansetzte. Seine **Jesusfrömmigkeit**, die sich auf den demütigen und leidenden Herrn bezog, entsprach dem religiösen Aufbruch im 12. Jh., der sich u.a. im Zisterziensertum mit der Betonung von Armut und Weltentsagung bekundete. Mit ihr hat er auch die mittelalterliche Passionsfrömmigkeit stark beeinflußt, denn bei ihm trat das **Kreuz Christi** in den Mittelpunkt aller Theologie.

5.2.1 Bernhard hat bald nach dem Eintritt ins Kloster 1113 (s. § 6; 10.2.1) seine theologische Konzeption ausgearbeitet, so z.B. in den **Traktaten** *Über die Stufen der Demut und des Hochmuts* vor 1122/25, *Apologie* ca.1124/5 (über die Spiritualität des Mönchtums), Ep.11 von 1125 über die Liebe, *Über die Gottesliebe* zwischen 1126 und 1141. Die Mystik hat er in seinem **Lebenswerk** von 1135-53, den 86 **Predigten** über das **Hohelied** entfaltet. Sein literarisches Werk besteht v.a. aus Predigten und Briefen. (Text: Opera omnia, 8 Bde., 1957-77; Übers. der Predigten: A. Wolters, 6 Bde., 1934-38.) Das Kloster war die ihn bestimmende Lebenswelt, doch seit 1128/30 engagierte er sich auf vielen Reisen in der Kirchenpolitik, so daß er sich im Blick auf diesen Widerspruch als *die Chimäre meines Jahrhunderts* bezeichnete (Ep.250,4). (Zum Kampf gegen Abaelard und Gilbert s. 3.3.1; 4.1.2). Er galt als Hort der kirchlichen Rechtgläubigkeit und Verteidiger des wahren Christentums; schon 1174 wurde er heiliggesprochen.

5.2.2 Bernhard war v.a. ein Prediger (daher der traditionelle Beiname *doctor mellifluus/honigsüßer Lehrer*), als Erzieher der Mönche wie als Kirchenpolitiker. Er wollte dabei die elementaren Wahrheiten der **Bibel** zur Geltung bringen; sie war sein Lebenselement, deshalb wurden seine theologischen Ausführungen durch biblische Begriffe, Bilder und Konkretionen geprägt, nicht durch systematische Theoreme. Die Bibel bezog er auf die **monastische Erfahrungswelt**, so daß Themen des geistlichen Lebens in den Vordergrund traten, v.a. Jesusnachfolge, Christusfrömmigkeit, Demut, Gottesliebe. Doch das sollte generell gelten, weil ihm Mönchtum als das exemplarische Christentum galt.

5.2.3 Der Weg des Menschen zu Gott als Wechsel von der Unheils- zur Heilserfahrung fängt bei der Selbsterkenntnis an (Einsicht in die Sündigkeit, Schwachheit, Bedürftigkeit). Diese macht **Anfechtung und Demut** zu bleibenden Signaturen christlicher Existenz, eines Lebens in ständiger **Buße**. Zur Umwandlung des Menschen kommt es durch Gottes gnädiges Eingreifen in Christi Erlösungswerk: Die durch die Sünde lädierte, aber nicht völlig zerstörte Gottebenbildlichkeit ermöglicht die Sehnsucht nach Gott. (Die Imago-Lehre bildete den Kern von Bernhards Anthropologie.) Die **Befreiung** von der Sünde, die sich in der Askese konkretisiert, vollzieht sich mit Hilfe der Gnade. Der weitere Weg zu Gott gestaltet sich als **Leben in der Liebe** in Hinwendung zu dem demütigen, leidenden Jesus Christus als Offenbarung der Gottesliebe und Barmherzigkeit. Diese Beschreibung der religiösen Erfahrung im Lichte der Bibel entsprach grundsätzlich der Systematisierung der Sünden- und Gnadenlehre durch die scholastische Lehrweise (vgl. dazu 10.1).

5.3 Mystische Theologie: Christuspassion und Gottesliebe

Bernhard brachte einen epochalen Neuansatz für die abendländische Mystik: die Konzentration auf die **Liebe** als Medium der Gottesbeziehung. Er nahm dabei Gedanken Augustins auf, orientierte sich aber auch an Origenes, v.a. bei der Auslegung des Hoheliedes, das im 12.Jh. besondere Wertschätzung erfuhr. Sein eigener, theologisch bedeutsamer Beitrag war der Ansatz beim **gekreuzigten Christus** als Urbild der göttlichen Liebe und Vorbild des menschlichen Handelns. Seine Christusmystik war als Liebesmystik eine Passions- und Brautmystik: Nicht durch den Weg aufsteigender Erkenntnis sah er die Einheit mit Gott ermöglicht, sondern durch den Abstieg Gottes zum Menschen in Jesus Christus, auf den sich die religiöse Erfahrung, das Gefühl, der Wille und der Gehorsam des Menschen beziehen. (Typ einer **voluntaristischen Mystik** neben der kontemplativen bzw. kognitiven.) Bernhards Beschreibung der asketisch-mystischen **Stufen zu Gott** entsprach der traditionellen Grundstruktur von Reinigung, Kontemplation und Vereinigung. Doch er betonte dabei die Bindung an das biblische Wort Jesu, die Nachahmung des leidenden Christus und die Schau der Herrlichkeit Christi. Er sah den Aufstieg zu Gott als **Wachstum in der Liebe** von der demütigen Sehnsucht über die praktizierte Nächstenliebe und die existenzbestimmende Gottesliebe bis hin zu dem kurzen, seltenen Erlebnis der mystischen Ekstase, der Gottesschau bzw. Vergöttlichung in der Liebe. Der Mystiker Bernhard war kein Visionär und Ekstatiker, sondern ein Schriftausleger. Er war zudem kein institutionenkritischer Einzelgänger, sondern ein Mann der Kirche, dessen Frömmigkeit und Lehre voraussetzten, daß Christi Heilswerk nur im kirchlichen Leben mit seinen Institutionen präsent werden könnte.

5.3.1 Bernhards Mystik war monastische Theologie, d.h. ganz durch Erfahrungen des Mönchslebens im Licht der Bibel geprägt. Sie reflektierte die **Grundsituation des inneren Kampfes**, des Weges vom Fleisch zum Geist, von der Gottferne zur Nähe, von der Anfechtung zur Begnadung und Beseligung (vgl. 5.2.3): Dieser Weg vollzieht sich im meditativen, betenden Umgang mit Gottes Wort; aus der Erfahrung der Anfechtung durch die Sündigkeit (Glaubens- und Willensschwäche, Versagen, Selbstzufriedenheit, Heuchelei) führt der Blick auf Christi Barmherzigkeit heraus. Die unterste Stufe der Gottesliebe ist die Sehnsucht nach Gott, die emotionale **Vergegenwärtigung des leidenden Jesus** (*memoria passionis*) in Demut (*humilitas*) und Mit-Leiden (*compassio*), die mit Nächstenliebe sowie der Bewährung durch Tugenden und gute Werke verbunden wird. Auf dieser Nachfolge Jesu baut als nächste Stufe die Loslösung vom Ich, das Absterben gegenüber allem Welthaften, die Liebe als **Öffnung der Seele für Gott** auf – eine Umwandlung, die den ganzen Menschen erfaßt und eine Wirkung der göttlichen Gnade bzw. des Heiligen Geistes ist.

5.3.2 Diese Prägung durch die Liebe kulminiert in Momenten der **Ekstase**, wo die christusförmige Seele punktuell in einem *raptus* (Hinweggerissenwerden) aus sich heraustritt (im *excessus*), in der Liebe Gott selber schaut und sich so mit ihm vereint (in der *unitio*). Diese Liebe ist aber Christus, das ewige Wort Gottes, der Geist. Die emotionale *conformitas* der Seele mit dem leidenden Jesus geht über in die **geistige Vermählung** der Braut/Seele mit dem erhöhten Christus/Bräutigam, in der der Mensch sich völlig preisgibt und ganz auf Christus blickt. Dieses mystische Verhältnis beschreibt Bernhard immer wieder in seinen Predigten über das Hohelied, während er wenig von der ekstatischen Vereinigung mit Gott spricht, die nur selten vorkommt und kurz dauert.

5.3.3 Die voluntaristische Prägung der Mystik begegnet in Bernhards ständiger Betonung von **Gotteswillen** und **Gehorsam**. Sie erklärt, warum die kirchlichen und politischen Aktivitäten mit seiner monastischen Grundhaltung harmonisierten. Ihr theologischer Hintergrund war seine synergistische **Gnadenlehre**: Gottes Gnade setzt die natürliche Freiheit des Menschen, die durch die Sünde verloren ist, frei, indem der Mensch befähigt wird, gemäß Gottes Willen zu leben. Diese Lebensform, die Askese, ist das Mittel der Gnade, um die Neugestaltung zu realisieren. Auch der **ekklesiologische Bezug** der Brautmystik hat Konsequenzen für das Handeln: Die einzelne Seele als Braut Christi ist Teil der Kirche, des mystischen Leibes Christi, die als Braut Christi in der Einheit mit ihm lebt; deshalb müssen alle Christus dienen, indem sie im Dienst an der kirchlichen Gemeinschaft spezifische Aufgaben erfüllen.

5.4 Literatur

M. DIERS: Bernhard von Clairvaux. Elitäre Frömmigkeit und begnadetes Wirken, 1991. – E. GILSON: Die Mystik des hl. Bernhard von Clairvaux, 1936. – U. KÖPF: Religiöse Erfahrung in der Theologie Bernhards von Clairvaux, 1980. – DERS.: Bernhard von Clairvaux, KlTh 1, 181-197. – J. LECLERCQ: Wissenschaft und Gottverlangen. Zur Mönchstheologie des Mittelalters, 1963. – J. LORTZ (Hg.): Bernhard von Clairvaux. Mönch und Mystiker, 1955. – K. RUH: Geschichte der abendländischen Mystik Bd.1, 1990, 226-275. – G. WENDELBORN: Bernhard von Clairvaux, 1993.

6. Frömmigkeit und Wissenschaft: Hugo von St. Viktor

Eine profilierte Mittelstellung im Konflikt zwischen monastischer und scholastischer Theologie nahm Hugo von St. Viktor (gest.1141) ein, durch den dieses Kanonikerstift bei Paris im 12.Jh. eine der einflußreichsten Stätten theologischer Bildung in Europa wurde. Er bot eine **Synthese** von gelehrter Forschung/Schriftexegese (*scientia*) und geistlicher Lebenskunde (*sapientia*); seine Lehrweise stand zwischen Abaelard, den er ablehnte, und Bernhard, mit dem er eng verbunden war. Mit seinen die Tradition originell aktualisierenden Lehren hat er die folgende Theologiegeschichte stark beeinflußt; er galt im Mittelalter als einer der größten Lehrer. Eine Schule im spezifischen Sinne hat er nicht begründet; die an St. Viktor tätigen Lehrer führten z.T. seine Gedanken weiter, arbeiteten aber insgesamt eigenständig. Charakteristisch für die meisten Viktoriner war die differenzierte Beziehung von **Scholastik und Mystik** bzw. die Verbindung von Theologie und Psychologie in der monastischen Tradition mit Elementen scholastischer Methodik. Insofern kann man sie als Einheit begreifen. Sie setzten in der Geschichte der westlichen Mystik einen eigenen Akzent durch die selbständige Rezeption des Dionysius Areopagita (s. § 6; 5.4.2). Sie wirkten fort v.a. in der Theologie der Franziskaner und in der Mystik des 13./14.Jhs.

6.1 Schriftauslegung und Mystik

Hugo war wohl der universalste Gelehrte unter den Theologen des 12.Jh.s. Durch Augustin geprägt, war er v.a. ein Bibeltheologe. Seine einflußreiche Einführung in das Studium präsentierte die weltlichen Wissenschaften als Vorstufe der theologischen Arbeit und stellte Regeln für die Schriftauslegung auf durch systematische Differenzierung eines **dreifachen Sinnes des Bibeltextes**: historische Aussage, allegorische Bedeutung und ethische Anwendung. Diese gelehrte Bemühung diente einem praktisch-spirituellen Zweck, der Erlangung des Heils durch Vertiefung in Gottes Wahrheit und Weisheit. Hugos Schriftauslegung verband sich mit seiner Mystik, u.a. durch die Unterscheidung der drei menschlichen **Erkenntnisweisen** der *cogitatio* (des denkenden Erfassens der Wirklichkeit), der *meditatio* (der innerlichen Verarbeitung) und der *contemplatio* (der unmittelbaren Begegnung mit Gott). Wichtiger als solche Erkenntnis war ihm - Augustin folgend - die Liebe zu Gott. Insofern hat er die Mystik des Areopagita im Sinne der bernhardinischen Konzeption (s. 5.3) umgeformt. Sein gesamtes Bildungskonzept zielte auf das Heil: durch Einsicht in das menschliche Wesen und durch Beziehung allen Wissens auf Gott als Schöpfer und Erlöser.

6.1.1 Hugo (geb.1099/1101?, wohl in Sachsen) wirkte seit ca.1120 in dem von Wilhelm von Champeaux (s. 1.2.2) gegründeten Augustinerchorherren-Stift St. Viktor als Schulmeister der jungen Mönche. Über sein Leben ist wenig bekannt. Seine propädeutisch-wissenschaftstheoretischen, exegetischen, dogmatischen und kontemplativen Schriften wirkten z.T. breit und lange nach (Text: ML 175-177, mangelhafte Ed.). Zur Aufnahme und Blüte der areopagitischen Mystik im 12.Jh. hat er durch seinen Kommentar zur *Himmlischen Hierarchie* (vgl. § 4; 11.4.1) maßgeblich beigetragen.

6.1.2 Sein wohl vor 1125 verfaßtes Handbuch *Didascalicon de studio legendi* (Text: hg.v. C.H. Buttimer, 1939; Übers.: J. Freundgen, 1896), eine Einführung in die verschiedenen wissenschaftlichen Disziplinen, konzipierte - über den bis dahin maßgeblichen Boëthius (s. § 5; 11.2) hinaus - ein vierteiliges System der Wissenschaften (Logik, Theorie, Praxis, Mechanik) in Zuordnung zur Beschäftigung mit dem Bibeltext (der *sacra pagina*). Er gab aller Wissenschaft eine **theologische Grundbestimmung**: Mit ihr soll der Mensch den Aufbau der Welt als auf Gott hin geordnet verstehen, das Unsichtbare im Sichtbaren finden. In der - als systematisierende Schriftauslegung konzipierten - Theologie verband er Historie mit Hermeneutik. Er gab dem Studium des wörtlich-geschichtlichen Schriftsinnes fundamentale Bedeutung und setzte dafür die philologische Schulung im Trivium (Grammatik, Rhetorik, Dialektik als Hilfswissenschaften der Exegese) voraus.

6.1.3 Seine Systematisierung eines **dreifachen Schriftsinnes** knüpfte an die entsprechende Hermeneutik Augustins und Johannes Cassians an (s. § 5; 8.1; § 6; 6.4.5). Nach gründlicher Erforschung des Wortsinnes (*littera, historia*) erfolgt die für die Theologie entscheidende Eruierung des sachlichen Sinnes (*sensus*) und der tieferen Bedeutung (*sententia*) einerseits im allegorischen Verständnis (*allegoria*) des dogmatischen Gehalts und andererseits im moralisch-paränetischen Verständnis (*tropologia*) als Deutung der biblischen Aussagen in ihrem Zeichen- und Hinweischarakter. Die Lehre (*doctrina*) wird so nicht jenseits der Beschäftigung mit dem Text (*lectio*), sondern aus diesem heraus entwickelt. Hugos Hermeneutik hat in der Scholastik fortgewirkt.

6.1.4 Die Vollendung der Beschäftigung mit der Bibel ist die **geistliche Verinnerlichung** (*meditatio*) des allegorischen und tropologischen Sinnes. Hugo hat das in all seinen Schriften betont, ausgeführt v.a. in dem wirkungsgeschichtlich bedeutsamen *Selbstgespräch über das Unterpfand der Seele* (*De arrha animae*; Text: hg.v. K. Müller, 1913) und in anderen Traktaten (Übers.: Mystische Schriften, hg.v. P. Wolff, 1961). Diese **Mystik** ist - in Anlehnung an Augustin - durch die Verbindung von **Liebe und Erkenntnis** geprägt, wobei die Liebe dominiert, weil sie die Erfahrung Gottes bewirkt. Die Schau und Vereinigung mit Gott bleibt dem Jenseits vorbehalten. Hugos Lehre von den drei Augen der Erkenntnis (*oculus carnis, rationis, contemplationis*) hat in der Geschichte der Mystik fortgewirkt.

6.2 Heilsgeschichte und Sakramente

Hugos Hauptwerk *Über die Sakramente des christlichen Glaubens* interpretierte das kirchliche Leben im Zusammenhang einer heilsgeschichtlichen Gesamtschau (mit der Inkarnation als Mitte); es repräsentierte eindrucksvoll die neue Kirchlichkeit des 12.Jh.s. Dem politischen Bemühen um eine Befreiung der Kirche von weltlicher Herrschaft, der Konzentration auf eine spezifisch kirchliche Rechtsordnung, der Erneuerung der Spiritualität im Mönchtum und der Blüte der kirchlichen Baukunst entsprachen seine sakramentale Soteriologie und seine heilsgeschichtliche Ekklesiologie. Die scholastische Sakramentenlehre hat er stark beeinflußt (s. 8.2; 9.1-2).

6.2.1 Im 12.Jh. waren Sakramentenbegriff und -lehre noch nicht fixiert (vgl. 9.1). Einen weiterführenden Beitrag brachte Hugos *De sacramentis christianae fidei* (wohl ca.1130-37; Text: ML 176, 173-618): Die Bibel berichtet über die **Geheimnisse der Heilsgeschichte** (*sacramenta*), die unsichtbaren Wirklichkeiten in den sichtbaren Zeichen, mit denen Gott in seinen beiden Werken handelt: in dem Schöpfungswerk, das - da durch den Sündenfall gestört - durch das Erlösungswerk wiederhergestellt wird. Den drei Epochen der Heilsgeschichte sind drei unterschiedliche Arten heiliger Zeichen bzw. Handlungen zugeordnet, die Sakramente des natürlichen Gesetzes, des atl. Gesetzes und der Zeit der Gnade. Die Weite des Begriffs bedingte, daß Hugo zu diesen Sakramenten auch Trinität und Auferstehung sowie zahlreiche kirchliche Handlungen zählte.

6.2.2 Die dg. Bedeutung liegt darin, daß Hugos **Sakramentendefinition** die Merkmale systematisierte, die hinfort als konstitutiv gelten sollten: Sakrament ist ein materielles, sinnlich wahrnehmbares Element, das eine unsichtbare, geistliche Gnade aufgrund der Ähnlichkeit repräsentiert, aufgrund der Einsetzung bezeichnet und aufgrund der Heiligung enthält (De sacr. I,9,2). Es bezeichnet also nicht nur die Heilsgabe, sondern bewirkt sie auch. Petrus Lombardus und Scholastiker des 13.Jh.s. - v.a. Thomas von Aquino - haben jene Wesensbestimmung weiterentwickelt (vgl. 9.1.2-3).

6.3 Die Viktoriner im 12. Jahrhundert

An der Stiftsschule von St. Viktor wirkten nach Hugo, z.T. als seine Schüler, bedeutende Gelehrte, die in unterschiedlicher Weise theologische Themen bearbeiteten, teils in scholastischer Methodik, teils in Form mystischer Theologie, manchmal auch in Opposition zu den Vertretern der Dialektik. Der wichtigste war **Richard** von St. Viktor, der durch seine spekulative **Trinitätslehre** und seine mystisch-spirituellen Traktate großen Einfluß ausgeübt hat.

6.3.1 Der von der Tradition als *magnus contemplator* bezeichnete **Richard von St. Viktor**, wohl aus Schottland stammend (Geburtsjahr unbekannt; gest.1173), Schüler Hugos, nahm modifiziert dessen exegetische Methodik auf, noch stärker an Augustin orientiert. In seinem Traktat *De trinitate* (Text: SC 63; Übers.: H.U. v. Balthasar, 1980) interpretierte er mit dialektischer Methodik die **Dreiheit des einen Gottes** als Fülle der Güte, Glückseligkeit und Herrlichkeit mit unterschiedlichem Ursprung bzw. als wechselseitige Liebe, die mit dem höchsten Sein identisch ist. Seine durch Verbindung von Liebe und Erkenntnis geprägte **Mystik** unterschied sich von der platonischen Form des Areopagiten, obwohl sein philosophischer Ansatz neuplatonisch bestimmt war, wie z.B. sein Traktat *Über die vier Stufen der drängenden Liebe* zeigte (Text/ Übers.: M. Schmidt, 1969). Den Aufstieg der Erkenntnis zur Gottesschau entfaltete er in den beiden Büchern *Benjamin minor* und *Benjamin maior* als "Vorbereitung des Geistes zur Kontemplation" und "Gnade der Kontemplation" (Text: ML 196, 1-202; teilw. Übers.: Die Viktoriner: Mystische Schriften, hg.v. P. Wolff, 1936, 127-304).

6.3.2 Der herausragende Exeget im Sinne von Hugos Methodik war der wohl aus England gebürtige **Andreas** von St. Viktor (gest.1175), der die wörtliche Auslegung konsequent grammatisch-philologisch betrieb, z.T. in Aufnahme zeitgenössischer jüdischer Arbeiten (v.a. des Rabbi Rashi ca.1039/40-ca.1104/5). Er bahnte damit die Verselbständigung der Exegese gegenüber der Theologie an. Als Hymnendichter wurde **Adam** von St. Viktor (ca.1110-92?) berühmt. Geringe Nachwirkung hatte der Antidialektiker **Walter** von St. Viktor (gest. nach 1180), der nach 1170 als Polemiker gegen Abaelard, Gilbert Porreta und Petrus Lombardus hervortrat und damit eine Traditionslinie des vielschichtigen Viktorinertums vertrat.

6.4 Literatur

J. CHÂTILLON: Hugo von St. Viktor, TRE 15 (1986) 629-635. - J. EHLERS: Hugo von St. Viktor und die Viktoriner, GKG 3, 1983, 192-204. - DERS.: Hugo von St. Viktor, 1973. - M. GRABMANN: Geschichte Bd.2, 229-323. - K. RUH: Mystik (s. 5.4) Bd.1, 1990, 354-406. - R. SEEBERG: Lehrbuch Bd.3, 183-192. - H. WEISWEILER: Die Arbeitsmethode Hugos von St. Viktor, Schol. 24 (1949) 59-87.232-267.

7. Die scholastische Standarddogmatik des Petrus Lombardus

Die Scholastik hat die für die mittelalterliche Theologie konstitutive Orientierung an der dogmatischen Tradition methodisch systematisiert. Seit dem 7.Jh. wurden Väterzitate als autoritative Lehrmeinungen in Form von **Sentenzensammlungen** überliefert, die im 11./12.Jh. durch das intensivierte Kirchenväterstudium eine neue Blüte erlebten. So war ein reichhaltiges Material verfügbar, das die verschiedenen Schulen auf die dogmatische Bibelinterpretation bezogen und in dialektischer oder heilsgeschichtlicher Systematik - gemäß Abaelards oder Hugos Ansatz - bearbeiteten. Aus einer Verbindung beider Ansätze entstand in der Domschule von Paris nach 1150 die Sentenzensammlung des Petrus Lombardus (ca.1095/1100-1160), die wegen ihres harmonisierenden Charakters, ihres orthodoxen Traditionalismus, ihrer umfassenden Materialfülle und ihrer systematischen Anordnung bald größte Resonanz fand. Sie wurde seit dem 13.Jh. das **allgemein benutzte Lehrbuch** in den Universitäten, in dessen Kommentierung die Lehrer ihre eigene Theologie entwickelten. Noch Martin Luther behandelte den "Sentenzenmeister" (*magister sententiarum*) im vorreformatorischen Vorlesungsbetrieb.

7.1 Methodik und Systematik der Sentenzensammlung

Petrus war ein Genie der Kompilation, ein eigenständiger Didaktiker und Traditionalist. Als Dogmatiker wollte er v.a. der **Schriftauslegung** im Sinne der *veritas catholica* dienen. Zu diesem Zweck ordnete er die Quellenauszüge der patristischen Tradition (Sentenzen) nach Abaelards Konkordanzmethode, wobei er sich sachlich überwiegend an **Augustin** orientierte, dessen Lehren auf diese Weise normativ standardisiert wurden. Seine theologische Position war durch Hugo von St. Viktor geprägt, dessen Lehrmeinung er oft bei kontroversen Interpretationsfragen folgte. Seine Zurückhaltung bei der Präsentation des eigenen Urteils machte das Sentenzenwerk für alle Schulen mit ihren unterschiedlichen Positionen akzeptabel. Im Sinne der heilsgeschichtlichen Theologie Hugos und des Ansatzes Augustins konzipierte er den tradierten Stoff als ein **theologisches System** (Entstehung aller Geschöpfe aus Gott und deren Rückführung zu ihm) in vier Büchern: I. Gottes-, Trinitäts- und Offenbarungslehre; II. Schöpfungs- und Sündenlehre, Anthropologie, III. Christologie und Soteriologie, IV. Ekklesiologie und Eschatologie. Diese Gliederung bestimmte hinfort die Dogmatik. Nicht nur in formaler Hinsicht wirkte Lombardus prägend; auch manche seiner dogmatischen Auffassungen beeinflußten die spätere Diskussion und Lehrbildung. Angesichts der Kontroversen um die Trinitätslehre im 12.Jh. erregte seine Pneumatologie Anstoß: seine - Augustins Auslegung von Röm 5,5 interpretierende - Identifikation von Heiligem Geist und göttlicher Liebe im gläubigen Menschen. Die Gnadenlehre verband er mit der Trinitätslehre durch ihre christologische und pneumatologische Fundierung; er systematisierte hier Augustins Aussagen und beeinflußte damit die scholastischen Definitions- und Differenzierungsversuche (s. 10.1.2-3). Auch seine Erläuterungen zur Sakramentenlehre wurden bedeutsam (s. 9.1.2-4). Die mit alledem thematisierte Präsenz Gottes in der kreatürlichen Welt bildete ein zentrales Thema für Theologie und Frömmigkeit im 12.Jh.

7.1.1 Der aus der Gegend von Novara stammende Petrus, in Frankreich *Lombardus* genannt, studierte in Reims und Paris, wirkte dort seit ca.1134 an der **Domschule Notre Dame**, war bald ein allgemein angesehener Gelehrter, auch beteiligt an manchen dogmatischen Diskussionen; 1159 wurde er Bischof in Paris, starb aber schon ein Jahr später. Er verfaßte zunächst **Bibelerklärungen** (Glossen) u.a. zu den Psalmen und Paulusbriefen, die er z.T. verwendete in seinem ca.1155-58 vollendeten Lehrbuch *Vier Bücher Sentenzen/Sententiarum libri IV.* (Text: hg.v. Collegium S. Bonaventurae, 2 Bde., 3.A., 1971-81). Dieses wurde im 12.-15.Jh. zahlreich kommentiert (vgl. F. Stegmüller: Repertorium ... 2 Bde., 1947); seit Alexander von Hales (s. 12.2.1) benutzte man es als maßgebliches Unterrichtswerk.

7.1.2 Die in Kapitel gegliederte Sammlung v.a. von Väterzitaten (davon ca.90 Prozent aus Augustins Schriften) bot die zu diskutierenden Probleme (*quaestiones*) als Überschriften des Autors, die **Problemlösungen** durch Belege aus Bibel und Kirchenvätern, dazu bestimmte Gegenmeinungen aus der Tradition, die Petrus durch Abaelards Konkordanzregeln (s. 4.2.3, v.a. durch semantischen Ausgleich unterschiedlicher Terminologie) harmonisierte. Seine dialektische Fähigkeit bekundete er auch bei der Erörterung der Meinungen zeitgenössischer, nicht namentlich genannter Theologen. Höchste Autorität war die Heilige Schrift.

7.1.3 Seine **systematische Intention** zeigen Prolog und Aufbau der vier Bücher. Er orientierte sich an Augustins Unterscheidung zwischen *res* und *signum* sowie zwischen *frui* und *uti* (s. § 5; 6.1.3; 8.1.3): Die Dinge (*res*) von höchstem Wert, denen allein das *frui*/Genießen um ihrer selbst willen gilt, werden in Buch I über Gott behandelt; die Dinge, die man im Blick auf dieses Ziel gebrauchen (*uti*) muß, begegnen in Buch II-III über Schöpfung, Engel, Menschen, Inkarnation, Gnadenleben, Tugenden, Gebote; die Zeichen (*signa*) sind nach Buch IV die Sakramente, die der Einsetzung des Menschen in den Gnadenstand dienen, wozu auch der Ausblick auf die Vollendung, die "letzten Dinge" - Auferstehung, Gericht, Seligkeit - gehört. Dieser Aufbau war durch die **heilsgeschichtliche Systematik** Hugos von St. Viktor bestimmt (s. 6.2.1). Lombardus kannte wohl eine Übersetzung der Dogmatik des Johannes Damascenus, so daß auch deren Einfluß in Frage kommt (vgl. § 4; 14.5.2).

7.2 Der scholastische Lehrbetrieb

Die Kirchenväterzitate stellte man als Sentenzen einerseits für die dogmatische, andererseits für die exegetische Arbeit zusammen. Die Scholastik hat sich intensiv mit der Bibelauslegung befaßt. Der Unterricht in den Schulen war die methodisierte Beschäftigung mit Texten aus Bibel und Kirchenvätern. Er vollzog sich als **Textlesung** (*lectio*) und **Erklärung** (*glossa* bzw. *expositio*) durch einen Lehrer. Seinen literarischen Niederschlag fand er seit dem 13.Jh. in den Sentenzenkommentaren, denen bis zum 15.Jh. erhebliche theologiegeschichtliche Bedeutung zukam. Typisch für den Schulbetrieb wurde die **Entwicklung der Quaestio**, der Problemerörterung, zur wissenschaftlichen Disputation.

7.2.1 Die **Interpretation des Bibeltextes** (*sacra pagina*), einzelner Schriftstellen oder biblischer Begriffe, verfuhr zunächst nach der in 3.1.1-2 und 6.1.3 skizzierten Weise der Glossierung, nahm aber im 12./13.Jh. die typisch scholastische Methode der Problemerörterung (*quaestio*) auf; ihr literarischer Niederschlag war der Bibelkommentar: so z.B. bei Albertus Magnus (11.3.2), Bonaventura (12.3.1), Thomas von Aquino (13.1.2).

7.2.2 Seit den *Sententiae* Isidors von Sevilla (s. § 5; 11.4) bildeten Exzerptensammlungen die Grundlage der theologischen Arbeit. Die Schulen des 11./12.Jh.s. - v.a. in Paris - stellten das reiche Material aus den Kirchenvätern nach Themen geordnet zu neuen **Sentenzenwerken** zusammen: so z.B. in der Abaelardschule Roland Bandinelli wohl um 1140/2, der spätere Papst Alexander III., zu den Themen der Gottes- und Heilslehre. (Text: Die Sentenzen ..., hg. v. A.M. Gietl, 1891; ND 1969). Große Verbreitung erfuhr das Handbuch eines Anonymus von ca.1140, das unter den Schriften Hugos von St. Viktor tradiert wurde: die in acht Traktate gegliederte *Summa sententiarum* (Text: ML 176, 41-154). An Hugos heilsgeschichtlicher Systematik orientierte sich auch die Summa des Engländers **Robert von Melun** (ca.1100-67), eines bedeutenden Frühscholastikers. Die *Quaestio* ("Frage"), die konzentrierte Erörterung eines Problems, wurde zunächst im Zusammenhang der *lectio* nach der Konkordanzmethode abgehandelt. (Vgl. auch 12.2.1.) Daraus entstand in Weiterentwicklung der schon früher üblichen Lehrdiskussionen zwischen verschiedenen Magistern die *quaestio disputata* bzw. *disputatio*: die nach festen Regeln verlaufende Gegenüberstellung von Meinung und Gegenmeinung, Argumenten und Gegenargumenten. Die dialektische Schulung vollzog sich also in lebendiger Auseinandersetzung, allerdings mit zunehmender Formalisierung, die sich im 14./15.Jh. v.a. auf die Definition der Begriffe konzentrierte.

7.3 Literatur

O. BALTZER: Die Sentenzen des Petrus Lombardus, 1902; ND 1987. - M. GRABMANN: Geschichte Bd.2, 290-407. - L. HÖDL: Petrus Lombardus, GKG 3, 1983, 205-223. - M.A. SCHMIDT: HDThG 1, 594-605. - J. SCHUPP: Die Gnadenlehre des Petrus Lombardus, 1932.

8. Dogmatische Fixierung der Eucharistielehre

Wegen der zentralen Bedeutung der Eucharistie für das kirchliche Leben mußte das Problem, wie **Christi sakramentale Gegenwart** zu definieren wäre, gerade die um Wissenschaftlichkeit bemühte Theologie zu intensiver Bearbeitung herausfordern. Die unterschiedlichen Denkansätze des ambrosianischen Realismus und des augustinischen Symbolismus (bei denen die Überzeugung von der wirklichen Gegenwart Christi gemeinsam, jedoch die Erklärung von deren Seinsweise unterschiedlich war) wirkten fort, wurden nun aber meist verbunden. Wenn im 11./12. Jh. eine intensive Diskussion in Theologenkreisen entstand, die auch die kirchliche Öffentlichkeit erfaßte, dann zeigte das, welch allgemeine Bedeutung die neue Wissenschaftlichkeit allmählich gewann. Die Scholastiker bildeten seit dem 12.Jh. innerhalb ihrer Lehrbücher einen umfangreichen Eucharistietraktat zur Erörterung aller diesbezüglichen Probleme aus und entwickelten die für ihre Arbeitsweise typische **Lehre von der Substanzverwandlung** (*transsubstantiatio*). Damit haben sie zur Dogmengeschichte einen wichtigen Beitrag geleistet. Eine gewisse Zäsur markierte die Lehrdefinition des 4. Laterankonzils 1215 insofern, als sie formelhaft die Vorstellungen von der Realpräsenz Christi und der Transsubstantiation der Abendmahlselemente fixierte. Eine lehrmäßig ausgeführte Dogmatisierung hat erst das Konzil von Trient 1551 und 1562 durch zwei Lehrdekrete erbracht.

8.1 Der Konflikt um Berengar von Tours 1049-79

Zu einer begrifflichen Fixierung des traditionellen Realismus führte die Reaktion auf den Angriff des Dialektikers Berengar (vgl. 1.1), der mit logischer Argumentation die verbreitete Wandlungsvorstellung kritisierte: Eine Identität zwischen den Abendmahlselementen und Christus wäre unmöglich, weil die **Substanz** von Brot und Wein unverändert bliebe, wie dadurch bewiesen würde, daß die - von der Substanz nicht trennbaren - **Akzidentien** (Eigenschaften) fortbestünden. Gegen die allgemeine Lehre propagierte Berengar einen **Symbolismus** (Sakrament als Hinweis auf den im Himmel befindlichen Christus). Das stieß auf scharfe Kritik, deren gelehrte Wortführer Lanfrank von Bec und Guitmund von Aversa waren, die erstmals die Grundzüge der Lehre von der Substanzverwandlung vortrugen. Verschiedene Synoden in Italien und Frankreich seit 1050 verurteilten Berengar; dieser stimmte auf einer römischen Synode 1059 unter Druck einem Bekenntnis mit massiv realistischen Formeln zu. Doch die Kontroverse war damit nicht beigelegt, weil Berengar - in der Überzeugung, daß die rational beweisbare Wahrheit nicht durch kirchliches Diktat unterdrückt werden könnte - seine kritische Position, taktisch abgesichert, weiterhin propagierte und mit dialektischer Kunst das Bekenntnis von 1059 symbolistisch interpretierte. Um derartige Zweideutigkeiten auszuschließen, nötigte man ihm - unter Beteiligung von Papst Gregor VII. - auf einer **römischen Synode 1079** ein neues Bekenntnis zur substantiellen Verwandlung der Abendmahlselemente ab. Damit war ein wesentlicher Schritt auf dem Weg zur Dogmatisierung dieser Lehre getan.

8.1.1 Die Kontroverse ergab sich daraus, daß Berengar von Tours (vgl. 1.1.1) um 1048/9 die Erörterungen des Ratramnus von ca.845 (s. § 5; 14.3.2) mit **Mitteln der Dialektik** aufnahm. Der volkstümliche materialistische Realismus implizierte für ihn einen logischen und ontologischen Unsinn; weil Substanz (Brot/Wein) und Akzidentien (Farbe, Geschmack etc.) zusammengehörten, müßten bei einer Wandlung der Elemente Brot und Wein vom Altar verschwinden. Hinter dieser Argumentation stand ein sensualistischer Substanzbegriff, der für Berengar eine symbolistische Deutung nahelegte: Die Konsekration mache die unveränderten Elemente zum Sakrament, d.h. zum Zeichen des Leibes und Blutes im Sinne eines Hinweises (*signum*) auf Christus als geistliche Speise; dessen Gegenwart sei wahr, weil das Sakrament ihn kraft eines bestehenden Sachzusammenhangs, den der Glaube wahrnehme, repräsentiere.

8.1.2 Diese Lehre erregte zunächst in Frankreich Widerspruch, v.a. bei Lanfrank, dem einflußreichen Leiter der Klosterschule Bec (s. 1.1.1). Eine päpstliche Synode in Rom 1050 exkommunizierte Berengar, eine Synode in Vercelli 1050 verurteilte die Lehre des Ratramnus. Berengar akzeptierte, um der Verurteilung zu entgehen, auf **Synoden** in Tours 1051/2 und 1054 eine traditionalistische Formel, interpretierte sie jedoch in seinem Sinn. Der päpstliche Legat Hildebrand (s. § 8; 7.5.1) hielt die Sache für so bedeutsam (und die intensiven Synodalverhandlungen bestätigten er), daß er Berengar zu einer Reise nach Rom bewog. Dort unterschrieb dieser auf der **Fastensynode 1059** ein von Kardinal **Humbert** von Silva Candida (zu ihm s. § 8; 7.1.2) verfaßtes **Bekenntnis**, welches den bisherigen Realismus in bedenklich krasser Weise formulierte: *daß Brot und Wein ... nach der Konsekration ... wahrer Leib und Blut unseres Herrn Jesus Christus sind und sinnenhaft, nicht nur im Sakrament, sondern in Wahrheit von den Händen der Priester angefaßt und gebrochen und von den Zähnen der Gläubigen zerkaut werden* (Text/ Übers.: DH 690). Das war eine ungenügende Lehrformulierung, die an der Differenziertheit des Problems vorbeiging. Berengar setzte sich über sie mit seiner symbolistischen Interpretation hinweg, was die Kontroverse erneuerte.

8.1.3 Lanfrank (*De corpore et sanguine Domini*; ML 150, 407-442) verteidigte in Widerlegung der entsprechenden Schrift Berengars die **Wandlungslehre**, indem er zwischen Wesen und Eigenschaften, zwischen *sacramentum* und *res* unterschied. Sein Schüler **Guitmund**, nach 1088 Bischof von Aversa, entwickelte daraus den Ansatz der späteren **Transsubstantiationslehre** (*De corporis et sanguinis Christi veritate in eucharistia*; ML 149, 1427-1494): Die Substanz von Brot und Wein, d.h. ihr unsichtbares Wesen, werde durch die Konsekration verändert (*substantias mutari* o.ä.), doch deren Akzidentien blieben erhalten; in jedem Teil der Akzidentien und an vielen Orten gleichzeitig sei das sakramentale Wesen des einen Christusleibes real präsent. Angesichts des Fortdauerns der für das kirchliche Leben hochbedeutsamen Kontroverse zog Rom 1078 erneut das Verfahren an sich. Gregor VII. bewog Berengar, auf der römischen **Fastensynode 1079** sich erneut durch ein Bekenntnis zu unterwerfen, welches im Sinne Guitmunds die Wandlung als Substanzveränderung (*substantialiter converti*) bezeichnete: Brot und Wein seien nach der Wandlung wahrer Leib und Blut des geschichtlichen Jesus Christus *nicht bloß in dem Zeichen und in der Kraft des Sakraments, sondern in der Eigenheit der Natur und* *der Wahrheit der Substanz* (Text/Übers.: DH 700). Mit der Abgrenzung gegen Berengar war eine lehramtliche Klärung vorbereitet, aber noch keine endgültige Dogmatisierung erreicht. Eine rein symbolistische Lehre war seitdem nicht mehr statthaft. Was darüber hinaus positiv gelten sollte, blieb Theologen wie z.B. Abaelard zweifelhaft.

8.1.4 Schüler Berengars entwickelten eine Lehre, die den Gedanken der Wandlung mit dem widerstreitenden Befund, wonach Brot und Wein auch nach der Konsekration sichtbar blieben, ausgleichen sollte: die **Theorie der impanatio oder companatio**, die besagte, daß Christus *personaliter impanatus* bzw. *latenter* im Brot gegenwärtig sei wie der inkarnierte Gott im menschlichen Fleisch des historischen Jesus. Das wurde von den Dogmatikern des 12.Jh.s. z.T. als Häresie abgelehnt, bekam aber historische Bedeutung, weil es im Spätmittelalter in der sog. Konsubstantiationslehre aufgenommen wurde (s. 8.3.4).

8.2 Frühscholastische Lehrbildung

Die Eucharistie blieb auch im 12.Jh. ein viel behandeltes Thema. Gegen die weiterhin vertretenen Gedanken Berengars systematisierten Scholastiker die Wandlungs- und Realpräsenzlehre so, daß sich - trotz unterschiedlicher Erklärungen - ein **weitgehender Konsens** ergab. An diesem Paradigma erwies sich, daß die von der Kirche zunächst beargwöhnte neue Wissenschaftlichkeit durchaus positive Seiten hatte, weil sie u.a. auch die kirchliche Lehrtradition argumentativ stabilisierte. Hugo von St. Viktor z.B. sprach von einer Substanzverwandlung im Sinne des römischen Bekenntnisses von 1079. Die begriffliche Neubildung *transsubstantiatio* kam seit 1140/50 auf und setzte sich rasch allgemein durch. Die traditionelle Vorstellung vom **Meßopfer** wurde lehrmäßig erläutert, aber nicht systematisch geklärt. Dem allmählich eingebürgerten Kelchverzicht durch die Laien (der *communio sub una specie*) entsprach die **Konkomitanzlehre** mit der Begründung, warum in jedem Teil der eucharistischen Elemente der ganze Christus gegenwärtig sei.

8.2.1 Die Erklärung der Wandlung folgte i.w. **vier Denkmodellen**: Transformationstheorie (Auflösung der Substanzen von Brot und Wein, die eine neue Form erhalten), Konsubstantiationstheorie (Erhaltung der Substanzen unter Koexistenz mit Leib und Blut Christi), Annihilationstheorie (Vernichtung der Substanzen, Ablösung durch Leib und Blut), Transsubstantiationstheorie (positive Substanzwandlung). Die letztere wurde zunehmend vertreten.

8.2.2 Den Zusammenhang der Eucharistie mit Heilsgeschichte, Christi Inkarnation und Wesen der Kirche stellte **Hugo von St. Viktor** in seinem Werk über die Sakramente (s. 6.2.1) heraus. Er beschrieb sie als zentrales Sakrament und Quelle aller Heiligung, als Vergegenwärtigung des Heilswerkes Christi (*memoria passionis*). Er differenzierte zwar zwischen der sichtbaren Gestalt (*species*) von Brot/Wein als Bild und dem wahren Leib (*veritas corporis*), zwischen dem eucharistischen Mahl und der geistlichen Teilhabe an Christus, ordnete aber beides eng zusammen, weil Bild und dargestellte Realität untrennbar seien: *Durch die Worte der Heiligung wird die wahre Substanz von Brot und Wein in wahren Leib und Blut Christi verändert (convertitur), wobei allein die Gestalt von Brot und Wein verbleibt, während die Substanz in die Substanz übergeht* (De sacr. II,8,9; ML 176,468). Entsprechend lehrte auch **Petrus Lombardus** die Veränderung des unsichtbaren Wesens als Übergang der einen Substanz in die andere.

8.2.3 Wann als Zusammenfassung dieser Lehre der **Begriff Transsubstantiation** entstand, bleibt unklar. Erstmals belegt ist er in den Sentenzen des Roland Bandinelli (s. 7.2.2) in einer beiläufigen Bemerkung über die Konsekration von Brot und Wein (p. 231,6f). Seit 1150/60 begegnete er zunehmend häufig. Die Eucharistietraktate behandelten jetzt die Substanzwandlung als zentrales Problem im Zusammenhang der Erörterung der sakramentalen Gegenwart Christi.

8.2.4 Seit dem 3.Jh. wurde die Vorstellung von der Eucharistie als **Opferhandlung** dahingehend entwickelt, daß in ihr das Opfer Christi und das Opfer der Kirche verbunden wären (vgl. § 5; 12.2.1). Die Scholastiker des 12.Jh.s. machten dazu Aussagen, die kaum dogmatische

Fortschritte brachten. Das Thema war für sie nicht aktuell, sie gaben i.w. die Vätertradition weiter, so z.B. Petrus Lombardus: Das Meßopfer ist ein wirkliches Opfer (*sacrificium, immolatio*), das täglich *in sacramento* erfolgt als Gedächtnis und Vergegenwärtigung (*recordatio, memoria, repraesentatio*) des einmaligen Opfers Christi zum Zweck der Sündenvergebung (Sent. IV,12,5-7). Wie das näher zu denken war (als neues, eigenes Opfer?), blieb unklar.

8.2.5 Die Konzentration auf die substantielle Wandlung brachte es mit sich, daß im 12.Jh. die Theorie häufig vertreten wurde, in jedem Teil der Elemente bzw. sowohl im Brot als auch im Wein wäre der ganze Christus gegenwärtig. Im 13.Jh. war diese **Konkomitanzlehre** Allgemeingut. Schon Anselm von Canterbury hatte so gedacht, Lombardus formulierte: *Unter jeder Gestalt wird der ganze Christus empfangen; dennoch verwandelt sich das Brot nur in Fleisch, der Wein nur in Blut* (Sent. IV,11,4). Bei Lothar von Segni (s. 8.3.2) begegnete z.B. die Erklärung, dies ergäbe sich nicht aus der Kraft des Sakramentes, sondern *aus der natürlichen Mitbegleitung* (*ex naturali concomitantia*; De myst. IV,17), d.h. aus der naturhaften Zusammengehörigkeit von Fleisch und Blut in der geschichtlichen Person Jesu. Diese bezeichnete man seit dem 13.Jh. als *concomitantia realis* (*tatsächliche Mitfolge*).

8.2.6 Die im 12.Jh aufkommende Praxis des **Kelchverzichts** seitens der Laien (der *communio sub una specie*) war wohl primär in deren Sakramentsscheu, der Angst vor dem Verschütten des Weines o.ä., begründet. Dies setzte die Wandlungslehre voraus und wurde nachträglich mit der Konkomitanzlehre legimitiert, die aber in ihren Grundzügen älter war als jene Praxis.

8.3 Das Bekenntnis des Laterankonzils 1215

Eine Dogmatisierung der nur in Ansätzen entwickelten Transsubstantiationslehre hat das 4. Laterankonzil unter Innozenz III. nicht im Sinne einer expliziten Lehrentscheidung beschlossen, wie gegen eine vereinfachende Sicht betont werden muß. Es hat vielmehr im Zusammenhang einer umfassenden Darlegung des katholischen Glaubens gegen die zeitgenössischen Ketzer die **ekklesiologische Aussage** des dritten Credoartikels mit einer kurzen Aussage über das Altarsakrament verbunden: Die Heilsbedeutung der einen, universalen Kirche hänge zusammen mit der eucharistischen Gegenwart Christi. **Meßopfer** und **Transsubstantiation** wurden dabei angesprochen, stärker betont wurde aber, daß dieses Sakrament nur von einem gültig geweihten **Priester** vollzogen werden könne (was sich gegen Waldenser, Katharer u.a. richtete). Diese eher beiläufige Dogmatisierung, hinter der keine einheitlich ausgeformte Lehre stand, erhielt ihre Bedeutung durch die differenzierte Entfaltung bei den Scholastikern des 13./14. Jh.s. Das Bekenntnis von 1215 machte deutlich, daß die eucharistische Lehrfixierung mit der allgemeinen ekklesiologischen Konzentration zusammenhing: Päpstlicher Primat, Kampf gegen die weltliche Gewalt, Betonung der geistlichen Vollmacht, Abwehr der Häresien, Kreuzzüge gegen Ungläubige und Ketzer, rechtlich-institutioneller Ausbau der Kirche, Integration der Frömmigkeitsbewegungen, Blüte des Kirchbaus - all das bildete den realen Hintergrund der dg. Entwicklung.

8.3.1 Die Konstitution *De fide catholica* (Text/Übers.: DH 800-802) stand am Anfang einer Reihe von Dekreten (des sog. *Innocentianum*), mit denen das Lateranense IV Lehr- und Disziplinarfragen regelte (vgl. 8; 9.3.2). Sie richtete sich explizit gegen die Albigenser und Katharer in der Form eines dreiteiligen **Lehrbekenntnisses**, welches Trinitätslehre und Christologie/ Heilswerk Christi zusammenfaßte und knappe Ausführungen über die Kirche anfügte, die nach dem *Sakrament des Altares* knapp das *Sakrament der Taufe*, die Buße (*paenitentia*) und den *Ehestand* (gegen dessen asketische Abwertung) ansprachen.

8.3.2 Der Eucharistieteil knüpfte an die Aussage an, daß in der Kirche Jesus Christus **Priester** und **Opfer** zugleich wäre, ohne die Meßopferlehre näher anzusprechen. Er betonte: a) die **Realpräsenz** mit der Aussage, daß im Sakrament Leib und Blut Christi *unter den Gestalten (speciebus) von Brot und Wein wahrhaftig enthalten sind*; b) die **Transsubstantiation** mit der Erläuterung, daß dabei *wesenhaft verwandelt sind (transsubstantiatis) Brot in Leib und Wein in Blut durch göttliche Macht*; c) die Verbindung mit dem **kirchlichen Amt**, weil nur der im Zusammenhang der apostolischen Sukzession der Kirche geweihte Preister (*sacerdos ... rite ordinatus*) jenes Sakrament *vollziehen/herstellen* (*conficere*) könne. Ob und inwieweit Papst Innozenz III. diese Formulierungen beeinflußt hat, muß offenbleiben; ca.1195-97 hatte er (Lothar von Segni) in den 6 Büchern *Über die Geheimnisse der Messe* (ML 217, 793-916) u.a. die Realpräsenz- und Transsubstantiationslehre erörtert.

8.3.3 Nach 1215 gab es keine einheitliche **Transsubstantiationslehre**, auch wenn der Grundgedanke allgemein akzeptiert wurde. Für die **Meßopferlehre** gewann er Bedeutung als neue Begründung der realen Gegenwart von Christi Opfer. Thomas von Aquino z.B., der zur ontologischen Differenzierung der Transsubstantiationslehre entscheidend beitrug, verstand den in Brot und Wein gegenwärtigen Leib Christi als wirksames Zeichen des Opfers, so daß mit der Konsekration dessen objektive Vergegenwärtigung (*memoria passionis*) erfolgt – dargestellt durch den Vollzug des Priesters am Altar *in Christi Person* – und die Heilswirkung des einmaligen Christusopfers sich im Opfer der Kirche den Gläubigen mitteilt.

8.3.4 Die Diskussionen im 14./15.Jh. konzentrierten sich auf die **ontologischen Probleme** der Lehre, v.a. auf die Verhältnisbestimmung von Substanz und Quantität. Sie boten damit ein Paradigma für die Entartung der scholastischen Arbeit durch lebensfremde Spitzfindigkeiten. Logische Kritik an der Transsubstantiation zugunsten einer **Konsubstantiation** übten z.B. Duns Scotus und Wilhelm von Ockham, auch wenn sie das Dogma akzeptierten. Ockham nahm keine Verwandlung an, sondern eine Vernichtung der Brot/Wein-Substanz und ein Hinzutreten des Leibes Christi (*annihilatio-adductio*).

8.4 Praktische Folgen: Eucharistiefrömmigkeit im 13./14. Jahrhundert

Die Fixierung der Wandlungslehre beeinflußte Veränderungen im kirchlichen Leben, zumal in der Volksfrömmigkeit. Der Grundsatz, daß die Kirche der Ort sei, wo allein das Heil erlangt werden könne, erfuhr auch in dieser Hinsicht Konkretionen. Besonders bedeutsam wurden die aus der Transsubstantiationslehre resultierende **Elevation der Hostie** in der Messe nach der Konsekration, die im 12./13.Jh. zunehmend praktiziert wurde, und die **Ausstellung der Hostie** im Altarraum in einer Monstranz bzw. im Tabernakel, die während des 14.Jh.s. aufkam. Das verstärkte im Zusammenhang mit der Opferlehre Tendenzen zur Ablösung von der Eucharistiefeier und Kommunion und führte zu einer Konzentration auf das Anschauen des in der Kirche gegenwärtigen Herrn. Zunehmendes Gewicht bekamen seit dem 14.Jh. die **Sakramentsprozessionen**, bei denen die geweihte Hostie, also der real-präsente Christus, durch die Städte und Dörfer getragen wurde. Einen besonderen Rang erhielt das **Fronleichnamsfest** (d.h. Fest des Leibes des Herrn), das Papst Urban IV. 1264 für die ganze Kirche vorschrieb aufgrund des Vorbilds der durch die Visionen der Juliana von Cornillon in der Diözese Lüttich seit 1246 eingeführten Praxis (s. § 6; 12.3.3). Erst im 14.Jh. setzte sich das Fest allgemein durch. Es feierte die eucharistische Heilsgegenwart Christi in der Welt und wurde seit ca.1330 als Flurprozession durch die Felder ausgestaltet, um so die Schöpfung demonstrativ einzubeziehen. **Hostienwunder** (Blutmirakel) gewannen außerdem große Bedeutung, in Verbindung damit Wallfahrten zu diesbezüglichen Stätten. All diese Formen der Sakramentsfrömmigkeit konnten vulgäre Verdinglichung und magischen Aberglauben (z.B. Verwendung geweihter Hostien als Heilmittel) fördern.

8.5 Literatur

J.R. GEISELMANN: Die Eucharistielehre der Vorscholastik, 1926. - E. ISERLOH: Abendmahl III/2, TRE 1 (1977) 90-106. - K.H. KANDLER: Die Abendmahlslehre des Kardinals Humbert, 1971. - J. DE MONTCLOS: Berengar von Tours, TRE 5 (1980) 598-601. - DERS.: Lanfranc et Bérenger, 1971. - E. MÜHLENBERG: HDThG Bd.1, 1982, 548-554. - B. NEUNHEUSER: Eucharistie in Mittelalter und Neuzeit, HDG IV/4b, 1963, 11-44. - H.R. SCHLETTE: Die Eucharistielehre Hugos von St. Viktor, ZKTh 81 (1959) 67-100. 163-210. - R. SEEBERG: Lehrbuch Bd.3, 206-218.

9. Sakramentenlehre und kirchliches Leben

Die durch die Sakramente geprägte Praxis warf rechtliche und theologische Fragen auf, die im 12.-15.Jh. intensiv erörtert wurden. Die kanonistische Regelung und die dogmatische Reflexion dienten der Bewußtmachung von Sachverhalten des religiösen Lebens. Die Neubesinnung auf die **Eigenart der Kirche** in den Reformprogrammen des 11.Jh.s wirkte sich auch in dieser Hinsicht aus. Anzahl, Wesen und Wirkung derjenigen heiligen Handlungen, die man als *sacramenta* bezeichnete, waren nicht lehramtlich definiert; doch seit ca.1130-60 brachte die scholastische Theologie - v.a. bei Hugo von St. Viktor und Petrus Lombardus - manche **Klärung** und Übereinstimmung bis hin zu Thomas von Aquino. Um 1200 standen die Siebenzahl der Sakramente, deren Wesensunterschied gegenüber anderen kirchlichen Handlungen und deren objektive Wirkweise als Vermittlung der Gnade fest. Unterschiedliche Lehrauffassungen betrafen im 13./14.Jh. einzelne Aspekte. (Zur Verbindung mit der Gnadenlehre s. 10.2).

9.1 Wesen, Begriff und Zahl der Sakramente

Im Laufe der Jahrhunderte hatten sich verschiedene heilige Handlungen mit mehr oder weniger soteriologischer Bedeutung etabliert. Die spezifische Reflexion über einige dieser Handlungen als *sacramenta* war zunächst durch die augustinische Tradition bestimmt, ging aber wegen der veränderten Praxis darüber hinaus. Das Geheimnis von **Inkarnation und Erlösungswerk** Jesu Christi bildete den entscheidenden Bezugsrahmen dieser Lehre, ging es doch in den Sakramenten um eine Anwendung des von Christus grundlegend vermittelten Heils. Deswegen sah man mit allgemeiner Bestimmung ein erstes Wesensmerkmal der Sakramente in ihrer **Einsetzung durch Christus**. Daraus ergab sich die weitere Bestimmung, daß sie als Zeichen der Gnade Christi ursächlich die **Gnadenwirkung** in sich enthielten, wobei die unsichtbare Heilsgabe an ein **Element** (oder eine Handlung) als sichtbare Gestalt gebunden wäre. Diese drei Aspekte konstituierten hinfort den Sakramentenbegriff. Damit zusammenhängend fixierte sich die allgemeine Auffassung von der **Siebenzahl** der Sakramente, die sich auch in den Rechtssammlungen verbreitete, von den Scholastikern des 13.Jh.s, v.a. Thomas von Aquino, abschließend begründet wurde und kirchliche Geltung fand, wie das *Dekret für die Armenier* des Unionskonzils von Florenz 1439 zeigte (s. § 8; 8.2): Taufe, Firmung,

Eucharistie, Buße, Letzte Ölung, Ordination (Priesterweihe), Ehe. Eine solenne Dogmatisierung dieser Lehre brachte erst das Konzil von Trient im Sakramentendekret 1547.

9.1.1 Mit der **Einsetzung durch Christus** (*institutio*) war nicht so sehr der historisch-tatsächliche Vorgang als vielmehr der heilsgeschichtliche Bezug aller Sakramente auf das Erlösungswerk gemeint, dessen Auswirkung im Leben der Kirche sie repräsentieren. Deswegen konnten Frühscholastiker wie Hugo von St. Viktor oder Roland Bandinelli die **Inkarnation** als das eigentliche Sakrament ansehen, aus dem alle anderen sich ableiten. Die konkrete Begründung der Einsetzung führte bei den **einzelnen Sakramenten** zu **Lehrdifferenzen**. Thomas von Aquino und Duns Scotus z.B. meinten, Christus hätte prinzipiell alle Sakramente eingesetzt, aber deren öffentliche Kundgebung z.T. den Aposteln überlassen. Dagegen unterschieden Bonaventura und andere zwischen deutlicher Stiftung (Taufe, Eucharistie, Ordo), intentionaler Initiation (Firmung, Letzte Ölung) und vollendender Bestätigung der Sakramente des Alten Bundes (Ehe, Buße).

9.1.2 Die augustinische Definition, daß ein Sakrament sichtbares Zeichen der unsichtbaren Gnade sei und daß es das Heil nicht nur verheiße, sondern auch gebe, bildete den Orientierungspunkt für die Frühscholastik: **Sakramente bewirken die Rechtfertigung bzw. Heiligung** in der Seele der Gläubigen. Hugo von St. Viktor nannte sie Gefäße der Gnade und wirksame Mitteilungen der Gnade. Lombardus bezeichnete sie als *causa gratiae*, und diese Definition setzte sich - verbunden mit differenzierenden Erörterungen über die Verursachung - in der Folgezeit durch. Gemeint war, daß nicht der äußere Vollzug bzw. das materielle Element das Heil mitteile, sondern die mit ihnen verbundene unsichtbare Gnadenwirkung in der Seele. Vgl. 10.2.2.

9.1.3 Daß die **Wirksamkeit** der Sakramente durch ihren **Vollzug** - unabhängig von der Qualität des Spenders - objektiv gegeben sei, weil sie als Gnadenwirkung Handlungen Gottes seien, war seit dem Kampf gegen den Donatismus allgemeine Auffassung (s. § 2; 16.3.2; § 5; 8.3). Im 11./12.Jh. wurde dieses Thema in der Diskussion um die Gültigkeit der von Simonisten gespendeten Weihen virulent (s. § 8; 7.3.3). Im späten 12.Jh. verwandten einige Scholastiker als Ausdruck für die objektive Wirkung den Begriff *opus operatum*, der zuvor in der Christologie und Verdienstlehre gebraucht wurde (für die Güte einer Handlung im Unterschied zur schlechten Intention, dem *opus operantis*). Der Grundsatz, daß die Sakramente **ex opere operato**, d.h. aufgrund ihres Vollzugs, die Gnade bewirken, wurde seit dem 13.Jh. allgemein rezipiert, aber erst 1547 förmlich dogmatisiert.

9.1.4 Divergenzen hinsichtlich der **Zahl der Sakramente** bestanden noch im 12.Jh.; Gratian (s. 3.2.2) unterschied bei den vielen heiligen Handlungen nicht genau zwischen Sakramenten und Sakramentalien. Hugo von St. Viktor wandte den Begriff Sakrament - von seinem weiten Verständnis her - auf zahlreiche Handlungen an (s. 6.2.1). Dagegen zählten Abaelard und viele der von ihm beeinflußten Lehrer fünf Sakramente: *baptismus*, *confirmatio*, *sacramentum altaris Christi* (o.ä.), *unctio infirmorum* (Krankensalbung; seit dem 12.Jh. auch: *extrema unctio*) und *coniugium* (Ehe) bzw. *paenitentia* (Buße). Wenn Ehe und Buße z.T. nicht als Sakrament galten, belegt das, daß eine genaue Sakramentendefinition allgemein noch fehlte. Erst durch die Auflistung und Begründung der **Siebenzahl** bei Petrus Lombardus (Sent. IV,1-42) sowie durch den Einfluß seines Werkes im scholastischen und kanonistischen Lehrbetrieb setzte sich diese Auffassung als verbindlich durch. Sie entsprach der tatsächlichen Bedeutung dieser Handlungen für das kirchliche Leben.

9.1.5 Die Definition der sichtbaren **Elemente** und der **inneren Wirkung** der einzelnen Sakramente wurde erst im 13.Jh. systematisiert. Im Anschluß an die augustinische Unterscheidung von *signum* und *res* differenzierte man dreifach zwischen *sacramentum tantum* (bloßem Vollzug), *res sacramenti* (unsichtbarer Gnadengabe) und *sacramentum et res* (Vollzug samt Wirkung, innerem Sakrament). Seit Hugo von St. Cher (ca.1190/1200-1263) bezeichnete man allgemein mit dem aristotelischen Hylemorphismus (vgl. 10.3.1) das Element bzw. die Handlung als *materia* und das begleitende Wort als *forma* (z.B. Brot/Wein und Einsetzungsworte/Konsekration in der Eucharistie). In unterschiedlicher Weise wandte man dieses **Form-Materie-Schema** auf die einzelnen Sakramente an unter Angabe des jeweils spezifischen *effectus*. In enger

Anlehnung an die einflußreichen Ausführungen des Thomas von Aquino definierte das *Decretum pro Armenis* 1439 Materie, Form, Spender und Wirkung für jedes Sakrament (Text/Übers.: DH 1310-28): z.B. Wasser, trinitarische Taufformel, Priester, Sündenvergebung bei der Taufe.

9.1.6 Nach älterer Auffassung kam den drei Sakramenten **Taufe, Firmung, Ordination** ein besonderer *character spiritualis* ("Geist-Prägung") zu, weil sie auf die Geistverleihung und die Bindung des Individuums an die Kirche zielten. Die Scholastiker des 13.Jh.s. seit Alexander von Hales sahen durch sie eine **habituelle Qualität** in der Seele vermittelt, welche durch die Sünde nicht zerstört werden könnte und die Unwiederholbarkeit dieser drei Sakramente begründete. Die Lehre vom *character indelebilis* dogmatisierte das *Decretum pro Armenis* 1439 (Text/ Übers.: DH 1313).

9.2 Das Bußsakrament und seine theologische Interpretation

Im kirchlichen Leben nahm neben der Eucharistie die Buße (*paenitentia*) eine zentrale Stellung ein. Auch hier forderte die vorgängige Praxis zu theologischer Reflexion heraus, die systematisch erst die Scholastiker seit dem 12.Jh. betrieben. Die mittelalterliche Entwicklung der alten Institution (vgl. § 2; 13.2-4) brachte erhebliche Veränderungen: Die öffentliche Gemeindebuße verschwand bzw. blieb in seltenen Fällen bis zum 13.Jh. bestehen; an ihre Stelle trat seit dem 9.Jh. die private Beichtbuße (vgl. § 7; 7.3), in der die einzelnen Gläubigen dem Priester ihre Sünden bekannten und durch ihn die **Absolution** erhielten (seit dem 9./10.Jh. in unmittelbarem zeitlichen Zusammenhang mit der Beichte). Bis zum 13.Jh. erfolgte diese Lossprechung zumeist in deprekativer bzw. optativer Form, wurde dann durch die deklaratorische und indikativische Zusage (*ego te absolvo ...*) verdrängt; der eigentliche Bußakt, die **Satisfaktion** durch gute Werke, fand anschließend statt. Das 4. Laterankonzil 1215 fixierte die übliche Praxis als Vorschrift, mindestens einmal im Jahr alle Sünden dem zuständigen Priester zu beichten und die von ihm auferlegte Buße zu erfüllen, um das Eucharistiesakrament empfangen zu können (Text/Übers.: DH 812). Die Scholastiker und Kanonisten des 12.Jh.s. zählten die Beichtbuße zu den Sakramenten, doch die Näherbestimmung ihrer Sakramentalität - insbesondere des Verhältnisses von innerer und äußerer Buße, von Reue und Sündenvergebung - blieb unklar und strittig. Eindeutig war, daß sie aus den **drei Teilen** Reue, Beichte und Genugtuung (*contritio cordis, confessio oris, satisfactio operis*) bestand und daß sie Gnade und Rechtfertigung vermittelte. Erst seit dem 13.Jh. wurde bei den Scholastikern die **Absolution** in deklaratorischer Form als konstitutiver Teil der Sakramentalität betont. Thomas von Aquino gab der Bußlehre die systematische Gestalt im Zusammenhang der Sakramentenlehre; förmlich dogmatisiert als offizielle Kirchenlehre wurde sie 1551 vom Trienter Konzil.

9.2.1 Als Sakrament wurde die Buße schon im 11.Jh., allgemein seit ca.1120/30 bezeichnet (*sacramentum paenitentiae* bzw. *confessionis*). Die Bedeutung des **subjektiven Aspekts**, die Abaelard als innere Reue (*contritio* bzw. eigentliche *paenitentia*) und Zerknirschung (*compunctio*) hervorgehoben hatte, wurde von den meisten Lehrern des 12.Jh.s. betont. Demgemäß dachte man die göttliche **Sündenvergebung** als aufgrund der persönlichen Reue erfolgend (z.B. die Sentenzen Rolands p. 245). Denn die Reue galt als durch Gottes Gnade bewirkte Umkehr. Hugo von St. Viktor betonte neben der Reue auch das Sündenbekenntnis (gegenüber Gott vor dem Priester) und die Satisfaktion als praktische Tilgung der Schuld.

9.2.2 Somit wurde die Beichtbuße als ein die **Rechtfertigung** aktuell vermittelndes Sakrament (nach der grundlegenden Rechtfertigung in der Taufe) angesehen. Die Rechtfertigung galt dabei als ein göttliches **Gnadenhandeln in psychologisch-ethischer Form** wegen dessen Auswirkung auf das menschliche Subjekt (Reue). Damit entstand das Problem, welche Wirkung der priesterlichen Absolution noch zukäme. Die Frühscholastiker lehrten verschiedene Theorien, deren Kern war, daß der Priester nur die bereits durch Gott vollzogene Sündenvergebung deklariere, die Strafen bzw. Bußleistungen für die Satisfaktion festsetze und die Wiederzulassung zur Eucharistiefeier ausspreche.

9.2.3 Zur Tilgung der Erbsünde durch die Taufe und der läßlichen Sünden durch die Eucharistie kam die Tilgung der Todsünden durch die Buße. Mit der im 13.Jh. sich durchsetzenden Lehre, daß die **sakramentale Gnadenwirkung** nicht nur durch die Beichte, sondern auch durch die Absolution erfolge, ergab sich ein bedeutsamer Wandel hin zur Verstärkung der **institutionellen Bedeutung** des Sakraments. Die Sündenvergebung wurde danach durch die priesterliche Lossprechung bewirkt (Schlüsselgewalt, *potestas clavium* gemäß Mt 16,18f/Joh 20,23). Deren sakramentale Kausalität konnte unterschiedlich gedeutet werden. Thomas sah die Vergebung insgesamt sakramental bewirkt in der durch das Schlüsselamt verursachten Reue: Die *materia* des Sakraments bestehe in den drei Akten der Pönitenten (*contritio cordis, confessio oris, satisfactio operis*), seine *forma* in der priesterlichen Absolution. Diese Lehre wurde 1439 kirchlich fixiert (Text/Übers.: DH 1323). Duns Scotus sah das entscheidende Element des Sakraments in der Absolution als richterlichem Akt des Priesters, der aufgrund des göttlichen Auftrags die Sünden wirksam vergibt (vgl. 14.3.3).

9.3 Literatur

J. FINKENZELLER: Die Lehre von den Sakramenten im allgemeinen. Von der Schrift bis zur Scholastik, HDG IV/1a, 1980, 78-125. – W. KNOCH: Die Einsetzung der Sakramente durch Christus. Eine Untersuchung zur Sakramententheologie der Frühscholastik von Anselm von Laon bis zu Wilhelm von Auxerre, 1983. – DERS.: Die Frühscholastik und ihre Ekklesiologie, 1992. – A.M. LANDGRAF: Dogmengeschichte Bd.III/1-2. – R. SEEBERG: Lehrbuch Bd.3, 268-291.531-540. – H. VORGRIMLER: Buße und Krankensalbung, HDG IV/3, 2.A. 1978.

10. Die Gnade als Thema scholastischer Lehrbildung

Neben der ekklesial-sakramentalen Konzentration des kirchlichen Lebens entsprach der mittelalterlichen **Mentalität** in besonderer Weise die Reflexion der Heilsfrage. Zwar kam es hier über die spätantiken Lehrentscheidungen hinaus (vgl. § 5; 7.4) zu keiner weitergehenden Dogmatisierung im förmlichen Sinn, was vielfältige Unklarheiten bis zur Reformationszeit bedingte und sich erst mit den Dekreten des Trienter Konzils zur Sünden- und Rechtfertigungslehre von 1546/47 änderte. Aber es entwickelte sich auf der Grundlage der **augustinischen Lehren** ein – in Einzelheiten modifiziertes – **Schema** der Sünden- und Gnadenlehre, dem eine allgemein-orientierende Funktion zukam. Wegen der grundlegenden Bedeutung des Themas für die Dogmengeschichte – auch im Blick auf den Widerspruch der Reformation gegen diese Grundform der Soteriologie – soll es in der folgenden Darstellung besonders berücksichtigt werden (vgl. 12.4; 13.4; 14.2-3; 16.4).

10.1 Frühscholastischer Augustinismus

Augustins Lehren über die umfassende Realität der Sündhaftigkeit und die Notwendigkeit der göttlichen Gnadenkraft für die Veränderung des menschlichen Wesens galten im frühen Mittelalter im allgemeinen Sinne. Scholastische Lehren des 12.Jh.s. mit ihrer Interpretation der Sentenzen führten insofern weiter, als sie – auf der Basis psychologischer Reflexionen - das Wirken der Gnade im Zusammenhang der **Tugendlehre** behandelten (Gottes Handeln als bleibendes Prinzip der moralischen Erneuerung). Durch Petrus Lombardus wurde das Angewiesensein auf Gottes Gnade in der **Urstands- und Schöpfungslehre** als grundsätzlicher anthropologischer Sachverhalt thematisiert. Abaelardus und seine Schule stellten den Zusammenhang mit der **Sakramentenlehre** heraus. Das taten auch Hugo von St. Viktor und dessen Schüler, die überdies v.a. die **christologische Fundierung** des Gnadenwirkens betonten. So ergab sich ein variantenreiches Bild. Allgemein versuchte man, in Anlehnung an die augustinische Terminologie die verschiedenen **Aspekte des göttlichen Gnadenhandelns** zu differenzieren. Man sprach u.a. von zuvorkommender und nachfolgend-begleitender Gnade, von initiativ wirkender und helfend mitwirkender Gnade (*gratia praeveniens - subsequens/ concomitans*; *gratia operans - cooperans/adiutrix*). Damit sollte der existentiell entscheidende **Zusammenhang von Glaube und Liebe**, von Bekehrung und Neuwerdung begrifflich analysiert werden. Der Glaube galt als erste Gnadenwirkung, aus der die Rechtfertigung resultiert. Die Notwendigkeit der Gnade für das rechte Handeln (die "guten Werke") wurde durchgängig betont, doch damit stellte sich das Problem, wie die Gnadenwirkung mit der menschlichen Freiheit zusammengedacht werden könnte. Die Theologen des 12.Jh.s. brachten dazu noch keine ausgereiften Lösungen. Trotz der grundsätzlichen Ablehnung des "Pelagianismus" waren synergistische Denkmodelle verbreitet.

10.1.1 Die Lehre, daß die **heiligende Gnade** als eine Bewegung des menschlichen Willens mit den **übernatürlichen Tugenden** Glaube, Liebe, Hoffnung identisch sei, ging v.a. auf den Einfluß **Anselms** von Canterbury zurück: Die Christen empfangen die Rechtheit ihres Willens - und damit die Fähigkeit, den Willen Gottes zu erfüllen - durch die zuvorkommende Gnade und bewahren diese Intention durch das nachfolgende Wirken derselben Gnade. **Abaelardus** betrachtete den Glauben als innewohnende Gnade im Zusammenhang seines personalistischen Verständnisses des Gott-Mensch-Verhältnisses, zugleich als zuvorkommende Gnade, welche menschliches Tun zum Heil lenkt: Gottes Einwirkung als *gratia inhabitans* weckt im Gläubigen die Liebe als prägende Lebenskraft (vgl. 4.3.2). **Hugo von St. Viktor** betonte besonders, daß - als Folge von Christi Erlösungswerk - die menschliche Sündigkeit durch die heiligende Gnade getilgt wird, indem Christus diese durch die Sakramente wirksam vermittelt.

10.1.2 Die Ansätze Anselms und Abaelards aufnehmend verstand **Petrus Lombardus** die Gnadenwirkung und die Tugenden als Folge der Einwohnung des Heiligen Geistes in den Gläubigen: Gottes Gnade wird durch den Mittler Christus im Geist in die Menschen eingegossen, um deren Willen zu befreien und das Nichtsündigen (*posse non peccare*) zu ermöglichen. Durch die Zusammenschau von **Gnadenwirkung und Tugenden** hat Petrus die weiteren Überlegungen beeinflußt. Die Gnade hat verschiedene Seinsformen und Wirkweisen; als *gratia praeveniens* bewirkt sie Bekehrung und Glauben, als *gratia operans* befreit sie den Willen und befähigt ihn zum Tun des Guten, als *gratia cooperans* hilft sie mit, daß der Wille bei den Tugenden verharrt (Sent. II,26,1-4; 27,3-4). Damit nahm der Lombarde Augustin auf, auch mit dem Begriff der gnadenhaften Tugend, der diese theologisch bestimmt sein ließ.

10.1.3 Das im 12.Jh. diskutierte Problem, wie bei der Auslegung von Röm 5,5 der Heilige Geist und dessen Wirkungen im gläubigen Subjekt zu unterscheiden sind, löste Lombardus so: Der **Geist** als in das Herz eingegossene **Gnadengabe der Liebe** ist die dritte Person der Trinität selbst; er teilt sich in vielgestaltiger Form als Charismen und Tugenden mit, ohne sich zu zerteilen, ist also Geber und Gabe zugleich. Er ist das Subjekt der Begnadung, der Rechtfertigung und Heiligung, er ist ein *quasi habitus*, eine *quasi virtus* im Christen (I,17,1-6). Die scholastische Kritik an dieser Position führte zu deren Differenzierung: zur Unterscheidung zwischen Einwohnung des Geistes/der göttlichen Liebe als *gratia increata* und Umwandlung der Gläubigen als *gratia creata.*

10.2. Sakramente und Gnadenlehre

Schon bei Augustin und in der antipelagianischen Dogmatisierung war der ekklesiologisch-sakramentale Bezug der Gnadenlehre wichtig: Gott vermittelt seine in Christus offenbarte Gnade durch den Heiligen Geist in der **Institution Kirche** durch Schriftwort, Predigt, Amt und Sakrament (d.h. Taufe, Eucharistie, Buße). Den Sakramentalismus verstärkte die frühmittelalterliche Theologie seit Gregor d.Gr.: Die Taufe setzt die Gläubigen in den Gnadenstand ein; in der Eucharistie erfüllt die Gnade der Versöhnung kontinuierlich das christliche Leben; wenn dieses durch die Sünde gestört wird, bringt die Buße Heilung für ein erneutes Leben in der Gnade. Christsein als Existenz in der Kraft der Gnade stellte sich konkret dar als Mitvollzug kirchlichen Lebens. Dabei kam dem **geistlichen Amt** - als besonderer Prägung der Person durch die Gnade - herausragende Bedeutung für die **Gnadenvermittlung** zu. Der unanschauliche Begriff der Gnade gewann so erfahrbare Konkretionen. Allerdings führte das im Mittelalter zunehmend zu einer gewissen Materialisierung in der Volksfrömmigkeit, wozu die Theologen dadurch beitrugen, daß die Sakramente als *Gefäße der Gnade* o.ä. bezeichnet wurden. Die Scholastiker des 12./13.Jh.s. brachten dadurch eine bedeutsame Neuerung, daß sie die **Gnadenwirksamkeit** der Sakramente **kausal** definierten (*sacramentum* nicht nur als *signum gratia*, sondern auch als *causa gratiae*). Dies wurde kirchliche Lehre. Doch die genaue Bestimmung der Ursächlichkeit und damit die enge Bindung der Gnade an den Sakramentsvollzug blieben strittig.

10.2.1 Nach Hugo von St. Viktor bringt die Eucharistie eine *infusio gratiae*, d.h. materielle Vergebung der Sünden und Vervollkommnung der Tugend, also eine moralische Stärkung. Für ihn sind die Sakramente nicht bloß Zeichen, sondern **wirksame Mitteilung der Gnade** als *vasa spiritualis gratiae*: In die sinnlich wahrnehmbare Form des Sakraments ist die unsichtbare Gnade so eingegossen, daß sie durch den sakramentalen Vollzug in die Seele des Menschen eingeht. Damit gewann der traditionelle Begriff *gratia infusa* einen konkreten Bezug. Dieser galt mit unterschiedlicher Ausführung des *effectus* auch für die übrigen Sakramente.

10.2.2 Die allgemein akzeptierte Lehre des Lombardus, daß ein Sakrament als Form der unsichtbaren Gnade die **Ursache der Gnadenvermittlung** sei (s. 9.1.2), führte im 13./14.Jh. zu genaueren Definitionen dieser Kausalität. Thomas von Aquino unterschied zwischen Gott als dem eigentlich Handelnden, der *causa principalis*, und den Sakramenten als Werkzeugen der Gnadenwirkung (*causae instrumentales*). Das fand weithin kirchliche Zustimmung. Hingegen lehrten Alexander von Hales und Bonaventura, daß das sakramentale Zeichen die Gnade nicht substantiell enthalte, sondern eine Disposition im Empfänger schaffe für die Aufnahme der direkt von Gott gegebenen Gnade. Diese durch Duns Scotus weitergeführte Auffassung fand im 14./15.Jh. viel Zustimmung (Gottes Wille als *causa* der innerlichen Sakramentswirkung parallel zum äußerlichen Vollzug als Vorbereitung).

10.3 Hochscholastischer Neuansatz

Im frühscholastischen Verständnis von göttlicher Gnade und menschlicher Tugend als miteinander zusammenhängender Bewegungen ließ sich das Synergismusproblem nicht befriedigend lösen. Die neue Orientierung der Theologen an der aristotelischen Philosophie (s. 11.2) führte dazu, daß man im 13.Jh. den Gedanken, wonach die Gnadenwirkung der Bewegung des menschlichen Willens hin zur Tugend vorausgeht, mit Begriffen aus Aristoteles' Metaphysik formulierte. Man bestimmte die Gnade als Prinzip des Willens, als übernatürliche Form (*forma*), welche die menschliche Natur als Stoff (*materia*) präge und so ein gottgemäßes Handeln ermögliche; und man sprach mit Hilfe dieses **Form-Materie-Schemas** von einem durch die Gnade bestimmten **Zustand** (*habitus*) des Menschen, um die bleibende Veränderung auszudrücken. Begriff und Vorstellung einer **Zustandsgnade** (*gratia habitualis*) charakterisierten die hochscholastischen Lehrformen besonders. Daraus ergaben sich allerdings **neue Probleme**, weil die Aufnahme der (Gnaden-)Form nur möglich war für eine disponierte Materie, also bei einem entsprechenden menschlichen Zustand. Von der augustinischen Urstandslehre her vertrat man nun die Auffassung, daß der Mensch nach dem Fall trotz der Erbsünde als Gottes Geschöpf weiterhin durch die Schöpfungsgnade zu bestimmten Leistungen der Erkenntnis und Tugend befähigt sei, doch die rechtfertigende Gnadenwirkung nur mit einer solchen Disposition aufnehmen könne, die durch eine zu der Schöpfungsausstattung hinzukommende Gnade bewirkt würde (als Vorstadium der eigentlichen Begnadung, der *gratia habitualis*). Der Vorgang der Bekehrung mußte also ebenfalls als **Werk der Gnade** bestimmt werden, und dabei stellte sich die Frage nach dem Stellenwert der **menschlichen Mitwirkung**. Diese wurde - ebenso wie die Frage nach dem Miteinander von erneuernder, habitueller Gnade und menschlichen Werken - v.a. unter dem Leitbegriff des Verdienstes (*meritum*) erörtert. Es waren die Lehrer der frühen **Franziskanerschule**, die erstmals das Problem umfassend darstellten als subtile Differenzierung im Gnaden- und Verdienstbegriff (s. 12.4). **Thomas von Aquino** hob die Erörterung dadurch auf eine neue Reflexionsebene, daß er die Gnadenlehre mit dem grundlegenden Natur-Gnade-Schema konsequent interpretierte (s. 13.4). Die dritte große hochscholastische Konzeption entwickelte **Duns Scotus** mit einem voluntaristisch-personalistischen Begründungsrahmen im Zusammenhang mit der Gotteslehre (s 14.2-3).

10.3.1 Nach Aristoteles' *Metaphysik* sind allem Seienden **vier Prinzipien** gemeinsam: 1. Form bzw. Wesen (*forma*); 2. Stoff (*materia*); 3. bewegende bzw. bewirkende Ursache (*causa*); 4. Zweck (*finis*). Der **Stoff**, der geformt werden kann, ist Möglichkeit oder Anlage (*potentia*), reine Potentialität. Dagegen wird die Realität eines Dings durch die **Form** bestimmt, die die Verwirklichung (*actus*) bringt. Erst durch das Hinzutreten der Form zum Stoff entsteht das vollendete Gebilde; ohne Form existiert kein Stoff, während es eine stofflose Form gibt, die bewegende Ursache der organischen Gebilde. Die **Bewegung** (*motus*) ist der Übergang von der Möglichkeit (*potentia*) zur Wirklichkeit (*actus*). Diesen aristotelischen **Hylemorphismus** übertrugen die Scholastiker im 13.Jh. auf die Anthropologie, Gnaden- und Sakramentenlehre, was ihnen eine Präzisierung der theologischen Aussagen ermöglichte.

10.3.2 Philipp, der Kanzler des Bischofs und der Universität in Paris, war um 1230 der erste, der in dieser Weise die traditionelle Beziehung von Gnade und Tugend interpretierte. Indem er die Tugend als **Bewegung des Willens** verstand und die aristotelische Unterscheidung zwischen Lebensprinzip und Befähigung zur Betätigung auf die Gnade und die Tugend anwandte, bestimmte er die **Gnade als Prinzip**, das der Willensbewegung vorausgehen muß, also als heiligende Substanz der Seele: als übernatürliche *forma*, welche die menschliche Natur als *materia* prägt, wenn der gläubige Mensch sich für Gott öffnet, und welche damit im Zusammenwirken mit der menschlichen Natur ein gottgemäßes Handeln ermöglicht. Die Frage, wie der Mensch sich auf diesen Gnadenempfang vorbereiten könne, wurde damit zu einem viel diskutierten Problem. Auch die Bestimmung, daß Glaube und Liebe als Gnadenwirkung den neuen *habitus* ausmachen, bedurfte einer Präzisierung. Für beides brachte die Franziskanerschule Lösungen (s. 12.4.3).

10.4 Literatur

J. AUER: Die Entwicklung der Gnadenlehre in der Hochscholastik, 2 Bde., 1942-51. - P. FRANSEN: Dogmengeschichtliche Entfaltung der Gnadenlehre, MySal 4/2, 1973, 663-682. - J. GROSS: Geschichte des Erbsündendogmas, Bd.3, 1971. - H.M. LANDGRAF: Dogmengeschichte Bd.I/1-2. - O.H. PESCH/A. PETERS: Einführung in die Lehre von Gnade und Rechtfertigung, 1981; 3.A. 1994, 42-54. - J. SCHUPP: Die Gnadenlehre des Petrus Lombardus, 1932.

11. Wissenschaftliche Neuorientierung im 13. Jahrhundert

Die geistige Situation entsprach dem allgemeinen Umbruch, der zwischen ca.1200 und ca.1350 sich in vielfältigen Symptomen manifestierte (z.B. dem Zerfall der Einheit der Christenheit, der Kritik an der feudalistischen Kirche, der Verbreitung der Häresien, der Auseinandersetzung mit der arabisch-islamischen Kultur, dem durch Rittertum und Stadtbürgertum indizierten sozialen Wandel): An einigen Studienorten Europas, v.a. in Paris, vollzog sich ein epochaler Wandel, der einerseits die mittelalterliche Theologie zur höchsten Blüte führte, andererseits Elemente der neuzeitlichen Emanzipation des Weltlichen ankündigte. Er bekundete sich in zwei **formalen Neuerungen**, der Entstehung der **Universitäten** als spezifischer Institutionen der Wissenschaften und der Entfaltung des **Aristotelismus** als Programm für die inhaltliche Neuorientierung von Philosophie und Theologie. Bis in die Neuzeit dominierten diese beiden Determinanten. Für die Theologie hatte die Einrichtung von Universitäten die bedeutsame Folge, daß die institutionelle Koexistenz mit anderen Wissenschaften, v.a. der sich zunehmend ihr gegenüber verselbständigenden Philosophie, ihren Horizont weitete. Und die Aufnahme des Aristotelismus - eines nicht transzendental, sondern empirisch-rational begründeten Denksystems - hatte die ebenso bedeutsame Folge, daß das Verhältnis von Glauben und Wissen als das scholastische Grundproblem (s. 1.0; 2.0) neu bedacht wurde. Die Philosophie, die seit dem 13.Jh. zur geistigen Führungsmacht aufstieg, signalisierte eine neue Autonomie des Menschen und eine neue **Hinwendung zum Diesseits**. Daneben entwickelten sich andere, auf ein neues Naturverständnis bezogene Wissenschaften wie Mathematik und Geometrie, Physik und Astronomie, Geographie und Medizin. Für das neue Wissenschaftsverständnis, das auf konsequente empirischlogische Begründung zielte und erstmals wirkliche Forschung freisetzte, boten die Universitäten eine organisatorische Grundlage, der Aristotelismus und die arabische Naturforschung vielfältige Anregungen. Der universale Geltungsanspruch von kirchlicher Lehre und Theologie wurde also gerade in jener Epoche unterminiert, als er eine neue systematische Ausgestaltung erfuhr; dem entsprach die Entwicklung im politischen Bereich (vgl. § 9; 11.0). Die wissenschaftlichen Ausdrucksformen jener Universalität faßt man i.d.R. mit dem Begriff der **Hochscholastik** zusammen, der als Bezeichnung nicht einer eindeutig abgegrenzten Periode, sondern einer beachtlichen Blüte berechtigt ist.

11.1 Neue Wissenschaftsorganisation: Entstehung der Universitäten

Bisher waren kirchliche Schulen an Kathedralen, Stiften, Klöstern die Träger sämtlicher Bildung gewesen. In den drei großen Zentren Paris, Bologna und Oxford veränderte sich seit ca.1200 die Organisation der Lehre durch Zusammenfassung der verschiedenen Schulen zu einem **einheitlichen Wissenschaftsbetrieb** (*studium generale, collegium studii, collegium scholasticum* o.ä. genannt). Dafür setzte sich im Verlauf des 13.Jh.s. der Begriff *Universität* durch, der ursprünglich nur die *Gesamtheit* von Lehrern und Schülern als privilegierte Korporation bzw. Gilde bezeichnete (*universitas magistrorum et scholarium*). Neben jenen drei allmählich gewachsenen Universitäten entstand im 13.Jh. als neuer Typ die programmatisch gegründete Universität, so v.a. in Neapel, Toulouse und Salamanca. Obwohl die Universitäten der kirchlichen und staatlichen Aufsicht unterstanden, entwickelten sie sich zu einer autonomen dritten Macht neben Kirche und Staat (*studium* neben *sacerdotium* und *imperium*). Paris wurde für die Theologie in ganz Europa zur maßgeblichen Instanz mit Einfluß auf die kirchliche Lehrbildung; dem entsprach die Rolle Bolognas für das römische und das kanonische Recht. Das Papsttum förderte im Interesse seines Lehr- und Jurisdiktionsprimats diese beiden Universitäten besonders. Generell wurde für den Aufbau der Universitäten die Einteilung in **vier Fakultäten** typisch: Artes liberales/Philosophie als Vorstufe für das Studium in der theologischen, juristischen und medizinischen Fakultät. Die Fakultätsstatuten fixierten generell die inhaltliche Orientierung des Lehrprogramms. Der Übergang zwischen den Fakultäten war wie derjenige zwischen Studenten und Dozenten fließend. Mit den Universitätslehrern (*magistri, doctores*, die erst seit dem 16.Jh. allgemein als Professoren bezeichnet wurden) erwuchs ein **neuer Stand** von erheblichem Einfluß in Kirche und Gesellschaft. Die an den Universitäten erworbenen akademischen Grade schufen neue soziale Dignitäten. Unterrichtssprache war überall Latein, was die internationale Kommunikation bis in die Neuzeit hinein gewährleistete. Hauptsächliche Unterrichtsform war die Vorlesung (*lectio*) anhand bestimmter Lehrbücher; daneben entwickelte sich die Disputation über strittige Probleme (*quaestiones disputatae*).

11.1.1 Aufgrund von Konflikten mit Bürgerschaft und Bischof schlossen sich Lehrer und Studenten der Schulen in **Paris** (zu Notre Dame und St. Geneviève; s. 4.1.1; 7.1.1) enger zusammen, wurden seit 1200 durch königliche und päpstliche Privilegien von der weltlichen und geistlichen Gerichtsbarkeit befreit und erhielten 1215 erste Statuten (1221 erstmals als *universitas magistrorum et scholarium* genannt). Dominikaner und Franziskaner verstärkten seit 1224/26 die neue Gemeinschaft (vgl. § 6; 13.2.4; 14.1.3), die nach schwerem Streit seit der päpstlichen Anerkennung von 1231 und 1245/6 sich als Universität etablierte. Die aus 12 Lehrstühlen bestehende **Theologenfakultät** erlebte nach 1250 eine Krise durch den Streit zwischen Weltklerikern und Mönchen um die Lehrberechtigung. Die **Artistenfakultät** entwickelte sich seit 1240 durch die Aristotelesrezeption unter heftigen Konflikten (s. 11.2.5) zu einem Zentrum der europäischen Philosophie. Unter den Kollegien, die wie andernorts zur Versorgung der Studenten gebildet wurden, ragte mit besonderem Profil die Sorbonne, eine Stiftung des Robert von Sorbon 1245ff heraus, die später der Universität den Namen gab.

11.1.2 Die Pariser Konflikte begünstigten den Aufstieg der Universität in **Oxford**, die sich seit 1200/1214 aus verschiedenen Kirchen- und Ordensschulen formierte und 1252/3 erste Statuten durch Robert Grosseteste (s. 12.1.2) erhielt, dem als Bischof von Lincoln die Universität unterstand. Durch bedeutende Theologen und Philosophen erlangte Oxford im 13./14.Jh. europäische Geltung. Sein Ableger, die seit 1209 entstehende Universität in Cambridge, blieb dahinter zurück.

11.1.3 Aus den beiden im 12.Jh. bedeutsamen, von Kaisern und Päpsten geförderten Schulen der Legisten (Römisches Recht) und Kanonisten/Dekretisten (Kirchenrecht) in **Bologna** entwickelte sich die Universität seit 1219/24 durch päpstlichen Schutz gegenüber der Stadt. Eine philosophische Fakultät kam im späten 13.Jh., eine theologische im 14.Jh. hinzu; sie erlangten bei weitem nicht die Geltung der juristischen. Die europäische Rechtsgeschichte wurde durch Bologna bis in die Neuzeit geprägt, u.a. auch dadurch, daß Studenten aus allen Ländern hierhin kamen. Als ein Ableger entstand seit 1222 die Universität in **Padua** aus einer juristischen Schule. Eine städtische Universität mit päpstlichen Privilegien entwickelte sich in **Siena** seit 1246/52 durch Zusammenlegung der Domschule mit den Schulen für Ärzte und Juristen. Die berühmte Rechtsschule in **Pavia** wurde erst im 14.Jh. eine Universität.

11.1.4 Da die Universitäten als Ausbildungsstätten für eine Elite der kirchlichen und staatlichen Verwaltung rasch an Bedeutung gewannen, schritten Fürsten und Päpste zu Neugründungen. Kaiser Friedrich II. etablierte in **Neapel** 1224 eine Staatsuniversität für sein süditalisch-sizilisches Königreich. (Daneben stand die berühmte Medizinakademie in Salerno, die im 11.-13.Jh. blühte.) Analog verfuhr König Alfons VIII. von Kastilien, der 1212/14 die Schule in Palencia zur Universität ausbaute; diese wurde 1243 durch König Ferdinand III. von León-Kastilien nach **Salamanca** verlegt (seit 1254 definitiv etabliert), und bildete für Jahrhunderte das geistige Zentrum Spaniens mit Ausstrahlung auf ganz Europa. Das südwestfranzösische **Toulouse** erhielt seit 1229/33 als erste päpstliche Gründung eine Universität v.a. für die Ketzerbekämpfung (vgl. § 8; 10.3.3). In **Montpellier** entstanden die Fakultäten seit 1280 getrennt (besonders berühmt die medizinische) und wurden durch den Papst 1289 als Universität konstituiert. Die Domschule in **Angers** entwickelte sich nach 1229 allmählich zur Universität.

11.1.5 Angesichts der wachsenden Universitätsgründungen war es bezeichnend, daß derartiges in **Deutschland** unterblieb, weil dort eine tatkräftige Zentralmacht fehlte. Die zahlreichen kirchlichen Schulen hatten keine überregionale Kulturbedeutung. Für die Theologie allgemein wichtig wurde allerdings **Köln** mit den Studienhäusern der Bettelorden seit 1248; die Dominikanerschule entwickelte sich zu einem Zentrum von europäischem Rang. Die erste Universität gründete Karl IV. 1348 in **Prag** v.a. für sein Königreich Böhmen nach dem Vorbild von Paris und Bologna. **Wien** folgte 1365. Im Zusammenhang des Papstschismas (s. § 8; 11.3) entstanden wegen der Ablösung von Paris Universitäten in Heidelberg 1386, Köln 1388 und Erfurt 1392.

11.1.6 Die generelle Bedeutung der Universität für die Christenheit wurde u.a. dadurch dokumentiert, daß für ihre Errichtung außer einem königlich-staatlichen Gründungsakt auch ein **päpstliches Privileg** erforderlich war. Das Universitätsleben war in die Kirche insofern integriert, als die Lehrer und Studenten in der Regel dem **Klerus** angehörten, durch kirchliche Pfründen dotiert wurden und der bischöflichen Lehraufsicht unterstanden. Die **Statuten** regelten nicht nur die Ordnung, sondern auch die Lehrinhalte. Die Leitung lag zumeist bei einem unter bischöflicher Aufsicht tätigen Kanzler (*cancellarius*), der selber ein Lehramt ausübte. Die Studentenschaft gliederte sich in Nationen (*nationes*) i.w. gemäß den jeweiligen Sprachen oder der generellen Herkunft (z.B. in Paris: Franzosen, Pikarden, Normannen, Engländer, später auch Deutsche; in Bologna: Italiener und Ausländer).

11.2 Neubegründung der Wissenschaft: Der Aristotelismus

Bis zum 12.Jh. dominierte das traditionelle Orientierungsgefüge von Augustinismus und Platonismus. Die philosophische Begründung theologischer Lehren seit dem 12.Jh. war ein wesentliches Element der Scholastik, wobei der Rückgriff auf die Logik des Aristoteles eine beträchtliche Rolle spielte. Man hatte jedoch nur eine fragmentarische, neuplatonisch gefärbte Kenntnis der peripatetischen Lehren. Das änderte sich in der Zeit zwischen 1150 und 1250, indem sukzessive alle **Aristotelesschriften** zugänglich wurden, vermittelt auf zwei Wegen: direkt durch Übersetzung der von Arabern und Griechen tradierten Schriften, indirekt durch den geistigen Einfluß des **arabischen und jüdischen Aristotelismus**, v.a. des spanischen Arabers Averroës und des spanisch-ägyptischen Juden Moses Maimonides. In allen drei Kulturkreisen mußte eine dezidiert nicht-religiöse Philosophie auf eine Offenbarungsreligion bezogen werden, und so kam es über die bisherige Aristotelesverwendung in der scholastischen Methodik zu einer umfassenden Auseinandersetzung mit einer Philosophie (Metaphysik, Kosmologie, Anthropologie und Ethik), die mit christlichen Prämissen nicht ohne weiteres vereinbar war, die vielmehr die **Eigenständigkeit des menschlichen Denkens** gegenüber Bibel und Lehrtradition repräsentierte. Besonders problematisch waren die Lehren von der unpersönlichen Gottheit, der Ewigkeit (d.h. Nicht-Geschöpflichkeit) der Welt, der völligen Suffizienz des rationalen Denkens, der Universalität des unsterblichen Geistes und der Sterblichkeit der Seele. Die Entwicklung führte auf der einen Seite zu einem **radikalen Aristotelismus** mit Gegensätzen gegen christliche Glaubenslehren (so v.a. Siger von Brabant und die sog. Averroisten), auf der anderen Seite zu einer **theologischen Integration** des Aristotelismus (so v.a. Albertus Magnus und Thomas von Aquino) bzw. zu selektiver Instrumentalisierung einiger aristotelischer Prinzipien für bestimmte Lehren (so z.B. Alexander Halesius und Bonaventura). Trotz der Konflikte gehörten die Aristotelesschriften seit 1255 an der für das Abendland maßgeblichen Pariser Philosophenfakultät zum offiziellen Lehrprogramm; sie wurden fortan zum geistigen Fundament der scholastischen Wissenschaft, die dadurch ein neues Gepräge erhielt.

11.2.1 Das an einem christianisierten Platonismus orientierte Abendland lehnte Aristoteles als gottlosen Philosophen weithin ab. Sein vollständiges Schrifttum war dort nicht bekannt, wohl aber bei den Arabern. Durch den Neuplatonismus, v.a. durch Porphyrius' und Boëthius' Werke war aber stets ein gewisser Teil der aristotelischen **Logik**, v.a. die Kategorienlehre, präsent gewesen, der durch die Kenntnis der bis ca.1140 aus dem Griechischen und Arabischen übersetzten restlichen Schriften des sog. *Organon* (*Analytica*, *Topica* u.a.) erweitert wurde. Für die nach Begründung und Erweiterung des Denkens strebende Wissenschaft des 12./13.Jh.s. wirkte die auf verschiedenen Wegen allmählich verbreitete Kenntnis des **ganzen Aristotelescorpus** außerordentlich anregend. Große Bedeutung hatte z.B. der um 1150 in Segovia tätige Kleriker Dominicus Gundissalinus als Übersetzer des Aristoteles und der arabischen Philosophen, der deren Wissenschaftslehre für eine neue Systematik des Philosophiestudiums fruchtbar machte. Besonders wichtig wurden die Übersetzerschulen in Toledo, Salerno und Neapel, die auch die Schriften der arabischen und jüdischen Philosophen (s. 11.2.2-3) ins Lateinische übertrugen. Die griechische Textüberlieferung kam hinzu. In Oxford entstand ein weiteres Zentrum (s. 12.1.2).

11.2.2 Die Hochschätzung des Aristoteles bei den Syrern (Nestorianern wie Jakobiten; s. § 4; 15.1; 15.3) führte dazu, daß diese eine vollständige Übersetzung seiner Werke den **Arabern** vermittelten, wodurch deren **Philosophie** seit Al-Kindi und Al-Farabi (9./10.Jh.) beeinflußt wurde. Allerdings war auch hier der Aristotelismus z.T. stark neuplatonisch gefärbt. Zum Grundproblem wurde das Verhältnis von Vernunft und offenbarter Religion. Der iranische Philosoph und Mediziner **Ibn Sina,** lat. **Avicenna** (980-1037) konzipierte ein metaphysisches System mit Gott, dem unverursacht Seienden und schlechthin Einen, als Spitze. Einen Aristotelismus ohne neuplatonische Elemente als wissenschaftliche Grundlage der Theologie vertrat erstmals der große Universalgelehrte **Ibn Rusd**, lat. **Averroës** (1126-98), der in Cordoba und Marrakesch wirkte. Er wollte ein rein wissenschaftliches Weltbild etablieren. Mit seiner Definition Gottes als der ersten Ursache und des unbewegten Bewegers alles Seienden interpretierte er die Weltschöpfung als ewigen Prozeß. Statt eines Gegensatzes zwischen Theologie und Philosophie lehrte er – überzeugt von der Einheit der Wahrheit – deren Harmonie, die in deren grundsätzlicher Trennung begründet sei, weil das rationale Denken als autonome Instanz auf einer anderen Ebene als die Religion mit ihrer Bildersprache arbeite. (Dieser Ansatz wurde fälschlich von den Pariser Gegnern des sog. lateinischen Averroismus als Lehre von der doppelten Wahrheit interpretiert.) Averroës' Methode der philosophisch exakten Aristoteleskommentierung wirkte seit 1240 nachhaltig auf die christliche Theologie, zuerst bei Albertus Magnus.

11.2.3 Zumal von Spanien aus beeinflußte auch die **jüdische Philosophie** die christliche Aristotelesrezeption, z.T. mit neuplatonischem Einschlag. Salomo Ibn Gabirol, lat. **Avicebron** (1020-58), aus Malaga wirkte durch seine Lehre über die Materie als Prinzip der Vielheit, welches den differenziert geformten Dingen ihre Gemeinsamkeit gibt. Bedeutendere Anstöße gab der Toralehrer und Arzt Mose ben Maimon, lat. **Moses Maimonides** (1135-1204, in Cordoba geboren, tätig v.a. in Kairo), durch seinen theologischen Rationalismus und seine Aristoteleskommentierung. In den Grundfragen entsprach sein System demjenigen des Averroës (Gott als erster Beweger, Ewigkeit der Welt als permanente Emanation aus dem göttlichen Sein, Harmonie von Denken und Glauben).

11.2.4 An der **Universität Paris** wurden seit ca.1200 die **Konflikte** zwischen der neuen Philosophie und der Theologie wegweisend ausgetragen. Dabei sind die frühe Phase, in der es noch nicht um den ganzen Aristoteles ging, die Phase der selektiven Integration und die Phase der grundsätzlichen Konfrontation zu unterscheiden. Anstoß erregten zunächst die Artes-Lehrer **David von Dinant** (gest. nach 1210), der im Anschluß an Aristoteles' Naturphilosophie einen "materialistischen" Pantheismus lehrte (Identität der drei Prinzipien Urmaterie, Weltseele/Geist, Gott) und **Amalrich von Bena** (gest.1206), der mit anderem Ansatz von der neuplatonischen Kosmologie her (v.a. des Eriugena, s. § 5; 14.5.2) einen Pantheismus vertrat und einige kirchliche Lehren kritisierte. Pariser Provinzialsynoden von 1210 und 1215 verurteilten beide sowie die Lehren eines weiteren Schülerkreises, der **Amalrikaner**. (1215 vom 4. Laterankonzil pauschal bekräftigt; Text: DH 808.) Die Lektüre der naturphilosophischen Schriften des Aristoteles wurde verboten. Der Streit zeigte, daß eine die traditionelle Gotteslehre tangierende Weltdeutung als nicht akzeptabel galt. Er hatte zur Folge, daß die philosophische Beschäftigung mit Aristoteles z.T. suspekt wurde. Doch da verschiedene Theologen - voran Philipp der Kanzler, Wilhelm von Auvergne, Wilhelm von Auxerre, Alexander Halesius, Albertus Magnus - die Vereinbarkeit mit der christlichen Dogmatik demonstrierten, nahm 1255 die **Artistenfakultät** die Bearbeitung der Aristotelesschriften in ihren **Lehrplan** auf. Das wirkte anregend auf die anderen Universitäten und machte langfristig den Aristotelismus zur maßgeblichen Schulphilosophie des Abendlandes.

11.2.5 Von größerer Tragweite waren die Konflikte um den **radikalen Aristotelismus** (den sog. "lateinischen Averroismus") in Paris nach 1260, die zu grundsätzlichen kirchlichen Verurteilungen führten. Der Exponent der kritischen Philosophen, die sich der Bevormundung durch die Theologie entziehen wollten, war der einflußreiche Lehrer **Siger von Brabant** (gest.1286), dem sein Schüler Boëtius von Dacien/Dänemark (gest.1284) weithin folgte. Er beanspruchte, die Lehren des Aristoteles kompromißlos - auch im Widerspruch zu christlichen Dogmen - zu vertreten, plädierte also für die **Autonomie der Vernunft**. Schüler und Mitstreiter taten es ihm nach. Konkret ging der Streit mit den Theologen um die Ewigkeit/ Nichtgeschöpflichkeit der Welt, die ontologische Determination des Weltgeschehens, die Materie als Individuationsprinzip und die Einheit des - von der Seele strikt unterschiedenen - Geistes/Intellekts. Seine Gegner sahen im letzteren eine Leugnung der Unsterblichkeit der Seele impliziert, sie denunzierten ihn als "Averroisten" und seinen wissenschaftstheoretischen Ansatz als Lehre von der doppelten Wahrheit. Auf höherem Niveau kritisierten Albertus Magnus und Thomas von Aquino Sigers Lehren, die der Pariser Bischof **1270** erstmals als Häresie und **1277** detailliert in 219 Sätzen verurteilte. Die **Pariser Verurteilung**, die weithin, aber nicht überall rezipiert wurde, bewirkte eine historisch bedeutsame Ausgrenzung des radikalen Aristotelismus (d.h. der nicht theologisch interpretierten Philosophie) sowie eine institutionalisierte Trennung zwischen philosophischer Denkbemühung und theologischer Lehre. Im 14.Jh. entwickelten die konsequenten Aristoteliker und Averroisten eine von der kirchlichen Tradition emanzipierte diesseitig-laikale Weltinterpretation, die auch erhebliche politische Folgen hatte. (Vgl. z.B. zu Johannes von Jandun und Marsilius von Padua § 9; 11.3.3.)

11.3 Hochscholastik und christlicher Aristotelismus

Die Schulwissenschaft (*theologia scholastica*) fand an den Universitäten ihren typischen Sitz im Leben. Dort ging die geistige Führung weithin auf Vertreter der Franziskaner und Dominikaner über. Der entscheidende Unterschied gegenüber dem 12.Jh. lag in der systematischen Auseinandersetzung mit dem Aristotelismus, dessen Universalität das Spektrum der wissenschaftlichen Bemühung erweiterte. Exemplarisch bekundete sich das im Werk des Deutschen **Albertus Magnus** (bis 1280 v.a. tätig in Paris und Köln), der seiner Zeit mit Recht als *doctor universalis* galt. Er hat programmatisch die Beschäftigung mit sämtlichen Aristotelestexten vermittelt und hat dies in seinen Kommentaren sowie in seiner umfassenden Naturwissenschaft entfaltet. Seine Metaphysik und Gotteslehre (Gott als erste, alles bewirkende Ursache), seine Differenzierung zwischen Vernunft- und Glaubenswissen, seine Verbindung von Schöpfungslehre und Kosmologie (Welt als rationale Ordnung Gottes) und seine Anthropologie (Leib-Seele-Einheit) schufen die Grundlage eines christlichen Aristotelismus, der - von seinem Schüler Thomas von Aquino theologisch spezifiziert - eine große Wirkungsgeschichte bekam. Die Lehrer des Dominikanerordens wurden maßgebliche Träger dieser Konzeption. Obwohl Albert primär Theologe sein wollte und umfangreiche theologische Schriften verfaßte, hat er die Lehrbildung im einzelnen kaum beeinflußt; seine Lehren erlangten v.a. philosophiegeschichtliche Bedeutung. Entsprechendes galt für den genialen Außenseiter, den Engländer **Roger Bacon**, der seine an Aristoteles orientierte Naturforschung mit dem Programm einer Universalwissenschaft (unter dem Primat der Theologie) verband. Bei der theologischen Aristotelesrezeption gingen ihnen andere Lehrer in Paris und Oxford voran. Eine Gestalt wie Bonaventura machte die Komplexität der theologischen Entwicklung deutlich, zu der neben der scholastischen Arbeitsweise auch weiterhin die monastisch-mystische Erfahrungstheologie gehörte (s. 12.3). Der bedeutendste Repräsentant der Hochscholastik im Sinne einer universalen theologischen Konzeption wurde Thomas von Aquino (s. 13.2).

11.3.1 Die Beanspruchung aristotelischer Lehren für die Theologie entwickelte sich v.a. an der Universität Paris, und zwar - nach der Verurteilung von 1210/15 (s. 11.2.4) - in selektiver Instrumentalisierung. **Wilhelm von Auxerre** (gest.1231/7) benutzte in seiner einflußreichen theologischen *Summa* neben der Analytik auch die aristotelische Metaphysik und Ethik. In bahnbrechender Weise interpretierte **Philipp der Kanzler** (gest.1236) die Gnadenlehre neu (s. 10.3.2). Er war ein einflußreicher Kirchenmann und Theologe; z.B. wirkte seine *Summa* auf die Franziskanerschule. Deren Begründer **Alexander Halesius** repräsentierte profiliert die Umbruchsituation (s. 12.2). Kirchliche Praxis und Wissenschaft verband **Wilhelm von Auvergne** (ca.1180-1249, seit 1228 Bischof von Paris), der trotz seines neuplatonischen Augustinismus sich in seiner Enzyklopädie auch aristotelischen und arabischen Einflüssen öffnete. In Oxford förderte **Robert Grosseteste** (vgl. 12.1.2) die Beschäftigung mit Aristoteles entscheidend.

11.3.2 Albert, zwischen 1193 und 1200 im schwäbischen Lauingen geboren, im Mittelalter wegen seiner universalen Gelehrsamkeit als einziger Wissenschaftler "**der Große**" genannt, trat früh dem **Dominikanerorden** bei, unterrichtete in dessen deutschen Studienhäusern und lehrte seit 1243/4 in Paris. 1248-60 baute er in Köln das Studium generale der Dominikaner auf, war 1260-62 Bischof von Regensburg, widmete sich dann aber kirchlichen Aufgaben und seit 1270 wieder dem Studium in Köln, wo er 1280 starb. Sein riesiges **Schrifttum** umfaßte u.a. Kommentare zur Bibel, zu Aristoteles, zu Ps. Dionysius Areopagita und zu den Sentenzen des Lombardus, verschiedene theologische Traktate und eine Summa. (Text: Opera omnia, hg.v. B. Geyer-W. Kübel u.a., bisher 16 Bde, 1951-93. Lat.-dt. Auswahl hg.v. A. Fries, 1981.)

11.3.3 Seit ca.1245/48 widmete Albert sich der intensiven, umfangreichen Interpretation des gesamten Aristotelescorpus in Form von Paraphasen als Mittel zur Entfaltung seiner (augustinisch-neuplatonisch beeinflußten) **Naturphilosophie, Anthropologie und Metaphysik**. Sein Ziel war eine alle Geistes- und Naturwissenschaften umfassende Enzyklopädie, wofür er umfangreiches Schrifttum - weniger eigene Naturforschungen - auswertete. Mit seiner Aristotelesvermittlung übte er großen Einfluß aus, u.a. auf Thomas von Aquino, der allerdings in der Kommentierung eine genauere Methodik befolgte. **Theologie und Philosophie** unterschied er deutlich, indem er deren jeweilige Prinzipien (Offenbarung und Vernunft) und Gegenstandsbereiche (Heil und Welt) methodologisch differenzierte. Doch beide Bereiche fielen für ihn nicht auseinander, weil er die Welt als Gottes Schöpfung (gegen die aristotelische Lehre von der Ewigkeit der Welt) eng verband mit Gott als umfassendem Sein und höchstem Prinzip, als der in universaler Weise alles wirkenden Ursache. Er lehrte gegen die sog. Averroisten die Unsterblichkeit der Seele, die als formende Substanz des Körpers eng mit diesem verbunden sei. Aufgrund seiner empirischen Beobachtungen betonte er die Ganzheitlichkeit des Menschen, die Bedeutung der Leiblichkeit und die Manifestation der Leib-Seele-Einheit im organischen und geistigen Leben. Eine Schule hat er nicht begründet, doch sein **Einfluß** zeigte sich u.a. bei den deutschen Dominikanern Ulrich von Straßburg, Dietrich von Freiberg, Meister Eckhart und Berthold von Moosburg, noch im 15.Jh. u.a. bei Nikolaus von Kues. Der sog. **Albertismus** entwickelte sich im 15.Jh. von Köln und Paris aus zu einer philosophischen Schulrichtung, die in Metaphysik und Naturphilosophie (z.T. auch in der Theologie) bis zum 17.Jh. bedeutenden Einfluß ausübte.

11.3.4 In Oxford und Paris lehrte der Franziskaner **Roger Bacon** (ca.1220-1292/4), der wegen seiner Kritik am herkömmlichen Wissenschaftsbetrieb und wegen seiner Naturforschungen 1277-89 als Häretiker eingekerkert war. Sein Aristotelismus verband sich mit neuplatonischem und augustinischem Einfluß. Seine Originalität war beachtlich, seine geschichtliche Wirkung gering. Von einer alle Gebiete umfassenden **Wissenschaft** aus, die sich besonders der **Praxis** zuwenden sollte, erstrebte er eine **Erneuerung von Kirche und Gesellschaft**. Für das Bibelstudium forderte er eine Verbesserung des Sprachenlernens (Hebräisch, Arabisch, Griechisch). Anders als Albertus Magnus sah er Theologie und Philosophie als eine Synthese, begründet in der Harmonie von Offenbarung und Vernunft.

11.4 Literatur

I. CRAEMER-RUEGENBERG: Albertus Magnus, 1980. - K. FLASCH: Denken, 255-324.348-380. - J. FRIED (Hg.): Schulen und Studium im sozialen Wandel des hohen und späten Mittelalters, 1986. - H. GRUNDMANN: Vom Ursprung der Universität im Mittelalter, 2.A. 1964. - G. HEINZMANN: Philosophie 137-164. 191-201. - J. HJÄRPE/H. GREIVE/W. KLUXEN: Averroes/Averroismus, TRE 5 (1980) 51-61. - J. HÖDL: Amalrich von Bena/Amalrikaner, TRE 2 (1978) 349-356. - W. KLUXEN: Aristotelismus/Mittelalter, TRE 3 (1978) 782-789. - J. MAIER: Mose ben Maimon, TRE 23 (1994) 357-362. - W. RÜEGG (Hg.): Geschichte der Universität in Europa, Bd.1, 1993. - P. SIMON: Albert der Große, TRE 2 (1978) 177-184. - F. VAN STEENBERGHEN: Die Philosophie im 13.Jh., 1977, 75-285.

12. Die Franziskanerschule: Alexander Halesius und Bonaventura

Spezifisches Profil erhielt eine Richtung der Hochscholastik durch die Verbindung mit der franziskanischen Spiritualität (s. § 6; 13.1-2). Ihr herausragender Repräsentant mit großer theologiegeschichtlicher Bedeutung war der Italiener Bonaventura (1217/8-74), Lehrer in Paris und seit 1257 Generalminister des Ordens. Vor ihm hatten Franziskaner an der Universität Paris, v.a. sein Lehrer, der Engländer Alexander von Hales (ca.1185-1245; einer der bedeutendsten Scholastiker, der eigentliche Begründer der sog. älteren Franziskanerschule) die neue Synthese vorbereitet und den Lehrbetrieb durch ihre Systematik stark beeinflußt. Ein zweites

Zentrum entstand in Oxford seit Robert Grosseteste. (Zur sog. jüngeren Franziskanerschule s. 14.0.) Der alte Ansatz der monastischen Theologie als Weisheitslehre verband sich hier - auf der Grundlage der Orientierung an Franziskus' Christentumsverständnis - mit der neuen theologischen Systematik und z.T. mit der aristotelischen Philosophie zur **Synthese von Erfahrungstheologie und Metaphysik** auf biblischer Grundlage. Die augustinische Tradition blieb prägend v.a. in der Erkenntnis- und Gnadenlehre, doch gewisse peripatetische Einflüsse kamen hinzu trotz der Tatsache, daß Bonaventura und jüngere Franziskaner den Aristotelismus insgesamt programmatisch ablehnten. **Augustinismus und Neuplatonismus** lieferten die fundamentaltheologisch-philosophische Basis der Franziskanerschule (im Unterschied zum christlichen Aristotelismus der Dominikaner), die in einer traditionsgeschichtlichen Linie mit Anselm von Canterbury, Bernhard von Clairvaux und v.a. Hugo von St. Viktor stand. Hinzu kam als spezifisches Proprium die wissenschaftliche **Systematisierung von Franziskus' Ansatz**: des schöpfungstheologischen Symbolismus, der Christologie und Jesusnachfolge (Kreuzestheologie), der Dominanz der Bibel in der theologischen Arbeit.

12.1 Augustinismus und Erkenntnistheorie

In der produktiven Auseinandersetzung mit dem aufkommenden Aristotelismus spielte die Erkenntnistheorie eine zentrale Rolle. Typisch für die bis zum 12.Jh. herrschende, an Augustin orientierte Tradition war eine Integration der Philosophie in die Theologie, die - von der Sündenlehre her - die Vernunft dem Glauben unterordnete, den Zugang zur Erkenntnis theologisch begründete und damit eine Eigenständigkeit der Philosophie ausschloß. Diese Tradition formte die ältere Franziskanerschule seit ca.1240 zu einer systematisierten **Illuminationslehre** um. Ausgehend von einem personalistischen Ansatz (Gegenüber von Mensch und Gott) betrachtete sie die gottebenbildliche **Seele als Ort der Gotteserkenntnis**, die durch Teilhabe am göttlichen Licht der Wahrheit unmittelbar gewiß wird. Diese exegetisch begründete Erfahrungstheologie richtete sich gegen den Aristotelismus, der die Erkenntnis als Abstraktion empirischer Wahrnehmung der Einzeldinge begriff. Sie wurde durch eine **Lichtmetaphysik** schöpfungstheologisch begründet, in der sich auch neuplatonischer Einfluß (v.a. des Ps.Dionysius Areopagita) auswirkte. Das augustinische Erbe zeigte sich - gegen den aristotelischen Intellektualismus - in dem grundsätzlichen **Voluntarismus** mit der Verbindung von Gotteserkenntnis und Liebe. Die Beschäftigung mit **Aristoteles' Schriften** führte zu deren partieller Berücksichtigung in der Erkenntnislehre und Metaphysik, Anthropologie und Ethik. (Vgl. auch 12.4.) Die sog. mittlere Franziskanerschule nach 1270 verstärkte z.T. die positive Wertung des Aristotelismus.

12.1.1 Ein Charakteristikum der älteren Franziskanerschule war das Festhalten am philosophischen **Augustinismus** bei gleichzeitiger Beschäftigung mit **Aristoteles**. Das Studium der Franziskaner in Paris (vgl. § 6; 13.2.4) erfuhr seit 1235/6 einen kräftigen Aufschwung durch den Anschluß des **Alexander von Hales (Halesius)** an den Orden (vgl. 12.2.1). Schon vorher hatte dort Wilhelm von Auvergne (s. 11.3.1), der eher den Dominikanern zuneigte, die augustinisch-neuplatonische Lehre von der Erleuchtung gegen die aristotelische Erkenntnistheorie aktualisiert. Alexander betonte gegen die empirisch begründete Erkenntnisweise der aristotelischen

Philosophie die **Gewißheit der Glaubenserfahrung**, die Gott in seinem geschichtlichen Handeln erkennt: Die gnadenhaft zur Erkenntnis befähigte Vernunft (vgl. 12.4.1) expliziert die Einsichten des Glaubens, der als Habitus des von Gott erneuerten Menschen wiederum die Erkenntnis ermöglicht; diese ist ein übernatürliches Licht als Teilhabe an dem von den göttlichen Ideen ausstrahlenden Licht.

12.1.2 Die augustinische **Lichtmetaphysik** entwickelte der Engländer **Robert Grosseteste** (vor 1168-1253) systematisch fort, der - obwohl kein Franziskaner - in Oxford diesen Orden unterstützte und seit 1229 in dessen Lektorium lehrte. Er verfaßte Kommentare zu Aristoteles' *Analytik* und *Physik*, übersetzte dessen *Nikomachische Ethik* und wurde damit seit ca.1200 einer der Wegbereiter verbesserter Aristoteleskenntnis, die er allerdings in seinen augustinisch-neuplatonischen Ansatz einbrachte. In umfassender Weise widmete er sich der Naturphilosophie und Bibelexegese. Die **aristotelische Erkenntnistheorie** ordnete er in die augustinische Sündenlehre ein (Begrenztheit der natürlichen Erkenntnis). Entscheidend für seine Lehre war der Gedanke, daß Gott als das urbildliche Licht selber den Menschen zur Wahrheitserkenntnis führt durch sein trinitarisches Sein als *lux, lumen, splendor* (Licht als Quelle, Schein, Erleuchtung).

12.1.3 Eine neuplatonisch-augustinische **Illuminationstheorie** verband **Bonaventura** mit dem Rückgriff auf Aristoteles bei der Analyse der empirischen Erkenntnis (so z.B. in *De reduct.* 1-7; vgl. 12.3.2). Er unterschied diese strikt von der Erkenntnis der geistigen Wahrheit, insbesondere Gottes, die nur durch Erleuchtung, d.h. durch die dauerhafte Wesensverbundenheit der menschlichen Seele als *imago Dei* mit Gott ermöglicht wird: Die Seele erkennt in sich als dem inneren Licht die göttliche Wahrheit; diese Erkenntnis/Erleuchtung ist als *Licht der Gnade und der Heiligen Schrift* fähig, durch rechte Bibelauslegung gemäß dem dreifachen geistlichen Schriftsinn (vgl. 17.3.1) die Heilswahrheiten zu erfassen. Gott als Licht ist nicht nur Ziel, sondern auch Voraussetzung aller Erkenntnis.

12.1.4 Die **Philosophie** leistet nach Bonaventura (De reduct. 4) einen begrenzten, aber nützlichen **Beitrag zur Erkenntnis** insofern, als sie mit wissenschaftlichen Prinzipien von der Betrachtung der Welt her a) die **Seinsursachen** und damit indirekt Gott erfaßt (als Logik bzw. Vernunftphilosophie), b) alles Seiende auf den einen **Urgrund** zurückführt (als Metaphysik bzw. Naturphilosophie), c) Regeln für die **Lebensordnung** entwirft (als Ethik). Doch zum Heilswissen, das letztlich entscheidend ist, trägt sie nichts bei. Deswegen wertete Bonaventura Teile der aristotelischen Logik, Metaphysik und Ethik positiv, polemisierte aber - mit zunehmender Schärfe nach 1257 - gegen den zeitgenössischen Aristotelismus als Weltweisheit. Charakteristisch für ihn war sein Urteil, daß Platon eine Weisheit (*sapientia*) ohne Wissenschaft (*scientia*), dagegen Aristoteles eine Wissenschaft ohne Weisheit, Augustin jedoch im Heiligen Geist beides gelehrt habe (Sermo theol. IV,18f).

12.1.5 Die sog. **mittlere Franziskanerschule** umfaßte v.a. Bonaventuras Schüler wie z.B. Matthäus von Acquasparta (1235/40-1302) und Johannes Peckham (ca.1230-92), die Kritiker des Thomismus, ferner Petrus Johannes Olivi (ca.1248/9-98) und Richard von Mediavilla (ca. 1249-1302/8). Allen gemeinsam war die augustinische Prägung.

12.2 Theologische Systematik: Metaphysik und Heilsgeschichte

Alexander Halesius, ca.1220-1245 einflußreicher Lehrer an der Pariser Universität, hat durch die Verfeinerung der Sentenzenkommentierung die Dogmatik auf neue wissenschaftliche Grundlagen gestellt. Er hat mit seinen Schülern unter Rückgriff auf andere Pariser Magister die erste *Theologische Summe* (*Summa theologica*) ausgearbeitet, ein systematisches **Handbuch** der Glaubenslehren, welches die scholastische Methode zur Reife brachte. Mit seiner spekulativen Erfahrungstheologie orientierte er sich primär an der Bibel, indem er **Christologie** und **Heilslehre** ins Zentrum stellte. Doch in der **Schöpfungslehre** ließ er auch die Metaphysik zur Geltung kommen, weil für ihn die kreatürliche Welt Spuren Gottes enthält, welche die natürliche Vernunft wahrnehmen kann. Die Gnadenlehre erhielt eine besonders interessante Neuformung (s. 12.4). Da er die Philosophie auf den Bereich der empirischen Erkenntnis (*scientia*) beschränkte und demgegenüber die Theologie, die eigentliche Weisheit (*sapientia*), als Wissenschaft auf der Basis der biblischen Offenbarung ansah, dominierte die Heilsgeschichte (durch Christus vermittelte Wiederherstellung der Menschheit) gegenüber der Metaphysik (Rückführung aller Dinge auf Gott, die erste Ursache).

12.2.1 Alexander, als *Theologenfürst* bzw. *doctor irrefragibilis/unüberwindlicher Lehrer* gepriesen, geb. um 1185 im englischen Hales, zunächst in der Pariser Artistenfakultät tätig, wurde seit ca.1225 ein maßgeblicher theologischer Magister. 1235/6 schloß er sich den Franziskanern an, was seinen Lehrstuhl auch nach seinem Tod 1245 an diesen Orden band. (Seine Nachfolger: Johannes von Rupella, Wilhelm von Melitona, Bonaventura.) Im interpretierenden Bezug auf die Sammlung des Petrus Lombardus als maßgebliches Lehrbuch (s. 7.1.1) entwickelte er die **Sentenzenkommentierung** fort durch Schematisierung der *quaestio*, der Untersuchung bzw. Problemlösung: Problemformulierung mit *Utrum* (*Ob*; z.B.: Besitzt der Mensch Willensfreiheit?), Position dazu mit *videtur quod* (Sentenzen-Beibringung), Gegenposition mit *Sed contra* (Sentenzen) und die Lösung/Stellungnahme des Autors mit *Respondeo* als Auseinandersetzung mit den Sentenzen. (Text: Glossa in IV libros Sententiarum, hg. v. Collegium S. Bonaventurae, 4 Bde., 1951-57.)

12.2.2 Nach dem heilsgeschichtlichen Aufriß des Lombardus (s. 7.1.3) gestalteten Alexander und seine Schüler (Johannes, Wilhelm u.a.) in Teamarbeit seit 1235 die sog. **Summa Halensis**, die erst nach 1245 vollendet wurde. (Text: Summa theologica ..., hg. v. Collegium S. Bonaventurae, 4 Bde., 1924-48). Sie bot auf der Grundlage der Schriftexegese eine eigenständige Synthese der augustinischen Tradition unter Aufnahme aristotelischer Elemente. Nach der spekulativen Gottes- und Trinitätslehre behandelte sie die weiteren dogmatischen Themen unter soteriologischem Aspekt als Hinwendung Gottes zum Menschen. Die Metaphysik als nichtchristliche, partielle Weise der Wahrheitserkenntnis wurde in die Theologie integriert, um bestimmte Glaubenswahrheiten interpretieren zu helfen.

12.2.3 Bonaventura (vgl. 12.3.1) übernahm diese Systematik unter stärkerer Betonung der Christozentrik und der Gnadenhaftigkeit des Heils. Mit ständigem Bezug auf die biblischen Aussagen stellte er die Geschichte dar als Abfolge von Sünde und Heil und damit als eine **Rückführung des Menschen zu Gott** durch Christus, das dreifache Wort (das ewige *Verbum increatum* als Schöpfungsmittler, das *Verbum incarnatum* als Erlösungsmittler und das *Verbum inspiratum* als Heilsmittler in der Gabe des Heiligen Geistes).

12.3 Weisheitstheologie und Mystik bei Bonaventura

Bonaventura verband scholastische Methodik und augustinische Tradition, Sentenzenkommentierung und Schriftstudium, Erfahrungstheologie und Metaphysik zu einer spekulativen Synthese von eindrucksvoller Wirkung. In besonderer Weise hat er Franziskus' religiöses Erbe theologisch systematisiert und durch konsequente **Bibelorientierung** und **Christozentrik** wissenschaftlich ausgestaltet. Dabei lehrte er, das *Buch der Schöpfung* vom *Buch der Schrift* her symbolistisch zu entschlüsseln, d.h. Gottes Spuren in der Natur vom Licht der Offenbarung her denkend zu erfassen. Jesus Christus, der göttliche Lehrer und gottmenschliche Mittler - als Mitte und Ziel der Heilsgeschichte Inbegriff aller Weisheit - war ihm sowohl der Schlüssel zum Verständnis der Bibel als auch der Weg zur Gotteserkenntnis. Diese Erkenntnis beschrieb Bonaventura - in origineller Umprägung der areopagitischen Hierarchienmystik durch die augustinische Theologie und die franziskanische Spiritualität - als Rückkehr des von Christus erlösten menschlichen Geistes (der *imago Dei*) zu seinem Ursprung in Gott bzw. als erleuchteten Aufstieg, als drei- bzw. siebenfachen **Stufenweg der Seele** zur ekstatischen Schau des Wesens Gottes in der Liebe: Die Erhebung des Geistes erkennt Gott außerhalb unser (*extra nos*) in dessen Schöpfung als Spiegel der göttlichen Weisheit. Die Suche nach Gott erkennt sodann in uns selbst (*in nobis*) das natürliche und das gnadenhaft erneuerte Ebenbild Gottes, d.h. mit Erinnerung, Einsicht und Liebe (*memoria, intellectus, amor*) die Verbindung des Geistes zum trinitarischen Gott. Die weitere Stufe der Erleuchtung ist die Betrachtung der göttlichen Einheit als des Sein-Selbst und der göttlichen Dreiheit als des höchsten Guten. Die oberste Stufe, die dem Sein der Seraphen entspricht, ist die mystische Entrückung des Geistes in den Frieden Gottes. Auch andere Deutungsschemata übernahm Bonaventura, um den Weg der Erkenntnis von der Liebe über die spekulative Erleuchtung zur Vereinigung mit Gott zu beschreiben. Das verband er mit einer Anwendung der scholastischen Dogmatik, um zu verdeutlichen, daß alles Wissen der Weisheit dienen müßte.

12.3.1 Als *doctor seraphicus/seraphischer Lehrer* erhielt Bonaventura in der gesamten Kirche höchste Geltung (auch von Luther und der Reformation sehr geschätzt), 1482 als Heiliger, 1588 als Lehrer der Kirche kanonisiert. Der aus Viterbo/Toskana stammende **Johannes Fidanza** (wohl ca.1217/8 - oder 1221? - geb.), der den Beinamen Bonaventura/"Glückskind" beim Eintritt in den Franziskanerorden 1243 aufgrund der Krankenheilung durch Franz von Assisi in der frühen Kindheit erhielt, studierte in **Paris** v.a. bei Alexander Halesius. Er lehrte dort an der Universität als Magister der Theologie bis 1257, als seine Wahl zum Generalminister des Ordens ihn zu praktischen Aufgaben v.a. in Italien nötigte. Damit ergab sich eine Zäsur in seiner theologischen Arbeit, die sich nun stärker auf das geistliche Leben und auf organisatorische Probleme des Ordens in kritischer Zeit konzentrierte (vgl. § 6; 13.4.1). 1248-55 erarbeitete er einen umfangreichen **Sentenzenkommentar** zum Lombarden, der weithin die Lehren Alexanders, allerdings in eigenständiger Durchdringung, explizierte. Außerdem verfaßte er Bibelkommentare, mystische Schriften und Predigten. (Text: Opera omnia, hg.v. Collegium S. Bonaventurae, 10 Bde., 1882-1902.)

12.3.2 Seine Konzeption der Theologie als einer **Weisheitslehre**, welche alle Wissenschaften in sich aufnehmend zum Ziel der Gotteserkenntnis führt, faßte er vor 1257 eindrucksvoll knapp in dem Traktat *De reductione artium ad theologiam/Die Zurückführung der Wissenschaften auf die Theologie* zusammen. Seine Stufenmystik entfaltete er 1259 konzis in der kurzen Abhandlung *Itinerarium mentis in Deum/Wanderweg des Geistes zu Gott*, die eine außerordentliche Verbreitung erlebte und die mittelalterliche Theologie stark beeinflußte. (Text/Übers. der Schriften: hg.v. J. Kaup, 1961.) Einen Grundriß der Theologie als einer auf Gott konzentrierten Weisheit bot sein ebenso berühmtes, vor 1257 verfaßtes *Breviloquium/Kurzfassung* (Übers.: F. Imle/J. Kaup, 1931). Zu seiner Christusmystik vgl. das *Soliloquium/Selbstgespräch über die vier geistlichen Übungen* (Text/Übers.: J. Hosse, 1958). Seine ausgleichende Tätigkeit als Leiter des Franziskanerordens machte ihn der Kirche sympathisch: Eine Ernennung zum Erzbischof von York 1265 durch Papst Clemens IV. konnte er zwar rückgängig machen, aber die Erhebung zum Kardinalbischof von Albano durch Gregor X. 1273 akzeptierte er; er wirkte entscheidend an der Vorbereitung und Durchführung des Konzils von Lyon 1274 mit (vgl. § 8; 9.4.2), starb aber dort nach dessen Beendigung.

12.4 Systematisierung der Sünden- und Gnadenlehre

Alexander Halesius und seine Schüler, zumal Bonaventura, haben die augustinische Lehre durch Einbeziehung aristotelischer Denkformen in die Anthropologie (s. 10.3) sowie durch Orientierung an der franziskanischen Erfahrungstheologie neu profiliert. Sie haben die **Neuwerdung** des sündigen Menschen als unter Einwirkung der göttlichen Gnade erfolgenden **Entwicklungsprozeß** erklärt. Sie wollten deutlich machen, daß im Wirken der Gnade, das die Heilsgeschichte durchzieht, der Mensch Gott selber begegnet und dadurch sein Wesen (*habitus*) total verändert wird. Sie betonten die unbedingte Gnadenhaftigkeit jenes Wirkens (die *gratia gratis data*), würdigten aber zugleich die menschliche Aktivität (die *merita*/Verdienste). Unter Aufnahme der bisherigen Lehrbildung – v.a. Anselms, Abaelards, Hugos und Lombardus' – haben sie für neue Fragestellungen Lösungen entwickelt, an denen sich die folgende Theologie orientierte. In einem allgemeinen Sinne haben sie damit die spätere Dogmatisierung im Tridentinum 1546/47 beeinflußt. Die **Elemente ihrer Lehre** lassen sich so zusammenfassen: a) Zum eigentlichen Wesen des Menschen (im "Urstand") gehörte, daß zu seiner Natur die Gnade als Hinordnung auf Gott hinzutrat und damit seine ursprüngliche Gerechtigkeit konstituierte; diese Harmonie wurde durch den Sündenfall gestört, so daß die menschliche **Natur** seitdem **versehrt** ist durch eine Unordnung ihrer Seelenkräfte und durch den Verlust der Gottesgemeinschaft. – b) Christi Opfertod bringt die Versöhnung mit Gott und die Grundlage für das **Erlösungswerk**, die Veränderung der sündigen Natur durch das Gnadenwirken in den Sakramenten, in Glaube und Liebe; die Gnade ist nicht losgelöst von Christus, er bleibt der eigentlich Handelnde, und der Heilige Geist wirkt als göttliche Liebe im Menschen. – c) Die Neuschöpfung des Menschen in der Erlösung/Rechtfertigung ist ein **Veränderungsprozeß**, bei dem göttliches Gnadenwirken und menschliche Reaktion ineinander greifen. Dementsprechend müssen unterschiedliche Aspekte der Gnade differenziert werden: Als zu Glaube und Bekehrung führendes Wort kommt sie der menschlichen Aktivität zuvor (*gratia praeveniens*, *gratia gratis data*, *gratia operans*); wenn der Mensch auf Gottes Ruf eingeht, erkennt Gott das als ein uneigentliches Verdienst (*meritum de congruo*) an und wandelt nun durch seine nachfolgend-helfende Gnade dessen Wesen zuständlich-dauerhaft (*gratia subsequens*/ *cooperans* als *gratia habitualis*, inhaltlich als *gratia iustificans*/*gratia gratum faciens*); die Folge ist, daß der Mensch zum wirklichen, anerkennenswerten Verdienst (*meritum de condigno*) befähigt wird. – Mit dieser wirkungsgeschichtlich bedeutsamen Analyse des Gnadenwirkens haben die Franziskaner keine abstrakte Lehre geschaffen, sondern die **religiöse Erfahrung** integriert, wie sie in Gottesdienst und kirchlichem Leben, Askese und Mystik, Sakramenten und Ethik sich darstellt.

12.4.1 Wie in allem knüpften sie auch mit ihrer **Urstandslehre** an Augustin an (vgl. § 5; 6.2): Schon die eigentliche Naturausstattung des Menschen (z.B. mit der Fähigkeit zur Erkenntnis und zum Tun des Guten) ist Gnade, doch dies gilt in besonderer Weise für die hinzukommende Hinordnung auf Gott als zusätzliche Gnadengabe (*donum superadditum*). Beides zusammen macht die ursprüngliche Gerechtigkeit (*iustitia originalis*) aus, die durch den **Sündenfall** verloren gegangen ist, was zur Folge hat, daß der Gottesbezug (Erkenntnis und Liebe) gestört und das natürliche Wesen ungeordnet ist (*deformata anima*), weshalb z.B. die Triebe (insbesondere die *concupiscentia*) über die Vernunft herrschen. Diese Schuld (*culpa*) und Strafe (*poena*), die **Ursünde** (*peccatum originale*), pflanzt sich seit Adam im Menschengeschlecht fort. Für die Ausgestaltung dieser Anthropologie griffen die Franziskaner auf aristotelische Begriffe zurück. Sie entwickelten auch die scholastische Lehre vom **Naturrecht** (*lex naturalis*) fort, wonach Gottes Ordnung dem Menschen im Gewissen als einem moralischen Erkenntnisprinzip grundsätzlich einsichtig werden kann (analog zur theoretischen Erkenntnis nach den Regeln der Logik). Im Blick auf das Vermögen der praktischen Vernunft fixierten sie die in der Tradition angelegte **Synderesis-Lehre**, wonach das Gewissen (*synderesis*/*syneidesis*) als gnadenhafter Erkenntnisfunken (*scintilla rationis*) das göttliche Naturrecht befolgen kann, weil es den Willen zum Tun des vernunftgemäß als gut Erkannten stimuliert.

12.4.2 Die heilsgeschichtliche Wende bringt Christus. Sein satisfaktorisches Opfer bewirkt eine **Tilgung der Erbsünde** hinsichtlich der Schuld (Besänftigung von Gottes Zorn) und der Strafe (Befreiung von Verdammnis und Tod), was die **Versöhnung** mit Gott (*reconciliatio*) bedeutet und die Grundlage für die - als wesenhafte Erneuerung verstandene - **Rechtfertigung** schafft. Diese ist, weil die Sündigkeit als Anlage bleibt (als *fomes peccati*) und sich in den *peccata actualia* konkretisiert, ein durch Gottes Handeln in den Sakramenten und durch menschliche Verdienste bestimmter Veränderungsprozeß. Die **christologische Bestimmtheit** des Gnadenwirkens haben die Franziskaner ebenso betont wie die **pneumatologische Realisierung**: durch ihre Lehren von der *gratia capitis*, wonach der Gottmensch Christus als das Haupt der neuen Menschheit die Fülle der Gnade in die Welt bringt, und von der *gratia unionis*, wonach durch Christus die Aufnahme der Menschheit in die Einheit mit Gott begründet ist und der Heilige Geist den Gliedern seines Leibes mitgeteilt wird. Die in den Menschen einströmende Gnade (*gratia infusa*) ist nach Röm 5,5 der Heilige Geist als die göttliche Liebe (*gratia increata unionis*) bzw. sie ist das göttliche Licht. Somit kann die mystische Erfahrungstheologie (s. 12.3) mit der scholastischen Systematisierung vermittelt werden.

12.4.3 Das Wesen der Gnade als **göttlicher Gabe** wird mit dem an Augustin orientierten Begriff *gratia gratis data* (*umsonst gegebene Gnade*) charakterisiert, wozu die *Summa Halensis* einen speziellen Traktat erarbeitet hat. Der Begriff findet v.a. bei der Schöpfungsausstattung und der Bekehrung Anwendung, um zu verdeutlichen, daß bestimmte Fähigkeiten des Menschen eigentlich Gottes Gaben sind. Dieser weite, unspezifische Begriff (*gratia large dicta*) ist zu unterscheiden von der eigentlichen Heilsgnade (*gratia proprie dicta*). Den Sündern begegnet die **Wortgnade**, die als Bekehrungspredigt und als Bewegung zum Glauben die **Initiative** ergreift (*gratia praeveniens, gratia operans*). Wenn jene ihr folgen, wertet Gott das positiv als Leistung, die angemessen belohnt wird (*meritum congrui* bzw. *de congruo*), nämlich mit der weitergehenden Begnadung. Die Franziskaner betonen hier in folgenreicher Weise den - in Abaelards Schule erstmals formulierten - Grundsatz, daß Gott dem Menschen, der das in seinen Kräften Stehende tut, die Gnade nicht verweigert (*facienti quod est in se Deus non denegat gratiam*; zur nominalistischen Umdeutung s. 17.5.2). Das *meritum* schafft die - eigentlich von der Gnade initiierte - **Disposition** für den Empfang weiterer, nämlich rechtfertigender und heiligender Gnade, die vor Gott angenehm macht (*gratia subsequens* als *gratia iustificans/sanans/gratum faciens*). Sie ist die eingegossene Liebe des Heiligen Geistes (*gratia infusa*) und schafft den menschlichen Zustand neu als *gratia habitualis*; sie begleitet unterstützend die Christen auf ihrem durch Glaube, Liebe, Hoffnung bestimmten Lebensweg (als *gratia concomitans/cooperans*). Diese können kraft ihres neuen *habitus*, der eine Heilung der Natur bringt, echte Verdienste (*merita condigni*) erbringen, die zur Seligkeit angerechnet werden. Bei dieser Verdienstlehre blieb ungeklärt, welcher Anteil der Gnade bzw. dem Menschen gebührt (vgl. 13.5.3).

12.5 Literatur

W. DETTLOFF: Alexander Halesius, TRE 2 (1978) 245-248. - DERS.: Bonaventura, TRE 7 (1981) 48-55. - DERS.: Franziskanerschule, TRE 11 (1983) 347-401. - A. GERKEN: Theologie des Wortes. Das Verhältnis von Schöpfung und Inkarnation bei Bonaventura, 1963. - DERS.: Bonaventura, GKG 4, 1983, 15-37. - E. GILSON: Die Philosophie des hl. Bonaventura, 2.A. 1960. - E. GÖSSMANN: Metaphysik und Heilsgeschichte. Eine theologische Untersuchung der Summa Halensis (Alexander von Hales), 1964. - J. MC EVOY: Robert Grosseteste, TRE 14 (1985) 271-274. - G. LEFF: Augustinismus im Mittelalter, TRE 4 (1979) 699-717. - R. SEEBERG: Lehrbuch Bd.3, 420-486.

13. Hochscholastische Systematik bei Thomas von Aquino

Den Höhepunkt der Scholastik bildet das umfangreiche Werk des Thomas von Aquino (1225-74). Seine überragende Bedeutung ist unbestritten, wobei zwischen historischer Erscheinung und Wirkungsgeschichte unterschieden werden sollte. Denn erst diese (v.a. mit seiner Kanonisierung als des maßgeblichen römisch-katholischen Kirchenlehrers) hat ihn in eine singuläre Position gehoben. Für seine Zeitgenossen galt er als ein berühmter Lehrer unter den anderen wie z.B. Albertus Magnus oder Bonaventura; für die neuzeitliche katholische Theologie dagegen wurde sein Werk durch das Vordringen des Thomismus seit dem 16.Jh. zum Leitbild und durch den Neuthomismus des 19.Jh.s gar zur Normgestalt. Diese Wirkungsgeschichte, die ihm einen **exzeptionellen Rang** zuweist, ist darin begründet, daß er wie kein anderer mittelalterlicher Theologe mit seinem universalen System eine eindrucksvolle Gesamtdeutung sowie für viele Einzelprobleme überzeugende Lösungen formuliert hat. Sein dg. Einfluß zeigte sich im späten Mittelalter v.a. in der Sakramentenlehre (s. 10.3).

13.1 Werk und Wirkung

In Auseinandersetzung mit den Grundproblemen jener Zeit hat Thomas seine Theologie als **System umfassender Weltdeutung** entwickelt. Beeinflußt von Albertus Magnus hat er die Aristotelesrezeption (s. 11.2) inhaltlich fortgeführt, desgleichen die Diskussion mit Avicenna und Averroës, mit den radikalen Aristotelikern (den sog. lat. Averroisten) wie mit den theologischen Kritikern des Aristotelismus. Er ist der Infragestellung der christlichen Glaubenslehren durch die nichtchristliche Welt und die zeitgenössischen Häresien argumentativ begegnet. Er hat zur theoretischen Klärung kirchlicher Fragen wichtige Beiträge geliefert. All das machte sein Werk spannungsreicher, als die spätere Harmonisierung und Reduktion erkennen ließ; deswegen muß man zwischen den thomasischen (bzw. thomanischen) und den thomistischen, d.h. den späteren Lehren unterscheiden. Die hochspezialisierte Thomasforschung verdeutlicht die differenzierte Sachlage im Blick auf Grundprobleme und Einzelfragen. Freilich läßt sich konstatieren, daß seine Wirkung v.a. auf der Klarheit der Grundgedanken sowie auf der Kohärenz seines Systems beruhte. Dies läßt sich mit dem Begriff eines "christlichen Aristotelismus" kaum zutreffend charakterisieren, weil Thomas' Denken auch durch neuplatonische und augustinische Elemente geprägt war. Sein **umfangreiches Schrifttum**, aus der scholastischen Lehrtätigkeit (v.a. in Paris und Neapel) entstanden, umfaßt: 1. Systematische Hauptwerke (*Sentenzenkommentar*, *Summe gegen die Heiden*, *Summe der Theologie*); 2. Kommentare zu biblischen Büchern sowie zu Schriften des Aristoteles, des Boëthius und des Ps.Dionysius Areopagita; 3. Zusammenfassungen akademischer Disputationen; 4. Einzelschriften zu philosophischen und theologischen Themen; 5. Predigten und Schriften zum Mönchsleben. Wie umstritten Thomas' Lehren waren, zeigte sich u.a. an der Polemik der Franziskanertheologen und an der nicht-namentlichen Verurteilung einiger Sätze in Paris 1277 (vgl. 11.2.5).

Im 14.Jh. bekämpften sich Thomisten und Scotisten. Seit Beginn des 14.Jh.s wurde Thomas als Autorität zitiert, die Dominikaner machten seine Lehre durch verschiedene Beschlüsse 1278-1313 für ihren Orden verbindlich. Paris und Neapel waren im 14.Jh. die Zentren des Thomismus. 1323 wurde Thomas durch Papst Johannes XXII. heiliggesprochen, 1567 durch Pius V. als offizieller Kirchenlehrer (*doctor ecclesiae*) proklamiert; der Rechtscodex von 1917 machte seine Methode und Lehre zur Norm der theologischen Ausbildung (CIC 589.1366; bis 1983 gültig).

13.1.1 Wohl 1225 geboren als Sohn des Grafen von Aquino (bei Neapel) kam Thomas früh als *puer oblatus* ins Kloster Monte Cassino (vgl. § 6; 8.6.3). Der monastischen Erziehung entsprach er durch seinen Eintritt in den **Dominikanerorden** (ca.1244). 1248-52 studierte er im Kölner Studienhaus des Ordens, v.a. als Schüler des Albertus Magnus (vgl. 11.3.3). In **Paris** las er 1252-55 als Baccalaureus im Studium des O.F.P. über die Bibel und Lombardus' Sentenzen. Er verfaßte seine ersten Schriften: z.B. *De ente et essentia/Über das Seiende und das Wesen* (Text/Übers.: R. Allers, 1965), eine Untersuchung des Seinsbegriffs in Anlehnung an Avicenna; *De veritate* (ca.1256-59) zur Erkenntnistheorie; einen *Jesajakommentar* und die ersten Teile seines *Sentenzenkommentars* (1253-59), einer eigenständigen Abhandlung über das Werk des Lombardus. 1256 wurde er Magister an der Ordensschule, 1257 an der Universität Paris.

13.1.2 1259-68 wirkte Thomas in **Italien** als Ordenslehrer und päpstlicher Lektor in Neapel, Orvieto, Rom und Viterbo. Der Kontakt mit dem Papsttum erweiterte seinen kirchenpolitisch-theologischen Horizont, z.B. durch die intensive Beschäftigung mit der Väter- und Konzilsüberlieferung im Zusammenhang der Unionsverhandlungen mit Byzanz (seine Schrift von 1261-64 *Gegen die Irrtümer der Griechen*). Er vollendete ca.1264 die in Paris begonnene *Summa contra Gentes* (= ScG), eine apologetische **Darstellung der philosophischen Theologie** und der christlichen Wahrheit im Gegenüber zu Juden, Muslimen, Heiden und Häretikern, die den Dominikanern bei der geistigen Auseinandersetzung, der Missionsarbeit und der Ketzerbekämpfung dienen sollte. Danach schrieb er einen Kommentar zum Buch *Über die göttlichen Namen* des Areopagiten (s. § 4; 11.4.1) und begann seine *Summa theologiae* (= STh; vgl. 13.3.5) als Einführung für Studienanfänger. Ferner verfaßte er kleinere Schriften (Quaestiones und Bibelkommentare).

13.1.3 Seine **zweite Lehrtätigkeit in Paris** 1269-72 war durch Konflikte um die Bettelorden und durch die Auseinandersetzung mit radikalem Aristotelismus und Averroismus einerseits, mit Augustinisten andererseits geprägt. (Er verfaßte u.a. gegen Averroës *Über die Macht* und *Über die Seele*). Seine Beschäftigung mit Aristoteles vertiefte er durch die exakte Kommentierung von dessen wichtigsten Schriften. Parallel dazu arbeitete er an der *Summa theologiae* weiter (Teil II), die nun ihren Charakter als Einführungshandbuch durch breitere Darlegungen veränderte. Er verfaßte ferner Quaestiones, Quodlibeta u.a. Um in **Neapel** das Studium Generale der Dominikaner aufzubauen, ging er 1272 dorthin; als päpstlicher Sachverständiger reiste er zum Konzil nach Lyon und starb unterwegs am 7.3.1274. Den III. Teil der *Summa theologiae* ließ er unvollendet; seine Schüler ergänzten ihn durch ausführliche Auszüge aus dem Sentenzenkommentar (*Supplementum*).

13.1.4 Eine **Gesamtausgabe** von Thomas' Werken erschien 1569/70 auf Weisung von Papst Pius V. (Editio Piana, 18 Bde.), in kritischer Neuform seit 1882 auf Anordnung von Leo XIII. (Editio Leonina, bisher 31 Bde.; zu weiteren Gesamt- und Teilausgaben s. Pesch, Thomas 404-409). Die *Summa theologica* (sic) erscheint zweisprachig und sorgfältig kommentiert in der Deutschen Thomas-Ausgabe seit 1933 (37 Bde., bisher 29 veröff.). Dt. Auswahl-Übers.: Summe der Theologie, hg.v. J. Bernhart, 3 Bde., 3.A. 1985. Für die *Summe gegen die Heiden* gibt es eine zweisprachige Ausgabe, hg.v. K. Albert u.a., 4 Bde., 1982ff. Zur Erläuterung der thomasischen Begrifflichkeit s. L. Schütz: Thomas-Lexikon, 2.A. 1895; ND 1983.

13.1.5 Kritik an Thomas' philosophischen Lehren kam zunächst von Franziskanern. Eine lebhafte literarische Fehde löste nach 1275 Wilhelm de la Mare (gest. 1298?) mit seiner *brüderlichen Verbesserung*, dem *Correctorium fratris Thomae*, aus, das grundsätzliche Bedeutung für den franziskanischen Gegensatz gegen den Thomismus bekam. Den Augustinismus verteidigte schon vor 1274 in Paris und Oxford Johannes Peckham (ca.1230-92), der als Erzbischof von Canterbury 1284/86 den Thomismus förmlich verurteilte. Als Thomaskritiker aus der **Franziskanerschule** traten weitere bedeutende Scholastiker hervor wie Richard von Mediavilla (ca.1249-1302/8), Roger von Marston (ca.1245-ca.1303) und Matthäus von Acquasparta (ca. 1237-1302). (Zu Duns Scotus s. 14.1.4). Auch im **Dominikanerorden** gab es zunächst Kritik z.B. von Robert Kilwardby (gest. 1279) oder von Dietrich von Freiberg (s. 15.3). Scharfe Konflikte erregte hier Durandus von Porciano (gest. 1334), gegen den das OFP-Generalkapitel 1309 und 1313 Thomas' Position als Ordensdoktrin bekräftigte. Der Pariser Weltkleriker Heinrich von Gent (ca.1217-93) hat u.a. gegen Thomas' Intellektualismus erstmals den Augustinismus als philosophische Position profiliert und damit Duns Scotus vorgearbeitet.

13.1.6 Thomasschüler v.a. im Dominikanerorden bauten in ihrer Verteidigung den **Thomismus** zu einer geschlossenen Position aus, so zunächst in Paris Johannes Quidort (gest. 1306) und Herveus Natalis (gest. 1323) mit selbständigen Akzenten, in Neapel Johannes von Neapel (gest. nach 1336). Doch im 14.Jh. trat der allgemeine Einfluß der Thomisten hinter demjenigen der anderen Schulen zurück, obwohl in Paris Johannes Capreolus den Thomismus systematisch ausbaute (s. 17.5.4). Erst seit dem 15./16.Jh. dominierte er, was v.a. auf das Wirken der Spanier Juan de Torquemada (s. 17.5.4), Domingo de Soto (1494-1560) und Melchior Cano (1509-60) sowie auf den überragenden Einfluß des Italieners Thomas de Vio Cajetan (1469-1534) zurückging.

13.2 Theologie und Philosophie

Durch seine Zuordnung von Offenbarungstheologie und philosophischer Theologie lehrte Thomas insofern die Welt als Gottes Schöpfung neu verstehen, als er Immanenz und Transzendenz ontologisch aufeinander bezog. Seine Analyse des Seinsgefüges verstand Gott als Prinzip/Ursache und die Welt als von Gott verursachten Kosmos des Seienden. Demgemäß betonte seine Erkenntnistheorie als grundlegend die **Entsprechung von Denken und Sein.** Da er mit der wissenschaftlichen Neuorientierung des 13.Jh.s die Eigenständigkeit der Welt würdigte, wurde ihm die aristotelische Naturphilosophie und Metaphysik zum Schlüssel für die theologische Interpretation. So konnte er den Gegensatz zwischen Gottes Allwirksamkeit und der Eigenwirksamkeit der Geschöpfe überbrücken: Die wissenschaftlich feststellbare **Teleologie** (Zielstrebigkeit) der irdischen Phänomene läßt die Ordnung der Welt als **Schöpfung** Gottes erschließen, weil sie über sich hinausweist (vgl. 13.3). Daraus ergibt sich die Verhältnisbestimmung von **Vernunft und Glauben**: Es sind unterschiedliche Zugangsweisen zu der einen Wahrheit, die aufeinander bezogen sind; sie haben einen verschiedenen Gegenstand (die Natur der Dinge - das Verhältnis der Dinge zu Gott) und verschiedene Erkenntniswege (Aufstieg von unten nach oben, Erkenntnis der Welt als von einer Letztursache abhängig - durch Offenbarung vermittelte Einsicht in das Werk des Schöpfers). Zwischen Vernunft und Glauben besteht grundsätzlich kein Widerspruch, sondern eine **Harmonie**. Gegen die Annahme einer doppelten Wahrheit hat Thomas scharf polemisiert und demgemäß die Zuständigkeitsbereiche von Philosophie und Theologie im Sinne von Stufen einander zugeordnet: Die philosophische Arbeit ist Voraussetzung der theologischen im Blick auf die Erklärung der Welt. Einerseits kann der Primat der Theologie wegen der ontologischen Begründung nicht bestritten werden; andererseits konstituierte Thomas erstmals im Rahmen christlicher Tradition die Philosophie als eigenständige Disziplin, indem er die Autonomie der Vernunft im natürlichen Bereich voraussetzte. Er lehnte daher die verbreitete Illuminationstheorie (s.

12.1) ab und verstand Erkenntnis als Prozeß der Abstraktion, in dem der Intellekt bei der empirischen Wahrnehmung ansetzt und durch Schlußfolgerung und Begriffsbildung zu allgemeinen Einsichten kommt – bis hin zu einer rational begründeten Erkenntnis der Existenz Gottes (s. 13.3). Nicht die Deduktion aus allgemeinen Prinzipien, sondern die Analyse des konkret Seienden führt also zur Wahrheitserkenntnis. Man hat diesen Ansatz zutreffend als epochale Wende in der abendländischen Geistesgeschichte bezeichnet.

13.2.1 Als Theologe im geistigen Umbruch des 13. Jh.s, welcher die Schöpfung als System immanenter Kausalität und Teleologie betonte, war Thomas für die **aristotelische Philosophie** besonders aufgeschlossen, ohne einfach einen "christlichen Aristotelismus" zu vertreten. Er hat sich immer wieder mit *dem Philosophen* beschäftigt, v.a. mit seiner Naturphilosophie, Metaphysik, Anthropologie und Ethik; er hat daraus in eigenständiger Verwendung mancherlei entlehnt, z.B. den Hylemorphismus und die Leib-Seele-Einheit.

13.2.2 Thomas orientierte sich an der aristotelischen **Erkenntnistheorie** des intellektualistischen Realismus: Erkenntnis (*cognitio*) und Wissen (*scientia*) basieren auf der empirischen Analyse der Einzeldinge, aus denen der Verstand (*intellectus*) durch Urteile mit Hilfe der Denkgesetze/Kategorien allgemeine Sätze über das Sein und die geistige Wirklichkeit ableitet. So werden durch den Erkenntnisprozeß in der Seele die Sinneseindrücke (*species sensibiles*) zu Denkbildern (*species intelligibiles*) umgeformt, die der Intellekt in Begriffe umsetzt.

13.2.3 Demgemäß formulierte Thomas für das **Universalienproblem** (s. 1.2.1-2) – beeinflußt durch Abaelardus, Aristoteles, Avicenna und Averroës – eine **mittlere Lösung** zwischen dem traditionellen Realismus und dem Nominalismus: Das Allgemeine ist in der Wirklichkeit dem Individuellen inhärent und wird durch den Verstand als solches abstrahiert (*intellectus agit universalitatem in rebus*), weil dieser das Wesen der Dinge (*essentia*) erfaßt, auf welches die individuellen Eigenschaften als *fundamentum in re* hinweisen. Wegen der Kausalität des Seinsordo hängt alles konkret Seiende von Gott als Erstursache ab, so daß für die Allgemeinbegriffe/ *universalia* ein Dreifaches gilt: Sie existieren *ante rem* in Gott, *in rebus* als Wesen der Dinge und aufgrund der Erkenntnis *post rem* im menschlichen Intellekt. Diese Lösung war abhängig von der Plausibilität der thomasischen Metaphysik; im 14.Jh. erschien sie vielen Denkern als nicht akzeptabel (vgl. 16.3.3; 17.1).

13.2.4 Das Verhältnis von **Vernunft und Glauben** (*ratio – fides*) behandelte Thomas differenziert (grundsätzlich z.B. in ScG I,1-9). Beide sind verschieden v.a. hinsichtlich ihres Wesens und ihres Gegenstandes. Denn die *ratio* ist ein **natürliches Vermögen**, das allen Menschen mit dem Sein gegeben ist; die *fides* dagegen basiert auf einem **göttlichen Gnadenakt** (*lumen gratiae*). Die Vernunft bildet ein auf den **natürlichen Seinsbereich** bezogenes Wissen (und kann damit sogar zur Gotteserkenntnis gelangen; s. 13.3.3); der Glaube dagegen erfaßt die über der Vernunft stehenden, ihr nicht zugänglichen Wahrheiten des **übernatürlichen Bereichs.** Beide können, wenn die Vernunft richtig arbeitet, nicht in Widerspruch geraten, weil sie von Gott stammen wie Natur und Gnade. Der Glaube setzt die natürliche Erkenntnis voraus (*Sic enim fides praesupponit cognitionem naturalem sicut gratia naturam*; STh I,2; 2,1). Die *ratio* liefert die *praeambula fidei.* Beide sind allerdings bei den Menschen unterschiedlich ausgeprägt, so daß die einen das wissen, was die andern glauben (z.B. die Existenz Gottes). Die Unfähigkeit der Vernunft, die übernatürlichen Wahrheiten zu erkennen, basiert nicht auf dem Sündenfall (vgl. 13.4.2-3), also nicht auf einer heilsgeschichtlichen Setzung, sondern auf einer ontologischen Gegebenheit: Der Vernunft eignet aufgrund ihrer Endlichkeit/Kreatürlichkeit eine seinshafte Schwäche; sie ist zuständig nur für den Bereich der Natur. Doch als *lumen naturale* empfängt sie durch den Glauben als *lumen gratiae* eine größere Kraft (STh I,12; 13).

13.2.5 Aufgrund der Verbindung von Schöpfungslehre und Aristotelismus wertete Thomas die **Autonomie der Philosophie** neu. Als Wissenschaft (*scientia/doctrina*) befaßt sie sich mit dem Seienden (*ens*) im Bereich der Vernunft. Sie deduziert ihre Erkenntnis aus allgemeinen, der Vernunft zugänglichen Prinzipien. Thomas hat in seinen Schriften bemerkenswerte Beiträge zur mittelalterlichen Philosophiegeschichte erbracht, z.B. durch seine Metaphysik mit der Lehre vom allgemeinen Sein (*esse commune*): Das Sein (*esse*) als das Allgemeinste, wodurch jedes konkret Seiende (*ens*) ist, ist ein unbegrenztes Formprinzip, welches dadurch, daß die Wesenheiten (*essentiae*) als bloße Potentialität das Sein als Realisierung aufnehmen, geteilt und vervielfältigt wird.

13.2.6 Das Wesen der **Theologie** als einer besonderen Wissenschaft (*sacra doctrina* bzw. *scientia Dei*) sah Thomas in deren spezifischen Prinzipien, den Glaubensartikeln, und in deren spezifischem Gegenstand, Gott. Die Theologie hat kein anderes Erkenntnisverfahren als die anderen Wissenschaften, aber besondere **Axiome** aufgrund der Bindung an die Offenbarung. Deren Wahrheit kann nur argumentativ begründet, nicht - wie z.B. bei Anselm (s. 2.1.4) - rational bewiesen werden. Dabei bedient sich die Theologie der Erkenntnismöglichkeiten der Philosophie. So ist sie sowohl *scientia* als auch *sapientia*; den Gegensatz beider in älteren Konzeptionen ließ Thomas nicht gelten.

13.3 Gott und Welt

Die Gott-Welt-Beziehung war Thomas' Grundthema. Von seinem ontologischen Ansatz her konnte er diese - in Verbindung des aristotelischen Einflusses mit dem neuplatonischen - als grundsätzliche Differenz wie als fundamentalen Zusammenhang verstehen. Als Prinzip und Quelle des Seins bzw. als das absolute Sein-Selbst ist **Gott die erste Ursache aller Dinge** (*prima causa*, *causa omnium*, *ipsum esse*). Von ihm als Schöpfer geht **alle Bewegung** aus, die die geschaffenen Dinge in ihrer Individualität konstituiert, und diese Bewegung führt zurück auf ihn als das höchste Ziel. Zwischen dem kreatürlichen Bereich und dem Sein Gottes besteht eine Beziehung im Sinne der **Analogie**, die dem Intellekt den Rückschluß vom geschaffenen Seienden auf den ungeschaffenen Grund des Seins ermöglicht. Thomas beschrieb in Aufnahme des traditionellen Gottesbeweises **fünf Wege** des Denkens, die von der Schöpfung zum Schöpfer führen, in allgemeiner Form als Nachweis (*demonstratio*), daß die Erfahrungswelt als verursachtes und bewegtes Sein auf ein letztes Prinzip zurückgeht und somit die **Existenz Gottes** beweist. Immanenz und Transzendenz sind nicht wie im Neuplatonismus in einer - durch Emanation alles Seienden aus dem Einen begründeten - Seinsidentität miteinander verbunden; sie sind auch nicht wie im radikalen Aristotelismus aufgrund einer ontologischen Grunddifferenz voneinander getrennt; vielmehr sind sie durch den Schöpfungsvorgang miteinander verbunden. Die starke Orientierung an der Metaphysik darf nicht übersehen lassen, daß Thomas auch von der **Heilsgeschichte** her gedacht hat. Das zeigt sich paradigmatisch im kunstvollen Aufbau seiner "**Summe der Theologie**" (STh), die ein theozentrisches System der Weltdeutung - in Anknüpfung an das neuplatonische Schema der Entfaltung des Seins aus der Ur-Einheit und der Rückkehr alles Seienden zu dieser (*exitus-reditus*) - auf der Grundlage der Schriftauslegung bot: Von Gott her führt der Weg des Menschen zu Gott zurück durch Christus als Heilsmittler. Der Schöpfungstheologe Thomas war zugleich ein Erlösungstheologe, der das gnadenhafte Heilswirken Christi als zentral bedachte (vgl. 13.4).

13.3.1 Thomas hat der scholastischen **Gotteslehre** durch die Seinsmetaphysik eine profilierte Gestalt gegeben (vgl. z.B. STh I,2-26). Gott ist absolute Vollkommenheit und Güte, Einfachheit und Unendlichkeit, er ist das durch nichts bedingte Sein-Selbst (*ipsum esse per se subsistens*), das reine Sein (*esse purum*), die Ursache des Seins der Dinge (I,44,1). Sein und Wesen (*esse - essentia*) sind bei ihm identisch (ScG I,22). Er ist als Schöpfer reine Verwirklichung (*actus purus*). Erschaffen ist deshalb sein wesenseigenes Werk als ein Plan, den sein Wille als Intellekt geordnet hat. Da alles Seiende eine von ihm bestimmte Form und einen von ihm gesetzten Zweck erhält, ist die Ordnung der Welt durch eine immanente **Teleologie** geprägt: Alles strebt nach dem Guten (*bonum*) und nach dem Glück (*beatitudo*). Diese Ordnung ist begründet in Gottes Liebe bzw. Güte, durch die alles gut ist.

13.3.2 Thomas' **Schöpfungslehre** (STh I,44-48) ist geprägt durch die beiden ontologischen Prinzipien, daß Gott das unbedingte **Sein-Selbst** und die universale **Ursache** alles Seienden ist: Er verursacht das Sein total, d.h. er schafft aus dem Nichts; die Schöpfung (*creatio*) ist ein Herausfließen (*emanatio*) allen Seins aus dem Nichtsein (*ex non ente* bzw. *nihil*), bewirkt von dem ersten Prinzip, der *causa universalis* (I,45,1). Die aristotelisch-averroistische Lehre von der Ewigkeit der Welt lehnte Thomas aus philosophischen und theologischen Gründen ab: Die Lehre von der *creatio ex nihilo* hielt er für eine Vernunftwahrheit, also philosophisch beweisbar, die Auffassung vom zeitlichen Anfang der Welt dagegen für eine rational nicht beweisbare, jedoch angemessene Glaubenswahrheit (I,44-46). Mit dem aristotelischen **Hylemorphismus** (der Differenzierung *forma – materia, actus – potentia*) und in Anlehnung an Avicenna beschrieb Thomas die geschaffene Welt als von Gott abhängige **Seinsordnung**: Das konkret Seiende ist dadurch bestimmt, daß zum Wesen/So-Sein (*essentia*) das Dasein (*existentia*) von außen herantritt, daß der nicht für sich existierende Stoff (*materia*), der eine bloße Möglichkeit (*potentia*) ist, durch die substantielle Form (*forma*) als Prinzip die Verwirklichung (*actus*) erhält. Aus der ontologischen Erklärung des Schöpfungsaktes ergab sich die Lehre von der Erhaltung der Welt durch Gottes Vorsehung als *creatio continua* (I,103-104). Als *causa universalis* bzw. *prima causa efficiens* wirkt Gott nicht nur direkt, sondern v.a. durch die Geschöpfe als Gefüge von Sekundärursachen.

13.3.3 Zwischen Schöpfer und Geschöpf als Sein-Selbst und Seiendem (bzw. als Universalursache und Verursachtem) besteht eine Beziehung, die auf der **Teilhabe** des Seienden am Sein bzw. auf der hierarchischen **Ordnung des Seins** beruht. Seit Cajetans Kommentar im 16.Jh. wurde in der Thomasinterpretation dafür der Begriff der *Analogia entis* verwandt. Obwohl diese Denkfigur für Thomas keine so zentrale Rolle spielte, wie in manchen älteren Darstellungen behauptet, hatte sie für ihn Gewicht, weil menschliche Aussagen über Gott als analoge Prädikationen einen ontologischen Wahrheitsgrund haben. Zwischen Schöpfer und geschöpflichem Sein besteht ein Verhältnis von grundsätzlicher Differenz und möglicher Gleichnishaftigkeit (eine *analogia proportionalitatis*), was Aussagen über Gott auf dem Wege der natürlichen Erkenntnis ermöglicht.

13.3.4 Im **Gottesbeweis** findet dieser Weg einen prägnanten Ausdruck. Eine rational zwingende Beweisbarkeit der Existenz Gottes, wie sie z.B. Anselm formulierte (s. 2.2), lehnte Thomas ebenso ab wie die These von der dem Menschen eingeborenen Gottesidee. Doch er hielt es für möglich und wichtig, daß die Vernunft die Existenz Gottes begründen kann (wohingegen sein Wesen ihr verschlossen bleibt). Das tut sie durch den bei der Sinneserfahrung ansetzenden Nachweis einer natürlichen **Zielgerichtetheit und Verursachung**, welche jeweils auf ein letztes führen: *Dies nennen alle Gott.* In seinen Schriften hat er vielfältige solcher Argumente vorgetragen, die wirkungsgeschichtlich bedeutsamen **Fünf Wege/Quinque viae** in STh I,2,3, eine etwas andere Form zuvor in ScG I,13 (Text/Übers.: Die Gottesbeweise, hg.v. H. Seidl, 2.A. 1986): 1. Alle bewegten Dinge in der Welt werden jeweils von einem anderen bewegt, was endlich auf ein erstes Bewegendes (*primum movens*) führt. – 2. Alle wirkenden Ursachen in den Dingen, die nicht sich selbst bewirken und auch nicht ins Unendliche führen können, hängen ab von einer ersten Wirkursache (*causa efficiens prima*). – 3. Alles Seiende ist nicht nur Mögliches, sondern z.T. auch Notwendiges, und dieses ist als notwendig verursacht; das führt auf ein Ende dieser Kette in dem, was aus sich notwendig und Ursache der Notwendigkeit ist (*per se necessarium, quod est causa necessitatis aliis*). – 4. Die Stufen der Vollkommenheit in den Dingen, die mehr oder weniger gut sind, führen zu einem Besten (*optimum et maxime ens*), welches die Ursache allen Seins und Gutseins und aller Vollkommenheit ist (*causa esse et bonitatis*). – 5. Die planmäßige, zielgerichtete Anordnung der Natur (*gubernatio rerum*), wonach alle denkenden Wesen die bestmögliche Verwirklichung erstreben, verweist auf einen Geist, von dem alles auf dieses Ziel hin geordnet wird (*a quo omnes res naturales ordinantur ad finem*). – Dieses System eines im Kausalitätsprinzip begründeten Gottesbeweises, dessen erster Weg für Thomas besonders wichtig und typisch war, basierte auf der von Platon und

Aristoteles herkommenden philosophischen Tradition, speziell auf der kritischen Rezeption entsprechender Theorien des Maimonides, Avicenna und Averroës.

13.3.5 Angesichts der manifesten **Theozentrik** im metaphysischen System des Thomas gilt es zu beachten, daß es in seinem Gesamtwerk durchaus auch eine **Christozentrik** gibt. Neben den Kommentaren zum NT und zu den Sentenzen läßt das der **Gesamtplan** der *Summa theologiae* erkennen, die im einzelnen nach der Quästionenmethode (s. 12.2.1) aufgebaut ist, aber nicht mehr als Kommentierung von Vätersentenzen, sondern als Problemerörterung des Autors verfährt. **Teil I** behandelt **Gott** als Grund des Seins, als Trinität sowie als Schöpfer der Welt. **Teil II** (später in zwei Teile gegliedert: I-II und II-II) handelt vom **Weg des Menschen** zu Gott als dem Endziel seiner Bewegung, d.h. konkret: von den Prinzipien seines Handelns, den Affekten und Tugenden, der Sünde und der Gnade; dabei wird die Tugendlehre - und damit der Christusbezug der Ethik als des Strebens nach Gott - eigens entfaltet durch die umfangreiche Erörterung über die drei theologischen (übernatürlichen) Tugenden Glaube, Hoffnung, Liebe und die vier klassischen (natürlichen) Kardinaltugenden Klugheit, Gerechtigkeit, Tapferkeit, Mäßigung sowie über die Charismen und Stände/Lebensformen in der Christenheit. Der unvollendete **Teil III** stellt den Rückweg zu Gott als durch den inkarnierten und gekreuzigten **Jesus Christus** ermöglichtes **Heil** dar: die Christologie als geschichtliche Grundlegung und die Sakramente als Aneignungsform des Heils; er sollte ausmünden in die Beschreibung des endzeitlichen Heils (Eschatologie). - Der Aufbau der STh ist heilsgeschichtlich, die Einzeldurchführung aber stark metaphysisch orientiert.

13.4 Natur und Gnade

Die Seinsmetaphysik prägte auch die Darstellung der Heilsgeschichte und Anthropologie, ohne diese jedoch philosophisch zu verfremden. Thomas setzte durch die **ontologische Interpretation** einen spezifisch neuen Akzent in der Entwicklung der scholastischen Sünden- und Gnadenlehre (vgl. 10.1-3). Sie ermöglichte es, den Primat der Gnade - und damit das Heilshandeln des trinitarischen Gottes - prägnant herauszuarbeiten: Da alles kreatürliche Sein (die *natura*) in einer von Gott als höchstem Prinzip abhängigen Ordnung existiert und auf ihn als letztes Ziel bezogen ist, da aber der Mensch von sich aus keinen **Zugang zu Gott** hat, bedarf er zu seiner bestimmungsgemäßen Vollendung der Hilfe Gottes, d.h. der **Gnade** (*gratia*) in ihrer vielfältigen Ausdrucksform. Die Bewegung des Menschen auf Gott hin (seine naturgemäße Bestimmung) ist - von der Teleologie des Seinsordo her gedacht (s. 13.3) - nur als ein von Gott Bewegtwerden möglich, um zum übernatürlichen Ziel in der Transzendenz zu gelangen. Man darf nicht mit dem vielfach üblichen Schema "Natur-Übernatur" die ontologische Interpretation einseitig betonen; den Begriff "Übernatur" gibt es nicht bei Thomas, sondern erst im Neuthomismus des 19./20.Jhs. Besser sagt man: Natur ist wesenhaft auf Gnade hin angelegt, aber von ihr auch getrennt wie Mensch und Gott. Dieser Grundgedanke bestimmte Thomas' Sünden- und Gnadenlehre in einer Verbindung von **Metaphysik** und **heilsgeschichtlicher Sichtweise**: Das eigentlich von Gott gewollte Wesen des Menschen, die ursprüngliche Gerechtigkeit (*iustitia originalis*), bestand in einer gnadenhaften Hinordnung seiner Natur auf Gott und in einem dadurch bedingten In-Ordnung-Sein (*rectitudo*). Diese Harmonie wurde jedoch durch die **Ursünde** (*originale peccatum*) vom Menschen schuldhaft zerstört, so daß seine Natur verdorben und von der Gottesbeziehung abgelöst ist. Ohne die Gnade ist ihr - die als Natur weiterhin in der umfassenden Seinsordnung steht - nur eine begrenzte Erkenntnis und Moralität möglich. Aber das Ziel der Menschheit besteht in der vollen Wahrheitserkenntnis und im uneingeschränkten Tun des Guten, um so zur Gemeinschaft mit Gott in der Liebe zu kommen, das göttliche Gesetz zu erfüllen und das ewige Leben zu erwerben. Damit dieses Ziel erreicht werden kann, bedarf die Natur der Verbindung mit der Gnade, die nur Gott durch Christus im Heiligen Geist bewirken kann.

13.4.1 Die Systematik der *Summa theologiae* (s. 13.3.5) verdeutlicht die **Struktur** der Sünden- und Gnadenlehre: Sie steht im metaphysisch-heilsgeschichtlichen Zusammenhang der Bewegung des Menschen aus Gott zu Gott zurück. Deswegen wird nach der Schöpfungslehre die Tugendlehre (Ethik) dargestellt, und zwar zunächst mit grundsätzlichen Ausführungen über die inneren und die äußeren Prinzipien des menschlichen Handelns (I-II,1-114), zu denen die Sünde als inneres Prinzip (71-89), das Gesetz als äußeres Prinzip (90-105) und die Gnade als äußerlich-innerliches Prinzip (106-114) gehören.

13.4.2 Die **Lehre von der Ursünde** (*originale peccatum*) gibt gleichsam die heilsgeschichtliche Definition der Anthropologie: Aus der ursprünglichen Tatsünde (*actus*) wurde ein *habitus* (*Gehabe* - so die heute übliche Übersetzung des schwierigen Begriffs) als Ursache der Aktualsünden. Die Ursünde besteht formal im Fehlen der ursprünglichen Gerechtigkeit und material in der Begehrlichkeit (*concupiscentia*). Die **Verdorbenheit der Natur** (*corruptio naturae*) äußert sich in der Unordnung des Menschen, in der die Triebe nicht mehr der Vernunft folgen und die Vernunft nicht mehr dem göttlichen Gesetz gehorcht. Dennoch besitzt der Mensch **positive Fähigkeiten**, die aus seiner Qualifikation als Geschöpf Gottes resultieren; insofern kommt die metaphysische Definition der Anthropologie zum Zuge: Ihm eignet ein natürliches Streben (eine *vis appetitiva* bzw. ein *instinctus interior*) zum Guten (*bonum*) und zur Glückseligkeit (*beatitudo*), wie Thomas mit der aristotelisch-neuplatonischen Tradition betont. Die Freiheit zur Wahl (*liberum arbitrium*) zwischen gut und böse begründet seine Verantwortung gegenüber dem göttlichen Gesetz und gegenüber den Mitmenschen.

13.4.3 Die Situation des Menschen ist durch sein Verhältnis zum **Gesetz Gottes** (*lex divina*) bestimmt. Das von Gott gegebene Erkenntnisvermögen (*lumen naturale*) ist als praktische Vernunft auf das **natürliche Gesetz** (*lex naturalis*) bezogen, wonach das Gute zu tun und das Böse zu meiden ist, und entspricht darin dem Wahrheitssuchen der theoretischen Vernunft (vgl. 13.2.4). Als äußeres Prinzip der Handlungsanweisung hat Gott das **alte Gesetz** (*lex vetus*) im alten Bund gegeben, das als Mahnung diente, aber ohne die Gnade als Kraft der inneren Aneignung nicht zum Tun des Guten führen konnte. Das durch Christus vermittelte **neue Gesetz** (*nova lex*) bzw. Evangelium dagegen ist Gesetz der Gnade (*lex gratiae*); es ist als Wort und Geist ein äußerliches Prinzip, das innerlich im begnadeten Menschen wirkt und diesen durch eine dauerhafte Bewegung seines Willens zum Guten so verändert, daß die Verdorbenheit der Natur beseitigt wird.

13.5 Gnadenwirkung und Rechtfertigung

Thomas' Gnaden- und Rechtfertigungslehre entsprach durch ihre metaphysische Fundierung der Lehre Augustins mit deren Betonung der Alleinwirksamkeit der Gnade. Die ontologische Sichtweise führte dazu, die das menschliche Wesen verändernde **Gnade als Zustand** (*habitudo*) bzw. übernatürliche Qualität zu definieren. Als den Willen bewegende Kraft in der Seele formt die Gnade den neuen Menschen dauerhaft; als von Gott kommende zustandhafte Gabe ist sie *gratia habitualis*. Damit interpretierte Thomas wie andere Scholastiker des 13.Jh.s den traditionellen Begriff der heiligenden Gnade (*gratia gratum faciens*; vgl. 10.3; 12.4). Als wirkende Gnade (*gratia operans*) motiviert sie zum Tun des Guten, und sie bleibt als permanente Bewegung des Willens im Menschen tätig (*gratia cooperans*). Durch die mit ihrem Einstrom eingegossenen **Tugenden**, insbesondere Glaube und Liebe, sind die Christen imstande, das Gesetz des Evangeliums als

Gesetz der Gnade zu erfüllen. Daraus ergibt sich die Rechtfertigung des Sünders, das größte Werk Gottes nach der Schöpfung (wie Thomas betont). Sie basiert auf dem Wirken der heiligenden Gnade als *gratia iustificans*, die dem Menschen vor Gott eine **beständige Gerechtigkeit** ermöglicht, und sie entwickelt sich mit dessen Fortschreiten in der Liebe. Der Lehre von der *gratia habitualis* entspricht also eine effektive Rechtfertigungslehre i.S. Augustins. Da das neue Sein das neue Handeln ermöglicht und beides Wirkung der Gnade ist, konnte Thomas das alte Problem des Verhältnisses von Gnade und Freiheit unter **Ausschaltung des Synergismus** lösen. Denn die Ursache der Bewegung im Guten ist Gott bzw. sein Gnadenhandeln, so daß es keine Verdienste des Menschen gibt, die als dessen unabhängige Leistung gelten könnten. Das wird auch dadurch deutlich, daß die rechtfertigende Gnade durch die Sakramente Taufe, Eucharistie und Buße vermittelt wird (s. 10.2).

13.5.1 Obwohl Thomas den Begriff *gratia habitualis* nicht häufig verwendet hat, führt dieser ins Zentrum seiner Lehre. Das **Wesen der Gnade** besteht darin, daß sie **Gottes Liebe** ist, die durch Christi Heilstat als freies Geschenk in die Gläubigen eindringt: als *donum habituale* (zustandshafte Gabe), als *gratia infusa* (eingegossene Gnade), als *qualitas animae* (Beschaffenheit der Seele) in deren *essentia* (Wesen), als *causa formalis* (Formursache) von deren Tugenden Glaube, Hoffnung, Liebe. Als *habitus* (Gehabe) der Seele bezeichnete Thomas die Gnade nicht direkt, um nicht die ontologische Differenz beider zu verwischen.

13.5.2 Er betonte in verschiedenen Zusammenhängen die grundlegende **Bindung an Christus** unter Aufnahme der franziskanischen Begriffe *gratia capitis* und *gratia unionis* (s. 12.4.2): Mit Christi Inkarnation beginnt die Gnadenzeit in der Geschichte, weil er die Fülle der Gnade und Wahrheit den Gliedern seines Leibes, der Kirche, mitteilt, konkretisiert in den Sakramenten als seinen Gaben (exegetisch begründet mit Joh 1,14.16; Eph 1,22f).

13.5.3 Die traditionelle Differenzierung zwischen *gratia praeveniens* und *subsequens*, *operans* und *cooperans* (vgl. 12.4.3) nahm Thomas modifiziert auf, um die **bleibende Abhängigkeit** der Christen von der Gnade als dem Prinzip ihres Handelns (Hilfe und Form) zu erläutern. Die anfängliche Gnade wirkt Glaube und Liebe und damit die nötige Disposition für den Empfang weiterer Gnade. Den Begriff *gratia gratis data* bezog er anders als die Franziskaner (s. 12.4.3) nicht auf die Natur und die Bekehrung, sondern auf die Charismen und besonderen Befähigungen. Auch lehnte er die Differenzierung im **Verdienstbegriff** (s. 12.4.3) ab, weil er die menschliche Disposition als göttliches Werk ansah und weil er – angesichts der Tatsache, daß auch das gute Handeln von der Bewegung durch die Gnade abhängt – die guten Werke nur als uneigentliche Verdienste würdigte, die Gott mit der ewigen Seligkeit überreich belohnt.

13.5.4 Das Verhältnis von **Glaube und Liebe** im Rechtfertigungsvorgang ist bestimmt durch Thomas' intellektualistischen Glaubensbegriff: Glaube als Wirkung der Gnade bzw. eingegossene Tugend (*fides infusa*) ist Zustimmung zu den Offenbarungswahrheiten und insofern der Anfang der christlichen Existenz, kann aber als *fides informis* zusammen mit der Sünde bestehen. Glaube ist auf das *verum* bezogen, aber Liebe auf das *bonum* und damit auf die Überwindung der Sünde. Liebe formt den Glauben als Willensbewegung; die *fides formata* ist der Glaube, der durch die Liebe wirkt (mit Gal 5,6). Rechtfertigung ist freie Hinwendung zu Gott und Abkehr von der Sünde; sie führt zur Sündenvergebung und zur Gerechtigkeit als von der Gnade gewirkter Tugend.

13.6 Literatur

K. BERNATH (Hg.): Thomas von Aquin, 2 Bde., 1978-81. – M.D. CHENU: Das Werk des Hl. Thomas von Aquin, 1960; 2.A. 1982. – DIES.: Thomas von Aquin, 1981. – R. HEINZMANN: Philosophie 202-222. – DERS.: Thomas von Aquin, 1994. – DERS.: Thomas von Aquin, in: O. Höffe, Klassiker Bd.1, 198-219. – U. KÜHN: Via caritatis. Theologie des Gesetzes bei Thomas von Aquin, 1964. – DERS.: Thomas von Aquin, GKG 4, 1983, 38-62. – G. MENSCHING: Thomas von Aquin, 1995. – J.B. METZ: Christliche Anthropozentrik. Über die Denkform des Thomas von Aquin, 1962. – W. MEYER: Thomas von Aquin, 2.A. 1961. – O.H. PESCH: Thomas von Aquin, 3.A. 1995. – DERS.: Thomas von Aquin, LThK[2] 10 (1965) 119-134. – M.A. SCHMIDT: HDThG 1, 650-683. – F. VAN STEENBERGHEN: Die Philosophie im 13. Jahrhundert, 1977, 287-333.

14. Theologie im Umbruch: Johannes Duns Scotus

Der um 1300 wahrnehmbare Epochenbruch mit der Infragestellung des Anspruchs auf Synthese und Universalität bekundete sich für die Theologie und Philosophie exemplarisch im Werk des in Oxford, Paris und Köln lehrenden Johannes Duns Scotus (ca.1265/6-1308), des Begründers der sog. jüngeren Franziskanerschule. Mit der Kritik an der bisherigen Metaphysik, der Zuordnung von Philosophie und Theologie und der Begründung theologischer Wissenschaft trat an die Stelle des Systemdenkens die **Untersuchung der Einzelprobleme** auf empirischer Basis. Der Geltungsanspruch des Aristotelismus wurde mit verfeinerten logischen Argumenten bestritten, die **Pluralität** der Konzeptionen nahm zu, und das Proprium der Theologie wurde stärker betont. Das Interesse wandte sich der Bedeutung der Individualität und der Freiheit ebenso wie der Trennung zwischen Weltlichem und Geistlichem, Philosophie und Theologie zu. Duns' theologiegeschichtliche Bedeutung als Antipode zu Thomas von Aquino zeigte sich einerseits in der Formung des Scotismus als spezifischer Richtung der Scholastik, andererseits in der langfristigen Nachwirkung einzelner Lehren.

14.1 Offenbarungstheologie und Metaphysik

Duns' kritische Untersuchungen zum Seinsbegriff und zur Leistungsfähigkeit der Erkenntnis, die seine philosophiegeschichtliche Bedeutung begründeten, standen im Dienst der Theologie, die er von der Philosophie und Metaphysik prinzipiell trennte. Sein Denken hinsichtlich Gott und Welt war entscheidend bestimmt durch den **Gegensatz von Unendlichkeit und Endlichkeit**. Bei aller Wertschätzung des Aristoteles, den er häufiger als die Bibel zitierte, wirkte sich bei ihm ein philosophischer und theologischer Augustinismus aus: Theologie basiert auf Gottes Offenbarung und hat dessen kontingentes **heilsgeschichtliches Handeln** zum Gegenstand; diese nur dem Glauben zugängliche Wahrheit ist umfassender als die metaphysische Erkenntnis der natürlichen Vernunft, die auf den Bereich des Seienden beschränkt ist, für den sie durch Abstraktion einen univoken (eindeutig-gleichsinnigen) Seinsbegriff bildet. Die Vernunft kann auf ihrem Feld einen stringenten Gottesbeweis führen, indem sie in der Endlichkeit der empirischen Wirklichkeit aufgrund des Seinszusammenhangs - ausgehend von der unmittelbaren Erkenntnis des einzelnen Seienden - etwas schlechthin Erstes als Wirk- und Zweckursache aufweist und als dessen Wesen die Unendlichkeit feststellt. Damit steht Gott jenseits der dem Erkenntnisvermögen gezogenen Grenze. Er ist mit der biblischen Sicht als absolut unabhängiger Wille und Geist zu verstehen, der an keine Seinsordnung gebunden ist. Seine Freiheit gegenüber der Welt äußert sich im Prinzip der **unbeschränkten Macht** (*potentia Dei absoluta*); ihr entspricht allerdings eine **Selbstbindung** in Natur und Geschichte (die *potentia ordinata*), und aus dieser resultiert die Kontingenz der natürlichen und moralischen Ordnung sowie des Heilsplanes. Den beiden Herrschaftsweisen Gottes entspricht, daß für Theologie und Ethik ein Primat des Willens (Voluntarismus), ein Primat des Seins aber für Metaphysik und Erkenntnistheorie gilt. Gott ist wirkender Wille und Intellekt, Freiheit und Güte, v.a. aber Liebe. Dieser durch Liebe und absolute Allmacht bestimmte Gottesbegriff prägte Duns' Theologie insgesamt.

14.1.1 Der Schotte Johannes aus dem Ort Duns trat früh dem Franziskanerorden bei, lehrte als Sentenzen-Baccalaureus in Cambridge, Oxford (um 1300) und Paris (1302/3); er hielt im Streit zwischen dem französischen König und Bonifatius VIII. zum Papst, kehrte 1305 nach Paris zurück und hatte als Magister bis 1307 großen Lehrerfolg. Das führte dazu, daß er - als Gegengewicht gegen die Dominikanerschule - zum Lektor im Kölner Konvent bestellt wurde, wo er am 8.11.1308 starb. Die Kürze seiner Tätigkeit bedingte, daß er kein systematisches Hauptwerk und insgesamt nur wenig publizierte. Der spätmittelalterlichen Tradition galt er wegen seiner Konzentration auf logisch-definitorische Präzision als *doctor subtilis* (scharfsinniger, komplizierter Lehrer). Seine Wirkung beruhte zunächst auf seinen Vorlesungen und Disputationen, die einen engagierten Schülerkreis beeinflußten. Er hat damit eine eigene Schule begründet, die im 14.Jh. beträchtliche Bedeutung erlangte. Der Scotismus (im Franziskanerorden) wurde neben dem Thomismus (im Dominikanerorden) eine einflußreiche, aber keineswegs einheitliche Schulrichtung. (Zur *via antiqua* s. 17.1.)

14.1.2 Die ältere Duns-Interpretation war durch den mangelhaften Überlieferungsstand seiner **Werke** belastet, die v.a. nur als - mehrfach überarbeitete - Vorlesungsmanuskripte (*Lectura*) und studentische Nachschriften (*Reportationes*) vorlagen: so die Kommentierung der Lombardus-Sentenzen, sein wichtigstes Werk, das in verschiedenen Fassungen und in einer von ihm für die Veröffentlichung bearbeiteten, aber unfertigen Gestalt vorliegt (die *Ordinatio*, der Grundbestand des sog. *Opus Oxoniense*), ferner Kommentare zu Aristoteles, eine Sammlung von Disputationen (*Quodlibetum*) und einige Traktate. (Text: Opera omnia, hg.v. L. Wadding, 12 Bde., 1639; ND 1968/9. - Krit. Ed.: Opera omnia, hg.v. C. Balič u.a., bisher 8 Bde., 1950ff.)

14.1.3 Eine bedeutsame Umbildung des philosophischen Augustinismus nahm Duns darin vor, daß er die Illuminationstheorie (s. 12.1) durch die Theorie von der **unmittelbaren Erkenntnis** (*cognitio intuitiva*) der Einzeldinge ersetzte, die diese als existierend erfaßt, ohne dafür auf einen Allgemeinbegriff von Sein rekurrieren zu müssen. Damit grenzte er sich auch ab gegen die Erkenntnistheorie des christlichen Aristotelismus. Die Theorie, daß das **individuelle Sein** aus der Materie resultiere (während die Form das Allgemeine sei), kritisierte er damit, daß weder Materie noch Form die Individualität begründen, sondern daß diese in sich begründet sei als Realität: als *haecceitas* (*Dies-heit*; vgl. 14.2).

14.1.4 Duns' empirisch wie theologisch begründete Kritik an der Leistungsfähigkeit der Metaphysik führte zum erkenntnistheoretisch-ontologischen **Hiatus zwischen Gott und Welt**, weil er keine verbindende Seinsordnung und keine Analogie wie z.B. Thomas gelten ließ. Gegenstand der Metaphysik ist - wie Duns mit Avicenna betonte - das Seiende als solches (*ens inquantum ens*), nicht jedoch - gegen Averroës - Gott. Gottes Wesen wird nur durch seine Offenbarung zugänglich, und zwar für den Glauben. Der **Gottesbeweis**, den die Vernunft führen kann, bleibt beschränkt auf den Bereich des Seins, für den sie den Begriff des *Ersten Seins* bildet, das aber als **unendlich** (als *ens infinitum*) gedacht werden muß, als unendlicher Intellekt, Wille und Macht. Diese Argumentation führte Duns in seinem Traktat *De primo principio* aus (Text/Übers.: Abhandlung über das erste Prinzip, hg.v. W. Kluxen, 1974).

14.1.5 Eine Tendenz zum Positivismus bestimmte seine **Gotteslehre** mit der Betonung des Unterschieds zwischen *potentia absoluta* und *potentia ordinata* als der beiden grundlegenden Handlungsweisen Gottes. Ansätze dazu bot die franziskanische Tradition schon in der Summa Halensis (s. 12.2) und bei Wilhelm von Ware um 1290. Die Kanonistik des 13.Jh.s verwandte das Begriffspaar für die Überordnung der päpstlichen Vollgewalt über das positive Recht. Für Duns sollte der Unterschied Gottes **Souveränität** bei der Setzung von (Heils-)Ordnungen gegenüber einer logischen Notwendigkeit sichern: So ist z.B. das Gute gut, weil es Gottes Willen entspricht, nicht aber, weil es a priori als gut bewiesen werden könnte. Wilhelm von Ockham hat diesen wirkungsgeschichtlich bedeutsamen Ansatz ausgebaut (s. 15.2).

14.2 Anthropologie und Christologie

Wie beim Gottesbild wirkten auch in Duns' Soteriologie die augustinische Tradition und die franziskanische Spiritualität prägend: v.a. die zentrale Funktion der Christologie (insbesondere mit der Orientierung an Inkarnation und Menschheit Christi), die **personalistische Sicht** des Gott-Mensch-Verhältnisses, die Betonung von Individuum und Willensfreiheit einerseits, von Prädestination und Gnade andererseits. Duns' philosophische Darstellungsweise verband sich mit diesen theologischen Vorgaben; sie sollte die Allgemeingültigkeit der Offenbarungswahrheiten demonstrieren. Aus dem theologischen Personbegriff leitete er sein Verständnis von menschlicher **Individualität** ab, dem seine erkenntnistheoretische Analyse, wonach das Einzelne Vorrang vor dem Allgemeinen hat, entsprach. In der Anthropologie unterschied er sich von Thomas und der älteren Franziskanerschule dadurch, daß er als Folge des Sündenfalls den Menschen nicht durch eine Verderbnis der Natur, sondern durch eine schuldhaft **gestörte Gottesbeziehung** bestimmt sah. Seine Erbsündenlehre wirkte sich – zusammen mit Christologie und Prädestinationslehre – in einer Form der **Mariologie** aus, die eine dauerhafte Kontroverse zwischen Scotisten und Thomisten im 14./15.Jh. fundierte: Maria sei dank Gottes Allmacht und Barmherzigkeit aus dem Zusammenhang der Erbschuld herausgenommen worden und bedürfe als sündloser Mensch nicht der Erlösung (Vorbereitung der franziskanischen Lehre von der unbefleckten Empfängnis Marias). Das paßte zu Duns' Lehre, daß die **Inkarnation** des Gottessohnes nicht als Reaktion auf Adams Sündenfall, sondern aufgrund von Gottes ewigem Ratschluß als Ausdruck der göttlichen Liebe erfolgt sei.

14.2.1 Die **Sündenlehre** ist personalistisch, nicht ontologisch begründet. Duns sah das Wesen der Ursünde (*peccatum originale*), deren physische Vererbung er negiert, im Fehlen der *iustitia originalis*, also des positiven Gottesbezuges, nicht jedoch in der Konkupiszenz oder in einer *corruptio naturae*. Als Adams Schuld begründet sie einen Verdammungszustand, der für die ganze Menschheit gilt. Sie äußert sich in den Aktualsünden als bewußter Übertretung der göttlichen Gebote. Sünde hat ihren Sitz im **Willen** und ist primär **Schuld** gegenüber Gott.

14.2.2 Die Willensfreiheit ergibt sich aus dieser Sündenlehre und aus dem Personbegriff, weil der Wille die Individualität ausmacht, die allgemein als für sich bestehende Entität (Seiendheit, *entitas*) bzw. als *haecceitas* gilt (vgl. 14.1.3). Duns sah – anders als z.B. Thomas – einen realen Unterschied zwischen Wesen und Existenz, Natur und Person. Das begründete er nicht metaphysisch, sondern mit der **Trinitätslehre und Christologie**: Person bezeichnet ein selbständiges Wesen in Relation zu anderen und ist beim Menschen von seiner Natur nicht getrennt (weil bei der Vereinigung der beiden Naturen in Christus die Gottheit die menschliche Natur aufnimmt, ohne daß diese als Person besteht).

14.2.3 Mit der Betonung der **Prädestination**, die Ausdruck sowohl der Souveränität Gottes als auch seiner kontingenten Selbstbindung (nicht aber eine Form seiner Präszienz) ist, nahm Duns eine seit Augustin umstrittene Lehre auf. Die **Erwählung Jesu Christi** als Ausdruck der Liebe Gottes ist grundlegend im Sinne einer absoluten Prädestination. Seine Menschwerdung und Passion sind von Gott seit Ewigkeit, unabhängig von Adams Sündenfall, vorgesehen. Mit dieser Konzeption nahm Duns zu einem im 13.Jh. häufig diskutierten Problem Stellung (gegen die – z.B. von Bonaventura und Thomas vertretene – Auffassung, der Grund der Inkarnation läge in der Befreiung von der Erbsünde). Die ewige Prädestination der **Gläubigen** ist in Gottes Allmacht (*potentia absoluta*) und Gnadenwillen begründet, wonach einzelne Menschen von ihm die Möglichkeit erhalten, zum Heil zu kommen, wenn sie dieses Angebot in freier Entscheidung annehmen. Duns versuchte somit - in Abwehr sowohl des Determinismus als auch des Synergismus - Prädestination und Willensfreiheit zu vereinbaren.

14.2.4 Die **Mariologie** thematisierte er im Zusammenhang seines Interesses an der Menschheit Christi. Gegenüber der damals verbreiteten (z.B. von Thomas vertretenen) Lehre, Maria sei wie alle adamitisch geprägten Menschen von sündigen Eltern geboren, erörterte er die Möglichkeit, daß Gott sie im Blick auf die Vollkommenheit und das Erlösungswerk Christi vom Makel der **Erbsünde** befreit habe. Ohne eine stringente Lehre zu vertreten, hat er mit seiner subtilen Ausführung den Anstoß für weitere Diskussionen gegeben, die seit ca.1320 eine schulmäßig fixierte Differenz begründeten zwischen den Franziskanern/Scotisten, welche die *immaculata conceptio*/**unbefleckte Empfängnis Marias** lehrten, und den Dominikanern/Thomisten, die das ablehnten. 1387 verurteilte die Pariser Universität die dominikanische Kritik. In der weitergehenden Diskussion bekräftigte das Konzil von Basel 1438 die franziskanische Immaculata-Lehre und bestätigte die Gewohnheit, am 8. Dezember ein **Fest** der Empfängnis Mariä zu feiern. Diese liturgische Praxis mußte der scotistischen Position Auftrieb geben, wie sich 1483 an der Verurteilung der dominikanischen Kritik durch Papst Sixtus IV. zeigte (s. DH 1425/6). Erst mit der Dogmatisierung von 1854 war die Frage abschließend lehramtlich entschieden.

14.3 Rechtfertigungs- und Gnadenlehre

Infolge des personalistisch-voluntaristischen Ansatzes der Gotteslehre und Anthropologie gab Duns der Gnadenlehre eine gegenüber Thomas und der älteren Franziskanerschule abweichende **Neukonzeption** mit der sog. **Akzeptationstheorie**. Da er die Sündigkeit als gestörte Gottesbeziehung des Menschen und Gottes Wesen als Liebe und Allmacht verstand, sah er Neuwerdung und Heil in der göttlichen Annahme (*acceptatio divina*) begründet. Folgerichtig verband er die Rechtfertigungslehre mit der Gotteslehre (und nicht wie Thomas mit der Tugendlehre): In unverfügbarer Freiheit nimmt der liebend-barmherzige Gott aufgrund seiner Prädestination diejenigen Menschen in Gnaden an, die sich seiner offenbarten Wahrheit im Glauben als freiem Willensakt zuwenden und sich damit für den Empfang der heiligend-rechtfertigenden Gnade disponieren. Vermittelt wird die Annahme - im Sinne der Lehre von Gottes geordneter Allmacht (*potentia ordinata*) - grundlegend durch **Christi Versöhnungswerk**, welches als Ausdruck der göttlichen Liebe den Menschen zur Erwiderung der Liebe anregt, und aktuell durch die kirchlichen **Sakramente**, welche als von Gott eingesetzte Instrumente die eingegossene Gnade (*gratia infusa*) bringen. Diese Gnade schafft einen neuen Zustand (*habitus*), der sich in Glaube und Liebe äußert, gutes Handeln gemäß den Geboten Gottes ermöglicht und insofern wirkliche Verdienste produziert, als der gnadenhaft geformte Mensch deren Subjekt ist. Doch für das ewige Heil ist weder Verdienst noch Gnadenhabitus ausschlaggebend, sondern allein Gottes souveräne Annahme des Menschen. Duns hat also einen zentralen Aspekt der traditionellen Gnadenlehre aufgenommen (die menschliche Wesensveränderung durch die rechtfertigende Gnade), aber entscheidend abgeschwächt: Diese göttliche Gabe ist soteriologisch irrelevant gegenüber der eigentlichen Gnade, der *acceptatio divina* als Zuwendung Gottes. (Deswegen betont er, Gott könnte auch einem guten Menschen ohne Gnadenhabitus die ewige Seligkeit schenken.) So gewinnt Duns vom Gottesbegriff her ein **personalistisches Gnadenverständnis**, das der Bibel entsprechend die göttliche Souveränität betont.

14.3.1 Gottes freie **Allmacht** bekundet sich in der **Annahme** derjenigen Menschen, die er von Ewigkeit her zum Heil prädestiniert hat (vgl. 14.2.3). Er schenkt den Gnadenhabitus, ist aber auch dadurch nicht gebunden: *Nichts Geschaffenes als solches nötigt Gott zur Annahme*. Das Wesen des **Glaubens** sah Duns zunächst in der Zustimmung zu den offenbarten, in den kirchlichen Lehren ausgedrückten Wahrheiten (als *fides acquisita* bzw. *fides ex auditu*, bezogen auf das äußere Wort) und sodann in der daraufhin durch Einströmen des Heiligen Geistes erfolgenden Veränderung des Intellekts. Diese bewirkt zusammen mit der Liebe einen neuen *habitus*, der den menschlichen Willen dauerhaft zum Guten hin bewegt.

14.3.2 Der Mensch ist dank seiner **Willensfreiheit** imstande, die Gebote zu erfüllen, weil Gott nichts Unmögliches verlangt. Ohne Gnade kann er die Sünde zwar vermeiden, doch sie stärkt den Willen zum Tun des Guten in der Liebe und damit zum Erwerb von Verdiensten. Duns hat die aus der **augustinischen Tradition** erwachsene **Gnadenlehre** mit ihrer psychologisch-ontologischen und sakramentalen Prägung (s. 10.1-3) zwar durch seine Akzeptationslehre relativiert, aber er hat sie grundsätzlich beibehalten: Der Gnadenhabitus ist der Grund dafür, daß die guten Werke von Gott als Verdienste belohnt werden, weil die Gnade entscheidend wirkt, der menschliche Wille nur mitwirkt.

14.3.3 Die Rechtfertigungs- und Gnadenlehre hat Duns im Zusammenhang mit der **Sakramentenlehre** konkretisiert, weil sich - gemäß Gottes *potentia ordinata* - Christi Versöhnungswerk in seinen Gnadenmitteln fortsetzt: Die grundlegende erste Wirkung der Gnade (*gratia prima*) zeigt sich in der Taufe, ihr fortdauernder Einfluß in der **Buße**, bei der Duns zwischen der Sündenvergebung als dem äußerlichen Akt einer ideellen Änderung und der Gnadeneingießung als dem innerlichen Akt der Wesensveränderung unterschied. Er hat die objektiv-**sakramentale Wirkung** der Buße stark betont, die an den Absolutionsworten des Priesters hängt. Verhängnisvolle Folgen für die Volksfrömmigkeit im Sinne einer Veräußerlichung hatte seine Theorie, daß wegen der objektiven Wirkung die menschliche Disposition zweitrangig sei und deshalb nicht die echte Herzensreue (*contritio*) erforderlich sei, sondern die bloße Reue aus Furcht vor Strafe (*attritio*) ausreiche, sofern der Mensch nicht innerlich der Gnade einen Riegel bzw. eine Sperre vorschiebe (*ponere obicem ad gratiam*).

14.4 Literatur

W. DETTLOFF: Duns Scotus/Scotismus I., TRE 9 (1982) 218-231. - DERS.: Skotismus, LThK² 9 (1964) 824-827. - DERS.: Die Lehre von der acceptatio divina bei Johannes Duns Scotus mit besonderer Berücksichtigung der Rechtfertigungslehre, 1954. - E. GILSON: Johannes Duns Scotus, 1959. - W. PANNENBERG: Die Prädestinationslehre des Duns Scotus im Zusammenhang der scholastischen Lehrentwicklung, 1954. - R. SEEBERG: Die Theologie des Johannes Duns Scotus, 1900; ND 1971. - DERS.: Lehrbuch Bd.3, 635-670. - H.-J. WERNER: Johannes Duns Scotus, GKG 4, 1983, 73-91. - E. WÖLFEL: Seinsstruktur und Trinitätsproblem, 1965. - L. WALTER: Das Glaubensverständnis bei Johannes Duns Scotus, 1968.

15. Spekulative Theologie und Mystik

Die Mannigfaltigkeit der theologischen Konzeptionen im 13./14.Jh. wird deutlich, wenn man solche Außenseiter berücksichtigt, die durch ihre originellen Lehren einen nicht geringen Einfluß auf die Mit- und Nachwelt ausgeübt haben. Besondere Bedeutung kommt dabei dem genialen Dominikaner **Meister Eckhart** (ca.1260-1328) mit seiner spekulativen Metaphysik zu, der früher vereinfachend als Begründer der "deutschen Mystik" galt und in der Geistesgeschichte des 19./20.Jh.s ganz unterschiedlich beansprucht worden ist. Er war fraglos ein überragender Geist, der eigenständig die Traditionen der scholastischen und der mystischen Theologie aufnahm. Seine direkte Wirkung blieb allerdings auf **Randgruppen** begrenzt, weil 1329 einige seiner Lehren als häretisch zensuriert wurden, so daß er für die offizielle Kirche faktisch fortan als Irrlehrer galt. Indirekt allerdings wirkte sein Denken in der deutschen - d.h. volkssprachlichen - Mystik des 14./15.Jh.s weiter (s. 18.1).

Es insgesamt als Mystik zu bezeichnen, trifft die Sache nur teilweise (vgl. 15.2). Das gilt auch für seine Zeitgenossen, den Dominikaner **Dietrich von Freiberg** und den Spanier **Raimundus Lullus**, deren theologiegeschichtliche Bedeutung erst von der neueren Forschung voll gewürdigt worden ist. Alle drei erfaßten die Wirklichkeit als **Gott-Welt-Einheit** in Verbindung von rationaler Analyse und religiöser Erfahrung; gegen den Averroismus und z.T. auch gegen den Thomismus konzipierten sie eine christliche Philosophie.

15.1 Einheit von Theologie und Philosophie bei Meister Eckhart

Entgegen den zeitgenössischen - durch Thomas bzw. Duns repräsentierten - Tendenzen zur ontologischen Synthese bzw. zur logischen Differenzierung entwickelte der Scholastiker Eckhart ein **System der Metaphysik**, dessen Grundgedanken einerseits die Vorordnung des Denkens vor dem Sein, andererseits die Einheit des Seins waren. Weder trennte er die Theologie von der Philosophie noch formte er sie philosophisch um; vielmehr stellte er sie als die wahre Philosophie dar, indem er den biblischen Glauben mit philosophischen Begriffen interpretierte. Den Angelpunkt der neuartigen Konzeption bildete sein **dynamischer Gottesbegriff**: Gott als das unendliche **Sein-Selbst** (bzw. das Sein als Gott: *esse est Deus*) ist das **Denken** als Fundament des Seins (*Deus est intelligere*). Denn gemäß Gen 1 und Joh 1 steht er als Geist bzw. als schöpferisches Wort (*intellectus/verbum*) am Anfang von allem jenseits jeder Zeitlichkeit und Begrenztheit. Das Denken als Wort Gottes - in der Bibel offenbart und in der Theologie sich selber auslegend - konstituiert das Sein in einem zeitlosen Prozeß. Zu seinem Wesen gehört die **Selbstmitteilung**: Alles Seiende in begrenzter Bestimmtheit als "Dies-und-das-Sein" (*esse hoc et hoc*) hat seine Existenz durch die Präsenz des absoluten Seins (d.h. Gottes) in den Dingen, ohne die sie nicht bzw. das Nichts sind (*creatio ex nihilo* als *creatio continua*). Da es außer Gott, dem Sein, nur das Nichts gibt, sind alle Geschöpfe als Seiendes durch die Teilhabe am Sein grundsätzlich in ihm. Doch zugleich bleibt er völlig unzugänglich, in paradoxer Weise fern und nah zugleich (Gegenüber, aber nichts Anderes: *alius, non aliud*), unterschieden von dem Seienden durch die Ununterschiedenheit als Sein-Selbst. Gott ist in der Welt, und die Welt ist in Gott; allerdings nicht im Sinne des neuplatonischen Pantheismus, sondern so, daß die kategoriale Differenz zwischen absolutem Sein und abhängigem Seienden gewahrt bleibt. Dementsprechend kann der Mensch nicht von sich aus durch Denken Gott erkennen, sondern kann nur - wegen der völligen Abhängigkeit - von Gott zur Erkenntnis geführt werden (s. 15.2).

15.1.1 Wegen der kirchlichen Verurteilung wirkte Eckharts **Einfluß** im Mittelalter nur abseits von Schultheologie und Kirche - v.a. in Frauenklöstern - durch seine **deutschen Schriften**, die zahlreich verbreitet wurden. (Text: Die deutschen Werke, hg.v. J. Quint, bisher 4 Bde., 1936-76; zahlreiche Teilausgaben, z.B.: hg.v. J. Quint, 1955, 6.A. 1985; hg.v. D. Mieth, 3.A. 1991; hg.v. N. Largier, 2 Bde., 1993.) Seine lateinischen Schriften rezipierten nur Einzelgänger wie z.B. Nikolaus von Kues (s. 18.2); sie blieben bis 1886 vergessen. Im 18./19.Jh. wurde er neu beachtet und seitdem als größter deutscher Mystiker gefeiert, wobei er von Gottsuchern und Ideologen der verschiedensten Richtungen vereinnahmt wurde. Seine generelle geistesgeschichtliche Bedeutung ist erst durch die Entdeckung und Auswertung der **lateinischen Werke**

im 20.Jh. gewürdigt worden. (Text: Die lateinischen Werke, hg.v. J. Koch u.a., 5 Bde. z.T., 1936-78).

15.1.2 Aus dem niederen Adel Thüringens stammend, um 1260 bei Gotha geboren, ca.1275 Dominikaner in Erfurt, studierte Eckhart in Paris und Köln (noch bei Albertus Magnus?) und **lehrte in Paris** 1293/4 als Sentenzen-Baccalaureus und 1302/3 sowie 1311-13 als **Magister** ("Meister") auf dem Dominikanerlehrstuhl. Seit 1311 arbeitete er an seinem dogmatischen Hauptwerk (s. 15.1.5) als umfassender Antithese zu den Summen der Theologie, insbesondere zum Werk des Thomas von Aquino. Das Schwergewicht seiner Tätigkeit lag jedoch in der **Praxis**: als Ordensprovinzial in Erfurt 1303-11 und als Vikar des Ordensgenerals in Straßburg 1314-22 (Hauptaufgabe: Seelsorge und Predigt in oberrheinischen Frauenklöstern). Seit ca.1323 wirkte er als Lehrer am Generalstudium der Dominikaner und als Prediger in **Köln**.

15.1.3 Daß gegen einen hohen OFP-Repräsentanten und geachteten Theologieprofessor durch die Inquisition ein **Ketzerprozeß** geführt wurde, erregte weithin Aufsehen. Den Anstoß gab der Kölner Erzbischof 1326: gegen dessen Beanstandung etlicher Lehrsätze verfaßte Eckhart im Prozeß umfangreiche Erklärungen (die sog. *Rechtfertigungsschrift*; Übers.: O. Karrer/H. Piesch, 1927) und appellierte an die Kurie in **Avignon**, wo er Anfang 1328 während des Prozesses verstarb. Der Verurteilung als Häretiker beugte er vor durch einen bedingten öffentlichen **Widerruf**. Deswegen traf die **Verurteilungsbulle** Papst Johannes' XXII. vom 27.3.1329 weder ihn als Person noch sein ganzes Werk, sondern 28 Sätze aus seinen Schriften und Predigten (Text/Übers.: DH 950-980).

15.1.4 Neben den - nach scholastischen Formprinzipien als Schriftauslegung konzipierten - volkssprachlichen Predigten haben einige **Traktate** eine besondere Wirkungsgeschichte entfaltet: die aus Gesprächen mit Erfurter Dominikanern vor 1298 erwachsenen *Reden der Unterweisung*, eine "Lebenslehre" über die rechte religiöse Erfahrung; das zwischen 1308 und 1313 verfaßte *Buch der göttlichen Tröstung*, eine Umsetzung seiner Einheitsmetaphysik in mystische Leidensspiritualität; verbunden damit die Lesepredigt *Vom edlen Menschen* über den Adel des mit Gott in der Erkenntnis eins gewordenen Menschen.

15.1.5 Unter Verwendung seiner älteren Bibelkommentare und Quästionen konzipierte Eckhart seit 1311 das nie fertiggestellte *Opus tripartitum/Dreiteiliges Werk* als neuartige theologische Systematik, die seine **spekulative Metaphysik** entfalten sollte: 1. Das *Opus propositionum*, eine umfangreiche Thesensammlung; 2. das *Opus quaestionum*, eine Zusammenstellung der aus den Thesen resultierenden Probleme in 14 Traktaten; 3. das *Opus expositionum*, eine Serie von Bibelauslegungen (Predigten und Kommentaren) als Begründung für die Thesen. Nur Teile der Materialsammlung und die programmatische Einleitung sind erhalten. Das Werk bekundet, daß Eckhart seine Systematik - gemäß der Identifikation von Gott und Wort - als **Schrifttheologie** verstand. Er vertrat in Ablehnung der allegorischen Methode das Prinzip, daß die Bibel als Gottes Wort sich selbst auslegt, indem ihr Literalsinn als Hinweis auf Gottes Sein, die natürliche Wirklichkeit und das menschliche Handeln gedeutet wird.

15.1.6 In selbständiger Verarbeitung rezipierte Eckhart neuplatonische und aristotelische Elemente, den Einfluß des Johannes Eriugena, der Schule von Chartres und des Albertus Magnus. Wesentlich für seine paradoxale Ontologie, die ein **dynamisches Weltverständnis** ausdrückte, war das Konzept der **Teilhabe** bzw. **Analogie**: Das Sein (d.h. Gott) ist nicht im Seienden, sondern erscheint nur in ihm, weil Geschaffenes kein eigentliches Sein hat und durch Seinsverleihung existiert. Am Beispiel der Gerechtigkeit demonstrierte Eckhart das: Gerecht ist der Mensch insofern, als er in der Gerechtigkeit ist, deren Teilhabe er Gott verdankt, so daß dieser ohne jede Zerteilung das Subjekt bleibt. Eckhart lehrte keine Analogie des Seins wie z.B. Thomas, sondern eine Ermöglichung des menschlichen Seins (Gerecht- und Gutseins) durch Gottes trinitarisches Sein als dynamische Mitteilung: Gott ist Liebe, Wort und Geist.

15.2 Die Gottesgeburt in der Seele. Eckharts "Mystik"

Ob man Eckharts Lehren als Mystik bezeichnen kann, was neuerdings z.T. bestritten wird, hängt von der Definition dieses unpräzisen Begriffs, noch mehr aber von der Gesamtdeutung seiner Konzeption ab. Wenn man unter Mystik die Berücksichtigung religiöser Erfahrung im theologischen Denken und die Überwindung des

Gott-Mensch-Welt-Gegensatzes durch eine umfassende Einheit versteht, dann paßt der Begriff auf Eckhart, trifft allerdings nur einen Aspekt seiner Theologie. Seine spekulative Metaphysik war Schrifttheologie; das zeigt sich v.a. in ihrer Verbindung von Theozentrik und **Christozentrik**: Der grundlegende Gedanke der Teilhabe (s. 15.1) ist trinitätstheologisch und christologisch begründet durch die Beziehung von Gott und Wort Gottes (*Logos/verbum*) als Urbild und Abbild sowie durch die Verbindung von Gottheit und Menschheit in Jesus. Da die Schöpfung ständig im Wort stattfindet (s. 15.1), vollzieht sich im Hören auf Gottes Wort die Menschwerdung des Logos/Christus im Menschen als **Wortgeschehen**. Vom metaphysischen Ansatz her gedacht heißt das, daß Gott als Einheit des Seins sich im menschlichen **Seelengrund** als Erkenntnis mitteilt. Dies nennt Eckhart den gnadenhaften **Durchbruch** zum Grund des Seins und die **Geburt Gottes** in der Seele. Die diesbezüglichen Aussagen seiner deutschen Predigten (mit ihrer schöpferischen Sprachkraft!), die man als Mystik verstehen kann, gehören zu seiner spekulativen Theologie als deren anthropologisch-soteriologische Konkretisierung, wobei Gotteslehre und Gnadenlehre eng verbunden sind. Die Sünde des Menschen ist seine **Sonderung** von Gott in der Endlichkeit, ist Seinsverfehlung, die er durch Abkehr von allen Äußerlichkeiten und Einkehr in sein Inneres überwinden kann: durch die **Abgeschiedenheit** der Seele, die auf alles Haben und Wollen verzichtet und durch das Hören des Wortes sich in völliger Passivität und Rezeptivität mit Gott vereint, indem sie sich für dessen Selbstmitteilung öffnet. Da Gottes Wort sein ewig gezeugter Sohn ist, bezeichnet Eckhart diesen Vorgang als **Sohnwerdung** des Menschen oder **Gottesgeburt**, ohne damit die Differenz zwischen Gott und Mensch aufzuheben. Es ist eine durch Gottes Gnade geschenkte Erleuchtung des **Seelenfünkleins**, ein Erkenntnisakt, der die Verbindung des begrenzten Seienden mit dem unendlichen Sein bewußt werden läßt. Dieser Vorgang – die innere Befreiung des Menschen von allem Welthaften in völligem **Armwerden** – bestimmt die christliche Existenz als wahrhafte Menschwerdung in der Einheit von Erkennen und Handeln. Damit hat Eckhart das asketische Armutsideal verinnerlicht-radikalisiert und die institutionelle Heilsvermittlung durch die Kirche relativiert. Er hat die sozialen Unterschiede nivelliert, indem er als den Adel des Menschen seine Transparenz für Gott bestimmte; er hat eine allen Menschen mögliche Überwindung des Abstands zu Gott aufgezeigt. Das machte seine volkssprachlichen Predigten für die Laien attraktiv und für die kirchliche Hierarchie suspekt.

15.2.1 Eine Trennung zwischen dem Scholastiker und dem Mystiker Eckhart ist unbegründet. Die bildhafte Sprache seiner deutschen Texte mit **mystischen Begriffen und Vorstellungen** entspricht dem spekulativen Denken der lateinischen Werke. Einige Anzeichen lassen vermuten, daß er eigene mystische **Erfahrungen** in Predigten zur Sprache gebracht (*gewortet*) hat. Auch seine **Ratschläge** für die Loslösung der Seele von der Außenwelt entsprechen mystischer Tradition. Eine Stufenmystik und eine unio mystica mit Verschmelzung der Differenz zwischen Mensch und Gott hat er nicht vertreten. Er wollte nicht nur ein *Lesemeister*, sondern auch ein *Lebemeister* sein, d.h. seine spekulative Metaphysik umsetzen in religiöse Praxis. Das war seine Mystik.

15.2.2 Die zentralen Lehren vom **Seelengrund**/Seelenfünklein und von der **Gottesgeburt** unterscheiden sich trotz der Anklänge an die traditionelle Mystik von dieser. Der Seelengrund als Licht (*fünkelin*) ist die anthropologische Entsprechung zum Denken und Sein, das Gott ist, bzw. die Teilhabe daran. Er muß von allem Nicht-Lauteren und Nicht-Guten gereinigt werden durch die entscheidende Tugend der **Abgeschiedenheit**, die als *Gelassen-Sein* ein Verzicht auf alles Begehren und Eigensein, als *Ledig-Sein* eine totale Freiheit ist: *Das ist ein armer Mensch, der nichts will und nichts weiß und nichts hat.* Er ist mit Gott verbunden als dessen Sohn in einem dynamischen Geschehen. Dieser *Durchbruch* ist eine **Einheit von Erkennen und Handeln**, denn der von Gott geborene Mensch gebiert seinerseits in der *Fruchtbarkeit* der Liebe (von Eckhart exegetisch verifiziert mit Lk 10,38-40 als Gleichwertigkeit von Maria und Martha, Kontemplation und Aktivität).

15.2.3 Die aus diesem Ansatz folgende **Rechtfertigungslehre** betont die völlige Abhängigkeit des Menschen von Gott ebenso wie sein ständiges Fruchtbringen. Sie ist - wie die sie begründende Metaphysik - eine Umsetzung der Trinitätslehre und Christologie: Die gerechtfertigten Sünder werden durch die ungezeugte Gerechtigkeit, die Gott ist, aufgrund von deren Liebe-Sein durch deren Mitteilung gezeugt. *Der Gerechte lebt in Gott und Gott in ihm.* Aus diesem **Sein** resultiert gleichsam automatisch das gute **Handeln**, wie Eckhart oft mit der Metapher der Fruchtbarkeit illustriert, die für ihn jede Eigenaktivität und damit jede Verdienstlichkeit ausschließt: Nicht die Werke heiligen einen Menschen, sondern die - mit dem von Gott gnadenhaft verliehenen Sein identische - Heiligkeit qualifiziert alle Werke.

15.3 Dietrich von Freiberg: Scholastik und Mystik

Neuplatonische Metaphysik, Naturforschung und Erfahrungstheologie verband zu einer profilierten Konzeption der bedeutende Albertus-Schüler Meister Dietrich (ca.1240-ca.1318/20), der um 1271 Lesemeister/*lector* im Dominikanerkloster von Freiberg/Sachsen, seit 1272/4 aber v.a. in Paris und Trier tätig war. Als deutscher Ordensprovinzial seit 1293 genoß er allgemeines Ansehen; den jüngeren Ordensbruder Eckhart hat er in manchem beeinflußt. Ausdrücklich kritisierte er Thomas von Aquino mit seiner **Erkenntnistheorie** und Ontologie (Text/Übers.: *Abhandlung über den Intellekt und den Erkenntnisinhalt*, hg.v. B. Mojsisch, 1980): Alle Erkenntnis geht vom Selbstbewußtsein aus, weil die Vernunft als tätiger Intellekt (*intellectus agens* bzw. *ens conceptionale*) sich selbst und damit das Wesen der Dinge erkennt. Zwischen der wissenschaftlichen und der religiösen Erkenntnis sah Dietrich keinen Unterschied, weil jeder individuelle Intellekt aus Gott als dem Einen (dem Urgrund) hervorgeht. Deswegen ist die **Schau Gottes** der menschlichen Vernunft möglich; in der Selbsterkenntnis kommt diese zur Einheit mit Gott. (So der *Tractatus de visione beatifica*/*Abhandlung über die selige Schau.* Vgl. Opera omnia, hg.v. K. Flasch u.a., 4 Bde., 1977-85.) Da Dietrichs Predigten nicht erhalten sind, läßt sich nur wenig sagen über seine anderweitig bezeugte **Mystik**, zu der die Betonung der Subjektivität in der Erkenntnistheorie paßt. Johannes Tauler z.B. berief sich auf ihn für die Lehre vom Funken Gottes in der menschlichen Seele.

15.4 Raimundus Lullus: Universalwissenschaft und Kontemplation

In herausragender Originalität und Universalität des Denkens erzielte der Katalane Ramon Llull/Raimundus Lullus (ca.1232/3-ca.1316) mit seinem umfangreichen Schrifttum trotz kirchlicher Verurteilung eine bis zum 17.Jh. andauernde Wirkung in der abendländischen Geistesgeschichte. Auch er verband Scholastik und Mystik in eigenständiger Spekulation auf der Basis seines neuplatonisch geprägten Augustinismus und seines wissenschaftstheoretischen Ansatzes, der *Ars generalis*, wonach die Gesamtheit der Wirklichkeit durch **Kombination** aus allgemeinen, evidenten **Prinzipien** logisch deduziert werden könne. Die Wirklichkeit verstand er als aus Gott, dem Einen, hervorgehende **Seinsbewegung**; deren Erkenntnis basierte für ihn allein auf Vernunftgründen, konkretisiert in den verschiedenen Wissensgebieten. Da er somit die Möglichkeit der Gotteserkenntnis bei allen Menschen in den verschiedenen Religionen und die Beweisbarkeit der christlichen Glaubenswahrheiten voraussetzte, engagierte er sich vielfältig in der geistigen Auseinandersetzung mit Islam und Judentum sowie in der Mission. Die praktisch-religiöse Seite der Erkenntnis, daß Gott in der Welt und im Menschen zu finden ist, beschrieb er in seinen mystischen Traktaten als Einung mit Gott, die sich in **Erleuchtung und Liebe**, ständigem Gebet und Entrückung vollzieht.

15.4.1 Der im Dienst des Königs von Aragon auf Mallorca wirkende Politiker Lullus erlebte ca.1263 durch eine Christusvision seine Bekehrung zum **universalen Reformer** von Kirche, Gesellschaft und Wissenschaft: Er wollte durch systematische Mission die Ungläubigen für das Christentum gewinnen und zu diesem Zweck einerseits *das beste Buch der Welt* schreiben, andererseits alle geistlichen und weltlichen Gewalten zur Errichtung von Sprachschulen (v.a. für Arabisch) gewinnen. Diesem Ziel dienten seine zahlreichen Reisen (auch seine Missionsversuche u.a. in Nordafrika), seine Lehrtätigkeit in Palma de Mallorca, Montpellier und Paris, seine 1274-1308 in verschiedenen Fassungen gestaltete **Universalwissenschaft**, die *Ars generalis*, und seine ca.290 lateinischen und katalanischen Schriften, die erstmals in der Volkssprache philosophisch-theologische Probleme darstellten. (Opera Latina: CChr.CM 32-39.75-80.111-113, 1966-94; lat.-dt.: Die neue Logik, 1985.) Die dominikanische Inquisition und die Pariser Universität attackierten ihn als **Häretiker**; Papst Gregor XI. verurteilte 1376 einen Teil seiner Lehren, doch Martin V. rehabilitierte ihn 1419. Der Lullismus verbreitete sich über Spanien hinaus. Seine Ideen wirkten nach z.B. bei Nikolaus von Kues, Faber Stapulensis, Giordano Bruno, G.W. Leibniz, G.E. Lessing.

15.4.2 Lulls Fundamentalphilosophie konzipierte die Wirklichkeit als Tätigkeit/Bewegung und Relationalität, deren rationaler Zusammenhang durch eine **mathematische Methodik** erkannt werden kann, weil die Grundstrukturen der - mit Gott zusammenhängenden - Welt den menschlichen Erkenntnisprinzipien entsprechen. Die Grundbegriffe von Metaphysik und Logik (z.B. Sein, Gutes, Eines) sind die **Namen Gottes**/*dignitates divinae* als oberste Seins- und Erkenntnisprinzipien. Deren universale Geltung entfaltete Lullus durch eine Algebraisierung und Mechanisierung der Begriffsbeziehungen (z.B. mit Hilfe von Drei- und Vierecken) so, daß er die Wahrheit der Offenbarungsinhalte - v.a. Trinität und Inkarnation - als allgemeingültig beweisen zu können meinte. Diese **Philosophie des Christentums**, die sich gegen die Trennung von Glauben und Wissen im Averroismus wandte, sollte der argumentativen Bekehrung der Sarazenen (Araber) dienen.

15.4.3 Lullus stellte seine rationale Einheitsschau der Wirklichkeit auch als *Kontemplation in Gott* und als *Philosophie der Liebe* dar (so 1273 und 1298 in den gleichnamigen Werken.) Er formte die Traditionen der areopagitischen, franziskanischen und muslimischen Mystik zu einer eigenen **Konzeption spekulativer Mystik** um: In der liebenden Vereinigung mit Gott - als Verbindung von Erkennen und Wollen, Lieben und Handeln - kommt die Erleuchtung, die denkerische Erfassung der Weltwirklichkeit, zum Ziel; das Unendliche wird im Endlichen präsent. In seinem Traktat *Medizin gegen die Sünde* hat Lullus Anweisungen für die Versenkung im ständigen Gebet gegeben, das auf der höchsten Stufe durch Anbetung im Geist und in der Wahrheit zur pneumatischen Erhebung in den Himmel führt.

15.5 Theologie als Dichtkunst: Dante

Als einflußreicher Außenseiter wirkte der Florentiner Dante Alighieri (1265-1321) durch sein großes volkssprachliches Lehrgedicht *Commedia* (im späteren Druck als *Die Göttliche Komödie* bezeichnet; Text/Übers.: hg.v. H. Gmelin, 3 Bde., 1949-51). Dieses übertrug wesentliche **Elemente einer spekulativen Metaphysik und Mystik** in eine ausdrucksstarke Bildersprache bzw. metaphorisierte Theologie. Der Dichter als Theologe (der zugleich ein politischer Schriftsteller war; vgl. § 9; 11.3.2) schilderte in poetischer Form das Leben in der jenseitigen Welt als Rettung der Menschen durch Gottes Gnade bzw. als gerechte Bestrafung: vom Strafsystem der Hölle/*Inferno* über das Bußsystem des Fegfeuers/*Purgatorio* bis zum Beseligungssystem in der Lichtwelt des *Paradiso*. Dante war zwar kein Mystiker, aber seine Aussagen über den stufenweisen Aufstieg der Seele zur Schau Gottes (des Lichts der Wahrheit, Weisheit, Liebe und Seligkeit) standen in der Tradition der mystischen Theologie; im übrigen setzte er auch scholastische Lehren und Begriffe in Metaphern und Bilder um. Sein christliches Heilsepos, eines der größten Werke der Weltliteratur, bekundete somit den hohen Stellenwert der Theologie für die allgemeine Existenzdeutung im 14.Jh.

15.6 Literatur

H. FELTEN: Dante Alighieri, GKG 4, 1983, 102-123. - DERS.: Wissen und Poesie, 1972. - K. FLASCH: Denken 381-425. - A.M. HAAS: Meister Eckhart, in: G. Ruhbach/J. Sudbrack (Hg.): Große Mystiker. Leben und Wirken, 1984, 156-170. - DERS.: Meister Eckhart als normative Gestalt des geistlichen Lebens, 1979; 2.A. 1995. - U. KERN: Eckhart, TRE 9 (1982) 258-264. - DERS. (Hg.): Freiheit und Gelassenheit, 1980. - N. LARGIER: Bibliographie zu Meister Eckhart, 1989. - D. MIETH: Meister Eckhart, GKG 4, 1983, 124-154. - E.W. PLATZECK: Raimund Lull, 2 Bde., 1962-64. - H. RIEDLINGER: Lullus, TRE 21 (1991) 500-506. - K. RUH: Meister Eckhart. Theologe, Prediger, Mystiker, 2.A. 1989.

16. Kritischer Neuansatz bei Wilhelm von Ockham

Die bei Duns Scotus erkennbare Abkehr von der hochscholastischen Synthese setzte sich fort bei dem englischen Franziskaner Wilhelm von Ockham (ca.1280/90-1348/9). Seine Metaphysikkritik und Neubegründung der Theologie entsprachen dem veränderten Zeitgeist. Er begründete keineswegs eine subjektivistisch-nominalistische Zerstörung der bisherigen harmonischen Ordnung, wie manche modernen Kritiker gemeint haben. Vielmehr entwarf er vom Schöpfungsglauben her mit einem neuen, auf **Empirie** gegründeten Wirklichkeitsverständnis und mit den Prinzipien der souveränen **Allmacht** Gottes sowie der kontingenten **Individualität** des kreatürlichen Seins eine biblisch fundierte, logisch-rational durchgeführte Konzeption, die das Spezifikum von Theologie und Kirche betonte. Deswegen kritisierte er alle metaphysisch begründeten Systeme einer Gott-Welt-Einheit in der Wissenschaftstheorie wie in der Sozialphilosophie. Seine Konflikte mit der traditionellen Scholastik und mit der Papstkirche demonstrierten das. Sein Denken war in starkem Maße auf Erfahrung und Praxis, seine franziskanische Spiritualität war auf Bibel und Christusnachfolge bezogen. Damit war er Exponent einer vorneuzeitlichen **Differenzierung**, in der einerseits die Welt ihr Eigengewicht als vom Menschen gestaltete Ordnung erhielt, andererseits die Unverfügbarkeit Gottes gegenüber aller kirchlichen Vermittlung betont wurde. Die Entwicklungslinie, an deren Anfang er (als herausragender Repräsentant neben anderen Denkern) stand, prägte den "Herbst des Mittelalters" bis hin zur Reformation. Eine förmliche Schule hat er nicht begründet, doch der Einfluß seiner Position machte sich - oft in radikalisierter oder umgedeuteter Form - im sog. Ockhamismus des 14./15.Jh.s bemerkbar, der nicht einfach als Weiterwirkung seiner Gedanken verstanden werden darf. Noch weniger darf der sog. Nominalismus des 14./15.Jh.s direkt aus seiner Konzeption abgeleitet oder mit dem Ockhamismus identifiziert werden.

16.1 Konflikt mit der etablierten Ordnung

Mit seiner Kritik der thomistischen Synthese von Philosophie und Theologie und der Betonung von **Individualität** und **Freiheit** erregte der genial-kreative Ockham den Argwohn der - auf Harmonie von Natur und Gnade im Sinne eines Primats des Geistlichen bedachten - Klerikerkirche. So wurde 1323/24 gegen ihn ein Ketzerprozeß an der päpstlichen Kurie in Avignon eröffnet, der sich auf die philosophische Theologie seines Frühwerks bezog, aber nicht zu einer Verurteilung führte. Seit 1328 schloß er sich der scharfen Opposition gegen Papst Johannes XXII. wegen dessen Verurteilung der franziskanischen Armutstheorie (s. § 6; 13.4) an. Seine radikale Papstkritik paßte in das Konzept König Ludwigs des Bayern (s. § 9; 11.2), unter dessen Schutz er bis 1348/9 in München v.a. als politischer Theoretiker wirkte. Auch wenn dieser spätere Teil seines Werkes sich erheblich von den früheren philosophisch-theologischen Arbeiten unterschied, waren beide durch einheitliche Denkprinzipien verbunden. Insbesondere der praktische Bezug seines empiristischen Ansatzes mit der Relativierung absoluter Geltungsansprüche führte dazu, daß er die scholastische Arbeitsweise der methodischen Differenzierung in bahnbrechender Weise auf die Sozialphilosophie übertrug (vgl. auch § 9; 11.3).

16.1.1 Zwischen 1280 und 1290 (ca.1288?) in Ockham bei London geboren, wurde William/ Wilhelmus früh Franziskaner und war nach dem Studium in **Oxford** dort als Baccalaureus tätig. Aus den Vorlesungen zu Petrus Lombardus 1317-19 entstand der **Sentenzenkommentar**, sein Hauptwerk, dessen Prolog die methodologischen Probleme intensiv erörterte. Nach 1321 lehrte er vielleicht im Londoner Ordens-Studium Philosophie; er verfaßte Kommentare zu Aristoteles, Quodlibeta aufgrund der Disputationen zu verschiedenen Themen und die **Summe der Logik**. (Text: Opera philosophica, 7 Bde., 1974-88; Opera theologica, 10 Bde., 1967-86.)

16.1.2 Aus ungeklärten Gründen geriet Ockham (bisher noch nicht zum Magister promoviert, daher in der Tradition als *Venerabilis inceptor/bewunderswerter Kandidat* bezeichnet) in den Streit der Oxforder Lehrer mit dem Universitätskanzler **John Lutterell**, einem Thomisten, der 1322 sein Amt verlor. Lutterell zog nach Avignon und verklagte bei Papst Johannes XXII. Ockham wegen seines Sentenzenkommentars als **Häretiker**, der daraufhin 1324 an die Kurie zitiert wurde. Doch die Untersuchungskommission aus Dominikanern und Augustinereremiten kam bis 1328 zu keinem Ergebnis. Zusammen mit dem Generalminister seines Ordens Michael von Cesena und anderen Franziskanern, die wegen des **Armutsstreits** mit dem Papst verhandelten, floh er unter Protest 1328 nach Pisa und unterstellte sich dem Schutz Ludwigs des Bayern. Seit 1330 lebte er im Münchner Franziskanerkloster, wo er zahlreiche **politische Schriften** zum großen Konflikt zwischen Kaiser und Papst, weltlicher und geistlicher Gewalt verfaßte und an der großen Pest wohl 1348 oder 1349 starb. (Text: Opera politica, bisher 3 Bde., 1940-63.)

16.1.3 Die Kollision mit der Papstkirche und der ihren Interessen entsprechenden Theologie ergab sich - auf dem Hintergrund der franziskanischen Spiritualität - aus Ockhams **Ekklesiologie** und **Naturrechtslehre**, welche die Eigenständigkeit des weltlichen Bereichs betonten. Im Zusammenhang mit dem Armutsstreit erörterte er - in subtiler Distinktion der verschiedenen Aspekte - die Legitimität von Eigentum, die er weder wie Thomas mit dem Naturrecht noch wie Duns mit der Erbsünde, sondern als geschichtlich positive Ordnung begründete. Der Kirche sprach er die Verfügung über weltliche Macht ab, den Absolutismus des Papsttums hielt er für den Grund der allgemeinen Krise und deshalb betonte er das Recht der Laien, Widerstand zu leisten und korrigierend einzugreifen. Die ideale Kirche war für ihn das Reich des Geistes und der Liebe. Die entsprechenden Theorien führte er v.a. in seinem großen, unvollendeten Werk *Dialogus* seit ca.1333 aus. (Teilw. Übers: hg.v. J. Miethke, 1992.)

16.2 Omnipotenz Gottes und Kontingenz der Schöpfung

Das Freiheitsprinzip bestimmte Ockhams Theologie und Philosophie: Gottes Souveränität äußert sich in seiner **Freiheit als Schöpfer**, der die Welt aus dem Nichts als eine Summe einzelner freier Geschöpfe erschaffen und damit als eine eigenständige Wirklichkeit konstituiert hat. Aus diesem Axiom zog Wilhelm philosophische Konsequenzen in Abgrenzung von der Metaphysik des christlichen Aristotelismus und Neuplatonismus, deren wichtigste die Negierung einer ewigen, Gott und Welt umschließenden Seinsordnung war: Gott hat nicht ein allgemeines Sein, sondern **konkrete Einzeldinge** erschaffen, deren Merkmale Kontingenz und Individualität sind. Deswegen kann sich menschliche Erkenntnis nur auf die empirische Wirklichkeit beziehen (vgl. 16.3). Ein evidentes Wissen von Gott durch Rückschluß aus der Schöpfung gibt es nicht (insofern kritisierte Ockham die traditionellen Gottesbeweise); nur die begriffliche Demonstration seiner Existenz als der ersten Wirkursache (*causa efficiens*) alles Geschaffenen ist möglich. Die Vernunft ist begrenzt auf den weltlichen Bereich. Jedes Wissen über Gottes Wesen basiert auf seiner kontingenten Offenbarung in der Heilsgeschichte, also seiner freien Selbsterschließung. Darauf beruht die Eigenständigkeit der Theologie, die keine Wissenschaft mit evidenten Prinzipien wie die Philosophie ist, sondern sich auf die Bibel als Urkunde der göttlichen Wahrheit bezieht. Ockhams voluntaristischer Ansatz führte zur Weiterbildung der - von Duns übernommenen (s. 14.1) - Differenzierung zwischen **Gottes Handeln in freier Allmacht** (*potentia absoluta*) und in **Bindung an seine Ordnungen** (*potentia ordinata*). Er betrachtete sie als zwei Aspekte derselben Macht, sah die vom menschlichen Denken vorgenommene Unterscheidung begründet in Gottes kontingent-geschichtlicher Heilsordnung. Mit subtiler logischer Argumentation erörterte er die unbegrenzten Möglichkeiten von Gottes wunderbarem Handeln, deren Grenze nur mit dem Prinzip der Widerspruchslosigkeit gegeben seien, so daß Willkür ausgeschlossen ist. Doch er stellte zugleich klar, daß Gott faktisch nichts ohne die Ordnung tut, an die er sich in seiner Güte gebunden hat. Wilhelms kräftiger Betonung von Gottes Souveränität entsprach ein **Offenbarungspositivismus**, der sich u.a. in der Rechtfertigungs- und Sakramentenlehre auswirkte. Der Ockhamismus des 14./15.Jh.s entwickelte seine Konzeption weiter, deren Einfluß sich noch im 16.Jh. - u.a. bei Luther - bekundete.

16.3 Erkenntnistheorie und Sprachlogik

Dem empiristischen Wirklichkeitsverständnis entsprachen Ockhams Einschränkung der Reichweite menschlicher Erkenntnisfähigkeit und seine Kritik an dem traditionellen Begriffsrealismus, welcher dem Allgemeinen selbständige Existenz zuschrieb. Damit setzte er eine geschichtlich folgenreiche Diastase zwischen Denken und Sein. Erkenntnis war für ihn primär die Erfahrung (*notitia experimentalis*) bzw. die **unmittelbare Anschauung des Einzelnen** (*cognitio intuitiva*). Alle darüber hinausgehende, verallgemeinernde Erkenntnis (*cognitio abstractiva*) sah er als logisch korrekte Verwendung entsprechender Begriffsbestimmungen an, die als **Zeichen** in unterschiedlicher Weise für das von ihnen Bezeichnete stehen (sog. Suppositionstheorie). Die damit begründete Sprachlogik wurde von den Ockhamisten des 14./15.Jh.s weiterentwickelt; sie führte zu einer Neuauflage des Universalienstreits (vgl. 1.2). Für Ockham war das Allgemeine nicht existent, weswegen er den *universalia* keine ontologische Realität zubilligen konnte. Doch er lehrte keinen "Nominalismus" derart, daß die Allgemeinbegriffe (für Gattungen, Arten etc.) bloße Setzungen des Menschen wären; vielmehr vertrat er eine eigene Art des Konzeptualismus, wonach der Erkenntnisakt in den Einzeldingen Gemeinsamkeiten feststellt, die im menschlichen Geist als Allgemeines existieren. Trotzdem galt er in späterer Zeit - unzutreffend - als klassischer Nominalist.

16.3.1 Die Probleme der **Erkenntnistheorie** behandelte Ockham immer wieder, besonders intensiv in der *Summa Logicae* von 1323, einem Handbuch seiner Sprachlogik (Text/Übers.: P. Kunze, 1984; Auswahl: hg.v. R. Imbach, 1984). Gegen die Annahme, daß der Fülle von Begriffen, die die Wissenschaft verwende, eine Realitätsfülle entspreche, formte er die alte **Regel**, daß man eine Vielheit nicht ohne Notwendigkeit setzen dürfe, zum methodischen Prinzip um, dem sog. **Ökonomieprinzip**; seit dem 17.Jh. als *Ockhams Rasiermesser/novacula Occami* bezeichnet, weil damit alle überflüssigen Erklärungsgründe abgeschnitten werden sollten.

16.3.2 Durch die **Beschränkung der Erkenntnis** auf die erfahrbaren Einzeldinge wird die traditionelle Metaphysik unmöglich. Evidentes Wissen ist für Ockham nur im Bezug auf die Empirie gegeben; die intuitive Erkenntnis als **begriffliche Erfassung** bezieht sich nicht auf das Wesen, sondern auf die Faktizität der Dinge, und die Logik hat die Aufgabe, die Begriffe und deren Verknüpfung zu prüfen. Die Dominanz des theologischen Denkens erwies sich bei Wilhelm in einer problematischen (aus der Lehre über die eucharistische Realpräsenz Christi verallgemeinerten) Hypothese, die in der Folgezeit den Skeptizismus förderte: Gott könne in seiner *potentia absoluta* auch die intuitive Erkenntnis eines nicht-existenten Dinges verursachen (bzw. den Glauben an ein solches).

16.3.3 Die realistische Lösung des **Universalienproblems** (vgl. 1.2.2; 13.2.3), welche die erfahrbare Wirklichkeit als Abbild der Ideen verstand, hat Ockham immer wieder kritisiert, v.a. mit dem Argument, daß das Allgemeine nicht außerhalb des denkenden Subjekts in den Einzeldingen existiere. (Z.B. gebe es kein Menschsein als solches, weil die einzelnen Menschen so widersprüchliche Merkmale aufwiesen, daß kein gemeinsames Wesen existieren könne.) Individualität und Allgemeinheit haben nicht die gleiche Realität: *Was allgemein ist und von mehreren ausgesagt werden kann, existiert im Geist* (*in mente*; I Sent.2,7). In seiner eigenen Lösung des Problems hat Ockham eine Entwicklung durchgemacht; zuletzt hat er das Allgemeine i.w. mit dem Erkenntnisakt (*intellectio*) identifiziert, wobei zwischen Begriff (*conceptus*) und Wirklichkeit eine Beziehung besteht.

16.4 Der Mensch und das Heil

Ockhams Soteriologie, in Abkehr von der ontologischen Interpretation voluntaristisch geprägt, verband den Ansatz bei Gottes Freiheit mit einer optimistischen Anthropologie, wonach dem Menschen trotz des Sündenfalls eine i.w. intakte Naturanlage - mit Willensfreiheit als wichtigstem Prinzip - eignet. Wie Duns Scotus deutete er die Rechtfertigung primär als **Annahme** durch Gott (*acceptatio*) aufgrund der Prädestination in Gottes freier *potentia absoluta.* Die **Gnade** definierte er **personalistisch** als Zuwendung Gottes zum Menschen (als *favor*/Huld): Gott ist niemandem verpflichtet, auch nicht den Christen, die kraft ihres Gnadenhabitus (*gratia infusa*) verdienstliche Werke hervorbringen. Die Notwendigkeit der Gnade, die einen Habitus der Liebe als Prinzip des guten Handelns bewirkt, betonte Ockham als faktische heilsgeschichtliche Setzung von Gottes *potentia ordinata* ebenso wie die kirchliche Vermittlung des Heils. Doch er relativierte sie durch die Auffassung, Gott könnte in seiner Souveränität ohne diesen Habitus einen Sünder rechtfertigen bzw. Gnaden- und Sündenhabitus könnten zusammen existieren. Schon seine Gegner im 14.Jh. warfen ihm Pelagianismus vor, weil bei ihm die Erbsündenlehre keine Rolle spielte und er die menschliche Freiheit zum sittlichen Handeln stark betonte. Er begründete die **Ethik** voluntaristisch in Korrespondenz von göttlicher und menschlicher Freiheit: Die ethischen Verpflichtungen hat Gott durch seine Gebote als Ausdruck seines Willens (*potentia ordinata*) gesetzt, und der

Mensch muß sie im Gehorsam mit seinem Willen erfüllen, wobei die Einsicht in die Rechtmäßigkeit und die Liebe zu Gott ihn leiten.

16.5 Literatur

K. BANNACH: Die Lehre von der doppelten Macht Gottes bei Wilhelm von Ockham, 1975. - R. HEINZMANN: Philosophie 242-262. - R. IMBACH: Wilhelm Ockham, in: O. Höffe, Klassiker (s. 2.4), 220-244. - E. ISERLOH: Gnade und Eucharistie in der philosophischen Theologie des Wilhelm von Ockham, 1956. - H. JUNGHANS: Ockham im Lichte der neueren Forschung, 1968. - W. KÖLMEL: Wilhelm Ockham und seine kirchenpolitischen Schriften, 1962. - J. MIETHKE: Wilhelm von Ockham, GKG 4, 1983, 155-175. - DERS.: Ockhams Weg zur Sozialphilosophie, 1969.

17. Spätscholastik im 14./15. Jahrhundert

Wenn man die philosophisch-theologische Synthese als wesentliches Kennzeichen der Hochscholastik ansieht, kann man mit der seit ca.1320-50 zunehmenden Differenzierung und Formalisierung die Spätscholastik beginnen lassen. Wilhelm von Ockham als Wegweiser einer neuen Epoche markiert die Grenze. Produktivität und Originalität waren im 14./15.Jh. zwar gelegentlich vorhanden, aber kaum noch durch innovative Geister vertreten. Trotzdem sollte man diese Periode nicht als Verfall werten, zumal neben der Scholastik andere Formen der Theologie starkes Gewicht gewannen (vgl. 18.1-2) und der schon früher vorhandene Praxisbezug verstärkt wurde. Der wissenschaftliche Fortschritt kam allerdings weniger von den Universitäten, wo man zunehmend die älteren Theorien und Systeme interpretierte.

17.1 Via moderna - via antiqua. Nominalismus und Realismus

In Auseinandersetzung mit dem Ockhamismus entwickelte sich der Universalienstreit neu (vgl. 1.2), er signalisierte seit ca.1380/1400 eine **Grundlagenkrise der Scholastik**. Diese zerfiel in rivalisierende Schulen mit spezifischem Lehrprogramm, und der Streit um Begriffsdefinitionen und Distinktionen prägte zunehmend ihr Erscheinungsbild. Im 14.Jh. bürgerte sich für die Vertreter der ockhamistischen Methodik der Begriff *moderni* ein, während die Thomisten und Scotisten als *antiqui* galten. Die sog. **Nominalisten** oder Terministen vertraten den *neuen Weg* (*via nova* bzw. *moderna*) einer Sprachlogik und empiristischen Erkenntnistheorie, was in der Philosophie die Konzentration auf Logik sowie Naturwissenschaft und in der Theologie die Abkehr von einer metaphysischen Begründung der Glaubenslehren als allgemein gültiger Wahrheiten zur Folge hatte. Die sog. **Realisten** oder Formalisten blieben beim *alten Weg* (*via antiqua*) des von Albertus, Thomas und Duns geprägten Aristotelismus mit der Behauptung der Einheit von Denken und Sein, ohne damit in Philosophie und Theologie nur die traditionellen Positionen zu wiederholen. Die Universität Paris wurde ausstrahlungskräftiges Zentrum des - in verschiedene Richtungen differenzierten - Nominalismus, der von dort u.a. die Universitäten Wien und Erfurt erfaßte, während Prag und Köln Hochburgen des Realismus blieben. Der "**Wegestreit**" um die Fixierung des Lehrprogramms spielte im 15.Jh. eher eine Rolle für die philosophischen als für die theologischen Fakultäten. Neben alternativen Festlegungen auf Nominalismus oder Realismus gab es an vielen Universitäten eine Zulassung beider Richtungen. Die Universitätstheologie bearbeitete diese Grundsatzfrage i.w. im Zusammenhang dogmatischer Probleme. So vertrat der Pariser Scholastiker **Gregor von Rimini** (ca.1300-58) in der **Gnadenlehre** eine Verbindung von Augustinismus und Nominalismus: Gegen die Auffassung vom Gnadenhabitus betonte er, daß Gott die einzelnen Erkenntnisakte und guten Handlungen souverän-gnadenhaft bewirke, weshalb der Mensch permanent auf seine aktuelle, kontingente Hilfe angewiesen bleibe. Ebenso gegen die *modernen Pelagianer* (v.a. Ockham), aber geprägt vom ontologischen Realismus, kämpfte der Oxforder Lehrer **Thomas Bradwardine** (ca. 1290-1349) für eine Erneuerung des Augustinismus: Gottes Wille als Erstursache wirkt kraft seiner Prädestination im menschlichen Willen das Heil durch die habituelle, heiligende Gnade als Instrumentalursache, so daß die Begnadeten in fast deterministischer Weise von Gottes Gegenwart bestimmt werden.

17.1.1 Wilhelms von Ockham philosophische Lehren erfuhren im **Ockhamismus** des 14.Jh.s eine Weiterführung. In **Oxford** wirkten in diesem Sinne die Franziskaner Adam Wodeham (gest. 1358) und Walter Chatton (gest. 1344) sowie der Dominikaner Robert Holcot (gest. 1349). In **Paris** verbreitete sich trotz der Verurteilung von Ockhams Logik 1339/40 dessen Einfluß, allerdings neben und mit anderen Positionen (vgl. auch 17.2.1). Ebenfalls verurteilt wurden dort 1346/7 die extremen Ockhamisten Johannes von Mirecourt (gest. ca.1349) wegen seines Determinismus' in der Gotteslehre und Nikolaus von Autrecourt (gest. nach 1350) wegen seiner Kritik an der aristotelischen Erkenntnistheorie, seiner empiristischen Bestreitung des Substanzbegriffs und des Kausalgesetzes. Seitdem herrschte in Paris eine gemäßigte **via moderna**.

17.1.2 Einen gemilderten philosophischen Nominalismus (keinen Ockhamismus) verband der gelehrte Augustiner-Eremit **Gregor von Rimini**, der seit ca.1341 in Paris lehrte, mit theologischem **Augustinismus**. Sein Hauptwerk war ein umfangreicher Kommentar zu den Sentenzen des Lombardus (Text: Lectura ..., 7 Bde., hg.v. A.D. Trapp u.a., 1979-87). Von Ockham unterschied er sich v.a. in der Gnadenlehre; doch nominalistisch war seine Art, **Sünde und Gnade** nicht als Seinsbestimmungen, sondern als einzelne Akte zu denken, in welchen sich der Mensch als Sünder oder Begnadeter erweist: Nicht der Stand einer habituellen Heiligung ermöglicht Wahrheitserkenntnis und Tun des Guten, sondern Gottes je neues Handeln im Heiligen Geist. Den Realismus lehnte Gregor u.a. deshalb ab, um die konsequente Theonomie (Souveränität Gottes) nicht durch eine Seinsordnung zu beeinträchtigen. Er lehrte wie Gottschalk (s. § 5; 14.4) eine doppelte **Prädestination** zum Heil und Unheil, ohne damit Anstoß zu erregen.

17.1.3 Einen eigenständigen Augustinismus, verbunden mit einem modifizierten Thomismus vertrat in Paris die durch **Aegidius Romanus** (ca.1243-1316) begründete **Augustinerschule**, d.h die Schule des Ordens der Augustinereremiten, die im 14./15.Jh. neben Dominikanern und Franziskanern eine Rolle spielte. Aegidius' prägender Einfluß zeigte sich in der theologischen Prinzipienlehre sowie in der Sünden- und Gnadenlehre (Voluntarismus statt Intellektualismus, personalistisches Verständnis von Erbsünde und Rechtfertigung; zu seinen kirchenpolitischen Schriften s. § 9; 11.3.2). Neben Jakob von Viterbo (gest. 1307/8) ragte v.a. Augustinus Triumphus (gest. 1328) als universellster Vertreter dieser Schule hervor. Wie Aegidius vertraten sie philosophisch den Realismus und kirchenpolitisch-ekklesiologisch einen dezidierten Papalismus; so auch die einflußreichen Augustiner Thomas von Straßburg (gest. 1357), Hugolinus von Orvieto (gest. 1373) und Augustinus Favaroni (gest. 1443).

17.1.4 Radikalen Augustinismus und eklektischen Scotismus/Aristotelismus verband der als *doctor profundus* geltende **Thomas (von) Bradwardine** – zunächst Logiker und Mathematiker, dann Theologe in Oxford (1349 Erzbischof von Canterbury) – zu einem philosophischen Realismus und theologischen Antipelagianismus. Sein umfangreiches Hauptwerk *De causa Dei contra Pelagium/Über Gottes Ursache gegen Pelagius und über die Ursache der Tugenden* (hg. v. H. Savilius 1618; ND 1964) wollte Augustins Philosophie und Theologie gegenüber der zeitgenössischen Nivellierung zur Geltung bringen. Er betonte **Gottes universale Kausalität**, dessen Wille alles determiniert, so daß auch der menschliche Wille von ihm völlig bewegt wird. Die augustinischen Lehren von der Allwirksamkeit der Gnade und der göttlichen Prädestination interpretierte er gegen den Ockhamismus mit der scholastischen Differenzierung zwischen *gratia increata* (= Gottes ständig wirkendem Willen) und *gratia creata* (= Gnadenhabitus der Gerechtfertigten; vgl. 10.1.3).

17.2 Nominalismus und Reformtheologie

Wie stark die Theologie im 14./15.Jh. immer noch mit dem allgemeinen Geistesleben verbunden war, zeigte sich z.B. in der Entwicklung der Naturphilosophie (aber auch der politischen Theorie; vgl. § 9; 11.3). Die **Pariser Universität** übte in den Wirren jener Zeit als geistige Großmacht einen weithin orientierenden Einfluß aus. Unter ihren Lehrern ragte **Johannes Gerson** (1363-1429) heraus, ein gemäßigter Nominalist, der die Scholastik durch die Mystik ergänzen und im Sinne eines stärkeren **Praxisbezugs der Lehre** reformieren wollte. Sein umfangreiches Schrifttum umfaßte seelsorgerlich-erbauliche, katechetische und kontemplative Traktate. Er behauptete die Eigenständigkeit und Höherrangigkeit der Theologie gegenüber der Philosophie; kirchenpolitisch trat er für eine Versöhnung der Parteien im Papstschisma und für den Erfolg des Konziliarismus ein (vgl. dazu § 8; 14.1-2). Sein Einfluß zeigte sich im 15.Jh. insbesondere bei deutschen Erbauungsschriftstellern und wirkte z.B. noch bei Martin Luther nach.

17.2.1 Der gemäßigte Ockhamist **Johannes Buridanus** (gest. nach 1358) in Paris ging eigene Wege in seiner Logik und seinen Aristoteleskommentaren, v.a. aber in der Physik und Astronomie durch seine **Impetus-Theorie**, welche die Naturwissenschaft im 15./16.Jh. stark beeinflußte: Die Evidenz der Kausalschlüsse zeigt sich auch daran, daß ein Bewegender seine Kraft dem Bewegten mitteilt als ihm inhärierenden richtungsweisenden Impetus (Anstoß); Gott hat den Gestirnen und Himmelssphären die anfängliche Bewegung eingestiftet, so daß der Weltprozeß ohne sein direktes Einwirken mechanisch abläuft. Buridanus' Schüler Nikolaus von Oresme (ca. 1320-82; Bischof und theologischer Antinominalist) übertrug das auf die Erdumdrehung und problematisierte damit das ptolemäische Weltbild. Nikolaus von Kues und Kopernikus knüpften an diese Erkenntnisse an.

17.2.2 Einige Buridanus-Schüler gewannen prägenden Einfluß an den **deutschen Universitäten**: Albert von Sachsen (gest. 1390, seit 1366 Bischof von Halberstadt), der erste Wiener Rektor, v.a. durch seine Lehren zur Mechanik; Marsilius von Inghen (ca.1330-96), der erste Heidelberger Rektor, durch theologische, logische und naturphilosophische Schriften; der Universalgelehrte Heinrich von Langenstein (1325-97) in Paris und Wien als Kirchenpolitiker und ockhamistischer Theologe/Exeget und Naturwissenschaftler.

17.2.3 Ein wenig origineller Ockhamist war der Naturphilosoph und Theologe **Pierre d'Ailly** (Petrus von Alliaco, 1352-1420), einflußreicher Kanzler der Universität Paris, Bischof von Cambrai und Kardinal, der eine kirchenpolitisch bedeutende Rolle als Konziliarist spielte (s. § 8; 14.1). Er hat zahlreiche Schriften u.a. zur Logik und Physik, Askese und Mystik sowie Bibelkommentare und einen Sentenzenkommentar verfaßt.

17.2.4 Sein Schüler und konziliaristischer Mitstreiter **Johannes Gerson** (Jean Charlier aus Gerson in der Diözese Reims), seit 1393/95 Stiftsdekan in Brügge und Universitätskanzler in Paris, der *doctor christianissimus* und *doctor consolatorius* des Spätmittelalters, übertraf ihn durch sein theologisches Profil, ohne jedoch eine produktive Neukonzeption der Scholastik zu vertreten. Auch er war ein Mann der Universität wie der kirchlichen Praxis (bezogen auf den hohen Klerus wie auch auf die einfachen Gläubigen). Er setzte sich in Schriften zur Ekklesiologie, Kirchenpolitik und zur mystischen Theologie für eine **Erneuerung der Frömmigkeit** als Grundlage der allgemeinen Kirchenreform ein (Text: Oeuvres complètes, hg.v. P. Glorieux, 10 Bde., 1960-73). Die **Mystik** war ihm wichtiger als die Scholastik, doch nicht als Gegensatz, sondern i.S. einer sachlichen Verbindung, um die Dogmatik von der Frömmigkeit her zu beleben. So verband er die **nominalistische Erkenntnistheorie** mit der **kontemplativen Theologie** einer areopagitischen Stufenmystik z.B. im Blick auf das Universalienproblem: Die Allgemeinbegriffe sind real nur als Ideen in Gott und im menschlichen Intellekt aufgrund der Betrachtung der Einzeldinge; eine ontologische Verbindung zwischen Mensch und Gott - und damit einen intuitiven Zugang zu diesem - kann es nicht geben, weil zwischen dem souveränen Schöpfer und der Kreatur eine kategoriale Differenz besteht; diese kann nur durch die mystische Theologie auf dem Wege der Negation und Abstraktion überwunden werden, indem der geschaffene Geist sich dem ungeschaffenen hingibt (bzw. indem der menschliche Wille auf verschiedenen Läuterungsstufen dem göttlichen Willen konform wird in einer Art "Ekstase" der Affekte). Den Realismus lehnte Gerson als häretisch ab, weil er zum Pantheismus führe. Seine Gnadenlehre hatte, bedingt durch die Mystik, einen stark synergistischen Zug.

17.3 Scholastische Bibelwissenschaft

Die Beschäftigung mit der Bibel war ein wesentlicher Bestandteil des Lehrbetriebs (vgl. 3.1; 7.2), wobei die Auslegung meist als Vorstufe für die dogmatische Reflexion diente. Sie erfuhr z.T. aber auch spezielle Pflege, z.B. durch philologische Hilfsmittel. Fast alle großen Scholastiker verfaßten Bibelkommentare. Deren Hermeneutik war durch die **Theorie vom mehrfachen Schriftsinn** bestimmt, die auf eine Dominanz der allegorischen Auslegung hinauslief. Besondere geschichtliche Bedeutung erlangte demgegenüber der Pariser Lehrer **Nikolaus von Lyra** (ca. 1270-1349) mit seiner *Postilla*, die die gesamte Bibel in konsequenter Orientierung am **historisch-wörtlichen Sinn** kommentierte. Lyra war eher ein Kompilator als ein Systematiker, folgte in seinen theologischen Aussagen einerseits der scotistischen Scholastik, andererseits der franziskanischen Spiritualität und nahm in der Einzelexegese sowie in der Methodik in erheblichem Maße die jüdische Schriftauslegung des 11./12.Jh.s auf. Der Reichtum seiner exegetischen Beobachtungen begründete die starke **Wirkung** der *Postilla* im späten Mittelalter bis hin zur Reformation (z.B. der Benutzung durch Luther). Bedeutende Leistungen in der wissenschaftlichen Exegese brachte ansonsten das 14./15.Jh. - von Wyclif abgesehen (s. 17.4) - nicht hervor; wichtig war jedoch der Praxisbezug der Schriftauslegung z.B. bei Gerson (s. 17.2) oder Dionysius dem Kartäuser (vgl. 17.5).

17.3.1 Die allegorische Schriftauslegung orientierte sich z.T. an der von Hieronymus, Gregor d.Gr. und Isidor von Sevilla vertretenen Theorie vom dreifachen Schriftsinn (leiblich, seelisch, geistig), mehr noch an der durch Johannes Cassianus (s. § 6; 6.4.5) überlieferten Theorie vom **vierfachen Schriftsinn**, die zwischen historischem und geistlichem Verständnis unterschied und letzteres in *allegoria*, *anagoge* und *tropologia* unterteilte (d.h. christologisch-ekklesiologische, eschatologische und moralische Deutung). Dies faßte man seit dem Dominikaner Augustinus von Dacia/Dänemark (gest. 1285) in dem Merkvers zusammen: *Litera gesta docet, quid credas allegoria; moralis, quid agas, quid speres* (bzw. *quo tendas*), *anagogia/Der Buchstabe lehrt die Ereignisse, die Allegorie das, was man glauben soll; der moralische Sinn, was man tun soll, der anagogische, was man hoffen soll* (bzw. *wohin man streben soll*).

17.3.2 Für die philologische Arbeit schuf der u.a. in Paris lehrende Hugo von St.Cher (gest. 1263) zusammen mit anderen Dominikanern wichtige Grundlagen durch die erste Bibelkonkordanz und durch textkritische Arbeiten (Bibelkorrekturen). Als erster bezeichnete er seinen Kommentar zur gesamten Schrift als **Postilla**. Der bald eingebürgerte Begriff, der die schulmäßige Exegese meinte, ergab sich wohl aus der Einleitungsformel des Auslegers: *Post illa verba textus .../Nach jenen Worten des Textes ...* (oder einfach: *post illa/danach*).

17.3.3 Der Franziskaner **Nikolaus** aus Lyre/Normandie, seit 1308/10 in Paris lehrend, faßte seine Vorlesungen ca.1322-31 in der *Postilla literaris super totam Bibliam* zusammen, ergänzt durch die *Postilla moralis*, in zahlreichen Handschriften verbreitet bis hin zum ersten Druck

1471/2 (Text: Postilla ..., 4 Bde., 1492; ND 1971). Er stützte sich dabei auch auf die Bibelkommentare des französischen Rabbis Salomo ben Isaak, gen. Raschi (ca.1040-1105). Seine Hebräischkenntnisse waren damals etwas Besonderes (vgl. 11.3.4 zu Roger Bacon). Sein Verdienst bestand in wichtigen Beiträgen zur Erschließung der biblischen Geschichte und der Literalexegese, was sein Werk zu einer Fundgrube für die nachfolgenden Bibelausleger machte. In den Drucken wurden der *Postille* beigefügt die *Additiones* des Erzbischofs Paulus von Burgos (ca. 1353-1435), eines konvertierten spanischen Juden, ca.1100 Ergänzungen aus der Väterexegese.

17.3.4 Breiten Einfluß im 15./16.Jh. übten die gelehrten, praktisch orientierten Kommentare aus, die der flämische Mystiker und Scholastiker **Dionysius der Kartäuser** (1402/3-71; in Roermond) zu allen biblischen Büchern verfaßte. Sie sollten der Anleitung zur geistlichen Erkenntnis und zum Leben nach der *lex evangelica* dienen, reflektierten also die für das Spätmittelalter typische Konzentration auf die individuelle Frömmigkeit (Text: Dionysii Cartusiani Opera omnia, 44 Bde., 1896-1913). Vgl. auch 17.5.3.

17.4 Schrifttheologie und Kirchenreform: John Wyclif

Auf der Basis eines extremen Universalienrealismus entwickelte der literarisch produktive Oxforder Scholastiker John Wyclif (ca.1330-84) ein **Schriftprinzip**, das - verbunden mit striktem Augustinismus - zu einem theologischen Neuansatz mit revolutionären Konsequenzen für die kirchliche Praxis führte. (Zum Konflikt mit der Papstkirche s. § 8; 13.1.) Er verstand die - in jedem Wort irrtumsfreie, weil ewige Wahrheit enthaltende - Bibel als **evangelisches Gesetz**, das im Widerspruch zu Kirchenrecht und Hierarchie die Nachfolge Christi lehrt; als Buch des Lebens und Buch des Seins enthält sie Gottes ewige Ordnung, die als dessen Logos mit Christus identisch ist. Zu dieser Sicht kam er von seinen philosophischen Prämissen her: der Ablehnung des Nominalismus als Skeptizismus und seiner **realistischen Erkenntnislehre** mit ihrer Annahme eines ontologischen Zusammenhangs zwischen Gott und Welt, Idee und Erscheinung, Offenbarung und Vernunft: Gott sei kein Gott der souveränen Willkür, sondern der gesetzmäßigen Ordnung, der in dieser für die Vernunft erkennbar werde als höchstes Prinzip und höchstes Gut, und zwar v.a. aufgrund der Wahrheitsoffenbarung in der Bibel. Wyclifs Bedeutung lag in der Verbindung dieses **rationalen Biblizismus** mit einer **kritischen Ekklesiologie**. Nachhaltige Wirkung erzielte er nicht bei den Zeitgenossen in England und in der scholastischen Theologie, sondern im 15.Jh. bei den Kirchenkritikern in Böhmen. Das ihm früher im Protestantismus verliehene Würdeprädikat eines "Vorreformators" ist mit seinen Lehren kaum zu begründen. Der in manchem von ihm beeinflußte **Jan Hus** erlangte nicht durch wissenschaftliche Theologie oder lehrmäßige Originalität historische Bedeutung, sondern durch sein Eintreten für eine Kirchenreform in Böhmen.

17.4.1 Der Landadelige Johannes aus Wycliffe/Yorkshire durchlief in Oxford die Universitätslaufbahn vom Magister Artium 1363 bis zum Doktor der Theologie 1372, verbunden mit kirchlichen Ämtern/Pfründen. Seine zahlreichen **theologischen Werke** (Text: The Latin Works, 36 Bde., 1883-1922; ND 1966) verfaßte er relativ spät in der Zeit, als er bereits durch seine Kirchenkritik hervortrat (vgl. § 8; 13.1.1-2): u.a. 1372-78 die *Postilla* zur gesamten Bibel, den Bibelkommentar und die beiden ontologischen Traktate *Über das Sein* und *Über die Universalien*, ferner *De divino dominio* und *De civili dominio/Über die göttliche Herrschaft - Über die bürgerliche Herrschaft* 1375/6 sowie *De ecclesia* 1378 (seine ekklesiologisch-kirchenpolitischen Hauptschriften als Teil einer Summe der Theologie), *De veritate sacrae scripturae/Über die*

Wahrheit der Heiligen Schrift 1378, *De eucharistia* 1379 und die Zusammenfassung seiner Philosophie, Theologie und Kirchenreformprogrammatik im *Trialogus* 1382.

17.4.2 In **Erkenntnistheorie** und **Augustinismus** orientierte sich Wyclif an Grosseteste (12.1.2) und Bradwardine (17.1.4), dessen Determinismus er für die Gotteslehre übernahm. Gegen die ockhamistische Sprachlogik vertrat er eine realistische Logik und Metaphysik, wonach die Allgemeinbegriffe als Ideen bzw. Sein in Gott selbständig existieren, also - ebenso wie die Moralgesetze - ewige Wahrheiten sind. Das übertrug er auf das **Schriftverständnis**: Die Bibel ist - als geschriebenes Wort des ewigen Logos Christus - bereits vor der Schöpfung in Gottes Geist verfaßt worden; sie ist das Buch der ewigen Wahrheiten und Gesetze Gottes, insbesondere des Lebens Christi, welches alle Wahrheit enthält. All ihre Aussagen sind wörtlich verbindlich und heilsnotwendig; sie enthalten alles, was der Mensch wissen muß. Diesem formalen entsprach als materiales Schriftprinzip die Betonung der Vorbildlichkeit des Lebens Jesu und der Urkirche: **Nachfolge Christi** in Armut, Demut und geduldigem Leiden als kritischer Maßstab für gegenwärtiges Christsein und Kirchenstrukturen (vgl. § 8; 13.1). Wyclifs theologisches Profil lag in der reflektierten Einheit von philosophischem Realismus, Biblizismus, Moralismus und Kirchenkritik.

17.4.3 Von dieser Position her entfaltete er mit der augustinischen **Prädestinationslehre** die **Ekklesiologie**: Kirche sind die durch Gott von Ewigkeit her Erwählten, die Bürger des himmlischen Reiches unter der Herrschaft Gottes; es ist zwar nach menschlicher Beurteilung ungewiß, wer ihr angehört, aber es ist evident, daß diejenigen, welche dem Maßstab für das Christsein (17.4.2) nicht entsprechen, die von Gott Verworfenen, das irdische Reich des Antichristen sind. (Zu den Konkretionen s. § 8; 13.1.2.)

17.4.4 Besonderen Anstoß erregte Wyclifs **Ablehnung des Transsubstantiationsdogmas**, die sich aus seiner Kritik an den verschiedenen Erklärungsversuchen, v.a. den nominalistischen Theorien der *annihilatio, impanatio* und *consubstantiatio* (vgl. 8.3.4) ergab. Er lehrte, daß die Substanz von Brot und Wein bleibe und in ihr Christi Leib sakramental-symbolisch gegenwärtig sei und von den Gläubigen geistlich empfangen werde. Auch die **Meßopferlehre** und die Wirksamkeit der Sakramente ex opere lehnte er ab. Die Universität Oxford und die englische Kirche verurteilten 1381/2 diese Auffassungen als häretisch (ebenso 1415 das Konzil von Konstanz; Text/Übers.: DH 1151-57).

17.4.5 Wyclifs Lehren wirkten v.a. an der Universität Prag und in Böhmen nach, auch bei **Jan Hus** (s. § 8; 13.2). Dessen Beitrag zur Theologiegeschichte lag nicht im theoretischen Bereich, wie z.B. sein umfangreicher Sentenzenkommentar von 1407/8 zeigt, der die traditionellen scholastischen Lehren unselbständig kompilierte und - ohne Namensnennung - vieles aus Wyclifs Schriften übernahm.

17.5 Spätscholastik im Übergang zur Neuzeit

Die umfangreiche theologische Literatur des 15.Jh.s ist noch nicht so genau erforscht, daß sich ein eindeutiges Gesamtbild ergibt. Bei den meisten Theologen verband sich scholastische Lehrform mit Betonung der Frömmigkeitspraxis - Meditation, Mystik, Sakrament, Ethik. (Vgl. dazu auch 18.2.) Der Gegensatz der Richtungen und Schulen (s. 17.1) bestand grundsätzlich fort, schliff sich aber durch Kompilation einzelner Schulmeinungen aus unterschiedlichen Lagern ab. Sowohl unter dem Einfluß von Humanismus und Reformation als auch durch eigenständige Weiterentwicklung der Schulen kam es im 16.Jh. zu einer geschichtlich bedeutsamen Neuformierung der Scholastik, so daß man das späte 15. Jh. insofern als Übergangsperiode ansehen kann. Ein besonderes Merkmal dieser Entwicklung war die mehr oder weniger intensive Orientierung an Augustin. Als herausragender Repräsentant des **Nominalismus** gilt gemeinhin **Gabriel Biel** (gest. 1495), Lehrer der Brüder vom gemeinsamen Leben und Professor in Tübingen, der die *Devotio moderna* und die *Via moderna* verband, aber unter Berücksichtigung von Thomas und Duns Scotus. (Vgl. § 6; 16.1-3.) Sein Sentenzenkommentar und seine Auslegung des Meßkanons erhielten eine beträchtliche Wirkung über Deutschland hinaus (noch im 16.Jh., z.B. bei Luther). Er vertrat die ockhamistische Philosophie und Gotteslehre (mit der Differenzierung zwischen *potentia absoluta* und *ordinata*; s. 16.2), während er in der Rechtfertigungslehre mit der Betonung der gnädigen Akzeptation des Menschen durch Gott den "Pelagianismus" der Ockhamisten überwand. Als Vertreter des Thomismus wirkte Dionysius der Kartäuser (gest. 1471) durch seine zahlreichen Schriften mit ihrer Verbindung von Theologie und Frömmigkeit nachhaltig.

17.5.1 Gabriel Biel, geb. vor 1410 in Speyer, zunächst v.a. als Prediger und Seelsorger tätig, trat vor 1468 der Kommunität der Brüder vom gemeinsamen Leben (s. § 6; 16.1.3) bei, beteiligte sich aktiv an Neugründungen von Fraterhäusern in Süddeutschland und lehrte an deren Lateinschulen in Butzbach und Urach. 1484-92 war er Theologieprofessor an der 1477 gegründeten Universität Tübingen. 1484-89 verfaßte er Buch I-III seines **Sentenzenkommentars**; Buch IV wurde bis 1495 nicht fertig (*Collectorium* .../*Sammlung* ... Druck 1501 u.ö.; Text: hg.v. W. Werbeck - U. Hofmann, 6 Bde., 1973-92). Es wurde ein viel benutztes Standardwerk der ockhamistischen Spätscholastik. Seine umfangreiche **Erklärung der Meßliturgie** erfuhr noch größere Verbreitung; sie erörterte alle einschlägigen theologischen und ethischen Aspekte als eine Art Handbuch der Pastoraltheologie (*Canonis missae expositio*, Druck 1488 u.ö.; Text: hg. v. H.A. Oberman u.a., 5 Bde., 1963-76).

17.5.2 Galt der älteren Forschung Biels **Rechtfertigungslehre** als typisch für den spätmittelalterlichen (Semi-)Pelagianismus, so zeichnet die neuere Forschung ein differenzierteres Bild. Einerseits betonte Biel, der auf "puritanischen" Moralismus erpichte Prediger einer Abkehr von weltlichen Dingen, die **Willensfreiheit** des Menschen, dessen sittliches Vermögen und Erkenntnisfähigkeit durch die Erbsünde nur geschwächt seien. Andererseits lehrte er, daß Gott in souveräner Freiheit die von ihm erwählten Menschen **allein aus Gnaden** rechtfertige und daß erst die Gnade die verdienstlichen Werke ermögliche, die Gott als solche akzeptiere; doch Gott nehme denjenigen an, der sich nach seinen Möglichkeiten bemühe, so daß Biel hier das alte synergistische Prinzip nicht überwand (*facienti quod in se est, Deus non denegat gratiam*; s. 12.4.3).

17.5.3 Ebenso repräsentativ für die deutsche Spätscholastik war **Dionysius der Kartäuser** (vgl. 17.3.4), der sich weithin an Thomas von Aquino orientierte. Seine Kompendien zur Philosophie und Theologie und sein umfangreicher Sentenzenkommentar, der die Lehren der Hochscholastik kompilierte, waren im 15./16.Jh. ebenso einflußreich wie seine mystischen, pädagogischen, moralischen und pastoraltheologischen Traktate.

17.5.4 Ein typischer Vertreter der Scholastik war **Johannes Capreolus** (gest. 1444), der bedeutendste französische Thomist, der gegen den Nominalismus in scharfsinniger Darstellung die Lehren des Thomas verteidigte. Einer der universellsten Theologen im 15.Jh. war der spanische Dominikaner und Kardinal **Juan de Torquemada** (1388-1468), einflußreich als papalistischer Kirchenpolitiker, als Gratian- und Thomaskommentator sowie als Bibelexeget. Seine *Summa de ecclesia* war die bedeutendste scholastische Schrift zur Ekklesiologie.

17.6 Literatur

G.A. BENRATH: John Wyclif, GKG 4, 1983, 219-233. - DERS.: Wyclifs Bibelkommentar, 1966. - U. BUBENHEIMER: Gabriel Biel, GKG 4, 1983, 308-319. - C. BURGER: Gerson, TRE 12 (1984) 532-538. - W. DRESS: Die Theologie Gersons, 1931. - E. GÖSSMANN: Antiqui und Moderni im Mittelalter, 1974. - TH. KOBISCH: Nominalismus, TRE 24 (1994) 589-604. - J. LOSERTH: Wiclif, RE^3 21 (1908) 225-244. - DERS.: Huss und Wiclif, 2.A. 1925. - M.A. SCHMIDT: Nikolaus von Lyra, TRE 24 (1994) 564-566. - H.A. OBERMAN (Hg.): Gregor von Rimini, 1981. - DERS.: Spätscholastik und Reformation, Bd.1, 1965. - H. GRAF REVENTLOW: Epochen der Bibelauslegung, Bd.2, 1994, 259-287.

18. Theologie und Erfahrung im 14./15. Jahrhundert

Neben der intellektualistischen Lehrweise der Scholastik stand eine im Spätmittelalter verbreitete Art, Theologie zu betreiben, die in vielfältigen Ansätzen das geistliche Erleben und die religiöse Praxis thematisierte: **Gott als Geheimnis**, als spezifische Wirklichkeit, als **Grundlegung** von Welt und menschlicher Existenz zur Sprache zu bringen, war ein Anliegen, das hier nicht mit Mitteln diskursiver Rationalität realisiert werden konnte. Dabei bekam die **Mystik** große Bedeutung als Orientierungshilfe und weite Verbreitung als Anregung. Neben einer Fülle popularisierter Formen sind unter wirkungsgeschichtlichem Aspekt wichtig v.a. die herausragenden Konzeptionen einzelner Mystiker. Wie dort zeigte sich das geistige Erbe Meister Eckharts als Innovationspotential auch in dem Werk des universal gelehrten **Nikolaus von Kues**, das in seiner Originalität eine singuläre Erscheinung im 15.Jh. bildete. Seine Abkehr von der traditionellen theologischen Rationalität war ebenso wie die Subjektivität der Mystik ein Zeichen für den beginnenden Epochenbruch in der Theologie- und Geistesgeschichte.

18.1 "Deutsche Mystik": Religiöses Erlebnis und Kontemplation

Der äußerliche Umstand, die Abfassung mystischer Schriften in der **Volkssprache** (wobei die sprachliche Formung der religiösen Erfahrung auch zu inhaltlich relevanten Änderungen führte), charakterisiert die sog. deutsche Mystik. Es war eine Bewegung, die über die kleinen Kreise von Mönchen und Nonnen hinaus eine beträchtliche Verbreitung bei frommen Laien fand. Man kann sie nur teilweise von Eckhart (s. 15.1-2) herleiten, weil in ihr dessen spekulativ-philosophische Grundorientierung zurücktrat hinter dem unmittelbaren **Erfahrungsbezug**. Die beiden bedeutendsten theologischen Vertreter im 14.Jh., die Dominikaner Tauler und Seuse waren in unterschiedlicher Weise selbständige Schüler Eckharts, die dessen Seinsmystik in ihrer **Erlebnismystik** voraussetzten, aber anwendungsbezogen modifizierten. Beide waren Exponenten einer religiösen Bewegung in Südwestdeutschland, in der Nonnen und Laien eine große Rolle spielten. Die Trägerkreise ihrer Ideen lebten v.a. in Klöstern und Städten, locker verbunden als Gesinnungsgemeinschaften, namentlich die Gruppen der sog. **Gottesfreunde** mit ihrer weiten religiösen und sozialen Spannbreite. Der Einfluß anderer Mystiker und Mystikerinnen, aber auch von Vertretern einer nichtmy-stischen Erfahrungstheologie in diesen Kreisen kam hinzu. Insbesondere viele Frauenklöster und Beginenhäuser waren durch mystisch-enthusiastische Religiosität geprägt (vgl. § 6; 12.2-4). Weitere Trägerkreise v.a. in den Niederlanden und in Nordwestdeutschland entstanden mit der Devotio moderna (s. § 6; 16.1-3). Eine Vielfalt esoterischer Frömmigkeit in mannigfachen sozialen Formen bildete somit den Bezugsrahmen der deutschen Mystik im 14. und 15.Jh. Deren theologiegeschichtliche Bedeutung läßt sich exemplarisch an den drei Denkern Tauler, Seuse und Ruusbroec zeigen. **Johannes Tauler**, der ca.1330-1361 in Straßburg und Basel als sprachgewaltiger Prediger wirkte, stellte die praktisch-seelsorgerlichen Aspekte der mystischen

Frömmigkeit als "Lebenslehre" in den Vordergrund. Er übernahm Grundelemente aus Eckharts Ontologie, jedoch unter Abschwächung von deren spekulativer Systematik. Er wollte dem Menschen den **Heilsweg der Gotteserfahrung** zeigen: die Einkehr in die Tiefe des eigenen Seelengrundes, die sich zunächst in der Demut als dem völligen Leer- und Ledigsein vom Selbst und von der Welt darstellt und die dann zur gnadenhaft gewirkten **Vereinigung mit Gott** (*unio mystica*) führt. Taulers Predigten fanden im 14./15.Jh. eine weite Verbreitung und wirkten durch die Drucke bis zum 18./19.Jh. in der Frömmigkeitsgeschichte nachhaltig. Noch größer war die Breitenwirkung des in Konstanz und Ulm ca.1330-1366 schreibend-lehrenden **Heinrich Seuse**, eines Exzentrikers religiöser Emotionalität. Intensiver als Tauler verband er die Ziele der Erlebnismystik mit besonderen Formen der **Frömmigkeitspraxis**: Sein von Visionen gelenktes, durch schroffe Askese geprägtes eigenes Leben verstand er als vorbildhafte Gleichförmigkeit mit Christi Leiden und Erhöhung. Die *imitatio Christi* war sein zentrales Anliegen; mit psychologischer Reflexion beschrieb er sie als **Identifikation** in Leiden und Lieben, als Vereinigung mit der ewigen Weisheit, die Christus ist. Große Bedeutung und Wirkung hatte auch das Schrifttum des flämischen Mönches **Jan van Ruusbroec**, der einerseits Einflüsse aus Eckharts Denken aufnahm, andererseits dessen Seinsmystik hinter der Praxis religiöser Erfahrung zurücktreten ließ: Die Loslösung von allem Äußerlichen ermöglicht die Kontemplation, und diese innere Einkehr führt in völliger Passivität und Konzentration empor zur **Gottesgemeinschaft** als einer liebenden Vereinigung in der Erleuchtung; der Weg der mystischen Erkenntnis ist eine besondere Weise geistlicher Erfahrung, deren Inhalt i.w. der kirchlichen Anthropologie und Soteriologie entspricht. Durch ihren Einfluß auf die Devotio moderna haben Ruusbroecs Ideen weite Kreise erreicht.

18.1.1 Mit der allgemeinen Hinwendung zur Erfahrungswelt und der Distanz zur Institution Kirche im 14./15.Jh. hing auch die starke Verbreitung mystischer Frömmigkeitsformen zusammen. Der Ketzerei verdächtig waren in starkem Maße v.a. die seit dem 13.Jh. entstandenen **Brüder und Schwestern vom Freien Geist**, die in verschiedenen Gegenden Westeuropas bis ins 15.Jh. als differenzierte Einzelgruppen einer volkstümlichen Mystik individueller Selbstvergottung auffielen. Ihr Name drückte ihr an 2. Kor 3,17 orientiertes pneumatisches Freiheitsverständnis aus: Die im Geist mit Gott vereinten Seelen stehen jenseits von kirchlicher Hierarchie und sakramentalem Leben, gesellschaftlicher Ordnung und bürgerlicher Moral. Viele kirchliche Mystiker und Mystikerinnen grenzten sich von diesem *spiritus libertatis* ab, auch die v.a. in Südwestdeutschland verbreiteten *Gottesfreunde/amici Dei* (so benannt nach Joh. 15,14), die weithin unter dem geistigen Einfluß Eckharts, Taulers und Seuses standen, aber nicht sämtlich eine Mystik vertraten. Die Gottesfreunde, fromme Individualisten (Laien, Kleriker, Nonnen, Mönche) bildeten keine religiös einheitliche oder gar organisierte Gemeinschaft, standen aber untereinander in Briefkontakt und Gedankenaustausch. Wichtig waren sie als Multiplikatoren mystischer Literatur und Theologie, so z.B. der Priester und Wanderprediger **Heinrich von Nördlingen** (gest. nach 1379), der geistliche Berater vieler Mystikerinnen, darunter Margarethe Ebner (ca.1291-1351) und Christine Ebner (1277-1356). Eine besondere Stellung unter den Gottesfreunden nahm der zum mystisch-asketischen Leben bekehrte Kaufmann **Rulman Merswin** (1307-82) in Straßburg ein. Durch Tauler und Heinrich von Nördlingen beeinflußt, verfaßte er 22 deutsche Erbauungstraktate, z.T. unter einem wohl fiktiven Verfassernamen als *Gottesfreund vom Oberland*, einer mystagogischen Idealgestalt.

18.1.2 Der Straßburger **Johannes Tauler** (ca.1300-61), in den Dominikanerinnenklöstern seiner Heimatstadt als Seelsorger, zeitweise auch in Köln und 1338/9-46/7 in Basel tätig, blieb für die Nachwelt durch die zahlreich überlieferten deutschen **Predigten** ein großer geistlicher Anreger (hg. v. G. Hofmann, 1961; ND, 2 Bde., 1979). Nicht als direkter Schüler, sondern aus den **Schriften Eckharts** übernahm er bestimmte Grundgedanken von dessen spekulativer Mystik (geistliche Armut, Abgeschiedenheit, Gegenwart Gottes im Seelengrund, Gottesgeburt), insbesondere die Lehre über die ontologische Verbindung des Menschen mit Gott, die er mit dem areopagitischen Schema von Ausgang-Rückkehr verband (vgl. 15.1-2.3). Hinzu kamen Elemente der v.a. von Frauen geprägten Erlebnismystik: Der zur Gemeinschaft mit Gott bestimmte Mensch, der in seiner Naturanlage diesem Ziel entfremdet ist, kann zur Gotteserkenntnis nur durch eine existentielle Selbsterkenntnis - den *Durchbruch*, die *Umkehr* o.ä. - gelangen. Durch ein völliges Leerwerden seiner Seele in der Abkehr von allem, was an die Welt bindet, erlebt er im tiefsten Abgrund die Vereinigung mit Gott (gemäß Ps 42,8: *ein Abgrund ruft den anderen*), indem dieser die Leere ausfüllt dergestalt, daß Seelengrund und Gottesgrund sich verbinden - die **Gottesgeburt in der Seele** findet statt. Eine solche Erfahrung bestimmt die ganze Existenz als *Gelassenheit*", als völlige innere Freiheit, die den Dienst in der Welt, die *vita activa*, ermöglicht. Nicht nur durch die Verbreitung seiner Predigten z.B. in Kreisen der Gottesfreunde, sondern auch indirekt über die Beeinflussung der populären Erbauungsliteratur des 14./15.Jh.s erzielte Taulers mystische Theologie eine nachhaltige Wirkung.

18.1.3 Eine der eigenartigsten Gestalten in der von Überspanntheiten nicht freien Welt praktizierter Mystik war der aus einer Ritterfamilie stammende Dominikaner **Heinrich Seuse**, genannt Suso (ca.1293/5-1366). In Konstanz führte der bekehrte Jüngling ein radikal-asketisches Leben i.S. der bei ihm stärker als bei Tauler rezipierten **Erlebnismystik**. Realistisch wollte er sich mit dem **leidenden Christus** identifizieren, indem er jahrelang mit einem Nägelkreuz auf dem Rücken und in einem Nägelhemd lebte (unter permanenten Schmerzen durch Verletzungen und Entzündungen); intensives Dürsten und Hungern trugen dazu bei, religiöse Erfahrungen durch Visionen und Auditionen direkt zu erleben. Diese Praxis der Christusbindung übertrug er nach Beendigung des Selbstmartyriums und nach dem Studium in Köln ca.1322ff - dort durch Eckhart geprägt - in **mystische Theorie** (Leiden als Schatz Christi, als Bereicherung der Existenz; von ihm autobiographisch übertreibend stilisiert in seiner - z.T. von der Nonne Elsbeth Stagel aufgeschriebenen - *Vita*; Text: Deutsche Schriften, hg.v. K. Bihlmeyer 1907; ND 1961). Seine Lehre stellte er dar zunächst in dem schwer verständlichen *Büchlein der Wahrheit* (ca.1326?), dann ca.1327-34 in dem außerordentlich stark verbreiteten *Büchlein der ewigen Weisheit* (mit lat. Fassung *Horologium Sapientiae/Stundenbuch der Weisheit*; Text: hg.v. P. Künzle, 1977). Es ging ihm dabei - auf der Grundlage der spekulativen Seinsmystik Eckharts - primär um praktisch-psychologische Anleitungen, die Christusnachfolge als **Passionsmystik** zu erleben, um durch enge Verbindung mit Christus und durch die Identifikation mit Maria als *Mater dolorosa* existentiell umgeformt zu werden. Da hierbei für Seuse nicht nur das Mit-Christus-Leiden, sondern auch und noch mehr die Christusliebe wichtig war, die er im Stil der ritterlichen Lyrik pries, hat man ihn als "Minnesänger unter den Mystikern" bezeichnet (was nur hinsichtlich der Formkunst zutrifft).

18.1.4 Der einflußreichste, bedeutendste Mystiker im Nordwesten des Reiches war der in Flandern lebende Einsiedler und Augustiner-Chorherr **Jan von Ruusbroec**/Johannes Ruysbroek (1293-1381). Seine **spekulative Mystagogie** der Erleuchtung knüpfte an Eckharts Ontologie sowie an die areopagitische und viktorinische Tradition an, bot aber darüber hinaus praktisch-theologische und psychologische Überlegungen. Diese wollten das wahre mystische Erleben - in Antithese zum Einfluß häretischer Vorbilder - möglichst vielen Gläubigen erschließen, weil es auf das für alle Christen gültige Ziel gerichtet ist: die **Gemeinschaft mit Gott**. (Ausgeführt in geistlichen Traktaten, v.a. in seinem Hauptwerk *Die geestelike brulocht/Die geistliche Hochzeit* ca.1330: Werke, 4 Bde., 2.A. 1944-48; Übers.: Die Zierde der geistlichen Hochzeit, hg.v. M. Schaad-Visser, 1987.) Ruusbroecs Mystik ist **trinitarisch** fundiert: Die Seele ist als Bild Gottes auf den Schöpfer, Erlöser und Geist bezogen; sie muß das realisieren durch Erleuchtung im Seelengrund, die ihre Rückkehr zu Gott durch kontemplativen Aufstieg ermöglicht, indem sie sich mit dem Bräutigam Christus vereint und dieser sie zum göttlichen Urgrund im Vater führt.

18.1.5 Unter den mancherlei mystischen Schriften ist wegen ihrer besonderen Wirkungsgeschichte die um 1400 verfaßte sog. "**Theologia deutsch**" eines Anonymus (*Der Frankfurter*), eines von Tauler beeinflußten Deutschordenspriesters aus Sachsenhausen, bemerkenswert. Martin Luther hat sie im Zusammenhang seiner Beschäftigung mit Tauler 1516 teilweise, 1518/20 erweitert im Druck veröffentlicht, und seitdem spielte sie in der evangelischen Frömmigkeitsgeschichte eine Rolle. (Übers.: hg.v. J. Bernhart, 1920; ND 1946.) Es war eine – v.a. gegen die Brüder vom Freien Geist gerichtete – seelsorgerliche Anweisung i.w. für die Gottesfreunde, wie man durch Demut und Selbstverleugnung den Weg der **Christusnachfolge** praktizieren kann.

18.2 Nikolaus von Kues: Programm einer neuen Theologie

Eine epochale Zäsur in der Übergangszeit zwischen Mittelalter und Neuzeit repräsentiert das Werk des genial-originellen Theologen und Philosophen, Naturwissenschaftlers und Kirchenführers insofern, als es – auf dem Hintergrund der Tradition mystischer Theologie – exemplarisch das grundsätzliche **Ende der Scholastik** markiert. Die auf rationaler Methodik basierende Entwicklung einer schulmäßig systematisierten Philosophie und Theologie hatte zwischen dem 11. und dem 14.Jh. gleichsam alle Möglichkeiten der objektivierten Wahrheitserfassung in ihren großen Geistern dargestellt. Parallel dazu fand der andere Ansatz einer monastisch-mystischen Erfahrungstheologie bzw. spekulativen Theologie ebenfalls große Ausdrucksformen, teilweise mit dem scholastischen Ansatz verbunden. An diese Tradition (mit dem Spannungsbogen von Eriugena zu Eckhart) knüpfte zwischen ca. 1440 und 1464 Nikolaus von Kues/Cusanus an, um die Theologie ihrem Gegenstand gemäß als **Wissenschaft von Gott** – unter Abkehr von aristotelischer Erkenntnistheorie und begrifflicher Logik – neu zu begründen. Er hat damit allerdings keine theologiegeschichtliche Wende selber herbeigeführt, weil seine Konzeption diejenige eines – freilich berühmten, kirchlich einflußreichen – Einzelgängers blieb. Doch er hat im Vorgriff auf neuzeitliche Neuansätze die herkömmliche, verbreitete und weithin akzeptierte Weise, Theologie als intellektuelles Regelwerk zu betreiben, paradigmatisch problematisiert. Das zeigte sich am deutlichsten in seiner **Methodik**, die er unmittelbar aus seinem **Gottesbegriff** ableitete: der *docta ignorantia*, des durch Weisheit *belehrten Nichtwissens* (dieses i.S. rationaler Gegenstandserfassung verstanden), das über Gott als das Nicht-Begreifbare und Nicht-Aussagbare gleichwohl gerade das Zutreffende aussagen kann. Denn in Gott als dem schlechthin **Absoluten** und letzten **Urgrund** ist alles Seiende in eingefalteter Weise vorhanden (*complicatio*) und kommt als Schöpfung zur Entfaltung (*explicatio*). Die Verstandeserkenntnis/*ratio* bleibt auf den empirischen Bereich des Wißbaren und damit auf hypothetische Wahrheitserfassung beschränkt; sie wird aber ergänzt durch die qualitativ andere Gewißheit der schauenden Einsicht (*intellectus*), die im Sehen Gottes/**visio Dei** begründet ist und gipfelt, nicht durch Begriffe, sondern durch Bilder vermittelt wird. Der Methodik der *docta ignorantia* entspricht der Gottesbegriff der *coincidentia oppositorum/Zusammenfallen des Entgegengesetzten.* Denn Gott ist im Sinne der neuplatonischen Ontologie das allumfassende Eine, weshalb in ihm all das zusammentrifft, was in der logisch erfaßbaren Erfahrungswelt verschieden und widersprüchlich ist. Zugleich aber ist er der Verborgene, weil sein Wesen allem Verstehen entzogen ist. Er offenbart sich als

Grundgeheimnis der Welt in Jesus Christus, als Unendlicher im Endlichen, als trinitarischer Gott in der Menschwerdung (der gnadenhaft-kontingenten *explicatio* seiner ewig-wesenhaften *complicatio*). Der Universalgelehrte, der philosophisch und naturwissenschaftlich exakt arbeitende Theologe Nikolaus von Kues verstand somit Trinitätslehre und Christologie als Fundament und Zentrum des für das Menschsein konstitutiven Wahrheitsstrebens. Damit machte er deutlich, daß jeder theologische "Fortschritt" nur in der Rückbesinnung auf den heilsgeschichtlichen Anfang des Christentums möglich ist (vgl. § 1 und § 4).

18.2.1 Aus wohlhabender Bürgersfamilie in Kues/Mosel stammend, machte Nikolaus Krebs/Cryfftz, genannt Cusanus (1401-64), nach gründlichem Philosophie-, Kanonistik- und Theologiestudium in Heidelberg, Padua, Köln und Paris seit ca.1425 eine große **kirchliche Karriere**: als Reformer auf dem Konzil von Basel 1432-37 und als Teilnehmer an der Vorbereitung der Unionsverhandlungen mit den Griechen 1437/8 (s. § 8; 14.3; 8.2.3), als Kardinal seit 1448, Bischof von Brixen seit 1450/1 (als solcher in heftige Konflikte mit Herzog Sigmund von Tirol um landesherrliche Übergriffe verwickelt), als päpstlicher Legat und Papstberater. Der spekulative Theologe war zugleich ein welterfahrener Kirchenmann, ein engagierter **Prediger** und Seelsorger (dessen *Sermones* einen stattlichen Teil des Gesamtwerkes bilden). Angeregt v.a. durch die Schriften des Albertus Magnus und des Raimundus Lullus (s. 11.3.2-3; 15.4) verfaßte er etliche naturwissenschaftliche und mathematische Werke. Beeinflußt durch den Frühhumanismus beschäftigte er sich mit alten Handschriften, und als Kirchenrechtler erlangte er u.a. dadurch Berühmtheit, daß er die sog. Konstantinische Schenkung und die sog. Isidorischen Dekretalen als Fälschungen erwies (s. § 8; 5.2.3; 6.1.5). Aufsehen und Anstoß erregte er in der Zunft der Theologen und Philosophen durch die Propagierung einer ganz anderen **Methodik** 1440 in 3 Büchern *De docta ignorantia/Die belehrte Unwissenheit* (Text/Übers.: hg.v. P. Wilpert/H.G. Senger, 1977-93) und 1442/3 in *De coniecturis/Mutmaßungen* (Text/Übers.: hg.v. W. Happ/J. Koch, 2.A. 1988). Seine dort vorgetragenen Lehren untermauerte er durch weitere Darstellungen u.a. zur Gotteslehre und Kosmologie, Anthropologie und Erkenntnislehre. (Opera omnia, 1932ff, bisher 14 Bde.; Schriften in dt. Übers., 1936ff, bisher 20 Bde.) Bis zum 19.Jh. blieb das Werk des Kusaners weithin unbeachtet, da er keine Schule gebildet hat. Die hochspezialisierte Cusanusforschung des 20.Jh. hat v.a. seinen epochemachenden Neuansatz in der Philosophie herausgestellt, ihn seit einiger Zeit aber auch als Theologen gewürdigt.

18.2.2 Nikolaus war sich der Kühnheit seiner **Koinzidenzlehre** als eines radikalen philosophisch-theologischen **Neuansatzes** bewußt, der ihm nach seiner Deutung durch göttliche Gnade auf der Rückreise von Griechenland im Winter 1437/8 eingegeben wurde: ... *jene Wegweisung, daß ich das Unbegreifliche unbegreifenderweise umfaßte in wissendem Nichtwissen/docta ignorantia, und zwar als Einheit, in der die Gegensätze zusammenfallen* (Epilog zu *De docta ignorantia*). Er entfaltete seit 1440 diese paradoxale Spekulation als Abkehr von der scholastischen **Erkenntnistheorie** und von der allgemeinen Geltung der **aristotelischen Logik** mit ihrer Fundierung im Satz vom Widerspruch, d.h. von der eindeutigen Bestimmtheit der Aussagen, verteidigt (v.a. gegen den Heidelberger Thomisten Johannes Wenck 1449, der ihm Pantheismus als Folge der Abweichung von Aristoteles vorwarf). Sein **Grundgedanke** der *coincidentia oppositorum* ging, angeregt v.a. durch den Kölner Albertisten Heynric van den Velde (1395-1460) und beeinflußt durch Aussagen des Raimundus Lullus, letztlich auf die spekulative Ontologie des **Areopagiten** zurück (vgl. § 4; 11.4.1; § 6; 5.4.2). Die Formel *docta ignorantia* als eine paradoxe "Weisheit des Nichtwissens" fand er wohl bei **Augustin** und **Bonaventura** als Aussage über die kategoriale Andersartigkeit der mystischen Erleuchtung gegenüber aller menschlichen Erkenntnismöglichkeit. Diese Rückbindung an eine große Tradition dürfte ihn in der Sicherheit bestärkt haben, daß seine - insgesamt neuartige, originelle - Lehre der Wahrheit besser entsprach als die zeitgenössische Scholastik. Der im Blick auf die Gotteslehre entfaltete Grundsatz der *coincidentia oppositorum* leitete den Kusaner auch bei seinem Verständnis der Kirche als Einheit in Vielfalt (so v.a. in *De pace fidei/Der Friede im Glauben* 1453, ansatzweise schon in *De concordantia catholica/Die umfassende Eintracht* 1432/3) und der nichtchristlichen Religionen (*Cribratio Alkorani/Sichtung des Korans* 1460/1). Dennoch darf man sein Denken nicht als einheitliche Deduktion aus einem einzigen Prinzip verstehen. Es war auf die universale Erfassung des komplexen Seins Gottes und der differenzierten Weltwirklichkeit ausgerichtet.

18.2.3 Gott als der unendlich **Eine**, das schlechthin **Absolute** und das umfassende **Alles** steht im Zentrum des Denkens, das deswegen kein Pantheismus ist, weil Cusanus das Zusammenfallen der Gegensätze bzw. des Vielen nicht mit Gott bzw. dem Einen, sondern *in Gott* i.S. des biblischen Schöpfungsgedankens lehrt. Das Eine fundiert das Viele; die **Koinzidenz** in Gott ergibt sich daraus, daß alles in der Welt Existente ursprünglich in Gott "**eingefaltet**" ist i.S. der Partizipation des Seienden am Grund des Seins und daß es sich "**ausfaltet**" i.S. einer Differenzierung gegenüber der Identität des Absoluten. Wegen dieser ontologischen Verbindung kann Nikolaus gelegentlich die Welt als *sichtbaren Gott/Deus visibilis* oder den in der Welt tätigen Menschen als *humanatus Deus* bzw. Gottessohn bezeichnen; dabei ist die trinitätstheologische und christologische Fundierung dieses Gedankens zu beachten, die z.B. in der Prädikation des Menschen als des Bildes Gottes zum Ausdruck kommt. Das Denkschema *complicatio - explicatio* als **Dialektik von Einheit und Vielheit**, das die neuplatonisch-areopagitische Ontologie voraussetzt, hat der Kusaner in Anlehnung an Lehren der Schule von Chartres (v.a. des Thierry von Chartres; s. 3.3.1) entwickelt. Er hat es in seiner **Unendlichkeitsspekulation** fruchtbar gemacht, die er mit seinen naturwissenschaftlichen und mathematischen Beobachtungen begründete und die die Ansätze der neuzeitlichen Wissenschaft antizipierte (so z.B. die Ablösung des alten geozentrischen Weltbildes).

18.2.4 In der Welt gibt es stets nur den Verweiszusammenhang des Kleineren auf das Größere, des Endlichen auf das Unendliche; deswegen ist die exakte Kenntnis, auf das Zählbare und Meßbare beschränkt, das als Vielheit von Andersartigem/*aliud esse* existiert und nur teilweise vom Verstand/*ratio* erfaßt werden kann, verknüpft in der Form von Hypthesenbildung (*coniectura/Mutmaßung*). Diese Erkenntnis ist ein Nichtwissen des Seinsgrundes, Gottes als des *Nicht-Anderen/non aliud* (d.h. der schlechthinnigen Einheit), zugänglich nur für das höhere Erkenntnisvermögen der schauenden Kraft/*intellectus* (so der Traktat *De non aliud* 1460/1). Als Einheit von Möglichkeit und Wirklichkeit/*potentia - actus* gilt für Gott des "**Können-Sein**": Er ist das *possest*; diesen Neologismus explizierte Nikolaus in einer speziellen Schrift 1460 ausführlich, worin sich sein Bemühen bekundete, die Andersartigkeit von Gottes Wesen begrifflich auszusagen. Gottes Zuwendung zum Menschen wird deutlich in seinem diesen liebevoll begleitenden Blick, dem *Sehen Gottes*, das Nikolaus in *De visione Dei* 1453 für Mönche als das besondere Sein Gottes beschrieb (Übers.: E. Bohnenstädt, 1942). Zu Gottes dem Denken verborgenen Wesen gehört - wie Trinitätslehre und Christologie formulieren - das paradoxe **Offenbarsein** für den Menschen, und deswegen gilt, daß er für diejenigen, die sich um Gotteserkenntnis bemühen, nicht nicht-gefunden werden kann (*non potest non reperiri; De quaerendo Deum I* von 1445; Übers.: Drei Schriften vom verborgenen Gott, hg.v. E. Bohnenstädt, 1967). Denn in der Endlichkeit der Erscheinung Jesu Christi wird die Unendlichkeit Gottes begreifbar - nicht für die rationale Erkenntnis, sondern für die im Glauben sich öffnende Gottesliebe des Menschen.

18.3 Literatur

P. DINZELBACHER: Christliche Mystik im Abendland, 1994, 272-417. - L. GNÄDINGER: Johannes Tauler. Lebenswelt und mystische Lehre, 1993. - DIES.: Johannes Tauler von Straßburg, GKG 4, 1983, 176-198. - C. GRÖBER: Der Mystiker Heinrich Seuse, 1941. - A.M. HAAS: Sermo mysticus, 1979. - DERS.: Gottleiden - Gottlieben, 1989. - R. HAUBST: Streifzüge in die cusanische Theologie, 1991. - DERS.: Die Christologie des Nikolaus von Kues, 1956. - J. JACOBI: Die Methode der Cusanischen Philosophie, 1969. - E. MEUTHEN: Nikolaus von Kues 1401-1464, 1964; 7.A. 1992. - K. RUH: Altdeutsche und altniederländische Mystik, 1964. - H.G. SENGER: Nikolaus von Kues, TRE 24 (1994) 554-564 (Lit.!). - P. VERDEYEN: Jan von Ruusbroec, TRE 16 (1987) 497-502. - F.-W. WENTZLAFF/EGGEBERT: Deutsche Mystik zwischen Mittelalter und Neuzeit, 3.A. 1969.

Anhang

(erstellt von Sabine Lehmann und Volker Drecoll
unter Mitarbeit von Anneliese Bieber, Annette Gutsuz und Frank Wiggermann)

Abkürzungsverzeichnis

1. Bibliographische Abkürzungen

ALG	Sankt Augustinus - Der Lehrer der Gnade. Gesamtausgabe seiner antipelagianischen Schriften, hg.v. S. Kopp u.a., Würzburg 1971ff.
AQDGMA	Ausgewählte Quellen zur deutschen Geschichte des Mittelalters (Freiherr-vom-Stein-Gedächtnisausgabe), begr.v. R. Buchner, hg.v. F.-J. Schmale, Darmstadt 1955ff.
Atlas z.KG	Atlas zur Kirchengeschichte, hg.v. H. Jedin u.a., 3.A. Freiburg/Br. 1988.
BAW	Die Bibliothek der alten Welt (versch. Reihen), begr.v. K. Hoenn, Zürich u.a. 1948ff.
BGL	Bibliothek der griechischen Literatur, hg.v. P. Wirth/W. Gessel, Stuttgart 1971ff
BKV	Bibliothek der Kirchenväter (Reihen 1 u. 2), hg.v. O. Bardenhewer u.a., Kempten u.a. 1911-38.
BSGR	Bibliothek der Symbole und Glaubensregeln der alten Kirche, hg.v. L. Hahn, 3.A., Breslau 1897.
CChr.CM	Corpus Christianorum. Continuatio mediaevalis, Turnhout 1966ff.
CChr.SL	Corpus Christianorum. Series Latina, Turnhout 1954ff.
COD	Conciliorum oecumenicorum decreta, hg.v. J. Alberigo u.a., Freiburg/Br. u.a. 1962; 3.A. 1973.
CSEL	Corpus scriptorum ecclesiasticorum latinorum, Wien 1866ff.
DH	Enchiridion symbolorum definitionum et declarationum de rebus fidei et morum, hg.v. H. Denzinger/P. Hünermann, 37.A., Freiburg/Br. u.a. 1991.
EDG	Enzyklopädie deutscher Geschichte, hg.v. L. Gall, München 1988ff.
FChr	Fontes Christiani, hg.v. N. Brox u.a., Freiburg/Br. u.a., Bd.1 1990ff.
FZPhTh	Freiburger Zeitschrift für Philosophie und Theologie, Fribourg 1954ff.
GCh	Die Geschichte des Christentums, hg.v. J.-M. Mayeur u.a.; dt. Ausg. hg.v. N. Brox u.a., Freiburg/Br. u.a. 1991ff.
GCS	Die griechischen christlichen Schriftsteller der ersten drei Jahrhunderte, Leipzig u.a. 1897ff.
GGB	Geschichtliche Grundbegriffe. Historisches Lexikon zur politisch-sozialen Sprache in Deutschland, hg.v. O. Brunner u.a., 7 Bde., Stuttgart 1972-92.
GKG	Gestalten der Kirchengeschichte, hg.v. M. Greschat, 12 Bde., Stuttgart u.a. 1981-86.
GÖK	Geschichte der ökumenischen Konzilien, hg.v. G. Dumeige/H. Bacht, Mainz 1963/64-88.
HDG	Handbuch der Dogmengeschichte, hg.v. M. Schmaus u.a., Freiburg/Br. u.a. 1951ff.
HDThG	Handbuch der Dogmen- und Theologiegeschichte, hg.v. C. Andresen, 3 Bde., Göttingen 1980-84.

HEG	Handbuch der europäischen Geschichte, hg.v. Th. Schieder, 7 Bde., Stuttgart 1968-87.
HKG	Handbuch der Kirchengeschichte, hg.v. H. Jedin, 7 Bde., Freiburg/Br. u.a. 1962-79.
HZ	Historische Zeitschrift, München u.a. 1859ff.
KGE	Kirchengeschichte in Einzeldarstellungen, hg.v. G. Haendler u.a., Berlin u.a. 1978ff.
KGMG	Kirchengeschichte als Missionsgeschichte, hg.v. H. Frohnes u.a., München 1974ff.
KIG	Die Kirche in ihrer Geschichte, begr. v. K.D. Schmidt/E. Wolf, hg.v. B. Moeller, Göttingen 1961ff.
KlProt	Klassiker des Protestantismus, hg.v. Ch.M. Schröder, 8 Bde., Bremen 1962-67.
KlTh	Klassiker der Theologie, hg.v. H. Fries/G. Kretschmar, 2 Bde., München 1981-83.
KTGQ	Kirchen- und Theologiegeschichte in Quellen, hg.v. H.A. Oberman u.a., 4 Bde., Neukirchen-Vluyn 1977-81.
LMA	Lexikon des Mittelalters, hg.v. R. Auty u.a., München/Zürich, Bd.1 1977ff.
LThK	Lexikon für Theologie und Kirche, begr.v. M. Buchberger, hg.v. J. Höfer/K. Rahner, 2.A., Freiburg/Br. 1957-65.66-68 [3.A., hg.v. W. Kasper u.a., Freiburg/Br. u.a. 1993ff].
MG	Patrologiae cursus completus, hg.v. J.-P. Migne, Series Graeca, Paris 1857-66; 1928-36.
MGH	Monumenta Germaniae historica inde ab a.C. 500 usque ad a. 1500, Hannoveru.a. 1826ff.
ML	Patrologiae cursus completus, hg.v. J.-P. Migne, Series Latina, Paris 1841-49.50-55.62-64.
MySal	Mysterium salutis. Grundriß heilsgeschichtlicher Dogmatik, hg.v. J. Feiner/M. Löhrer, 5 Bde., Einsiedeln u.a. 1965-81.
NDG	Neue deutsche Geschichte, hg.v. P. Moraw u.a., München 1984ff.
OGG	Oldenbourg Grundriß der Geschichte, hg.v. J. Bleicken u.a., München 1979ff.
PTS	Patristische Texte und Studien, hg.v. K.Aland/W. Schneemelcher, Berlin 1963ff.
PuP	Päpste und Papsttum, hg.v. G. Denzler, Stuttgart 1971ff.
PW	Paulys Real-Encyclopädie der classischen Altertumswissenschaft, neu bearb. v. G. Wissowa/W. Kroll, fortgeführt v. K. Ziegler, Stuttgart 1894ff.
QGPRK	Quellen zur Geschichte des Papsttums und des römischen Katholizismus, hg.v. C. Mirbt/(ab 6.A.:)K. Aland, Tübingen 1895; 6.A., Bd.1, 1967.
RAC	Reallexikon für Antike und Christentum, hg.v. Th. Klauser u.a., Stuttgart 1950ff.
RE	Realencyklopädie für protestantische Theologie und Kirche, begr.v. J.J. Herzog, hg.v. A. Hauck, 3.A., Leipzig 1896-1913.
RGG	Die Religion in Geschichte und Gegenwart, hg.v. F.M. Schiele/L. Zscharnack, Tübingen 1909-13; 2.A., hg.v. H. Gunkel/L. Zscharnack, 5 Bde., 1927-32; 3.A., hg.v. K. Galling, 6 Bde., 1957-65.
RM	Die Religionen der Menschheit, begr.v. Ch.M. Schröder, hg.v. P. Antes u.a., Stuttgart u.a. 1961ff.
RQ	Römische Quartalschrift für christliche Altertumskunde und für Kirchengeschichte, Freiburg/Br. 1887ff.
SC	Sources chrétiennes, hg.v. H. de Lubac u.a., Paris 1943ff.
StPatr	Studia patristica, Berlin 1957ff.

StTh	Studia theologica. Ordo theologorum universitatis Latviensis, Riga 1935ff.
ThPh	Theologie und Philosophie, Freiburg/Br. 1966ff.
ThQ	Theologische Quartalschrift, Tübingen u.a. 1819ff.
ThR	Theologische Rundschau, Tübingen 1897ff.
ThZ	Theologische Zeitschrift, Basel 1945ff.
TRE	Theologische Realenzyklopädie, hg.v. G. Krause/G. Müller, Berlin/New York 1976ff.
ZKG	Zeitschrift für Kirchengeschichte, Stuttgart u.a. 1877ff.
ZKTh	Zeitschrift für katholische Theologie, Wien u.a. 1877ff.
ZThK	Zeitschrift für Theologie und Kirche, Tübingen u.a. 1891ff.

2. Allgemeine Abkürzungen

A.	Auflage
AT/atl.	Altes Testament/ alttestamentlich (e/er/es)
Bd./Bde.	Band/Bände
betr.	betreffend
bzw.	beziehungsweise
ca.	circa
d.Ä./J.	der/die Ältere/Jüngere
d.Gr.	der/die Große
d.h.	das heißt
d.M.	der Mittlere
ders./dies.	der-/dieselbe
DG/dg.	Dogmengeschichte/ dogmengeschichtlich (e/er/es)
dt.	deutsch (e/er/es)
etc.	et cetera
Fr.	Fragment
geb.	geboren
gest.	gestorben
ggf.	gegebenenfalls
griech.	griechisch (e/er/es)
Hg.	Herausgeber
hg.v.	herausgegeben von
hl.	heilig (e/er/es)
i.d.R.	in der Regel
i.J.	im Jahre
i.S.	im Sinne
i.V.	in Verbindung
i.w.	im wesentlichen
Jh./Jh.s	Jahrhundert/Jahrhunderts
kg.	kirchengeschichtlich (e/er/es)
lat.	lateinisch (e/er/es)
ND	Nachdruck
NT/ntl.	Neues Testament/ neutestamentlich (e/er/es)
o.ä.	oder ähnliche (s)
o.g.	oben genannte (r/s)
röm.	römisch (e/er/es)
s.	siehe
sog.	sogenannte
teilw.	teilweise
u.a.	unter anderem/und andere
Übers.	Übersetzung
v.a.	vor allem
veröff.	veröffentlicht
versch.	verschiedenen
vgl.	vergleiche
vollst.	vollständige (r/s)
z.B.	zum Beispiel
z.T.	zum Teil
z.gr.T.	zum größten Teil

ABBILDUNGSVERZEICHNIS

Kaiser- und Papstlisten

1. Kaiserlisten

1.1 Liste der Römischen Kaiser

(Ausgelassen sind die Kaiser, die nur wenige Monate im Amt waren bzw. sich nicht dauerhaft durchsetzen konnten, vor allem in den Jahren 69.193.238.251.253.260-268.270.276.282/283.474-476.)

Augustus 27 v.Chr.-14 n.Chr.
Tiberius 14-37
Caligula 37-41
Claudius 41-54
Nero 54-68
Galba 68-69
Vespasian 69-69
Titus 79-81
Domitian 81-96
Nerva 96-98
Trajan 98-117
Hadrian 117-138
Antoninus Pius 138-161
Mark Aurel 161-180
Commodus 180-192
Septimius Severus 193-211
Caracalla 211-217
Macrinus 217-218
Elagabal 218-222
Severus Alexander 222-235
Maximinus Thrax 235-238
Gordianus III. 238-244
Philippus Arabs 244-249
Decius 249-251
Trebonianus Gallus 251-253
Valerianus 253-260
Gallienus 263-268
Claudius Gothicus 268-270
Aurelianus 270-275
Probus 276-282

Diokletian 284-305
Galerius 305-311

Maximianus 286-305
Konstantius I. (Chlorus) 305-306
Konstantin I. 306-337

* Maxentius 306-312
Licinius 308-324
und Maximinus Daja 309-313

Konstantin II. 337-340, Konstans 337-350 und
Konstantius II. 337-361 (ab 351 Alleinherrscher)

Julian Apostata 361-363
Jovian 363-364

Westen
Valentinian I. 364-375
und Gratian 367-383
Valentinian II. 375-392
Honorius 393-423
Johannes 423-425
Valentinian III. 425-455

(Fortsetzung s. Liste 1.3)

Osten
Valens 364-378
Theodosius I. 379-395
Arcadius 383-408
Theodosius II. 408-450
Marcian 450-457
Leon I. 457-474
Basiliskus 475/476
Zeno 476-491
Anastasius 491-518
Justin I. 518-527
Justinian 527-565

(Fortsetzung s. Liste 1.2)

1.2 Liste der byzantinischen Kaiser (565-1453)

Justin II. 565-578
Tiberius 578-582
Maurikius 582-602
Phokas I. 602-610
Heraklius 610-641
Konstantin III. 641
Konstans II. 642-668
Konstantin IV. 668-685
Justinian II. 685-695.705-711
Leon II. 695-698
Tiberius II. 698-705
Bardanes Philippikus 711-713
Anastasius II. 713-715

Theodosius III. 715-717

Isaurierdynastie (717-802)
Leon III. 717-741
Konstantin V. 741-775
Leon IV. 775-780
Konstantin VI. 780-797
(Irene Regentin 780-790)
Kaiserin Irene 792/7-802

Nikephorus I. 802-811
Michael I. 811-813
Leon V. 813-820

Amorerdynastie (820-867)
Michael II. 820-829
Theophilus 829-842
Michael III. 842-867

Makedonierdynastie (867-1056)
Basilius I. 867-886
Leon VI. 886-912
Konstantin VII. 912/944-959
Romanus I. 920-944
Romanus II. 959-963

Nikephorus II. Phokas
963-969
Johannes I. Tzimiskes
969-976
Basilius II. 976-1025
Konstantin VII. 1025-1028
Romanus III. 1028-1034
Michael IV. 1034-1041
Michael V. 1041-1042
Konstantin IX. 1042-1055
Kaiserin Theodora 1055-1056
Michael VI. 1056-1057
Isaak I. 1057-1059

Dukasdynastie (1059-1078)
Konstantin X. 1059-1067
Kaiserin Eudokia und
Romanus IV. 1067-1071
Michael VII. 1071-1078

Nikephorus III. 1078-1081

Komnenendynastie (1081-1185)
Alexius I. 1081-1118
Johannes II. 1119-1143
Manuel I. 1143-1180
Alexius II. 1180-1183
Andronikus I. 1183-1185

Isaak II. 1185-1195.
1203-1204
Alexius III. 1095-1203
Alexius IV. 1203/04
Theodorus I. 1204-1222
Johannes III. Dukas Vatatzes
1222-1254
Theodorus II. 1254-1258

Paläologendynastie (1259-1453)
Michael VIII. 1259-1282
Andronikus II. 1282-1328
Andronikus III. 1328-1341
* Johannes V. 1341-1391
* Johannes VI. Kantakuzenos
1347-1354
* Matthäus 1353-1357
* Andronikus IV. 1376-1379
Manuel II. 1373/91-1425
Johannes VIII. 1425-1448
Konstantin XI. 1448-1453

1.3 Könige/Kaiser des Römischen Reiches (Franken/Deutsche)

(* = Doppelwahl/Gegenkönigtum)

Aufstieg der Karolinger (Hausmeier/Könige)
Pippin II. der Mittlere
679-714
Karl Martell 714-741
Karlmann 741-751
Pippin III. der Jüngere
741-768 (ab 751 König)
Karl I. der Große 768-814
(ab 800 Kaiser)

Karolinger
Karl I. der Große 800-814
Ludwig I. der Fromme
814-840
Lothar I. 840-855
Ludwig II. 850-875
Karl II. der Kahle 875-877
Karl III. 881-887

* Guido v. Spoleto 891-894
* Lambert v. Spoleto 892-898
* Arnulf 896-899
Ludwig III. das Kind 900-911
* Konrad I. 911-918
* Berengar I. v. Friaul
915-924

Sachsen
Heinrich I. 919-936
Otto I. der Große 936-973
Otto II. 973-983
Otto III. 983-1002
Heinrich II. 1002-1024

Salier
Konrad II. 1024-1039
Heinrich III. 1039-1056
Heinrich IV. 1056-1106
Heinrich V. 1106-1125

Lothar III. v. Supplingenburg
1125-1137

Staufer
Konrad III. 1138-1152
Friedrich I. Barbarossa
1152-1190
Heinrich VI. 1190-1197

* Philipp v. Schwaben
1198-1208
* Otto IV. v. Braunschweig
1198-1215
* Friedrich II. v. Sizilien
1215-1250
* Heinrich Raspe 1246-1247
* Wilhelm v. Holland
1248-1256
* Konrad IV. 1250-1254

(sog. Interregnum 1256-1273)
* Richard v. Cornwall
1252/57-72
* Alfons X. v. Kastilien
1257-1274

Rudolf I. v. Habsburg
1273-1291
Adolf v. Nassau 1292-1298
Albrecht I. v. Österreich
1298-1308
Heinrich VII. v. Luxemburg
1308-1313
* Friedrich v. Österreich
1314-1330
* Ludwig IV. der Bayer
1314-1347

Luxemburger
Karl IV. v. Böhmen
1346-1378
* Wenzel v. Böhmen
1378-1400
Ruprecht von der Pfalz
1400-1410
Sigmund v. Ungarn
1410-1437

Habsburger
Albrecht II. 1438-1439
Friedrich III. 1440-1493
Maximilian I. 1493-1519

2. Liste der römischen Bischöfe/Päpste

(* = Amtschisma/Doppelwahl bzw. Gegenpapst)

Anicetus	?154-165	Felix IV. (III.)	526-530	Leo III.	795-816
Soter	?166-174	* Bonifatius II.	530-532	Stephan IV. (V.)	816-817
Eleutherus	?174-189	* Dioskur	530	Paschalis I.	817-824
Viktor I.	?189-198	Johannes II.	533-535	Eugen II.	824-827
Zephyrinus	198-217	Agapet I.	535-536	Valentin	827
* Kallist/Calixt I.	217-222	Silverius	536-537	* Gregor IV.	827-844
* Hippolyt	217-235	Vigilius	537-555	* Johannes	844
* Urban I.	222-230	Pelagius I.	556-561	Sergius II.	844-847
* Pontianus	230-235	Johannes III.	561-574	Leo IV.	847-855
Anterus	235-236	Benedikt I.	575-579	* Benedikt III.	855-858
Fabianus	236-250	Pelagius II.	579-590	* Anastasius Bibl.	855
* Cornelius	251-253	Gregor I.	590-604	Nikolaus I.	858-867
* Novatian	251-258	Sabinianus	604-606	Hadrian II.	867-872
* Lucius I.	253-254	Bonifatius III.	607	Johannnes VIII.	872-882
* Stephan I.	254-257	Bonifatius IV.	608-615	Marinus I.	882-884
* Sixtus II.	257-258	Deusdedit =		Hadrian III.	884-872
Dionysius	ca.259-268	Adeodatus I.	615-618	Stephan V. (VI.)	885-891
Felix I.	ca.269-274	Bonifatius V.	619-625	Formosus	891-896
Eutychianus	ca.275-283	Honorius I.	625-638	Bonifatius VI.	896
Cajus	ca.283-296	Severinus	640	Stephan VI. (VII.)	896-897
Marcellinus	ca.296-304	Johannes IV.	640-642	Romanus	897
Marcellus	ca.307-309	Theodor I.	642-649	Theodor II.	897
Eusebius	ca.310	Martin I.	649-653	Johannes IX.	898-900
Miltiades	311-3145	Eugen I.	654-657	Benedikt IV.	900-903
Silvester I.	314-335	Vitalian	657-672	* Leo V.	903
Markus	336	Adeodatus II.	672-676	* Christophorus	903-904
Julius I.	337-352	Donus	676-678	Sergius III.	904-911
* Liberius	352-366	Agatho	678-681	Anastasius III.	911-913
* Felix II.	355-365	Leo II.	682-683	Lando	913-914
* Damasus I.	366-384	Benedikt II.	684-685	Johannes X.	914-928
* Ursinus	366-367	Johannes V.	685-686	Leo VI.	928
Siricius	384-399	* Konon	686-687	Stephan VII. (VIII.)	929-931
Anastasius I.	399-401	* Theodor	687	Johannes XI.	931-935
Innozenz I.	402-417	* Paschalis	687	Leo VII.	936-939
Zosimus	417-418	Sergius I.	687-701	Stephan VIII.(IX.)	939-942
* Bonifatius I.	418-422	Johannes VI.	701-705	Marinus II.	942-946
* Eulalius	418-419	Johannes VII.	705-707	Agapet II.	946-955
Cölestin I.	422-432	Sisinnius	708	* Johannes XII.	955-963/4
Sixtus III.	432-440	Konstantin I.	708-715	* Leo VIII.	963-965
Leo I.	440-461	Gregor II.	715-731	* Benedikt V.	964-966
Hilarius	461-468	Gregor III.	731-741	Johannes XIII.	965-972
Simplicius	468-483	Zacharias	741-752	* Benedikt VI.	973-974
Felix III. (II.)	483-492	* Stephan (II.)	752	* Bonifatius VII.	974
Gelasius I.	492-496	* Stephan II. (III.)	752-757	Benedikt VII.	974-983
Anastasius II.	496-498	* Paul I.	757-767	Johannes XIV.	983-984
* Symmachus	498-514	* Konstantin II.	767-769	Bonifatius VII.	984-985
* Laurentius	498-505	* Philipp	768	Johannes XV.	985-996
Hormisdas	514-523	* Stephan III. (IV.)	768-772	* Gregor V.	996-999
Johannes I.	523-526	Hadrian I.	772-795	* Johannes XVI.	997-998

Silvester II.	999-1003
Johannes XVII.	1003
Johannes XVIII.	1004-1009
Sergius IV.	1009-1012
* Benedikt VIII.	1012-1024
* Gregor (VI.)	1012
Johannes XIX.	1024-1032
Benedikt IX.	1032-1045
* Silvester III.	1045-1046
Gregor VI.	1045-1046
Clemens II.	1046-1047
Benedikt IX.	1047-1048
Damasus II.	1048
Leo IX.	1049-1054
Viktor II.	1055-1057
* Stephan IX.(X.)	1057-1058
* Benedikt X.	1058-1059
Nikolaus II.	1059-1061
* Alexander II.	1061-1073
* Honorius (II.)	1061-1072
* Gregor VII.	1073-1085
* Clemens III.	1080-1100
Viktor III.	1086-1087
Urban II.	1088-1099
* Paschalis II.	1099-1118
* Theoderich	1100-1102
* Albert	1102
* Silvester IV.	1105-1111
* Gelasius II.	1118-1119
* Gregor VIII.	1118-1121
Calixt II.	1119-1124
* Honorius II.	1124-1130
* Cölestin (II.)	1124
* Innozenz II.	1130-1143
* Anaklet II.	1130-1138
* Viktor IV.	1138
Cölestin II.	1143-1144
Lucius II.	1144-1145
Eugen III.	1145-1153
Anastasius IV.	1153-1154
Hadrian IV.	1154-1159
* Alexander III.	1159-1181
* Viktor IV.	1159-1164
* Paschalis III.	1164-1168
* Calixt III.	1168-1178
* Innozenz II.(III.)	1179-1180
Lucius III.	1181-1185
Urban III.	1185-1187
Gregor VIII.	1187
Clemens III.	1187-1191
Cölestin III.	1191-1198
Innozenz III.	1198-1216
Honorius III.	1216-1227
Gregor IX.	1227-1241
Cölestin IV.	1241
Innozenz IV.	1243-1254
Alexander IV.	1254-1261
Urban IV.	1261-1264
Clemens IV.	1265-1268
Gregor X.	1271-1276
Innozenz V.	1276
Hadrian V.	1276
Johannes XXI.	1276-1277
Nikolaus III.	1277-1280
Martin IV.	1281-1285
Honorius IV.	1285-1287
Nikolaus IV.	1288-1292
Cölestin V.	1294
Bonifatius VIII.	1294-1303
Benedikt XI.	1303-1304
Clemens V.	1305-1314
* Johannes XXII.	1316-1334
* Nikolaus V.	1328-1330
Benedikt XII.	1334-1342
Clemens VI.	1342-1352
Innozenz VI.	1352-1362
Urban V.	1362-1370
Gregor XI.	1370-1378

Großes Schisma

* Urban VI. (Rom)	1378-1389
* Clemens VII. [Avignon]	1378-1394
* Bonifatius IX. (Rom)	1389-1404
* Benedikt XIII. [Avignon]	1394-1417
* Innozenz VII. (Rom)	1404-1406
* Gregor XII. (Rom)	1406-1415
* Alexander V. <Pisa>	1409-1410
* Johannes XXIII. <Pisa>	1410-1415

Martin V.	1417-1431
(* Clemens VIII.)	1424-1429
(* Benedikt XIV.)	1424
* Eugen IV.	1431-1447
* Felix V.	1439-1449
* Nikolaus V.	1447-1455
Calixt III.	1455-1458
Pius II.	1458-1464
Paul II.	1464-1471
Sixtus IV.	1471-1484
Innozenz VIII.	1484-1492
Alexander VI.	1492-1503
Pius III.	1503
Julius II.	1503-1513
Leo X.	1513-1521

Register

(Zahl und Punkt wie z.B. § 1., 1. oder 1.-4. weisen auf den gesamten Paragraphen bzw. das gesamte Kapitel einschließlich der Unterkapitel hin; Ziffer.0 bezeichnet den Einleitungsabschnitt eines Kapitels)

1. Namensregister

A.	Abt/Äbtissin	Eb.	Erzbischof	Kd.	Kardinal
Ä.	(der/die) Ältere	F.	Fürst/in	Kg.	König/in
Ap.	Apostel	Gf.	Graf/Gräfin	Konst.	Konstantinopel
Alex.	Alexandria	Gr.	(der/die) Große	Ks.	Kaiser/in
Ant.	Antiochia	Hz.	Herzog/in	P.	Papst
B.	Bischof	J.	(der/die) Jüngere	Pt.	Patriarch
Cäs.	Cäsarea	Jer.	Jerusalem		
Cant.	Canterbury	Karth.	Karthago		

2. Sachregister